톨스토이(1828~1910)

▲야스나야 폴랴나 풍경

느릅나무 숲에 난 작은 오솔길은 톨스토이가 곧잘 미역을 감던 보롱카 강으로 이어진다. 카잔 대학을 중퇴하고 고향으로 돌아와 있을 때 톨스토이가 심은 나무가 코앞에 보인다.

◀톨스토이의 생가

그는 1856~1910년까지 대부분의 세월을 여기서 보냈다.

〈숲속에서 책 읽는 톨스토이〉 일리야 레핀. 1891.

◀톨스토이와 소피야

▼손자들에게 재미있는 이야기를 들려주는 톨스토이
톨스토이의 손자는 26명이나 된다.

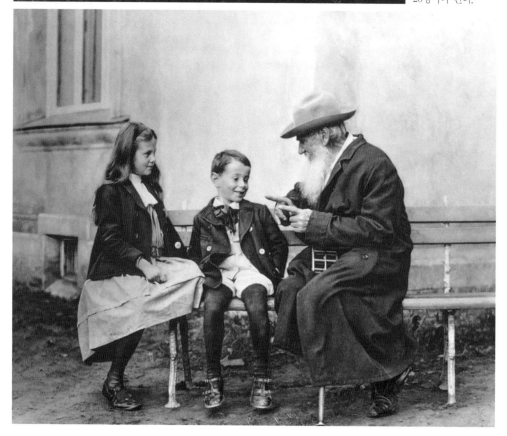

톨스토이 초상 일리야 레핀. 1901.

숲속에서 생각에 잠긴 톨스토이(1897)

1908년 죽기 2년 전 찍은 원색 사진

가출 1910년 10월 28일 새벽, 톨스토이는 전부터 생각해오던 가출을 결행했다.

"You'll feel as if a devoted spiritual guide, with a wink in his eye, has secretly helped you circumvent the laws of heaven and earth in order to nourish and sustain you on your own personal journey to wholeness."
—Sarah Ban Breathnach, author of *Simple Abundance*

A Calendar of Wisdom

Daily Thoughts to Nourish the Soul

Written and Selected from the World's Sacred Texts

by

Leo Tolstoy

Translated from the Russian by Peter Sekirin

First Time in English

《인생이란 무엇인가》 표지 영문판

▲니콜라이 1세(1796~1855, 재위 1825~1855) 크뤼거. 1852.
1825년 12월 13일 전임 알렉산드로 1세 뒤를 이어 즉위했다.
본디 맏형 알렉산드로 1세에 이어 둘째 콘스탄틴이 우선권이 있었지만 그는 황위를 고사했다. 이렇게 되자 셋째인 니콜라이가 후계자로 제위에 올랐다.

◀데카브리스트의 난
1825년 12월 14일 신임 황제 충성 서약식에서 비밀결사 장교(데카브리스트)들이 황제 즉위 반대, 농노제 폐지 등을 기치로 세우고 반란을 꾀했으나 실패했다. 그림은 반란 용의자들이 체포되어 끌려오는 장면이다. 바실리 페로프 그림

▲크림전쟁-세바스토
폴 포위전(1854~1855)
프란츠 로보
톨스토이는 세바스토
폴 공방전에 참전하여
프랑스군 포격을 마주
하게 된다.《세바스토
폴 이야기》는 그의 실
전을 바탕으로 쓰여진
작품이다.
세바스토폴 공방전이
한창 벌어지는 가운데
갑자기 니콜라이 1세
가 서거하고 알렉산드
로 2세가 즉위한다.

▶말라코프 공격(1855년
9월 7일) 윌리엄 심슨

▲알렉산드로 2세(1818~
1881, 재위 1855~1881)
크림전쟁 실패의 충격으로
갑자기 서거한 부황 니콜
라이 1세 뒤를 이어 제위
에 올랐다. 1861년 '농노제
폐지'로 계급차별을 없애
고, '국민징병제'를 실시해
귀족과 평민에게 군복무
를 하게 만들었다.
1881년 의회제도를 마련하
기 위해 마차를 타고 궁으
로 향하던 중 혁명파 테러
리스트가 던진 폭탄에 의
해 목숨을 잃었다. 아들 알
렉산드로 3세가 그 뒤를
잇게 되었다.

◀알렉산드로 2세가 암살되
는 현장

러일전쟁 쓰시마 해협에서, 러시아의 발틱함대가 일본연합함대에게 격침되는 장면. 가리에니
1904년 2월 8일 일본함대가 뤼순군항을 기습공격함으로써 시작된 러일전쟁은 러시아의 패배로 강화를 맺는다. 러시아는 패배 결과 혁명운동이 급속히 진행되었다.

▲니콜라이 2세(1868~1918, 재임 1894~1917)

부황 알렉산드로 3세에 이어 제위에 올랐으나 마지막 황제가 되었다. 니콜라이 2세는 선친의 정책을 계승하여 구체제 속에 제국을 보전하고자 했으나, 러일전쟁의 패배, 1915년 상트페테르부르크에서 일어난 '피의 일요일' 사건에 이어 '10월 선언'으로 황제의 독점적 권한이 제한되었으며 1917년 '2월혁명'으로 폐위되게 이른다. 1918년 예카테린부르크 이파티예프 저택에 감금되었던 황제와 가족들은 모두 볼셰비키에 의해 처형되었다. 이로써 왕조시대는 막을 내리게 된다.

◀이파티예프 저택

▲《전쟁과 평화》(1865~
69) 〈모스크바 화재〉
알브레히트 아담

1912년 9월 14일 나폴
레옹군의 입성을 눈앞
에 두고 불타오르는
모스크바. 러시아군
쿠투조프 장군의 일
명 '초토화 작전'에 말
려든 나폴레옹은 텅
빈 도시에서 추위와
굶주림 속에 국민군의
끊임없는 공격을 받아
10월 19일 마침내 퇴
각하기에 이른다. 퇴
각하는 도중에도 많
은 병력을 잃고 출정
에 나선 45만 병력이 3
만 명만이 겨우 살아
남아 돌아왔다.

▶〈나폴레옹 후퇴〉바
실리 베레시차긴

《코사크》(1853~63) 〈마리아나와 오레닌의 첫 만남〉 알렉세이 플라스토프

World Book 36

Л.Н.Толстой
ИСПОВЕДЬ/ПУТЬ ЖИЗНИ
나의 참회/인생의 길
똘스또이/김근식 고산 옮김

동서문화사

디자인 : 동서랑 미술팀/표지그림 : Lev Nikolaevich Tolstoy

1. 평생을 선하게 살고 싶다면 먼저 자기가 해야 할 일과 해서는 안 될 일이 무엇인지 알아야 한다. 그리고 그 일을 어떻게 가려야 할지 모르겠다면 도대체 나는 어떤 존재이며, 내가 살고 있는 이 세계는 어떤 곳인지를 이해해야 한다. 이 세상 모든 민족 가운데서도 총명하고 선한 사람들이 어느 시대를 막론하고 늘 이런 가르침을 펴왔다. 그들의 말은 근본적으로는 일치하고 또 우리의 이성과 양심, 그리고 나란 존재에 대해 이야기하는 점에서도 비슷하다. 그 가르침은 다음과 같다.

2. 우리가 자신의 개성으로 알고 있는 것, 또는 우리가 이 우주에서 보고 듣고 만지는 모든 것 외에 보이지도 않고 형체도 없으며 시작도 없거니와 끝도 없는 어떤 존재가 있어 모든 사물에게 생명을 불어넣고 있다. 만약 이 존재가 없었다면 그 어떤 생명도 존재할 수 없었을 것이다. 이 근원적인 존재를 우리는 '신'이라 부른다.

3~4. 육체가 있음으로 신과 구별되고, 또 육체가 있음으로 서로가 구별되는 나와 나 이외의 다른 모든 존재들 속에 깃들어 있는 어떤 동일한 근원을 우리는 '영혼'이라 부른다.

5. 육체가 있음으로 신과 다른 존재로부터 구별되는 우리의 이 영혼은, 늘 자신이 갈라져 나온 근원으로 돌아가고자 정진한다. 그리고 인간의 영혼과

7

신의 결합은, 자기 내부에 존재하는 신이라는 근원에 대한 인식의 증대와 정비례한다. 또한 마음에서 우러나오는 사랑이 크면 클수록 영혼은 더욱더 다른 존재와 하나가 될 수 있다. 자기 안에 있는 신을 인식하고 사랑으로 모든 것과 하나가 되고자 하는 이 정진, 이러한 본능을 우리가 가끔 제대로 의식할 수 없는 경우도 있지만 여하튼 정진하고자 하는 이러한 노력 속에 진정한 우리 생명의 본체와 진실하고 유일한 행복이 존재하는 것이다.

6. 우리의 영혼이 신이나 다른 존재와 한층 더 깊이 하나로 결합되는 것, 다시 말해 우리의 행복이 점점 더 증대하는 것은, 우리가 자기 안의 신적 근원을 인식하거나 다른 존재를 사랑하지 못하게 방해하는 요소로부터 영혼을 해방시킴으로써 이루어진다. 이런 인식을 방해하고 또 이런 사랑을 훼방놓은 것은 갖가지 죄악을 낳는 육체적인 모든 욕망에 대한 관용과 거짓 상상, 즉 죄악으로 끌어들이는 유혹, 갖가지 죄악, 유혹을 변호하는 미신 같은 것들 때문이다.

7. 신과 다른 존재와 우리를 하나로 결합하지 못하게 방해하는 죄악으로는 미식(과식), 음주, 흡연, 육식 등이 있다.

8. 간음이란, 종의 존속을 위해서가 아니라 육욕의 만족을 목적으로 하는 성교를 말한다.

9. 무위도식이 죄가 되는 것은, 자기에게 부족하고 필요한 것을 채울 수 있는 노동을 회피하기 때문이다.

10. 탐욕이 죄가 되는 것은, 타인의 노동을 이용하여 자기 재산을 얻고 유지하기 때문이다.

11. 그 모든 죄악 중에서도 가장 큰 죄는 사람들이 서로 화합하지 못하는 것이다. 즉 질투, 공포, 비난, 적의, 분노처럼 요컨대 남들이 잘 되기를 바라지 않는 모든 감정을 가리킨다. 인간의 영혼이 신이나 다른 존재와 사랑으로 맺어지는 것을 방해하는 죄에는 대략 위와 같은 종류가 있다.

12. 사람들을 죄로 끌어들이는 유혹 가운데는 한 사람이 다른 사람과 맺는 관계에서 비롯되는 그릇된 생각이 있다. 즉, 교만심이라는 유혹이다. 바꿔 말하면 내가 다른 어떤 누구보다 월등히 우월하다고 믿는 거짓된 상상이 불러일으키는 유혹이다.

13. 차별이라는 유혹, 이는 사람들을 상하로 나눌 수 있다고 믿는 그릇된 상상이 주는 유혹이다.

14. 조직이나 제도에서 비롯되는 유혹, 이는 어떤 계층이 다른 사람들의

생활을 폭력이나 강제로 다스릴 권리와 능력을 갖고 있다고 믿는 잘못된 상상에서 생겨나는 유혹이다.

15. 형벌의 유혹. 이는 악을 바로잡고 정의를 수립하기 위해서는 어떤 특정 계층이 다른 사람들에게 나쁜 짓을 해도 될 권리가 있다고 믿는 그릇된 상상이 주는 유혹이다.

16. 게다가 허영심이라는 유혹도 있다. 이것은 인간의 행위를 지도할 수 있고 또 마땅히 지도해야 하는 것은 신앙이나 양심의 소리가 아니라, 사람들의 의견이나 인간이 정한 계율이라고 믿는 그릇된 상상의 유혹을 말한다.

17. 인간의 죄악을 초래하는 유혹에는 위와 같은 것이 있다. 그러나 여기에는 갖가지 죄악의 유혹을 긍정하는 미신까지 존재한다. 국가라는 미신, 교회라는 미신, 과학이라는 미신이 바로 그런 것들이다.

18. 국가라는 미신은 안일하고 나태하며 무위도식하는 몇몇 사람들이 '이마에 굵은 땀'을 흘리며 근로하는 대다수 사람들을 지배하는 것이 절대 필요불가결한 일이며, 국민의 안녕과 행복의 기반이 된다고 믿는 것을 가리킨다.

19. 교회라는 미신은 세상 사람들에게 쉴 새 없이 해명되고 있는 종교적

진리가 일생에 딱 한 번 계시되고, 세상 사람들에게 참된 신앙을 가르치는
자격을 획득한 어느 특정한 무리들만이 일생에 딱 한 번 드러나는 이 유일한
종교적 태도를 파악하고 있다고 맹신하는 기분을 가리킨다.

　20. 과학이라는 미신은 모든 사람들이 살아가는 데 없어서는 안 될 유일하
고 진실한 지식이 끝없이 넓고 깊은 지식의 세계에서 우연히 골라낸 몇 개의
사소한 지식 속에만 존재한다고 맹신하는 것을 말한다. 하지만 그러한 지식
은 사실 대부분의 인생에 꼭 필요한 인간의 근로를 회피하고, 부도덕하며 올
바르지 못한 생활을 영위하는 몇몇 사람들의 관심을 아주 잠시 동안 잡아두
는 데에 지나지 않는 전혀 불필요한 지식일 뿐이다.

　21. 갖은 죄악의 유혹과 미신 또는 맹신은, 신이나 다른 존재와의 영혼의
결합을 방해하면서 우리의 본성이 바라는 행복을 빼앗는다. 따라서 행복을
지키고 싶다면 온갖 죄악의 유혹과 미신과 맹신들과 싸우지 않으면 안 될뿐
더러 늘 그 싸움에 대비해 노력해야만 한다.

　22. 게다가 이런 종류의 노력은 항상 우리 권한 속에 있다. 그 이유는 첫
째, 이런 노력은 늘 현재에서만 행해지기 때문이다. 즉 과거나 미래가 접촉
하는 시공을 초월한 어느 한 점에서만 이루어진다는 말이다. 따라서 현재의
모든 순간순간은 우리가 절대로 자유로울 수밖에 없다.

23. 둘째 이유는, 그러한 노력은 성취되지 않고 끝날지도 모를 어떤 행위 그 자체에 있는 것이 아니라, 우리가 언제든지 할 수 있는 행위를 억제하려는 노력에만 존재하기 때문이다. 다시 말해 우리 내부에 역력히 살아 있는 모든 생명에 대한 사랑과 신적인 근원으로 향하는 자각에 따르도록, 자기 행동을 제어하려는 노력을 말하기 때문이다.

24. 또, 자기 안에서 일어나는 모든 생명에 대한 사랑과 신적 근원 사이의 자각에 반대되는 모든 언어를 스스로 억제하는 노력이 그것이다.

25. 나아가서는 자기 안에서 일어나는 모든 생명에 대한 사랑과 신적 근원 사이의 자각에 반대되는 온갖 사상을 스스로 억제하는 노력이 바로 그것이다.

26. 우리를 갖가지 죄로 이끄는 것은 육체적인 모든 욕정에 대한 관용 때문에 일어나는 현상이다. 따라서 모든 죄악에 맞서기 위해서는 육체적인 욕정에 너그러운 행위, 언어, 사상을 억제하려는 노력, 즉 육체를 초월할 수 있는 부단한 노력이 필요하다.

27. 우리를 온갖 악으로 끌어들이는 것은 자기가 남들보다 훨씬 우월하다고 하는 잘못된 생각에서 비롯된다. 그러므로 이런 악의 유혹과 맞서기 위해

서는 자기를 남들보다 위로 추켜세우는 행위나 말이나 사상을 억제할 수 있는 노력, 즉 겸손을 잃지 않도록 노력하는 수밖에 없다.

28. 우리를 온갖 미신과 맹신으로 이끄는 것은 거짓을 허용하는 태도이다. 따라서 각종 미신이나 맹신과 맞서기 위해서는 진리에 반대되는 행위와 말과 사상을 억제하려는 노력, 즉 늘 진실하고자 하는 노력이 필요하다.

29. 자아를 버리면서 겸손하고 성실하고자 하는 노력은, 우리의 영혼이 신이나 다른 존재와 맺어지는 데 방해가 되는 장애물을 없애주어 우리가 늘 느낄 수 있고 실감할 수 있는 행복을 가져다준다. 그러므로 우리가 악이라고 믿고 있는 것은 사실 자기 생활을 잘못 다스림으로써 인간의 본성에 어울리는 행복을 찾으려는 노력을 게을리하고 있다는 증거에 지나지 않는다. 왜냐하면 본질적으로 악이란 것은 존재하지 않기 때문이다.

30. 이와 마찬가지로 우리가 사멸이라고 생각하는 것도 실은 자기 삶을 잘못 해석하고 있다는 증거에 불과하다. 사멸은 자기 삶이 시간의 흐름 속에 있다고 믿는 사람들에게만 존재한다. 하지만 신과 다른 존재와 자신의 영혼이 하나가 되고자 노력하는 과정에 자기 삶의 참다운 모습이 있음을 자각하는 사람들에게는, 죽음은 아예 존재하지도 않고 또 존재할 수도 없다.

31. 자기 삶을 이렇게 이해하는 사람들, 즉 신과 다른 존재와 자기 영혼이 하나가 되는 과정에 참다운 삶의 모습이 있다고 해석하는 사람들에게는 육체가 멸망한 뒤에 과연 자기 영혼이 어떻게 될 것인가는 전혀 문제가 되지 않는다. 영혼은 과거에도 없었고, 미래에도 없으며, 늘 현재에만 존재하기 때문이다. 육체가 죽은 뒤에 남은 영혼을 자기가 어떻게 인식할까 하는 문제는 이미 인간의 영역에 속하는 것이 아니므로, 우리가 알게끔 허용되어 있지도 않을 뿐더러 또 사실 알 필요도 없다.

32. 인간에게 그것이 허용되지 않는 이유는, 우리의 정신력이 미래라는 별개의 세계에 자기 영혼을 묶이지 않도록 하여 지금 이 세계에서 신과 다른 존재와 자신의 영혼을 하나로 맺는다고 하는 철두철미하고 확연하며 그 어느 것으로도 흔들리지 않는 견고한 행복을 깨닫도록 하는 데에만 집중토록 하고자 하기 때문이다. 또한 인간의 영혼이 사후에는 어떻게 될 것인가 하는 문제가 우리에게 불필요한 까닭은, 자기의 삶이 신과 다른 존재와 자기 영혼의 결합 이외에는 아무것도 아니라는 것을 이해하고 수긍한다면, 우리 삶의 목적이 그러한 정진의 결과로 얻을 수 있는 행복뿐임을 저절로 알게 되기 때문이다.

야스나야 뽈랴나에서
레프 똘스또이

14

나의 참회/인생의 길
차례

죄란 무엇인가/온갖 유혹과 맹신
일생의 주된 사업은 온갖 죄와 악의 유혹과 맹신에서 벗어나는 것이다
영적인 삶의 발현에 대해 죄와 악의 유혹과 맹신과 허망한 가르침이 지니는 의의

과잉 · 242
육체에 있어 모든 과잉은 육체와 정신 모두에 해롭다
육체의 욕망은 질릴 줄을 모른다/포식의 죄
육식의 죄/술, 담배, 마약 등에 의한 자기마취의 죄
육체에 대한 봉사는 정신에 해를 끼친다
육체의 욕정을 이기는 자만이 자유롭다

성욕 · 252
완전한 동정과 처녀로 일관하도록 해야 한다/간음죄
성적인 방종으로 생겨나는 여러 가지 불행
세상 지도자들에게서 볼 수 있는 '간음'에 대한 용서하기 어려운 태도
간음죄와의 투쟁/결혼/자녀는 성적 죄악의 속죄이다

무위도식 · 264
타인의 노력에 의존하면서 일하지 않는다면
커다란 범죄를 저지르는 것이 된다
이마에 땀흘려 수고하라는 계명을 지키는 것은 어렵지 않다.
오히려 기쁜 일이다
가장 좋은 노동은 밭을 갈거나 씨를 뿌리는 것이다
노동의 분담이라는 말은 무위도식의 변명에 불과하다

이마에 땀흘려 일하라는 계명에서 벗어난 사람들의 활동은
언제나 공허하고 무익하다
빈둥거리는 삶의 해독

영적 삶을 사는 사람에게는 모든 사람이 평등하다

폭력 · 314

형벌 · 331

허영심 · 343

우리의 정신생활은 시공의 바깥에 있다
진정한 삶은 오늘 이 순간에만 존재한다
사랑은 현재에만 발현된다/오늘의 삶을 한가로이 보내면서
인생에 아무런 준비를 하지 않는 것은 잘못이다
행위의 결과는 우리가 알 수 없다. 그것은 신의 영역이므로
인생의 의의가 현재에 있음을 깨닫는 사람들에게
내세에 대한 문제는 있을 수 없다

무위 · 404
선한 삶을 위해 가장 필요한 것은 자제이다/절제하지 않은 결과
모든 활동이 존경할 가치가 있는 것은 아니다
자신을 육체적인 존재가 아니라 정신적인 존재로 인식할 때 비로소
우리는 온갖 나쁜 습관을 억제할 수 있다
방자함과 싸우는 것이 격렬하면 할수록 싸움은 그만큼 쉬워진다
개개인 및 인류 전체에 대한 자제의 의의

말 · 412
말은 삶을 결정짓는 커다란 요소다/화가 나거든 침묵하라
싸워서는 안 된다/비판하지 마라
불성실한 말에서 생겨나는 해악/침묵의 유익
말을 삼가는 것의 이득

사상 · 420
사상의 사명
사람의 일생은 그가 어떠한 사상을 지니고 있느냐에 따라 결정된다
불행의 최대 원인은 행위가 아닌 생각 속에 존재한다
우리는 자기 생각에 대한 지배력을 지닌 존재이다
자신의 생각을 통제할 힘을 갖기를 바란다면 영적인 삶을 살아야 한다

이 세상의 과거와 현재 사람들과 사상적 세계에서 하나로 결합할 수 있다는
사실은 인간의 가장 큰 행복 가운데 하나이다
생각하는 노력 없이 선한 삶은 불가능하다
인간이 다른 동물보다 뛰어난 것은 사색하는 능력뿐이다

자기를 잊는 것 · 432
인생의 율법은 육체의 부정에 있다
죽음을 면하기 어렵다는 사실은 필연적으로
우리에게 죽음에 종속되지 않는 영적 삶을 깨닫게 한다
동물적 존재로서의 자기부정은 우리의 영혼 속에 신이 계심을 드러낸다
만인에 대한 진실한 사랑은 나를 버리고서만 가능하다
동물적 욕망의 만족만 추구하는 사람은 자기의 진정한 삶을 망가뜨린다
수많은 죄로부터 벗어나는 길은 나를 버릴 때에만 가능하다
동물적 자아에서 벗어나는 것은 진실하고 무한한 정신적 행복을 준다

겸손 · 449
자기의 행위를 자랑해서는 안 된다. 왜냐하면 우리가 행하는 선한 일은
모두 우리가 행한 것이 아니라 우리 안에 깃든 신성이 한 일이기 때문이다
악의 유혹은 모두 오만에서 생긴다
겸손은 사람들을 사랑으로 결합시킨다
겸손은 우리를 신과 하나가 되게 한다
오만과 어떻게 싸울 것인가? / 오만이 초래하는 결과들
겸손은 우리에게 영혼의 행복과 악의 유혹에 대항할 힘을 준다

성실 · 459
기존 신념이나 관습에 대해 어떠한 태도를 취해야 하는가
거짓의 원인과 결과 / 맹신은 무엇에 의거하는가
종교상의 미신 / 우리 내부에 있는 이성의 싹
이성은 신앙의 상태를 검토한다

악 · 471

우리가 고뇌라 일컫는 것은 인생에 있어서 없어서는 안 될 조건이다
고뇌는 우리에게 영적인 생활을 불러온다
고뇌는 삶에 대한 합리적인 태도를 가르친다
질병은 진실한 삶을 방해하는 것이 아니라, 오히려 도움을 준다
우리가 악이라 칭하는 것, 그것은 우리의 과오이다
수많은 고난이 이로움을 초래한다는 것을 깨달으면 그 고통은 사라진다
수많은 고난은 신의 뜻을 수행하는 데 방해가 될 수 없다

죽음 · 485

우리의 삶은 육체의 죽음과 함께 끝나지 않는다
진정한 삶은 시간의 바깥에 있다. 따라서 미래 같은 것은 존재하지 않는다
영적인 생활로 일관하는 사람에게는 죽음은 두려운 것이 아니다
인간은 자기 내부에 깃들어 있는 영원한 생명과 더불어 살아야 한다
죽음을 기억하는 것은 영적인 삶에 도움이 된다/사망

죽음 뒤 · 501

육체의 죽음은 삶의 끝이 아니라 변화일 뿐이다
육체의 죽음에 즈음하여 이루어지는 삶의 변화라는 본질은
사람의 지혜로는 알 수 없는 법이다
죽음은 해방이다
출생과 사망은 우리의 삶이 우리로부터 숨을 수 있는 한계이다
죽음은 영혼을 개인의 한계에서 벗어나게 한다
지금까지 깨달을 수 없었던 것이 죽음의 세계에서 계시된다

삶은 가장 큰 복이다 · 514

인생은 우리가 파악할 수 있는 가장 귀한 행복이다
진정한 행복은 '무덤 너머'가 아닌 현재의 생활에 있다
참된 행복은 자기 내부에서만 발견할 수 있다
참된 삶이란 영혼의 삶이다/참된 행복은 어디에 있는가

행복은 모든 사람을 사랑하는 마음에 있다
육체를 섬기면 섬길수록 그만큼 우리는 참된 행복을 잃는다
인생의 규율을 지키지 않으면 인생의 행복도 느끼지 못한다
인생의 규율을 준수하는 것만이 우리에게 하늘은 복을 준다

선과 선한 마음에 대하여 · 529

우리가 저마다 누릴 수 있는 가장 높고 큰 행복은
꾸준히 선을 행하는 것이다
하루하루를 선행으로 장식하라
선은 주는 이와 받는 이 사이에 있는
신의 세계의 융화에 의해서만 측정할 수 있다
선에 대항하는 것만은 절대 불가능하다
선덕은 개인관계에서 지켜야 할 우리의 신성한 의무이다
영혼의 선덕은 육체의 건강과 같다
선한 마음은 은혜이며, 희열이고, 나아가 투쟁의 무기이다
선한 마음 없이 진리는 전달되기 힘들다
최악의 결점도 선량함을 수반하는 경우에는 허용된다

영혼을 위하여 · 542

성현의 가르침은 신에게서 나온다/참된 삶은 영혼에만 존재한다
이웃에 대한 사랑/모든 것을 사랑하라
모든 사람에 대한 사랑은 신의 뜻이다
신을 사랑하라. 그리고 너 자신을 사랑하는 것과 같이
너의 모든 이웃을 사랑하라/모든 사람의 참된 생활과 행복이 있는 곳
다른 동물에게서 배워라/땀 흘려 일하는 삶
남녀 관계도 다른 동물에게 배워야 한다/철저한 무저항
영혼은 모든 사람에게 유일하며 동일하다
신을 섬길 것인가, 아니면 나를 섬길 것인가
이 세상을 신의 나라로 만들어야 한다

어떻게 살 것인가
머리글 · 557

어떻게 살 것인가 · 569

1. 인간 생활의 근본적 모순/2. 인류는 아득한 옛날부터 생명의 모순을 의식해 왔다. 현자들은 이 내적 모순을 해결할 인생의 진리를 밝혀주었건만, 위선자나 학자들이 그것을 감추고 있다. /3. 학자의 미망(迷妄)/4. 학자들은 동물적 생존에서 나타나는 모든 현상을 인간의 생명이라는 개념에 적용시킴으로써, 인생의 목적에 대한 결론을 이끌어 내고 있다. /5. 바리새인 및 학자들의 거짓된 가르침은 인생의 진정한 의미에 대해 아무런 설명도 해주지 않고, 또 아무런 지침도 제시해주지 않는다. 따라서 인생의 유일한 길잡이가 되는 것은 오로지 합리적인 설명을 할 수 없는 타성뿐이다. /6. 오늘의 세계인에게서 볼 수 있는 의식의 분열/7. 의식의 분열은 동물과 인간의 혼동에서 일어난다. /8. 분열이나 모순은 실재하지 않는다. 그것은 잘못된 가르침에만 나타난다. /9. 인간과 참생명의 탄생/10. 이성은 인간에 의하여 의식된 법칙이고, 인생은 이 법칙에 따라 완성되어야 한다. /11. 지식의 그릇된 방향/12. 그릇된 지식의 원인은 대상을 파악하는 잘못된 원근법에 있다. /13. 대상을 인식할 수 있는 가능성이 증가하는 것은 시간과 공간 속에서 자주 모습을 드러내기 때문이 아니라, 우리와 그 연구 대상이 동일한 법칙을 따르기 때문이다. /14. 참된 인간 생활은 공간과 시간 속에서 생기는 것이 아니다. /15. 동물적 행복을 부정하는 것이 인간 삶의 법칙이다. /16. 동물적 자아는 삶의 도구/17. 영혼에 의한 탄생/18. 이성적 의식은 무엇을 요구하는가. /19. 이성적 의식을 요구하는 이유/20. 자아의 요구와 이성적 의식의 요구는 양립하기 어렵다. /21. 자아의 부정이 아니라 이성적 의식을 따르는 것이 요구된다. /22. 사랑이라는 감정은 이성적 의식을 따르는 자아의 활동을 나타낸다. /23. 사랑이라는 감정은 자기 삶의 의미를 이해하지 못하는 사람에게는 나타나지 않는다. /24. 참된 사랑은 개인의 행복을 부정한 결과이다. /25. 사랑은 참된 생명의 완전하고도 유일한 활동이다. / 26. 자기 생존을 위한 불가능한 개선에 허비하는 인간의 노력은, 진실된 삶을 살 유일한 가능성을 앗아가 버린다. /27. 죽음의 공포는 해결되지 않는 삶의 모순에 대한 의식이다. /28. 육체의 죽음은 공간에서 유한한 육체와 시간에서 유한한 의식을 파괴하지만, 생명의 밑바탕을 이루는 '세계에 대한 여러 존재의 특정한 관계'는 파괴할 수

없다. /29. 죽음의 공포는 사람들이 그릇된 관념으로 한정된 생명의 작은 부분을 인생이라고 확신하는 데에서 생긴다. /30. 생명은 존재와 세계의 관계이다. 생명 운동은 새롭고 한층 높은 관계 확립을 위한 것이므로, 죽음은 이 새로운 관계로 들어서는 것이다. /31. 이 세상에서의 죽음이 생명의 끝은 아니다. /32. 죽음과 관련된 미신은 사람이 외부 세계에 대한 여러 종류의 관계를 혼동하는 데서 일어난다. /33. 눈에 보이는 생명은 무한한 생명 운동의 일부분이다. /34. 지상의 생존에서 겪는 여러 가지 고통을 설명하기 어려운 것은, 이 삶이 출생에서 시작되어 죽음으로 끝나는 개인의 삶이 아니라는 것을 확실하게 보여준다. /35. 육체적 고통은 인간의 행복을 위한 필수조건이다.

똘스또이 사랑을 찾아서

참된 사랑은 삶 그 자체이다.
오로지 사랑하는 사람만이 진정 살아있다고 할 수 있으므로.

똘스또이 사랑을 찾아서

제1장 인생의 스승 똘스또이

"똘스또이의 산문은 영원의 깊이에서 우러나와 자연처럼 나이도 없이 모든 시대를 산다." '세계문학전집'의 마당에 가장 넓은 영토를 차지한 대문호 똘스또이. 그의 숭고한 정신은 이면에 뜨거운 육체의 욕망을 지니고 있었다. 그의 영혼은 육체를 떠나 마음껏 자유롭게 호흡한 적이 결코 없었다. "신(神)은 나의 욕망이다." 그는 인간 영혼의 정점이었다. '인류의 교사'였다. '성(聖) 똘스또이' 그는 진리를 사랑하는 순례자였다.

'인생의 스승' 똘스또이. 이 '인생의 스승'이라는 말은 어떤 의미로 붙여진 것일까? 똘스또이가 자신의 문학작품에서 인생의 진실을 표현해냈기 때문일까? 아니면 문학작품이 아닌 다른 저작들 속에서 인간이 살아가야 하는 길과 의무에 대해 집요하게 묻고 있기 때문일까? 그것도 아니면 인생의 의미는 가정의 행복이나 부, 재산 속에 있는 것이 아니며, 오히려 이것들을 훨씬 뛰어넘은 곳에 존재한다는 것을 그의 긴 생애를 통해 몸소 실천해 보여주었기 때문일까? 한 가지 분명한 사실은 그가 어느 측면에서 보아도 '인생의 스승'에 어울리는 인물이라는 점이다. 그가 평생 배우고 가르쳐 온 것들에는 비유적인 의미가 아닌 진정한 스승으로서의 진리를 사랑하는 삶의 모습이 그대로 드러나기 때문이다.

세 가지 우화 (1895년)

똘스또이는 사상가로서의 자기 위치와 역할을 어떻게 생각했을까. 〈세 가지 우화〉는 똘스또이가 쓴 사상가 똘스또이에 대한 해설이라 할 수 있을 것이다.

첫 번째 우화

훌륭한 목초지에는 잡초가 무성하게 자란다. 목초지의 주인들은 그 잡초를 없애려고 베어 냈으나 오히려 늘어나기만 했다. 가끔 목초지의 소유주들을 찾아오던 선량하고 지혜로운 주인이 이런저런 도움이 될 만한 이야기를 했는데, 그 중에는 잡초는 베어 내면 점점 더 무성해지기만 하므로 뿌리째 뽑지 않으면 안 된다는 이야기도 있었다.

그러나 주인이 아무리 이런 조언을 해주어도 목초지 소유주들은 무슨 이유에서인지 그 말을 따르지 않았다. 결국 뽑지 않고 베어 낸 잡초는 점점 더 무성해져 갔다. 그 뒤로 몇 년이 지나는 동안 선량하고 지혜로운 주인의 명령을 떠올린 목초지 소유주도 몇몇 있기는 했다. 그러나 그의 이야기에는 상관도 않고 여전히 똑같은 일이 계속되었기에 잡초가 고개를 내밀자마자 즉각 베는 것이 관례가 되었을뿐만 아니라, 신성한 전언(傳言)이 되기까지 했다. 목초지는 차츰 황폐해져 갔다. 그러다 마침내 목초지 전체가 잡초로 뒤덮이게 되었다. 사람들은 속을 끓이다가 사태를 개선하기 위해 온갖 방법을 궁리해 냈다. 그러나 단 한 가지 오래전에 선량하고 지혜로운 주인이 제안했던 것만은 채택되지 않았다. 그런데 어떤 사람이 목초지의 안타까운 상황을 보고 전에 주인이 잡초는 베지 말고 뿌리째 뽑으라고 했던 조언을 떠올렸다. 그 사람은 목초지의 소유주들에게 당신들이 하는 방법은 틀렸으며, 이미 오래전에 선량하고 지혜로운 주인이 그것을 지적한 바가 있음을 상기시켰다.

그래서 어떻게 되었을까. 소유주들은 그 사람이 한 말이 옳은지를 살펴서 그가 맞을 경우에는 잡초베기를 그만 두든지, 아니면 그가 옳지 않을 경우에는 그의 말이 옳지 않다는 것을 증명하든지, 아니면 선량하고 지혜로운 주인의 명령은 근거가 없으며 자기들에게는 불필요하다고 인정하든지 하는 것 가운데 어느 하나도 하지 않았다. 대신에 목초지의 소유주들은 그 사람의 말에 화를 내면서 욕하기 시작했다. 그들은 그 사람을 자기 혼자만 주인의 명령을 이해했다고 믿는 머리가 이상하고 자아도취에 빠진 사람이라 불렀다. 또 어떤 사람은 그를 악의적인 거짓 해석자요, 중상하는 자라 했으며 지독한 풀을 무성하게 해서 사람들에게서 목초지를 빼앗으려 하는 해로운 사람이라고 했다.

"저 녀석은 잡초를 베지 말라고 한다. 하지만 우리는 잡초를 없애야만 한다."

'잡초를 없애지 말라'고 한 것이 아니라 '베지 말고 뽑으라'고 했던 말에는 굳이 입을 다물고 사람들은 이렇게 말했다.

"그렇게 되면 잡초가 무성해져서 우리의 목초지를 깡그리 못쓰게 만들 것이다. 잡초 따위를 키우게 할 거라면 무엇 때문에 우리에게 목초지를 주었단 말인가."

그래서 그 사람은 머리가 이상하거나 거짓 설교자, 아니면 자기들에게 해를 끼칠 목적임이 분명하다는 의견이 완전히 굳어져, 모두들 그를 욕하고 웃음거리로 삼기에 이르렀다. 그래서 그가 자기는 잡초가 무성해지기를 바라기는커녕 그 반대로 해로운 풀을 없애는 것이 농민의 중요한 일 가운데 하나라고 생각하며, 그것은 선량하고 지혜로운 주인이 생각했던 것과 같고, 자기는 그 말을 상기시켰을 뿐이라고 아무리 설명해도 누구도 그의 말을 귀담아 듣지 않았다. 이미 그는 머리가 돈 사람이거나, 잡초를 없애지 말고 잡초를 보호하라고 사람들을 부추기는 악당으로 완전히 낙인 찍혔기 때문이다.

이와 똑같은 일이 나에게 일어난 것은, '악에 대항해 폭력으로 항거하지 말라'는 복음서의 명령을 내가 지적했을 때였다. 이 율법은 그리스도가 말한 것이고, 그리스도의 사후에는 시대를 막론하고 그의 참제자들에 의해서 전해진 것이다. 그러나 시간이 흐르면 흐를수록 이 율법은 차츰 잊혀지고, 사람들의 생활 태도는 점점 이 율법에서 멀어지다가 마침내 현재와 같은 상황에까지, 즉 신기한데다가 들어본 적도 없고, 기묘하고 비상식적인 것으로까지 생각되는 지경에 이르고 말았다. 그래서 잡초를 베어서는 안 되고 뿌리째 뽑아 내야만 한다는, 선량하고 지혜로운 주인의 옛 권고를 사람들에게 지적한 그 사람에게 일어났던 일과 정확히 똑같은 일이, 나에게도 일어났던 것이다.

목초지 소유주들은 충고의 요점이 잡초를 없애지 말라는 것이 아니라 이치에 맞는 방법으로 그것을 뽑아 내자는 데에 있다는 말에 대해서는 굳이 입을 다물고, 오히려 이 사람은 머리가 이상하다, 잡초를 베지 말라고 했으며, 그것을 키우라고 명령한다고 주장했다. 이 경우와 마찬가지로 그리스도의 가르침에 따라서 '악'을 없애려면 폭력으로 악에 대항하지 말고, 사랑으로 그것을 근절해야만 한다는 나의 말에 대해서도 사람들은 그 말을 듣지 말자, 그는 머리가 돌았다, 악이 우리의 숨통을 끊어야 한다는 듯이 악에 저항하지 말라고 충고하고 있다고 말한다.

그리스도의 가르침에 따르면 악에 대한 폭력적 저항은 모든 악을 자라게 할 뿐이며, 악은 선으로만 근절된다는 것이었다. "너희를 저주하는 자를 축복하고, 너희를 모욕하는 자를 위해 기도하며, 너희를 미워하는 자에게 선을 베풀며, 너희의 적을 사랑하라. 그리하면 적은 사라진다."(12사도의 가르침)

내가 한 말은 사람의 일생은 모두 악과의 싸움이며, 악에 대한 이성과 사랑에 의한 저항인데, 악에 저항하는 모든 방법 가운데 그리스도는 악과 똑같은 폭력으로 저항하는 방법만은 제외하고 있다는 뜻이었다. 사랑으로 저항해야 한다는 것이다.

그러나 나의 말은 마치 그리스도는 악에 저항해서는 안 된다고 가르치고 있기라도 한 것처럼 이해되고 있다. 그래서 사람들은 악을 없애는 척하면서 태연히 악을 만연시키고 증대시키기를 계속하는 것이다.

두 번째 우화

밀가루나 버터, 우유 등 식료품을 파는 사람들이 있었다. 이 사람들은 좀더 많은 이익을 거두고, 되도록 빨리 부자가 되고 싶어서 서로 앞다퉈 온갖 값싸고 유해한 것들을 상품에 점점 더 많이 섞게 되었다. 밀가루에는 겨와 석탄을 뿌리고, 버터에는 마가린을 섞었으며, 우유에는 물과 분필을 넣었다. 이 상품들이 소비자의 손에 도달하기까지는 도매상이 소매상에게 팔고, 소매상은 잡화가게에 파는 식으로 만사가 순조로웠다.

창고와 가게가 많이 있어서 장사는 번성하는 듯이 보였다. 상인들은 만족했다. 그러나 식료품을 직접 생산하지 않기 때문에 식품을 사야만 하는 도시의 소비자들에게는 대단히 불쾌하고 해로웠다.

밀가루는 이상하고, 버터나 우유도 마찬가지였지만 시장에는 그렇게 섞은 것 이외에는 없었으므로 도시의 소비자들은 그 상품들을 계속 샀다. 소비자들은 맛이 나쁘고 건강이 좋지 못한 것은 자기 요리솜씨가 서툰 탓이라고 생각했고, 상인들은 계속해서 관계없는 싸구려 물질을 점점 더 많이 식료품에 섞어 넣었다. 상인들의 이런 행태는 꽤 오래 지속되었다. 도시 사람들은 모두 고통스러워했지만 아무도 불평을 하는 사람이 없었다.

그때, 직접 농사를 지은 식품으로 요리를 하던 한 주부가 이따금 마을에 내려왔다. 이 주부는 평생 동안 식사 준비를 해 왔기 때문에, 이름이 알려진 요리사는 아니라도 빵을 능숙하게 굽고, 식사를 맛있게 준비하는 방법은 터득하고 있었다.

이 주부가 마을에서 식료품을 사와서 빵을 굽고 요리를 하기 시작했다. 빵은 부풀어오르지 않고 조각이 났다. 버터를 쓴 쿠키는 맛이 없었다. 주부는 우유를 한동안 놔두었지만 크림은 생기지 않았다. 주부는 곧장 식료품이 좋지 않다는 것을 직감했다. 조사해 보니 생각했던 대로 밀가루 속에서는 겨가 발견되었고, 버터에는 마가린이, 우유에서는 분필가루가 나왔다. 식료품이 몽땅 불량제품임을 알아낸 주부는 상인들을 비난하고 가게에 질 좋고 영양가 있는, 상하지 않은 물건을 놓든지 아니면 가게를 닫으라고 상인들에게 요구하기 시작했다. 그러나 상인들은 주부에게는 전혀 신경쓰지 않고 자기네 물건은 일급품이며, 마을 사람들이 이미 몇 년이나 이 가게에서 물건을 구입하고 있으며, 자기들은 메달도 갖고 있다면서 주부에게 가게의 간판에 달려 있는 메달을 보여줬다. 그러나 주부는 물러서지 않았다.

"나한테 필요한 것은 말이죠. 메달 따위가 아니라 나나 아이들이 먹어도 배가 아프지 않은, 건강에 좋은 먹거리라구요."

"에이, 부인께선 분명 밀가루나 버터나 진짜를 본 적이 없을 겁니다."

상인들은 곳간에 가득 차 있는 언뜻 보아 섞인 것이 없는 밀가루와, 깨끗한 컵에 들어 있는 버터 비슷한 노란 것과, 반짝반짝하고 투명한 용기에 든 하얀 액체를 손으로 가리켰다.

"내가 모를 줄 알아요?" 주부는 대답했다.

"내가 평생 해 온 일은 이 손으로 요리를 해서 아이들과 함께 먹는 것이었어요. 당신들의 상품은 불량품이에요. 이게 그 증거라구요."

그녀는 엉망이 된 빵, 쿠키 속의 마가린, 우유의 침전물을 가리켰다.

"당신들의 물건은 몽땅 강에 버리든지 태워버리고 좋은 것으로 바꿔야만 해요!"

그 뒤로 주부는 46시간 동안 내내 가게 앞에 서서 찾아오는 손님들에게 똑같은 말을 외쳤고, 손님들은 술렁이기 시작했다.

그러자 이 낯두꺼운 주부가 가게를 망치겠다고 생각한 상인들은 손님들에게 이렇게 말했다.

"보십시오, 여러분, 이 부인은 머리가 어떻게 된 겁니다. 이 사람은 사람을 굶어 죽이려 하고 있어요. 식료품을 몽땅 강에 던지든지 태우라고 합니다. 우리가 이 사람 말대로 먹을 것을 여러분에게 팔지 않게 되면 대체 여러분은 무엇을 먹을 작정입니까? 이 사람이 하는 말에 귀를 기울여서는 안 됩니다. 이 사람은 무식한 시골뜨기라서 식료품이란 것을 알지도 못하는 주제에 괜히 샘이 나니까 우리한테 트집을 잡는 겁니다. 자기가 가난하니까 다른 사람들도 다 똑같이 가난해지기를 바라는 거지요."

상인들은 그녀가 바라는 것이 식료품을 없애는 것이 아니라 나쁜 물건을 좋은 것으로 바꾸라는 것임을 숨긴 채 모여든 사람들에게 이렇게 말했다.

그러자 사람들은 여자에게 덤벼들어 욕하기 시작했다. 그녀는 자기가 바라는 것은 식료품을 없애자는 것이 아니며, 단지 사람들의 먹거리를 독차지하고 있는 상인들에게, 먹거리를 가장한 유해한 물질로 식품을 손상하지 않았으면 좋겠다는 것뿐이라고 말했다. 그러나 아무리 설득해도 사람들은 귀를 귀울이지 않았다. 왜냐하면 사람들은 그녀가 이미 사람들에게 없어서는 안 될 식품을 빼앗으려 한다고 단정해 버렸기 때문이다.

이와 똑같은 일이 현대의 과학과 예술에 관련해서 나에게도 일어나고 있다. 나는 평생 동안 줄곧 이 먹거리를 먹어 왔고, 좋든 싫든 다른 사람들에게도 되도록 먹이려고 애써 왔다. 그리고 이것은 나에게는 음식물이지 거래 대상이거나 사치품이 아니기 때문에 먹거리가 먹을 만한 것인지, 유사품에 지나지 않는지는 금세 알 수 있다. 현대의 지적 시장에서 과학이나 예술을 가장해서 팔고 있는 먹거리를 몸소 먹어 보기도 하고, 또 사랑하는 사람들에게도 먹여 보았을 때, 나는 이 먹거리의 태반이 진짜가 아님을 알았다. 지적 시장에서 팔리고 있는 과학이나 예술은 마가린이 섞였거나, 진짜 과학이나 예술과는 무관한 물질의 혼합물이었다. 나는 지적 시장에서 산 물건이 나와 친한 사람들이 먹을 수 없는 것이고, 먹지 못할 뿐만 아니라 분명히 유해하다고 말했다. 그러나 사람들은 소리 높여 놀라면서, 당신은 학식이 없어서 그런 고상한 것을 즐기는 방법을 모르기 때문에 그렇게 된 것이라고 나를 타

이르는 것이었다. 어느 시대에든 과학과 예술의 이름으로 사람들은 해로운 것, 좋지 않은 것을 제공받아 왔다. 나는 현대에도 그럴 위험이 가까이 있다, 이것은 농담이 아니다, 정신적인 해독은 육체적인 해독보다 몇 배나 위험하기 때문에 먹거리를 가장해 우리에게 제공되고 있는 정신적인 상품을 최대한 주의를 기울여 살펴야 하며, 가짜와 유해한 것은 모두 내다버리지 않으면 안 된다고 소리 높여 말했다. 그러나 아무리 얘기해도 누구 한 사람 논문이나 책에서 나의 논거에 대해 이의를 제기하는 사람이 없고, 여러 가게 안에서 그 여자에게 퍼부었던 것과 같은 외침소리만 일어났다.

"저 사람은 머리가 돌았습니다! 저 자는 우리 삶의 양식인 과학과 예술을 없애려 하고 있습니다. 그가 하는 말에 귀를 기울여서는 안 됩니다. 자자, 어서 오십시오, 어서 오세요. 우리 가게에는 최신 물건들이 많이 있습니다."

세 번째 우화

여행자들은 걷고 있었다. 그들은 생각지도 못하게 길을 잃고 말았다. 그 때문에 평탄한 곳이 아니라 늪과 가시덤불, 고목으로 뒤덮인 길을 가게 되어 앞으로 나아가는 것이 점점 더 어려워져 갔다.

여행자들의 의견은 두 무리로 나뉘었다. 한 무리는 자기들은 본래의 길에서 벗어나 있지 않으며, 현재 나아가고 있는 방향으로 계속해서 나아가기로 결정했다. 다른 한 무리는 '현재 자기들이 나아가고 있는 방향은 분명히 잘못되어 있다. 그렇지 않으면 벌써 여행 목적지에 닿았을 것이다. 그러므로 길을 찾아야만 하는데, 길을 찾아내려면 멈추지 말고 여러 방향으로 되도록 빨리 나아가지 않으면 안 된다'고 결정했다. 그러나 단 한 사람은 어느 쪽의 의견에도 찬성하지 않고 지금까지 걸어 왔던 방향으로 가든, 여러 방향으로 서둘러서 나아가 그 방법으로 진정한 방향을 발견할 수 있다고 기대하든, 그 전에 먼저 멈춰 서서 자기가 놓인 상황을 깊이 생각하고 파악한 다음에 어느 쪽이든 착수하자고 말했다. 그러나 여행자들은 오랫동안 돌아다닌 탓에 몹시 흥분해 있었고, 자기들의 상황에 강한 불안감을 안고 있었다. 그래서 자기들은 길을 잃은 것이 아니라 잠시 길에서 벗어났을 뿐이므로 곧 다시 길을 찾을 수 있을 것이라는 기대로 스스로를 위로하고자 했으며, 무엇보다 돌아다님으로써 공포감을 해소하고 싶어했기 때문에 이 제안자는 양쪽 모두에게서 일제히 비난을 당했다.

"그런 것은 겁쟁이나 팔불출, 게으름뱅이에게나 할 충고야."

"한군데서 꼼짝도 않고 움직이지 않는 것이 여행의 목적지에 이르는 방법이라니 아주 다행이군!"

"우리가 인간이고, 우리에게 힘이 주어진 것은 싸우고, 노력하고, 장애물을 극복하기 위해서이지 나약하게 그것들에 굴복하기 위해서가 아니야."

다수에게서 멀어진 사람이 방향을 바꾸지 않고 잘못된 방향으로 가더라도 우리는 목적지에 다가가기는커녕 멀어질 따름이다, 또 여기저기 돌아다녀 봤자 역시 마찬가지로 목적지에는 도달하지 못한다, 목적지에 도달하는 유일한 방법은 태양이나 별에 따라 어느 방향으로 가야 목적지에 갈 수 있는지를 생각하고 방향을 선택한 다음에 그쪽으로 향하는 것이다. 그러려면 우선 멈춰 서야만 한다. 멈추는 것은 그냥 멀뚱하게 서 있기 위해서가 아니라 올바른 길을 찾아서 이번에야말로 단호하게 그 길을 가기 위한 것이므로, 우선은 멈춰 서서 정신을 가다듬을 필요가 있다고 입에 침이 마르도록 말해도 아무도 귀담아 듣지 않았다.

첫 번째 여행자들 무리는 가던 방향으로 내처 나아갔고, 두 번째 무리는 일정한 방향 없이 이리저리 돌아다니기 시작했으나 모두 목적지에 다가가지 못했을 뿐만 아니라 늪과 가시덤불에서조차 탈출하지 못하고 지금껏 헤매고 있다.

내가 다음과 같은 의아스러운 점을 말하려 했을 때, 이것과 조금도 다르지 않은 일이 일어났다. 노동문제라는 캄캄한 숲과 여러 국가의 끝도 없는 군비 확장이라는 늪으로 우리를 인도한 이 길은 반드시 우리가 가야만 하는 길이라고는 할 수 없지 않느냐. 우리가 길에서 벗어나고 만 것도 넓게는 있을 수 있는 일이다. 분명히 잘못된 운동이라면 잠시 멈춰 보고, 우리가 알고 있는 진리, 일반적이고 영원한 원리원칙에 따라 우리가 의도했던 방향인지 아닌지를 먼저 생각해야 하지 않느냐? 이 질문에는 아무도 대답하지 않았거니와 어느 한 사람도 우리는 방향이 잘못되어 있지 않다, 길을 잃지도 않았다, 그것은 이러저러한 이유로 확실하다고 말한 사람도 없었다. 어쩌면 우리는 분명 길을 잘못 들었는지도 모르지만, 우리에게는 이 운동을 중지하지 않고 잘못을 바로잡을 확실한 방법이 있다고 말하는 사람도 없었다. 모두들 화를 내며 분개했고, 일제히 소리 높여 나 한 사람의 목소리를 없애려 기를 썼다.

"우리는 그렇지 않아도 게을러서 뒤처져 있다. 그런 것은 나태와 무력과 무위(無爲)를 장려하는 것이다!"

어떤 사람들은 더 나아가서 '빈둥빈둥주의'라고까지 했다.

"그의 말을 듣지 마라, 우리 뒤를 따라서 전진해야 한다!"

그것이 어떤 방향이든 일단 선택된 방향은 변경하지 않고 나아가는 것이 살아나는 길이라고 생각하는 사람들이나, 여러 방향으로 다 가보고 돌아다니는 것이 살아나는 길이라고 생각하는 사람들 모두 이렇게 외쳤다.

"멀뚱하니 서서 뭐가 되나? 생각해서 어쩌겠다는 것이지? 갈 길을 서두르자! 모두 잘될 테니!"

사람들은 길을 잘못 들었고, 그 때문에 괴로워하고 있다. 힘을 쏟아야 할 가장 중요한 노력은 지금 우리가 처해 있는 이 잘못된 상황으로 끌어들인 운동을 강화하는 쪽이 아니라 그만두는 쪽으로 향하게 해야 한다. 한 사람 또는 일부 사람들의 행복이 아니라 사람들 모두가 지향하고 있는 인류 전체의 진정한 행복에 도달하기 위해 우리가 나아가야 할 방향을 찾아야 한다.

그러나 사람들은 자기들 상황의 비참함을 느끼고 있고, 거기서 탈출하기 위해 할 수 있는 일은 뭐든 하고 있으면서 자기들의 상황을 분명히 나아지게 하는 일만은 도무지 하려고 않는지라, 그렇게 하는 것이 좋겠다는 충고만큼 사람들을 애태우게 하는 것도 없다.

우리가 길을 잃은 것에 여전히 의심의 여지가 있다고 한다면, 정신을 차리라는 충고를 받아들이는 이러한 태도만큼 우리가 얼마나 구제하기 힘든 길에서 헤매고 있으며, 우리의 절망이 얼마나 큰지를 명료하게 증명하는 것은 없다.

사상가 똘스또이의 투시력

똘스또이의 리얼리즘

똘스또이의 문학은 리얼리즘 문학이다. 여기서 말하는 '리얼리즘'이란 어떠한 개념일까? 똘스또이의 리얼리즘은 낭만주의에 반대되는 사실주의의 의미가 아니며, 리얼리즘과 내추럴리즘(자연주의)은 어떻게 다른가 하는 경우의 리얼리즘과도 다르기 때문이다. 똘스또이의 리얼리즘은 어딘가 좀더 소박하다.

문학사나 문학이론을 모르는, 또는 그런 것에는 그다지 흥미가 없는 한 독자가 똘스또이의 문학작품을 읽고, "이 사람의 문장을 읽노라면 뭔가 눈에 보이는 것 같다"고 생각했다면, 이것이야말로 똘스또이의 리얼리즘이라고 해도 과언이 아닐 것이다. 즉, 똘스또이의 리얼리즘이란 기본적으로 독자의 시각에 호소하는 묘사 방식에 기반하며, 그의 표현이 시각적이라는 의미이다. 그러나 묘사 방식이 눈에 보이는 것 같다고 표현하는 것도 결코 완전한 표현이라고는 할 수 없다.

예를 들면 《이반 일리찌의 죽음》에 다음과 같은 장면을 떠올려 보자. 몸이 좋지 않음을 느낀 이반 일리찌가 유명한 의사를 찾아간 장면이다. 거기에는 이반 일리찌를 진찰하는 의사의 표정이 이렇게 묘사되어 있다.

"당신은 그저 우리한테 맡기시면 됩니다. 모든 일이 잘될 테니까요. 어떤 사람한테든 모두 일률적으로 만사가 잘되게 하는 방법을 우리는 다 알고 있거든요."

의사의 표정은 그렇게 말하고 있는 것 같고, 그것은 피고에 대한 재판관의 표정하고 똑같았다고 한다.

이러한 의사의 자신 있는 듯한 차가운 표정 앞에서 환자는 얼마나 불안한 생각이 들었을지, 얼마나 내동댕이쳐진 듯한 기분이 들었을지 경험이 있는 사람이라면 쉽게 이해할 것이다. 그리고 자신에 찬 이 의사의 표정이 생생하게 떠오를 것이다.

그러나 눈에 보이는 것 같기는 하지만 잘 생각해 보면 실제로 눈에 보이는 모습에 대해서는 한마디도 언급되어 있지 않다. 바로 여기에 똘스또이의 리얼리즘을 이해하기 위한 중요한 핵심이 있다. 묘사 방법이 눈에 보이는 것 같다고 할 경우, 반드시 눈에 보이는 부분의 묘사에 세심한 주의를 기울인다는 의미는 아니라는 것이다. 이 의사의 경우 의사의 기분을 의사 자신의 말로 하게 함으로써, 그의 표정이 우리의 뇌리에 확연하게 보이게 하는 구도로 되어 있다. 말하자면 사람의 눈이란 눈에 보이는 부분 저편에 있는 것을 이해했을 때 비로소 잘 보이기 마련이다.

표정은 마음을 투시함으로써 나타난다. 그러나 이것은 표정에 한정되지 않고 더 일반적인 성질을 지녔다. 현실을 얼마나 정확하게 인식할 수 있는지는 현실을 어느 정도 투시할 수 있느냐에 달렸다. 그것이 작가의 투시력이자 작품의 투시력인 것이다.

여기서 말하는 투시력이란 자연과학에서 말하는 법칙 같은 것이다. 현실세계에서는 예를 들면 나뭇잎과 돌멩이는 같은 속도로는 낙하하지 않지만, 그것 때문에 만유인력의 법칙이 달라지는 것은 아니다. 오히려 그와는 반대로 만유인력의 법칙을 신뢰할 수 있기 때문에 나뭇잎과 돌멩이의 낙하속도가 다른 이유를 설명할 수 있다.

똘스또이의 사상과 문학작품의 관계는 지금 말했던 법칙과 비슷하다고 할 수 있다. 우리는 보통 나뭇잎과 돌멩이의 낙하속도가 다른 것을 보고 만유인력의 법칙이 지나치게 극단적이라고는 말하지 않는다. 그런데도 생명의 본질은 사랑이며, 사랑이 전부라는 똘스또이의 명제는 지나치게 극단적이라고 치부되고 만다. 그러나 여기서 중요한 것은 이 명제가 극단이냐 아니냐가 아니라 이 명제가 어느 정도의 투시력을 지녔느냐 하는 점이다. 이 명제에서 《이반 일리찌의 죽음》이 탄생했고, 《끄로이쩨르 소나따》가 나왔으며, 그리고 《주인과 하인》이 《하지 무라뜨》가 태어났음을 생각해야 한다.

비유를 좋아한 똘스또이

똘스또이에게는 현실세계를 이해하기 위한 무기가 하나 더 있었다. 비유가 바로 그것이다. 앞에서 예로 들었던 《이반 일리찌의 죽음》에서 의사의 표정에 대해 의사의 말로 표현된 마음의 움직임 뒤에 덧붙여진 그것은 재판관의 표정하고 똑같았다는 비유는 참으로 명쾌하다.

실제로 똘스또이는 비유와 우화의 달인이었다. 그것은 《전쟁과 평화》에 쏟아진 수많은 비평에 대해서 일기에 썼던 대로 솜씨 좋은 요리사와 마당의 개들에 대한 우화를 떠올리는 것만으로도 충분히 수긍이 가며, 똘스또이가 쓴 모든 민화가 그 증거라 할 수 있다.

현실은 있는 그대로의 모습으로 우리 앞에 있지만, 그것을 있는 그대로의 것으로 이해하기 위해 단지 막연하게 바라만 본다면 무슨 소용이 있겠는가. 대상의 본질을 잡아 내리려면 저편에 감춰져 있는 것을 간파하는, 즉 대상의 심정을 이해하든지, 아니면 비교나 비유에 대해 적극적으로 의미를 부여할 필요가 있다. 무언가를 이해한다는 것은 그러한 것이며, 남에게 무언가를 이해시키는 것 역시 그러한 것이다.

똘스또이가 비유라는 무기를 자기의 사상에 사용한 것이 바로 〈세 가지 우화〉이다. 똘스또이가 현실사회에서 자기 사상의 역할을 그처럼 정확하게 이해하고 있었다는 것은 놀라운 일이다. 그것은 똘스또이라는 인물이 입으로는 극단적인 말을 하면서 실제로는 의외로 상식적인 사람이었음을 의미하는 것이 아니라 극단적으로 보이는 그의 사상이 갖는 투시력에 의해서 똘스또이가 현실을 정확하게 파악하고 있었음을 의미한다.

그가 가출에서 죽음에 이르기 반년 전쯤의 일기에는 이런 구절이 남아 있다.

"기계는 무엇을 만들기 위한 것인가. 편지는 무엇을 전달하기 위한 것인가. 학교나 대학, 아카데미는 무엇을 가르치기 위해 있는가. 책과 신문은 무엇에 관한 정보를 넓히기 위한 것인가.

한데 모여 하나의 권력에 추종하는 몇 백만의 사람들은 무엇을 하기 위함인가. 병원이나 의사, 약국은 삶을 지속시키기 위해 존재하지만, 그렇다면 무엇을 위해 삶을 계속할 것인가."　　　　　　　　(1910년 5월 10일자 일기)

제2장 인생의 메시지

자기 자신을 믿을 것(1906~1907년)

그는 긴 생애 동안에 몇 번이나 다시 태어난 듯한 커다란 변화를 겪으면서도 언제나 똑같은 똘스또이였다. 여기에 싣는 짧은 글은 언제나 변함없었던 똘스또이의 육성이다.

삶에 대한 의문

유년에서 벗어나려는 청소년 여러분, 여러분의 마음속에 나는 대체 누구이며, 무엇 때문에 살고 있는가, 그리고 주위의 모든 사람들은 무엇을 위해 살아가고 있는가, 나와 주위의 모든 사람들은 합당하게 살고 있는 것일까 하는 의문이 처음으로 일어났을 때, 그때는 자기 자신을 믿어야 한다. 그러한 의문들에 대해 머리에 떠오르는 대답이 유년시절에 입력된 것과 어긋나거나, 주위의 모든 사람들과 함께 살아가고 있는 방식에 어긋나더라도 자기 자신을 믿어야 한다. 그러한 불일치를 두려워해서는 안 된다. 여러분과 주위 사람들과의 불일치 속에 드러난 것이야말로 여러분에게 있는 가장 좋은 것이며, 신의 근원이다. 그 근원이 인생에서 발현되는 것이 우리 생존의 주된 이유일 뿐만 아니라 유일한 의미를 이루는 것이다. 그와 같은 때에 믿는 나 자신이란, 특정 개인이 아니라 여러분에게 가장 중요한 의문을 던지고, 그 해결을 탐구하는 우리들 한 사람 한 사람 속에서 살고 있는 영원하고 이성적인, 훌륭한 근원으로서의 나 자신이다. 그런 때에 다 안다는 듯한 미소를 띠면서 나도 전에는 그런 의문에 대한 대답을 찾아보았지만 찾지 못했다, 모두가 받아들이고 있는 대답 이외에는 찾지 못할 것이라고 하는 사람들의 말은 믿지 말아야 한다.

만약 주어진 의문에 대해 주위 사람들과는 어긋나는 대답이 여러분의 개인적인 희망에 근거한 것이 아니라 자기 인생의 사명을 완수하고 싶다는, 자기 힘의 의지를 수행하고 싶다는 희망에 바탕을 두고 있다면, 남들의 말은 믿지 말고 자기 자신만을 믿으며 주위 사람들의 견해나 사고방식과의 불일치를 두려워하지 말아야 한다. 특히 여러분 머리에 떠오른 대답이 모든 종교의 가르침과, 여러분과 가장 관계가 깊은 그리스도의 가르침에 있어서 최고의 정신적 의의로 표현되어 있는, 인류가 지닌 지혜의 영원한 원리로 뒷받침되어 있을 때에는 자기 자신을 믿어야 한다.

쓰디쓴 경험

나는 15세 때 그런 경험을 하면서 다른 사람의 견해에 대한 어린애다운 순종에서 돌연 깨어나 스스로 길을 선택하고, 나에게 생명을 준 그 근원에 대하여 나의 인생을 스스로 책임을 져야만 한다는 것을 비로소 깨달았다. 그때 내 인생의 주된 목적은 복음서의 의미에서, 즉 헌신과 사랑의 의미에 있어서 좋아질 것이라고 어렴풋하게나마 깊이 느꼈던 것을 기억한다. 나는 나 자신을 믿지 않고 주위의 모든 사람들에 의해 의식적·무의식적으로 나에게 입력된 설득력 있고 자신만만하며, 우쭐한 인간이 가진 모든 지식과 지혜를 믿었던 것이다. 나의 최초의 깨달음은 유명해지고 학식을 지녀서 영광으로 둘러싸이며, 부유해지고 유력자가 되는 것이었다. 즉, 나 자신이 아니라 사람들이 좋다고 생각하는 것이 되는 것으로 다양하기는 하지만 명확한, 사람들에 대한 성공의 바람으로 바뀌고 말았던 것이다.

그 당시는 나 자신을 믿을 수가 없었지만 몇십 년이란 세월을 세속적인 목적을 위해서 허비하고 그 목적을 이루지 못했거나, 또는 이루거나 해서 그것들의 무익함과 헛됨, 그리고 때때로 유해함을 발견한 다음에야 후회하게 되었다.

진리의 목소리, 신의 음성이 아직 유혹에 휩쓸린 적 없는 마음속에 처음으로 말을 건네기 시작했을 때, 내가 이 목소리를 믿고 그것에 몸을 바쳤더라면 나의 일생은 얼마나 다르게 변했을까. 나 자신에게는 훨씬 기쁘고 사람들에게는 더욱 유익한 것이 될 수 있었을까.

자신을 향해 여러분이 지향하는 것은 청춘의 이루지 못할 꿈에 지나지 않는다. 우리도 똑같이 꿈꾸고 바랐지만 인생이 얼마 안 있어 일깨워 준 것은, 인생에는 인생이 바라는 것이 있으며, 자기들의 인생이 어떠한 것이 될 수 있는가 따위를 몽상하는 것이 아니라 현존하는 사회생활과 자기들의 행동을 가능한 한 일치시키도록 애써야 한다는 것이다. 그리고 이 사회에 도움이 되는 일원이 되도록 노력해야만 한다는 따위의 말을 하는 사람들을 믿지 말아야 한다.

인간의 노력

인간의 가장 커다란 임무는 한 시대, 한 장소에 존재하는 사회를 개조하는 데 협력하는 것이다. 그러려면 비록 도덕적 완성에 직접 반하는 수단이라도 모든 수단을 써야 한다는 위험한 유혹을 믿어서는 안 된다. 그런 목적은 여러분의 마음에 채워져 있는 신의 근원을 드러내는 목적에 비하면 하찮은 것이다. 그리고 그 목적이 여러분의 마음에 채워져 있는 선의 원리에 등을 돌리게 한다면 그것은 허위이다. 여러분의 마음속에 있는 선과 진리를 실현하기 위해서는 불가능하다는 따위의 말을 믿지 말아야 한다. 모든 인생은 단지 그것만을 위해 존재한다. 한 사람 한 사람의 신적 발현이야말로 사회를 보다 나은 곳으로 이끌 뿐만 아니라 개인적인 노력에 의해서만 실현될 수 있으며, 인류를 행복으로 이끌게 된다.

내가 좋아지는 것이 마음이 가장 원하는 것일 때는 나 자신을 믿어야 한다. 내가 말하는 것은 완성이 아니다. 왜냐하면 자기완성이라는 것에는 뭔가 자애심을 만족시키는 듯한 개인적인 데가 있기 때문이다. 내 말은 우리에게 생명을 부여한 신이 바라는 것이 되는 것이며, 우리의 안에 채워져 있는 신과 닮은 근원을 자기 안에서 열어 보이고, 신을 따라야 한다는 것이다.

나 자신을 믿고 모든 힘을 나 자신 속에서 신을 발현한다는 것으로 향하게 해야 한다. 그리하면 여러분은 자신의 행복을 위해서나, 세계 전체의 행복을 위해서도 자기가 할 수 있는 모든 것을 하는 것이 된다. 신의 왕국과 그 진실을 탐구하면 나머지는 저절로 잘되어 간다. 여러분의 마음속에 나는 신에게서 태어났다는 의식의 빛이 최초로 타오르는 순간에는 자기 자신을 믿어야 한다. 그 빛이 꺼지지 않게 온힘을 다해 지키고, 타오르게 해야 한다. 이 빛을 타오르게 하는 것만이 모든 사람의 인생에 유일하고 위대한 의미가 있기 때문이다.

똘스또이에게 신은 무엇인가

내 안의 목소리

1906년 8월 똘스또이는 젊은이를 위한 잡지 〈샘〉의 편집부로부터 25주년 기념호에 젊은이들에 대한 메시지를 써달라는 부탁을 받았다. 기념호는 12월에 나올 예정이었다. 건강에 자신이 없었던 똘스또이는 확실한 약속은 피하면서 '건강이 허락한다면'이라는 조건을 붙여 받아들이기로 했다.

그해 11월의 일기에는 똘스또이가 〈샘〉의 기념호에 실을 글을 거듭 검토하고 있다는 내용이 들어 있다. 그러나 이 글은 끝내 〈샘〉 기념호에 맞추지 못했다. 그래서 다음 해에 다른 잡지에 게재되었다.

이 글에서 똘스또이가 주장하는 것은 내 안의 목소리에 귀를 기울여라, 오직 그것에만 귀를 기울이라는 것이다. 여러분은 각자 다른 이름이 있다. 그 이름이 붙여진 여러분이 아니라 그보다 더 안쪽 깊숙한 곳에 있는 자기의 목소리에 귀를 기울이라고 똘스또이는 가르치고 있다.

이 가르침은 신앙이란 신과 인간과의 사이에 아무것도 끼여 있지 않은 관계라고 생각했던 똘스또이가 젊은이들을 향해 바꿔 말한 것이라고 보아도 좋을 것이다. 나의 안쪽 깊은 곳에 있는 보편적인 나는 신 그 자체는 아니다. 그러나 그 보편적인 나는 가장 이성적인 나이며, 그 목소리는 분명히 신에게서 나오는 것이라고 똘스또이는 생각한 것이다. 세상 사람들이 이런저런 쓸데없는 말을 할지도 모르지만 그런 목소리에 현혹되지 말아야 한다고 똘스또이는 말한다.

그런데 세상 사람들은 그렇게까지 믿을 수 없는 존재인 것일까. 세상 사람들은 모조리 사리사욕을 위해 위선을 저지르고 있다는 것인가. 만약 그렇다면 오히려 이야기는 간단한 것인지도 모른다. 그러나 실제로는 그리 간단한 문제가 아니다.

순수하게 사리사욕만을 추구하면서 살아가는 사람은 오히려 많지 않다. 사람은 자기의 일생이 나 혼자만을 위한 것이며, 그 이상이 아니라는 인생관을 가지고는 살아갈 수 없다. 나를 초월한, 더 커다란 것에 이어져 있고 싶어한다. 더 커다란 것에 공헌하고 싶다는 욕구가 개개인의 인생을 뒷받침하고 있는 것이다. 그 대상은 가족일지도 모르고, 친족일지도 모르며, 이런저런 단체일지도 모른다. 또 민족이나 국가일지도 모른다. 그래서 마침내 사람은 인류 전체라는 관념에 가 닿게 된다.

'신'에 대한 봉사

그러나 그런 관념이 결과적으로는 인류에게 해악을 초래할 따름이라고 똘스또이는 말한다. 인류의 역사는 집안 대 집안, 단체 대 단체, 민족 대 민족, 국가 대 국가의 투쟁의 역사 이외에 무엇일 것인가. 가문이든 민족이든 전체 가운데 일부에 지나지 않는 것에 대한 봉사는 신을 낳지 않는다. 인간에게 전체의 관념을 부여할 수 있는 것은 신을 제외하고는 없다고 똘스또이는 생각한 것이다.

징병거부로 인한 철저한 반전사상, 한 사람이라도 죽이지 말라는 사형폐지에 대한 호소, 어떠한 경우에도 폭력을 휘두르지 말라는 폭력에 대한 철저한 항전——이러한 사상들이 '똘스또이의 인도주의'라는 이름으로 불리는 경우가 있으나, 이 명칭은 똘스또이의 사상을 상당히 깎아내린 것이다.

《하느님의 나라는 너희 안에 있다》에서 똘스또이는 '인류'라는 관념에 봉사하는 것은 잘못이라고 분명히 말하고 있다. 시간적으로나 공간적으로도 인류 전체를 파악할 수 없는 이상, '인류'라는 관념 앞에서 사람은 아무래도 자의적인 행동밖에는 취할 수 없다. 그러므로 '인류'에 대해서가 아니라 '신'에게 봉사하라고 똘스또이는 말한다. '인류'에 대한 봉사가 가끔씩 인간끼리의 분쟁을 야기하기 쉬운 데 반해 신에 대한 봉사는 결코 인류에게 해악을 끼치는 일이 없으며, 결과적으로 인류에게 행복을 가져다 준다는 것이다. 인류의 행복은 결과여야지 목적이어서는 안 된다.

그렇다면 신에 대한 봉사란 무엇인가. 그것은 가치 척도를 오직 신에게서만 구하고, 신 앞에서 더 나은 나를 구축하며, 내 안에 사랑을 발현해 나가는 것이다. 인간은 결국 그 이상의 것은 할 수 없으며, 그 이외의 것은 요구하지도 않는다. 그러므로 '오직 내 안의 선한 신의 음성에 귀를 기울여라'——이것이 젊은이들에 대한 똘스또이의 마지막 메시지였던 것이다.

제3장 예술과 삶

〈예술에 대하여(1889년)〉

똘스또이는 창작활동에 있어서 타협이라고는 모르는 대단히 집념이 강한 작가였다. 이러한 성격은 그의 예술론에도 똑같이 적용되었다. 그는 결코 포기하거나 타협하는 일 없이 자기 내부에 독자적인 예술론이 성숙하기만을 줄곧 기다렸다. 그것이 성숙하는 데는 상당히 오랜 시간이 걸렸다. 그래서 예술에 관한 모든 논문은 똘스또이 만년의 산물이다.

세 가지 기준

논문 〈예술에 대하여〉에서 서술하고 있는 예술작품의 질의 좋고 나쁨을 측정하는 세 가지 기준은 《모파상작품전집 머리말(1894)》에 그대로 쓰이고 있으며, 똘스또이가 실제로 애용하고 있었던 잣대이다.

예술작품을 측정하는 첫 번째 기준은 모든 사람들에게 아주 새롭고 중요한 것——여기에 들어가는 새로움과 중요함이라는 두 요소는 서로 별개의 것——이다.

모든 사람들에게 새로운 것, 대체 그것은 어떤 것일까? 이 세상에는 완전히 똑같은 현상이란 없으며 똑같은 인간도 없다. 그렇게 생각하면 이 세상의 모든 사물, 모든 존재가 새로운 것처럼 보인다. 그러나 다른 측면에서 보면 그러한 모든 것들이 옛날과 하나도 다를 바 없이 되풀이되는 것이라고 보는 견해도 있다. 어떤 시대나 사회에 유행은 존재하며, 눈이 돌아갈 정도로 하루가 다르게 변해 간다. 똘스또이의 눈에는 그러한 유행과 예술작품이라고 부르는 것 모두가 케케묵은 것처럼 보였다. 또 그들이 말하고 싶어하는 것들도 결국 따지고 보면 모두 구약성서 속에 나오는 교훈을 포함하고 있다고 보았다. 그것에 비하면 예수 그리스도의 말은 전혀 새로운 것이다. 똘스또이가 생각한 '새로움'은 바로 이러한 성질의 것이다.

그러면 모든 사람들에게 중요한 것이란 무엇일까? 이 경우 주목해야 할 부분은 '중요한 것'이라는 부분이 아니라 오히려 '모든 사람들에게'라는 부분이 아닐까? 누구에게나 중요한 것은 있게 마련이지만 그것이 '모든 사람들에게도 중요한 것일까'라고 묻는다면 그 대답은 대부분 '그렇지 않다'가 될 것이다. 그러나 똘스또이는 그것을 요구하고 있는 것이다. 예술작품에 있어서 중요한 것은 한두 사람이 아닌 모든 사람들에게 중요한 것이어야 한다는 것을.

두 번째 기준은 아름다움이다. 한 작품에 대해서 지칠 줄 모르고 끈질기게 퇴고를 되풀이한 똘스또이는 형식에 대해 까다로운 사람이었다. 그리고 실제로 작품을 제작하는 데는 똘스또이뿐만 아니라 모든 예술가에게도 아름다움의 추구는 언제나 구체적인 것이다. 그러나 '아름다움이란 무엇인가'라는 질문을 하면 대답하기 퍽 어려워진다. 아름다움이란 무엇인가에 대한 질문은 〈예술에 대하여〉라는 논문에서는 다루고 있지 않지만 탈고된 《예술과 삶(예술이란 무엇인가)》에서는 집중적으로 다루어지게 된다.

세 번째 기준은 예술가의 진심이 예술작품에 담겨져 있느냐 하는 것이다. 예술가가 작품에서 표현하려는 대상을 마음 깊이 사랑하고 있느냐 하는 것이다. 예술작품이 이루어지기 위해서는 가장 먼저 이 사랑이 있어야 한다고 똘스또이는 말했다.

이 세 가지 조건을 모두 만족시켜야만 비로소 예술이 이루어진다. 똘스또이는 이 세 가지 기준을 만족시키기 위해서는 예술가의 마음이 최고의 지식을 발현시키는 상태에 도달해야만 한다고 한다. 말하자면 영감이다. 그것은 언제 어디에서 무슨 일이 계기가 되어 일어날지 알 수 없지만, 압도적인 힘을 가지고 인간의 정신을 덮쳐온다. 이러한 사실을 빼놓고는 예술을 이야기할 수 없다. 영감이 덮쳐온다는 표현은 사실 알고 보면 정확한 표현이 아니다. 똘스또이의 말에 따르면 영감은 외부에서 오는 것이 아니라, 예술가 내부에서 용솟음쳐 나오는 것이기 때문이다.

여기까지가 〈예술에 대하여〉의 요점이며 이 예술관은 그 뒤에도 변함이 없었다. 그러나 똘스또이는 이것으로는 불충분하다고 느꼈다. 세 가지 기준으로 예술작품의 좋고 나쁨을 판단할 수 있고, 또 그 정당성에도 똘스또이는 자신감이 있었지만, 이 기준들은 어디까지나 작품을 측정하는 것일 뿐, 예술을 창작하는 기준이 될 수는 없었으며, 예술의 존재이유를 설명하는 기준도 될 수 없다는 것이 똘스또이로서는 불만스러웠을 것이다. 예술의 본질은 어딘가 다른 곳에서 찾아내야 했던 것이다. 그것을 추구한 것이 《예술과 삶》의 독창성이다.

한 예술작품이 완벽하기 위해서는 그 예술가가 이야기하고 있는 것이 모든 사람들에게 완전히 새로우면서도 중요한 것을 아름답게 표현하고 있어야 한다. 또한 예술가의 내적 욕구를 통해 표현되는 것이므로 성실하게 이야기할 필요가 있다.

예술가가 이야기하는 것이 새롭고 중요하기 위해서는, 예술가 자신이 도덕적으로 계몽되어 있는 사람이어야 하며 오직 자신의 이익만을 위해 살아가는 일 없이 인류 전체의 생활에 참가할 수 있는 사람이어야 할 필요가 있다.

예술가가 하는 이야기가 멋있게 표현되려면, 마치 사람이 역학의 법칙을 의식하지 않고 걸어다니는 것처럼 작업을 하면서도 기능의 법칙을 의식하지 않을 정도로 충분히 기능을 몸에 익혀두어야 할 필요가 있다.

예술가가 마음의 내적 욕구를 표현하고 이에 따라 자신의 마음 깊숙한 곳에서 나오는 이야기를 끌어내기 위해서는 우선 첫째로 사랑할 수밖에 없는 것을 진정으로 사랑하는 데 방해가 되는 잡다한 일들에 구애받지 말고, 둘째로는 남이 아닌 자기 자신의 마음으로 사랑하는 것이다. 다른 사람이 사랑할 만한 가치가 있다고 인정하거나 그렇게 보고 있는 것을 사랑하는 척 가장해서는 안 된다.

예술작품은 다음과 같은 세 가지 점들에서 각각 어느 정도 완성의 경지에 이르렀느냐에 따라 작품 상호간의 평가에 차이가 생긴다.

(1) 뜻이 있고 아름답지만 진심이 담겨 있지 않고 성실하지 않은 작품
(2) 뜻은 있지만 아름다움이 조금 떨어지며 진심이 담겨 있지 않은 성실하지 않은 작품
(3) 뜻이 없지만 아름다우며 진심이 담겨 있고 성실한 작품

등등 여러 가지 조건을 만들 수 있다.

완전한 예술작품

이들 작품은 모두 나름대로의 장점을 갖고 있지만 완벽한 작품이라고는 볼 수 없다. 완전한 예술작품이란, 내용에 뜻이 있고 새로워야 하며 표현이 멋있고 대상에 대한 예술가의 태도에 진심이 담겨 있으며 성실한 것이어야 한다. 그러나 이러한 작품은 매우 드물다. 그것 이외에 저마다 불완전한 작품은 예술의 기본적인 조건에 따라,

(1) 내용에 뜻이 있는 점에서 우수한 작품
(2) 형식이 아름다운 점에서 우수한 작품
(3) 진심이 담겨 있으며 성실하다는 점에서 우수한 작품

주로 이 세 가지 종류로 분류할 수 있다. 그러나 어느 것도 두 가지 점에 있어서 완성의 경지에 이르지 못한다.

이들 세 가지 점 모두가 완전한 예술의 경지에 근접해야 하며, 이것들은 예술에서 없어서는 안 될 요소이다. 젊은 예술가들의 경우에는 내용이 빈곤하고 아름다운 형식에 대해 마음을 쓰는 경향이 우세한 반면 나이가 든 사람은 그 반대이다. 근면한 직업예술가들은 형식이 우위를 차지하고 내용과 진심은 때때로 모자란다.

거짓 예술이론

이들 세 가지 측면에 따라 분류되는 것이 세 가지 주된 거짓 예술이론이

다. 그 세 가지 예술이론에 따라,

첫 번째는, 작품에 형식적인 아름다움과 진심이 담겨 있지 않아도 오로지 작품이 가진 내용에 따라서 좋은 예술작품이 될 수 있다는 것을 인정한다. 이것이 이른바 '주의주장(主義主張)의 이론'이다.

두 번째는, 작품의 내용이 하찮고, 작품에 대한 예술가의 태도에 진심이 담겨 있지 않더라도 작품의 우수함이 아름다운 형식에 달려 있다고 보는 이론이다. 이것이 '예술을 위한 예술의 이론'이다.

세 번째 이론은, 진심이 담겨 있고 성실한 것이 중요하며, 내용이 하찮거나 형식이 불안정하더라도 예술가가 자신이 표현하고 있는 것을 사랑하고 있으면 작품은 예술적인 것이 된다고 인정하는 것이다. 이 이론을 '리얼리즘 이론'이라고 부른다.

이에 따라 세 가지 이론 모두를 동시에 갖추고 있지 않은, 예술의 경계선 상에 있는 것 같은 작품이 예술작품으로 인정되고 있을 뿐만 아니라 우수한 작품으로 인정되는 것이다.

예술작품의 대량 생산

이런 잘못된 이론에 바탕을 둔 예술작품이 옛날처럼 한 세대 사이에 각 부문마다 한두 작품 정도가 아니라 해마다 모든 부문에서 수십만에 이르는 예술작품이 나타난다.

현대 사회에서 예술을 하고 싶다고 생각하는 사람은 자신이 진심으로 사랑할 수 있고, 그리하여 사랑하는 대상에 어울리는 형식을 만들어 가는 그런 중요하고도 새로운 내용이 마음속에 떠오르는 것을 기다리지 않는다. 그래서 첫 번째 이론에 따라 그때 유행하고 있는 내용이나 자기를 영리한 사람이라고 생각해 주는 사람들이 칭찬하는 내용을 작품의 대상으로 삼아 되도록 예술적인 형식으로 장식한다. 아니면 두 번째 이론에 따라 자기가 가장 자신감 있게 기량을 발휘할 수 있는 대상을 선택해서 노력과 인내심을 갖고 스스로 예술작품이라고 생각하는 것을 만들어 낸다. 그것도 아니면 세 번째 이론에 따라 인상적인 것이 있으면 그것을 작품의 대상으로 삼는다. 자신의 마음에 들기 때문에 그것이 예술작품이 될 수 있다고 생각하는 것이다.

이렇게 해서 수많은 예술작품들이 생겨나게 되는데, 이것들은 모든 장인들의 작업과 마찬가지로 조금도 쉬지 않고 만들어 낼 수 있다. 이 사회에는 언제나 흔해빠진 유행사상도 있으며, 어떤 기술도 인내심만 있으면 습득할 수 있다. 이렇게 해서 그들은 우리들 세계 전체가 바로 예술작품이라고 자칭한다.

현대인들은 스스로 이렇게 말하고 있다. 예술작품은 좋은 것이며 유익하므로 더 많이 만들어 내야 한다고. 실제로 예술작품이 더 많아지는 것은 대단히 바람직한 일이다. 하지만 공교롭게도 주문에 의해 만들어지는 작품은 예술의 세 가지 조건을 제대로 갖추고 있지 않다. 말하자면 이 작품들은 이러한 조건들이 따로따로 제멋대로 추구된 결과 장인의 작업으로 전락해 버리고 만 것들이다.

진정한 예술작품

세 가지 조건 모두를 갖춘 진정한 예술작품은 주문에 의해 만들 수 있는 것이 아니다. 예술작품은 예술가의 정신 상태가 최고의 지식을 발현할 때 비로소 창조되며, 이것은 곧 생명의 신비에 대한 계시이다. 만일 그러한 상태가 최고의 지식이라면, 최고의 지식을 자신의 것으로 만들기 위해 예술가들을 지도할 수 있는 또 다른 지식이란 있을 수 없다.

똘스또이 예술론

〈예술을 위한 예술〉과 맞서는 예술관

똘스또이의 예술관에 대해 논할 때 사람들은 똘스또이가 만년에 집필한 《예술과 삶》에서 기술하고 있는 사상보다는 차라리 《전쟁과 평화》, 《안나 까레니나》를 썼을 때의 똘스또이 예술관에 대해 알고 싶어할지도 모르겠다. 《예술과 삶》의 예술관은 《전쟁과 평화》와 《안나 까레니나》를 완전히 무시하고, 오히려 《까프까즈의 포로》 쪽이 훨씬 우수하다고 단정짓고 있는 듯하다. 사람들은 이러한 것에 관심을 가질 리가 없다. 그것은 인생의 스승 똘스또이가 지나치게 인생의 진실을 추구한 나머지, 인생에서 예술의 매력을 빼앗아 버린 비뚤어진 예술관이다. 사람들은 이러한 예술관보다는 매력적인 예술작품을 창조해내는 예술관을 보고 싶어할 것이다.

그러한 사람은 일단 《전쟁과 평화》나 《안나 까레니나》를 읽어 보아야 한다. 거기에는 아무 비밀장치도 없다. 이 작품들은 쓰여진 그대로의 작품일 뿐이며, 작품에 숨어 있는 의미를 탐색해야 하는 작품이 아니다. 게다가 두 작품 모두 똘스또이의 예술사상이 제작기술과 함께 작품 속에 완전히 녹아들어가 있어, 예술관이나 창작상의 기법 등을 따로 떼어내 살피는 일은 아무 의미도 없을 뿐더러 그러한 일이 가능하지도 않다. 우수한 예술작품이란 언제나 그런 것이며, 흔히 예술가가 철학자나 사상가와 다른 존재로 여겨지는 까닭은 아마 그 때문일 것이다.

똘스또이는 작품을 집필할 때의 작가와 독자의 관계를 스승과 제자의 관계로 보고 있다. 주제를 선택하는 방법에서도 스승이 학생을 위해 교재를 선택하는 것과 비슷한 구석이 있다. 수업은 재미있게 구성해야 할 필요가 있지만 어디까지나 흥미 위주는 아니다. 말해야 좋은 것과 말해서는 안 될 것이 있다. 이것은 기술적인 측면에서도 마찬가지라고 할 수 있다. 똘스또이는 등장인물의 손가락 움직임이나 입술의 움직임, 말버릇 등의 세세한 부분에 주목해 장면 장면을 구성해 나가는 방법을 좋아한다. 이것은 똘스또이라는 인간이 선천적으로 날카로운 관찰력과 강한 시선의 힘을 가졌기 때문이기도 하지만, 그것보다는 오히려 독자에게 세밀한 면까지 모두 관찰하게 한다는 교육자 똘스또이의 교육이념이라 할 수 있다. 그 미세한 움직임의 묘사를 통해 환기되는 선명한 이미지가 사람들 사이에서 어떠한 보편성을 획득하는 이유는, 똘스또이가 직접 독자들에게 전달하고 있지는 않지만, 그의 머릿속에 항상 일반적인 결론·정의·구분 및 모든 전문용어가 준비되어 있기 때문이다. 하지만 이러한 분석은 여기서 그치는 것이 좋겠다. 예술작품은 예술작품 스스로가 이야기하도록 맡겨 두는 수밖에 없다.

그러므로 똘스또이 예술관의 경우에는, 그것이 아무리 흥미를 끌지 못하는 것이라 할지라도 그가 작품 자체에서 완결을 짓고 있는 독립된 예술사상이나 일반적으로 〈예술을 위한 예술〉의 사고방식과 상반되는 것이라 막연히 받아들여지는 똘스또이의 예술관을 살펴보아야 할 것이다.

작가적 재능
《모파상작품전집 머리말》은 똘스또이의 체험을 바탕으로 쓴 문학론이라는 점에서 주목할 만하다. 그 글에는 예술일반에 대한 견해가 아니라 어디까지나 문학에 대한 그의 생각이 들어 있다. 이 책에서 똘스또이는 '작가의 재능이란 무엇인가'라는 물음에 답하고 있다.

작가에게는 특별한 재능이 필요한 것일까? 똘스또이는 그렇다고 대답한다. 그렇다면 그 특별한 재능이란 어떤 것일까? 재능이란 다름 아닌 자기 눈에 비치는 세계라고 똘스또이는 말한다. 세계는 있는 그대로의 모습을 우리 눈에 비춰 보인다. 그러나 잘 살펴보면 모두 다르게 비쳐진다. 다른 사람에게 보이지 않는 것이 작가의 눈에도 보이지 않는다면 그런 작가가 쓰는 것에 어느 누가 흥미를 가질 수 있겠는가? 라고 똘스또이는 말한다. 그러면 남의 눈에 보이지 않는 것을 보려면 어떻게 하면 좋을까? 작가가 되기 위해 특별한 관찰법을 습득할 수는 없으며 또한 그럴 필요도 없다. 누구에게나 세계는 눈에 보이는 정도밖에 보이지 않는다. 그러나 우리는 자기 눈에 보이는 정도밖에 볼 수 없다는 사실을 전적으로 믿어야 하는가? 자기 눈보다 다른 사람의 눈을 믿고 있는 것은 아닐까? 자신의 눈보다 귀를 믿고 있지는 않은가? 자신의 눈을 전적으로 믿고 거기에 모든 주의력을 기울이는 것, 그렇게 할 수 있는 것이 재능이라고 똘스또이는 말한다.

《예술과 삶》과 미학

《예술과 삶》에서 맨 먼저 똘스또이가 문제삼은 것은 바움가르텐에서 시작되어 150년 동안 이어져 온 미학의 역사였다.

똘스또이는 미학의 역사가 이어온 여러 학설을 상세히 조사하기는커녕 처음부터 그것을 무의미한 것이라고 여겼을 것이다. 하지만 조사도 해 보기도 전에 이런 것은 조사할 가치가 없다고 말할 수도 없는 노릇이고, 한편으로는 이 정도로 세상이 인정하고 있는 미학이 자신보다 더 옳은 것일지도 모른다는 생각도 조금은 있었을 것이다. 아무튼 70세가 될 무렵 늙은 똘스또이는 처음부터 새로 공부를 시작하기로 했다. 그러나 그런 공부를 하는 사람의 목적은 결국 자기 생각이 옳고 상대편의 생각은 우물 안 개구리라는 것을 확인하는 것이므로, 우리 눈에는 똘스또이의 논리 전개 방식이 조금 성급해 보인다.

그러나 결론부터 말하자면 똘스또이의 생각은 틀리지 않았다. 요컨대 그의 미학은 '십인십색(十人十色)'이라는 것이다. 러시아에도 '남편이 좋아하는 사람도 있고, 부인이 좋아하는 사람도 있다. 그리고 딸이 좋아하는 사람도 있다'라는 속담부터 시작해서 '맛과 색에 대한 취향에 있어서는 친구도 없고 모두 가지각색이다' 등 미학의 다채로운 학설만큼이나 수많은 속담이 있다. 똘스또이는 '미'의 문제는 취향의 문제일 뿐이라고 한다.

예술의 역할

그러나 미학에서 벗어나 조금 시야를 넓혀보면, 예술의 역할이 좀더 다른 데에 있음을 알 수 있다고 똘스또이는 논리를 전개시키고 있다. 옛날 사람들이 아름다움을 중요시했던 이유는 자신이 전달하고 싶은 것이 상대편에게 왜곡된 형태로 전달되는 것을 두려워했기 때문이었다. 말하자면 어떻게 해서든 상대편에게 전하고 싶은 것이 생기는 경우에 이것이 자신의 뜻과 다른 형태로 전달되면 곤란하다. 그러므로 올바른 형식으로 전달되기를 바라게 된다. 거기에서 형식을 세련시키는 노력이 시작되었고 그것이 다름 아닌 '미'라고 불리는 것이었다고 한다. 그렇기 때문에 예술가는 실제의 창작과정에서 '미란 무엇인가'라는 문제에 고민할 필요는 없다. 표현하고 싶은 대상이 있으면 예술가의 주의력은 그것을 어떻게 생생하게 표현하는가의 문제로 집중된다. 그래서 결국에는 미를 추구하는 것이 된다. 미란 전달하고 싶은 내용이 있을 때 비로소 문제화되는 것이다.

그런데 내용물은 빼고 겉만 문제시하는 움직임이 일어났다. 르네상스가 그것이다. 르네상스는 부흥의 시대였으며 과학과 재생의 시대였다. 르네상스 시기에 과학과 예술은 처음으로 종교의 속박에서 벗어나 본래의 힘을 발휘할 수 있게 되었다는 것이 사람들의 설명이었다. 그러나 똘스또이는 르네상스 속에서 과학과 예술의 본질적인 쇠퇴를 보았던 것이다.

내용을 버린 껍데기로 무엇을 할 수 있을까. 몸이 가벼워졌다고 기뻐할지는 모르지만 껍데기에게 사람을 움직이는 힘이 있을 리가 없다. 따라서 먼저 예술이(과학 또한 마찬가지지만) 되찾아야 할 것은 '자기가 그 속에서 간직해야 할 알맹이다'라는 것이 똘스또이의 주장이며, 그것이 이른바 인생의 스승 똘스또이가 인생의 진실을 지나치게 추구한 나머지 예술가 똘스또이를 망쳐 버렸다고 하는 예술관이었다.

셰익스피어를 둘러싸고

똘스또이가 예술론을 마무리하게 된 것은 《셰익스피어 및 연극에 대하여》에서이다. 셰익스피어의 《리어왕》이 졸작임을 면밀히 논증하려는 이 논문을 쓰기 위해 똘스또이는 50년 동안에 걸쳐 셰익스피어의 작품을 되풀이하여 읽었다(러시아어로, 영어로, 독일어로). 물론 이 논문 집필을 하기 위해 50년간 셰익스피어를 연구한 것은 아니지만 결론은 셰익스피어에 대한 전면적인 부정이 되어 버렸다.

똘스또이가 셰익스피어를 싫어하기 시작한 것은 만년에 이르러서가 아니라 꽤 일찍부터다. 문제는 왜 똘스또이는 그렇게 싫어했던 셰익스피어와 50년이나 마주보고 있었느냐는 것이다. 거기에는 단순히 딱 잘라 말할 수 없는 어떤 사정이 있다고 보여진다. 예를 들어 투르게네프에게 받은 《전쟁과 평화》의 프랑스어 번역본을 읽은 플로베르가 자기도 모르게 "이것은 셰익스피어로군" 하고 불쑥 내뱉은 일과도 관련이 있던 것은 아닐까? 또 부닌의 《똘스또이 해설》에서 나오는 체호프의 이런 말도 그런 사정을 설명해 주는 것이다.

"특히 내가 대단하다고 생각한 것은 그 사람이 우리 모두에 대해서, 그리고 그 밖의 작가들에 대해서 경멸의 감정을 갖고 있었다는 거야. 아니 경멸이라기 보다는 차라리 우리 모두와 작가들을 아무것도 아니라고 생각하고 있었다는 점이지. 생각해 봐. 그 사람은 때때로 모파상이나 나를 칭찬하기도 해……. 왜 칭찬하는 것일까? 그것은 바로 그가 우리를 어린애처럼 보고 있기 때문이야. 우리들의 중편소설이나 단편이나 장편 따위를 그 사람은 마치 어린애 장난으로 보고 있어. 그렇지만 셰익스피어는 좀 달라. 그는 거장이니까. 그래서 셰익스피어는 똘스또이를 초조하게 만들어. 똘스또이식으로 쓰지 않기 때문이지."

그런데 《예술과 삶》의 문맥에서 보면 똘스또이 눈에는 셰익스피어가 르네상스의 총아로 보였다는 것을 쉽게 짐작할 수 있다. 똘스또이가 생각하기에 알맹이 없는 껍데기가 이 정도로 힘을 가질 수 있었다는 것, 그것이 똘스또이로서는 용서할 수 없는 일이었다.

제4장 권력과 사랑에 대하여

〈교회와 국가〉(1879년)

여기 실린 글은 똘스또이가 《안나 까레니나(1876)》를 완성한 뒤에 찾아온 무서운 정신적 위기를 가까스로 극복한 시점에 쓴 것으로, 사상가로서의 똘스또이의 진면목을 보여주는 것이라고 할 수 있다. 여기에는 모든 권위와 권력에 대해, 자유를 사랑하고 강제를 싫어하는 똘스또이의 사상이 분명하게 표명되어 있다.

신앙의 정의

신앙이란 생명에 주어지는 의미를 말하며, 생명에 힘과 방향을 주는 것이다. 살아 있는 사람은 누구나 그 의미를 찾아내어, 그것을 토대로 살고 있다. 만약 그것을 찾아내지 못한다면 그 사람은 죽어가는 것과 마찬가지이다. 사람은 그것을 탐구하기 위해 전 인류가 쌓아온 모든 것을 이용한다. 이 인류에 의해 이룩된 모든 것을 '계시'라고 부르고 있다. 계시란 사람이 생명의 의미를 이해하는 데 도움이 되는 것을 말한다. 사람과 신앙의 관계는 바로 그런 것이다.

신앙을 강요하는 사람들

다른 사람들에게, 계시의 다른 형태가 아니라 반드시 이러이러한 형태를 이용해야 한다고 혈안이 되어 주장하는 사람들이 있다. 누구의 것도 아닌 바로 자신들이 주장하는 계시의 형태를 받아들이기 전에는 안심하지 못하고, 그것에 동의하지 않는 자는 모두 저주하고 처형하고 살해한다. 또 다른 사람들도 그와 똑같은 일을 저지른다. 그리하여 결국 신앙은 수백 가지에 이르고, 그들 모두가 서로 저주하고 처형하고 살해하고 있는 것이다.

나는 처음에는 이토록 명백한 모순이 어떻게 신앙 자체를 말살해 버리지 않았는지에 대해 놀라지 않을 수 없었다. 신앙을 가진 사람들이 어떻게 그 기만 속에 계속 머물러 있는 것일까 하고. 사실 일반적인 견지에서 보면 이해하기 어려운 일이다. 이것은 모든 신앙은 기만이고, 모두 미신이라는 것을 반박의 여지없이 증명하고 있는 것이다. 나 역시 모든 신앙은 사람의 손에 의한 기만이라는 인식에 도달했지만 이 기만의 어리석음 자체와 그 명백함에도 불구하고, 인류 전체가 여전히 그 기만에 굴복하고 있다는 사실 자체는, 이 기만의 근저에 거짓만은 아닌 무언가가 있다는 증거가 아닐까 하고 생각하지 않을 수 없었다. 그렇지 않다면 모든 사람이 너무나 터무니없는 그런 것에 속을 리가 없기 때문이다. 오히려 기만에 대한 굴복이라는, 현재 살아 있는 전 인류에게 공통되는 이 사실이 기만의 원인이 되고 있는 현상이 갖는 중요성을 나에게 인식시킨 것이다. 그리고 그렇게 확신한 결과, 나는 모든 그리스도교도의 기만의 근원이 되고 있는 그리스도의 가르침을 해명하는 일에 착수했다.

신앙과 폭력

그러나 개인적인 견지에서 보면, 살아가기 위해 생명의 의미에 대한 신앙을 가지지 않으면 안 된다. 그리고 현재 신앙을 가지고 있다는 견지에서 보면, 신앙 문제에서의 폭력이라는 이 현상은 그 엉터리 같은 점에서 더욱 놀라운 일이다.

실제로, 다른 사람이 나와 마찬가지로 단지 믿을 뿐만 아니라 신봉까지 한다는 것이, 어떻게, 무엇을 위해, 누구에게 필요할 수 있다는 것일까? 사람이 살고 있다는 것은 곧 생명의 의미를 알고 있다는 것이다. 그는 하느님에 대한 자신의 관계를 정하고, 진리의 진리를 알고 있고, 나도 진리의 진리를 알고 있다. 두 사람의 표현은 다를지도 모른다(본질은 동일할 것이다——우리는 모두 인간이기 때문에). 상대가 어떤 사람이든, 상대에게 나와 완전히 똑같이 진리를 표현하라고 어떻게, 무엇 때문에, 내가 강요할 수 있단 말인가?

남에게 신앙을 바꾸게 하는 것은 폭력으로도, 계략으로도, 기만으로도, 내가 할 수 있는 일이 아니다(그것은 거짓 기적이다). 신앙은 그 사람의 생명이다. 남에게서 그 사람의 신앙을 박탈하고 다른 신앙을 주는 일이 도대체 어떻게 나에게 가능하단 말인가? 그것은 남의 몸에서 심장을 꺼내 다른 심장을 넣어주는 것과 같은 일이다. 내가 그것을 할 수 있는 것은 나의 것이든 남의 것이든 신앙이 언어이며, 신앙에 의해 사람이 살고 있지 않을 때뿐, 즉 그것이 군살이고 심장이 아닐 때뿐이다.

그런 일을 할 수 없는 것은 사람이 믿고 있지도 않은 것은 속이거나 강요해도 남에게 믿게 할 수 없기 때문이다. 신앙이 있는 사람, 즉 신앙이란 하느님에 대한 인간의 관계라는 것을 알고 있는 사람은, 다른 사람과 신의 관계를 폭력이나 기만에 의해 확립하고 싶어하지 않기 때문이다. 그런 일은 불가능하지만, 그것이 실제로 자행되고 있고, 언제 어디에서나 이루어져 왔다. 즉, 그런 일은 불가능하기 때문에 그렇게 할 수 없었지만, 대신 그것과 비슷한 일이 이루어져 왔고 현재 이루어지고 있다. 사람들이 다른 사람들에게 신앙의 유사품을 강요하고, 그들이 실제로 그 신앙의 유사품을 받아들이기 때문이다. 신앙의 유사품, 즉 신앙의 기만을 말이다. 신앙은 폭력과 기만과 이익 같은, 무언가를 위해 강요하거나 받아들일 수 있는 것이 아니다. 그래서 그것은 신앙이 아니고 신앙의 기만이다. 그 신앙의 기만이야말로 인류의 오랜 생활조건이었다.

기만의 원천

신앙의 기만을 이해하기 위해서는, 그 시작과 원천으로 눈을 돌리지 않으면 안 된다. 우리가 얘기하고 있는 것은, 우리가 그리스도교에 대해 알고 있는 것이다. 그리스도교 최초의 교의(敎義)로 눈을 돌릴 때, 우리는 복음서 안에 외면적 경신(敬神)을 분명히 배제하여 그것을 비난하며, 특히 모든 교육활동을 명백하고 단호하게 부정하고 있는 가르침을 발견하게 된다. 그런데 그리스도의 시대에서 현대로 내려올수록, 우리는 그리스도에 의해 쌓아올려진 그 토대에서 교의가 일탈하고 있는 것을 발견할 수 있다. 그것은 그리스도의 사도들, 그 중에서도 교육을 좋아하는 바울의 시대에서 시작된다. 그리고 그리스도교가 전파되면 될수록 교의는 더욱 일탈해 가서, 그리스도가 그토록 단호하게 부정을 표명했던, 바로 그 외면적인 경신과 교육활동의 방법을 확립해 간다. 그러나 그리스도교 초기에는, 교회라는 관념은 내가 진실한 것으로 간주하고 있는 신앙을 공유하는 모든 사람들의 상징으로만 이용되었을 뿐이다. 이 관념은 그것이 언어에 의한 신앙표현을 내포하지 않고, 생활 전체에 의한 신앙표현을 내포할 때는 옳은 것이다. 왜냐하면 신앙은 언어로는 표현될 수 없기 때문이다.

기만의 시작

그리스도교 최초의 2세기 동안은 교회, 즉 대부분 사람들의 동일사상이라는 관념과, 그것과 함께 교의의 원천에 대한 친근성이라는 것이 외면적인 좋지 않은 논거의 하나에 지나지 않았다. 바울은 "나는 그리스도로부터 들어 알았다"고 말하고, 다른 자는 "나는 '루가'로부터 들어 알았다"고 말했다. 그리고 누구나 우리의 생각이 옳다, 우리의 생각이 옳은 논거는 우리가 큰 집단인 에클레시아, 바로 교회이기 때문이라고 말했다. 그런데 황제에 의해 열린 니케아 공의회에 가서야 비로소 동일한 교의를 신봉하는 일부 사람들에게서 직접적이고 노골적인 기만이 시작되었다. "우리와 성령의 뜻대로"라고 말하게 된 것은 그때부터이다. 교회의 관념은 더 이상 좋지 않은 논거가 아니라 어떤 사람들에게는 '권력'이 되었다. 그것은 권력과 결탁하여 권력으로 작용하기 시작했다. 그리고 권력과 손을 잡고 권력 앞에 엎드린 것은 모두 신앙이기를 그만 두고 '기만'이 되었다.

교회라는 관념

하느님을 두려워하지 않는 모든 관념과 말 중에서, 교회라는 관념 이상으로 하느님을 두려워하지 않는 관념과 말은 없다. 교회라는 관념만큼 악을 낳은 관념도 없고, 그리스도의 가르침에 적대하는 관념도 없다. 실제로 '에클레시아'라는 말은 '집회'를 의미할 뿐, 그 이상의 어떤 것도 아니며, 복음서에서도 그렇게 사용되고 있다. 모든 민족의 언어에서 에클레시아라는 말은 '기도의 집'이라는 의미이다. 교회의 기만이 1500년 동안 존재해 왔음에도 불구하고, 이 말은 어느 언어에도 그 이상의 의미로는 침투하지 않았다. 그러나 교회의 기만을 필요로 하는 사제들이 이 말에 내리고 있는 정의에 따르면, '내가 이제부터 얘기하는 것은 모두 진리이며, 만약 그것을 믿지 않으면 화형에 처하거나 저주하고, 또는 철저하게 모욕하리라'는 전제 이외의 아무것도 아니다. 이러한 관념은 일종의 변론술을 위해 필요한 궤변이며, 그러한 관념이 필요한 사람에게만 가치가 있다. 민중에게는, 아니 민중뿐만 아니라 교양 있는 사람들의 사회와 집단에도, 이것이 교리문답을 통해 주입되고 있음에도 이 관념은 전혀 없다.

교회의 정의

교회는 진정한 신자의 모임이라고 말할 때, 그것은 실제로는 아무것도 말하지 않은 것이다. 가령 내가 합창단은 모든 진정한 음악가의 모임이라고 말한다 해도, 내가 진정한 음악가라는 말이 무엇을 가리키고 있는지 말하지 않으면, 아무것도 말한 것이 되지 않기 때문이다. 그런데 신학에 따르면 진정한 신자란 교회의 가르침에 따르고 있는 사람들, 즉 교회에 속해 있는 사람들을 말한다. 그러한 진정한 신앙이 수백 가지나 있다는 것은 더 이상 언급하지 않는다 해도 이 정의는 아무것도 말하고 있지 않고, 오히려 합창단이란 진정한 음악가의 모임이라는 정의와 마찬가지로 무익하다. 그런데 이 정의의 바로 이면에 어떤 꼬리가 숨바꼭질을 하고 있다. 교회는 진정 유일하며, 그곳에는 목사와 회중이 있다. 그리고 하느님에 의해 정해진 목사가 진실하고 유일한 가르침을 가르친다. "하느님께 맹세코, 우리가 얘기하는 것은 모두 진실한 진리이다"라고. 단지 그것뿐이다. 기만의 모든 것은 바로 여기에, 즉 교회라는 말과 관념에 있다. 그리고 이 기만의 의미는 다른 사람들에게 자신의 신앙을 강압적으로 가르치고 싶어하는 사람들이 있다는 사실이다.

신앙을 강요하는 이유

그들은 도대체 무엇 때문에 다른 사람들에게 자신의 신앙을 그렇게까지 가르치고 싶어하는 것일까? 만약 그들에게 진정한 신앙이 있다면, 그들은 신앙이란 생명의 의미이며 사람이 각자 하느님과의 사이에 확립하는 관계이고 그래서 신앙은 가르칠 수 없는 것, 가르칠 수 있는 것은 신앙의 기만뿐이라는 것을 알고 있을 것이다. 그런데도 그들은 가르치고 싶어한다. 도대체 무엇 때문일까? 가장 간단한 답은 아기에게는 과자와 계란이 필요하고, 주교들에게는 저택과 파이와 비단 제복이 필요하다는 것이다. 그러나 이 대답만으로는 충분하지 않다.

기만의 내면적·심리적 이유, 기만을 지탱하고 있는 동기는 의심할 여지없이 이러한 것들이다. 그러나 어떤 한 인간(사형집행인)이 아무런 원한도 없는 다른 인간을 죽인다는 결의가 어떻게 가능한지 생각할 때, 사형집행인이 사람을 죽이는 것은 보드카와 하얀 빵과 붉은 셔츠를 얻을 수 있기 때문이라는 대답만으로는 불충분한 것과 마찬가지로 키예프의 주교와 수도사들이 성자의 유해라고 말하고 자루에 짚을 채우는 것은, 단지 3만 루블의 수입을 손에 넣기 위해서라는 것만으로는 불충분하다. 어떤 행위도 그런 단순하고 엉성한 설명으로 충족시키기에는 너무나 무섭고 인간성에 반하는 것이다. 사형집행인도 주교도 자신의 행위를 설명하는 데 수많은 논거를 제시하겠지만, 그 주된 근거는 역사적 전통일 것이다. "처형은 계속되어야 한다. 이 세상이 생긴 이래 처형은 쭉 계속되어 왔다. 내가 하지 않으면 다른 사람이 한다. 나는 하느님의 도움을 빌려 다른 사람보다 능숙하게 해치우고 싶다." 그와 마찬가지로 주교는 이렇게 말할 것이다. "외면적으로 하느님을 숭배하는 것은 필요한 일이다. 이 세상이 생긴 이래 성자의 유해는 계속 숭배되어 왔다. 동굴의 유해를 사람들이 숭배하고 있기 때문에 그들이 이곳에 찾아오는 것이다. 내가 하지 않으면 다른 사람이 그것을 관리할 것이다. 나는 하느님의 도움을 빌려, 성물모독의 기만에 의해 손에 넣은 이 돈을 하느님을 위해 다른 사람보다 유효하게 사용하고 싶다"고.

사업으로서의 교회

의견을 달리하는 사람들에 대한 논거로 진정한 교회라는 관념도 사용되었지만, 콘스탄티누스와 니케아 공의회 이전에는 교회는 관념에 지나지 않은 데 비해 그 이후 교회는 사업, 그것도 기만의 사업이 되어 간다. 유해를 다루는 주교들, 성찬식을 행하는 사제들, 이베르스카야(모스크바에 있었던 예배당. 그 이름이 붙은 우상이 의식에 모셔졌다), 종무원 등등 우리를 그토록 놀라게 하고 소름끼치게 하는 기만이 시작되는데, 그 추악한 점이 계속 되는 이유를 그들의 이익에서만 충분한 설명을 찾아낼 수는 없다. 기만은 오래된 것으로, 단지 개인의 이익에서 시작된 것은 아니었다. 달리 이유도 없이 맨 처음 이런 일을 하려고 결심할 악인이 있을 리가 없다. 이러한 일을 이끌어낸 원인은 선의의 것은 아니었다. "나무는 열매를 보고 알 수 있다." 시작은 악이었다. 증오, 인간의 교만, 아리우스와 그 밖의 것에 대한 적의(敵意)였다. 그리고 또 하나의 더 큰 악은 그리스도교도와 권력의 통일이었다. 이교도의 관념으로는 위대한 인간의 최고위에 있는(신의 대열에 들어가 있었다) 콘스탄티누스가 그리스도교를 받아들이고, 모든 민중에게 모범을 보이며 그들을 설득한 뒤, 이단자에게는 구원의 손길을 내밀어, 공회의를 통해 유일하고 정당한 그리스도교 신앙을 확립한 것이다.

그리스도교와 권력

전세계적인 그리스도교 신앙이 영원히 확립되었다. 이리하여 기만에 따르는 것이 당연한 일이 되고, 또 현재에 이르기까지 그 사건이 구원이었다고 완전히 믿고 있었다. 그러나 그것은 그리스도교도 대부분이 자신의 신앙을 버린 사건이었다. 그것은 그리스도교도의 대다수가 그리스도교라는 이름을 걸고 이교의 길로 발길을 돌려, 현재에 이르기까지 계속 걸어온 갈림길이었다. 카를 대제, 블라디미르도 그와 같은 일을 계속했다. 교회의 기만은 현재까지 계속되고 있다. 그 기만, 즉 권력에 의한 그리스도교의 수용이 필요한 것은, 그리스도교를 정신이 아니라 겉으로 드러난 말의 뜻으로 이해하는 사람들이 있다는 점에 있다. 왜냐하면 권력을 버리지 않고 그리스도교를 수용하는 것은 그리스도교에 대한 조소이며 그리스도교의 왜곡이기 때문이다.

그리스도교에 의한 국가권력의 신성화는 성물모독이며, 그리스도교의 파멸이다. 거짓 그리스도교와 국가의 모독적인 동맹 아래 1500년이 지났다. 그 뒤로 1500년 동안 권력의 비위를 맞추기 위해 그리스도의 모든 교의를 불구의 것으로 만들어 온 복잡한 궤변을 잊는 데는 수많은 노력이 필요하다. 또 그리스도의 교의가 국가와 잘 협조해 나가도록 국가의 신성함과 합법성, 국가가 그리스도교적인 가능성을 설명하려고 사람들은 노력해 왔다. 그러나 실제로는 《그리스도교 국가》라는 말은 '뜨거운 얼음'이라는 말과 같다. 국가와 그리스도교는 양립할 수 없는 것이다.

그것을 확실히 이해하기 위해서는 우리가 철저하게 주입받은 새빨간 거짓말은 모조리 잊어버리고, 우리가 배운 역사학과 법학의 의미를 정면으로 물을 필요가 있다. 이 학문들은 어떠한 근거도 가지고 있지 않으며, 그것은 폭력에 대한 변명 외에 아무것도 아니다.

페르시아인과 메디아인의 역사는 생략하고, 그리스도교와 최초로 동맹을 맺은 국가의 역사를 살펴보자.

로마의 역사

로마에는 도적단의 소굴이 있었다. 도적단은 약탈과 폭행과 살인으로 확대되어 민중을 장악하고 말았다. 도적들과 그 자손들은 카이사르나 아우구스투스 같은 자들을 수령에 앉히고, 자신들의 욕망을 채우기 위해 민중을 약탈하고 괴롭혔다. 그러한 도적 수령들의 후계자인 콘스탄티누스는 책을 읽는 데 싫증이 나고, 음탕한 생활에도 진력이 나서 종교에 눈을 돌렸는데, 그때까지의 종교보다 그리스도교의 어떤 교의가 마음에 들었다. 그는 사람들을 희생으로 삼는 것보다 미사가 좋다 하고, 아폴로·비너스·주피터를 숭배하는 것보다 유일신과 그 아들 그리스도가 좋다 하여, 자신의 권력 아래 있던 사람들에게 그 신앙을 받아들이도록 명령했다.

"황제가 민중을 통치하고 있지만, 너희들 사이에서는 그렇지 않다. 죽이지 말라, 간음하지 말라, 재물을 탐내지 말라, 심판하지 말라, 맹세하지 말라, 악에 대항하지 말라." 단 한 사람만이 그에게 이 모든 것을 말해 주었다. "당신은 그리스도교도로 자처하고, 그러면서도 계속해서 도적단의 수령으로 사람을 죽이고, 태우고, 싸우고, 음탕한 생활을 하고, 처형하고, 사치한 생활을 즐기고 싶은가? 그럼 그렇게 하라."

이리하여 사람들은 그에게 그리스도교를 갖춰 주었다. 그것도 더 이상 바라지도 못할 만큼 쾌적하게 갖춰 주었다. 그들은 그가 복음서를 읽으면, 거기서 사원의 건립과 참배 이외에 모든 것, 즉 그리스도교도의 삶이 요구되고 있음을 깨달을지도 모른다고 예견했다. 그들은 그것을 예견하고 있었기 때문에 주도면밀하게, 그가 거리낌 없이 옛날의 이교도적인 생활을 계속할 수 있도록 그리스도교를 안배한 것이다. 한편으로는 하느님의 아들 그리스도가 해 온 것은 바로 황제와 모든 사람들의 죄를 대신 속죄하기 위해서였다. 그리스도가 죽은 이상, 콘스탄티누스는 마음대로 살 수 있는 셈이다. 그뿐만이 아니다. 참회하고 한 조각의 빵을 포도주에 적셔서 먹으면 그것으로 구원받고, 모든 것이 용서된다. 그들은 나아가 도적의 권력을 신성한 것으로 만들고, 그것은 하느님에게서 부여받았다고 말하여 황제에게 향유를 부어주었다. 그 대신 황제도 그들이 원하는 대로 사제의 모임을 창설한 뒤, 하느님에 대한 각자의 관계가 어떤 것이어야 하는지 말하라고 명하고, 그들에게도 그것을 그대로 되풀이하라고 명령했다.

이렇게 모두가 만족함으로써 1500년 동안 바로 그 신앙이 세상에 오래도록 살아남았고, 다른 도적의 수령들도 이 신앙을 도입하여 모두에게 향유가 부어졌고, 너도 나도 하느님으로부터 선택된 이들이 되었다. 러시아에서는 남편을 살해한 음부(예카테리나 2세를 가리킴)가 하느님으로부터 예정되어 있었고, 프랑스에서는 나폴레옹이 그랬다. 그에 비해 사제들은 거의 그들 자신이 하느님이 되었다. 왜냐하면 그들의 내부에는 성령이 깃들어 있기 때문이다.

향유가 부어진 어떤 사람, 즉 도적단의 수령이 타국과 자국의 민중을 죽이고 싶으면 당장 성수가 마련되어 그에게 부어지고, 십자가를 가져와 살인과 교수형과 참수형에 축복이 내려진다.

도적들과 사기꾼들

이리하여 모든 것이 잘되어야 했는데, 여기서 의견이 일치하지 못하여 향유가 부어진 자들끼리 서로를 도적이라 부르기 시작하고(그것이 실제 모습이지만), 사제들은 서로를 사기꾼이라 부르기 시작했다(그것도 실제 모습이다). 한편 민중은 그것에 귀 기울여 듣기 시작하여 향유가 부어진 사람과, 성령이 깃든 자들을 믿지 않게 되고, 그들을 그들 스스로 부르고 있는 정당한 이름, 즉 도적과 사기꾼으로 부르게 되었다.

문제는 어디까지나 바로 이들 사기꾼과 거짓 그리스도교도들이었다. 그들이 그렇게 된 것은 도적들과 손을 잡았기 때문이었다. 그리고 그것 말고는 할 것이 없었다. 그들이 최초의 황제를 신성화하고, 비하와 자기희생과 인욕의 신앙을 폭력으로 지원할 수 있다고 황제를 설득한 최초의 순간부터 그들은 길을 잘못 들어서버렸다. 황제의 권력 아래 있는 위계제의 역사는 이 불행한 위계제가 교의의 진리를 거짓되게 전파하며, 실제로는 진리에서 멀어지면서도 교의의 진리를 유지하려 한 헛된 시도의 연속이었다. 위계제의 의의는 그것이 가르치려 하는 교의에만 바탕을 두고 있다. 교의는 비하·자기희생·사랑·빈곤에 대해 말하지만, 그 교의는 폭력과 악에 의해 전파되어 간다.

위계제가 무엇인지를 가르치고 신봉자를 불러들이기 위해서는 교의를 위배하지 않는 것이 필요하지만, 자신 및 권력과 자신의 불법적인 관계를 정화하기 위해서는, 더할 수 없이 공을 들인 온갖 수단을 사용하여 그 교의의 본질을 숨길 필요가 있다. 그리고 그것을 위해서는 교의의 중심을 교의의 본질이 아니라 그 외면으로 옮겨야 했다. 이 위계제가 바로 그 일을 하고 있는 것이다.

날조된 신앙

교회에 의해 전파되고 있는 신앙이 가지는 기만의 원천은 교회라는 이름 아래 위계제와 권력, 폭력을 통합한 것이다. 다른 사람들에게 신앙을 가르치고 싶어 하는 사람이 있는 것은, 참된 신앙은 자기 자신들의 정체를 폭로하기 때문에 참된 신앙 대신 자신들을 정당화하는 날조된 신앙을 내세울 필요가 있기 때문이다. 참된 신앙은 어디서나 가능하지만, 단 그것이 명백하게 강제력을 가지는 곳, 즉 국가의 종교에서만은 가능하지 않다. 참된 신앙은 이른바 분리파와 이단의 모든 것 속에 있지만, 국가와 결부된 곳에서만은 있을 수 없다. 기묘한 일이지만, '정교, 가톨릭, 프로테스탄트'라는 신앙의 명칭이 의미하고 있는 것은, 이들의 언어가 보통의 회화에서 사용되고 있는 대로 권력과 결탁한 신앙, 즉 국가의 신앙 이외에 아무것도 아니며, 그래서 거짓 신앙인 것이다.

그리스도교의 교의

어떠한 교회이든 모든 교회의 교의로서 그리스도교를 이해한다면, 그리스도교가 가르치고 있는 것은 무엇일까? 그리스도교의 모든 교의는 두 개의 부분으로 구별된다. 첫째는 아들의 신성, 영(靈), 영과 아들의 관계에서 시작하여 포도주를 곁들이는 성찬식, 맛 없는 빵, 또는 신맛의 빵에 이르기까지 교리에 관한 가르침과, 둘째는 비하, 청렴, 육체적·가정적 순결, 불선고(不宣告), 속박으로부터의 자유, 평화의 애호 등의 도덕적 가르침이다.

교회의 교사들이 가르치는 이들 두 가지 면은 아무리 혼합하려 해도 결코 섞이지 않고, 물과 기름처럼 언제나 큰 물방울과 작은 물방울로 갈라져 있다.

교의의 이 두 가지 측면을 구별하는 것은 누구에게나 가능한 일이며, 누구나 모든 국민의 생활 속에 두 가지 측면의 산물을 남길 수 있다. 또 그 산물에 의해 어느 쪽이 더 중요한지, 어느 쪽이 더 진실한지 판단할 수 있다.

눈앞에 양쪽의 산물을 아직 확실하게 보지 못한 사람들은 잘못 이해하는 경우도 있었다. 교리에 관한 논쟁에 열심히 가담한 사람들도 자신들이 그 교리로 하느님이 아니라 악마에게 봉사하고 있다는 것은 깨닫지 못하고, 그리스도가 모든 교리를 타파하기 위해 찾아왔다고 분명하게 말한 것도 깨닫지 못하고, 잘못 이해할 수가 있었다. 그리고 자신의 잘못이 눈에 들어오지 않는 왜곡된 교육을 받은 사람들도 잘못 이해할 수 있었다. 그러나 모든 교리를 부정하고 있는 복음서의 첫 번째 의미가 명시되어 있고, 그러한 교리의 역사적 산물을 눈앞에 보고 있는 우리는 더 이상 혼돈하려 해도 할 수가 없다. 역사는 우리에게 진실한 교의의 시금석이며, 그것도 기계적인 시금석이다.

사람을 말살하는 교리와 사람을 구원하는 가르침

성서의 처녀수태에 대한 교리는 필요한 것인가, 필요하지 않은 것인가? 이 교리에서 무엇이 태어났는가? 그것은 악의와 악담과 욕설과 조소이다. 그렇다면 이익은 있었을까? 아무것도 없다. 음부를 비난해서는 안 된다는 가르침은 필요한 것인가, 필요하지 않은 것인가? 이 가르침에서 무엇이 태어났는가? 사람들은 수천 번 수만 번 이것을 상기하며 마음을 누그러뜨렸다.

또 하나. 어떠한 교리든 전원이 동의하고 있는 것인가? 원하는 자에게는 주어진다는 것은 어떤가?

그러나 첫 번째 것은 누구도 동의하지 않고, 누구에게도 필요하지 않을 뿐 아니라 사람들을 말살하는 교리이며, 이것이야말로 위계제가 신앙 대신 주어왔고 지금도 주고 있는 것이다. 두 번째의 것은 모두가 동의하고 모두에게 필요하며 사람들을 구원하는 교리이며 위계제는 감히 부정하지는 않았지만, 굳이 교의로 제시하지도 않았다. 그 가르침은 위계제 자체를 부정하고 있기 때문이다.

똘스또이의 종교사상

똘스또이의 종교사상의 뼈대와 그 발전 모습을 《나의 참회(1879)》《나의 신앙(1884)》《어떻게 살 것인가(인생론)(1887)》《하느님의 나라는 너희 안에 있다(1893)》《종교란 무엇인가, 그리고 그 본질은 어디에 있는가(1902)》 등을 통해 알 수 있다.

똘스또이의 종교사상의 특징

똘스또이의 종교사상의 특징은 철저한 교회 비판, 국가 비판, 과학 비판, 사회제도 비판 즉 현존하는 거의 모든 것에 대한 비판이다. 그 비판의 철저함은 당시 똘스또이에게 호의적이었던 사람들조차 도가 지나치지 않나 하고 느꼈을 정도였고, 지금도 사상가로서의 똘스또이는 지나치게 극단적이라는 평가가 자주 나오고 있다.

똘스또이 종교론의 출발점에 위치한《나의 참회》에 따르면, 인생의 중반에 길을 잃은 똘스또이는 참된 신앙을 구하여 하느님을 찾아 방황하다가 고난 끝에 마침내 안심입명의 경지에 도달했다. 긴 고뇌의 끝이기는 했지만, 어쨌든 결국은 행복하고 안정된 경지를 획득할 수 있었다. 그렇다면 구태여 분노에 사로잡혀 자기 자신마저 잊어버린 듯한 어조로 현실사회의 모든 것을 비판할 필요는 없지 않았을까? 자신이 도달한 경지가 그토록 진실하고 행복한 것이라면, 단지 조용히 그 경지를 설명하고 그곳에 이르는 길을 가리켜 주는 것으로 족하지 않았을까? 그런데 똘스또이의 종교사상은 그 표현의 대부분이 비판이라는 형태를 취하고 있을 뿐만 아니라 그 어조의 신랄함 또한 보통을 넘어서고 있다. 똘스또이의 주장이 이따금 극단적으로 느껴지는 것도, 주장의 내용 자체보다 오히려 지나치게 신랄한 어조 때문인 듯하다.

《교회와 국가》(1882년)

만약 똘스또이의 주장을 그대로 받아들인다면, 교회라고 불리는 것은 러시아정교든 가톨릭과 프로테스탄트든 모두 기만덩어리라는 것을 알 수 있다. 사실 교회가 기만덩어리라는 주장은 어떤 사람들에게는 믿기 어렵고 또 용납할 수 없는 모독이기 때문에 그대로 받아들여서는 안 된다고 말하는 사람도 있을 것이다. 그러나 일단 똘스또이의 주장을 그대로 받아들이기로 하자. 문제는 그 다음이다. 과연 교회가 가르치고 있는 것, 교회가 하고 있는 것이 완전한 엉터리라고 인정한다면, 당연히 다음에 떠오르는 의문은 '그럼 교회의 가르침이 아닌 무엇을 믿으면 되는가' 하는 것이다.

신앙을 가지지 않은 사람은 교회가 하는 일은 엉터리라는 논증보다 '무엇을 믿어야 할 것인가' 하는 논증에 힘을 실어주기 바라겠지만, 이《교회와 국가》에서는 거의 모두가 전자를 논증하는 데에 할애되어 있다. 그럼 무엇을 믿어야 하는가에 해당하는 부분은 어디에 있을까?

우선 말머리의 '신앙이란 생명에 주어지는 의미를 말하며, 생명에 힘과 방향을 주는 것이다'가 그것에 해당한다. 또 '신앙이 있는 사람, 즉 하느님에 대한 자신의 관계를 확립하고, 그래서 신앙이란 하느님에 대한 인간의 관계라는 것을 알고 있는 사람은……'이라고 한 부분에서도 똘스또이의 신앙관을 엿볼 수 있다. 그러나 어느 경우도 '그럼 생명에 어떤 의미를 부여해야 하며, 하느님과의 사이에 어떠한 관계를 확립해야 하는가' 하는 질문에는 대답하지 않는 것처럼 보인다. 그것은 비단 이 소논문 《교회와 국가》에만 한하지 않는다.

《나의 신앙》에서도 《하느님의 나라는 너희 안에 있다》에서도, 또 《종교란 무엇인가, 그리고 그 본질은 어디에 있는가》에서도 주장하고 있는 것은 진정한 그리스도교는 종교적 규칙을 전혀 필요로 하지 않으며, 법률도 신화도 주술도 필요하지 않다, 오히려 그러한 인간적 제도를 모두 부정하고 있는 것이 진정한 그리스도교라는 식이며, 그리스도교는 다시 말해 이것도 아니고 저것도 아니라는 말투가 눈에 띈다. 이것도 저것도 모두 엉터리라는 분노의 어조만 눈에 띄고, 진정한 그리스도교란 어떠한 것인가에 대한 설명은 그다지 눈에 들어오지 않는 것처럼 느껴진다.

비판이라는 형태를 취하는 이유

그러나 그렇게 느끼는 것은 어쩌면 읽는 방법이 잘못되었기 때문이 아닐까? 진실은 단순한 것이며 많은 말이 필요하지 않는 것일지도 모른다. 이를테면 다음과 같은 것을 생각해 보자. 2×2라는 계산에 대해, 어떤 사람은 5라고 대답하고, 또 어떤 사람은 6이라고 하고, 또 어떤 사람은 7이라고 했다고 치자. 그 사람들에게 정답을 알고 있는 사람은 2×2는 5가 아니고, 6도 아니며, 7도 아니라는 것을 길게 설명하지 않고는 4라는 답을 가르쳐 줄 수가 없다. 그리고 정답을 알고 있는 사람이 2×2를 가르칠 때 가장 장애가 되는 것은, 사람들이 2×2에 대해 생각하려 하지 않는 일이다. 왜냐하면 사람들은 2×2가 5이고, 6이고, 7이라고 이미 생각하고 있기 때문이다. 만약 사람들이 2×2에 대해 진지하게 생각하며 그 해답란을 비워 두고 있으면, 일은 얼마나 쉬워질 것인가? 그러나 실제로 해답란은 이미 채워져 있고, 사람들은 2×2에 대해 생각하는 것을 오래전에 이미 그만둬 버렸다.

똘스또이의 종교사상이 놓여 있던 상황도 아마 이러했을 것이다. 똘스또이는 먼저 해답란을 공백으로 만드는 것에 온 힘을 쏟지 않으면 안 되었고, 그의 종교사상의 대부분이 비판의 형태를 취하고 있는 것은 바로 그 때문이라고 생각할 수 있다. 만약 그렇다면 아무리 눈에 띄지 않는 것처럼 보여도 역시 해답은 주어져 있는 것이 된다. 2×2＝4라고 한 부분을 더욱 주의하여 볼 필요가 있다.

똘스또이의 신앙관

그럼 《교회와 국가》로 돌아가서, 신앙이란 하느님과 인간의 관계이며, 생명에 의미와 방향성을 주는 것이라는 똘스또이의 신앙관을 음미해 보자. 여기서 '인간'이라는 것은 '사람들'도 '인류'도 아닌 한 사람의 인간을 말한다. 그렇다면 한 사람의 인간이 단독으로 하느님과의 사이에 확립하는 관계가 신앙이라는 이야기가 된다. 한 사람의 인간과 하느님 사이에 다른 어떤 것이 끼어 있다면 그것은 신앙이라고 할 수 없게 된다. 따라서 하느님과의 사이에 어떤 관계를 확립해야 하느냐고, 하느님 이외의 자에게 묻는 것 자체가 이미 신앙이 아닌 것을 추구하는 것이 된다. 이렇게 생각하는 똘스또이에게 교회가 하고 있는 일이 어떻게 보였는지는 명백하다. 인간과 하느님의 관계는 어떠해야 하는지, 그것을 알고 있는 것은 우리뿐이다. 이것이 바로 교회의 주장이었다. 그러나 똘스또이의 말을 빌리면 그것은 사람과 교회와의 관계를 세우는 것이고, 원래 하느님이 위치해야 하는 자리에 교회가 눌러앉아 버린 것이 되며, 교회야말로 진정한 신앙의 가장 큰 장애물이라는 얘기가 된다. 생명에 의미와 방향성을 주는 것은 오직 하느님의 목소리뿐이고, 교회의 목소리는 하느님의 목소리를 듣는 데 방해가 될 뿐이다.

똘스또이와 그리스도

그러나 교회를 제거하면, 그것으로 사람은 당장 단독으로 하느님 앞에 설 수 있을 것인가? 당장 하느님의 목소리가 들려오는 것일까? 어느 목소리가 하느님의 목소리인지, 하다못해 짐작이라도 하게 해주는 안내자가 필요하지는 않을까?

안내자는 필요하며, 이미 우리의 눈앞에 있다. 그 안내자는 바로 그리스도밖에 없다. 그리고 그리스도만이 그 역할을 할 수 있다고 똘스또이는 생각했다. 똘스또이의 주장은 교회가 아니라 그리스도를 따르라고 말한 것이 된다.

똘스또이의 그리스도상은 《나의 신앙》에 명확하게 나타나 있다. 똘스또이에게 모든 것의 열쇠가 된 것은 바로 마태복음 제5장에 있는 다음과 같은 말이었다.

"눈은 눈으로, 이는 이로 갚으라 하였다는 것을 너희가 들었으나, 나는 너희에게 이르노니 악한 자를 대적지 말라."

'악한 자를 대적지 말라' 이 말을 순순히 그대로 마음에 받아들였을 때, 똘스또이 앞에 완전히 새로운 세계가 보이기 시작했다. 그와 동시에 복음서에 적혀 있는 모든 말은 남김없이 하나의 전체로 융합하여, 그리스도의 가르침이 가져다주는 세계관, 생명관의 새로움, 그 눈부신 독창적인 새로움이 압도적인 힘으로 똘스또이를 사로잡았다.

악과 폭력은 어떠한 때 어떻게 사용되더라도 결코 선으로 바뀔 수 없고, 인간에게 행복을 가져다 줄 수도 없다. 악과 폭력을 이기는 것은 불순물이 없는 선(善)이고, 오직 사랑뿐이다. 그리스도의 가르침을 똘스또이는 그렇게 이해했다. 그리고 이 가르침이 올바르다는 것은 역사가 확실하게 증명하고 있다는 것도 이해한 것이다.

그리스도의 가르침

그리스도의 가르침은 단순한 것으로, 그 가르침을 이해하는 데 성모 마리아의 처녀수태는 필요하지 않고(똘스또이는 자신의 예수전인 《요약복음서》(1881)에서 '예수는 사생아였다'라는 문장으로 시작하고 있다), 예수의 부활도 필요하지 않았다. 그리스도가 말한 것은 교회가 가르치고 있듯이 어떤 비유도 상징도 아니고 그리스도가 말한 그대로의 말이요, 그대로 실행에 옮겨져야 할 말이다.

악에 대한 무저항이라는 말이 똘스또이에게 그리스도의 가르침이 압도적인 새로움으로 다가오게 했지만, 그것은 똘스또이에게는 그리스도의 가르침을 이해하는 첫걸음에 지나지 않았다. 그 뒤에 그리스도의 더욱 대담한 생명관이 있음을 똘스또이는 깨달았던 것이다.

'악에 대항하지 말라'고 한 가르침은, 악에 대항하지 않기 위해 일부러 악이 이루어지고 있는 곳에 맨손으로 달려가, 거기서 파멸하라는 의미는 아니다. 그것은 악은 결코 선이 될 수 없고 사랑을 낳지도 않는다는 것을 말다. 그리고 인간의 행복은 선과 사랑 속에만 있다는 의미이며, 사람이 행복을 위해 이 세상에 태어나는 것이라면, 사랑이야말로 인간의 생명 그 자체라고 생각하지 않을 수 없다.

인간에게 생명은 사랑이며, 이 사랑은 어떠한 악과 폭력, 나아가서는 죽음에 의해서도 손상되는 일이 없다. 이 명제가 모든 의미에서 진실이라는 것을 똘스또이는 확신하게 된다. '모든 의미에서'라는 것은 이 단 하나의 명제에서 그의 교회 비판, 국가 비판, 사회제도 비판, 과학 비판이 태어난다는 의미다. 그것은 곧 똘스또이는 이 명제의 종교적, 정치적, 사회과학적, 자연과학적 진리성을 믿어 의심치 않았다는 뜻이다.

국가에 대한 자세

국가가 폭력을 그 존립기반에 두고 있는 이상, 국가가 비판의 대상이 되는 것은 당연하지만, 똘스또이에게 그것은 비판이라기보다 오히려 거부에 가까웠다. 국가에는 관여하지 말라고 하는 것이 똘스또이의 주장이었다. 국가가 국가인 이상, 더 나은 국가란 있을 수 없으므로, 그런 것을 개선하려고 생각해서는 안 된다, 다만 가능한 한 국가와는 교섭을 가지지 말라는 것이 똘스또이의 주장이었다.

국가와 관련하여 똘스또이의 사고방식을 매우 명료하게 보여주고 있는 것에 그의 〈재판 비판〉이 있다. 악인을 심판하고 벌하는 재판소가, 똘스또이의 눈에는 악을 악으로 갚는 잘못을 범하고 있는 것으로 비쳤을 것은 쉽게 이해할 수 있다. 그러나 과연 재판소는 정말 비판받아야 하는 것일까? 그것도 재판을 비판하는 똘스또이의 어조를 듣고 있으면, 재판소야말로 악인을 만들어 내고 있는 거라고 말하는 것 같기 때문이다. 그러나 누가 생각해도 악을 저지른 것은 악인이고 범죄자이며, 재판소는 어디까지나 그것을 심판하고 있을 뿐이다.

그러나 똘스또이는 그렇게 생각하지 않았다. 사랑을 모르기 때문에 인간의 행복을 모르고, 인간의 행복을 모르기 때문에 이성적인 생활을 하지 못하여 사람에게 악을 저지르는 인간이나, 일시적인 감정의 폭발로 이성을 잃고 악을 저질러 버리는 인간은 그저 불행하고 가엾은 존재일 뿐이었다. 그들은 불행하고 가련한 존재이지 결코 심판의 대상은 되지 않는다. 더욱이 똘스또이의 생각에 따르면 그렇게 하여 생기는 악은 전체적으로 보면 하찮은 것이며 일시적인 것일 뿐이다. 똘스또이의 눈에 그렇게 저질러지는 악보다 훨씬 질이 나쁜 것으로 비친 것은 '거짓 선의'와 '거짓 사랑'이었다.

위선에 대하여

재판소는 사람들을 악에서 지킨다고 하지만, 그것은 사랑의 힘을 믿지 않기 때문에 하는 말이다. 거기서는 폭력은 폭력으로밖에 억제할 수 없다는 것이 당연한 전제가 되고 있다. 그리고 그것이 당연한 전제라면 재판소는 따지고 보면 어떠한 경우에도 국가에 봉사하는 일 외에 다른 것은 할 수 없다. 이것이 본질이며, 그 사실을 충분히 알고 있으면서도 마치 사랑을 지키고 있는 척하는 것이다. 똘스또이에게는 이런 재판소가 '위선자' 외에 아무것도 아니었고, 위선자는 철저하게 규탄받지 않으면 안 되는 것이었다. 왜냐하면 그것은 사람들에게 악인보다 훨씬 더 무서운 존재이기 때문이다.

악인이 세상에 뿌리는 악은 개인적이고 일시적인 것이지만, 위선자가 세상에 뿌리는 위선은 조직적일 뿐만 아니라 일시적인 것도 아니다. 한 사람의 책임이라면 어떤 악인도 결코 하지 않을 일을 조직에서는 책임이 분산되기 때문에 간단하게 이루어지고 만다. 무엇보다 무서운 것은 위선적인 행위 때문에 사랑에 대한 사람들의 관념이 왜곡되어 버리는 것이다. 재판소에 보호받고 있다고 느끼는 사람들은 자신도 모르는 사이에 사랑이 무력하다는 것을 믿게 된다.

사회제도에 대한 자세

교회와 사회개혁가에 대한 똘스또이의 비판도, 이것과 같은 시각에 서는 것이었다. 교회에 한하지 않고, 조직과 제도로 인간을 행복하게 하려고 생각하는 자는, 사고방식의 밑바탕에 반드시 사랑에 대한 불신을 가지고 있다. 즉, 마음 어딘가에서 인간의 사랑 같은 것은 믿을 수 없다고 생각하고 있기 때문에 조직과 제도를 정비하려는 것이다.

인간에게 생명의 본질이 정말 사랑이라면, 사랑 이외의 것을 믿으려 하는 모든 유혹을 물리치지 않으면 안 된다. 그러나 똘스또이의 눈에 사회의 움직임은 점점 역방향으로 움직이고 있는 것처럼 보였다. 그리고 사회의 그러한 역방향으로의 움직임을 가속화하는 것은 다름 아닌 과학이었다.

19세기에 들어와서 과학은 급격하게 변화해 왔다. 과학기술은 인간이 지금까지 이루지 못했던 욕망을 차례차례 이루어가는 것처럼 보였다. 그러한 흐름 속에서는 사랑이 아니라 욕망이야말로 생명의 본질이요, 살아가는 원동력이라고 생각하는 사람이 많아지는 것은 당연한 일이 되었다. 사랑은 더욱더 무력한 것으로 생각되기 시작했다. 그러나 똘스또이의 눈에 과학이 가장 파괴적인 것으로 비친 것은, 과학 시대의 도래라는 사람들의 인식이 종교 시대의 종언을 의미하고 있었던 점이다.

종교의 의미

똘스또이는 예수 그리스도를 가장 이성적이고 가장 사랑에 찬 인간으로 생각하고, 그리스도가 이끄는 대로 생각을 전개하며 살아가려 했다는 의미에서는 틀림없는 그리스도교도였지만, 그리스도교 이외의 종교에도 경의를 표하고 있었다. 그것들은 분명히 인류가 만들어 낸 지혜이며, 그 발현은 다양하게 보여도 목표는 동일한 것이라고 똘스또이는 생각했다. 그 목표란 인간상호의 절대평등이라는 이상이다.

절대자 앞에서 각자가 평등하다는 것에서 선악의 판단이 시작된다. 평등을 어지럽히고, 사람들을 분열로 이끄는 것이 악이고, 평등을 지키고 사람들을 결속하는 것이 선이다. 똘스또이는 이른바 종교라고 불리는 것의 중심에서 그러한 사상을 읽고, 그것을 잊어버리면 선악은 성립되지 않는다고 생각했다.

그런데 똘스또이를 에워싸고 있는 사회에서는, 모든 사람이 종교의 시대는 끝났다고 목청을 높이고 있었다. 인류는 헌 옷을 벗어 버리고 과학이라는 새로운 옷을 입지 않으면 안 된다는 것이다. 그러나 똘스또이는 과학으로는 선악을 판단할 수 없다고 생각했다. 과학에는 원래 그런 기능이 없는 것이다. 종교를 대신하여 과학이 사회를 지도할 경우, 가치 기준을 제공하는 것은 실은 과학 자체가 아니라 권력이다. 그리고 과학은 인류를 분열시키고 구분하고 차별을 고정화하는 도구밖에 되지 않는다. 그것은 다윈의 '진화론'이 사회의 상식에 가져다 준 '생존경쟁'과 '적자생존'이라는 관념을 보면 일목요연하지 않은가? 똘스또이는 그렇게 주장하며 종교적인 견해를 옹호했다.

이렇게 똘스또이의 종교사상은 교회를 비난하고 국가를 부정했으며, 사회개량의 꿈을 비웃고 과학을 비판했다. 그것 때문에 어떤 사람은 똘스또이의 사상을 혁명가들의 그것과 동일시했고, 또 시대착오적인 무지몽매함으로 간주하는 사람도 있었다. 그러나 똘스또이의 종교사상의 중심에 있었던 것은, '사랑과 이성', 그 두 가지뿐이었다. 사람들의 눈을 사랑에서 돌리려 하는 모든 것을 비난하고, 불합리한 것은 모두 제거하자는 것이 똘스또이의 종교사상이었던 것이다.

제5장 교육에 대하여

교사들에게

사상가로서의 똘스또이를 이해하기 위해서 가장 중요한 것이 그의 교육관일 것이다. 이것은 여러 갈래에 걸친 그의 사상 전체를 관통하는 사고방식의 기본이기도 하거니와 똘스또이라고 하는 사람의 성격이나 기질을 가장 뚜렷이 드러내는 부분이기 때문이다.

공부의 조건
학생이 공부를 잘하기 위해서는 스스로 공부하고자 하는 의지가 필요하다. 그리고 그런 의지를 불러일으키기 위해서는 다음과 같은 점이 필요하다.
1) 재미있고 쉽게 배울 수 있는 것
2) 학생들의 정신력이 가장 잘 발휘될 수 있는 여건이 갖추어질 것

필수과목
학생들이 쉽고 재미있게 배우기 위해서는 극단적인 다음 두 가지는 피해야 한다. 먼저, 학생들이 전혀 모르거나 절대로 이해할 수 없는 말은 꺼내지

않는 것이고, 또 학생들이 선생보다 더 잘 알고 있는 일에 대해서는 말하지 않는 것이다. 학생들이 이해할 수 없는 말을 꺼내지 않기 위해서는 모든 정의, 구분, 일반규칙을 피해야 한다. 교과서란 하나같이 정의니 구분이니 일반규칙들로 이루어져 있지만, 사실 그런 것이야말로 절대 가르쳐서는 안 되는 내용들이다.

문법, 정의, 품사, 언어형식의 구분, 그리고 일반규칙도 피해야 한다. 학생들에게 변화형의 명칭 따위를 말할 것이 아니라 어형변화를 많이 시키고, 지금 읽고 있는 글이 어떤 내용인지 이해시키면서 되도록 많은 글을 읽게 하여 머리로 생각하고 문장을 만들도록 가르친다. 규칙과 정의와 구분을 위반하고 있다고 지적하기보다는, 글의 내용이 알기 어렵다거나 어쩐지 산만한 느낌을 준다거나 주제가 명확하지 않다는 이유로 문장을 고쳐 주도록 하라.

자연과학에서도 분류법이나 유기체의 발달에 대한 추측이나 그 구조를 설명하는 대신, 학생들에게 여러 동물과 식물의 생태에 관한 상세한 지식을 최대한 많이 안겨 주도록 노력하라.

역사와 지리에서는 육지와 역사적 사건의 개관 및 구분은 하지 않도록 하라. 눈에 뻔히 보이는 저 지평선 너머에도 무언가가 존재한다는 사실조차 아직 믿지 못하는 어린 학생들에게, 역사나 지리개설은 당연히 재미가 없을 뿐더러 역사의 대상이 되는 국가·권력·전쟁·법률 등에 대해서도 어쩌면 최소한의 관념조차 가질 수 없을 것이다. 학생이 지리나 역사의 존재를 믿을 수 있도록 지리적·역사적 인상을 갖도록 이끌어 주는 것이 먼저 해야할 일이다. 당신이 알고 있는 국가라든지 잘 알려진 역사적 사실에 대해서는 되도록 아주 상세하게 학생들에게 이야기해 주라.

우주학에서도, 교육학에서 그토록 좋아하는 태양계 및 지구의 공전과 자전에 대해서는 학생들에게 설명하지 않도록 하라. 하늘·태양·달·행성(行星) 등과 같은 뻔히 눈에 보이는 운동이라든지 일식과 월식, 또는 지구 곳곳에서 일어나고 있는 동일현상의 관찰 등에 대해서는 아무것도 알지 못하는 어린 학생들에게, 지구가 혼자 빙빙 돌면서 움직인다는 설명 따위를 해 보았자 학생들의 의문을 풀어주는 것도, 설명도 되지 않을 뿐만 아니라 거의 잠꼬대처럼 들리기 십상이다. 물과 물고기 위에 얹혀 있는 것이 지구라고 생각하는 아이들 쪽이, 지구가 도는 것을 믿기는 하지만 전혀 이해도 설명도 할 수 없는 학생들보다 나름대로 더 건전하게 판단하는 것이니까. 눈에 보이는 허공의 현상이나 여행에 관한 지식을 되도록이면 많이 가르쳐서, 학생들 스스로가 눈에 보이는 현상에 대하여 확인하고 판단할 수 있는 정도로만 설명하면 된다.

수학은 정의 및 계산을 간략화하는 일반법칙의 전달은 삼가도록 하자. 일반법칙의 전달에만 치중하는 수학만큼 명백히 나쁜 것도 없다. 학생들에게 계산하는 방법을 가르치는 설명이 간단하면 할수록 학생들의 계산에 대한 이해나 지식은 그만큼 더 나빠지는 셈이다.

수학의 모든 정의와 규칙을 가르치기보다는 차라리 많은 계산을 시켜 보아서, 법칙에 어긋났다는 이유에서가 아니라 왜 그렇게 하면 모순인지를 충분히 설명해 주어야 할 것이다.

외국의 초등학교 교과서도 사정은 비슷하지만 오늘날 특히 장려되고 있는, 현대 과학이 이룩한 놀라운 성과를 가르치는 일은 피하도록 하라. 이를테면 지구나 태양의 무게가 얼마라느니 태양은 어떤 물체들로 이루어져 있다느니 나무와 인간은 어떤 세포들로 형성되어 있으며, 또 사람들은 얼마나 놀라운 기계를 많이 고안해 냈는가 하는 종류의 설명들 말이다. 새삼 말할 필요조차 없는 일이지만, 그런 지식들 때문에 학생들은 과학이 모든 신비를 해명할 수 있다고 쉴새없이 세뇌당하는 꼴이 된다. 그러나 영리한 학생이라면 금세 실망하게 된다. 이 일과는 별개로 그저 결과만 놓고 판단하는 것도, 학생들에게 남의 말을 생각도 해보지 않고 그대로 받아들이게 하는 나쁜 버릇을 들이게 된다.

알기 힘든 러시아어, 어떤 개념에 적합하지 않거나 두 가지 의미를 갖고 있는 언어, 특히 외국어는 가르치지 말라. 그런 말들은 비록 시간이 걸리고 또 아주 정확하지는 않더라도 학생들에게 어떤 관념을 불러일으키고 이해할 수 있는 다른 언어로 대체하도록 노력하라. 또한 이것은 이런 느낌으로 알려져 있고 이것은 또 이런 느낌이 난다는 식으로 설명하지 말고, 각자의 사물에 딸려 있는 정확한 이름을 부르도록 노력하라.

일반적으로 학생들에게는 되도록 많은 지식을 가르쳐서 모든 지식분야에서 최대한 많은 관찰을 할 수 있도록 만들어야 하겠지만 일반적인 결론, 정의, 구분 및 전문용어는 최소한만 가르치도록 하라. 정의, 구분, 규칙, 명칭을 가르칠 수 있는 경우는, 학생이 스스로 일반적인 결론을 검증할 수 있을 만큼 충분한 지식을 갖고 있어서, 일반적인 결론이 학생을 당황시키기보다는 그 부담을 가볍게 해 줄 수 있을 때에만 한정한다.

수업이 어렵고 시시해지는 또 다른 이유는, 학생이 이미 알고 있는 것을 교사가 혼자 열을 내면서 연신 지루하게 어려운 설명을 하기 때문이다. 학생들이 보기에는 너무도 뻔한 내용이어서 도리어 교사가 특별한 의미를 찾고 있는 것 같든가, 아니면 이해하는 방식에 문제가 있거나, 또는 전혀 이해하지 못한다는 소리를 들을 우려가 있다. 특히 교재가 생활 속에서 다뤄지는 경우는 이런 경우가 많다. 학생에게는 그들이 잘 모르고 있거나, 또는 재미있어 하리라 싶은 것들만 잘 생각해서 가르쳐 주어라.

그렇지만 이런 규칙들을 모두 충족시키더라도 이따금은 학생들이 이해할래야 이해할 수 없는 일이 생기게 마련이다. 그런 경우라면 원인은 딱 두 가지뿐이다. 하나는, 교사가 지금 설명하는 내용을 학생은 이미 예전에 생각한 적이 있어서 자기 나름대로 그것에 대한 어떤 설명을 갖고 있는 경우이다. 이런 경우에는 학생에게 자신의 견해를 설명하도록 해서 잘못된 경우에는 정연하게 설득하고, 올바르다면 교사와 학생은 대상을 똑같이 보고 있지만 그 시점에 차이가 생겼기 때문이라는 점을 잘 납득시키도록 하라. 두 번째는 학생이 아직 이해할 수 없는 상황일 수도 있다. 이런 일은 특히 수학에서 흔히 나타난다. 교사가 몇 시간에 걸쳐 설명을 했지만 못 알아듣던 학생이 어느 한순간 마치 섬광처럼 그 원리를 선명하게 이해하는 일도 생긴다. 결코 서두르지 말고 느긋하게 같은 설명을 끈기 있게 되풀이하라.

교실의 조건

학생들의 정신상태가 가장 좋은 상태로 유지될 수 있는 여건은 다음과 같다.

1) 학생들이 공부하는 곳에 낯선 사람이 없을 것.
2) 학생이 교사나 급우들에게 부끄럼을 느끼지 않을 것.
3) 학생이 잘 못하는 공부, 즉 이해하지 못하는 것을 두려워하지 않을 것.
  인간의 지성은 외부의 영향에 압박받지 않을 때에만 활동이 가능하다.
4) 지성을 피로하지 않게 할 것.

몇 시간 몇 분이 지나면 학생이 피로해진다고 정하는 것은 어느 나이이든 불가능하다. 그러나 관찰력이 있는 교사라면 늘 뚜렷한 피로의 증후를 알아볼 수 있다. 머리가 피곤해지면 곧 학생들에게 육체적인 운동을 시키도록 하라. 채 피곤해지기도 전에 섣불리 학생을 풀어주는 편이, 너무 꽁꽁 억죄는 것보다는 나은 일일 테니까. 학생들 마음이 딴 곳에 가는 것도 다 이런 연유에서다.

5) 학생이 주체가 되어 수업이 이루어지고, 너무 쉽지도 어렵지도 않을 것.

수업이 너무 어려우면 학생들은 과제를 완수할 희망이 꺾이면서 다른 일에 흥미를 나타내거나 아예 노력도 하지 않게 된다. 수업이 너무 쉬워도 마찬가지이다. 학생들의 모든 관심이 과제에 흡수될 수 있도록 노력하라. 그러기 위해서는 수업이 매번 한 걸음씩 나아가는 전진처럼 느낄 수 있도록 학생들에게 과제를 제시할 수 있어야 한다.

교사의 노력과 필요한 자질

교사가 수업을 수월하게 하면 할수록 그 수업은 학생들에게 힘들어진다. 대신 교사가 힘들어 하면 할수록 학생들은 쉬워진다. 교사가 스스로 공부하고 모든 수업내용을 깊이 연구하여 학생들 힘으로 사고하는 내용이 많으면 많을수록, 또 학생들의 생각의 흐름을 놓치지 않는 질문과 대답이 많으면 많을수록 학생들의 공부는 그만큼 즐거워진다.

학생들을 방치한다거나 그냥 베껴쓰기만 시킨다거나 의미 없이 소리 내어 읽게 하고 시를 암기시키는 등 교사의 주의력이 필요하지 않는 수업을 많이 하면 할수록 학생은 점점 더 힘들어진다. 하지만 때로는 교사가 모든 정열을 쏟고 있는 데도 많은 학생들, 아니 심지어는 단 한 명의 학생에게조차 전혀 도움이 안 되는 느낌을 줄 때가 있다.

교사로서 실제로 도움이 된다고 교사 스스로 느끼기 위해서는 한 가지 자질이 필요하다. 이 자질이야말로 교사가 하는 모든 기능과 준비를 보조해 주는 힘이다. 왜냐하면 이런 자질이 있으면 부족한 지식도 쉽게 손에 들어오기 때문이다. 만약 3시간이나 가르쳤는데도 교사가 전혀 싫증을 느끼지 않았다면, 그는 틀림없이 이런 자질을 갖추고 있다.

그 자질이란 바로 '애정'이다. 교사가 일에 대한 애정만 갖고 있어도 그는 충분히 좋은 교사라 할 수 있다. 만약 어떤 교사가 학생들을 부모와 같은 애정으로 대할 수 있다면, 일이나 학생들에게 전혀 애정을 품고 있지 않은 아주 뛰어난 교사보다는 몇 배나 더 훌륭한 스승이라 할 것이다. 만약 일과 학생들에 대한 애정을 마음속에 단단히 묶을 수 있다면 그야말로 완전한 교사임에 틀림없다.

똘스또이의 교육관과 교육사업

'교사들에게 주는 일반적인 주의'는 1872년에 출판된 《아즈부카》 끝머리에 수록된 글로, 초등교육에 종사하는 교사들을 위한 일반적인 마음가짐이다.

《아즈부카》는 똘스또이가 농민의 자녀들에게 읽기와 쓰기를 가르치기 위해 직접 만든 교과서로 '아즈부카'라고 하는 것은 러시아어로 '알파벳'에 해당한다. 이 '아즈부카'는 똘스또이 교육사업에 확고한 기초가 되는 것이며, 또한 그의 교육관과 어린이관을 집대성한 것이자 그 결정체이기도 하다.

똘스또이의 교육사업

똘스또이의 교육사업은 크게 세 시기로 구분된다. 하나는 1859년부터 62년에 걸친 시기, 또 하나는 1870년부터 76년에 걸친 시기, 그리고 세 번째가 1880년 말기부터 그의 생애가 끝날 때까지 계속된 만년의 사업이다.

크림전쟁(1853~56)에서 패한 러시아는 스스로 후진국임을 인정하면서 국가 전체가 변혁의 시대로 접어들었다. 그런 사회 분위기 속에서 똘스또이는 크림전쟁의 최고 격전지인 세바스토폴에서 상트페테르부르크로 돌아와 문학자들과 교류하였으나, 문단이라는 세계가 너무 좁게만 느껴졌다. 그것은 문인들만의 세상이었기 때문이다. 똘스또이는 더 넓은 세상을 향하여 무언가할 수 있는 일이 없을까 고민했다. 그래서 지금은 배우기보다는 가르쳐야 할 때라고 생각했다. 그것이 넓은 세상, 즉 민족에 대한 귀족계급의 의무라고 깨달은 것이다.

1859년 똘스또이는 야스나야 뽈랴나 저택을 일부 교실로 변경하여 사용하면서, '야스나야 뽈랴나 학교'라고 이름 붙였다.

이렇게 똘스또이의 교육사업은 제일 먼저 학교개설과 그 운영이라고 하는 실천 활동에서부터 출발한다. 똘스또이는 그 사업에 전력을 기울였고, 마음으로부터 그 일을 좋아했다. 그는 피곤을 모르는 정열적인 교사였으며, 마을의 교사임을 만족스러워했다. 매일 수업에 온 힘을 기울이면서도 그 안에 안주하기보다는 스스로의 사업에서 보편성과 독창성을 확인하고 확보하기 위하여 러시아뿐 아니라 유럽의 최신 교육사조에도 주의를 게을리하지 않았다. 1860년에는 유럽 각지를 돌아다니면서 직접 교육의 현장을 견학하기도 했다.

그리하여 똘스또이는 교실을 작업장으로 아는, 말 그대로 교육현장의 일선에 선 교사가 되어 활동을 계속하게 된다.

똘스또이의 교육관이란 무엇인가?

1862년 첫무렵 똘스또이는 〈야스나야 뽈랴나〉라고 하는 월간지를 창간했다. 그리고 이 책자에 꾸준히 교육에 관한 논문을 발표했다. 이 가운데 〈국민교육에 대하여〉와 〈훈육과 교육〉이라는 두 편의 논문은 똘스또이의 독창적인 교육관을 잘 나타내고 있다.

교양이 없는 일반민중은 교육에 대한 동경이 있으며, 교양이 있는 계급은 무지한 민중을 교화시키고 싶다는 바람이 있다. 양쪽의 요구가 이렇게 일치하고 있는데도 불구하고 실제로는 민중들이 학교를 외면한다. 그 까닭은 어디에 있는가? 〈국민교육에 대하여〉는 이런 의문에서 출발하여 다음과 같이 이어진다.

학교는 좋은 환경을 제공한답시고 가정이나 부모를 포함한 실생활에서 자녀를 떼어 낸다. 어린이를 무지하고 거친 가정환경으로부터 떼어내는 것이 교육의 첫걸음이며, 외부로부터 격리된 청결한 환경 아래에서만 비로소 학문을 가르칠 수가 있다고 믿는 것이다. 다시 말하면 그런 조건 아래에서만 학문을 익히고 교사의 말에도 귀를 기울여 준다는 것이다.

그렇지만 실제로는 어떤가? 부모나 자녀들은 모두 그런 학교를 싫어한다. 싫어할 뿐만 아니라 그곳에서 읽기와 쓰기를 배웠음에도, 일단 학교만 나오면 아이건 어른이건 도무지 책을 읽으려 하지 않는다. 마치 이미 읽기나 쓰기는 할 줄 아니까 책 같은 것을 굳이 읽을 필요가 없다는 식이다. 도대체 왜 이렇게 되었을까? 그 이유를 밝히기 위해서는 먼저 학교 내부로 눈을 돌려야 할 것이다.

좋은 환경이라고 우리가 알고 있는, 외부로부터 차단된 고요한 교실에서 교사들은 학생들에게 대체 어떤 소리를 떠들고 있을까? 공자의 말씀이 모든 진리를 대변하던 고대 중국이라면, 또는 유럽이라도 아리스토텔레스가 모든 진리를 대변하던 시대라면 교사가 학생들에게 무엇을 가르쳐야 하는지는 전혀 문제가 되지 않겠지만, 지금은 더 이상 그런 시대가 아니다. 반드시 똘스또이에 한정된 이야기가 아니라 누구라도 인정하고 있으며, 엄연히 학교마다 교사마다 교육내용에는 차이가 있게 마련이다. 그런데 교사들이 과연 무엇을 근거로 그토록 자신감을 갖고 학생들을 가르칠 수 있는지 의심스럽지 않은가?

더 이상 한 인간의 지혜나 종교에만 치우친 교육으로는 아무것도 할 수 없는 세상이 된 것은 분명하다. 그런데 그런 현상을 인식하게 되면 감히 자신만만하게 아이들에게 강요할 수 있는 일은 아무것도 없다는 자각이 필요하다고 똘스또이는 생각했다. 또한 젊은 세대, 다음 세대에 어떤 것이 필요할지 미리 결정할 수 없음도 그는 솔직하게 털어놓았다. 하지만 한편으로는 그것이 대답할 수 없는 질문인 동시에 늘 생각하지 않으면 안 되는 물음이기도 하다고 생각했다. 이 예측의 불가능성과 필요성 사이에서 모습을 드러내는 것이, 그의 새로운 학교관인 셈이다. 다시 말해 '교육의 실험장으로서의 학교'라는 것이다. 학교는 과거에서 미래를 향하여 활짝 열려 있어야 한다. 정해진 것을 마냥 되풀이하기만 하거나 이미 완성되고 고정된 장소가 아닌, 하나하나 경험이 모두 밑거름이 될 수 있도록 늘 새로워지는 장소여야만 한다.

현실교육이 민중으로부터 혐오를 받는 것은 학교가 민중이 원하지도 않는 것을 억지로 강요하기 때문이다. 그것은 민중을 어떤 틀 속에 끼워 넣는 행위밖에 되지 않으며, 당연히 학생들로부터 환영받을 리 없다. 학교란 늘 듣기 싫은 영문도 모를 소리만 늘어놓는 곳이며, 게다가 무슨 소린지 알아듣지도 못하는데 그 말에 순종까지 해야만 하는 어이없는 장소에 지나지 않는다. 그런데도 학교에 조금 익숙해져서 참을 만하면 교사는 교육의 성과가 올랐다고 기뻐 날뛰는 것이다. 이래서야 양들을 위해 목자가 있는 것이 아니라 목자를 위해서 양들이 존재하는 것과 무엇이 다른가.

교육과 실생활

똘스또이는 갓난아기에게 말을 가르치는 어머니의 모습을 떠올렸다. 어머니는 아직 아무 말도 못하는 아기의 기분을 알려고 갓난아기처럼 단계를 낮춘다. 그리고 다른 사람들은 전혀 알아듣지도 못하는 갓난아기의 웅얼거림에서 의미를 알아듣고, 아기도 자기를 이해해 주는 어머니의 존재를 의식한다. 이렇게 아기와 어머니 사이에 대화가 성립하게 되면 아기는 저절로 어머니의 단계로 올라가고자 한다. 똘스또이는 이런 현상을 '교육전진의 법칙'이라고 부르면서 민중교육도 이렇게 되지 않으면 안 된다고 생각했다. 말하고 싶어하는 갓난아기의 욕구에 응답할 수 있는 것이 진정한 교육이라고 생각한 것이다.

그런데 민중은 무엇을 원하는가? 이 물음에 똘스또이는 자연스런 욕구는 오로지 실생활에서만 생긴다고 답했다. 그러므로 자녀들을 실생활로부터 떼어 낼 것이 아니라(이는 자연스런 욕구의 씨앗을 뿌리째 짓밟는 행위임) 도리어 학교를 크고 넓은 실생활 위에 세워야 옳다고 보았다. 만약 교육이라는 것이 이와 같다면, 사실 아무것도 강제할 필요가 없을 게 틀림없다. '강제'란 '교육전진의 법칙'이 실현될 기회만 방해할 뿐이지 아무 보탬도 되지 않을 것이므로 교육기준은 강제하지 않는 자유가 아니면 안 된다고 주장했다.

이것이 똘스또이 국민교육론의 큰 줄기인데, 학교는 실생활 위에 설립되지 않으면 안 된다고 하는 주장에는 특별한 의미가 포함되어 있다. 크림전쟁으로 러시아는 후진국이라는 자각과 더불어 무엇이건 걸핏하면 유럽을 흉내내는 것이 유행처럼 번지면서 교육계도 예외가 아니었다. 그런 흐름 속에서 똘스또이는 학교가 유럽의 흉내만 내어서는 안 된다고 주장했다. 러시아 학교는 러시아 땅에 세워져야 하고 러시아인의 교육은 러시아인의 생활 위에서 쌓아가야 한다. 적어도 자기만큼은 그런 방법으로 해 나갈 작정이다. 이것이 똘스또이의 주장이었다.

'훈육'과 '교육'

그런데 교육에 강제가 불필요하다는 말은 사실일까? 교육은 어떤 형태로든지 조금은 학생들을 틀 속에 집어넣어야 하지 않을까? 그런 질문들에 대한 대답이 바로 〈훈육과 교육〉이다. 세상 사람들은 '교육'이라는 말을 여러 의미로 사용하고 있지만, 똘스또이는 제일 먼저 '훈육'과 '교육'의 차이점부터 명확히 했다.

똘스또이에 따르면, 러시아어의 '훈육'은 프랑스어의 éducation, 영어의 education, 독일어의 Erziehung에 해당하는 말로, 그 뜻은 어떤 인간이 다른 인간을 자신과 동일한 인간으로 키워 낸다고 하는 내용이다(똘스또이가 말하는 '훈육'은 어쩌면 우리가 말하는 '교육'에 더 가까울지 모른다).

여기에 비해 '교육'은 이에 해당하는 말이 프랑스어나 영어에는 없고, 독일어로는 Bildung이 조금 근접한 편이라고 한다. 그리고 이 모든 내용은 인간을 발달시키는 것을 의미한다.

그는 '훈육'과 '교육'을 이렇게 구별하면서, 나아가 교육학이 다루어야 할 대상도 '교육'이지 결코 '훈육'이 아니라고 말했다.

똘스또이는 어떤 틀에 끼워 맞추는 교육을 교육으로 인정하지 않으려고 했지만, '훈육'에도 엄연히 그 존재 이유가 있음을 밝히고 그것을 다음 네 가지로 정리했다. 가족, 종교, 국가, 특정 사회집단이 바로 그것이다. 부모가 자식을 자기와 동일한 인간으로 길러 내고자 하는 것은 정당하지는 않을지언정 지극히 자연스러운 욕심이며, 교회가 사람들에게 자기 신앙을 심어주려고 하는 것도 자연스러운 행위이다. 그렇게 하지 않으면 인간의 영혼을 구원하지 못하기 때문에, 아닌 게 아니라 큰일이 나기 때문이다. 또한 국가가 국가에 필요한 인간을 만들려고 하는 것도 당연하다. 그렇게 하지 않으면 국가로서 제 기능을 다할 수 없기 때문이다. 그러나 특정 사회집단이 특별한 어떤 형태의 인간을 만들어 내려고 하는 것은 아무런 근거가 없다고 말했다.

조화로운 교육

똘스또이는 교육학의 주제를 인간의 발달에 영향을 끼치는 것과, 그 영향을 받는 인간과의 상호작용을 연구하는 것이라고 했다. 그런데 인간의 발달에 영향을 미치는 것이란 무엇일까? 시골아이들을 한번 떠올려 보면 밭농사를 돕는다거나 가사며 가축 돌보기, 동생 보살피기, 또래와 놀거나 노래와 춤, 게다가 말다툼이라든지 주먹다짐을 비롯한 울고 웃고 혼나는 이 모든 체험들 하나하나가 그 아이들을 발달시키는 계기가 된다. 똘스또이는 그 모든 것을 '교육'이라고 생각했고, 그런 것 위에 자신의 학교를 세우려고 했다.

그러나 학교는 어디까지나 학교이다. 그곳에는 교사가 있어서 학생들을 가르친다. 그것은 지극히 당연한 일을 인위적으로 아이들에게 가르치는 행위에 다름 아닐 텐데, 어떤 틀에 아이들을 끼워 맞추지 않는다고 자신할 수 있을 것인가? 수업내용을 정하는 사람이 교사인 이상은 학생들에게 과연 어떤 자유가 있겠는가?

이에 대해 똘스또이는 이렇게 대답했다. 교사는 마을에 물건을 팔러 온 행상이나 다를 바 없다고. 행상은 이 마을에는 어떤 물건이 잘 팔릴지 깊이 생각한 뒤에 물품을 갖추고 거리에 가게를 연다. 그곳에 물건을 사러오는 대상이 바로 학생이라는 말이다. 학생은 필요한 물건이 있으면 사겠지만 그렇지 않다면 사지 않는다. 그것은 학생의 자유다. 게다가 산 물건을 어떻게 사용할지도 학생들의 자유이다. 단지 교사가 상인과 다른 점은 상인은 물건을 많이 파는 것이 목적이지만 교사는 아이들에게 좋은 영향을 미치도록 노력한다는 점이다. 상인이 때로는 물건의 질을 떨어뜨려 이익을 높이려 한다거나 상대가 잘 모르는 것을 악용하여 속일 수도 있겠지만, 그런 일들은 교사의 목적에서는 도저히 생각도 할 수 없는 일일 뿐이다. 이렇게 학교도 수요와 공급이라는 측면에서 관계가 쌓아 올려지면 좋지 않겠는가하고 똘스또이는 반문했다.

그러나 교육이 상인의 원칙으로 설명되어도 괜찮을까? 교육이라고 하는 것을 사는 사람에게 자유로이 선택을 맡겨 버린다면, 조화로운 교육 같은 것은 아예 바랄 수도 없지 않을까?

사실 문제는 그 조화로운 교육에 있는지도 모른다. 사람들은 자기 자녀에게 조화로운 교육을 시키고자 한다. '자, 여기 있는 모든 물건들을 빠짐없이 사 가십시오. 전부를 사면 분명 조화로운 교육이 될 것입니다.' 틀린 말은 아니다. 그러나 사는 쪽도 사정이라는 것이 있게 마련이어서 언제든지 전부를 살 수 있는 형편이 아니다. 그럼 이제 어떻게 될까? 당연히 조화가 깨진 상품, 즉 어느 한쪽으로 치우쳐진 교육이 되고 만다는 얘기다. 조화로운 교육을 하기 위해서는 무엇보다도 진열된 상품을 모조리 사도록 만들어야 한다. 자녀들에게 조화로운 교육을 시키고자 하는 욕구, 그것이야말로 똘스또이가 말하는, 틀에 끼워 맞춰진 교육과 다름없는 것이다. 그렇다면 과연 어떻게 하는 것이 좋을까?

똘스또이는 말한다. 그런 일은 조금도 걱정할 필요가 없다. 조화는 가르치는 쪽이 갖고 있는 것이 아니라 아이들, 즉 배우는 학생들이 갖고 있는 것이니까. 사실 아이들은 그 자체가 하나의 조화다. 그러나 그 조화는 완성된 것이 아니라 아직 성장발달 중에 있다. 그 성장발달에 필요한 것은 아이들의 몸이, 아이들의 마음이 가장 잘 알고 있으므로, 어른들은 되도록 상품의 가짓수를 늘려 구색을 갖추고, 질을 높이는 노력을 기울이는 것으로 충분하다.

이렇게 〈국민교육에 대하여〉와 〈훈육과 교육〉이라는 두 논문으로 똘스또이의 교육활동이 지향하던 이론적이며 이념적인 부분들이 상당히 명확히 이해되었다. 그의 이러한 사고방식은 그 뒤에도 전혀 달라지지는 않았지만, 똘스또이 교육사업의 제1기는 '관헌의 개입'이라고 하는 뜻밖의 사건으로 막을 내리게 된다. 그리고 그도 곧 결혼이라는 일생의 큰 사건을 맞이하면서 더없이 행복한 신혼생활이 그대로 《전쟁과 평화》의 집필로 이어졌다. 야스나야 뽈랴나 학교는 그렇게 일시 정지상태가 계속되었다. 그러나 《전쟁과 평화》의 완성과 더불어 똘스또이도 다시금 교육열이 타올랐고, 《아즈부카》 제작과 병행하여 야스나야 뽈랴나 학교도 부활하게 된다.

《아즈부카》

똘스또이는 《전쟁과 평화》을 집필할 때보다 더 열렬히 《아즈부카》에 열중했다.

《아즈부카》는 모두 4부로 이루어져있다. 제1부는 문자 읽는 법, 2부는 간단한 읽을거리, 3부는 고대교회 슬라브어, 그리고 4부는 수학의 첫걸음이다.

제1부 첫 페이지에는 러시아 철자 35자가 굵은 글씨로 커다랗게 그려져 있어, 글자를 익히기 위한 책이라는 인상을 풍긴다. 그 뒷장부터는 하나하나의 글자에 대하여 블록체나 필기체 같은 서로 형태가 다른 6종류의 서체가 소개되면서 그 아래에 글자와 관련된 그림이 그려져 있다. 가령 '모'라는 글자 아래에는 '모자'가 그려져 있는 식이다. 이런 페이지가 한동안 계속되다가 다음에는 문자와 문자를 결합한 발음연습, 그리고 의미를 가지는 단어의 발음편이 이어진다. 그런 다음은 단어에서 문장으로 옮겨가는데, 이 단계에 필요한 단어 선택에 똘스또이가 얼마나 신경을 썼는지는, 그 자체가 그대로 《아즈부카》의 중요한 특색이라고 단언해도 좋을 정도이다.

언어에는 음이 있고 리듬이 있으며 울림이 있고 의미가 있을 뿐 아니라, 언어가 불러일으키는 이미지도 있다. 이때 사용되는 단어는 모두 아이들이 잘 알 만한 것이어야 한다. 아이들은 모두 그 단어를 잘 알고 있으면서도 막상 이것을 문자로 보여주면 그것이 마치 전혀 다른 것인 양 의식하게 된다. 《아즈부카》는 이 인식과 의식의 차이를 참을성 있게 차근차근 창조적인 사고로 이끌어 주려는 노력을 엿보이게 한다. 단어로 표현된 것은 모두 일상적인 것이어서 언제든지 보거나 만질 수 있는 것들뿐이다. 한결같이 흔하고 평범한 단어이지만 어쩐된 일인지 이 책에서는 그 단어들이 하나하나 모두 특별한 울림을 가지는 듯한 착각을 불러일으킨다. 이 책에 등장하는 단어는 시인의 입에서 흘러나온 세련된 단어들과는 전혀 다른 아름다움을 가지고 있다. 어떻게 보면 원초적이고 다듬어지지 않은 원석마냥 생동감이 가득하다. 물론 그 단어 하나하나에 똘스또이의 창작이 배어 있지는 않지만, '하늘'이니 '바다'니 하는 의미밖에는 없는 평범한 단어들을 어떤 순서에 따라 일정하게 모아두니, 나름대로 어떤 세계가 구성되는 듯한 기묘한 느낌을 받게 된다. 그리고 그런 묘한 느낌은 분명 결코 우연의 소산은 아닌 듯하다.

짧은 문장 연습에는 러시아의 오래된 속담이 가득히 인용되고, 그런가 하면 단어연습에서는 속담인지 격언인지 아니면 똘스또이의 창작문인지 모를 의미가 있는 듯도 하고 없는 듯한 생각도 드는, 재미난 글귀들이 여럿 눈에 들어온다. 그러다가 짧은 문장에서 점점 단문을 연결하는 이야기가 시작된다. 그러다가 이따금은 '동그란 얼굴이 구멍 속으로 들어가 목을 매고 죽는 것은?' 같은 수수께끼도 나오곤 한다(정답은 단추).

제2부는 간단한 읽을거리이다. 처음에는 이솝우화가 몇 개 등장하고, 똘스또이의 창작도 실려 있다. 자연과학적인 읽을거리도 있으며 외국의 역사나 풍물소개, 그리고 러시아의 옛 영웅담도 담겨 있다.

제3부는 러시아어 고문에 해당하는 고대교회 슬라브어 연습이다. 한 페이지가 좌우 2단으로 나누어져 왼쪽에는 고대교회 슬라브어, 오른쪽에는 러시아어 번역이 나란히 실려 있다. 여기에서는 러시아의 고대사 비슷한 네스트르 연대기의 일부라든지 구약성서의 창세기 제1장, 신약성서에서는 마태복음서 1절이 인용되어 있다.

그리고 마지막으로 제4부는 수학의 첫걸음이다.

똘스또이의 세계관

이처럼 《아즈부카》는 기초철자를 익히는 것에서 시작하여 조금씩 달래고 어르면서 어느새 본격적인 백과사전적 지식의 세계로 아이들을 데려간다. 그러나 이 백과사전적 세계는 다수의 집필진에 의한 백과사전과는 달리 오직 한 사람이 만들었기 때문에 일관된 공통점을 엿볼 수 있다. 바로 똘스또이의 세계관이다.

이 세계관을 살펴보기 위해서 《아즈부카》 제2부에 실려 있는 이솝우화 몇 편을 인용하기로 하자.

이를테면 이런 이야기가 있다.

어느 곳에 금 달걀을 낳는 귀한 닭이 있었다. 닭 주인은 한꺼번에 많은 금을 손에 넣고 싶은 욕심에 그 닭을 잡아 배를 갈랐다. 그러나 안에는 아무것도 들어 있지 않았다.

또는 이런 이야기도 있다.

매일 달걀을 하나씩 낳는 닭이 있다. 닭 주인은 모이를 많이 주면 달걀을 한꺼번에 더 많이 낳지 않을까 싶어서 모이를 더욱 열심히 주었다. 그러나 닭은 너무 살이 쪄서 달걀을 낳을 수 없게 된다.

이런 이야기들은 이솝의 원전에는 욕심을 부리면 좋지 않다, 잘못하면 지금 갖고 있는 것마저 모두 잃어버린다는 교훈을 준다. 그에 반해 《아즈부카》에서는 물론 그런 교훈도 살아 있지만 전체가 백과사전적인 구성이라 이런 이솝우화를 읽으면, 그 교훈의 중심이 다소 옮겨가는 듯이 보이게 마련이다. 그것은 교훈이라기보다는 자연스러운 인식과도 같다. 그리고 닭 주인이 불행한 결과를 얻게 된 것은 그가 욕심을 부려서라기보다는, 잘 풀리고 있는 마당에 괜히 쓸데없는 짓을 하여 모든 것을 엉망으로 만든 까닭 때문인 것처럼 느껴진다.

비둘기가 아주 편안하게 사는 것을 본 까마귀가 하얀 가루를 뒤집어 쓰고 비둘기인 척하면서 무리 속으로 들어갔다. 비둘기들은 전혀 알아채지 못하고 친구로 맞아들이지만, 까마귀가 그만 까악까악 우는 바람에 비둘기들에게 쫓겨나고 만다. 어쩔 수 없이 까마귀는 다시 옛 친구들 품으로 돌아가지만, 하얀 가루를 뒤집어 쓴 까마귀는 여기서도 따돌림을 당하고 만다.

이것도 이솝우화에서는 욕심을 경계하는 이야기이지만 《아즈부카》에서 읽게 되면, 까마귀 주제에 비둘기가 되려고 한 점이 벌써 잘못인 것처럼 느껴진다. 즉, 까마귀는 까마귀로 생활하는 것이 올바르고, 비둘기는 비둘기로서의 삶이 있다는 말이다. 그런 저마다의 삶의 기쁨을 알지 못하고 엉뚱한 비둘기가 되려고 하는 생각 자체가 벌써 어리석기 짝이 없을 뿐 아니라 스스로 파멸을 불러들이는 지름길이 된다는 가르침이다.

다시 말해 교육활동의 출발점에서 아이들 내부에서 조화를 찾았던 똘스또이는 비단 아이들뿐이 아니라 모든 자연 속에서 조화를 발견했고, 아이들에게도 그 사실을 가르치려고 했다. 생명이 있는 모든 것은 조화 속에서 살고 있고, 그 조화를 깨뜨리면 결코 행복할 수 없다는 교훈을 말이다.

이런 생각은 인간사회와 역사에도 그대로 적용시킬 수 있다. 즉 인간들이 지금까지 살아올 수 있었던 것은 결코 저절로 그렇게 된 것이 아니라는 사실이다. 인간이 지혜를 짜내어 자신들을 둘러싼 환경에 잘 적응해 갔기 때문이므로 그것은 이미 그 자체만으로도 충분히 배울 만한 가치가 있는 일이다. 《아즈부카》에 러시아의 오래된 속담들이 많이 인용된 것도 선인들의 지혜를 배우고자 하는 똘스또이의 자세를 대변하는 것이기도 하다. 똘스또이가 전통을 중시하는 것은 어디까지나 그것을 토대로 하여 앞으로 더 전진하기 위함이었다.

교육의 목표

〈교사들에게 주는 일반적인 주의〉에서 똘스또이가 거듭 강조한 것은 결론만을 가르치거나, 머리를 사용하지 않는 기계적인 조작만을 가르쳐서는 절대 안 된다는 것이다. 그런 교육은 자기 머리는 전혀 사용하지 않고 남이 하는 말을 아무 생각 없이 그대로 받아들이면서 그 흉내나 내는 인간으로 만들기 때문이다. 특히 그런 일은 수학에서 두드러진다고 똘스또이는 말한다. 원리적인 부분을 이해하지 않고 표면적이고 기계적 조작만을 익히게 된 학생은 결국 혼자 힘으로 서지 못하고 끝나게 마련이다. 그것이야말로 교육의 패배다. 여기에는 창조성이 결여되어 있기 때문이다. 교사의 손에서 떠나도 스스로 학습하여 살아가는 인간을 만드는 것이 똘스또이에게는 중요한 교육목표였다.

사람을 가르치는 것은 개나 말을 길들이는 것과는 전혀 다르다. 개나 말을 길들이는 것이 저급하고 인간의 교육이 고급이라는 말이 아니다. 사냥개가 사냥개 노릇을 할 수 없게 된다면 그 의미가 없어지듯 인간도 인간 노릇을 하지 못하면 의미가 사라진다. 그러므로 인간다운 일을 할 수 있는 사람을 만들지 않으면 안 되는 것이다.

그럼 인간의 일이란 무엇인가? 그것은 바로 '창조'라고 똘스또이는 생각했다. 그러므로 창조적인 생각, 창조적인 생활, 창조적인 작품 이외의 것은 모두 무의미하다고 생각했다. 따라서 남의 흉내나 내고 있어서는 안 되는 것이다. 하지만 창조적이란 또 어떤 것일까? 그것이 완전히 '새로운 어떤 분야에 첫발을 내딛는 것'이라고 하면, 창조는 가르친다거나 배울 수 있는 일은 아닐 것이다. 그렇기 때문에 창조 그 자체를 가르칠 수는 없지만 창조의 가능성을 열어 주는 교육은 가능하다는 말이다. 지구가 물과 물고기 위에 떠있는 것이라고 생각하는 아이들 쪽이, 지구가 돌고 있다는 사실을 알고 있으면서도 제대로 설명할 수 없는 아이들보다는 차라리 낫다고 똘스또이는 말했는데, 어떤 면에서 더 낫다는 말일까? 그것은 자기 눈으로 보고, 자기 머리로 생각하여 대답을 얻은 인간은 자기 답이 틀렸음을 아는 순간이 오면 진짜 해답을 정말로 궁금해하기 때문이다. 이에 비해 대답이 늘 다른 곳에서 오는 사람은 지구가 돌고 있든 멈춰 있든 상관이 없을 뿐 아니라, 또 지구가 둥글든지 삼각이든지 실은 아무 상관도 없는 것이다. 심지어는 모두가 삼각이라고 주장한다면 그것도 관계없다고 생각할 정도이다. 그런 곳에 어떻게 창조의 가능성이 있겠는가.

그럼 자기 스스로 생각한 인간이 진짜 해답을 알고 싶어하는 것은 왜일까? 그것은 자기 눈과 머리를 믿기 때문이다. 내게는 틀림없이 이렇게 보였다, 나로서는 이렇게밖에 믿을 수 없다, 그런데도 답이 틀렸다니, 이게 대체 무슨 소리인가? 자신의 눈과 머리에 대한 신뢰가 크면 클수록 진짜 답을 알고 싶은 욕구도 더 커진다. 창조의 가능성도 그렇게 열리는 법이다.

가르치는 사람 입장에서 교육이라고 하면, 배우는 사람들 눈에는 이렇게 보일지 모르지만 잘못이라고 꼬집거나 너희들은 이렇게 생각할지 몰라도 실은 그릇되었다는 식으로 진행되기 십상이다. 하지만 그것은 위험한 방식이다. 중요한 것은 자기 눈을 믿을 수 있는 인간, 또 자기 사고를 신뢰할 수 있는 인간을 만들어 내는 일이다. 이것이야말로 똘스또이가 교육의 최종목표로 삼았던 것이다.

우화로 보는 똘스또이의 생각

지금까지 소개한 《아즈부카》를 시작으로 이것과 거의 비슷한 구성의 책이 4권까지 출판되었다. 1875년에는 이 4권의 책에서 이야기만 한데 모은 《새로운 아즈부카》를 펴냈다. 똘스또이의 교육론을 매듭짓는 의미에서 그 가운데 두 이야기를 인용하고자 한다.

〈늑대와 개〉

빼빼마른 여윈 늑대가 마을 근처를 어슬렁거리다가 살이 투실투실하게 찐 개를 만났다. 늑대가 물었다.

"얘, 넌 어떻게 먹이를 구하니?"

"인간이 갖다 줘."

"분명 엄청 힘든 일을 하나 보구나."

"아니, 우리가 하는 일은 별로 힘들지 않아. 일이라고 해 봐야 매일 밤 집이나 지키는 게 고작인걸."

"정말? 그런데도 그렇게 잘 얻어먹니? 나도 그런 일 좀 해 봤으면 좋겠다. 우리는 먹이를 구하는 게 너무 힘들거든."

늑대가 부러워했다.

"그래? 그럼, 같이 가보자. 우리 주인님이 틀림없이 널 받아주실 거야."

개가 말했다.

늑대는 기뻐하며 개와 함께 인간들이 사는 곳으로 달려갔다. 드디어 대문가에 이르렀을 때, 늑대는 문득 개의 목둘레 털이 빙 돌아가면서 빠지고 없는 것이 눈에 들어왔다.

늑대가 물었다.

"애, 네 목은 왜 그래?"

"아, 이거? 별 거 아니야."

"별 거 아니라니?"

"응, 이건 말이지 개목걸이 때문이야. 낮에는 쇠줄에 묶여 있으니까 목둘레 털이 전부 빠지고 말더라구."

"뭐라구? 그렇다면 난 그만 갈래. 잘 있어. 인간들과 함께 살기로 한 건 없었던 일로 해 주렴. 난 그렇게 살찌지 않아도 좋아. 자유가 없다면 아무 소용 없거든."

⟨고양이⟩

농부의 집에 쥐가 자꾸 불어나서 설쳐댔다. 농부는 고양이를 얻어오면서 쥐를 모조리 잡아 주겠거니 생각했다. 그런데 고양이는 자기가 귀여워서 데려온 줄 알고 잘난 척하며 착각했다. 처음에는 쥐를 열심히 잡았다. 그러자 농부가 주는 고기 뼈도 얻어먹고 우유도 홀짝이면서 나날이 살도 찌고 털도 윤기가 자르르 흐르기 시작했다. 그러더니 드디어 쥐를 봐도 못 본 체하면서 잡지 않게 되었다.

고양이는 속으로 이렇게 생각했다.

'삐쩍 말라서 털도 까칠까칠 볼품없었을 때에야 쫓겨나지나 않을까 걱정도 했지만, 지금은 털도 비단처럼 부드럽고 예뻐졌으니까 더 이상 내쫓길 염려는 없을 거야. 다른 고양이를 나처럼 가꾸려면 좀 시간이 걸리지 않겠어?'

그런데 농부는 고양이가 쥐를 보고도 잡지 않는 것을 보더니 아내에게 이렇게 말했다.

"우리 고양이는 이제 전혀 쓸모가 없어졌군 그래. 어디 배고픈 녀석 좀 찾아봐요."

농부는 살찐 고양이를 끌어안고 숲으로 데려가 멀리 던져버리고 말았다.

⟨늑대와 개⟩는 라 퐁테느의 《우화》에 들어있는 이야기지만, 똘스또이의

펜을 거치면서 그 느낌이 상당히 달라짐을 알 수 있다. 자존심을 그린 이야기가 된 셈이다.

〈늑대와 개〉에서 늑대가 마지막으로 "난 그렇게 살찌지 않아도 좋아. 자유가 없다면 아무 소용 없거든" 하고 말하는 것은, 개에게 져서 분한 마음도 아니고 억지로 하고 싶은 것을 참는 오기도 아니다. 아니, 그 높은 자존심은 오히려 인간에게서도 좀처럼 찾아보기 힘들지 않을까? 똘스또이도 사실 상당히 자존심이 센 사람이었다고 하는데, 이 우화에 그려진 자존심은 또 어떤 종류의 성격이라고 말할 수 있을까?

농민의 자녀를 위한 학교, 그곳에 모인 아이들이 어떠했을 것이라 생각되는가? 먼저 소개한 〈국민교육에 대하여〉에는 이런 말이 나온다.

귀족 가정에서 어릴 때부터 가정교사와 함께 한 5살짜리 아이와, 그런 것과는 전혀 상관 없는 농민의 5살짜리 아이가 있을 때 두말 할 것 없이 농민의 자녀가 훨씬 더 활달하고 자유로운 두뇌를 갖고 있다.

학교에 모이는 아이들을 초라하고 가련하다고만 생각해서는 잘못이라는 말이다. 물론 차림새야 분명 초라하고 없는 티도 나겠지만, 그 아이들은 별처럼 반짝이는 맑고 초롱초롱한 눈망울을 하고 있을 게 틀림없다. 그리고 그 영혼은 좀처럼 흔들리지 않는 건전한 자존심으로 채워져 있었을 것이고, 그렇기 때문에 똘스또이는 아이들을 향하여, 그런 자존심이야말로 정말 소중한 것이다, 너희가 살아가면서 절대 그것만큼은 다른 사람들에게 빼앗기지 말도록 하라고 가르치고 있다.

〈고양이〉에서 다루고자 하는 주제는 어떤 것일까? 여기 그려진 고양이는 《전쟁과 평화》의 에필로그에서, 다른 양의 두세 배나 살이 찐 투실투실한 양으로 비유되던 나폴레옹을 떠올리게 한다. 또 이 작품에 담겨 있는 사상은 《어떻게 살 것인가(인생론)》에서 인용하던 마태복음 제25장에 나오는 달란트의 비유와도 비슷하다. 주인이 맡긴 달란트 화폐를 마냥 소중히 지키기만 할 게 아니라 잘 운용하여 더 크게 만들도록 해야 한다는 가르침이다.

이 고양이는 분명 자신의 사명을 착각했다. 고양이의 사명은 통통하게 살이 오르고 털빛이 반들반들하게 하는 데 있는 것이 아니다. 그것은 인간도 마찬가지이다. 그렇다면 인간의 사명이란 무엇일까? 고양이의 사명이 살찌는 데 있는 것이 아님과 마찬가지로 인간의 사명도 자기 혼자만의 생활에서 살이 찌는 것은 절대 아닐 것이다. 그러나 이 〈고양이〉를 쓴 똘스또이는 인간의 사명에 대한 대답은 아마도 여러 가지가 있을 수 있다고 생각했을 것이다. 인간의 창조성은 여러 분야에서 발휘될 수 있을 뿐더러 또 마땅히 발휘되어야 한다. 똘스또이는 이 시기에 그런 생각을 하고 있었던 것은 아닐까? 그러나 뒷날 인간의 사명에 대한 생각은 똘스또이의 내부에서 크게 방향이 틀어지면서 그 대답도 오직 한 가지뿐이라는 결론을 얻게 된다.

신은 똘스또이의 생애에서 무엇을 시험하고자 했던 걸까? 똘스또이의 생애는 아브라함이나 솔로몬, 욥의 생애와는 물론 예수 그리스도의 생애와도 전혀 다르다. 그러나 그 생애가 잊혀지지 않고 오래도록 남아 있다는 점에서 똘스또이는 이들 중 누구에게도 결코 뒤지지 않는다.

그는 불멸의 저작 《전쟁과 평화》와 《안나 까레니나》를 썼다. 그러나 그 사이 《아즈부카》를 빼놓을 수 없다. 《나의 참회》 뒤에 쓴 종교적인 저작은 결코 평범한 작품이라고 할 수 없다. 민화를 쓰고, 다시 《어떻게 살 것인가》 그리고 《예술과 삶》을 쓰고 《부활》을 썼다. 《끄로이쩨르 소나따》도 《이반 일리찌의 죽음》도 결코 잊을 수 없다. 어느 하나 빼놓을 수 없는 작품들뿐이며 모든 작품이 똘스또이라는 한 인간의 생애 전체를 형성하고 있는 것이다. 그렇기 때문에 똘스또이는 오직 진리를 사랑한 가출에 의한 죽음을 맞이하고 있다.

나의 참회

인간은 자연과 같은 삶을 살고 있다.
죽고, 살고, 성생활을 하고, 아기를 낳고,
싸우고, 마시고, 먹고, 기뻐하고, 다시 죽을 뿐이지
자연이 태양이나 풀, 짐승, 나무에게 준
영구불변한 생활상태를 제외하면 다른 삶이란 있을 수 없다.
즉, 인간에게는 자연 이외의 법칙이란 애초부터 존재하지 않는 것이다.

나의 참회

나는 어려서 러시아정교(正敎) 신앙으로 세례를 받았고, 그 신앙을 마음의 양식으로 삼아 자랐다. 유년시절, 소년시절, 청년시절에 이르기까지 나는 신앙의 가르침을 배워 왔다. 그러나 18세 때, 대학을 2학년에서 중퇴할 무렵에는 이미 그때까지 배워 온 그 가르침을 하나도 믿지 않게 되었다.

몇 가지 추억을 돌이켜 보면, 나는 참된 신앙을 가진 적이 없었고, 그때까지 가르침에 대하여 어른들이 내게 들려 준 말에 대해서 그저 막연한 믿음을 가지고 있었을 뿐이었다. 게다가 그 믿음마저도 불안하여 뿌리를 내리지 못하고 있었다.

내가 열 두어 살 되었을 때의 일이다. 지금은 고인이 된 지 이미 오래지만, 그때 중학교에 다니던 블라디미르 미쥬더라는 소년이 어느 일요일 나를 찾아와서 최근 중학교에서 있었던 새로운 발견에 대해 들려주었다. 그 새로운 발견이란 신은 존재하지 않는다는 것, 우리가 신에 대해서 배우고 있는 모든 것은 단지 조작된 것에 불과하다는 것이었다(1838년의 일이다). 내 형들은 이 소식을 재미있어하면서 이 소식을 토론의 대상으로 삼았던 일이 기억난다. 그리하여 우리들은 매우 활기를 띠게 되었는데, 당시 우리는 이 소식을 아주 흥미있고 충분히 가능한 일로 받아들였다. 나는 그때 일을 모두 기억하고 있다.

또 그즈음 대학에 다니고 있던 형 드미트리가 열중하기 쉬운 천성 때문에 별안간 신앙에 몸을 맡기고 교회의 모든 예배와 행사에 참석하게 되었으며, 율법에 따라 음식을 가려 먹고 청정 결백한 도덕적 생활을 하게 되었다. 그때 우리 일동을 포함하여 어른들까지 모두 형을 비웃고, 어떤 까닭에서인지 '노아'라는 별명을 붙여주던 기억이 난다. 또 그 무렵 카잔 대학의 학감이던 뿌시낀이 우리를 무도회에 초대하였는데, 그것을 사양하는 우리 형에게 '다윗도 성궤(聖櫃) 앞에서 춤을 추지 않았느냐'면서 어른들이 놀리는 말투로 그를 유혹하던 것도 기억난다. 나는 그 무렵 어른들의 이와 같은 농담에 동감하여, 교리문답도 배워야 하고 교회에도 나가야 했다. 하지만 이 모든 일들을 진지하게 생각할 필요가 없다는 결론에 도달했다. 나는 또 아주 어릴 때에 볼테르의 작품을 읽고, 그의 아이러니컬한 필치에 반감은커녕 무척 흥미를 느꼈던 것을 기억한다.

나의 내부에서 일어난 신앙으로부터의 타락도 나와 비슷한 교양을 지닌 사람들 내부에서 일어난 것이나 현재 일어나고 있는 것과 똑같은 경로를 거쳐서 일어났다. 타락은 대부분 다음과 같은 경우에 일어나는 것 같다. 즉, 우리가 세상의 보통사람들과 같은 생활을 하는 경우이다. 이 경우에 세상의 사람들은 종교의 가르침과 조금도 합치하지 않을 뿐 아니라, 대부분 이에 어긋나는 입장에서 생활하고 있다. 그들의 종교적 신념은 실생활과 조금도 관련이 없다. 다른 사람들과의 교제에서도 상관되는 일이 없고, 자신의 생활에서도 이를 절대적으로 생각하지 않았다. 그들의 종교적 신념은 실생활과 동떨어져 있고, 실생활과 전혀 관련이 없는 터무니없는 것이 신봉되는 것에 불과했던 것이다. 실생활이 종교적 신념과 일치하는 일이 있더라도, 그것은 외적인 실생활과 관계없는 보잘것없는 것에 지나지 않았다. 신앙으로부터의 타락은 흔히 이와같은 경우에 많이 생기는 것이 아닌가 한다.

어떤 사람의 생활이나 그 행위를 보고서 그 사람이 신자인가 아닌가를 알아내기란 예나 지금이나 어렵다. 공공연하게 정교를 믿는 사람과 이를 부정하는 사람 사이에 차이가 있다면, 믿는 사람에게 이익이 되지 않는다는 것이다. 전에도 그랬지만 지금도 그러하다. 오늘날 정교를 인정하고 공공연히 믿는 사람은, 대부분 우둔하고 잔인하고 자기를 매우 소중하게 생각하는 사람들이다. 지혜로움, 성실, 공정, 선심(善心), 덕행 등의 덕목은 대부분 신자라고 자인하는 사람들 중에서 볼 수 있다.

학생은 학교에서 교리문답을 배우고 또 교회에도 다닌다. 관리는 세례를 받았다는 증명서가 있어야 한다. 그러나 보다 깊은 학문도 닦지 않고 관직에도 있지 않은 우리 계급 사람들은, 옛날에는 특히 그랬지만, 지금도 자기가 기독교인들 속에서 생활하고 있다는 것, 자기가 러시아의 기독 신앙을 믿는 자라고 자처하는 일 없이 몇 십 년을 살아갈 수 있다.

그래서 지금이나 옛날이나 단순한 믿음으로 받아들여지거나 외부의 압박으로 지지되는 이 같은 종교적 가르침은, 이와 상반되는 실생활의 여러 가지 경험이나 지식의 영향을 받아 서서히 사라져 버린다. 그리하여 우리는 이제 그런 것은 벌써 옛날에 흔적도 없이 사라졌는데도, 유년시절부터 배운 종교의 가르침이 지금도 자기 내부에 아무 탈 없이 간직되어 있는 것처럼 생각하면서 살아가는 사람들을 때로 보게 된다.

총명하고 진실한 S라는 사람이 왜 신앙을 버리게 되었는가를 내게 이야기해 준 적이 있다. 벌써 26년쯤 전의 이야기이다. 어느 날 그는 사냥을 나가서 노숙한 일이 있었다. 그날 밤 잠자리에 들기 전에 그는 어릴 때부터 해온 오랜 습관대로 기도를 하기 위해 무릎을 꿇었다. 그러자 함께 사냥하러 나온 형이 마른풀 위에 반듯이 누워서 가만히 그 모습을 지켜보았다. 그러더니 S가 기도를 마치고 잘 채비를 하자 형이 동생에게 말했다.

'너는 아직도 그런 것을 하니?'

두 사람은 더 이상 아무 말도 하지 않았다. S는 그날부터 무릎을 꿇고 기도하는 것을 그만두었으며 교회에도 나가지 않게 되었다. 그때부터 거의 30년 동안 그는 기도도 하지 않았고 세례도 받지 않았으며 교회도 나가지 않고 있었다. 그것은 그가 형의 신념을 알고 이에 동의했기 때문도 아니고, 또 자신이 자기 내부에서 무언가를 해결했기 때문도 아니었다. 오직 형의 입에서 나온 그 한 마디가 그렇지 않아도 제 무게로 막 쓰러지려는 벽을 손가락 끝으로 슬쩍 밀어 준 거나 다름없는 작용을 했기 때문이었다. 말하자면 형의 입에서 나온 그 한 마디는 그가 지금까지 신앙의 표현으로 알고 있던 것이 이미 옛날에 공허한 형식이 되었다는 것, 따라서 무릎을 꿇고 기도할 때 그가 긋는 성호도, 절도, 기도의 말도 모두 무의미하다는 것을 지적해 주었던 것이다. 그리고 그런 것이 무의미하다는 것을 한번 자각하고 나니 다시는 계속할 수 없었던 것이다.

이런 일은 지금까지 사람들에게 자주 일어났고 지금도 일어나고 있다. 그러나 나는 지금 우리와 비슷한 교양을 가진 사람들, 즉 자기에게 성실한 사람들에 대해서 말하는 것이지, 신앙의 본체(本體)를 그 어떤 일시적 목적을 달성하기 위한 수단으로 삼고 있는 사람들을 두고 하는 말은 아니다(이런 인간들이야말로 철두철미한 불신자들이다. 왜냐하면 신앙이 그 어떤 세속적 목적을 달성하기 위한 수단이라면, 그것은 절대로 참된 신앙이 아니기 때문이다).

지식과 실생활이라는 불이 신앙이라는 인공적 건물을 태우려고 이미 활활 타오르고 있는 것이다. 우리들과 교양의 정도가 비슷한 사람들 중 어떤 사람은 재빨리 이것을 깨닫고 그 낡은 집을 없애 버리지만, 어떤 사람들은 아직도 깨닫지 못하고 있다.

어린 시절부터 내게 전해지던 종교의 가르침은 다른 사람들과 마찬가지로 내 가슴에서 사라져 버렸다. 게다가 나는 15세 때쯤부터 철학서를 탐독하기 시작하였으므로 이미 신앙을 잃어버렸음을 일찍부터 깨닫고 있었다. 아마도 이 점이 다를 것이다. 나는 16세 때부터 무릎을 꿇고 기도하는 것을 그만두었다. 교회에 나가고 몸과 마음을 깨끗이 하고 부정을 멀리하며 금식하는 것도 자발적으로 중단해 버렸다. 나는 어린 시절부터 배웠고 전해받은 것을 믿지 않게 되었다. 그러면서도 역시 무언가를 믿고 있었다. 그러나 누가 무엇을 믿느냐고 물었다면 나는 도저히 대답하지 못했을 것이다. 나는 신을 믿고 있었다. 아니, 신을 믿는다기 보다는 신을 부정하지 않았다고 말하는 것이 옳을 것이다. 그러나 어떤 종류의 신인지 확실하게 말할 수는 없었다. 나는 그리스도와 그 가르침도 부정하지 않았다. 그러나 그 가르침의 근본이 어디에 있는지를 분명히 밝힐 수 없었다.

지금 그때 일을 회상해 보면, 나의 신앙은 동물적 본능 이외에 내 생활을 움직이고 있던 것, 즉 그 무렵 나의 유일한 참된 신앙은 나 자신의 완성에 대한 신앙이었다는 것을 똑똑히 알겠다. 그러나 그 완성이 무엇이며, 또한 그 목적이 무엇이었는지 분명히 밝힐 수는 없었다. 나는 지적인 면에서 자신을 완성하려고 노력했다. 나는 생활에서 부딪치는 모든 것을 배우고 실천하였다. 내 의지를 완성하려고 애썼다. 그래서 스스로 여러 가지 규칙을 만들고, 지키려고 했다. 또 육체적 단련으로 체력을 증진시키고 민첩하게 하여 어떠한 곤란을 당하여도 견디어 나갈 수 있는 인내력과 지구력을 기르는 데 스스로를 길들이며 육체적인 면에서 나를 완성하려고 시도했다. 그 모든 것을 나는 완성인 줄 알고 있었다. 도덕적 완성이 두말할 것도 없이 첫째 목적이었다. 그런데 이 도덕적 완성이 곧 일반적 완성의 욕망으로 바뀌어 버렸다. 즉, 자기와 신에 대해서 보다 착한 사람이 되겠다는 욕망이 아니라, 남에게 보다 착한 사람으로 보이려는 욕망으로 바뀐 것이다. 남에게 보다 착한 사람이 되겠다는 이 욕망은, 다시 순식간에 다른 사람보다 힘센 사람이 되겠다는 욕망, 바꾸어 말하면 다른 사람보다 더 명예가 있고, 더 중요하고, 더 부유한 사람이 되겠다는 욕망으로 바뀌어 버린 것이다.

2

언젠가 감동적이면서 교훈적인 나의 젊은 시절, 이 10년에 걸친 눈물겹고 교훈에 찬 생활 역사를 이야기할 때가 있을 것이다. 나뿐만 아니라 세상의 많은 사람들도 같은 경험이 있을 줄 안다. 나는 선량한 사람이 되겠다고 진심으로 원하고 있었다. 그러나 나는 젊었고, 정열이 넘치고 있었다. 게다가 선덕(善德)을 추구하고 있을 때 나는 외톨박이였다. 처절할 정도로 고독했다. 가장 참된 나의 소망, 도덕적으로 훌륭한 사람이 되고 싶다는 소망을 말로 표현하려고 할 때마다 나는 모멸감을 느끼고 조소를 받아야 했다. 그러나 속된 정욕에 빠지기가 무섭게 나는 칭찬을 받고 격려를 받았다.

공명심, 권세욕, 사욕, 애욕, 자만심, 분노, 복수심 등등이 모두 소중한 것으로 인정받았다. 이런 정열에 몸을 불태우며 나는 어른 냄새가 물씬나는 인간이 되어 갔다. 더욱이 나는 주위 사람들이 만족해하고 있다는 것을 흐뭇하게 느끼고 있었다. 나와 함께 살던 그 순진하기 그지없던 선량한 숙모까지도 언제나 내게 '네가 유부녀와 관계를 갖는 것만큼, 너를 위해서 내가 바람직스럽게 생각하는 일은 없다'고 말하는 것이었다.

'버젓하고 품위 있는 여성과 관계하는 것만큼 남성에게 교육이 되는 일은 없단다.'

숙모는 이렇게 말했었다. 숙모는 또 내가 부관(副官)이 되기를 바라고 있었고, 그것도 욕심을 내자면 황제를 모시는 직속 부관이 되었으면 하고 바랐는데, 이 행복까지도 나를 위해 염원하고 있었다. 게다가 숙모는 내가 매우 돈 많은 부잣집 딸과 결혼하여, 되도록이면 많은 종들을 거느리는 신분이 되는 것을 최대의 행복으로 염원하고 있었다.

공포와 혐오와 마음의 아픔을 느끼지 않고는 나는 그 시대를 회상할 수가 없다. 나는 전쟁에서 많은 사람을 죽였다. 죽이기 위해서 남에게 결투도 신청했다. 노름 때문에 돈을 크게 잃은 적도 있다. 농민들이 땀흘리며 수확한 것으로 무위도식하면서 그들을 처벌했다. 간음도 했고, 사람을 속였다. 기만, 절도, 만취, 폭행, 살인 등 내가 하지 않은 죄악은 거의 없었던 것 같다.

그런데 나와 어울렸던 사람들은 이 모든 행위에 대해서 나를 칭찬하고, 나를 비교적 도덕적인 인간이라고 그때도 생각했고 지금도 그렇게 생각하고 있다.

이런 식으로 나는 10년의 생활을 보냈다.

이 무렵 나는 허영심과 욕심과 오만한 마음에서 저술 활동을 하겠다고 붓을 들기 시작했다. 나는 저작에 있어서도 실생활에서와 같은 짓을 했다. 내 글의 목적인 명예와 금전을 얻기 위해서 나는 선을 감추고 악을 드러내야만 했다. 나는 그 추잡한 행동을 감행했다. 내 생활의 의의를 형성하고 있던 선에 대한 갈망을, 몇 번이나 무관심을 가장하고 가벼운 조소마저 띠면서 은폐하려고 얼마나 지혜를 짰던가! 그리하여 나는 목적을 달성하고 있었다. 칭찬받고 있었던 것이다.

나는 26세 때 싸움터에서 페테르부르크로 돌아와 여러 문인들과 교제했다. 나는 친척이나 동지라도 맞이하는 것 같은 환영을 받았으며, 추파와 아첨을 소나기를 맞듯 덮어썼다. 그리하여 나는 주위를 둘러볼 겨를도 없이 이 문인들이 인생에 대해 가지고 있던 계급적인 견해에 감염되어, 보다 착한 사람이 되겠다는 종래의 모든 시도는 내 내부에서 깨끗이 사라져 버렸다. 그리고 그런 종류의 견해는 내 실생활의 방탕함을 정당화하는 이론을 낳기에까지 이르렀다.

그런 사람들, 즉 저술 활동을 하던 나의 동료들은 인생에 대해 나름의 견해를 가지고 있었다. '일반적으로 인생은 펼치면서 나아간다. 그 인생을 펼쳐 가는데 중요한 역할을 하는 것이 우리들 사상가이며, 그 사상가 중에서도 가장 감화력을 가진 것은 우리들 예술가, 시인이다. 세상 사람들을 가르치고 인도해가는 것이 우리의 사명이다.' 이것이 그들의 인생관이었다. 그리고 '나는 무엇을 알고 있는가? 무엇을 가르칠 수 있는가?'라는 자연스러운 의문이 일어나지 않게 하기 위해서, 이 이론 속에 '그런 것은 알 필요가 없다. 예술가나 시인은 무의식적으로 가르치고 인도한다'는 것이 나타나 있었다. 나는 훌륭한 예술가이자 시인이라고 인정받고 있었기 때문에 이 이론을 내 것으로 삼은 것은 극히 자연스러운 결과였다. 예술가이자 시인인 나는 무엇을 써야 할 것인지 스스로도 모르고 마구 써 갈겼으며, 무엇을 가르쳐야 하는지도 모르고 그저 가르치고 있었다. 그리고 그 저술과 가르침에 대해서 보수를 받고 있었다. 내게는 훌륭한 음식과 저택과 여자들과 화려한 사교계가 있었다. 나는 명성을 얻었다. 따라서 내가 가르치는 일은 아주 훌륭한 일이라고 믿게 되었다.

시의 사명과 인생을 살아가는 데 이 같은 신앙이 참된 신앙으로 생각되었다. 그리고 나는 이러한 믿음을 가진 사제(司祭)의 한 사람으로 자인하고 있었다. 이런 사제가 된다는 것은 참으로 유쾌하고 수지맞는 일이었다. 그래서 나는 꽤 오랫동안 이런 신앙 속에 살았다. 그리고 그 진실을 의심하지 않았다. 그러나 이런 생활의 2년째부터, 특히 3년째에 들어서자 나는 이 신앙의 진실성을 의심하기 시작하여 새삼 그것을 검토하게 되었다. 이 신앙의 '사제들' 모두가 다 같은 의견을 갖고 있지 않다는 사실을 인정하게 되었다. 내가 이런 종류의 신앙에 의심을 품은 첫 동기는 바로 이것이었다. 어떤 사람이 '우리는 가장 뛰어나고 유익한 교사이다. 우리는 필요 불가결한 것을 가르치는데 다른 놈들은 그릇된 것을 가르친다'고 말했다. 그러나 그 다른 사람들은 다음과 같이 말하는 것이었다. '아니, 우리들이야말로 참된 교사들이다. 당신들이 가르치는 것은 옳지 않다……'

이리하여 논쟁을 벌이고 투쟁하고 욕하고 속였다. 더욱이 우리들 가운데는 어느 쪽이 옳고 그르다는 것조차 아예 개의하지도 않고 그저 이와 같은 활동의 도움으로 자기의 사리사욕만 채우고 있는 인간들도 많았다. 이 모든 사실은 내가 갖고 있던 신앙의 진실성을 의심하게 하는 데 충분했다.

뿐만 아니라 그와 같은 문인들의 신앙이 과연 진실한 것인지 의심한 결과 나는 그런 신앙의 사제들을 더 주의깊게 관찰하게 되었으며, 마침내 그들이 거의 모두 부도덕한 인간이고, 그 대부분이 하찮고 비열한 성격의 인간이며, 내가 과거에 방탕한 군대 생활에서 만난 사람들보다 훨씬 더 저속한 인간들이면서도 완벽한 성자나, 아니면 거룩함이 무엇인지 전혀 모르는 인간들만이 할 수 있는 철저한 자신감과 자기만족에 차 있는 인간들이라는 확신을 얻게 되었다. 나는 그들이 정말로 싫어졌다. 동시에 나 스스로가 싫어졌다. 그리고 그런 신앙이 잘못이라는 것을 깨달았다.

그러나 참으로 괴이하게도, 그 신앙의 모든 허망함을 깨닫고 그것을 거부하고서도 그런 종류의 사람들에 의해 유지된 예술가, 시인, 교사의 지위를 나는 거부하지 않았다. '나는 시인이다. 예술가다. 따라서 무엇을 가르쳐야 하는지 모르더라도 나는 만인을 가르칠 수 있다'고 단순히 생각하고 있었다. 그리고 그대로 행동하고 있었다.

그런 종류의 사람들과 교제함으로써 나는 새로운 악덕을 짊어졌다. 병적으로 부풀어 오른 자만심과 무엇을 가르쳐야 하는지 모르더라도 나는 세상 사람들을 가르치고 인도할 사명을 띤 인간이라는 광적인 자신감이라는 악덕을 말이다.

지금 그 시대와 내 심적 상태와 그런 사람들의 심적 상태를 생각해 보면 (하기야 그런 인간들은 지금도 무수히 있지만), 나는 슬프고도 무섭고, 또 우스꽝스러운 기분이 든다. 마치 정신 병원에 문병간 사람이 느끼는 듯한 기묘한 기분이 생겨난다.

그 무렵의 우리는 모두 되도록 빨리, 되도록 많이 지껄이고 주장하고 적어서 활자화하여 발표할 필요가 있었다. 온 인류의 행복을 위해서 그렇게 해야 한다고 굳게 믿고 있었다. 그래서 수천 명이나 되는 우리 인간들은 서로서로 부정하고 욕하면서, 제멋대로 글을 쓰고 활자화하며, 다른 사람들을 가르치고 주장하곤 했다. 그리고 우리는 아무것도 모르는 인간이며, 인생의 가장 단순한 문제, 즉 무엇이 선이고 무엇이 악이냐 하는 문제조차 어떻게 대답해야 좋은지 모르는 인간들이라는 것을 깨닫지 못한 채, 남의 말에는 귀도 기울이지 않고 멋대로 지껄여대곤 하였다. 다른 사람들에게 칭찬을 듣고 관용을 얻기 위해 때로는 일부러 남을 관대히 봐주고 칭찬하곤 했다. 그러나 때로는 서로 심하게 흥분하여 대들기도 하는 등 영락없는 정신병원이었다.

수천 명의 직공들이 마지막 힘을 쥐어짜서 밤낮없이 일하여 수백만 마디의 말을 활자로 짜고 인쇄했으며, 우체국은 그것을 러시아 방방곡곡에 배달했다. 우리는 다시 몇 곱절을 더 설교하고 주장했다. 그러나 아무리 정력을 기울여 설교해도 모든 것을 다 가르치고 전할 수는 없었다. 그래서 우리의 말에 별로 귀를 기울이지 않는다고 줄곧 화를 내곤 하였다.

참으로 괴이한 일이었다. 그러나 지금은 모두 다 이해가 간다. 우리는 되도록 많은 돈과 칭찬을 얻고 싶어했으며, 그것이 우리에게 왁자지껄한 논쟁을 촉구한 참된 동기였다. 이 목적을 달성하기 위해서 우리는 책을 쓰고 신문과 잡지에 기고하는 것 외에 아무런 방법도 없었다. 그래서 그 유일한 방법에 의존했다. 그런 무익한 일을 하면서도 우리가 매우 중요한 인간이라는 자신감을 간직하기 위해, 우리는 또 그러한 활동을 정당화할 논거가 필요해졌다. 그래서 우리들 사이에는 '존재하는 모든 것은 옳다'는 이론이 나왔다. '존재하는 모든 것은 진보한다. 그 진보는 문화에 따른다. 문화의 정도는 책과 신문, 잡지의 보급으로 측정된다. 우리는 책을 쓰고 신문과 잡지에 기고하고, 금전의 보수를 받으며 또 존경받고 있다. 따라서 우리는 가장 유익하고 우량한 인간이다…….'

이 이론은 우리 모두가 같은 의견이었다면 매우 훌륭했을지도 모른다. 그러나 어떤 사람이 한 의견을 발표하면, 언제나 이에 대한 정반대의 의견이 발표되는 것이 보통이므로, 당연히 이것도 우리를 움찔하게 만들었어야 했다. 그러나 우리는 그것을 깨닫지 못했다. 우리는 금전적인 보수를 받고 있었고, 우리 패거리들한테서 칭찬받고 있었다. 따라서 우리는 모두 자기가 옳다고 생각하고 있었던 것이다.

지금의 나에게 이와 같은 미치광이 같은 태도나 행동과 정신병원에서 일어나는 일 사이엔 조금의 차이도 없다는 것을 이제는 나도 똑똑히 안다. 그러나 그때는 그저 막연한 의심을 품고 있었을 뿐이었다. 그리고 모든 미치광이가 그렇듯이 자기 이외의 모든 사람을 미치광이라고 불렀다.

3

나는 결혼할 때까지 만 6년 동안 제정신이라고는 생각할 수 없는 그런 어리석은 상태에 빠져서 그 생활을 되풀이하고 있었다. 그 동안 나는 외국에 다녀왔다. 유럽에서의 생활과 특히 학식있는 많은 유럽인들과의 교제는, 내 생활의 바탕이 되어 있던 저속한 신앙을 한층 견고하게 해 주었다. 왜냐하면 그들도 같은 신앙을 간직하고 있다는 것을 발견했기 때문이다. 이 신앙은 나의 내부에서 현대의 교양 있는 사람들 대다수가 간직하고 있는 형태를 갖기에 이르렀는데, 이는 '진보'라는 말로 표현되고 있었다.

그 무렵의 나에게는 이 한 마디로 무언가가 표현되고 있는 것처럼 여겨졌다. 살아 있는 모든 사람들이 괴로워하듯이 '어떻게 보다 나은 생활을 할 것인가?'라는 문제에 고민하고 있던 내가, 진보라는 말에 순응하여 살아가려고 하는 것으로 보인다. 그뿐 아니라 처음 한동안 사람들은 무럭무럭 자라나는 잡초의 싹을 더 중히 여긴다. 그 결과 참생명의 싹은 자라지 못하고 때로는 말라죽는다. 그러나 대부분의 경우, 그것보다 더 나쁜 일이 일어난다.

사람들은 이들 싹 속에 사랑이라고 불리고 있는 참생명의 싹이 있다는 말을 들으면 그것을 짓밟아 버리고, 그 대신 다른 잡초의 싹을 사랑이라고 부르며 기르기 시작하는 것이다. 게다가 이 일보다 더 나쁜 일조차 일어난다. 사람들은 이 싹을 거친 손으로 따면서 '이것이다. 이것이야! 자, 발견했어. 이제 알게 되었으니 이것을 키우는 거야. 사랑이다! 사랑이야! 이것이 최고의 감정이지. 이것이야!' 하고 소리친다. 그리고 그것을 옮겨 심거나 형태를 바로 세우거나, 마구 손으로 뒤적거리고 발로 짓밟는다. 그 때문에 싹은 꽃을 피우지 못하고 말라 죽는다. 그러면 본인이나 다른 친구들은, '이게 뭐야, 바보 같은 짓이야. 이것은 헛된 감상에 지나지 않아' 하고 말하는 것이다.

응하여 살겠노라고 대답한다는 것은, 조각배를 타고 파도에 밀려 바람 부는 대로 표류하고 있던 사람이 '어디에 도달하면 좋은가?'라고 질문했을 때, '뭐 어딘가에 데려다 주겠지' 하고 대답하는 것과 똑같다는 것을 나는 깨닫지 못하고 있었다.

당시 나는 바로 이러한 것을 깨닫지 못하고 있었다. 어쩌다가, 그것도 아주 드물게, 세상의 많은 사람들이 자신이 인생을 이해하지 못하고 있음을 드러내지 않기 위해 도구로 쓰고 있는 현대의 공통적이고 이 맹목적인 신앙에 대해서, 이성이 아니라 그저 감정으로서 겨우 반항할 뿐이었다. 다시 말해서 파리에 머물고 있을 때, 사형을 눈앞에서 본 것은 진보에 대한 내 견해가 얼마나 허약하고 덧없는지 뚜렷이 보여 주기는 했다. 목과 몸뚱이가 떨어져서 두 부분이 따로따로 상자 속에 떨어지는 것을 보았을 때, 나는 머리가 아니라 온 존재로써 깨달았던 것이다. 존재하는 것은 모두 옳다는 이론도, 진보야말로 우리가 의지할 유일한 지팡이라는 이론도 절대로 이 행위를 변호할 수는 없다는 것을 말이다.

'이 세상의 모든 사람들이 창세(創世)부터 어떤 이론으로든 이것을 필요한 일이라고 하더라도, 나는 결단코 그 이론들이 불필요하다는 것을 알고 있지 않은가? 그것이 나쁜 일이라는 것을 알고 있지 않은가? 따라서 선악을 심판하는 것은 세상 사람의 언행도 아니고 진보의 법칙도 아니며, 이 맥박 치는 심장을 가진 나 자신이다.' 나는 이렇게 깨달았던 것이다.

진보라는 미신이 인생에 대해 불충분한 것임을 자각시켜 준 또 하나의 사건은 형의 죽음이었다. 형은 천성이 총명하고 선량하고 진지한 사람이었지만 일찍 병마에 사로잡혀 1년도 넘게 고생한 끝에, 무엇 때문에 태어났는지도 깨닫지 못하고, 무엇 때문에 죽어 가는지는 더더욱 깨닫지 못한 채 고뇌 속에서 죽어갔다. 서서히 그리고 고통스럽게 죽음으로 끌려가던 그 병 중에, 어떤 이론도 이런 의문에 대한 대답을 나에게도 그에게도 주지 못했다. 그러나 이것도 나에게 회의를 느끼게 하는 아주 드문 기회에 지나지 않았다. 나는 실제 생활에서 여전히 진보에 대한 신앙을 신봉하며 나날을 보내고 있었다. '만물은 진보한다. 나도 진보한다. 왜 내가 만물과 더불어 진보하는가는 머지않아 분명해질 것이다.' 아마 당시 나는 내 신앙을 이런 형식으로 표현하지 않으면 안 되었을 것이다.

외국에서 돌아온 나는 전원에 주거를 정하고, 농민학교 사업에 몰두했다. 이 일은 나에게는 특히 기분 좋은 것이었다. 왜냐하면 이미 문학 교사로 활동하면서 이따금 눈에 띄었던 것, 그리고 이제 나에게는 명백하게 보이는 그 허위가 여기에는 없었기 때문이다. 여기서도 나는 역시 진보라는 이름 아래 행동했다. 그러나 진보 그 자체에 대해서는 이미 비판적인 태도를 갖고 있었다. '진보는 그 몇몇 현상에서 옳지 않은 일을 하고 있다. 따라서 순박하고 원시적인 사람들인 농민의 자제들에게는 철저하게 자유로운 태도로 그들이 바라는 진보의 길을 마음대로 선택하게 해야 된다.' 나는 이렇게 스스로에게 말했다.

사실 나는 아직도 무엇을 가르쳐야 할 것인지 모르고 가르친다는 사실, 아직 해결하지 못한 문제의 주위를 다람쥐 쳇바퀴 돌 듯 돌고 있었던 것이다. 문학 활동의 최고의 범위에서는, 무엇을 가르쳐야 할지도 모르고 가르친다는 것은 불가능하다는 것을 나는 깨달았다. 왜냐하면 모든 사람이 저마다 다른 것을 가르치고 있으며, 그들은 서로 논쟁하면서 자신의 무식을 폭로하고 있는 것을 발견했기 때문이다. 그러나 여기서 농민의 자제를 대상으로 하는 경우에는, 그들이 바라는 것을 주고 배우게 하는 방법으로 이 어려움을 타개

할 수 있다고 생각한 것이다.

대체 무엇이 필요한지 정작 자신이 모르기 때문에, 무엇 하나 필요한 것을 가르칠 힘이 자기에게 없다는 것을 속으로는 충분히 알고 있으면서도 남에게 무엇을 '가르친다'는 자기의 욕망을 만족시키기 위해 허우적거리고 있던 내 모습을 이제 와서 돌이켜보면 내가 생각해도 우스꽝스러운 기분이 든다. 학교 사업에 만 1년을 보낸 뒤 나는 다시 외국으로 나갔다. 자기가 무엇 하나 제대로 알지 못하면서 남에게 가르치려고 할 경우 어떻게 해야 좋은지 그곳에 가서 탐구하기 위해서였다.

나는 외국에서 그것을 탐구했다고 생각했다. 그리하여 그 새로운 지식으로 무장하여 농노해방이 있던 바로 그 해(1861)에 의기양양하게 러시아로 돌아왔다. 나는 농사중재재판소의 의자를 차지하고 교육을 받지 못한 일반 농민을 그 학교에서 가르치고, 어느 정도 교양 있는 사람들은 새로 발행하게 된 기관 잡지로 가르치기 시작했다. 이 일은 순조롭게 진행되는 것 같았다. 그러나 나는 정신적으로 별로 건강하지 못한 듯한 기분이 들었다. '이것도 오래 갈 것 같지 않구나' 하는 기분이 끊임없이 들었다. 그래서 만일 내게 새로운 행복을 약속해 주는 것으로, 아직 경험한 적이 없는 새로운 생활이 없었더라면, 즉 결혼 생활이라는 것이 없었더라면, 아마도 나는 이때 이미 15년 후에 도달한 그 무서운 절망에 부딪치게 되었을 것이라고 생각된다.

1년 동안 나는 농사중재재판소 직원이란 공직과 학교 사업, 기관 잡지의 발행에 종사했다. 나는 특히 정신적 혼란으로 몹시 지쳤다. 분쟁이 끊이지 않아 진절머리가 났다. 농사중재재판소 직원이란 직무에서 오는 악전고투가 내게는 참으로 쓰라렸다. 학교에서의 활동 성적도 모호했다. 무엇을 가르쳐야 할 것인지 모른다는 것을 살짝 감추고, 모든 사람들을 가르치려고 하는 욕망에서 생긴 기관 잡지에서의 나의 속임수에 스스로 혐오를 느끼게 되었다. 그 결과 나는 육체적으로보다 오히려 정신적인 중병에 걸렸다. 그래서 모든 것을 버리고 신선한 공기를 호흡하고 말 젖으로 만든 술을 마시며 원시적인 생활을 보내기 위해서 바스키르(Bashkirs)족이 사는 쾅야로 떠나갔다.

거기서 돌아와 나는 결혼 생활에 들어갔다. 행복한 가정생활이라는 새로운 여러 가지 조건이, 인생의 보편적 의의 탐구에서 금방 나를 떼어내 버렸다. 생활 전부가 가정에, 아내에게 아이들에게, 그리고 그런 생활의 자본인 재산을 늘리는 데 집중되었다. 자신의 개인적 완성에 대한 희망, 즉 진보에 대한 희망은 이제 다시 나와 내 가족을 되도록 행복하게 만들고 싶다는 현실적인 희망으로 바뀌어 버렸다.

이리하여 다시 15년의 세월이 흘렀다.

이 15년 동안, 저술 활동이 하찮은 일이라고 생각하면서도 나는 여전히 집필을 계속했다. 나는 이미 저술 활동에 대한 유혹과 보잘것없는 내 작품에 대한 막대한 금전적 보수와 박수갈채의 유혹에 사로잡혀 있었다. 그리하여 나는 물질적 지위를 높이는 방법이라고 생각하면서, 또 나와 모든 사람들의 삶의 의의에 관한 의문을 마음속에서 떨쳐 버리는 방법이라고 생각하면서 이에 몰두했다.

내게 있어서 유일한 진리, 즉 나와 가족이 되도록 행복해지는 생활을 해야 한다는 이 유일한 진리를 가르치고 주장하면서 나는 집필을 계속했다.

나는 그런 생활을 하고 있었다. 그러나 5년 전부터 이상한 생각이 이따금 나의 내부에 일어나고 있었다. '어떻게 살아야 하는가. 무엇을 해야 하는가.' 도무지 짐작도 되지 않는 회의의 순간이, 생활의 운행이 정지해 버리는 것 같은 순간이 나를 찾아오게 된 것이다. 그러면 나는 당황하여 근심 속에 깊숙이 가라앉았다. 그런 상태는 곧 지나가고, 나는 다시 종전 같은 생활을 계속했다. 이윽고 그러한 회의의 순간이 점점 빈번하게, 또 늘 같은 형태로 되풀이되기 시작했다. 생활이 정지해 버린 것 같은 이러한 상태에서는 언제나 '무엇 때문에?', '그래서, 삶은 어디로 가는가?' 하는 같은 의문이 솟아오르는 것이었다.

처음에는 그것이 불필요한 의문처럼 여겨졌다. '이런 일은 뻔히 다 아는 일이다. 내가 해결을 하고자 하면 쉽게 할 수 있는 일이다. 지금 이런 문제에 관여하고 있을 겨를은 없지만, 잘 생각하면 금방 해답을 얻을 수 있다.' 이렇게 생각했다. 그러나 그 의문은 날이 갈수록 더 자주 되풀이되었다. 점점 더 끈질기게 해답을 재촉하기 시작했다. 그리하여 한 자리에 흘러 떨어지는 먹물 방울처럼, 해답 없는 이 의문은 나의 내부에 뚝뚝 떨어지더니 시꺼면 큰 얼룩이 되어 버렸다.

목숨을 빼앗는 중병에 걸린 사람들에게 흔히 일어나는 일이, 나의 내부에도 일어난 것이다. 처음에는 가벼운 감기 기운처럼 나타나므로 환자는 별로 개의치 않지만, 이윽고 그 징후는 더 빈번하게 되풀이되다가 마침내 끊임없는 고통으로 이어진다. 고통은 점점 더 늘어간다. 그 결과, '아차' 하는 동안에 환자는 그때까지 가벼운 병인 줄 알고 있던 것이 이제 자기에게는 이 세상에서 가장 심각하다는 사실, 즉 그것이 죽음과 이어질 수 있음을 자각하지 않을 수 없게 된다.

나도 이런 내과의 중환자나 다름없었다. 나는 그것이 정신적으로 일어나는 일시적인 가벼운 병이 아니라는 것을 깨달았다. '이것은 참으로 중대한 일이다. 언제나 같은 의문이 되풀이된다면, 나는 그 의문에 대답하지 않으면 안 된다.' 나는 이렇게 생각했다. 그래서 나는 그 의문에 대답하려고 했었다. 나는 그 의문은 참으로 어리석고 단순하고 유치하게 여겨졌었는데 막상 정면으로 해결하려고 보니, 우선 그것이 유치하고 어리석은 의문이기는커녕 인생의 가장 중대하고 심각한 문제라는 것, 게다가 아무리 머리를 짜도 나로서는 해결할 수 없는 문제라는 것을 믿지 않을 수 없게 되었다. '사마라에 있는 내 토지 관리와 어린아이들의 교육과 책을 쓰는 일에 착수하기 전에, 무엇 때문에 그런 일을 해야 하는지 알지 않으면 안 된다. 그 이유를 규명하기 전에는 아무것도 할 수 없다. 아니, 살아 갈 수가 없다.' 나는 이렇게 결론을 내렸다.

이 무렵 가장 내 마음을 사로잡고 있던 농사에 관한 생각 사이사이에, 느닷없이 다음과 같은 의문이 솟아오르는 것이었다. '좋아, 너는 사마라 현에 6000데시아띠나(데시아띠나는 1.092헥타르)의 토지와 300마리의 말을 갖고 있다. 그래서 어쨌다는 건가…….' 그러면 나는 그만 얼떨떨해져서 그 앞을 더는 생각할 수 없게 되는 것이었다. 또 어떤 때는 아이들을 어떻게 교육해야 좋은가 하는 것을 생각하다가, '무엇 때문에?' 하고 자문하기도 했다. 그리고 또 어떻게 하면 민중을 행복하게 만들까 하는 생각을 하다가 별안간, '그게 나와 무슨 관계가 있는가?' 하고 스스로에게 묻지 않을 수 없게 되었다. 또 나의 저작이 내게 가져다주는 명성을 생각할 때는, 이렇게 자문하게 되는 것이었다. '좋다, 너는 고골리나 뿌시낀이나, 셰익스피어, 몰리에르, 그 밖에 온 세계의 모든 작가보다 훌륭한 명성을 얻을지도 모른다. 그래, 그게 어쨌다는 건가?' 나는 이에 하나도 대답하지 못했다. 이런 의문은 한가로이 대답을 기다려 주지 않는다. 바로 대답하지 않으면 안 된다. 대답이 없으면 살아갈 수 없다. 그런데 대답은 없었다.

나는 내가 서 있는 기반이 엉망이 된 듯한 느낌이 들었다. 그리고 의지하고 설 아무것도 없는 듯한 느낌이었다. 지금까지 살아 온 생활의 바탕이 이제 깡그리 없어진 듯한 느낌이 들었고, 이제 나에게는 살아갈 아무것도 없다는 느낌이었다.

4

나의 생활은 정지했다. 호흡하고, 먹고, 마시고 잠잘 수는 있었다. 호흡하고, 먹고, 마시고, 잠자지 않을 수도 없는 일이었다. 그러나 거기에는 이제 참된 의미의 삶은 없었다. 왜냐하면 삶을 충실하게 하는 것이 합리적이라고 생각되는 그런 희망이 없었기 때문이다. 그 무엇을 바라는 일이 있었다 하더라도, 그 희망을 이룩하건 못하건 결국 아무 소용도 없다는 것을 나는 알고 있었다. 요술 할머니가 찾아와서 네 희망을 이루어 주마고 하더라도, 나는 할 말을 몰랐을 것이다. 또 술이 취해 희망이라고 할 만한 것은 아니나 지금까지의 희망이라고 습관적으로 말해왔던 것이 불쑥 입 밖으로 나오는 일이 있더라도, 정신을 차리는 순간에는 그것이 기만이요 바랄 만한 아무것도 없다는 것을 나는 알았다. 그뿐 아니라 진리를 알려고 바라지도 못했다. 진리가 무엇인가 미리 짐작하고 있었기 때문이다. '인생은 무의미한 것이다.' 이것이 진리였다. 나는 그저 악착같이 인생의 길을 걸어 온 결과 심연에 도달한 꼴이었다. 그리고 내 앞에 멸망 이외에 아무것도 없다는 것을 발견한 것이다. 더욱이 나는 멈출 수도 없고 뒤돌아설 수도 없었으며, 또 내 앞길에 고뇌와 참된 뜻이 사라져가는 것, 즉 완전한 절멸 외에 아무것도 없다는 사실을 보지 않기 위해 눈을 가릴 수도 없었다.

말하자면 건강하고 행복한 사람인 내가 이제 더는 살 수 없을 것 같은 기분이 된 상태에 빠져 있었다. 어떤 불가항력적인 힘이 나를 휘어잡고, 어떻게든 이 세상의 생활에서 달아나고 싶어하는 기분으로 마구 끌고 간 것이다. 그러나 나는 자살하고 싶지는 않았다.

나를 생에서 떼어 놓은 힘은 그런 사적인 욕망보다 훨씬 억세고 충실하고 훨씬 일반적인 것이었다. 정반대의 방향을 향하고 있다는 것뿐, 그것은 내가 지금까지 생에 대해 쏟아온 집착력과 같은 힘이었다. 나는 온 힘을 기울여

생에서 빠져나오려고 허우적거렸다. 과거에 내 삶을 보다 좋게 만들겠다는 생각이 일어났듯이, 자살이라는 생각이 자연스럽게 솟아올랐다. 이 생각이 하도 강하게 유혹해서, 나는 너무 성급하게 자살을 실행하지 않기 위해 자신에게 교활한 수단을 강구하지 않으면 안 되었다.

내가 자살을 급하게 결행하고 싶지 않았던 것은, 그 전에 꼭 온 힘을 기울여서 사상적인 혼란을 정리하고 싶었기 때문이었다. 그런 사상적인 정리를 하지 못했더라도, 그 다음에 자살해도 늦지 않다고 생각했기 때문이었다.

그래서 행복한 인간이었던 나는 밤마다 옷을 벗고 혼자 있는 동안 내 방의 선반과 선반 사이 횃대에 목을 매지 않기 위해 내 주변에서 밧줄이나 줄은 모조리 치워 버리고, 순간적으로 내 생명을 끊을 수 있는 자살 방법에 지지 않도록 총을 들고 사냥하러 나가는 것도 그만두었다.

내가 무엇을 바라고 있는지 스스로도 알 수 없었다. 나는 생을 무서워했다. 생에서 달아나려고 안간힘을 썼다. 그러면서도 여전히 무언가를 생에 기대하고 있었던 것이다.

더욱이 이와 같은 마음 상태가 일어난 것은 어느 모로 보나 완전한 행복이라고 생각되는 것이 내게 막 주어지고 있던 때였다. 그때 나는 아직 50세 미만이었다. 사랑하고 사랑받는 착한 아내와 귀여운 아이들, 내가 별로 애를 쓰지 않아도 저절로 늘어가는 막대한 재산이 있었다. 나는 과거 어느 때보다도 친구와 지인들에게 존경을 받았고, 모르는 사람들로부터 칭찬을 받고 있었다. 그리고 새삼스럽게 자신을 속이지 않더라도 내 명성은 해돋이의 기세로 솟아오르고 있었다. 뿐만 아니라 나는 정신 착란을 일으키거나 내적으로 병에 걸리지도 않았을 뿐 아니라, 정신적으로나 육체적으로나 내 동년배에게서는 좀처럼 볼 수 없는 훌륭한 정력을 가지고 있었다. 육체적인 면으로 말하면 농부들과 함께 끝까지 풀베기를 할 수도 있었고, 정신적인 면에서는 아무런 나쁜 결과 없이 8시간에서 10시간쯤은 활동을 계속할 수 있었다. 이런 환경속에서도, 나는 살아갈 수 없을 것 같은 기분에 사로잡혔던 것이다. 그리고 죽음이 무서워 생명을 잃지 않으려고 교활한 자기기만의 수단까지 강구하지 않으면 안 되었다.

이런 정신 상태는 내 가슴 속에 '내 생애는 그 무엇인가가 내게 저지른 어리석고 실망스러운 장난이다'는 생각의 형태로 나타나 있었다. 그리고 나를 창조한 '그 무엇'의 존재를 인정하지 않으면서도 그 무엇이 나를 이 세상에 창조하여 어리석고 실망스럽게도 희롱하고 있다고 상상하는 것이 내게는 매우 자연스러웠다.

여러 학문을 배우고 정신적으로나 육체적으로 발달하고 성장하면서, 만 30년 혹은 40년을 살아 오고 이제 와서, 또 두뇌가 완전히 굳고 인생의 모든 면모를 한 눈에 보아야 할 생애의 언덕에 도달한 이제 와서, 인생에는 과거·현재·미래를 통해 결국 아무것도 없다는 사실을 뚜렷이 깨닫고, 그 언덕 위에 바보의 견본 같은 모습으로 서 있는 나를 지켜보며 즐기고 있는 그 무엇이 저편 어디에 있는 것처럼 상상되었다. '그놈의 눈으로 보면 참으로 우습겠지……' 이렇게 상상하지 않을 수 없었다.

그러나 나를 비웃는 그 무엇이 존재하건 않건, 그 때문에 내 마음이 편해지지는 않았다. 내 생활이나 그 어떤 행위에 대해서, 나는 절대로 합당한 의의를 부여할 수가 없었다. 어째서 이런 명백한 사실을 처음부터 깨닫지 못했는지 그저 안타깝기만 할 뿐이었다. 이런 사실은 옛날부터 모든 사람들에게 아주 명백한 일이었다. 지금 곧, 아니면 내일 질병이, 죽음이 내가 사랑하는 사람들이나 나 자신에게 덮칠 것이다(실제로 몇 번이나 덮쳐 왔다!). 그리고 썩은 악취와 구더기 이외에 아무것도 남지 않게 될 것이다. 나의 행위는 어떤 행위이건 조만간에 모두 잊혀질 것이며 '나'라는 것도 완전히 없어져 버릴 것이다. 그런데 왜 이렇게 조급해하는 것일까? 어떻게 사람들은 이 사실에 눈을 감고 살아갈 수 있을까? 참으로 놀라운 일이다! 생에 취해 있는 동안만 우리는 살 수 있다. 그러나 그런 도취에서 깨는 순간, 그것이 전부 기만이고 어리석고 미혹된 생각이었음을 인정하지 않을 수 없다! 이런 의미에서 인생에는 재미있는 일도 우스운 일도 아무것도 없는 것이다. 그저 참혹하고 어리석은 일뿐이다.

동양의 옛 우화에, 초원에서 사나운 맹수의 습격을 받은 나그네에 관한 이야기가 있다. 맹수를 피하여 나그네는 오래되고 마른 우물 속에 뛰어들었다. 그러나 그는 그 우물 바닥에서 그를 단숨에 삼키려고 커다랗게 입을 벌리고 있는 한 마리의 용을 보았다. 이 불행한 나그네는 사나운 맹수에게 목숨을 빼앗기고 싶지 않아 밖으로 기어나갈 수도 없고, 그렇다고 용에게 먹히고 싶지도 않으니 바닥으로 내려갈 수 없어, 하는 수 없이 중간 틈바구니에 나 있는 야생 관목 가지에 매달려 간신히 몸을 지탱하고 있었다. 그러나 차츰 손에 힘이 빠졌다. 그는 우물 아래와 위에서 자기를 기다리고 있는 죽음에 자신을 내맡기지 않으면 안 된다는 것을 알았다. 그래도 그는 매달려 있었다. 그러자 흰 쥐와 검은 쥐 두 마리가 기어오르더니, 그가 매달려 있는 관목 줄기를 맴돌면서 갉아먹기 시작했다. 머지않아 관목은 뚝 부러질 것이고, 그는 용의 입 안으로 떨어질 것이 틀림없었다. 나그네는 자기가 죽음을 피하지 못할 것을 알았다. 그런데 그 매달려 있는 짧은 동안에도 그는 주위를 돌아보고 관목 잎에 꿀이 묻어 있는 것을 발견하고는 혓바닥을 갖다 대고 핥기 시작했다.

나도 이 나그네처럼 나를 삼키려고 입을 벌리고 있는 죽음이라는 용을 피하지 못한다는 것을 알면서도, 생의 가느다란 나뭇가지에 매달려 있다. 그러나 왜 그런 고뇌 속에 빠져들었는지 모르고 있다. 나도 지금까지 나를 위로해 준 꿀을 핥고 있지만, 그 꿀은 이제 나를 기쁘게 해주지 못한다. 게다가 희고 검은 두 마리의 쥐는 밤낮없이 내가 매달려 있는 생의 잔가지를 갉아먹고 있고, 나는 용의 모습을 생생하게 눈앞에서 보고 있다. 그래서 꿀도 이제는 달지 않다. 내가 보는 것은 단 한 가지, 피하지 못할 용과 쥐뿐이다. 그리고 나는 그들로부터 눈을 돌릴 수가 없다. 이것은 토론의 여지가 없는 모든 사람들이 다 아는 참된 진리이다.

용에 대한 공포를 줄여 주던 생의 기쁨이라는 지금까지의 기만은, 이제 나를 속일 수 없게 되었다. '너는 인생의 의의를 깨닫지 못한다. 생각지 말고 그저 살아가라'고 아무리 자신에게 타일러 보아도 나는 도저히 그렇게 하지 못했다. 과거에 너무나 오랫동안 생각을 되풀이해 왔기 때문이다. 이제 나는 끊임없이 나를 죽음으로 이끌고 달려가는 낮과 밤을 목격해야 한다. 나는 이것만 지켜보고 있다. 왜냐하면 이것만이 유일한 진리이고 그 밖의 것은 모두 기만이기 때문이다.

어느 무엇보다도 오랫동안 이 참혹한 진리로부터 나의 시선을 돌려놓고 있던 두 방울의 꿀, 바로 가족에 대한 사랑과 내가 예술이라고 부르는 저작에 대한 사랑마저도 이제 내게는 달지 않다.

나는 스스로에게 말했다.

'그런데 가족, 그러니까 아내와 아이들, 그들 역시 인간이다. 그들 역시 나와 똑같은 조건 아래 있다. 그들도 거짓 속에서 살아가거나, 아니면 무서운 진리를 보지 않으면 안 된다. 대체 왜 그들은 살지 않으면 안 되는 것일까? 또 나는 왜 그들을 사랑하고 귀여워하고, 고이 기르고, 보호하지 않으면 안 되는 것일까? 내 내부에 소용돌이치고 있는 이 절망으로 이끌어가기 위해서인가, 아니면 바보 같은 상태로 인도하기 위해서인가? 나는 그들을 사랑하므로 그들에게 이 진리를 감추어서는 안 된다. 그들 내부에서 눈뜨는 자각의 한 걸음 한 걸음이 그들을 그 진리로 인도해 갈 것이다. 그 진리란 곧, 죽음이다! '

'그러면 예술은, 시는 어떤가?' 조만간 죽음이 찾아와 모든 것, 나의 일에 대한 기억도 깡그리 없애 버린다는 사실이 엄연히 있는데도, 성공을 하고 찬양을 받은 까닭에 나는 오랫동안 이것이야말로 할 만한 가치가 있는 일이라고 스스로를 설득시켜 왔다. 그러나 이것마저도 기만이라는 것을 깨달았다. 예술은 인생의 장식에 지나지 않는다. 인생을 유인하는 것에 불과하다는 것이 뚜렷해진 것이다. 더욱이 인생은 나에게는 그 매혹을 잃었다. 그런 내가 어떻게 다른 사람들을 생으로 끌어당길 수 있겠는가! 내가 자신의 생활을 하지 않고 남의 생활의 파도 위에 떠돌고 있던 동안은, 또 표현할 힘은 없지만 아무튼 인생은 의의가 있다고 믿고 있던 동안은, 시나 예술 속에 담겨진 모든 인생의 반영(reflection)이 내게 기쁨을 주었다. 나는 예술의 거울 속에 있는 생활을 보는 것이 유쾌했다.

그러나 내가 인생의 의의를 진지하게 탐구하기 시작하고, 자신의 생활을 하지 않으면 안 된다고 느끼자마자 이 거울이 나에게는 불필요하고 없어도 무방한 우스꽝스러운 것으로, 또 고통스러운 것으로 변해 버린 것이다. 나는 이제 거울 속에 보이는 것으로 위안을 얻을 수가 없게 되었다. 내 지위는 어리석고 절망적인 것이었다. 내가 영혼의 밑바닥에서 내 생활이 의미가 있다고 몰래 믿고 있을 때는, 이것을 들여다보고 즐기는 것이 참으로 좋았다. 그 무렵에는 거울에 비치는 여러 가지 광신의 희롱, 인생에서의 희극적인 빛과 비극적인 빛, 감상적인 빛과 미적(美的)인 빛, 무서운 빛 등등의 희롱이 내 마음을 달래 주었다.

그러나 인생이 무의미하고 무서운 것임을 아는 순간, 거울 속에서 본 빛의 희롱은 이제 나를 즐겁게 해주지 않는다. 죽음의 용과 내 생명의 밧줄인 관목 줄기를 갉아먹는 쥐를 보는 순간, 그 어떤 꿀의 달콤함도 나에게는 이제 감미로울 수 없게 된 것이다.

그뿐이 아니라 내가 인생은 무의미하다고 그저 단순하게 깨달았다면, 나는 그것을 천명으로 알았을지도 모른다. 천명으로 알고 조용히 받아들였을지도 모르지만, 안심할 수는 없었을 것이다.

달아날 길이 없다는 것을 알고 있는 숲 속에 사는 인간이었다면, 나는 살아갈 수 있었을 것이다. 그러나 나는 숲 속에서 길을 잃고 심한 공포에 사로잡혀 있고, 길을 찾고 싶은 염원으로 내딛는 한 걸음 한 걸음이 나를 더 깊숙이 미로 속으로 이끌어갈 뿐이라는 것을 알면서도, 무턱대고 돌아다니지 않을 수 없는 인간 같았다.

무서운 것은 바로 이 점이었다. 그래서 이 공포에서 달아나기 위해 나는 자살을 바라게 된 것이다. 나는 나를 기다리고 있는 것에 공포를 느꼈다. 그 공포는 현재의 입장보다 더 무서운 것임을 알았다. 더욱이 나는 가만히 참을성 있게 종말을 기다리고 있을 수가 없었다. 머지않아 심장의 혈관이 터지거나 다른 기관이 파열되어 모든 것이 끝나 버린다는 이론이 아무리 그럴 듯해도 나는 참을성 있게 가만히 종말을 기다리고 있을 수는 없었다. 암흑의 공포는 너무나도 컸다. 그래서 나는 가느다란 밧줄이나 권총으로 단숨에 그 공포에서 달아나기를 바라게 되었다. 이런 기분이 무엇보다도 강하게 나를 자살에 대한 생각으로 이끌어갔던 것이다.

5

'어쩌면 내가 무엇을 못 보고 있는 것은 아닐까? 어딘가 이해를 못하고 있는 것은 아닐까?' 이렇게 나는 몇 번이나 자신에게 물었다. '이런 절망 상태가 모든 사람에게 다 자연스러운 것일 수는 없다!' 그래서 나는 이 의문에 대한 해답을 세상 사람들이 이미 얻고 있는 온갖 지식 속에서 찾았다. 나는 오랫동안 괴롭고 괴로운 탐구를 계속했다. 안일한 호기심이나 즉흥적인 기분으로 하는 것이 아니라 절실한 마음의 갈구에서 찾고 또 찾았다. 임종을 맞이한 사람이 영혼의 구원을 구하듯이, 밤낮을 가리지 않고 살을 깎아내는 듯한 기분으로 집요하게 찾아 헤맸다. 그러나 아무것도 발견할 수 없었다.

나는 모든 지식 속에서 그 해답을 찾았으나, 발견할 수 없었을 뿐 아니라 나와 마찬가지로 지식 속에서 해답을 탐구한 모든 사람들이 역시 아무것도 발견하지 못했다는 것을 믿지 않을 수 없었다. 아니 아무것도 발견할 수 없었을 뿐 아니라, 나를 절망으로 이끌어간 것 그 자체, 즉 인생은 결국 아무런 의미도 없다는 사실이, 모든 사람이 규명할 수 있는 확실하고 유일한 지식이라는 것을 그들 또한 똑똑히 알았구나 하고 믿지 않을 수 없게 되었다.

나는 모든 분야에서 이 의문에 대한 답을 찾았다. 그리고 나의 학구적 생활과 학자 사회와의 교제로 얻을 수 있었던 연줄 덕분에, 여러 분야의 지식을 밝혀낸 학자들의 의견을 많이 참작할 수 있었다. 그 학자들은 저서에서뿐 아니라 대담(對談)으로 자신의 지식을 서슴치 않고 내게 가르쳐 주었다. 그리하여 나는 인생의 의문에 대해서 학문이 대답할 수 있는 모든 해답을 알았던 것이다.

오랫동안 나는 학문적인 지식이 인생의 여러 문제에 대해 현재 대답하고 있는 해답 이외에 아무런 답도 갖고 있지 않다는 사실을 믿을 수가 없었다. 실제 인생 문제와 전혀 관계가 없는 학설을 내세우고 있을 뿐인 과학의 엄숙하고 근엄한 분위기에 나는 오랫동안 나의 이해가 모자라는 줄만 알았다. 오래도록 나는 학문상의 지식에 겁을 먹고 있었다. 그 결과 그런 해답이 내 의문에 확연하게 들어맞지 않는 것은 학문 그 자체의 죄가 아니라 내 자신의 무지 탓이라고 생각하고 있었다. 그런데 이 작업은 나로서는 반 장난의 유희가 아니라 일생의 사업이었다. 그리하여 마침내 나는 내 의문이 모든 지식의 기초가 되는 극히 정당한 의문이며, 이런 의문을 제기한 내가 책망을 받을 것이 아니라 이런 의문에 대답하겠다고 추파를 던지고 있는 한, 오히려 학문 자체가 책망을 들어야 한다는 확신에 도달하게 되었다.

50세에 이르러 나를 자살시키려고 했던 이 의문은, 철없는 어린아이로부터 사리분별을 충분히 갖춘 노인에 이르기까지 모든 사람의 마음속에 도사리고 있는 가장 단순한 의문이었다. 이것 없이는 살아갈 수 없는 의문이었다. 나는 그것을 실제로 경험했다. 그 의문은 이런 것이었다. '내가 지금 하고 있는 일에서, 그리고 내일 할 일에서 어떤 결과가 생길 것인가? 나의 전 생애에서 어떤 것이 생길까?'

이 의문을 다른 말로 표현하면 이렇게 될 것이다. '나는 왜 사는가? 나는 왜 무언가를 구하는가? 또 나는 왜 무슨 일인가를 하는가?'

이 의문은 다음과 같이 표현될 수 있다. '나의 앞길에 기다리고 있는, 피하지 못할 죽음으로도 멸망되지 않는 영원한 의미가 내 생활에 과연 있는 것일까?'

갖가지로 표현되지만 결국은 같은 내용인 이 의문에 대해서, 나는 그 해답을 인간의 지식 속에서 찾고 있었다. 그리하여 나는 이 의문에 관한 모든 인간의 지식이, 말하자면 정반대의 극을 가진 두 개의 상반되는 반구(半球)로 나누어져 있는 것을 발견했다. 한편은 부정적이고, 다른 한편은 긍정적인데, 그 어느 극에도 인생 문제에 대한 해답은 없었다.

어떤 계통의 지식은 마치 이런 문제의 존재를 인정하지 않는 것 같다. 그 대신 단독으로 제 자신이 제기한 여러 문제에 대해서는 명쾌하고 정확한 해답을 주고 있다. 그것은 실험과학 계통이며, 그 극점에 위치하는 것이 수학이다. 또 하나의 계통은 이 문제의 존재는 인정하나 대답은 하지 않는다. 이것은 이론적 방면의 학문으로서 그 극점에 위치하는 것은 형이상학이다.

아주 젊을 때부터 나는 이론적 방면의 학문에 마음이 끌렸다. 그러나 그후 수학과 자연 과학이 더욱 나를 끌어당겼다. 나는 인생의 의미에 관한 이 의문이 확실히 내 가슴 속에 제거될 때까지, 즉 이런 의문이 내 내부에서 성장하여 집요하게 해답을 요구하게 될 때까지, 나는 이 본원적인 의문에 대해서 과학이 주는 적당한 해답으로 만족하고 있었다.

실험 과학의 분야에서 나는 말하곤 했었다. '만물은 발달하고 분화되어, 복합과 완전한 것을 향해서 나아간다. 거기에는 이 운행을 다스리는 법칙이 있다. 너는 완전한 것의 일부이다. 따라서 이 완전한 것의 존재를 되도록 깊고 널리 배우고 아울러 그 진보의 법칙을 배우면, 너는 그 완전한 것 속의 네 자신의 위치도, 너 자신도 알게 될 것이다.'

이런 것을 고백하기는 참으로 부끄럽기 짝이 없지만, 나는 이런 경지에 만족한 시절이 있었다. 그때는 내 자신이 한창 복잡해지고, 한창 발달하던 때였다. 내 근육은 발육하고 굳건해졌으며 기억력은 풍부해지고, 사고력과 이해력은 폭넓게 확장되고 있었다. 이러한 성장 발달을 느끼고 있던 당시의 내가, 이 법칙이야말로 우주전체의 법칙이며, 그 속에 내 생활에 대한 의문의 해답까지도 발견할 수 있다고 생각한 것은 당연한 일이었다.

그러나 이윽고 내 성장이 멎을 때가 왔다. 나는 문득 내가 발달하지 않고 메말라 가고 있음을 느꼈다. 나의 근육은 쇠약해지고 이빨은 빠지기 시작했다. 여기서 비로소 나는 이 성장의 법칙이 나에게 아무것도 설명해 주지 못할 뿐 아니라 그런 법칙은 사실 존재하지 않으며, 존재하지 못한다는 것을 깨달았다.

생애의 어떤 일정 시기에만 볼 수 있는 데 지나지 않는 현상을 나는 일반적인 법칙으로 알고 있었던 것이다. 나는 이것을 깨닫기 시작했다. 그래서 이 거짓된 법칙의 정의를 더 세밀한 태도로 캐보았다. 그 결과 만물은 끝없이 발달한다는 법칙이 존재할 수 없다는 것이 명백히 드러났다. 무한한 시간과 공간 속에서 만물은 발달하고 완성되고 복잡해지고 분화한다고 주장하는 것은, 무의미한 넋두리에 지나지 않는다. 그것들은 모두 무의미하고 공허한 말에 불과하다. 왜냐하면 무한무궁의 경지에서는 복잡도, 단순도, 앞도, 뒤도, 보다 선한 것도, 보다 악한 것도 없기 때문이다. 내게는 그것이 분명해졌다.

무엇보다도 중요한 것은 나 자신의 개인적인 큰 의문, '온갖 욕망을 가진 나는 대체 무엇인가?' 라는 의문이 이제 아무런 해답 없이 남아 있다는 사실이었다. 나는 학문상의 여러 가지 지식이 매우 흥미 있고 매력 있는 것임을 깨달았다. 하지만 그러한 지식의 정확함과 명백함은 실제 인생 문제에 적용될 때 오히려 반비례한다는 것도 깨달았다. 그 지식이 인생 문제에 적용되는 일이 적으면 적을수록 그 명백함과 정확함의 정도는 더 커졌다. 그러나 지식이 인생 문제를 해결하려고 시도하면 할수록 그것은 점점 더 불분명하고 매력 없는 것이 되었다.

우리가 만일 인생 문제를 해결하려고 지식의 한 부분, 즉 생리학(生理學)이나 심리학이나 생물학이나 사회학으로 눈을 돌린다면, 그곳에서 놀라운 사상의 빈곤과 극도의 애매모호함과 분에 맞지 않게 이런 문제를 해결하려고 하는 용납될 수 없는 주제넘음, 그리고 사상 상호간의, 아니 오히려 그들 자신과의 끊임없는 모순에 봉착하게 될 것이다. 그러나 인생 문제의 해결과는 상관없이 다만 자기의 특수한 학문적 문제에만 대답하는 지식 부문을 향한다면, 우리는 인간의 지혜에 찬탄해 눈이 휘둥그레질 것이다. 그러나 이 경우 인생 문제에 대한 분명한 해답은 그곳에 존재하지 않는다는 것을 우리는 이미 알고 있다. 다시 말해서 그러한 지식과 학문은 인생 문제를 처음부터 무시하고 있다. 그들은 이렇게 말한다.

'그대가 무엇인가. 그대가 왜 살고 있는가 하는 의문에 대해서 우리는 해답을 갖고 있지 않다. 우리는 그런 것을 연구하지 않는다. 그러나 만일 빛의 법칙이나 화학적인 합성 법칙, 유기체의 발달 법칙을 알아야 한다면, 또 육체와 그 형식의 법칙이나 수와 양의 관계를 알 필요가 있다면, 그리고 정신의 법칙을 알고 싶다면, 그 모든 것에 대해 우리는 명쾌하고 정확하고 의심할 여지가 없는 해답을 갖고 있다.'

요컨대 인생 문제에 대한 실험과학의 관계는 다음과 같이 표현할 수 있는 것이다.

질문 : '나는 왜 살고 있는가?'

대답 : '지극히 작은 미립자가 무한대의 공간과 무한히 지속되는 시간 속에 수없이 결합하면서 끊임없이 모습을 변화시키고 있다. 그러므로 이 변화의 법칙을 이해하면, 왜 자기가 이 세상에 살고 있는지 깨달을 것이다.'

또 이론적 학문적 분야에서 나는 내게 이렇게 말하곤 했다.

'인류는 정신적 본원(本源)을 기초로, 즉 자기를 인도하는 영적 원리와 이상을 토대로 그 위에서 살고 발달하고 있다. 그들의 이상은 종교, 과학, 예술 혹은 정부의 형태 속에 나타난다. 그리고 그 이상은 서서히 승화되어, 인간은 가장 높은 선(善)을 향해 나아간다. 나는 인류의 일원이다. 따라서 나의 사명은 인류의 이상을 이해하고 그것을 실현하고 조력하는 데 있다.'

사고력이 아직 약했을 때, 나는 이러한 고찰에 만족하고 있었다. 그러나 인생의 의의에 관한 문제가 나의 내부에 뚜렷이 고개를 쳐들기 시작하자, 이 이론은 순식간에 박살이 나 버렸다. 이런 종류의 학문이 인류의 조그만 부분을 연구한 것에서 얻은 결론을 전체에 통하는 결론인 양 제공하는 그 불성실하고 엉터리같은 태도는 불문에 붙인다 하더라도, 또 이런 종류의 견해에 대한 여러 지지자들 사이에서 보이는 '인류의 이상은 무엇인가' 하는 문제에 대한 주장들 사이의 모순에 부딪친다 하더라도, 이런 견해가 이상하다고 생각되는 것은(어리석다고 말하고 싶지 않아 감히 이렇게 말하는 것이지만) 우리들 각자의 가슴 속에 솟아오르는 의문, 즉 '나는 대체 무엇인가?', '나는 왜 살고 있는가?', '나는 무엇을 해야 하는가?'라는 의문에 대답하기 위해서 그 전에 다른 의문, 즉 '불과 한 순간이라고 해도 무방한 극히 짧은 기간의 부분밖에 알려져 있지 않고, 나머지는 전혀 짐작할 수 없는 인류의 생활이란, 대체 어떤 것인가?'라는 의문을 해결하지 않으면 안 된다. 다시 말해서 내가 무엇인가를 이해하려면, 그에 앞서 우리 자신과 동일하고 자기가 무엇인지 깨닫지 못하고 있는 사람들로 구성된 신비롭고 이상한 인류라는 것이 대체 무엇인가를 깨닫지 않으면 안 된다는 것이다.

이런 생각을 믿은 시절이 나에게도 있었다는 것을 고백해야겠다. 그 때는 내가 나의 변덕을 변호할 내멋대로의 이상을 품고 있었고, 그 변덕스러운 생각을 인류의 법칙으로 볼 수 있는 이론을 고안해 내려고 애쓰던 시절이었다. 그러나 인생의 의미에 관한 의문이 뚜렷한 모습으로 내 마음에 떠오르자 이이론상의 해답은 금방 산산이 부서지고 말았다. 그리하여 나는 실험 과학 중에 참된 과학과 자기 분수에 맞지 않는 문제에 해답을 주려고 하는 순수하지 않은 과학이 있듯이, 이 방면의 학문 중에도 자기 분수에 맞지 않는 문제에 해답을 주려고 애쓰는 아주 널리 보급된 학문이 있다는 것을 깨닫게 되었다. 이 방면의 순수과학이 아닌 과학, 즉 법학, 사회학 등은 제멋대로 상상하여 저마다의 방법으로 인류의 생활 문제를 해결하고 있다는 사실에서 개개인의 문제까지 해결하려 시도하는 것이다.

그러나 실험 과학의 분야에서 '나는 어떻게 살아야 할 것인가?'라는 의문에 대한 해답을 진지하게 구하고 있는 사람이, '무한한 공간 속에서 무한한 시간과 복잡함 가운데 발생하는 무수한 분자들의 무궁무진한 변화를 연구하라. 그러면 그대의 삶을 깨달을 수 있을 것이다'라는 해답에 만족할 수 없듯이, 이론과학의 분야에서도 진지하게 탐구하는 모든 사람들은, '우리가 시작도 끝도 알 수 없고, 그 미세한 부분도 알 수 없는 인류의 생활을 연구하라. 그러면 자신의 생의 의의를 깨닫게 될 것이다'라는 해답에 만족할 수는 없다.

그리고 어중간한 실험과학의 경우와 마찬가지로 어중간한 이론과학도, 그 본질적인 문제에서 멀어지면 멀어질수록 그만큼 애매모호함과 부정확과 어리석음과 자기모순의 정도는 늘어난다. 실험 과학의 주제는 물적 현상의 원인과 결과를 연구하는 것이다. 만일 실험 과학이 그 근본적인 원인 문제를 다룬다면, 어리석기 짝이 없는 잠꼬대의 연속이 될 것이다. 이론과학의 주제는 원인 없는 생의 존재에 대한 인식이다. 사회적 현상이나 역사적 현상 같은 원인을 가진 현상을 다룬다면 이 또한 잠꼬대의 연속이 될 것이다.

실험 과학은 그 연구 속에 근본적 원인을 포함시키지 않을 때만 확실한 지식을 우리에게 주고, 인간의 지식이 얼마나 위대한지 우리에게 보여 준다. 이에 반해 이론 과학은 원인 있는 현상의 연속에 관한 문제는 완전히 버리고 근본 원인에 대한 관계에서만 인간을 바라볼 때, 인간이 지닌 지식의 위대함을 보여준다. 이 부분에서 그 극점이 되어 있는 학문은 바로 형이상학 혹은 철학이라고 부르는 것이다. 이 학문은 기치도 선명하게 다음과 같은 문제를 제기한다.

'나는 무엇인가? 온 세계란 무엇인가? 왜 나는 존재하는가? 왜 이 세계는 존재하는가?'

그리고 이 학문이 이 세상에 태어난 그때부터 해답은 언제나 똑같았다. 관념도, 실체도, 영혼도, 의지도, 이 모든 것을 철학자는 나와 모든 생물 속에 존재하는 생의 본질이라고 부르는데 그 모든 것은 같은 것이다. 철학자가 하는 말은 언제나 똑같아서, '이것이 본질이다. 나라는 것이 그 본질이다' 하고 말한다. 그러나 왜 그 본질이라는 것이 존재하는지는 모른다. 그리고 그가 진정한 사상가인 한, 그는 이에 대답하지 않는다.

'왜 그런 본질이라는 것이 존재하는가? 그런 것이 존재한다는 사실에서, 존재할 것이라는 사실에서 대체 무엇이 생기는가?' 하고 나는 질문한다. 그러면 철학은 이에 대답하지 않을 뿐 아니라, 같은 질문을 되풀이할 뿐이다. 따라서 이런 것이 참된 철학이라면, 철학이 하는 일은 이 질문과 문제를 명백히 제기한다는 한 가지뿐이다. 그리고 만일 철학이 그런 자기의 사명을 견지한다면, 철학은 '나는 무엇인가? 온 세계란 무엇인가?'라는 의문에 대해서, '전부이다, 그리고 무(無)다' 하고 대답할 수 있을 뿐이며, 또 '왜?'라는 의문에 대해서는 '그 점은 모른다'고 대답할 뿐이다.

이런 상태라 아무리 철학적이고 이론적인 해답을 찾아보아도 나는 해답다운 해답을 얻을 수가 없었다. 그것은 명료한 실험과학 분야에서처럼 그 해답이 내 의문과 맞아들어가지 않았기 때문이 아니라, 이 분야에서는 모든 지적 활동이 내 의문에만 집중되어 있었는데도 해답이 전혀 없고, 해답 대신 더 복잡한 형태를 취했을 뿐 사실은 동일한 의문이 제공되었을 뿐이기 때문이다.

생의 의문에 대한 해답을 탐구하면서 나는 숲 속에서 완전히 길을 잃은 인간이 체험하는 것과 똑같은 기분을 느꼈다.

울창한 숲 속에서 홀연히 평탄하고 밝은 초원으로 나왔기 때문에 길을 잃었던 나그네는 한 그루의 나무에 올라가 본다. 그리고 무한한 공간이 아득히 펼쳐져 있는 것을 똑똑히 발견한다. 동시에 거기에는 인가가 없으며, 있을 수 없다는 것도 발견한다. 그는 다시 울창한 숲 속으로 들어간다. 암흑 속으로 들어간다. 그리하여 그곳에서 암흑을 발견한다. 그곳에도 역시 인가는 없다.

나는 또다시 인간 지식의 숲 속에서 수학과 실험과학의 평탄하고 밝은 초원에서 길을 잃었다. 그곳에는 밝은 지평선이 아득히 눈앞에 펼쳐져 있었다. 그러나 그 방향에 인가는 없었다. 나는 이론 과학의 어둠 속으로 도로 들어갔다. 그곳에서는 앞으로 나아가면 나아갈수록 점점 더 암흑이 짙어졌다. 그리하여 마침내 출구가 아무 데도 없다는 것을, 있을 수가 없다는 것을 나는 믿게 되었다.

학문의 밝은 분야에 있으면서도 나는 정작 긴요한 문제에서는 눈을 돌리고 있음을 알고 있었다. 내 앞에 펼쳐진 지평선은 참으로 밝고 흥미로웠지만, 이런 학문의 무한 속을 헤치고 들어간다는 것은 참으로 매혹적이었지만, 나는 그 학문이 내게 필요가 적으면 적을수록, 다시 말해서 생의 의문에 대한 대답이 적으면 적을수록, 그만큼 더 밝고 뚜렷한 종류의 학문임을 이미 알고 있었다.

나는 자신에게 말했다. '이제야 나는 과학이 끈질기게 탐구하며 알고 싶어하는 것을 모두 알았다. 그러나 내 생존의 의미에 관한 해답은 이 분야에는 없다.'

그리고 이론과학의 분야에서도 나는 새로운 사실을 깨달았다. 이런 종류의 학문의 목적은 바로 나의 의문에 대한 해답을 주는 것인데도 내가 스스로 내린 해답과 다른 해답을 하나도 얻을 수 없었다. 즉 '나의 삶의 의의는 무엇인가? 그런 의의 따위는 아무것도 없다. 나의 생활에서 어떤 것이 생기는가? 아무것도 생기지 않는다. 왜 존재하는 모든 것은 존재하는가, 또 나는 왜 존재하는가? 존재하니까 존재하는 것이다.' 이런 해답밖에 얻을 수 없다는 것을 나는 깨달았던 것이다.

다시 방향을 바꾸어 과학의 다른 분야에서 해답을 구했을 때, 나는 묻지 않은 것에 대한 정확한 해답을 무수히 얻었다. 즉, 별의 화학적 성분이라든가, 헤라클레스 성좌를 향한 태양의 운행이라든가, 종(種) 및 인간의 기원이라든가, 에테르의 아주 미세한, 측량할 수 없는 작은 분자(分子)의 형태에 관한 해답 등을 얻었다. '내 삶의 의미는 어디에 있는가?' 라는 나의 의문에 대해서 이 분야의 학문이 준 대답은 단 하나였다. '너는 네가 생명이라고 부르는 것이다. 너는 미세한 분자의 아주 일시적인 우연의 결합이다. 그 미세한 분자의 상호 활동이, 그대의 내부에 자기의 생명이라고 부르는 것을 낳는다. 이런 미분자의 결합은 잠시 동안 지속한다. 그러나 곧 그 미분자의 상호 활동은 정지한다. 동시에 생명이라고 부르고 있는 것도 정지하고, 그대의 의문도 사라져 버린다. 그대는 그 무엇이 우연히 결합한 덩어리이다. 이 덩어리는 끓어오르고, 이 끓어오른 것을 자기의 생이라고 부른다. 그러나 곧 이 덩어리는 분해한다. 동시에 끓어오르는 것은 멎고, 모든 의문도 그것으로 끝난다.'

인간의 실증적인 지식은 이렇게 대답한다. 그러나 이 분야의 학문은 자기의 입장을 엄수하는 한 나머지 해답은 제공하지 못한다.

그런데 이런 해답을 듣는 순간 그것이 내 의문에 대한 대답이 아니라는 것은 분명했다. 나는 내 삶의 의미를 알고 싶었으므로 나의 생이 무한한 것의 일부라는 대답은, 나의 삶에 의미를 부여해 주지 않을 뿐 아니라 있을 수 있는 모든 의미마저 짓밟는 것이었다.

생의 의미가 진보나 발달, 그리고 이에 대한 협력에 있다는 것은 정확한 실험과학 분야의 지식이 즉흥적이고 일시적인 결론으로 날조한 애매모호한 해답으로, 그 부정확하고, 불명료한 점에 비추어 도저히 해답이라고 생각할 수 없다.

인간 지식의 다른 분야, 즉 이론적 분야는 그 입장을 엄수하면서 이 문제에 분명하게 대답할 때, 그 대답은 어느 시대 어느 장소에서나 항상 똑같았고 현재도 똑같다. 즉 '이 세계는 무궁하고 불가해한 그 무엇이다. 그리고 인생은 이 불가해한 '전체' 속의 역시 불가해한 일부이다'라는 것이다. 그러나 이 방면에서도 나는 역시 법학, 정치학 내지 역사학이라고 부르는 그 어중간한 과학들이 날조하고 있는, 실험과학과 이론과학 사이의 모든 타협을 배척하지 않을 수 없다. 이러한 학문에는 진보와 발달의 관념, 완성이라는 관념이 인간 생활의 발달이라고 생각된다. 그러므로 둘 다 올바르지 않다. 무한무궁의 경지에서 진보, 발달, 완성에는 방향도 목적도 있을 수 없고, 따라서 내 의문에 대해서 아무런 해답도 줄 수 없다.

이론적 지식이 올바르고 혼탁되지 않은 상태, 특히 진정한 철학에서는 쇼펜하우어가 '교수 철학'이라고 부르는 철학, 즉 존재하는 모든 현상을 새로운 철학의 분석법에 의해 분류하고 거기에 새로운 명칭을 주는 것밖에 하지 못하는 철학이 아니라, 요컨대 철학자가 중요한 문제를 간과하지 않는 철학에서 대답은 언제나 똑같다. 즉, 소크라테스나 쇼펜하우어나 솔로몬이나 석가모니에 의해서 주어진 해답이다.

죽음에 이르렀을 때 소크라테스는 말했다.

"우리는 생에서 멀어지면 멀어질수록, 그만큼 진리에 가까워진다. 진리를 사랑하는 우리는 이 세상의 생애에서 무엇을 바라고 곧장 나아가는가? 육체로부터의, 육체의 생활이 빚어내는 모든 악으로부터의 해탈을 바라고 나아가는 것이다. 그런데 죽음이 우리에게 다가오는 것을 어떻게 기뻐하지 않을 수 있는가? 현인은 한평생 자기의 죽음을 탐구한다. 따라서 그는 죽음이 무섭지 않다."

쇼펜하우어는 다음과 같이 말하고 있다.

"세계의 내적 본질을 의지라고 인식하고, 이해할 수 없는 자연의 힘의 무의식적 발동(發動)에서 충분한 의식이 수반되는 우리의 활동에 이르기까지의 모든 현상 속에, 다만 이 의지의 객관적 발현만을 한 번 인식하는 날에, 우리는 아무리 해도 의지의 자유로운 부정과 그 자기 부정과 더불어 모든 현상도 소멸해 버린다는 이론적 결과를 피할 수 없다. 이 세계의 근거가 되어 있는 이 의지의 객관적 발현의 정도에 있어서, 목적도 휴식도 없이 행하여지고 있는 끊임없는 약진으로 충동도 소멸하고, 연속적 형식의 갖가지 잡다한 발현도 소멸하며, 동시에 시간과 공간을 가진 모든 현상도 소멸하고, 마침내 제일 마지막의 가장 근본 형식인 주체와 객체까지도 소멸해 버린다는 이론적 결과를 피할 수 없다.

의지가 없으면, 개념도 없고 이 세계도 없다. 이 경우 우리 앞에 남는 것은 두말할 것도 없이 아무것도 없다. 그러나 완전히 사라지는 이 전환을 우리의 본성이 싫어한다는 점, 거기에 우리는 자신과 우리의 세계를 조성하는 생존에 대한 삶의 의지를 보게 된다. 즉, 우리가 이토록 없어지는 것을 두려워한다는 사실, 혹은 우리가 이토록 살기를 원한다는 사실은 바로 우리가 생의 욕망 이외의 그 무엇도 아니라는 것, 그 이외의 그 무엇도 모르는 자라는 것을 표시하는 것이다. 고로 이러한 우주에서 의지가 완전히 사라진 뒤에 아직도 여러 의지로 충만해 있는 우리들 앞에 남는 것은 두말할 것도 없이 무(無)이다. 게다가 자기 내부의 의지에 자기 부정을 한 사람들도 이토록 실제적인 우리의 이 세계가 태양과 은하와 더불어 무로 돌아가 버리는 것이다."

솔로몬은 이렇게 말하고 있다.

'헛되고 헛되다. 헛되고 헛되다. 모든 것이 헛되다. 사람이 세상에서 아무리 수고한들, 무슨 보람이 있는가? 한 세대가 가고, 또 한 세대가 오지만, 세상은 언제나 그대로다. 해는 여전히 뜨고, 또 여전히 져서, 제자리로 돌아가며, 거기에서 다시 떠오른다. 바람은 남쪽으로 불다가, 북쪽으로 돌이키며 이리 돌고 저리 돌다가, 불던 곳으로 돌아간다. 모든 강물이 바다로 흘러가도, 바다는 넘치지 않는다. 강물은 나온 곳으로 되돌아가, 거기에서 다시 흘러내린다. 만물이 다 지쳐 있음을 사람이 말로 다 나타낼 수 없다. 눈은 보아도 만족하지 않으며 귀는 들어도 차지 않는다. 이미 있던 것이 훗날에 다시 있을 것이며, 이미 일어났던 일이 훗날에 다시 일어날 것이다. 이 세상에 새 것이란 없다. '보아라, 이것이 바로 새 것이다' 하고 말할 수 있는 것이 있는가? 그것은 이미 오래 전부터 있던 것, 우리보다 앞서 있던 것이다. 지나간 세대는 잊혀지고, 앞으로 올 세대도 그 다음 세대가 기억해 주지 않을 것이다.

나 전도자는 예루살렘에서 왕이 되어 이스라엘을 다스리는 동안에, 하늘 아래에서 되어지는 온갖 일을 살펴서 알아 내려고 지혜를 짜며 심혈을 기울였다. 괴로웠다. 하나님은 왜 사람을 이런 수고로운 일에다 얽어매어 꼼짝도 못하게 하시는 것인가? 세상에서 벌어지는 온갖 일을 보니 그 모두가 헛되어 바람을 잡으려는 것과 같다. 구부러진 것은 곧게 할 수 없고, 없는 것은 셀 수 없다. 나는 장담하였다. "나는 지혜를 많이 쌓았다. 이전에 예루살렘에서 다스리던 어느 누구도, 지혜에 있어서는 나를 뛰어넘지 못할 것이다. 지혜와 지식을 쌓는 일에서, 나보다 더 많은 경험을 한 사람은 없다." 나는 또, 무엇이 슬기롭고 똑똑한 것인지, 무엇이 얼빠지고 어리석은 것인지를 구별하려고 심혈을 기울였다. 그러나 그처럼 알려고 하는 그것 또한, 바람을 잡으려는 것과 같은 일임을 알게 되었다. 지혜가 많으면 번뇌도 많고, 아는 것이 많으면 걱정도 많더라.'

'나는 혼자서 이런 생각도 해 보았다. "내가 시험삼아 너를 즐겁게 할 것이니, 너는 네 마음껏 즐겨라." 그러나 이것도 헛된 일이다. 알고 보니 웃는 것은 '미친 것'이고, 즐거움은 '쓸데없는 것'이다. 지혜를 갈망해 온 나는, 술로 내 육신을 즐겁게 하고, 낙을 누려 보려고 마음먹은 적도 있다. 참으로 어리석게도, 이렇게 사는 것이 짧은 한평생을 가장 보람 있게 사는 것이라고 생각하였다.

나는 여러 가지 큰 일을 성취하였다. 궁전도 지어 보고, 여러 곳에 포도원도 만들어 보았다. 나는 정원과 과수원을 만들고, 거기에 온갖 과일나무도 심어 보았다. 나무들이 자라나는 숲에 물을 대려고 여러 곳에 저수지도 만들어 보았다. 남녀 종들을 사들이기도 하고, 집에서 씨종들을 태어나게도 하였다. 나는 또한, 지금까지 예루살렘에 살던 어느 누구도 일찍이 그렇게 가져 본 적이 없을 만큼 많은 소와 양 같은 가축 떼를 가져 보았다. 은과 금, 임금들이 가지고 있던 여러 나라의 보물도 모아 보았으며, 남녀 가수들도 거느려 보았고, 남자들이 좋아하는 처첩도 많이 거느려 보았다.

드디어 나는, 일찍이 예루살렘에 살던 어느 누구보다도 더 큰 세력을 가진 사람이 되었다. 지혜가 늘 내 곁에서 나를 깨우쳐 주었다. 원하던 것을 나는 다 얻었다. 누리고 싶은 낙은 무엇이든 삼가지 않았다. 나는 하는 일마다 다 자랑스러웠다. 이것은 내가 수고하여 얻은 나의 몫인 셈이었다. 그러나 내 손으로 성취한 모든 일과 이루려고 애쓴 나의 수고를 돌이켜보니, 참으로 세상 모든 것이 헛되고, 바람을 잡으려는 것과 같고, 아무런 보람도 없는 것이었다. 임금 자리를 이어받은 사람이 무엇을 할 수 있는가? 기껏해야 앞서 다스리던 왕이 이미 하던 일뿐이다.

무엇이 슬기로운 일이며, 무엇이 얼빠지고 어리석은 일인지 알려고 애를 써 보기도 하였다. "빛이 어둠보다 낫듯이, 슬기로움이 어리석음보다 더 낫다"는 것, "슬기로운 사람은 제 앞을 보지만, 어리석은 사람은 어둠 속에서 헤맨다"는 것, 이런 것은 벌써부터 알고 있다. 지혜있는 사람에게나 어리석은 사람에게나 똑같은 운명이 똑같이 닥친다는 것도 알고 있다. 그래서 나는 스스로 물었다. "어리석은 사람이 겪을 운명을 나도 겪을 터인데, 무엇을 더 바라고, 왜 내가 지혜를 더 얻으려고 애썼는가?" 그리고 나 스스로 대답하였다. "지혜를 얻으려는 일도 헛되다." 사람이 지혜가 있다고 해서 오래 기억되는 것도 아니다. 지혜가 있다고 해도 어리석은 사람과 함께 사람들의 기억에서 영원히 사라져 버린다. 슬기로운 사람도 죽고 어리석은 사람도 죽는다. 그러니 산다는 것이 다 덧없는 것이다. 인생살이에 얽힌 일들이 나에게는 괴로움일 뿐이다. 모든 것이 바람을 잡으려는 것처럼 헛될 뿐이다. 세상에서 내가 수고하여 이루어 놓은 모든 것을 내 뒤에 올 사람에게 물려줄 일을 생각하면, 억울하기 그지없다. 뒤에 올 그 사람이 슬기로운 사람일지, 어리석은 사람일지, 누가 안단 말인가? 그러면서도, 세상에서 내가 수고를 마다하지 않고 지혜를 다해서 이루어 놓은 모든 것을, 그에게 물려주어서 맡겨야 하다니, 이 수고도 헛되다.

세상에서 애쓴 모든 수고를 생각해 보니, 내 마음에는 실망뿐이다. 수고는 슬기롭고 똑똑하고 재능있는 사람이 하는데, 그가 받아야 할 몫을 아무 수고도 하지 않은 다른 사람이 차지하다니, 이 수고 또한 헛되고, 무엇인가 잘못된 것이다. 사람이 세상에서 온갖 수고를 마다하지 않고 속썩이지만, 무슨 보람이 있단 말인가? 평생에 그가 하는 일이 괴로움과 슬픔뿐이고, 밤에도 그의 마음이 편히 쉬지 못하니, 이 수고 또한 헛된 일이다. 사람에게는 먹는 것과 마시는 것, 자기가 하는 수고에서 스스로 보람을 느끼는 것, 이보다 더 좋은 것은 없다. 알고 보니, 이것도 하나님이 주시는 것……'

'모두가 같은 운명을 타고 났다. 의인이나 악인이나, 착한 사람이나 나쁜 사람이나, 깨끗한 사람이나 더러운 사람이나, 제사를 드리는 사람이나 드리지 않는 사람이나, 다 같은 운명을 타고 났다. 착한 사람이라고 해서 죄인보다 나을 것이 없고, 맹세한 사람이라고 해서 맹세하기를 두려워하는 사람보다 나을 것이 없다. 모두가 다 같은 운명을 타고 났다는 것, 이것이 바로 세상에서 벌어지는 모든 잘못된 일 가운데 하나다. 더욱이, 사람들은 마음에 사악과 광증을 품고 살다가 결국에는 죽고 만다.'

'살아 있는 사람에게는, 누구나 희망이 있다. 비록 개라고 하더라도, 살아 있으면 죽은 사자보다 낫다. 살아 있는 사람은, 자기가 죽을 것을 안다. 그러나 죽은 사람은 아무것도 모른다. 죽은 사람에게는 더 이상의 보상이 없다. 사람들은 죽은 이들을 오래 기억하지 않는다. 죽은 이들에게는 이미 사랑도 미움도 야망도 없다. 세상에서 일어나는 어떠한 일에도, 다시 끼어들 자리가 없다.'

이렇게 이 책을 쓴 솔로몬은 말하고 있다.

그러나 또 인도의 현인은 이렇게 말하고 있다.

젊고 행복한 왕자 석가모니는 병자나 쇠약한 노인이나 죽음을 본 적이 없었다. 그런데 한번은 가마를 타고 궁궐 밖으로 산책하러 나갔을 때, 이가 빠지고 쉴 새 없이 침을 질질 흘리고 있는 초라한 늙은이를 보았다. 그때까지 늙음을 본 적이 없던 왕자는 깜짝 놀라며, "저것은 대체 어찌된 일이냐? 저 사람은 왜 저렇게 가엾고 흉한 모습이 되었느냐?" 하고 하인에게 물었다. 그리하여 늙음이 모든 사람들에게 한 번은 반드시 찾아오는 운명적인 일이며, 젊고 행복한 왕자인 자기도 그것은 피하지 못할 사실이라는 것을 알게 되었다. 그는 더 가마를 타고 산책할 수가 없어 이 문제를 깊이 생각해 보려고 하인에게 명령하여 궁궐로 돌아갔다. 그리고 그는 굳게 방문을 걸어 닫고 들어앉아 혼자서 깊이깊이 생각했다. 그 결과, 무언가 위안이 되는 것을 발견한 듯, 다시 본디의 밝고 행복한 모습으로 돌아가서 가마를 타고 산책을 나섰다. 그런데 이번에는 흐린 눈에 창백한 안색으로 비틀비틀 걸어오는 깡마른 병자 한 사람과 만났다. 그때까지 병이라는 것을 모르고 있던 왕자는, 가마를 세우고 "저 사람은 대체 왜 저렇게 되었느냐?" 물었다. 그리하여 그것이 모든 사람의 몸에 덮치는 병이라는 것과 건강하고 행복한 왕자도 언제 그런 병에 걸릴지 모른다는 것을 알게 되자, 다시 놀며 돌아다닐 기분을 잃었다. 하인에게 명령하여 궁궐로 돌아가게 한 후 마음의 평정을 찾기 시작했다. 그 결과 마침내 평정을 찾았는지, 세 번째로 가마를 타고 산책을 나섰다.

그런데 이번에도 그는 이상한 것을 보았다. 몇 사람이 무언가를 들고 가는 것을 본 것이다.

"저것은 무엇이냐?" 왕자가 물었다.

"송장이옵니다."

"송장이 무엇이냐?" 왕자는 다시 물었다. 그리하여 그는 사람이 죽어서 송장이 된다는 말을 들었다. 왕자는 가마에서 내려 송장 곁에 다가가서 천을 들추게 하여 송장을 보았다.

"그래서, 이 사람은 앞으로 어떻게 되느냐?" 왕자는 물었다. 그리하여 그는 송장이 흙 속에 묻힌다는 것을 알았다.

"어째서 그렇게 하느냐?"

"이 사람은 이제 영원히 되살아날 수가 없고, 그저 악취만 나고 구더기만 끓게 되옵니다."

"그래, 그건 모든 사람의 운명이란 말이냐? 이런 일이 내 몸에도 일어나느냐? 내 몸도 역시 흙 속에 묻히느냐? 내 몸에서도 악취가 나느냐? 그리고 내 몸도 구더기의 밥이 된다는 말이냐?"

"그, 그러하옵니다."

"가마를 돌려라! 이제 산책할 생각이 없다. 앞으로는 산책을 하지 않으련다."

그 후부터 석가모니는 이 세상의 생에서 마음의 평안을 찾을 수가 없었다. 그래서 그는 이 세상의 생을 최대의 악으로 단정하고, 이 세상의 생으로부터 자신을 해탈시키고 서민들까지 해탈시키기 위해 모든 노력을 다 기울였다. 더욱이 그는 죽은 후에도 절대 생명이 되살아나는 일이 없도록, 다시 말해 이 세상의 생을 근절시키도록 철저하게 해탈시킬 것을 바랐다. 인도의 성현은 모두 이와 같이 말하고 있다.

다음에 인용한 것은, 인간의 지혜가 삶의 의문에 대답한 몇 가지 해답이다.

'육체의 생은 악이고 허위이다. 따라서 그런 육체의 생을 없애는 것은 선이다. 그러므로 우리는 그것을 희망해야 한다.'——소크라테스.

'인생이란, 존재해서 안 되는 것을 말한다. 그것은 악이다. 고로 생에서 무로의 전환이 인생의 유일한 선이다.'——쇼펜하우어.

'이 세상의 모든 것, 어리석음도 슬기로움도, 부도 가난도, 기쁨도 슬픔도 헛되고 헛되어 가치가 없느니라. 사람은 죽고, 뒤에 아무것도 남기지 않으니, 이 또한 어리석은 일이니라.'——솔로몬.

'고뇌와 노쇠와 죽음을 피하지 못함을 의심하면서 살아갈 수는 없다. 우리는 이 몸을 생으로부터, 생의 모든 가능성으로부터 벗어나게 하지 않으면 안 된다.'——석가모니.

이들 탁월한 현인들의 말은 마찬가지로 수백 수천만 사람들이 말하고 생각하고 느낀 일이다. 그리고 나도 그와 같이 생각하고 느끼고 있다.

이리하여 지식 분야에서 겪은 나의 방황은, 나를 절망에서 구해 주지 못했을 뿐 아니라 절망을 증대시킨 데 지나지 않았다. 어떤 부문의 지식은 생의 의문에 대해 전혀 대답해 주지 않았으며, 어떤 부문의 지식은 내 절망을 뒷받침할 만한 시원스런 대답을 해 주었다. 내가 도달한 경지가 정신착란의 결과나 미혹된 생각의 결과가 아니라는 것을 보여 주었다. 말하자면 내가 옳게 생각했고, 내 생각이 인류 역사상 가장 탁월한 현인들의 결론과 합치했다는 사실을 증명해 준 것이다.

자기를 속일 수는 없다. 그렇다. 모든 것은 헛되고 헛된 것이다. 이 세상에 태어나지 않은 자는 행복하다. 죽음은 삶보다 낫다. 삶으로부터 벗어나지 않으면 안 된다.

7

여러 지식 속에서도 인생에 대한 의문을 해결하지 못했으므로, 나는 주위 사람들한테서 발견할 생각으로 실생활 속에서 해답을 찾기 시작했다. 그래서 나는 나와 같은 많은 사람들을 관찰하면서 그들이 내 주위에서 어떤 생활을 하고 있는가, 그리고 나를 절망으로 이끈 이 문제를 그들은 어떻게 다루고 있는가 관찰했다. 그래서 나는 교양이나 생활 양식으로 보아 나와 비슷한 지위에 있는 사람들 중에서 이런 사실들을 발견했다.

옴짝달싹하지 못하는 상황에서 빠져나오는 첫 번째 방법은 무지와 무식이었다. 이 길은 인생이 악이며 무의미하다는 것을 알지도 깨닫지도 못하고 나아가는 방법이다. 이런 사람들은 대부분이 여자 혹은 아주 젊은 청년, 아니면 매우 우둔한 남자들인데, 쇼펜하우어나 솔로몬이나 석가모니 앞에 일어난 의문을 아직 깨닫지 못하고 있었다. 그들은 자기들을 기다리고 있는 용이나, 자기들이 매달려 있는 관목 줄기를 갉아먹는 쥐도 보지 못한 채 꿀을 핥고 있었다. 그러나 그들이 꿀을 핥는 것은 극히 짧은 동안이다. 그 무엇이 그들의 주의를 한번 용과 쥐에게 돌리기만 하면, 꿀을 핥는 일은 순식간에 끝나 버린다. 나는 이런 사람들한테서 아무것도 배우지 못했다. 내가 알고 있는 일을 그것을 몰랐던 옛날로 되돌릴 수는 없는 일이기 때문이다.

두 번째 방법은 쾌락주의에 빠지는 것이었다. 이 길은 인생이 희망 없는 것임을 알면서도 잠시나마 지상에서 현재의 행복을 향락하고, 용이나 쥐를 외면한 채, 특히 꿀이 많이 괴었을 때 실컷 핥자는 방법이다. 솔로몬은 이런 방법을 다음과 같이 표현하고 있다.

'나는 생을 즐기라고 권하고 싶다. 사람에게, 먹고 마시고 즐기는 것보다 더 좋은 것이 세상에 없기 때문이다. 그래야 이 세상에서 일하면서, 하나님께 허락받은 한평생을 사는 동안에, 언제나 기쁨이 사람과 함께 있을 것이다 ……. 지금은 하나님이 네가 하는 일을 좋게 보아 주시니, 너는 가서 즐거이 음식을 먹고, 기쁜 마음으로 포도주를 마셔라……. 너의 헛된 모든 날, 하나님이 세상에서 너에게 주신 덧없는 모든 날에 너는 너의 사랑하는 아내와 더불어 즐거움을 누려라. 그것은 네가 사는 동안에, 세상에서 애쓴 수고로 받는 몫이다. 네가 어떤 일을 하든지, 네 힘을 다해서 하여라. 네가 들어갈 무덤 속에는, 일도, 계획도, 지식도, 지혜도 없다.'

우리와 같은 계급의 사람들 대다수는 이런 방법으로 자기 내부에 생존의 가능성을 간직하고 있다. 그들의 상황은 그들에게 악보다 많은 선을 갖게끔 하고 있다. 그러나 우둔한 덕성은 그들에게 자기의 상황이 가져다주는 그와 같은 이익이 우연한 것임을 잊게 하고, 모든 사람이 솔로몬처럼 천 명의 아내와 궁전을 가질 수는 없으며, 한 남자가 천 명의 아내를 가질 때는 천 명의 남자가 아내 없이 살아야 하고, 궁전 하나를 세우려면 천 명이 땀을 흘려야 한다는 것, 오늘 자기를 솔로몬으로 만든 우연이 내일은 자기를 솔로몬의 노예로 만들지도 모른다는 것을 잊게 한다. 그리고 이런 사람들의 상상력은 무디고 약해 석가모니에게 평안을 주지 않은 것, 그 자체를 망각하게 하고, 질병과 노쇠와 죽음이 어김없이 덮쳐와서 오늘 아니면 내일, 이런 향락을 뿌리째 뽑아 버린다는 사실을 잊을 수 있게 한다.

지금의 나와 같은 정도의 생활을 하는 사람들의 대다수는, 이렇게 생각하고 또 이렇게 느끼고 있다. 이런 사람들 가운데 어떤 자가 자기들의 사상과 상상력의 미약함을 실증주의라는 철학으로 단정하고 있다는 사실은, 내가 보기엔, 생의 의문과 대면하지 않으려고 환락의 꿈을 빨고 있는 인간들과 조금도 다를 바 없게 만든다. 나는 이런 인간에게서 배울 것이 없었다. 그들같이 상상력이 부족하지 못한 나는, 그런 둔한 상상력을 인공적으로 나의 내부에 만들어 낼 수가 없었다. 살아 있는 모든 사람들이 죽음의 용과 생명의 나무 줄기를 갉아먹는 쥐를 한번 보기만 하면 거기서 시선을 돌릴 수 없듯이, 나도 도저히 그렇게 할 수가 없었던 것이다.

세 번째 방법은 용기와 정력으로 맞서는 방법이다. 즉 생이 악이고 무의미하다는 것을 깨닫는 동시에 단숨에 생을 없애 버리는 방법이다. 억세고 확고한 성격의 소수 사람들이 이런 방법을 쓴다. 자기들이 당하고 있는 어릿광대놀음의 어리석음을 깨닫고, 죽은 자의 행복이 산 자의 행복보다 낫다는 것과, 그 이상의 행복은 있을 수 없다는 것을 깨달음과 동시에 그들은 즉각 목을 매거나, 물에 투신하거나, 가슴에 칼을 꽂거나, 선로 위에 몸을 내던지는 수단을 택하여 단숨에 그런 광대놀음을 끝장내버리는 것이다.

우리 계급 사람들 중에 이런 방법을 쓰는 숫자가 끊임없이 늘어나고 있다. 그리고 이러한 방법을 쓰는 사람들은 대부분 인생의 가장 좋은 때에 있는 사람들이다. 즉 영혼의 힘이 최고도로 발달하고, 이성이 빠지기 쉬운 갖가지 습관이 아직 몸에 별로 배지 않았을 때, 대부분 이 방법을 택하게 되는 것이다.

나는 이 방법을 가장 가치 있는 방법으로 보고 이것을 결행해야 되겠다고 생각했다.

네 번째 방법은 심약함에서 비롯되는 것이다. 이 방법은 인생이 악이고 무의미하다는 것을 깨닫고서도 어찌할 도리가 없다는 것을 알고 우물쭈물 끌려가는 방법이다. 이런 부류의 사람들은 죽음이 생보다 낫다는 것을 알고는 있으나, 이성에 입각한 행동으로 단숨에 허위를 타파하고 자기 목숨을 끊을 만한 용기가 없어 마치 그 무엇을 기다리고 있거나 하듯 우물쭈물 물에 물탄 듯한 나날을 보낸다. 이것은 약자의 길이다. 왜냐하면, 보다 나은 경지를 알고 있고, 그보다 나은 경지가 자기 힘으로 획득할 수 있는 것이라면 그것을 실천하지 않을 수 없기 때문이다. 나는 바로 이 부류에 들어 있었다.

이렇게 하여 나와 같은 계급 사람들은, 위에서 든 네 가지 방법으로 무서운 자기모순에서 스스로를 구하고 있었다. 아무리 지혜를 짜 봐야 나는 위에서 든 네 가지 방법 이외에 새로운 방법을 발견할 수 없었다.

첫 번째 방법은 생이 무의미하고 헛되고 덧없으며 악이라는 것을 깨닫지 못하고, 오히려 살지 않음이 더 낫다는 것을 깨닫지 못하는 방법이다. 나는 그것을 깨닫지 않을 수 없었다. 그리고 한 번 깨닫기가 무섭게 이 사실에 눈을 가릴 수 없었다.

두 번째 방법은 미래를 근심할 것 없이 있는 그대로의 생을 향락하는 방법이다. 나는 이 방법에도 몸을 맡길 수가 없었다. 나도 석가모니처럼 노쇠와 병고와 사멸이 엄존한다는 것을 알고는 한가로이 사냥 따위를 하러 나갈 수가 없었다. 그런 우둔한 삶을 살기에는 내 상상력이 너무나 생생하게 활동하고 있었다. 뿐만 아니라 나는 내 생활에 쾌락을 던져 주는 덧없는 한순간의 우연을 좋아하지 못했다.

세 번째 방법은 생이 악이고 어리석다는 사실을 깨닫고 단숨에 이를 끊어버리는, 즉 자기의 목숨을 끊어버리는 방법이다. 나는 생이 악이고 어리석다는 사실을 깨달았다. 그러나 어찌된 까닭인지, 또 아무리 해도 내 목숨을 끊을 수는 없었다.

네 번째 방법은 솔로몬이나 쇼펜하우어의 심경으로 사는 방법, 즉 생은 어리석은 것이며 나에 대한 광대놀음이라는 것을 알면서도 여전히 생활을 계속하여 얼굴을 씻고, 옷을 입고, 말을 하고, 그뿐 아니라 저술까지도 하는 방법이다. 이 방법은 나로서는 참으로 진절머리나고 괴로운 것이었다. 그런데도 나는 이 경지에 그냥 머물러 있었다.

그러나 이제 와서 돌이켜보면, 그 당시 내가 목숨을 끊지 않은 것은 내 생각이 옳지 않다는 어렴풋한 자각 때문이었다. 이제는 그것을 알 수 있다. 삶이 무의미하다는 자각으로 인도해 간 여러 성현의 사상과 내 사상의 여행 경로는 참으로 확실한 듯 보였지만, 그러면서도 나의 내부에는 여전히 내 판단의 진실성에 대한 어렴풋한 회의가 남아 있었던 것이다.

'나, 바로 나의 이성은 삶이 무의미하다는 것을 인식했다. 그리고 이성 이상의 가장 높은 이성 같은 것이 없다면(실제로 그런 것은 없다. 그런 것의 존재를 입증할 만한 아무것도 없다), 이성은 나에게는 삶의 창조자여야만 한다. 다시 말해서 이성이 없으면 삶 또한 없어야 할 것이다. 그런데 그 이성이 삶의 창조자인데 어떻게 자기가 창조한 삶을 부정할 수 있겠는가! 게

다가 다른 면에서 고찰해 보건대, 삶이 없으면 내 이성도 없을 것이다. 따라서 이성은 삶의 어린아이이다. 삶이 모든 것이고, 이성은 삶의 열매이다. 그런데 그 이성이 부모인 삶 그 자체를 부정한다는 것은 아무리 생각해 보아도 있을 수 없는 일이다.'

나는 거기에 무언지 모르게 석연치 않은 것을 느끼고 있었다.

'인생은 무의미한 악의 연속이다. 이것은 의심할 여지없는 엄연한 사실이다.' 나는 스스로에게 말했다. '그런데 나는 그 생존을 계속해 왔고, 지금도 계속하고 있다. 아니, 이렇게 말하고 있는 나뿐 아니라 온 인류가 그렇다. 이것은 대체 어찌된 까닭인가? 생을 끊을 수가 있을 텐데 왜 인류는 살아 있는 것일까? 나와 쇼펜하우어만이 총명해서, 우리 두 사람만이 생의 무의미함과 악을 깨달았단 말인가?'

인생이 헛된 것이라는 생각은 그리 어려운 생각이 아니다. 따라서 많은 단순한 사람들이 진작부터 이런 생각을 해 왔을 것이다. 그러면서도 그들은 여전히 생존을 계속해 왔고, 현재도 살아가고 있다. 다시 말해서 그들은 모두 살아 있으며 절대로 인생의 합리성을 의심하지 않는다. 이것은 대체 어찌된 일인가?

여러 성현의 지혜를 배워서 얻게 된 나의 지식은 지상의 모든 것, 즉 유기물도 무기물도 이상하게 교묘히 만들어진 것이며, 오직 내 경우만이 어리석은 것임을 보여 주었다. 그러나 이 어리석은 바보들, 막대한 수에 이르는 그 집단은 그런 유기체와 무기체가 이 세상에 어떻게 구성되어 있는지 조금도 알지 못하면서 그저 살아가고 있다. 그리고 자기들의 생활이 매우 올바르고 합리적으로 이루어져 있는 것처럼 생각하고 있는 것이다.

그래서 내 머리에는 이런 생각이 떠올랐다.

'어찌된 영문일까. 나는 아직도 무언가 모르는 것이 있는 것일까? 이것은 바로 무지가 취하고 있는 수법이다. 무지는 언제나 이런 투로 말한다. 무엇이건 자기가 모를 때에는, 모르는 그것을 어리석은 일이라고 말한다. 실제로 그것은 이런 것이다. 즉, 여기에 전체로서의 인류라는 것이 있는데, 그 인류는 삶의 의의를 깨닫지 못하고는 살아갈 수 없을 것 같으므로, 그것을 깨달은 듯한 표정으로 살아왔고 또 현재도 살고 있다. 그러나 나만이 그러한 삶이 모두 무의미하므로 살아갈 수 없다고 말하는 것이다.'

우리가 자살이라는 방법으로 삶을 거부하는 것을 아무도 방해할 사람은 없다. 그러니 자살하라. 그러면 그런 생각에 골머리를 썩일 일도 없을 것이다. 삶이 싫으면 자살하면 된다. 살아서 삶의 의의를 깨달을 수는 없다. 그렇다면 삶을 끊어 버리는 것이 좋다. 그리하여 네가 삶의 의의를 깨닫지 못한다는 것을 너절하게 설명하고 끄적거리면서 이 세상에 추한 모습을 드러내지 말 일이다. 너는 희희낙락하는 무리 속에 끼어들었다. 모두 참으로 유쾌해하고 있다. 그들은 모두 자기들이 무엇을 하고 있는지 알고 있다. 그런데 너만 따분하고 불쾌한 기분에 젖어 있지 않은가? 그렇다면 차라리 여기를 떠나 버려라.

실제로 자살 이외에 길이 없다는 것을 확신하면서도 여전히 그것을 단행할 결심이 서지 않는 우리들은 가장 약하고 갈피를 잡지 못하는 못난이, 더 노골적으로 말한다면 바보들이 새 장난감을 들고 와자하게 떠들듯이 자신의 어리석음을 자랑하며 공연히 떠들어 대는 못난이와 무엇이 다르단 말인가?

우리의 지혜는 아무리 의심할 수 없는 것이라 하더라도 여전히 우리에게 우리 삶의 의미에 관한 지식은 주지 않는다. 그리고 부지런히 생활을 영위하고 있는 온 인류는, 그 무수한 사람들은 인생의 의미에 의심을 품지 않는 것이다.

사실 내가 조금밖에 알지 못하는 인생의 시초인 멀고 먼 아득한 옛날부터 세상 사람들은 인생은 헛되다는 판단을 알면서도 여기에 그 어떤 의의를 부여하며 살아왔던 것이다.

인간 생활이라고 부를 수 있는 것이 시작된 애초부터 인류는 이미 삶의 의미를 갖고 있었다. 그리하여 그들은 내게까지 계승된 그 생활을 계속해 왔다. 나의 내부와 내 주위에 있는 모든 것, 즉 육체적인 것이나 육체적이 아닌 것이나 그것은 모두 인생에 대한 그들 지식의 산물이다. 내가 이 생활을 비판할 때 사용하는 고찰의 방법도 모두 내가 만든 것이 아니라 그들에 의해 만들어진 것이다. 그들 덕분에 나는 태어나고, 양육되고, 자랐다. 그들은 땅에서 철을 캐내고, 숲을 벌채하는 방법을 가르쳤고, 소와 말을 길들였다. 또 곡식의 씨를 뿌리는 것을 가르쳤고, 모두 함께 공동생활을 하는 것을 가르쳤다. 그리고 우리의 생활을 질서 있는 정돈된 것으로 만들었다. 인류는 나에게 생각하는 것, 말하는 것을 가르쳐 주었다. 그런데 그들에게 양육되고 배우고, 사상과 말로써 사물을 고찰하는 나는 인류의 소산이면서도 인류가 무의미하다는 것을 인류에게 입증한 것이다!

'여기에는 무언가 무리가 있다.' 나는 생각했다. '나는 아마도 무언가 착각을 하고 있나 보다.'

그러나 나는 그 착각이 어디에서 비롯되는지 그 원인을 아무리 해도 발견할 수가 없었다.

8

오늘날에는 이런 모든 회의를 어느 정도 종합하여 표현할 수 있지만, 그때는 아직 표현할 수 없었다. 그 무렵에는 다만 위대한 여러 사상가에게서 확인된 인생은 헛된 것이라는 나의 결론이, 이론상으로 말하면 참으로 흔들림 없는 것이었지만 그래도 무언가 석연찮은 것이 내포되어 있다고 느끼고 있을 뿐이었다. 그 석연치 않는 무언가가 내가 내린 결론 속에 있는지, 문제를 제기하는 방법에 있는지 나는 알 수 없었다. 그저 이론상의 설득은 충분하지만 그것만으로는 아직 부족하다고 막연히 생각하고 있었다. 내가 한 이 모든 추론은 그럴 듯하게 생각되어, 내 이성의 판단에서 내린 결론을 실행하지 못하게 했다. 말하자면 자살하지 못했던 것이다. 내가 이성의 판단에 따라서 그런 상태에 이르렀고, 그 결과 자살하지 않았다고 한다면, 아마도 나는 거짓말을 한 것이 될 것이다. 물론 이성은 작용하고 있었다. 그러나 그 밖에도 삶의 의식이라고 부를 수밖에 없는 그 무엇이 열심히 활동하고 있었다. 그리고 또 하나의 힘도 활동하고 있었다. 그리고 이 힘은 나의 주의를 다른 방향으로 돌려주었다. 그리하여 이 힘이 절망적인 상태에서 나를 구출해 내고, 내 이성을 다시 전혀 다른 방향으로 돌리게 해 주었던 것이다. 말하자면 이 힘은 나와 나와 똑같은 몇백 명인가의 인간이 인류의 전부가 아니라는 것, 내가 아직 인류의 생활이라는 것을 알지 못하고 있다는 데에 나의 주의를 돌리게 해 준 것이다.

나는 나와 같은 상류 계급의 좁은 범위 안에 있는 사람들을 관찰했다. 그래서 발견한 것은 이 중대한 문제를 전혀 이해하지 못하고 있는 사람들과, 어느 정도 깨닫기 시작하여 술의 힘으로 이것을 억눌러 버리고 있는 사람들, 똑똑히 깨닫고 자살해 버리는 사람들, 분명히 깨닫고도 심약해서 절망적인 생활을 계속하고 있는 사람들뿐이었다. 나는 이들 외의 다른 사람을 보지 못했다. 내 자신이 속해 있는 교양 있고 부유하고 한가한 사람들로 이루어진 이 좁은 범위가 인류의 전부를 이루고 있는 것처럼 생각되었고, 예부터 오늘날까지 살아왔고 현재도 살고 있는 나머지 몇십억의 인간들은 사람이 아니라 가축처럼 생각되었던 것이다.

인생을 고찰하면서 내가 어떻게 사방에서 나를 둘러싸고 있는 다른 사람들을 보지 못하고 인류 전체의 생활을 보지 못할 수 있었는지, 어떻게 나는 나와 솔로몬과 쇼펜하우어 등의 생활은 참되고 올바른 생활이고, 나머지 몇십억의 생활은 한 번 생각해 볼 가치도 없는 것이라고 생각할 만큼 그렇게도 우스꽝스러운 잘못을 저지를 수 있었는지, 지금 와서 생각해 보면 참으로 이상하고 도무지 알 수가 없으며 오늘의 나에게는 정말 이상하기 짝이 없지만, 그때는 실제로 그랬다.

내가 가진 지혜를 자랑하고 싶은 기분에 현혹되어 있던 나에게는, 내가 솔로몬이나 쇼펜하우어와 더불어 유례가 없을 만큼 정확하고 진실되게 이 문제를 제기했다는 것이 의심할 수 없는 일처럼 여겨졌고, 또 이들 몇십억에 이르는 일반 대중은 아직도 이 문제를 깨닫지 못한 부류에 속한다는 것도 또한 의심할 여지가 없는 사실처럼 여겨졌다. 그 결과 나는 내 삶의 의의를 탐구하면서, '이 세상에 오늘날까지 살아왔고 또 현재도 살고 있는 수천 수백억이나 되는 이 사람들이 자기 생활에 어떤 의미를 부여했고, 또 부여하고 있는 것일까?' 하는 것을 한 번도 생각해 보지 않았던 것이다. 나는 오랫동안 말로만이 아니라 실제로 우리들처럼 자유롭고 교양 있는 사람들 특유의 이런 광란 상태에서 살았다.

그러나 나는 차츰 대중들이 우리가 생각하는 것만큼 어리석지 않다는 것을 알게 되었다. 부지런히 일하고 있는 참된 민중에 대한 일종의 자연스러운 애정 덕분이었는지, 아니면 내가 할 수 있는 최상의 수단은 목매달아 죽는 것이라는 사실 이외에 아무것도 알 수 없다는 확신 때문이었는지, 아무튼 나는 살고 싶고 인생의 의의를 깨닫고 싶으면 인생의 의미를 잃고 자살하려는 인간들 속에서 찾아봐야 아무 소용도 없으므로, 우리들의 생활을 창조하여 지탱하고 있는 과거와 현재의 수십 억 대중한테서 찾아야 한다는 것을 느끼게 되었던 것이다.

그래서 나는 과거와 현재의 단순하고 무지하고 가난한 수많은 일반 대중에게로 시선을 돌렸다. 그리고 그들에게서 전혀 다른 것을 발견하게 되었다. 과거와 현재의 몇십억인지 모르는 이러한 사람들 모두, 소수의 예외는 별도로 하더라도 내 분류의 어느 것에도 해당되지 않으며, 그들 스스로 생의 의문을 제기하여 아주 명쾌하게 이에 해답을 얻고 있으므로, 그들을 이 문제를 해결하지 못하는 인간이라고 생각할 수 없다는 것을 발견했다.

그들의 생활에는 쾌락보다 궁핍과 고뇌가 더 많으므로 그들을 쾌락주의자라고 부를 수도 없었다. 그들의 생활에서 드러나는 모든 행위는 죽음까지도 설명하고 있으니 그들이 이성을 무시하고 무의미한 생활을 계속하는 자들이라고 생각할 수는 더더욱 없었다. 그들은 자살을 최대의 악이라고 생각하고 있었다. 인류 중에는 인생의 의의에 대해서 내가 인식하지 못하고 또 경멸하고 있던 깨달음이 있다는 것을 알게 되었다. 그 결과 이성적인 지식은 인생에 의미를 주지 못하고 오히려 의미를 없애지만, 몇십억인지 모르는 대중, 즉 인류는 인생에 주어진 의미를 경멸할 만한 거짓된 지식을 기초로 해서 만들었다고 생각하게 되었다.

학자나 현인이 대표하는 이성에 입각한 지식은 인생의 의미를 부정한다. 그러나 세상의 무수한 대중, 인류 전체는 이성에 따르지 않고 맹목적인 지식으로 인생의 의미를 긍정하고 있다. 이성에 의하지 않는 이 지식은 바로 신앙이었다. 이 신앙이야말로 내가 배척하지 않을 수 없는 것이었다. 즉, 신앙은 삼위일체의 하느님, 엿새 동안의 창조, 악마와 천사를 내용으로 하는 것으로 내 머리가 돌지 않는 한 절대로 인정할 수 없는 것들이었다.

나는 실로 어려운 처지에 있었다. 나는 이성을 근거로 하는 지식의 길에서 삶의 부정 이외에 아무것도 발견할 수 없다는 것을 알았다. 그러나 이러한 신앙 속에서는 인생을 부정하는 것보다 더 불가능한 이성을 부정하는 것 이외에 아무것도 발견할 수 없다는 것 또한 알았다.

이성에 입각한 지식에 따르면, 인생은 악이다. 사람들은 그 사실을 알고 있다. 그러므로 우리는 생을 끊어버려야 한다. 그럼에도 사람들은 살아왔고 현재도 살아 있다. 아니 이렇게 말하는 나 또한 인생이 무의미하고 악이라는 것을 이미 오래 전에 알았으면서도 오늘날까지 어쩔 도리 없이 살아왔다. 그러나 기독교 신앙에 따르면, 인생의 의미를 깨달으려면 이성을 부정하지 않으면 안 된다. 결국 인생의 의미가 얼마나 필요한지 호소하고 있는 바로 그 이성 자체를 부정하지 않으면 안 되는 결과가 생기는 것이다.

9

여기서 심각한 모순이 생겼다. 이 모순에서 빠져 나오는 길은 두 갈래가 있었다. 즉, 내가 지금까지 합리적이라고 말하던 것이 내가 생각한 것처럼 합리적이 아니었다고 단정하거나, 아니면 지금까지 합리적이 아니라고 생각되던 것이 내가 생각한 것처럼 불합리하지 않았다고 단정하든지 해야 했다. 그래서 나는 나의 합리적 지식의 추리 과정을 검토하기 시작했다.

합리적 지식의 추리 과정을 검토한 나는, 그 과정이 확실히 옳다는 것을 발견했다. 인생이 무라는 결론은 도저히 피하지 못하는 것이었다. 그러나 나는 거기에서 하나의 과오를 발견했다. 다름이 아니라 내가 제기한 문제에 적합하지 않은 사색의 방법을 쓰고 있었던 것이다. 여기에 잘못이 있었다. '왜 나는 살지 않으면 안 되는가. 신기루처럼 순식간에 소멸될 내 삶에서, 참되고 불멸인 그 무엇이 생기는가? 이 무한한 세상에서 유한한 내 존재가 어떤 의의를 갖는가?' 이것이 내가 제기한 문제였다. 이 문제에 답하기 위해 나는 인생을 연구하고 있었던 것이다.

그 모든 인생 문제의 해결 방법도 나를 만족시킬 수는 없었다. 왜냐하면 내가 제기한 이 문제는 처음에는 간단한 것처럼 보였지만 실은 그 속에 무한으로 유한을, 유한으로 무한을 설명해야 하는 요구가 포함되어 있었기 때문이다.

나는 스스로에게 물었다. '내 생활에는 시간과 공간 및 인과율을 초월한 그 어떤 의미가 간직되어 있는가? 내 생활에는 시간과 공간 및 인과율에 지배되는 어떤 의미가 내포되어 있는가?' 나는 이 문제에도 대답하려고 했다. 그리하여 마침내 길고 괴로운 사색 끝에 거기엔 아무런 의미도 없다는 결과를 얻게 되었다.

나는 끊임없이 생각하면서 유한과 무한을 비교하고, 무한과 유한을 비교했다. 또 그렇게 하는 수밖에 달리 도리가 없었다. 결국에는 힘은 역시 힘이고, 물체는 역시 물체이고, 의지는 의지이고, 무한은 무한이고, 무는 무라는 결론이 생긴 것은 극히 당연한 일이었으며, 그 이상은 어떤 결론도 나올 까닭이 없었다.

마치 수학에서 방정식을 풀 생각이면서 항등식을 푸는 것과 마찬가지였다. 그 사색의 과정은 옳지만 해답은 언제나 $a=a$, $x=x$, $0=0$인 것이다. 이것과 똑같은 현상이 삶의 의미에 관한 나의 사색에서도 일어났다. 모든 학문은 이 문제에 대한 해답으로 '동일(同一)'이라는 한 마디뿐이었다.

그런데 실제로 데카르트가 한 것처럼 모든 것에 대하여 완전한 회의에서 출발하여 신앙에서 비롯되는 모든 지식을 버리고, 이성과 경험의 법칙에 의해서 모든 것을 재확립하는 엄밀한 학문적인 지식은 삶의 의문에 대해서 내가 얻은 해답, 즉 애매모호한 해답 이외의 그 어떤 답도 주지 못했다. 학문적인 지식이 실증적인 해답, 즉 쇼펜하우어 같이 인생은 의의가 없고, 악이라는 해답을 줄 것같이 생각된 것은 처음뿐이었다. 이 문제를 깊이 검토하고 규명함으로써 나는 내가 얻은 해답이 실증적인 것이 아니며 나의 감정이 그런 표현을 한 데 지나지 않는다는 것을 깨달았다. 그 해답은 브라만, 솔로몬, 또는 쇼펜하우어에서와 마찬가지로 매우 엄하게 표현된 것으로서, 0과 0은 같다든가 인생은 무라든가 하는 애매모호한 것에 지나지 않았다. 따라서 철학적인 이 지식은 그 무엇도 부정하지 않고, 이 문제는 '내 손으로 해결할 수는 없다. 그 해결은 불확실한 채로 남는다'고 대답할 뿐이다.

이 사실을 깨닫는 동시에 비로소 나는 이 문제에 대한 해답은 이성이 지배하는 지식에서 구해서는 안 된다는 것을 이해했다. 이성이 지배하는 지식이 주는 해답은 이 문제를 다른 방법으로 제기했을 경우, 즉 무한에 대한 유한의 관계는 무엇인가 하는 문제를 다룰 경우에야 참된 해답을 얻을 수 있다는 것을 가르쳐 주고 있을 뿐이다. 이런 사실을 나는 비로소 이해한 것이다. 그리고 또 신앙이 주는 해답은 참으로 불합리하고 괴이한 것이기는 하나, 아무튼 그 해답들은 그것 없이는 참된 해답이 있을 수 없는 무한에 대한 유한의 관계를 그 속에서 각각 다루고 있다는 점에서 보다 뛰어나다는 사실까지 나는 이해했던 것이다.

'나는 어떻게 살아야 하는가?'라는 문제를 제기하면 그 답은 언제나 신의 법칙에 따르라는 것이었다. '내 삶은 어떻게 되는가?' 영원한 고통이나, 아니면 영원한 복락이다. '죽음에 의해서 멸망되지 않는 삶은 어떤 의미가 있는가?' 영원하신 하느님과의 합일(合一), 즉 천국이다. 이런 것이 그 해답이었다.

그 결과 나는 그때까지 유일하고 절대적인 것으로 생각하고 있던 이성이 지배하는 지식 이외에, 살아 있는 모든 인간에게는 이성의 지배를 초월한 또 하나의 지식, 즉 삶에 가능성을 주는 신앙이라는 것이 있다는 사실을 인식하지 않을 수 없게 되었다.

신앙 속에 있는 여러 불합리한 점은 지금까지도 남아 있지만, 그러나 나는 신앙만이 인류에게 삶의 의문에 대한 해답을 주고 그 결과 다시 살아갈 수 있는 가능성을 준다는 사실을 알게 되었다.

이성이 지배하는 지식은 내게 인생이 무의미하다는 것을 깨닫게 했다. 그 결과 내 생활은 정지되고, 나는 목숨을 끊고자 생각했다. 그러나 주위 사람들을 돌아보고, 즉 전 인류를 돌아보면서 나는 그들이 모두 평온하게 살고 있으며 인생의 의의를 알고 있다고 단언하는 것을 발견했다. 나는 다시 내 자신을 돌이켜 보았다. 나 역시 인생의 의미를 알고 있는 동안에는 평온하게 살아왔다. 말하자면 내 자신에게도 다른 사람들에게도, 신앙이 삶의 의미와 가능성을 주고 있었던 것이다.

또 다른 나라들, 나와 시대를 달리하는 옛 사람들을 돌이켜보았을 때도 나는 같은 것을 발견했다. 인류가 이 세상에 생긴 태초부터 인간의 삶이 있는 곳에는 반드시 신앙이 있어 그들에게 살아갈 가능성을 주었다. 신앙의 중요한 특징은 어느 나라에서나 동일했던 것이다.

어떤 신앙이 어떤 사람에게 어떤 해답을 주거나, 모든 신앙이 주는 해답은 인간의 유한한 존재에 무한한 의미를 부여하는 것이다. 다시 말해서, 고뇌와 상실과 죽음에 의해 사라지지 않는 불멸의 의미를 부여하는 것이다. 바꾸어 말하면 오로지 신앙 속에서만 인생의 의미와 삶의 가능성을 발견할 수 있는 것이다.

그렇다면 그 신앙이란 대체 무엇인가? 나는 그것을 이해할 수 있었다. 신앙이란 보이지 않는 것을 증명하는 것도 아니고, 또 계시도 아니며(계시는 다만 신앙의 한 특징을 표현한 것에 지나지 않는다), 신에 대한 인간의 관계도(우선 먼저 신앙의 정의를 내리고, 그런 다음 비로소 신이라는 것을 정의해야 한다. 신을 통해 신앙의 정의를 내리는 것은 아니다), 또 우리들에게 알려진 일에 대한 동의도 아니다(이런 것이 가장 신앙으로 해석되고 있지만). 신앙이란 이것을 받아들이는 동시에 우리가 자살하지 않고 살아갈 수 있게 하는 인생의 의미에 대한 지식인 것이다. 요컨대, 신앙은 생의 원동력이다.

인간은 살아 있는 한 반드시 무언가를 믿는다. 만일 사람이 자신이 무엇 때문에 살아야 한다는 것을 믿지 않는다면, 그는 살아 있을 수 없을 것이다. 또 유한한 것이 환영에 불과하다는 것을 간과하고 터득하지 못한다면, 그는 그 유한한 것을 믿고 있으며, 반대로 유한한 것이 하나의 환영에 불과하다는 것을 깨닫고 있다면 무한한 것을 믿지 않으면 안 되는 것이다. 요컨대 신앙 없이는 살아갈 수 없다.

그래서 나는 내가 오늘날까지 걸어온 내적 활동의 모든 과정을 떠올려 보았다. 그러자 놀랍고도 새삼 무서워졌다. 이제 나에게는 사람이 살아가려면 무한한 것을 전혀 보지 않거나, 아니면 유한한 것과 무한한 것을 합일(合一)시킬 만한 인생의 의미에 대한 해답을 얻거나 둘 중의 하나를 택해야 한다는 것이 분명해졌다. 이런 결론에 도달하게 되었지만, 내가 유한을 믿고 있는 동안은 내게 그런 선택은 필요하지 않았다. 이윽고 나는 그 결론을 이성에 비추어 검증하기 시작했다. 그러나 이성의 빛에 비치는 순간 지금까지의 그와 같은 결론은 깡그리 산산조각이 나 버렸다. 그리하여 내가 유한한 것을 믿지 않게 된 시기가 왔다.

나는 이 시기에 이성을 기초로 내가 아는 사실을 재료로 하여 인생의 의미에 대하여 해석을 하려고 했다. 그러나 아무것도 하지 못했다. 인류의 탁월한 지식인들과 더불어 나도 0은 0과 같다는 결론에 도달했다. 그리고 그 이상의 어떤 결론도 내리지 못했는데도 이런 결론을 얻은 데에 새삼 놀랐다.

실험 과학의 지식 속에 해답을 구했을 때, 나는 어떻게 했던가? 나는 왜 살고 있는가 알고 싶었다. 그 때문에 나 이외의 모든 사물을 연구했다. 분명히 나는 많은 것을 알게 되었다. 그러나 내가 알고 싶어했던 것은 아무것도 알 수 없었다.

그러면, 철학의 지식 속에 해답을 구했을 때는 어떻게 했던가? '나는 왜 나와 같은 처지에 있고 나는 왜 살고 있는가?'라는 의문에 대한 해답을 얻지 못한 사람들의 사상을 연구했다. 말하자면 내가 알 수 있었던 사실 이외에, 다시 말해 무엇 하나 알 수 없다는 것을 처음부터 알고 있었던 것이다.

나는 무엇인가? 무한의 일부이다. 이 간단한 말 속에 모든 문제가 가로놓여 있다. 과연 이 의문을 인류는 어제오늘에야 처음으로 자기에게 던진 것일까? 과연 그 누구도 이 의문을, 조금만 영리한 아이라도 입 밖에 낼 법한 지극히 단순한 이 의문을 나보다 먼저 자기에게 던진 사람이 없었을까?

아니다. 인간이 이 땅 위에 존재하기 시작한 그때부터 이 의문은 제기되었다. 그리고 인간이 이 땅 위에 존재하기 시작한 그때부터 이 의문을 해결하려면 유한과 유한을 비추어 보거나, 무한과 무한을 비추어 보는 것으로는 부족하다는 것을 알고 있었던 것이다. 따라서 인간이 이 땅 위에 존재하기 시작한 애당초부터 무한에 대한 유한의 관계가 여러 가지로 탐색되고 표현되고 있었다.

무릇 이 모든 깨달음은 그것으로 무한에 유한이, 또 유한에 무한이 비추어지고, 인생의 의의, 즉 신, 자유, 선을 이해하게 되는 것이다. 그런데 이것을 이성적으로 따지게 되면 어느 것 하나도 이성의 비판을 견디지 못한다.

우리가 만일 어린애처럼 자존심과 자기만족의 기분으로 시계를 분해하고 그 속에서 태엽을 꺼내 장난감으로 가지고 논 뒤에 그 시계가 움직이지 않게 되었다고 해서 놀란다면, 무서운 일은 아니라 하더라도 적어도 우스꽝스러운 일임에는 틀림없을 것이다.

유한과 무한의 모순에 대한 해결과 삶의 의미에 대한 해답, 그것을 얻어야 비로소 살 수 있게 되는 그런 해답은 다 필요한 것이고 소중한 것이다. 더욱이 이 소중한 해결, 우리가 이르는 모든 곳과 모든 민족 속에서 언제라도 발견할 수 있는 이 유일한 해결, 우리가 알지 못하는 인류의 시작 때부터 전해져 내려온 해결, 우리가 절대로 같은 것을 만들어내지 못할 만큼 어려운 해결, 이런 소중한 해결을 모든 사람들이 가지고 있는데도 우리는 가지지 못한 채 경솔하게도 의문을 다시 제기함으로써 헛되게 만들어 버리는 것이다.

무한한 신에 대한 관념, 영(靈)은 신성하다는 관념, 인간사를 신과 결부시킨다는 관념, 영의 합일과 그 실재성의 관념, 도덕적인 선악을 인간으로서 이해하지 않으면 안 된다는 관념 등 이 모든 관념은 인간 사상의 무한한 활동으로 생긴 관념이며, 이것이 없으면 삶 그 자체, 나 자체도 있을 수 없다. 그런데 나는 인류의 이와 같은 활동의 소산을 모두 버리고, 새로이 내 나름으로 혼자서 개조할 생각을 했던 것이다.

나는 그 당시에 이런 식으로 생각한 것은 아니다. 그러나 이런 생각의 싹은 이미 내 속에 움트고 있었다. 첫째, 나나 쇼펜하우어나 솔로몬의 상황은 우리가 현명함에도 불구하고 매우 어리석은 것임을 알고 있었다. 우리는 삶이 악이라는 것을 깨닫고도 여전히 살아 있었다. 이것은 분명히 어리석은 일이다. 왜냐하면 삶이 어리석은 것이라면, 그리고 내가 그토록 합리적인 것을 좋아한다면, 나는 마땅히 삶을 끊어 버려야 하는 것이며, 또 그 누구도 이것을 거부하지는 않을 것이기 때문이다.

둘째로, 나는 우리의 추리가 모두 마법의 고리 속에서 톱니바퀴가 맞지 않는 수레바퀴처럼 덜컹거리며 다람쥐 쳇바퀴 돌 듯 하고 있다는 것을 알기 시작했다. 아무리 자주, 아무리 훌륭한 추리와 추론을 해봐야 정작 필요한 의문에 대한 해답은 나오지 않는다. 그리고 언제나 0은 0이었다. 따라서 아마도 우리의 사색 방법이 틀린 모양이었다.

마지막으로, 나는 신앙이 주는 해답 속에야말로 인류의 가장 깊은 지혜가 간직되어 있고, 내가 이성을 기초로 이것을 부정할 자격이 없으며, 이런 주요한 해답만이 삶의 의미에 대답해 줄 수 있다는 것을 이해하기 시작했던 것이다.

10

나는 앞에서 말한 것처럼 차츰 이것을 이해하기 시작했다. 그러나 그 때문에 마음이 가벼워지지는 않았다.

이제 나는 정면으로 이성의 부정을 요구하지 않는 한(그런 것을 요구한다는 것은 허위이므로 논하지 않기로 하고) 그 어떤 신앙이라도 받아들이겠다고 마음먹었다. 그래서 나는 불교, 이슬람교까지 경전을 연구했다. 특히 그리스도교는 성경은 물론 내 주위에서 생활하고 있는 사람들을 통해서 더 깊이 연구했다.

내 연구의 눈은 자연히 먼저 나와 같은 범주에 있는 신자들에게로 향했고, 다시 정교파(正教派)의 신학자들, 수도원의 성직자들, 진보적 경향의 신학자들, 그리고 또 속죄를 믿음으로 영혼이 구원될 것을 믿는 복음주의자들에게까지 향했다. 나는 이들을 붙잡고, 그들이 어떻게 신앙생활을 하고, 무엇에서 인생의 의의를 발견하고 있는가, 미주알고주알 끈질기게 캐물었다.

그리고 되도록 양보하여 모든 논쟁을 피했지만, 그래도 나는 그들의 신앙을 받아들일 수가 없었다. 그들이 신앙이라고 제시한 것이 인생의 의미에 대한 해명이 아니라 오히려 인생을 난잡하게 만들고, 그들이 그런 신앙을 떠벌리는 것은 나를 신앙으로 인도한 삶의 의미에 대답하기 위해서가 아니라 나와는 전혀 관계가 없는 무언가 다른 목적을 위한 것임을 나는 간파했다.

나는 이런 사람들과 사귀면서 수십 번이나 희망을 경험했지만 뒤에는 다시 전과 같은 절망으로 되돌아갔고, 그때의 그 견디기 어려운 공포감을 지금도 생생히 기억하고 있다.

그들이 내게 그 교리를 보다 깊이, 보다 상세히 설명하면 할수록, 나는 점점 더 뚜렷이 그들의 잘못된 생각을 보았던 것이다. 그리하여 마침내 나는 그들의 신앙 속에서 인생의 의미를 해명하겠다는 희망을 버렸다.

그들이 교리를 설명할 때 내가 언제나 친근하게 느끼던 그리스도교의 갖가지 진리와 쓸데없고 무의미한 많은 사물을 혼동하고 있었던 것은 아니다. 나를 반발하게 한 것은 그런 것이 아니었다. 그 사람들의 생활이 그 교리 속에서 말하려 하는 첫째 강령(綱領)과 합치하지 않는다는 점이 다를 뿐 나머지는 내 생활과 조금도 다름이 없다는 사실, 이 사실이 나를 반발하게 했다. 그들이 자기를 속이고 있고, 그들도 나와 마찬가지로 살 수 있는 데까지 살고, 손으로 잡을 수 있는 모든 것을 잡는 것 외에 인생의 의미를 파악하고 있지 않다는 것을 나는 확실하게 느꼈다. 그들이 만일 상실과 고뇌와 죽음의 공포를 없앨 수 있는 확고부동한 인생의 의미를 파악하고 있었다면, 그들은 이러한 것을 무서워하지 않을 것이기 때문이다. 그러나 우리와 같은 계급의 신자들은 나와 조금도 다름없이 풍족하고 남아 돌아가는 생활을 하고 있었으며, 그 부유한 재산을 소중히 여겨 어떻게든 더 늘리려고 안간힘을 쓰면서 상실과 고뇌와 죽음을 무서워했으며, 신앙이 없는 사람과 다를 바 없이 온갖 천한 욕정에 만족하며, 더 비열하지는 않다 하더라도 적어도 세상의 불신자들과 다름없는 사악한 생활을 하고 있었다.

어떤 이론도 그런 모습을 본 나에게 그들의 신앙이 진실한 것이라고 믿게 할 수는 없었다. 내가 무서워하는 빈궁과 질병과 죽음을 그들은 조금도 무서워하지 않는다는 것을 증명해 보이는 실제 행동만이 나를 납득시킬 수 있었을 것이다. 그런데 나는 그런 행위를 우리 계급의 여러 신자 양반들 가운데서 발견할 수 없었다. 오히려 우리 계급에서 가장 믿음이 없는 불신자들한테서 그런 행위를 발견했다. 그러나 우리 계급의 신자들한테서는 결코 그것을 발견할 수 없었다.

여기서 나는 깨달았다. 이런 사람들의 신앙은 내가 구하는 신앙이 아니며, 그들의 신앙은 참된 뜻의 신앙이 아니라 이 세상의 생활을 즐기고 위로를 얻자는 데 불과하다는 것이다. 나는 그런 신앙이 참된 위안이 되지는 않더라도 죽음의 자리에서 후회하고 한탄하는 솔로몬에게는 어느 정도 위안은 될 것이라는 것을 깨달았다. 또 그런 신앙은 남의 고통을 이용하여 자신을 즐겁게 만들려는 사람들이 아니라면 자기 생활을 창조할 사명을 지니고 있는 인류의 대다수 사람들에게는 아무런 도움도 줄 수 없다는 것을 깨달았다.

인류가 생활하기 위해서, 인류가 인생에 의미를 부여하면서 생활을 계속해 나가기 위해서는, 그 몇십억인지 모르는 대다수 사람들은 완전히 다른 참된 신앙의 지식을 갖고 있지 않으면 안 될 것이다. 나나 솔로몬이나 쇼펜하우어가 자살하지 않았다는 사실에서가 아니다. 나에게 참된 신앙의 존재를 믿게 한 것은 그런 사실이 아니라, 이 몇십억인지도 모르는 대다수 사람들이 끊임없이 생활을 계속하고 있으며, 나나 솔로몬까지도 그들과 같은 생활의 흐름에 휩쓸려 살아왔다는 사실이었다.

그래서 나는 가난하고 단순하고 배우지 못한 사람들 가운데 신앙이 두터운 사람들에게, 즉 순례자와 수도승, 소수파 신도들, 농민들에게 접근하기 시작했다. 대중의 일부를 차지하고 있는 이런 사람들이 가진 신앙의 교의도 우리 계급 속의 독단적인 신앙을 가진 사람들과 마찬가지로 역시 그리스도교의 가르침이었다. 여기서도 참으로 많은 미신이 그리스도교의 진리와 혼동되어 있었다. 그러나 우리 계급의 신앙에서 보이는 미신이 그들에게는 전혀 필요하지 않고 그들의 생활과는 전혀 연관이 없는 일종의 쾌락주의적 위안에 지나지 않는 데 반해서, 근로 생활을 하는 대중 가운데 신앙을 가진 이들의 미신은 이 미신을 빼놓고는 그들의 생활을 상상할 수 없을 만큼 그들의 생활과 밀접하게 결부되어 있어서, 그들의 생활에 없어서는 안 될 필요조건이 되어 있었다는 데에 큰 차이가 있었다.

우리 계급에서 신앙을 가진 사람들의 생활은 그들의 신앙과 모순되는 것이었다. 반대로 이마에 땀 흘리고 일하는 신자들의 생활은 모두 신앙의 지식으로 주어진 인생의 의미에 뒷받침이 되는 것이었다. 나는 이들의 생활과 신앙을 관찰하기 시작했다. 그리고 깊이 관찰해 나갈수록, 그들이 참된 신앙을 이해하고 있다는 것과, 신앙이 그들에게는 필수 불가결하고 이것만이 그들에게 삶의 의미와 가능성을 주고 있다는 것을 더 확신하게 되었다. 신앙 없는 생활이 가능하고 자기를 신앙인이라고 인정하는 사람이 천에 하나 있을까 말까 한 교양 있는 계급 속에서 본 것과는 반대로, 이런 사람들의 계급에서는 신앙을 안 가진 사람이 천에 하나 있을까 말까 할 정도였다.

빈둥빈둥 놀기만 하고 제멋대로 즐기기만 하는 그런 생활 가운데 만족을 느끼지 못하고 허비되고 있는 우리 계급에서 본 것과는 반대로, 나는 이런 민중의 생활이 괴롭고 고통스러운 노동 속에서 영위되고 있지만, 그들이 이 생활에 만족하고 있는 것을 보았다. 우리 계급 사람들이 상실과 고뇌에 대해서 자기 운명에 반항하거나 불평하고 있는 데 반해서 이 사람들은 조그마한 의혹도, 반항도 없이 살아가며, 자신에게 일어나는 그 모두가 선이라는 굳은 신념으로 질병과 슬픔을 감수하는 것이었다.

우리가 총명하면 할수록 인생의 의미를 이해하는 데서 그만큼 멀어지고, 자기들이 고민하며 죽어간다는 사실에 그 누군가 실망스러운 냉소 같은 것을 보이는 것과는 반대로, 이 사람들은 묵묵히 살고 고민하며 죽음으로 다가간다. 더욱이 그들은 편안하게, 아니 대다수가 찬연한 기쁨을 속에 품으면서 그 고민을 고민하는 것이다.

우리 계급에서는 편안한 죽음이나 공포나 절망이 따르지 않는 죽음이 매우 드문 것인데 반해서, 이런 민중 속에서는 불안하고 처절하게 버둥거리는 비통한 죽음이 극히 드문 일이었다. 그런데 이런 사람들, 나와 솔로몬에게는 인생의 유일한 행복이 되는 모든 것을 빼앗기고도 다시없는 행복을 맛보고 있는 이런 사람들이 인류의 다수를 차지하고 있다.

나는 지금까지보다 더 넓게 내 주위를 둘러보았다. 나는 과거와 현재에 영위되고 있는 이들 대다수 사람들의 생활을 관찰하였다. 그리하여 인생의 의미를 깨닫고 살며, 또 죽을 수 있는 사람들이 두 사람이나 세 사람, 혹은 열, 백, 천 명이 아니라, 수백 수천만에 이르고 있는 것을 발견했다. 그리고 그들은 그 성격과 지혜와 교육과 처지로 말하면 한없이 가지각색인데도 모두 똑같이 나의 무지와 무식과는 정반대로 삶의 의미를 훤히 알고, 편안한 기분으로 일하면서 궁핍과 결핍을 견디고, 그곳에서 공허가 아니라 선을 보면서 살고 또한 죽어가는 것이었다.

나는 이런 사람들에게 애착을 느끼게 되었다. 그리하여 현재 살고 있는 그들의 생활과 책에서 읽고 사람들에게 들은 과거의 이러한 사람들의 생활을 깊이 접하면 할수록 점점 더 그들을 사랑하게 되었으며, 내 생활도 차츰 편안해져 갔다.

이렇게 2년이 지나갔다. 그리하여 나에게는 마침내 오래 전부터 내부에 준비되고 있었고, 그 징후가 내부에 보이고 있던 커다란 전환이 일어났다. 우리 계급의 사람들, 학자나 부자들의 생활이 지긋지긋해졌을 뿐 아니라 모든 의미를 잃어버리는 커다란 변화가 일어난 것이다. 우리들의 행위, 이론, 학문, 예술이 내 앞에 새로운 의미를 지니고 나타났다. 나는 그 모두가 어린애 장난이나 다름없다는 것, 이런 것 속에서 의미를 찾을 수는 없다는 것을 깨달았다. 그 대신 이마에 땀 흘리고 부지런히 일하는 민중 전체의 생활, 스스로의 생활을 창조하고 있는 인류의 생활이 참된 의미를 갖고 내 앞에 나타났다. 그리고 나는 이것이 참된 생활이라는 것, 이런 생활에 주어지고 있는 의미가 참된 의미라는 것을 깨달았고 이것을 받아들였다.

11

똑같은 신앙인데도 이에 어긋나는 생활을 하는 사람들이 믿고 따를 때는 그 신앙이 나를 반발하게 했고 무의미한 것으로 여겨지기도 했지만, 반대로 사람들이 신앙에 따라 생활하는 것을 보았을 때는 같은 신앙이라도 나를 끌어당겨 올바르고 합리적인 것으로 보였다. 나는 그 무렵에는 내가 왜 이러한 신앙에 반발하고 이것을 무의미한 것으로 보았으며, 이제 와서는 왜 이것을 받아들이고 그지없이 의미에 찬 것으로 보게 되었는지 똑똑히 깨달았다. 내가 잘못된 생각에 빠져 있었다는 것과 왜 잘못된 생각에 빠졌는가를 깨달았던 것이다. 내가 잘못 생각한 것은, 내 사고 방식이 옳지 않았기 때문이라기보다 내가 좋지 않은 생활을 하고 있었기 때문이었다. 이것을 나는 뒤늦게 깨달은 것이다.

나는 또 내 생각의 오류보다도 쾌락주의에 몰두하여 온갖 야비한 욕정의 만족에 잠겨서 보낸 내 생활 자체가 내 눈에서 진리를 가리고 있었다는 것을 알게 되었다. 나는 또, '나의 삶은 무엇인가?' 라는 의문에 대해서 삶은 악이라는 해답이 옳다는 것을 깨달았다. 다만, 나에게만 통용될 그 해답을 내가 인생 전반에 확대시켜 나간 것이 옳지 않았던 것이다. 나의 삶은 어떤 것인가 하고 자문했다. 그러자 그것은 악이고 무의미이다는 해답을 얻었다. 실제로 나의 생활은 육욕에 빠져 있던 악과 무의미의 연속이었다. 따라서 '인생은 악이고 무의미하다'는 답은 내 생활에만 통용되는 답이며, 모든 사람의 생활 전체에 통용되는 것은 아니었다.

나는 후일 복음서에서 발견한 진리, 즉 '사람들이 자기들의 행위가 악하므로, 빛보다 어둠을 더 좋아하였다는 것을 뜻한다. 악한 일을 저지르는 사람은 누구나 빛을 미워하며, 빛으로 나아가지 않는다. 그것은 자기의 행위가 드러날까 보아 두려워하기 때문이다'라는 진리를 이때 이미 깨달았던 것이다. 또 나는 인생의 의미를 터득하려면 무엇보다도 자기 생활을 악과 무의미의 연속으로 만들지 않아야 하며, 이것을 더 명확히 터득하려면 역시 이성이 필요하다는 것을 깨달았다.

내가 왜 이렇게 오랫동안 이토록 명백한 진리의 주위를 맴돌고만 있었는지도 깨달았다. 그리고 인류의 생활을 고찰하고 말할 때는 어디까지나 인류의 생활을 고찰하고 말해야지, 인생의 소수에 지나지 않는 기생충의 생활을 토대로 해서는 안 된다는 것도 깨달았다. 이 진리는 $2 \times 2 = 4$라는 것처럼 언제나 진리이다. 그런데도 나는 지금까지 이것을 알지 못했다. 왜냐하면 $2 \times 2 = 4$라는 것을 인정하는 날, 나는 내가 좋지 않은 인간이라는 것도 인정하지 않으면 안 되었기 때문이다. 나를 선인이라고 느끼는 편이 $2 \times 2 = 4$라는 진리를 인정하는 것보다 나로서는 더 소중하고 절실했던 것이다. 나는 선량한 사람들을 사랑하고, 나를 미워했다. 그리하여 나는 진리를 인식할 수 있었다. 이제 나에게는 모든 것이 명백해졌다.

만일 고문을 하고 목을 자르는 일 속에서 생애를 보내고 있는 망나니나 혹은 곤드레만드레가 된 술주정뱅이, 아니면 한평생 캄캄한 방 안에 틀어박혀 그 방에서 나가기만 하면 목숨이 없어지는 줄 알고 있는 미치광이 같은 인간들이 '인생이란 무엇인가?' 하고 자기에게 묻는다면, 그들이야말로 이 의문에 대해서 '인생은 최대의 악이다!'라는 답 이외에 아무런 해답도 발견할 수 없을 것이다. 또 이 해답은 그 사람에게는 분명하게 옳은 답임에 틀림없다.

나도 이런 미치광이의 부류에 속하는 것일까? 우리들처럼 부유하고 한가하며 할 일 없는 사람들은 모두 이런 미치광이일까? 나는 정말로 우리가 그런 미치광이라는 것을 깨달았다. 적어도 나 자신만은 그런 미치광이였다.

실제로 새는 날고, 먹이를 모으고, 둥지를 짓게끔 이 세상에서 생을 얻고 있다. 새가 그런 일을 하는 것을 볼 때, 나는 그들의 기쁨을 즐겁게 생각한다. 또 산양이나 토끼나 이리는 몸을 살찌우고, 새끼를 낳고, 새끼를 기르게끔 이 세상에서 생을 얻고 있다. 그들이 그런 일을 하고 있을 때 내 가슴에는, 그들은 행복하고 그 생활은 옳다는 인식이 싹튼다. 그러면 인간은 무슨 일을 해야 할 것인가? 인간도 동물과 마찬가지로 생활을 하지 않으면 안 되지만, 혼자만을 위해서 생활한다면 인간은 멸망할 것이다. 어디까지나 혼자만을 위해서가 아니라 모든 사람을 위해서 하지 않으면 안 된다. 이 점이 다른 것이다. 그리고 사람이 자기 혼자를 위해서가 아니라 모든 사람을 위해서 생활하고 있을 때, 내 가슴에는 '저 사람은 행복하다. 저 사람의 생활은 옳다'는 굳은 신념이 솟아나는 것이다.

그렇다면 나는 30년에 걸친 의식적 생활에서 과연 그렇게 해 왔던가? 나는 모든 사람을 위한 생활을 하지 않았을 뿐 아니라, 나 한 사람을 위해서조차 생활비를 벌지 않았다. 나는 마치 기생충 같은 생활을 계속해 왔다. 그리고 '무엇 때문에 나는 살고 있는가?' 하고 묻고는, 무엇 때문도 아니라는 대답을 얻었던 것이다. 인생의 의미가 그것을 지켜 나가는 데 있다면, 30년 동안 자신을 위해서나 다른 사람을 위해서 이것을 지키기는커녕 파괴시키는 일에 종사해 온 내가, 내 생활이 악과 무의미의 연속이라는 답 이외에 아무 해답도 얻지 못한 것은 당연한 일이다.

세계의 삶은 그 누군가의 의지로 행하여지고 있다. 그 누군가가 세계 전체의 삶과 우리의 생활에 대해서 무언지는 모르지만 일을 하고 있는 것이다. 이 의지가 뜻하는 바를 알고 싶다면 우리는 무엇보다 그 의지의 명령에 복종하여 그 의지가 우리에게 바라는 바를 실행하지 않으면 안 된다. 만일 그 의지가 나에게 바라는 것을 행하지 않는다면, 나는 영원히 나에게 바라는 것이 무엇인지 깨닫지 못할 것이고, 우리 모두와 세계에 바라는 것이 무엇인지 더더욱 깨닫지 못할 것이다.

만일 벌가벗고 굶주리는 거지를 네거리에서 발견하고 훌륭한 건물 안으로 데리고 가서 먹을 것을 준 다음, 그곳에 준비되어 있는 손잡이를 움직이는 일을 맡긴다면, 분명히 그 거지는 '나는 무엇 때문에 이곳에 끌려 와서 이 손잡이를 움직여야 하는가. 이 건물의 구조는 옳게 되어 있는가' 하는 따위를 따지기 전에, 먼저 그 손잡이를 움직여야 된다. 그리고 그는 그 손잡이를 움직이는 동시에, 그것이 펌프를 작동시켜 물을 빨아올리고, 물이 몇 가닥의 도랑을 따라 흘러 들어가는 것을 알게 될 것이다. 이윽고 그는 지붕이 덮인 그 건물에서 다른 데로 옮겨가 다른 일을 하게 될 것이다. 그는 과일을 따 모아서, 주인을 기쁘게 해 줄 것이다. 단순한 일에서 차츰 숙련된 일로 옮겨가는 동안에 그 건물 전체의 구조도 차차 이해하고 점점 더 깊이 참여하게 될 것이며, 마지막에는 왜 자기가 여기 와 있는지 반문할 생각은 조금도 하지 않게 되고, 또 그곳 주인을 비난하지도 않게 될 것이다.

주인의 뜻에 따르는 사람은 이렇듯 자기 주인을 비난하지 않는다. 우리가 가축처럼 생각하고 있던 사람들, 다시 말해 단순하고 교육도 받지 못하고 노동을 일삼는 사람들은 자기 주인을 비난하지 않는다. 이에 반해서 우리 학자나 현인이라는 말을 듣는 인간들은 공공연히 주인의 재물을 탐하고, 주인이 바라는 일을 하지도 않으며, 게다가 둥그렇게 둘러앉아 이러쿵저러쿵 따지기만 한다. '왜 우리는 손잡이를 움직여야 하는가. 참으로 어이없는 짓이 아닌가!' 그리고는 마침내 '우리 주인은 바보다. 아니, 주인은 무슨 주인, 주인이 어디 있어' 하는 데까지 논란을 밀고 나간다. '우리는 원래 총명한 인간이다. 우리는 공연히 아무 소용없는 인간이라고 생각할 뿐이다. 그러니 어떻게든 먼저 이 처지에서 빠져 나가지 않으면 안 된다.' 결국은 이렇게까지 생각하게 되었던 것이다.

12

이성을 기초로 한 지식이 빠지는 잘못에 대한 이 자각은, 공허한 지적 고찰의 현혹에서 내가 벗어나도록 도와주었다. 진리는 실생활에서만 얻을 수 있다는 신념은 나를 부추겨 내 생활이 올바른지 의심케 했다. 그러나 나는 나의 폐쇄적인 삶에서 탈출하여 이마에 땀을 흘리고 부지런히 일하는 대중의 참된 삶을 발견하고, 그런 삶만이 참된 삶이라는 것을 깨닫게 되었다. 그리하여 나는 비로소 구원을 받은 것이다.

만일 인생과 그 의미를 알고 싶다면 먼저 스스로 기생충 같은 삶이 아니라 참된 삶을 영위하지 않으면 안 된다. 그리고 인류가 인생에 부여하고 있는 의미를 받아들이고 그런 생활과 융합하여, 그런 생활을 믿고 따르지 않으면 안 된다는 것을 나는 깨달은 것이다.

　이 무렵의 내 심적 상태는 다음과 같았다. 지난 1년 동안 나는 쉴새없이 거의 순간마다 나 자신에게 묻고 있었다. 가느다란 줄이나 권총을 사용해서 단숨에 자살해야 하는 것이 아닌가? 지난 1년 동안 내 마음은 쉴새없이 내가 지금까지 이야기해 온 생각이나 관찰을 하면서 어떤 이상한 고통스러운 감정에 사로잡혀 줄곧 고민해 왔던 것이다. 나는 이 감정을 신을 찾는 것이라고밖에 달리 생각할 수가 없다.

　나는 감히 말하지만, 신에 대한 이 추구는 이성의 논의가 아니라 감정의 작용이었다. 왜냐하면 이 추구는 내 고찰의 과정에서 생긴 것이 아니라——오히려 내 고찰과는 정반대의 것이었다——직접 가슴에서 생긴 것이었기 때문이다. 이러한 감정의 작용은 외딴섬에서 홀로 된 처지를 무서워하는 것이고, 자기와 관계없는 모든 것 속에서의 고독감이며, 나아가서는 그 무언가의 도움을 바라는 기분이었다.

　신이 실재한다는 것을 입증하기는 불가능하다고 철저하게 믿고 있으면서도(왜냐하면 그것을 입증하기가 불가능하다는 것을 칸트가 보여 주었고, 나도 그의 주장을 충분히 이해했기 때문이다) 나는 끊임없이 신을 찾았다. 신을 찾으면서 언제나 조만간 그를 발견할 수 있다는 기대를 버리지 않았다. 그리고 나는 오랜 습관에 따라, 내가 구하고 있으면서도 아직 발견하지 못하고 있는 신을 향해 기도를 드리곤 하였다. 나는 이따금 마음 속으로 신의 실재를 입증하기는 불가능하다는 칸트나 쇼펜하우어의 이론을 되씹어 보기도 하고, 그것을 새삼 검토하기도 하고, 또 반박하려 하기도 했다.

　나는 스스로에게 말했다. 원인이란 세계에서 시간과 공간과 같은 사색의 범주에 들어가는 것이 아니다. 내가 존재한다면 거기에는 원인이 있고, 또 여러 원인의 원인이 있는 것이다. 이 만물의 원인은 우리가 신이라고 부르는 바로 그것이다. 그래서 나는 이 관념 위에서 온 힘을 기울여 이 원인의 실재를 인식하려고 안간힘을 썼다. 그리하여 내 자신을 통제하는 눈에 보이지 않는 힘이 존재한다는 것을 자각하자, 바로 살아간다는 것이 가능함을 느꼈다.

나는 다시 스스로에게 물었다. '그렇다면 이 원인이란, 이 힘이란 대체 무엇인가? 나는 그것을 어떻게 생각하면 좋은가? 내가 신이라고 부르고 있는 것에 대해서 나는 어떤 관계에 있는가?'

그러나 이 의문에 대해서는 이미 내가 알고 있는 대답이 나올 뿐이었다. '그는 만물의 창조자이며 하늘의 복을 주는 자이다.' 이런 대답은 나를 만족시키지 못했다. 그리고 나는 살아가기 위해서 없어서는 안 될 소중한 것이 나의 내부에서 무너지는 것을 느꼈다.

나는 심한 공포에 빠졌다. 그리고 내가 찾고 있는 신을 향해서 구원해 달라고 기도하기 시작했다. 그러나 그런 기도를 계속하면 할수록 그가 나의 기도를 들어 주지 않는다는 것, 무릎을 꿇고 기원할 수 있는 그 어떤 대상도 없다는 것이 차츰 분명해졌다. 그래서 나는 신이 없다는 절망을 안고 이렇게 말하곤 했다. '주여, 나를 가엾이 여기시고, 나를 구하소서! 주여, 아아, 나의 하느님이여, 나를 가르치고 인도하소서!' 그러나 아무도 나를 가엾게 여겨 주지 않았다. 나는 내 생활이 멈춘 듯한 기분을 느꼈다.

그러나 다시 다른 방향에서 '내가 아무런 동기도 원인도 의미도 없이 이 세상에 태어났을 까닭이 없다. 내가 느끼고 있는 그런 둥지에서 굴러 떨어진 새 새끼 같은 존재일 까닭이 없다'는 인식으로 되돌아오는 것이었다. 한 걸음 양보하여 내가 둥지에서 굴러 떨어진 새 새끼이고, 무성한 풀 속에 반듯하게 쓰러져 짹짹거리며 울고 있는 자라고 가정하자. 그렇더라도 역시 내가 짹짹거리고 우는 것은 어머니가 나를 배고 낳고 귀여워하고 기르고 사랑해 준 것을 알고 있었기 때문에 그러는 것이다. 그렇다면 이 어머니는 어디 있는가? 만일 내가 땅에 떨어진 자라면, 누가 나를 떨어뜨렸을까? 그 누군가가 나를 사랑하고 나를 이 세상에 낳아 주었다는 사실을 나는 자신에게 감출 수가 없다. 그러면 그 누군가는 누구인가? 여기서 나는 또 다시 신이라는 결론에 봉착하는 것이었다.

신은 내가 추구하는 것과 절망과 힘든 투쟁을 알고 있다. 그것을 훤히 보고 있다. '신은 존재한다.' 나는 마음에 말한다. 내가 이것을 인식하기가 무섭게 홀연히 나의 내부에 싱싱하게 생명이 약동하고, 나는 삶의 가능성과 희열을 느낀다. 그러나 신이 존재한다는 인식에서 나는 다시 신과 우리의 관계를 탐색하게 된다. 그러면 또 내 눈에는, 아들인 구세주를 이 세상에 보낸 삼위일체의 우리 창조주인 신의 모습이 상상되기 시작한다. 그리고 다시 세계와 나로부터 분리된 이 신은 내 눈 앞에서 얼음처럼 녹아 아무것도 남지 않게 되고, 다시 삶이라는 샘은 마른다. 나는 다시 절망에 빠지고, 자살 외에 달리 수단이 없는 듯한 기분이 들기 시작한다. 그런데 무엇보다 좋지 않은 것은 내가 자살이라는 수단마저 쓰지 못한다는 것을 동시에 느끼는 일이었다.

두 번, 세 번, 아니 몇십 번, 몇백 번이나 나는 이와 같은 상태에 도달했다. 삶의 희열과 소생의 기분에 가슴이 두근거리기 시작하는가 하면, 금세 또 절망과 살아갈 수 없다는 자각에 가슴이 갈기갈기 찢어지는 것이었다.

지금도 똑똑히 기억하고 있다. 이른 봄이었다. 나는 혼자 어수선한 나무 소리에 귀를 기울이며 숲 속에 서 있었다. 가만히 숲의 속삭임에 귀를 기울이면서, 나는 지난 3년 동안 끊임없이 골똘히 생각해 온 바로 그 생각을 하고 있었다. 다시 신을 찾고 있었던 것이다.

'그래, 어떤 신도 존재하지 않는다!' 나는 마음속으로 말했다. '나의 상상이 아니라 내 생활처럼 실재하는 그런 신은 없다. 그런 것은 결단코 없다. 그 누구도, 그 어떤 기적도, 이런 신의 실재를 입증할 수는 없다. 왜냐하면 그런 기적 역시 내 상상이며, 극히 비이성적인 상상이기 때문이다.'

나는 다시 반문했다. '그러나 내가 찾고 있는 신에 대한 관념은? 이 관념은 대체 어디서 왔는가?'

이렇게 생각하자 기쁨에 들떠 춤추는 생명의 파도가 다시 뭉클뭉클 나의 내부에 솟아올랐다. 주위에 있는 모든 것이 싱싱하게 되살아나고, 모두 저마다 의미를 띠기 시작했다. 그러나 내 기쁨은 오래 가지 않았다. 지혜가 그 활동을 계속하고 있었기 때문이다.

'신의 개념은 신은 아니다.' 나는 다시 생각했다. '개념이란 나의 내부에서 만들어지는 것이다. 신에 대한 개념은 내가 나의 내부에서 만들고 부수고 할 수 있는 것이다. 이것은 내가 찾는 것이 아니다. 이것 없이는 살아갈 수 없는 것, 그것을 나는 찾고 있다.'

그러자 다시 나의 내부와 주위에 있는 모든 것이 죽어가기 시작했다. 그리하여 다시 나는 자살을 바라기 시작했다. 그러나 여기서 나는 내 자신을 돌이켜보았다. 나의 내부에 일어나고 있는 것을 돌이켜보았다. 그리고 나의 내부에서 몇백 번이나 되풀이된 절망감과 소생감을 상기했다. 신을 믿었을 때에만 사는 보람이 있는 기분으로 살 수 있었던 것을 생각했다. 그전과 마찬가지로 지금도 그러했다. 신을 인식하자 사는 보람이 있는 삶을 얻는다. 신을 잊고 신에 대한 신앙을 잃자마자 자살 이외에 길이 없는 막다른 생활에 빠지는 것이다.

이 소생감과 절망감은 대체 무엇인가? 신의 존재에 대한 신앙을 잃었을 때 나는 죽은 것과 같았다. 신을 발견하려는 가엾은 희망이 없었더라면 아마 나는 벌써 자살했을 것이다. 이에 반해서 신을 느끼고 신을 탐구하는 경우에는 사는 보람이 있는 기분으로 살아 있는 것이었다.

'대체 이것 말고 내가 무엇을 구하는가?' 라는 소리가 내부에서 들렸다. '이것이 바로 신이다. 이것 없이는 살아갈 수 없는 바로 그것이다. 신을 아는 것과 사는 것은 같은 것이다. 신은 곧 생명이다.'

'신을 구하며 살라. 그러면 신이 없는 생활은 없어질 것이다.' 이렇게 깨닫기가 무섭게 갑자기 나의 내부와 주위에 있는 모든 것이 지금까지 보다 훨씬 밝고 빛나게 드러났다. 그리고 이 빛은 이후 다시는 나를 버리는 일이 없었다.

이렇게 나는 간신히 자살에서 구출된 것이다. 언제 어떤 식으로 이 커다란 대전환이 나의 내부에 일어났는지, 그것을 이야기하지는 못한다. 그저 어느 사이인지도 모르게, 눈에 띄지 않게 서서히 생의 힘이 나의 내부에서 사라져 가고, 그렇게 내가 살아갈 수 없는 상태, 생활의 정지 상태에서 사라져 자살 이외에 길이 없는 상태에 빠진 것처럼, 이 역시 눈에 띄지 않게 서서히 어느새 그런 삶의 힘이 내부에 되살아난 것이다. 더욱 이상한 것은 나의 내부에 부활한 그 힘은 결코 새로운 것이 아니라 내 생애의 초기에 나를 지배한 바로 그 힘이었던 것이다.

나는 모든 점에서 가장 오래된 나의 어린 시절, 청년 시절로 되돌아간 것이다. 나를 창조하고, 그 무언가를 나에게 바라고 있는, 눈에 보이지 않는 의지에 대한 신앙으로 되돌아간 것이다. 내 삶의 유일하고 절대적인 목적은 보다 훌륭한 사람이 되는 것이라는 자각으로, 다시 말해 이 의지와 더 융화되어 사는 것이라는 자각으로 되돌아간 것이다. 그리고 나는 이 의지의 표현을 내가 짐작할 수 없는 머나먼 과거, 인류가 자기의 안내자로서 창조한 것 속에서 발견할 수 있다는 믿음으로 되돌아갔다. 다시 말해서 삶에 의미를 주는 신과 도덕적 완성에 대한 신앙, 인생에 의미를 부여하고 있는 전통에 대한 신앙으로 되돌아가간 것이다. 과거에는 이 모든 것이 무의식적으로 받아들여지고 있었는데 반해서, 지금은 내가 이것 없이는 살아갈 수 없다는 것을 자각하고 있었다. 이 점이 달랐다.

그 당시의 나의 심적 상태는 이러했다. 언제인지 나도 모르는 사이에 나는 조각배를 타고 어느 강가에서 밀려나가 건너편 언덕 방향을 향해 서투른 솜씨로 노를 잡고 혼자 내동댕이쳐진 그런 느낌이었다. 나는 힘껏 노를 저어나갔다. 그러나 강가운데를 향해서 저어가는 동안 물살은 점점 빨라져서 나는 목적하는 해안에서 멀어져 전혀 엉뚱한 곳으로 떠내려갔다. 그리고 마찬가지로 급류에 밀려가는 사람을 만나는 일도 점점 잦아졌다. 저쪽에 혼자서 열심히 저어가는 사람들이 있는가 하면, 이쪽에는 노를 내던지고 젓기를 그만둔 사람들도 있었다. 사람들을 가득 실은 큰 배도 보였다. 어떤 사람은 물결을 거슬러서 올라가고, 어떤 사람은 급류를 따라서 떠내려갔다.

나는 저어가면서 물결을 따라 점점 급하게 떠내려가고 있는 하류 쪽의 사람들에게 시선을 빼앗겨 내가 가야 할 방향을 잃어버릴 것 같았다. 강 가운데에서 하류로 떠내려가고 있는 조각배와 큰 배가 밀집한 곳에 왔을 때, 나는 그만 내가 도달해야 할 방향을 완전히 잊어버려 노를 내던질 정도였다. 달리 무슨 방향이 있겠느냐고 나에게도 보장하고 서로서로 보장하면서 돛에 의지하거나 노에 의지한 사람들이 내 주위 사방에서 환호성을 지르며 급류를 따라 아래로 흘러내려갔다. 나도 그들의 말을 믿고 그 뒤를 따라 떠내려갔다. 나는 멀리멀리 흘러갔다. 그리하여 부딪히기만 하면 조각배와 함께 박살이 나버릴 것 같은 거대한 바위들이 물 속에서 윗부분만 살짝 내놓고 요란한 소리를 내고 있는 데까지 떠내려갔다. 그 거대한 바위에 부딪혀 엉망으로 부서진 많은 조각배를 발견하였다.

그때야 나는 문득 정신을 차린다. 그러나 나는 한참 동안 내게 무슨 일이 일어났는지 이해하지 못했다. 내 앞길에 멸망의 모습을 볼 뿐이었다. 무서워하면서도 나는 그리로 돌진하고 있었던 것이다. 아무 데도 구원의 손은 보이지 않았고, 나는 어떻게 해야 좋을지 갈피를 잡지 못했다. 이때 무심코 뒤를 돌아보았다. 그리고 꾸준하게 쉴 새 없이 물결을 거슬러 올라가고 있는 무수한 조각배를 발견했다. 동시에 나는 내가 도달해야 할 해안이 생각났다. 노가 있다는 것도 생각났고, 나의 진로도 생각났다. 그래서 나는 물결을 거슬러 올라 건너편 언덕 쪽으로 젓기 시작한 것이다.

건너편 언덕은 곧 신이고, 진로는 앞서 나아간 사람들의 이야기이며, 노는 건너편 언덕으로 저어가기 위해서, 즉 신과 합치하기 위해서 내게 주어진 자유였다.

이리하여 생존의 힘은 나의 내부에서 부활했고, 나는 다시 생활을 시작했던 것이다.

13

우리 계급의 삶은 참된 의미에서의 삶이 아니라 그 흉내에 불과하며, 현재 생활하고 있는 물자가 남아돌아가는 이런 상태는 인생을 터득하는 힘을 우리에게서 빼앗는다는 것, 따라서 참으로 인생을 터득하기 위해서는 예외나 다름없는 기생충 같은 우리의 생활이 아니라 이마에 땀을 흘리고 일하는 단순한 일반 민중의 생활, 다시 말해서 스스로의 생활을 개척하여 이에 주어져야 할 의미를 발견하는 사람들의 생활을 이해해야 한다는 것을 나는 깨달았다. 결국 나는 우리 계급의 생활을 거부해 버렸다.

내 주위에 몰려 있는 노동하는 단순한 민중은 두말할 것도 없이 러시아의 민중이었다. 그래서 나는 그들을 주시하고 그들이 인생에 두고 있는 의미를 살펴보았다. 그 의미는 말로써 표현할 수 있다면 대략 다음과 같은 것이었다.

'각자가 우리 인간은 신의 뜻으로 이 세상에 태어났다. 그리고 신은 우리 인간을 스스로 그 영혼을 멸망시킬 수도 있고 구할 수도 있게 만들었다. 이 세상의 삶에서 인간이 갖는 사명은 이 영혼을 구하는 일이다. 그러나 영혼을 구하려면 신의 뜻에 따라서 거룩하게 살아야 하며, 신의 뜻에 따라서 살려면 이 세상의 모든 쾌락을 버리고, 부지런히 일하며 처신이 겸손해야 하고 인내의 덕을 기르고 자비로워야 한다.'

이러한 인생의 의미를 민중은 목사와 그들 속에 살아 있는 여러 전설을 통해, 또 지금도 전해지고 있는 모든 신앙의 가르침을 통해 얻는 것이다. 그 의미는 나에게 참으로 명료한 것이었으며 내 가슴에도 매우 친근한 것이었다. 그런데 내 주위에 살고 있는 이단이 아닌 우리 민중 사이에서는, 나를 반발하게 하고 이해하기 어려운 많은 것이 그 대중적 신앙의 의미와 단단히 결부되어 있었다. 다시 말하면, 성찬, 교회의 예배, 계율에 맞는 음식 섭취에 대한 규정, 유물 숭배와 성화숭배 등 기묘한 것들이 결부되어 있었다. 민중은 이 둘을 떼어 놓을 수 없었고, 나도 그렇게 하지 못했다. 민중의 신앙속에 섞여 있는 많은 것이 내 눈에는 참으로 괴이했지만 나는 그 모든 것을 받아들여 교회의 예배에 참석하고, 아침 저녁으로 무릎을 꿇고 기도를 드렸으며, 계율에 맞는 식생활을 지키고, 참회를 게을리 하지 않았다. 처음에는 내 이성이 그 어느 것도 반대하지 않았다. 전에는 불가능하다고 여겨졌던 것이 이제는 나의 내부에 아무런 반항도 낳지 않았다.

신앙에 대한 과거와 현재의 내 태도는 전혀 다른 것이었다. 전에는 인생 그 자체가 한없이 의미에 찬 것처럼 여겨졌고, 신앙이란 내게는 전혀 불필요하고 불합리하고 실생활과 아무런 관계도 없는 교리에 대한 아전인수식의 주장처럼 생각되었다. '대체 이런 교리가 무슨 의미가 있는가?' 그때 나는 스스로에게 물었다. 그리하여 그 교리가 아무런 의미도 없다는 확신이 들어서 그것을 버렸던 것이다.

그러나 이번에는 정반대로 나는 내 생활이 아무런 의미도 없다는 것, 아니 있을 수도 없다는 것을 똑똑히 알았다. 그리고 신앙의 여러 교리가 불필요하다고 생각되지 않았을 뿐 아니라 그러한 교리만이 인생에 의미를 준다는 확신을 가졌는데, 이는 의심할 수 없는 나 자신의 경험을 통해 도달한 것이었다. 전에는 이런 것을 전혀 필요하지도 않고, 읽기도 어려운 문서로 생각했었다. 그러나 이제 나는 이러한 교리를 아직 이해하지는 못해도 적어도 그 속에 의미가 있다는 것을 알고, 그것을 이해하도록 노력하지 않으면 안 된다고 자신의 마음을 타일렀다.

나는 다음과 같은 추리를 해 보았다.

'신앙의 지식은 이성을 갖춘 인류와 마찬가지로 신비로운 근원에서 발생한다. 이 근원은 신이다. 그것은 인간 육체의 근원이자 이성의 근원이기도 하다. 내 육체가 신으로부터 내게 계승되어 전해졌듯이, 내 이성과 인생에 대한 깨달음 또한 신으로부터 이어받은 것이다. 그러므로 인생에 대한 이 깨달음의 과정에서 그 어느 단계나 거짓일 수는 없다. 사람들이 정말로 믿고 있는 것은 모두 진실이어야 할 것이다. 그것은 여러 형태로 표현될 수는 있으나 거짓일 수는 없다. 그러므로 만일 그것이 내게 거짓으로 여겨진다면, 그것은 결국 내가 그것을 이해하지 못하고 있다는 것을 의미할 뿐이다.'

나는 다시 스스로에게 말했다.

'신앙의 근본 의미는 죽음으로써 없어지지 않는 영원한 의미를 인생에 주는 데 있다. 그러므로 신앙은 사치와 호사 속에 죽어가는 제왕의 의문에도, 노고에 시달린 늙은 노예의 의문에도, 사리 분별없는 어린애의 의문에도, 현명한 장로의 의문에도, 우둔한 노파의 의문에도, 젊고 행복한 여성의 의문에도, 정열로 고민하는 청년의 의문에도, 생활 상태와 교육정도가 다양한 모든 사람들의 의문에도 대답할 수 있는 것임은 두말할 나위도 없다.

그리고 '나는 왜 사는가? 내 생활에서 무엇이 생기는가?'라는 인생에 대한 영원하고 유일한 의문에 대한 해답 역시 하나밖에 없다면, 그 해답은 본질은 유일하더라도 그 외형은 무한히 다른 것이 당연하다. 또 그 해답이 유일하고 진실되며 심원하면 할수록, 막상 그것을 표현하려고 하면 각자의 교육 정도나 사회적 지위에 따라서 그만큼 괴이하고 기묘하게 보이는 것도 당연하다.

그러나 나에게 괴이하게 보이는 종교 의식을 정당화하는 이러한 추리도 인생의 유일한 일인 신앙의 분야에서 내가 의혹을 느끼고 있는 행위를 스스로 따르도록 하기에는 아무래도 불충분했다. 나는 민중과 하나가 되어 그들의 종교 의식까지도 지킬 수 있게 되기를 열렬히 희망했으나 실행하지 못했다. 그렇게 하는 날이면 나는 내 자신을 속이고, 나에게 더없이 신성한 것을 비웃게 될 것 같은 느낌이 들었다.'

그런데 이때 우리 러시아 신학에 관한 많은 새로운 저술이 나를 구해 주려는 듯 나타났다.

그 신학자들이 주장하는 바에 의하면, 신앙의 가장 근본적인 교리는 확고 부동한 교회의 존재였다. 그 교리를 인정하는 필연적인 결과로서 교회가 신봉하는 모든 것이 진실이라는 결론이 나온다. 사랑으로 연합되고, 따라서 참된 지식을 가진 신자들의 집합으로서의 교회가 내 신앙의 기초가 되었다. 나는 스스로에게 말했다.

'신의 진리는 단 한 사람의 손에 쥐어질 수는 없다. 그것은 사랑으로 이어진 모든 사람의 결합에만 계시된다. 이 진리에 도달하려면 우리는 따로따로 나뉘어서는 안 된다. 그러기 위해서 따로따로 분열되지 않으려면 자기와 의견이 다른 사람도 사랑하고 그와 화합해야 한다. 사랑 앞에서만 진리는 나타나는 것이다. 그러므로 우리가 교회의 여러 의식에 따르지 않으면 사랑은 파괴되고, 사랑이 파괴되면 그 결과 진리를 터득할 가능성을 잃어버리게 되는 것이다.'

나는 그 당시 이런 이론 속에 포함되어 있는 궤변을 미처 깨닫지 못했다. 사랑으로 하나됨이 가장 높은 사랑을 가져올지는 모르지만 절대로 '니케아 신조' 속에 분명하게 표현되어 있는 것처럼 신의 진리를 가르쳐줄 수 없다는 것과, 사랑이 어떤 특정 신앙의 표현을 모든 사람의 하나됨에 필수적인 조건이 될 수 없다는 것도 깨닫지 못했다. 그 무렵 나는 이러한 생각의 잘못을 깨닫지 못하고 있었다. 그 때문에 나는 정교회의 모든 의식을 거의 이해하지 못한 채로 그냥 받아들여서 지키고 있었던 것이다. 나는 그 당시 모든 이론이나 모순을 피하기 위해 있는 힘을 다하여 노력했다. 그리고 내 가슴으로 납득이 가지 않는 교회의 교리를 되도록 합리적으로 설명하려고 애썼던 것이다.

교회의 의식을 지키고 있는 동안 나는 내 이성을 억누르고 인류가 가지고 있는 전통에 순종하였다. 나는 내 조상들과 사랑하는 부모와 조부모와 하나로 연결되어 있었다. 그들과 과거의 모든 사람들은 신앙과 더불어 살고 있었다. 그리고 나를 낳은 것이다. 나는 또 민중 속의 내가 좋아하는 수백만의 사람들과도 하나로 연합되어 있었다. 게다가 이러한 행위는 나쁜 요소를 조금도 포함하고 있지 않았다(여러 가지 야비한 욕정에 현혹되어 빠지는 것을 나는 죄악으로 알고 있었다).

교회의 예배에 참석하기 위해 집을 나설 때마다 나는 나의 교만을 누르고 과거와 현재의 동포와 보다 친밀하게 접촉하고, 인생의 의미를 탐구하기 위해서 나의 육체적인 안일을 희생한다고 생각해 스스로를 훌륭한 행위를 하는 인간이라고 생각했다. 참회의 의식 때도, 날마다의 예배 기도 때도, 율법에 맞는 식생활을 지킬 때도 마찬가지였다.

그 희생이 아무리 사소한 것이라 하더라도 그것은 모두 착한 일을 위한 희생이었다. 나는 집에서나 교회에서나 참회를 게을리하지 않았으며, 율법에 맞는 식생활을 지키고 정해진 시간의 기도를 반드시 이행했다. 교회 예배에는 반드시 참석하고 그 한마디 한마디를 깊이 음미하여 될 수 있는 대로 거기에 의미를 부여하려고 애썼다. 미사 때 내가 가장 중요하다고 여긴 것은 다음과 같은 말이었다.

'우리 모두 한 마음이 되어 서로 사랑하자······.' 그 다음에 오는 말은 '그리하여 성부와 성자와 성신을 믿습니다'는 것이었는데, 나는 이 말을 건성으로 듣고 있었다. 이해할 수가 없었기 때문이었다.

14

그즈음의 나는 살기 위해서 꼭 신앙을 가질 필요가 있었다. 그 때문에 나는 교리 속의 여러 가지 모순이나 모호한 점을 무의식중에 스스로 감추었을 정도였는데, 그 의식에 의미를 부여하는데도 한도가 있었다. 예배 때 기도의 요점이 차츰 뚜렷해졌지만, '지극히 거룩하신 하느님의 어버이신 주와 모든 성도(聖徒)를 서로의 마음속에 상기하여, 우리 생명을 하느님이신 그리스도에게 모두 바칩니다'는 기도 말씀을 그럭저럭 스스로에게 설명했지만, 또 황제와 황족을 위한 기도가 자주 되풀이되는 사실은 그들이 다른 서민들보다 유혹에 빠지기 쉬운 위치에 있으므로 다른 사람보다 기도가 더 필요하다는 사실로 간신히 설명했고, 우리가 적에게 이기도록 해달라는 기도는 적이 나쁘기 때문이라는 것으로 설명은 했지만, 그룹 천사의 찬송과 성찬의 신비 같은 것에 대해서는(이런 것들이 예배의 거의 3분의 2를 차지했다) 전혀 설명할 수가 없거나, 그런 것에 설명을 붙이려고 하면 거짓말을 하게 되고, 그 결과 신과 나의 관계를 죄다 엉망으로 만들게 되어 신앙의 가능성을 완전히 잃게 될지 모른다는 생각이 들었다.

교회의 축일 때도 같은 기분을 느꼈다. 제7일의 안식일을 선한 일을 위한 기도에 바친다는 것, 즉 신에게 가까이 가기 위해 하루를 바친다는 것은 이해할 수 있었다. 그런데 그 축일에 나는 그 진실성을 이해할 수도 상상할 수도 없는 그리스도의 부활이라는 사건을 기념하는 것이었다. 주마다 이 축일에 해당되는 날에는 부활이라는 이름이 그대로 쓰였다. 그리고 이 축일에는 언제나 이해할 수 없는 성찬의 신비가 행하여지는 것이었다. 크리스마스를 제외한 나머지 열두 번의 축제일은 모두 기적을 기념하기 위한 날이었다. 즉 내가 부정하고 싶지 않아서 애써 생각지 않으려 하는 일을 기념하기 위한 날이었던 것이다. 승천제(昇天祭), 오순절(五旬節), 주현절(主顯節), 성모절(聖母節) 등이 그것이다.

교회의 이러한 축제일 행사 때마다 나는 언제나 가장 부질없는 짓으로 여겨지는 일이 가장 중요시되고 있다는 것을 느꼈다. 그래서 내 영혼을 편안하게 만들어 주는 설명을 생각해 내거나, 아니면 내 마음을 혼란시키는 것을 보지 않으려고 차라리 눈을 감아 버렸다.

이런 기분이 가장 심하게 일어나는 것은 일반적으로 가장 중요하다고 생각되고 있으나 사실 가장 평범한 세례식이나 성찬식 같은 신비적 의식에 참석할 때였다. 그럴 때 나는 언제나 난처할 뿐만 아니라 그와 같은 행위는 영혼을 혼란시키는 것처럼 여겨졌다. 그래서 나는 나 자신을 속이고 그러한 행위에 참여하느냐 아니면 단숨에 이를 내동댕이쳐 버리느냐 하는 고통스러운 딜레마에 빠져 있었다.

많은 세월이 지난 뒤에도 처음 성찬을 받은 날에 경험한 그 고통스러운 기분을 나는 영원히 잊지 못할 것이다. 예배, 참회, 계율의 준수…… 등 이런 것들은 모두 내 마음 속에서 분명하게 이해할 수가 있어 인생의 의미가 계시되어 온다는 기쁜 생각이 들게 했다. 나는 성찬 그 자체를 그리스도를 기념하기 위한 행위로 해석했으며, 죄를 깨끗이 씻고 그리스도의 가르침을 완전히 받아들이는 것을 의미하는 행위로 해석하고 있었다. 이 해석이 비록 가당치도 않은 억지였다 하더라도 나는 그것을 깨닫지 못했다. 단순하고 소심한 사제 앞에서 유순하고 겸허한 마음이 되어 자기 죄과를 회개하고 영혼 속의 모든 더러움을 제거하는 것이 나로서는 너무나 기뻤고, 또 이러한 기도를 쓴 신부들의 겸양과 사상적으로 합치하는 것이 너무나 기쁘고, 과거와 현재의 모든 신들과 하나로 결부되는 것이 너무나 기뻐서, 나는 그 기쁨에 넋을 잃고 나의 해석이 내 마음대로 조작한 것임을 느끼지 못하고 있었다. 그러나 내가 제단 앞에 다가가서 내가 지금 먹으려 하고 있는 것이 진짜 그리스도의 피와 살이라는 것을 믿노라고 새삼스럽게 말하라는 사제의 말을 들었을 때, 나는 가슴 속에 심한 고통을 느꼈다. 그것이 단지 거짓이기 때문이 아니었다. 그것은 신앙이 무엇인가를 한 번도 터득하지 못한 사람의 입에서 나온 참으로 잔인한 요구였던 것이다.

지금이니까 그것이 잔인한 요구였다고 말할 수 있지, 당시의 나는 분명하게 그렇게 생각한 것은 아니었다. 그 무렵 나는 이미 인생의 모든 사상(事象)이 명백하다고 생각했던 젊은 시절과는 같지 않았다. 내가 신앙에 끌려간 것은 다만 신앙을 제외하면 파멸 이외에 아무것도 발견할 수 없었기 때문에, 다른 아무것도 발견할 수 없었기 때문이었다. 따라서 그것을 버릴 수 없어서 그것에 복종했던 것이다. 그리고 마음속으로도 그것을 참고 견딜 수 있을 것 같았다. 그것은 자기 비하와 겸양의 기분이었다.

나는 겸허한 마음으로 거룩함을 비웃는 감정을 억누르고 신앙을 갖고 싶은 염원으로 그리스도의 피와 살인 포도주와 빵을 먹었던 것이다. 그러나 극심한 타격은 이때 이미 내 마음에 가해졌던 것이다. 그래서 나는 그 다음 나를 기다리고 있는 것이 무엇인지 예상할 수 있었으므로 두 번 다시 성찬에 참석할 수 없었다.

나는 교회의 여러 가지 의식을 정확히 지켜 나가면서 여전히 내가 따르고 있는 교리 속에 진리가 있다고 믿었다. 그 결과 나의 내적 생활에는 기이하게 여겨졌던 일이 일어나고 있었다.

나는 일자무식의 농민 순례자들의 신과 신앙과 인생과 구원 등에 관한 말에 귀를 기울였다. 그러면 언제나 신앙의 지식이 내 앞에 펼쳐지는 것이었다. 나는 민중들과 사귀고, 인생과 신앙에 관한 그들의 비판에 귀를 기울였다. 그리하여 점점 더 뚜렷이 진리를 깨닫게 되었다. 《성인열전》과 《성승언행록(聖僧言行錄)》을 읽었을 때도 마찬가지였다. 이 책들은 나의 애독서가 되었다. 나는 기적을 제외하고, 이런 책들을 사상을 나타내는 우화로 보았다. 그것은 나에게 인생의 의의를 제시해 주었다.

거기에는 마카리우스 대제의 생애, 석가모니의 생애가 전개되어 있었다. 거기에는 또 요한 크리소스톰의 이야기, 우물 속의 나그네 이야기, 황금을 발견한 수도승 이야기, 세리 베드로 이야기 등이 실려 있었다. 죽음이 삶을 없앨 수 없다는 것을 증명하는 순교자의 역사도 전하고 있었다. 거기에는 또 교회의 가르침에 대해서는 아무것도 모르는 무식하고 어리석지만, 구원받은 사람들의 이야기도 적혀 있었다.

이와 반대로 교양 있는 신자들을 만나거나 그들의 저술을 읽기만 하면 금세 자신에 대한 회의와 불만과 논쟁에 대한 분노가 뭉클뭉클 내부에 솟아올랐다. 그리고 그들의 주장을 깊이 파고들면 들수록 점점 더 진리에서 멀리 떨어져 절망의 심연에 접근해 가는 것이었다.

15

나는 얼마나 배우지 못했고 무식한 농민들을 부러워했는지 모른다! 내게는 엉터리로밖에 보이지 않는 신앙의 교리가 그들에게는 조금도 거짓된 것이 아니었다. 그들은 순순히 그것을 받아 들여서 내가 믿고 있는 것과 같은 진리를 믿을 수 있었다. 그러나 불행한 나에게는 그 진리가 매우 가느다란 실로 허위와 함께 철해져 있다는 것, 나로서는 그러한 형태로 진리를 받아들일 수는 없다는 것이 명백했다.

그런 상태로 나는 3년을 살았다. 그리고 내가 초신자처럼 조금씩 진리에 다가가면서, 감각에 이끌려서라기보다 밝게 보이는 방향으로 나아가고 있던 처음에는 이러한 모순이 별로 나를 놀라게 하지 않았다. 무언가 이해할 수 없는 일이 있으면 나는 스스로에게 중얼거렸다. '내가 나쁘다. 내가 책망을 들어야 한다.'

그러나 여러 진리를 배우고 그 본질에 깊이 들어감에 따라서, 또 이 진리가 인생의 기초가 되어감에 따라서, 그러한 모순은 차츰 괴롭고 견디기 어려운 것이 되어 갔다. 그리하여 내게 이해할 힘이 없기 때문에 이해하지 못하는 일과, 나를 속이지 않고는 절대로 이해할 수 없는 일 사이에 가로놓인 선이 점점 뚜렷해지기 시작했다.

이런 의혹과 고민에도 나는 여전히 정교회에 매달려 있었다. 그러나 꼭 해결해야 하는 인생의 여러 가지 문제가 연달아 발생했다. 이런 문제에 대해 내가 자라 온 신앙의 근본에 어긋나는 교회의 결정이 내가 계속 정교회에 나갈 가능성을 완전히 빼앗아 버리고 말았다.

그 문제란 첫째 정교회와 다른 교회와의 관계, 즉 가톨릭 교회와 이단파라고 부르는 여러 종파와의 관계였다. 이 무렵 나는 신앙에 강하게 마음이 끌려서 온갖 교리를 믿는 사람들과 사귀었다. 그들은 가톨릭교도, 신교도, 구교도, 그리고 몰몬교도들이었다. 나는 그 사람들 중에서 도덕적으로 수준이 높고 참으로 신앙이 깊은 많은 사람들을 만났다. 나는 그런 사람들과 신앙상의 형제가 되고 싶었다. 그런데 모든 사람들을 유일한 신앙과 사랑으로 결합한다고 생각되고 있던 그 가르침, 그들 가운데 최고의 대표자들에 의해 대표

되는 그 가르침은 그들 모두가 거짓 가운데 살고 있는 인간이라는 것, 그들에게 생의 힘을 주는 것은 악마의 유혹에 지나지 않는다는 것, 우리들만이 유일한 진리의 신앙 아래 있다는 것을 나에게 알려 주지 않았던가?

나는 정교회 사람들이 자기들과 신앙이 다른 모든 신자를 이단으로 간주하고, 마찬가지로 가톨릭교나 그 밖의 종파 사람들도 정교회 사람들을 이단으로 보고 있는 것을 알게 되었다. 나는 또한 정교회 사람들을 비롯하여 그들 모두가 외형적인 신념이나 말로 자기들의 신앙을 신봉하지 않는 다른 사람들을 마치 원수처럼 대하는 것을 발견했다. 정교회 사람들은 그런 태도를 감추려 하고는 있었으나 역시 같은 짓을 하고 있었는데, 그것은 당연했다. 왜냐하면 첫째로 '너는 허위 속에 살고 있지만 나는 진실 속에 산다'는 단언은 한 사람이 다른 사람에게 할 수 있는 가장 잔혹한 말이기 때문이며, 둘째로 자기 자식이나 형제를 사랑하는 사람이라면 그들을 거짓 신앙으로 개종시키고 싶어 하는 사람들에게 원수 같은 태도를 취하지 않을 수 없기 때문이다. 더욱이 이 적의는 그들이 교리를 깊이 파고들어가서 알게 되면 될수록 더 증대한다. 이리하여 오직 사랑에 의한 하나됨에 진리가 있다고 생각하고 있던 나의 눈에, 정작 그 교리 자체가 마땅히 만들어 내야 할 것을 오히려 파괴하고 있다는 사실이 새겨졌던 것이다.

여러 가지 신앙이 신봉되고 있는 온갖 나라에 살고 있으며, 가톨릭교도가 정교도나 신교도에게, 정교도가 가톨릭교도나 신교도에게, 신교도가 가톨릭교도나 정교도에게 보여 주는 경멸과 자만과 완고한 배척을 목격하고, 또 구교도, 파쉬코프교도(러시아 복음주의자), 쉐이커교도, 그 밖에 모든 신앙인들이 자기 종파 이외의 신도들에게 똑같은 태도를 갖는 것을 목격한 우리들 교양 있는 사람들에게는, 그러한 악의 유혹이 너무나 분명히 드러나 보였기 때문에 그 뚜렷한 일이 처음에는 오히려 우리들을 곤혹스럽게 했다. 우리는 자신에게 말하는 것이었다.

'아니다. 이것은 그렇게 간단할 리가 없다. 그런데 이 사람들은 신앙의 두 증거가 서로 부정할 경우 그 어느 쪽에도 신앙의 기초여야 할 유일한 진리가 없다는 것을 깨닫지 못하는 것 같다. 여기에는 무언가 까닭이 있을 것이다. 무언가 원인이 있어야 한다.'

나 역시 이렇게 생각했으므로 그 설명을 찾았으며, 이 문제에 관한 되도록 많은 책을 탐독하고 되도록 많은 사람의 의견을 물었다. 그러나 나는 숨스키 경기병 연대 대원들이 자기 연대를 세계 제일이라고 생각하고, 창기병 연대 대원들도 또한 자기 연대를 세계에서 제일가는 연대라고 생각하는 것과 같다는 사실 외의 아무런 설명도 얻을 수 없었다.

온갖 종파의 성직자들, 아니 종파의 최고 대표자들까지도 자기들의 교리가 진리의 세계이고, 다른 사람들은 잘못된 신앙의 세계라는 것, 그런 사람들을 위해서 기도해 주는 것이 자기들이 할 수 있는 전부라는 것 이외에 아무 이야기도 들려주지 않았다. 나는 날마다 수도원장과 주교와 장로, 그리고 엄격한 수도사들을 찾아다니면서 물어보았다. 그러나 그들 중에 아무도 그 악의 유혹에 대해 설명해 주는 사람이 없었다. 단 한 사람 내게 설명해 준 사람이 있었지만, 그 설명이 너무나 조잡한 것이어서 나는 그 후 다시는 누구에게도 물어보지 않게 되었다.

나는 물었다.

'신앙에 귀의하고자 하는 모든 불신자들에게(현대의 우리 러시아 청년들은 모두 이와 같은 경향을 갖고 있는데) 무엇보다도 문제가 되는 것은 왜 진리가 루터교나 가톨릭교에는 없고 오로지 정교에만 있는가? 그들은 중학교에서 교육을 받으므로, 신교도나 가톨릭교도가 자기들과 마찬가지로 그들의 신앙만이 진리라고 단언하고 있다는 것을 무지한 농민들처럼 모르지 않았다. 저마다의 신앙으로 자기들에게 알맞도록 왜곡된 역사적 증명으로는 불충분하다.

종교를 더 높이 해석할 수는 없는 것일까? 다시 말해서, 진실한 신앙인들에게는 그와 같은 구별이 없어질 만큼 종교의 높이에 서서 바라보았을 때, 훨씬 더 고원하게 해석할 수는 없는 것일까? 우리는 구교도들과 손에 손을 잡고 같은 길을 나아갈 수는 없을까?'

성호를 긋고 할렐루야를 외고 제단 주위를 도는 방법이 너희들은 다르다고 그들은 단언한다. 그러나 우리는 말하는 것이다.

'여러분은 니케아 신조를 믿고 7가지 성례를 믿는데, 우리도 역시 그것을 믿고 있소. 요컨대 제발 그런 중요한 점만은 소중히 간직해 주시오. 그리고 나머지 지엽적인 것은 여러분 마음대로 하시오.'

말하자면 우리는 본질적인 것을 본질적이 아닌 것 위에 놓고 있다는 점에서 그들과 일치한다. 그렇다면 이번에는 가톨릭 신도들에게도 '여러분은 이러러한 것은 믿고 있는데, 그것이 가장 중요한 것이므로 그밖에 성령출원설이나 교황 등에 관한 것은 여러분이 좋은 대로 해 주시오' 하고 말하고, 우리들과 주요한 점에서 일치하고 있는 신교도들에게도 같은 말을 할 수는 없을까?

내 질문에 대답해 준 그 종교가는 내 의견에 동감한다고 해 놓고는 덧붙였다. '그와 같은 양보는 종교의 최고 기관이 조상 전래의 신앙에서 벗어난다는 비난을 받게 될 것이고, 이단적인 신앙을 낳게 될 것이며, 또 다른 면에서 생각하더라도 우리 종교의 최고 기관의 사명은 조상으로부터 전해 내려오는 우리 러시아의 그리스정교를 모든 점에서 순수하게 보존하는 데 있으므로 찬성할 수 없다.'

여기에서 나는 모든 것을 깨달았다. 나는 신앙에서 인생의 원동력이 되는 것을 탐구하고 있으나, 그들은 사람으로서의 일정한 의무를 남에게 수행하기 위한 최상의 수단을 찾고 있는 데 지나지 않았다. 그리고 그런 인간으로서의 의무를 수행하고 있는 데 지나지 않았다. 그들이 아무리 입으로는 길 잃은 형제들에 대한 자기들의 연민을 말하더라도, 그리고 아무리 그런 형제들을 위해 기도를 드리더라도 이 지상의 과업을 수행하려면 아무래도 폭력이 필요하므로 그것은 언제나 사용되어 왔고, 현재도 사용되고 있으며, 장래에도 사용될 것이다.

만일 두 종파가 저마다 자기가 옳다고 생각하고 상대편이 그르다고 생각한다면, 그들은 그 그릇된 교리를 믿고 있는 형제를 진리로 인도하겠다는 희망으로 자기가 믿는 가르침을 설교할 것이다. 만일 또 진리 속에 있는 교회의 경험 없는 어린아이들에게 잘못된 가르침을 준다면, 교회는 그 책을 불사르고 아이들을 유혹하는 인간을 교회에서 추방하지 않을 수 없을 것이다. 정교의 견해에서 본다면 분명히 잘못된 신앙의 불에 타고 있는 이단의 신도가 인생의 가장 중대사인 신앙에서 교회 아이들을 유혹할 때 이것을 어떻게 처리할 것인가? 그들의 목을 자르고 감옥에 넣는 도리밖에 없지 않은가?

알렉세이 미하일로비치의 시대에는 화형에 처했다. 그 시대에는 극형이 집행되었는데, 현대에도 마찬가지로 극형이 내려진다. 말하자면 독방에 감금되는 것이다. 나는 신앙의 이름 아래 어떤 일이 자행되고 있는가 하는 점에 주의를 기울였다. 그리고는 공포에 떨었다. 그리하여 나는 거의 완전히 정교에서 벗어나고 말았다.

교회의 제2의 관계는 전쟁과 형벌에 대한 것이었다.

마침 이 무렵 러시아에 전쟁이 일어났다. 러시아인은 그리스도의 사랑이라는 이름 아래 동포를 죽였다. 나는 이 사실을 생각하지 않을 수 없었다. 사람을 죽이는 것은 모든 신앙의 근본에 어긋나는 악이라는 사실을 그대로 간과할 수는 없었다. 그런데 그런 악을 행하고 있으면서도 교회에서 우리 군대의 승리를 빌고, 또 신앙의 지도자들은 이 살인 행위를 신앙에서 나오는 올바른 행위로서 받아들였다. 더욱이 그와 같은 살인 행위는 전시에만 인정되었을 뿐 아니라 전후에 잇달아 일어난 혼란 때도 잘못된 생각에 빠진 청년들의 살육 행위를 찬양하는 교회의 성직자와 교사, 수도승들을 나는 내 눈으로 목격한 것이다. 나는 그리스도교를 믿는 사람들이 자행하는 모든 악에 관심을 돌렸다. 그리고 공포에 떨었다.

16

나는 의심하기를 그만두고 지금까지 내가 지녀온 신앙의 지식에는 별로 진리가 없다는 것을 완전히 믿게 되었다. 그 전의 나라면, 모든 신앙을 거짓이라고 말했을 것이다. 그러나 지금의 나는 그렇게 단언할 수는 없다. 왜냐하면 일반 민중은 모두 진리의 지식을 갖고 있었다. 이것은 의심할 수 없는 사실이었다. 왜냐하면 일반 민중은 이것 없이는 살아 있을 수가 없기 때문이다. 그뿐 아니라 이런 진리의 지식은 나도 이미 얻고 있었다. 나는 벌써 그러한 지식으로 살고, 그 모든 진리를 느끼고 있었다. 그러나 그 지식 속에 허위가 있었다. 나는 그것을 의심할 수 없었다. 지금까지 나를 반발하게 하던 모든 것이, 이제 내 눈앞에 생생한 모습으로 나타나기 시작했다. 나를 반박하게 한 거짓의 요소는 교회 대표자들보다 일반 민중 속에는 더 적었다고는 하나, 아무튼 나는 민중의 신앙 속에도 거짓된 것이 진실과 섞여 있는 것을 보았다.

그런데 그 허위는 어디서 왔는가? 그 진실은 어디서 왔는가? 바로 그 허위나 진실이 모두 거룩한 전통과 사도들의 편지 속에 포함되어 있는 것이다. 다시 말하자면 허위나 진실이나 다 교회라고 부르는 것에 의해 전해지고 있는 것이다.

나는 하는 수 없이 그러한 전설과 성경의 연구에, 지금까지 무척 두려워한 연구에 몰두하지 않으면 안 되게 되었다.

나는 일찍이 무용지물로 생각하고 멸시하며 내동댕이쳤던 신학 연구에 착수했다. 그전의 나에게는 신학이란 아무 소용도 없는 우스꽝스러운 것들의 나열로 여겨졌었다. 그 무렵에는 명백하고 심원한 의미에 차 있는 실제 인생의 여러 현상이 사방에서 나를 에워싸고 있었다. 그러나 지금의 나는 건전한 머리에서 석연찮은 것을 버리는 것이 오히려 기쁘게 생각되었다. 하지만 실생활의 그와 같은 여러 현상 어디에 몸을 숨길 수도 없었다. 내 앞에 펼쳐진 인생의 의미에 대한 유일한 지식은 이 교리 위에 구축되어 있었다. 아니면 적어도 떼어 놓기 어려울 만큼 밀접하게 연결되어 있었다. 낡고 딱딱한 내 머리에 아무리 기이하게 여겨져도, 아무튼 그것은 유일한 구원의 희망이었다. 과학적 학설을 이해하듯 이해하는 것은 아니더라도, 아무튼 이것을 이해하기 위해서는 주의 깊고 신중하게 음미하지 않으면 안 된다.

나는 과학적인 이해 같은 것을 구하지는 않는다. 또 신앙의 지식이 특수하다는 것도 알고 있다. 그러므로 그와 같은 이해를 구할 수는 없다. 나는 모든 사물과 현상에 대한 설명을 구하지는 않을 것이다. 모든 것에 대한 설명이 그 처음처럼 무한 속에 숨어 있음을 나는 알고 있다.

그러나 나는 그 이상은 도저히 설명할 수 없다는 경지까지 파고들어 이해를 얻고 싶었다. 다시 말해서 설명하기 어려운 이 모든 것은, 내 지혜의 요구가 옳지 않기 때문에 설명하기 어려운 것이 아니라(이 요구는 옳다. 그리고 나는 이 요구 없이는 아무것도 이해할 수 없는 것이다!) 내가 지혜의 한도를 알고 있기 때문에 설명하기 어려운 것이다. 바로 이런 경지까지 도달하고 싶은 것이다. 설명할 수 없는 모든 신조를 믿어야만 하는 의무로 보지 않고 이성의 필연적인 요구로 보이게끔 이것을 이해하고 싶은 것이다.

신앙 속에 진리가 있다는 것, 그것은 나에게는 조금도 의심할 수 없는 사실이다. 그러나 그 속에 허위가 섞여 있다는 것 또한 의심할 수 없는 사실이다. 따라서 나는 진실과 허위를 발견하여 이 둘을 구별하지 않으면 안 된다. 그러기에 그 작업에 착수한 것이다. 내가 이 가르침 속에서 어떤 허위를 발견했는가, 어떤 진실을 발견했는가, 그리하여 어떤 결론에 도달했는가? 그것은 그만한 가치가 있고 또 누군가에게 필요할 때, 아마도 언젠가 출판될 이 저술의 제2부가 될 것이다.

1879년

이상은 내가 3년 전에 쓴 것이다. 이 부분은 곧 활자화될 것이다.

지금 한창 다시 읽어 보고 있는 중으로, 이것을 쓰고 있던 당시에 경험한 갖가지 감정과 사상의 과정에 새삼 되돌아가 있다. 그런데 얼마 전에 나는 꿈을 하나 꾸었다. 그 꿈은 내가 지금까지 체험하거나 글로 적어 온 모든 것을 집약된 형태로 내게 표현해 주었다. 그래서 나는 '내 꿈의 서술은 나를 이해해 준 사람들을 위해서, 여태까지 수많은 매수에다 이렇게도 장황하게 늘어놓은 모든 것을 신선하게 만들고 분명하게 하여 하나로 종합해 줄 것'이라고 생각했다.

그 꿈은 다음과 같았다.

문득 깨달으니 나는 침상에 누워 있다. 기분은 좋지도 나쁘지도 않다. 나는 반듯하게 누워 있다. 이윽고 나는 누워 있는 것이 내게 좋은 일인지 아니면 나쁜 일인지 생각하기 시작한다. 그런데 왠지 다리가 좀 불편하다. 침대가 좀 짧은지 아니면 편편하지 않은지 아무튼 다리가 편치 않다. 나는 다리를 움직여 본다. 그리고 내가 무엇 위에 어떤 모양으로 누워 있나 하고, 여태까지 생각해 본 적이 없는 것을 생각하기 시작한다. 침대를 살펴본다. 그리하여 내가 침대 테두리의 끈이 가로 세로 얽어 엮인 그 위에 자고 있다는 것을 발견한다. 내 발꿈치는 그 끈 한 가닥 위에 얹혀 있고, 장딴지는 다른 한 가닥 위에 얹혀 있다. 그 때문에 다리가 불편하다.

어찌된 일인지 나는 그 끈을 움직일 수 있다는 것을 알고 있다. 그래서 제일 끝에 있는 한 가닥을 발끝 쪽으로 밀어 내린다. 그렇게 하면 편해질 것 같아서이다. 그러다가 너무 멀리 밀어버렸다. 나는 두 다리를 움직여서 다시 끌어올리려고 한다. 그러나 이런 운동의 결과 장딴지를 받치고 있던 줄이 느슨해져서 두 다리가 축 처져 버린다. 그러나 나는 금방 잘 고칠 수 있다고 믿고 있으므로 이번에는 온몸을 움직여서 그것을 고치기 시작한다. 이 운동으로 내 몸을 받치고 있던 다른 줄 몇 가닥이 풀어지고 얽혀 상태가 더 나빠진다. 하반신은 완전히 매달린 것처럼 밑으로 축 늘어졌고, 발끝은 바닥에 닿지도 않는다. 잔등의 상부만이 몸을 받치고 있는 것이다.

나는 불편할 뿐 아니라 까닭없이 무서워진다. 그래서 나는 내 자신에게 반문한다. 여태까지 한 번도 머리에 떠오르지 않았던 일을 물어본다. 스스로에게 물어보는 것이다. '나는 대체 어디에 있는가? 무엇 위에 누워 있는가?' 나는 주위를 두리번거리기 시작한다. 그리하여 먼저 내 몸이 매달려 있는 아래쪽, 곧 떨어져 내릴 것만 같은 아래쪽을 내려다본다. 아득히 아래쪽을 내려다본다. 그리고 내 눈을 의심한다. 나는 높디높은 탑이나 산꼭대기 정도의 높이가 아니라 지금까지 한 번도 상상해 보지 못할 정도로 무섭게 높은 곳에 있는 것이다.

지금 내가 그쪽으로 하반신을 늘어뜨리고 매달려 있는 것이다. 곧 그리로 떨어져 내려갈 아득한 저 밑, 깊이를 모르는 심연에 무엇이 있는지 나는 상상조차 하지 못한다. 심장은 멎고, 어마어마한 공포에 사로잡힌다. 아래를 내려다 보기가 무섭다. 아래를 내려다보기만 하면 금방 마지막 끈이 끊어지고, 죽을 것만 같다. 그래서 나는 보지 않는다. 보지 않으니 더 무섭다. 머지않아 마지막 끈이 끊어지면 내게 어떤 일이 일어날 것인지 짐작할 수 있기 때문이다.

나는 너무나 무서워서 그만 마지막 힘을 잃고 내 등이 서서히 아래로 미끄러져 내려가는 것을 느낀다. 이제 한순간이면 나는 떨어지고 마는 것이다. 이때 한 가지 생각이 머리에 떠오른다. '이것은 사실이 아니다. 꿈이다. 잠에서 깨라.' 나는 눈을 뜨려고 한다. 그러나 되지 않는다. '어떻게 하면 좋은가? 대체 어떻게 하면 좋은가?' 이렇게 자신에게 물어보고 위를 쳐다본다. 위도 마찬가지로 무궁한 심연이다. 나는 그 하늘의 심연을 바라보면서 하계의 심연을 잊으려고 애쓴다. 그래서 정말로 잊어버린다. 아래쪽의 무한한 심연은 나를 반발하게 만들고 공포에 떨게 한다. 그러나 하늘의 무한이 나를 끌어당겨 안도시켜 준다. 나는 여전히 심연 위의 아직 이탈하지 않은 마지막 끈에 등을 의지하고 매달려 있다. 나는 내가 그런 위치에 매달려 있다는 것을 안다. 그러나 나는 오직 골똘히 하늘만 쳐다보고 있다. 공포가 사라진다. 꿈 속에서 흔히 있듯이 그 누군가의 소리가 들린다……

'잘 보라, 이것이 바로 그이다!'

나는 무궁한 하늘의 아득히 높은 곳을 응시한다. 그 결과 마음이 차분히 가라앉는 것을 느낀다.

과거의 모든 일들을 생각한다. 다리를 허우적거린 일, 그 때문에 무한의 심연 위에 매달려야만 했던 일, 심한 공포에 떨어야 했던 일, 그리고 마지막으로 하늘을 우러러보기 시작함으로써 구원을 받은 일을 생각한다. 그래서 나는 자신에게 묻는다.

'지금은 어떤가? 전과 다름없는 상태인가?'

나는 주위를 돌아보고, 발견한다기보다 오히려 자신의 몸으로 내 몸을 떠받들고 있는 기둥을 감지한다. 그리고 이제는 내가 그런 상태로 매달려 있는 것이 아니라 떨어질 염려도 없이 단단히 지탱되고 있다는 것을 발견한다. 내 몸이 어떤 모양으로 받쳐져 있느냐고 자신에게 물어본다. 내 몸을 꼬집고 뒤틀기도 하고 주위를 살핀다. 그리하여 마침내 밑으로, 내 몸 중앙부 밑으로 한 가닥의 끈이 가로걸려 있고 그것으로 몸이 지탱되어 있는 것을 발견한다. 그리고는 위를 쳐다보고 내가 그 끈의 한가운데 평형이 유지된 위치에 누워 있다는 것, 지금까지 나를 지탱하고 있던 것이 단 한 가닥의 끈이었다는 것을 발견한다. 그리고 이때도 꿈 속에서 흔히 그렇듯이 내 몸을 지탱하고 있는 그 기계의 구조가 깨고 보면 참으로 어이없는 것인데도 매우 자연스럽고 확실한 것처럼 여겨진다.

아니, 그뿐 아니라 왜 지금까지 저것을 이해하지 못했을까 하고 꿈속에서도 놀란다. 무심코 보니 내 머리맡에 기둥이 하나 서 있지 않은가! 이 기둥이 얼마나 튼튼한가는 그것이 땅에 꽂혀 있는 것도 아닌데 조금도 의심이 가지 않는다. 이 기둥에서 교묘하고 간단하게 한 개의 선반이 나와 있다. 이 선반 위에 몸의 중심을 얹고 하늘을 쳐다보고 있으면 떨어지지 않을까 하는 의심은 아예 일어나지 않는다.

이젠 모든 것이 명백해졌다. 나는 기꺼이 안도의 숨을 내쉬었다. 그때 누군가가 나에게 속삭이는 듯하다. '정신을 차리시오. 잊어서는 안 된다!'

그리고 나는 꿈에서 깨어난 것이다.

1882년

인생의 길

참된 인생이란, 과거의 생을 토대로
현 생활의 행복과 미래의 행복을 촉진하는 생활의 경영이다.
이런 생활을 살아가길 원한다면 자아를 버리고 삶을 주관하는
아버지의 의지를 따르지 않으면 안 된다.

인생의 길

신앙

평생 선하게 살고 싶다면 먼저 자기가 해야 할 일과 해서는 안 될 일이 무엇인지 알아야 한다. 그리고 그 일을 어떻게 구분해야 할지 모르겠다면 도대체 나는 어떤 존재이며, 내가 살고 있는 이 세계는 어떤 곳인지 이해해야 한다.

진정한 신앙은 어디에 있는가

1. 진실된 삶을 살고자 한다면 인생이란 무엇인가, 또 그 인생에서 어떤 일을 해야 하고 어떤 일을 해서는 안 되는가를 알아야 한다. 동서고금을 통틀어 선한 삶을 보낸 성현들은 모두 이렇게 가르침을 펴왔다. 모든 이들에게 이 가르침은 '인생이란 무엇이며 어떻게 살아야 하는가'를 말하고 있는데, 이것이야말로 진실한 신앙이다.

2. 시작도 끝도 모르는 무궁무진한 이 세상은 대체 어떤 것인가? 이 무궁무진한 세계에서 우리의 삶은 대체 어떤 의미를 지니고 있는가? 나아가 과연 우리는 이 땅에서 어떻게 살아가야 할 것인가? 이 질문에 답할 수 있는 것은 오직 신앙뿐이다.

3. 진정한 종교는 모든 인간의 율법 위에 있으며, 모든 이들에게 유일하고 절대적인 율법을 아는 것이다.

4. 아마도 여러 가지 그릇된 신앙이 존재할 것이다. 그러나 참된 신앙은 오직 하나다. (칸트)

5. 자신의 신앙에 의혹을 품는다면 그것은 더 이상 신앙이 아니다. 자기가 가진 믿음에 대하여 털끝만한 의심도 일어나지 않을 때, 비로소 참된 신앙이

존재한다고 할 수 있다.

6. 신앙에는 두 가지가 있다. 하나는 사람들의 가르침을 믿는 신앙으로, 한 사람 또는 여러 사람에 대한 신앙이며 종류가 다양하다. 다른 하나는 우리를 이 세상에 보낸 그분에 대한 자신의 종속을 믿는 신앙이다. 이와 같은 신앙은 모든 이들에게 오직 하나이다.

진정한 신앙이 설교하는 것은 간단명료하다

1. 믿음은 원인과 결과를 반문하지 않고 우리에게 계시된 것을 신뢰하는 것을 의미한다. 이것이 참된 신앙이다. 신앙은 우리가 어떤 사람인지 보여주고 우리가 해야 하는 바를 가르쳐 준다. 그러나 저마다의 신앙이 명하는 바를 행하면 어떤 결과를 초래할 것인가 하는 점에 대해서는 한 마디도 알려주지 않는다.

가령 내가 신을 믿는다 하더라도 신을 섬기게 됨으로써 어떤 결과가 나타날 것인가에 대해서는 아무 질문도 허용되지 않는 것이다. 왜냐하면 신은 사랑이고, 그 사랑으로부터는 결코 선 이외의 어떠한 것도 생겨날 수 없음을 스스로 잘 알기 때문이다.

2. 진정한 인생의 규율은 대단히 간단명료하고 알기 쉬우므로, 이것을 몰랐다는 것이 사악한 삶의 변명은 될 수 없다. 만약 세상 사람들이 진정한 삶을 위한 규율에 어긋난 삶을 산다면, 그들에게는 이성을 잃었다는 사실 하나만 남을 뿐이다. 그런데도 그들은 무모한 삶을 살게 되는 셈이다.

3. 신의 율법은 지키기 힘들다고 한다. 하지만 이것은 거짓이다. 신의 율법은 이웃에 대한 사랑 외에 다른 것은 아무것도 요구하지 않기 때문이다. 더구나 사랑하는 것은 결코 어렵지도 않을 뿐더러 유쾌한 일이다. (그레고리 스코워로다)

4. 참된 신앙을 깨달을 경우, 마치 암실에 불을 켠 것 같은 현상이 일어난다. 하나에서 열까지 모두 밝아져 영혼마저 유쾌해지는 것이다.

진정한 신앙은 신과 이웃에 대한 사랑에만 있다

1. '내가 너희를 사랑한 것과 같이, 너희도 서로 사랑하여라. 너희가 서로 사랑하면 모든 사람이 그것으로써 너희가 나의 제자인 줄을 알게 될 것이다.'

그리스도는 '만약 너희가 이러이러하고 저러저러한 것을 믿는다면'이라고 말하지 않았다. '만약 너희가 서로 사랑한다면'이라고 말했다. 때에 따라서 신앙은 저마다 가지각색일 수 있지만 사랑은 모든 이들에게 언제나 동일하기 때문이다.

2. 진정한 신앙은 오직 하나, 살아 있는 모든 것에 대한 사랑뿐이다. (이브라짐 콜도프스키)

3. 사랑은 사람들에게 하늘의 복을 준다. 왜냐하면 사랑이 사람과 신을 하나로 결합시키기 때문이다.

4. 그리스도는 세상 사람들에게 영원이란 미래를 의미하는 것이 아니라 눈에 보이지 않는 영원한 존재가 현재의 우리 삶 속에 살아 있음을 보여주었다. 또 만물의 생명과 활동을 관장하는 신의 영혼과 하나로 맺어졌을 때, 우리는 영원한 존재가 된다는 것을 보여주었다. 우리는 오로지 사랑에 의해서만 그 '영원'에 도달할 수 있다.

신앙은 사람들의 삶을 이끈다

1. 스스로 인생의 규율이라고 생각하는 것을 실천하는 사람만이 진정 인생의 규율을 안다.

2. 모든 신앙은 본질적인 의문에 대한 답이다. 즉 사람들 앞에서가 아니라 나를 이 세상에 보내신 그분 앞에서 내가 이 세상을 어떻게 살아야 할 것인가에 대한 해답인 것이다.

3. 진정한 신앙에 중요한 것은 신이나 영혼, 또는 과거와 미래는 어떻게 되는가 하는 문제에 대해 훌륭한 판단을 내리는 것이 아니다. 중요한 것은 다만 현재의 삶에서 해야 할 일과 해서는 안될 일을 확실히 아는 것뿐이다. (칸트)

4. 만약 어떤 사람의 삶이 바람직하지 못하다면 그것은 그 사람이 신앙을 갖지 않은 결과이다. 이것은 한 나라 국민의 경우에도 마찬가지다. 만약 국민의 삶이 바람직하지 못하다면, 그것은 곧 그 국민이 신앙을 잃은 결과이다.

5. 사람들의 삶은 그들이 인생의 참된 규율을 어떻게 이해하고 있는가에 따라서 좋게도 되고 나쁘게도 된다. 사람들이 인생의 참된 규율을 명확히 이해하면 할수록 그들의 삶은 훌륭하게 될 것이며, 이 규율을 이해하는 것이

애매하면 할수록 그들의 삶은 열악해진다.

6. 현재 사람들이 살고 있는 죄악과 음탕과 비참으로 뒤범벅이 된 이 삶의 늪에서 벗어나기 위해 필요한 것은 단 한 가지, 바로 신앙이다. 그 신앙은 현재와 같은 자기중심적인 삶을 그만두고 모두가 협동하는 삶을 살 수 있도록 유일하고 절대적인 율법과 목적을 인식하게 한다. 신앙이 세워졌을 때 비로소 사람들도 '……뜻이 하늘에서 이룬 것같이 이 땅에서도 이루어지이다' 하는 기도문의 말을 거듭하면서, 실제 신의 나라가 땅에서도 실현되는 것을 기대할 수 있을 것이다. (마치니)

7. 만약 신앙이 영원불멸의 삶을 위해 이 땅의 삶에서 무엇을 거부해야 하는가를 설교한다면, 그것은 그릇된 신앙이다. 영원불멸의 삶을 위해서 현재의 삶을 거부할 수는 없기 때문이다. 영원불멸의 삶은 이미 현재의 삶 속에 있기 때문에. (우파니샤드)

8. 신앙이 강하면 강할수록 삶은 견고하다. 우리의 삶에 신앙이 없으면 그것은 곧 짐승의 삶이다.

그릇된 신앙

1. 신과 이웃을 사랑하라는 인생의 율법은 간단명료하다. 누구든지 영적인 지혜의 세계에 눈뜨면 이것을 마음으로 자각한다. 만일 온갖 거짓 가르침이 없었더라면, 모든 사람이 이 율법을 지켜 이 땅에 천국이 펼쳐졌으리라.

그러나 사방에서 늘 거짓된 선생들이 세상 사람들에게 신이 아닌 것을 신이라 가르쳤다. 신의 율법이 아닌 것을 신의 율법으로 설교했다. 그 결과 세상 사람들은 인생의 참된 율법에서 멀어지고, 진정한 신의 율법을 지키는 일에서 멀어졌다. 그래서 우리의 삶은 한층 힘들고 불행한 것이 되었다. 그렇기 때문에 우리들은 신과 이웃 사랑에 부합하지 않는 어떠한 가르침도 믿을 필요가 없다.

2. 오래된 신앙이 진실하다고 생각할 필요는 없다. 오히려 사람들이 오래 살면 살수록 인생의 참된 율법은 점점 더 명백해진다. 우리가 우리 할아버지나 증조할아버지가 믿었던 것을 그대로 믿어야 한다고 생각하는 것은, 어른이 된 뒤에도 어린 시절의 옷이 맞다고 생각하는 것과 같다.

3. 우리는 아버지가 믿었던 것을 믿을 수 없음을 한탄한다. 그러나 한탄할

필요는 없다. 우리 조상이 살던 시절에 믿었던 것 같이, 그렇게 믿을 수 있는 신앙을 자기 안에 견고하게 수립하도록 노력해야 한다. (마르티노)

4. 진정한 신앙을 깨닫고 싶다면 먼저 맹목적으로 믿어 왔던 이제까지의 신앙에서 잠시 떨어져, 어린 시절부터 주입되어 온 모든 것을 이성으로 재고하고 판단하는 것이 필요하다.

5. 도시에서 일하는 한 노동자가 목돈을 조금 만들어 귀향길에 올랐다. 도시를 떠날 때 그는 한 나그네를 만났다. 나그네는 그에게 말했다.

"함께 가십시다. 나도 같은 방향으로 갑니다. 그리고 가는 길을 알고 있습니다."

노동자는 그 말을 믿었다. 그래서 그들은 길동무가 되었다.

그들은 한두 시간쯤 걷고 또 걸었다. 그런데 노동자는 그 길이 고향에서 도시로 들어올 때 지나온 길과 다른 길인 것 같았다. 그래서 물었다.

"아무래도 오던 때와는 다른 길 같습니다만?"

그러자 나그네는 대답했다.

"이것이 가장 정확하고 가까운 지름길입니다. 나를 믿으십시오. 내가 잘 아니까요."

노동자는 상대가 하는 말을 듣고 그를 따라서 걸음을 계속했다. 앞으로 갈수록 길은 점점 나빠지기 시작했다. 차츰 걷기 힘들어졌다. 마침내 노동자는 지니고 있던 돈을 다 써버렸다. 그런데도 아직 집에는 당도하지 못했다. 그래도 그는 길을 갈수록 점점 깊이 상대의 말을 믿었다. 그가 그렇게 믿게 된 것은 어차피 돌아가기도 어렵고 이 길로도 목적지에 닿을 수 있을 것이라 여겼기 때문이었다. 결국 이 노동자는 고향을 멀리 떠나와 길을 헤매면서 오랫동안 빈곤에 시달렸다.

자신의 소리에 귀를 기울이지 않고, 신과 신의 율법에 관한 타인의 말을 믿는 사람들에게도 이와 같은 현상이 일어난다.

6. 신을 알지 못하는 것은 나쁘지만, 신이 아닌 것을 신으로 인식하는 것은 그보다 훨씬 더 나쁘다.

피상적으로 신을 공경하는 것에 대하여

1. 진정한 신앙은 세상 모든 사람에게 도움이 되는 오직 하나의 율법을 믿

는 것이다.

2. 진정한 신앙은 늘 홀로 조용히 생각에 잠기는 경지에서만 우리 마음에 찾아온다.

3. 앉으나 서나 모든 이들과의 사랑 속에서 선량한 삶을 살고, 내가 받기를 원하는 대로 이웃에게 행하라. 그곳에 진정한 신앙이 있다. 거기에 참된 신앙이 있다. 진정한 성현이나 백성들 가운데 성스러운 삶을 보낸 사람은 언제나 신앙을 그렇게 가르쳤다.

4. 그리스도는 사마리아인에게 유대인들을 위해 그들의 신앙을 버리라고 하지 않았다. 또 유대인들에게 사마리아인들과 연합하라고도 하지 않았다. 다만 그 양쪽 사람들에게 이렇게 말했다.

"나의 말을 믿어라. 너희가 이 산 위에서도 아니고 예루살렘에서도 아닌 데서 너희가 아버지께 예배를 드릴 때가 올 것이다. 참되게 예배를 드리는 사람들이, 영과 진리를 깨닫고 하느님 아버지께 예배를 드릴 때가 온다. 지금이 바로 그 때다. 아버지께서는 이렇게 예배를 드리는 사람들을 찾으신다……"

예루살렘 시대에 그리스도는 이러한 예배자를 찾아다녔다. 지금도 그는 그런 사람을 원하고 있다.

5. 한 지주집에 한 사람의 일꾼이 고용되어 있었다. 그는 주인과 한지붕 밑에 살면서 하루에 한 번씩 잠깐 주인과 얼굴을 마주했다. 일꾼은 점점 일을 하지 않다가 마침내는 게으른 습성이 뼛속까지 배어들어서 전혀 일을 하지 않게 되고 말았다. 일꾼은 주인이 자기에게 불만임을 알고, 일은 하지 않는 채 비위만 맞추려고 했다. 일꾼은 주인의 지인이나 친구들을 찾아가 주인이 자기에게 화를 내지 않도록 도와달라고 탄원했다. 주인은 그 사실을 알고 일꾼을 불러서 말했다.

"어째서 너는 너를 감싸달라는 따위의 말을 하면서 징징대고 다니느냐? 너는 나하고 늘 한지붕 밑에서 사는데 할 말이 있으면 직접 나한테 말하면 되지 않느냐?"

일꾼은 뭐라고 해야 좋을지 몰라 횡설수설하다가 물러 나왔다. 일꾼은 다른 방법을 생각해냈다. 그는 주인집 닭장의 달걀을 모으고 닭을 잡아서 주인의 화를 풀기 위해 선물로 가져갔다. 그러자 주인은 그에게 말했다.

"요전에는 나에게 직접 말을 할 수 있으면서도 내 친구에게 가서 울면서 네 변명을 해달라고 하더니, 이번엔 방법을 바꿔서 선물을 하려는 게로구나. 그런데 네가 가져온 것은 모두 내 것뿐이지 않느냐? 설령 네가 네 것을 가져왔다 하더라도 나는 너의 선물 따윈 필요치 않다."

그래서 일꾼은 세 번째 수단을 생각해 냈다. 그는 주인을 전지전능한 아버지라 칭송하고, 자선가에 박애가로 높이 칭송하는 시를 지어 주인집 창 밑을 오가며 소리 높여 노래하기 시작했다. 그러자 주인은 다시 일꾼을 불러놓고 말했다.

"저번에는 다른 사람을 개입시켜 나에게 환심을 사려고 하거나 내 소유물을 내게 선물하려고 하더니, 이번엔 더 요상한 수법을 궁리해냈구나. 나를 전지전능한 자선가라느니 해가면서 칭송하는 노래를 부르다니, 참으로 해괴한 일이 아니냐? 너는 이런저런 말로 나를 높이 띄우고 있다만 사실 너는 나를 모르거니와 알려고도 하지 않았다. 내가 바라는 것은 너에 대한 다른 사람의 변명도 아니고, 또 너의 선물도 아니다. 제대로 알지도 못하는 인간에 대한 찬미의 말은 더더욱 아니다. 내가 네게 바라는 것은 그저 네 할 일을 하는 것, 단지 그뿐이다."

신에게 필요한 것은 우리의 선행뿐이다. 신의 가르침은 모두 이 속에 포함되어 있다.

선량한 삶에 대가가 있다는 해석은 참된 신앙에 꼭 들어맞지는 않는다

1. 신앙에 따라 행동함에 있어서, 미래에 있을 갖가지 외형적인 축복을 기대하고 이것만을 목적으로 신앙에 들어선 경우, 그것은 신앙이 아니라 타산이다. 그리고 이 타산은 언제나 어긋나기 십상이다. 이 타산은 불확실하다. 왜냐하면 진정한 신앙은 현재에 복을 주는 법이어서, 미래에는 어떠한 축복도 주지 않고, 줄 수도 없기 때문이다.

2. 어떤 사람이 일자리를 찾아 바삐 돌아다녔다. 그러다가 2명의 인부 고용인을 만났다. "저는 일을 찾고 있습니다"라고 남자는 말했다. 인부 고용인은 둘 다 그를 채용하겠다면서 자기 집으로 오라고 했다. 한 인부 고용인이 그에게 말했다.

"내가 있는 곳으로 오는 게 좋아. 땅이 좋지. 사실 말인데 내 마음에 들게 일을 하지 않으면 외양간에 처넣고 백 대는 때려주겠어. 하지만 내 마음에 들게만 해준다면 우리 집보다 나은 곳은 없을 거야. 일을 끝마치면 그 다음은 더 이상 아무 일도 하지 않고 팔짱을 낀 채 빈둥거리며 사는 거야. 날마다 진수성찬에 술도 잔뜩 마시고, 게다가 맛좋은 과자를 먹으면서 놀러 다니는 것이지. 다만 내 마음에 들게만 해준다면 그걸로 족해. 그러면 우리 집보다 더 나은 곳이 있지 않을까 하는 생각은 전혀 나지 않을 것이네. 참으로 좋은 일자리지."

다른 한 인부 고용인도 자기 주인집에서 일하기를 권유했다. 그러나 그는 자기 주인이 일꾼에게 어떤 대우를 하는가에 대해서는 한마디도 하지 않았다. 일꾼들이 어떤 곳에서 어떤 생활을 하게 되는지, 또 그 일이 힘든지 쉬운지 그것마저도 말하지 않았다. '주인은 선량한 사람이어서 아무한테도 벌을 주지 않는다. 그리고 자기도 일꾼들과 함께 기거한다.' 다만 이렇게 설명할 따름이었다.

일자리를 찾던 사람은 첫 번째 주인에 대해서 이렇게 생각했다.

'정말이지 이것저것 약속한다. 만약 그것이 사실이라면 이렇게까지 너저분하게 약속할 필요도 없을 것이다. 한껏 사치스런 생활을 자랑하면서 그다지 악하지 않은 사람인 듯한 얼굴을 하고 있지만, 주인은 틀림없이 화를 잘 내는 사람일 게야. 왜냐하면 자기 마음에 들지 않게 일을 하는 자를 혹독하게 벌한다고 하니까. 두 번째 주인집에서 일해야겠다. 이쪽 주인은 아무런 약속도 하지 않지만 선량한 분이라고 하고, 게다가 일꾼들과 함께 먹고 잔다고 하니까.'

신앙에 관한 가르침도 마찬가지이다. 어떤 교사들은 갖가지 벌이 있다면서 위협을 하거나, 아무도 간 적 없는 '저세상'에서 대가를 받을 것이라고 부추기면서 사람들을 선한 듯한 삶으로 이끈다. 그러나 또 올바른 신앙의 교사들은 '인생의 기초는 사랑이며, 그것은 사람들의 영혼 속에 살아 있다. 따라서 이것과 부합하는 사람에게는 복이 내려진다'는 것만을 설교한다.

3. 만일 영원한 행복을 바라는 마음에서 신을 섬긴다면, 그것은 스스로를 섬기는 것이지 신을 섬기는 것이 아니다.

4. 진정한 신앙과 거짓 신앙의 주요 차이는 다음과 같다. 거짓 신앙은 자기가 치를 희생과 기도에 대하여 신에게 대가를 바라지만, 참된 신앙은 오직

한 가지, 신의 뜻에 따르는 것을 배우는 일이다.

이성은 신앙을 재는 척도이다

1. 진정한 신앙을 알기 위해서 이성이 흐려지지 않게 할 필요가 있다. 아니 오히려 종교 교사가 설교하는 내용을 숙고하기 위해서 이성을 맑고 깨끗하게 긴장시키는 것이 필요하다.

2. 이성으로 신앙에 도달하는 것은 아니다. 그렇지만 우리에게 설교하는 신앙을 숙고하기 위해서는 아무래도 이성이 필요하다.

3. 신앙에서 온갖 쓸데없는 것, 이를테면 육체적이고 눈에 보이고 손으로 만져지는 것을 배제하기를 두려워해서는 안 된다. 마찬가지로 모든 모호하고 불확실한 것을 없애는 것도 두려워하지 말아야 한다. 우리가 영혼의 내부를 깨끗하게 하면 할수록 인생의 참된 율법도 보다 명백하게 드러날 것이다.

4. 주위의 모든 사람들이 믿는 것을 믿지 않는 사람은 불신자가 아니다. 진정한 불신자는 자기 마음속 깊은 곳에서는 믿지 않는 것을 덮어놓고 믿는다고 생각하고, 그렇게 태연히 말하는 사람이다.

우리의 종교적 자각은 끊임없이 완성을 향하고 있다

1. 인생의 규율에 관한 옛 성현의 가르침을 따를 필요는 있다. 그러나 나아가 자기의 이성으로 그들이 가르치는 바를 깊이 생각해야만 한다. 그래서 이성과 일치하는 부분은 받아들이고, 일치하지 않는 부분은 버려야 한다.

2. 신의 율법을 그르치지 않기 위해서 한번 귀의한 신앙이지만 이를 버릴 용기가 없는 사람에게는, 길을 잃고 헤매지 않으려고 나무에 스스로 자신을 밧줄로 묶은 사람과 같은 현상이 일어난다.

3. 세상 사람들 대다수가 현 시대에 적합하지 않은 옛 신앙의 가르침을 굳게 믿고, 새로운 모든 신앙을 해롭고 쓸모없다고 여겨 배척하는 것은 참으로 기괴한 일이다. 사람들은 신이 옛날 사람들에게 진리를 계시했으니, 최근까지 살아 있던 사람들이나 지금 살아 있는 사람들에게도 마찬가지로 같은 진리를 계시할 것임을 잊고 있다. (트로)

4. 인생의 규율 그 자체는 변하지 않지만, 사람들이 서서히 그 뜻을 명료하게 이해함으로써 어떻게 그런 삶을 살 수 있을지 알게 된다.

5. 성현이 가르쳤기 때문에 종교가 진리인 것이 아니라, 진리이기 때문에 성현이 가르쳤다. (레싱)

6. 빗물이 홈통을 지나 흐를 때는 물이 마치 통에서 흘러나온 것처럼 보인다. 그러나 말할 것도 없이 그 물은 하늘에서 떨어진 것이다. 성현의 가르침도 마찬가지다. 가르침이 그들에게서 나오는 것 같지만 사실은 신에게서 나온 것이다. (라마크리시나)

신

나와 세계에는 육체적인 것 이외에 육체에 생명을 주고, 육체와 밀접하게 이어져 있는 육체적이지 않은 어떤 것이 있음을 우리는 안다. 육체와 이어진 육체적이지 않은 이 '어떤 것'을 우리는 영혼이라 말한다. 또 존재하는 모든 것에 생명을 주고, 어떤 것과도 이어져 있지 않으면서 육체적이지 않은 것을 우리는 신이라 이름붙인다.

신은 우리 내부에서 우리에 의해 인식된다

1. 모든 신앙의 기초는 자신 및 타자와 우리가 육체적으로 보고 느끼는 사물 외에도 눈에 보이는 모든 육체적 존재에 생명을 부여하는, 눈에 보이지 않고 육체적이지도 않은 '그 어떤 것'이 존재한다는 사실을 토대로 한다.

2. 자기 내부에서 이것 없이는 아무것도 있을 수 없다고 생각되는 '어떤 것'의 존재를 우리는 알고 있다. 이 '어떤 것'이야말로 우리가 신이라 부르는 것이다. (엥겔스)

3. 누구든지 내가 어떤 존재인가를 생각하면, 나라는 것이 전체가 아니라 '어떤 것'의 특수한 일부분에 불과하다는 것을 인정하지 않을 수 없다. 그리고 이것을 깨달음과 동시에 사람은 '어떤 것'이 눈으로 볼 수 있는 물리적인 세계, 즉 우리 조상이 과거에 살았고, 또 현재 내가 살고 있는 이 지구, 내가 날마다 보는 저 하늘, 저 별, 저 태양이라고 생각한다.

그러나 좀더 심각하게 이 문제를 고찰해서 이 세상의 현인들이 이 문제를 어떻게 생각했는가를 알게 되면서, 세상 사람들이 나를 그 작은 한 부분으로 느끼는 이 '어떤 것'이 시간과 공간에 있어서 무궁무진한 이 물리적 세계가 아니라 다른 어떤 것임을 알게 된다. 나아가 이 문제를 보다 심각하게 고찰하고, 이 세상의 현인들이 같은 문제에 대해 어떻게 생각했는지를 알게 되면, 시작도 없고 끝도 없는, 어디에도 한계가 있을 수 없는 물리적 세계는 우리의 상상에 불과하다는 것, 따라서 나를 그 일부분으로 사유하는 '어떤 것'이란 물리적이지 않은 정신적인 것임을 깨달을 것이다.

그리고 우리가 나의 시작이라 인식하는 이 정신적인 '어떤 것'이야말로 과거와 현재의 모든 현인들이 신이라 이름했던 것이다.

4. 나의 내부에서만 신을 인식할 수 있다. 내부에서 이것을 발견하기 전에는 어디에서도 신을 발견할 수 없으리라. 자기 내부에서 신을 발견하지 못하는 자에게는 신은 존재하지 않는다.

5. 나는 내부에서 온갖 물리적 현상으로부터 독립된 정신적인 존재를 인식한다. 또한 다른 사람들의 내부에서도 모든 물리적 현상으로부터 독립된 그와 같은 정신적인 존재를 인식한다. 그렇지만 내가 이러한 정신적 존재를 나의 내부에서나 나 이외의 사람의 내부에서 인식한다면, 이 존재는 그 자신의 내부에도 있어야 할 것이다. 우리는 그 자신의 내부에 있는 그와 같은 존재를 신이라 이름하는 것이다.

6. 우리가 살아 있는 것이 아니다. 우리가 '나'라고 이름하는 존재는 생명이 없는 존재이다. 우리를 살아 움직이게 하는 것은 바로 신이다. (엥겔스)

7. 갖가지 행위로 신에게 공적을 세우려 해서는 안 된다. 어떠한 행위도 신 앞에서는 아무것도 없는 것과 같다. 신에게 공을 세우려 하지 말고, 신과 하나가 되는 것이 필요하다. (엥겔스)

8. 만약 눈으로 보거나 귀로 듣거나 손으로 만질 수 없다면, 우리는 나를 둘러싼 외적인 사실과 현상에서 아무것도 구별하지 못할 것이다. 마찬가지로 나의 내부에서 신을 인식하지 못한다면, 우리는 나 자체도 인식할 수 없으며, 나를 둘러싼 바깥세계를 보거나 듣거나 감촉하는 그 당사자도 인식할 수 없을 것이다.

9. 신의 자녀가 될 수 없는 사람은 가축과 함께 영원히 우리 안에 있게 되리라. (엥겔스)

10. 세상을 덧없는 삶으로 일관한다면 나는 신 없이도 살 수 있다. 그러나

태어날 때 나는 대체 어디에서 왔고 죽은 뒤에는 어디로 사라지는 것일까를 생각해 본다면, 죽은 뒤에 다시 그 슬하로 돌아갈 나의 진정한 시초가 누구인지 생각하지 않을 수 없다. 나는 내가 알지 못하는 '어떤 것'에서 이 세상으로 분리되어 온 것이다. 그리고 다시 내가 알지 못하는 어떤 것에게로 돌아가는 것임을 인식하게 된다.

진정한 나의 어머니이자 내가 죽어서 다시 돌아갈 곳, 그 알 수 없는 '어떤 것'을 나는 신이라 부른다.

11. 신은 사랑이고 사랑이 곧 신이라고 한다. 또 신은 영적인 지혜라고도 하고, 영적인 지혜가 신이라고도 한다. 그러나 이런 것들은 모두 하나만 알고 열을 모르는 사람의 말이다. 사실 사랑과 영적인 지혜는 우리 내부에서 인식하는 신의 특성이다. 그러나 신 그 자체가 내 안에 있다는 사실도 우리는 인식해야 한다.

12. 신을 두려워하는 것도 좋지만 신을 사랑하는 것은 더욱 좋다. 그리고 신을 내 안에 부활시키는 것은 더더욱 좋다. (엥겔스)

13. 인간에게는 사랑이 필요하다. 그러나 진실로 사랑할 수 있는 것은 악의 요소가 없는 것뿐이다. 따라서 악의 요소를 절대로 포함하지 않은 것이 분명히 존재해야만 한다. 절대로 악의 요소를 포함하고 있지 않은 존재는 단 하나, 바로 신이다.

14. 만약 신이 당신 안에 있는 그 자신을 사랑하지 않는다면, 당신은 영원히 자신도 신도 이웃도 사랑하지 못할 것이다. (엥겔스)

15. 신은 무엇이냐는 문제에 대하여 대부분의 사람들이 다른 의견을 보인다 하더라도, 그들은 모두 올바르게 신을 믿고 있으며 신이 자기들에게 바라는 것을 이해하고 있다.

16. 신은 고독을 사랑한다. 신은 고독할 때, 즉 당신이 신만을 생각할 때 비로소 당신의 가슴에 깃들리라. (엥겔스)

17. 아라비아에 다음과 같은 이야기가 있다.

모세가 황야를 방랑하던 시절 한 목동의 기도소리를 들었다. 그는 이렇게 기도하고 있었다.

"오, 주여, 부디 당신 곁에 있게 하소서. 당신의 노예가 되게 하소서! 그러면 저는 진정한 기쁨으로 당신의 발을 씻겠습니다. 또 신발도 신기겠습니다. 그리고 그 발등에 입을 맞추겠습니다. 또 당신의 머리칼을 빗기고, 드실 것을 마련하고, 입으시는 옷을 손질하겠으며 잠자리 정돈도 하겠습니다. 제 가축에게서 신선한 젖을 짜서 바치겠습니다! 제 마음은 당신을 바라고 있나이다!"

모세는 이 말을 듣고는 화가 나서 목동에게 말했다.

"너는 신을 얕보는 자다. 신에게는 육체가 없다. 신은 옷도 집도 노예도 필요치 않다. 네가 한 말은 옳지 않다."

목동은 슬퍼 탄식했다. 그는 육체와 육체적인 요구를 분리한 신을 상상할 수 없었다. 그 결과 이제 그는 신에게 기도할 수도 봉사할 수도 없게 되어 절망의 바닥으로 떨어져 버렸다. 이때 신은 모세에게 말했다.

"어째서 너는 나의 충실한 종을 쫓아냈느냐? 누구에게나 자기 사상과 말이 있는 법이다. 어떤 이에게는 좋은 것이 다른 이에게는 좋지 않을 수도 있다. 너에게 독약 같은 것이라도 다른 사람에게는 감미로운 꿀인 경우가 종종 있다. 말 자체로는 아무런 의미도 없다. 나는 그저 내게 기도하는 그의 마음만을 보노라."

18. 사람들은 신에 대해 서로 다른 말을 한다. 그러나 모두 한결같이 신을 느끼고 신을 이해하고는 있다.

19. 우리가 두 발로 걷는 동물인 것과 마찬가지로 신의 존재를 믿지 않을 수는 없다. 이 신앙은 변경할 수도 있고 또 완전히 위축시킬 수도 있다. 그러나 이 신앙 없이는 우리는 자기의 신을 이해하지 못한다. (리히텐베르크)

20. 가령 우리가 공기를 호흡한다는 것을 모른다 하더라도 숨쉬기가 곤란해졌을 때는 살아가는 데 잠시라도 없어서는 안 될 무엇인가가 나에게 부족함을 알 것이다. 신을 잃은 경우도 이와 같아서 무엇 때문에 고뇌하는지 모른다 하더라도 어쨌든 무엇인가 없다는 것을 알게 된다.

총명한 사람은 신을 인식하지 않을 수 없다

1. 사람들은 신은 하늘에서 산다고 말한다. 또 인간의 내부에 살고 있다고도 한다. 모두가 진실이다. 신은 하늘, 즉 무궁무진한 대우주에도, 인간의 영혼 속에도 살고 있다.

2. 개별적인 자기 육체 속에서 구분하기 힘든 존재인 신을 인식하고, 나아

가 모든 생물 속에서도 이와 똑같은 신을 인식한 우리는 묻는다. 신은 구분하기 어려운 유일한 정신적 존재인데, 어째서 사람들 속에, 내 안에, 또 모든 사람들의 육체 속에 존재할 수 있단 말인가? 이 유일하고 정신적인 존재가 무엇 때문에 스스로를 구분하는 모습을 하고 있는 것일까? 무엇 때문에 불멸의 존재가 결국에는 죽을 일시적인 존재와 자신을 함께 두고 계실까?

여기에 해답을 줄 수 있는 것은 나를 이 세상에 보내신 그분의 의지를 믿고 따르는 사람뿐이다. 그들은 이렇게 말한다.

"그것은 모두 나에게 축복을 내리기 위해 행해지는 일이다. 나는 거기에 감사하며 더 이상 아무것도 묻지 않는다."

3. 우리는 신이라 부르는 것을 하늘에서도, 또 개개인의 내부에서도 본다.

겨울 밤하늘을 올려다 보면 그곳에서 수많은 별을 발견하게 된다. 그 별들이 점점이 계속되어 끝이 없음을 발견할 것이다. 그리고 그 별들 하나하나가 우리가 사는 이 지구보다 몇 배나 크다는 것, 우리가 바라보는 그 별들 뒤에도 비슷한 별이나 보다 커다란 별들이 몇 백, 몇천, 몇 백만 개나 셀 수 없을 정도로 존재한다는 것, 그 별들과 하늘이 끝이 없다는 것을 생각하면, 우리가 이해하지 못하는 것이 엄연히 존재한다는 것도 깨달으리라.

또한 우리 내부를 들여다 보아 우리가 '나'라고 부르고 나의 영혼이라 부르는 것을 발견함과 동시에 그곳에 이해하기 힘들지만 다른 어떤 것보다도 확실하게 아는 '어떤 것'의 존재, 모든 물리적 현상에 대한 지식의 근원인 '무엇인가'의 존재를 발견함과 동시에 나의 영혼에서도 하늘에서 볼 수 있는 것보다도 더 위대하고 이해할 수 없는 '어떤 것'을 발견하리라.

이 '어떤 것'이야말로 하늘에서 볼 수 있는 것과 우리 내부, 영혼의 내부에서 인식하는 것이며, 이 두 가지야말로 우리가 신이라 부르는 존재이다.

4. 어느 시대 어떤 국민에게나 눈에 보이지 않는 어떤 특별한 힘이 우주를 지배한다는 신앙이 있었다.

옛날 사람들은 이 힘을 우주 전체를 관통하는 영적 지혜, 대자연, 생명, 영원이라 불렀다. 또 그리스도교도들은 영혼, 아버지, 주, 영적인 지혜, 진리라 불렀다. 눈에 보이는 변하기 쉬운 이 세상은 말하자면 이 힘의 그림자와 같다.

신이 영원불멸한 것처럼, 그 그림자인 눈에 보이지 않는 이 세계도 또한 영원하다. 그러나 눈에 보이지 않는 이 세계는 요컨대 그림자에 불과하다. 참으로 존재하는 것은 눈에 보이지 않는 유구한 힘, 즉 신뿐이다. (스코워로다)

5. 이것 없이는 하늘도 땅도 있을 수 없는, 그런 존재가 엄연히 존재한다. 이 존재는 온건하며 형체가 없다. 그 특질은 사랑이라 불린다. 또 영적 지혜라 불린다. 그러나 이 존재 자체는 이름이 없다. 이 존재는 매우 먼 곳에 있다. 그러나 매우 가까운 곳에도 있다. (노자)

6. "당신은 신이 존재하는 것을 어떻게 아십니까?"라고 어떤 사람에게 물었다. 그러자 그는 대답했다.

"먼동이 트는 것을 보는데 과연 촛불이 필요하겠습니까?"

7. 어떤 것을 위대하다고 생각할 때, 그것은 우리가 신의 높이에서 사물을 관찰하지 않는다는 것을 의미한다. (엥겔스)

8. 어느 방향에서든 '무궁무진한 이 우주는 무엇이며, 스스로 나를 아는 나의 영혼이란 대체 무엇인가' 하는 문제를 고찰하지 않고도 우리는 살 수 있다. 그러나 일단 이 문제를 고찰하면 그때부터는 우리가 이미 신이라 부르는 것을 인식하지 않을 수 없다.

9. 미국에 태어날 때부터 맹인에다 귀머거리이고 벙어리인 소녀가 있었다. 소녀는 감촉으로 읽고 쓰기를 배웠다. 언젠가 선생이 소녀에게 신이 존재하는 것을 설명하자 소녀는 선생에게 이렇게 대답했다.

"저는 늘 그런 존재를 알고 있었는데, 지금까지는 그것을 뭐라고 하는지 몰랐을 뿐이에요."

신의 뜻

1. 우리가 신을 아는 것은 이성으로라기보다는 오히려 젖먹이가 자신을 안고 있는 어머니의 품안에서 느끼는 그런 기분으로 안다.

아기는 누가 나를 안고 있는지 모른다. 누가 나를 따뜻하게 해 주는지, 누가 길러 주는지를 알지 못한다. 그러나 그런 어떤 존재가 있다는 것만은 안다. 그냥 아는 것만이 아니라 나를 지배하고 있는 그 인물을 사랑한다. 우리와 신과의 관계도 이와 같다.

2. 신의 뜻을 행하는 일이 많으면 많을수록 우리는 그만큼 깊이 신을 안

다. 신의 뜻을 전혀 행하지 않는 경우에는 입으로 아무리 신을 안다고 떠들어도, 아무리 신에게 기도를 해도 그 사람은 신을 전혀 모르는 것이다.

3. 모든 사물을 잘 알려면 아무래도 그 물체 가까이로 접근해야 한다. 마찬가지로 신을 잘 알 수 있는 것도 또한 신에게 가까이 간 경우뿐이다. 그러나 신에게 가까이 갈 수 있는 것은 주로 우리의 선행에 의해서이다. 우리가 선한 삶을 향하는 정도가 깊으면 깊을수록, 그만큼 우리는 신을 가까이 알 수 있다. 그리고 신을 아는 것이 깊어지면 질수록, 그만큼 깊이 우리는 모든 사람을 사랑하게 된다. 따라서 이 두 가지는 서로 상부상조하는 관계이다.

4. 우리는 신을 알 수 없다. 우리가 신에 관해 아는 것은 오직 한 가지, 복음서에 나와 있는 것처럼 그의 율법과 의지를 통해서이다. 신의 율법을 알고 나서 우리는 그 율법을 준 이가 존재한다는 추리를 하지만, 신 그 자체를 알 수는 없다. 우리가 정확하게 아는 것은 단 하나, 바로 이 세상에 살면서 신이 준 율법을 준수해야만 하고, 신의 율법을 충실하게 준수하면 할수록, 그만큼 우리의 삶은 훌륭한 것이 된다는 사실이다. 우리가 정확하게 아는 것은 이것 한 가지이다.

5. 우리는 우리 일생에 어떤 일이 줄곧 행해지고 있다는 것, 내가 뭔가의 도구라는 것을 느끼게 된다. 그러나 우리가 누군가의 도구라고 한다면 그 도구를 부리는 자가 없어서는 안 된다. 그 도구를 부리는 자, 그가 곧 신이다.

6. 이 세상과 우리의 삶보다 한 단계 높은 곳에서 무엇 때문에 이 세상이 존재하는지, 무엇 때문에 우리가 거기에서 끓는 물 속의 거품처럼 끓어오르고 꺼지고 사라지는지를 아는 누군가, 혹은 어떤 것이 있다는 지극히 단순한 진리를 지금까지 모르고 있었다니, 정말 깜짝 놀랄 만한 일이다.

그렇다, 이 세상에는 끊임없이 어떤 일이 이루어지고 있다. 살아 있는 모든 존재에 의해서 속속 행해지고 있다. 지금 내가, 내 생활이 행하고 있는 것이다. 그렇지 않다면 저 태양, 봄·여름·가을·겨울의 변화는 무엇 때문에 존재하는 것이랴? 무엇 때문에 수많은 번민, 출생, 사망, 선행, 악행 따위가 존재하는 것이랴? 나에게 분명 아무런 의미도 없는, 더구나 아직 온힘을 기울여 살아가고 있는 모든 존재, 나의 삶을 굳게 지키고 단단히 생명이 불어넣어져 있는 그들 존재는 무엇 때문에 존재하는 것일까? 그렇다, 이들 존재의 삶은 나에게 무엇보다도 강하게 그것들이 모두 옳고 선하며, 내가 닿을 수 없는 높고 먼 사업을 위해 필요하다는 신념을 준다.

7. 영적 존재인 '나'는 육체에서 태어난 것이 아니다. 따라서 '나'는 내 육체 속 나의 의지가 아니라 누군가에 의한 더 높은 의지로 머무르게 된 것이다. 그리고 이 의지야말로 우리가 신이라 부르고 신이라고 알고 있는 존재이다.

8. 신을 숭배하거나 찬미하거나 해서는 안 된다. 신에게는 끝까지 침묵을 지키고, 그저 묵묵히 봉사하는 것이 좋다. (엥겔스)

9. 노래하거나 대중 앞에서 "오, 주여, 주여!"라고 외치거나 하는 동안, 그 사람은 아직 주를 발견하지 않은 것이라고 보는 게 맞다. 주를 발견한 사람은 굳게 침묵한다. (라마크리시나)

10. 마음이 혼탁한 순간에는 신을 느끼지 못하며, 신에 대해 의심을 품는다. 그러나 구원은 유일하게 늘 하나이며, 더구나 이 구원은 언제나 정확하다. 신을 생각하기를 그만두고, 그저 신의 율법만을 생각하며, 그것을 준수하고, 그리고 모든 사람을 사랑하면 된다. 그리하면 어느새 의혹은 사라지고 다시 신을 만나게 될 것이다.

이성으로 신을 인식하지는 못한다

1. 나의 내부에서 신을 감지할 수 있으며, 그것은 힘든 일이 아니다. 그러나 신이란 누구인가를 인식할 수는 없으며, 또 그것은 필요하지도 않다.

2. 인간의 내부에 신과 영혼이 있다는 것을 이성으로 깨달을 수는 없다. 마찬가지로 인간의 내부에 신과 영혼이 존재하지 않는다는 것 또한 깨달아 아는 것은 불가능하다. (파스칼)

3. 어떻게 나는 나 이외의 다른 존재와 구분되는 것일까? 내가 그것의 작은 일부분인 '전체'가 존재한다는 것을 나는 어떻게 아는 것일까? 더구나 나는 대체 무슨 까닭으로 그 전체가 무엇인지를 깨달을 수 없는 것인가? 무엇 때문에 나는 끊임없이 변화하는 것인가? 나는 이 모든 것을 조금도 알 수가 없지만, 여기에 중대한 의의가 있다고 생각하지 않을 수 없다. 이들 모든 의문을 분명하게 깨닫고, 무엇 때문에 그 모든 것들이 존재하는지를 아는 데서 우리는 특별한 존재가 있다고 생각하게 되는 것이다.

4. 누구나 신을 느낄 수는 있다. 그렇지만 아무도 신을 인식하지는 못한

다. 따라서 신을 인식하고자 노력하지 말고 신의 뜻을 따르고자 노력하라. 나의 내부에서 신의 존재를 점점 생생하게 느끼도록 노력하라.

5. 인식할 수 있는 신은 신이 아니다. 인식된 신은 이미 나 같은 유한한 존재가 되고 만다. 신을 알 수는 없다.

6. 가령 네가 태양 빛을 볼 수 없는 소경이라 하더라도 너는 태양이 존재하지 않는다고 말하지 못한다. 마찬가지로 네가 만물의 시작과 원인을 알고자 할 때, 너의 이성이 혼란 속에 빠지더라도 너는 신이 존재하지 않는다고 말하지 못한다. (엥겔스)

7. 신은 모세에게 말했다. "어째서 너는 나의 이름을 묻는 것이냐? 줄곧 움직이는 물체 뒤에 늘 존재했던 것이 미래에도 여전히 존재하리라는 것만 알 수 있다면, 너는 나를 아는 것이다. 내 이름은 나의 본체와 하나이다. 나는 진실한 존재니라. 나는 실재한다. ……내 이름을 알고 싶어하는 자는 나를 알 수가 없다." (스코워로다)

8. 이해할 수 있는 이성은 영원한 이성이 아니다. 이름을 붙일 수 있는 존재는 지고(至高)의 존재가 아니다. (노자)

9. 신은 내가 돌진해 가는 목표이다. 그리고 이 목표를 향해 약진하는 가운데 나의 삶은 존재한다. 따라서 내게 신은 반드시 이해할 수도 없고 이름을 붙이지도 못할 존재여야 한다. 만약 내가 신을 이해할 수 있다고 한다면 나는 신에게 도달하고 말 것이다. 그러면 그 다음엔 어디로도 나아갈 수 없게 되고, 인생이 없어지고 말리라. 그러나 나는 신을 이해하거나 이름을 붙이거나 할 수 없다. 또 나는 신을 안다. 다시 말해 신이 있는 방향을 알고 있다. 게다가 이것은 내 모든 지식 가운데서 가장 신용할 수 있는 것이다.

내가 신을 모르는 것은 이상하다. 신이 없이 있을 때 나는 늘 두렵고, 신과 함께 있을 때 나는 두렵지 않게 된다. 게다가 더 이상한 것은 내가 현재 당면한 이 삶에 대해 아는 것보다 더 많이, 더 깊이 신을 알고자 하는 노력이 내게는 필요하지 않다는 것이다. 신에게 가까이 갈 수 있으며, 또 그러길 바란다. 그리고 그곳에 나의 일생은 펼쳐져 있다. 그렇지만 내가 신에게 가까이 갔다고 해도 신을 더 많이 알지 못하며 더 많이 알 수도 없다. 신을 안다고 상상하려는 모든 시도, 예를 들면 신은 조물주인지, 대자대비한 존재인지, 아니면 그렇게 말할 만한 존재인지라는 식으로 상상하려는 모든 시도는 오히려 신에게서 멀어지게 하고, '그'에게 가까이 가려는 것을 방해한다. 그렇기는커녕 '그'라는 대명사마저도 왠지 그를 작은 것으로 만드는 것 같다.

10. 우리가 신에 대해 말할 수 있는 것은 모두 신에게 들어맞지 않는다. 말로써 신을 표현할 수는 없다. (엥겔스)

신을 믿지 않는 것에 대하여

1. 총명한 사람은 내부에서 자기의 영혼, 자기 자신과 우주 전체의 영혼, 즉 신에 대한 관념을 찾아낸다. 더구나 그 관념들을 완전히 명백한 것으로 하기가 불가능하다는 것을 자각하고, 얌전하게 그 관념들 앞에 머물러 감히 그 외양에 손을 대려고 하지 않는다.

그러나 다른 한편으로는 옛날이든 지금이든 지능과 학식을 갈고 닦은 사람들은 말로 신의 관념을 표현하려고 한다. 하지만 신은 존재하지 않는다고 잘라 말할 때, 그들의 말은 옳지 않다.

어떤 종류의 사람들과 그들의 위험한 계획이 한순간 세상 사람들의 마음을 어지럽히고, 신은 존재하지 않는다고 믿게 하는 경우가 있을 수 있음을 안다. 그러나 신을 업신여기는 그와 같은 망언은 계속되지 못한다. 더구나 우리는 언제나 신에게 무언가 부족한 것을 느낄 것이다. 가령 신이 현재보다 더 명확하게 우리에게 나타난다 하더라도, 신에게 등을 돌리고 있는 사람들은 역시 신을 부정하기 위해서 갖가지 새로운 궁리들을 해낼 것이다. 이성은 언제나 마음이 바라는 것에 복종하는 법이므로. (루소)

2. 신이 존재하지 않는다고 생각하는 것은, 노자의 가르침에 따르면 뿔피리를 불 때 숨이 공기가 아니라 뿔피리에서 생겨난다고 생각하는 것과 같다. 따라서 이것은 공기가 없는 곳에서도 뿔피리를 불 수 있다고 생각하는 것과 같다.

3. 사람들이 악한 삶을 계속하면서 신이 존재하지 않는다고 말할 때, 그들의 말은 옳다. 신은 그를 한 치의 흐트러짐 없이 주시하면서 그에게 접근하는 사람들의 눈에 존재한다. 신에게 등을 돌리고 신에게서 멀어져 가는 사람들의 눈에 신은 존재하지 않는다. 또한 존재할 수가 없다.

4. 신을 아는 사람들에는 두 종류가 있다. 겸허한 마음을 지닌 사람들과 (이 경우 그 사람들이 총명하거나 어리석거나 양자 중의 하나이다.) 진짜로

총명한 사람이다. 그리고 거만하고, 중간 정도의 이성밖에 없는 사람들은 신을 알지 못한다. (파스칼)

5. 신이란 것에 명칭을 붙이지 않을 수는 있다. 신이라는 단어를 말하지 않을 수도 있다. 그러나 신 그 자체를 느끼지 못하거나 신이 존재하지 않는다면, 아무것도 존재하지 않는다.

6. 신을 찾지 않는 사람들의 눈에만 신은 존재하지 않는다. 신을 찾아라. 그리하면 신은 네 앞에 나타나리라.

7. 모세는 신에게 말했다.

"주여, 어디에서 당신의 모습을 뵐 수 있나이까?"

신은 답했다.

"너는 나를 찾고 있다. 너는 이미 내 모습을 보았노라."

8. 우리가 신에 대해 고찰한 모든 것이 잘못되었고 신은 존재하지 않는다는 생각이 들더라도, 그것으로 인해 당황할 필요는 없다. 그런 현상은 과거에도 많은 사람에게 때때로 일어났고, 현재에도 자주 일어나는 것임을 알아야 한다. 그렇지만 가령 우리가 지금까지 믿었던 신을 믿지 않게 되었을 경우, 그것을 신이 존재하지 않는 결과라는 식으로 생각해서는 안 된다. 우리가 지금껏 믿었던 신을 믿지 않게 되었다면, 그것은 우리의 신앙 속에 어딘가 옳지 않은 것이 있기 때문이다.

가령 야만인이 나무로 깎아 만든 목상(木像)을 믿지 않게 되었다 하더라도, 그것은 신이 존재하지 않는다는 것을 의미하는 것이 아니라 그 목상이 참된 신이 아님을 의미하는 것에 불과하다. 우리는 신을 이해할 수는 없다. 그러나 보다 깊고 넓게 신을 인식할 수는 있다. 따라서 우리가 신에 대한 미개한 관념을 버린다면 오히려 우리를 위해서 좋은 것이다. 그것은 우리가 신이라 부르는 존재를 보다 깊고 보다 넓게 인식하기 위해서 행해지는 현상이다.

9. 신이 존재한다는 것을 입증한다거나 증명한다는 것보다 세상에 어리석은 생각이 있을까? 신을 증명해 보이는 것은 자기의 생명을 증명해 보이는 것과 같다. 누구에게 증명해 보일 것인가? 무엇으로? 무엇 때문에? 만약 신이 존재하지 않는다면 아무것도 존재하지 않는 것이다. 신을 증명해 보일 필요가 어디에 있으랴!

10. 신은 존재한다. 이것을 입증할 필요는 없다. 신을 증명해 보인다는 것은 신성모독이다. 또 신을 부정한다는 것은 광기를 드러내는 짓이다. 신은 우리의 양심 속에, 모든 인류의 인식 속에, 우리를 둘러싼 이 대우주 속에 살아 있다. 별이 빛나는 하늘 아래서, 거룩한 사람들의 관 옆에서, 어쩌면 형벌을 당하는 수난자의 기꺼운 죽음 앞에 신은 살아 있다. 신을 부정할 수 있는 사람은 가장 불쌍히 여겨야 할 사람이거나 극도로 타락한 사람뿐이다. (마치니)

신에 대한 사랑

'신을 사랑한다는 것이 무엇을 의미하는지 나는 모른다. 불명확하고 불가해한 존재를 사랑하는 것이 과연 가능할까? 이웃을 사랑하라는 말은 안다. 또한 그것은 좋은 일이다. 하지만 신을 사랑하라니 그것은 공허한 말에 불과하다.'

많은 사람들은 이렇게 생각하고, 또 이렇게 말한다. 그러나 이렇게 생각하거나 말하는 사람들은 이웃을 사랑하는 것이 무엇을 의미하는지를 몰라 결국엔 중대한 잘못을 범하고 있다. 네 이웃을 사랑하라는 것은 우리에게 유쾌하고 유익한 사람뿐만 아니라, 불쾌하고 해로운 사람이라도 평등하고 차별 없이 모든 사람을 사랑하라는 것이다. 그렇게 차별 없이 이웃을 사랑할 수 있는 것은 신을 사랑하는 사람뿐이다. 모든 사람의 가슴에 단 하나인 신을 사랑하는 사람뿐이다. 따라서 이해할 수 없는 것은 신에 대한 사랑이 아니라 신에 대한 사랑이 빠진 이웃에 대한 사랑인 것이다.

영혼

존재하는 모든 것에게 생명을 주지만 육체를 지니지 않은, 만질 수도 볼 수도 없는 것을 우리는 신이라 말한다. 마찬가지로 우리에게 인식되는 다른 모든 존재와 육체로 구별되는 것이며, 역시 육체를 지니지 않은, 또한 만질 수도 볼 수도 없는 것을 우리는 영혼이라 칭한다.

영혼이란 무엇인가

1. 인간은 오랜 세월을 살면서 많은 변화를 체험한다. 처음엔 아기가 되고, 다음엔 유소년이 되며, 이어 어른이 되고, 노인이 된다. 그러나 인간은 아무리 변화해도 언제나 자신을 '나'라고 한다. 이 '나'라는 주체는 인간에게 있어서 언제나 동일하다. 이 동일한 '나'는 유소년에게도, 어른에게도, 또한 노인에게도 존재한다. 이 일정 불변의 '나'라는 것이야말로 우리가 영혼이라 부르는 것이다.

2. 만약 우리가 주위에서 목격하는 모든 사물과 현상, 무궁무진한 이 세계를 보는 대로만 생각한다면, 우리는 크게 착각하고 있는 것이다. 형체를 가진 모든 사물과 현상을 알 수 있는 것은 그러한 인식에 도달하게 한 시각, 청각, 촉각을 지녔기 때문이다. 만약 그 감각들이 잘못된 것이라면 이 세상이 전혀 다른 것이 되리라. 따라서 우리는 우리가 바라는 이 외적 세계가 어떤 것인지를 제대로 알 수 없다. 우리가 정확하고 완전하게 아는 것은 오직 우리의 영혼뿐이다.

'나'란 무형의 존재이다

1. '나'라고 말할 때, 그것은 우리의 육체에 관해 말하는 것이 아니라 육체의 삶을 관장하는 것에 대하여 말하는 것이다. 이 '나'라는 것은 대체 어떤 것일까? 이 '나'라는 것이 무엇인지를 말로 표현할 수는 없다. 하지만 우리는 이 '나'라는 것을 우리가 아는 다른 어떤 것보다도 잘 안다. 만약 우리 내부에 이 '나'라는 것이 없다면 우리는 아무것도 알지 못할 것이고, 또 우리에게 이 세상의 아무것도 존재하지 않게 될 것이며, 우선은 우리들 자신이 존재하지 않게 된다. 이것을 우리는 잘 알고 있다.

2. 사색할 때, 육체란 어떤 것인가를 이해하는 것이 우리의 영혼이 어떠한 것인가를 이해하는 것보다도 훨씬 어렵다. 아무리 육체가 '나'와 가깝다고 해도 육체는 역시 '나' 이외의 존재이며, 영혼만이 '나' 자신의 것이다.

3. 내가 나의 내부에 있는 영혼을 인식하지 못한다 해도 그것은 나의 내부에 영혼이 존재하지 않기 때문이 아니라, 내가 아직 나의 내부에 있는 영혼을 인식하는 방법을 습득하지 못했음을 의미하는 것이다.

4. 나의 내부에 있는 것을 인식하지 못하는 한, 나 이외의 어떤 것을 안다

해도 그것이 우리에게 무슨 이익이 있을 것인가? 또 나를 인식하지 않고 외부 세계를 인식하는 따위의 일이 가능할 것인가? 자기 집에 있을 때는 소경인 사람이 남의 집에 손님으로 갔을 때에는 눈이 보인다는 것이 과연 가능하겠는가?

5. 초가 불이 없으면 타오를 수 없는 것처럼 사람도 또한 영혼의 힘 없이는 살지 못한다. 영혼은 모든 사람의 내부에 살아 있다. 하지만 모든 사람이 그것을 아는 것은 아니다.

그것을 아는 사람의 삶은 기쁘다. 그러나 그것을 알지 못하는 사람의 삶은 불행하다. (바라문교)

영혼과 물적 세계

1. 우리는 지구나 태양, 별, 바다의 깊이를 측량했다. 대지 깊숙한 곳으로 황금을 캐러 들어갔다. 달에서 강이나 산도 찾아냈고, 새로운 갖가지 별을 발견하며, 그 크기도 알아냈다. 또 바다의 심연까지도 정복했고, 온갖 정교한 기계도 만들었다. 날마다 끊임없이 새로운 발명과 고안이 이루어지고 있다. 우리가 하지 못할 것은 아무것도 없다! 어떤 것도 불가능한 것은 없다! 그러나 단 하나, 우리에게는 가장 중요한 것이 빠져 있다. 그것이 무엇인지 우리 자신도 알지 못한다. 이 점에 있어서 우리는 갓난아기와 같다. 갓난아기는 자기에게 좋지 못한 것을 감지하기는 하지만 왜 나쁜지는 모르기 때문이다.

우리가 쓸데없는 것들을 잔뜩 알고 있으면서도 가장 중요한 것을 모르기 때문에 이런 결과가 온 것이다. 우리는 우리 내부에 살아 있는 자를 모른다. 만약 우리 내부에 살아 있는 자를 알고 이것을 기억에 담아둔다면, 우리의 삶은 전혀 다른 것이 되리라.

2. 이 세상에 형체를 지닌 모든 물체가 실제로는 어떤 존재인지 우리는 알 수 없다. 우리가 확실하게 알 수 있는 것은 우리들 내부에 있는 형체가 없는 것뿐이다. 즉 우리가 '나'라고 인식하는 것, 그리고 우리의 감정과도 사상과도 독립되어 있는 것뿐이다.

3. 어떤 방향으로든 이 세상에는 한계라는 것이 없으며, 또 있을 수 없다. 한 물체가 아무리 먼 곳에 있더라도 그 물체 저편에 더욱 멀리 떨어져 있는

물체가 존재하는 것이다. 시간도 또한 마찬가지이다. 몇천 년의 옛날보다 더 전에도 몇천 년의 세월이 있으며, 그 전에 또 몇천 년으로 끝이 없다. 따라서 인간에게는 현재의 이 물리적 세계가 어떠한 것인가 하는 것과, 과거와 미래에 그것이 어떤 것이었는지, 또 어떤 것이 될지를 이해하기란 불가능하다는 것은 자명하다.

그렇다면 대체 우리는 무엇을 이해할 수 있는 것일까? 단 한 가지, 이해하기에 시간도 공간도 필요치 않은 자기의 '영혼'뿐이다.

4. 때때로 우리는 손으로 만져서 알 수 있는 것만이 존재한다고 생각한다. 그러나 오히려 우리가 보거나 듣거나 만지거나 하지 못하는 것만이, 즉 각자 '나'라 부르는 것, 나의 영혼이라 부르는 것만이 진실로 존재하는 것이다.

5. 공자는 말했다. '천지는 위대하다. 하지만 천지는 색이나 형태나 크기가 없다. 그러나 인간의 내부에는 존재하는 모든 것, 즉 색이나 형태나 크기가 없는 모든 것에 대한 그리움이 있다. 따라서 이 세상이 죽은 것이라면, 인간의 내부에 있는 이 그리움이 그리워하는 그 '어떤 것'만이 세상에 생명을 부여하리라.'

6. 쇠는 돌보다 단단하다. 돌은 나무보다, 나무는 물보다, 그리고 물은 공기보다 단단하다. 그렇지만 만질 수 없는 것, 보거나 들을 수도 없는 것이 가장 단단하다. 이것만이 과거, 현재, 미래를 통해 엄연히 존재하며, 영원히 사라지지 않는다.

그러면 그것은 대체 무엇인가? 바로 인간 내부에 있는 영혼이다.

7. 육체를 가진 내가 어떠한 존재인지를 생각하는 것은 좋은 일이다. 인간의 육체는 벼룩과 비교할 경우에는 위대하게 생각되지만, 우리들의 이 지구 전체를 태양과 비교하면 모래알 정도로 여겨지며, 그 태양도 시리우스 별에 비하면 모래알쯤으로 생각되고, 그 시리우스 별도 보다 큰 다른 별과 비교하면 마찬가지로 하찮은 별에 불과하리라. 이렇게 생각하는 것은 좋다.

인간이 태양이나 별에 비해 하찮고 작은 생물임은 분명하다. 그러나 몇백 년, 몇천 년 전의 옛날에도 이 땅에 우리와 똑같은 사람이 살았고, 마찬가지로 태어나고 자라고 늙어서 마침내는 죽었다. 그런데 그 시절에는 아직 우리 개개인에 대한 기억마저도 없었다는 점, 그리고 현재의 우리와 같은 몇만억이나 되는 사람들의 형태에서 한 조각의 뼈조차 남아 있지 않다는 점, 또한 우리가 죽은 뒤에도 우리와 똑같은 몇만억이나 되는 사람들이 이 땅에서 산다는 점, 우리의 시신이 비료가 되어 거기에서 풀이 나오고, 그 풀을 양이 먹고, 또 그 양을 사람이 먹는다는 점, 그리고 인간이라는 존재는 먼지 한 톨도 뒤에 남기지 않는다는 점, 기억마저도 남아 있지 않게 된다는 점을 생각하면 어떠한가! 우리가 모두 아무것도 없는 존재임이 자명하지 않은가?

　모든 무(無)는 반드시 아무것도 없다. 다만 이 무가 나를 이해하고, 세상에서 나의 위치를 이해한다. 그리고 그것이 초라하게라도 이해를 하는 한, 그 이해는 이미 아무것도 없는 것이 아니라 무궁무진한 이 세상 전체보다도 한층 중요한 것이다. 왜냐하면 나와 다른 존재를 이해하지 못한다면 내가 무궁무진한 세계라 부르는 것 또한 존재하지 않을 것이기 때문이다.

우리의 영혼과 육체

　1. '너는 누구인가?'

　'사람이다.'

　'어떤 사람이냐? 어떤 점이 다른 사람과 다른가?'

　'나는 어디의 누구누구의 아들이다.'

　'나는 어디의 누구누구의 딸이다.'

　'나는 노인이다.'

　'나는 젊은이다.'

　'나는 부자다.'

　'나는 가난뱅이다.'

　우리는 한 사람 한 사람이 다른 사람들과는 다른 독자적인 사람이다. 남자, 여자, 노인, 소년, 소녀, 모두가 확실히 다르다. 더구나 독자적인 개개 인간의 내부에는 단 하나인 영적인 존재가 깃들어 있다. 따라서 개인은 이반이나 나탈리아나 신원을 자세히 들춰보면 동일하며, 모든 사람의 내부에 깃든 영적인 존재도 동일한 것이다. 우리가 이렇게 하고 싶다거나 저렇게 하고 싶다고 할 때, 때로 그것은 이반이라든가 나탈리아라든가 하는 개개의 존재가 바라는 것을 의미하지만, 때로는 또한 모든 사람의 내부에 단 하나인 영적 존재가 바라는 것을 의미하는 경우도 있다. 따라서 이반이라든가 나탈리아라든가 하는 개개의 존재는 어떤 것을 바라는데, 모든 사람의 내부에 깃든 영적 존재는 전혀 별개의 것을 바라는 경우도 있다.

2. 누군가가 문으로 다가온다. 나는 묻는다.

'누구?'

그는 대답한다.

'나.'

'나라니 누구입니까?'

'나라니까요.'

찾아온 그는 반복한다. 찾아온 것은 농부의 아이였다. 그래서 그는 '나라니 누구입니까?'라고 묻는 것에 깜짝 놀라는 것이다. 그는 자기 안에서 모든 사람에게 유일한 영적 존재를 느끼고 있었으므로 이 물음에 깜짝 놀라는 것이다. 모든 사람이 이미 다 아는 것에 대해 새삼스럽게 뭘 묻느냐며 놀란다. 그는 영적인 의미의 '나'란 것에 대하여 대답하고 있는데, 나는 이러한 영적인 의미의 '나'가 안에서 내다보고 있는, 말하자면 그 창에 관해 묻고 있는 것이다.

3. '우리가 나라고 이름하는 것은 육체뿐이다. 우리의 이성도 영혼도 사랑도 모두가 육체에서 생겨난 것이다.'

이런 식으로 말하는 것은 육체라고 하는 것이 우리의 육체를 부양하는 음식물과 마찬가지라는 것과 같다. 육체가 육체에 의해서 바뀌 만들어진 음식물이라는 것은 사실이다. 음식물이 없으면 육체는 존재하지 않았으리라. 그렇다, 이것은 사실이다. 그러나 육체는 결코 음식물 그 자체는 아니다. 음식물은 육체의 삶을 위해서 필요한 물자이지, 육체 그 자체는 아닌 것이다.

영혼에 관해서도 같은 말을 할 수 있다. '육체가 없었다면 영혼이라 이름하는 것도 존재하지 않으리라.' 그렇다, 이것은 사실이다. 그렇지만 영혼은 결코 육체 그 자체가 아니다. 육체는 영혼에 필요한 물자에 불과하며, 영혼 그 자체가 아니다. 영혼이 없었다면 나는 육체가 어떠한 것인지를 아는 것조차 불가능했으리라.

왜냐하면 삶의 근원은 육체에 있지 않고, 영혼 속에 있기 때문이다.

4. 이런 일이 있었다거나 있을 것이라거나 있을지도 모른다고 말할 때, 그것은 육체의 삶에 관하여 말하는 것이다. 그러나 과거에도 있었고 또 미래에도 있을 육체의 삶 이외에 우리는 나의 내부에 있는 다른 삶을 알고 있다.

영혼의 삶이 바로 그것이다. 그러나 영혼의 삶에는 과거도 없거니와 미래도 없다. 다만 현재가 있을 뿐이다. 그리고 이 영혼의 삶이야말로 진정한 삶이다. 따라서 육체의 삶이 아니라 영혼의 삶으로 사는 사람이야말로 축복받은 것이다.

5. 그리스도는 우리의 내부에 온갖 비속한 욕망과 두려움과 번뇌를 지닌 이 삶보다 높은 경지로 우리를 향상시키는 '어떤 것'이 있음을 설교하고 있다. 그리스도의 이 가르침을 깨달은 사람은 지금까지 자기에게 날개가 달려 있음을 몰랐던 작은 새가 문득 자기가 날 수 있는 존재이며, 자유자재로 넓은 하늘을 날며, 아무것도 두려워하지 않아도 되는 존재임을 알게 될 때와 같은 기분을 경험하게 될 것이다.

양심——영혼의 목소리

1. 어떤 사람에게나 두 가지 존재가 함께 살고 있다. 하나는 맹목적이고 육체적인 것이고, 다른 하나는 살아 있는 눈을 가진 영적인 것이다. 맹목적인 쪽의 존재는 먹고, 마시고, 일하고, 쉬고, 자식을 낳고, 그렇게 태엽이 감긴 시계처럼 그 모든 것들을 행한다. 그러나 영혼의 삶에 눈을 뜬 존재는 아무것도 하지 않으면서 그저 맹목적이고 동물적인 존재가 행하는 것들을 칭찬하거나 힐난하거나 한다.

인간 내부에 마음의 눈을 가진 이 영적인 부분을 '양심'이라 말한다. 그리고 인간의 이 영적인 부분, 즉 양심은 나침반의 바늘과 같은 작용을 한다. 나침반의 바늘은 사람이 가고자 원하는 목적지의 진로에서 벗어날 때 비로소 움직인다. 양심도 이와 마찬가지이다. 우리가 행해야 할 것을 할 때는 양심은 잠자코 말이 없다. 그러나 우리가 진실의 길에서 벗어났을 때, 양심은 즉각 활동을 시작해 어떠한 방향으로 얼마만큼 우리가 벗어나 있는지를 가르쳐준다.

2. 어떤 사람이 뭔가 나쁜 짓을 했다는 소문을 들으면 우리는 곧잘 그 사람에게는 양심이 없다고 말한다. 대체 양심이란 무엇인가?

양심이란 곧 모든 사람의 내부에 있는 유일하고 절대적인 영적 존재의 목소리이다.

3. 양심이란 모든 사람의 내부에 살아 있는 영적 존재의 인식을 말한다.

양심이 이렇게 인식할 때에 비로소 인생의 확실한 지도자가 된다. 그런데도 사람들은 때때로 이러한 영적 존재의 인식을 양심이라 생각지 않고, 자기들과 함께 지상에 살고 있는 뭇 사람들로부터 좋다거나 나쁘다고 판단이 내려지는 것을 진정한 양심이라고 생각한다.

4. 욕정의 음성은 양심의 목소리보다 높기 마련이다. 그러나 온갖 욕정의 소리는 양심에서 우러나오는 온화한 소리와는 전혀 다른 목소리이다. 아무리 시끄럽고 커다랗게 외쳐도 역시 온갖 욕정의 음성은 조용하고, 온화하며, 그 집요한 양심의 목소리 앞에서는 무르고 약하다. 인간의 내부에 살아 있는 영원하고 신적인 부분만이 이러한 저력 있는 목소리를 발하는 것이다. (챠닝)

5. "두 물체가 가장 나를 놀라게 한다. 하나는 하늘에 빛나는 별이고, 다른 하나는 인간의 영혼 속에 있는 선의 법칙이다." 철학자 칸트는 이렇게 말했다.

6. 진정한 선은 너 자신 속에 있다. 네 영혼 속에 있는 선을 다른 곳에서 찾고 구하는 자는, 자기 품속에 있는 새끼 양을 양 떼 속에서 찾아 헤매는 목동의 어리석음을 범하는 것이다. (인도의 웨머나)

영혼의 신성

1. 가장 먼저 인간의 내부에서 자각되는 것은 외부의 다른 물체와 나는 구별되는 존재라는 자각이다. 즉, 자기 육체의 자각이다. 이어서 구별되어 있는 것 그 자체에 대한 자각, 다시 말하면 자기 영혼에 대한 자각이 눈뜨고, 다음으로 인생의 영적 기초가 무엇과 구별되어 있는가에 대한 자각, 즉 전체에 대한 자각인 신의 인식에 눈뜨기 시작한다.

2. 나를 구별된 존재라고 인식하는 것은 그 본원의 존재를 깨달아 아는 것이다. 즉, 전체 존재를 깨닫는 것이다.

3. 내가 진정으로 진정으로 너희에게 말한다. 나의 말을 듣고 또 나를 보내신 분을 믿는 사람은 영생을 얻고, 심판을 받지 않는다. 그는 죽음에서 생명으로 옮겨 갔다. 내가 진정으로 진정으로 너희에게 말한다. 죽은 사람들이 하느님의 아들의 음성을 들을 때가 온다. 지금이 바로 그 때이다. 그리고 그 음성을 듣는 사람은 살 것이다. 그것은, 아버지께서 자기 안에 생명이 있는

것처럼, 아들에게도 생명을 주셔서, 그 안에 생명이 있게 하여 주셨기 때문이다. (요한복음 5장 24~26절)

4. 한 방울의 물도 바다에 떨어지면 바다가 된다. 구름도 또한 신과 맺어지면 신이 된다. (엥겔스)

5. 진리가 인간에 의해 표현된다고 해서, 그 진리가 인간에게서 생겨났다는 것을 의미하지는 않는다. 모든 진리는 신에게서 생겨난 것이다. 다만 인간을 통해서 진리가 전파될 뿐이다. 가령 진리가 A 또는 B라는 사람을 통해서가 아니라, C를 통해서 나타난다 하더라도 그것은 다만 그 C라는 사람이 진리를 나타낼 수 있을 정도로 스스로를 깨끗하게 했기 때문이다. (파스칼)

6. 신은 말했다.

'나는 아무에게도 알려지지 않은 보석이었다. 나는 알려지기를 바랐다. 그래서 인간이란 것을 창조해 낸 것이다.'

7. 지식으로 신을 깨달아 아는 것은 불가능하다. 우리는 신이 존재하는 것을 알고 있는데, 그것은 지식으로가 아니라 자기 내부에서 신을 인식하는, 지식 이외의 어떤 것으로 신을 알기 때문이다.

참된 인간이 되려면 우선 자기의 내부에서 신을 인식하지 않으면 안 된다. 신이 존재하느냐고 묻는 것은 내가 존재하느냐고 묻는 것과 같다. 우리 삶의 근원을 이루고 있는 것, 그것이 바로 신이다.

8. 육체는 영혼의 양식이다. 육체는 참된 삶을 수립하기 위한 발판이다.

우리가 알 수 있는 가장 커다란 기쁨은 우리의 내부에서 자유롭고 올바르며 모든 것을 사랑하는, 따라서 행복한, 그런 존재를 인식하는 기쁨이다. 우리 내부에 있는 신을 인식하는 것이다.

9. 만약 자신을 모르는 사람이 있다면 그에게 신을 깨달아 알기 위해 노력하라고 권할 수는 없다. 자기 자신을 아는 사람에게만 그렇게 권할 수 있는 것이다. 신을 알기 전에 우리는 먼저 자신을 알아야 한다.

10. 만약 우리가 성스러운 불로 뜨겁게 타오른다면, 신은 기필코 우리의 이마에 그 모습을 나타내시리라. (엥겔스)

11. 영혼은 유리이다. 신은 이 유리를 통과하는 빛이다.

12. '나'가 살아 있다고 생각해서는 안 된다. 살아 있는 것은 '나'가 아니라 나의 내부에 깃든 영적 존재이다. '나'는 결국 이 영적 존재가 자기를 발견

하는 문에 불과하다.

13. 존재하는 것은 나와 내부의 영적 존재뿐이다. 만약 우리 둘이 존재하지 않는다면 이 세상에는 아무것도 존재하지 않으리라.

14. 내가 신을 아는 것은 사람들한테서 들은 말을 믿는 때가 아니라, 내가 그를 나의 영혼을 인식하는 것처럼 인식하는 때이다.

15. 나는 신에게 있어 제2의 자신이다. 신은 나의 내부에서 영원히 자기와 동일한 것을 발견한다. (엥겔스)

16. 우리는 늘 우리 뒤에서 누군가의 음성을 듣는다. 그러나 고개를 돌려서 목소리의 주인공을 볼 수는 없다. 이 목소리는 온갖 나라의 언어로 말하며, 인류 전체를 관장한다. 그러나 아무도 지금까지 그 목소리의 주인공을 본 적은 없다. 그렇지만 우리가 이 목소리에 바르게 복종하고, 그와 나를 구별하려는 따위의 생각이 떠오르지 않을 정도로 그를 우리 내부에 받아들인다면, 우리는 단번에 이 목소리와 그가 동일한 것임을 깨닫게 되리라. 그리고 이 목소리를 자기 것으로 생각하게 되면 될수록 점점 더 우리는 행복해질 것이다. 그리고 이 목소리는 우리를 복된 삶으로 이끌 것이다. 왜냐하면 이 목소리는 우리 내부에 있는 신의 음성이기 때문이다. (에머슨)

17. 신은 모든 사람의 행복을 바란다. 따라서 당신이 모든 사람의 행복을 바란다면, 즉 모든 사람을 사랑한다면 당신 내부에 신이 깃들어 있는 것이다.

18. 인간이여, 인간으로 끝나지 마라. 신이 되어라. 그때 비로소 너는 해야 할 일을 하게 되리라. (엥겔스)

19. 사람들은 영혼을 구한다는 말을 한다. 그러나 구할 수 있는 것은 멸망할 가능성이 있는 것을 이르는 말이다. 영혼은 영원히 멸망하지 않는다. 왜냐하면 참으로 존재하는 것은 오직 영혼뿐이기 때문이다. 그러므로 영혼을 구할 필요는 없다. 다만 신이 보다 깊고 자유롭게 투영되도록 영혼을 혼탁하게 하거나 더럽히거나 부자연스럽게 비추거나 하는 것을 말끔히 씻어서 맑게 해야 한다.

20. "너는 신을 잊은 것이 아니냐?"고 사람들은 말한다. 이것은 좋은 말이다. 신을 잊는다 함은 말할 것도 없이 우리 가슴에 머무르며 사는 우리 삶의 근원을 이루는 것을 잊었다는 것을 말한다.

21. 나에게 신이 필요한 것과 같이, 나 또한 신에게 필요한 존재이다. (엥

겔스)

22. 쇠약해져 고통스럽고 견디기 힘들어지면, 우리는 영혼이란 것을 간직하고 있음을 상기하지 않으면 안 된다. 즉 우리가 영혼에 의해 살아가고 있음을 떠올려야 한다. 그런데도 이 중요한 것을 떠올리지 않고 우리와 마찬가지인 인간들이 우리를 도울 수 있다고 생각한다. (에머슨)

23. 만약 우리가 육체로 살지 않고 영혼으로 산다는 것을 떠올린다면, 또 우리 내부에 이 세상의 그 어떤 것보다 강력한 것이 존재함을 떠올린다면, 우리는 어떠한 곤란한 상황에서도 벗어날 수 있으리라.

24. 신과 하나가 된 사람은 신을 두려워할 필요가 없다. 신은 스스로 악을 행할 수 없기 때문이다.

25. 우리는 어떠한 경우에도 스스로를 향해 '나는 무엇인가? 나는 지금 무엇을 행하고 생각하고 느끼는 것인가?' 하고 묻고 스스로에게 대답할 수 있다. 지금 나는 이러이러하고 저러저러한 것을 행하고 생각하고 느끼고 있다고 말이다. 그렇지만 만약 스스로에게 내가 행하거나 생각하거나 느끼거나 하는 것들을 나의 내부에서 만들어낸 것은 대체 무엇이냐고 질문한다면, 우리는 자기 인식이라는 답 이외에 달리 뭐라고 대답할 수 없을 것이다. 이 자기 인식이야말로 우리가 영혼이라 부르는 것이다.

26. 강의 물고기들이 물고기는 물 속이 아니면 살지 못한다고 인간이 말하는 것을 들었다. 그래서 물고기들은 깜짝 놀라서 물이란 것이 대체 무엇인지 아느냐고 서로에게 물었다. 그때 영리한 물고기 한 마리가 말했다.

"바다에 나이 든 총명한 물고기가 한 마리 사는데, 뭐든지 모르는 게 없다는 거야. 그리로 헤엄쳐 가서 물이 대체 무엇이냐고 물어보지 않겠니?"

그래서 물고기들은 바다의 그 총명하고 나이 든 물고기가 사는 곳으로 가서 물이란 무엇이냐고 질문했다. 그러자 총명한 물고기는 대답했다.

"물이란 것은 말이지, 우리가 그 속에서 그것으로 살고 있는 거야. 말하자면 우리 생명의 근원이야. 우리는 그 속에 잠기고 그것에 의해서 살고 있기 때문에 알지 못하는 것이야."

인간에게도 가끔 자기가 신 가운데서 살고 있으면서 신이 무엇인지 모르는 것처럼 생각하는 경우가 있다. (쉬히)

생명은 육체가 아니라 오직 영혼 속에 있다.

1. "나를 보내신 분은 참되시며, 나는 그분에게서 들은 대로 세상에 말하는 것이다."

그들은 예수께서 아버지를 가리켜서 말씀하시는 줄을 깨닫지 못했다. 예수께서 말씀하셨다.

"너희는 인자를 들어올린 후에야 내가 그라는 것과, 또 내가 아무것도 내 마음대로 하지 않고, 아버지께서 나에게 가르쳐주신 대로 말했다는 것을 알게 될 것이다." (요한복음 8장 26~28절)

인자를 들어올린다는 것은 우리 가슴에 있는 영혼을 자기의 내부에서 인식하고, 이것을 육체 위로 높이 앙양하는 것을 의미한다.

2. 영혼과 육체, 인간은 이것을 자기 것이라 생각하고, 끊임없이 번민한다. 그러나 진실한 '너'는 너의 육체가 아니라 영혼임을 알아야 한다. 이것 한 가지를 마음에 새겨야 한다. 영혼을 육체로부터 높게 앙양시키도록 하라. 뜬세상의 온갖 추악함으로부터 이것을 보호해야 한다. 육체가 영혼을 압도하게 해서는 안 된다. 그리하면 틀림없이 일생을 쾌적하게 보낼 수 있으리라. (아우렐리우스)

3. 자신을 사랑할 필요는 없다고 한다. 그렇지만 자기 자신에 대한 사랑 없이는 삶 자체가 없으리라. 중요한 것은 네 안에 있는 네 영혼을 사랑하느냐, 육체를 사랑하느냐 하는 문제이다.

4. 절대로 병에 걸리지 않는 튼튼하고 건강한 육체는 없다. 절대로 소멸하지 않는 부(富)도 없다. 절대로 멸망하지 않는 권력 또한 없다. 이러한 것들은 모두 항구적이고 불변하는 것이 아니다. 설령 건강하고 부유하며 중요한 인물이 되는 것에 일생을 걸든, 획득할 수 있는 것을 획득하려 하든, 우리는 여전히 본래 지낸 대로 번뇌하고 두려워하며 슬퍼하리라. 왜냐하면 목적한 대로 일생을 걸었던 그 모든 것들이 나에게서 멀어지는 것을 목격하고, 나 자신도 점점 늙어서 한 발짝씩 죽음으로 다가가고 있음을 목격하는 때가 오기 때문이다.

도대체 어떻게 하면 근심하지 않고 두려워하지 않을 수 있을까?

그 방법은 단 한 가지이다. 지나가고 사라져 없어질 것에 생명을 의탁하지 말고, 영원히 스러지지 않고 스러질 수 없는 것, 즉 우리의 내부에 있는 영혼에게 생명을 의탁하는 것이다.

5. 육체가 우리에게 바라는 바를 해서는 안 된다. 명예나 지위나 부를 획득하면 우리의 삶은 지옥이 되고 말리라. 우리 안에 있는 영혼이 바라는 바를 행해야 한다. 우리가 겸손, 박애, 자비를 가진다면, 이제 어떠한 천국도 필요 없게 되리라. 그리고 천국이 우리의 영혼 속으로 내려오리라.

6. 누구에게나 이웃에 대한 의무가 있다. 또한 자기 자신에 대한, 자기 안에 있는 영혼에 대한 의무가 있다. 그 의무란 바로 영혼을 더럽히거나 밟아 뭉개거나 쇠락시키지 말고, 끊임없이 보살펴서 성장하고 자라게 하는 것이다.

7. 세상의 속된 일에 연연하는 때에는 자기가 행하는 일이 할 필요가 있는 것인지, 아니면 그 행위가 내가 바라는 바를 낳는지를 정확하게 알 수 없다. 그러나 영혼으로 사는 경우에는 그렇지 않다. 영혼에 봉사하며 살아 보는 것이 좋다. 그리하면 영혼이 바라는 것만 행해야 한다는 것을 확실하게 알게 되리라. 그리고 당신이 행하는 그 행위로부터는 축복받을 결과만이 생겨난다는 것도 확실하게 알게 될 것이다.

8. 정욕이나 사욕, 두려움과 증오를 느낀다면 곧바로 자기가 누구인지를 떠올려야 한다. 당신의 본체가 육체가 아니라 영혼임을 상기해야 한다. 그리하면 마음을 어지럽게 했던 그 불순한 분자들이 대번에 진정될 것이다.

9. 모든 불행은 우리 안에 머물러 있는 것을 잊고, 하찮고 육체적인 온갖 쾌락을 섭취하는 데 영혼을 팔았기 때문에 생기는 것이다.

10. 진실의 빛을 있는 그대로의 모습으로 발견하려면 내가 먼저 진실의 빛이 되어야 한다. (엥겔스)

인간의 참된 행복은 영혼의 행복뿐이다

1. 우리는 육체로 사는 것이 아니라 영혼으로 사는 것이다. 우리가 이 사실을 알고, 생명을 육체에 의탁하지 않고 영혼에 의탁한다면, 쇠사슬에 묶이거나 쇠창살에 갇히더라도 여전히 자유롭다.

2. 누구나 자기 안에 육체와 영혼의 두 삶이 있음을 안다. 육체의 삶은 고조기에 달하면서 동시에 쇠약해지기 시작한다. 그리고 한 걸음씩 쇠약의 도를 더하다가 죽음에 이른다. 이에 반해 영혼의 삶은 탄생에서 죽음에 이를

때까지 점점 더 크게 성장해 높이를 더해간다.

만약 우리가 육체의 삶으로만 일관한다면 우리와 우리의 삶은 사형선고를 받은 죄수의 삶과 조금도 다를 바가 없을 것이다. 그러나 우리가 영혼에 봉사하며 살아간다면, 행복의 근원이라고 생각하는 것이 우리의 삶에 끊임없이 커져가고, 죽음도 두렵지 않게 된다.

3. 선한 삶을 살려면 당신이 어디에서 왔는지, 저세상으로 간다면 어떻게 될 것인지는 조금도 알 필요가 없다. 육체가 무엇을 바라는가가 아니라 영혼이 바라는 것만을 생각해야 한다. 그리하면 이제 당신이 어디에서 이 세상으로 왔는가 하는 것도, 그리고 죽은 뒤에는 어떻게 되는가 하는 것도 알 필요가 없게 될 것이다. 확실히 더 이상 그러한 것을 알 필요는 없어지게 될 것이다. 왜냐하면 당신은 이제 과거라든가 미래 같은 것이 전혀 문제가 되지 않는 완벽한 행복을 느끼게 되기 때문이다.

4. 세상이 존재하기 시작하면서 동시에 이성이 그 어머니가 되었다. 인생의 근원이 영혼임을 인식하는 사람은 자기가 모든 위험 너머에 있음을 안다. 생이 끝날 때쯤, 입을 다물고 감정의 문을 닫을 때쯤, 그런 사람은 조금도 불안을 느끼지 않는다. (노자)

5. 영원히 없어지지 않을 영혼에는 그 자신과 같은 불멸의 행위가 필요하다. 더구나 그 행위, 즉 나와 세계의 무한한 완성이 영혼에는 주어져 있다.

영혼은 살아 있는 모든 존재에게 오직 하나이다

살아 있는 모든 존재는 그 영혼으로 자신과 다른 존재를 구별한다. 그러나 그들에게 생명을 준 것, 그것은 모든 존재에게 오직 하나이다.

영혼의 신성에 대한 자각은 사람들을 하나로 결합한다

1. 그리스도의 가르침은 세상 사람들에게 모든 사람의 가슴에 동일한 영적 본원이 깃들어 있다는 것, 그들이 모두 형제자매임을 가르치고, 그로써 그들을 하나로 결합하고 즐거운 공동생활로 이끈다. (라므네)

2. '각 개인의 내부에도 나와 똑같은 영혼이 있다.' 이렇게 말하는 것만으

론 불충분하다. 어떤 사람에게나 내 내부에 있는 것과 똑같은 것이 깃들어 있는 것이다. 모든 사람이 자기의 육체로 서로를 구별하고 있다. 그러나 그들은 만물에게 생명을 부여한 단 하나의 영적 본원에 의해 하나로 결합되어 있다.

3. 모든 사람과 하나로 결합한다는 것은 커다란 기쁨이지만, 어떻게 모든 사람과 하나로 맺어질 수 있을까? 물론 나는 가족과 하나로 맺어져 있다. 그러나 다른 사람들과는 어떻게 결합할 수 있을 것인가? 나는 친구나 우리 러시아 국민들, 신앙을 같이 하는 모든 사람들과는 하나로 맺어져 있다. 그러나 내가 모르는 낯선 사람들과는 어떠한가? 다른 나라 국민이나 신앙이 다른 사람과는 어떠한가? 그런 사람들의 숫자는 막대하다. 그리고 그들은 모두 제각각 다양하다. 이런 사람들과는 어떻게 해야 할까?

그 수단은 단 한 가지이다. 바로 개개인이라는 관념을 잊는 것이다. 서로 다른 개개인과 하나로 맺어진다고 생각하지 말고, 내 내부에도 나 이외의 다른 모든 사람의 내부에 마찬가지로 깃들어 있는 유일한 영적 존재와 하나로 맺어진 것이 있다고 생각하면 된다.

4. 몇천 리나 멀리 떨어진 곳에서도 나와 비슷한 삶을 사는 사람들이 몇백만인지도 모르게 있지만, 나는 그들에 대해 영원히 아무것도 알 수 없을 것이며, 그들 또한 나에 대해서 아무것도 모른다. 이런 생각에 이르면, 스스로에게 반문하지 않을 수 없으리라. '과연 우리들 사이에는 아무런 연관도 없는 것일까? 우리는 서로 아는 일 없이 이대로 죽는 것일까?'

아니, 아니다. 그런 일은 있을 수 없다…….

실제로 그런 일은 있을 수 없다. 이런 말을 하면 이상하게 들리겠지만, 나는 나와 온 세상의 과거, 그리고 현재 모든 사람과의 사이에 연관이 있음을 안다. 나는 이것을 통감한다.

그 연관이 어디에 있는지 이해할 수도 표명할 수도 없지만, 어쨌든 '어떤 연결고리'가 엄연히 존재한다는 것을 안다.

5. "우리들 개개인에게는 상당히 좋은, 남을 사랑하는 요소가 많이 있음과 동시에, 매우 악하고, 남을 증오하고 저주하는 요소도 많다. 그리고 우리 내부에 있는 이들 두 요소의 많고 적음에 따라서 서로 다른 현상이 나타난다." 어떤 사람이 나에게 이렇게 말한 것을 기억하는데, 이것은 맞는 말이다.

남의 고뇌를 보는 것은 다양한 사람들의 가슴에뿐만 아니라 단 한 사람의 가슴에조차 종종 전혀 다른 감정을 불러일으킨다. 때로는 동정의 마음이 생길 때도 있지만, 때로는 극히 잔인한, 남의 불행을 기뻐하는 마음이라고 할 수 있는 만족과 비슷한 감정을 느끼기도 한다.

  나는 모든 사물을 때로는 진심으로 동정심을 갖고 보지만, 때로는 극단적인 냉담함으로, 또 때로는 그보다 더한 증오로 남의 불행을 기쁜 마음으로 바라볼 때도 있다. 나는 때때로 나에게서 그것을 분명하게 느낀다.

  이것은 분명 우리가 서로 다르고, 서로 부딪치는 두 종류의 인식력을 가졌음을 증명한다. 그 하나는 우리가 자신을 개개의 존재로 인식할 경우, 즉 다른 모든 존재가 나에게는 전혀 관계 없는 돌멩이나 마찬가지로 인식되는 경우, 즉 그것들이 '나'가 아님을 깨닫는 경우이다. 이런 경우에 우리는 그들 존재에 대하여 냉담, 시기, 증오, 통쾌함 같은 것 외에 어떠한 감정도 느끼지 못한다.

  그러나 또 하나의 인식력은 모든 존재와 나를 하나로 받아들인다. 이 인식력 아래서는 모든 존재가 '나'와 동일한 것으로 받아들여진다. 따라서 그들의 모습은 우리의 가슴에 사랑을 불러일으키는 것이다. 전자의 인식력은 타파하기 힘든 장벽으로 서로가 구별되지만, 이 인식력은 이 장벽을 제거한다. 그 결과, 우리는 오직 하나로 결합한다.

  전자는 우리에게 다른 모든 존재가 '나'가 아님을 인정하라고 가르치고, 후자는 내가 내 안에서 인식하는 '나 자신'과 다른 존재가 완전히 동일한 것이라고 가르친다. (쇼펜하우어)

  6. 영혼에 봉사하며 사는 정도가 깊고 크면 클수록, 그만큼 깊고 크게 살아 있는 모든 존재와 내가 하나임을 느끼고 알게 된다. 그러나 시험삼아 육체에 봉사하며 살아보는 것이 좋다. 그러면 다른 존재의 한가운데서 고립무원이 된다. 그러나 영혼에 봉사하며 살아보라. 당신에게는 모든 존재가 육친이 되리라.

  7. 강은 연못과 같지 않고, 연못은 물통과 같지 않고, 물통은 물이 든 국자와 같지 않다. 그렇지만 연못에도, 강에도, 물통 속에도, 국자에도 똑같은 물이 담겨 있다. 마찬가지로 모든 사람들이 그 모습은 제각각 다르지만 그 안에 있는 영혼은 동일하고 또 유일하다.

8. 개개인 속에서 '나'를 인식할 때, 그때 비로소 우리는 자기의 생을 깨닫는다.

9. 처음 만난 사람과 이야기할 때, 상대의 눈을 똑바로 바라보는 것이 좋다. 그리하면 당신은 전부터, 아주 옛날부터 그 사람을 알았던 것처럼 느끼게 될 것이다. 그 사람이 나의 피붙이인 것처럼 느낄 것이다. 어떻게 그런 마음이 드는 것일까? 바로 당신 삶의 기본을 이루는 것이 두 사람에게 동일하기 때문이다.

10. 누구의 가슴에나 그보다 좋은 것은 이 세상에 없을 듯한, 그런 멋진 영혼이 깃들어 있다. 따라서 이 세상의 어떤 사람이든, 귀인이든 죄수든, 승려든 걸인이든 모두가 평등하고 차별이 없다. 왜냐하면 모든 사람의 가슴에는 이 세상에서 최선의 것이 깃들어 있기 때문이다. 걸인보다 귀인을 높이 사고 존경하는 것은 똑같은 금화인데 하나는 백지로 깨끗이 포장되어 있고, 또 하나는 때묻은 종이에 싸여 있다는 까닭으로 전자를 후자보다도 소중하게 생각하는 것과 같다. 누구의 가슴에나 자기의 가슴에 깃들어 있는 것과 동일한 영혼이 깃들어 있고, 따라서 세상 사람들 모두에게 평등하고 차별 없이 깊은 주의와 존경으로 대해야 한다는 것을 늘 기억해야 한다.

11. 그리스도의 가르침 가운데 가장 중요한 것은 그가 모든 사람을 형제로 인식한 점이다. 그는 어떤 사람에게서나 자기의 형제, 자매의 모습을 인식했다. 따라서 그는 모든 사람을, 가령 상대가 누구든 어떤 인물이든 평등하게 대했고 차별하지 않고 사랑했다. 그는 겉모습을 보지 않고 내면을 보았다. 그는 육체를 보지 않고, 부자의 비단옷과 가난한 사람의 남루한 옷을 투시하여 안에서 빛나는 불멸의 영혼을 보았던 것이다. 그는 아무리 바닥으로 떨어진 인간이라도 가장 위대한 성자로 바뀔 수 있는 것, 즉 그 자신과도 같은 훌륭한 존재가 될 수 있는 것을 보았던 것이다. (챠닝)

12. 아이들은 어른보다 총명하다. 아이들은 사람의 신분 따위에 구애되지 않고 그 영혼에 의해 어떠한 사람의 가슴에도, 자기의 안에도, 다른 모든 사람의 안에도 동일한 것이 깃들어 있음을 느끼고 안다.

13. 만일 사람이 이웃 가운데서 이 세상의 사람과 그를 하나로 결합하는 동일한 영혼을 보지 못한다면, 그 사람은 마치 꿈을 꾸면서 사는 것과 마찬가지이다. 모든 이웃 안에서 나와 신을 발견하는 사람만이 꿈에서 깨어나 참

된 삶을 사는 것이다.

인간뿐 아니라 모든 생물에게는
신에게 이르는 근원적인 영혼이 깃들어 있다

1. 삶의 근원을 이루고 우리가 저마다 진정한 '나'라고 부르는 것, 그것은 인간의 내부뿐만 아니라 개, 말, 쥐, 닭, 참새, 꿀벌, 아니 나무나 풀에게도 엄연히 존재한다.

2. 새나 말이나 개나 원숭이가 우리와는 전혀 다른 존재라고 단언한다면, 어째서 그 범위를 넓혀 미개한 흑인종이나 황인종도 우리와 다른 존재라고 하지 않는가? 만약 그들을 별개의 존재로 인식한다면, 흑인종이나 황인종들도 똑같은 이유로 우리 백인종을 다른 존재로 인식할 것이다. 대체 당신의 이웃은 누구인가? 이 대답은 오직 하나이다. 이웃이 누구냐 하는 따위는 물을 것도 없다. 당신은 그저 남들에게서 받고자 하는 대로 살아 있는 모든 존재에게 행하면 되는 것이다.

3. 살아 있는 존재는 고통을 두려워하고 죽음을 무서워한다. 인간뿐만 아니라 살아 있는 모든 존재 가운데서 자신의 모습을 보라. 그리고 다른 존재를 죽이지 말고 그들에게 고통과 죽음을 초래하는 일이 없도록 하라.

살아 있는 모든 존재도 또한 네가 바라는 것을 바란다. 살아 있는 모든 존재 가운데서 너 자신을 깨달아라. (불경)

4. 인간이 다른 동물 위에 서는 것은 그들을 괴롭힐 수 있어서가 아니라 그들을 불쌍히 여길 힘을 지녔기 때문이다. 그리고 인간이 다른 동물을 가여워하는 것은 그들의 내부에도 자기의 내부에 깃들어 있는 것과 동일한 것이 있음을 느끼기 때문이다.

5. 선행을 이루기 위해선 살아 있는 모든 존재에 대한 연민이 필요하다. 연민이 깊은 사람은 괴롭히거나 창피를 주거나 하지 않고 모든 것을 허락한다. 선량한 인간은 연민이 깊다. 만약 어떤 사람이 부정하고 사악하다고 한다면, 그 사람은 반드시 연민이 깊지 않다. 살아 있는 모든 존재에 대한 측은지심 없이는 어떠한 선행도 있을 수 없다. (쇼펜하우어)

6. 모든 인간의 특성인 동물에 대한 연민의 정으로 스스로를 마비시킬 수 있다. 사냥할 때 이것은 특히 두드러진다. 선량한 사람들도 사냥에 익숙해지

면 자신의 잔혹함을 느끼지 못하고 동물을 괴롭히거나 죽이거나 한다.

7. '살생하지 말라'는 가르침은 인간에 대해서뿐만 아니라 모든 생물에 대해 적용된다. 이 가르침은 글로 쓰이기 전에 인간의 마음에 새겨져 있는 것이다.

8. 이를 신이 허락했다는 식으로 믿은 결과, 사람들은 동물을 먹는 것을 나쁘다고 생각하지 않는다. 그러나 이것은 잘못된 것이다. 비록 어떤 글에 동물을 죽이거나 먹거나 하는 것이 죄악이 아니라고 쓰여 있더라도, 그 글보다도 훨씬 분명하게 동물도 우리 인간과 마찬가지로 불쌍하며, 이것을 죽이거나 해쳐서는 안 된다는 것이 이미 인간의 마음에 쓰여 있다. 그리고 우리가 자기 안의 양심을 죽이지 않는 한, 모두가 그것을 알고 있다.

9. 가령 육식을 하는 모든 사람이 직접 그 동물을 죽이도록 되어 있다면, 대부분은 육식을 멀리 하게 될 것이다.

10. 사람의 고기를 먹기 위해서 사람을 죽이는 사람들이 과거에는 물론이고 현재까지도 이 세상에 존재한다는 사실은 놀랍기 짝이 없다. 그렇지만 많은 세월이 흘러 우리의 손자나 증손자의 시대쯤 되면, 그들은 자기네 할아버지나 증조 할아버지가 그 참혹한 도살까지 하지 않더라도 대지가 베풀어주는 산물만으로도 충분히 맛있고 또한 건강하게 살아갈 수 있음을 알게 되고, 오로지 고기를 먹기 위해서 매일같이 수많은 동물들을 살상했던 일조차도 놀라게 될 것이다.

11. 인간은 인간에 대한 연민의 정을 스스로 마비시킬 수도 있으며 한편으론 하찮은 벌레들에게도 연민의 정을 표출할 수 있다.

12. 우리는 인류 전체의 내부에 동일한 것이 깃들어 있다는 것을 생생하게 느끼고 있다. 그러나 이 동일한 '어떤 것'이 동물의 내부에도 존재한다는 것에 대해서는 그다지 생생하게 느끼지 못한다. 하물며 '어떤 것'이 버러지에게도 존재한다는 단계에 이르면 더더욱 조금밖에는 느끼지 못한다. 그렇지만 그런 작은 생물의 삶에 대해서도 깊이 생각해 보는 것이 좋다. 그리하면 그들 내부에도 우리 인간의 것과 똑같은 것이 깃들어 있음을 느끼고 또 알게 될 것이다.

13. "그렇다면 파리나 벼룩을 죽여서는 안 된다는 것인가? 또 팔다리를 움직일 때마다 눈에 보이지 않는 생물의 생명을 무의식적으로 죽이고 있는

것은 아닐까?"

사람들은 늘 이런 식으로 말한다. 그리고 이러한 반문으로 동물에 대한 인간의 잔혹성을 변호하려 한다. 그러나 이런 식으로 말하는 사람은 인간이 어떤 일에든 완전무결하게 도달할 수 없다는 것을 잊고 있다. 인간의 의무는 되도록 완전무결한 것에 접근하는 것이다. 우리는 다른 동물을 죽이는 일 없이는 전혀 살아갈 수가 없다. 그러나 이것을 측은하게 여길 수는 있다. 그리고 다른 동물에 대한 우리의 측은한 마음이 깊고 크면 클수록, 우리의 삶은 나아지는 것이다.

삶이 훌륭해질수록 점점 확실하게
그들 속에 깃든 신적 본성이 같다는 것을 깨닫는다

1. 세상 사람들 대부분은 자기들이 모두 개별적으로 구별된 존재인 것처럼 생각한다. 그러나 우리 각 개인이 글자 그대로 다른 모든 것과 구별된 단독의 삶으로 일관한다면, 사람들의 삶은 틀림없이 계속될 수 없었을 것이다. 인간의 생활이 가능한 것은 모든 사람의 내부에 동일한 신의 영혼이 깃들어 있고, 우리가 그것을 알기 때문이다.

2. 어떤 사람들은 진실한 삶을 살고 있는 것은 자기들뿐이라고 생각한다. 자기들이 전체이며, 다른 것은 모두 무라고 생각한다. 더구나 이러한 사람들의 수는 아주 많다. 그러나 개중에는 또 다른 사람들, 아니 다른 동물의 삶도 자기들의 삶과 마찬가지로 중요하다는 것을 이해하는 총명하고 선량한 사람들도 있다. 이러한 사람들은 자기의 '자아'에만 얽매여 살지 않고, 다른 사람들, 다른 동물과의 사랑 속에 산다. 이런 사람들에게는 삶과 죽음이 모두 평화롭다. 이런 사람들이 죽을 때는 그들 개개의 생명만이 죽는 것이며, 그들이 다른 사람들의 내부에서 살아 왔던 그들의 정신은 영원히 남는다. 그러나 자기 혼자만의 삶으로 일관한 사람에게는 사는 것도 좁고 괴로우며, 죽는 것도 고통스럽고 두렵다. 왜냐하면 그들은 마지막 숨을 거두는 순간, 자기들의 삶 전체가 사멸하는 것으로 알기 때문이다. (쇼펜하우어)

3. 어떤 사람의 내부에나 당신의 가슴에 깃들어 있는 것과 똑같은 성령이 깃들어 있음을 상기하라. 그리고 나의 영혼도 나 이외의 모든 사람의 영혼도 모두 성스러운 것으로 존경하라.

4. 왜 우리는 사랑을 실천한 뒤에는 기분이 좋을까? 그것은 사랑을 담은 모든 행위는 참된 '나'가 우리의 자아에만 존재하지 않고, 살아 있는 모든 존재 속에 있다는 것을 확신시키기 때문이다.

만약 당신이 자신을 위해서만 산다면, 당신은 참된 '나'의 작은 한 부분으로 일관하며 사는 것이다. 그러나 다른 사람들을 위해 산다면 당신은 '나'가 확대되는 것을 느끼리라.

나를 위해서만 삶을 도모해 보라. 그리하면 적에게 포위되어 있는 스스로를 느끼게 될 것이다. 나 이외의 개개인의 행복이 나의 행복을 방해하는 것을 감지하리라. 그러나 다른 사람들을 위해서 삶을 도모해 보면, 당신은 친한 친구들로 둘러싸여 있는 자신을 느낄 것이다. 그리고 나 이외의 개개인의 행복이 모두 자신의 행복이 되는 것을 감지할 것이다. (쇼펜하우어)

5. 이웃에 대한 봉사 속에서만 사람은 자신의 참된 행복을 발견한다. 왜냐하면 이웃에게 봉사함으로써 그 사람들 안에 깃든 신의 영혼과 하나로 맺어지기 때문이다.

6. 우리가 사랑할 때, 그때 비로소 우리는 삶의 본원이 되어 있는 신의 영혼을 깨닫게 된다.

7. 진정한 선행, 즉 나를 잊고 타인의 부족을 걱정하는 것은 그것이 습관이 되어 있는 것이 아니라면 필설로 다하기 힘든 놀라운 행위이다. 실제로 무엇 때문에 우리는 스스로를 위해서가 아니라 알지 못하는 사람을 위해, 이 세상에 무수히 존재하는 그런 사람들을 위해서 걱정하고 괴로워하지 않으면 안 되는 것인가? 나에게가 아니라 다른 사람들에게 선을 행하는 사람은 선행을 받는 상대가 나와는 별개의 존재가 아니라, 별개의 외모로 포장되어 있기는 하지만 실제로는 자기 삶의 본원이 되어 있는 것과 동일한 존재임을 알고 있다는 사실에서 이것을 설명할 수 있다. (쇼펜하우어)

8. 인식 가능한 모든 것을 우리는 다섯 감각기관의 작용에 의해서, 즉 보거나 듣거나 만지거나 하는 작용으로, 또 다른 존재로 바꾸거나 그들의 삶을 사는 것으로써 인식한다. 만약 우리가 온갖 물체를 오관의 작용으로만 인식하는 것이라면, 이 세상은 온통 불가해한 것이 되고 말리라. 이 세상에 관해 아는 것은 모두 우리가 사랑의 날갯짓으로 다른 존재의 내부로 날아 들어가 그들의 삶을 살면서 비로소 알 수 있다. 우리는 각자의 육체에 의해서 구별

되어 있으며, 서로 이해할 수가 없다. 그러나 사랑에 의해서 모두 하나로 이어져 있다. 그리고 여기에 우리의 절대적인 행복이 있다.

9. 만일 당신이 영혼의 삶을 산다면, 다른 사람들과의 어떤 불화나 부딪침의 경우에도 반드시 정신적인 고뇌를 느끼게 될 것이다. 무엇 때문에 그러한 고뇌가 필요한가? 육체의 고통이 육체의 삶을 위협하는 위험을 보이는 것처럼, 정신적인 고뇌는 우리 영혼의 삶을 위협하는 위험을 보여주기 때문이다.

10. 인도의 성인은 말했다.

"네 가슴에도 나의 가슴에도, 다른 모든 존재 안에도 동일한 영혼이 깃들어 있다. 그런데도 너는 나에게 화를 내고, 나를 사랑하지 않는다. 나와 네가 동일한 존재임을 상기해야 한다. 네가 어떠한 사람이든 너와 나는 한 몸이다."

11. 가령 상대편이 아무리 나쁘고, 불의하고 부정하며, 어리석고 불쾌한 사람이라 하더라도 끊임없이 그를 존중함으로써, 그와의 연결뿐만 아니라 영적 세계 전체와의 연결을 파악할 수 있다는 것을 기억하라.

12. 다른 사람과 원만하게 살기 바란다면, 당신과 그를 구별하여 생각지 말고 하나로 이어지는 것만을 생각해야 한다.

13. 사람들은 외적인 존경의 대상을 비난하는 것은 용서하기 힘든 커다란 죄라고 여기지만, 인간 그 자체를 비난하는 것은 죄악이라 생각하지 않는다. 그렇지만 극도로 상한 인간의 내부에도 인위적인 어떠한 것보다도 숭고한 것이 깃들어 있으며, 모든 외적인 존경의 대상 같은 것은 결국 인간이 만들어낸 것에 불과하다.

14. 더위라든가, 화재, 홍수, 지진 같은 것 때문에 당하는 고통은 참아내기 쉽지만, 다른 사람들 때문에, 형제들 때문에 고통을 당하는 경우에는 특별히 괴롭게 느껴진다. 세상 사람들이 자신을 끝까지 사랑해야 하는데도 반대로 자신을 괴롭힌다고 생각하기 때문이다. '세상 사람들, 세상의 모든 사람들은 나하고 똑같은 존재가 아닌가? 그런데도 어째서 그들은 나를 괴롭히는 것일까?' 그들은 이렇게 생각한다.

그렇기 때문에 세상 사람의 냉대에서 받는 고통보다도 더위라든가 화재, 추위 같은 것에서 받는 고통이 참고 견디기가 쉬운 것이다.

모든 사람의 내부에 있는 영혼이 단 하나임을 자각한 결과들

1. 영적 세계에서 우리는 온 세상 사람이 모두 형제와 같다는 것을 이해하고 있을까? 우리의 영혼과 마찬가지로 모든 사람의 영혼에도 똑같은 신적 본원이 깃들어 있음을 이해하고 있는 것일까? 아니, 우리는 아직 이해하지 못하고 있다. 그렇지만 이것을 이해하는 것만이 우리에게 참된 자유와 행복을 줄 수 있다. 사람들이 자기와 하나인 것을 이해하지 못하는 한은 자유도 행복도 없는 것과 같으며, 있을 수도 없다. 그렇지만 사람들이 그리스도의 가르침의 근본 진리, 즉 모든 사람의 가슴에 있는 영적 본원이 하나라는 것을 인식함과 동시에 그들의 삶 전체는 갑자기 일변하여 우리가 현재 상상할 수 없을 만한 아름다운 관계가 사람들 사이에 생길 것이다. 그때까지는 온 세상의 형제에게 계속 가하고 있는 온갖 모욕이나 박해, 슬픔 등이 오늘날 가장 큰 죄악보다도 훨씬 심하게 우리를 불안하게 하리라. 그렇다. 우리에게는 천국과 지옥에 관한 것이 아니라 우리의 가슴에 있는 영혼에 관한 새로운 계시가 필요하다. (챠닝)

2. 만약 우리가 다른 사람의 부나 명예, 관직보다 탁월하기를 바란다면, 그런 방면에서 아무리 뛰어나봤자 영원히 만족하지 못하며, 마음이 편안하고 기뻐지는 일은 없을 것이다. 그러나 우리의 가슴에 모든 사람의 내부에 있는 것과 동일한 신적 본원이 깃들어 있음을 깨닫는다면, 우리는 어떠한 처지에 있든 단박에 기쁘고 편안해질 것이다. 왜냐하면 이 세상에서 가장 숭고한 것이 나의 내부에 존재한다는 것을 깨달았기 때문이다.

3. 이 세상에서 오래 살면 살수록 우리는 차츰 깊고 확실하게 '우리가 모든 사람의 내부에 있는 동일한 영혼을 가졌음을 인식할 때, 그때 삶이 진정으로 행복해진다'는 것을 깨닫기에 이른다.

4. 사랑은 사랑을 부른다. 그것은 신이 당신의 가슴에서 눈뜨고, 타인의 가슴에 있는 자신을 불러 깨우기 때문이다.

5. 사람들과 만났을 때, 가령 그 상대가 당신에게 아주 불쾌하고 진저리나는 사람일 경우라도, 당신이 그 사람을 통해 그에게도, 당신에게도, 인류 전체에게도 마찬가지로 깃들어 있는 영적 본원과 친하게 교제할 가능성이 있음을 상기해야 한다. 그렇기 때문에 당신은 그 사람과의 교류를 고통으로 생각지 말고 이 행복을 지닌 것에 대하여 감사해야 한다.

6. 커다란 가지에서 잘려나간 작은 가지는 그로 인해 나무 전체에서 떨어진다. 이와 마찬가지로 인간도 또한 타인과 불화를 초래했을 경우에는 인류 전체에서 떨어져 나오고 만다. 가지는 자기 이외의 제삼자의 손으로 잘려나간 것이지만, 인간은 제 발로 자기의 증오 때문에 이웃에게서 자신을 떼어놓는다. 더구나 그로 인해 인류 전체로부터 스스로를 차단한다는 생각에도 이르지 못한다. (아우렐리우스)

7. 악행을 저지른 자만이 벌을 받고 끝나는 경우는 없다. 우리는 우리 안에 있는 악이 다른 사람들에게 전염되지 않을 정도로, 그 정도로 멀리 떨어져 있지 않다. 우리의 행위는 선행이든 악행이든 우리가 낳은 자녀와 같다. 그것은 우리의 의지와는 상관없이 스스로 살아서 활동하는 것이다. (조지 엘리엇)

8. 사람들의 삶이 때때로 쓰리고 괴로운 것은 그들 각자의 가슴에 깃든 영혼이 모든 사람의 가슴에도 있다는 것을 모르기 때문이다. 그 결과, 사람들 사이에 적의가 생겨난다. 그 결과, 어떤 사람은 부유하고, 어떤 사람은 가난하며, 또 어떤 사람은 주인이고, 어떤 사람은 하인인 것처럼 차별이 생겨난다. 그리고 이런 차이로 시기와 증오가 생겨난다. 또 온갖 고민이 생겨나는 것이다.

9. 사람의 육체는 자기에게만 선을 바란다. 그리고 사람들은 이 기만에 패배하고 만다. 그렇게 되어 영혼을 섬기는 삶이 자기의 육체만 섬기려는 삶의 욕망을 물리치지 못하면 우리는 대번에 신과도, 사람들과도 동떨어지게 되어 자기가 구하는 선을 얻을 수 없게 된다.

사랑

인간의 영혼은 육체에 의해 신과 자기 이외의 온갖 존재의 영과 구별되며, 자기 이외의 것과 결합하기 위해 끊임없이 나아가고 있다. 자기 내부에서 신을 인식함으로써 영혼은 점점 단단하게 신과 결합한다. 또 사랑의 발현에 의해서 자기 이외의 모든 존재의 영혼과 더욱 굳게 결합한다.

사랑은 신과도, 자기 이외의 온갖 존재와도 결합하게 한다

1. 그리스도는 율법 교사에게 말했다.

"네 마음을 다하고 네 목숨을 다하고, 네 뜻을 다하여, 주 너의 하느님을 사랑하여라 하셨으니, 이것이 가장 중요하고, 으뜸 가는 계명이다."

"두 번째 율법도 이와 같은데, 네 이웃을 네 몸과 같이 사랑하라는 것입니다." 율법 교사가 그리스도에게 이렇게 말했다. 그러자 그리스도는 대답했다.

"옳도다. 그와 같이 행하라."

신과 이웃을 사랑하라. 그때 비로소 참된 삶을 누리게 되리라.

2. 세상 사람들이여, 너희는 불행하다! 너희에게는 갖가지 슬픔과 번뇌가 머리 위에도, 발 밑에도, 오른쪽에도, 왼쪽에도 가득 차 있다. 그리고 너희 자신이 스스로가 이미 완전한 수수께끼이다. 너희는 갓난아기처럼 기쁜 사랑에 불타지 않는 이상 영원히 그 수수께끼를 풀지 못한 채 끝나리라.

갓난아기처럼 기쁜 사랑에 불타는 사람이 되어라. 그리하면 그때 너희는 나를 알게 되리라. 그리고 나를 알게 되면, 스스로를 알게 되며, 그때 비로소 자신을 지배하게 될 것이다. 또 그때 비로소 자기의 영혼으로 현세를 관찰하고, 현세와 자기 내부에 있는 모든 것이 너희에게는 축복이 되리라. (불교 경전)

3. 우리가 사랑할 수 있는 것은 완전무결한 것뿐이다. 따라서 사랑을 하려거든 위의 것 가운데 하나를 선택해야 한다. 즉, 불완전한 것을 완전무결하게 생각하거나, 완전무결한 것, 즉 신을 사랑하거나 하는 것이다. 만약 불완전한 것을 완전무결하다고 생각한다면 그 오류는 쉽게 벗겨질 것이고, 그 결과 그 사랑은 종말을 고하리라. 그러나 반대로 신에 대한 사랑, 즉 완전무결한 존재에 대한 사랑은 영원히 끝나는 일이 없다.

4. 신은 사랑이다. 사랑 가운데에 있는 자는 신의 품에 안주하는 것이며, 신도 또한 그자의 가슴에 머문다. 어디에서도 신을 본 사람은 없다. 그렇지만 우리가 만약 서로 사랑한다면 신은 우리의 가슴에 머문다. 그리고 신의 사랑은 우리 내부에서 완성되는 것이다. 만약 누군가가 '나는 신을 사랑한다'고 하면서 형제를 미워한다면, 그는 결국 거짓말을 하는 것이다. 눈앞에서 보는 형제를 사랑하지 않는 사람이, 보이지 않는 신을 어떻게 사랑할 수

있겠는가. 형제들아, 서로 사랑하자. 사랑은 신에게서 나온 것이다. 따라서 남을 사랑하는 자는 모두가 신에게서 나온 것이며, 모두가 신을 안다. 왜냐하면 신은 곧 사랑이기 때문이다. (요한1서 4장 참조)

5. 사람들이 진정으로 하나로 맺어질 수 있는 것은 신에 의해서뿐이다. 하나로 결합하기 위해서 필요한 것은 서로 만나고 기대는 것이 아니라 신을 향해 나아가는 것이다. 이것만이 모든 사람에게 필요한 것이다.

가령 빛이 한가운데 주위로만 비추는 그런 널따란 전당이 있다면, 이 전당 속에서 하나가 되기 위해 필요한 것은 중앙부의 빛을 향해 나아가는 것이다. 이 세상도 마찬가지이다. 세상 사람들이 모두 신을 향해 나아간다면, 우리는 모두 하나로 결합할 수 있을 것이다.

6. "형제여, 서로 사랑합시다. 사랑은 하느님께로부터 오는 것입니다. 사랑하는 사람은 다 하느님에게서 났고, 하느님을 압니다. 사랑하지 않는 사람은 하느님을 알지 못합니다. 왜냐하면 하느님은 사랑이기 때문입니다." 사도 요한은 이렇게 말했다.

모든 사람을 사랑하는 것은 힘든 일처럼 여겨진다. 그러나 어떤 일이든 실행하는 방법을 익히기까지는 어렵게 생각되기 마련이다. 사람들은 모든 것을 배워 익힌다. 바느질도, 베짜기도, 밭가는 것도, 거두는 것도, 쇠를 단련하는 것도, 읽는 것도, 쓰는 것도 모두 배워서 익힌다. 마찬가지로 모든 사람을 사랑하는 것도 배워 익히지 않으면 안 된다.

게다가 이것을 배워 익히는 것은 어렵지 않다. 왜냐하면 세상 사람들이 서로 사랑하는 마음은 우리의 영혼에 선천적으로 주어진 것이기 때문이다.

'지금까지 하느님을 본 사람은 아무도 없습니다. 그러나 우리가 서로 사랑하면, 하느님께서 우리 가운데 계시고, 또 하느님의 사랑이 우리 가운데서 완성되는 것입니다.'

그리고 신 즉, 사랑이 우리 가운데에 머문 다음에는 사랑을 배워 익히는 것은 어렵지 않다. 다만 사랑을 방해하는 것으로부터 몸을 피하고, 사랑을 겉으로 나타나지 않게 하는 일에서 피하는 노력만 하면 되는 것이다. 이러한 행위를 시작하자마자 단박에 당신은 이 세상에서 가장 소중하고 중요한 학문, 즉 모든 사람에 대한 사랑을 배워 익히게 될 것이다.

7. 이 세상에 세상 사람들이 우리를 사랑한다는 것을 알았을 때의 기쁨보

다 큰 기쁨은 없다. 그러나 놀라운 것은 세상 사람들에게서 사랑을 받으려면 그들의 뜻에 영합하지 않아야 한다는 것이다. 오로지 신에게 가까이 다가가도록 해야 한다. 신에게 다가가는 일에 전념하고, 세상 사람들의 저속한 견해에 연연하지 않을 때에, 비로소 세상 사람들은 당신을 사랑하게 된다.

8. 당신을 하나로 결합시켜 달라고 신에게 바라지 마라. 신은 이미 모든 사람의 가슴에 동일한 자기의 영혼을 불어넣음으로써 당신을 하나로 결합시켰다. 이제 당신을 따로 떼어놓지 않도록 하는 일에 전념하라. 그리하면 당신의 마음은 신과 하나가 될 것이다.

9. 우리는 단지 나에게만 행복이 있기를 원한다. 그러나 그것은 그저 바랄 뿐이다. 우리 가슴에 머문 신은 우리 내부에서 자기의 행복을 바란다. 그리고 그 신은 모든 사람의 행복을 바란다.

10. 신을 사랑한다고 말하면서 이웃을 사랑하지 않는 자는 사람들을 속이는 것이다. 또 이웃을 사랑한다고 하면서 신을 사랑하지 않는 자는 스스로를 속이는 것이다.

11. 신을 두려워해야 한다고 말한다. 그러나 이것은 진리가 아니다. 신을 두려워해서는 안 된다. 사랑해야 하는 것이다. 자기가 두려워하는 것을 사랑할 수는 없다. 뿐만 아니라 신은 사랑이라는 점에서 보더라도 신을 두려워해서는 안 된다. 어떻게 사랑을 두려워할 수가 있으랴!

신을 두려워하지 말고 신을 자기 내부에서 인식해야 된다. 그리고 신을 자기 내부에서 인식한다면, 당신은 이 세상의 어떤 것도 두렵지 않게 되리라.

12. '머지않아 최후의 심판이 있을 것이다. 선한 신이 분노를 발하게 되리라.' 사람들은 이렇게 말한다. 그러나 선한 신에게서는 선 이외에 아무것도 생겨나지 않는다.

이 세상에 아무리 많고 다양한 신앙이 있다 해도 참된 신앙은 오직 하나, 신은 곧 사랑이라는 신앙뿐이다. 그리고 사랑에서는 선 말고는 아무것도 생겨날 수 없다.

두려워할 것은 없다. 이 세상에나 이 세상의 다음에도 선 이외에 아무것도 있을 수 없다. 그렇다, 영원히 없을 것이다. (페르시아의 가르침에서)

13. 신의 뜻에 순종한다는 것은 말할 것도 없이 신과 비슷하게 되는 일이다. 그러나 신과 비슷한 사람이 되려면 아무것도 두려워해서는 안 된다. 또

자기를 위한 어떤 것도 바라지 말아야 한다. 아무것도 두려워하지 말고, 또한 자기를 위한 어떤 것도 바라지 않으려면, 오로지 신을 사랑하지 않으면 안 된다.

어떤 사람들은 말한다.

"너 자신 속으로 깊이 파고 들어가야 한다. 그러면 너는 평안을 발견하리라."

그러나 여기에서는 아직 반쪽의 진리밖에 찾지 못한다.

전자와는 정반대로 어떤 사람들은 말한다.

"너 자신에게서 벗어나라. 자신을 잊고 쾌락 속에서 행복을 찾아야 한다 ……."

그러나 이것 또한 진리가 아니다. 쾌락으로 온갖 질병에서 벗어날 수 없다는 것에서 보더라도, 이 주장은 진리가 아니다. 평안과 행복은 내부에도 외부에도 존재하지 않는다. 그것은 신 가운데에 있다. 그리고 신은 이들의 내부에도 외부에도 군림하고 있는 것이다.

신을 사랑하라. 너는 신에게서 네가 구하고 찾는 것을 발견하리라. (파스칼)

육체가 음식을 원하고, 음식이 없을 때 괴로운 것처럼
우리의 영혼도 사랑을 원하며, 사랑이 없으면 고뇌한다

1. 대지는 모든 물체를 끌어당긴다. 또 물체는 서로 끌어당긴다. 이와 마찬가지로 우리의 영혼도 또한 신에게로 이끌린다. 또한 서로를 끌어당긴다.

2. 인류는 스스로를 속임으로써 살아 있는 것이 아니라 그들 내부에 사랑을 간직함으로써 살아 있다.

사람들이 개별적으로가 아니라 모두 하나로 조화롭게 살아가도록 신은 우리들 개개인에게 필요한 것이 아니라 우리 모두에게 필요한 것을 계시해 주셨다.

그리고 인류에게 무엇이 필요한가를 알게 하기 위해서 신은 우리의 영혼으로 들어와 영혼 속에서 사랑으로 자신을 드러내셨다.

3. 인류의 모든 불행은 흉작이나 화재나 악인들의 나쁜 짓에서 생겨나는 게 아니라 우리가 개별적으로 떨어져 살고 있는 데서 생겨난다. 그리고 우리

는 우리 내부에 깃들어 있는 하나로 이끄는 사랑의 음성을 믿지 않기 때문에 개별적인 삶을 보내고 있다.

4. '동물적인 삶을 사는 동안 우리가 나 이외의 사람들과 나를 구분한다면 그것은 그럴 필요가 있기 때문이며, 그밖에 다른 방법이 없기 때문이다.' 사람들은 이런 식으로 생각한다. 그러나 일단 영적인 생활을 시작하면, 우리는 다른 사람들과 나를 구분하는 것이 이상하게 여겨지고, 이해할 수 없으며, 나아가 고통스러워진다. 그 결과, 우리는 나 이외의 사람들과 하나로 결합하고자 노력하기에 이른다.

세상 사람들을 하나로 결합할 수 있는 것은 사랑뿐이다.

5. 누구나 다 나를 다른 사람들과 떼어놓고 등을 돌리는 행동을 해서는 안 되며, 타인과 융합하고 일치되도록 행동해야 한다는 것을 잘 알고 있다. 더구나 우리가 이것을 아는 것은 누가 명령한 결과가 아니라 다른 사람들과 하나가 되면 될수록 점점 더 삶이 쾌적해지고, 그 반대로 다른 사람들에게서 떨어져 나오면 나올수록 점차 삶이 나빠진다는 뚜렷한 사실에 의해서이다.

6. 우리들 각 개인의 삶은 세월이 갈수록 훌륭해져야 한다. 그리고 훌륭한 인간이 되면 될수록 그만큼 밀접하게 우리는 서로가 융합하고 일치한다. 나아가 우리가 보다 밀접하게 융합하면 할수록 우리의 삶은 점점 더 괜찮은 것이 된다.

7. 남을 깊이 사랑하면 할수록 우리는 그만큼 그 사람과 내가 다른 존재라는 것을 느끼지 않게 된다. 그러다 결국에는 그 사람과 나를 하나의 존재로 느끼게 된다.

8. 세상 사람들 대부분과 견해를 같이 하는 점에 있어서만 일치하고자 하고, 그래서 서로 다른 견해에 대해서 그들이 따라야 한다고 강요하지 않도록 주의한다면, 자신을 그리스도교도라 칭하면서 그리스도의 이름으로 다른 신앙에 귀의하는 사람들과 자신을 구별하고, 자기들이 진리라 생각하는 것에 대하여 그들이 따르도록 강요하는 사람들보다 훨씬 그리스도 가까이에 있을 것이다.

9. 너희의 원수를 사랑하라. 그리하면 너희에게는 원수란 것이 없게 된다. (12사도의 가르침)

10. 진흙 위에 판자를 깔면 길을 알기가 쉬운 것처럼 서로 구별되지 않게

하나로 합하여지는 길은 쉽게 알 수 있다. 그러나 이 길에서 옆으로 벗어나면 우리는 단번에 뜬세상의 온갖 번뇌와 불화, 증오로 범벅이 된 진흙탕에 빠지고 말리라.

모든 사람에 대한 사랑만이 진실한 사랑이다

1. 신은 우리가 행복해지기를 바라며, 그 때문에 우리의 가슴에 행복에 대한 욕구를 심었다. 그러나 신은 개개인의 개별적 행복이 아니라 우리들 전체의 행복을 바라고 우리의 가슴에 사랑의 욕구를 심었다. 따라서 모든 사람이 서로 사랑하는 경우에만 우리는 진정으로 행복할 수 있다.

2. "우리의 육안으로 볼 수 있는 모든 것, 생명이 있는 것들은 모두가 하나이다"라고 로마의 현인 세네카는 말했다. 우리는 모두 손이나 발, 위나 뼈와 마찬가지로 커다란 육체의 일부분이다. 우리는 모두 똑같게 태어나고, 모두 자기에게 선한 것을 바란다. 우리는 모두 서로 죽이기보다는 돕는 것이 좋다는 것을 안다. 그리고 우리들 모두의 가슴에는 같은 사랑의 씨가 심어져 있다. 우리는 하나의 건물을 이루고 있는 벽돌과 같아서 서로 기대고 돕지 않으면 금세 모조리 무너지듯 모두 하나로 얽혀 있다.

3. 누구나 되도록 많이 자기에게 선을 행하려 노력한다. 그리고 이 세상에서 가장 좋고 높은 선은 모든 사람과 서로 사랑하고 화합하는 가운데에 머무르는 것이다. 그러나 어떤 사람들은 사랑하고 또 어떤 사람들은 사랑하지 않는 마음이 생기는데, 어떻게 그 최고의 선을 획득할 수 있으랴?

우선 사랑하지 않는 사람들을 사랑하는 기술을 익혀야 한다. 우리는 상당히 어려운 여러 종류의 기술을 배워 익힌다. 읽기는 물론, 여러 학문이나 직업까지 배워서 익힌다. 이러한 학문이나 직업을 배우고 익히는 것처럼 그렇게 열심히 사랑하기를 배운다면, 우리는 대번에 모든 사람을 사랑하는 것을, 그리고 우리에게 불쾌한 사람들까지도 사랑하는 것을 배워 익힐 수 있을 것이다.

4. 인생에 있어서 중요한 일이 사랑임을 깨닫는다면, 당신은 타인과 교제할 때에 그 사람이 어떤 점에서 나에게 이익을 가져다 줄 것인가가 아니라, 어떤 점에서 내가 저 사람에게 이익을 줄 수 있을까를 생각하게 되리라. 그렇게 되면 오로지 당신 자신에 대하여 바라던 때보다도 훨씬 많은 성공을 이

룰 것이다.

5. 만일 우리가 마음에 드는 사람들만, 우리를 칭찬하는 사람들만, 또 우리에게 선을 행하는 사람들만 사랑한다면, 그것은 곧 나 자신을 위해서 사랑하는 것이다. 지금보다도 보다 나은 조건을 누리기 위해서 사랑하는 것이다. 그러나 진정한 사랑은 나를 위해서 남을 사랑하지 않으며, 또한 내가 아니라 나를 사랑하는 사람들을 위한 선을 바라고, 사람들이 나를 좋아한다거나 내게 유익하다거나 하는 이유에서가 아니라 각 개인의 내부에, 우리의 가슴에 있는 것과 똑같은 영혼을 가지고 있음을 인식하는 데서 인류 전체를 사랑하는 것이다.

이러한 사랑일 때에만 비로소 그리스도의 가르침 대로 우리를 사랑하는 사람들뿐만 아니라 우리를 증오하는 사람들도, 우리의 적도 사랑할 수가 있다.

6. 아무리 볼품없고 이상한 사람이라도, 그 사람을 포함해 모든 사람을 존중하지 않으면 안 된다. 어떤 사람의 가슴에도 우리의 가슴에 있는 것과 똑같은 영혼이 깃들어 있음을 기억해야 한다. 설령 상대편이 정신적으로나 육체적으로나 꺼림칙한 사람인 경우에도 이렇게 생각해야만 한다.

'그렇다, 세상에는 이렇게 비정상적인 사람도 있다. 우리는 참고 견뎌야만 한다.'

만약 이런 사람들에게 혐오감을 나타낸다면, 우선은 우리는 옳지 못한 인간이며, 다음으로 이러한 사람들을 생을 위한 싸움이 아니라 죽음을 위한 싸움으로 이끌게 된다.

아무도 자신을 개조하지 못한다. 때문에 우리가 누군가에게 적의를 보인다면 그는 불구대천의 원수로서 우리와 투쟁하는 것 외에 달리 방법이 없다. 만약 그가 지금처럼 비뚤어진 사람이 아니었다면 우리는 그에게 따뜻한 태도로 대하려 했으리라. 그러나 그것은 도저히 불가능한 이야기이며, 우리는 자신을 바꾸지 못한다. 우리는 지금 있는 그대로 어떤 사람에게나 친절해야 한다. 상대편에게 그가 할 수 없는 것을 요구해서는 안 된다. 어떤 상대에 대해서든 현재의 그 사람 자체이기를 그만두라고 요구할 수는 없는 것이다. (쇼펜하우어)

7. 당신이 사랑하지 않고 힐난했던 사람, 당신을 모욕했던 사람을 사랑하

도록 노력하라. 그리고 그 일에 성공한다면 당신은 새롭고 기쁜 마음을 알게 될 것이다. 휘황한 빛이 어둠 뒤에 밝게 빛나는 것처럼, 남을 사랑하지 않는 마음에서 벗어나면서 찬란한 사랑의 빛이 당신의 가슴에도 보다 치열하게, 한층 즐겁게 빛날 것이다.

8. 모든 사람 가운데서 가장 훌륭한 사람은 모든 사람을 사랑하고, 상대가 선량한지 사악한지를 구분하지 않고 모든 사람에게 선을 행하는 사람이다. (마호메트)

9. 남과의 불화는 왜 그렇게 괴로운 것일까? 또 사랑하지 않는 마음은 왜 그보다 한층 더 고통스러운 것일까? 그것은 우리 모두의 가슴속에 있는 우리를 인간이게 하는 분, 그 분이 모든 사람에게 동일하고, 그 때문에 타인을 사랑하지 않는 경우, 우리는 모든 사람에게 단 하나인 것과 헤어지는 결과를 만든다는 것, 즉 내가 나와 헤어지는 것임을 감지하기 때문이다.

10. 사람들은 괴롭다거나 따분하다거나 고독하다고 말한다.

그러나 대체 누가 당신에게 사람들에게서 떨어져 나와서, 스스로를 고독하고 따분하고 시시한 '자아'라는 지옥에 감금하라고 명령했는가?

11. 사람들에게 나처럼 하라고 말할 수 있도록 행동하라. (칸트)

12. 가장 중요한 그리스도의 율법, 즉 적에 대한 사랑이 지켜지는 것을 눈으로 보지 못한다면, 나는 그리스도교도라 자칭하는 사람이 진정한 그리스도의 가르침을 좇는 자인지 믿지 못하겠다. (레싱)

우리가 진정으로 사랑할 수 있는 것은 영혼뿐이다

1. 인간은 자신을 사랑한다. 그러나 만일 우리가 자기의 육체를 사랑한다면 그것은 엄청난 잘못이며, 그 사랑은 고뇌 이외에 아무것도 낳지 못할 것이다. 자기에 대한 사랑을 시인하는 것은 자기의 영혼을 사랑하는 경우뿐이다. 영혼은 모든 사람에게 동일하다. 따라서 우리가 자기의 영혼을 사랑한다면 나아가 모든 사람의 영혼을 사랑하게 될 것이다.

2. 모든 사람이 단 한 가지만을 바라고, 단 한 가지에 대하여 마음을 쓴다. 그 한 가지란 바로 어떻게든 나은 삶을 살려는 것이다. 때문에 오랜 옛날부터 성현들은 어디서나 중생의 삶을 악하지 않고 선하고 아름답게 하려면 어떤 생활방식을 취해야 하는지를 끊임없이 고찰하여, 세상 사람들에게

가르쳐왔다. 더구나 이들 성현들은 때와 장소를 달리함에도 불구하고 모두 동일한 가르침을 폈다.

그 가르침은 쉽고 간단하다.

모든 사람이 동일한 영혼에 의해 살고 있다는 것, 따라서 모든 사람이 동일하지만, 현세에서는 모두 각자의 육체로 구별되어 있으므로, 만약 우리가 모든 사람에게 동일한 이 유일한 영혼에 의해 살고 있음을 깨닫는다면 아무래도 우리는 사랑으로 서로 맺어지지 않으면 안 된다는 것, 이것이 그 가르침의 전부이다. 그러나 만약 우리가 그것을 깨닫지 못하고 각자의 개별적 육체에 의해서만 살아간다면, 우리는 서로에게 적의를 품어 불행한 존재가 된다고 그 가르침은 말하고 있다.

그러므로 그 가르침은 결국 인류를 하나로 묶는 일을 해야지 인류를 떼어놓고 배반하게 하는 일을 해서는 안 된다는 것이 된다. 이 가르침을 믿는 것은 쉽다. 왜냐하면 이 가르침은 각자의 마음에 이미 새겨져 있기 때문이다.

3. 만약 우리가 육체의 삶으로만 일관한다면 그것은 끝에 가서는 스스로를 감옥에 가두는 것과 마찬가지가 된다. 이 감옥의 쇠창살을 열고 우리를 모든 사람에게 공통된 즐겁고 자유로운 삶으로 이끌어내는 것은 영혼을 위한 삶뿐이다.

4. 육체는 영혼에게 해를 입히는 경우에도 자기의 행복만을 바란다. 영혼도 또한 그래서 육체에게 해를 입힐 만한 경우에도 역시 자기의 행복을 바란다. 그래서 이 둘 사이의 투쟁은 우리의 참된 삶이 육체에 있지 않고 영혼에 있다는 것, 육체는 그저 타고난 물체에 불과하다는 것을 깨달을 때 비로소 종말을 고한다.

5. 두 사람이 모스크바에서 키예프까지 간다면, 그 경우 두 사람 사이가 아무리 멀리 떨어져 있더라도(한 사람이 이미 키예프 부근까지 가 있는데, 다른 한 사람은 겨우 모스크바를 출발했을 뿐인 경우에도), 어쨌든 그들은 동일한 지점을 향해 나아가는 것이며, 늦든 이르든 결국은 한장소에서 만나게 될 것이다. 그러나 반대로 아무리 두 사람 사이가 가까이 있더라도, 한 사람이 키예프를 향해서 가는데, 다른 한 사람은 모스크바를 향해 간다면, 그들은 결국 뿔뿔이 흩어지고 말 것이다.

인생에 있어서도 그러하다. 여기 한 사람이 있다. 그는 완전하게 자기의 영혼에 봉사하며 살고 있는데, 다른 한 사람, 지극히 약하고 죄가 깊은 평범한 사람은 간신히 깨어나 영혼을 위한 삶으로 막 접어들었을 뿐이다. 그래도 역시 이들 두 사람은 동일한 영혼에 의해서 살고 있는 것이므로 조만간 합치할 것이다. 이에 반해 두 사람이 비록 함께 생활하고 있더라도 하나가 육체를 위한 삶으로 일관하고 있는데, 다른 하나가 영혼을 위한 삶을 보내는 경우, 그들은 시시각각 멀리 떨어지게 되는 것을 피하기 힘들다.

6. 무엇 때문에 사는지를 모르는 사람들에게는 사는 것이 참으로 힘들다. 그럼에도 그런 것은 절대로 알 수 없다고 믿고 그것을 오히려 자랑으로 여기는 사람들이 있다. 그러나 왜 사는지를 아는 것은 반드시 필요하며, 또한 의외로 쉽다. 인생의 의의는 시시각각 확연하게 자기의 육체로부터 영혼을 벗어나게 하고, 이것을 다른 온갖 존재와 모든 것의 시작, 즉 신과 하나로 결합하는 것에 있다. 그런데도 사람들은 그것을 모르는 사람인 것처럼 추측하고 판단하고, 또 그렇게 말한다. 그것은 그들이 이 세상의 모든 성현의 가르침에 따르지 않을 뿐만 아니라, 자기 안에 있는 이성과 양심이 그들에게 가르친 대로 살고 있지 않기 때문이다.

사랑은 누구나 타고나는 것이다

1. 물이 높은 곳에서 낮은 곳으로 흐르는 것이 자연스러운 것처럼, 인간이 사랑으로 불타는 것은 아주 당연한 일이다. (동양 현자의 말)

2. 벌은 자기들의 규율에 따라서 살기 위해 날아야 하고, 뱀은 기어야 하고, 물고기는 헤엄쳐야 한다. 그리고 인간은 사랑해야 한다. 따라서 우리가 세상 사람들을 사랑하지 않고 그들에게 악을 행한다면, 새가 헤엄치고, 물고기가 날기 시작하는 것과 마찬가지로 기괴한 행동을 하는 것이 된다.

3. 말은 빠른 발로 적에게서 도망친다. 그러므로 말이 닭처럼 홰를 치지 못한다고 해서 불행한 것이 아니라 그에게 주어진 이 보석, 바로 빠르게 질주하는 능력을 상실한 경우에 불행한 것이다.

개의 가장 귀중한 보석은 감각이다. 이것을 잃었을 때 개는 불행하다. 날지 못한다고 개가 불행한 것은 아니다.

마찬가지로 인간도 또한 곰이나 사자, 또는 흉악한 인간을 육체적으로 정복할 수 없을 때 불행한 것이 아니라, 자기에게 부여된 가장 귀중한 보물인 영적인 천성, 즉 사랑하는 능력을 잃었을 때 불행한 것이다.

우리가 슬퍼해야 할 것은 우리가 죽는 것이나 재산을 잃었을 때, 또는 집이나 땅을 갖지 못해서가 아니다. 이런 것들은 모두 인간에게 속한 것이 아니다. 우리가 진정으로 슬퍼해야 하는 것은 진정한 능력, 지고(至高)의 행복, 즉 사랑하는 힘을 잃었을 때이다. (에픽테토스)

4. 촉각에 의해 책 읽기를 배운, 맹인에 벙어리에 귀머거리인 소녀에게 선생님이 사랑이란 어떤 것인가를 설명하자 소녀는 답했다.

'아, 알겠어요. 그러니까 사랑은 세상 사람들이 서로 동지(同志)로, 언제나 다른 사람에 대해서 그렇게 느끼는 거로군요.'

5. 중국의 성현에게 '학문'이란 어떤 것이냐고 물었을 때, 그는 '인류를 아는 것'이라고 대답했다. 나아가 '선행'이란 무엇이냐고 묻자 그는 '인류를 사랑하는 것'이라고 대답했다.

6. 만물의 정확한 지도자는 오직 하나이다. 이 유일한 지도자는 각각의 존재에게 해야 하는 것을 하게 하는 우주 전체의 영혼이다. 이 영혼은 나무에게는 태양을 향해서 성장할 것을 명하고, 꽃에게는 씨앗을 맺을 것을 명하고, 씨앗에게는 땅에 떨어져 싹을 틔울 것을 명령한다. 그리고 인간에게는 사랑으로 자신 이외의 모든 존재와 하나로 결합하라고 명령한다.

7. 인도의 한 현인은 말했다.

'어머니가 사랑하는 자식을 보호하고, 품고, 기르는 것처럼 세상 모든 사람들이여, 여러분도 자기 안에 있는 이 세상에서 가장 귀중한 보물인 인류와 생물 전체에 대한 사랑을 기르고 이것을 소중하게 보호하십시오.'

이것은 모든 종교가 가르치는 바이다. 브라만교, 불교, 유대교, 유교, 그리스도교, 이슬람교, 모두가 이것을 설교한다. 따라서 이 세상에서 가장 필요한 것은 사랑하는 기술을 배워 익히는 것이다.

8. 중국에는 여러 현인이 있었다. 공자, 노자, 그리고 또 한 사람, 유명하지는 않지만 묵자라는 현인이 있었다. 묵자는 세상 사람들에게 권력이나 부, 용기를 존경할 것이 아니라 사랑에 대해서만 존경을 표해야 한다고 가르쳤다.

'세상 사람들은 부나 명예를 가장 귀중한 것으로 여기도록 교육을 받고 있다. 그 결과, 사람들은 되도록 많은 명예와 부를 획득하려는 일에 전념하는 데 이것은 좋지 않다. 세상 사람들이 사랑을 가장 귀중한 것으로 여기고, 실제 생활에 있어서 모든 사람에 대한 사랑에 자신을 친숙하게 하는 일에 전념하도록 가르쳐야 한다. 그리하면 그들은 그 모든 힘을 사랑하는 기술을 배워 익히는 일에 쏟아 붓게 되리라.'

그러나 세상 사람들은 묵자의 말에 따르지 않았다. 공자의 제자인 맹자가 이것을 반박해 사랑만으로 살 수는 없다고 말했기 때문이다. 중국인은 맹자의 말에 따랐다. 그로부터 5백 년이 흘렀다. 그러자 그리스도가 세상에 나타나 묵자의 설교와 똑같은 것을, 묵자보다 한층 강력하고도 훌륭하게, 알기 쉽게 설교했다.

그러나 그 뒤로 이 사랑의 가르침을 반박하는 자가 한 명도 없었음에도 불구하고 지금도 그리스도의 제자들은 여전히 그의 가르침을 지키지 않는다. 그렇지만 때가 오면 그의 가르침은 세상 사람들이 도저히 지키지 않으면 안 되게 될 것이다. 왜냐하면 이 가르침은 모든 사람의 가슴에 깊이 새겨져 있으며, 이것을 지키지 않으면 인류는 점점 더 극심하게 번뇌하게 될 것이기 때문이다.

9. 언젠가는 인류도 다투거나 싸우거나 형벌을 가하기를 그만두고, 서로가 원만하게, 또 사랑하게 될 것이다. 그런 시대가 반드시 찾아올 것이다. 왜냐하면 모든 사람의 영혼은 선천적으로 증오가 아니라 서로 사랑하는 마음이 그 특성이기 때문이다.

그런 시대가 하루라도 빨리 오도록 온 힘을 기울여 노력해야 한다.

사랑만이 진정한 행복을 준다

1. 선을 바라는가? 만약 당신이 모든 사람에게 똑같이 선을 지니기를 바란다면 그 바라는 바를 얻을 것이다. 그러한 선은 사랑에 의해서만 주어진다.

2. '누구든지 제 목숨을 구하고자 하는 사람은 잃을 것이요, 누구든지 나와 복음을 위하여 제 목숨을 잃는 사람은 구할 것이다. 사람이 온 세상을 얻고도 제 목숨을 잃으면, 무엇이 유익하겠느냐?'고 예수 그리스도는 말했다.

이교도인 로마국왕 마르쿠스 아우렐리우스도 마찬가지의 말을 했다.

'내 영혼이여' 그는 이렇게 스스로에게 말했다. '언제 너는 이 육체의 위에 설 것인가? 언제쯤이면 덧없는 세상의 온갖 욕망과 비애로부터 벗어나, 세상 사람들이 너를 섬기는 일에 부족함을 느끼지 않게 될 것인가? 너는 대체 언제가 되면 참된 행복이 자기의 권력 아래에 있음을, 다시 말해 참된 행복이 모든 사람에 대한 사랑이라는 것을 깨닫게 될 것인가?'

3. 빛 가운데 있다고 말하면서도, 자기의 형제자매를 미워하는 사람은 아직도 어둠 가운데 있는 사람입니다. 자기의 형제자매를 사랑하는 사람은 빛 가운데 머물러 있는 것이니, 그 사람 앞에는 올무가 없습니다. 자기의 형제자매를 미워하는 사람은 어둠 가운데 있고, 어둠 가운데서 걷고 있으니, 자기가 어디로 가는지를 알지 못합니다. 어둠이 그의 눈을 가렸기 때문입니다. ……자녀 여러분, 우리는 말로나 혀로만 사랑하지 말고, 행함과 진실함으로 사랑합시다. 이렇게 함으로써, 우리가 진리에서 났음을 우리는 알게 되고, 하느님 앞에서 확신을 가지게 될 것입니다. (요한1서)

4. 신앙의 스승이 하는 말이 옳은지, 이 사람의 것이 옳은지를 나는 모른다. 또 정확하게는 알 수 없다. 그러나 내가 할 수 있는 최선의 행동은 나의 내부에 사랑을 증대시키는 것이다. 이것이 최선의 행동임을 나는 정확하게 안다. 그리고 절대로 이것을 의심할 수 없다. 이것을 의심하지 못한다. 왜냐하면 사랑이 커지는 것은 곧 나의 행복을 커지게 해주기 때문이다.

5. 모든 사람이 하나로 결합한다면 다른 사람들에게서 독립되어 있는 독자적인 삶은 없어질 것이다. 왜냐하면 우리의 삶은 구별되어 있기는 하지만 이즈음 단단히 결합할 것이 분명하기 때문이다. 구별된 개개의 존재가 단단히 결합해 가는 데에 인류의 참된 삶이 있으며, 인류의 삶의 유일하고 절대적이며 진정한 행복이 있다.

6. 우리는 모두 존재한다. 그러나 스스로를 발견하는 것은 불가능하다. 놀라운 일이지 않은가! 사람은 오랫동안 이 세상에서 삶을 지속하면서도 언제 자기가 가장 기분좋게 느끼는지를 알아채지 못한다. 이것 한 가지를 알아채기만 한다면 그 사람에게는 참된 행복이 어디에 있는지 분명해질 것이다. 우리의 영혼 속에 모든 사람에 대한 사랑이 흘러넘칠 때, 비로소 훌륭한 삶을 살 수 있음이 명확해지리라.

사실 우리는 타인과 마주할 때 그다지 생각하지 않는다. 그렇기 때문에 오늘날까지도 이것을 모르는 것이다.

우리는 지적 능력을 다치고 상하게 했다. 그리고 우리에게 필요하고 유일한 것을 인식하려 노력하지 않는다.

만약 삶의 괴로움에서 아주 잠깐이라도 걸음을 멈추고 자기 안을 성찰한다면, 우리는 참된 행복이 어디에 있는지를 깨달을 것이다.

우리의 육체는 무르고 약하며, 순결하지 않다. 조만간 사멸한다. 그렇지만 그 안에 멋진 보석이 감춰져 있다. 그것은 바로 불멸하는 신의 영혼이다. 우리 가슴에서 이 영혼을 인식한다면, 우리는 반드시 인류 전체를 사랑하게 된다. 그리고 인류 전체를 사랑하게 되면 동시에 우리는 우리의 마음이 바라는 모든 것을 얻게 되어, 진정으로 행복하게 될 것이다. (스코워로다)

7. 육체의 삶이 덧없으며 애처로운 것임을 완전하게 깨달았을 때에만 우리는 사랑이 주는 참된 행복도 깨달으리라.

8. 우리는 육체의 모든 행복과 만족을 남에게서 탈취하는 수단으로서 획득한다. 그러나 영혼의 행복, 사랑의 행복은 그 반대여서 다른 사람들의 행복을 더해줄 때 비로소 얻을 수 있는 것이다.

9. 실제 인생에서의 갖가지 완성, 즉 철도, 전신전화, 기타 여러 종류의 기계 같은 것은 세상 사람들을 하나로 결합시키는 데에 유익할 수 있다. 또한 신의 왕국으로 접근하는 데에도 유익할 수 있다. 그렇지만 슬픈 일은 세상 사람들이 이러한 발명품들에 몰두하여 여러 기계를 잔뜩 발명하면, 그것이 우리를 신의 왕국에 가까이 데려다 줄 것으로 생각한다는 것이다. 이것은 착각이다. 마치 땅을 갈기만 하고 그곳에 아무런 씨앗도 뿌리지 않은 사람이 수확하려는 것과도 같다. 이 기계들로 이익을 창출하고자 한다면 우리는 자기의 영혼을 완성하고, 자기의 가슴에 사랑을 양육해야 한다. 사랑이 없으면 전신전화나 비행기 같은 온갖 새로운 발명은 인류를 하나로 결합시키는 것이 아니라 반대로 점점 더 멀리 떼어놓을 뿐이다.

10. 자기 등에 매달려 있는 것을 알아채지 못하고 찾아 헤매는 사람은 가엾기도 하지만 우스꽝스럽게 보인다. 마찬가지로 선을 추구하면서 그것이 자기의 마음에 타고난 사랑 속에 있음을 모르는 사람 또한 우스꽝스럽고 비참하다.

외부 세계와 외부 사람들의 나쁜 소행에 눈길을 돌리지 말고 자기의 영혼을 응시해야 한다. 그리하면 당신은 자신의 영혼 속에서 지금까지 당치도 않은 곳에서 찾아 헤매던 참된 행복을 발견하리라. 비로소 사랑을 발견할 것이다. 그리고 사랑을 발견함과 동시에 그 행복이 절대적이며, 이것을 소유하는 사람은 이제 다른 어떤 것도 바라지 않게 된다는 것을 알게 될 것이다. (크리슈나)

11. 고통스러울 때, 세상 사람들이 두렵게 여겨질 때, 삶이 엉망이 되었을 때, 당신은 스스로에게 이렇게 말해야 한다. '내가 어떻게 될 것인가에 대하여 고민하기를 그만두고, 나와 관련이 있는 모든 사람을 사랑하도록 하자. 그러면 된다. 나머지는 될 대로 되도록 맡겨두면 된다.'

그러한 삶의 방식을 시작하면서 홀연히 모든 어려움이 풀리고, 두렵거나 바랄 것이 아무것도 없음을 발견하게 되리라.

12. 벗에게 선을 행하고, 그들이 더욱 당신을 사랑하게 해야 한다. 또 당신의 적에게도 선을 행하여 그들이 당신의 벗이 되게 하라. (크레올)

13. 겨우 한 군데 작은 구멍이 뚫려 있어도 통에서 물이 흘러나오는 것처럼, 사랑의 기쁨 또한 단 한 사람에 대하여 사랑하지 않는 마음을 갖기만 해도 우리 영혼 속에 존속하지 않으리라.

14. 세상 사람들이 선을 악으로 갚는 경우, 사람들은 그들에게 선을 행해봤자 아무 소용없지 않느냐고 말한다. 그렇지만 만약 당신이 선함을 베푼 상대를 사랑한다면 당신은 이미 그에 대한 사랑 속에서 보상을 받은 것이다. 그리고 만약 당신이 그에게서 받은 악을 그에 대한 사랑으로 견딘다면 한층 커다란 보상을 받는 것이 된다.

15. 만약 어떤 선행이 뭔가를 위해서 행해진다면 그것은 더 이상 참된 선행이 아니다. 무엇 때문에, 무슨 목적으로 행하는지 모를 때, 당신은 비로소 진심으로 사랑하고 있는 것이다.

16. '만약 우리가 이웃을 사랑한다면 우리는 그로써 신에게 공을 세운 것이 된다.' 사람들은 곧잘 이렇게 생각한다. 그러나 이것은 전혀 반대라서 우리가 이웃을 사랑한다 하더라도 그것은 신에게 공을 세운 것이 아니라 신이 우리에게 분에 넘치는 아까운 보물을 준 것이 된다. 즉, 신이 우리에게 이 세상의 가장 커다란 행복, 곧 사랑을 주었다는 말이다.

17. 우리가 이미 죽음에서 생명으로 옮겨갔다는 것을 우리는 압니다. 이것을 아는 것은 우리가 형제자매를 사랑하기 때문입니다. 사랑하지 않는 사람은 죽음에 머물러 있습니다. (요한1서 3장)

18. 그렇다, 그때가 오리라. 그리스도가 하루를 천 년처럼 기다린다고 했던 때가 머지않아 올 것이다. 세상 사람들이 권력과 폭력으로 타인과 타인의 노동을 지배한 것을 자랑으로 여기지 않고, 또한 다른 사람들에게 공포와 선망을 품게 한 것을 기쁘게 생각지 않으며, 모든 사람을 사랑하는 것을 자랑 삼고, 다른 사람들에게서 온갖 한탄이나 슬픔을 받았음에도 모든 악으로부터 자신을 벗어나게 해줄 그런 기분을 경험한 것을 기쁘게 여기는, 그러한 때가 반드시 오리라.

19. 사랑에 관한 이러한 비유가 있다.

옛날 옛날에 한 사람이 있었다. 이 사람은 절대로 자기를 생각하지 않고, 자기의 일을 걱정하지 않고 오로지 이웃을 생각하고, 이웃을 걱정하는, 그런 삶을 살고 있었다.

이 사람의 삶은 그렇게 경탄할 만한 것이었으므로 눈에 보이지 않는 여러 성령이 그의 선한 삶에 도취되어 이것을 기쁘게 생각했다.

그러던 어느 날, 이들 성령의 하나가 지난 일을 돌아보며 말했다.

"그 사람은 성인(聖人)이다. 그런데 이상하게도 그는 그것을 모른다. 그런 사람은 이 세상에 드물다. 한 번 그 사람한테 가서 우리가 어떻게 하면 그 사람에게 유익할지, 그 사람이 우리에게서 어떤 보상을 바라는지 물어보지 않겠나?"

"그거 좋지."

다른 성령들은 이에 찬성했다.

그래서 이들 성령 가운데 하나는 눈에 보이지도, 귀에 들리지도 않게 살며시 그 선인에게 다가가 명료하고 알아듣기 쉬운 목소리로 이렇게 말했다.

"우리는 그대의 깨끗한 삶을 보아왔는데 어떤 보상을 해주면 좋을지 알고 싶소. 소원이 무엇인지 한 가지 말하오. 그대가 날마다 목격하면서 늘 불쌍하게 생각하는 세상 사람들의 고통과 결핍을 가볍게 해 주는 것이 소원인가? 우리는 그렇게 해 줄 수 있소. 아니면 우리에게서 굉장한 신통력을 받아서 세상 사람들을 병고에서 벗어나게 하고, 그대가 가엾게 생각하는 그 사람들이 일찍 세상을 떠나지 않게 해달라는 것인가? 그것도 우리의 힘으로 가능하오. 아니면 또 이 세상의 모든 사람이, 남녀노소 모두 그대를 사랑하게 되는 것이 소원인가? 우리는 그 소원도 들어줄 수 있소. 무엇이 소원인지 말해 보구려."

그러자 성스러운 이 남자는 대답했다.

"그런 것은 전혀 바라지 않습니다. 왜냐하면 신이 세상 사람들에게 주신 고난과 결핍, 병, 고뇌, 요절로부터 그들을 벗어나게 하는 것은 역시 신에게 어울리는 일이기 때문입니다. 또 세상 사람들에게서 받는 사랑도 저는 두렵습니다. 사람들의 사랑이 저를 유혹하고, 저의 소중하고 유일한 일, 다시 말해 신과 사람에 대한 사랑을 제 가슴에 키우는 중대한 일에 방해가 되지나 않을까 걱정이 되어서입니다."

그래서 이들 성령은 말했다.

"아, 이 사람은 진실한 성인이다. 이 사람이야말로 진실로 신을 사랑하는 사람이다."

사랑은 주는 것이다. 그러나 아무것도 바라지 않는다.

죄와 악의 유혹과 미신

죄악과 악의 유혹, 미신이 사람이 파악할 수 있는 행복을 빼앗지 않는다면 인생은 끊임없는 행복의 연속이리라.

진실한 생명은 육체가 아니라 영혼에 있다

1. 땅을 갈고 씨를 뿌리는 일에서 죄라 할 만한 것은 밭 가는 사람이 쟁기를 더 이상 쓸 수 없게 되어 밭고랑 바깥으로 나와서, 그가 붙잡고 있어야 하는 것을 잡고 있지 않게 되는 경우이다. 인생도 이와 같아서 우리가 육체를 버틸 수 없게 되어 육체가 길에서 탈선하고, 해야 하는 일을 하지 못하게 되었을 때, 그것은 죄이다.

2. 우리는 젊을 때는 인생의 참된 목적, 즉 사랑에 의한 하나됨을 모르고, 육체적인 온갖 욕망의 만족을 인생의 목적으로 생각한다. 이러한 착각이 지능의 착각만으로 끝나 준다면 괜찮다. 그러나 사실은 그렇지가 않아서 육체적인 온갖 욕망의 만족은 영혼을 더럽힌다. 그 결과, 육체적인 삶으로 영혼을 더럽힌 사람은 사랑 속에서 행복을 찾는 힘을 잃어버리게 된다. 그것은

마치 마실 수 있는 깨끗한 물을 얻기 위해서 그 물을 퍼올릴 소중한 그릇을 더럽히고 만 사람의 어리석음과 같다.

3. 당신은 육체에 되도록 많은 만족을 주고 싶어한다. 그러나 당신의 육체는 오래도록 생존할 것인가? 육체의 행복 때문에 번뇌하는 것은 얼음 위에 집을 짓는 것과 같다. 그런 삶에 어떤 기쁨이 있을 수 있으랴! 어떤 평안이 있겠는가! 조만간 얼음이 녹아버릴 것을 언제나 불안하게 생각하지 않겠는가? 그렇다, 이제 당신에게는 사멸하게 될 육체를 버려야만 하는 때가 온다.

당신의 집을 견고한 터전으로 옮겨야 한다. 사멸하지 않는 것을 기반으로 해서 살아야 한다. 당신의 영혼을 보다 좋게 해야 한다. 죄, 악의 유혹과 미신으로부터 벗어나라. (스코워로다)

4. 갓난아기는 아직 자기의 내부에서 영혼을 느끼지 못한다. 따라서 갓난아기에게는 어른한테서 일어나는 현상이 일어나지 않는다. 다시 말해 서로 부딪치는 두 개의 목소리가 동시에 속삭이는 일은 일어나지 않는다. 즉, 하나의 목소리가 '네가 먹어라'라고 말하는데, 다른 목소리가 '원하는 사람에게 주어라'고 하고, 한 목소리가 '복수하라'고 하는데 다른 목소리는 '용서해 주라'고 하며, 또한 한 목소리가 '사람들의 말을 믿으라'고 하는데 다른 목소리는 '스스로 생각하라'고 말하는 그러한 내적 갈등은 없다.

사람은 나이를 먹으면서 서로 부딪치는 이 두 가지 목소리를 점점 더 자주 듣게 된다. 앞의 것은 육체의 음성이며, 뒤의 것은 영혼의 목소리이다. 육체의 음성에 귀기울이지 말고 영혼의 목소리에 따르도록 자신을 가르치고 길들이는 사람은 축복을 받으리라.

5. 어떤 사람은 좋은 술과 음식에 목숨을 건다. 또 어떤 사람은 육체의 욕망에, 어떤 사람은 권력의 행사에, 또 어떤 사람은 세속의 영예에 목숨을 건다. 그리고 이 모든 것들에 자기의 정력을 소비한다. 그러나 모든 사람에게 언제나 필요한 것은 오직 한 가지, 영혼을 성장시키는 것뿐이다. 이것만이 사람들에게 아무도 빼앗지 못하는 참된 행복을 주는 것이다.

6. 아무도 두 주인을 섬기지 못한다. 한쪽을 미워하고 다른 쪽을 사랑하거나, 아니면 한쪽을 중히 여기고 다른 쪽을 업신여길 것이다. 너희는 하느님과 재물을 함께 섬길 수 없다. (마태복음 6장 24절)

7. 자기의 영혼과 지상의 행복을 동시에 걱정하지는 못한다. 지상의 행복

을 바란다면 영혼으로부터 자신을 차단하는 것이 좋다. 또 자기의 영혼을 온전하게 하고자 한다면 지상의 행복을 거절해야 한다. 그렇지 않으면 두 마리의 토끼를 좇게 되는 것이므로 어느 쪽도 얻지 못하게 될 것이다.

8. 대부분의 세상 사람들은 육체를 속박하고, 원하는 활동을 방해하는 모든 것으로부터 자신과 육체를 방어함으로써 자유를 얻고자 한다. 거기에 엄청난 착각이 있다. 사람들이 모든 박해로부터 자기의 육체를 보호하는 데 매달리지만, 부나 높은 지위, 훌륭한 명예 등 하찮은 것들은 사람들이 바라는 자유를 주지 못하며, 반대로 한층 강하게 속박한다. 보다 많은 자유를 얻기 위해서, 그 죄과와 악의 유혹과 미신으로부터 스스로를 보호하기 위해서 사람들은 오히려 감옥을 만들고 그 안으로 들어가 버리는 것이다.

9. 이 세상에서 우리가 하는 일생의 사업에는 두 가지가 있다. 하나는 자기 내부의 영혼을 성장시키는 것이며, 다른 하나는 지상에 신의 왕국을 세우는 것이다. 우리는 이 두 가지를 동일한 방법에 의해서 행한다. 즉, 우리의 영혼에 부여되어 있는 신의 빛을 우리의 내부에서 자유롭게 함으로써 이 두 가지를 겸하여 행하는 것이다.

10. 진정한 길은 곧고 자유롭다. 그곳을 더듬어 나아가면 실패하는 일이 없으리라. 지상에서의 삶의 온갖 번뇌로 인해 발걸음이 흔들리는 것 같거든, 이 진정한 길을 잘못 접어들었음을 알아야 한다.

죄란 무엇인가

1. 불교도의 귀의(歸依)의 가르침에 따르면 그들에게도 주된 규율이 다섯 가지가 있다. (1)어떠한 생물도 고의로 죽여서는 안 된다. (2)남이 그의 소유라고 생각하는 것을 내 것으로 해서는 안 된다. (3)절개를 지켜야 한다. (4)거짓을 말하지 마라. (5)술과 담배로 자신을 마비시키지 마라. 따라서 불교도 사이에서는 살생, 도둑질, 간음, 술에 취함, 거짓은 죄에 속한다.

2. 복음서의 가르침에 따르면 거기에는 애정의 계명만 두 가지가 있을 따름이다.

한 율법 교사가 예수를 시험하기 위해 물었다.

'선생님, 율법 가운데 어느 계명이 중요합니까?'

예수께서 그에게 말씀하셨다.

'네 마음을 다하고, 네 목숨을 다하고, 네 뜻을 다하여, 주 너의 하느님을 사랑하여라 하셨으니 이것이 가장 중요하고 으뜸 가는 계명이다. 둘째 계명도 이것과 같은데, 네 이웃을 네 몸과 같이 사랑하여라 한 것이다.' (마태복음 22장 35~39절)

따라서 그리스도의 가르침에 따르면 이 두 가지 계명과 일치하지 않는 것은 모두 죄가 된다.

3. 우리는 죄 때문에 벌을 받는 것이 아니라, 자기가 저지른 죄에 의해 스스로를 벌하는 것이다. 그리고 이것이 가장 중요하고 확실한 벌이다.

남을 속여 함정에 빠뜨리거나 모욕하거나 하는 악인은 무사히 나이가 들고, 부와 존경에 싸여서 죽는 경우가 흔히 있는데, 그러나 그것으로 그 사람이 자기가 저지른 죄에 대한 벌에서 벗어난 것은 아니다. 그들에 대한 벌은 아무도 행한 적이 없는, 또 앞으로도 행하는 자가 없으며, 황당무계한 지옥 같은 데서가 아니라 이 세상에서 반드시 있다. 그 사람은 이 세상에서 이미 새로운 죄를 저지를 때마다 모든 사람에 대한 사랑이라는 참된 행복으로부터 점점 멀어져서 차츰 기쁨이 없는 인간이 된다는 사실로 확실하게 벌을 받은 것이다. 이것은 마치 술을 마시는 사람이 술에 취한 것에 대하여 사람들에게서 벌을 받고 안 받고에 상관없이 두통과 꺼림칙한 취한 상태에 빠지고, 여기서 벗어나더라도 음주에 탐닉하면서 나날이 건강을 해쳐가는 사실로 인해 벌을 받은 것과 같다.

4. 세상 사람들이 이승에서의 죄에서 벗어날 수 있다고 생각한다면, 그것은 참으로 커다란 착각이다. 인간은 약간의 차이는 있더라도 모두 죄에 빠지지 않을 수 없으므로 절대로 죄를 저지른 적이 없을 수 없다. 이 세상에 사는 인간은 죄 없는 인간이 있을 수 없는 것이다. 왜냐하면 온갖 죄로부터 벗어나는 것이 인생이며, 이 벗어남 속에만 참된 인생의 행복이 존재하기 때문이다.

온갖 유혹과 맹신

1. 이 세상에서 인간이 할 일은 신의 뜻을 따르는 것이다. 그리고 자기의 가슴에 사랑의 마음을 커지게 하고, 이것을 세상에 드러내는 것이 신의 뜻이다. 그렇다면 대체 인간은 자기의 내부에 사랑을 발현시키기 위해 어떤 일을

해야 할 것인가? 바로 그 발현을 저해하는 모든 방해물을 제거하면 된다. 그러면 무엇이 그 발현을 방해하는 것일까? 온갖 죄가 사랑의 발현을 방해한다.

그렇기 때문에 신의 뜻을 받들기 위해 우리에게 필요한 것은 오직 한 가지, 죄에서 벗어나는 것이다.

2. 죄를 저지르는 것은 인간의 행위이며, 죄를 변호하는 것은 악마가 하는 일이다.

3. 우리가 이성이 없었던 동안은 동물과 똑같은 삶을 영위하고 있었으므로 훌륭한 삶을 살았든 악한 삶을 살았든 그것은 우리의 잘못이 아니다. 그렇지만 때가 되면 우리는 어떤 것을 해야 하며, 어떤 것은 해서는 안 되는지 판단할 수 있게 된다. 그런데 그렇게 된 다음에도 우리는 때때로 이성이 해야 하는 것과 하지 말아야 할 것을 식별하기 위해 주어졌다고 해석하지 않고 우리가 해서 기분이 좋은, 따라서 버릇이 되어버린 나쁜 짓을 변호하는 일에 사용하는 경향이 있다.

이 사실이 가장 강하게 온 세상을 괴롭게 하는, 온갖 악의 유혹과 맹신으로 이끄는 것이다.

4. 만약 우리가 나에게는 죄가 없다, 나에게는 노력할 만한 것이 없다고 생각한다면 그것은 잘못이다. 그러나 마찬가지로 나는 죄의 한가운데서 태어났으며, 죄 가운데서 죽는다, 따라서 나는 도저히 어쩌지 못한다고 생각한다면 이것 또한 잘못이다. 이 두 가지 잘못은 모두 생명을 좀먹는다.

5. 남의 죄 한가운데서 살면서 나의 죄도 타인의 죄도 인정하지 않는다면 이것은 좋지 않은 일이다. 그러나 이보다 더욱 좋지 않은 일은 자기를 둘러싼 주위 사람들의 죄는 인정하면서 자기의 죄는 인정하지 않는 경우이다.

6. 인생의 초기에는 육체만이 성장한다. 따라서 우리는 육체를 자기라고 생각한다. 우리의 내부에서 자기 영혼의 인식이 눈뜨게 된 다음에도 우리는 여전히 영혼의 욕망과 부딪치는 육체의 욕망을 채우고, 그로 인해 자기에게 해독을 끼치며, 착각에 빠지고, 죄를 거듭 저지른다. 그렇지만 우리가 이 세상에서 삶을 계속하면서 영혼의 목소리는 점점 높이 울려 퍼지고, 육체의 욕망과 영혼의 욕망은 점차 멀리 떨어진다. 그러다가 육체가 쇠약해지고 그 욕망이 차츰 감소하면서 영혼의 세계에서 '나'는 반대로 점점 성장한다. 그때,

육체에 봉사하며 살아온 사람들은 과거의 삶에서 맺어진 인연을 끊지 않기 위해 죄 가운데서 살아가게 만들 수도 있는 온갖 악의 유혹과 맹신을 생각해 낸다. 그러나 아무리 자기의 육체를 영적인 '나'에게서 방어하려고 애를 써도 영적인 '나'는 언제나 승리를 거둔다. 설령 생애 최후의 순간이라 하더라도……

7. 어떠한 과실도, 어떠한 죄도 그것을 행함과 동시에 당신을 속박한다. 그러나 처음 이것을 저지를 때는 거미줄처럼 가볍게 속박할 따름이다. 그러나 동일한 잘못을 거듭 반복한다면 거미줄은 순식간에 실이 되고, 또 새끼줄이 된다. 그리고 더더욱 똑같은 잘못을 거듭한다면 그것은 동아줄로, 다음에는 쇠사슬로 열 겹, 스무 겹으로 옭아매게 되는 것이다.

처음엔 그 죄들은 당신의 영혼에 있어서 타인이다. 그러나 다음에는 손님이 된다. 그러다 당신이 이것과 친숙해졌을 때는 이미 당신의 영혼 속에서 한 집의 주인 행세를 하게 되고 만다.

8. 자기가 저지른 악을 인식하지 못하는 심리적 상태가 우리를 구속하는 것은 우리가 이성으로 자기의 행위를 검토하기를 바랄 수 없는 경우이거나, 아니면 이보다 더 나쁘지만 온갖 악의 유혹과 이것과 결부된 맹신에 빠진 결과, 우리가 이성을 그러한 악행을 변호하는 데 이용하는 경우이다.

9. 처음으로 죄를 저지른 사람은 언제나 자기가 죄를 저지른 것을 통감한다. 그러나 여러 번 똑같은 죄를 반복한 자는 (특히 주위 사람들이 똑같은 죄 가운데에 있는 경우에는 더욱 그러하다) 악의 유혹에 빠져서 자기의 잘못을 느끼지 않게 된다.

10. 인생의 첫걸음을 내디딘 젊은 사람들은 전혀 생소한 새로운 길로 나선다. 오른쪽에서도, 왼쪽에서도 마찬가지로 생소하고 미지의 길, 평탄하고 매혹적이며 즐거울 것 같은 작은 길을 발견한다. 그래서 이 작은 길들로 발을 들여놓는다. 처음에는 그곳을 활보해 가는 것이 기분좋고 유쾌해서 끝내는 깊이 발을 들여놓고, 그 결과 원래의 길로 돌아가기 원하는 때에는 이미 어떻게 돌아갈 수 있을지 모르게 되고, 점점 길을 잃어 마침내는 파멸의 늪으로 빠져들고 만다.

11. 죄를 저지르고, 이것을 자각했을 때는 우리 앞에 두 가지 길이 펼쳐진다. 첫 번째 길은 죄를 인정하고 어떻게든 이것을 반복하지 않을 방법을 생

각하는 것이며, 두 번째 길은 자기의 양심을 신뢰하지 않고 자기가 행한 죄를 남들이 어떻게 볼지를 검토하고, 만약 남이 비난하지 않으면 그것을 죄로 인정하지 않고 계속해서 반복하는 것이다.

'다들 그렇게 사는데 왜 나만 세상 사람들과 똑같은 짓을 해서는 안 된다는 것인가!'

두 번째의 내리막길을 선택하면서 우리는 선의 길에서 얼마나 멀리 미끄러져 내려왔는지 알아채지 못하게 되고 만다.

12. 온갖 악의 유혹과 맹신은 사방팔방에서 우리를 에워싸고 있다.

이들 갖가지 위험에 싸여서 인생을 살아가는 것은 끊임없이 진흙투성이가 되고, 거기에서 벗어나면서 진흙탕 위를 걸어가는 것과 같다.

13. '온갖 악의 유혹은 이 세상에 오지 않으면 안 되는 것이다.' 그리스도는 이렇게 말했다. 이 잠언이 세상 사람들을 악에서 벗어나게 해서 선으로 이끌기에는 진리의 인식이 불충분하다는 것을 뜻한다고 나는 생각한다. 대다수의 사람들이 진리를 인식하게 하려면 반드시 온갖 죄와 악의 유혹과 맹신 덕분에 미혹과 미혹(迷惑)이 낳는 고뇌의 마지막 단계까지 이끌리는 것이 필요하다.

14. 우리의 육체에서는 온갖 죄과가 생겨나고, 사고에서는 악의 유혹이 생겨나며, 이성에 대한 불신으로부터는 맹신(盲信)이 생겨난다.

15. 깨끗하게 닦인 구두를 신은 사람은 조심조심 진흙길을 피해서 걷는다. 그러나 한 번 발을 잘못 디뎌서 구두를 더럽히게 되면 그는 이제 전처럼 조심하지 않게 된다. 그리고 구두가 완전히 더럽혀진 것을 알면 이제는 대담하게 진흙 속을 걸어서 더욱 더 더럽히고 마는 법이다.

인생에 있어서도 그러하다. 온갖 악행에 물들지 않은 아직 어리고 순결한 때에는 모든 악에 대하여 주의 깊게 이것을 피한다. 그러나 한두 번 잘못을 저지르면 우리는 이제 이렇게 생각하게 된다.

'조심하든 않든 결국은 똑같은 결과를 보리라.'

그러면서 완전히 죄에 빠져들고 만다. 그래서는 안 된다. 오욕에 빠지거든 벗어나야 한다. 그리고 한층 더 조심해야 한다. 죄를 저질렀거든 뉘우쳐야 한다. 그리고 지금까지보다 더 죄를 경계해야 한다.

16. 육체적인 잘못은 해를 거듭하면서 엷어지지만, 온갖 악의 유혹과 맹신

은 점점 더 맹렬해진다.

일생의 주된 사업은 온갖 죄와 악의 유혹과 맹신에서 벗어나는 것이다

1. 인간은 자기 육체가 붙잡혀 있던 울타리 또는 감옥에서 석방되었을 때 희열을 느낀다. 그처럼 자기의 영혼을 붙잡고 있던 온갖 죄와 악의 유혹과 맹신에서 풀려났을 때, 인간이 어찌 희열을 느끼지 않을 수 있으랴!

2. 세상 사람들이 동물적 삶에 일관하여 자기의 정욕과 싸우지 않는 것을 상상해 보라. 얼마나 두려운 삶인가. 또 그렇게 되면 모든 사람이 자기 이외의 사람에게 품는 증오는 실로 엄청날 것이다. 내다 버려야 할 타락, 몸서리 쳐질 잔학함만이 지배할 것이다. 세상 사람들이 자기의 약점과 정욕을 알고 온갖 죄과와 악의 유혹과 맹신과 싸워야만 비로소 우리는 사이좋게 함께 살 수 있다.

3. 인간의 육체는 그 안에 깃들어 있는 영혼을 속박한다. 그러나 영혼은 육체의 껍질을 깨부수고 서서히 육체를 벗어난다. 거기에 참된 삶이 존재한다.

4. 인간의 삶은 그가 바라든 바라지 않든 상관없이 온갖 죄과로부터 완전히 벗어나기 위해 한 걸음씩 나아가는 것이다. 그래서 이것을 아는 인간은 이를 위해 노력을 기울이며 협조한다. 따라서 그러한 인간의 삶은 편안하다. 왜냐하면 자기의 몸에 가해지고 있는 신의 뜻과 합치하기 때문이다.

5. 아이들은 아직 죄에 익숙하지 않다. 때문에 어떠한 죄도 아이들에게는 꺼림칙하다. 그러나 어른은 이미 온갖 죄에 떨어져 있어 죄를 저질러도 그것을 깨닫지 못하게 된다.

6. 만약 자기의 잘못을 인정하지 않는다면 우리는 마치 단단한 뚜껑이 닫힌 그릇처럼 온갖 죄에서 벗어나게 해 줄 모처럼의 보물을 받아들이지 못한다. 몸을 낮추고 회개하는 것은 바로 이 그릇의 뚜껑을 열어서 온갖 죄에서 벗어날 수 있는 사람이 되도록 스스로를 만드는 것이다.

7. 회개한다는 것은 자기의 잘못을 인식하고 이것과 싸울 준비를 하는 것이다. 때문에 그런 힘이 있을 때 회개해야 한다.

초롱의 불이 꺼지기 전에 기름을 보충해야 한다.

8. 인간은 죄 속에서 태어난다. 육체에서는 온갖 죄가 생겨난다. 그러나

영혼이 인간의 내부에 머물러 있어서 끊임없이 육체와 투쟁한다. 인간의 삶은 모두 육체와 영혼의 투쟁이다. 이 투쟁에서 육체의 편에 서지 않고, 다시 말해 조만간 정복될 것이 분명한 육체 편을 들지 않고 영혼의 편에 서는 사람, 생애 최후의 순간이 될지도 모르지만, 어쨌든 조만간 반드시 승리를 차지할 것이 틀림없는 영혼의 편을 드는 사람은 행복하다.

9. 신앙으로, 또는 사람들의 용서로 죄에서 구원을 받았다고 생각하는 것은 커다란 착각이다. 어떤 것으로도 죄에서 벗어나지는 못한다. 다만 통절하게 자기의 잘못을 인식하고 다시는 그 죄를 반복하지 않도록 하는 것만이 가능하다.

10. 죄의 강력함을 두려워하고 겁내서는 안 된다. 나는 죄를 저지르지 않을 수 없다, 나는 습관이 되어 아무렇지도 않다, 나는 약하다는 따위의 말을 해서는 안 된다. 살아 있는 한 당신은 언제나 죄와 싸운다. 오늘이 아니라면 내일, 내일이 아니라면 모레, 만약 모레 글피가 아니라 하더라도 적어도 죽기 전에는 반드시, 틀림없이 이것과 싸워 이길 수 있다. 만약 미리 이 투쟁을 회피한다면 당신은 평생의 가장 중요한 일을 회피하는 것이 된다.

11. 모든 사람을 사랑하도록 스스로를 강요해서는 안 된다. 사랑하지 않는다는 것은 당신의 가슴에 사랑이 없음을 의미하는 것이 아니라 당신의 내부에 사랑의 발동을 방해하는 무엇인가가 있음을 의미할 뿐이다. 아무리 병을 거꾸로 해도, 또 아무리 흔들어도 마개가 닫혀 있다면, 그 마개를 빼지 않는 한 아무것도 나오지 않을 것이다. 사랑도 마찬가지이다. 당신의 영혼은 사랑으로 가득 차 있지만, 그 사랑은 흘러나오지 못한다. 왜냐하면 당신의 죄가 그 흐름을 방해하기 때문이다. 사랑의 출구를 막고 있는 온갖 죄로부터 당신의 영혼을 자유롭게 해야 한다. 그렇게 하면 당신은 모든 사람을 사랑하게 되리라. 당신이 적이라며 미워하는 사람도 사랑할 수 있게 될 것이다.

12. 온갖 죄에서 벗어났다고 스스로에게 단언하는 사람은 오히려 비참하다.

13. 신과 생명이 있는 모든 생물, 그리고 영혼에 있어서 한몸이라는 자각이 없는 존재는 죄를 초월한 존재이다. 때문에 동물이나 초목은 죄가 없는 존재이다.

그러나 인간은 자기의 내부에서 동물과 신을 동시에 인식한다. 따라서 죄가 없는 존재는 있을 수 없다. 우리는 아이들을 죄 없는 존재라 부르지만,

이것도 옳지 않다. 갓난아기도 죄 없는 존재는 아니다. 갓난아기에게도 죄는 있다. 그것은 어른의 죄보다 작지만, 어쨌든 이미 육체의 죄는 있다. 마찬가지로 지극히 신성한 삶을 사는 사람도 죄가 없는 존재는 없다. 성인에게는 물론 죄가 적다. 그러나 어쨌든 죄는 반드시 존재한다. 죄 없이는 인생이 있을 수 없다.

14. 갖가지 죄와의 투쟁에 익숙하게 되기 위해서, 또 육체가 당신을 지배하는 것이 아니라 당신이 육체를 지배하고 있음을 알기 위해서, 자신의 습관처럼 되어버린 매일의 행동을 때때로 중지해보는 것이 유익하다.

영적인 삶의 발현에 대해 죄와 악의 유혹과 맹신과 허망한 가르침이 지니는 의의

1. 신이 세상을 창조했다고 믿는 사람들은 때때로 묻는다.
"왜 신은 인간을 죄를 저지르지 않으면 안 되게 창조했는가? 어째서 죄를 저지르지 않을 수 없게 창조했는가?"
그러나 이것은 무엇 때문에 신은 세상의 어머니에게 아기를 가지기 위해서 산고를 겪어 아기를 낳고, 젖을 먹여 길러야만 하도록 창조했는가 하고 묻는 것과 마찬가지이다. 만약 신이 세상의 어머니들에게 산고나 양육, 여러 가지 고생, 근심, 두려움 없이 손쉽게 '아기 기성품'을 주었더라면 훨씬 간단하지 않았겠는가 하고 묻는 것과 같다. 그러나 세상의 어떤 어머니도 그런 어리석은 질문은 하지 않으리라. 왜냐하면 산고나 양육, 그러한 온갖 노고 속에 어머니로서의 삶의 가장 큰 기쁨이 있으며, 그렇게 해서 자식은 그 어머니에게 소중한 존재가 되기 때문이다.
인생도 또한 이와 같다. 온갖 죄, 유혹, 맹신, 그러한 것들과의 투쟁, 승리 등등 여기에 인생의 의의와 희열이 존재하는 것이다.

2. 자신의 죄에 대하여 아는 것은 인간에게 매우 고통스러운 일이다. 그러나 그 대신 그 죄에서 벗어났음을 감지하는 것은 커다란 기쁨이다. 밤이 없다면 우리는 태양의 빛을 기뻐하지 않으리라. 마찬가지로 죄란 것이 없다면 인간은 정의의 기쁨을 모를 것이 분명하다.

3. 인간에게 영혼이란 것이 없다면 우리는 육체의 죄를 몰랐을 것이다. 또한 육체의 죄란 것이 없다면 우리는 영혼이 존재한다는 것을 몰랐으리라.

4. 인간이라는 이성을 구비한 생물이 이 세상에 존재하기 시작한 때부터 우리는 선을 악과 구별하고, 우리보다 먼저 이 구별에 따라 사람들이 행해 온 것을 답습하고, 악과 싸우며, 진정한 지고의 길을 탐구하고, 서서히 이 길을 걸어왔다. 그리고 항상 우리 인류 앞에는 온갖 악의 유혹과 맹신과 거짓 종교가 가로막아서 이 길을 차단하고, '그런 것을 할 필요는 없다. 또한 아무것도 찾고 구할 필요는 없다. 너희는 지금 그대로가 좋다. 지금처럼 살아야 한다'고 집요하게 속삭여 왔던 것이다.

5. 죄와 악의 유혹과 맹신, 이것은 곧 사랑의 씨앗을 틔우기 위해서 이것을 감싸고 있어야 하는 토양이다.

과잉

인간의 참되고 유일한 행복은 사랑에 있다. 사랑을 키우지 않고 육체의 요구를 관대하게 다루어 이 요구를 신장시킬 때, 우리는 이 행복을 잃어버린다.

육체에 있어 모든 과잉은 육체와 정신 모두에 해롭다

1. 육체에 봉사하지 않으면 안 되는 것은 육체가 그것을 요구하는 경우뿐이다. 육체의 만족을 궁리하는 일에 자기의 이성을 사용하는 것은 주객이 전도된 삶을 사는 것이다. 즉, 그것은 육체를 정신에 봉사하게 하는 것이 아니라 정신을 육체에 봉사하게 하는 것이 된다.

2. 갖가지 욕망이 적으면 적을수록 그 사람의 삶은 행복하다. 이것은 오래 되었지만 어떤 사람에게도, 또 오래도록 인정받지 못한 진리이다.

3. 스스로를 사치에 길들이면 길들일수록 점점 더 노예가 되도록 몸을 맡기는 것이 된다. 왜냐하면 커다란 필요에 부대끼면 부대낄수록, 그만큼 자기의 자유를 줄이는 것이 되기 때문이다. 완전한 자유는 어떠한 필요에도 전혀 구애되지 않는 경지이다. 그리고 그 다음의 자유는 조금밖에는 필요를 느끼지 않는 경지이다.

4. 타인에 대한 죄와 자기에 대한 죄가 있다. 타인에 대한 죄는 우리가 타인의 안에 있는 신의 영혼을 존경하지 않는 데서 생겨난다. 또한 자기에 대

한 죄는 자기의 안에 있는 신의 영혼을 존경하지 않는 데서 생겨난다.

5. 편안하고 자유롭게 살고 싶다면, 없어도 되는 사치품을 자기의 신변에서 없애야 한다.

6. 육체에 진정으로 필요한 것은 모두 쉽게 얻을 수 있다. 쉽사리 손에 넣기 힘든 것은 필요하지 않은 것뿐이다.

7. 자기가 바라는 것을 얻는 것은 커다란 행복이다. 그러나 더 큰 행복은 자신이 가지고 있는 것 외에는 아무것도 바라지 않는 데 있다. (메네뎀)

8. 만약 건강한 상태로 지칠 때까지 일한다면 맑은 물에 적신 한 조각의 빵이 당신에게는 부자의 온갖 진수성찬보다 한층 맛있게 느껴지리라. 또 갈대 침대는 온갖 진귀한 것으로 만든 새털 침대보다 부드러우며, 작업복은 벨벳이나 모피 옷보다도 편하고 기분 좋게 느껴질 것이다.

9. 지나치게 육체를 편하게 하면 약해진다. 또 육체를 너무 혹사해도 약해진다. 그러나 이 둘 가운데 하나를 꼭 선택해야 한다면 편하게 놔두는 것보다는 혹사하는 편이 낫다. 어째서 그런가 하면, 만약 충분하게 먹지 못하고, 충분히 잠도 못 자고 과격한 노동을 했을 경우, 당신의 육체는 당신에게 잘못된 점을 금방 나타내지만, 육체를 편하게 내버려둔 경우에 육체는 훨씬 나중이 된 다음에야 비로소 병약해짐으로써 당신에게 잘못된 점을 보여주기 때문이다.

10. 소크라테스는 배고픔을 달래기 위해서가 아니라 미각의 향락을 위해서 먹는 모든 음식물을 스스로 억제했고, 제자들에게도 자기와 똑같이 하라고 일러 깨우쳤다. 쓸데없는 음식물은 육체뿐만 아니라 정신적으로도 커다란 해를 끼친다고 했으며, 아직 먹고 싶은 마음이 남아 있을 때 식탁을 떠나라고 가르쳤다. 그는 제자들에게 현자 율리시스의 이야기를 들려주었다. 율리시스가 포식을 하지 않았으므로 키르케의 요술도 그를 어쩌지 못했다는 것, 그러나 그의 동료들은 맛난 음식에 손을 댐과 동시에 순식간에 돼지가 되어 버린 이야기를 들려주었다.

11. 학식 있는 사람들이나 부유한 사람들, 즉 문명인이라 자칭하는 사람들이야말로 포식, 만취, 호의호식이 좋은 점이라고는 조금도 없다는 것을 알고 있을 것 같다. 그런데도 이러한 사람들이 맛있는 음식이나 취하게 하는 마실 것과 그밖에 호의호식을 한다. 그래서 스스로를 해롭게 할 뿐만 아니라, 가

난한 사람들까지 보고 배우게 함으로써 타락시키는 것이다.

'학식 있는 사람들이 호화로운 삶을 사는 것에서 기쁨을 발견한다면, 그러한 삶의 방식이 옳은 것이다'라고 가난한 사람들은 생각한다. 그리고 부유한 사람들의 흉내를 내어 자기의 삶을 엉망으로 만들어버리는 것이다.

12. 현대인의 대부분은 육체에 봉사하는 데에 인생의 행복이 있다고 생각한다. 이것은 현대에 가장 널리 퍼져 있는 것이 사회주의자의 가르침이라는 점에서 두드러진다. 이 가르침에 따르면 작은 욕망밖에 지니지 않은 삶은 가축의 삶이며, 갖가지 욕망의 증대가 문화인의 첫 번째 특징이라고 한다. 그것이 인간으로서의 가치를 스스로 인정한 증거라는 것이다. 현대인들은 이 잘못된 가르침을 믿은 결과, 온갖 욕망을 축소하고 한정함으로써 인간의 행복을 발견했던 현인들을 비웃게 된 것이다.

13. 노예가 어떻게 살기를 바라는지 보자. 첫째, 그는 풀려나 자유의 몸이 되기를 바란다. 석방되지 않는 한, 자유의 몸도 행복한 사람도 될 수 없다고 생각한다. '만약 석방된다면 즉각 완전히 자유로운 사람이 될 수 있을 텐데. 주인의 비위를 맞추거나 곁에서 시중을 들도록 강요당하지 않아도 될 텐데. 그리고 어떤 사람하고도 대등하게 이야기를 할 수 있게 되고, 누구의 허락도 구걸할 필요 없이 아무 데나 원하는 데를 갈 수도 있을 텐데.' 그는 이렇게 생각한다.

그렇지만 풀려나 자유의 몸이 되자마자, 그는 곧장 전보다 좋은 음식을 얻어먹기 위해서 누구한테 가면 좋을지 상대를 찾는다. 그리고 그러기 위하여 아무리 추한 행위라도 사양치 않는다. 결국 누군가 부유한 사람의 밑에 머무르면서 그는 그렇게나 탈출하기를 바랐던 노예의 처지로 다시 떨어지고 만다.

이런 사람이 조금이라도 부자가 되면 재빨리 애인을 만들고, 그 여자에게 홀딱 반해서 한층 나쁜 예속의 처지에 빠진다. 게다가 이런 인간이 큰 부자가 되면 더 자유가 적어지게 된다. 그는 근심하기 시작하고, 울기 시작한다. 특히 괴롭고 힘들 때, 그는 예전의 노예 처지를 떠올리고 스스로에게 말한다.

'주인의 집에서 일하던 시절은 나쁘지 않았다! 내가 내 몸을 걱정하지 않아도 나는 옷을 얻어 입었고 신발을 신었으며, 배불리 먹었다. 그리고 병이 났을 때는 나를 돌보아주었다. 게다가 일하는 것도 힘들지 않았다. 그런데 지금은 어떤가! 얼마나 많은 일거리가 산더미처럼 쌓였는지! 전에는 주인이 하나밖에 없었다. 그런데 지금은 이렇게 많아지고 말았으니! 나는 얼마나 많은 사람들의 비위를 맞춰야만 하는가!ㅤ' (에픽테토스)

육체의 욕망은 질릴 줄을 모른다

1. 육체의 삶을 지속하려면 아주 조금의 것밖에는 필요하지 않으나, 그 욕망에는 끝이 없다.

2. 육체의 욕구, 단 하나인 육체의 욕구는 쉽게 만족시킬 수 있다. 육체를 감싸는 옷이나 배고픔을 채우는 한 조각의 빵도 없으려면 아주 특별한 불행을 겪어야 한다. 그렇지만 바라는 모든 것을 획득하는 것은 어떠한 힘으로도 불가능하다.

3. 철없는 어린아이는 육체에 필요한 것을 주지 않으면 울부짖는다. 그러나 육체에 필요한 것을 받음과 동시에 곧장 얌전해져 더 이상 아무것도 조르지 않는다. 그러나 어른이 자기의 생명을 영혼이 아니라 육체에 있다고 생각할 경우에는 이것과는 전혀 모양이 다르다. 그런 사람들은 절대로 얌전하고 차분해지지 않는다. 그 사람들에게는 언제나 뭔가가 필요하다.

4. 육체에 관대하여 여분의 것, 필요 이상의 것을 주는 것은 잘못된 일이다. 사치스런 삶이 식사, 안식, 수면, 피복, 주거 등에 충분히 만족을 증대시키기는커녕, 오히려 만족도를 줄인다는 사실로 보더라도 이는 참으로 커다란 잘못이다. 특별히 식욕이 나지도 않는데 불필요한 음식, 맛있는 음식을 먹기 시작하면 대번에 위가 상해서, 식욕과 먹는 기쁨을 잃고 만다. 또한 걸어서 갈 수 있는 곳에 탈 것을 타고 나서거나 부드러운 잠자리, 부드럽고 맛있는 음식, 실내의 사치스런 장식 등에 익숙하거나, 스스로 할 수 있는 일을 남에게 시키거나 하게 되면 어떻게 될까. 노동 뒤의 휴식의 기쁨이나 추위 뒤의 기분 좋은 따뜻함, 건강한 숙면을 잃게 되고, 점점 쇠약해져서 희열과 평안과 자유가 증대되기는커녕 점점 더 줄어들고 만다.

5. 인간은 오히려 다른 동물에게서 어떻게 육체를 다루어야 하는지를 배워야 하리라. 동물은 육체에 필요 불가결한 것을 얻음과 동시에 조용해진다. 그러나 인간은 배고픔을 가라앉히고, 비바람을 피하며, 따뜻한 정도로는 만족하지 않고 온갖 맛있는 음식을 생각해 내고, 궁전을 짓는다. 그렇기 때문

에 삶이 좋아지지 않고 도리어 나빠지는 온갖 불필요한 사치품과 쓸데없는 옷가지를 마련한다.

포식의 죄

1. 세상 사람들이 배고플 때에만 음식을 먹고, 단순하고 순수하고 건강한 먹거리만 먹는다면 어떤 병도 앓지 않을 것이다. 그리고 그들은 갖가지 욕망과 싸우기가 훨씬 쉬워질 것이다.

2. 현인은 말했다. 필요 불가결한 모든 것을 얻기 쉽게 하고, 필요하지 않은 것들을 얻기 힘들게 해준 신께 감사하라고. 이것은 특히 먹을 것의 경우에는 진실이다. 우리가 건강하게 활동할 힘을 유지하기 위해 필요한 음식물은 모두가 간단하고 값싼 것들이다. 빵, 과일, 야채, 물 등 모두 그러하다. 이것들은 어디에나 흔히 있다. 여름철의 아이스크림처럼 그렇게 손이 가는 음식물을 만드는 것만이 어려운 것이다.

이렇게 손이 가는 음식은 만들기 힘들 뿐만 아니라 누구나 쉽게 손에 넣기가 힘들고, 또한 몸에도 해롭다. 따라서 빵과 물과 잡탕죽을 늘 먹는 건강한 사람들은 예쁘게 만든 음식만을 늘 먹어서 '약병을 달고 사는' 재산가들을 선망하지 말아야 한다. 오히려 그런 부자야말로 가난한 사람을 부러워하고 그들의 식사를 배워야만 한다.

3. 굶어죽는 사람은 거의 없다. 훌륭한 음식을 지나치게 먹고 움직이지 않아서 병에 걸려 죽는 사람이 훨씬 많다.

4. 살려면 먹지 않으면 안 된다. 그러나 먹기 위해 살아서는 안 된다.

5. '죽을 먹는 한이 있더라도 남의 신세를 지지 말라'는 것은 좋은 격언이다. 이 격언을 지켜야 한다.

6. 만약 식욕이라는 것이 없었더라면 그물에 걸리는 새가 한 마리도 없으리라. 그리고 새를 잡는 사람은 한 마리의 새도 포획하지 않으리라. 마찬가지로 좋은 미끼로 사람도 또한 잡을 수 있다. 입과 배의 욕망, 이것은 수갑과 족쇄이다. 입과 배의 욕망의 노예는 언제나 노예이다. 자유의 몸이 되고 싶다면 만사를 제쳐놓고 제일 먼저 입과 배의 욕망에서 벗어나야 한다. 이것과 싸워야 한다. 배고픔을 다스릴 목적으로 식사를 하고, 쾌락을 얻기 위해서는 먹지 말아야 한다.

7. 빵을 먹는 데 일주일에 4시간을 쓰고, 그 다음엔 일주일 내내 그 빵과 물로 사는 것과, 맛있는 음식을 조리하는 데 매주 21시간이나 낭비하는 것 가운데 대체 어느 쪽이 나을까? 빵과 물로 사는 것과 매주 17시간이나 허비하여 맛있는 음식을 먹는 것 가운데 어느 쪽이 가치있는 것인가?

육식의 죄

1. 오랜 옛날부터 여러 현인들은 동물의 고기를 먹지 말아야 하며, 땅에서 나는 것만을 먹어야 한다고 가르쳤다. 그러나 이러한 현인들의 가르침은 받아들여지지 않고 사람들은 육식을 계속해 왔다. 그렇지만 현대에는 육식을 죄악으로 여기고 끊는 사람이 해를 거듭하면서 점점 증가하고 있다.

우리는 죽은 사람 고기를 먹는 사람이 있었다는 것, 지금도 여전히 아프리카에 그런 식인종이 있다는 것에 놀란다. 그러나 세상 사람들이 어떻게 동물을 죽여서 먹을 수 있었는지 모르겠다며 깜짝 놀라는 시대가 다가오고 있다.

2. 10년 동안 암소는 우리와 자녀들에게 우유를 제공해 왔다. 또 양은 그 털로 우리의 옷을 만들게 했고, 추위를 막아주었다. 그런데 그에 대하여 그들이 어떤 보상을 받았는가? 숨통이 잘려 먹혀버릴 뿐이었다.

3. '살생하지 말라'는 계율은 살인에 대해서만이 아니라 모든 살생에 대해서 말하고 있다. 따라서 이 계율은 그리스도의 산상 설교에서, 시나이 땅에 기록된 것보다도 먼저 인간의 마음에 기록된 것이다.

4. 동물에 대한 연민은 '동물에게 잔혹한 사람은 선인일 수 없다'는 확신을 가지고 잘라 말할 수 있을 정도로 우리의 선한 성품과 밀접하게 결부되어 있다. (쇼펜하우어)

5. 우리의 형제에게 주먹을 치켜들지 마라. 또한 인간의 피뿐만 아니라 가축의 피도, 들짐승의 피도, 조류의 피도, 어떠한 동물의 피도 흘리게 하지 마라. 우리의 영혼 깊은 곳에서 예언하는 목소리가 그것들이 피흘리는 것을 우리에게 금한다. 왜냐하면 피는 곧 생명이며, 그 생명을 우리는 되돌리지 못하기 때문이다. (쇼펜하우어)

6. 동물에 대한 연민과 동정이 우리에게 주는 기쁨은, 사냥이나 육식을 그만둠으로써 잃게 되는 쾌락보다 백 배, 천 배나 귀중하다.

술, 담배, 마약 등에 의한 자기마취의 죄

1. 훌륭한 삶을 살기 위해 사람들에게 가장 필요한 것은 이성이다. 그렇기 때문에 우리는 자기 이성을 가장 소중하게 여겨야 한다. 그런데도 많은 사람들은 이 소중한 이성을 마비시키고 담배나 술, 보드카나 아편으로 마비시키는 데서 쾌락을 찾는다. 왜일까? 그것은 그들이 사악하게 살고 싶은데 내부의 이성이 마비되지 않으면 이성이 그들 삶의 사악한 면을 일깨워 주기 때문이다.

2. 만약 술이나 담배, 아편 등이 이성을 마비시키는 작용을 하지 않는다면, 따라서 사악한 온갖 욕망을 부추기지 않는다면, 이렇게 나쁜 음료나 연기를 아무도 마시거나 빨아들이지 않을 것이다.

3. 사람마다 제각기 다른 습관이 있다. 그런데 왜 음주와 흡연의 습관만은 부자에게나 가난한 사람에게나 동일한 것일까? 그것은 세상 사람들 대다수가 자기의 삶에 만족하지 못하기 때문이다. 그들이 자기 삶에 만족하지 못하는 것은 육체의 쾌락을 구하고 찾기 때문이다. 그러나 육체는 영원히 만족시키지 못한다. 그래서 이 불만 때문에 세상 사람들은 가난한 사람이든 부자든 흡연 또는 음주 가운데서 스스로를 잊으려고 애쓰는 것이다.

4. 어떤 사람이 밤에 초롱불을 들고 길을 걷고 있었다. 그는 겨우겨우 길을 분간하며 나아간다. 그래서 끊임없이 길을 벗어났다가는 다시 올바른 길로 되돌아오곤 했다. 마침내 그는 길을 더듬어 가는 일에 싫증이 나버렸다. 그래서 초롱불을 끄고 아무렇게나 되는 대로 걷는다.

우리가 담배나 술이나 아편으로 자신을 마비시킬 경우, 이 사람과 똑같이 하는 것은 아니겠는가? 인생에 있어서 길을 잃지 않도록, 또 길을 잃더라도 다시 올바른 길로 나오도록 빈틈없이 진로를 확인해가며 가기는 힘들다. 그래서 우리는 진로를 가려내는 어려움을 꺼려 자기 안에 있는 빛, 즉 이성을 흡연이나 음주로 없애버리는 것이다.

5. 쓸데없는 것을 탐하여 먹고 포식을 한다면, 나태한 인간이 되기 십상이다. 마찬가지로 취하게 하는 것을 마시면 몸가짐이 바른 사람이 되기 힘들다.

6. 우리 삶에는 술도, 담배도, 아편도 필요치 않다. 술이나 담배나 아편, 모두가 심신에 해롭다는 것은 누구나 안다. 그럼에도 이러한 독물 제조에 몇 백만 사람들의 노력이 허비되고 있다. 무슨 까닭으로 우리는 그런 것을 구태

여 만드는 것일까? 그런 일을 하는 것은 육체에만 몰두하는 죄에 빠지고, 더구나 그 육체가 절대로 만족하지 않는다는 것을 알기 때문이다. 다시 말해 바라는 것이 자기들에게 없다는 것을 잊게 할 만큼 이성을 마비시키는 술이라든가 담배, 아편 같은 쓸모없는 것들이 필요했기 때문이다.

7. 만약 우리의 생명을 육체적인 쾌락에 의탁하고, 우리가 바라는 모든 것을 얻을 수 없다면, 우리는 스스로를 속이려 노력할 것이다. 즉, 자기가 바라는 것을 소유하고 있는 것처럼 여기는 상태로 스스로를 유도하고자 노력할 것이다. 그래서 담배나 술이나 아편으로 자신을 마비시키는 것이다.

8. 여지껏 어떤 사람도 선한 일을 하기 위해, 즉 일을 하거나 문제를 생각하고 탐구하거나, 남을 돌보거나, 신께 기도하거나 하기 위해서 술을 마시거나 담배를 피우거나 한 예는 없다. 나쁜 짓의 대부분은 술에 취한 상태에서 이루어진다.

어떤 것에 의한 자기마취도 범죄까지는 아니라 하더라도, 적어도 모든 종류의 범죄를 위한 사전준비에 해당하는 것이다.

9. 음주와 육식과 흡연은 저주의 삼총사이다.

10. 만일 세상 사람들이 술이나 담배나 보드카나 아편으로 자신의 이성을 마비시키고 스스로에게 독을 먹이는 일을 그만둔다면, 우리의 삶에 어떤 행복한 변화가 일어날지 상상하기가 힘들 정도이다.

육체에 대한 봉사는 정신에 해를 끼친다

1. 한 인간이 쓸데없이 많은 물건을 소유하는 것은 다른 많은 사람들이 필요한 물건을 다 가지지 못하도록 하는 것이다.

2. 딱 맞는 옷을 몸에만 걸칠 것이 아니라 양심에 꼭 맞는 옷을 입어야 한다.

3. 육체를 우대하려면 정신을 학대하지 않으면 안 된다.

4. 다음 두 종류의 사람 가운데 어느 쪽이 과연 행복하겠는가? 자기가 노동을 해 굶지 않을 정도로 스스로를 부양하고, 알몸을 가릴 정도로 검소한 옷을 입고, 비와 이슬에 젖거나 추위에 떨지 않을 정도로 신변과 주거를 갖춘 사람이 행복하겠는가? 아니면 강요나 추종, 그도 아니라면 가장 일반적으로 행해지는 사기나 폭력에 의해서 맛있는 음식이나 훌륭한 옷, 넓고 굉장

한 저택을 획득한 사람이 행복하겠는가?

5. 사치에 익숙해지는 것은 좋은 방법이 아니다. 육체에 필요한 것이 많아지면 많아질수록 우리의 육체에 보다 좋은 음식을 주고, 보다 나은 옷을 입히고, 더 훌륭한 집에 육체를 두기 위해서 우리는 점점 그 육체를 힘들고 수고하게 해야 하기 때문이다. 이 잘못은 어떤 기만에 의해서 자기 이외의 사람들, 즉 그를 위해서가 아니라 자신을 위해 일해야 하도록 억지로 강요한 사람들은 알아채지 못한다. 따라서 그 사람들에게는, 즉 부자에게는 이것은 이미 좋은 계책이 아닐 뿐만 아니라 악행이다.

6. 만약 인류가 사치스런 집이나 의복이나 음식을 생각해내지 않았더라면 현재 결핍을 호소하는 모든 사람들이 부족함 없이 살 수 있었을 것이다. 그리고 부자들도 자기와 자기의 부에 대한 불안 없이 살 수 있었을 것이다.

7. 밝은 지혜의 첫 번째 조건은 '자기인식'이다. 나를 아는 자만이 남도 알 수 있기 때문이다. 마찬가지로 자비의 첫 번째 조건은 작은 것으로 만족하는 것이다. 왜냐하면 작은 것으로 만족하는 사람만이 자비심 깊은 사람일 수 있기 때문이다. (러스킨)

8. 자기의 육체를 위해서만 사는 것은, 주인에게서 받은 돈으로 주인이 명령한 대로 필요한 물건을 사려고 하지 않고, 그 돈을 유흥과 방탕에 소비해버리는 노동자의 행위와 같다.

우리가 신의 사업을 존중할 수 있는 것처럼, 우리들이 행복하게 살게 하려고 신은 우리에게 자기의 영을 주었다. 그런데도 우리는 그 소중한 신의 영혼을 자기 육체를 위한 봉사에 낭비하고 있다. 그리고 신의 사업을 존중하려고 않고 자신을 불행에 빠뜨리고 있다.

9. 욕정에 몸을 맡기는 것이 우리의 본성이 아니라 이 욕정과 싸우는 것이 우리의 본성임을 다음과 같은 사실로부터 모든 사람이 경험으로 알 수 있다. 즉, 육체의 욕구를 만족시키면 시킬수록 영혼의 힘은 점점 쇠약해진다. 그리고 반대로 위대한 현인이나 성인은 모두 극기심이 강하고 몸가짐이 바른 사람들이다.

10. 연기가 벌집에서 벌을 내쫓는 것처럼 포식과 술에 취하는 것은 소중한 영혼의 힘을 깡그리 빼앗어버린다.

11. 육체가 영적인 활동을 위해 고생하는 것은 불행이 아니다. 불행이란

인간 내부의 가장 귀중한 것, 즉 영혼이 육체의 욕구를 위해서 고생할 때이다. (마호메트)

12. 쓸데없는 음식물로 자신의 마음을 망쳐서는 안 된다. (마호메트)

13. '너희의 보물이 있는 곳에 너희의 마음도 있는 것이다'라고 복음서에 쓰여 있다.

그런데 우리가 육체를 이 보물로 여긴다면, 우리는 온 힘을 자기의 육체를 위해서 맛있는 음식이나 안정된 주거나 아름다운 옷, 그 밖의 모든 지상의 쾌락이 보존될 수 있게 하려고 그것에 쏟아 부을 것이다. 그러나 육체의 일에 힘을 쏟으면 쏟을수록 우리 내부에는 영적 삶을 위한 힘이 줄어들기 시작한다.

육체의 욕정을 이기는 자만이 자유롭다

1. 영혼을 섬기며 살지 않고 육체에 봉사하면서 산다면, 우리는 날개를 펼치고 자기가 가야 할 방향으로 날지 않고 구태여 약한 다리를 이끌고 엉뚱한 곳으로 가려는 작은 새나 다름없는 행동을 하는 것이다.

2. 맛있는 음식이나 훌륭한 옷, 기타 여러 사치품을 사람들은 흔히 행복이라고 한다. 그러나 나는 아무것도 바라지 않는 것이 가장 커다란 행복이라고 생각한다. 따라서 이 지극히 높은 행복으로 다가가기 위해 되도록 욕망을 줄이도록 자신을 길들여야 한다.

3. 의식주나 쾌락에 육체를 맡기는 일이 적으면 적을수록 그 사람의 삶은 자유롭다. 반대로 의식주를 번듯하게 하거나 쾌락을 증대하거나 하기 시작하면 즉각 근심과 걱정이 끝도 없이 당신을 구속하리라.

4. 부자보다도 가난한 사람이 나은 삶을 산다. 왜냐하면 가난한 사람보다도 부자가 보다 많은 온갖 죄에 속박되어 있기 때문이다. 게다가 또한 부자의 죄는 가난한 자의 죄보다도 공도 들고, 품도 많이 들기 때문에 풀기가 힘들다. 그러나 가난한 사람의 죄는 복잡하지 않다. 그러므로 탈출하기도 쉽다.

5. 아직 아무도 지나치게 검소하게 살았다고 후회한 예는 없다.

6. 부유한 사람들은 육체를 섬기는 죄에 익숙해져버린 결과, 그 죄를 알아채지 못하고 자녀의 행복을 위해 필요한 것을 주는 것이라면서 아직 천진난

만한 나이 때부터 자녀를 포식, 사치, 안일에 익숙하게 만든다. 이것은 결국 그들을 타락시키고, 그들을 위해서 갖가지 힘든 고난을 준비해 주고 있는 것이다.

7. 탐하여 먹는 경우에 위장에 일어나는 것과 똑같은 일이 환락의 경우에도 일어난다. 우리가 먹는 만족을 증대하고자 노력하여 갖가지 공이 든 음식을 궁리하면 할수록, 점점 위장이 약해져서 음식을 섭취하는 만족이 줄어든다. 마찬가지로 여러 가지 교묘하고 공이 드는 놀이로 환락의 정도를 높이려 애를 쓰면 쓸수록 점점 더 진정한 즐거움에 빠져드는 힘이 쇠약해진다.

8. 근심거리가 생기는 것은 육체뿐이다. 영혼은 고뇌를 모른다. 영적 삶이 약하면 약할수록 고뇌가 커진다. 그렇기 때문에 만약 걱정거리를 바라지 않는다면 육체 방면으로는 적게 살고, 영혼의 방면으로 보다 많이 살아야 한다.

성욕

어떤 사람에게나, 여자에게나 남자에게나 신의 영혼이 깃들어 있다. 이 신령의 소유자를 향락의 도구처럼 보는 것은 실로 커다란 잘못이다! 어떤 여자든 남자에게는 무엇보다 우선은 그의 자매이며, 어떤 남자든 여자에게는 우선 그의 형제인 것이다.

완전한 동정과 처녀로 일관하도록 해야 한다

1. 올바른 결혼생활을 하는 것은 좋다. 그러나 그보다 더욱 좋은 것은 결혼을 하지 않는 것이다. 그렇게 할 수 있는 사람은 아주 드물다. 그러나 그것이 가능한 사람은 참으로 행복하다.

2. 결혼하지 않고 살 수 있는 경우에 결혼을 하는 사람이 있다면, 그런 사람들은 발이 걸리지도 않았는데 넘어지는 사람과 똑같은 어리석음을 저지르는 것이다. 정말로 돌부리에 걸려 넘어졌다면 어쩔 수 없지만, 걸리지도 않았는데 어째서 일부러 넘어질 필요가 있겠는가? 만약 죄 없이 청정하고 결백하게 살 수 있다면, 결혼하지 않는 것보다 나은 것은 없다.

3. 동정 또는 처녀로 일관하는 것이 인간 본성에 반하는 것이라는 말은 거

짓이다. 동정을 지키고 처녀로 사는 것은 가능하며, 또 그것은 행복한 결혼 생활과 비교가 되지 않을 정도로 커다란 행복을 준다.

4. 선량한 삶에 있어서 음식을 지나치게 먹는 것은 파멸을 불러오고, 마찬 가지로 선량한 삶에 있어서 성적인 과잉은 그보다도 훨씬 더한 파멸을 가져 온다. 따라서 우리가 이 양자에 몸을 맡기는 일이 적으면 적을수록 참된 영 적인 삶에는 그만큼 좋은 것이 된다. 그러나 음식물의 과잉과 성의 과잉, 이 두 가지의 차이는 크다. 완전히 음식물을 거부하면 생명을 잃게 된다. 그러 나 성적인 삶은 거부해도 삶을 잃는 것이 아니며, 또한 인류 전체의 삶도 파 멸하지 않는다.

5. 결혼하지 않은 남자는 어떻게 하면 주님을 기쁘게 해 드릴 수 있을까 하고 주님의 일에 마음을 씁니다. 그러나 결혼한 남자는 어떻게 하면 자기 아내를 기쁘게 할 수 있을까 하고, 세상 일에 마음을 쓰게 되므로, 마음이 나뉘어 있습니다. 결혼하지 않은 여자나 처녀는 몸과 영을 거룩하게 하려고 주님의 일에 마음을 쓰지만, 결혼한 여자는 어떻게 하면 남편을 기쁘게 할 수 있을까 하고, 세상 일에 마음을 씁니다. (고린도전서 7장 32~34절)

6. 만약 사람들이 결혼했을 경우, 그 결혼으로 신께 봉사하고, 또한 종족 을 이어감으로써 인류에게 봉사하는 것이라고 생각한다면 그들은 스스로를 속이는 것이다. 천진난만한 생명의 숫자를 늘리는 대신에, 의지할 곳 없이 결핍 때문에 죽어가는 몇 백만이나 되는 작은 생명을 구하고 보호해주는 편 이 훨씬 쉽다.

7. 극히 적은 수의 사람들만이 순결을 간직할 수 있다 하더라도, 어쨌든 세상의 모든 사람들은 '우리는 지금까지보다 더 깨끗해질 수 있다. 깨끗함에 가까우면 가까울수록 나를 위해 그만큼 많은 행복을 얻을 수 있게 되며, 또 그만큼 이웃의 행복에 봉사할 수 있는 경지에 있게 된다'는 것을 언제나 잊 지 않아야 한다.

8. 모든 사람이 순수하고 순결해지면 인류가 멸망해버리는 것이 아닐까 하 고 사람들은 생각한다. 그러나 교회의 신앙에 따르면 세상의 종말은 당연히 오지 않겠는가. 또 과학에 따르더라도 지상에 있는 인간의 삶도, 지구 자체 도 역시 끝나야만 한다. 그런데 도덕에 따른 선량한 삶이 인류를 종말로 이 끈다는 것이 어째서 이렇게도 사람들의 마음을 어지럽히는 것일까?

인류를 멸망시킬지 않을지는 우리가 할 일이 아니다. 이것이 가장 중요한 점이다. 우리들 각 개인의 임무는 오직 한 가지, 선한 삶으로 일관하는 것이다. 그리고 선한 삶으로 일관하는 것은 말할 것도 없이 성적인 측면에 있어서는 되도록 순수하고 순결하게 살고자 노력하는 것이다.

9. 어떤 학자의 통계에 따르면 인류가 지금처럼 50년마다 인구가 배로 증가한다면, 7천 년 뒤에는 한 쌍의 부부로부터 지구 한 면에 어깨와 어깨를 이어 배치해도 전 인원의 127분의 1밖에는 놓지 못할 정도로 엄청난 수의 자손이 태어날 것이라고 한다.

그런 일이 없도록 하기 위해 필요한 것은 단 한 가지이다. 이 세상의 현인들이 표명한 것이며, 인류 전체의 영혼에 천부적으로 주어지는 것인데, 그것은 바로 순결한 삶을 계속하는 것이다. 되도록 순결을 향해 정진하는 것뿐이다.

10. "모세의 율법에 '간음하지 말라'고 이른 것을 너희가 들었다. 그러나 나는 너희에게 말한다. 여자를 보고 음욕을 품는 사람은 누구나 이미 마음으로 그 여자와 간음한 것이다." (마태복음 5장 27~28절)

이 말은 그리스도의 가르침에 따르면 인간은 모두가 순결을 지키도록 매진해야 한다는 것을 의미한다.

'어떻게 그런 일이 가능할 것인가? 만약 세상 사람들이 동정이나 처녀로 일관한다면 인류는 멸망하고 말지 않겠는가?' 사람들은 이렇게 말하리라.

그러나 이런 말을 할 때, 사람들은 우리가 목표를 향해 나아가야 하는 완전무결의 경지를 가리키는 것이 반드시 그 목적에 도달한다는 것을 의미하는 것이 아님을 잊고 있다. 어떤 일에도 완전무결하게 도달하는 것은 우리에게는 불가능하다. 인간의 사명은 가능한 한 완전무결에 다가가는 것에 있다.

간음죄

1. 더럽혀지지 않은 깨끗한 사람에게 성적 교제에 대해 생각하거나 말하는 것은 언제나 꺼림칙하기도 하거니와 수치스럽기도 하다. 이런 마음가짐을 소중하게 간직해야 한다. 이런 마음은 인간의 영혼에 아무 이유 없이 부여된 것이 아니다. 이런 마음은 간음죄로부터 몸을 지키고, 몸을 순결하게 유지하도록 도움을 준다.

2. 신과 이웃에 대한 사랑, 즉 정신적인 사랑과 남녀간의 성적인 애정을 세상 사람들은 똑같이 '사랑'이라 이름한다. 그러나 이는 커다란 잘못이다. 이 두 가지 감정 사이에는 상통하는 데가 조금도 없다. 신과 이웃에 대한 정신적인 사랑은 신의 음성이며, 남녀간의 애정은 동물의 음성이다.

3. 신과 이웃을 사랑하라는 것이 신의 계명이다. 곧 모든 사람을 평등하고 차별 없이 사랑하라는 것이 신의 계명인 것이다. 그러나 성애에 있어서는 남자는 다른 어떤 것보다도 격렬하게 한 여자를 사랑하고, 또 여자는 한 남자를 뜨겁게 사랑한다. 따라서 성적인 사랑은 신의 계명을 준수하는 것에서 다른 어떤 것보다도 우리를 심하게 현혹시키고 멀어지게 한다.

성적인 방종으로 생겨나는 여러 가지 불행

1. 여자에 대한 정욕을 뿌리째 뽑아버리지 않는 한, 그때까지 영혼은 젖을 찾는 새끼 소가 어미 소에게 매달리는 것처럼 지상의 것에만 연연하게 되리라.

육욕에 휩싸인 사람들은 덫에 걸린 토끼처럼 버둥거리며 괴로워한다. 육욕의 소용돌이에 휘말리기만 하면 사람들은 오랫동안 고뇌에서 벗어날 수 없게 된다. (불교경전)

2. 날개가 타는 줄도 모르고 나방과 나비는 불로 뛰어든다. 또 물고기는 신세를 망치는 줄도 모르고 낚시바늘에 끼워진 지렁이를 삼킨다. 우리는 육욕이 결국에는 우리를 옭아매 파멸로 이끈다는 것을 알면서도 이것에 몸을 맡겨버린다.

3. 연못 위의 반딧불이 우리를 진창으로 이끌어 자멸시키는 것처럼 육욕의 매력도 또한 우리를 속인다. 우리는 어지러이 미혹되어 스스로를 망친다. 문득 정신을 차리고 주위를 돌아볼 때는 우리가 그것 때문에 생명을 헛되이 한 것 그 자체가 사라지고 없다. (쇼펜하우어)

세상 지도자들에게서 볼 수 있는 '간음죄'에 대한
용서하기 어려운 태도

1. 그리스도교 국민의 도덕성 퇴폐와 생활에서 그리스도교적이지 못한 부분을 분명하게 알고 싶다면, 매춘이 허용되어 있고 이 매춘으로 살아가는 여자들이 도처에 널려 있고, 더욱이 질서 정연하게 존재하고 있음을 떠올리는

것만으로도 충분하다.

2. 성교가 보건상 없어서는 안 되는 것이라는 생각, 결혼은 언제든지 간단히 할 수 있는 것이 아니므로 금전의 지불 이외에 남자에게 아무런 책임도 지우지 않는 결혼 이외의 성교도 어디까지나 자연스러운 행위라는 생각 등, 거짓 과학으로 뒷침됨된 이러한 신념이 부유한 사람들 사이에는 심어져 있다. 이 신념은 부모들이 의사의 권유에 따라 자녀들에게 유희와 방탕을 조장하는 설비를 마련해주는 정도로까지 일반적이고 확고한 것이 되어버렸다. 즉, 시민의 안녕과 행복을 고려하는 것을 목적으로 하는 시나 관청 기관이, 남자의 성욕을 채우기 위해 육체적으로든 정신적으로든 망가지지 않으면 안 되는 여자들이 존재한다는 것을 공공연하게 허가하고 있다.

3. 아내가 아닌 다른 여자들과의 성교가 남자의 건강을 위해서 이로운지 해로운지 따위의 논쟁을 하는 것은, 타인의 생피를 마시는 것이 보건상 이로운지 해로운지를 따지는 것과 다를 바가 없다.

간음죄와의 투쟁

1. 동물로서 인간은 다른 모든 존재와 투쟁하고, 종족을 번식시키기 위해서 자손을 낳아야 한다. 그러나 이성(理性)으로 빛나고 사랑에 불타는 인간에게는 다른 존재와 투쟁하지 않고 그 존재를 사랑해야 한다. 그리고 종족을 번식시키기 위해서 자손을 낳는 일이 필요한 것이 아니라 순결한 몸가짐을 하는 것이 필요하다. 이러한 상반된 두 경향의 결합, 즉 투쟁과 육욕으로 달리는 본능과 사랑과 순결로 달리는 본능, 이 두 본능의 결합으로 인해 인간의 삶은 필연적으로 현재와 같은 것이 되었다.

2. 순결한 청년이나 소녀의 내부에 성적 감정이 싹텄을 때, 그들은 어떻게 해야 하는가? 그들은 자기의 몸을 어디까지나 순결하게 지키고, 온갖 사상이나 바람을 더욱더 순결하게 지키도록 명심해야 한다.

그러면 온갖 악의 유혹에 넘어간 청춘 남녀, 대상이 없는 사랑이나 특정 인물에 대한 사랑으로 마음을 태우는 청소년은 어떻게 해야 하는가?

마찬가지이다. 그런 면에서 스스로를 방임하는 것이 유혹으로부터 벗어나게 해주기는커녕 오히려 강하게 속박한다는 것을 깨닫고, 타락의 늪으로 나아가지 않도록, 더 한층 깨끗하고 순박하게 몸을 지키도록 정진하고 노력해야만 한다.

그러면 또 이러한 투쟁에 패배한 사람들은 어떻게 해야 하는가?

간음으로 인한 타락을 결혼이라는 의식으로 시인하고 있는 현대인들이 보는 바와 같이 법에 적합한 쾌락이라는 식으로 보지 말고, 다른 사람들과 반복할 수 있는 우연의 향락이라고도 생각하지 말고, 또한 간음으로 인한 타락이 어울리지 않는 상대와 식을 올리지 않고 행해진 경우인 것처럼 불행으로도 보지 말며, 그 최초의 타락을 떼어놓을 수 없는 결혼을 향한 첫걸음으로 보아야만 한다.

그러면 이미 결혼을 한 남녀는 어떻게 해야 하는가?

이들 또한 마찬가지로 육욕에서 벗어나도록 힘을 합쳐 정진해야 한다.

3. 육욕을 이기는 유일한 수단은 우리가 영적 존재임을 자각하는 것이다. 성적 욕망의 진상을 간파하려면, 그리고 이것이 비천한 동물적 본성에 지나지 않는다는 것을 간파하려면, 내가 어떠한 존재인가를 떠올리는 것만으로도 충분하다.

4. 성적 욕망에 저항하는 것은 반드시 필요하다. 그러나 적의 전력을 다 알았으니 쉽게 이길 수 있다는 적당한 희망에 현혹되지 않도록 해야 한다. 이 적과의 투쟁은 상당히 힘든 전투이다. 그러나 의기소침해서는 안 된다. 지는 일이 있다고 해서 결코 비관하지 말아야 한다. 아기가 아장아장 걸음마를 배울 때는 수도 없이 넘어지고, 온통 부딪쳐 앙앙 울어댄다. 그러고는 다시 일어나서 걷기 시작한다. 그러고는 또다시 넘어진다. 그러다가 끝내는 걸음마를 터득한다. 두려운 것은 져서 넘어지는 것이 아니라 그것을 이러쿵저러쿵 변명하는 것이다. 그런 패배를 일종의 숙명적이고 불가항력적인 것처럼 생각하거나, 아름답고 숭고한 것으로 여기게 하는 기만이 두려운 것이다.

더러운 오물로부터 벗어나 완전무결한 경지를 향해 나아가는 길에 설령 자신의 허약함 때문에 정도를 벗어나는 일이 있더라도, 우리는 다시 발길을 돌려 전력을 다해 정도로 나아가도록 노력해야 한다. 더러움에 물드는 것이 우리의 운명이라는 따위의 말을 해서는 안 된다. '철학적'으로, 또는 '시적'으로, 거짓말로 자신을 변호해서는 안 된다. 악은 어디까지나 악이며, 우리가 악을 행하기를 바라지 않는다는 것을 마음에 새기고 잊지 않도록 해야 한다. (나딘)

5. 성욕과의 투쟁은 가장 힘든 투쟁이며, 이 욕정으로부터 자연스레 해방되는 노년기와 유년기를 제외하면, 이 투쟁은 처지나 연령 여하를 불문한다. 따라서 상당한 연령에 도달한 사람들과 아직 노쇠하지 않은 사람들은 남녀 구분 없이 적당한 기회만을 엿보는 이 강적에 대해 항상 경계를 게을리하지 않는 것이 중요하다.

6. 모든 욕정은 생각에서 생겨나며, 생각으로 지탱된다. 그러나 어떠한 욕정도 육욕만큼 생각에 의해 지지되고 강화되지는 않는다. 음탕한 생각에 빠져서는 안 된다. 이것을 몰아내야만 한다.

7. 음식의 절제를 동물에게 배워야 하는 것처럼, 즉 배고플 때에만 먹고, 배가 찼을 때는 먹지 않는 그들의 방식을 배워야만 하는 것처럼, 성교에 있어서도 동물에게서 배워야 한다. 우리도 동물처럼 완전하게 성숙할 때까지 성교를 절제하고, 도저히 억제할 수 없게 되었을 때 행하며, 또 태아가 생기면 즉각 성교를 그만둬야 한다.

8. 확실히 선한 삶을 살고자 하는 가장 분명한 징후 가운데 하나는 성생활에 있어서 자기에게 준엄한 것이다.

결혼

1. 남자는 여자를 가까이하지 않는 것이 좋습니다. 그러나 음란에 빠질 유혹 때문에, 남자는 저마다 자기 아내를 두고, 여자도 저마다 자기 남편을 두도록 하십시오. (고린도전서 7장 1~2절)

2. 그리스도의 가르침은 획일적인 계명이 아니다. 그리스도의 가르침은 세상의 모든 일과 현상 가운데 우리가 다가가지 않으면 안 될 완전무결한 경지를 가리킨다. 성의 문제에 있어서도 그러하다. 성에서 완전무결한 경지, 그것은 완전히 순결하여 더럽거나 속된 데가 없도록 하는 것이다. 노력으로 이러한 완전한 경지에 보다 가깝게, 또는 보다 멀게 접근하는 것은 곧 그리스도의 가르침을 보다 많이, 또는 보다 적게 받드는 것이다.

3. 결혼은 남녀 두 사람 사이에 자녀를 얻으려는 약속이다. 둘 사이의 이 약속을 지키지 않고 간음죄를 저지르는 자는 그 죄로 인해 언제나 당사자가 더 불행해진다.

4. 과녁을 맞추기 바란다면 과녁보다 먼 곳을 겨냥해야 한다. 이와 마찬가

지로 결혼을 깨뜨리기 힘든 것으로 알고 부부가 서로 충실하게 정절로 일관하고자 한다면, 그들은 모두 음란한 욕망에 빠지지 않도록 합심하여 정진해야 한다.

5. 결혼이라는 의식이 그 목적을 달성하기 위해서 성교를 억제하지 않으면 안 되었던 상태로부터 자기들을 해방시켜 주었다고 여기고, 자기가 더욱 순결하다고 생각하는 사람들은 엄청난 착각을 하고 있는 것이다.

6. 만약 현재 우리 사회에서 행해지는 것처럼, 정식 결혼생활이라 하더라도 성교 가운데서 쾌락을 찾는다면, 우리는 아무래도 음탕에 빠지지 않을 도리가 없을 것이다.

7. 자녀가 생기는 것이 필연적인 결과인 공동생활, 그것은 참된 결혼이다. 모든 외형적인 예식이나 피로연, 주위의 사정 등은 결혼의 내용을 이루는 것이 아니라 대부분 다양한 공동생활 가운데 단지 결혼에 의한 하나의 공동생활을 인정하기 위해 채용된 것에 불과하다.

8. 진정한 그리스도의 가르침에는 결혼제도에 대한 그 어떤 근거도 없음을 현대 그리스도교 국가의 사람들은 알고 있다. 나아가 그 사회를 휩쓸고 있는 거짓 가르침에 의해, 완전하게 맑고 깨끗하여 더럽거나 속되지 말라는 그리스도의 진정한 이상을 인정하지 않기 때문에 결혼이라는 문제에 대해서 아무런 지침도 없음을 알고 있다. 그 결과, 그리스도교보다도 훨씬 수준이 낮은 종교적 가르침밖에는 인식하지 못하면서도, 결혼의 정확한 외형적 정의, 즉 가정의 시작이라든가, 부부간의 정절이라든가 하는 것들은 그리스도교도에 비교가 되지 않을 정도로 견고하게 지키는 여러 국민들 사이에서 볼 수 있는, 언뜻 이상하게 여겨지는 그러한 현상이 일어나는 것이다. 즉, 그리스도교보다 저급한 가르침을 따르고 사는 그들 여러 국민들 사이에는 일정 한도로 한정된 일처다부 제도나 일부다처 제도, 또는 일정의 축첩제도 등이 행해지고 있기 때문에, 그리스도교 국민의 일부일처 제도 아래서 은폐되어 온 비밀스런 축첩이나 일부다처, 일처다부의 생활에서 볼 수 있는 완전한 타락은 오히려 볼 수 없는 것이다.

9. 음식을 섭취하는 목적이 육체를 먹이는 데에 있다면 한 번에 두 번 분량의 식사를 하는 사람은 어쩌면 보다 큰 만족을 얻을지도 모른다. 그러나 식사의 목적 그 자체를 달성하지는 못할 것이다. 왜냐하면 두 번 분량의 식

사는 위에서 다 소화시키지 못하기 때문이다. 마찬가지로 결혼의 목적이 가정생활을 영위하는 것이라면 아내 또는 남편을 원하지 않는 많은 사람들은 어쩌면 많은 만족을 얻을지도 모르지만, 어떠한 경우에도 결혼의 정당한 가정생활이 주는 커다란 기쁨을 얻지는 못할 것이다. 위에 소화되지 않을 정도로까지 탐식하려 하지 않을 때에만 목적에 맞는 올바른 식사라고 할 수 있듯, 마찬가지로 남편이 아내를, 아내가 남편을, 또 아이들을 올바르게 양육시키기 위해서 필요한 수 이상으로 남편이나 아내를 갖지 않는 경우에만 목적에 맞는 훌륭한 결혼이다. 그리고 아이들을 올바로 양육하는 것은 한 남편에 한 아내, 또는 한 아내에 한 남편의 경우에만 가능한 일이다.

10. 아내를 버리고 새로이 다른 아내를 얻어도 되느냐고 제자들이 물었을 때, 그리스도는 이렇게 대답했다.

"그런 일을 하는 것은 좋지 않다. 인간은 한 여자를 아내로 삼아 함께 살게 되면, 두 사람이 일심동체가 되도록 끝까지 그 여자와 함께 해야만 한다. 이것은 하느님의 율법이다. 신이 결합시켜 주신 것을 인간이 떼어놓아서는 안 된다."

이에 대하여 제자들은 말했다.

"한 아내와 그렇게 사는 것은 힘듭니다."

그러자 그리스도는 다시 그들을 향해 이렇게 말했다.

"인간은 결혼을 하지 않아도 살 수 있다. 그러나 결혼하지 않은 경우에는 어디까지나 순결하고 속되지 않는 생활을 해야만 한다."

11. 결혼이 합리적이고 도덕적이기 위해서는 다음과 같은 것이 필요하다.

첫째, 현대 사람들이 생각하는 것처럼 우리들 각 개인은, 남자든 여자든 반드시 결혼생활로 들어가야 하는 법이라고 생각하지 말고, 신에 대한 봉사에 전력을 기울이는 일이 어떤 것에도 방해받지 않도록 자기의 순결을 지켜야만 한다고 생각해야 한다.

두 번째, 누가 누구와 성적 교제에 들어간 경우에는 그것을 깨뜨리기 힘든 결혼생활의 첫걸음으로 보는 것이다. (마태복음 19장 4～7절 참조)

세 번째, 결혼을 현재처럼 육체적 욕구 만족을 위한 허가로 보지 말고, 가정생활의 여러 의무의 수행에 포함되어 있는 자기의 속죄를 촉구하는 죄악으로 보아야 한다.

12. 성이 다른 두 사람이 결혼해 성적인 생활을 해도 좋다는 것은 그리스도의 가르침과 합치하지 않을 뿐만 아니라 오히려 정면으로 배치된다.

순결이라 함은 그리스도의 가르침에 따르면 완전무결한 경지이며, 그곳으로 다가가고자 끊임없이 정진하는 것이 그리스도교의 삶을 사는 사람의 특질이다. 따라서 순결로의 이 접근을 방해하는 것, 예를 들면 결혼에 있어서 성교를 공인하는 것과 같은 것은 모두 그리스도교의 삶이 요구하는 것에 반하는 것이다.

13. 결혼을 결혼한 그 순간부터 순결을 향해 정진하지 않아도 된다는 공공연한 허가라고 볼 때, 결혼은 육체적 욕구를 제한하는 수단이 아니라 오히려 그것을 장려하는 것이 되고 만다. 그러나 유감스럽게도 세상 사람들 대다수는 결혼을 그렇게 보고 있다.

14. 결혼하기 전에 열 번, 스무 번, 백 번이라도 생각해 보아야 한다. 자기의 삶과 타인의 삶을 성적인 관계에 의해 맺는 것은 참으로 중대한 일이다.

자녀는 성적 죄악의 속죄이다

1. 가령 세상 사람들이 완전무결한 경지에 도달해 순결해진다면, 그때 인류는 종식되고, 지상에서 살아가는 목적은 없어지고 말리라. 왜냐하면 그때에는 복음서에 쓰여 있다시피 인류는 아내를 얻거나 남편을 맞이하거나 하지 않는 천사 같은 존재가 되기 때문이다. 그렇지만 이러한 완전무결한 경지에 도달하지 않은 한은 우리 인류는 자자손손 끊임없이 완성을 향해 정진을 계속하고, 반드시 한 번은 도달해야 하는 완전무결한 경지에 도달하게 하기 위해 자녀를 낳지 않으면 안 된다.

2. 결혼, 다시 말해 자녀를 낳아서 양육하는 것을 목적으로 하는 참된 결혼은 신을 향한 간접적인 봉사이다. 즉, 자녀를 통해 신께 봉사하는 것이 된다.

'만일 내가 해야 할 일, 할 수 있는 일을 하지 않았다면 나는 대신에 자녀를 이 세상에 남긴다. 그들이 그것을 실행해 주리라.'

자녀를 낳는 것을 목적으로 하는 참된 결혼생활에 들어간 사람들은 이러한 자각에 의해서 어느 정도까지 어깨가 가벼워진 듯하고 마음이 가라앉은 듯한 기분을 느끼는 것이 일반적이다. 대부분의 세상 사람들은 자기들의 책무 일부를 자녀들의 미래에 전해 남겨야 한다고 생각한다. 그러나 이런 마음은 결혼에 의해서 맺어진 부부가 자녀들을 신의 사업의 장애물로 보지 않고 그 일에 헌신하는 자가 되게 양육하고자 노력하는 경우에만 정당하다. 가령 나나 아내가 완전하게 신에 대한 봉사에 스스로를 다 맡길 수 없다 하더라도 나의 자녀들이 그 일을 실행할 수 있도록 할 수 있는 모든 것을 하겠다는 자각이 결혼에도, 육아에도 정신적인 의의를 부여하는 것이다.

3. 지상의 온갖 잔혹함 속에 아주 조금이라도 천국의 모습을 불러일으키는 유년시절은 축복받은 시기이다. 통계학자가 밝히는 하루 8만의 출산은 그저 인류의 멸망을 방지할 뿐만 아니라 동시에 인류의 타락과 죄의 만연도 방지하는, 순결의 샘 같은 느낌을 준다. 요람시절과 유년시절의 어린아이 곁에서 느끼는 온갖 따뜻한 마음은 신의 섭리가 보여주는 신비로움을 조성하는 법이다. 마음을 맑게 하는 이 샘을 짓밟는 순간, 곧장 이기적인 온갖 욕정의 회오리바람이 휘몰아치고, 빨갛게 달군 쇠처럼 인간 사회를 바짝 마르게 하리라.

인류가 늘지도 줄지도 못하는 몇 십억의 불멸하는 존재로 이루어졌다고 가정한다면, 우리는 어디에 있게 되는 것이랴! 또 어떠한 것이 되는 것이랴! 의심할 바 없이 지금보다 천 배나 많이 아는 사람이 되리라. 그러나 동시에 지금보다 천 배나 열악해질 것이 틀림없다.

유년시대는 그 자체가 주는 행복도 그렇지만, 스스로 의식하거나 돌아보지 않고도 남의 사랑을 받거나 자신을 사랑함으로써 얻어지는 잔잔한 행복으로 인해 참으로 축복받아 마땅한 시기이리라. 유년시절 덕분에 우리는 지상 낙원의 일부를 볼 수 있다. 죽음도 또한 축복이다. 천사에게는 삶도 죽음도 필요치 않다. 그러나 인간에게는 이 두 가지가 반드시 필요하며, 또한 피할 수 없다. (아미엘)

4. 결혼은 아이가 태어남으로써만 시인되고 축복을 받는다. 설령 신이 우리에게 바라신 모든 것을 다 해내지 못한다 하더라도 적어도 자손을 통하여 우리는 신의 사업에 봉사할 수가 있다. 이러한 자각에 의해서 결혼은 비로소 시인되고, 축복받는 것이다. 따라서 부부간에 자녀를 낳기를 바라지 않는 결혼은 간음보다도, 아니, 모든 방탕보다도 나쁘다.

5. 어린아이를 향락에 대한 방해물로 보거나 불행한 우연의 결과로 보거

나, 또는 미리 정한 숫자만큼만 생겨난 것을 만족으로 생각하는 이들이 있다. 이들 부유한 사람들 사이에 태어난 아이들은 이성(理性)과 사랑에 눈뜬 존재로서 그들에게 주어진 인생의 여러 문제에 부딪치면서 자라지 않고, 그들이 부모에게 줄 수 있는 갖가지 만족만을 생각하면서 자란다. 이런 부모들에게는 자녀들을 인간다운 활동을 할 수 있는 인물이 되게 하려는 데에는 아무런 생각이 없고, 그저 되도록 좋은 음식을 주고, 키를 자라게 하고, 산뜻하고 영양이 좋고 아름다운, 따라서 화사하고 감상적인 인물이 되게 하려는 데에만 목적을 두고(의학이라 불리는 사이비 학문은 이런 부모들의 생각을 지지한다!) 양육한다. 좋은 옷, 독서, 연극관람, 음악, 무용, 달콤한 음식, 그림에서 시나 소설에 이르기까지의 생활환경 전체가 이 감상성에 한층 강하게 기름을 끼얹는다. 그 결과, 매우 꺼림칙한 성적 죄나 질병이 부유한 계급에서 태어난 이러한 불행한 아이들의 일반적인 발육상의 조건이 되어 있는 것이다.

6. 육체적인 애정을 기쁨으로 생각하는 사람들에게 자녀의 출생은 의의를 잃고 만다. 자녀는 부부관계의 목적이긴 하지만 반드시 그렇지는 않게 되었을 뿐 아니라 유쾌한 향락의 지속을 방해하는 천덕꾸러기로 전락하고 말았다. 그 결과, 부부관계 이외의 관계에 있어서나 부부관계에 있어서도, 여자에게서 출산의 가능성을 빼앗는 갖가지 방법이 보급되었다. 그러한 사람들은 자녀들에게서 받게 되는 유일한 기쁨과 속죄를 상실할 뿐만 아니라 사람으로서의 가치와 체면 역시 잃는 것이다.

7. 모든 동물적 생활에 있어서, 특히 출산에 있어서 인간은 가축의 위에 서야만 한다. 절대로 그 아래에 있어서는 안 된다. 그런데도 세상 사람들은 대부분, 특히 이 점에 있어서 동물보다 아래에 있다. 동물은 새끼를 가질 수 있는 시기에만 교합한다. 그런데 인간은 향락을 위해서 남녀가 교합하지, 그 결과로 자녀가 생기는지 아닌지에 대해서는 생각하지 않는다.

8. 자녀를 낳는 것이 행복인지 아닌지를 판단하는 것은 우리가 할 일이 아니다. 우리가 낳은 자녀들의 출생이 부과하는 온갖 책무를 수행하는 것이 우리가 할 일이다.

무위도식

타인을 위해 당신이 노력한 이상의 것을 그들에게서 받는 것은 옳지 않다. 당신이 다른 사람들에게 보다 많이 주고 있는지, 아니면 그들에게서 더 많이 받고 있는지를 측정하는 것은 불가능하며, 게다가 당신이 언제 어느 때에 쇠약해지거나 병이 들어서 주지 않고 받기만 하게 될지 모르므로, 힘이 있는 동안은 되도록 많이 사람들을 위해 일하고, 되도록 남에게서 적게 받도록 노력해야 한다.

타인의 노력에 의존하면서 일하지 않는다면
커다란 범죄를 저지르는 것이 된다

1. 일하기를 싫어하는 사람은 먹지도 마라. (사도 바울)

2. 어떤 물건이라도 이것을 사용하는 경우에는 그것이 남의 노력의 소산임을, 따라서 그 물건을 소비하거나 흠집을 내거나 부수거나 함으로써 타인의 노력을, 때로는 그 생명마저도 소비하는 것임을 상기해야 한다. (동양철학의 가르침)

3. 스스로의 노력으로 살아가지 않고 다른 사람들에게 기대는 것은 말할 것도 없이 식인귀이다.

4. 그리스도교의 도덕은 모두 그 실천에 있어서는 모든 사람을 형제로 여기며, 모든 사람을 평등하게 대하라는 것으로 귀착한다. 그러나 이것을 완전하게 실행하기 위해서는 우선 남이 나를 위해 일하는 것을 모조리 거부해야 한다. 그러나 현재의 사회조직으로는 불가능하므로 타인의 노력, 타인의 노력의 소산, 즉 금전으로 얻는 물품을 되도록 조금만 사용하고, 또 되도록 금전을 조금만 소비하며, 될수록 간단하게 생활하지 않으면 안 된다.

5. 자기가 할 수 있는 일을 남에게 시켜서는 안 된다. 누구나 자기 집 앞을 청소해야 한다. 각자가 그렇게 한다면 어느 마을이든 모두 깨끗해지리라.

6. 가장 좋은 음식은 어떤 것일까? 스스로 일해서 얻은 것이다. (마호메트)

7. 부유한 사람들에게는 아주 잠깐이라도 좋으니 사치스럽고 호화로운 생활에서 벗어나서, 그들에게 고용된 일꾼들의 손으로 이루어지는 것을 손수

하면서 진정한 노동자 같은 삶을 살아보는 것이 매우 유익하다. 그러한 시도를 한다면 그 부자는 대번에 자기가 지금까지 커다란 죄를 저질러 왔음을 발견하게 될 것이다. 그러한 삶을 살아보기만 하면 그 부자는 틀림없이 바로 부자들이 행하는 삶의 모든 부정을 깨달을 것이다.

8. 대부분의 세상 사람들은 요리를 하거나 바느질을 하거나, 아이들을 돌보거나 하는 것을 여자가 할 일이라고 생각하고, 그런 일을 하는 것은 남자에게 수치라고 생각하는 것에 익숙해져 있다. 그러나 사실은 오히려 정반대여서 일에 지친 여자나 병든 여자, 임신부 등이 무리하게 요리를 하거나, 세탁을 하거나 아이들을 돌보거나 하는 시간에 남자, 더구나 여가가 있는 남자가 쓸데없는 일에 시간을 보내거나 아무것도 하지 않고 멍하니 있거나 하는 것이야말로 크게 부끄러워해야 할 일이다.

9. 사치스런 생활을 하는 사람들은 타인을 사랑하지 못한다. 그들에게는 사랑하는 것이 불가능하다. 왜냐하면 그들이 누리는 것은 모두 그들에게 봉사하도록 강제를 당한 사람들에 의해서, 필요에 의해 어쩔 수 없이 싫지만 억지로, 때때로 저주하는 마음에 휩싸이면서 만들어낸 것이기 때문이다. 타인을 사랑할 수 있게 되기를 바란다면, 먼저 타인을 괴롭히는 것을 그만두어야 한다.

10. 한 수도자가 산 속에 은둔을 했다. 그리고 끊임없이 기도를 하였고, 깊은 밤에도 두 번씩 일어나서 기도했다. 그런데 한 농부가 그의 처소로 먹을 것을 가져다 주는 것이었다. 수도자의 가슴에 다음과 같은 회의의 그림자가 드리웠다. '내가 이렇게 사는 것은 옳은 것일까?'

그래서 그는 장로에게 의논을 하러 갔다. 그는 장로에게 가서 자기의 현재 생활상을 말했다. 자기가 어떤 말을 늘어놓고, 얼마나 열심히 기도하는가 하는 것, 매일 밤마다 두 번씩 일어나 기도하는 것, 타인의 보살핌으로 살아가고 있음을 말했다. 그리고 나서 물었다.

"이렇게 지내고 있습니다만 이래도 괜찮은 것일까요?"

장로는 대답했다. "모두 다 괜찮다. 그러나 너는 한번 마을로 내려가 네 처소로 먹을 것을 가져다 주는 그 농부가 어떻게 사는지 보거라. 틀림없이 뭔가 얻는 바가 있으리라."

수도자는 농부에게 가서 그와 함께 하루 밤낮을 보냈다. 농부는 아침 일찍 일어나서 그저 "주여!"라고 말했을 뿐, 그 길로 일을 하러 나갔다. 그리고 온종일 밭을 갈았다. 밤이 될 무렵 그는 겨우 돌아왔다. 그리고 잠자리에 들면서 그는 다시 말하는 것이었다. "주여!"

수도자는 이 농부의 생활상을 관찰했다. 그는 '내가 여기서 배울 것은 아무것도 없다'고 생각했다. 어째서 장로는 자기를 이런 농부의 집으로 보낸 것인지 황당하고 또 놀라웠다.

수도자는 장로에게 돌아가서 자초지종을 말했다. 농부의 집에 갔지만 아무것도 얻은 바가 없었다는 이야기를 했다.

"그 농부는 하느님 생각을 하지 않습니다. 하루에 단 두 차례 떠올리기만 했습니다."

그러자 장로는 말했다.

"기름이 가득 들어 있는 이 잔을 들고 산기슭 마을을 한 바퀴 돌아오너라. 그러나 이 기름을 단 한 방울도 흘리지 않도록 조심해야 한다."

수도자는 시키는 대로 실행했다. 그가 다시 돌아오자 장로는 그에게 물었다.

"그 잔을 들고 다니는 동안에 너는 하느님을 몇 번 생각했느냐, 말해보거라."

한 번도 생각하지 않았다고 수도자는 고백했다.

"기름을 흘리지 않으려고, 오직 그 생각만 했기 때문에……." 그는 변명했다.

그러자 장로는 그를 향해 말했다.

"어떠냐? 기름이 가득 든 잔조차도 네가 한 번도 하느님 생각을 하지 못했을 만큼 너의 마음을 차지하지 않았더냐? 그런데도 그 농부는 자신을, 가족들을, 또 너를 자기의 노동과 배려로 부양하면서도 하루에 두 번이나 하느님 생각을 하지 않았느냐?"

이마에 땀흘려 수고하라는 계명을 지키는 것은 어렵지 않다.
오히려 기쁜 일이다

1. '이마에 땀흘려 너의 빵을 얻으라.'

이것은 육체에 대한 불변의 계명이다. 낳는 고통을 거쳐 자식을 낳으라는 계명이 여자에게 주어진 것처럼, 남자에게는 노동의 계명이 주어졌다. 여자는 자기들의 계명에서 벗어날 수 없다. 가령 자기가 낳지 않은 아이를 양자로 받아들인다 해도 그것은 남이 낳은 아이이므로 그녀는 어머니로서의 기쁨을 얻지 못한다. 남자의 노동에 대해서도 마찬가지이다. 자기가 일하여 얻은 것이 아닌 빵을 먹는 경우에는 남성은 노동의 기쁨을 얻지 못하는 것이다.

2. 사람은 죽음을 두려워하고, 그리고 죽음으로 돌아간다. 선악을 모르는 편이 보다 행복한 것처럼 생각되지만, 인간은 선악의 인식을 향해 제어하기 힘들 정도로 돌진한다. 사람은 게으름과 고통이 없는 욕정의 만족을 사랑한다. 그러나 동시에 노동과 고통만이 우리와 우리 종족에 생명을 주는 것이다.

3. 육체가 사치와 향락에 빠져 있을 때, 우리의 영혼이 높은 정신적 삶을 영위할 수 있다고 생각하는 것은 참으로 엄청난 착각이다! 육체는 언제나 영혼의 가장 중요한 제자일 뿐이다. (트로)

4. 자기 혼자 생활을 하면서 노동의 계명에서 벗어난다면, 우리는 즉각 육체가 쇠약해진다는 사실로 혹독한 벌을 받게 되리라. 마찬가지로 나 대신에 다른 사람들을 일하게 함으로써 이 계명에서 벗어난다면, 우리는 대번에 영혼이 혼탁하고 축소되어 혹독한 벌을 받는다.

5. 인간은 영혼과 육체 두 측면의 삶을 영위하는 존재이다. 따라서 영혼의 계명과 육체의 계명이 나란히 존재한다. 육체의 계명은 노동이고, 영혼의 계명은 사랑이다. 만약 우리가 육체의 계명을 깨뜨린다면, 다시 말해 노동의 계명을 깨뜨린다면, 우리는 동시에 영혼의 계명인 사랑의 계명을 필연적으로 깨뜨리게 된다.

6. 황제에게서 받은 옷이 아무리 훌륭하다 하더라도 손으로 짠 옷이 훨씬 낫다. 부자의 음식이 아무리 맛이 훌륭해도 자기 집 식탁의 요리가 가장 훌륭한 음식이다. (사아디)

7. 당신이 타인을 위해 하는 일이 많이 있더라도 그 노동을 힘들어해서는 안 된다. 또 그것에 대하여 칭찬을 바라서도 안 된다. 당신이 사랑에 불타 타인을 위해 이것을 행하는 한, 그 노동은 진실로 자신에게, 즉 당신의 영혼에 가장 유익하다는 것을 알아야 한다.

8. 신의 힘은 사람들을 평등하게 하고, 많이 가진 자에게서 여분의 것을 거두어 조금밖에 없는 자에게 준다. 부자는 보다 많은 물자를 소유하지만, 그 대신에 기쁨은 보다 적다. 가난한 사람은 물자를 조금밖에는 가지지 않았

으나, 그 대신에 기쁨은 더 많다. 이마에 땀흘리고 힘들여 일하는 가난한 사람의 약간의 물과 빵 부스러기 쪽이 무위도식을 일삼는 부자의 값비싼 음식보다 백 배나 맛있게 먹힌다. 모든 것을 배불리 먹은 결과, 부자는 어떤 것으로도 기쁨을 얻지 못한다. 그러나 이마에 땀흘려 수고하는 노동자에게는 음식도, 휴식도, 그때마다 새로운 기쁨을 가져온다.

9. 쾌락의 그늘에는 지옥이 감춰져 있다. 그러나 수고와 고난의 그늘에는 천국이 따뜻하게 웃고 있다. (마호메트)

10. 이마에 땀흘려 일하지 않으면 건강한 육체는 없다. 또한 건강한 사상도 머리에 떠오르지 않는다.

11. 언제나 따뜻하고 평화로운 마음이기를 바란다면 지칠 때까지 일해야 한다. 그러나 도를 넘어서는 안 된다. 무위도식의 결과, 사람들은 불만스러워지기도 하고, 화가 나기도 한다. 도에 지나친 쓸데없는 노동의 경우도 이와 같은 결과를 가져온다.

12. 가장 깨끗하고 좋은 기쁨은 일한 뒤의 휴식이다. (칸트)

가장 좋은 노동은 밭을 갈거나 씨를 뿌리는 것이다

1. 선구자들이 이미 오랜 옛날에 파악한 진리를 이따금 사람들이 인식할 때가 있다. 특히 인류 최대의 선행은 진실한 존재의 계율을 준수하는 데 있다는 진리를 인식하게 된다. '너희는 흙에서 나서 흙으로 돌아갈 자다'라는 계명은 우리가 자기 삶에 대하여 인식하는 최초의 계율이다. 두 번째 계율은 우리가 나와서 그곳으로 돌아가는 이 대지를 경작하는 것이다. 이러한 경작과 그 경우 여러 동물이나 초목에 대해 가져야 하는 사랑의 마음, 이 두 가지로 일관할 때, 우리는 자기의 삶을 가장 잘 이해하고 보낼 수 있다. (러스킨)

2. 땅을 가는 일은 한정된 사람에게만 적합한 일이 아니다. 경작은 모든 사람에게 본질적인 일이다. 이 노고는 사람들에게 가장 많은 자유와 무엇보다 많은 행복을 부여한다.

3. 땅을 갈지 않는 사람에게 땅은 말한다.

"좌우 두 팔로 나를 경작하지 않은 까닭으로 너는 영원히 거지들과 함께 남의 집 문 앞에 서야만 하게 되리라. 그리고 부자가 던져주는 것으로 영

원히 살아가야 할 것이다." (조로아스터)

4. 우리 사회는 헛되고 무익한 일, 예를 들면 과자나 담배를 제조하는 일, 조제소의 일, 은행업무, 영업상의 거래, 저술, 음악 등으로는 많은 보수를 얻을 수 있고, 경작으로는 그보다 적은 보수밖에 얻지 못하는 조직이 되어 있다. 이러한 금전적인 보수에 무게를 둔다면 노동은 좋지 않은 것이다. 하지만 반대로 우리의 주된 관심을 노동의 기쁨과 노동이 육체의 건강에 미치는 영향, 자연의 매력 등에 쏟는다면 이것은 매우 바람직한 일이다.

5. 팔다리를 움직여서 일하는 노동, 특히 농지경작을 위한 노동은 단지 육체에 유익할 뿐만 아니라 정신적으로도 유익하다. 자기의 팔다리를 움직여서 일하지 않는 사람들은 사물을 올바르게 이해하기가 힘들다. 이들은 끊임없이 생각하거나 이야기하거나, 남의 말을 듣거나, 책을 읽거나 한다. 이들의 두뇌에는 휴식이 없다. 그 결과, 두뇌는 비정상적으로 초조하고 어지럽다. 그러나 경작하는 노동은 그것이 상쾌한 휴식을 주는 것을 제외하더라도 인생에 있어서 우리의 위치를 단순하고 명쾌하게, 합리적으로 이해하는 데 도움이 된다는 점에서 우리에게 참으로 유익하다.

6. 나는 농부를 사랑한다. 그들은 학문이 불충분하므로 잘못된 판단을 내리는 일이 없다. (몽테뉴)

노동의 분담이라는 말은 무위도식의 변명에 불과하다

1. 여러 종류의 물건 제조에 있어서 사람들이 성공하는 주된 원인 가운데 하나는 노동의 분담이라고 많은 사람들이 말한다. 그러나 노동의 분담은 좋지만, 그런 말은 옳지 않다. 우리 사회에는 노동이 구분되어 있지 않고, 우리가 몇십 종류나 되는 인간으로 구분되어 있다. 참으로 자잘하게 여러 개의 부류로 나뉘어 있다.

예를 들면 공장에서는 한 사람은 어떤 물건의 작은 일부분밖에 만들지 않는다. 따라서 그 사람의 내부에 남아 있는 판단력의 작은 일부분은 시침바늘 내지는 못 전체를 제조하기에는 불충분해서 시침바늘의 끝, 또는 못의 머리를 제조하는 데에만 쓰이는 것이다. 사실 하루에 대량의 시침바늘을 제조하는 것은 훌륭한 일이며, 바람직한 일이다. 그렇지만 우리가 어떤 모래로 그 바늘을 갈고 있는지를 본다면 그것이 유익하지 않다고 생각할 것이 분명하다. 그리고 실제로도 유익하지 않다. 왜냐하면 그 물건들은 인간의 영혼을 마멸시키기 때문이다.

소나 말처럼 인간에게 편자를 박거나 후려치거나, 수레의 나룻에 매거나 할 수도 있으며, 또 여름날의 파리처럼 때려잡을 수도 있다. 그럼에도 불구하고 그런 사람도 어떤 의미에서는, 진정한 의미에서는 자유로운 존재일 수 있다. 그러나 반대로 인간의 안에 있는 불멸의 영혼을 억누르고 질식시켜서 인간을 살아 있는 기계로 바꾸는 것, 거기에 진정한 노예의 세계가 전개된다. 인간을 기계로 변형시키는 이 굴욕만이 노동자들을 그 본질을 이해하고 있지 못한 자유에 대하여 쓸데없이 저항하게 하는 것이다.

그들의 증오는 굶주림의 압박에 의해서도, 뭉개진 긍지의 분노에 의해서도 초래되지 않는다. 이 두 가지의 원인은 언제나 독자적인 작용을 미쳐왔는데, 사회의 기초가 현재처럼 동요한 적은 지금껏 없었다. 사람들이 비참한 먹을거리로 살아가고 있는 것이 문제가 아니라, 그들이 이마에 땀흘려 빵을 얻는 노동의 만족을 느끼지 못하고, 그 결과 부귀를 만족의 유일한 방법으로 보는 것이 커다란 문제인 것이다.

대다수의 사람들이 상류계급의 소수자에 대한 모멸 때문에 괴로워하는 것 따윈 문제가 아니지만, 그들이 자기들에게 부과되어 있는 노동을 굴욕적인 것으로 느끼고, 스스로를 타락시키며, 인간 이하의 존재로 대우받는다고 느끼는 데서 오는 자기모욕을 언제까지나 참고 견딜 수 있는 것은 아니라는 것, 이것이 중대한 점이다.

상류계급 사람들이 하층민에 대하여 현재처럼 사랑과 동정을 보인 적은 없었다. 그럼에도 불구하고 하층민이 현재처럼 증오를 느낀 적도 없다. (러스킨)

2. 모든 동물과 마찬가지로 인간에게도 수고하는 것, 팔다리를 움직여 일하는 것이 필요하다. 우리는 자기에게 필요한 것을 다른 사람들에게 시킬 수 있지만, 그래도 역시 우리에게는 어떤 일에 육체의 힘을 소비할 필요가 있다. 만약 필요하고 정당한 일을 하지 않는다면, 우리는 필요하지 않고 바보 같은 일을 하게 되리라. 부유한 계급인 동안에는 그런 일이 행해진다.

3. 유한계급 사람들은 자기들의 무위도식은 민중을 위해 필요한 학문이나 예술을 낳기 위한 것이라 변호한다. 그들은 그 모든 것을 노동계급의 대중에

게 제공하려 한다. 그러나 유감스럽게도 그들이 학문이라든가 예술이라는 상표를 붙여 대중에게 제공하는 것은 때때로 사이비학문에 사이비예술이며, 대중의 노동에 대하여 어떤 위로가 되기는커녕 자기들이 대중에게 부여하는 것들로 대중을 기만하고 타락시킬 따름이다.

4. 유럽사람은 중국사람을 대할 때 특히 기계공장을 자랑스러워한다.

'이 기계는 인간을 힘든 노동에서 벗어나게 한다'고 유럽인은 말한다. 그러면 '힘든 노동에서 벗어나는 것은 커다란 불행이 되리라'고 중국인은 대답한다. 수고 없이 참된 행복은 얻지 못한다는 것이다.

5. 우리는 세 가지 수단에 의해서 부를 획득할 수 있다. 노동을 하거나 구걸을 하거나, 또는 도둑질을 하는 것이다. 노동을 하는 자는 아주 조금밖에 얻지 못한다. 왜냐하면 거지나 도둑의 몫으로 너무 많이 돌아가기 때문이다. (헨리 조지)

6. 스스로 일하지 않고 남의 노동으로 살아가는 사람은, 비록 그들이 뭐라고 칭하든 하나도 빠짐없이 모조리 도둑이다. 그리고 이 도둑에는 세 종류가 있다. 첫 번째 종류에 속하는 것은 자기가 도둑이라는 것을 모르고 또 알기를 바라지 않기 때문에, 편안한 마음으로 형제의 노동을 착취하는 사람들이다. 두 번째는 자기들이 옳지 않다는 것을 인정하면서도 대중을 위해 유익하다고 생각하는 무형의 노동으로 그 약탈과 동등한 행위에 대해 변호할 수 있다고 생각하는 사람들이다. 그밖에 세 번째의 종류에 속하는 사람들이 있다. 고맙게도 이러한 종류의 사람들이 차츰 늘고 있다. 그것은 바로 자기들의 죄과를 알고 끊임없이 거기에서 벗어나려 노력하는 사람들이다.

이마에 땀흘려 일하라는 계명에서 벗어난 사람들의 활동은
언제나 공허하고 무익하다

1. 유한계급의 일은 대부분 노동자의 노고를 줄이지 못할 뿐만 아니라 반대로 새로운 노동을 하게 한다. (에머슨)

2. 공 위에 태워진 동물이 아무리 해도 정지하지 못하고 앞으로, 앞으로 다리를 내디뎌야만 하는 것처럼, 우리도 아무것도 하지 않고 가만 있지는 못한다. 따라서 우리가 일하고 있다는 사실에 존재하는 공적은 공 위에 서 있는 동물이 발을 번갈아 내디디는 동작에 포함되어 있는 것과 다를 바 없다.

중요한 것은 우리가 뭔가 일을 한다는 사실이 아니라 무엇을 하고 있느냐는 것이다.

3. 인간의 가치, 인간의 신성한 본분 또는 책무는 우리에게 주어진 팔다리를 진정한 목적에 맞게 사용하는 것이다. 우리가 섭취하는 음식물, 그 음식물을 만들어내는 노고를 위해 쓰고, 팔다리를 야위고 쇠약하게 하지 않게 하는 목적에 쓰지 않는 것이다. 또한 우리의 팔다리를 깨끗이 하고, 그것을 움직여 자기 입 속에 음식물을 집어 넣는 일에만 사용하지 않는 것이다.

4. 근육을 쓰는 노동에서 벗어난 사람들은 때때로 영리한 사람이다. 그러나 총명한 사람이 되는 일은 드물다. 현대의 학교에서 쓸데없는 것이나 어리석은 것이 많이 쓰이고 인쇄되고, 가르치게 되는 것은, 또 현대의 저술이나 음악, 그림이 모든 사람의 눈에 말초신경적으로 보인다. 잘 이해되지 않는 것은, 이 일들에 종사하는 사람이 근육의 노동에서 벗어나 허약한 생활을 하는 결과이다. (에머슨)

5. 근육을 쓰는 노동은 지능의 동요와 온갖 망상을 방지한다는 점에서 특히 중요하다.

6. 무위도식하는 사람의 두뇌는 악마가 둥지를 트는 장소이다.

7. 세상 사람들은 온갖 쾌락을 추구해 우왕좌왕 돌아다니는데, 그것은 그들이 자기 삶의 공허함을 느끼면서도 자기들을 유혹하는 이들 환락이 더욱 공허한 것임을 알아채지 못한 결과이다. (파스칼)

8. 누구나 아직 우리 사회에서 온갖 오락을 위한 준비에 소비되는, 또 노고로 가득 찬 긴장한 몇백만의 노동자와 수백 내지 수천의 생명의 통계를 낸 사람은 없다. 우리 사회의 갖가지 오락이 좋지 않은 것은 그 때문이다.

9. 다른 모든 동물과 마찬가지로 인간도 굶주림과 추위로 인해 멸종하는 일이 없도록 일하지 않으면 안 되게 창조되었다. 따라서 그 활동은 다른 동물과 마찬가지로 인간에게도 누군가가 방해를 하지 않는 한, 고통이 아니라 기쁨이다.

그런데도 인간은 직접 아무런 일도 하지 않고 자기 대신에 남에게 일을 시킨 결과 따분함을 느끼고, 자기 마음을 위로할 갖가지 어리석고 꺼림칙한 것들을 궁리해낸다. 또 사람들이 능력 이상으로 지나치게 일하고, 적절한 정도의 노동으로 자기들을 위해서가 아니라 남을 위해 일하지 않으면 안 된다는 사실 때문에 따분함을 느낀다는 이상하게 왜곡된 것으로 조작한다.

둘 다 모두 좋은 결과를 얻지 못한다. 스스로 일하지 않는 사람들은 한가로이 먹고 노는 것으로 자기의 영혼을 망가뜨리기 때문에 나쁜 결과에 떨어지고, 능력 이상으로 과도하게 육체를 혹사한 경우는 그로 인해 나쁜 결과가 닥친다.

그래도 일하는 사람 쪽이 일하지 않는 사람보다 나은 것은 사실이다. 정신은 육체보다도 귀중하기 때문이다.

빈둥거리는 삶의 해독

1. 어떤 부정한 일이라 하더라도 그것을 가장 부끄러워할 필요는 없다. 우리가 부끄러워해도 되는, 또 수치스러워하지 않으면 안 되는 것은 단 한 가지, 바로 일하지 않고 빈둥거리며 노는 생활뿐이다.

2. 신분이나 부가 아니라 그들이 하는 일에 따라서 사람들을 존경해야 한다. 그 일이 유익하면 할수록 그 사람은 보다 많은 존경을 받을 가치가 있다. 그러나 사회는 종종 정반대로 돌아가고 있다. 즉, 일하지 않고 빈둥거리는 부자를 존경하고, 모든 사람에게 지극히 유익한 일을 하는 사람들인 보통사람들이나 노동자들을 세상 사람들은 존경하지 않는다.

3. 재물이 넉넉하여 일없이 빈둥거리는 부자들은 자기의 사치스런 생활로세상의 이목을 덮으려고 하는 데에만 전념한다. 사실 그들은 세상 사람들의모멸을 당할 만한 인간이므로, 그렇게 하지 않으면 틀림없이 모멸을 받을 것임을 감지하고 있는 것이다.

4. 개미를 보고 노동을 사랑하는 정신을 배우라는 충고를 듣는 사람은 부끄러워해야 한다. 그러나 이 충고에 따르지 않는 것은 그보다 배는 더 부끄러워해야 한다. (탈무드)

5. 가장 무서운 착각은 인간의 행복이 아무것도 하지 않는 것에 있다고 생각하는 것이다.

6. 무위도식을 영원히 지옥의 고통 속에 집어 넣었어야 하는데, 사실은 반대로 이 애물단지를 천국의 기쁨 한가운데에 두게 했다. (몽테뉴)

7. 아무것도 제 손으로 하지 않는 자는 언제나 많은 도움을 거느린다.

8. '노동의 분담'이라는 말은 대개의 경우 아무것도 하지 않거나, 또는 하

찮은 일을 하면서 자기에게 필요한 일을 다른 사람들에게 시키기 위한 구실이다. 이러한 구실로 일관하는 사람들은 자기에게 유쾌하게 여겨지는 일만 하고, 괴로운 일은 남에게 시키는 것이 보통이다. 그런데 놀랍게도 이런 사람들은 언제나 오산을 하는데, 그들에게 유쾌하게 여겨지는 일이 실은 결국에는 가장 괴로운 일이고, 그들이 경원하던 일이 가장 유쾌한 일이라는 것이다.

9. 절대로 너 자신이 하는 일로 인해 타인을 번뇌하게 하지 마라.

10. 의혹, 비분, 우수, 불만, 절망, 이러한 모든 악마가 눈에 불을 켜고 우리를 지켜보고 있다. 그리고 무위도식의 생활로 들어서자마자 즉각 우리에게 덮쳐온다. 이 모든 악마로부터 벗어나는 가장 확실한 방법은 한결같은 육체적 노동이다. 우리가 육체적인 일에 종사하는 동안은 어떠한 악마도 우리에게 다가서지 못하고 멀리서 짖어댈 뿐이다. (칼라일)

11. 악마는 사람들을 낚싯바늘에 걸어서 잡아올리기 위해 온갖 유혹의 미끼를 매단다. 그러나 무위도식하는 인간에게만은 아무런 미끼도 필요치 않다. 그런 인간은 미끼도 없는 바늘을 향해 돌진하기 때문이다.

12. 두 가지 속담이 있다. '노동으로 등이 굽은 사람은 나오지만, 주머니가 부푼 사람은 나오지 않는다'는 것과, '순수한 노동으로 돌 신전을 세우지는 못한다'는 것이다. 그러나 이 두 속담은 모두 옳지 않다. 왜냐하면 부정한 짓을 하여 부자가 되는 것보다도 허리가 굽은 사람이 되는 편이 낫고, 돌의 신전보다도 신성한 노동 쪽이 훨씬 낫기 때문이다.

13. 부양해 달라고 타인에게 바라는 것보다 밧줄을 들고 숲으로 가서 직접 마련한 장작을 팔아 양식을 얻는 편이 훨씬 낫다. 만약 구걸하는 당신에게 사람들이 동냥을 하지 않는다면 당신은 화가 날 것이다. 그러나 구걸해서 얻는다면 한층 더 나쁜 결과가 온다. 당신은 부끄러워해야 할 것이다. (마호메트)

14. 형제가 있었다. 하나는 고관을 섬기고 있었고, 하나는 사지를 움직여 스스로 살아가고 있었다. 어느 날, 부자인 형이 가난한 동생에게 말했다.

"어째서 너는 고위 고관의 사람들에게 봉사하려 하지 않느냐? 이렇게 힘든 고생을 하지 않아도 될 것을."

그러자 가난한 동생은 대답했다.

"어찌하여 형은 노동을 하지 않소? 노동만 한다면 굴욕이나 속박을 당하지 않아도 되건만."

황금의 띠를 매고 타인의 종이 되기보다도 자기의 노고로 얻은 빵을 평안하게 먹는 편이 낫다고 현인들은 말한다. 석탄과 점토를 두 팔로 섞는 편이 순종의 표시로 그것을 가슴에 갖다 붙이는 것보다 낫다.

15. 부자의 문 앞에 서서 구걸의 소리를 내지 마라. 이것이 최상의 생활이다. 그러나 그런 생활로 일관하려면 노동을 두려워하지 않아야 한다.

16. 힘들여 일하기를 바라지 않는다면 몸을 낮추든지 폭력을 써야 한다.

17. 자기의 노동으로 얻은 것을 주는 경우에만 베푸는 것은 선한 일이 될 수 있다.

이런 속담이 있다. '고운 손은 인색하게 잡을 따름이지만 땀에 젖은 손은 너그럽고 인정이 깊다.'

이와 비슷한 얘기가 '12사도의 가르침'에도 있다. '네가 베푸는 것이 땀과 함께 네 손에서 나오게 하라.'

18. 가난한 과부의 한 푼은 부자의 백만금과 동등한 가치가 있을 뿐만 아니라 이러한 신성한 한 푼만이 참된 자선일 수 있다.

이마에 땀흘리며 수고하는 가난한 사람만이 자선의 행복을 가질 수 있으므로, 돈이 있어 무위도식하는 부자는 자선의 행복을 누리지 못한다.

19. 한 부자가 사람들이 바라는 모든 것을 갖고 있었다. 그에게는 엄청난 부가 있었다. 아름답게 꾸며진 저택도 있었다. 예쁜 아내도, 수백 명의 하인도, 돈을 아끼지 않는 식사도, 온갖 따위 간식도, 매우 값비싼 술도 있었다. 또한 마구간에는 비싼 말로 가득했다. 그런데도 이런 모든 것들에 그는 질리고 따분해진 결과, 날마다 그 장엄한 저택 안에 틀어박혀 무료함을 한탄하는 것이었다. 그런 그에게 유일한 일이자 기쁨인 것은 식사였다. 그는 잠에서 깨면 아침식사를 기다렸다. 아침식사 다음에는 점심을 기다렸다. 그리고 점심이 끝나면 이번엔 저녁을 기다리는 것이었다. 그러나 얼마 안 있어 그는 그 유일한 위안도 상실하고 말았다. 맛있는 것을 너무 많이 먹었기 때문에 위가 망가져서 식욕이 없어지고 만 것이다. 그는 의사를 불렀다. 의사는 약을 주면서 날마다 2시간씩 산책을 하라고 명했다.

그래서 그는 일시적이지만 매일의 일과가 된 2시간의 산책에 나서서 어슬

렁어슬렁 길을 걸으면서 식욕이 없는 자신의 불행에 대해서 근심했다. 그런데 그의 곁으로 한 거지가 다가왔다.

거지는 말했다. "한 푼만 적선합쇼. 불쌍한 거지에게 자선을 베풀어줍쇼."
부자는 식욕이 없는 자기의 불행만 걱정하고 있었으므로 거지의 말에는 귀를 기울이지 않았다.

"부디 자선을. 어르신, 온종일 아무것도 먹지 못했습니다요."
먹는 것에 관한 말이 귀에 들어와 부자는 걸음을 멈췄다.

"뭐라고? 먹고 싶다고 했나?"

"어떻게 먹고 싶지 않겠습니까요? 어르신, 죽을 만큼 먹고 싶습니다!"

'무척이나 행복한 자로구나!' 부자는 생각했다. 그러면서 거지를 부러워했다.

가난한 사람은 부자를 부러워하고, 부자는 가난한 사람을 동경한다.

결국 마찬가지이다. 아니, 가난한 사람이 때때로 그 가난한 처지에 대하여 죄가 없음에 반해, 부자는 부를 누림에 있어 늘 죄를 거듭한다는 점에서 보면 가난한 자의 처지가 낫다.

이익에 대한 욕망

이익에 대한 욕망이라는 죄는 다른 사람에게 필요한 금전이나 물건을 될수록 많이 획득하고, 다른 사람의 노고로 자기 욕망을 채우기 위해 금전이나 물건을 자기의 지배 아래 두는 것에 있다.

부귀의 죄는 어디에 있는가

1. 우리 사회 사람들은 잠잘 곳에 대해서도 대가를 지불하지 않으면 안 된다. 맑은 공기나 물, 햇빛은 큰길에서나 우리의 소유가 된다……. 피로에 지쳐 쓰러지지 않는 한 이 큰길을 활보할 수 있는 것은 우리에게 허락된 유일한 권리이다. 왜냐하면 거기서 멍하니 멈추어 서 있을 수는 없고 걸어야 하기 때문이다. (알렝)

2. 선량한 10명의 사람은 단 한 장의 담요 위에 몸을 뉘고도 사이좋게 잠

들 수 있다. 하지만 2명의 부자는 10개의 방을 가진다 해도 사이좋게 살지 못하리라. 한 조각의 빵이 선한 사람의 손에 들어왔을 때는 그는 빵조각의 반을 배고픈 사람에게 나눠줄 것이다. 반대로 정복자가 사회의 한 부분을 정복한 경우, 그는 그만한 것을 또 얻을 때까지는 정복하기를 멈추지 않을 것이다.

3. 부자는 3명의 아내와 15개나 되는 방을 거느리고 있는데도 거지 하나를 집으로 들여와 따뜻하게 대해주지 못한다.

그러나 가난한 농부는 흙벽돌로 지은 9자 2칸의 오두막에 식구가 7명이나 사는 형편인데도, 기꺼이 순례자를 맞아들이며 하느님은 반 조각이라도 서로 나누라고 하셨다고 흔쾌히 말한다.

4. 부자와 가난한 사람은 서로 보완하는 관계이다. 부자가 있는 한, 가난한 사람도 있어야 한다. 흥청망청하는 사치가 있는 한, 그 사치생활의 종이 되어 봉사해야 하는 가난한 사람들의 무서운 결핍상태도 있을 수밖에 없다.

그리스도는 가난한 사람을 사랑하고 부자를 멀리했다. 그리고 그가 말한 진리의 왕국에서는 부자와 가난한 사람은 서로 동등하지 못한 존재였다. (헨리 조지)

5. 방랑자는 백만장자에게 없어서는 안 될 존재이다. (헨리 조지)

6. 부자의 만족은 가난한 사람들의 눈물로 얻어진다.

7. 부자들이 사회의 안녕과 행복에 대해 말할 때, 나는 그것이 사회의 안녕과 행복이라는 명목이나 구실 아래 자기들의 이익을 추구하려는 음모 이외에는 아무것도 아님을 안다. (토머스 모어)

8. 정직한 사람들은 대부분 부자가 아니다. 부자는 또한 대부분 정직하지 않은 사람이다. (노자)

9. '가난한 사람의 약탈자가 되지 마라. 왜냐하면 그는 가난한 사람이기 때문이다.' 솔로몬은 이렇게 말했다. 그러나 가난하기 때문에 가난한 사람이 약탈을 당하는 것은 매우 흔한 일이다. 부자는 언제나 자기를 위해 가난한 사람을 일하게 하거나, 가난한 사람이 파는 물건을 매우 싼값으로 몽땅 사들인다.

부자이기 때문에 길거리에서 약탈을 당하는 일은 매우 드물다. 왜냐하면 부자에게서 약탈하는 것은 위험하지만, 가난한 사람에게서 빼앗는 것은 위

험이 없기 때문이다. (러스킨)

10. 노동계급 사람들은 때때로 자신들이 생각하기에 흡족해 보이는, 타인의 노동으로 살아가는 사람들의 계급으로 옮겨가려 노력한다. 그들은 그것을 '출세한다'고 표현한다. 그러나 사실은 이와 반대이다. 이러한 상황은 오히려 '선인에서 악인으로 타락한다'고 해야 한다.

11. 부귀는 신에 대한 커다란 죄이며, 빈곤은 세상에 대한 죄이다. (속담)

사람과 땅

1. 나는 대지로 인해 태어났으므로 이 대지는 갈거나 씨를 뿌리거나 하는 데 필요한 부분을 취하기 위해 나에게 주어진 것이다. 따라서 나는 자기 몫을 요구할 권리를 가진다. 어디에 나의 몫이 있는지 보여 달라. (에머슨)

2. 대지는 우리에게 공통의 어머니이다. 그 어머니는 우리를 부양하고, 우리에게 살 집을 주며, 우리를 기쁘게 하고, 사랑의 품으로 따뜻하게 감싼다. 자애로운 어머니인 대지는 우리가 태어난 순간부터 그 품에서 영원히 잠들 때까지 끊임없이 따뜻한 사랑으로 우리를 보듬어준다.

그럼에도 세상 사람들은 대지를 사고 파는 것에 대해 왈가왈부한다. 실제로 모든 것이 매매로 이루어지는 현대에는 토지 그 자체에 값을 매기거나, 이른바 '매각'에 붙이거나 하기 위해 시장 또는 거래소에 내놓는다. 그러나 하늘의 창조자가 창조한 이 대지를 파는 것은 지극히 야만스런 폭력이다. 대지는 전지전능한 신과 대지 위에서 현재 일하고 있는, 또는 장래 일하게 될 사람들 모두에게 소속되어 있기 때문이다.

즉, 대지는 한 종족의 소유일 수 없으며, 그 위에서 힘써 일하는 과거, 현재 및 미래의 모든 종족의 공동소유인 것이다. (칼라일)

3. 우리는 하나의 섬을 점령하고, 그곳에서 악착같이 일해서 살고 있다. 그런데 난파한 배의 선원 하나가 우리 섬에 표착했다. 이런 경우 그도 우리처럼 똑같은 이유로 살아가기 위해 한 부분의 토지를 점유할 자연적 권리를 갖는 것일까? 물론 그러한 권리가 있다고 생각한다. 그렇지만 이 지구상에는 그 토지에 거주하는 사람들한테서 이 권리를 거절당하는 사람들이 얼마나 많이 생겨나는지 알지 못한다. (라레)

부귀로 인한 해로운 결과들

1. 세상 사람들은 궁핍을 한탄하고 온갖 수단을 동원해서 부를 얻으려 노력한다. 그렇지만 빈곤과 궁핍은 사람들에게 확고부동한 정신과 힘을 부여한다. 반대로 부귀와 사치는 사람들을 쇠약과 파멸로 이끈다.

가난한 사람들이 육체와 정신에 유익한 궁핍을 육체와 정신에 해로운 부귀로 바꾸고 싶어하는 것은 아무런 이익도 없는 이야기이다.

2. 빈곤은 우리를 먹이고, 괴롭히고, 가르친다. 그러나 부귀는 단지 우리를 부풀어오르게만 한다. (속담)

3. 가난한 자에게 한 가지 슬픔이 있다면 부자에게는 그것의 배나 슬픔이 있다.

4. 부자는 평안하지 못하며, 언제나 자기의 부 때문에 전전긍긍한 결과, 그 부가 커지면 커질수록 걱정도 할 일도 늘어나기 때문에 바람직한 삶을 살지 못한다. 특히 자기와 비슷한 몇몇 부유한 사람들 외에는 교제하지도 못한다. 그 결과로 바람직한 생활과는 더욱 멀어진다. 부자는 다른 대다수의 사람들, 즉 가난한 사람들과는 교제하지 못한다. 만약 가난한 사람들과 사귄다면 그들의 죄는 너무나도 명백해져서 수치심을 느끼지 않을 수 없기 때문이다.

5. 부귀는 황금을 벗삼고, 빈곤은 희열을 벗삼는다. (속담)

6. 부귀는 사람을 오만과 잔인함과 독선적 몽매와 방탕에 젖게 한다. (마네)

7. 부자는 자주 타인의 슬픔에 냉담하며 무신경하다. (탈무드)

8. 생활에 없어서는 안 될 노동을 하지 않는 삶은 어리석다. 일하지 않는 사람, 즉 모든 사람의 삶의 계명 가운데 하나를 지키지 않는 사람은 어리석기 짝이 없다. 그런 사람들에게는 말이나 개나 돼지와 같은 가축에게나 일어나는 것과 똑같은 현상이 일어난다. 다시 말해 그들은 미친 듯이 춤을 추거나 싸움을 하거나, 한 장소에서 다른 장소로 돌아다니거나 하는데, 무엇 때문에 그렇게 하는지 스스로 깨닫지 못한다.

9. 사람은 궁핍하기 때문에 영리해지며, 부유하기 때문에 바보가 된다. 풀풀 나는 짐승 굽는 기름내를 맡으면 개라도 발광을 한다. (속담)

10. 축복을 받은 사람이 반드시 부유하지는 않다. 그러나 부자는 어떠한

경우에도 절대로 축복받은 인간은 아니다. (만주지방 속담)

11. 세상 사람들은 부를 찾고 구한다. 그러나 부를 얻어 그곳에서 안주함으로써 얼마나 많은 선덕을 잃게 되는지를 안다면, 그들은 대번에 부를 얻으려 노력했던 때와 똑같이 뜨거운 마음으로 이것에서 탈출하고자 노력할 것이 틀림없다.

12. 세상 사람들이 부귀가 행복을 준다는 것을 믿지 않게 되고, 부를 얻고 소유함으로써 타인의 삶뿐만 아니라 자기의 삶도 오히려 나빠진다는 간단한 진리를 이해하는 시기가 가까운 장래에 반드시 찾아올 것이다.

부귀를 부러워 말고, 오히려 부끄러워해야 한다

1. 부자를 존경해서는 안 된다. 또한 선망해서도 안 된다. 그들의 생활에서 멀어지고, 그들을 불쌍하다고 생각해야 한다. 또 부자는 자기의 부귀를 자랑하지 말고 이것을 치욕으로 여겨야 한다.

2. 부자가 자기가 부귀한 것이 죄임을 깨닫고, 가난한 사람의 시기와 적의를 보고도 그들을 나무라지 않는 경우는 괜찮다. 그러나 그들이 가난한 사람의 적의를 힐난하면서 자기의 죄를 인정하지 않는 경우는 좋지 않다. 마찬가지로 가난한 사람이 부자에 대한 선망과 적의를 느끼는 속에 자기의 죄를 깨닫고, 부자를 책망하지 않고 가련하게 여기는 경우는 괜찮지만, 그들이 부자를 비난하면서 자기의 죄를 깨닫지 못하는 경우는 좋지 않다.

3. 가난한 사람이 부자를 부러워한다면, 그는 그 부자보다 나을 것이 없다.

4. 부자의 자만심은 좋지 않다. 그러나 가난한 사람의 선망도 그에 못지않게 좋지 않다. 세상에는 부자를 격렬히 비난하면서 자기보다 가난한 사람들에게 부자에게 하는 것과 똑같은 행동을 하는 가난한 사람들이 얼마나 많은가!

부귀의 변명

1. 만약 그에 상당하는 일을 하지 않고 수입을 얻었다면, 반드시 누군가 당신 대신 대가를 받지 않고 일하고 있는 것이다.

2. '나는 세상에 흔해빠진 그런 사람이 아니다. 보다 뛰어난 사람이다'라고 굳게 믿는 사람만이 온화한 양심을 가지고 가난한 사람들 사이에서 부를 소

유할 수 있다. '나는 다른 사람들보다 뛰어난 인간'이라는 신념에 의해서만 이 사람은 가난한 사람 사이에서 소유한 자기의 부를 스스로에게 납득시킬 수 있다. 더구나 이 경우에 무엇보다도 경악할 만한 것은 부를 소유하고 있다는 이 사실, 즉 우리를 부끄럽게 하는 이 사실이 이 사람에게는 다른 사람에게 자신이 얼마나 탁월하고 중요한지를 드러내는 증거로서 도움이 된다는 점이다.

'나는 부를 소유하고 있다. 그것은 내가 다른 사람보다 뛰어나기 때문이다. 그리고 내가 다른 사람보다 뛰어난 것은 부를 소유하기 때문이다.' 이와 같이 사람들은 말한다.

3. 자신을 그리스도교도라고 생각하는 사람들이 궁핍으로 괴로워하는 사람들 사이에서 부를 소유할 용기가 있을 뿐만 아니라, 그 부를 과시할 용기가 있다는 사실만큼 우리가 믿는 신앙의 허위를 분명하게 드러내는 것은 없다.

4. 세상 사람들이 살아가는 수단은 단 세 가지밖에 없다. 약탈하거나 구걸을 하거나 노동을 하는 것이다. 노동으로 스스로를 부양하는 사람들을 다른 사람들과 구별하기는 쉽다. 마찬가지로 구걸을 해서 스스로를 부양하는 사람들도 쉽사리 구별이 된다.

5. 사람들이 자기 판단에 기초하여 행하고 있는 가장 중대하고도 일반적인 착각 가운데 하나는 자기들이 애호하는 물건을 좋은 것이라고 생각하는 점이다. 사람들은 부를 애호한다. 그 결과, 부귀의 해악을 명백하게 알고 있음에도 그들은 그 '부'를 좋은 것이라고 스스로 믿으려고 노력한다.

6. 아무리 오늘날의 부자들이라도 땅 속이나 물 속, 뜨거운 햇볕 아래서 날마다 10시간 내지 14시간 노동을 강요당하는 노동계급 사람들(그러한 무리한 노동을 하지 않으면 이들은 부자들에게서 돈을 받지 못해 살아갈 수 없다)이, 더욱이 매일 밤 여러 공장이나 제조소에서 마찬가지로 힘든 노동에 종사한다는 사실을 전혀 몰랐다고 하면서 자기나 다른 사람들에게 과연 그러냐고 묻는 것은 이제는 불가능하리라고 생각한다. 이렇게 확연한 사실을 부정하는 것은 아무래도 불가능하다. 그럼에도 부자들은 억지로 이 사실에서 눈을 돌리고 마치 고집 센 아이처럼 자기들에게 두려움을 주는 이 사실을 보지 않기 위해서 눈을 꼭 감고 있다.

7. 과연 신은 어떤 물건을 A에게는 주고, B에게는 주지 않았던 것일까?

과연 만유의 아버지는 자기 자녀 가운데 누군가를 제외했을까? 신의 선물을 사용할 특권을 강요하는 사람들이여, 신이 그 유산을 물려줄 때 당신 이외의 형제들을 제외했다면 그 유언장을 보여달라. (라므네)

8. 부는 힘든 수고가 쌓인 것이다. 그렇지만 A라는 사람이 땀흘려 일하고, B라는 사람이 그것을 긁어모으는 것이 보통이다. 학자들은 그것을 '노동의 분담'이라고 명명한다.

9. 이교도에게는 부귀는 선이고 명예지만, 참된 그리스도교도에게는 악이자 치욕이다. '부유한 그리스도교도'라는 것은 '살얼음'과 같다.

10. 궁핍과 과도한 노동의 결과로 사망하는 노동자의 괴롭고 비참한 상태를 잘 알면서(또한 이것을 모르는 것은 불가능하다!) 태연히 있는 것은, 사람의 생명과도 같은 노동을 줄곧 이용하는 부자들에게는 단 한 순간이라도 불가능하다. 그럼에도 인간의 고통뿐만 아니라 동물의 고통에도 쉽게 마음이 흔들리는 자비심 깊고, 부유하며, 자유로운 이러한 사람들은 끊임없이 이 노동을 이용해 더욱 부유해지려고 애를 쓴다. 즉, 그러한 노동자의 노동을 되도록 많이 이용하려 노력한다. 그리고 이것을 계속 이용하면서도 태연하다.

이것은 대체 왜 그럴까? 그것은 경제학의 형태를 취한 새로운 학설이 나타나서 노동의 분담과 그 이용은 수요공급의 많고 적음의 여부에 따라, 또 자본, 사용료, 임금, 가치, 이윤 등의 많고 적음에 따른다는 법칙을 보여주었기 때문이다.

이것을 제목으로 하는 책이나 소책자가 짧은 기간에 많이 씌었고, 또 강연도 무수하게 있었다. 지금도 이러한 종류의 책이나 팸플릿이 산더미처럼 저술되고, 가는 곳마다 강연이 행해지고 있다.

우리 사회 대다수는 학술상의 일시적 위안이 될 이러한 설명을 자세히 알지는 못한다. 그러나 여하튼 그러한 학술상의 설명이 있다는 것, 학식 있는 영리한 사람들이 현재의 사회제도는 바꿀 수 없으므로 이것을 바꾸려고 노력하지 말고 현재의 사회조직 속에서 마음 편히 살면 된다고 줄곧 증명하고 있음을 안다.

다른 동물의 안녕과 행복조차 진지하게 바라면서도, 태연히 양심을 가지고 자기 형제들의 생명을 잠식하는 사람이 우리 사회에 존재한다는 사실, 그들이 빠져 있는 이 놀라운 미망은 이것으로 설명될 수 있다.

참된 행복을 바란다면 재산 늘리기에 진력하기보다, 가슴에 사랑을 키우도록 끊임없이 힘써야 한다

1. "너희는 스스로를 위하여 재물을 땅에다가 쌓아 두지 말아라. 땅에서는 좀이 먹고 녹이 슬어서 망가지며, 도둑들이 뚫고 들어와서 훔쳐 간다. 그러므로 너희 재물을 하늘에 쌓아 두어라. 거기에는 좀이 먹거나 녹이 슬어서 망가지는 일이 없고, 도둑들이 뚫고 들어와서 훔쳐 가지도 못한다. 너희의 재물이 있는 곳에, 너희의 마음도 있다."

하늘에 재물을 쌓는다 함은 자기의 내부에 사랑을 키우는 것이다. 그러나 사랑은 땅 위의 부와 융화하지 않을 뿐만 아니라 이것과는 반대된다. 따라서 사랑으로 사는 사람은 매우 적은 부를 소유한다 해도 이것을 키우지 못함은 물론이요, 동시에 소유하지도 못한다.

2. 아무도 너에게서 빼앗지 못할, 죽은 뒤에도 너에게 속하여 절대로 늘거나 줄지 않는 그러한 부를 쌓아야 한다. 그 '부'란 곧 너의 영혼이다. (인도 속담)

3. 사람들은 자기의 영적 지혜를 늘리려 하기보다 자기의 부를 늘리는 일에 천 배나 많이 마음을 쓴다. 그러나 어떤 사람이든 자기 내부에 있는 것이 외부에 가진 것에 비해 훨씬 귀중한 것임을 이해할 수 있을 것이다. (쇼펜하우어)

4. 그리고 그들에게 비유를 하나 말씀하셨다.

"어떤 부자의 밭에서 많은 소출을 거두었다. 그래서 그는 속으로 '내 소출을 쌓아 둘 곳이 없으니, 어떻게 할까?' 하고 궁리하였다. 그는 혼자 말하였다. '이렇게 해야겠다. 내 곳간을 헐고서 더 크게 짓고, 내 곡식과 물건들을 다 거기에다가 쌓아두겠다. 그리고 내 영혼에게 말하겠다. 영혼아, 여러 해 동안 쓸 많은 물건을 쌓아 두었으니, 너는 마음을 놓고, 먹고 마시고 즐겨라.' 그러나 하느님께서 그에게 말씀하셨다. '어리석은 사람아, 오늘밤에 내가 네 영혼을 네게서 도로 찾을 것이다. 그러면 네가 장만한 것들이 누구의 것이 되겠느냐?'······" (누가복음 12장 16~20절)

5. 어째서 우리는 부자가 되고 싶어하는가? 왜 우리에게 값비싼 말이나 아름다운 옷, 훌륭한 집, 유곽이나 쾌락의 도취에 빠질 권리 따위가 필요한가? 그것은 곧 영적 생활의 부족이 초래하는 꺼림칙한 결과이다.

이러한 사람에게는 영적 생활을 주어야 한다. 그러면 그에게는 이미 그러한 것들이 조금도 필요치 않게 되리라. (에머슨)

6. 무거운 옷이 몸의 움직임을 방해하는 것처럼, 재물도 또한 영혼의 움직임을 가로막는다. (데모필)

이욕(利慾)의 죄와 투쟁

1. 얼마나 많은 노력과 죄에 의해 재물이 획득되고 보호되는가! 더구나 우리가 획득하는 재물에서 얻을 수 있는 기쁨은 단 한 가지밖에 없다. 재물에 뒤따르는 온갖 악을 이해하고, 이것을 거부하는 기쁨이 바로 그것이다.

2. 신의 축복을 바란다면 행동으로 보여라. 그러나 어쩌면 부자 청년 같은 사람은 말하리라. '그 젊은이가 예수께 말하였다. "나는 이 모든 것을 다 지켰습니다. 아직도 무엇이 부족합니까?" 예수께서 그에게 말씀하셨다. "네가 완전한 사람이 되고자 하거든, 가서 네 소유를 팔아서, 가난한 사람에게 주어라. 그리하면 네가 하늘에서 보화를 차지하게 될 것이다. 그리고 와서, 나를 따르라."' (마태복음 19장 20~21절)

그리스도를 따르라는 것은 곧 그가 하는 바를 보고 배우라는 것이다. 그것은 어떠한 행동을 가리킬까? 바로 이웃에 대한 사랑이다. 그러나 이 청년이 그러한 차고 넘치는 생활을 계속하면서 자기가 가진 것을 가난한 사람들에게 나눠줄 수 없었다면, 어떻게 이웃을 사랑했다고 할 수 있으랴! 만약 사랑이 치열하다면 단순히 말뿐만이 아니라 실천으로도 이것을 보이지 않으면 안 된다. 그리고 부자가 실행으로 사랑을 보이는 것은 재물을 거부하는 것을 의미한다.

3. 자기가 바라는 것보다 조금밖에 가지지 않은 자도 사실은 분에 넘치게 많은 것을 가졌음을 알아야 한다. (리히텐베르크)

4. 두 가지 방법으로 빈곤에서 벗어날 수 있다. 하나는 자기의 부를 늘리는 것이며, 다른 하나는 약간의 것으로 만족하도록 스스로를 길들이는 것이다. 그러나 부를 늘리는 것은 언제든 가능하지는 않으며, 또 거의 언제나 부정을 수반한다. 이에 반해 욕망을 줄이는 것은 언제 어느 때든 우리 힘으로 가능하며, 언제나 우리 영혼에 좋은 결과를 미친다.

5. 가장 나쁜 도둑은 자기에게 필요한 금품을 훔치는 자가 아니라, 자기에

게는 그다지 필요하지 않으나 다른 사람에게는 없어서는 안 될 것을 남에게 주지 않고 움켜쥐고 놓지 않는 자이다.

6. '누구든지, 세상 재물을 가지고 있으면서, 자기 형제나 자매의 궁핍함을 보고도 마음 문을 닫고 도와주지 않으면, 어떻게 하느님의 사랑이 그 사람 안에 머물겠습니까? 자녀 여러분, 우리는 말로나 혀로만 사랑하지 말고, 행함과 진실함으로 사랑합시다.'(요한1서 3장 17~18절)

그러나 부자가 말로만이 아니라 실천과 진심으로 사랑하려면 그리스도가 말한 것처럼 가난한 사람에게 계속해서 주어야 한다. 그리고 가난한 사람에게 재물을 쾌히 주지 않는다면 아무리 많은 재물을 가진 자라도 부자가 아닌 것이다. 그리고 부자가 아님과 동시에 그에게도 그리스도가 부자 청년에게 말했던 것과 똑같은 일이 일어날 것이다. 즉, 부자 청년이 그리스도를 따르는데 방해되었던 것이 이제 사라질 것이다.

7. 중국의 성인들은 말한다.

'가난한 사람이 부자를 부러워하는 것은 좋지 않은 것이기는 하지만, 그것은 용서해야 할 것이다. 하지만 부자가 자기의 부를 늘리고 이것을 가난한 사람과 나누지 않는 것은 결코 용서하지 못할 일이다.'

8. 당신의 몸에서 떼어낸 것을 줄 때에만 자선은 진실한 행위이다. 그런 경우에만 물질적인 선물을 받는 상대가 정신적인 선물도 동시에 받는 것이 된다.

만약 그것이 희생이 아니라 여분의 금품을 주는 것이라면 그것은 받는 사람의 감정을 격하게 할 뿐이다.

9. 부유한 자선가는 자기들이 가난한 사람에게 베푸는 금품이 가끔은 더 가난한 사람들에게서 짜낸 것임을 알아채지 못한다.

10. '아무도 두 주인을 섬기지 못한다. 한쪽을 미워하고 다른 쪽을 사랑하거나, 한쪽을 중히 여기고 다른 쪽을 업신여길 것이다. 너희는 하느님과 재물을 함께 섬길 수 없다.

그러므로 내가 너희에게 말한다. 목숨을 부지하려고 무엇을 먹을까 또는 무엇을 마실까 걱정하지 말고, 몸을 보호하려고 무엇을 입을까 걱정하지 말라. 목숨이 음식보다 소중하지 않으냐? 몸이 옷보다 소중하지 않으냐?

공중의 새를 보아라. 씨를 뿌리지도 않고, 거두지도 않고, 곳간에 모아 들이지도 않으나, 너희의 하늘 아버지께서 그것들을 먹이신다. 너희는 새보다 귀하지 않으냐?

너희 가운데서 누가, 걱정한다고 해서, 제 수명을 한 순간인들 늘릴 수 있느냐? 어찌하여 너희는 옷 걱정을 하느냐? 들의 백합꽃이 어떻게 자라는가 살펴보아라. 수고도 하지 않고, 길쌈도 하지 않는다. 그러나 내가 너희에게 말한다. 온갖 영화를 누린 솔로몬도 이 꽃 하나만큼 차려 입지 못하였다.

믿음이 적은 사람들아, 오늘 있다가 내일 아궁이에 들어갈 들풀도, 하느님께서 이와 같이 입히시거늘, 하물며 너희들을 입히시지 않겠느냐? 그러므로 무엇을 먹을까, 무엇을 마실까, 무엇을 입을까 하고 걱정하지 말아라. 이 모든 것은 이방 사람들이 구하는 것이요, 너희의 하늘 아버지께서는 이 모든 것이 너희에게 필요하다는 것을 아신다.

너희는 먼저 하느님의 나라와 그의 의를 구하여라. 그리하면 이 모든 것을 너희에게 더하여 주실 것이다. 그러므로 내일 일을 걱정하지 말아라. 내일 걱정은 내일 할 것이다. 한 날의 괴로움은 그 날로 족하다.' (마태복음 6장 24~34절)

그리스도는 이렇게 말했다. 그리고 이 말들이 옳다는 것은 우리의 삶으로써 증명할 수가 있다.

분노

분노는 마음의 부(富)를 태운다.

원한과 적개심의 죄는 어디에 있는가

1. '살인하지 마라. 누구든지 살인하는 사람은 재판을 받을 것이다' 한 것을 너희가 들었다. 그러나 나는 너희에게 말한다. 자기 형제나 자매에게 성내는 사람은 누구나 심판을 받는다.' (마태복음 5장 21~22절)

2. 만약 육체에 고통을 느낀다면, 그때 당신은 어딘가에 무리가 있음을 알리라. 할 필요가 없는 일을 하고 있거나, 반드시 해야만 하는 일을 하지 않거나 하고 있음을 알 것이다. 영혼의 삶에서도 마찬가지이다. 만약 근심이나

초조함을 느낀다면 어딘가에 무리가 있는 것임을 알아야 한다. 사랑할 필요가 없는 것을 사랑하거나, 사랑해야 할 것을 사랑하지 않거나 하고 있음을 깨닫게 될 것이다.

3. 포식, 무사안일, 게으름, 정욕의 죄는 그 자체로서 이미 악이다. 그러나 이들 죄가 가장 좋지 않은 까닭은 그 결과 최악의 죄, 즉 사람들에 대한 원한과 적의라는 죄가 생겨난다는 점이다.

4. 두려운 것은 약탈도 아니고 살인도 아니며, 사형도 아니다. 약탈이란 무엇이랴! 그것은 재산이 A의 손에서 B의 손으로 옮겨가는 것에 불과하다. 이런 일은 지금껏 늘 있었던 일이며, 앞으로도 있으리라. 때문에 이런 것에는 두려울 것이 없다. 또 살인이란, 사형이란 무엇인가? 그것은 사람들이 생에서 죽음으로 옮겨 간 것에 지나지 않는다. 이러한 옮김은 지금까지 늘 있어왔고, 또한 앞으로도 그러하리라. 때문에 이러한 옮김도 두려워할 것은 없다.

가장 두려운 것은 약탈이나 살인이 아니라 세상 사람들이 서로 증오하는 마음이다. 세상 사람들에게 약탈이나 살인이나 사형을 하게 만드는 증오의 마음이 두려운 것이다.

분노의 어리석음

1. 불교에서는 모든 죄는 어리석음에서 생겨난다고 말한다. 이것은 어떠한 죄의 경우에도 옳다. 특히 원한, 적의의 경우에는 더욱 그러하다. 어부나 사냥꾼은 자기가 물고기 또는 새를 잡지 못한 것에 대하여 사냥감에게 화를 낸다. 또 한 남자나 여자가 둘 다 바라는 일을 하지 않고, 자신이 해야만 하는 일을 자신을 위해 행하고 있다는 사실에 대하여 그 남자에게나 여자에게 화를 낸다. 과연 이것은 양쪽 다 어리석지 않은 것일까?

2. 남이 너를 모욕했다. 너는 그 사람에게 화를 냈다. 사건은 이것으로 끝났다. 그런데 너의 가슴에는 그 남자에 대한 증오가 남아 있다. 그 결과 그 사람을 생각할 때, 너는 증오에 휩싸인다. 그리고 언제나 너의 가슴 입구에 도사리고 있는 악마는 네가 그 사람에게 증오를 느꼈던 그 순간을 이용해서 입구의 문을 살짝 열어 네 가슴으로 잠입하고, 그곳에 주인인 체 자리를 잡는다. 이 악마를 쫓아내라. 그리고 앞으로는 좀더 엄격히 주의하여 그가 잠

입하는 문을 열지 말아야 한다.

3. 한 여자 바보가 있었다. 이 바보는 병을 앓아서 눈이 보이지 않게 되었지만 자기가 맹인이 되었음을 깨닫지 못했다. 그래서 어디를 가더라도 도처에 산재해 있는 것이 자기를 방해하고, 끊임없이 자기에게 부딪쳐오는 것에 화가 치밀었다. 그 여자는 자기가 그 물건들에 부딪치는 것이 아니라 그것들이 자기에게 부딪치는 것이라고 생각한 것이다.

영적인 삶에 눈감은 사람들도 이와 같다. 이 사람들은 자기들의 몸에 일어나는 모든 일들이 악의에 의해서 일어나는 것처럼 생각한다. 그래서 사람들을 향해 화를 낸다. 그리고 이 여자 바보와 마찬가지로 자기들의 삶이 원만하지 못한 것은 남의 탓이 아니라 자기들이 영적인 삶에 눈감은 탓이며, 육체적인 삶에 몰두한 결과임을 깨닫지 못하는 것이다.

4. 자신을 높이 평가하면 할수록 타인에게 악의와 증오를 품기 쉽다. 반대로 우리가 겸허하면 할수록, 그만큼 선량한 마음이 되어서 화낼 일이 적다.

5. 선덕이 용기와 힘에 있다고 생각해서는 안 된다. 만일 분노를 뛰어넘어 당신을 모욕한 사람을 용서하고 사랑할 수 있다면, 그때 당신은 인간이 할 수 있는 최상의 선덕을 한 것이다.

6. 사실 자기를 모욕한 자에게 결국에는 분노하지 않을 수 없으리라. 그렇지만 언제나 말로든 행동으로든 자기 생각을 보이지 않으려는 마음에서 스스로를 억누를 수는 있다.

7. 증오는 언제나 무력(無力)에서 생겨난다.

8. 남이 당신을 매도하거나 모욕하더라도 거기에 져서는 안 된다. 상대가 당신을 유혹하려는 것에 빠지지 말아야 한다. 상대와 똑같은 짓을 해서는 안 된다. (아우렐리우스)

똑같은 사람인 온 세상의 형제나 자매에게 분노를 품는 것은 불합리하다. 모든 사람의 가슴에는 유일하고 절대적인 신이 깃들어 있기 때문이다

1. '다른 사람의 내부에 있는 악마를 치고자 할 때는 그의 안에 있는 신에게 닿지 않도록 해야 한다.' 이것은 곧 인간을 심판할 경우에 그 내부에 신이 깃들어 있음을 잊지 말라는 의미이다.

2. 아침 일찍부터 끊임없이 나를 지키고, 난폭한 사람이나 낯두껍고 뻔뻔스런 사람이나 위선적인 사람, 무미건조한 사람, 증오에 휩싸인 사람과 교섭을 해야만 하는 사건이 지금 당장 일어날지도 모른다고 끊임없이 스스로에게 속삭여야 한다. 때때로 그런 사람들이 눈에 띌 것이다. 그런 사람들은 무엇이 선이고, 무엇이 악인지를 모른다. 그러나 내가 선악이 무엇인지를 확실하게 안다면, 즉 자기에게 나쁜 것은 자기가 행하는 악행뿐임을 확실하게 이해한다면, 그때에는 어떠한 사악한 사람이라 하더라도 나에게 해를 끼치지 못한다. 아무도 나를 부추겨 악을 행하게 할 수 없다.

그리고 모든 사람이 그 육체와 피로써 나와 가까운 것이 아니라 영혼에 친근한 존재라는 것, 우리들 각 개인의 내부에는 똑같은 신의 영혼이 깃들어 있음을 상기한다면, 나는 더 이상 그만큼 친근한 존재에게 화를 내지는 못하리라. 우리가 서로 돕기 위해 창조된 존재라는 것, 오른손이 왼손에게 하듯이, 또 왼발이 오른발에게 하듯이, 눈과 이가 눈과 이뿐만 아니라 신체 전체에 하는 것처럼 서로 도와야 하는 사명을 띤 존재임을 나는 알고 있지 않은가. 그런데 어찌하여 내 이웃이 본성에 어긋나게 나에게 악을 행했다고 해서 그 사람에게 그러한 악덕을 보일 수 있으랴! (아우렐리우스)

3. 만약 다른 사람에게 화가 났다면, 그것은 곧 당신이 신의 삶으로 일관하지 않고 육체의 삶으로 일관한 증거이다. 만약 당신이 신의 삶으로 일관한다면, 아무도 당신을 화나게 할 수 없었으리라. 왜냐하면 신을 화나게 하는 것은 불가능하며, 또한 당신의 가슴에 깃들어 있는 신은 결코 화내는 일이 없기 때문이다.

4. 다른 사람과 원만하게 지내기를 바란다면, 그들과 교제할 때 중요한 것은 나에게 필요한 것이 아니라면 상대에게 필요한 것도 아니며, 둘의 가슴에 동등하게 깃들어 있는 신이 두 사람에게 원하는 것임을 기억해야 한다.

타인에 대하여 평온하지 않은 감정이 솟구칠 때는 이것을 떠올려야 한다. 그러면 당신들은 대번에 그 감정에서 벗어날 수 있으리라.

5. 어떠한 사람도 특별하게 존경할 필요는 없으며, 또 특별히 경멸할 필요도 없다. 남을 경멸하는 경우에는 그의 안에 있는 선을 평가하지 않은 것이 되며, 필요 이상으로 존경하는 경우에는 그 사람한테서 너무 많은 것을 지나치게 바라는 것이 되리라. 이 점에 착오를 일으키지 않으려면 나와 마찬가지

로 그 인물의 육체에 속하는 분자를 경멸하고, 신령이 깃들어 있는 영적 존재로서의 그를 존경하지 않으면 안 된다.

스스로를 낮추면 낮출수록 그 사람은 선량해진다

1. 선인은 악인을 화나게 한다고 사람들은 말한다. 그것이 사실이라면 자기가 다른 사람들보다 우수하면 우수할수록, 그만큼 쉽게 화내는 사람이어야 한다. 그러나 사실 대개의 경우, 이와는 정반대여서 우수한 사람은 우수해지면 우수해질수록 모든 사람에게 점점 부드럽고 친절한 사람이 된다. 이것은 그 사람이 스스로 얼마나 자주 죄를 저질렀는지를 상기하고, 사악한 사람들에게 화를 낸다면 누구보다도 자기 자신에게 먼저 화를 내야 한다는 것을 기억하는 데서 오는 것이다. (세네카)

2. 옳고 그름과 선악을 분간하는 사람은 그것을 분간하지 못하는 사악한 사람들에게 화를 내지 못한다.

'그러나 상대가 소매치기나 도둑이었다면, 그러한 자들에게 어떻게 화를 내지 않을 수 있겠느냐!'고 여러분은 말할 것이다. 이에 대하여 나는 다음과 같이 대답하겠다.

'그러나 도둑이나 소매치기란 대체 누구입니까? 인생의 길을 잘못 든 사람이 아닙니까? 이런 사람은 오히려 불쌍히 여겨야지 화를 내서는 안 됩니다. 만약 당신에게 그럴 힘이 있다면, 그 사람을 앞에 놓고 알아듣도록 타이르고, 현재와 같은 삶을 사는 것은 좋지 않다고 잘 이해시켜야 합니다. 그렇게 하면 그 사람은 그 악행을 대번에 그만둘 것입니다. 만약 그 사람이 자기의 악행을 깨닫지 못한다면, 그 사람이 사악한 삶을 사는 것은 조금도 놀랄 것이 없습니다.'

그러나 당신은 말하리라. 그런 놈들은 벌을 받아야만 한다고. 그렇지만 어떤 사람이 눈병을 앓아서 맹인이 된 경우, 당신은 설마 그를 벌해야 한다고는 말하지 않을 것이다. 그런데도 어째서 당신들은 눈보다도 훨씬 중요한 것, 가장 커다란 행복, 즉 올바르게 사는 능력을 잃은 사람을 벌하려 하는 것인가?

그런 인간에게 화를 내서는 안 된다. 단지 불쌍히 여겨야 한다.

그런 불행한 사람들을 측은하게 생각해야 한다. 그리고 그들의 잘못 때문에 해를 입지 않도록 노력해야 한다. 얼마나 자주 자신이 인생의 길을 잘못 들고, 죄를 저지르는지를 상기해야 한다. 그리고 마음속에 그렇게나 많은 증오와 적의가 가득 차 있는 것에 대하여 오히려 자신에게 화를 내야 한다. (에픽테토스)

3. 우리 주위에 있는 사람은 모두 사악하다고 당신들은 말한다. 만약 그런 생각을 한다면, 그것은 이미 당신들이 매우 악한 사람이라는 확실한 증거이다.

4. 사람은 자주 타인의 결점을 들춰냄으로써 자신을 나타내려 한다. 그러나 이렇게 함으로써 그들은 자기의 약점만 드러낼 뿐이다.

인간은 영리하고 선량하면 할수록 타인의 선한 점을 보다 많이 인정한다. 그러나 어리석고 사악하면 할수록 다른 사람의 결점을 보다 많이 들춰낸다.

5. 사실 몸가짐이 나쁜 사람이나 거짓말쟁이를 처음부터 끝까지 선량하게 대하기는 힘들다. 특히 그 상대가 우리를 모욕하는 경우에는 더욱 그러하다. 그렇지만 이런 사람에게야말로, 그렇다, 특히 이런 사람에게야말로 당사자를 위해서나 또 나를 위해서도 우리는 마지막까지 선량하게 대하지 않으면 안 된다.

6. 누군가에게 화가 날 때는 언제나 자기의 그 감정에 대한 원인을 찾고 구하며, 그 상대방의 나쁜 점만을 보려고 애쓴다. 그것은 자기의 탁한 마음을 더욱 흐리게 한다. 그러나 이것은 커다란 착각이며, 이와 정반대여야 한다. 즉, 화난 기분이 격렬하면 할수록 더욱 주의깊게 먼저 분노의 대상이 된 인물의 좋은 점을 찾도록 해야 한다. 그리고 그 인물에게서 좋은 점을 찾아내 그를 사랑하는 데 성공한다면, 자기의 그런 감정을 누그러뜨릴 수가 있을 뿐만 아니라 특별한 희열마저 느끼게 될 것이다.

7. 입을 옷도 없고, 굶주림과 추위에 괴로워하는 사람은 불쌍하다. 그러나 그 상대가 사기꾼이라든가, 술주정뱅이라든가, 도둑, 강도, 살인자와 같은 극단적인 사람이라면 열 배는 더 불쌍하게 여겨야 한다. 앞의 사람은 육체의 고통으로 괴로워하는 것이지만, 뒤의 사람은 이 세상에서 가장 귀중한 것, 즉 영혼의 고통으로 괴로워하기 때문이다.

가난한 사람을 측은히 여겨 그를 도와주는 것은 좋다. 그러나 가장 좋은 것은 방탕과 타락에 빠진 사람을 힐난하지 않고 그를 불쌍히 여겨 도와주는 것이다.

8. 불합리한 행위나 말에 대해 남을 비난하려 할 때에도 그의 행위나 말에 대해 '어리석음의 극치'라는 따위의 말을 해서는 안 된다. 그가 말하거나 행동한 것이 아무런 의미도 없다는 식으로 생각하거나 말하지 말아야 한다. 정반대로 그가 뭔가 합리적인 것을 말하거나 행하거나 하고 싶었던 것이라고 해석하고, 그것을 찾아내도록 노력해야 한다. 그 사람을 속인 거짓 환영을 찾아내 그에게 그것을 보이고, 그가 스스로의 판단으로 자기가 잘못되었다고 인정하게 해야 한다. 당사자의 판단력에 호소하지 않으면 남을 수긍하게 하지 못한다. 마찬가지로 도덕에 반한 남의 행위를 그렇다고 승복하게 하려면, 당사자의 도덕적 감정에 호소하는 것 외에는 도리가 없다. 지극히 부도덕한 사람은 자유롭고 도덕적인 존재가 되지 못한다는 생각 따위를 해서는 안 된다. (칸트)

9. 우리가 악이라 생각하는 것을 행했기 때문에 그 사람에게 화가 났다면, 그럴 때는 왜 그 사람이 그런 행동을 했는지를 궁리하고 알도록 노력해야 한다. 그리고 그 원인을 알았다면 그 사람에게 화난 기분을 느낀 것은 돌이 하늘로 날아 오르지 않고 대지를 향해 떨어지는 사실에 화를 낼 수 없는 것처럼 불가능해질 것이다.

교제에는 사랑이 필요하다

1. 타인과 교제하는 것이 나 자신과 상대에게 고민이 되는 것이 싫거든 상대에게 사랑을 느끼지 않는 한, 교제를 맺지 않는 것이 좋다.

2. 사랑 없이 교제할 수 있는 것은 물체에 대해서뿐이다. 나무를 벌채하거나 기와를 만들거나, 쇠를 단련하거나 하는 것이라면 사랑 없이도 가능하다. 그러나 사랑 없이 타인과 교제하는 것은 경계하지 않고 벌을 다룰 수 없는 것처럼 불가능하다. 경계하지 않고 벌을 다루면 벌에게나 자신에게 나쁜 결과를 가져오게 된다. 그것이 벌의 본성이다. 인간에 대해서도 마찬가지이다.

사람들에게 사랑을 느끼지 않을 경우에는 조용히 틀어박혀서, 혼자서 나름대로 좋아하는 일을 하는 것이 좋다. 그냥 교제해서는 안 된다. 사랑 없이 타인과 교제하는 것을 스스로에게 허락하는 순간, 자신을 돌아볼 새도 없이 순식간에 인간이 아니게 되고, 야수가 되어 남에게 해를 끼치고, 스스로를 괴롭히게 되리라.

3. 남한테 모욕을 당한 경우, 그 모욕에 대해 개처럼, 소처럼, 또 말처럼 대응할 수 있다. 나를 모욕한 상대가 나보다 강할 때는 도망칠 수도 있고, 물어뜯을 수도, 찌를 수도, 찰 수도 있다. 그러나 그 모욕에 대하여 총명하게 대응할 수도 있다.

'이 사람은 나를 모욕했지만 그것은 그의 마음이다. 이 순간 내가 해야 할 일은 내가 선하다고 생각하는 일을 하는 것이다. 즉, 내가 받고자 하는 것을 이 사람에게 해야 한다.' 당신은 스스로에게 이렇게 말할 수 있다.

4. 항상 모든 사람에게 불만을 품고, 모든 사람과 모든 일들을 힐난하는 사람들을 보았을 때, 그들을 향해 우리는 이렇게 말해주고 싶을 것이다.

'인생의 불합리함을 이해하고 이것을 힐난하며, 끊임없이 화를 내다가 죽기 위해서 사는 것은 아닙니다. 부디 잘 생각해 보십시오. 여러분은 화를 내거나 비난할 필요는 없습니다. 여러분이 보신 그 악한 사람을 교정하기 위해 힘써주면 그것으로 충분합니다.

그러나 여러분이 본 악한 사람을 절대로 격앙으로 제거하지는 못합니다. 그것은 언제나 여러분의 가슴에 깃들어 있는 것, 그리고 여러분이 조바심내기를 그만두면서 이내 감지할 것이 분명한, 모든 사람에게 좋기를 바라는 마음, 이 마음에 의한 것 외에는 없습니다.'

5. 다른 사람에게 불만을 느끼는 경우에도 자신에게 불만을 느낄 때와 똑같아야 한다. 그렇다, 그렇게 되도록 명심해야 한다. 우리가 자신에게 불만을 느낄 때는 대개의 경우 자기 행동에 대해서일 뿐, 자기 영혼에 대해서는 아니다. 다른 사람에게도 그렇지 않으면 안 된다. 즉, 그의 악한 행위만 힐난하고, 그 사람 자체는 사랑하도록 해야 한다.

'죄를 미워하되 사람은 미워하지 마라'는 것이다.

6. 이웃에게 악한 행동을 하지 않고 사랑하게 되기를 바란다면, 그를 대면하든 간접적으로든, 그의 악한 점을 말하지 않도록 자신을 훈련시켜야 한다. 또한 자신을 그렇게 훈련시키기를 바란다면 그의 악한 점을 생각하지 말고, 나의 영혼에 극히 작은 생각이라도 탁한 마음, 반발하는 마음이 들어오지 않도록 훈련하지 않으면 안 된다.

7. 고름이 흐르는 상처가 있다고 해서 그 사람에게 화를 낼 수 있는가? 그 사람의 상처가 당신을 불쾌하게 하는 것은 그의 잘못이 아니다. 타인의 결점

에 대해서도 이와 똑같은 마음으로 대해야 한다.

그러나 당신은 말할지도 모른다. 자기의 결점을 인정하고 그것을 교정하기 위해서 인간은 이성을 가졌다고. 이것은 확실히 그렇다. 당신에게도 이성은 있다. 그러므로 당신은 타인의 결점에 대해서 그에게 화를 내서는 안 되며, 반대로 분노나 안달이나 거만을 버리고 합리적이고 따뜻하며 선량한 대응으로 그의 양심을 일깨우도록 노력해야 한다는 것을 판단할 수 있다. (아우렐리우스)

8. 쉽게 화내는 사람이 되기를 좋아하는 사람들이 있다. 그들은 늘 궁시렁궁시렁대고, 언제나 뭔가 볼일이 있어서 자기 집에 오는 사람을 들볶고 매도해 넘어뜨릴 기회를 즐긴다. 이런 사람들은 참으로 남들을 불쾌하게 한다. 그러나 그들은 따뜻하고 선한 마음의 기쁨을 모르므로 대단히 불행한 사람들임을 기억해야 한다. 따라서 이런 사람들에게 화내지 말고 오히려 측은히 여겨야 한다.

9. 버럭버럭 화내는 사람에게 분노의 대상이 된 인물에 대해 '정말이지 딱한 녀석 아닙니까!'라고 말해주는 것만큼 삽시간에 사람의 분노를 누그러뜨리는 것은 없다. 다른 어떠한 방법도 이에 미치지 못한다. 설사 올바른 사람의 분노의 경우라도 그러하다. 분노에 대한 헤아림에는 불에 대한 비 같은 작용이 있는 것이다.

10. 적에게 악을 행하려는 사람이 그 악을 행한 결과로 자기의 적이 부상, 질병, 굴욕, 빈곤 등에 의해 육체적 또는 정신적으로 괴로워하는 상태를 생생하게 그려볼 수만 있다면, 이것을 상상할 수 있고 그것이 자기 손으로 행한 결과임을 이해할 수만 있다면, 아무리 흉악한 사람이라도 적이 괴로워하는 상태를 상상한 결과, 흉악한 심사로 내닫기를 그만둘 것이 틀림없다. (쇼펜하우어)

11. 신이여 용서하소서! 사랑하지도 가엽게 여기지도 않는데 사랑하거나 가엽게 여기는 척 하는 것은 무서운 죄악이다. 이것은 증오보다도 훨씬 나쁘다. 그렇지만, 오, 신이여, 우리에게 적에 대한 신성한 사랑과 연민을 내려주셨으니, 우리에게 그 조각이라도 붙잡아 이것을 키우는 것만은 허락해 주시옵소서!

원한과 적의의 죄에 대한 투쟁

1. 사람들이 나를 비난한다. 나는 괴롭고 불쾌하다. 어떻게 하면 이 불쾌한 기분에서 벗어날 수 있을까? 가장 먼저 겸양하는 태도를 지녀야 한다. 나의 약점을 안다면 남이 그것을 지적했다 해도 별로 화가 나지 않으리라. 그것은 그 사람들의 입장에서 보면 남을 헤아리지 않는 태도이기는 하다. 그러나 그들의 비난은 옳다. 다음으로는 자기의 판단력에 의해야 한다. 결국 있는 모습 그대로의 나로 돌아가는 것이다. 그리고 만약 지금까지 지나치게 나 자신을 존경했다면 나에 대한 그 견해를 바꾸어야 한다. 그렇게 판단하는 것이다. 나아가 이 경우에 가장 중요한 것은 관용이다. 우리에게 해악과 모욕을 가한 사람들을 증오하지 않고 지내는 수단은 오직 하나, 그들에게 선을 행하는 것이다. 설사 그들을 완전히 바꿀 수는 없더라도 적어도 분노하는 자신을 제어할 수는 있는 것이다. (아미엘)

2. 약간 화가 났다면 뭔가 말하거나 행동하기 전에 하나 둘 셋…… 열까지 세는 것이 좋다. 만약 그런데도 화가 나거든 백까지 세어보라.

화가 났을 때 이것을 생각한다면 숫자를 셀 것까지도 없을 것이다.

3. 이 세상에서 가장 훌륭한 음료는, 나쁜 말이 우리 입에 머물러 아직 밖으로 토해내기 전에 꿀꺽 삼켜버리는 것, 이것이 가장 좋은 음료이다. (마호메트)

4. 영혼을 섬기며 살면 살수록 모든 일에는 그만큼 악함이 적어지고, 그 결과 화낼 일도 그만큼 적어질 것이다.

5. 언제나 모든 사람이 자기에게 최선이라 생각되는 행위를 하고 있다는 사실을 이해하고 기억해야 한다.

만약 이것을 끊임없이 기억한다면, 여러분은 누구에게도 화내는 일이 없으리라. 아무도 비난하지 않게 되고 또 매도하지도 않으리라. 왜냐하면 여러분에게 불쾌한 일을 하는 것이 그 사람에게 최선의 수단이라면, 그 사람은 완전히 옳은 것이므로 그것 이외의 행위로 나올 수가 없기 때문이며, 또 그 사람이 잘못 생각하며 여러분에게 최선이 아닌 일을 행했다면, 그 당사자에게 나쁜 결과가 초래할 것이므로 측은히 여길 수는 있어도 화낼 수는 없기 때문이다. (에픽테토스)

6. 깊은 물은 돌을 던져도 출렁임이 없다. 인간도 그러하다. 당신이 모멸

감으로 인해 동요되었다면 당신은 깊고 큰 물이 아니라 얕은 물웅덩이에 불과한 것이다.

7. 우리는 모두 대지로 돌아간다는 사실을 기억하자. 그리고 겸허하고 부드러운 사람이 되자. (사디)

다른 사람에게 선을 바라지 않는 마음은 가장 해롭다

1. 분노는 다른 사람에게도 유해하지만, 무엇보다도 화를 내는 당사자에게 가장 해롭다. 그리고 분노는 항상 분노의 원인 자체보다도 더 해롭다.

2. 화를 내는 것이 좋아서 아무 이유도 없는데 화를 내어서 남에게 해를 끼치는 사람들이 있다. 구두쇠가 남을 험담하고 화내는 까닭은 이해할 수 있다. 그들은 자기가 부유해지고 싶고, 부를 독점하고 싶은 것이다. 그래서 자기의 이익을 위해 다른 사람에게 해악을 끼치는 것이다. 그러나 악한 사람은 자기에게 아무런 이익도 없는 경우에도 다른 사람에게 해악을 준다. 이는 광기의 극치이다. (소크라테스)

3. 자기 적에게도 악을 행하지 않는 것, 여기에 위대한 선행이 있다.
남이 망하기를 바라는 자는 반드시 망한다.
악을 행하지 마라. 빈곤은 악에 대한 변명이 될 수 없다. 만약 악을 행한다면 더더욱 빈곤해질 것이다.
우리는 자기 적에게 품는 증오의 결과를 피할 수는 있어도 절대로 증오를 품은 자기 죄의 결과는 피하지 못한다. 우리가 저지른 어둡고 어두운 죄의 그림자는 우리가 죽어 멸망할 때까지 우리 뒤를 귀찮게 쫓아다닐 것이다.
비탄 속에서 살기를 바라지 않는 사람은 타인에게 악을 행하지 않는 것이 좋다. 자신을 사랑한다면 비록 제아무리 사소한 악이라 하더라도 다른 사람에게 악을 행해서는 안 된다.

4. 선한 사람이 된다는 것은 영혼이 자유로운 사람이 된다는 것이다. 끊임없이 누군가에게 화를 내는 사람, 끊임없이 누군가를 두려워하는 사람, 끊임없이 욕정에 휩싸이는 사람은 영혼의 세계가 자유로울 수 없다. 그리고 영혼의 세계가 자유롭지 못한 사람은 보아도 분별하지 못하며, 들어도 듣지 못하고, 먹어도 맛을 느끼지 못한다. (공자)

5. 흔히 분노의 대상을 적이라 생각하지만, 사실 우리의 가장 커다란 적은

우리의 마음에 엄습해오는 분노 그 자체이다. 그러므로 먼저 이 커다란 적과 화목하고, 참기 힘들고 괴로운 그 감정을 소멸시키지 않으면 안 된다.

6. 물방울이 물통을 채운다. 사람도 이와 마찬가지여서 만약 타인에게 분노한다면, 제아무리 조금씩이라 하더라도 마침내는 악으로 가득 차게 된다. 하늘을 향해 뱉은 침이 나에게 떨어지는 것과 마찬가지로 분노도 또한 분노한 사람에게 되돌아온다. (다마파다)

7. 인도의 계율서에 이렇게 쓰여 있다.

"겨울에 춥고 여름에 더운 것이 틀림없는 것처럼 악인의 삶이 살아 있는 지옥이요, 선인의 삶이 극락인 것도 틀림없는 사실이다. 설사 내가 모욕을 당하여 괴로워도 타인과 다투어서는 안 된다. 마음속이든, 말로든, 행위로든 남을 모욕해서는 안 된다. 그것은 우리에게서 참된 행복을 빼앗는다."

8. 분노가 나의 참된 행복을 빼앗는 법이라는 것을 안다면, 우리는 이제 지금까지 했던 것처럼 의식적으로라도 타인에게 적대할 수는 없을 것이다. 나의 분노를 즐기고, 이것을 자랑하고, 이것을 시인하며, 선동하지는 못할 것이다. 나를 중요하고 총명한 사람으로 인정하고, 남을 하찮고 공정함이 결여된 미친 사람쯤으로 치부하지는 못할 것이다. 자기의 분노에 패배했음을 깨닫는 순간, 이제는 아무리 해도 죄가 나에게 있다고 인정하지 않을 수 없게 될 것이다. 그리고 나에게 적대적인 사람들과 화해하기를 바라지 않을 수 없게 될 것이다.

그뿐만이 아니다. 만약 분노가 나의 영혼에 악이 되는 것을 안다면, 우리는 무엇이 나를 그 악으로 이끄는지를 알게 될 것이다.

우리를 그 악으로 이끈 것은 바로 우리의 가슴속에 있는 것과 동일한 것이 모든 사람의 가슴속에도 있다는 사실을 우리가 잊고 있는 데서 비롯된다. 이제 우리는 나를 다른 사람과 구별하고, 내가 다른 사람들보다 뛰어나다는 생각이 다른 사람과의 불화와 배반을 초래한 주된 원인의 하나임을 알 것이다. 그리고 오늘날까지의 삶을 돌아봄과 동시에 내가 지금까지 윗사람들에게 적대적인 감정으로 불타는 것을 한 번도 스스로에게 용서하지 않고, 한 번도 그들을 모욕한 적이 없었으면서도, 아랫사람들의 경우에는 아무리 작은 불쾌한 행위에 대해서도 내가 분노와 모욕을 거칠게 드러내어 왔음을 알 것이다. 아랫사람에 비해 스스로를 뛰어나다고 생각하는 정도가 크면 클수록, 그만큼 쉽사리 그들을 모욕했음을 알 것이다. 게다가 때로는 나보다 지위가 낮은 사람이라는 이유만으로도 그 사람들에게 감히 모욕을 가했던 자신을 깨닫게 될 것이다.

거만한 마음

갖가지 죄악으로부터 탈출하기가 힘든 것은 무엇보다 온갖 유혹이 이 죄악을 지탱하고 있기 때문이다. 거만한 마음의 유혹도 또한 그러하다.

거만한 마음의 무의미함과 어리석음

1. 거만한 사람들은 자기 자신을 반성할 틈이 없고, 또한 그럴 필요도 없으며, 그들은 현재 그대로 이미 훌륭한 인간이라고 다른 사람에게 주입하는 일에 전념한다. 그러므로 그들이 다른 사람들에게 그런 생각을 하게 하면 할수록 그만큼 타락의 정도가 심해진다.

2. 내가 나 자신을 들어올릴 수가 없는 것처럼 내가 나를 과시하는 것도 불가능하다.

3. 세상 사람들이 수치로 생각해야만 하는 부귀나 명예, 높은 지위 등을 오히려 자랑거리로 삼기 때문에 거만한 마음은 참으로 혐오스럽다.

4. 만약 당신이 다른 사람들보다 강하거나, 부유하거나, 학식이 있거나 하다면, 다른 사람에 비해 많이 가진 그것들로 타인에게 봉사하도록 노력하지 않으면 안 된다. 힘이 남들보다 세다면 약한 사람들을 도우면 된다. 지혜가 월등하다면 지혜가 없는 사람들을 도와야 한다. 또 학문이 있는 사람은 학문이 없는 사람들을, 부유한 사람은 가난한 사람들을 돕지 않으면 안 된다.

그런데 거만한 사람들은 그렇게 생각하지 않는다. 자기에게 다른 사람들에게 없는 것이 있다면 그것을 다른 사람에게 주어서는 안 되며, 그것을 과시하는 것으로 족하다는 식으로 생각한다.

5. 세상의 형제들을 사랑하지 않고 그들에게 화를 내는 것은 좋지 못하다. 그러나 그보다 훨씬 좋지 않은 것은, '나는 세상에 널린 인간이 아니다. 남들보다 월등 뛰어난 인간이다. 그러므로 나는 남들에게 대우를 받아야 하며,

나아가 남들을 대우하지 않아도 된다'고 스스로를 설득하는 경우다.

6. 자기의 얼굴이나 육체를 자랑스럽게 생각하는 것은 어리석은 일이다. 그러나 그보다 더욱 어리석은 것은 자기의 부모나 조상, 친구나 계급, 민족을 자랑하는 것이다.

이 세상 대부분의 악은 이러한 어리석은 오만에서 생겨난다. 개인과 개인의 다툼도, 민족끼리의 투쟁도, 국민과 국민의 전쟁도 모두 이러한 오만함에서 일어난다.

7. 어느 누구도 나의 지혜와 선행의 가치를 알지 못하며, 더욱이 남의 지혜와 선행의 진가는 더더욱 알 수 없다. 그러므로 나를 남보다 총명하다거나 선량하다거나 우월하다고 누구도 생각해서는 안 된다.

8. 거만한 사람은 자기만이 남들보다 우월하다고 생각한다. 또 다른 거만한 사람은 자신을 가장 탁월한 사람이라고 여긴다. 더구나 그들 거만한 자들은 서로가 이러한 생각을 하는 것을 보고도 조금도 당황하지 않는다. 그들은 다만 자기보다 탁월하다고 생각하는 자들은 모두가 착각을 하고 있는 것이므로 자기 생각만이 옳다고, 저마다 그렇게 굳게 믿고 있다.

9. 거만한 두 사람이 만나서 저마다 자기가 세상에서 가장 탁월한 사람이라고 생각하며 주장하며 다투고 있다. 옆에서 보면, 참으로 우스꽝스럽다. 그러나 당사자인 그들은 서로 증오하고 몹시도 괴로워한다.

10. 어리석음은 거만한 마음이 없는 경우에도 일어날 수 있지만, 거만함은 언제나 어리석음과 함께 한다.

11. 깊고 깊은 대양의 물과 산기슭의 얕은 골짜기를 흐르는 물에서 배워야 한다. 산기슭의 얕은 물은 시끄러운 소리를 내면서 흐르지만, 끝없는 망망대해는 묵묵히, 아주 조금 움직이고 있을 따름이다. (불교경전)

12. 흔하고 하찮은 물건일수록 자리를 많이 차지한다. 거만함도 그러하다.

13. 형편없는 바퀴일수록 덜컹덜컹 시끄러운 소리를 낸다. 또 속이 빈 이삭일수록 높이 고개를 쳐든다. 열등하고 어리석은 인간도 그러하다.

14. 스스로에게 만족하는 사람일수록 사실은 만족할 만한 것을 아주 조금밖에 지니지 않은 사람이다.

15. 거만한 인간은 겉을 꽁꽁 얼린 얼음으로 무장하고 있는 것과 같다. 아무리 선량한 감정도 이 얼음층을 뚫고 드나들지 못한다.

16. 거만한 인간을 깨우쳐주는 것보다 우둔하기 짝이 없는 사람을 깨우쳐주는 것이 쉽다.

17. 자기 이익을 위해서는 거만한 사람처럼 이용하기 쉬운 사람은 없다고 세상 사람들은 말한다. 남들이 자신을 이용하기 위해 어떻게 접근하고 행동하는가를 알게 된다면, 거만한 사람들은 당장 그 거만함을 팽개칠 것이 틀림없다.

18. 지나치게 거만한 사람일수록 자신을 이용하는 상대에게 어리석은 자로 여겨지며, 또 그 해석은 틀리지 않는다. 왜냐하면 아무리 속이 빈 아첨을 한다 해도 거만한 사람은 그것을 알아채지 못하기 때문이다. 거만은 참으로 어리석음 그 자체이다.

민족적 오만

1. 자신을 가장 우월한 사람으로 생각하는 것은 어리석고 나쁜 일이다. 우리는 모두 그것을 안다. 그러나 자기 집안과 가족을 다른 어떤 집안보다도 우월하다고 여기는 것은 그보다도 한층 어리석고 나쁘다.

그럼에도 불구하고 우리는 종종 그것을 알지 못할 뿐만 아니라, 그것에 특별한 가치마저 부여한다. 끝으로 자기 나라의 국민을 다른 나라의 국민보다도 우월하다고 생각하는 것은 이 세상 그 어떤 어리석음보다도 어리석은 일이다. 그런데 사람들은 이것을 나쁜 것으로 여기지 않을 뿐만 아니라 대단히 위대한 것으로 생각한다.

2. 자기 자신만을 사랑하는 태도 속에는 이미 거만의 싹이 돋아나고 있다. 이 거만한 마음은 제어하기 힘든 자기도취의 뿌리이다.

3. 사람들은 서로 적의를 느끼며, 더구나 그것이 좋지 않다는 것을 안다. 그래서 자신을 속이고 내부의 양심을 마비시키기 위해 자신의 적의를 합리화시킬 방법을 궁리해낸다. '나는 다른 누구보다도 뛰어난 사람인데 저들은 그것을 이해하지 못한다. 그래서 나는 그런 자들과 교제할 수가 없다.' 이러한 생각이 그 방법 가운데 하나이다. 내 집안은 다른 집안보다 우월하다는 생각은 두 번째 방법이다. 우리 계급은 다른 계급보다 잘났다는 생각이 세 번째 방법이다. 그리고 네 번째 방법은, 우리 국민은 다른 나라의 어떤 국민보다도 우월하다는 자기도취이다.

개인, 가족, 계급, 국민에 관한 합리화의 방법이 다르지 않으며, 대체로 거만한 마음만큼 사람들을 이간시키는 것은 없다.

4. 거만한 사람들은 자기를 누구보다도 우월하다고 생각하는 것만으로는 만족하지 않고, 자기 나라의 국민 전체까지 과시한다. 즉 독일인은 독일인을, 러시아인은 러시아인을, 폴란드인은 폴란드인을, 유대인은 유대인을 다른 어떤 국민보다도 우월하다고 여긴다. 개개인의 거만한 마음도 참으로 해롭지만, 민족에 대한 거만한 마음은 그보다 몇 배로 유해하다. 이런 거만한 마음의 결과로 몇백만이나 되는 사람들이 과거에도 희생되어 왔고, 지금도 희생되고 있다.

자기만 우월하다는 자만에는 아무런 합리적인 근거가 없다.
왜냐하면 모든 사람의 가슴에 신의 영혼이 깃들어 있기 때문이다

1. 나를 다른 사람보다 우월하다고 생각하는 것은 육체적 삶으로 일관할 때뿐이다. 남보다 강하거나, 크거나, 우월하거나 할 수 있는 것은 육체뿐이다. 만약 우리가 영적인 삶으로 일관한다면 우리에게는 이미 나를 남보다 우월하다고 생각하는 것 따위는 불가능하다. 왜냐하면 영혼은 모든 사람의 가슴 속에서 동일하기 때문이다.

2. 우리는 사람들을 여러 가지 방법으로 부른다. 각하라 부르기도 하고, 귀하라 부르기도, 또는 족하라 부르거나, 귀군 또는 그대라 부르기도 한다. 그러나 누구에게나 딱 들어맞고, 누구에게나 모욕적이지 않은 호칭은 단 하나이다. 즉, 형제 또는 자매라 부르는 것이 그것이다.

이 호칭은 지상에 사는 사람들 전체를 형제자매로 보시는 하늘에 계신 아버지를 떠올리게 한다는 점에서도 참으로 훌륭한 호칭이다.

3. 사람들은 A라는 사람을 나보다 우월하다고 여기고, B라는 사람을 나보다 못하다고 생각한다. 그러나 그것이 얼마나 그릇된 생각인지를 알려면, 모든 사람의 가슴에 똑같은 영혼이 깃들어 있음을 상기하는 것만으로도 충분하다.

4. 이 세상에 나보다 우월한 사람은 단 한 명도 없다고 믿어도 상관은 없다. 그렇지만 우리가 이 세상에서 단 한 사람이라도 나보다 못한 사람이 존재한다고 생각한다면, 그것은 당치도 않은 착각이다.

5. 자기 내부에 신의 영혼이 있다는 것을 알고 스스로를 존중하는 것은 좋은 일이다. 그러나 자기 내부에 있는 인간적인 요소, 즉 자기의 재주라든가 학식·명성·부·선행 같은 것을 과시하는 것은 오히려 측은히 여겨야 할 불행이다.

6. 영적이고 신적인 '나'를 가진 사람은 참으로 훌륭한 사람이다. 그러나 동물적이고 오만하며, 허영심 강하고 한정된 '나'를 타인에게 과시하려 한다면, 그 순간 그는 하찮고 시시한 존재로 전락하고 만다.

7. 자기의 외면적인 우월성을 과시하는 사람은 어떠한 외면적인 우월성도 마치 햇빛 아래의 촛불처럼 되는 것을 알지 못하고, 자기의 외면적인 가치가 얼마나 하찮은지 이해하지 못함을 입증하는 것에 불과하다.

8. 한 인간이 다른 사람에게 자기를 과시하는 것은 불가능하다. 그런 것은 결코 해서는 안 된다. 왜냐하면 인간에게 가장 귀중한 것은 영혼이며, 더구나 신 외에 아무도 인간이 지닌 영혼의 가치를 알지 못하기 때문이다.

9. 거만함과 인간 가치의 인식은 전혀 별개이다. 거만한 마음은 세상 사람들의 헛된 존경이나 칭찬에 의해 자라난다. 그러나 참된 가치에 대한 인식은 이와는 반대로 타인으로부터의 옳지 못한 굴욕이나 비난으로 더욱 커진다.

거만한 마음이라는 유혹이 초래하는 여러 결과

1. 거만한 마음은 자신의 죄를 변호할 뿐만 아니라 동시에 인간의 다른 모든 죄도 변호한다. 자기를 과시하는 인간은 이미 자기의 죄를 알아채지 못한다. 그 결과, 그의 죄도 동시에 커지게 된다.

2. 보리 속에 난 풀이 대지의 자양분과 습기를 잔뜩 빨아들이고, 소중한 햇빛이 보리를 비추지 못하게 막는 것처럼, 거만한 마음도 또한 인간의 모든 정력을 온통 자신에게로 흡수하게 하고, 진리의 빛을 가리고 덮어버린다.

3. 죄에 대한 자각은 종종 선행보다도 유익하다. 죄에 대한 자각은 인간을 겸허하게 하기 때문이다. 그러나 선행은 종종 거만한 마음을 키운다.

4. 거만한 사람에게는 많은 벌이 내린다. 그러나 그중에서도 가장 크고 무거운 벌은 아무리 가치가 있는 인간이라도, 또 아무리 노력을 기울여도 사람들에게서 사랑받지 못하는 벌이다.

5. 나는 얼마나 훌륭한 인간이냐고 자기 자신을 칭찬하면서 그 사람은 바

로 타락의 늪에 빠져든다.

6. 거만한 사람은 다른 사람과 자기를 구별하고, 그로써 인생의 가장 커다란 기쁨, 즉 모든 사람들과의 자유롭고 즐거운 교제를 잃는다.

7. 거만한 사람은 비난을 두려워한다. 그가 사람들의 비난을 두려워하는 까닭은 자기의 위대함이 견고하지 않다는 것, 즉 그것은 크게 부풀려진 자기 도취라는 고무풍선이라서 아주 작은 비난의 구멍이라도 뚫리면 순식간에 터져 버린다는 것을 알기 때문이다.

8. 만약 거만이라는 시시한 것이 사람들의 마음에 들고, 사람들을 매료시키는 것이라면, 그런대로 이해할 수 있다. 그러나 거만이라는 요소만큼 사람을 반발하게 하는 것은 없다.

9. 자만은 처음엔 사람들을 현혹시킨다. 처음에는 사람들도 자만의 당사자가 자신에게 부여하는 것과 동일한 가치를 인정해준다. 그러나 이러한 환상은 이내 깨진다. 사람들은 금세 환멸을 느끼고, 그들이 당한 기만에 대해 경멸로써 앙갚음을 하기에 이른다.

10. 우리는 악한 삶을 살고 있음을 아는데에도 불구하고 자기 삶을 개선하려고 하지는 않는다. 오히려 자신은 보통사람이 아니다, 다른 사람들보다 한 단계 뛰어난 인간이다, 그래서 아무래도 지금처럼 살지 않으면 안 된다고 스스로에게 믿게 하려고 애를 쓴다. 그 결과, 악한 삶을 사는 인간은 대개 오만불손에 치우치는 현상을 보게 된다.

거만한 마음이라는 유혹에 대한 투쟁

1. 거만한 마음이란 것이 없었더라면 이 세상의 악은 훨씬 적었으리라. 그러면 대체 이러한 악의 원인으로부터 어떻게 벗어날 것인가? 이로부터 벗어나는 수단은 단 한 가지, 각자 스스로 하는 노력뿐이다. 우리들 자신이 우리 안에 있는 이 심각한 악의 뿌리를 잘라낼 때, 비로소 거만한 마음의 유혹은 사라진다. 그러나 그 악의 뿌리가 마음에 살아 있는 한, 어떻게 남의 마음에서만 거만한 마음이 없어지기를 바랄 수가 있으랴!

따라서 우리가 나의 행복을 위해, 또 모든 사람의 행복을 위해서 할 수 있는 유일한 것은 모든 사람의 고뇌의 원인이 되어 있는 이 악의 뿌리를 나의 내부에서 없애는 것이다. 이것을 각자가 지금 곧 시작하지 않는 한은 어떠한

개선도 불가능하다. (라므네)

2. 거만한 마음을 없애는 것은 매우 힘들다. 간신히 구멍 하나를 메우면 주위를 돌아볼 틈도 없이 어느새 그것은 다른 구멍에서 고개를 쑥 내민다. 그것을 막으면 또 다른 구멍에서 고개를 내민다. 언제까지나 끝이 없다. (리히텐베르크)

3. 거만한 마음이라는 죄는 모든 사람의 가슴에 있는 영혼이 유일하고 동일하다는 자각에 의해서만 없앨 수 있다. 이 한 가지 사실을 깨달은 사람은 이미 자신도, 주위 사람도, 자기 나라의 국민도 다른 사람들보다 낫다거나 우월하다고 생각할 수 없다.

4. 나를 남들보다 우월하다거나, 타인을 나보다 우월하다거나 하는 식으로 생각하지 않게 되었을 때, 그때 비로소 우리는 타인과 함께 마음 편하게 살 수 있다.

5. 인생의 가장 커다란 사업은 자기 영혼을 정진하는 것이다. 거만한 사람은 언제나 스스로를 매우 선량한 사람이라고 생각한다. 그 결과, 거만한 마음은 특히 유해한 작용을 미친다. 즉 거만한 마음이 인생의 가장 소중한 사업인 보다 나은 사람이 되고자 하는 정진을 방해하는 것이다.

6. 영혼에 봉사하는 삶이 세속의 삶보다 탁월한 점은, 영혼에 봉사하며 사는 사람이 아무리 선한 일을 해도 스스로 만족하지 못한다는 점이다. 그러한 사람은 당연히 해야 할 일을 한 것뿐이며, 더구나 그것을 모두 행한 것도 아니라고 생각한다. 따라서 그는 스스로를 책망할 수 있을 뿐이지 잘난 체하거나 자만하는 것은 불가능하다.

7. '너희 가운데 으뜸가는 사람은 너희를 섬기는 사람이 되어야 한다. 자기를 높이는 사람은 낮아지고, 자기를 낮추는 사람은 높아질 것이다.' (마태복음 23장 11~12절)

남들이 나를 높이 생각하기를 바라는 사람은 오히려 낮아질 것이다. 왜냐하면 자신을 훌륭하고 똑똑하며 선량한 사람으로 여기는 사람은 이미 보다 낫고 똑똑하며, 보다 선량한 사람이 되고자 노력하지 않게 되기 때문이다.

반대로 스스로를 낮추는 사람은 오히려 높아진다. 왜냐하면 스스로 열등하다고 생각하는 사람은 보다 낫고 선량하며 보다 총명한 사람이 되고자 노력하기 때문이다.

거만한 사람들은 자기 발로 걸어다니지 않고 죽마를 타고 가는 것과 같은 어리석음을 저지르는 사람이다. 죽마에 타고 있으면 유유히 남들의 머리 위에 있을 수 있으며, 진흙탕도 묻지 않고, 또한 보폭도 크다. 그러나 그 대신 죽마를 타고 멀리 가지는 못하며, 또 까딱하면 진흙탕 속으로 굴러 떨어지고, 또 남들의 비웃음을 당하는 동안 걷는 사람보다 점점 늦어지기 십상이다. 거기에 커다란 비애가 있다.

거만한 사람의 경우도 그러하다. 그들은 자기 키보다 높이 자기를 들어올리지 않는 사람들에게서 멀리 뒤쳐질 뿐만 아니라, 가끔은 그 오만의 죽마에서 떨어지고 나뒹굴어 사람들의 비웃음거리가 된다.

불평등

삶의 근원은 사람의 내부에 살아 있는 신의 영혼, 즉 모든 사람의 가슴에 유일하며 동일한 것이다. 따라서 우리는 모두 서로를 평등하게 대해야 하며 차별해서는 안 된다.

불평등이라는 유혹의 본질

1. 고대 사람들은 세상의 인간을 크게 구분하여 야훼와 햄의 자손으로, 흑인과 백인의 두 종류의 종족으로 구별된다고 믿었다. 그래서 백인들은 주인이고, 흑인들은 노예로 태어난 것이라고 생각했다. 사람들은 인간을 주인과 노예로 이분하는 이 분류방식을 받아들이고 있었다. 왜냐하면 그러한 분류방식이 신에 의해 행해진 것으로 교육받았기 때문이다. 이것은 참으로 야만스럽기 짝이 없는 살인적인 맹신이다. 더구나 그것은 겉모습은 달라졌지만 지금도 인정되고 있다.

2. 그리스도교 신자들의 조직사회에 있어 그 내부에 깔려 있는 잔인하고 명백한 불평등을 살펴보고 싶다면, 허울뿐인 평등의 설교를 애써 들을 필요는 없다. 사람을 어리석게 만들고 사람을 희생시키기까지 하면서 전혀 불필요한 노동에 일생을 바치는 사람들과, 돈이 있어 일하지 않고 빈둥대며 온갖 방탕으로 일생을 허비하는 부류의 사람들, 이 두 종류로 편성된 그리스도교

국민의 생활을 관찰하는 것만으로 충분하다.

3. 가장 오랜, 더구나 그 사랑으로 보아 가장 심원한 신앙 가운데 하나는 인도인이 신봉하는 것이다. 그러나 그들의 신앙은 전 세계적인 것이 아니며, 당연히 거두어야 할 성과를 사람들의 생활에 가져다주지 못했다. 그 까닭은 바로 그들 신앙의 스승들이 사람들을 불평등한 존재로 보고, 그들을 종족과 계급에 따라 구분했기 때문이다. 스스로를 평등하지 않은 존재로 보는 사람들에게는 진정한 신앙이 있을 수 없다.

4. A가 B보다 육체적으로 힘이 세다거나, 크다거나, 혹은 지혜가 월등하다거나, 활발하다거나, 여러 가지 것들을 많이 안다거나, 혹은 보다 선량하다거나 하는 이유로 스스로를 평등하지 않은 존재로 여긴다면, 어느 정도 이해할 수 있을지도 모른다. 그러나 보통 우리는 그런 이유에 기초하여 사람들을 구별하고, A라는 사람을 보다 높게 평가하고 B라는 사람을 보다 낮게 생각하는 것은 아니다. 우리가 사람을 평등하지 않은 존재로 생각하는 것은 A가 백작이라고 불리는 데 반해 B가 농부라 불리기 때문이다. A가 아름다운 옷을 입은 데 반해 B가 넝마를 걸쳤기 때문이다.

5. 현대 사람들은 이미 인간을 평등하지 않은 존재로 생각하는 것이 편견임을 안다. 그래서 마음속으로는 이 편견을 나무란다. 그러나 이러한 편견이 자기들에게 유리한 사람들은 구태여 이 편견을 없앨 마음이 없거니와, 또 이러한 편견이 자기들에게 유리하지 않은 사람들은 어떻게 이 편견을 없애야 하는지 알지 못한다.

6. 세상 사람들은 마음속으로 인간을 이른바 명사(名士)와 그렇지 않은 사람, 귀족과 천민, 유식한 사람과 무지몽매한 사람으로 구별하는 것에 익숙해지고 말았다. 인간을 그런 식으로 구별하는 것에 너무나도 익숙해진 결과, 그들은 진정으로 A라는 사람이 세상 사람들에 의해서 앞의 부류에 편입되고, B라는 사람이 뒤의 부류에 속한다는 생각만으로 A를 B보다 우월하다고 생각하며, 더 존경해도 된다고 생각한다.

7. 어떤 사람에게는 '너'라고 하고 어떤 사람에게는 '당신'이라 하며, 어떤 사람에게는 악수의 손을 내밀고 어떤 사람들에게는 내밀지 않으며, 또 어떤 사람은 응접실로 초대하고 어떤 사람들은 현관 옆에 딸린 방으로 들여보내는 등 부유한 사람들의 이러한 습관만으로도 이미 사람들이 평등관에서 얼

마나 멀리 떨어져 있는지를 알 수 있다.

8. 만약 불평등의 편견, 차별의 편견이 없었다면 세상 사람들은 모든 사람을 평등하고 차별 없이 인식한 결과, 과거에도 행해졌고 또 현재에도 끊임없이 행해지는 모든 악행이 자취를 감출 것이다.

차별관에 대한 변명

1. 결사, 즉 다른 사람들로부터 떨어져 어떤 소수의 사람들이 자기들만으로 결합하고자 하는 움직임만큼 나쁜 행위를 결심하게 하는 데 신념을 부여하는 것은 없다.

2. 사람과 사람 사이에 차별을 두는 것에 대해 벌을 받아야 한다. 이렇게 될 때, 다른 사람들보다도 한 단계 위에 자기를 놓는 사람들뿐만 아니라, 자기를 다른 사람들보다도 한 단계 아래에 있는 자라고 인정하는 사람들도 벌을 받아야 한다.

3. 우리는 현재 그리스도교라 불리는 신앙이 그리스도가 설교한 것에서 참으로 동떨어진 가르침이라는 사실과, 우리 생활이 그리스도의 가르침에서 너무도 멀리 떨어져 있다는 사실에 놀란다. 그렇지만 그것은 신이 인간을 주인과 종, 부자와 가난한 자, 충실한 사람과 충실하지 않은 사람으로 구별했다고 믿는 사람들에게 참된 평등과 무차별을 설교한 것, 즉 모든 사람이 신의 자녀라는 것, 모든 사람이 형제자매라는 것, 모든 사람의 생활이 동등하게 성스러운 것임을 가르친 종교가 당연히 봉착하게 되는 수난이다.

그리스도의 가르침을 접한 사람들은 과거의 생활방식을 모조리 변경하거나, 그리스도의 가르침을 왜곡하거나 둘 가운데 하나를 선택해야만 했다. 그래서 그들은 후자를 선택했던 것이다.

모든 사람이 형제자매이다

1. 자기를 다른 사람보다 우월하다고 생각하는 것은 어리석은 일이다. 그러나 한 나라의 국민 전체가 다른 국민보다 자기들을 우월하다고 여기는 것은 그보다도 한층 어리석다. 그런데 세계 각국 국민의 대다수가 이 무섭고 아둔하며 유해한 편견으로 살고 있다.

2. 자기 민족만이 진실하고 선량하며 신의 사랑을 받는 우월한 종족이며,

다른 모든 민족은 야만스런 무리라고 굳게 믿었던 시절이 있었다. 유대인이나 그리스인, 로마인이 다른 민족을 학살함으로써 자국의 독립을 고수하는 것이 적합한 일이었을 뿐만 아니라, 학살로 다른 여러 민족을 지배하는 것도 마찬가지로 당연한 일이었다. 중세 사람들만 해도 여전히 이러한 잘못된 생각을 믿었다. 아니, 심지어는 근대에조차도 사람들은 이것을 믿었다. 그러나 우리는 이제 이 허황된 생각을 믿을 수는 없다.

3. 인생의 의의와 사명을 깨달은 사람은 단지 자신과 다른 사람들뿐만 아니라 전세계의 국민 전체가 형제자매이며, 평등하고 동등하다는 것을 안다.

4. 우리는 오스트리아인, 세르비아인, 터키인 또는 중국인이기에 앞서 '사람'이다. 즉 이 세상에서 보내야만 하는 정해진 수십 년의 생애에 타고난 인간으로서의 사명을 다해야 하는 합리적이고 사랑으로 가득 찬 존재여야 한다. 더구나 사람으로서의 이 사명은 오직 하나이며, 참으로 확실하다. 바로 모든 사람을 사랑하는 것 한 가지가 그것이다.

5. 그가 어떤 계급, 어떤 신앙, 어느 나라의 아이이든 아이들은 자기 이외의 어린아이를 마찬가지로 선량하고 따뜻하고 기쁨으로 가득한 미소로 맞는다. 그런데 어른들은 아이들보다 총명할 텐데도 타인과 교제하기 전에 먼저 그 상대가 어떤 계급, 어떤 신앙, 어느 나라 사람인가를 속으로 계산하고 상대의 계급, 신앙, 국가 여하에 따라 다른 태도로 응접한다. 어린아이처럼 되라고 한 그리스도의 말은 가벼이 들을 말이 아니다.

6. 나와 남 사이에 차별을 두는 것이 허위이자 죄악임을 그리스도는 세상 사람들에게 가르쳤다. 따라서 그것을 깨달은 이상 일단 그리스도의 가르침을 따르는 자는 타국민에 대하여 적대적인 감정을 품지는 못한다. 그때까지 해 온 것처럼 다른 여러 외국민이 자국민보다 열등하다는 것 때문에 그들에게 가한 그 잔혹한 행위를 변명하지 못한다. 그리스도의 가르침을 따르는 사람은 자국민과 타국민을 구별하는 것이 악이라는 것, 그런 차별은 악의 유혹임을 깨달아야만 한다. 따라서 그때까지 해왔던 것처럼 이러한 악의 유혹에 의식적으로 봉사하는 것은 결단코 불가능할 것이다.

그리스도교도는 자기의 행복이 그저 자기 국민의 행복일 뿐만 아니라 전세계 모든 인류의 행복과 이어져 있음을 알고 있다. 그는 자신과 전세계 모든 인류와의 융합과 일치가 국경이라든가 A국민의 B국민에 대한 종속이라든가 하는 것 때문에 깨질 수 없음을 안다. 다시 말해 그는 모든 사람이 형제자매임을, 따라서 모든 사람이 평등하고 동등하다는 것을 안다.

모든 사람은 평등하고 동등하다

1. '평등하고 동등하다'는 것은 이 세상에서 자연이 주는 행복을 이용할 동일한 권리와, 공공의 삶에서 생겨나는 모든 행복을 누리는 동일한 권리와, 사람의 인격을 존경하는 동일한 권리를 이 세상의 모든 사람에게 인정하는 것이다.

2. 모든 사람에 대한 평등과 무차별의 계율은 모든 도덕적인 계율을 포함한다. 그것은 이 계율이 도달할 수 없는, 그렇지만 끊임없이 접근하는 중심점, 즉 초점이다. (카펜터)

3. 인간의 진정한 '나'는 영적 존재이다. 그리고 이 '나'는 모든 사람에게 유일하고 또 동일하다. 그런데 세상 사람들이 어찌 서로 불평등할 수 있으랴!

4. 언젠가 그리스도에게 그의 어머니와 동생들이 찾아왔다. 그런데 그때, 그리스도 주위에 군중이 엄청나게 밀집해 있었으므로 도저히 그와 대면할 수가 없었다. 어떤 사람이 그들을 발견하고 그리스도의 앞으로 나와서 말했다.

"가족들께서, 어머니와 동생들이 바깥에 서 계십니다. 당신을 만나고 싶어 하십니다."

그러자 그리스도는 말했다.

"하늘의 아버지의 뜻을 깨닫고 이것을 따르는 자는 모두 나의 어머니요, 또한 나의 형제이다."

그리스도의 이 말은 자기의 사명을 이해하는 진리에 눈뜬 사람에게는 사람과 사람 사이에 차별이 있을 수 없으며, 또한 A가 B에 대해 어떠한 특권도 있을 수 없음을 의미하는 것이다.

5. 세베대의 아들들이 예수께 다가와서 절하며, 현명한 사람이 되고 싶다고 청하였다. 그리스도는 그들에게 말씀하셨다.

"어째서 너희들에게 그럴 필요가 있는가! 너희들은 영혼의 세계로 다시 태어나서 나와 마찬가지로 살 수가 있지 않은가! 따라서 다른 사람들보다도 중요한, 보다 큰 사람이 되기 위해서 나처럼 될 필요는 없다. 나의 가르침에 따르면 큰 사람과 작은 사람, 중요한 사람과 중요하지 않은 사람 사이에는 차별이 없다. 정부 사람들에게는 국민을 지배하기 위해서 다른 사람보다 위대한 사람이 될 필요가 있겠지만, 너희들은 그럴 필요는 없다. 왜냐하면 나의 가르침으로라면 남보다 큰 사람이 되기보다 작은 사람이 되는 편이 낫기 때문이다. 나의 가르침에 따르면 남보다 작은 사람이 실은 남보다 큰 사람이다. 즉, 나의 가르침에 따르면 모든 사람을 섬기는 사람이 되어야만 한다. ……"

6. 어린아이처럼 삶에 있어 진정으로 평등과 무차별을 실현하는 사람은 없다. 어린아이의 이 신성한 감정을 파괴하는 어른의 죄는 참으로 크다. 존경으로 대하지 않으면 안 될 유명한 사람, 부유한 사람, 부귀한 사람과, 위에서 내려다보는 마음으로 대해야만 하는 하인, 노동자, 거지 등과 같은 사람이 있음을 그들에게 가르치는 어른은 참으로 죄가 깊다! 그들은 '힘이 약한 어린아이의 유일한 보석을 속임수로 빼앗고 있는' 것이다.

7. 우리는 진정한 행복이 주는 것 이외의 행복을 찾고 구한 결과, 언제나 불만에 차 있다. 그리고 그곳에 모든 악의 유혹의 원인이 감춰져 있다.

우리에게는 어떤 것과도 비교하지 못할 인생의 행복과 그 모든 기쁨이 함께 주어져 있다. 그런데도 우리는 기쁨이 적다고 한다. 우리에게는 이 세상의 모든 사람과 하나로 맺어져 있다고 하는, 인생의 지극히 고귀한 기쁨이 주어져 있다. 그런데도 우리는 나의, 내 가족의, 내 나라 국민만의 한정된 행복을 바란다.

8. 현대에서는 아무리 교육을 받은 사람이든, 학문이 쌓인 사람이든, 교양이 있는 인간이든, 또는 일개 노동자든, 학자, 철학자든, 무학 문맹의 무리든, 또 부자든 가난한 사람이든 어떤 사람이든 이 세상의 모든 삶과 행복에 대하여 동일한 권리를 지녔음을 우리는 알고 있다. 어떤 사람들이 다른 사람들보다 우월하거나 열등하거나 하는 구별이 없다는 것을 우리는 알고 있다. 모든 사람이 평등하고 차별되지 않음을 안다. 그럼에도 사람들은 마치 그것을 모르는 듯한 얼굴로 살아가고 있다. 인간은 평등하지 않고 차별이 있다는 잘못된 생각이 아직도 세상 사람들 사이에는 그만큼 뿌리깊게 만연해 있는 것이다.

모든 사람은 어째서 평등한가

1. 자신이 어떠한 사람이든, 또 우리의 아버지나 할아버지가 어떤 사람이든 우리는 모두 두 방울의 물처럼 서로 평등하고 동등하다. 왜냐하면 모든 사람의 가슴에 똑같은 신의 영혼이 깃들어 있기 때문이다.

2. 자기 안에 신이 깃들어 있음을 모르는 사람들만이 어떤 사람을 다른 사람들보다 중요하다는 따위로 생각할 수 있다.

3. 우리가 A를 B보다 사랑하는 경우에는 그것은 인간의 사랑으로 사랑하는 것이다. 신의 사랑은 모든 사람에게 평등하다.

4. 어떠한 계급에 속하든 방금 태어난 갓난아기나 지금 막 죽은 사람을 보았을 때는 숭고한 감동을 느끼는 법이다. 이 특별하고 모든 사람에게 동일한 감동을 주는 것은 우리에게 모든 사람이 평등하다는 선천적인 인식이 있음을 가르친다.

5. 모든 사람을 나와 평등하고 차별이 없다고 생각하는 것은 여러분이 다른 사람들과 마찬가지로 힘세고, 민첩하며, 총명하고, 교양이 있고, 친절하다는 의미가 아니라 여러분의 가슴에도 이 세상에서 가장 중요한 보물, 즉 모든 사람에게 유일하며 동일한 것, 다시 말해 신의 영혼이 깃들어 있다는 것을 의미한다.

6. 인간이 평등하다는 것은 난로의 불과 화재의 불, 양초의 불이 서로 다르지 않다는 것과 같다. 어떠한 사람의 가슴에나 신의 영혼은 깃들어 있다. 똑같은 신의 영혼을 받들고 있는 인간들 사이에 어떻게 차별을 둘 수가 있으랴!

한창 타오르는 불도, 간신히 피어오른 불도, 모두 똑같은 불임에는 틀림이 없다. 그리고 우리는 어떠한 불이든 똑같은 태도로 접하는 것이다.

모든 사람의 평등을 인식하는 것은 가능하다.
그리고 인류는 이 인식으로 속속 다가간다

1. 세상 사람은 자기들이 만든 법에 대해 평등을 확립하려는 데만 고심하고, 영원한 율법에 의해 정해진 참된 평등을 알려고 하지 않는다. 그리고는 자기들이 만든 지상의 법으로 이것을 파괴한다.

2. 인생의 중요한 행복 가운데 하나, 즉 모든 사람과의 평등한 교제를 우

리는 언젠가 잃어버렸다. 우리는 계급 상승 욕구에 마음을 빼앗겨서는 안 된다. 평등사상을 위협하는 그러한 사회조직을 향해 나아가서는 안 된다. (러스킨)

3. 평등과 무차별은 이해할 수 없는 것이라고 사람들은 말한다. 그러나 반대로 그리스도교도 사이에서는 불평등이야말로 이해할 수 없다고 말해야 할 것이다.

키가 큰 사람을 작은 사람과 키를 똑같게 할 수는 없다. 영리한 사람을 아둔한 사람으로 만들지도 못한다. 쉽게 열을 내는 사람을 냉정한 사람으로 만들 수도 없다. 그러나 작은 사람도, 큰 사람도, 강한 사람이나 약한 사람도, 영리한 사람도, 아둔한 사람도 모두 평등하게 사랑하고 존경하지 않으면 안 된다.

4. 이 사람은 힘이 센데 저 사람은 약하다든가, 이 사람은 영리한데 저 사람은 우둔하다든가 하는 현상은 어느 세계에나 있는 것이라고 사람들은 말한다. 그러나 보다 강하거나 영리한 사람이 있기 때문에 리히텐베르크가 말한 것처럼 권리는 평등해야 하는 것이다. 만약 지능이나 힘의 불평등 외에 권리의 불평등이 더해진다면 약자에 대한 박해는 한층 가혹해질 것이다.

5. 평등과 무차별을 불가능한 일이라고 믿거나, 혹은 머나먼 미래에나 가능한 일이라고 믿거나 해서는 안 된다. 우리는 아이들에게서 배워야 한다. 평등과 무차별은 지금 당장 모든 사람에게 가능한 일이다. 여러분은 여러분과 교제가 있는 모든 사람과 평등하고 무차별한 관계를 맺을 수가 있다. 다만 스스로를 위대하고 고상한 인간이라고 생각하는 사람들에게 특별한 존경심을 보여서는 안 된다. 자신을 약소하고 낮은 사람으로 여기는 사람들에게도 다른 모든 사람들을 대하는 것과 같은 정도로 존경심을 나타내야 한다. 이것은 중요한 일이다.

영적 삶을 사는 사람에게는 모든 사람이 평등하다

1. 어떤 사람들을 다른 어떤 사람들보다 높이거나 낮추어 생각하고, 그 사이에 불평등이 있다고 생각하는 것은 육체적인 삶으로 일관하는 사람들뿐이다. 영적인 삶으로 일관한다면 그 사람에게 불평등이란 것은 있을 수 없다.

2. 그리스도는 세상 사람들에게 그들이 평소 알고 있었던 것을 가르쳤다.

즉, 똑같은 영혼이 모든 사람의 가슴에 깃들어 있으므로 어떤 사람이든 모두가 평등하고 무차별하다는 것을 가르쳤던 것이다. 그러나 세상 사람들은 오랜 옛날부터 자기들을 귀인, 부자, 노동자, 거지로 구별해 온 결과, 자기들이 모두 평등하다는 것을 알면서도 여전히 모르겠다는 듯한 얼굴로 살아가고, 모든 사람이 평등해질 수는 없다는 따위의 말을 한다.

그런 허튼 소리는 믿지 말아야 한다. 아이들은, 나라의 가장 중요한 사람이라도 보통 사람과 똑같은 정도로 존경한다. 이런 아이들처럼 행동해야 한다. 모든 사람에게 사랑과 온정으로 대해야 하는 것이다. 그리고 모든 사람에게 동일한 태도를 취해야 한다. 어떤 사람들이 자기들을 높은 위치에 올려놓는다고 해서 그들을 다른 사람들보다 더 존경해서는 안 된다. 또 어떤 사람들이 자기를 비하하는 일이 있다면, 특히 그런 사람들을 다른 사람들과 같이 존경하도록 노력해야 한다. 모든 사람의 가슴에 지고한 영혼이 깃들어 있음을 기억하지 않으면 안 된다.

3. 그리스도교도에게는 사랑이란 모든 사람의 행복을 바라는 감정이다. 그러나 세상의 많은 사람들에게 '사랑'이라는 말은 이것에 반하는 감정을 의미한다.

동물적인 자아 속에서 생명을 인식하는 사람들의 상상으로는 사랑이란, 너무도 자주 자기 자식의 행복을 위해 유모를 고용하고, 그 결과 엉뚱하게도 남의 아기에게서 젖을 빼앗는 행위를 하게 하는 감정을 의미한다. 그리고 아버지에게 자식들의 안녕과 행복을 위해 굶주린 사람들에게서 마지막 빵 한 조각을 빼앗는 행동을 하게 하는 감정을 의미한다. 여자를 사랑하는 남자에게 오히려 그 감정 때문에 고뇌하게 하고, 나아가 상대 여자도 방황하고 괴롭게 하고, 또는 질투 때문에 자신과 상대를 죽음으로 이르게 하는 감정을 의미한다.

그것은 자기들이 좋아하는 모임의 사람들에게 자기들의 조직과 교섭이 없거나 이 모임을 적대하는 사람들에게 해악을 끼치게 하는 감정을 의미한다. 또 그것은 우리들에게 우리가 '좋아하는' 일에 대하여 스스로를 괴롭히고, 그 일로 인하여 주위 사람들에게 탄식과 고통을 주는 감정을 의미한다. 게다가 사람들을 부추겨 자기들이 살고 있는 국토가 받는 굴욕을 참지 못하고 청정한 들판을 이쪽과 저쪽의 사상자로 메우게 하는 감정을 의미한다.

이러한 모든 감정은 참된 사랑이 아니다. 왜냐하면 이러한 감정의 소유자들은 모든 사람을 평등하게 인정하지 않기 때문이다. 그러나 모든 사람에 대한 평등과 무차별에 대한 인식 없이는 사람들에 대한 진정한 사랑도 또한 있을 수 없다.

4. 차별이나 불평등을 사랑과 연결지을 수는 없다. 사랑이란 것은 햇빛처럼 그 빛 아래에 있는 모든 것에 골고루 주어질 때 비로소 진정한 사랑일 수 있다. 그것이 어떤 사람들에게는 주어지면서도 다른 사람들을 제외할 수가 있는 경우, 그것은 결국 진정한 사랑이 아니라 사랑과 비슷하지만 사랑은 아닌 것에 불과하다는 것을 입증하는 것이다.

5. 모든 사람을 평등하게 사랑하기는 힘들다. 그렇지만 힘들다고 해서 그런 경지에 이르지 못한다고 단정할 수는 없다. 선한 일은 모두 어려운 법이다.

6. 사람들이 그 자질에 있어 불평등하면 할수록 타인에게 평등하게 대하기 위한 노력이 필요하다.

7. 당신의 가슴에도, 다른 모든 사람들의 가슴에도 생명의 신이 깃들어 있다. 당신이 나에게 화를 내며 내가 옆에 있는 것을 싫어한다면, 그것은 무익하다. 우리는 모두 평등하다는 것을 알아야 한다. (인도의 마흐무드)

폭력

불행의 주된 원인 가운데 하나는 폭력으로 다른 사람들의 삶을 개선할 수 있다는 잘못된 공상이다.

인간에 대한 인간의 폭력

1. 어떤 사람들은 다른 사람들의 삶을 폭력으로 결정할 수 있다고 믿기도 한다. 그러한 착각은 그들이 누군가를 기만하기 위해 생각해낸 것이 아니다. 그들이 자기 감정대로 다른 사람들을 강제하고서는 그에 대해 그럴듯하게 변명하기 위해 꾸며낸 것이다.

2. 세상 사람들은 자기들의 삶 가운데 어딘가 좋지 않은 곳이 있음을 알고

있고, 개량하지 않으면 안 될 곳이 있음을 인정하고 있다. 그러나 우리 인간이 개량할 수 있는 것은 자기의 지배 범위 안에 있는 것뿐이다. 즉, 자기 자신뿐이다. 그런데 자신을 개량하려면 무엇보다도 먼저 자기가 그렇게 완벽한 인간이 아님을 인정해야 한다. 그러나 우리는 그렇게 인정하기를 원치 않는다. 그래서 자기의 관심을 항상 자기 지배력의 범위 안에 있는 것, 즉 자기 자신에게 집중하지 않고, 자기 지배력이 미치지 않는 온갖 외적 조건에 집중한다.

하지만 그런 외적 조건을 개선하는 것은, 술을 흔들어 다른 그릇으로 옮기는 것이 술의 본질을 바꾸지 못하는 것처럼, 사람들을 개량하기란 극히 어렵다. 그런데도 사람들은 외적인 조건에 관여한다. 우선은 일하지 않고 빈둥대며 놀고 먹는 사람에게 삶의 자세를 바꾸라고 고압적인 명령을 한다. 그러다가 마침내는 모든 사람의 행복을 방해하는 사람들을 죽여도 된다는 등의 타락적 활동이 시작되는 것이다.

3. 폭력으로 사람들을 선량한 삶으로 이끌겠다는 사람들이 많다. 그러나 이런 사람들이야말로 가장 먼저 폭력으로 세상 사람들에게 사악한 삶의 본보기를 보이고 있는 것이다. 이런 사람들은 자기가 진흙탕 속에 있으면서 자기는 거기서 벗어나려고 하지 않고, 어떻게 하면 진흙을 묻히지 않을 수 있는지를 사람들에게 가르치고 있는 것이다.

4. 폭력으로 질서를 유지할 수 있다는 착각은 그것이 자자손손 전해진다는 점에서 특히 해롭다. 폭력적 조직 속에서 자라난 사람들은 폭력으로 사람들을 강제할 필요가 있는지, 그게 좋은 일인지 따위를 묻지 않는다. 그들은 폭력 없이 사람들은 살아가지 못한다고 확신하고 있는 것이다.

5. 타인의 삶을 좌지우지하겠다고 나서는 것은 쉽다. 왜냐하면 타인의 삶을 아무리 졸렬하게 좌지우지하더라도 피해를 입는 것은 자기가 아니라 타인들이기 때문이다.

6. 폭력으로만 타인의 삶을 돌봐줄 수 있다고 대부분의 사람들은 생각한다. 그러나 폭력은 사람들의 삶을 돌봐주지 않고 오히려 그 삶을 파괴한다.

7. 자기와 같은 사람들의 삶을 보다 나아지게 간섭할 수 있다고 믿는 자는 신을 믿지 않는 사람이다.

8. 타인의 삶을 조종할 수 있는 사람들이 이 세상에 있다는 착각이 무서운

것은, 이렇게 잘못된 신념으로 부도덕의 정도가 심한 사람일수록 사람들에게 높이 평가된다는 점이다.

9. 현재의 사회조직은 폭력으로 유지되는 것이 아니라 대중의 의견에 의해 유지된다. 그리고 그 대중의 의견은 폭력에 의해서 파괴된다. 따라서 폭력은 자기가 유지하고 싶은 것을 파괴하는 것이다.

10. 모두 사이좋게 지내야만 하며 아무도 모욕해서는 안 된다고 설교하면서, 자기는 사이좋게 어울리지 않고 폭력으로 다른 사람들을 자기 의지대로 살게 하는 사람들이 있다. 그들은 '내가 하는 말을 실행해라. 하지만 내가 하는 행동을 따라해서는 안 된다'고 설교하는 것과 같다. 이런 사람들을 두려워할 수는 있다. 그러나 그들을 믿을 수는 없다.

11. 세상 사람들이 어떤 사람을 노예로 만들고, 또 다른 어떤 사람을 타락시키는 공포, 마비, 사욕, 공명심, 허영심을 이기지 못할 때, 그 사회는 언제나 폭력과 기만에 지배당하는 사람들과 사회 조직을 만들어낸다. 그렇지 않게 하려면 각자가 자기에게 도덕적인 노력을 해야 된다. 사람들은 마음속으로 이것을 자각하고 있지만, 어떻게든 자기 자신의 노력 없이 이것을 얻고 싶어한다.

자기의 노력으로 세상과 자기의 관계를 명확히 하고, 이것을 유지하고, 자기가 남에게서 받고자 하는 것을 남에게 행하라는 영원불멸의 계명을 기초로 삼아야 한다. 그 위에 자신과 사람들과의 관계를 수립하고, 타인의 권력에 복종하게 하는 온갖 사악한 욕정을 나의 내부에서 베어내고, 누구의 주인도 누구의 하인도 되지 않고, 나를 속이지 않으며 또한 남도 속이지 않으며 살아가야만 한다.

공포심이나 이익 때문에 양심의 계명에서 벗어나지 않도록 하는 이러한 것들은 모두 굉장한 노력을 필요로 한다. 그러나 일정한 질서를 설정해 놓으면 질서의 불가사의한 작용에 의해 자신을 포함한 인류 전체가 정의와 선행으로 이끌어진다고 제멋대로 상상하고, 그것을 얻기 위해 사상적 노력은 하지 않고 이를 실천한답시고 자기네 무리만으로 모든 사람들을 좌지우지하려 든다. 그러면 사람들은 서로 다투고 속이고 욕하며 비난한다.

이러한 것들은 모두 저절로 이루어지며 어떤 노력이 필요하지 않다. 그 결과, 외적 조직을 폭력으로 개혁함으로써 사회생활을 개선할 수가 있다는 가

르침이 나타나는 것이다. 이 가르침에 따르면 사람들은 노력 없이 노력의 성
과를 얻을 수 있다는 말이 된다. 이러한 가르침은 엄청나게 많은 불행을 초
래했고, 지금도 계속해서 초래하고 있다. 그리고 그것이 다른 어떠한 장애보
다도 가장 심각하게 인류의 참된 완성을 방해하고 있다.

폭력을 행사해 악과 투쟁하는 것은 용서하기 힘들다.
왜냐하면 악은 가지각색으로 정의되기 때문이다

1. 모든 사람이 자기식으로 악을 정의하기 때문에 가지각색의 사람들에 의
해 악으로 상상하고 있는 악에 악으로 대항하는 것은 악을 감소시키지 않고,
오히려 증대시킬 뿐이다. 이러한 사실은 이미 의심할 여지가 없는 명백한 사
실처럼 보인다. 가령 표트르가 한 행동이 이반에게 악으로 생각된다면, 그래
서 이반도 역시 표트르에게 악을 행할 권리가 있다고 생각할 것이다. 그것과
똑같은 이유로 표트르도 역시 이반에게 악을 행할 수가 있으며, 그 결과 악
은 점점 증대될 뿐이다.

놀랍게도 세상 사람들은 별들의 상호관계마저 이해하면서도 이 명백한 사
실을 이해하지 못한다. 그것은 왜인가? 바로 세상 사람들이 폭력의 혜택을
믿고 있기 때문이다.

2. 만약 내가 선이라 생각하는 것을 폭력으로 타인에게 행할 수 있다면,
마찬가지로 타인도 또한 그가 선이라 생각하는 것을 폭력에 의해 나에게 행
할 수가 있다. 비록 내가 선이라 생각하는 것과 그가 선이라 생각하는 것이
서로 모순되고 맞부딪치는 경우라도 말이다.

3. 인간은 자기가 선이라 생각하는 것을 위해 절대로 폭력을 행사해서는
안 되며, 또 행사할 수도 없다는 가르침은, 선악이라고 여겨지는 것이 모든
사람에게 동일하지 않다는 것 한 가지를 보더라도 충분히 옳다. 한 사람이
악이라고 생각하는 것이 결정적인 악은 아니다. 다른 사람들이 그것을 선으
로 생각하는 경우도 있는 것이다. 그렇지만 악을 없애기 위해서 그가 행사하
는 폭력, 즉 구타한다거나, 상처를 입힌다거나, 자유를 빼앗거나, 죽이거나
하는 행위는 이미 움직일 수 없는 악이다.

4. 무엇이 선이고 무엇이 악인가 하는 것에 대해 사람들 사이에 끊임없이
반복되는 논쟁을 어떻게 해결해야 하는가 하는 질문에 대해 그리스도는 이

렇게 답하고 있다.

"인간은 명확하게 악을 정의할 수 없기 때문에 자기가 악이라 생각하는 것을 폭력으로 타파하려고 해서는 안 된다."

5. 폭력으로 타인의 삶을 바로잡는 것이 가능하다는 맹신의 가장 큰 해악은, 우리가 다수의 안녕과 행복을 위해서라면 소수에게 폭력을 가해도 된다는 것을 승인함과 동시에, 동일한 명분 아래 속속 악이 행해지게 되며, 이 악을 행하는 데에 제한이 없어지고 만다는 점이다.

폭력의 무력함

1. 폭력으로 사람들에게 악을 행하기를 그만두게 하려는 것은 강을 막아 물이 한때 제방보다 낮아진 것을 기뻐하는 것과 같다. 때가 오면 강물은 제방을 넘어 그 전처럼 도도하게 흐른다. 그와 같이 악을 행하는 사람도 또한 마찬가지이다. 그러므로 다만 때가 되기를 기다리고 있을 뿐이다.

2. 폭력으로 우리를 강제하는 자는 우리에게서 권리를 빼앗는 것으로 보인다. 그래서 우리는 이런 자를 증오한다. 반대로 우리를 설복시킬 힘이 있는 사람들을 우리는 은인으로 사랑한다. 총명하지 않고 야만스런 미개인은 폭력으로 내달린다. 폭력을 행사하려면 많은 동조자가 필요하다. 그러나 사람을 신용하게 하는 데에는 어떠한 동조자도 필요하지 않다. 사람의 두뇌를 좌우하는 힘을 자기 내부에서 충분히 느끼는 사람은 폭력을 행사하지 않는다. 폭력을 행사하는 것은 필요한 경우에 다른 사람을 믿고 따르게 할 힘이 자기에게 없음을 자각하는 자들뿐이다. (소크라테스)

3. 자기가 선이라 생각하는 것을 폭력으로 타인에게 강요하는 것은, 자기가 선이라 생각하는 것에 대해 상대의 가슴속에 혐오하는 마음을 생기게 하는 최상의 수단이다.

4. 모든 사람이 자기 삶을 개혁해서 자기가 바라는 사람이 되기가 힘들다는 것을 경험으로 안다. 더구나 이와 똑같은 문제가 타인의 경우에는 협박으로 명령만 내리면 쉽게 우리가 되기를 바라는 인물로 되는 것처럼 생각한다.

5. 폭력은 무지몽매한 무리가 자기 추종자들에게 그들의 천성에 맞지 않는 것을 하게 하는 무기이다. 그리고 이 폭력의 무기가 작용을 멈춤과 동시에 추종자들의 강제적인 움직임도 끝나는 것이다.

인간의 활동을 좌우하는 수단은 두 가지밖에 없다. 하나는 각 개인의 성향을 파악해 이론에 따라 믿고 따르게 하는 방법이다. 그리고 다른 하나는 상대의 성향과 이성의 판단을 무시하고 무턱대고 강제로 시키는 방법이다. 전자는 경험에 의해 뒷받침되며, 언제나 성공의 월계관을 획득한다. 그러나 후자는 무지몽매한 사람들이 사용하는 것으로 언제나 환멸로 끝난다.

아이가 장난감을 가지고 싶어 악을 쓰며 울부짖을 때에는 폭력으로 그것을 얻으려는 것이다. 부모가 아이들을 때릴 때는 폭력으로 그들의 버릇을 고치기 위해서이다. 술 취한 남편이 아내를 때릴 때는 폭력으로 아내를 교정하려는 것이다. 어떤 사람들이 다른 사람들을 벌하는 경우에는 폭력으로 사회를 개량하기 위해서이다. 어떤 사람이 다른 사람과 소송사태를 일으킬 경우에는 폭력이라는 수단으로 정의를 나타내기 위해서이다. 신부(神父)가 지옥의 고통에 대해서 말할 때 그는 자기의 설교를 듣는 사람들을 폭력이라는 수단으로 천국으로 향하게 하려는 목적에서 말한다. 어떤 국민이 다른 국민과 전쟁을 할 경우에는 폭력으로 희망하는 영토를 획득하려는 것이 목적이다.

현재에 이르기까지 무지몽매가 언제나 환멸로 끝나는 폭력의 행사라는 수단에 의해서 인류 전체를 이끌어 왔고, 지금도 이끌고 있다는 것은 정말 이상한 일이다.

6. 모든 폭력이 악이라는 것은 누구나 알고 있다. 그런데 사람들은 이 폭력으로부터 벗어나기 위한 어떤 행동도 하지 않고 있다. 다만 사람들에게 최고의 존경을 요구하는 사람들이 무서운 폭력을 강요하고 있다는 사실만 생각할 수 있을 뿐이다.

7. 폭력으로 사람을 정의에 굴복시킬 수가 있다는 사실에서, 폭력으로 사람을 복종시키는 것이 정의라는 결론은 결코 나오지 않는다.

폭력을 바탕으로 하는 삶은 착각에 불과하다

1. 어떤 사람들이 다른 사람들을 부추겨, 그들이 선이라 생각하지 않고 자기들만 선이라 여기는 것을 그들에게 행하게 할 수 있다는 착각은 실로 무섭다. 더구나 사회의 모든 조직은 이 무서운 착각을 기반으로 수립되어 있다. 이들은 선이라 생각하지 않는 사람들을 부추겨 그들이 자기들에게 사명으로 주어진 바를 기꺼이 행하는 척하게 한다. 그리고 그런 위선을 그만두는 것에

대해 온갖 종류의 폭력으로 위협한다. 그러면서 자기들에게 유익하고 칭찬할 만한, 아니 자기들이 폭력에 의해서 강제하는 사람들마저 칭찬할 만한 선한 일을 행하는 것이라고 굳게 믿고 있는 것이다.

2. 폭력이라는 신의 제단에는 이미 이 지구 같은 별 20개를 이주시켜도 충분할 정도로 엄청난 희생이 바쳐졌다. 그렇지만 목적하는 바의 최소한이라도 폭력에 의해 이루어진 것일까?

세계 여러 나라의 국민이 처한 입장이 점점 나빠지고 있는 것 이외에 아무런 성과도 없다. 그런데도 여전히 폭력은 군중의 신으로 군림하고 있다. 그리고 피가 떨어져 굳어진 이 제단 앞에 인류는 마치 영원히 진군하는 나팔소리, 대포와 총포 소리, 피투성이가 된 사람들의 신음소리를 들으면서 예배하기를 결심한 것 같다. (아딘)

3. '자기보호는 자연의 첫 번째 법칙이다'라고 무저항 계명을 부정하는 사람들은 말한다.

'그것은 수긍한다. 그러나 거기서 대체 어떠한 결과가 나오겠는가?'라고 나는 반문하겠다.

그러니까 우리를 파멸시키려고 위협하는 모든 것으로부터 자기를 방어하는 것도 또한 자연의 법칙이 된다. 그리고 투쟁과 모든 투쟁의 결과인 약자의 멸망도 자연의 법칙이라는 결론이 나온다. 의심할 바 없이 전쟁이나 폭력의 행사, 복수가 모두 이 법칙에 의해 정당해진다. 따라서 자기보호의 직접적 귀착점과 그 결과는 자기방어도 또한 정당하다는 것으로 집약된다. 그렇기 때문에 폭력을 행사하지 말라는 가르침은 자연의 법칙에 반하는 가르침이며, 지상 생활의 여러 조건에 적합하지 않은 가르침이므로 옳지 못한 것이 된다.

자기보호가 자연의 첫 번째 법칙이라는 것, 그것이 자기방어를 촉구한다는 것은 수긍한다. 또 세상 사람들이 늘 하급동물을 보고 배우며, 자기방어 또는 복수라는 구실 아래 서로 싸우고, 욕하고, 죽이기까지 한다는 것은 수긍한다. 그렇지만 이 사실들 가운데서 내가 파악한 것은 세상 사람들 대다수가 지고의 인간 천성의 법칙이 그들에게 암시되고 있음에도 불구하고 여전히 동물의 법칙에 따라 살기를 계속하고, 그로써 자기방어의 진정한 수단을 잃어버리고 있다는 것이다. 그 진정한 자기방어의 수단이란 것은 바로 그들이 폭력을 바탕으로 하는 들짐승의 법칙에 따르지 않고, 사랑을 바탕으로 하는 인간 법칙에 따른다면, 악을 갚는 데 있어 틀림없이 선이라는 수단을 쓸 것이라는 것이다. (아딘)

4. 폭력과 살인이 사람의 마음을 극도로 자극하는 것은 사실이다. 따라서 폭력이 가해지거나 자기가 살해될 염려가 있다고 생각하는 사람은 그 폭력이나 학살에 대하여 마찬가지로 폭력이나 학살의 수단을 행사하는 것이 당연하다. 그런 행위는 비록 들짐승에 가까운 불합리한 행동이기는 하지만, 어쨌든 그 안에 무의미하고 모순되는 분자가 포함되어 있지 않다. 그러나 이러한 행위를 변호하고자 하는 경우는 별개이다. 우리의 삶을 조정하는 사람들이 이성의 판단을 토대로 그 행위를 변호하려 하면서, 대번에 그러한 행위의 무의미성이 명백하게 드러나지 않도록 교활하고 복잡한 온갖 조작이 필요하게 된다.

그런 변호는 우리 눈앞에서 잘못이 없는 사람들을 괴롭히거나 죽이거나 하는 난폭한 사람이 있다는 전제를 근거로 한다.

"너희는 폭력이 불합리하다는 신념 때문에 자기를 희생할 수 있을 것이다. 그런데도 너희는 지금 다른 사람의 생명, 즉 폭력을 행사하는 자를 희생시키는 일에 함께하고 있는 것 아닌가?" 이렇게 폭력을 옹호하는 자들은 말한다.

그러나 우선 그러한 난폭한 사람이 출현하는 것은 예외에 속하는 일이다. 대다수의 사람은 자기들의 눈앞에서 잘못이 없는 사람들을 학살하는 그러한 난폭한 사람과 마주치지 않고 삶을 끝마칠 수가 있을 것이다. 그런데 어째서 우리는 그런 조작된 가정의 주장을 자기 삶의 법칙으로 할 필요가 있으랴!

그런 공상에 속하는 조작된 가정이 아니라, 실제 인생에 대하여 판단하는 경우, 우리는 전혀 다른 것을 발견한다.

우리는 우선 이러한 상상 속의 단 한 사람의 난폭한 사람이 아니라 항상 다른 많은 사람들과 손을 잡고 매우 잔혹한 온갖 행위를 하고 있는 많은 사람들, 아니 그런 자신을 발견하게 된다. 그것은 우리가 이 가공의 난폭한 악인과 같기 때문이 아니라 우리가 폭력이 정당한 것이라는 잘못된 신념의 지배 아래 있기 때문임을 발견할 것이다.

두 번째로 우리는 매우 잔혹한 그 행위들이 가공의 폭한에게서 나온 것이 아니라, 그런 가공의 난폭한 사람이 존재한다는 전제 위에 자기 삶의 법칙을 두고 있는 사람들에게서 생겨난다는 것을 발견하리라. 따라서 인생에 대하여 바르게 판단하는 사람은 악의 원인이 절대로 가공의 폭한에게 있지 않고, 세상 사람들의 착각과 오류에 있다는 것, 그리고 그들 착각 속에서 가장 잔혹한 것은 상상 속의 악을 없애기 위해 실제로 악을 행하는 것임을 발견하게 될 것이다. 그러므로 이것을 깨달아 안 사람은 악의 근원을 규명하기 위해 노력하고, 자기 자신과 타인의 내부에 있는 모든 잘못을 근절하기 위해 자기의 모든 힘을 바칠 것이다. 앞서 말한 것과 같은 폭한에 관해 조작된 가정이 자기의 활동에 있어서 무슨 필요가 있는지 전혀 이해할 수 없게 될 것이다.

폭력의 맹신이 초래하는 살인적인 결과들

1. 사람들이 폭력으로 방어하려 하는 악은 폭력으로 몸을 지키려는 자가 행하는 악과는 비교가 되지 않을 정도로 사소하다.

2. 그리스도뿐만 아니라 전세계의 모든 성현, 바라문이나 불교, 도교, 또 그리스의 현인들은, 이성에 눈뜬 모든 총명한 사람들은 악에 악으로 응하지 않고 선으로 대응해야 한다고 가르쳤다. 이에 반해 폭력에 의거해 살고 있는 사람들은 그런 일은 불가능하다고 한다. 만약 그렇게 한다면, 인생이 좋아지기는커녕 오히려 나빠진다고 한다. 그들의 말은 그들의 입장에서 보면 옳다. 그러나 폭력을 당하는 사람들의 입장에서는 옳지 않다. 사실 성현들의 가르침대로 실행한다면, 악을 선으로 갚는 것은 실제로 그들에게 한층 나쁜 결과를 초래할 것이다. 하지만 모든 사람들에게는 훨씬 좋은 결과가 될 것이 분명하다.

3. 그리스도의 가르침은 '모두 만인을 사랑하라'는 말에 함축되어 있다. 모든 사람을 사랑한다는 것은 내가 다른 사람에게서 받고 싶은 대로 타인에게 행하는 것을 의미한다. 누구든지 폭력이나 강제를 촉구하기를 바라지 않는다면, 또 타인에 대하여 자기가 타인에게서 받고자 하는 것과 동일하게 행한다면, 어떠한 경우에도 그들에게 폭력이나 강제를 가할 수 없다.

따라서 우리는 그리스도의 가르침을 믿고 이것을 따르는 자이기는 하지만, 그러면서도 역시 타인을 강제하거나 폭력을 가할 수 있다고 생각한다. 이것은 마치 열쇠를 쥐고 있는 사람이 그 열쇠를 자물쇠에 끼워 넣지 않고 터무니없는 엉뚱한 곳에 끼우면서 나는 열쇠의 사명대로 열쇠를 사용하고 있다고 단언하는 것과 같다. 인간은 어떠한 경우라도 타인에게 폭력을 가할 수 없다는 인식이 없으면, 그리스도의 가르침은 모두 공허한 말에 불과하게 되고 만다.

그리스도의 가르침을 그런 식으로 잘못 해석하는 경우, 자칭 그리스도교도라는 여러 국민이 현재 행하는 것처럼 전쟁을 하고 몇천만이나 되는 형제를 괴롭히고 약탈하거나 살육하거나 할 수 있겠지만, 결코 자신을 그리스도를 따르는 사람으로 인식하지는 못할 것이다.

4. 무저항이라는 가르침을 따르기는 어렵다. 그러나 투쟁과 복수의 가르침을 따르기는 쉬울 것인가?

이 의문에 대한 해답을 얻고 싶다면 어떤 나라든 상관없으니 그 국민의 역사서를 펴고 전쟁의 법칙에 따라 사람들이 행한 수없이 많은 전쟁 기사를 하나라도 읽어보기 바란다. 똑바로 보라! 그러한 전쟁에서 몇십억의 사람이 살해되고 있지 않은가. 그들 전쟁이 일어날 때마다 악에 대한 무저항으로 인해 여러 세기에 걸쳐 겪은 고통보다도 훨씬 많은 고통을 당하고, 훨씬 많은 인명이 희생당하고 있다.

5. 폭력을 행사하는 것은 사람들의 증오를 불러 일으킨다. 따라서 자기방어를 위해 폭력을 감행하는 사람은 대부분 자기 신변을 안전하게 지키지 못할 뿐만 아니라, 한층 커다란 위험에 봉착한다. 그렇기 때문에 자기 안전을 위해 폭력을 행사하는 것은 어리석기 짝이 없는 행위이다.

6. 모든 폭력은 사람의 마음을 편안하게 하지 않으며 격앙시킬 뿐이다. 따라서 폭력에 의해서 사람들의 생활을 시정할 수 없다는 것은 자명해진다.

7. 인간이 도덕적인 책임에서 완전히 벗어나고, 자기를 죄인이라 느끼지 않고 최악의 행위를 행하고자 할 때는 어떻게 하면 좋겠는가? 이런 질문이 나왔다고 가정하자. 폭력은 사람들의 안녕과 행복을 증진시켜주는 법이라는 맹신 이상으로 그것에 대해 적절한 수단을 생각해낼 수는 없다.

8. 어떤 사람들이 다른 사람들의 삶을 폭력으로 좌우할 수 있다는 착각이 해로운 것은, 그러한 착각에 휩싸인 사람들이 선과 악을 구별하기를 그만둔다는 점에 있다.

9. 폭력은 사이비 정의를 낳을 뿐이며, 사람들을 폭력 없이 올바르게 살

수 있는 가능성에서 멀어지게 한다.

10. 어째서 그리스도의 가르침이 이렇게나 왜곡되고 만 것일까? 어째서 도덕이 이다지도 타락하고 만 것일까? 그 원인은 단 하나이다. 폭력적인 사회조직의 혜택을 믿는 마음 때문이다.

11. 우리가 폭력의 잘못을 인정하지 않는 것은 그 폭력에 우리가 있기 때문이다.

폭력은 그 본질상 우리를 살인으로 이끈다.

어떤 사람이 다른 사람에게 '이러저러한 것을 해라, 만약 하지 않으면 힘으로 나의 명령을 실행하게 하겠다'고 하는 경우, 이것은 말할 것도 없이 당신이 내가 바라는 것을 성실히 수행하지 않으면 나는 당신을 죽여버리겠다는 것이 된다.

12. 사람들이 신의 왕국을 그 왕국의 율법에 반하는 행동으로, 즉 폭력으로 세우기를 바라는 것만큼 지상에 신의 왕국 실현을 어렵게 하는 것은 없다.

악에 폭력으로 저항하지 않는 것만이, 인류에게
폭력의 계명을 버리고, 사랑의 계명에 이르게 한다

1. '눈은 눈으로, 이는 이로 갚아라' 하고 이른 것을 너희가 들었다. 그러나 나는 너희에게 말한다. 악한 사람에게 맞서지 말아라. 누가 네 오른쪽 뺨을 치거든, 왼쪽 뺨마저……'라고 말하는 복음서의 의미는 매우 명료하며, 어떠한 설명이나 주석도 필요치 않다. 이 말들은 그리스도가 '눈은 눈으로, 이는 이로'라고 한 과거의 폭력에 대한 계명을 배척하고, 그에 따라 폭력의 계명을 기초로 하는 사회조직 전체도 마찬가지로 배척하고, 차별 없이 모든 사람을 사랑하라는 새로운 사랑의 계명을 수립하고, 그로써 이제 폭력을 기초로 하지 않고 모든 사람에 대한 평등하고 차별하지 않는 사랑의 계명을 기초로 하는 새로운 사회조직을 제정한 것을 의미한다고 해석해야 한다.

그래서 사람들이 그리스도의 이 가르침의 진실한 의미를 이해하고 이 가르침을 실생활에 적용하면, 자기들이 그때까지 소유해 왔고 지금도 소유하고 있는 모든 특권과 이익을 잃게 될까봐 그리스도를 처형하고, 이어 제자들까지도 처형했다. 또한 오늘날에도 그들을 처형하고 있다. 그러나 여기에 이들과는 취향이 다른 사람들이 있다. 그들 또한 그리스도의 가르침의 진의를 이해했지만, 그들은 그리스도나 그 제자들을 십자가에 못박지 않고 자기가 조용히 십자가를 향해 나아갔다. 그리고 지금도 나아가고 있다. 그들은 그로 써 사랑의 계명을 바탕으로 하는 새로운 세상이 만들어지는 시기를 시시각 각 앞당기고 있다.

2. 폭력으로 악에 대항하지 말라는 가르침은 달리 새로운 계명이 아니다. 사랑의 계명에서 등을 돌리는 것이 세상 사람들에게 부당하게 허용되는 것 을 지적한 것뿐이다. 복수라는 명목으로든, 자기나 자기의 이웃을 악에서 구 한다는 명목으로든, 어쨌든 이웃에 대한 폭력의 행사를 허용하는 것은 사랑 과 양립하기 힘들다는 것을 가르친 것이다.

3. 폭력적 행위로 자기의 삶을 보다 좋게 하려는 것만큼 삶을 향상시키는 것을 방해하는 것은 없다. 인간이 똑같은 인간에게 가하는 폭력은 사람들의 삶을 개선할 수 있는 '유일한 길'에서 우리를 떼어놓는다. 특히 자기가 보다 나은 사람이 되려 노력하는 경지로부터 우리를 멀리 떼어놓는다.

4. 타인의 생활을 자기에게 유리하게 좌지우지하는 사람들만이 폭력이 사 람들의 생활을 보다 나아지게 할 수 있다고 태연히 믿을 수 있다. 그러나 잘 못된 이 신념에 빠지지 않은 사람들에게는 우리의 생활은 우리 내부의 정신 적 변화에 의해서만 비로소 보다 좋게 변화할 수 있으며, 형제가 형제에게 가하는 폭력에 의해 절대로 변하지 않는다는 것이 분명하다.

5. 자기와 자기 내부의 생활에 만족하는 일이 적으면 적을수록 우리는 그 만큼 외적인 사회생활에 관심을 갖게 된다.

이러한 잘못에 빠지고 싶지 않다면 우리는 다음을 이해하고 기억하지 않 으면 안 된다. 다른 사람이 우리의 삶을 좌지우지할 사명이 없으며, 또한 그 권리를 가지지 않은 것처럼, 우리도 타인의 삶을 좌지우지할 사명이나 권리 를 가지고 있지 않다는 것, 우리를 비롯해 모든 인간이 각자의 내적 완성만 을 사명으로 하는 존재이며, 이 한 가지에 대해서만 권력이 있고, 이 한 가 지에 의해서만 타인의 삶에 영향을 줄 수 있다는 것을 이해하고 기억해야만 한다.

6. 사람들은 종종 자신의 삶이 아니라 타인의 삶을 어떻게 정제(整齊)해야 할까를 고민하며, 그 결과 사악한 삶을 보낸다. 이런 사람들은 자기의 삶은 단 하나뿐이므로 자기 삶을 정제하는 것은 다른 많은 사람들의 삶을 정제하

는 것만큼 중요하지 않은 것처럼 생각한다. 그러나 이 경우 그들에게는 오직 자기 삶을 정제할 힘만을 가졌고, 타인의 삶을 정제할 힘이 없음을 잊고 있는 것이다.

7. 만약 사회생활의 정제에 대해 현재 세상 사람들이 소비하고 있는 시간과 힘은 각 개인이 자기의 온갖 죄악과 투쟁하는 것에 소비한다면, 세상 사람들이 획득하기를 바라는 것, 즉 사회생활에서의 최상의 조직은 대번에 획득되리라.

8. 인간에게는 자기에 대해서만 주권이 주어져 있다. 인간은 자신의 삶만을, 자기에게 선이라 생각되고 필요하다고 여겨지는 것만큼 좌지우지할 수 있다. 그런데 세상 대부분의 사람들은 타인의 삶을 좌지우지하는 일에 분주하며, 타인의 생활을 좌지우지하려는 번뇌의 결과, 다른 사람들이 준비한 사회조직에 따르고 있다.

9. 내적 완성이 아니라 폭력에 의해 지지되는 여러 종류의 행위로 인류 공공의 삶을 정제하는 것은 허물어진 건물을 회반죽 없이, 네모지게 다듬어지지 않은 돌덩이를 가지고 새로 지으려는 것과 같다. 아무리 돌을 맞추고 쌓아도 어차피 건물은 붕괴를 거듭하리라.

10. 성자 소크라테스는 "어디서 태어났느냐?"는 질문을 받았을 때, "땅에서!"라고 대답했다. "어느 나라 사람이냐?"고 물었을 때는 "세계의 사람이다"라고 대답했다.

신 앞에서 우리는 모두 똑같은 대지의 주민이며, 모두 신의 율법의 절대권 아래에 있다는 사실을 기억하지 않으면 안 된다.

신의 계명은 모든 사람에게 언제나 동일하다.

11. 단 한 명의 인간이라 하더라도 목적이 되거나 수단이 되거나 할 수는 없다. 거기에 인간의 참된 가치가 있다. 우리는 자신을 어떠한 값으로도 어림할 수 없다. 이것은 우리의 참된 가치에 반하는 행위이다. 마찬가지로 타인의 삶을 좌우할 권리도 없다. 즉 우리는 개인으로서의 참된 가치를 진실로 인정할 의무를 가진다. 따라서 한 사람 한 사람의 인간에 대해 이 존경을 표명해야 한다. (칸트)

12. 폭력에 의해서만 다른 사람에게 영향을 미칠 수 있다면 인간의 이성은 대체 무엇 때문에 주어진 것이랴!

13. 인간은 이성을 구비한 존재이다. 따라서 이성에 인도되어 살아갈 수가 있다. 그러므로 반드시 폭력과 강제라는 수단을 포기하고 자유로운 화합과 일치를 이루어야 한다. 모든 폭력과 강제는 화합과 일치를 지연시킬 뿐이다.

14. 이상한 일이지만, 우리는 외부에서 생겨난 악, 타인에게서 나온 악에는 거칠게 대응하지만, 즉 자기가 어찌할 수 없는 타인에게서 나온 악에는 화를 낼 수 있지만, 자기의 지배권 아래에 있음에도 불구하고 자기 자신의 악은 없애버리고 생각하지 않는다. (마르크스 아우렐리우스)

15. 세상 사람들에게 진리를 계시하고 선의 모범을 보임으로써 그들을 가르칠 수는 있지만, 우리가 바라는 것을 폭력을 행사해서 그들에게 하게 함으로써 그들을 가르칠 수는 없다.

16. 만약 세상 사람들이 막연하게 세상구제 어쩌고 하면서 떠드는 대신에 먼저 자기 자신을 진정으로 구제하기를 바란다면, 또 인류를 자유롭게 한다는 따위의 공염불을 읊지 않고 먼저 자기 자신을 진정으로 자유로운 존재가 되도록 노력한다면, 세상의 구제와 인류의 해방에 그들이 얼마나 많은 공헌을 했을 것인가! (헤르첸)

17. 자기의 내적 사명을 따르고, 영혼에 봉사하며 살아가는 사람은 필연적으로 가장 진실한 형태로 공공 생활의 개선에 봉사하게 된다.

18. 나이가 어릴 때 사람들은 인류의 사명이 끊임없는 완성에 있다고 믿고, 인류 전체를 올바르게 바꾸기 위해 모든 죄와 불행을 멸할 수가 있을 뿐만 아니라 오히려 그것은 쉬운 일이라고 믿는다. 이런 공상은 우스운 것이 아니다. 오히려 인간의 본질에 반하는 삶의 방식으로 일생을 보낸 늙은 사람들이 세상 사람들에게 '아무것도 바라지 마라, 구하지 마라, 그저 동물처럼 살라'고 권하는 유혹에 이끌리는 어른들의 판단보다도 훨씬 많은 진리를 품고 있다.

젊은 사람의 이러한 공상이 잘못된 점이 있다면, 단지 자기의 완성, 자기 영혼의 완성이라는 것을 다른 사람들에게까지 확대해서 생각하는 점이다.

자기 영혼을 보다 좋게 하고, 완성을 향해 가는 일생의 사업을 하라. 이 방법에 의해서만 가장 성과 있는 형태로 공공의 삶을 개선할 수가 있다고 믿어야 할 것이다.

19. 현재 사회조직의 나쁜 점을 인식하고 이것을 개선하고자 한다면, 단

한 가지 방법밖에 없음을 알아야 한다. 바로 모든 사람이 보다 나아지는 것이다. 그리고 모든 사람이 보다 나아진다는 목적에 있어서 당신이 할 수 있는 것은 오직 한 가지, 자신이 보다 나은 사람이 되는 것이다.

20. 폭력을 행사할 수 있는 모든 기회에 합리적인 설명을 하는 것이 좋다. 당신은 세속적인 의미에 있어서 가끔 손해를 보는 일도 있겠지만, 영혼의 세계에 있어서나 정신적인 면에 있어서는 언제나 득을 볼 것이다.

21. 만약 우리의 안녕과 행복을 파괴하는 것이 무엇인지 발견하기만 한다면, 우리의 삶은 훨씬 아름다워질 것이다. 폭력이 안녕과 행복을 줄 수 있다는 그릇된 신념, 이것이 우리의 안녕과 행복을 파괴한다.

22. 사회의 안녕과 행복은 그 사회를 규정하는 각자의 덕의(德義)에 의해서만 보증된다. 그리고 그 덕의는 폭력을 배척하는 사랑 위에 수립된다.

23. 우리 그리스도교 사회 사람들의 생활조직이 당면한 개혁은 폭력을 사랑으로 고치고, 폭력과 공포가 아니라 사랑을 기초로 하는 삶이 가능하며, 이 삶이 쉽고 행복하다는 것을 인식하는 것에 있다. 따라서 이 개혁은 절대로 폭력으로 이루어지지 않는다.

24. 그리스도를 좇아서 살 수도 있고, 악마를 좇아 살 수도 있다. 그리스도를 따라 사는 것은 사람의 길을 밟으며 살고, 모든 사람을 사랑하며 선을 행하고, 악을 선으로 갚는다는 것을 의미한다. 그러나 악마를 따라서 산다는 것은 야수의 길을 밟으며 살고, 자기만을 사랑하며, 악에 악으로 앙갚음하는 것을 의미한다. 우리가 그리스도를 좇아서 살수록, 그만큼 인류에게 사랑과 행복이 많아질 것이다. 그러나 악마를 좇아서 살수록 그만큼 우리의 삶은 불행해질 것이다.

사랑에 관한 계명은 우리에게 두 가지 길을 보여준다. 하나는 진리의 길, 그리스도의 길, 선의 길, 즉 인생의 바른 길과 또 하나는 기만의 길, 위선의 길, 즉 타락의 길이다. 폭력에 의해서 자기를 방어하려는 모든 행위를 거부하는 것이 아무리 두렵게 여겨지더라도, 어쨌든 우리는 그것을 거부함으로써 구원의 길을 얻을 수 있음을 안다.

그러나 폭력을 행사하는 것을 거부하는 것이 자신과 타인의 생명과 노동을 방어하는 것까지 거부해야 한다는 의미는 아니다. 다만 그 모든 것들을 사랑과 이성에 반하지 않는 정도로 방어하지 않으면 안 된다는 의미이다. 자기에게 덤벼드는 악인의 가슴에서 선량한 감정이 눈뜨도록 노력한다는 의미일 뿐이며, 자신과 타인의 생명과 노동을 방어하는 것은 필요하다. 그러나 그것을 실현할 수 있으려면 자신이 선량하고 합리적인 인간이어야 한다.

일례를 들어 말한다면, 가령 내가 한 남자가 한 남자를 죽이려 하는 것을 목격했다면, 그 경우 내가 취할 수 있는 최상의 수단은 죽음을 당할 듯한 사람에게로 나아가 몸으로 그 사람을 가리고, 막아주고, 할 수만 있다면 그를 도와주고, 그 처지에서 빼내 안전한 지대에 숨겨주는 것이다.

이것은 결국 불길 속에서 불에 타 죽어가는 사람을 끌어내 주거나 익사할 것 같은 사람을 물 속에서 구해주는 경우와 같다. 내가 죽거나 타인을 돕거나 둘 중 하나인 것이다. 그러나 나 자신이 그릇된 길을 걷고 있는 죄인이기 때문에 이것을 실현할 수 없더라도, 그것이 내가 들짐승이어야 한다는 의미가 되지는 않는다. 계속 악을 행하는 자신을 변호해야 한다는 의미도 아니다. (아르항겔리스키)

폭력으로 악에 대항해서는 안 된다는 그리스도 계율의 왜곡

1. 이단자들의 사회조직의 기초를 이루는 것은 폭력과 복수이다. 또한 그것은 당연한 일이기도 했다. 그러나 우리 사회의 기초는 반드시 폭력의 부정과 사랑이어야 한다고 생각한다. 그럼에도 불구하고 폭력은 여전히 군림한다. 왜일까? 바로 그리스도의 가르침이라 칭하면서 가르치고 있는 것이 참된 그리스도의 가르침이 아니기 때문이다.

2. 그리스도의 가르침 가운데 그리스도를 모르는 사람들에게 특히 불쾌하게 느껴지는 것이 폭력으로 악에 대항하지 말라는 말씀이라는 것은 주목할 가치가 있다. 이 말이 그들에게 불쾌한 까닭은 그것이 단적으로 그들 생활의 기존 질서 전체를 파괴할 것을 요구하기 때문이다. 따라서 기존 생활조직을 변경하기를 바라지 않는 사람들은 사랑의 필수적인 조건의 하나를 가르친 이 말씀을 사랑의 계율에서 독립한 일종의 특별한 계명이라 칭하고, 가지각색으로 그 뜻을 왜곡하거나 부정하거나 하는 것이다.

3. 나를 미워하는 사람들, 즉 나의 적을 어떠한 폭력도 허용하지 않는 사랑으로 사랑하라는 그리스도의 말씀을 그 말 그대로, 글자 그대로 관용과 겸양과 사랑의 가르침으로 이해해야 할 것인가, 아니면 다른 뜻으로 이해해야

하는가? 만약 다른 의미로 이해한다면 어떤 의미일까를 말해야 한다. 그러나 아무도 그것을 표명한 사람은 없다. 이 사실은 대체 무엇을 의미하는가? 그것은 그리스도교도라 자칭하는 사람들이 그리스도의 가르침이 올바르게 이해된다면 그들의 생활 조직 전체가 변하게 될 것이므로 그 가르침의 취지를 자기와 세상 사람들에게 은폐하려 하기 때문이다. 그들에게는 현재의 사회조직이 유리한 것이다.

4. 그리스도교도라 자칭하는 사람들은 무저항의 계명을 반드시 지켜야 할 의무가 있다고 솔직하게 인정하지 않고, 이런 계명 따위는 반드시 지켜야 하는 것은 아니며, 피하는 것이 당연한 경우도 있을 수 있다고 설교한다. 그러면서도 그들은 그리스도의 가르침, 즉 관용과 겸양과 십자가의 고난 감수와 자기희생과 적에 대한 사랑의 가르침 전체와 밀접하게 결부되어 있는 이 단순하고 명백한 계명(이것을 빼면 그리스도의 가르침 전체가 공허한 말이 되어버리는 중요한 계명)을 인정하지 않는다고 단언할 용기도 없다.

그리스도교 교사들이 1900년 동안에 걸쳐 그리스도의 가르침을 가르쳤음에도 불구하고 이 세상이 여전히 이단의 삶을 계속하는 놀랄 만한 현상은, 위와 같은 사실에서 기인하는 것이다.

5. 세상 사람들이 복음서를 읽고 마음 깊은 곳에서 이 가르침에 따르면, 어떠한 구실 아래서든, 즉 복수를 위해서든, 방어를 위해서든, 남을 구하기 위해서든 이웃에게 악을 행해서는 안 된다는 것, 따라서 그리스도교도로서 일관하고자 한다면 폭력, 다시 말해 이웃에 대해 악의 행위로 인정되는 자기 생활 전체를 개혁하든지, 아니면 그리스도의 가르침이 요구하는 것을 어떤 수단을 동원하든 자신에게서 은폐하든지, 둘 중에 하나를 선택하지 않으면 안 된다는 것을 알게 된다. 거기서 이 사람들은 그리스도교의 본뜻을 제멋대로 새로 꾸며낸 해석으로 변경하고, 사이비 가르침을 마음대로 받아들이는 것이다.

6. 그리스도의 가르침을 인식하고 있는 사람들이 어떤 경우에도 폭력을 허락하지 않는 그 계명에 불만을 품는 것은 실로 놀랄 만한 일이다.

사랑 속에 인생의 의의와 활동력을 인정하고 있는 사람이 이 활동력의 올바르고 진실한 방향과, 자신을 진실의 길에서 떼어놓을 수 있는 극히 위험한 오류를 자기에게 교시한 것을 불만스레 생각하는 것이다. 이는 마치 항해자가 얕은 여울과 암초 사이에 자기의 바른 항로가 정해져 있는 것에 대해 '어째서 그런 성가신 간섭을 하는 것이냐? 암초에 걸리는 것이 필요한 경우도 있을 수 있는 것 아니냐?'고 불만스레 여기는 것과 같다. 그런데도 대부분의 세상 사람들은 어떠한 경우에도 폭력을 쓰거나 악을 악으로 갚거나 해서는 안 된다는 계명에 반항할 때에는 이것과 똑같은 말을 하는 것이다.

형벌

동물 사회에서는 악은 악을 불러일으킨다. 그리고 동물은 자기 내부에서 일어나는 악을 제어할 어떠한 능력도 가지고 있지 않기 때문에 악이 필연적으로 악을 증가시킨다는 것을 알아채지 못하고 악으로써 악에 앙갚음하려 한다. 그러나 인간은 이성을 갖추었으므로 악이 악을 증가시킬 뿐이라는 사실을 모를 수가 없다.

그러므로 인간은 악으로써 악에 앙갚음하는 것을 억제해야만 한다. 그러나 때때로 인간 천성의 동물적인 면이 이성에 눈뜬 다른 면을 압도한다. 그 결과, 악으로써 악에 앙갚음을 하는 자기를 억제해야만 하는 이성을 구비한 인간이 자기가 행하는 악에 대한 변명에 이성을 사용하는데, 그들은 악을 응보 또는 형벌이라 이름한다.

형벌은 어떠한 경우에든 그 목적을 이루지 못한다

1. 인간을 교정하려면 악에 악으로 앙갚음해도 된다고 세상 사람들은 말한다. 그러나 이것은 진실이 아니다. 사람들이 자기를 속이고 있는 것이다. 그들이 악으로써 악에 앙갚음하는 것은 인간을 교정하기 위해서가 아니라 복수하기 위해서이다. 악을 행함으로써 악을 교정하지는 못한다.

2. '벌하다'라는 러시아어는 훈계한다는 의미를 가지고 있다. 그러나 훈계가 가능한 것은 선한 말과 선한 수단으로 하는 경우뿐이다. 악으로써 악을 갚는 것은 사람을 훈계하지 못하고 오히려 타락시킨다.

3. 형벌로 악을 멸할 수 있다는 잘못된 생각이 특히 해로운 것은 사람들이 이 잘못된 신념에 따라 악을 행할 경우, 이것이 허용된 행위로 생각할 뿐만

아니라 은혜로운 행위라고 생각한다는 점이다.

4. 형벌로, 형벌의 위협으로 사람을 위협하고, 일시적으로 그의 악을 억제할 수는 있겠지만 절대로 교정하지는 못한다.

5. 인류의 불행 대부분은 죄가 많은 인간들이 자기 손으로 복수할 권리가 있다고 생각하고 '우리는 복수할 수 있다'고 공언하는 데서 생겨난다.

6. 형벌에 관한 학문, 즉 야만인이나 어린아이와 같이 문화 수준이 낮은 인간 특유의 극히 야만스런 행위를 수행하는 것에 관한 학문이 있다. '학문'이라는 단어가 때때로 매우 쓸모없고 하찮은 것일 뿐 아니라 지극히 꺼림칙한 것에까지 마구 붙여지는 매우 개탄스러운 현상을 볼 수 있는 것이다.

복수가 정당하다는 맹신

1. 신에 대한 온갖 허망한 미신과 전설에 대한 맹신, 신을 숭상해 자기 영혼을 구원하려는 여러 외적인 수단에 대한 맹신처럼, 사람들을 폭력이라는 수단으로 선한 삶을 살게 할 수 있다는 세상 일반 사람들의 맹신도 또한 맹신인 것에 변함은 없다. 그러나 온갖 요사스러운 귀신이나 예언, 영혼을 구하기 위한 여러 신비한 수단 등에 대한 맹신은 이미 붕괴하기 시작했지만, 악한 사람들을 벌함으로써 다른 사람들을 행복하게 하는 사회조직에 대한 맹신만은 모든 사람들에 의해 인정되고, 가장 커다란 갖가지 악행이 그 이름으로 이루어지고 있다.

2. 권세를 탐하는 마음으로 영혼을 마비시킨 사람들만이 형벌이라는 수단에 의해 사람들의 생활을 개선시킬 수 있다고 순진하게 믿을 수가 있다. 사람들의 생활을 개선하는 것은 사람들 자신의 내적이고 영적인 개선에서만 생겨나는 것이지, 절대로 다른 사람들에게 가하는 악에서 생겨나지 않는다는 것을 분명히 깨달으려면, 형벌이 사람들을 교정한다는 맹신에서 벗어나는 것만으로도 충분하다.

3. 율법학자들과 바리새파 사람들이 간음을 하다가 잡힌 여자를 끌고 와서, 가운데 세워 놓고 예수께 말하였다.

"선생님, 이 여자가 간음을 하다가 현장에서 잡혔습니다. 모세는 율법에 이런 여자를 돌로 쳐서 죽이라고 우리에게 명령하였습니다. 그런데 선생님은 이 일을 놓고 뭐라고 하시겠습니까?"

그들이 이렇게 말한 것은 예수를 시험하여 보고 고소할 구실을 찾으려는 것이었다. 그러나 예수께서는 몸을 굽혀서 손가락으로 땅에 무엇인가를 쓰셨다. 그들이 다그쳐 물으니 예수께서 몸을 일으켜 그들에게 말씀하셨다.

"너희 가운데서 죄가 없는 사람이 먼저 이 여자에게 돌을 던져라."

그러고는 다시 몸을 굽혀서 땅에 무엇인가를 쓰셨다. 이 말씀을 들은 사람들은 나이가 많은 이로부터 시작하여 하나하나 돌아가고, 마침내 예수만 남았으며 그 여자는 그대로 서 있었다. 예수께서 몸을 일으켜 여자에게 말씀하셨다.

"여자여, 사람들은 어디에 있느냐? 너를 정죄한 사람이 하나도 없느냐?"

여자가 대답하였다. "주님, 한 사람도 없습니다."

예수께서 말씀하셨다. "나도 너를 정죄하지 않는다. 가서, 이제부터 다시는 죄를 짓지 말아라." (요한복음 8장 3~11절)

4. 형벌을 시행하는 사람들은 무엇 때문에 형벌을 가하는가에 대해 온갖 교활한 핑계를 생각해낸다. 그러나 실제로 그들은 거의 언제나 형벌을 자기에게 유리하다고 생각하는 오직 하나의 이유 때문에 이것을 시행하고 있다.

5. 사람들은 증오심에서, 모욕감을 앙갚음해 주겠다는 마음에서, 자기를 지키겠다는 잘못된 상상에서 악을 행한다. 그리고 이것을 행한 뒤에는 그 행동에 대해 변명을 하기 위해 자기들에게 악을 행한 인간을 교정하기 위해 악을 행한 것에 불과하다고 하면서 사람들과 자기 자신을 설득하려 한다.

6. 복수가 정당하고 합리적인 행위라는 맹신은, 형벌에 대한 공포가 금지된 행위를 일시적으로 제지한다는 사실에 의해 가장 강하게 지지된다. 그러나 이는 제방이 강의 흐름을 감소시키지 않고 오히려 증가시키는 것처럼 악한 일에 대한 욕망을 감소시키지 않고 한층 증가시킨다.

7. 인간 사회에 어느 정도 질서가 존재하는 것은 이것을 파괴하는 사람들에게 형벌이 적용되기 때문이 아니다. 그런 갖가지 형벌에 의해 생겨나는 해로운 영향에도 불구하고 사람들이 여전히 서로 사랑하고 가엾게 생각하는 마음을 갖고 있기 때문이다.

8. 당신이 다른 사람들의 삶을 개선하지는 못한다. 각자가 각자의 삶을 스스로 개선할 수 있을 뿐이다.

9. 형벌은 형벌을 받는 사람들을 증오로 불타오르게 하기 때문에 유해한

것일 뿐만 아니라, 또한 동시에 형벌을 시행하는 사람들을 타락시키기 때문에 더욱 유해한 것이다.

개인적 관계에 있어서의 복수

1. 사람의 악행에 대하여 형벌에 처하는 것은 불이 난 곳에 부채질을 하는 것과 같다. 악한 행동을 한 사람은 모두 영혼의 평안을 빼앗기고 양심의 가책을 받는다는 점에서 이미 벌을 받고 있다. 만약 그가 양심의 가책을 느끼고 있지 않다면 사람들이 가할 수 있는 어떠한 형벌도 그를 교정하지 못하며, 오히려 증오로 불타오르게 할 뿐이다.

2. 모든 악행에 대한 진실된 형벌은 죄를 저지른 본인의 마음속에 가해지는 형벌이며, 그것은 인생의 갖가지 행복을 누릴 자격이 감소되는 것이다.

3. 어떤 사람이 악을 행했을 경우 사람들은 이 악에 대항하기 위해 그들이 형벌이라 이름 붙인 다른 종류의 악을 행하는 것 외에 이보다 나은 어떠한 수단도 발견하지 못한다.

4. 어린아이가 넘어져 몸을 바닥에 부딪쳤을 때 투덜대며 바닥을 때리는 것은 불필요한 행위이다. 그러나 어른이 심하게 몸을 부딪쳤을 때 펄쩍 뛰어오르는 동작은 이해할 수 있다. 이와 마찬가지로 타인에게 맞았을 때 재빨리 주먹을 치켜올리거나, 혹은 때린 상대를 앙갚음으로 때리는 행위도 또한 이해가 간다. 그렇지만 어떤 사람이 과거 자기에게 악을 가했기 때문이라면서 계획적으로 그 사람에게 악을 되갚고, 이것을 당연한 행위로 단정하고 자신을 설득시키는 일은 이성에서 완전히 벗어난 짓이다.

5. 벌통 위에 무거운 말뚝을 튼튼한 밧줄에 매달아 놓고, 그것으로 사람들은 곰을 잡는다. 곰은 꿀을 먹으려고 말뚝을 치운다. 제쳐진 말뚝은 휙 바람소리를 내면서 되돌아와서 곰을 때린다. 곰은 화가 나서 한층 거세게 말뚝을 내동댕이친다. 말뚝은 더 한층 세게 곰을 때린다. 이것은 말뚝이 곰을 죽일 때까지 계속되는 것이다.

그런데 사람들이 악에 대해 악으로 갚는 경우 우리도 이와 똑같은 행동을 하는 것이다. 과연 우리는 곰보다 영특해질 수는 없는 것인가?

6. 인간은 이성을 구비한 존재이다. 그러므로 우리는 복수가 악을 없앨 수 없음을 알아야만 한다. 악에서 벗어나는 길이 악과는 정반대의 것, 즉 사랑

속에만 있으며, 비록 어떠한 명칭을 붙이더라도 절대로 복수 속에는 존재하지 않음을 알아야 된다. 그런데도 세상 사람들은 이것을 모른다. 그들은 복수를 믿고 있는 것이다.

7. 우리는 어린 시절부터 악을 악으로 갚거나, 자신이 원하는 것을 폭력으로 획득하려는 사고방식에 익숙해왔다. 우리가 그렇지 않았다면, 어째서 우리가 마치 일부러 그러는 것처럼 타인의 마음을 아프게 하고, 형벌과 모든 폭력이 유익한 것이라고 서슴없이 말하고 있는 것인가? 우리는 이러한 사고방식을 되새겨보면서 경악을 금치 못한다.

우리는 어린아이의 악행을 그만두게 하기 위해 벌칙을 가한다. 게다가 우리는 우리가 가하는 벌칙 그 자체에 의해서 형벌이 유익하며 정의로울 수 있다는 것을 아이에게 주입한다.

그러나 그런 이유로 해서 우리가 아이들에게 벌칙을 가하는 사실이 정당화될 수 있을까? 우리의 이런 아이들에 대한 처벌처럼, 그들의 온갖 나쁜 습관에 결정적으로 나쁜 영향을 주어온 것이 이것 말고 또 있을까?

"나는 벌을 받았다. 그러니까 벌하는 것은 좋은 일이다!"

아이들은 자신에게 말한다. 그리고 최초의 기회를 맞았을 때 즉각 그것을 실행에 옮긴다.

사회적 관계에 있어서의 복수

1. 형벌이 합리적이라는 가르침은 아동의 올바른 교육을 이끌어내지 못했고, 또 지금도 그러하다. 또한 사회의 올바른 조직과 저세상의 천벌을 믿는 모든 사람들의 덕성도 기르지 못한다. 이것은 더 말할 것도 없는 얘기지만, 그럴 뿐만 아니라 이런 가르침은 동시에 셀 수 없을 만큼 많은 불행을 초래했고, 지금도 초래하고 있다. 그것은 아이들을 잔인하게 하고, 사회에 있어서 사람과 사람의 관계를 약하게 하며, 지옥을 약속하고, 선행의 뿌리를 없앰으로써 사람들을 타락시킨다.

2. 세상 사람들이 악을 악으로 갚지 않고 선으로 갚아야만 한다는 것을 믿지 않는 까닭은 어릴 적부터 악을 악으로 갚지 않으면 세상살이가 엉망진창이 되어 버린다고 주입받았기 때문이다.

3. 선량한 사람은 모두 인류의 삶을 어둡게 하는 모든 범죄와 살인행위,

빈곤자의 빈곤, 약탈, 악행 등의 절멸을 바란다는 것이 사실이라면, 그들은 만사를 제치고 우선 투쟁과 복수의 수단에 의해서는 절대로 그 목적을 달성할 수가 없다는 것을 이해하지 않으면 안 된다.

만물은 자기와 닮은 것을 낳는다. 따라서 우리가 악인들의 폭력과 모욕에 대하여 이것과 정반대의 것을 내놓지 않고 그들의 것과 동일한 행위를 하는 동안 우리는 근절하기 위해 무진 애를 써온 것처럼 보이는 모든 악을 우리 내부에서 눈뜨게 하고 선동하고 조장할 뿐이다. 우리는 악이 겉모습을 바꾸는 것일 뿐, 내용은 완전히 똑같은 어리석은 짓을 감히 되풀이할 뿐이다.

4. 앞으로 몇십 년 혹은 몇백 년의 세월이 헛되이 흐르리라. 그러나 우리 후손이, 현재 우리가 화형이나 십자가형에 경악하듯 우리가 현재 행하고 있는 형벌에 경악하는 시대가 이제 곧 기필코 올 것이다.

"그들은 그들이 한 행위의 무의미함과 잔인함과 유해함을 어떻게 모를 수가 있었을까?"

우리의 후손들은 이렇게 말할 것이 분명하다.

폭력에 선으로 대응하는 것처럼
개인적인 복수심은 형제애로 바뀌어야 한다

1. "만약 누군가가 네 오른뺨을 때리거든 그 사람에게 왼뺨도 내밀어라"고 복음서에 나와 있다. 이것이 그리스도교도에게 보낸 신의 계명이다. 누가 폭력을 행사했든, 또 그 폭력이 어떠한 이유로 행해졌든 어차피 폭력은 악이다. 살인이나 간음과 마찬가지로 악이다. 무엇 때문에, 누가 하려 하든, 나아가 한 사람이 하든 몇백만의 사람이 하든 악인 것에 변함은 없다. 왜냐하면 신 앞에서는 모든 사람이 평등하기 때문이다.

신의 계명은 언제나 모든 사람이 반드시 지키지 않으면 안 되는 것이다. 따라서 사랑의 계명도 또한 언제나, 모든 그리스도교도들이 지켜야만 한다. 어떠한 경우에도 자기가 폭력을 행사하기보다 폭력을 당하는 편이 훨씬 낫다. 막다른 경우에는 내가 살인자가 되기보다 죽음을 당하는 편이 그리스도교도에게는 나은 것이다.

만약 사람들이 자기를 욕한다면 그리스도교도인 자신은 다음과 같이 판단해야 한다. '나도 남을 욕한 적이 있기 때문에 신이 그러한 나에게 죄를 깨

닫게 하고 죄로부터 몸을 씻어 깨끗하게 하기 위한 시련을 주는 것은 좋은 일이다.'

만약 또 사람들이 자기는 죄가 없는데 욕한다면, 그런 경우는 자기에게 한층 좋다. 왜냐하면 그럴 때는 모든 성자에게 일어났던 일이 자신에게도 일어나게 되기 때문이다. 그리고 만약 자기가 그러한 성자가 행했던 것처럼 한다면, 자기는 그들과 비슷한 인물이 될 것이 분명하기 때문이다.

악으로 자기의 영혼을 구제하지는 못한다. 집으로 가는 반대 방향으로 걸어서 집에 돌아갈 수 없는 것처럼 악의 길로 선에 이르지는 못한다. 악마는 악마를 쫓아내지 못한다. 악은 악에 의해 정복되지 않는다. 악은 악을 거듭하고, 악을 강화할 따름이다. 선에 의해서만, 선과 인내와 노력에 의해서만 악을 소멸시킬 수 있다.

2. 벌하고 싶다는 욕망은 복수하고 싶다는 욕망이며, 그것은 이성을 구비한 존재인 인간의 본성에 어긋나는 것임을 알고 또 기억해야만 한다. 이러한 욕망은 인간 본성의 동물적인 면 특유의 것이다. 그러므로 우리는 이러한 감정으로부터 벗어나려 노력해야 하며, 절대로 이것을 긍정하려 노력해서는 안 된다.

3. 남이 당신에게 화를 내고, 당신에게 악을 행한 경우, 당신은 대체 어떤 자세를 취해야 하는가? 그런 경우에는 여러 가지 자세를 취할 수 있겠으나, 그 가운데 단 한 가지, 절대로 악을 행해서는 안 된다는 것이다. 그 상대가 당신에게 행한 것과 같은 것을 해서는 안 된다.

4. '만약 사람들이 나에게 선을 행했다면 나도 그들에게 선을 행하겠다. 그러나 만약 그들이 나를 박해한다면 나도 그들을 박해하리라.' 당신은 이렇게 생각해서는 안 된다. '만약 사람들이 당신에게 선을 행하거든 당신도 그들에게 선을 행한다. 그러나 설령 당신을 박해하더라도 당신은 그들을 박해하지 않는다.' 당신은 이런 식으로 행동해야 한다. (마호메트)

5. 폭력을 허용하지 않는 사랑의 가르침이 중요한 까닭은 악을 인내하고, 악을 선으로 갚는 것이 우리에게 좋기 때문일 뿐만 아니라, 나아가 그것은 선만이 악을 없애고, 악을 멸망시키며, 악이 커지는 것을 허락하지 않기 때문에 중요하고 값어치 있는 것이다. 그리고 진실한 사랑의 가르침은 그것이 악을 멸망시켜 악이 타오르는 것을 허용하지 않는다는 점에서 강력한 것이

다.

6. 이미 오래 전부터 사람들은 형벌과 인간 영혼의 숭고한 본성과의 불일치를 깨닫기 시작했고, 이 저열한 동물적 욕망을 시인할 수 있도록 여러 가지 가르침을 고안하기 시작했다.

형벌은 그 공포 때문에 악을 행하지 않도록 하기 위해 필요하다고 어떤 사람들은 말한다. 다른 사람들은 또 뉘우치게 하기 위해 필요하다고 하며, 나아가 어떤 사람들은 마치 신의 벌 없이는 세상에 정의를 세울 수가 없는 것처럼 이 세상에 정의를 세우기 위해서 필요하다고 말한다. 그러나 이들 모든 가르침은 공허한 말이다. 왜냐하면 그 근저에 가로놓여 있는 것이 복수라든가 공포, 자기도취, 증오 같은 사악한 감정뿐이기 때문이다.

그들은 실로 갖가지 말을 궁리한다. 그러나 단 한 가지, 필요 불가결한 것을 결행할 용기가 없다. 즉 아무것도 하지 않는 것, 후회를 하든 하지 않든, 뉘우치든 뉘우치지 않든 죄를 범한 사람을 그대로 놓아두는 것이다. 그러나 현실은 그곳에 발길을 끊지 않고 있는 것과도 같은 형국이다. 이러한 모든 가르침들을 궁리해낸 사람들에게도, 이러한 가르침들을 실제로 적용하는 사람들에게도, 다른 사람을 그대로 놓아두고 그저 자기들만 선한 삶을 사는 것이 필요하다.

7. 악에 선으로 답하라. 그리하면 당신은 악인의 가슴에서 그 악인이 악에서 느꼈던 모든 만족을 없앨 수가 있으리라.

8. 누군가가 당신을 죄가 있는 사람인 것처럼 생각한다 해도 그것을 잊고 용서해야 한다. 그리하면 당신은 용서의 행복을 알리라.

9. 자기들의 악행을 용서받고, 악이 선으로 돌아오는 것만큼 사람들을 기쁘게 하는 것은 없으며, 또한 그러한 행위를 한 사람에게도 그것만큼 유쾌한 일은 없다.

10. 선덕은 모든 것을 이긴다. 그리고 선덕은 어떤 것에도 패배하지 않는다.

11. 어떠한 것에도 대항할 수가 있지만, 선덕에만큼은 절대로 불가능하다. (루소)

12. 악을 선으로 갚고, 모든 사람을 용서하라. 모든 사람이 선을 행할 때, 그때 비로소 악이 이 세상에서 없어지게 되리라. 어쩌면 당신에게는 선을 실

행할 힘이 부족할지도 모른다. 그러나 선을 행하는 이 한 가지만이 우리를 우리 모두의 고뇌의 근원인 악에서 구할 것이므로 선 한 가지만을 바라야 하며, 이 한 가지는 반드시 달성해야만 한다는 것을 알아야 한다.

13. 당신을 욕한 사람이 당신의 지배하에 놓였을 때, 특히 그러한 경우에 있어서 당신에게 가했던 그의 모욕을 용서해 주는 사람은 신의 곁에서 숭배와 존경을 가장 많이 받으리라. (마호메트)

14. '……그때 베드로가 예수 앞으로 나와서 말했다.

"주여, 나에게 죄를 지은 나의 형제를 몇 번 용서해 주어야 합니까? 일곱 번까지 용서하면 되겠습니까?"

예수는 그에게 말했다.

"아니다, 일곱 번뿐 아니라 일곱 번씩 일흔 번까지도 용서해 주어라."'
(마태복음 18장 21~22절)

용서란 복수하지 않는 것, 악에 악으로 앙갚음하지 않는 것을 의미한다. 즉, 사랑하는 것을 뜻한다. 만약 당신이 이것을 믿는다면, 중요한 것은 형제가 당신에게 행한 것이 아니라 당신이 해야 하는 것이다. 만약 당신이 이웃의 잘못을 교정해 주고자 한다면 그에게 '당신은 나쁜 짓을 했다'고 공손하게 말해주는 것이 좋다. 그리고 가령 그가 당신의 말을 듣지 않는다 하더라도 그를 탓하지 말고, 그에게 적절하게 말해주지 못한 자기 자신을 탓해야 한다.

형제를 몇 번 용서해 주어야 하느냐고 묻는 것은, 술을 마시면 나쁘다는 것을 알면서 한 번도 술을 마시지 않겠다고 결심한 예가 없는 사람이 앞에 놓인 술을 보고 몇 번이나 그것을 사양해야 하느냐고 질문하는 것과 같다. 만일 우리가 술을 마시지 않겠다고 결심했다면 코앞에 몇 번을 갖다 놓아도 우리는 마시지 않으리라. 사람을 용서하는 경우도 또한 그러하다.

15. 용서한다는 것은 '나는 용서한다'라고 말로 하는 것이 아니다. 자기의 마음에서 화난 기분, 즉 자기를 모욕한 사람에 대한 혐오의 감정을 씻어낸다는 의미이다. 그러나 이것을 실행하려면 자기의 죄를 상기하지 않으면 안 된다. 자기의 죄를 상기하면 당신은 분명 상대에게 화난 원인인 악행보다 훨씬 나쁜 갖가지 악행을 자신에게서 발견할 것이다.

16. 폭력으로 악에 대항해서는 안 된다는 가르침은 새로운 계명이 아니다.

사랑의 계명을 배반하는 것이 세상 사람들에 의해 부당하게도 허용되고 있는 것을 지적한 말에 지나지 않는다. 복수라는 명분이든, 또는 자기나 이웃을 악에서 구출할 명분이든, 어쨌든 이웃에 대한 모든 폭력을 허용하는 것은 사랑과 양립하기 어렵다는 것을 지적한 말이다.

17. 만약 당신이 형제를 사랑한다면 복수해서는 안 된다는 가르침은 그것이 저절로 그리스도의 가르침에서 생겨났을 정도로 우리가 다 아는 가르침이다.

따라서 설령 그리스도의 가르침 가운데 그리스도교도라면 누구나 악을 선으로 갚아야 하며, 나를 미워하는 사람들, 다시 말해 나의 적을 사랑해야 한다는 말이 없었더라도 이 가르침을 이해하는 모든 사람은 스스로 자신을 위해 이 사랑의 요구를 거기에서 발견할 것이 분명하다.

18. 그리스도의 가르침 가운데 악을 갚을 때 선으로 해야만 한다는 타이름을 이해하려면, 그리스도의 가르침 전체를 현재 많은 사람들이 설명하듯 삭제나 추가하는 형태가 아니라 전체로서 진정한 모습으로 이해해야 한다. 인간은 자기의 육체를 위해 살아서는 안 되며, 영혼을 위해, 신의 뜻을 받들기 위해서 사는 것이 그리스도의 전체 가르침의 의미이다. 그리고 세상 사람들에게 서로 사랑하라는 것이, 모든 사람을 사랑하라는 것이 신의 뜻이다. 어떻게 우리가 모든 사람을 사랑하면서 사람들에게 악을 행할 수가 있으랴! 그리스도의 가르침을 믿는 사람은 어떤 일과 마주쳐도 사랑을 바탕으로 하지 않을 수 없다. 세상 사람들에게 악을 행하지 못하는 것이다.

19. 악을 선으로 갚는 것을 제외한다면, 그리스도의 가르침 전체가 공허한 말이 되고 만다.

20. 그러므로 하늘 나라는 자기 종들과 셈을 가리려고 하는 어떤 왕에 비길 수 있다. 왕이 셈을 가리기 시작하니, 만 달란트 빚진 종 하나가 왕 앞에 끌려왔다. 그런데 그가 빚을 갚을 길이 없으므로, 주인은 그 몸과 아내와 자녀들과 그 밖에 그가 가진 모든 것을 팔아서 갚으라고 명령하였다.

그랬더니, 그 종이 엎드려서 무릎을 꿇어 애원하기를 '참아 주십시오. 다 갚겠습니다' 하였다.

주인은 그 종을 가엾게 여겨, 그를 놓아 주고 빚을 삭쳐 주었다. 그러나 그 종은 나가서, 자기에게 백 데나리온 빚진 동료 하나를 만나, 붙들어서 먹살을 잡고 '내게 빚진 것을 갚아라' 하고 말하였다.

그 동료는 엎드려 간청하기를 '참아 주게. 내가 갚겠네' 하였다. 그러나 그는 들어주려 하지 않고, 가서 그 동료를 감옥에 가두고, 빚진 돈을 갚을 때까지 갇혀 있게 하였다.

다른 종들이 이 광경을 보고 매우 딱하게 여겨서, 가서 주인에게 그 일을 다 일렀다. 그러자 주인은 그 종을 불러다 놓고 말하였다.

'이 악한 종아, 네가 간청하기에 내가 네게 그 빚을 다 삭쳐 주었다. 내가 너를 불쌍히 여긴 것처럼, 너도 네 동료를 불쌍히 여겼어야 할 것이 아니냐?'

주인이 노하여 그를 형리에게 넘겨 주고, 빚진 것을 다 갚을 때까지 가두어 두게 하였다.

너희가 각각 진심으로 형제나 자매를 용서하여 주지 않으면, 내 하늘 아버지께서도 너희에게 그와 같이 하실 것이다. (마태복음 18장 23~35절)

폭력으로 악에 대응하지 말라는 것이 개인의 삶에
중요한 것과 마찬가지로 사회적 삶에도 매우 중요하다

1. 세상 사람들은 과거와 같은 사악한 존재로 일관하려 하고 있다. 게다가 동시에 보다 나은 사람이기까지 바라고 있다.

2. 모든 사람의 행복이 어디에 있는지를 우리는 알지 못하며, 또한 알 수도 없지만, 그렇지만 각자의 지혜로운 영혼과 마음속에 계시되어 있는 영원한 선에 대한 계명을 지킴으로써만 모든 사람에게 공통인 이 행복을 획득할 수 있음을 우리는 확실히 안다.

3. 악으로 악을 갚지 않으면 악인이 대번에 선인들을 지배하게 될 것이므로 악을 행하지 않을 수 없다고 사람들은 말한다. 그러나 나는 정반대라고 생각한다. 모든 그리스도교 국민들이 현재 생각하는 것처럼 악을 악으로 갚는 것이 허용되어 있다고 사람들이 생각할 때, 그때만 악인들이 선인들을 지배하는 것이라고 나는 생각한다. 악인들이 현재 선인들을 지배하고 있는 것은, 사람들에게 악을 행하는 것이 허용되어 있을 뿐만 아니라, 도리어 이익을 가져오는 행위라고 주입되어 모든 사람들이 이를 맞다고 생각하기 때문이다.

4. "형벌로 악인들을 두렵게 하는 일을 그만둔다면 현재의 질서는 파괴되고 말 것이다. 그리고 모든 것은 멸망해 버릴 것이다."

사람들은 이렇게 말한다. 그러나 이런 말을 하는 것은 강이 고갈되어 모든 것이 죽고 말리라고 말하는 것과 같다. 아니, 결코 그렇지 않다. 선박은 자유롭게 통과한다. 그리고 진실한 삶이 시작될 것이 분명하다.

5. 그리스도의 가르침에 대해 운운하는 경우, 학식이 있는 사람은 늘 진정한 의미에 있어서 그리스도의 가르침은 실제로 적용할 수 없으며, 이미 오랜 옛날에 이 문제는 완전하게 결론이 났다는 듯한 얼굴을 한다.

'공상 따위에 빠질 수는 없다. 현실의 문제에 종사하지 않으면 안 된다. 자본과 노동의 관계를 변경하고, 노동이나 토지의 소유를 유기적 조직으로 고치고, 시장을 개설하며, 주민을 적당히 나눠 살게 하기 위해 식민지를 두어야 한다. 교회와 국가의 관계를 미리 정해야 한다. 동맹을 조직해 국가의 안위를 보증하지 않으면 안 된다.

사람들의 주의와 배려할 가치가 있는 진지한 문제에 종사해야 하며, 오른 뺨을 맞았을 때 왼뺨을 내민다거나, 셔츠를 빼앗기면 저고리까지 벗어 주고, 하늘을 나는 새와 같은 삶을 살아야 한다거나 하는 세상을 만들자는 따위의 터무니없는 공상에 매달려서는 안 된다. 그러한 것들은 모두 공허한 엉터리이다'라고.

이렇게 어떠한 문제의 근원도 모두 그들이 공허한 엉터리라 칭하는 것 가운데 놓여 있음을 인정하지 말라고 사람들은 말한다.

그러나 모든 문제의 근원은 그들이 말하는 공허한 엉터리 속에 놓여 있다. 왜냐하면 자본가와 교회와 국가의 관계 문제에 이르기까지 이러한 모든 문제들은, 우리가 그 이웃에게 악을 행해도 좋을 듯한, 행하는 것이 당연한 듯한 그런 기회가 과연 있는가, 또 이성(理性)에 눈뜬 사람들에게 그러한 기회가 있을 수 없을까 하는 이 한 가지에 포함되어 있다.

따라서 실제로는 매우 중대하게 생각되는 이러한 문제들이 모두 단 하나의 문제로 귀착한다. 바로 악에 악으로 앙갚음하는 것이 옳은가, 옳지 않은가, 필요한가, 필요하지 않은가 하는 문제이다. 세상 사람들이 이 문제의 의의를 이해하지 못하고, 또한 실제로 이해하지 않은 시대가 있었다. 그러나 현재 인류를 둘러싸고 있는 무서운 갖가지 고난의 소용돌이가 세상 사람들을 이 문제의 해결이 실제로 꼭 필요하다는 자각으로 이끌었다. 더구나 이 문제는 옛날부터 그리스도의 가르침으로 확실하게 해결되어 있는 것이다. 그러므로 이미 우리 시대에는 이 문제를 모른 체하거나 그 해결을 모른 체할 수는 없는 것이다.

폭력이 필요 불가결한 것이라는 가르침의 결과에 대해 현대인들이 진실한 견해를 가지기 시작했다

1. 형벌은 깨달음이며, 이 깨달음으로부터 인류는 성장하기 시작하는 것이다.

2. 없애려 노력하는 그리스도의 영혼은 그럼에도 불구하고 도처에 모습을 드러낸다. 과연 복음서의 정신은 민중의 가슴에 파고들지 않았던 것일까? 과연 민중은 빛을 인정하지 않은 것일까? 권리에 관한 관념, 의무에 관한 관념이 각자의 눈앞에서 명백해지지 않은 것인가? 좀더 올바른 계명 쪽으로, 올바른 평등과 무차별을 기초로 악한 자를 비호하는 제도 쪽으로 부르는 음성이 사방에서 들려오지 않는가? 폭력으로 격리되어 있던 사람들 사이에 있었던 지금까지의 그 참혹한 적의는 과연 소멸되지 않는 것인가? 과연 민중은 자기들을 형제로 느끼지 않는 것인가?

이러한 것들은 모두 뻗어나려는 새싹의 활동과 같다. 세상에서 악을 제거하고, 민중에게 폭력이 아니라 서로의 사랑을 내적 법칙으로 하는 인생의 새로운 길을 계시하는 넓고 큰 사랑의 활동이다. (라므네)

허영심

현인들의 가르침에 따르지 않고, 또한 자기의 양심에 따르지 않고, 삶을 둘러싼 주위 사람들이 인정하고 칭찬하는 선을 좇아 사는 습관만큼 삶을 왜곡하고, 참된 행복을 확실하게 빼앗는 것은 없다.

허영심의 유혹은 어디에 있는가

1. 우리가 일상적으로 하는 일을 자기의 육체를 위해서도 아니고 자기의 영혼을 위해서도 아니며, 남들의 칭찬을 얻기 위해서 행하는 것, 여기에 사

람들의 사악한 삶의 주된 원인 가운데 하나가 있다.

2. 영광에 대한 세상 사람들의 칭찬과 존경과 박수갈채에 대한 번뇌만큼 사람들을 오래도록 그 지배 아래 묶어놓고, 인생의 의의와 참된 행복의 깨달음으로부터 멀어지게 하는 유혹은 없다. 나 자신과 집요하게 투쟁하고, 내 안에서 신과 나와의 합일을 자각하고, 따라서 신의 칭찬만을 바라야 한다는 자각을 끊임없이 불러일으킴으로써만 우리는 그러한 유혹에서 벗어날 수 있다.

3. 진정한 내적 삶으로 일관하기란 어렵다. 오히려 우리는 다른 사람의 의중을 상상하면서 살아가려 한다. 그 결과, 우리는 그것을 위해 실제 우리 자신과는 다른 사람으로 가장한다. 우리는 이 상상의 존재를 좋은 방향으로 이끌려고 끊임없이 애쓰지 않고, 진실한 존재, 즉 실제 있는 그대로의 우리들 자신에 대해서 배려하지 않는다. 만약 우리 영혼이 평안하고 서로 믿고 사랑한다면, 우리는 되도록 신속하게 선행을 실천해서 우리의 선행뿐만 아니라 다른 사람들이 상상하는 존재의 선행이 되도록 분명히 노력할 것이다.

우리는 세상 사람들이 선덕을 지녔다고 생각하도록 하기 위한, 그러한 선덕조차도 거절하려 한다. 용감한 자라는 평판을 받고싶기만 할 뿐, 이는 비겁자가 되려는 것이다. (파스칼)

4. 가장 위험하고 해로운 말 가운데 하나는 '모두 마음에서 시작된다'는 말이다.

5. 사람들은 자기의 육체적인 온갖 욕정을 위해 많은 악을 행한다. 그러나 남에게 칭찬을 받기 위해, 즉 세속적인 명예 때문에 우리는 더 많은 악을 행한다.

6. 무엇 때문에 이런 행동을 하는지 이해하기 힘들 때, 이해하는 것이 거의 불가능한 경우에는 자기의 그 행동의 동기가 세속적 명예를 바라는 마음이라고 믿는 것이 좋다.

7. 갓난아기를 가볍게 흔들어주는 것은 멀쩡한 아기를 울리지 않기 위해서가 아니라 울고 있는 아기가 울지 않도록 하기 위해서이다. 사람들의 마음을 끌기 위해 양심의 눈을 감을 때는 우리 또한 자기의 양심에 대해서 이와 똑같은 일을 한다.

8. 당신들을 숭배하는 사람들의 가르침이 아니라 그 가르침의 질에 관심을

가져야 한다. 선량한 사람들의 마음에 들지 않는 것은 때로 불쾌하다. 그렇지만 사악한 사람들의 마음에 들지 않는 것은 어떠한 경우에나 좋은 일이다. (세네카)

9. 우리는 대부분 남과 비슷한 사람이 되기 위해서 비용을 지출한다. 지식을 위해서, 정조를 위해서도 우리는 이렇게 많은 비용을 지출하지는 않는다. (에머슨)

10. 어떠한 선행이든 사람들의 칭찬을 바라는 부분은 있다. 그러나 만약 당신이 그 선행을 세속적 명예를 위해서만 행한다면 그것은 불행이다.

11. "어째서 당신은 당신이 좋아하지 않는 일을 하십니까?" A가 B에게 물었다.

"사람들이 그렇게 하기 때문입니다." B는 대답했다.

"그러나 모두가 그렇다고 말할 수는 없습니다. 우선은 내가 하지 않으며, 또한 마찬가지로 다른 사람들 가운데에도 하지 않는 사람들도 있을 테니까요."

"모두가 그렇지는 않다 하더라도 적어도 다수의 사람들, 대부분의 사람이 합니다."

"그렇다면 부디 말씀해 주십시오. 어떤 사람들이 많습니까? 영리한 사람들인가요, 바보스런 쪽인가요?"

"그야 물론 바보 같은 사람들이겠습니다만."

"그렇다면 당신은 바보 같은 사람들의 흉내를 내기 위해서 그것을 하신다는 거로군요."

12. 주위 사람들이 모두 사악한 삶을 영위한다면 우리는 사악한 삶에 쉽사리 익숙해지고 말 것이다.

많은 사람이 같은 의견이라는 것이
그 의견이 옳다는 증거가 되지는 않는다

1. 악은 악이기를 멈추지 않는다. 왜냐하면 많은 사람들이 사악한 행위를 계속하고 있고, 게다가 때때로 보는 바와 같이 그 행위를 자랑하기까지 하기 때문이다.

2. 동일한 대상을 믿는 사람이 많으면 많을수록, 그러한 신앙에 대해서는

그만큼 세심한 주의를 기울여야 하며, 또한 그만큼 꼼꼼하게 이것을 비판하지 않으면 안 된다.

3. "다른 사람들이 하는 대로 행동해야 한다."

사람들이 이렇게 말한다면, 그것은 거의 언제나 사악한 행동을 해야만 한다는 것을 의미한다.

4. '모두'가 요구하는 것을 행하는 일에 익숙해지는 순간, 문득 정신을 차리고 자신을 되돌아보면 당신은 이미 나쁜 짓을 하고 있고, 그것을 선한 일이라고 여기고 있을 것이다.

5. 만약 우리가 어떤 점에서 남들에게 칭찬을 받고, 어떤 점에서 비난을 받는지 알기만 한다면, 우리는 틀림없이 남들의 칭찬을 높이 평가하거나 비난받는 것을 두려워하지 않을 것이다.

6. 인간에게는 자기의 재판관이 있다. 양심이 그것이다. 그러므로 양심의 평가만을 높이 사야 한다.

7. 세상 사람들이 비난하는 사람들 가운데서 우수하고 선량한 사람을 찾고 구하라.

8. 만일 군중이 누군가를 증오한다면 그 인물을 심판하기 전에 어째서 그러한지를 깊이 생각해야 한다.

9. 우리를 타락시킬 수 있는 사악한 사람들도, 격류처럼 우리를 이끄는 맹목적인 군중만큼 우리 생활을 해치지는 못한다.

허영심이 초래하는 살인적인 여러 결과

1. 세상 사람들은 우리에게 말한다.

"우리가 생각하는 대로 생각하라. 우리가 믿는 그대로를 믿어라. 우리가 먹거나 마시거나 하는 것처럼 먹고 마셔라. 우리와 같은 옷차림을 하라."

그리고 누군가 이 요구에 따르지 않는 사람이 있으면 사회는 비웃음과 비방, 매도의 말로 그를 괴롭히기에 이른다. 이에 따르지 않기는 어렵다. 그렇지만 이것에 따르면 당신에게는 한층 나쁜 결과가 온다. 이것에 따르자마자 당신은 이미 자유로운 인간이 아니라 노예로 전락하고 만다.

2. 보다 총명하고 보다 선량한 사람이 되기 위해서 자기의 영혼을 위한 가르침에 몰입하는 것이 좋다. 그런 가르침은 사람들에게 유익하다. 그러나 학

식 있는 인물로 평가받기 위해서, 세속적인 명예 때문에 학문을 하는 경우, 그 학식은 무익할 뿐만 아니라 오히려 해로우며, 그리고 그들은 전혀 학문을 하지 않았던 때보다도 한층 사악한 인간이 되게 된다. (중국 문서)

3. 자기 자신을 칭찬해서는 안 될 뿐만 아니라, 타인도 나를 칭찬하게 해서는 안 된다. 영혼에 대한 배려를 사회적 명예에 대한 번뇌로 옮겨감으로써 칭찬은 우리 영혼을 망가뜨린다.

4. 선량하고 총명하고 성실한 사람이 전쟁이나 육식, 사람들에게서 그들에게 반드시 없어서는 안 될 것을 빼앗는 것이나, 남들을 비난하는 것, 그 밖의 이와 같은 일들이 모두 나쁜 짓임을 알면서도 태연히 계속하는 것을 목격하는 경우가 때때로 있다. 이것은 대체 무엇 때문인가? 그것은 그 사람이 자기 양심의 판단보다도 타인의 의견을 중시한 결과이다.

5. 지극히 평범한, 그러나 동시에 가장 두려운 인간의 행위, 즉 거짓말을 스스로에게 설명할 수 있는 것은 타인의 의견에 대한 걱정에서뿐이다. 사람은 진실을 알면서도 다른 말을 한다. 그것은 왜인가? 자기가 만약 사실을 말하면 사람들에게서 칭찬을 받지 못하게 되지만, 거짓을 말하면 칭찬을 받는다고 생각한 결과라는 것 외에 이를 설명할 길이 없다.

6. 전설에 대해 불손한 태도를 보이는 것은 오랜 습관에 대해 존경이 빚어내는 악의 천분의 일도 되지 못한다. 사람들은 이미 오랜 옛날부터 옛 습관을 믿지 않는다. 그런데도 여전히 이것에 따르는 것은 세상 사람들 대다수가 자기를 비난하리라고 생각하기 때문이다.

허영심이라는 유혹과의 투쟁

1. 생애 최초의 시기, 즉 유년시절에 사람은 거의 대부분 자기 육체를 위해서 살며, 먹고, 마시고, 놀고, 날뛴다. 이것이 1단계이다. 그러나 점점 나이가 들면서 자기를 둘러싼 사람들의 생각을 생각하게 되고, 그래서 타인이 생각한 것을 위해 자기 육체의 요구, 즉 음식물이나 놀이, 쾌락을 잊게 된다. 이것이 2단계이다. 그리고 마지막 3단계는 다른 무엇보다도 영혼의 요구에 따르며, 영혼을 위해서 육체도, 쾌락도, 사회적 명예도 돌아보지 않는 시기이다.

허영심은 동물적 욕망에 대한 일차적인 가장 야만스런 진압수단이다. 그러나 다음에는 이 약의 부작용을 없애지 않으면 안 된다. 그 치료수단은 오직 한 가지, 영혼에 봉사하며 살아가는 것뿐이다.

2. 어쩌면 사람들이 옛 습관을 버리기는 힘들 것이다. 그리고 보다 나은 사람이 되기 위해 정진할 때에 내딛는 걸음마다 옛 습관과 충돌하고, 사람들의 비난에 봉착하게 될 것이다. 자기완성에 자기의 생명을 두는 사람은 그런 각오를 해야 한다.

3. 세상 사람들이 채택하고 있는 온갖 습관으로부터 벗어남으로써 그들을 애태우는 것은 좋지 않은 일이지만, 그보다도 훨씬 나쁜 것은 세상의 습관에 복종함으로써 자기의 양심과 이성의 요구에 등을 보이는 일이다.

4. 옛날이나 지금이나 변함 없이, 묵묵히 앉아 있는 사람도 비웃음을 당하고, 많은 말을 지껄이는 사람도 비웃음을 당하며, 말수가 적고 조심스럽게 말하는 사람도 비웃음을 당한다. 남에게 비난받지 않는 사람은 이 세상에 한 사람도 없다. 그러나 또한 동시에 언제나 모든 면에서 칭찬받는 사람이 없는 것처럼, 언제나 모든 면에서 비난당하는 사람도 없다. 그런 사람은 과거에도 없었고 앞으로도 없을 것이 분명하다. 그러므로 타인의 칭찬에도, 비난에도 전혀 개의할 필요가 없다.

5. 당신에게 무엇보다도 가장 소중한 것은 당신이 자신을 어떻게 이해하고 있느냐 하는 것이다. 왜냐하면 그로써 당신은 행복하게도 불행하게도 되는 것이지, 당신의 행복은 절대 타인이 당신을 해석하는 것에 좌우되지 않기 때문이다. 그러므로 당신은 타인의 판단을 고려해서는 안 된다. 당신 자신이 자기 영혼의 삶을 어떻게 하면 강화시킬 수 있을까 하는 것 한 가지를 생각해야 한다.

6. 당신은 자신의 온화함과 선량함이 남들에게 모멸당할까 두려워하지만, 올바른 사람은 그것 때문에 자신이 모멸당할 수 없다는 것을 알며, 또한 그 밖의 사람들 따위는 문제가 되지 않는다. 그들의 비판 따위에 주의를 기울여서는 안 된다. 뛰어난 목수는 목수일을 전혀 이해하지 못하는 사람이 그의 일을 칭찬하지 않는다 해도 그것을 섭섭하게 생각하지 않을 것이다.

당신의 온화함과 선량함에 대하여 당신을 모멸하는 사람들은 무엇이 인간에게 선인지를 알지 못한다. 따라서 그런 사람들의 비판 따위가 당신에게 무슨 상관이 있으랴! (에픽테토스)

7. 이제 인간이 자신의 진가를 깨달아야 할 때가 왔다. 그런데 우리가 정말로 불합리하게 태어난 존재일까? 그러나 이제는 다른 사람들의 기분을 맞추려고 조심조심 주위를 두리번거리는 짓 따위는 그만두어야 할 때가 온 것이다! 그래, 우리의 머리를 어깨 위에 단단히 올려두자. 우리에게 삶이 주어진 것은 남에게 보이기 위해서가 아니라 진실된 삶을 살기 위해서이다. 우리는 자기 영혼에 봉사하며 살아갈 책무가 있다. 자기에 대한 사람들의 생각에 대해서가 아니라 오로지 자기 자신의 삶에 대해, 즉 우리를 이 세상에 보내신 분, 그분에 대한 자기의 사명을 얼마나 존중하는지의 여부에 따라 우리는 자기의 삶을 생각해야 할 것이다.

8. 젊은 시절부터 동물적이고 야만스런 충동에 자신을 맡긴 사람은 양심이 다른 것을 요구해도 그 야만스런 충동에 자신을 맡기기를 멈추지 않는다. 그가 그러한 행위를 계속하는 것은 다른 사람들도 그와 똑같기 때문이다. 그리고 다른 사람들이 그와 똑같이 그러는 것은 그가 야만스런 충동을 계속하는 원인과 똑같은 원인에 의한 것이다. 이러한 경지에서 벗어나는 방법은 오직 한 가지, 우리들 각자가 타인의 생각에 대한 번뇌에서 자기를 해방시키는 것이다.

9. 어떤 장로가 꿈을 꾸었다. 신의 천사가 아름다운 월계관을 손에 들고 하늘에서 내려와 이리저리 둘러보며 그 관을 씌울 사람을 찾는 꿈이었다. 장로의 마음은 불타올랐다. 그래서 그는 천사에게 말했다.

"어떻게 하면 그 아름다운 월계관을 받을 수 있겠습니까? 그 상을 받을 수만 있다면 어떤 일이라도 하겠습니다."

"이쪽을 보시오."

장로는 그쪽을 보았다. 그쪽에는 커다란 검은구름이 있었다. 검은구름은 마침 하늘의 반을 뒤덮고 대지로 낮게 내려오고 있었다. 이윽고 그 검은구름이 갈라지면서 장로 쪽을 향해 다가오는 검은 물체들의 대부대가 보이기 시작했다. 그들의 뒤에는 두 다리로 땅을 딛고 무서운 눈과 새빨간 입술을 지녔으며 털북숭이 머리로 하늘을 찌르고 있는, 무지하게 크고 시커먼 괴물 하나가 성큼성큼 걸어오고 있었다.

"그들과 싸워서 그들을 정복하시오. 그리하면 당신에게 월계관을 주겠소."

장로는 두려워 떨면서 말했다.

"저들이라면 싸울 수 있고 또 싸우겠습니다만, 저 커다란 괴물만은 인간의 힘으로는 도저히 대적하지 못합니다. 저 괴물과는 도저히 싸울 수가 없습니다."

그러자 천사는 말했다.

"어리석은 자로다! 저 커다란 괴물에 대한 공포 때문에 네가 싸우고자 하지 않다니! 저 작은 자들, 저들은 모두 인간의 죄 깊은 욕망이다. 저것을 정복할 수는 있다. 그러나 저 커다란 검은 괴물, 저것은 죄 깊은 인간들의 목표가 되어 있는 세속적 명예라는 자이다. 저 커다란 괴물과는 싸울 필요가 없다. 저것은 매우 하찮고 시시한 자로, 온갖 죄를 이긴다면 저절로 이 세상에서 사라지고 마는 것이다."

자기 명예가 아니라 영혼을 생각하라

1. 선덕가라는 평판을 쉽게 얻는 가장 빠르고 확실한 방법은 세상 사람들에게 그런 인물로 보이려는 것이 아니라, 선덕가가 되기 위해 거듭 정진하는 것이다. (소크라테스의 대화에서)

2. 사람들로 하여금 우리를 선량한 사람으로 여기게 하는 것은, 그들에게서 그러한 인간으로 평가받기 위해 우리가 되고 싶은 인간이 되는 것보다도 훨씬 어렵다. (리히텐베르크)

3. 사물을 독립적으로 생각하지 않는 사람은 타인의 생각을 따라간다. 자기의 생각이 타인을 따르게 하는 것은 자기의 신체가 타인을 좇게 하는 것보다도 훨씬 굴욕적인 예속이다. 자기 머리로 생각하라. 그리고 나에 대하여 사람들이 어떻게 말하는가 따위로 근심하지 마라.

4. 타인의 칭찬에 연연하고 안달하면 무엇에 의하지 않고는 절대로 결정할 수가 없다. 그러나 그들 가운데 어떤 사람들은 어떤 일에 대해 칭찬하고, 다른 사람들은 또한 다른 일에 대해 칭찬한다. 그러므로 스스로 결정하지 않으면 안 된다. 또한 스스로 결정하는 것이 쉬운 일이기도 하다.

5. 사람들 앞에서 자기를 드러내기 위해서 당신은 그들 앞에서 자신을 칭찬하거나 매도한다. 당신이 칭찬하는 경우, 그들은 믿지 않는다. 또한 비방하는 경우, 그들은 당신을, 당신이 말한 것보다도 훨씬 나쁘게 생각한다. 그러므로 가장 좋은 것은 아무 말도 말고, 세상 사람들의 판단이 아니라 자기

양심의 판단에 마음을 쓸 일이다.

6. 자기 영혼의 세계에 있어서 선량한 사람으로 일관하기 위해 좋은 사람이라는 명예를 기꺼이 버리는 사람만큼, 선덕에 대하여 깊은 존경을 보내고 마음의 눈으로 밝히는 사람은 없다.

7. 우리가 사회적 명예를 위해서만 사는 것에 익숙해지면, 다른 모든 사람들이 하는 것을 하지 않는다는 이유로 어리석고 배운 바 없는 사람, 또는 매우 사악한 사람이라는 평판을 받는 것을 고통스럽게 생각한다. 그러나 이 괴로운 모든 사실에 대해서야말로 정진하지 않으면 안 된다. 그런 사실에 대하여 정진하는 방법에는 두 가지가 있다. 하나는 남들의 평판을 경멸하는 기술을 익히는 것이며, 다른 하나는 사람들이 그것에 대해 비난을 하더라도 언제나 선하게 살아가는 기술을 익히는 것이다.

8. '나는 남들의 생각을 좇아서가 아니라, 나 자신의 생각을 좇아서 행하지 않으면 안 된다.'

이 계명은 다반사인 날마다의 생활에 있어서나, 또한 심원한 정신적 생활에 있어서도 매우 필요 불가결하다. 그러나 이 계명을 준수하기는 힘들다. 왜냐하면 내가 할 일을 나보다 훨씬 더 잘 알고 있다고 생각하는 무리들을 도처에서 만나게 되기 때문이다. 속세에서는 속세의 견해와 조화하여 살아가는 것이 쉽고, 혼자서 틀어박힌 경지에 있어서는 자기의 견해에 좇아 행동하는 것이 쉽다. 그러나 무리 한가운데서 고독하게, 반드시 그렇게 해야만 한다고 결정한 것을 당당히 실행할 수 있는 사람은 행복하다.

9. 모든 사람이 자신의 생각 또는 타인의 생각을 따라 생활하고 행동한다. 어느 정도까지 자기 자신의 생각을 따르고, 어느 정도까지 타인의 생각을 따르며 사는가 하는 점에 사람들의 주된 차이가 있다.

10. 자기 자신의 행복을 위해서도 아니고, 다른 사람들의 행복을 위해서도 아니며, 사람들에게서 칭찬을 받기 위해서만 살아가는 사람들은 실로 이상한 사람들이다. 그러나 자기의 행복보다도, 또한 타인의 행복보다도 자기의 행위가 다른 사람들에게서 칭찬받는 것을 중시하지 않는 사람이 이 세상에는 참으로 드물다.

11. 모든 사람이 우리를 칭찬하는 일은 절대로 없을 것이다. 비록 내가 선인이더라도, 악한 사람들은 나에게서 악한 곳을 찾아내 나를 비웃거나 비난

할 것이며, 또한 내가 악인이더라도 선한 사람들은 나를 칭찬하지 않으리라. 모든 사람에게서 칭찬받기 위해서는 우리는 선한 사람들에게는 선한 인간인 것처럼 자기를 가장하고, 악한 사람들에게는 악한 인간인 것처럼 꾸미지 않으면 안 된다. 그러나 그런 행동을 한 날에는 전자든 후자든 이내 나의 속임수를 알아채고 두 쪽 다 나를 모멸할 것이다. 우리가 취해야 할 수단은 오직 한 가지이다. 훌륭한 인간이 되는 것, 그리고 타인의 생각 따위에 연연하지 않고, 세상 사람들의 견해가 아니라 내 생각에 따라 사는 것이다.

'생베 조각을 낡은 옷에다가 대고 깁는 사람은 없다. 그렇게 하면, 새로 댄 조각이 그 옷을 당겨서, 더욱더 크게 찢어진다. 새 포도주를 낡은 가죽 부대에 담는 사람은 없다. 그렇게 하면, 가죽 부대가 터져서, 포도주는 쏟아지고, 가죽 부대는 못 쓰게 된다. 새 포도주는 새 가죽 부대에 담아야 둘 다 보존된다.' (마태복음 9장 16~17절)

위의 성경 말씀은 보다 나은 삶을 시작하려면, 낡은 습관에 머물러서는 안 되며, 새로운 습관을 만들지 않으면 안 된다는 것을 의미한다(끊임없이 자기 삶을 보다 낫게 하는 것에 인류 전체의 삶은 존재한다. 즉, 낡은 습관으로 일관하는 사람들이 선이라 여기는 것에 따르지 말고, 사람들이 악이라 생각하거나 선이라 생각하거나 하는 것에 구애되지 말고, 자기를 위해 새로운 습관을 만들어야 한다.

12. 자기의 영혼과 신을 위해 사람들에게 봉사하고 있는지, 사람들에게서 칭찬을 받기 위해 그들에게 봉사하고 있는지를 구분하기는 어렵다. 이것을 구분하기 위한 방법은 단 하나이다. 선이라 생각하는 것을 행할 때에 아무도 당신이 행하는 것을 모를 것이 분명하다고 당신이 미리 아는 경우에도 역시 동일한 행동을 할 것인지를 스스로에게 물어보는 것이 좋다. 그래도 나는 역시 할 것이 틀림없다고 대답할 수 있다면, 그때야말로 당신은 당신의 영혼을 위해, 신을 위해 그것을 행하고 있는 것이다.

진실한 삶으로 일관하는 자는 타인의 칭찬을 필요로 하지 않는다

1. 홀로 살라고 현인은 말했다. 이는 곧 자기 삶의 문제를 타인의 충고나 판단에 의지하지 말고, 자기 안에 있는 신과 함께, 자기 홀로 해결하라는 의미이다.

2. 세상 사람에게 봉사하는 것보다 신께 봉사하는 것이 유익하다. 왜냐하면 세상 사람을 표준으로 둔 경우에는 무의식중에 보다 나은 모양새로 보이려 하는 결과, 자기가 초라하게 보이면 슬퍼 한탄하지만, 신을 표준으로 둔 경우에는 그런 것이 아무것도 아닌 것이기 때문이다. 신은 있는 그대로의 당신을 알고 있다. 신 앞에서는 아무도 당신을 칭찬하거나 비방하거나 하지 못한다. 따라서 신 앞에서 당신은 자신을 '보일' 필요가 없다. 필요한 것은 단지 선인이 되는 것뿐이다.

3. 마음이 편안한 사람이 되고 싶거든 세상 사람들이 아니라 신의 뜻에 따라야 한다. 다양한 인간은 갖가지의 것을 바란다. 오늘은 어떤 것을 바라고, 내일은 다른 것을 원한다. 절대로 세상 사람들의 뜻에 따를 수는 없다. 그러나 당신 안에 깃들어 있는 신은 언제나 단 한 가지를 바란다. 그리고 당신은 신이 무엇을 바라는지를 알고 있다.

4. 우리는 영혼과 육체, 둘 중 어느 쪽인가에 봉사하지 않으면 안 된다. 만약 영혼에 봉사한다면 죄와 싸워야 하지만, 육체에 봉사하는 경우에는 죄와 싸울 필요는 없다. 그런 경우에는 모든 사람이 채택하고 있는 것을 받아들여 행하기만 하면 된다.

5. 전혀 신을 믿지 않는 방법은 단 한 가지밖에 없다. 그것은 언제나 세상 사람들의 견해를 옳다고 인정하고, 자기 내부의 목소리에는 아무런 의미를 두지 않는 것이다. (러스킨)

6. 항해하는 배에 타고 있으면서 그 배 안의 물체를 보고 있을 때, 우리는 자신이 항해하고 있음을 느끼지 못한다. 그러나 만약 옆으로 눈을 돌려 우리와 함께 움직이지 않는 물체, 예를 들면 저 먼 기슭을 바라본다면 우리는 대번에 우리가 움직이고 있음을 알아챌 것이다. 인생에 있어서도 마찬가지이다. 모든 사람이 옳지 않은 삶을 영위하는 경우에는 우리가 그것을 알아채지 못하지만, 한 사람이라도 문득 정신을 차리고 신의 뜻을 좇아서 살게 되는 순간, 다른 사람들이 사악한 삶으로 일관하고 있음을 대번에 볼 수 있을 것이다. 그리고 다른 사람들은 그들 모두와 똑같은 삶으로 일관하지 않는 그 마음을 언제나 박해하는 것이다. (파스칼)

7. 세상 사람의 생각을 고려하지 말고, 세상 사람이 좋아하기를 바라지 말고 오직 한 길, 자기 삶의 계명, 즉 신의 뜻을 존중하기 위해서 사는 삶의

방식으로 살도록 스스로를 가르치고 길들여야 한다. 이러한 고독하고 오로지 신만을 상대하는 듯한 삶에는 세속적 명예를 위해 선행을 하려는 충동은 더 이상 일어나지 않는다. 그러나 그 대신에 세속적 명예를 위해 사는 사람이 절대로 알 수 없는 그러한 자유, 평안, 그리고 자기의 진로가 옳다는 확고한 자각이 영혼의 세계에 수립되는 것이다.

우리는 그러한 삶의 방식으로 살도록 자신을 가르치고 길들일 수 있다.

그릇된 신앙

그릇된 믿음이란, 자기 영혼을 위해 진정 필요한 것을 받아들이는 대신 그 설교자만 신봉하는 것을 가리킨다.

그릇된 믿음의 기만은 어디에 존재하는가

1. 인간은 신의 율법을 믿는다고 생각하면서도 종종 대부분의 사람들이 믿는 것만을 신봉한다. 더구나 그 대부분의 사람들은 신의 율법을 믿기보다는 자기 생활에 적합하고 그 생활을 방해하지 않는 것을 신의 율법이라 부른다.

2. 만약 인간이 갖가지 죄악의 유혹 속에 산다면 결코 마음이 편할 수 없을 것이다. 양심이 그들을 힐난하기 때문이다. 그러므로 이들에게는 둘 중 하나가 반드시 필요하다. 즉, 신과 사람들 앞에 자신을 죄 깊은 존재로 인정하고 죄짓기를 결연히 그만두거나, 아니면 그런 죄 많은 생활을 지속하면서 온갖 나쁜 짓을 도리어 선행이라 일컫는 것이다. 그리고 이런 사람들 때문에 사악한 생활을 하면서도 스스로를 올바른 인간이라고 생각하는 온갖 그릇된 신앙이 생겨나는 것이다.

3. 남에게 거짓말을 하는 것도 나쁘지만 자신에게 하는 거짓말은 그보다 더 나쁘다. 이러한 거짓말이 특히 해로운 까닭은, 남에게 거짓말을 하는 경우에는 남이 나의 죄과를 여지없이 드러내 주지만, 스스로에게 거짓말을 하는 경우에는 아무도 그 죄를 증명해 보이지 못한다는 점이다. 더욱이 신앙과 관련된 경우는 말할 것도 없다.

4. '믿으라, 그렇지 않으면 저주가 있을 것이다.'

여기에 악의 주된 요인이 놓여 있다. 만일 우리가 자기 이성으로 깊이 생각해야만 하는 것을 함부로 받아들인다면, 우리는 결국 이성적 판단과는 영원히 멀어져 저주에 빠지고 우리 이웃을 죄로 끌어들이게 될 것이다. 각자 저마다의 지능에 따라 고찰하는 법을 터득해야 한다. 우리의 구원이 거기에 존재하니까. (에머슨)

5. 그릇된 신앙이 빚어낸, 또한 현재까지 계속 빚어내는 해악은 이루 다 가늠할 길이 없다.

신앙이란 신과 세계에 대한 인간의 관계를 확정하는 일이며, 그 관계에서 연역하여 자기의 사명을 정하는 일이다. 만일 신과 세계에 대한 우리의 관계와, 그것에서 연역되는 우리의 사명에 대한 정의가 거짓이라고 한다면, 우리의 삶은 대체 어떤 것이 되어야 마땅할 것인가?

6. 사이비 신앙에는 세 종류가 있다. 첫째는 경험을 통해 그 어떤 것도 알 수 있다고 믿는 것이다. 둘째는 도덕적 완성을 위해 우리 이성으로는 도저히 이해하기 힘든 것을 억지로 승인하는 것이다. 그리고 셋째는 신성(神性)이 우리의 덕성에 영향을 미치는 신비한 작용을 초자연적인 방법으로 불러낼 수 있다고 믿는 것이다. (칸트)

사이비 신앙은 숭고한 인간 영혼의 요구에는 응하지 않고
낮고 비천한 요구에만 답한다

1. 참되고 유일한 종교는 지고(至高)의 법칙, 즉 우리가 연구하고 무조건적으로 필요 불가결하다는 것을 스스로 인식할 수 있는 도덕적 기본 외에는 아무것도 포함하지 않는다. (칸트)

2. 인간은 선한 생활에 의해서만 신의 뜻에 따를 수가 있다. 따라서 우리가 아름답고 순결하며 선량한 삶 외의 다른 방법으로 신의 뜻에 따를 수 있다고 생각한다면, 그러한 것들은 모두 야만적이고 해로운 기만에 지나지 않는다. (칸트)

3. 마음을 선하게 하여 생활양식을 신속하게 개선하려 하지 않고, 쓸데없이 스스로를 채찍질하는 사람의 참회는 아무 유익 없이 수고만 할 뿐이다. 뿐만 아니라 그러한 참회는 참회만으로 자기 책무의 빚을 다 갚았다고 여기게 되어 자신의 도덕적 과오를 인식하는 데 반드시 필요한 '자기완성'에 대

해 번뇌하지 않는 아주 나쁜 결과를 수반한다. (칸트)

4. 신을 모르는 것은 무서운 일이지만, 그보다도 더 무서운 것은 신이 아닌 자를 신으로 인정하는 일이다. (락탄티우스)

5. 신은 자신의 모습을 본떠 인간을 창조했다고 일반에게 알려져 있다. 그러나 사실은 인간이 자신을 본떠 신을 창조했다고 해야 할 것이다. (리히텐베르크)

6. 은혜롭고 행복한 사람들이 모인다는 천국을 이야기할 때 우리는 늘 광활하고 끝없는 대우주, 우리보다 훨씬 높은 곳에 있는 어떤 장소를 상상한다. 그러나 그 경우에 우리는 이 지구 또한 우주에서 바라볼 때는 그와 마찬가지로 빛나는 별 하나로 보인다는 중요한 점을 잊고 있다. 그 세계에 살고 있는 이들도 우리처럼 지구를 가리키면서 이렇게 말할 것이다.

"저것 봐. 저기 저 별을 보렴. 저건 우리를 위해 창조된 영원한 행복의 안식처란다. 바로 천국이지. 언젠가는 우리도 저곳에 가게 될 거야."

문제는 간단하다. 우리의 신앙이 늘 드높이 고양되리라는 기묘한 지적 착각으로 말미암아 언젠가는 결국 다시 내려와 어딘가 다른 세상에서 대지에 굳건히 뿌리내려야 함을 망각하고 있는 것이다.

7. 물리적으로 관찰할 수 있는 사물과 현상, 예를 들면 강우(降雨), 병의 치유, 오랜 원수로부터의 신변 보호 등에 대해 신께 기원하는 것은, 다른 사람들도 그 반대의 것을 기원할지 모른다는 점으로 보더라도 이미 실현 불가능한 얘기이다. 또한 물리적 세계에서는 우리에게 필요한 모든 것이 그러한 기원의 대상이 되므로 더더욱 전혀 불가능한 얘기이다. 신의 도움에 의한 영적인 생활, 즉 신변에 일어나는 온갖 일들이 모두 우리의 행복이 될 만한 삶을 살 수 있도록 해달라는 기원만이 참된 바람일 수 있다. 이에 반해 물리적인 사물과 현상에 관한 기원은 오로지 자기기만에 지나지 않는다.

8. 모든 세상의 일과 연을 끊고, 우리 감정을 어지럽게 하는 모든 현실에서 멀리 떨어져(이슬람교도들은 교당에 들어갈 때나 기도를 시작할 때는 반드시 손가락으로 눈과 귀를 막는데, 이것은 좋은 방법이다) 자기 내부의 신성이 싹틀 수 있도록 노력할 때에만 진정한 기원이 있을 수 있다. 그리고 그에 대한 가장 좋은 방법은 그리스도의 가르침이다. 즉 홀로 방에 들어가 문을 닫고 틀어박히는 것이다. 숲이든 들판이든 글자 그대로 완전히 고독한 상

태에서 기도하는 것이 가장 좋은 방법이다. 속세의 모든 외적 사상으로부터 격리시키고, 인생의 외적 조건이 요구하는 것에 따르지 않으면서, 우리 영혼 속에서 인식하는 신성이 싹틀 때 필요한 것에 따라 자기 영혼과 행위와 욕망을 숙고하는 것, 그것에만 진정한 기도는 존재한다.

이렇게 기도하는 것이야말로 영혼을 돕는 것이며, 힘을 보태는 것이고, 향상이자 진정한 참회이며, 과거의 행위에 대한 숙고이고, 미래의 행위에 대한 방향 제시이다.

신을 피상적으로 공경하는 것

1. 퉁구스의 강신(降神)교도와 유럽 가톨릭 사제 사이에도, 또는 매일 아침 털과 가죽이 그대로 있는 곰 다리를 머리에 얹고 나를 죽이지 말아 달라고 기원하는, 참으로 미개하여 원시에 가까운 워글스족과 코네티컷의 독립당원 사이에도, 풍속과 습관에 차이는 있지만 신앙의 밑바탕에는 차이가 없다. 왜냐하면 그들은 보다 나은 사람이 되고자 하는 목적에서 신에게 봉사하는 것이 아니라 그들의 신앙 또는 일정 법령을 위해 행한다는 점에서 모두 동일한 종류의 인간에 속하기 때문이다. 보다 나은 생활이야말로 신에 대한 봉사라고 믿는 사람들, 그런 사람들만이 앞서 기술한 사람들과 구별된다. 이들만이 모든 사람에게 공통적으로 있을 수 있는 유일하고도 눈에 보이지 않는 참된 '교회'에서 모든 선남선녀를 하나로 결합시키고, 또 완전히 다른 헤아릴 수 없을 정도의 높은 경지를 인식하고 있기 때문이다. (칸트)

2. 대자대비한 신을 직접 자기 쪽으로 끌어대고, 그로써 자기의 욕망을 충실히 채우기 위해 도덕적이지 않은 행위를 감히 해내는 사람은, 초자연적인 결과를 자연의 수단에 의해 획득할 수 있다는 착각에 빠져 있는 것이다. 이와 같은 시도를 요술이라 한다. 그렇지만 요술은 사악한 영혼과 관계를 맺기 때문에 이러한 시도가 가령 선량한 의도를 가졌지만 잘못된 판단에 의해서 행해졌을 때, 우리는 이것을 오히려 우상교라 일컫는다. 신에 대한 인간의 이와 같은 작용은 공상의 세계에서만 가능하며, 그리고 그것은 그 작용이 신의 마음에 들지 않을지 그 여부가 불명확하기 때문에 참으로 어리석은 일이다.

만약 어떤 사람이 신의 은총을 받기 위해 그 스스로는 행하지 않고, 즉 자기의 선행에 의하지 않고 일정한 외적 형식이나 초자연적인 힘을 빌려 자신을 가치 있는 존재로 만들고자 힘쓴다면, 그리고 그러한 목적에서 어떤 본질적인 가치를 지니지 못하는 외적 형식을 행함으로써 도덕적 기분과 자기의 선한 욕망 달성에 한결 더 민감한 인간이 되고자 한다면, 그는 자신의 타고난 약점을 교정하기 위해 초자연적인 어떤 것에 의지하는 것이다.

이런 인간은 신의 뜻에 맞는 도덕적인 요소라고는 아무것도 없는 행위가 신의 힘을 빌리지 않고 단독으로 자기의 소원 성취를 위한 수단이나 조건이 될 수 있다고 생각한다. 그 결과 그는 어떠한 육체적 편향도 정신적 편향도 존재하지 않음에 상관하지 않고, 덕성과는 아무런 공통점도 없는 초자연적인 수단에 의해, 또 각양각색의 외적 형식을 행함으로써, 초자연적인 신의 도움을 자기 쪽으로 끌어들일 수 있다고 생각하는 중대한 착각에 빠지는 것이다. (칸트)

3. '너희는 기도할 때에 위선자들처럼 하지 마라. 그들은 사람에게 보이려고 회당과 큰길 모퉁이에 서서 기도하기를 좋아한다. 내가 진정으로 너희에게 말한다. 그들은 이미 자기네 상을 다 받았다. 너는 기도할 때에 골방에 들어가 문을 닫고 은밀하게 계시는 네 아버지께 기도하여라. 그러면 숨은 일도 보시는 네 아버지께서 갚아 주실 것이다.' (마태복음 6장 5~6절)

4. 율법학자들을 조심하여라. 그들은 예복을 입고 다니기를 좋아하고, 장터에서 인사받기를 즐기고, 회당에서는 높은 자리에 앉기를 즐기고, 잔치에서는 윗자리에 앉기를 즐긴다. 그들은 과부들의 가산을 삼키고, 남에게 보이려고 길게 기도한다……. (누가복음 20장 46~47절)

거짓 신앙이 있는 곳에는 늘 이런 학자들이 있을 것이다. 그리고 그 학자도 또한 언제나 복음서에 씌어 있는 사람들 같은 행동을 할 것이다.

교의와 교조는 각양각색이지만 참된 종교는 오직 하나다

1. 신앙에 대해 고찰한 적이 없는 사람은 자기가 태어나면서부터 젖어 있던 신앙만이 유일하고 진실된 것처럼 생각한다. 그러나 만약 여러분이 다른 환경에서 태어났다면, 예를 들어 현재의 그리스도교도가 이슬람교도의 가정에서 태어나고, 불교도가 그리스도교도의 가정에서 태어나며, 또한 그리스도교도가 바라몬교의 가정에서 태어났다면 어떻게 되어 있을지 스스로에게

물어보기 바란다. 과연 현재의 신앙을 가지고 있는 우리만이 진리 속에서 살고 있으며, 다른 사람들은 모두 허위 속에서 살아가고 있는 것일까? 자신이 믿는 것만이 유일하고 참된 신앙이라고 자신과 남을 설복할수록 신앙은 더욱 진실해지지 않을 것이다.

그릇된 신앙을 신봉할 때 초래되는 결과들

1. 1682년, 영국에서 레이튼 박사라는 이름 있는 사람이 영국의 주교직을 힐난하는 글을 썼다고 해서 재판에 회부되어 다음과 같은 형벌을 선고받고 처형당했다.

그는 뼈가 부서질 정도로 심하게 매질을 당했고, 한쪽 귀가 떨어져 나갔으며, 코의 절반이 잘라져 떨어졌고, 게다가 새빨갛게 달군 쇠로 한쪽 볼에 '소란의 씨앗을 뿌리는 놈'이라는 말의 이니셜을 딴 '에스, 에스' 두 글자가 낙인찍혔다. 그로부터 7일 뒤에 등에 생긴 매맞은 상처가 아직 채 아물지 않았는데도 거기에 백 대를 더 맞았고, 코의 다른 반쪽도 떨어져 나갔으며, 남아 있던 한쪽 귀가 마저 잘리고 다른 쪽 볼에 똑같은 낙인이 또 찍혔다. 더구나 이 모든 것들이 그리스도의 가르침이라는 이름 아래 행해졌다. (모리슨 데이비슨)

2. 1414년, 요한 구스는 가톨릭의 잘못된 신앙과 로마 교황의 악행을 비난했다고 해서 이단자로 낙인 찍히고, 재판에 회부되어 피를 흘리지 않는 사형, 즉 화형을 선고받았다.

그는 도시 관문 밖 밭의 가운데 공터에서 처형되었다. 형장으로 끌려나오자 구스는 대지에 엎드려 기도를 시작했다. 그리고 사형집행인이 화형자리로 들어가라고 명령했을 때 구스는 일어나서 늠름한 목소리로 말했다.

"예수 그리스도여! 당신의 가르침을 말했다고 저는 사형을 당합니다. 저는 순순히 그에 따르겠나이다."

사형집행인들은 구스의 옷을 벗기고 두 팔을 뒤로 해 막대에 묶었다. 구스의 다리는 걸상을 디디고 서 있었다. 그의 주위에는 장작과 갈대가 쌓아 올려져 있었다. 장작과 갈대는 산더미처럼 쌓여서 구스의 턱 밑까지 올라와 있었다. 그때 게르만의 영주가 구스 곁으로 다가와 네가 지금까지 한 말을 모조리 부정한다면 용서를 받을 것이라고 말했다.

"싫다!" 구스는 일언지하에 거부했다. "나는 나에게 죄가 있음을 알지 못한다."

결국 사형집행인들은 장작더미에 불을 붙였다. 구스는 찬송가를 부르기 시작했다.

"그리스도여, 살아 계신 신의 아들이여, 저를 불쌍히 여기소서!"

불은 훨훨 높게 타올랐다. 그리고 얼마 안 있어 구스의 노래는 그치고 말았다.

자칭 그리스도교도라는 사람들이 자기들의 신앙을 보증하기 위해 이처럼 잔학한 수단을 썼던 것이다. 이것은 진정한 신앙이 아니라 극히 야만적인 맹신에 지나지 않다는 것이 명백하지 않은가?

3. 사이비 신앙을 보급하는 각종 방법 가운데서 가장 잔혹한 것은 사람들 가슴에 그릇된 신앙을 갖게 만드는 일이다. 그 방법이란 것은 다름이 아니다. 아이들은 자기보다 먼저 이 세상에 살았고 옛 사람들의 지혜를 아는 능력을 가진 나이 든 사람들에게 이 세상은 어떤 것인지, 나의 삶이란 무엇인지, 또 이 둘 사이에는 어떤 관계가 존재하느냐고 질문한다. 이런 아이들에게 나이 든 사람들이 자기의 지식과 생각을 분명하게 대답하지 않고 몇십 년 전에 살았던 사람들이 생각한 것, 그리고 현재 어른들은 더 이상 아무도 믿지 않는, 또 믿을 수 없게 된 것으로 대답하는 것, 바로 이것이 아이들에게 그릇된 신앙을 갖게 하는 방법이다. 이는 아이들이 바라는, 또 아이들에게 반드시 필요한 영혼의 양식을 주는 대신 맹렬히 노력하고 고뇌해야만 간신히 빠져나올 수 있는, 영혼의 건전함을 빼앗는 독을 주는 셈인데, 이것이 가장 무서운 방법이다.

4. 그릇된 신앙만큼 자기 믿음에 확신을 주는 것도 없으므로 당당하고 태연하게 죄를 자행하게 된다. (파스칼)

진정한 신앙의 요체는 무엇인가

1. '그러나 너희는 선생이라는 호칭을 듣지 마라. 너희 선생은 한 분뿐이요, 너희는 모두 학생이다. 또 너희는 땅에서 아무도 아버지라고 부르지 마라. 너희 아버지는 하늘에 계신 한 분이시다. 또, 너희는 지도자라는 칭호를 듣지 마라. 너희의 지도자는 그리스도 한 분뿐이시다.' (마태복음 23장

8~10절)

　그리스도는 이렇게 가르쳤다. 그는 그 시대에 세상 사람들에게 잘못된 신의 율법을 가르친 사람들이 존재했다는 것, 나아가 그런 사람들이 앞으로도 세상에 나타날 것이 틀림없음을 알고 있었기 때문에 이렇게 가르친 것이다. 그는 알고 있었다. 그렇기 때문에 지도자라 자칭하는 사람들의 말에 귀를 기울일 필요는 없다고 가르쳤다. 왜냐하면 이들은 모든 사람 앞에 계시되었을 뿐 아니라 각자의 마음에 심어져 있는 간단하고도 명료한 참된 가르침을 이해하기 어려운 것으로 만들기 때문이다.

　지고의 선과 진리로 신을 사랑하라. 너 자신을 사랑하는 것처럼 이웃을 사랑하라. 그리고 너의 이웃에게 너에게 남이 해주기를 바라는 대로 행동하라. 이것이 참된 가르침이다.

　2. 과거에 있었던 일과 미래에 있을 일을 알고 탐구하는 것이 신앙이 아니다. 아니, 현재를 알고 추구하는 것조차도 참된 신앙은 아니다. 우리가 저마다 해야 할 일을 찾고 아는 것, 이 한 가지에만 참된 신앙이 존재하는 것이다.

　3. '그러므로 네가 제단에 제물을 드리려고 하다가 네 형제나 자매가 네게 어떤 원한을 품고 있다는 생각이 나거든, 너는 그 제물을 제단 앞에 놓아두고 먼저 가서 네 형제나 자매와 화해하여라. 그런 다음에 돌아와서 제물을 드려라.' (마태복음 5장 23~24절)

　참된 신앙은 의식이나 드리는 데 있는 것이 아니라 사람들과의 화합과 일치 속에 존재한다.

　4. 그리스도의 가르침은 어린아이라도 쉽게 참뜻을 알 만큼 그렇게 간단하고 명료하다. 그것을 이해하지 못하는 것은 그리스도를 좇아서 살기를 바라지 않는 사람들뿐이다.

　진실된 그리스도의 가르침을 이해하기 바란다면 무엇보다 거짓 가르침을 부정하지 않으면 안 된다.

　5. 진정한 신앙심은 미신이나 맹신의 지배를 받지 않으며 어디까지나 자유로워야 한다. 미신이나 맹신이 섞여 들면 신앙심 자체가 파괴되고 만다. 그리스도는 우리에게 참된 신심이 어디에 있는지를 가르쳐 주었다. 우리가 평생 행해야 하는 것 가운데 사람들의 행복이 되고 광명이 되는 것은 오직 한

가지, 즉 우리가 서로 사랑하는 것뿐임을 그리스도는 설교했다. 우리가 나 자신에게 봉사하지 않고 세상 사람들에게 봉사할 때, 비로소 참된 행복을 얻을 수 있음을 가르쳤다.

6. 신의 율법이라고 내놓은 것이 만약 사랑을 요구하지 않는다면, 그것은 모두 인간이 제멋대로 생각해낸 것이지 결코 신의 율법은 아니다. (스코워로다)

7. 사람들이 신에 대해서 당신에게 말하는 모든 것을 믿는다면, 당신은 영원히 신을 알지 못할 것이다.

8. 전설이나 구전이나 이야기로 신을 알지는 못한다. 신의 율법, 즉 모든 사람의 마음을 아는 신의 율법을 존중하는 사람들만이 진실로 신을 알 수 있다.

9. 그리스도의 가르침은 세상 사람들이 일생 동안 한 걸음씩 접근해야만 하는 신적 완성의 경지를 우리에게 보여 주었다. 그리스도의 가르침에 따르기를 원치 않는 사람들은 때로는 일부러, 또 때로는 고의는 아니라도 그리스도의 가르침을 그분이 가르친 대로 해석하지 않는다. 바꿔 말하면 완성을 향한 끊임없는 정진이 아니라 마치 어떤 법칙처럼 해석하고, 세상 사람들이 그것에 순종해 신적 완성을 얻으라고 그리스도가 촉구한 것처럼 해석한다.

이렇게 그리스도의 가르침을 정반대로 해석한 결과, 그를 따르기를 바라지 않는 사람들은 다음과 같은 두 가지 행동 중 하나를 취한다. 즉, 완성이란 도저히 달성하지 못하는 것으로 받아들이고(사실이다!), 그리스도의 가르침 전체를 받들기 어려운 공상으로 내팽개치는 것이다(세상 사람들이 자주 하는 행동이다!). 또는 스스로 그리스도교도라 인정하는 사람들 대다수가 지금까지 행해 왔고, 또한 현재에도 하고 있는 가장 유해하고 널리 행해진 방식으로, 완성이란 것을 도저히 달성하기 힘든 경지로 받아들이면서 그리스도의 가르침 자체를 고치는 것이다. 즉, 그리스도의 가르침을 나쁘게 고치고, 신적 완성을 위해 끊임없이 정진하는 것을 핵심으로 하는 그리스도의 참된 가르침 대신 '그리스도교'라는 이름을 내건, 대부분 그리스도의 참된 가르침에 반하는 법칙을 만들어 그것을 받드는 것이다.

10. 그리스도교도의 연합을 가장 우월하고 선택받은 사람들 집단으로 보는 해석은 그리스도의 가르침에 부합하지 않는, 참으로 오만불손하고 잘못된 해석이다. 누가 우월하며, 누가 뒤떨어지고 나쁘다는 것인가? 베드로가 우

월했던 것은 닭울음소리가 날 때까지이며, 십자가에 달린 그 도둑이 나빴던 것은 십자가에 묶일 때까지이다. (베드로는 닭울음소리가 들릴 때 그리스도를 버렸고, 도둑이 그리스도와 나란히 십자가에 매였을 때 그는 영적인 세계로 구원을 받았다)

과연 우리는 내 안에서 천사와 악마를 동시에 인식하지 않는가? 자기 안에서 천사를 완전하게 쫓아내는 사람도, 천사의 등 뒤에서 때때로 악마가 얼굴을 내미는 일이 없는 사람도 없다. 이처럼 우리의 삶에 천사와 악마는 서로 혼재해 있다. 이러한 선과 악의 혼합체인 우리가 어떻게 선택된 유덕한 사람들의 집단 따위를 조직할 수가 있단 말인가!

진리의 세계는 존재한다. 그리고 동그라미 안에 반경이 있는 한, 그 무수한 반경을 따라 무한하고 각양각색의 길을 더듬어서 다양한 방면으로 찬연하고 휘황한 중심점의 세계를 향해 나아가는 사람들도 존재한다. 만인을 하나로 묶는 이 진리의 세계를 향해 온힘을 기울여 정진하지 않겠는가.

그러나 우리가 어느 정도까지 이 세계에 접근해 있는지, 어느 정도로 하나로 결합해 있는지를 판단하는 것은 우리가 할 일이 아니다.

참되고 유일한 신앙은 모든 사람을 하나로 단단히 결합시킨다

1. 그리스도의 가르침을 변경하거나 왜곡하는 것은 신의 나라 실현을 우리에게서 멀어지게 한다. 그러나 그리스도의 가르침이라는 진리는 생나무 가지를 던지면 일시적으로는 장작불이 사그라들지만, 생나무 가지를 건조시키고 그것에 불을 옮겨 붙게 해서 다시 훨훨 타오르는 것과 같다. 그리스도의 가르침이 지닌 참된 의미는 지금 이미 모든 사람에게 널리 알려져 있다. 그리고 이미 그 영향은 그리스도의 가르침의 진실을 은폐하고 기만하는 것보다도 강력한 것이 되어 있다.

2. 현대 사회에 만연한 불평과 원망은 때때로 증오나 비탄의 외침으로 표현된다. 우리는 그리스도교의 현재의 형식에 대한 심각한 불만의 소리에 귀를 기울여야 한다. 모든 사람이 신의 나라가 강림하기를 갈망하고 있다. 그리고 그날이 점차 가까워오고 있다.

현재보다 훨씬 순수한 그리스도교가, 나날이 확실하게 현재의 그리스도교라 불리는 것의 위치를 차지하고 있다. (챠닝)

3. 모세에서 그리스도에 이르는 동안 개개인 사이에 절대적인 지적·종교적 발달이 이루어졌다. 그리스도 시대에서 현대에 이르는 동안에도 이 발달은 개개인 사이에 한층 현저해졌다. 낡은 미혹과 오해는 벗어 던져지고 새로운 진리가 인류의 자각 속으로 들어온 것이다.

한 인간이 인류 전체만큼 그렇게 위대할 수는 없다. 가령 어떤 위대한 인물이 있어서 자기의 동포가 이해하지 못할 정도로 그들보다 앞서 있다 하더라도 마침내 때가 오면 그들은 따라붙는다. 아니, 그러다 도리어 추월당한다. 그리고 이번엔 과거의 그 위인이 서 있었던 장소에 정지해 서 있는 사람들로선 이해하기 힘들 정도로 멀리 나아가 버린다. 모든 종교 분야의 천재는 수많은 종교적인 진리를 속속 해명한다. 그리고 천재에 의해 날이 갈수록 견고함을 더하는 인류의 융합과 일치에 공헌하는 것이다. (파커)

4. 각기 흩어진 모든 인간과 마찬가지로 하나로 결합된 인류 전체 또한 그 최대한도가 신 자체에 이르는 것이다. 그러므로 자기 성장에 있어서 정지하지 않고 끊임없이 변화하고, 끊임없이 낮은 곳에서 높은 곳으로 비약해야만 한다. 현재의 모든 경지는 과거의 성과이다. 성장은 그리 눈에 띄지 않게 끊임없이 이루어지고 있다. 그것은 마치 씨앗의 성장과 같아서 순차적으로 멈추지 않고 훌륭하게 행해지고 있다. 그렇지만 개개의 인간 및 인류 전체에 변화를 주는 것이 사명이라면, 개인이든 인류 전체든 그 변화는 수고와 고생 속에서 이루어져야 한다.

위대한 인물이 되려면 밝은 세계로 나오기 전에 암흑 속을 방황하고 박해를 견디며 영혼을 구원하기 위해 육체를 버리지 않으면 안 된다. 보다 강력한, 보다 완전하고 새로운 생활로 부활하기 위해 죽어야만 하는 것이다.

18세기 이후에 인류는 다시 변화하기 시작했다. 낡은 제도, 오래된 사회, 낡은 세계를 만들었던 모든 것은 모조리 파괴되었다. 그래서 지금 세계의 많은 사람들은 공포와 고난의 폐허 한가운데서 살고 있다. 그래서 이들 커다란 변화와 폐허, 그리고 죽어 없어지는 것들과 마주쳤을 때 우리는 탄식하지 않을 수 없다. 그러나 우리는 용기를 내어 힘차게 견뎌내야만 한다. 인류 전체의 혼연일치도 먼 일만은 아닌 것이다. (라므네)

잘못된 과학

생활에 필요한 노동 대신 부도덕하고 불합리한 생활을 하는 사람들의 주의를 끌 뿐인 무제한의 지식 분야가 있다. 이 분야에서 우연히 습득한 지식 속에 모든 사람의 생활에 필요 불가결한 유일하고 참된 지식이 들어 있다고 믿는 것, 여기에 과학의 맹신이 존재한다.

과학의 맹신은 어디에 있는가

1. 자기의 이성으로 생각하지 않고 다른 사람들이 진리라고 하는 것을 틀림없다고 의심 없이 믿고 받아들일 때, 그들은 맹신에 빠진다. 현대에 있어서는 과학에 대한 맹신, 즉 대학 교수나 아카데미의 학자 등, 일반에게 학자라 불리는 사람들이 의심의 여지 없는 진리라고 전하는 모든 학설을 무조건적으로 받아들이는 것이 바로 여기에 해당한다.

2. 신앙에 그릇된 가르침이 있는 것과 마찬가지로 과학에도 또한 잘못된 가르침이 있다. 어느 일정한 기간밖에는 참된 과학을 정의할 자격을 갖지 못한 사람들이 유일한 참된 과학이라고 주장하는 모든 것을 옳다고 인정하는 것에 그릇된 과학의 가르침이 존재한다. 그리고 모든 사람에게 필요한 것이 아니라 어느 일정한 기간 외에는 과학이란 무엇인가 하는 정의를 내릴 자격을 갖지 못한 사람들이 내린 정의에 불과한 것이 과학이라 여겨지는 한, 그것은 사이비 과학일 수밖에 없다. 더구나 우리 세계에서는 실제로 그러한 현상이 계속해서 나타나고 있다.

3. 현대의 과학은 지금으로부터 몇백 년 전에 사제들이 차지했던 것과 완전히 동일한 지위를 점유하고 있다. 과학을 믿는 사람들 사이에도 과거 사제들이 했던 것과 같은 맹목적인 믿음과 복종, 비평의 결여, 나아가 그들을 동요시키지 않을 정도의 견해의 부조화가 존재한다. 또 마찬가지로 요령부득의 말과 사상이 결여된 것이나 마찬가지인 독선적인 오만이 존재한다.

'저놈은 쓸모없다, 저놈은 신의 계시를 부정한다.'

'저놈은 쓸모없다, 저놈은 과학을 부정한다.'

즉각 이렇게 되는 것이다.

4. 옛날 이집트인은 사제들이 진리로 제공한 모든 가설을 현대 우리가 보

는 것처럼 단순한 교조로 보지 않고 인간이 도달할 수 있는 지고한 지식의 계시, 즉 과학으로 보았다. 현대에 있어서도 과학을 모르는 무지한 사람들은 현대의 과학 사제들이 의심의 여지가 없는 진리라며 제공하는 모든 가설을 그렇게 보며, 또한 이것을 믿고 있다.

5. 참된 지식에 있어서 가장 해로운 것은 분명하지 않은 언어나 해석을 사용하는 것이다. 더구나 현대의 겉치레 면허 학자들은 그러한 해로운 행위, 즉 불명료한 해석에 대해 불명료하고, 실재하지 않으며, 공허한 말을 사용하는 데 대해 감히 뭐라 말하지 않는다.

6. 사이비 과학과 사이비 종교는 전문가가 아닌 사람들에게 신비롭고 중요한 것처럼 여겨지게 하는 과장된 말로 언제나 그 교의를 표현한다. 학자들의 이론 또한 직업적인 종교 교사의 말처럼 다른 사람들뿐만 아니라 종종 그들도 이해하기 힘들다. 글도 깨우치지 못한 교도들 앞에서 로마 가톨릭 신부가 라틴어로 기도를 올리는 것처럼, 현학적인 학자는 라틴문학의 술어나 신조어를 아무렇게나 사용함으로써, 때때로 매우 평범한 것에서 지독히도 이해하기 힘든 뭔가를 만들어낸다. 이는 신비롭고 불가사의한 예지의 징표가 아니다. 사람이 진정 총명하면 할수록 그 사상을 표명하는 그의 말은 더 간단명료해진다.

과학은 사회의 뒷받침이 된다

1. 과학이라 불리는 것에 종사하는 가치를 인정하려면, 먼저 그들 연구가 유익하다는 것을 입증해야만 한다고 생각한다. 그런데도 과학을 하는 사람들은 우리는 이러이러하고 저러저러한 문제를 연구하고 있으므로 이것은 언젠가 반드시 이익을 가져올 것이라고 단언하는 것이 일반적이다.

2. 과학의 정당한 목적은 인류의 행복에 도움이 되는 다양한 진리를 얻는 것에 있다. 인류의 삶에 해악을 초래하는 많은 기만을 변호하는 일은 옳지 않은 목적이다. 법학, 경제학, 특히 철학, 신학 등은 모두가 그러한 것들이다.

3. 과학에도 또한 신앙에서와 마찬가지로 기만이 존재한다. 그리고 그 기만은 자기 약점을 변호하고자 하는 욕심에서 생겨난다. 따라서 과학의 기만역시 종교와 마찬가지로 해롭다.

세상 사람들은 혼돈 속에서 방황하고, 악한 삶을 영위하고 있다. 그러나 실제로 세상 사람들은 사악한 삶을 살고 있음을 깨닫고 그 삶을 바꿔, 보다 나은 삶으로 접어들도록 노력한다. 그래서 갖가지 학문이 출현했다. 정치학, 재정학, 신학, 형법, 치안유지법 등이 그것이다. 또한 경제학, 사학, 그리고 최근 크게 유행하는 사회학, 즉 세상 사람들은 어떠한 법칙에 따라서 살고 있는가, 또 살아야만 하는가 하는 문제를 연구 검토하는 학문도 나타났다. 그리고 세상 사람들의 사악한 삶이 그들 자신에게서 생겨난 것이 아니라 법칙에 따라 생겨난다는 주장도 등장했다. 따라서 그들의 당면 문제는 악한 삶을 그만두고 선한 삶으로 전환하는 것이 아니라, 종전과 마찬가지로 살고, 자기의 약점으로 시종일관하도록 유지하는 데 있다. 모든 악한 이들이 그들 자신에게서 악이 생겨나는 것이 아니라 학자들이 발견해서 발표한 갖가지 법칙에서 생겨난다는 식으로 보아야 한다는 것을 활발히 입증하고 있다.

그러나 이 기만은 매우 불합리하며, 양심을 배반하는 것이다. 따라서 만약 그 법칙이 세상 사람들의 악한 생활을 너그럽게 받아들이지 않는다면, 세상 사람들은 절대로 그것을 따르지 않을 것이다.

4. 우리는 인간의 정신적 본성에도, 육체적 본성에도 반하는 삶을 우리를 위해 구성하고, 모든 사람이 그렇게 생각한다는, 단지 그 이유만으로 그러한 삶이 가장 올바른 것이라는 식으로 생각한다. 우리는 사회조직, 종교, 문학, 과학, 예술이라 일컫는 것, 그러한 것들 모두가 갖가지 불행으로부터 우리를 구원해 주기는커녕 오히려 불행을 증대하는 데 지나지 않음을 어렴풋하게나마 알고 있다. 그럼에도 불구하고 우리는 그것들을 이성의 작용으로 판단할 용기가 없다. 왜냐하면 인류는 강제적인 사회조직이나 종교, 과학의 필요성을 늘 인식해 왔으므로 이러한 것 없이는 살 수 없다고 생각하기 때문이다.

그러나 가령 아직 껍질 속에 있는 병아리가 인간과 똑같은 이성을 갖추고, 현대의 우리처럼 그 이성을 사용할 힘을 아주 작게밖에는 가지고 있지 않았다면, 병아리는 절대로 달걀 껍질을 깨지 못할 것이다. 그리고 절대 삶을 아는 일도 없을 것이다.

5. 오늘날의 과학은 남의 노동을 이용하는 책략을 나눠주는 것이 되고 말았다.

6. 상급학교나 최고학부의 질서정연한 엉터리 논리들은 갖가지 말로 바꾼 의미를 제공하는 것으로는 해결하기 힘든 여러 문제를 회피하려는 일반적인

합의에 지나지 않는다. 왜냐하면 가장 쉬운, 그리고 대개의 경우 가장 옳은, '모릅니다(I don't know)'라는 대답을 아카데미는 호감을 갖고 들으려 하지 않기 때문이다. (칸트)

7. 지식과 이익, 학문과 금전, 이 두 가지만큼 서로 반발하고 모순되는 것은 없다. 만일 보다 많은 학식을 쌓기 위해 금전이 필요하다면, 만약 학식이 금전에 의해 매매된다면, 파는 사람이나 사는 사람 모두 대단한 잘못을 저지르는 것이 된다. 그리스도는 상인을 내쫓았다. 마찬가지로 학문의 전당에서도 상인들을 축출해야만 한다.

8. 학식을 자신의 미를 자랑하는 월계관처럼 보아서는 안 된다. 또한 자신을 길러준 암소처럼 보아서도 안 된다.

9. 형벌에 관한 학문, 지극히 발달 정도가 낮은 인간만이 특별히 소유한, 즉 어린이나 야만인만이 지닌 극히 야만적인 행위에 관한 학문이 있다. 이러한 엉터리 학문이 존재한다는 사실은 때때로 '학문'이라는 이름 아래 지독히 어리석고 뒤떨어질 뿐만 아니라 이보다 더 혐오스런 것은 없다는 명료한 증거가 된다.

과학의 맹신이 초래하는 갖가지 해로운 결과

1. 종교에 관해, 도덕에 관해, 인생에 관해 과학자만큼 이해를 하지 못하는 사람도 없다. 더구나 그보다 더 놀라운 것은 현대 과학이 물리적 세계의 여러 조건 검토와 연구라는 분야에서 실로 커다란 진보를 가져왔음에도 불구하고, 실제 삶에는 아무 필요도 없을 뿐만 아니라 오히려 해로운 결과마저 초래하고 있다는 사실이다.

2. 우리의 삶이 물질이 주는 힘의 소산이며, 그러한 힘의 지배 아래에 있다는 사상이 보급되는 것은 해롭다. 그런 잘못된 사상이 과학이라 불리고, 인류의 신성으로 하여금 모독해서는 안 될 지혜인 것 같은 얼굴을 할 때, 이러한 가르침에 따른 해독은 실로 두려울 만한 것이다.

3. 과학의 발달은 덕성의 정화를 조장하지 않는다. 우리가 아는 한에 있어서 어떠한 경우에도 과학의 발달은 덕성의 퇴폐를 조장했다. 그렇지 않다고 생각한다면 그것은 공허하고 잘못된 지식을 참되고 고매한 지식과 혼동한 결과인 것이다. 추상적인 의미로 볼 때 사람들에게 과학이란 것은 존경하지

않을 수 없는 것이기는 하지만, 지금의 과학이란 것은 그저 비웃음과 모멸을 받을 만한 것일 뿐이다. (루소)

4. 현대인들은 지극히 어려운 무수한 주제, 즉 천체의 상태라든가, 수백만 년 전의 지구의 상태라든가, 유기체의 발생이라든가 하는 것들을 연구하는 데 몰두한다. 그러면서도 그들은 모든 사람에게 언제나 필요 불가결하고 유일한 주제, 즉 인생의 의의는 무엇이며, 인생을 어떻게 보낼 것인가, 모든 시대의 현인들은 이 문제를 어떻게 생각하고 해결했는가 하는 주제만은 연구하지 않는다. 그만큼 현대인의 삶은 어리석다.

현대인들은 이 주제를 연구하지 않을 뿐만 아니라 멋대로 어정쩡한 이름을 붙이고, 그들 자신조차도 믿지 않는 다양하고 무의미한 주제를 연구한다. 이른바 현대인의 삶의 밑바탕에는 주춧돌 대신에 공기를 넣어 부풀린 바람베개, 물베개 같은 것이 놓여 있다. 이러한 건물이 어떻게 붕괴하지 않을 수 있으랴!

5. 현대에 있어서 과학이라 불리는 것은 거의 모두가 부유한 사람들의 한가한 놀이시간을 때우기 위해서만 필요한, 그들의 새로운 고안에 지나지 않는다.

6. 우리는 철학과 과학, 이성의 시대에 살고 있다. 모든 학문이 이 인생의 마법의 집으로 통하는 길을 우리에게 비춰 보여주기 때문에 이들은 하나로 결합된 것처럼 여겨진다.

널찍한 도서관은 어디나 모든 사람들을 위해 공개되고, 곳곳에 초등학교, 중학교, 대학교가 세워지며, 몇십 년의 기간에 걸쳐 나타나는 많은 현인들의 사상을 받아들일 가능성을 어린 시절부터 우리에게 부여한다. 이러한 것들은 우리 지혜의 발달과 이성의 성숙을 도와주는 것처럼 보인다.

하지만 어떤가? 과연 우리는 이러한 모든 것들 때문에 보다 더 나은 총명한 인간이 되었을까? 우리의 사명과 진로를 전보다 더욱 잘 아는 것일까? 우리의 책임이 무엇인지, 특히 인생의 행복은 어디에 있는지를 보다 잘 알 수 있게 된 것일까? 적개심, 증오, 혼돈, 회의 이외에, 모든 쓸모없는 기관들에서 우리는 무엇을 얻었다는 말인가?

모든 종교의 교의와 종파는 자기들의 교의와 종파만이 진리를 발견했다고 주장한다. 모든 저술가는 자기만이 우리의 평안과 행복의 소재를 아는 듯한 얼굴을 한다. 어떤 사람은 우리에게 육체가 없음을 입증한다. 어떤 사람은 영혼이 없음을, 그리고 어떤 사람은 육체와 영혼 사이에 이어짐이 없음을 입증하고, 어떤 사람은 인간 또한 동물의 일종임을 입증하며, 어떤 사람은 신만이 귀감임을 입증한다. (루소)

7. 현대 과학의 최대 해악은 모든 것을 밝혀 아는 힘을 지니지 못했으며, 또한 종교의 힘 없이는 무엇을 찾고 알아야 하는지조차 모르기 때문에 바르지 못한 삶을 사는 과학자 자신에게나 만족을 주는 것에 불과한 주제만을 연구하는 것에 있다.

이런 과학자에게 가장 유쾌한 것은 그들에게 유리한 현행제도와 충분한 지적 노력을 재촉하지 않는, 칠칠치 못한 지식욕을 만족시키는 것이다.

연구주제는 무한하나, 이것을 연구하는
인간의 능력에는 한계가 있다

1. 페르시아의 현자는 말했다.

"젊은 시절에 나는 나 자신에게 말한 적이 있다. 모든 학문을 연구하고 싶다고. 그리하여 나는 세상 사람들이 아는 거의 모든 것을 알게 되었으나 노년에 이르러 그때까지 알게 된 모든 내용을 관찰할 즈음에는 이미 내 일생이 지나가 버렸다는 것, 그리고 실은 내가 아무것도 알고 있지 않다는 사실을 깨달았다."

2. 천문학자의 관찰과 계산은 우리에게 경탄스러운 많은 것들을 가르쳐주었다. 그렇지만 그들의 연구가 가져온 가장 커다란 공헌은 우리의 무지와 무식이 어쩌면 끝이 없다는 것을 폭로해 주었다는 점일 것이다. 이런 지식이 없다면 우리의 이성은 아무리 시간이 지나더라도 그 바닥 모를 무지와 무식을 스스로 상상할 수는 없었을 것이다. 이에 관한 고찰은 우리의 이성 활동에 유한한 목적을 설정한 다음에나 커다란 변화를 일으킬 수 있다. (칸트)

3. '땅 위에 풀이 있다. 우리는 그것을 볼 수가 있다. 그러나 달나라에서는 보이지 않으리라. 그리고 이들 풀에는 수많은 섬유가 있으며, 그 섬유에 미생물이 서식한다. 그런데 그것 다음에는 더 이상 아무것도 없다.'

이 얼마나 커다란 자기과신인가!

'복잡한 육체는 갖가지 요소로 성립되어 있다. 그리고 이 요소는 사라지지

않는다.'

이것 또한 엄청난 자만! (파스칼)

4. 인체의 생태를 이해하기 위한 지식조차 우리에게는 충분하지가 않다. 그것을 이해하기 위해 어떤 것을 알 필요가 있는지를 생각해 보라. 육체에는 공간, 시간, 운동, 온기, 빛, 음식물, 물, 공기, 그 밖의 갖가지 것들이 필요하다. 그런데 자연계는 만물이 하나를 연구하지 않고 다른 것을 알 수가 없는 것처럼 서로 밀접하고 떼어낼 수 없는 연관을 가지고 있다. 전체를 모르면서 부분을 알 수는 없다. 육체에 필요한 모든 것을 구하고 알 때, 그때 비로소 우리는 우리 육체의 생태를 알 수가 있다. 그러려면 반드시 우주 전체를 규명하고 알지 않으면 안 된다. 그러나 우주는 무궁무진해서 이것을 아는 것은 인간으로선 도저히 불가능하다. 따라서 우리는 육체의 생태도 완전하게는 밝혀낼 수가 없는 것이다. (파스칼)

5. 갖가지 실험과학이 이것을 지도하는 철학사상 없이 오로지 실험과학 그 자체를 위해 연구된다면, 이것은 마치 눈이 없는 얼굴 같은 것이다. 실험과학은 보다 숭고한 천성이 결여된 것으로, 중간 정도의 재능에 적합한, 그러나 이러한 밀접한 연구에 방해물에 불과할 듯한 것의 하나가 된다.

이러한 중간 정도의 재능밖에는 지니지 못한 사람들은 자기의 모든 힘을 오직 한 가지 한정된 과학 분야에 쏟아 붓는다. 그리고 다른 모든 분야는 전혀 무지하다는 조건 아래에서 그 한정된 분야에서 가급적 완전한 지식을 얻는 것에 지나지 않는다. 이들은 시계공장의 노동자와 비교될 수 있다. 시계공장의 노동자들은 어떤 사람은 톱니만 만들고, 어떤 사람은 용수철만 만들며, 또 어떤 사람은 줄곧 사슬을 만든다. 그들은 전체를 알지 못한다. (쇼펜하우어)

6. 중요한 것은 지식의 양이 아니라 질이다. 가장 필요한 것조차 알지 못하면서도 때로는 헤아릴 수 없이 많은 지식을 갖고 있기도 한다.

7. 박물학 연구는 독일에서 마침내 어리석고 광적인 지경에까지 도달했다. 신에게는 곤충과 인간이 동등한 가치라 하더라도 우리 이성은 그렇지 않다. 새나 나비 따위에 연구의 손길을 뻗기 전에 실로 많은 것에서 우리는 먼저 계통을 세워야 하는 것이다.

자기의 영혼을 찾고 알라. 자기의 지능을 훈련해 여러 판단을 내릴 때 면밀하고 신중하라. 또한 자기의 감정을 평화를 사랑하도록 훈련하라. 인간에 대해 아는 것을 배워라. 그리고 이웃의 평안과 행복을 위해 진실을 말할 용맹심을 갖춰라. 그러기 위해 다른 어떠한 수단도 찾아내지 못한다면 수학으로 자기 지능을 연마하는 것이 낫다. 또 그저 장수풍뎅이의 분류라는 것에 마음을 쏟을 일이다. 이러한 피상적 지식은 전혀 유익하지 못하다. 그런데도 이러한 하찮은 '것'이 우리를 무한정 잡아 끌어가는 것이다.

'그러나 신은 태양에서와 마찬가지로 곤충 속에도 무한하다.' 이렇게 여러분은 말하리라. 나는 기꺼이 그것을 인정한다. 바닷가의 모래 속에 있더라도 신은 전혀 예측할 수 없다. 아직 아무도 그 다종 다양한 모습의 계통을 세운 자가 없다.

만일 당신이 진주가 있는 땅에 있으면서 진주를 캐는 특별한 사명을 느끼지 못한다면, 현재의 지위에 머물러 자기 밭을 가는 것이 낫다. 당신의 밭은 당신에게 온힘을 쏟아 부으라고 촉구하고 있다. 당신은 두뇌의 용량이 유한하다는 사실을 잊지 말아야 한다. 그리하면 나비의 일생을 연구하는 학문 분야에서도 당신에게 영감을 줄 현인들의 사상에 대한 적당한 공간을 찾게 될 것이다. (리히텐베르크)

8. 소크라테스는 우주에 존재하는 모든 것에 관해 어마어마한 설명을 시작하거나, 소피스트들이 자연이라 일컫는 것의 발생을 탐구하거나, 수많은 천체가 생겨난 근본 원인으로 거슬러 올라가거나 하지 않았다. 그는 오히려, '그토록 인간과 관계가 밀접하지 않은 사물과 현상에 연연하면서 과연 사람들은 우리가 꼭 알아야만 하는 중요한 사상을 모조리 규명하고 알았다고 생각하는 것인가' 하고 질문하곤 한다.

특히 그는 인간의 지식이 이러한 신비를 통찰할 수 없다는 사실을 인정하지 않는 사이비 학자들의 맹목성에 놀라고 있다. 그렇기 때문에 이러한 신비에 대해 설명할 수 있다고 상상하는 모든 사람들과는 근본적으로 견해가 일치하지 않는다. 그는 그들의 말을 듣고 있노라면 마치 미친 사람들의 한가운데에 있는 듯한 기분이 들 것이라고 말하고 있다. 또한 실제로 그것은 광기에 홀린 불행한 사람들의 두드러진 특징이다. 그는 두려울 것이 없음을 두려워하고, 진정으로 위험한 것을 두려워하지 않는다. (크세노파네스)

9. 지식은 넓고 크다. 그것은 자신에게 바칠 수 있는 모든 자유로운 시간

을 요구한다. 수많은 의문을 어떻게 고찰하든 당신은 여전히 규명하고 해결해야 하는 수많은 의문에 신음하지 않으면 안 될 것이다. 이들 의문거리는 아주 많으며, 더욱이 넓은 범위에 걸쳐 있기 때문에, 지능 활동에 완전한 자유를 주지 않으려면 중요하지 않은 나머지의 인식은 배제해야 한다. 그러나 과연 내가 어떤 단어 하나에 전 생애를 허비해도 좋단 말인가? 그런데도 세상의 학자들은 종종 인생 그 자체에 대해서보다 언어와 언어의 인식을 고찰하는 데 더 힘을 쏟고 있다. 터무니없는 지식이 어떠한 해악을 낳는지, 그리고 그것이 진리에 있어서 얼마나 위험한지를 기억하지 않으면 안 된다. (세네카)

10. 학문은 지혜의 양식이다. 그리고 이 지혜의 양식도 육체의 양식과 마찬가지로 순수하지 않은 단맛이 가해지거나 지나치게 섭취하거나 했을 경우에는 역시 해로울 수 있다. 그렇다, 지혜의 양식도 싫증날 수 있다. 이것을 피하려면 육체의 양식을 섭취할 때와 마찬가지로 지혜의 세계에서 공복을 느꼈을 때에만, 즉 반드시 알아야만 하겠다고 느꼈을 때, 요컨대 그 지식이 영혼에 반드시 필요한 경우에만 섭취해야 한다.

지식의 양식은 무한하다. 학문의 참된 임무는
그 가운데서 가장 중요하고 필요한 부분을 고르는 것이다

1. 모른다는 것은 수치도 아니요 해로운 것도 아니다. 누구나 모든 것을 알 수는 없다. 그러나 자기가 모르는 것을 아는 체하는 것은 부끄러워할 일이며, 또한 해롭다.

2. 지식을 얻는 지혜의 힘에는 한계가 없다. 그러나 많이 알면 알수록 좋다고 생각할 수는 없다. 쓸데없는 것을 잔뜩 아는 것은 참으로 필요한 한 가지를 아는 것에 오히려 방해만 될 뿐이다.

3. 공기나 음식물이 신선한지 부패했는지에 따라서 육체가 건강하게 되기도 하고 쇠약해지기도 하는 것처럼, 지혜도 우리에게 필요하고 중요한 것을 연구함으로써 건강하게 되고, 가치 없고 불필요한 것을 연구함으로써 쇠약해진다. (러스킨)

4. 현대에는 연구할 가치가 있는 엄청난 양의 갖가지 지식이 있다. 이들 많은 지식 가운데 가장 유익한 오직 한 가지 부분만을 자기 것으로 하기에도

우리의 능력은 모자라고, 우리 일생은 너무나도 짧을 것이다. 풍요로운 부가 우리를 위해 존재한다. 그러나 이 부를 내가 가진 다음에 우리는 다시 무용 (無用)의 전당에다 많은 것을 내다버려야만 한다. 오히려 애초부터 그런 쓸모 없는 것을 자기 머리속에 집어넣지 않는 편이 나을 것이다. (칸트)

5. 지식에는 제한이 없다. 따라서 아무리 많은 지식을 가진 사람이라도 보잘것없는 지식밖에 없는 사람보다 자신이 더 많은 것을 안다고는 단정할 수 없다.

6. 불필요한 것을 많이 알기 때문에 학식 있고 교양 있고 문명화된 사람이라 자인하는 사람들이 자기 생애의 의의를 알지 못할 뿐만 아니라, 오히려 그 무지함과 무식함을 자랑하며 매우 심각한 무지몽매의 밑바닥에서 방황하는 것을 목격하는 것은 현대에서는 지극히 흔한 현상이다. 또 그 반대로 화학적인 여러 표나 천체의 위치 변동, 라듐의 성질 따위에 대해서 아무것도 아는 바가 없는 무학자나 학식이 낮은 사람들이 자기 생애의 의의를 확고히 알며, 더구나 그것을 내세우지 않는, 참으로 지각 있는 사람들을 발견하는 것 또한 전자 못지않은 흔한 현상이다.

7. 사람들은 이 세상에서 행해지고 있는 모든 현상을 알거나 이해하지는 못한다. 따라서 많은 사물과 현상에 대한 그들의 판단은 부정확하다.

우리의 무지와 무식에는 두 가지가 있다. 하나는 사람들이 태어날 때 그대로의 순수한 자연상태의 무지와 무식이다. 그러나 다른 하나는 말하자면 참으로 총명한 사람의 무지와 무식이다.

학문을 규명하여 세상 사람들이 알지 못하는 것들을 알았을 때, 그는 그 모든 지식을 통해 신의 세계를 진정으로 이해하는 것이 절대로 불가능하다는 것을 발견할 것이다. 그리고 그는 세상 학자들이 아무런 학문도 없는 평범한 인간과 마찬가지로 실제로 아무것도 알지 못한다는 확신을 얻을 것이다.

그러나 세상에는 적당히 학문을 하여 장님이 코끼리 다리 쓰다듬듯 하는데에 불과한 주제에 그것을 자랑하고 떠벌리는 자들이 있다. 이들은 자연 상태의 무지와 무식과는 거리가 멀지만, 인간의 모든 지식이 불완전하고 시시한 것임을 깨닫는 참된 학자의 지혜에 도달하지는 못한다.

이들은 자신을 총명하다고 여기고, 그 결과 세계를 혼란스럽게 한다. 그들은 모든 사물과 현상에 대해 경솔하고 자신에 찬 태도로 판단을 내린다. 그리고 끊임없이 잘못 계산하는 것은 두말할 필요도 없다. 그들은 남의 눈에 티끌을 던져 넣는 역량을 지녔을 뿐이다. 더구나 세상 사람들은 때때로 그들을 존경한다. 그러나 보통의 일반 민중은 그들의 무익함을 간파하고 이들을 경멸한다. 그리고 이들 또한 민중을 무지하고 무식하다고 여기고 그들을 경멸한다. (파스칼)

8. 사람들은 때때로 많이 알면 알수록 점차 나아지는 법이라고 생각한다. 그러나 이것은 옳지 않다. 중요한 것은 많은 것을 아는 것이 아니라 우리가 연구해 알 수 있는 모든 사상 가운데서 가장 필요한 것을 아는 데에 있다.

9. 무지와 무식을 두려워할 필요는 없다. 오히려 가치 없는 지식을 두려워하는 게 낫다. 그 지식이 어떤 이익이나 칭찬을 목적으로 하는 경우에는 더욱 그러하다.

필요 이상의 것을 아느니보다 자기가 아는 것보다도 작은 범위를 연구해 아는 편이 낫다. 많은 지식을 얻은 결과 사람들은 자기만족에 빠지고 자기도취에 떨어져, 마침내는 아무것도 몰랐던 때보다도 더 어리석게 되고 만다.

10. 현자가 반드시 학자는 아니며, 학자가 반드시 현자도 아니다. (공자)

11. 올빼미는 어둠 속에서는 잘 보지만, 태양 빛이 가득한 곳에서는 장님과 같다. 학자에게도 이와 똑같은 현상이 생겨난다. 그들은 불필요한 학술상의 사소한 것들은 많이 알지만, 인생에서 가장 필요한 것, 즉 우리는 이 세상을 어떻게 살아야 하는가 하는 문제에 대해서는 아무것도 알지 못하며, 또한 알 수도 없다.

12. 현인 소크라테스는 말했다. 지식이 적은 것이 어리석은 것이 아니라, 자기 자신을 모르고 자신이 모르는 것을 아는 것처럼 생각하는 태도가 어리석은 것이라고. 그는 그것을 아둔함이라 일컫고, 또한 무지이며 무식이라고 했다.

13. 가령 어떤 사람이 존재하는 온갖 학문을 다 알며 모든 나라의 언어로 말한다 해도, 자신이 어떤 존재이고 무엇을 해야 하는지를 알지 못한다면, 신을 믿고 신의 뜻에 따라 자신이 살고 있음을 인정하며 그 신이 자신에게 성실을 요구한다는 것을 아는 무학·문맹의 노파보다도 훨씬 못하다. 이 노파는 그런 학자보다 깨어 있다. 왜냐하면 그 노파는 자신이 어떤 존재이며,

어떻게 살아야 하는가 하는 가장 중요한 의문에 대한 해답을 알고 있기 때문이다.

반면에 그런 종류의 학자 선생은 지극히 복잡한 온갖 사물과 현상에 대해 교묘하고도 섬세하며 치밀한 해답은 알고 있으면서도, 총명한 모든 사람이 지닌 가장 중대한 의문, 즉 무엇 때문에 나는 살고 있는가, 무엇을 배워야만 하는가 하는 의문에 대한 해답은 모르기 때문이다.

14. 인생에서 가장 중요한 것이 지식이라고 생각하는 사람들은 촛불을 향해 날아오는 부나비와 같다. 그들은 스스로 멸망하면서 동시에 촛불의 빛 또한 어둡게 한다.

참된 학문의 본뜻과 사명은 어디에 있는가

1. 이 세상을 어떻게 살아야 하는가를 찾고 알기 위한 지침이 되는, 세상에서 가장 귀중한 가르침을 사람들은 학문이라 일컫는다. 그러나 우리에게 아는 것 자체가 매력적이긴 하지만 도움이 되거나 때로는 전혀 도움이 되지 않는 온갖 하찮은 것들도 마찬가지로 학문이라 부른다. 앞의 것은 대사업이다. 그러나 뒤의 것은 대부분 쓸모없는 일이다.

2. 참된 학문에는 의심할 수 없는 특징이 두 가지 있다. 첫 번째 특징은 내적인 것으로, 그 학문의 봉사자가 이익을 위해 이것에 종사하는 것이 아니라 헌신적인 마음으로 자기의 사명을 다한다는 점이며, 두 번째 특징은 외적인 것으로, 그의 저술을 모든 사람이 이해할 수 있다는 점이다.

3. 현대인의 삶은 전체 인류의 99.9%에 이르는 대중이 끊임없는 육체 노동에 시달리느라 학문이나 예술에 투자할 시간이나 가능성이 전무한 상태이다. 그리고 이 전체 인류에서 오직 0.1%에 해당하는 특수한 사람들만이 육체 노동에서 벗어난 생활을 영위하면서 자기가 원하는 학문이나 예술을 만들어냈던 것이다. 이러한 조건에서 생긴 학문이나 예술이 그 본질로 볼 때 어떻게 하찮은 것이 아닐 수 있겠는가? 이러한 의문이 일어나는 것은 지극히 당연하다.

4. 모든 사람의 필생의 사업은 보다 나은 사람이 되는 것이다. 따라서 이 필생의 사업에 도움이 되는 학문만이 참으로 좋은 학문일 수 있다.

5. 학자란 존재하는 온갖 책 속에서 잡다한 것들을 잔뜩 배워 아는 사람을

일컫는다. 또 교양 있는 사람이란 현재 세간에 유행하는 많은 일들을 아는 사람을 일컫는다. 그러나 참된 문명인이란 자기가 무엇 때문에 살고 있는지, 무엇을 해야만 하는지를 생각하고 아는 사람들이다. 학자가 되고자, 교양 있는 사람이 되고자 노력하는 것으로는 되지 않는다. 다만 참된 의미의 문명인이기 위해 노력해야 하는 것이다.

6. 만약 환상이 현실을 왜곡시킬 수 있다면 형이상학 분야에 있어서 미혹(迷惑)은 몇천 년이나 군림할 수 있을 것이다. 그리고 그 쇠의 무게를 민중에게 지우거나, 인류의 지극히 존귀한 바람을 빼앗거나, 자기의 계략에 빠진 노예의 손을 빌려서 자기가 속일 수 없었던 사람들을 꼼짝 못하게 하거나 할 수 있을 것이다.

정말이지 미혹은 인류 전체의 적이다. 모든 시대의 현인들이 미혹과 싸워 왔다. 그리고 이 미혹을 이겨낼 수 있었던 사람만이 인류의 재산이 되었다. 이익을 기대할 수 없었던 곳에서 뜻밖의 이익을 발견할지도 모르므로, 어떠한 곳에서도 역시 끝까지 진리를 탐구하지 않으면 안 된다. 만약 이렇게 단정할 수 있다면 거기에 약간 덧붙여야만 한다. 모든 미혹은 해악(害惡)을 품고 있기 때문에 때가 오면 그 해악을 예견할 수 없었던 곳에서도 쉽사리 발견할 수 있게 될지도 모른다. 따라서 미혹에서 어떠한 해악도 예견할 수 없을 듯한 곳에서 역시 열심히 미혹을 탐구하고 근절할 필요가 있다. 해악을 수반하지 않는 미혹은 없다. 하물며 학자나 종교가들은 더욱 그러하다.

그러나 어떤 종류의 미혹이든 어쨌든 이러한 미혹과의 힘겨운, 그렇지만 숭고한 투쟁에 자기의 일생과 온힘을 바치는 사람들에 대하여 우리는 감히 이렇게 위로할 수 있다. 진리가 발견될 때까지 이러한 미혹이 밤의 천지에 함부로 날뛰는 올빼미나 박쥐처럼 설친다 한들, 이미 명료하게 인식되어 바닥의 바닥까지 밝혀진 진리를 학대하거나 그 자유로운 왕좌를 탈취하는 것은 불가능하다. 올빼미나 박쥐가 떠오르는 태양을 위협해 다시 되돌아가게 하는 것보다 한결 더 불가능한 이야기이다. 우리는 감히 이렇게 밝힐 수가 있다. 진리의 힘은 그처럼 위대한 것이다. 진리가 승리를 차지할 때까지는 많은 어려움이 따른다. 그러나 대신 한 번 파악되면 다시는 절대로 빼앗기지 않는다. (쇼펜하우어)

7. 인류가 이 세상에서 생활하게 된 이래로 우리가 무엇보다도 먼저 알아

야 할 것, 즉 각 개인과 모든 사람의 사명은 무엇인가, 참된 행복은 무엇인가 하는 것을 세상 사람들을 향해 설교하는 무수한 성현이 출현했다. 이 학문을 아는 사람만이 자기 이외의 모든 사람의 가치에 대해 왈가왈부할 자격이 있다.

학문의 대상은 무수하다. 따라서 모든 사람의 사명과 참된 행복이 무엇인가 하는 것을 규명해 알지 않는 한, 이러한 무수한 대상을 취하고 버리는 선택을 하지 못한다. 따라서 이러한 지식을 제외한 다른 모든 지식은 우리들 사이에서 종종 헛되고 유해한 '장난'이 되고 마는 것이다.

8. 하찮은 호기심을 채우기 위해서나 학계의 주역이 되어서 활발히 쓰고 논하고 가르치기 위해서가 아니며, 더욱이 나 자신을 기르기 위한 학문도 아니다. 그저 어쩔 수 없이 인생에 대한 의문을 가지고 현대의 '학문'이란 것에 직면한 모든 사람은, 그 여러 학문이 지극히 복잡하게 얽힌 잡다한 문제에는 명쾌한 답을 내림에도 불구하고, 총명한 모든 사람이 해답을 찾고 있는 오직 한 가지 문제, 즉 나는 누구이며 어떻게 살아야만 하는가 하는 단 한 가지 문제에 대해서는 끝내 해답을 주지 않는다는 슬픈 사실에 봉착하게 된다.

9. 천문학이라든가 수학, 화학 같은 영적 생활에 불필요한 학문을 연구하는 것은 여러 오락이나 유희, 승마, 산보 등을 하는 것처럼 우리가 반드시 해야 하는 일을 방해하지 않는 경우에는 지장이 없다. 그러나 인생의 진정한 일을 방해하는 때에도 그러한 가치 없는 학문에 몰두하는 것은 앞서 말한 오락의 경우와 마찬가지로 좋지는 않다.

10. 소크라테스는 제자들을 향해 올바른 면학에 즈음해서는 어떠한 학문의 경우도 일정의 한계에 머물 뿐이라고 가르쳤다. 그는 말했다.

"예를 들어 기하학의 경우에는 사고 팔 땅을 정확히 측량할 수 있을 정도, 노동자들에게 일을 나눠 줄 수 있을 정도로 익히면 충분하다. 이것은 참으로 쉬운 일이어서 조금만 노력하면 비록 땅 전체를 측량해야만 하는 일이 있더라도 어려움이 없을 것이다."

그러나 그는 학문에 지대한 노력을 기울여 몰두하는 것은 칭찬하지 않았다. 그 자신은 이들 학문을 깊이 알고 있었음에도 불구하고, 이러한 학문이 아무런 도움도 되지 않는 주제를 연구할 뿐이며 우리의 일생을 구속해서 다른 유익한 학문으로부터 동떨어지게 하므로 경계해야 한다고 가르쳤다.

천문학에 있어서 그는 서너 가지 징후로 밤의 시각이나 한 달의 날 수, 1년의 시기 등을 아는 정도, 길을 잘못 들거나 항해의 진로를 잘못 짚거나 당번의 교대시간을 틀리거나 하지 않고 넘어갈 정도로 익히는 것을 바람직하다고 생각했다. 그는 덧붙였다.

"이 학문은 이 정도면 참으로 쉽기 때문에 어떤 사냥꾼이나 항해자, 그밖에 이 학문을 배우고 싶어하는 사람들도 쉽게 배울 수 있다."

그러나 그는 마찬가지로 이 학문에 있어서도 다양한 천체의 궤도를 연구하거나 별자리 크기를 추정하거나, 지구와의 거리를 측정하거나, 그들의 운행이나 변화를 연구하거나 하는 정도까지 깊이 들어가는 것은 아무런 이익도 없다는 이유로 극도로 배척했다.

그가 이런 종류의 연구에 대해서 이렇게 낮은 평가를 한 것은 그 자신의 무지 때문이 아니라(왜냐하면 그는 이 학문들을 깊이 연구해 잘 알고 있었다) 이러한 쓸데없는 것을 위해 우리에게 가장 필요한 것, 즉 우리의 도덕적 자기완성에 바쳐야 할 소중한 시간과 정력이 허비되는 것을 바라지 않았기 때문이다. (크세노파네스)

독서에 대하여

1. 많은 저술가의 저작을 읽거나 여러 종류의 책을 읽거나 하는 것이 우리 두뇌에 혼돈을 일으키지 않도록 경계해야 한다. 의심할 바 없이 가치 있는 저술가들의 저작으로만 자신의 두뇌를 양육해야 한다. 하지 않은 것만도 못한 독서, 남독(濫讀)은 우리의 두뇌를 혼란스럽게 하고 독자적 활동을 못하게 한다. 그렇기 때문에 탁월한 책만 골라 치우치지 않게 읽어야 한다. 만약 당신이 잠시 다른 종류의 책과 친해지고 싶다는 욕망이 일어난다면, 이제 다시는 지금까지의 독서 세계로 절대 되돌아갈 수 없다는 그 사실만은 잊어서는 안 된다. (세네카)

2. 우선은 좋은 책을 읽는 것이 좋다. 그렇지 않으면 당신은 책을 끝까지 다 읽을 수가 없게 될 것이다. (트로)

3. 여러 잡다한 책을 무턱대고 많이 읽어서 그곳에 씌어 있는 모든 것을 맹신하기보다는 차라리 한 권의 책도 읽지 않는 편이 낫다. 한 권의 책도 읽

지 않아도 지혜로운 자가 될 수 있다. 그러나 아무 책이나 닥치는 대로 골라 만 권의 책을 읽고, 그곳에 씌어 있는 모든 것들을 맹신한다면 어리석은 자가 될 뿐이다.

4. 저술 분야에도 또한 실제 인생에서와 똑같은 일이 거듭된다. 세상 사람들의 대다수는 우둔하며, 끊임없이 미혹의 포로가 된다. 그 결과 나쁜 책들이 홍수처럼 쏟아져 훌륭한 책의 낟알 사이에 유해하고 무익한 티끌이 만연하는 것이다. 그런 책은 사람들에게서 시간과 돈과 노력을 빼앗을 뿐이다.

정말이지 열악한 책은 그저 무익하기만 한 것이 아니라 해롭기까지 하다. 그리고 실제로 세상에 나오는 책의 90%는 세상 사람들의 호주머니에서 돈을 후려내려는 목적으로 인쇄되는 것에 지나지 않는다.

그렇기 때문에 세상 사람들은 한창 유행하는 책은 오히려 읽지 않는 편이 낫다. 우리는 먼저 여러 사람들 가운데 가장 걸출한 저술가들의 책을 읽고, 그것들을 탐구하고 아는 데 온힘을 쏟지 않으면 안 된다. 그렇지 않으면 그들의 책을 끝까지 읽을 시간이 없어지고 만다. 그리고 그 같은 저술가만이 우리를 가르쳐서 이끌고 키워주는 것이다. 열악한 책이 다 읽히지 않고 끝나는 경우는 너무나도 많다. 열악한 책은 사람들을 마비시키는 것 외에 다른 능력이 없는 정신적인 독약이다. (쇼펜하우어)

5. 맹신과 기만은 사람들을 괴롭힌다. 여기서 벗어나기 위한 길은 단 하나, 진리뿐이다. 우리는 스스로, 또한 우리보다 먼저 살았던 성현을 통해 진리를 인식할 수 있다. 따라서 우리는 선량한 삶을 위해 스스로도 진리를 탐구하지 않으면 안 되며, 또한 옛 성현이 우리에게 남긴 여러 진리의 가르침을 힘써 이용해야만 한다.

6. 맹신으로부터 우리를 벗어나게 해주는 진리를 인식하기 위한 가장 좋은 방법 가운데 하나는, 모든 사람에게 공통된 영원한 진리를 인식하여 그 표현을 위해 과거 인류가 이루어 놓은 모든 업적을 탐구하고 아는 일이다.

혼자만의 사색에 대하여

1. 우리들 각 개인은 인류의 공동 지능에 의해 만들어진 모든 것을 이용할 수 있고, 또 당연한 일이지만 그와 동시에 인류에 의해 만들어진 그것들을 자신의 머리로 생각하고 살펴보아야 한다.

2. 지식이 단순한 기억력이 아닌 자기의 사상적 노력으로 획득되었을 때 비로소 참된 지식이 될 수 있다.

우리가 과거에 배워 기억한 것을 모조리 망각했을 때, 비로소 우리는 참된 지식을 얻을 수 있다. 남에게서 배운 견해 그대로 사물을 관찰하는 한 우리는 사물의 인식에 한 걸음도 접근하지 못할 것이다. 사물을 인식하고자 한다면, 전혀 모르는 것을 대할 때의 마음가짐으로 그것을 향해 나아가야 한다. (트로)

3. 우리가 세상의 교사들에게 기대하는 것은 그들이 제자들을 먼저 사려 분별이 있는 사람으로 만들고, 이어 이성이 완비된 사람을 만들고, 마지막으로 학식이 쌓인 인물로 만들어 주는 일이다.

이러한 방식은 이익을 가져온다. 실제로 늘 보는 바와 같이 설사 절대로 최후의 계단을 찾지 못한다 하더라도 적어도 배우는 이는 이러한 면학으로부터 얻는 바가 있으며, 학교 이외의 실제 인생에서 보다 많은 경험을 쌓아 더 총명한 사람이 될 것이다.

그러나 만약 이러한 방법을 뿌리치면 어떻게 될 것인가? 그 경우에는 배우는 이들이 자기 내부에 판단력이 생기기도 전에 이성과 비슷한 뭔가에 준거하여 그 면학으로부터 빌려온 학문을 뽐낸다. 그러나 그런 학문은 임시변통이지 충분히 소화한 것이 아니기 때문에 그들의 정신적 능력은 학문을 하기 전과 다름이 없어, 아무런 성과도 없이 끝날 뿐만 아니라 오히려 겉핥기 학식으로 많은 해를 끼친다.

우리는 때때로 비판력을 극히 미약하게밖에 지니지 않은 학자(라기보다 박식한 사람)들과 마주친다. 또 이른바 최고의 학자에게서 한층 우둔한 인물이 속속 배출되어 나온다. 그 원인은 앞서 말한 바와 같이 도리에 어긋난 교육에 있다. (칸트)

4. 참된 학문은 학교에는 없다. 학교에서 가르치는 것은 겉만 발라놓은 우둔한 무지와 무식이다. 참된 학문은 책에 있다. 또한 책과 실제 인생에서 다양한 지식을 얻으려 하는 사람 자신의 독자적인 노력에 있다. 책이 출판되기 시작한 이래로 곰팡이 이외에는 학문으로부터 아무것도 흡수하지 못하는 학교 속에 참된 학문은 있을 수 없는 것이다.

학교교육의 특징은 무미건조하고 어리석은 현학적 정신이다. 이것은 학교

교육의 본질로 볼 때 거의 피하기 어려운 사실이다. 10년 또는 20년의 긴 기간에 걸쳐 해마다 똑같은 것을 반복, 또 반복 강의하는데 진절머리가 나지 않을 재간이 있겠는가? 교사나 교수라 불리는 사람들은 거의 언제나 혐오를 느끼면서 자기 직무에 종사하고 있다. 그래서 그 따분한 정도를 줄이기 위해 자기가 강의하는 학문을 피상적이고도 평범한, 죽은 것으로 바꿔 버린다. 뿐만 아니라 자기 직무의 열등함과 따분함 때문에 자신마저 매우 둔해지고 마는 것이다. (체르니셰프스키)

5. 때때로 온갖 학식을 소홀히 하는, 그런데도 지능이 탁월한 사람을 볼 수 있다. 타고난 지능은 거의 모든 교육 단계를 보완하고도 남지만, 어떠한 교육도 타고난 지능을 보충하지는 못한다. 물론 교육에서는 교육을 받지 않은 사람에 대해서 기회 및 사실 지식(역사적 지식)이 풍부하다는 우월성이 있다. 이야기의 원인을 정의할 수 있는(자연과학) 우월성이 있고, 표면적 관찰에 있어서 우월성을 보유한다. 그러나 그는 자기가 받은 교육에서 모든 사건이나 기회나 원인 등의 진상에 대해 보다 올바르고 깊은 관찰을 하지 않는다.

그런데 이와 반대로 학문을 배우지 않은 사람은 모든 사물에 대해 타고난 통찰력과 날카로운 관찰력으로 앞서 말한 것과 같은 우월성 없이도 훌륭하게 해나갈 힘을 갖고 있다. 스스로 경험한 단 한 가지 사건이 다른 학자들의 천 가지 사건보다 많은 것을 그에게 가르친다. 학자들은 자기들이 봉착한 그 사건을 알고는 있지만 충분히 이해하지는 못한다. 그런데 이들 학문을 배우지 않은 사람들의 지식은 사소하기는 하지만 살아서 활동하고 있다.

이에 반해 보통 일반 학자들의 많은 지식은 죽은 것이다. 왜냐하면 그들 지식이 완전히 공허한 말로 성립되어 있지는 않더라도 때때로 완전히 추상적인 관념뿐이기 때문이며, 그 추상적 관념은 당사자의 이성이 탁월하고 문제에 대한 깊은 이해가 있는 경우에만 비로소 의의를 지니기 때문이다. 만약 그 이해가 빈약하다면, 액면의 10분의 1의 가치밖에 없는 지폐를 산더미처럼 쌓아올린 은행이 결국 파산하고 마는 것처럼, 이런 종류의 비판도 동일한 운명을 맞을 것이다. (쇼펜하우어)

6. 나는 백성을 사랑한다. 그들은 사물에 반대되는 판단을 내릴 정도로 학문에 대한 배움이 충분하지 않기 때문이다. (몽테뉴)

7. 홀로 조용히 사색함으로써 우리는 그 많고 불필요한 독서를 피할 수 있으리라!

과연 독서와 학문에 힘쓰는 것은 동일한 것인가? 어떤 사람이 출판은 학문의 광범위한 전파에 공헌하는 바가 있다 하더라도 그 질과 내용에는 적잖게 흠집을 냈다고 주장했는데, 이것은 전혀 근거 없는 폭언이 아니다. 지독히 많은 것을 지나치게 읽는 것은 확실히 사색에 해롭다.

연구하는 많은 학자들 사이에서 내가 만났던 위대한 사상가들은 모두가 예외 없이 책을 적게 읽는 사람들이었다. 만약 세상 사람들을 향해 무엇을 사색해야 할 것인가가 아니라 어떻게 사색해야 하는가를 가르친다면, 그들 사이에 뿌리내려 있는 오해도 일시에 사라질 것이 틀림없다. (리히텐베르크)

노력

죄악의 유혹과 맹신은 우리 영혼을 정지시키고 은폐한다. 자신을 위해 영혼을 계발하고자 한다면 우리는 의식적으로 노력하지 않으면 안 된다. 따라서 일생에 가장 중요한 일은 바로 이 의식적인 노력이라 할 수 있다.

온갖 죄악의 유혹과 맹신으로부터 벗어나는 길은 노력뿐이다

1. 스스로를 버리고 헌신하는 것은 죄에서 벗어나게 하고, 공손함과 겸허함은 온갖 악의 유혹에서, 또 성실은 맹신에서 벗어나게 한다. 육체의 욕망을 끊고 자만심의 유혹을 가라앉히며 스스로를 혼란하게 만드는 갖가지 맹신을 이성으로 물리치기를 바란다면, 우리는 노력을 거듭해야만 한다. 이러한 의식적인 노력에 의해서만 우리의 행복을 빼앗는 온갖 죄악의 유혹, 그리고 맹신으로부터 벗어날 수 있다.

2. 신의 왕국은 노력으로 얻어진다.

'하느님의 나라는 너희 안에 있다.'(누가복음 17장 21절)

복음서 가운데에 있는 이 구절은, 우리 내부에 있는 신의 왕국으로 향하는 접근을 가로막는 온갖 죄악의 유혹과 맹신은 의식적인 노력에 의해서만 이

겨낼 수 있음을 의미한다.

3. 이 지상에서 안식은 있을 수 없으며, 또한 이는 당연하다. 왜냐하면 인생이란 영원히 도달하지 못할 목적을 향한 끝없는 접근이기 때문이다. 그러므로 안식은 마음의 타락이다. 이 목적이 어디에 있는지 나는 명쾌하게 말할 수는 없지만, 어쨌거나 어떤 것에든 인생의 목적은 엄연히 존재한다. 그리고 우리는 그것을 향해 한 걸음씩 다가가고 있다. 궁극적인 목적을 향한 이러한 접근을 뺀다면 인생은 무의미한 기만이 되고 말 것이다. 그래서 우리는 이 목적에 접근하고자 줄곧 노력하고 있는 것이다. (마치니)

4. 끊임없이 보다 나은 사람이 되어 가는 것, 인생의 진정한 의미는 여기에 있다. 더구나 끊임없이 보다 나은 사람이 되는 것은 우리의 노력에 의해서만 가능하다.

육체적인 노동의 경우, 노력 없이는 아무것도 이루어내지 못한다는 것은 모든 사람이 다 아는 바이다. 그러나 인생의 가장 중요한 일, 즉 영적인 삶의 경우에도 마찬가지로 노력 없이는 아무것도 이루어내지 못한다는 것을 분명하게 이해해야만 한다.

5. 우리의 힘은 불에 잘 달구어진 쇠부지깽이를 엿가락처럼 마음대로 할 수 있다는 사실에 있지 않으며, 또 수백억의 돈을 자유로이 쓸 수 있다는 사실에도, 나아가 몇백만의 사람을 지배할 능력이 있다는 사실에도 있지 않다. 우리의 진정한 힘은 자기 자신을 지배할 수 있다는 사실에만 존재하는 것이다.

6. 어떠한 경우에도 절대로 선한 일에 대하여 '이런 일에 헛수고를 할 필요가 없다. 너무 힘들어서 영원히 달성하지 못한다'라든가 '이런 일은 너무 손쉬우니 하려고만 들면 언제든 가능하다' 따위의 말을 해서는 안 된다. 설사 그 목적이 달성되지 않거나 그 목적이 지극히 사소한 경우에도, 여하튼 노력은 우리의 영혼을 견고하게 만들기 때문이다.

7. 세상 사람들은 종종 참된 그리스도교도가 되려면 특별하고도 비범한 일을 해내지 않으면 안 된다는 식으로 생각한다. 그러나 이것은 오해다. 그리스도의 가르침에서 필요로 하는 것은 특별하고 비범한 행동이 아니라 우리를 온갖 죄악의 유혹과 맹신으로부터 벗어나게 하는 의식적이고 부단한 노력뿐이다.

8. 갖가지 악한 행위, 즉 불행의 원인이 되는 온갖 악한 행위는 쉽게 할 수 있다. 그러나 우리에게 유익하고 훌륭한 것은 노력에 의해서만 가능하다. (불교 경전)

9. 만약 우리가 하고 싶은 대로 하는 것을 자기 율법으로 정했다면, 아마 그 일은 이내 싫증나고 말 것이다. 진정한 일은 어떤 경우에나 늘 노고가 따르기 때문이다.

10. 선한 지식에의 길은 절대로 갖가지 꽃이 만발한 비단처럼 매끄러운 푸른 풀밭에 있지 않다. 우리는 언제나 붉게 드러난 민둥산 벼랑길을 기어오르지 않으면 안 된다. (러스킨)

11. 진리 탐구는 들뜨고 유쾌한 기분으로 행해지는 것이 아니며, 늘 불안과 동요가 함께 한다. 더구나 우리는 진리를 탐구해야만 한다. 진리를 사랑하지 않고 발견하지 않으면 멸망하기 때문이다. 그러나 당신은 이렇게 말하리라.

"만약 진리가 우리에게 사랑받고 발견되기를 바란다면 자기 쪽에서 저절로 모습을 드러내지 않겠느냐?"

그렇다. 진리는 당신 앞에 모습을 드러낸다. 그러나 당신 쪽에서 전혀 주의를 기울이지 않는 것이다. 진리를 탐구해야 한다. 진리는 그것을 바라고 있다. (파스칼)

영혼에 봉사하면서 살아가려면 반드시 노력이 필요하다

1. 나는 신이 하는 일의 재료 역할을 맡은 도구이다. 나의 참된 행복은 신이 하는 일에 참여하는 것이다. 그리고 나에게 맡겨진 신의 도구, 즉 나 자신과 나의 영혼을 정연하고 순결하게, 예민하고 똑바르게 유지하기 위해 의식적인 노력을 행할 때, 비로소 나는 신의 사업에 참여할 수가 있다.

2. 우리에게 다른 어떤 것보다 가장 존귀한 것은 독립된 자유로운 인간이 되어서 남의 의지에 좌우되지 않고 스스로 자신의 의지에 따라서 살아가는 것이다. 그러나 이렇게 하기 위해서 우리는 영혼에 봉사하며 살지 않으면 안 된다. 그리고 영혼에 봉사하면서 살기 위해서는 육체적인 욕망을 정복해야만 한다.

3. 인간의 진정한 삶은 저급한 동물적 본성에서 영적인 삶을 점진적으로

끊임없이 깨달아가는 것일 뿐이다.

4. 우리는 꿈에서 깨어나기 위해 애를 쓴다. 그리고 그 꿈이 무서워서 도저히 더 이상 견뎌낼 수 없게 될 때에 꿈에서 깨어난다. 생활이 견디기 힘든 것이 되었을 경우, 실제 인생에 있어서도 또한 우리는 이와 똑같은 노력을 기울여야 한다. 그런 순간이 오면 우리는 의식적인 노력으로 새롭고 보다 높은 영적 삶에 눈을 떠야만 한다.

5. 우리가 온갖 죄나 악의 유혹, 그리고 맹신이라는 적과 투쟁하는 것을 멈추는 동시에 육체가 우리를 지배하게 된다. 이 한 가지 사실만 보더라도 이것들에 항거하는 노력은 절대로 없어서는 안 된다.

6. 우리는 집을 짓거나, 밭을 갈거나, 가축을 기르거나 하는 것처럼 눈에 보이는 사물과 현상에 대한 일만이 진실이며, 자기의 영혼에 대한 일, 눈에 보이지 않는 '어떤 것'에 대한 일 따위는 해도 되고 하지 않아도 되는 하찮은 일인 것처럼 생각한다. 그러나 자기의 영혼에 대한 일, 즉 밤낮 쉬지 않고 보다 영적인 사랑으로 가득 찬 존재가 되려는 내적 활동 이외에 하는 다른 일들이 하찮은 것들이다. 영혼에 대한 일만이 진실된 것이고 다른 모든 것은 인생에 있어서 이 중요한 일이 행해지는 경우에만 이익을 초래하는 데 불과하다.

7. 자신의 삶을 좋지 않은 삶으로 인정하고 보다 훌륭한 삶을 시작하고자 하는 사람은 자기 삶의 조건을 고칠 때 비로소 더 나은 삶으로 들어설 수가 있다. 외적인 변화에 따라 삶을 개선하는 것이 아니라 자신의 내부, 즉 자신의 영적인 세계의 삶을 개선하지 않으면 안 된다. 더구나 그것은 언제 어디서나 가능하다. 또 누구에게나 가능하다. 당신의 영혼이 변화하고, 그 결과 당신이 지금까지의 삶을 계속할 수 없게 되었을 때, 그 경우에 당신의 삶을 고치는 것이 좋다. 그저 현재의 삶을 고치면 나를 한층 쉽게 교정할 수 있으리라고 여겨지는 경우, 그런 경우에는 삶을 고쳐서는 안 된다.

8. 모든 사람들의 인생에서 중요한 것은 오직 한 가지뿐이다. 그것은 바로 자기의 영혼을 개량하는 것이다. 그리고 이것만이 모든 사람에게 사명으로 부여된 것이며, 다른 것은 이것에 비하면 하찮고 참으로 사소한 것에 지나지 않는다. 그리고 이 사실이 진실임은, 자기 영혼을 개량할 경우에만 우리가 아무런 장애와도 마주치지 않고, 언제나 유쾌한 기분일 수 있다는 이 한 가

지로 알 수 있다.

9. 누에를 본보기로 삼아야 한다. 누에는 나방으로 다시 태어나 날게 될 때까지 열심히 일한다. 당신은 대지에 밀착된 존재다. 자기 영혼을 위해 언제나 노력하라. 그러면 당신에게도 승천의 날개가 생겨날 것이다.

자기완성은 의식적인 노력으로만 이룩된다

1. '너희 하늘의 아버지께서 완전하신 것과 같이, 너희도 완전하여라'고 복음서에 씌어 있다. 이 말은 그리스도가 우리들 인간에게 신과 똑같은 완전한 존재가 되라고 명령했다는 의미가 아니라, 완전무결한 경지로 다가가기 위해서 모두가 의식적인 노력을 하지 않으면 안 된다는 것이며, 완전무결한 경지를 향한 점진적인 접근이 인간의 일생임을 뜻한다.

2. 모든 존재는 순식간이 아니라 점진적으로 성장한다. 모든 학문을 단숨에 습득하지는 못한다. 마찬가지로 죄를 극복하는 것 또한 단숨에 하는 것은 불가능하다. 보다 나은 인간이 되기 위한 수단은 오직 한 가지, 총명한 판단력과 인내심과 끊임없는 노력뿐이다. (챠닝)

3. 우리에게 기쁨을 주는 것은 진리 그 자체가 아니라 진리에 도달하기 위해서 우리가 기울이는 노력이다. 선행에 대해서도 이와 같이 말할 수 있다. 즉, 선행으로 받을 수 있는 기쁨은 우리를 그 선행으로 이끄는 노력에 포함되어 있다.

4. 탕왕(湯王)의 욕조에 다음과 같은 말이 새겨져 있다.

'日新 日日新 又日新(날로 새롭게 하며, 나날이 새롭게 하고, 또 날로 새롭게 한다)' (중국의 철학자)

5. 설령 연구에 몰두하지 않더라도, 또 연구에 몰두하면서 순조로운 성과를 내지 못하더라도 절망하거나 좌절해서는 안 된다. 또 알지 못하는 의문거리를 아는 사람에게 물을 수 없더라도, 또 물었음에도 불구하고 식견을 넓힐 수 없어도 결코 실망해서는 안 된다. 나아가 사색에 빠질 수 없는 경우가 있더라도, 또 사색에 줄곧 빠져 있었음에도 불구하고 무엇이 선의 본체인지 명쾌하게 얻을 수 없더라도 이 또한 실망하지 말아야 한다. 또 선악을 식별하지 못하는 일이 있더라도, 혹은 식별할 수 있음에도 선에 대한 명확한 개념을 가질 수 없더라도 마찬가지로 실망하지 말아야 한다. 선을 행하고 있지

않은 경우에도, 또 선을 행하고는 있지만 그것에 온힘을 기울이지 않는 경우에도 이 또한 실망할 일이 아니다. 다른 사람들이 한 번 행하는 것을 이러한 사람들은 열 번 행하는 것이다. 다른 사람들이 백 번 행하는 것을 이런 사람들은 천 번 행하는 것이다.

끊임없이 노력하는 이 방법을 진정으로 따르는 사람은 아무리 무지몽매한 사람이라도 반드시 사리에 밝은 사람이 될 것이다. 아무리 약한 사람이라도 반드시 강한 사람이 될 것이다. 또 아무리 죄과투성이인 사람이라도 기필코 선행을 하는 사람이 될 것이다. (중국의 철학자)

6. 선한 일을 행하는 데 습관이 되어 선을 행하는 경우, 이것은 아직 참된 선은 아니다. 선한 삶은 선량한 사람이 되고자 우리가 노력을 기울이는 경우에 비로소 생겨날 수 있다.

7. "노력을 기울일 필요는 없다. 아무리 노력을 해봤자 절대로 완전무결한 경지에 도달할 수는 없다"고 당신은 말한다. 그것은 확실히 그렇다. 그러나 당신이 평생 할 일은 완전무결한 경지에 도달하는 것이 아니라 완전무결의 경지에 한 걸음 다가가는 것이다.

8. 악에 대해 경솔한 생각을 품고 마음속으로 "나는 이렇게나 악에서 멀리 떨어져 있으므로 악이 나를 붙드는 일은 없으리라" 따위의 말을 해서는 안 된다. 미세한 물방울도 마침내는 물통을 채운다. 조금씩 악을 만들어 가는 사이, 그런 바보는 결국에는 온몸이 악으로 가득 차게 된다.

마찬가지로 선에 대해서 경솔한 생각을 품고 마음속으로 '내 안에는 선을 받아들일 힘이 없다'는 등의 말을 해서는 안 된다. 물방울이 물통을 채우는 것처럼 조금씩 선을 쌓아 가며 선을 향해 계속 나아가는 사람은 결국에는 온몸이 선으로 가득 차게 되는 것이다. (부처의 가르침)

9. 우리의 일생을 비탄이 아니라 기쁨의 연속으로 만들려면 자나깨나 모든 사람들, 즉 사람에 대해서나 동물에 대해서나 늘 선량하지 않으면 안 된다. 그리고 언제나 선량하려면 자신을 그렇게 길들여야만 한다. 따라서 자신을 길들이려면 단 한 가지의 선하지 않은 행위라도 자신을 책망해야 하며, 이것을 불문에 붙이는 일이 있어서는 안 된다.

이렇게 행동하게 되면 당신은 이내 모든 사람, 모든 동물을 언제나 선량하게 대하는 데 익숙해질 것이다. 그리고 선해짐과 동시에 당신의 가슴은 언제나 기쁨으로 가득 차게 될 것이다.

10. 우리의 선행은 우리의 특별한 행위로 측정되는 것이 아니라 매일의 노력으로 측정된다. (파스칼)

완전무결한 경지에 다가가게끔 하는 것은 자기 노력뿐이다

1. 좋지 않은 현재의 상태에서 자기를 구출해 달라고 신이나 인간에게 애원하는 것은 얼마나 커다란 잘못인가! 우리는 누구의 도움도 필요치 않다. 현재의 처지에서 빠져나올 필요는 없다. 우리에게 필요한 것은 오직 한 가지이다. 바로 온갖 죄와 악의 유혹, 그리고 맹신으로부터 벗어나기 위해 스스로 의식적인 노력을 하는 것이다. 우리가 이러한 온갖 죄나 악의 유혹, 맹신에서 벗어날수록 우리의 처지도 또한 달라지고 개선될 수 있다.

2. 스스로 노력은 하지 않고 구원과 행복을 찾고자 다른 무엇인가에 희망을 두는 것만큼 우리를 약하게 하는 것은 없다.

3. 우리의 잘못을 시정할 수 있는 것은 하느님이라는 생각에서 벗어나야 한다. 만약 당신이 어떤 음식을 아무렇게나 조리해 놓았다면, 당신은 운명이 그것을 맛있게 먹어주기를 기대하지 않을 것이다. 마찬가지로 당신이 몇 년 동안을 되는 대로 산다면, 신의 손길이 그 모든 것을 좋은 쪽으로 향하게 해주기를, 순조롭게 처리해 주기를 기대할 수 없을 것이다. (러스킨)

4. 당신은 가장 숭고하고 높은 완성이 무엇인지 알고 있다. 그 완성을 향해 나아가는 데는 갖가지 장애가 있다. 당신은 이 완전무결한 경지로 한 걸음씩 다가가기 위해 스스로 움직이지 않으면 안 되는 그러한 무대에 서 있는 것이다. (칼라일)

5. 당신은 스스로 죄를 거듭한다. 스스로 악한 일을 생각한다. 스스로 죄에서 벗어난다. 스스로 나쁜 생각을 씻어낸다. 스스로 사악해지기도 하는가 하면 깨끗해지기도 한다. 즉, 다른 사람이 당신을 구할 수는 없는 것이다.

6. '악한 일이나 행동으로부터 나 자신을 억제할 수가 없다'는 말은 단적으로 '나는 인간이 아닌 동물'이라는 말과 같다. 사람들은 때때로 그런 말을 한다. 그러나 아무리 그런 말을 입에 올린다 한들 그들도 역시 속으로는 살아 있는 한 나쁜 짓은 그만두고 착한 일을 하게 될 수 있다는 것을 처음부터 알고 있다.

7. "만약 우리가 존경하고 받들 수 없다면 그 어떤 도덕적인 율법도 있을 수 없다. 우리는 제멋대로이고 인색한 존재 또는 호색한 존재로 태어났다. 따라서 그 이외의 존재가 될 수는 없다."

사람들은 종종 이렇게 말한다. 그러나 이것은 잘못이다. 우리는 그 이외의 존재가 될 수 있다. 첫째, 우리는 스스로 우리가 어떠한 존재인가, 어떠한 존재가 되어야 하는가를 감지할 수 있다. 둘째, 우리는 그런 이상적인 존재를 향해 한 걸음 다가가기 위해 노력을 기울일 수 있다.

8. 우리는 타고난 선을 발달시켜야 한다. 조물주는 우리에게 완성된 선을 주지 않았다. 조물주가 준 것은 겨우 싹에 지나지 않는 것이다. 그러므로 자기 자신을 보다 낫게 하고 자기를 완성하는 일이 우리 일생의 가장 중요한 과업인 셈이다. (칸트)

사회를 개선하는 수단은 단 한 가지,
바로 선량하고 도덕적인 삶을 달성하기 위한 저마다의 노력이다

1. 선량하게 살고자 하는 개인의 노력에 의해서만 우리는 신의 왕국, 즉 선량한 삶에 다가갈 수 있다.

2. 만약 당신이 사회조직의 좋지 않은 점을 인정하고 개선하고자 한다면, 오직 한 가지 방법밖에는 없다는 것을 알아야 한다. 모든 사람이 보다 나은 인간이 되는 것, 이 길 외엔 없다. 또한 모든 사람이 보다 나은 인간이 되기 위해 우리 힘으로 할 수 있는 것은 나 자신을 보다 나은 인간이 되도록 하는 것뿐이다.

3. "생활을 개선하기 위한 모든 노력, 악을 뿌리뽑고 올바른 생활을 이루기 위한 노력은 조금도 유익하지 않다. 그것은 어차피 자연히 행해지는 일이다."

이러한 주장을 우리는 때때로 듣는다. 그러나 그것은 배를 타고 여행하다가 노를 잘못 저은 사공들이 기슭에 배를 대고 상륙해 버렸음에도, 안에 남겨진 여행객들이 지금까지 배가 움직여 왔던 것처럼 앞으로도 움직일 거라고 생각하고 노를 잡지 않는 것과 같다.

4. "그러한 모든 일들이 우리에게 불필요한 나쁜 일이라는 것을 모든 사람들이 단번에 이해해 준다면, 이 세상의 악은 틀림없이 사라지겠지만…….

그러나 가령 어떤 사람이 악으로부터 멀어지고, 악에 빠지기를 거부한다 한들 모든 사람에게, 모든 사람의 삶에 그것이 어떠한 작용을 미칠 수 있겠는가? 사회의 개량은 사회 전체에 의해 이루어져야 하는 법이지 개개인에 의해 되는 것이 아니다."

세상 사람들은 악에 대해 이렇게 말한다.

그렇다. 한 마리의 제비가 봄을 만들어내는 것은 아니다. 그러나 한 마리의 제비가 봄을 만들어 내는 것이 아니라고 해서 이미 봄을 느낀 그 제비가 날아서는 안 되며 기다려야만 한다는 이론이 과연 타당한가? 만약 나무의 새순이나 풀마저 그렇게 눈치만 살피고 꼼짝 않는다면, 봄은 영원히 찾아오지 않으리라. 신의 왕국을 세우고자 할 때 우리 또한 마찬가지로 내가 최초의 제비인지, 천 번째 제비인지 따위를 생각할 필요는 없다. 나 혼자라도 상관없다. 신의 왕국이 가까웠음을 느꼈다면 그의 실현에 필요한 것을 즉각 행하지 않으면 안 된다.

'구하여라, 주실 것이요, 찾아라, 찾을 것이요, 문을 두드려라, 열어 주실 것이다. 구하는 사람마다 받을 것이요, 찾는 사람마다 찾을 것이요, 문을 두드리는 사람에게 열어 주실 것이다.' (마태복음 7장 7~8절)

5. '나는 세상에다가 불을 지르러 왔다. 불이 이미 붙었으면, 내가 바랄 것이 무엇이 더 있겠느냐?' (누가복음 12장 49절)

그런데 대체 무슨 까닭으로 이 불은 이렇게나 천천히 타는 것일까? 이렇게나 많은 세월이 지났음에도 불구하고 그리스도의 가르침이 지금도 여전히 사회를 바꾸지 못했다면, 우리는 어떤 권리로 '그런 일은 언젠가 자연히 이루어질 것'이라는 따위의 생각을 할 수 있단 말인가? 그리스도의 가르침이 진리임을 인정하지 않는 많은 사람들은 지금도 그 진리를 자기 행동의 밑바탕으로 생각하지 않는다. 그것은 왜인가? 바로 외적 조건이 변화해 주기를 기대하고 있기 때문이다. 그러나 그것은 외적인 어떠한 변화에 의해서도 달성될 수 없으며, 다만 각 개인의 영혼의 내적 노력에 의해서만 달성될 수 있다는 것을 이해하려 하지 않은 결과이다.

6. 우리의 생활은 사악하다. 무슨 까닭인가.

바로 사악한 생활을 보내고 있기 때문이다. 그리고 사악한 생활을 하는 것은 그들 자신이 사악하기 때문이다. 따라서 우리 생활에서 사악한 것을 그만

두기 위해서는 세상 사람들을 사악에서 선량함으로 바꿔야만 한다. 어떻게 하면 그렇게 할 수 있을까? 모든 사람을 개선하는 것은 누구나 불가능하다. 그러나 나 자신을 바꾸는 거라면 누구나 할 수 있다. 처음에는 그런 것을 해보았자 대세와는 관계가 없는 것처럼 보인다. 왜냐하면 단 한 명의 인간이 모든 사람에게 어떤 의미를 가질 수 있겠느냐고 생각하기 때문이다. 그렇지만 중요한 것은 모든 사람이 사악한 생활을 한탄하고 있다는 점이다. 따라서 모든 사람의 사악한 생활이 사악한 사람에게서 생겨난다는 사실, 모든 사람이 남이 아닌 자기 자신을 개선할 수 있다는 사실, 즉 사악한 인간을 선량한 인간으로 고칠 수 있다는 것, 자기가 자기를 개선해야만 한다는 사실을 깨닫는다면, 그런 날에는 즉시 모든 사람의 생활이 개선될 것이 틀림없다.

요컨대 사악한 생활도 우리 탓이고, 동시에 그러한 생활이 개선되는 것도 마찬가지로 우리가 하기 나름이다.

완전무결하고자 하는 노력은 우리에게 참된 행복을 준다

1. 정신적인 노력과 인생을 자각하는 것의 기쁨은 육체적인 노동과 휴식의 기쁨처럼 방패의 양면 같은 것이다. 육체적인 노동 없이 휴식의 기쁨은 얻지 못한다. 마찬가지로 정신적인 노력이 없다면 인생을 자각하는 기쁨은 얻을 수 없다.

2. 선행의 대가는 선행을 하려는 노력 그 자체 속에 있다. (키케로)

3. 만약 우리가 활동하고 있지 않은 경우라면, 한창 활동하는 동안에는 알아채지도 못할 정도의 통증에도 비명을 지를 것이 분명하다. 이와 마찬가지로 자기의 내적 세계를 위해 정신적인 활동을 하지 않는 사람은, 인생의 중요한 일이 갖가지 죄과나 악의 유혹과 맹신으로부터 벗어나려는 노력에 있다고 생각하는 사람, 즉 도덕적 완성에 있다고 생각하는 사람이 마음에 두지도 않고 넘어가 버리는 정도의 불행에도 고통을 느낀다.

4. 선을 이루려고 노력한다는 이유로 가까운 장래의 성공뿐만 아니라 그어떤 성공도 기대해서는 안 된다. 당신이 앞으로 나아가면 갈수록 당신이 목표로 하는 완성 또한 그만큼 전진하기 때문에, 당신은 절대로 자기가 노력한 흔적을 발견하지 못할 것이다. 정신적인 노력은 행복을 파악하는 수단이 아니라 그 자체로서 행복을 주는 것이다.

5. 신은 온갖 동물에게 필요한 모든 것을 주었다. 그러나 인간에게만은 그 것을 주지 않았다. 인간만은 자기에게 필요 불가결한 것을 스스로 획득하지 않으면 안 된다. 우리의 지고(至高)한 지혜는 우리와 함께 태어나지 않았 다. 지혜를 얻기 위해서 우리는 노력을 해야만 한다. 그리고 우리의 노고가 크면 클수록 그만큼 대가도 큰 것이다. (바브교의 가르침)

6. 결국 악에서 벗어나 선인이 되려면 노력이 필요하다. 그렇게 하면 당신 은 선을 행하게 되리라. 인간의 영혼은 선을 사랑하며, 악에서 벗어났을 때 비로소 선을 행하기 때문이다.

7. 당신은 자유로운 활동가다. 그리고 당신은 그것을 알고 있다. 운명이, 자연의 법칙이 모든 것을 지배한다는 잘못된 이론은 인간의 자유에 있어서 매수하기 힘든 두 증인, 즉 양심의 가책과 지대한 수난정신을 절대로 침묵시 키지 못할 것이다. 소크라테스에서 그리스도에 이르는 모든 신앙의 수난자 들, 나아가 그리스도에서 현대에 이르기까지 진리를 위해 목숨을 내던졌던 각 시대의 수난자들은 이 노예적인 주장이 거짓임을 입증하면서 우리를 향 해 커다란 목소리로 고하고 있다.

"우리도 또한 인생을 사랑했다. 우리의 인생에 선을 주고 우리를 향해 투 쟁을 중지해 달라고 했던 모든 사람들을 사랑했다. 우리 마음의 높은 울림 하나하나가 우리를 향해 '살아야 한다!'고 외쳤다. 그러나 인생의 법칙을 존중하기 위해서 우리는 죽음을 낫다고 본 것이다."

그래서 카인에서 시작해 현대의 가장 혐오스런 인간에 이르는 악의 길을 선택한 모든 자는 영혼의 깊은 곳에서 비난의 소리, 가책의 음성을 듣는다. 그리고 그 소리는 그들에게 평안을 주지 않으며, 언제나 그들을 향해 반복해 서 외친다.

"왜 너희는 참된 길을 벗어나 잘못 들었느냐? 너희는 노력할 수 있다. 너 희는 자유로이 활동할 수가 있다. 죄 가운데서 망설이는 것도, 거기에서 빠져나오는 것도 너희의 힘으로 가능했고, 또한 지금도 할 수 있다." (마 치니)

오늘의 삶

우리에게는 삶이 시간의 흐름과 함께 지나가는 것처럼 여겨진다. 과거와 미래에 걸쳐 지나가는 것처럼 생각되는 것이다. 그러나 이것은 단지 그렇게 생각될 뿐이다. 우리의 진정한 삶은 시간의 흐름과 함께 흘러가는 것이 아니라 어떠한 경우에도 과거와 미래가 하나로 합쳐진 곳, 그리고 우리가 현재라 잘못 부르고 있는 곳, 시간을 초월한 한 점에 존재한다. 현재의 이러한 시공을 초월한 한 점에서, 바로 이 한 점에서만 우리는 자유인 것이다. 따라서 또한 이 현재에만, 그렇다, 이 현재에만 우리의 진실한 삶은 존재한다.

참된 삶은 시간의 바깥에 있다

1. 과거는 이미 없는 것이며 미래는 아직 오지 않은 것이다. 그러면 지금 존재하는 것은 대체 무엇인가? 과거와 미래가 융합된 한 점뿐이다. 한 점, 이것은 모두 무(無)인 것처럼 여겨질지도 모른다. 그러나 이 한 점에만 우리의 모든 삶은 존재한다.

2. 우리는 시간이라는 것이 있다고 생각하지만 그것은 우리 생각일 뿐이다. 그런 것은 존재하지 않는다. 시간, 그것은 곧 편의상 만든 가정의 존재이며, 우리는 그러한 것을 가정함으로써 진실로 존재하는, 그리고 언제나 단 하나나인 것을 차례로 보는 것이다.

공(球)은 전체로 존재하지만 우리의 눈은 그 공의 모든 면을 동시에 볼 수가 없다. 우리 눈이 공 전체를 보려면, 공을 보고 있는 우리의 눈앞에서 공이 회전해야 한다.

그와 마찬가지로 시간 속에 서 있는 사람들의 눈앞에서는 지구도 또한 회전한다. 어쩌면 회전하는 것처럼 생각한다. 그러나 지고한 지혜에서는 시간 따위는 존재하지 않는다. 미래는 곧 현재이다. 시간과 공간, 그것은 유한한 존재가 무한한 존재를 받아들이기 위한 무한한 존재의 세분에 지나지 않는 것이다. (아미엘)

3. '과거'도 없지만 '미래'도 없다. 영원히 존재하는 것만이 내일도 존재할 뿐이다.

4. 시공(時空)은 없다. 이 둘은 모두 우리가 우리의 대상을 이해하기 위해

서만 필요한 것이다. 따라서 아직 우리에게 빛이 닿지 않은 별이나, 몇백만 년 전의 태양의 상태 따위에 관한 주장을 대단히 중요하다고 생각하는 것은 실은 엄청난 실수이다. 그런 주장에는 중요한 것이 아무것도 없을 뿐만 아니라 귀를 기울일 만한 것조차도 없다. 그런 주장은 시시한 지적 능력의 장난에 지나지 않는다.

5. 시간은 존재하지 않는다. 존재하는 것은 단지 현재의 이 순간뿐이다. 그리고 그 곳에, 그 순간에 우리의 모든 삶은 존재한다. 그러므로 우리는 이 한순간에 자기의 온힘을 기울이지 않으면 안 된다.

6. 우리의 삶이 시간의 바깥에 있는 것이라면 어째서 시간과 공간 속에 나타나는 것일까? 그것은 바로 시공 속에서만 운동, 즉 확대, 광명, 완성을 향한 약진이 있을 수 있기 때문이다. 만약 시공이라는 것을 제외한다면 삶 그 자체가 존재하지 않게 되리라.

우리의 정신생활은 시공의 바깥에 있다

1. 육체의 생활을 위해서만 시간은 존재한다. 우리의 정신적 존재는 언제나 시간의 바깥에 서 있다. 왜냐하면 정신적 존재의 활동은 의식적 노력 속에서만 존재하기 때문이다. 의식적 노력은 언제나 시간의 바깥에 서 있다. 왜냐하면 그것은 늘 현재에만 존재하는 것이며, 그리고 현재란 것은 시간 속에 없기 때문이다.

2. 우리는 사후의 생활을 상상할 수 없다. 또한 태어나기 전의 생활도 떠올리지 못한다. 왜냐하면 시간의 바깥에 있는 것은 어떤 것도 상상할 수가 없기 때문이다. 그렇지만 우리는 시간의 바깥에 있는 이 현재의 자신들의 생활은 무엇보다도 잘 알고 있다.

3. 우리의 영혼은 육체에 던져져 거기서 때와 수와 양을 발견한다. 우리의 영혼은 그것에 대해 판단하고, 그것을 자연이라 부르며 필요 불가결하다고 말한다. 그리고 그것 이외에는 고찰할 수가 없다. (파스칼)

4. 우리는 시간이 흐른다고 말한다. 그러나 이것은 옳지 않다. 흘러서 가는 것은 우리이지 시간이 아니다. 배를 타고 강을 따라 지날 때 우리는 우리가 타고 있는 배가 아니라 기슭이 나아가는 것처럼 느낀다. 시간의 경우도 그와 같다.

5. 우리의 참된 생활은 우리가 여기서, 이 땅에서, 우리 육안의 범위 내에서 보내고 있는 표면적인 육체의 생활뿐만 아니라, 그와 동시에 시작도 없고 끝도 없는 내면적인 정신적 생활도 포함하는 것임을 때때로 떠올리는 것은 좋은 일이다.

진정한 삶은 오늘의 이 순간에만 존재한다

1. 과거를 회상하거나 미래를 상상하거나 하는 능력이 우리에게 주어진 것은 그러한 것들에 대한 고찰로 현재의 행위를 보다 적절하고 확실하게 결정하기 위한 것이지, 결단코 과거를 애석해하거나 미래를 준비하기 위해서가 아니다.

2. 우리는 현재의 순간에만 사는 존재이다. 다른 모든 것은 이미 지나가 버렸거나 혹은 오는지의 여부가 불분명한 것이다. (마르쿠스 아우렐리우스)

3. 우리가 과거의 일로 괴로워하거나 자기의 미래를 엉망이 되게 하거나 하는 것은 현재에 몰입하지 못한 결과이다. 과거는 이미 있었던 일이고, 미래는 아직 없는 것이다. 있는 것은 오직 현재뿐, 현재의 순간뿐이다.

4. 우리 미래의 상태는 현재의 상태로 볼 때 언제나 공상으로 생각되는 것이리라.

중요한 것은 삶의 길이가 아니라 깊이이다. 그렇다, 중요한 것은 삶의 길이가 아니고 시간의 바깥에 있는 삶을 사는 것이다. 그리고 우리는 선한 노력으로 살아갈 때, 비로소 시간을 초월해 살 수 있다. (에머슨)

5. '밤까지 살라, 그리고 무한까지 살라.' 이 말은 매 순간마다 마지막 찰나를 보낸다는 마음가짐으로, 가장 중요한 것만을 해내야 한다는 절박한 심정으로 살아감과 동시에 당신이 행하는 그 일들을 무한히 계속 행한다는 마음으로 살라는 의미이다.

6. 시간은 우리의 뒤에 있다. 또한 우리의 앞에 있기도 하다. 그러나 우리와 함께 존재하지는 않는다. 과거 혹은 미래의 실상에 대해 깊이 생각함과 동시에 당신은 가장 소중한 것, 즉 현재에 있어서의 진정한 생활을 잃게 된다.

7. 순간은 어차피 순간이다. 우리에게는 이 순간이라는 것이 특별히 중요하게 여겨지지도 않을 뿐더러 아무런 유익도 없이 잃기 쉬운 것이기도 하지

만, 이 순간에만 우리의 모든 삶이 존재한다. 이러한 현재의 순간에만 우리는 신의 왕국을 우리의 내부에서도 외부에서도 획득할 수 있기 위한 노력을 기울일 수가 있는 것이다.

8. 나쁜 습관을 정복할 수 있는 것은 내일이 아니다. 현재의 이 순간뿐이다. (공자)

9. 우리가 현재의 찰나에 행하는 것 외에는 모두 중요한 것이 아니다.

10. 내일 일은 생각하지 않는 것이 좋다. 내일 일을 생각하지 않기 위한 수단은 오직 한 가지다. 현재의, 오늘의, 이 시간의, 이 순간의 내 일을 나는 올바르게 행하고 있는지, 끊임없이 이 한 가지를 생각하는 것이다.

11. 사람들과 한창 교제중일 때, 과거나 미래에 관한 잡념에 휩싸여 있을 때에는 당신의 삶이 현재 이 순간 어떤 상황인지를 생각하기 힘들다. 그러나 이 한 가지를 떠올리는 것은 지극히 중요하고 귀중하다. 자신을 그러한 심경이 되도록 노력해야 한다. 우리 인생에서 중요한 것은 유일하고도 절대적인 이 현재의 찰나뿐임을 기억하도록 스스로를 노력한다면, 우리는 많은 악을 피하게 될 것이다. 그렇다, 다른 모든 것은 헛된 생각이다.

12. 과거나 미래 세계로 잘못 발을 들이자마자 우리는 곧장 현재에서 방황하게 되며, 그 결과 즉각 속박받고 고독한, 고아 같은 존재가 되고 말리라.

13. 우리는 참으로 많은 정신적 고민을 갖고 있다. 더구나 그것들은 모두가 몇 분 뒤에 죽지나 않을까 하는 불안에서 생겨나는 것이다. 그렇기 때문에 사람들은 오히려 아무것도 번뇌하지 않는 편이 낫다고 말한다.

아니다, 이것은 옳지 않다. 당신의 현재 삶은 엄연히 존재한다. 시간은 존재하지 않는다. 그리고 만약 당신이 신과 함께 살아간다면 현재의 순간은 몇백 년의 기간에 해당하는 것이다. (아미엘)

14. 시간적으로 볼 때, 우리가 행하는 모든 것이 이것에 앞선 그 자체의 원인이 있는 것이므로, 우리는 자유로운 존재가 아니라고 사람들은 말한다. 그렇지만 우리는 언제나 현재만 행하는 것이며, 그리고 그 현재라는 것은 시간의 바깥에 있다. 그것은 단지 과거와 미래의 결합점에 불과한 것이다. 따라서 현재의 이 순간에 있어서 우리는 언제나 자유인 것이다.

15. 자유로운 신적(神的)인 삶의 힘은 현재에서만 발견할 수 있다. 그렇기 때문에 현재의 행동은 신적 특성을 띠어야만 한다. 즉 합리적이고 선량한 특

성을 지니지 않으면 안 된다.

16. 한 현자에게 물었다.

"어떠한 일이 가장 중요한 것인가요? 그리고 어떤 인물이 가장 중요한 사람인가요? 또 인생에 있어서 가장 중요한 시간은 어떤 시간인가요?"

그러자 그 현자는 대답했다.

"가장 중요한 일은 모든 사람과의 사랑 속에 있습니다. 왜냐하면 모든 사람의 일평생의 일이 그 안에 있기 때문입니다.

가장 소중한 사람이란 당신이 지금 이 순간에 관계를 갖는 사람입니다. 다른 누군가와 미래에 관계를 가질지 어떨지 당신은 절대로 알 수가 없기 때문입니다.

그리고 마지막으로 가장 중요한 때란 현재의 이 순간뿐입니다. 지금 현재의 순간에서만 당신은 자신의 지배자일 수 있기 때문입니다."

사랑은 현재에만 발현된다

1. 인생에 있어 중요한 것은 사랑이다. 사랑은 과거도 미래도 아닌 오직 오늘의 이 순간에만 발현될 수 있다.

2. 자기의 많은 행위가 과거에나 미래에도 좌우되지 않고 오로지 지금 오늘의 순간, 자기 영혼의 요구에 이끌리는 때에만 당신은 완전한 사랑의 마음으로 행동할 수 있다.

3. 사랑이란 신적인 본질이 드러나는 것이며, 이에 대해서는 시간이란 존재하지 않는다. 따라서 사랑이란 오늘의 이 순간에만 발현된다.

4. 미래에 대해 고민하고 생각하지 마라. 오로지 오늘의 이 순간 나를 비롯한 다른 사람을 위해 삶을 유쾌하게 하고자 노력해야 한다. '미래의 일은 미래의 일'이라는 것은 대단한 진리이다. 미래를 위해 어떤 것이 필요한지를 절대로 알 수 없기 때문에 우리의 삶은 좋은 것이다. 분명히 필요하고, 언제나 도움이 되는 단 한 가지는 지금 오늘 이 순간에 모든 사람을 사랑하는 것이다.

5. 널리 사랑한다 함은 선을 행한다는 의미이다. 우리는 모두 사랑을 그렇게 이해한다. 이것 외에는 달리 해석할 수가 없다.

사랑이란 결코 공허한 말이 아니다. 그것은 우리가 모든 사람의 행복을 위해 행하는, 살아 있는 진리이다.

만약 미래의 더 큰 사랑을 위해 현재의 지극히 작은 사랑을 억제하는 것이 좋겠다고 결정한다면, 우리는 자신은 물론 남을 속이는 것이다. 그리고 나 이외의 누군가를 사랑하고 있지 않은 것이다.

사랑은 미래형이 존재하지 않는다. 단지 현재에만 있을 뿐이다. 만약 현재에 사랑하지 않는다면 우리 내부에 사랑은 존재하지 않는 것이다.

6. 당신은 선을 바라고 있다. 그러나 선은 지금 현재에만 있고, 미래에는 결코 존재하지 않는다. 미래는 존재하지 않기 때문이다. 존재하는 것은 오직 지금 현재뿐이다.

7. 당신이 바로 지금 선한 일을 할 수 있다면 절대로 그것을 뒤로 미뤄서는 안 된다. 왜냐하면 당신이 해야만 하는 일을 하건 하지 않건 죽음은 그런 것을 전혀 배려하지 않기 때문이다. 죽음은 어느 누구의 어떤 일도 기다리지 않는다. 따라서 우리에게 이 세상에서 무엇보다도 중요한 것은, 우리가 현재 이 순간에 행하는 일이다.

8. 잃어버린 시간을 영원히 되돌이킬 수 없다는 것, 이미 저지른 악이 영원히 취소되지 않는다는 것을 좀더 자주 떠올렸더라면, 우리는 더 많은 선을 행하고, 좀더 적은 악을 행하였을 것이다.

9. 올바르고 동정심 많은 사람이 되기를 주저하지 말지니, 자국민이나 타국민의 특별한 고뇌를 바라만 봐서는 안 된다. 인생은 짧기 때문에 우리는 이 짧은 인생의 여로에 있는 동반자의 마음을 무엇보다 먼저 기쁘게 하도록 힘써야 한다. 선인이 되기를 서둘러야 한다.

10. 기억해야 한다. 만약 당신이 선한 일을 하고, 남에게 사랑을 베풀 수 있다면 당신은 그것을 지금 곧 행하지 않으면 안 된다. 기회는 빠르게 스쳐 지나가 다시는 돌아오지 않기 때문이다.

11. 선한 사람은 자기가 행한 선행을 잊는다. 그들은 자기가 현재 행하고 있는 일에 깊이 몰두하므로 이미 행한 일에 대한 생각들은 잊고 있는 것이다.

12. 우리의 삶이란 지금 이 순간을 말한다. 그리고 지금 이 순간은 우리의 마음속에 신이 머물고 있는 현재이다. 따라서 인생의 지금 이 순간이 가장 귀한 것이다. 이렇게 중요한 현재의 순간이 헛되이 지나가 버리지 않도록,

그리고 당신의 마음속에 나타났던 신이 당신에게서 모습을 감춰버리지 않도록 정신력을 기울이지 않으면 안 된다.

오늘의 삶을 한가로이 보내면서
인생에 아무런 준비를 하지 않는 것은 잘못이다

1. "현재 나는 아직 준비가 되어 있지 않으므로 내 양심이 요구하는 일, 즉 내가 해야 하는 일을 다음으로 미루어도 된다. 지금 나는 준비중이다. 때가 오면 그때 나는 내 양심의 요구에 딱 들어맞는 새로운 삶을 시작하리라."

사람들은 이렇게 말한다.

이러한 경우에 우리는 현재의 삶에서, 즉 진실되고 유일한 삶으로부터 멀어지고, 미래가 우리의 지배 아래 있지 않음에도 불구하고 우리의 삶을 미래로 미룬다. 거기에 이러한 판단의 오류가 존재한다.

이러한 오류에 빠지고 싶지 않다면 우리는 깊이 이해하고 기억해야만 한다. 우리에게는 그런 준비 따위를 할 여가가 없다. 우리는 바로 지금 이 순간에 가장 나은 삶을 살아야만 한다. 우리에게 필요한 것은 사랑의 완성뿐이며, 그것은 현재에만 성취될 수 있다. 따라서 우리는 이 세상에서 부여받은 사명을 완수하기 위해 우리의 일을 내일로 미루지 말고 매 순간 온힘을 기울여 살아야만 한다. 이 유일한 사명만이 우리에게 참된 행복을 주는 것이다. 우리는 매 순간 이 사명을 다할 가능성을 빼앗길지도 모른다는 사실을 통감하고, 언제나 그것 한 가지에만 전력하는 마음가짐으로 살아가야 된다.

2. '나중에 자라면 이것을 해내리라.'

'학교를 졸업하면, 아내를 얻으면, 나는 그러한 삶을 살리라.'

'아이가 생기면, 아들이 장가들면, 부자가 되면, 다른 데로 이사하면, 노인이 되면……나는 이러저러하게 해보리라.'

아이들도, 어른도, 노인도 모두가 이런 말들을 한다. 그러나 그들은 어느 한 사람도 그날 저녁 때까지 살 수 있을지 어떨지조차 알지 못한다. 이런 모든 일들에 대해 우리는 그것을 해낼 수 있을지 어쩔지, 죽음으로 방해를 받는 일이 있을지 어떨지 알지 못하는 것이다.

죽음이 방해하지 못하는 것은 오직 한 가지이다. 바로 생명이 있는 동안 현재의 모든 순간에 신의 뜻을 수행하는 것, 즉 모든 사람을 사랑하는 것만은 죽음이 방해하지 못한다.

3. '지금 이 상태로는 아무것도 할 수가 없다.'

우리는 종종 이렇게 생각하거나 말한다. 이 얼마나 커다란 착각인가!

우리 삶의 대부분을 이루는 내적 활동은 언제나 가능하다. 당신은 감옥에 갇힌다. 병에도 걸린다. 외적 활동의 가능성을 빼앗기는 일도 있다. 모욕을 당하거나 고통을 겪거나 하는 일도 있다. 그렇지만 당신의 내적 활동만은 언제나 당신의 지배 아래에 있다. 당신은 마음속에서 남을 비난하거나 질책하거나 선망하거나 증오하거나 할 수 있는 것이다. 또 마찬가지로 그런 기분들을 몰아낼 수도, 다른 선량한 감정으로 바꿀 수도 있다. 따라서 당신 일생의 모든 순간이 당신의 것이며 아무도 당신에게서 그것을 빼앗지 못한다.

4. '나는 이것을 할 수가 없다.' 이런 말은 옳지 않은 표현 방법이다. '나는 지금껏 이것을 할 수가 없었다'고 표현해야 한다. 나는 현재의 어떠한 순간에도 내가 바라는 모든 것을 스스로 할 수 있다는 것, 그것을 나는 분명히 안다. 그리고 이것을 아는 것은 좋은 일이다.

5. 자신이 건강치 못함을 자각하는 것, 그 건강을 회복시키려는 온갖 배려, 그중에서도 특히 '나는 지금 건강하지 않아서 불가능하지만 건강이 회복되면 그때 하겠다'고 생각하는 것은 커다란 실수이다. 그것은 마치 자신에게 주어진 것을 원하지 않고, 없는 것을 바라는 것과 같다. 우리는 언제나 있는 그대로의 현재에 기쁨을 느끼고, 현재 있는 모습에서 지금 가진 힘으로 내가 할 수 있는 모든 것을 행할 수가 있다.

6. 현재의 한때는 모두에게 주어진 결정적인 한때이다. 우리의 오늘이 1년 가운데 가장 좋은 하루이며, 지금 시간이 가장 좋은 한 시간이고, 지금 순간이 가장 좋은 한순간이라는 사실을 명심해야 한다. 현재가 가장 좋은 것이다. 왜냐하면 현재만이 당신의 소유이기 때문이다. (에머슨)

7. 가장 좋은 모습으로 일생을 보내기 바란다면 전 생애가 오직 현재에만 존재한다는 것을 명심하고, 매 순간 가장 좋은 모습으로 행동하고자 노력해야 한다.

8. 삶이 썩 명예롭지 못하다고 하자. 그런 경우 당신은 그것이 자기가 바라던 대로 살 수 없었던 결과인 것처럼 생각한다. 가령 당신의 삶이 지금과 완전히 다른 어떤 것이었다면, 당신이 당연히 해야만 한다고 생각하는 것을

좀더 쉽게 할 수 있었으리라고 생각한다. 그러나 이것은 착각이다. 당신의 손 안에는 당신이 열렬하게 바라는 모든 것이 있다. 삶의 모든 순간에 당신은 할 수 있는 한 가장 좋은 것을 행할 수 있는 것이다.

9. 인생에는 지금 현재의 삶에 있는 것보다 나은 어떠한 것도 있을 수 없다. 현존하는 것이 아닌 다른 것을 바라는 것은 신성모독이다.

10. 미래에만 완성될 수 있는 크고 중요한 일이 모두 신을 위해 행해지는 진실한 것은 아니다. 신을 믿는다면 당신은 현재의 삶을 믿어야 한다. 그리고 지금 현재 이룰 수 있는 것을 해야 한다.

11. 신에게 가장 가까이 다가간다는 것은, 다시 말하면 현재의 순간에 최대한 몰입하는 것이다. 그리고 그 반대로 과거나 미래에 마음을 빼앗기는 일이 크면 클수록 그만큼 우리는 신으로부터 멀어지고 마는 것이다.

12. '죽음을 기억하라'는 말은 훌륭한 말이다. 우리가 모두 죽음에서 벗어날 수 없고 언젠가는 죽는다는 사실을 분명히 기억하고 있지 않다면, 우리 삶은 모두 지금과는 다른 전혀 별개의 것이 되었으리라. 만약 30분 뒤에 죽는다는 것을 안다면 우리는 절대로 하찮은 일이나 어리석은 일, 특히 악한 일을 그 30분 동안에 하지는 않을 것이다. 그렇지만 당신을 죽음으로부터 떼어놓고 있는 이른바 인생 50년이라는 세월이 과연 이 30분과 크게 다른가?

행위의 결과는 우리가 알 수 없다. 그것은 신의 영역이므로

1. 우리 행동의 결과는 절대로 우리가 알지 못하는 법이다. 그 결과는 모두가 무한한 우주와 시간 사이에 있으며, 마찬가지로 무한하기 때문이다.

2. 만약 나의 모든 활동에 따른 결과를 볼 수 있다면, 당신은 그 활동들이 하잘것없는 것임을 알아야 한다.

3. "가는 길에 기다리고 있는 것을 알지 못한 채 우리는 살아갈 수가 없다. 그 곳에서 기다리고 있는 것에 대해 우리는 준비해야 된다"고 사람들은 말한다. 그러나 이것은 옳지 않다. 진실하고 선량한 삶은 우리가 우리 육체에 일어날 것에 대해 생각지 않고 오로지 현재 자기 영혼에 무엇이 필요한가만을 생각할 때에 비로소 이루어질 수 있다. 더구나 영혼에 필요한 것은 단한 가지이다. 바로 자기 영혼을 신 혹은 모든 사람과 하나로 이어주는 것이

다.

4. 이 순간 현재 우리의 행위는 우리의 영역 안에 있다. 그렇지만 그 행위로부터 생겨나는 결과는 이미 신의 영역 안에 있다. (프란체스코)

5. 영적인 생활을 계속함으로써, 즉 신과 하나로 맺어진 삶을 삶으로써 우리는 자기 행동의 결과를 알 수는 없지만 적어도 그 행동들이 선하고 아름다우며 유덕(有德)해진다는 것만은 확실하게 알 수 있다.

6. 어떠한 결과를 기대하지 않으며 그저 오로지 신의 뜻을 받든다는 일념으로 행한 것은 우리가 행할 수 있는 가장 고귀하고 선한 행위이다.

7. 자기가 한 행동의 결과에 대해 생각하게 되면서 우리는 즉각 자기의 약점을 통감하게 된다. 이에 반해 우리를 이 세상에 보내신 분, 그분의 의지를 수행하는 것이 우리가 할 일이라고 생각하자마자 우리는 어느새 자유와 희열과 힘을 통감하게 된다.

8. 만약 내가 한 행위가 어떠한 결과를 낳을지 생각한다면, 우리는 그 행위들을 반드시 나를 위해서만 행하게 된다.

9. 선량한 삶의 대가는 절대로 미래에 있지 않다. 현재의 이 순간에 있을 뿐이다. 선량한 행위를 하는 그 순간 당신은 감미로운 기분을 경험할 것이다. 그리고 선량한 행위를 했을 경우, 그 결과 또한 선량하지 않을 리가 없다.

인생의 의의가 현재에 있음을 깨닫는 사람들에게
내세에 대한 문제는 있을 수 없다

1. 우리는 내세(來世)에 대해서 생각할 때 당혹해한다. 죽은 뒤에는 어떻게 될까? 우리는 이렇게 자신에게 묻는다. 그러나 이런 문제를 물어서는 안 된다. 왜냐하면 현세와 내세 따위를 말하는 것은 이미 모순이며, 우리의 삶은 현재밖에 없기 때문이다. 우리의 삶은 과거에도 있었고 또한 미래에도 있으리라는 식으로 생각하지만, 실은 현재밖에는 없다. 따라서 우리는 미래에 관한 문제가 아니라 현재의 이 순간에 어떻게 살아야 할 것인가 하는 문제를 해결하지 않으면 안 된다.

2. 육체의 생활이 완전히 시간 속에서 행해지고, 더구나 미래를 깨닫지 못한 결과 우리는 언제나 육체의 생활에 관해 무지하다. 그러나 이와는 반대로

영혼의 생활에 있어서는 미래라는 것이 존재하지 않는다. 따라서 우리의 생활이 육체의 생활에서 영혼의 생활로 옮겨가는 정도에 따라서, 즉 우리가 현재의 생활에 만족하는 정도에 따라서 그만큼 우리 생활의 불분명함은 줄어드는 것이다.

3. 장래 천사가 되기를 바라든, 또는 과거에 연체동물이었음을 믿든 관계없이, 어쨌든 우리는 주어진 노동을 정직하고 불평 없이 수행해야만 한다. (러스킨)

4. 우리를 이 세상에 보내신 분이 우리에게 바라는 것을 우리는 주어진 이 짧은 생애 동안에 과연 실행할 수 있을까? 우리 생애의 최대 문제는 이것 한 가지뿐이다. 우리는 이것을 실행하고 있는가?

5. 삶의 기간이 길수록, 특히 선량한 삶인 경우에는 더욱더 시간이라는 것의 의미가 희박해지고, 나아가 미래에는 어떻게라는 문제에 대한 관심도 희미해진다. 노인이 되면서 시간은 점점 빠르게 흘러 지나가며, '미래'라는 것의 의미가 점점 희박해지고, 그리고 '현재'만이 점차 커다란 의미를 지니게 된다.

6. 만약 시간과 공간의 바깥에서 영혼을 고양시킬 수 있다면 당신은 어떠한 순간에든 영원한 세계에 군림하게 될 것이다.

무위

사람들은 해야만 할 일을 하지 않아서라기보다, 오히려 해서는 안 될 일을 함으로써 자기의 삶을 엉망으로 만든다. 그렇기 때문에 선한 삶을 위해서는 해서는 안 될 일을 하지 않아야 한다.

선한 삶을 위해 가장 필요한 것은 자제이다

1. 사람들에게 가장 중요한 것은 오직 한 가지이다. 그것은 선한 삶을 사는 것이다. 선한 삶을 산다 함은 우리가 할 수 있는 선한 일을 행한다기보다 우리가 해서는 안 될 악한 일을 하지 않는다는 의미이다. 이것은 무엇보다 중요한 일이다.

2. 현대의 모든 사람은 우리의 삶이 사악한 것임을 안다. 그리고 현재의 사회조직을 비난할 뿐만 아니라 그들의 견해에 따르면 우리의 삶을 확실히 개선할 수 있다고 여기는 일들을 행하고 있다. 그러나 우리의 삶은 개선되지 않고 오히려 점점 나빠진다. 무슨 까닭일까? 그것은 세상 사람들이 사회생활의 개선을 위해 지극히 복잡하고 힘든 여러 종류의 일들을 행하면서도 가장 간단하고 쉬운 것을 하지 않기 때문이다. 즉, 그들이 우리의 삶을 사악하게 만드는 온갖 일들로 손을 더럽히는 것으로부터 자신을 제지하지 않기 때문이다.

3. 자기가 할 필요가 없는 일이 무엇인가를 확실히 이해할 수 있을 때, 그때 비로소 우리가 해야만 하는 것이 무엇인지를 알 수 있다. 해서는 안 될 일을 하지 않으면 우리는 자연적으로, 설령 자기가 무엇 때문에 하는지 알지 못하면서도 자기가 행해야만 하는 것을 하게 되는 것이다.

4. "인생의 여행길을 채비할 때, 우리는 어떤 것을 해야 가장 좋을 것인가?"

"아무것도 하지 않는 것이다."

5. 마음의 기운을 잃었을 때는 자신을 환자처럼 다루어야 한다. 이 경우에 가장 중요한 것은 어떠한 계획도 세우지 않는 것이다.

6. 당신이 어떻게 해야 좋을지 모를 경우, 즉 해야 하는지 하지 말아야 하는지 알 수 없을 때는, 하는 것보다도 하지 않는 편이 훨씬 낫다는 것을 미리 아는 것이 좋다.

만일 자제할 힘이 없을 경우나 그것이 선한 일임을 확신할 경우에는 당신은 하는 것이 좋을지 어떨지를 스스로에게 반문하지 않을 것이다. 그리고 당신이 스스로에게 그러한 질문을 한다면, 그런 경우에 당신은 우선 스스로를 억제할 수 있음을 알 것이다. 그 다음에 그 일이 완전하게 선한 일이라는 확신을 갖게 될 것이다. 만약 그 일이 완전하게 선한 일이라면 당신은 스스로에게 그런 질문을 할 리가 없다.

7. 자기를 자제할 수가 없다고 느낄 만큼 간절히 바라는 일이 있더라도, 함부로 자신을 믿어서는 안 된다. 어떤 일이든 우리가 그것에 대해 자기를 억제할 수 없다는 것은 오해이다. 자기를 억제할 수 없는 사람은 도저히 불가능하다고 스스로 미리 정해버린 사람뿐이다.

8. 남녀노소를 불문하고 각자가 자기 삶을 되돌아보아야 한다. 그리고 만약 당신이 해야만 하는 선한 일을 하지 않았다는 점에서 한 번이라도 유감스럽게 생각되는 것이 있다면, 하지 말아야 할 악한 일을 했다는 점에서도 유감스럽게 여겨지는 때가 있을 것이다.

절제하지 않은 결과

1. 해야 할 일을 하지 않은 데서 생겨나는 해악보다도 하지 말아야 할 일을 절제하지 않은 데서 생기는 해악이 훨씬 크다.

2. 한 가지 행위에서 절제하지 않음은 다른 행위의 절제력 또한 약하게 한다. 절제하지 않는 습관, 이것은 집 밑을 흐르는 눈에 보이지 않는 물길과도 같다. 이런 집은 견고할 수가 없다.

3. 고치는 것은 완성하는 것보다 나쁘다. 서두르는 것은 더딘 것보다 나쁘다.

양심의 가책은 하지 않은 일에 대해서보다 행한 일에 대해서 한층 통렬하게 쏟아진다.

4. 그 상태가 힘들게 여겨지면 여겨질수록 그것은 할 필요가 없는 상태이다. 우리는 늘 이 실행이라는 것으로 이미 좋아지기 시작한 것을 엉망으로 만든다.

5. 나쁜 사람이라 불리는 사람들의 대다수는 자기의 사악한 정신상태를 올바른 상태라 여기고 이것에 몸을 맡기며, 자제할 노력을 하지 않기 때문에 그런 인간이 된 것이나 다름없다.

6. 만약 육체적인 욕망을 억제할 수 없다고 느끼는 경우, 당신이 일찍이 자제할 수 있었던 때에 자제하지 않았던 결과, 그 욕망이 어느새 당신의 내부에서 습관이 되고 말았기 때문이다.

모든 활동이 존경할 가치가 있는 것은 아니다

1. 우리의 활동은 단순히 활동 그 자체로서, 내용 여하를 불문하고 모두 존경할 가치가 있는 귀중한 일이라고 생각하는 것은 커다란 착각이다. 그 활동이 어떤 내용인지, 또 어떠한 조건인 때에 우리가 아무것도 하지 않는지, 이 점이 문제이다.

2. 나에게는 일이 있기 때문에 그런 것에 연연할 여유가 없다면서 사람들은 종종 천진난만한 오락을 거만하게 거절한다. 그러나 순수하고 유쾌한 유희가 많은 다른 것보다도 오히려 필요하고 중요하다는 것은 잠시 불문에 부치더라도, 우선은 일에 쫓겨 오락을 거절하려는 그들의 일 자체가, 대개의 경우 오히려 하지 않는 편이 나은 하찮은 일들인 경우가 많다.

3. 외적으로 바쁜 활동은 진실한 삶을 살아가는 데에 불필요할 뿐만 아니라 오히려 해롭다. 다른 사람의 노력으로 얻어진 모든 오락을 거부하고 아무일도 하지 않는다는 것은, 내적 활동으로 상당히 충실한 상태가 아닌 이상 굉장히 견디기 어려울 것이다. 따라서 다른 사람의 노력으로 얻어진 온갖 사치를 포기하는 생활에서 우리는 좀처럼 편안하고 느긋한 기분을 맛보기 어려운 법이다. 무릇 인류 최대의 해악은 아무것도 하지 않는 데서 생겨나는 것이 아니라 불필요하고 해로운 일을 하는 데서 생겨난다.

자신을 육체적인 존재가 아니라 정신적인 존재로 인식할 때
비로소 우리는 온갖 나쁜 습관을 억제할 수 있다

1. 자제력을 기르기 원한다면 육체와 정신으로 자신을 나누고, 육체가 바라는 것을 행하지 말고 정신이 바라는 일을 행하도록 하지 않으면 안 된다.

2. 정신이 잠을 자고 활동하지 않을 때에 육체는 우리를 둘러싼 주위 사람들이 우리 내부에 불러일으키는 갖가지 감정의 표현에 어떻게든 이끌리지 말아야 한다. 주위 사람들이 하품을 하면 우리도 저절로 하품을 하게 된다. 그들이 깊이 생각하면 나도 깊이 생각하고, 화를 내면 화내고, 감동해서 울 것만 같은 경우에는 나도 눈물을 흘리게 되고 만다.

더구나 외적인 작용에 대한 이러한 불가항력적인 복종은 종종 양심의 요구와 일치하지 않는 온갖 악행의 원인이 된다. 이러한 외부의 작용에 초연하게 맞서서 이겨내야만 하는 것이다.

3. 젊은 시절부터 정신적인 존재로서의 자신에게 육체적 존재로서의 자신을 순종하도록 가르치고 길들였다면, 오직 그 경우에만 온갖 욕망을 억제하기가 쉬울 것이다. 갖가지 욕망을 억제하는 기술을 터득한 사람에게는 이 세상에서 사는 것이 쉽고 유쾌하리라.

방자함과 싸우는 것이 격렬하면 할수록 싸움은 그만큼 쉬워진다

1. 인간의 내부에는 이성과 욕정 사이에 내란이 벌어지고 있다. 만약 자기 내부에 욕정을 절제할 이성만이, 혹은 이성을 흐리게 하고 욕정만이 존재한다면 우리는 적어도 평안을 얻을 것이 분명하다. 그렇지만 우리 내부에는 이 두 가지가 나란히 존재하기 때문에 우리는 그 싸움을 피할 수가 없으며, 그 어떤 것과 싸우지 않고 오직 평화롭게 지낼 수만은 없다. 이 싸움은 도저히 어쩔 도리가 없다. 거기에 우리의 삶이 존재하는 것이다. (파스칼)

2. 나에게 하듯 다른 사람을 존경하고, 내가 남에게 대접받고자 하는 대로 다른 사람에게 행하라. 이것은 인생에서 아주 중요한 일로, 그렇게 하기 위해서 우리는 자신을 통제하지 않으면 안 된다. 그리고 나를 통제하기 위해서는 나를 그러한 경지로 길들여야만 한다.

3. 뭔가 하고 싶어서, 그렇게 하고 싶어서 견딜 수 없을 만한 일이 있다면, 그때마다 한 걸음 물러서서 생각해 보는 것이 좋다. 내가 이렇게 하고 싶어하는 일은 대체 좋은 일인지 어떤지를.

4. 악한 일을 하지 않겠다고 생각했다면 악한 일로부터 자신을 멀리하는 것뿐만 아니라 나쁜 이야기도 멀리 하도록 스스로를 가르쳐야 한다. 특히 나쁜 생각을 멀리 하도록 하지 않으면 안 된다. 이야기 도중에 좋지 않은 이야기라는 생각이 들거든, 즉 다른 사람을 조롱하거나 비난하거나 욕하거나 하는 경우에는 즉각 이야기를 그만두고 입을 다물며 상대의 말에 귀를 기울이지 않도록 해야 한다.

좋지 않은 생각이 일어날 때에도, 즉 당신의 이웃에 대해 좋지 않은 생각이 일어날 것 같은 경우에도 상대가 그러한 비판의 가치가 있는 인물인지의 여부를 떠나서, 즉각 한 걸음 물러서서 다른 것을 생각하도록 노력하는 것이 좋다. 나쁜 말이나 생각을 멈출 수가 있게 되면 그때 비로소 당신은 온갖 악행도 자제할 수 있게 되리라.

5. 욕정을 이겨내지 못해서 몇 번 실패의 쓰라림을 겪더라도 결코 비관해서는 안 된다. 이것과 싸우려는 많은 노력이 욕정의 힘을 꺾고 결국에는 승리를 쉽게 거두게 한다.

6. 짐마차꾼은 말이 가다가 여러 번 멈춘다고 해서 고삐를 내던지지 않는다. 끝까지 이것을 잡고 간다. 그리고 말은 수도 없이 걸음을 멈춘다. 당신

의 욕정도 이와 똑같다. 한 번에 이것을 제어할 수 없었다면 끝까지 저항하는 것이 좋다. 마지막 승리자는 욕정이 아니라 당신이다.

7. 우리의 마음속에 존재하는 모든 욕정은 처음에는 애원하는 사람처럼 저자세를 보이지만, 다음에는 손님처럼 되었다가 마침내는 집주인 행세를 한다. 그러므로 처음부터 이 애원자를 매몰차게 거절해야 한다. 그리고 이러한 하찮은 것에게는 마음의 문을 열지 말아야 한다.

개개인 및 인류 전체에 대한 자제의 의의

1. 자유롭고자 한다면 갖가지 욕정을 억제하도록 스스로를 가르치고 길들여야 한다.

2. 현자란 어떤 사람인가? 모든 것에서 뭔가를 배우는 자를 일컫는다. 부자란? 자기의 운명에 만족하는 사람을 말한다. 그렇다면 강한 사람이란? 바로 자기를 제어하는 사람이다. (유대 경전)

3. 그리스도교는 실행을 중히 여기지만, 특히 실행을 억제하는 것을 중요하게 보기 때문에 약자의 가르침이라고 사람들은 말한다. 그리스도교는 약자의 가르침이다. 이 가르침의 창시자는 자기를 배반하지 않고 대수난자로서 십자가에서 용감하게 죽었으며, 또한 이 가르침은 후계자에게 대담하게 악을 응시하고 끝까지 이것에 항거하라고 해 몇천의 수난자들을 낳았다. 그리고 그리스도를 사형에 처한 당시의 폭력자도, 또한 현대의 폭력자들도 이 약자의 가르침의 본체를 알고 이 가르침 자체를 다른 어떤 것보다도 두려워하는 것이다. 그들은 지금껏 유지되어 온 현재의 제도를 뿌리부터 확실하게 파괴할 수 있는 것이 이 가르침뿐임을 안다. 우리가 선이라 생각하는 지극히 힘든 일을 완수해내는 것보다도 악을 억제하는 것이 더 많은 힘을 필요로 하는 것이다.

4. 이 세상에서 우리가 맞닥뜨린 상황의 차이 등은 모두 자신에 대한 우리들 각 개인의 지배력과 비교하면 없는 것이나 마찬가지이다. 가령 우리가 바다에 빠졌다면 이 경우에는 우리가 어디에서 바다에 빠졌다한들, 또 그 바다가 어떤 바다였건 간에 그런 것은 전혀 문제가 아니다. 헤엄을 칠 수 있느냐 없느냐 하는 것만이 중요한 것이다. 즉, 우리의 힘은 외적 조건 속에 있지 않고, 자기 자신을 지배하는 능력 가운데에 존재하는 것이다.

5. 진정한 힘은 남을 정복하는 사람에게 있지 않고, 자신을 이겨내고 자신의 동물적 존재가 영혼을 지배하도록 허용하지 않는 사람에게 존재한다.

6. 열렬한 육체적 욕망에 몸을 맡기고 쾌락을 추구하는 사람들은 그러한 욕정이 차츰 강해지다가 마침내는 그 욕정의 사슬에 얽매이는 데까지 이른다. 욕정을 극복할 수 있는 사람만이 그 사슬을 깨뜨릴 수 있다. (부처의 가르침)

7. 젊은이여! 모든 욕망을 다 거부하려는 생각이 없다는 것은 언제든지 쾌락에 빠질 수 있는 상태가 눈앞에 유지되기를 바란다는 것과 같다. 즉, 어떤 욕망(갖가지 환락이나 사치, 노름에 대한)에도 빠지지 말아야 한다. 실제 생활에 있어 이러한 마음가짐은 쾌락에 빠져드는 것을 막아주고, 당신을 보다 풍요로운 존재가 되게 해 줄 것이다.

쾌락의 향수가 나를 자유롭게 한다는 생각은 관념적 방면의 모든 사상(事象)과 마찬가지로 그 쾌락을 섭취함으로써 얻는 감정보다 훨씬 광대하고 충실하다. 왜냐하면 쾌락의 만족과 동시에 쾌락감 자체가 소멸해버리기 때문이다. (칸트)

8. 선한 사람이 되고자 노력하는 것은 선한 일을 하려고 노력하는 것과는 비교가 되지 않을 정도로 어렵다. 또한 순진한 사람이고자 노력하는 것은 자신을 번쩍번쩍 빛내려고 노력하는 것보다 훨씬 어렵다.

사람의 영혼은 유리 그릇 속에 살아 있는 것과 같다. 그리고 우리는 그 그릇을 더럽힐 수도 있거니와 깨끗하게 지킬 수도 있다. 그릇의 유리가 깨끗한 것과 마찬가지로 그 그릇을 통과한 진리의 빛은 그 자신을 위해서나 다른 사람을 위해서도 반짝반짝 빛난다. 따라서 가장 중요한 것은 내용이다. 바로 자기의 그릇을 깨끗하게 지키는 것이다. 오직 자신을 더럽히지 않는 것이다. 그리하면 당신의 세계는 밝아지리라. 그리고 당신은 세상 사람들을 위해서도 빛나게 될 것이다.

9. 해서는 안 될 일만 하지 않으면 된다. 그렇게 하면 당신이 해야 할 모든 일도 끝난 셈이다.

10. 희망하는 것이 실현되게 하려면 현재 계속하고 있는 일을 중지해야만 되는 일들이 종종 있다.

11. 사람들이 이 세상에서 보내는 삶을 보아야 한다. 파리, 런던, 그 밖의

여러 도시, 여러 공장, 철도, 여러 종류의 기계, 무기, 대포, 요새, 인쇄소, 박물관 등을 관찰해야 한다. 그리고 세상 사람들이 훌륭한 삶을 보내도록 하려면 가장 먼저 어떤 일을 해야 하는지 스스로에게 물어야 한다. 확실한 답을 할 수 있는 것은 오직 한 가지이다. 제일 먼저 우리는 현재 세상 사람들이 하고 있는 여러 쓸데없는 일을 멈추게 해야 한다. 더구나 유럽 사회는 그러한 쓸데없는 일들이 사람들의 활동의 99%를 차지하고 있다.

12. 우리 삶과 자각의 모순에서 생겨나는 허위는 아무리 섬세하고 투명해진다 해도 없어지는 않는다. 계속 섬세해지고 또 연장되어 이 허위는 현행 사회조직을 속박하고, 새로운 조직의 출현을 방해한다.

그리스도교 사회 사람들의 대다수는 이미 이단자들의 삶을 이끌고 있는 이단의 신앙을 믿지 않는다. 그들이 자각하고 인식하는 것처럼, 그들은 그리스도교의 원리원칙을 신앙한다. 더구나 그들의 삶 자체는 종전대로 계속 진행되는 것이다.

육체적 또는 정신적으로 현재 사람들을 괴롭히는 그들 불행이나 모순을 없애기 위해, 1900년 전에 인류에게 예언된 신의 나라가 도래하도록 하기 위해 현재 사람들에게 필요한 것은 오직 한 가지이다. 바로 정신적인 노력이 그것이다. 빙점 아래로 냉각된 액체가 결빙이라는 고유의 상태에 이르려면 자극이 필요한 것처럼, 인류가 인류 본래의 생활양식으로 전환하는 데에도 또한 일종의 노력이 필요하다. 신의 나라가 오도록 하기 위한 정신적 노력이 필요한 것이다.

이 노력은 운동을 동반하는 노력이 아니다. 새로운 세계관이나 새로운 사상을 발견하고자 하는 노력, 특별하고 새로운 행위를 수행하려는 노력이다. 신의 나라 혹은 새로운 생활양식으로 들어가기 위해 필요한 노력은 소극적인 노력이다. 흐르는 대로 내버려두지 않겠다는 노력, 내적 자각과 일치하지 않는 행위를 하지 않으려는 노력이다.

그리고 현재 세상 사람들은 그들 생활의 그릇된 길 때문에, 또한 그리스도교의 보급으로 인해, 그 명쾌함에 의해 이러한 노력을 할 필요가 요구되고 있다.

13. 물체의 지극히 작은 운동도 자연 전체에서는 중대하다. 바다 전체가 단 한 개의 돌멩이에 의해 변화한다. 우리의 정신생활도 그러하다. 아주 사

소한 움직임이라도 무한한 결과를 가져오기에 이르는 것이다. 모든 것이 다 중요한 것이다. (파스칼)

말

말은 사상의 표현이며, 사람과 사람을 결합시키거나 갈라놓을 수도 있다. 따라서 말에 대해서는 신중한 태도를 취하지 않으면 안 된다.

말은 삶을 결정짓는 커다란 요소다

1. 말로써 사람들을 결합시킬 수도 있고 갈라놓을 수도 있다. 또한 말로써 사랑에 봉사할 수도 있고 적의나 증오에 쓸 수도 있다. 사람들을 갈라놓고 반목하게 하는 말, 적의나 증오에 쓰이는 말은 경계해야 한다.

2. 말은 사상의 표현이고, 사상은 신의 힘의 발현이다. 따라서 당연히 말은 표현되는 것과 일치하지 않으면 안 된다. 무차별적일 수 있으나, 말은 악의 표현일 수 없으며 또한 그래서는 안 된다.

3. 인간은 신이 깃들어 있는 존재이다. 자기 신성의 자각을 우리는 말로 표현할 수 있는 것이다. 그러니 우리가 그러한 말에 대해 어찌 조심하지 않을 수 있으랴!

4. 시간은 흘러 지나가지만 한 번 뱉은 말은 영원히 남는다.

5. 말을 하기 전에 생각할 여유가 있다면, 당신이 말하고자 하는 것이 말할 가치가 있는지, 말할 필요가 있는지, 누군가에게 해악을 끼치지 않는지 하는 점을 깊이 생각해 보아야 한다. 대개의 경우에는 깊이 생각함과 동시에 말할 필요가 없어져버린다.

6. 먼저 잘 생각한 다음에 말을 해야 한다. 그렇지만 '이제 충분하다'는 말을 듣기 전에 입을 다물어야 한다. 인간은 말을 할 수 있다는 점에서 다른 동물보다 우위에 선다. 그러나 앞뒤를 분별하지 않고 떠들면 동물 이하가 되고 만다. (사디)

7. 긴 대화를 나눈 뒤에는 말했던 모든 것들을 회상하도록 노력해야 한다. 그렇게 하면 당신은 말했던 모든 것들이 실로 공허하고 불필요하며, 때때로

좋지 않은 말마저 있었음을 발견하고 놀라게 될 것이다.

8. 남의 말에 귀를 기울여라. 주의 깊게 들어라. 그러나 말수는 적게 하라.

남이 묻지 않을 때는 결코 입을 열어서는 안 된다. 그러나 남이 물어올 경우에는 곧장 간단하게 대답하는 것이 좋다. 그리고 남이 묻는 것을 모른다고 고백해야만 하는 때가 있더라도 그것을 부끄러워하지 말아야 한다. (수피교도 경전)

9. 총명한 사람이 되고 싶거든 총명한 질문을 하고, 주의 깊게 경청하며, 온화하게 대답하라. 그리고 할 말이 없거든 말하기를 멈추는 기술을 배우는 것이 좋다.

10. 남을 칭찬하지 마라. 헐뜯지 마라. 싸우지 마라.

11. 가령 말하는 것과 행동이 일치하지 않더라도 학자의 말은 주의해서 경청하는 것이 좋다. 비록 가르침이 벽에 쓰여 있더라도 우리는 배워야만 한다. (사디)

12. 썩 괜찮고 간단한 세 단어로 된 말이 있다. 바로 '나는 알지 못한다'가 그것이다.

이 세 개의 단어를 되도록 자주 입에 올리도록 자기의 혀를 길들이는 것이 좋다. (동양철학의 가르침)

13. 'De mortuis aut bene, aut nihil'이라는 옛 격언이 있다. 즉, 죽은 사람에 대해 말을 할 때는 좋은 점을 말하든지 그렇지 않으면 아무 말도 하지 말아야 한다는 뜻이다. 이 얼마나 커다란 잘못인가! 오히려 정반대로 '현재 살아 있는 사람에 대해 말을 할 때는 그의 좋은 점을 말하든지, 그렇지 않으면 아무 말도 하지 않는 것이 좋다'고 해야 한다. 그리하면 얼마나 많은 고뇌로부터 사람들을 구하는가! 그리고 얼마나 쉬운 일이란 말인가! 대체 죽은 사람에 대해서 말할 때 어째서 그의 나쁜 점을 말해서는 안 되는 것인가? 그런데도 우리 사회에서는 추도집 편찬이라든가 기념제 개최라든가 하는 관습적인 행사로 죽은 사람에 대해서는 과대한 찬사만을 늘어놓는 것이 당연시되고, 더욱이 거짓말을 늘어놓는 실정이다. 그러나 이러한 거짓 칭찬은 사람들에게 선악의 구별을 엉망으로 만들기 때문에 해롭다.

14. 우리 입 속의 이 혀를 무엇에 비교하면 좋을까? 그것은 보물 창고의

열쇠이다. 문이 닫혀 있을 때는 안에 무엇이 있는지 아무도 알 수 없다. 값비싼 보석이 들어 있는지, 그렇지 않으면 쓸모없는 방에 지나지 않는지 아무도 알 도리가 없다. (사디)

15. 현자의 가르침에 따르면 침묵은 유익하다고 하는데 자유로운 말도 또한 유익하다. 그러나 그것은 적당한 시기에만 유익하다. (사디)

화가 나거든 침묵하라

1. 만약 당신이 세상 사람들이 어떻게 살아가야 하는지를 알며, 세상 사람들에게 선을 바란다면, 당신은 세상 사람들에게 그것을 드러낼 것이다. 세상 사람들이 당신의 말을 믿게끔 노력할 것이다. 그러나 세상 사람들이 나의 말을 이해하고 믿어주기를 바란다면, 당신은 당신의 사상을 격앙과 분노를 갖지 말고 온화하게, 선한 마음으로 호소하도록 노력해야 한다.

2. 만약 당신이 누군가와 이야기를 나눌 때, 상대에게 어떤 진실을 전하고자 한다면, 그 경우에 가장 중요한 것은 결코 과격하게 말하지 말아야 한다는 점이다. 단 한마디라도 모욕적인 말이나 가시 돋친 말을 입 밖에 내지 말아야 할 일이다. (에픽테토스)

3. 밖으로 내놓지 않은 말에는 천금의 가치가 있다.

4. 자신이 표현하고자 하는 사항에 대해서 미리 생각하지 않아도 되는 것은, 당신이 스스로 평온하고 선량하며 사랑이 가득 차게 느낄 때뿐이다. 만약 마음이 평온하지 않고 초조하게 파도가 일 때는 말로 인한 잘못을 저지르지 않도록 조심해야 된다.

5. 즉각 자신의 분노를 진정시킬 수 없거든, 그때는 입을 다무는 것이 좋다. 입을 다물면 곧 마음이 평온해지리라.

6. 논쟁을 할 때는 말은 부드럽게, 논지는 확실하게 전하도록 노력하라. 상대가 화나게 하지 말고 설득하려고 노력하라. (윌킨스)

7. 남과 논쟁을 할 때 우리는 분노를 느끼는 것과 동시에 이미 진리를 위해서가 아니라 나 자신을 위해서 싸우게 된다. (칼라일)

싸워서는 안 된다

1. 다툼은 제방을 부수는 물과 같은 법이다. 한 번 부서지면, 걷잡을 수

없어서 당신은 이미 이것을 막을 수 없게 되고 만다. 더구나 그러한 다툼은 모두가 말로 인해 유발되고 말에 의해 조장된다. (유대교)

2. 분쟁은 아무도 믿고 따르게 하지 못하고 오히려 사람과 사람을 반목시키며, 서로 미워하게 한다. 사람들이 견해 차이로 다투는 것은 쇠망치로 못을 내리치는 것과 같다. 아직 확정되지 않은 견해도 논쟁 뒤에는 충분히 박힌 못과 같아서 사람들의 뇌리에 단단하고 깊게 박히게 된다. (유웨나리스)

3. 한창 논쟁 중에는 진리를 잊어버린다. 보다 총명한 사람은 논쟁을 그만둔다.

4. 남의 논쟁은 귀기울여 듣는 것이 좋다. 그러나 자신은 논쟁의 소용돌이로 들어가지 않아야 한다. 비록 사소한 표현이라도 타오르는 뜨거운 불 속으로 뛰어들지 않도록 유념하는 것이 좋다. 화는 어떠한 경우라도 적당하지 않지만, 특히 옳은 일에는 적당치 않다. 왜냐하면 그것은 옳은 일을 그르치게 하기 때문이다. (고골리)

5. 미친 사람에 대한 최상의 대답은 침묵이다. 대답하는 말 하나하나가 미친 사람에게서 당신에게로 떨어져 내려온다. 모욕에 대해 모욕으로 대답하는 것은 장작을 지고 불 속으로 뛰어드는 것과 같다.

비판하지 마라

1. 너희가 심판을 받지 않으려거든, 남을 심판하지 마라. 너희가 남을 심판하는 그 심판으로 하느님께서 너희를 심판하실 것이요, 너희가 되질하여 주는 그 되로 너희에게 되어서 주실 것이다. 어찌하여 너는 남의 눈 속에 있는 티는 보면서, 네 눈 속에 있는 들보는 깨닫지 못하느냐? 네 눈 속에는 들보가 있는데, 어떻게 남에게 '네 눈에서 티를 빼내 줄 테니 가만히 있거라' 하고 말할 수 있겠느냐? 위선자야, 먼저 네 눈에서 들보를 빼내어라. 그래야 그때에 눈이 잘 보여서, 남의 눈에서 티를 빼 줄 수 있을 것이다. (마태복음 7장 1~5절)

2. 자기자신을 성찰할 때, 거의 언제나 우리는 남을 비난할 때 표적으로 삼는 것과 동일한 잘못을 자신에게서 발견한다. 만일 자기 내부에 똑같은 잘못이 있음을 알지 못한다면, 그때는 자기 내부를 잠깐 살펴보기만 해도 충분하다. 한층 나쁜 잘못이 곧 눈에 띄게 되리라.

3. 남을 비판하기 시작했을 때는 이 점을 떠올리는 것이 좋다. 그의 나쁜 점을 모른 채 남의 말만 반복하는 경우야 말할 것도 없지만, 설령 확실하게 안다 하더라도 나쁜 점을 입 밖에 내서는 안 된다.

4. 남에 대한 비난은 언제나 불확실하다. 왜냐하면 비난당하는 사람의 마음속에 일어난 변화나 일어나고 있는 변화, 어느 것이든 결코 알 수 없기 때문이다.

5. 친한 친구와 미리 약속하여 둘 중의 하나가 남을 비난하기 시작했을 때 서로 그만두도록 말리는 것은 좋은 일이다. 그러나 만일 그런 친구가 없을 때에는 나 자신과 그렇게 약속하는 것이 좋다.

6. 얼굴을 마주하고 남을 비난하는 것은 좋지 않다. 그를 모욕하는 일이 되기 때문이다. 또한 뒤에서 하는 것은 불성실하다. 그를 속이는 일이 되기 때문이다. 가장 좋은 것은 남에게서 나쁜 점을 찾지 않는 것이다. 남의 나쁜 점을 잊어버리고 나의 나쁜 점을 찾아내 깊이 기억할 일이다.

7. 기지가 풍부한 비난의 말은 썩은 고기에 소스를 얹은 요리와 같다. 소스가 끼얹어져 있기 때문에 썩은 고기를 먹는다는 것을 알아채지 못한다.

8. 남의 악행에 대해 적게 알고 있는 사람일수록 자기 자신에 대해 엄격하다.

9. 남에 대해 나쁘게 말하고, 마주한 사람에 대해서는 좋게 말하는 사람들의 말에는 결단코 귀를 기울이지 말아야 한다.

10. 얼굴을 마주하고 비방하는 사람은 상대를 두려워한다. 그러나 맞대놓고 극구 칭찬하는 사람은 상대를 경멸한다. (중국 속담)

11. 험담은 세상 사람들을 대개 기쁘게 한다. 따라서 함께 이야기하고 있는 상대방에게 그 기쁨을 주지 않는 일은 거의 없다. 즉, 그 자리에 함께 있지 않은 사람에 대한 험담을 말하지 않기란 굉장히 힘든 일이다. 남에게 반드시 뭔가를 대접하고 싶다면 이런 험담 말고 무언가 다른 것을 대접하는 것이 좋다. 나한테서 대접받는 사람에게도 해로운 대접을 해서는 안 된다.

12. 남의 잘못은 가리고 덮어주는 것이 좋다. 신은 이를 용서할 것이다.

불성실한 말에서 생겨나는 해악

1. 실탄이 장전된 총을 다룰 때는 신중한 태도가 필요하다는 것을 알면서

도, 말에 대해서는 마찬가지로 신중한 태도가 필요하다는 것을 알려고 하지 않는다. 말은 사람을 죽일 수 있을 뿐만 아니라 죽음보다 더 지독한 해악을 줄 수도 있다.

2. 우리는 폭식이나 격투, 간음 같은 육체적인 죄에 대해서는 분개하면서도 신을 비난하거나 모욕하거나, 타락에 빠지는 유해한 말을 한다거나, 그런 내용의 것을 쓰거나 인쇄하거나 하는 등 말의 죄에 대해서는 가볍게 보기 쉽다. 그러나 말의 죄가 초래하는 결과는 육체적인 죄보다 훨씬 무겁고 심각하다. 이 둘의 차이는, 육체적인 죄가 초래하는 해악은 금세 알아챌 수 있음에 반해 말의 죄가 초래하는 해악은 시간적으로나 공간적으로 우리에게서 한층 떨어져 있어 겉으로 드러나기는커녕 우리가 알아채지도 못한다.

3. 커다란 공연장에 천 명 이상의 관객이 모여 있다. 한창 연극이 진행되는 가운데 한 멍청이가 못된 장난이 치고 싶어 단 한마디 '불이야!'라고 외쳤다. 군중들은 허겁지겁 문으로 내달렸다. 모든 사람들이 한꺼번에 입구로 몰려들었고 서로 먼저 나가려고 아우성쳤다. 그러다가 제정신을 차렸을 때는 20명이 깔려 죽고, 50명 이상의 사람이 중상을 입은 상태였다.

어리석은 단 한마디 말이 이렇게나 엄청난 해악을 초래할 수 있는 것이다.

지금 인용한 공연장의 경우처럼 어리석은 말 한마디가 초래한 해악을 명료하게 알 수 있는 경우도 있지만, 단번에 드러나지 않고 서서히, 눈에 띄지 않게 진행되어 훨씬 커다란 악을 초래하는 경우도 종종 있다.

4. 하찮은 대화만큼 안일하고 게으름을 자아내는 것은 없다. 만약 세상 사람들이 침묵을 지키고, 무사안일의 따분함을 털어 내기 위해 쓸모없는 말을 하지 않는다면, 그들은 그 무사안일의 경지를 견딜 수 없게 되어 활동을 시작할 것이 틀림없다.

5. 남의 험담을 하는 것은 한 번에 세 사람에게 해악을 초래한다. 험담의 표적이 된 제3자와 그 험담을 듣는 사람, 그리고 남의 험담을 하는 당사자, 이렇게 세 사람에게 해악을 가져온다. 그리고 남의 험담을 하는 당사자에게 가장 커다란 해악을 초래한다. (와실리)

6. 남의 결점에 대해 맞대놓고 하는 비난이 상대에게 득이 될 수 있을지도 모르는 데 반해, 뒤에서 하는 비난의 말은 그 비난을 들어야 하는 중요한 사람에게는 비밀로 감추고 나쁜 결과밖엔 얻지 못하는 제3자에게 비난의 대상

이 되는 인물에 대한 사악한 감정을 불러일으킨다는 점에서 특히 나쁘다.

7. 침묵으로 일관한 것을 후회하는 경우는 거의 없다. 그러나 입 밖에 낸 것에 대해 후회를 하는 경우는 많다. 그러나 자기가 한 말이 초래하는 갖가지 결과를 안다면, 후회하고 가책을 받을 일이 한층 많을 것이 틀림없다.

8. 말하고 싶은 욕구가 강하면 강할수록 좋지 않은 말을 할 위험성도 큰 법이다.

9. 자신이 정당한 경우에도 줄곧 침묵할 수 있는 사람은 대단한 힘의 소유자이다.

침묵의 유익

1. 손보다 혀에 보다 많은 휴식을 주어라.

2. 침묵은 때때로 최상의 대답이 된다.

3. 말을 하기 전에 일곱 번 혀를 회전시키는 것이 좋다.

4. 침묵으로 일관하든지 아니면 침묵보다 나은 말을 하라.

5. 말이 많은 사람은 조금밖에는 행하지 않는다. 총명한 사람은 자신의 말이 자신이 해 줄 수 있는 것 이상의 것을 약속하지는 않는지 늘 그것을 염려한다. 따라서 이런 사람은 대개의 경우 침묵을 지키며, 자기의 말이 자신뿐만 아니라 자기 이외의 사람에게 필요한 경우에만 말을 한다.

6. 나는 현인들 사이에서 나의 일생을 보냈다. 그리고 나는 사람을 위해 침묵보다 나은 것을 발견하지 못했다. (유대 경전)

7. 꼭 해야 할 말을 하지 않았다고 후회하는 일이 백 번에 한 번 있다면, 침묵해야 할 것을 입 밖에 내었다고 후회하는 일은 백 번 가운데 아흔아홉 번에 이를 것이 틀림없다.

8. 아무리 훌륭한 계획도 입 밖에 냄으로써 이것을 실행하고자 하는 희망을 감소시켜 버린다. 그러나 청년시절의 고상한 자기만족이라는 충동의 발로를 어떻게 제지할 수 있으랴. 세월이 흘러 돌이켜 생각해볼 때 비로소 우리는, 참지 못해서 싹이 나오기도 전에 꺾어 버린 꽃이 시들고 짓밟혀 땅 위로 던져지는 것을 발견했을 때와 같은 씁쓸한 회한을 느끼게 된다.

9. 말은 마음의 열쇠이다. 만약 아무런 도움도 되지 않는 일에 대해서 대화를 한다면, 그런 경우에는 단 한마디라도 쓸데없는 것이다.

10. 당신이 홀로 있을 때는 자신의 잘못에 대해서 생각하는 것이 좋다. 그리고 사람들 사이에 있을 때는 남의 잘못을 잊어야 한다. (중국 격언)

11. 말하고 싶어서 도저히 견딜 수가 없을 때는 자신에게 반문하라. 무엇때문에 당신은 그렇게 말하고 싶은 것인가? 나를 위해, 나의 이익을 위해서인가, 아니면 남의 이익을 위해서인가? 그리고 만약 그것이 나를 위해서라면 침묵으로 일관하도록 노력해야만 한다.

12. 어리석은 사람에게 가장 좋은 것은 침묵이다. 그러나 만일 이 한 가지를 안다면 그는 이미 어리석은 사람이 아니다. (사디)

13. 사람들은 어떻게 말해야 하는지를 배우고 익힌다. 그러나 가장 중요한 학문은 어떤 경우에 어떤 식으로 침묵을 지켜야 하는가를 규명해 아는 일이다.

14. 당신이 말을 하는 경우, 당신의 말은 침묵보다 나은 것이어야만 한다. (아라비아 속담)

15. 말이 많은 사람은 죄를 벗어나기 힘들다. 한마디의 말이 지폐 한 장의 가치를 갖는다면 침묵은 그것 두 장에 해당한다.

또한 침묵이 현자에게 어울리는 것이라면, 어리석은 자에게는 말이 더 어울리는 것이다. (유대 경전)

말을 삼가는 것의 이득

1. 조금밖에 말하지 않는 사람은 그만큼 많이 일한다.

2. 남을 비난하고 공격하는 습관을 버려야 한다. 그렇게 하면 당신은 영혼의 세계에 사랑하는 힘이 늘어난 것을 느끼게 되고, 사는 보람과 행복감이 급격히 증가한 것을 느끼게 되리라.

3. 마호메트와 알리가 길을 가다가 한 남자를 만났다. 그 남자는 알리가 자기를 모욕했다고 여겼으므로 그를 헐뜯고 욕하기 시작했다. 알리는 그것을 인내심과 함께 침묵한 채로 꽤 오랫동안 참았으나, 마침내 더 이상 견딜수가 없어서 자기도 또한 욕설로 답하기 시작했다. 그러자 마호메트는 그들에게서 홀연히 떠나갔다. 알리는 다시 마호메트를 따라와 그를 향해 화를 내면서 말했다.

"어째서 당신은 그 난폭한 사람의 욕설과 비방을 나 혼자서 견디게 했습니까?"

"그 사람이 당신을 매도했음에도 불구하고 당신이 침묵할 수 있었을 때는 나는 당신의 주위에 천사 열 명이 있음을 보았습니다. 그리고 그 열 명의 천사가 그 남자에게 대답하고 있었지요."

마호메트는 말을 이었다.

"그러나 당신이 그 사람에게 똑같이 욕설로 대답하자 그와 동시에 천사들이 당신을 떠나갔습니다. 그래서 나는 당신을 떠난 것입니다." (이슬람교의 전설)

4. 남의 결점을 덮어 가리고 그들의 좋은 점만 들어서 말하는 것은 사랑의 특징이며, 이웃 사랑을 실천하는 가장 좋은 방법이다.

5. 인생의 행복은 사람들이 서로 사랑하는 데에 있다. 그러나 이 사랑은 가시가 있는 말에 의해 깨어진다.

사상

나의 행동이 나빴음을 알았을 때 이것을 억제할 수가 있는 것처럼, 나를 잡아끄는 어떤 사상을 나쁘다고 판단했을 때에도 우리는 이것을 억제할 수 있다. 그리고 이렇게 사상을 억제하는 곳에 우리의 힘은 존재한다. 왜냐하면 우리의 온갖 행위는 생각 속에서 생겨나기 때문이다.

사상의 사명

1. 육체적인 노력으로 온갖 죄와 악의 유혹, 그리고 맹신으로부터 벗어나지는 못한다. 그것은 정신적인 노력에 의해서만 가능하다. 정신에 의해 비로소 헌신적이고 겸허하며 성실한 사람이 되도록 스스로를 길들일 수 있다. 자기의 정신적인 세계에서 헌신, 겸허, 성실을 향해 매진하게 되었을 때, 그때 비로소 우리는 실천의 세계에서도 온갖 죄나 악의 유혹과 맹신과 싸울 수 있게 되는 것이다.

2. 비록 정신이 우리에게 사랑하지 않으면 안 된다는 것을 계시하지 않았다고 해도(그렇다, 정신은 우리에게 그것을 계시할 수가 없었지만) 정신은 사랑에 방해가 되는 것을 우리에게 파헤쳐 보여준다는 점에서 중요하다. 사

랑을 방해하는 것에 대항하는 이 정신적인 노력, 이 노력이야말로 가장 중요하고 필요하며, 더욱이 귀중한 것이다.

3. 가령 사색할 수가 없었다면 우리는 무엇 때문에 사는지를 이해하지 못했으리라. 그리고 무엇 때문에 사는지를 이해하지 못한다면 무엇이 선이며, 무엇이 악인지를 알 수가 없었을 것이다. 따라서 우리에게 깊이 사색하는 것만큼 귀중한 것은 없다.

4. 우리는 도덕과 종교의 가르침, 그리고 우리의 양심을 인간을 위한 전혀 별개의 두 지도자인 것처럼 말한다. 그러나 사실은 하나의 지도자가 존재할 뿐이다. 그것은 바로 양심, 즉 우리 내부에 깃든 신의 음성을 인식하는 것이다. 이 음성은 우리들 각 개인에게 해야 하는 것과 하지 말아야 하는 것을 확실하게 결정해 준다. 그리고 이 음성은 모든 사상적인 노력에 의해 언제든지 개개인의 내부로 불러들일 수 있다.

5. 가령 스스로의 눈으로 사물을 보는 힘이 있다는 것을 몰라서 한 번도 눈을 뜨지 않았다면, 우리는 참으로 비참했을 것이다. 그러나 온갖 불행과 고난을 조용히 참고 견디기 위해서 우리에게 생각하는 힘이 주어졌다는 것을 이해하지 못한다면, 우리는 역시 앞의 경우와 마찬가지로, 아니 그보다 훨씬 참혹한 존재가 될 것이 분명하다. 만약 우리가 총명하다면 온갖 불행이나 고난을 인내하기가 어렵지 않으리라. 왜냐하면 첫째, 우리의 온갖 불행과 고난이 마침내는 모두 사라진다는 것, 또 때때로 선으로 뒤바뀌는 경우가 있다는 것을 이성이 알려주기 때문이며, 둘째로 이성을 가진 총명한 사람은 모든 불행이나 고난이 그에게 유리하게 작용하는 것을 알기 때문이다. 그러나 그럼에도 불구하고 세상 사람들은 불행이나 고난을 똑바로 응시하려 하지 않고 회피하려 노력한다.

오히려 우리의 의지에 반해 몸에 일어나는 불행이나 고난을 탄식하지 않을 수 있는 힘을 우리에게 부여해 준 것을 기뻐하고, 우리의 지배 아래에 있는 것에만, 즉 우리의 이성에만 우리 영혼을 종속시켜 준 것에 대해 신에게 감사해야 하지 않겠는가. 그렇다, 신은 우리의 영혼을 우리 부모에게도 종속시키지 않았다. 우리의 형제에게도, 부귀에도, 육체에도, 죽음에도 종속시키지 않았다. 신은 그 대자대비한 마음으로 영혼을 우리의 지배 아래, 즉 우리의 사상에만 종속하게 해 준 것이다.

그렇기 때문에 우리는 이 사상이란 것과 그의 순결함을 우리의 행복과 안녕을 위해 온힘을 기울여 보호해야 한다. (에픽테토스)

6. 새로운 사상을 깨달아 터득하고, 그것을 올바른 것으로 인식했을 경우 우리는 그것이 진작부터 알고 있었던 사상인 것 같은 생각을 한다. 전부터 알고 있었던 것을 지금 비로소 떠올린 듯한 기분이 든다. 모든 진리는 모든 사람의 영혼 속에 전부터 있었다. 다만 허위로 인해 이것에 맹목적으로 달려들지 말 일이다. 그리하면 조만간 진리는 당신에게 계시될 것이다.

7. 옳은 것처럼 여겨짐과 동시에 왠지 이상하게도 여겨지는, 그런 생각이 들어서 그것을 믿기가 불안할 때가 자주 있다. 그러나 나중에 차분하게 생각해 보면 당신은 전에 이상하게 여겨졌던 그 사상이 지극히 명쾌한 진리임을 발견하게 되리라. 한 번 그런 경험을 하게 되면 이제는 아무리 해도 이것을 믿지 않을 수가 없는 그런 진리임을 발견할 것이다.

8. 많은 진리는 인류의 인식에 도달할 때까지 어찌 되었거나 세 단계를 통과하지 않으면 안 된다.

첫 번째 단계는 '이런 것은 실로 남을 생각하지 않는 엉터리이다, 비판할 만큼의 가치도 없다'는 경지이다.

두 번째 단계는 '이것은 부도덕하고 종교에 어긋난다'는 경지이다.

그리고 마지막 세 번째 단계는 '아! 이런 것은 사람들에게 널리 알려진 것이므로 지금 새삼 거론하기에 마땅치 않다'고 생각하는 경지이다.

9. 사람들과 함께 생활을 계속하는 경우, 당신은 고독하던 때에 깨달은 것을 잊어서는 안 된다. 그리고 혼자가 되었을 때, 사람들과 교제하며 깨달아 얻은 바를 깊이깊이 고찰해 보아야 한다.

10. 세 가지 길을 통해 우리는 지혜의 경지에 도달할 수가 있다. 첫 번째 길은 경험인데 이것은 매우 힘든 길이다. 두 번째 길은 모방인데 이것은 가장 쉬운 길이다. 그리고 마지막 세 번째 길은 사색과 명상의 길인데 이것은 가장 고상한 길이다. (공자)

사람의 일생은 그가 어떠한 사상을 지니고 있느냐에 따라 결정된다

1. 사람의 운명은 그가 자기의 삶을 어떻게 이해하는가에 따라서 각양각색이 된다.

2. 개개인 및 인류 전체의 삶에서 여러 가지 커다란 변화는 모두가 사상에 서부터 시작되고 사상으로 성취된다. 감정이나 행위의 변화가 일어날 수 있으려면 무엇보다 우선 사상의 변화가 일어나야만 한다.

3. 사악한 생활을 선량한 생활로 개선하고자 한다면 가장 먼저 어째서 나의 생활이 사악해졌는지, 또한 그 생활을 개선하려면 어떤 것을 해야만 하는지 깨닫도록 노력해야 한다. 따라서 자기의 생활을 보다 나은 생활로 바꾸고자 한다면 먼저 생각하고, 그 다음에 행동해야 하는 것이다.

4. 두 그릇의 내용물의 높이가 균등해질 때까지 물이 A의 그릇에서 B의 그릇으로 흘러가는 것처럼, 만약 우리의 지혜가 지나치게 소유한 사람에게서 조금밖에는 없는 사람에게로 옮겨 부어질 수 있다면, 그것은 참으로 좋은 일이다. 그러나 남의 지혜를 받아들이려면 그보다 먼저 스스로 사색하는 것이 필요하다.

5. 꼭 필요하고 진실한 것은 모두 단번에 이루어지는 것이 아니라 꾸준한 노력에 의해 얻어진다. 기술이나 지식도 그러한데, 이 세상에서 무엇보다도 가장 필요한 것, 즉 선량한 삶을 계속하는 능력이야 말해 무엇하겠는가.

그리고 선한 삶을 계속하는 기술을 터득하려면 우리는 가장 먼저 선한 생각을 하도록 스스로를 길들이지 않으면 안 된다.

6. 어떤 상태에서 다른 상태로 우리 생활이 이동하는 것은 우리의 의지에 따라 수행되는 것, 우리에게 나타나는 현저한 행위, 예를 들면 결혼이라든가 주소의 변동, 활동방면의 변화 따위로 정해지는 것이 아니다. 오히려 산책할 때나 깊은 밤, 식사 중일 때 가슴에 용솟음치는 생각에 의해, 특히 우리의 과거 전체를 되돌아보고 자신을 향해 '너는 그런 식으로 행동했지만, 다르게 행동했더라면 더욱 좋았을 것을……' 하고 스스로 속삭여 알게 하는 생각에 의해 비로소 결정되는 것이다. 그리고 우리가 그 다음에 해야 할 행동은 오로지 노예처럼 그 사상들에 봉사하고, 그 뜻을 받드는 것이다. (트로)

7. 우리가 매일 품는 생각은 뇌리에서 우리가 접하는 모든 것에 그 생각들 특유의 색채를 부여한다. 우리가 품는 생각이 거짓 사상인 경우에는 그들 사상은 매우 빠르게 진리를 거짓으로 바꾼다. 우리가 매일 품는 생각은 각 개인에게 우리가 살고 있는 집보다도 훨씬 견고한 역할을 한다. 우리는 달팽이의 껍데기와 마찬가지로 가는 곳마다 생각을 가지고 다니는 것이다.

8. 욕망은 우리가 지닌 지능의 습관성을 고치지 않는다면 선량한 것이 되지 않을 것이다. 지능의 습관성이 온갖 욕망을 정의한다. 그리고 지능의 습관성은 이 세상의 탁월한 사람들의 지혜가 도달할 수 있는 귀착점에 닿음으로써 형태를 이루는 것이다. (세네카)

9. 평안한 것은 평안 속에서 유지될 수 있다. 아직 출현하지 않은 것은 미리 쉽게 경계할 수가 있다. 아직 약한 것은 쉽게 구부릴 수 있다. 아직 미미한 것은 쉽사리 지우고 흩어버릴 수 있다.

커다란 나무는 작은 나무가 자란 것이다. 높은 망루도 작은 벽돌을 쌓아서 만든 것이다. 천 리 길도 한 걸음부터 시작된다. 자기의 생각에 대해서 깊은 주의를 기울여야 한다. 생각이 행위의 시작이다. (노자)

10. 우리의 생각이 얼마나 선량하고 사악한지에 따라서 우리를 천상도 아니고 땅 속도 아닌, 지금 현재의 삶을 천국에서의 삶으로 보내기도 하고 지옥에서의 삶으로 보내기도 한다.

11. 자기 이성을 믿지 못할 만큼 상한 사람들만이 이성은 인생의 지도자가 될 수 없다는 둥 떠든다.

12. 개개인의 삶과 운명이 우리 행위에 의해서보다 거의 주의를 기울이지 않음으로써 결정되는 것처럼, 다수자, 집단 및 국민의 삶 또한 이들 집단이나 국민들 사이에서 성취될 수 있는 것에 의해 결정되지 않고 이들 집단이나 국민의 다수자를 하나로 결합시키는 사상에 의해 결정된다.

13. 특수한 사람들만이 현자가 될 수 있다고 생각해서는 곤란하다. 명쾌한 지혜는 만인에게 필요하다. 따라서 모든 사람이 현인일 수 있다. 지혜란 인생의 참된 사업이 무엇인지를 알고 이것을 실천하는 것이다. 더구나 이것을 알기 위해서 필요한 것은 오직 한 가지밖에는 없다. 즉, 생각하는 것이 중요한 일임을 명심하고 늘 사색하는 것이다.

14. 나의 가슴에 어떤 생각이 들어왔으나, 나는 이내 그것을 잊어버렸다. "뭐야? 아무것도 아닌 생각이잖아." 우리는 그런 경우 이렇게 말한다. 그러나 만약 그것이 돈이었다면 우리는 찾을 때까지 이곳저곳을 샅샅이 탐색할 것이 분명하다. 그렇지만 생각일 경우에는 별것 아니라고 말한다.

커다란 아름드리 나무도 한 톨의 씨앗에서 자라난다. 개개인이나 몇백만 명의 사람의 활동 여부는 모두가 그 생각에 의한 것이다.

불행의 최대 원인은 행위가 아닌 생각 속에 존재한다

1. 나의 신변에 뭔가 불행한 일이 일어난다면, 그것이 나의 결과가 아니라 내 생각의 결과라는 것을 알아야 한다.

2. 이미 나쁘다고 알고 있는 것을 억제할 수 없을 때, 즉 우리가 그 나쁜 일에 대해 미리 생각해 보았고, 그런데도 그 생각이 드는 것은 스스로를 억제하지 않았기 때문이다.

3. 네가 사악하다고 생각하는 것에 대해 생각하지 않도록 노력하라.

4. 악한 행위를 야기하는 온갖 생각은 악한 행위 자체보다도 훨씬 해롭다. 악한 행위는 이것을 후회하고 다시는 되풀이하지 않도록 할 수가 있지만, 악한 생각은 언제나 악한 행위를 낳는다. 악한 행위는 악한 생각에게 길을 열어주고, 악한 생각은 이 악한 길을 따라 이끌리는 것이다.

5. 열매는 씨앗에서 생겨난다. 이와 마찬가지로 우리의 행위도 생각에서 생겨난다.

악한 씨앗에서 악한 열매가 나오는 것처럼 온갖 악한 행위도 또한 악한 생각에서 나온다. 농부가 잡초의 씨앗에서 진실로 훌륭한 씨앗을 골라내고, 그 훌륭한 씨앗 가운데서 보다 좋은 것들을 가려 뽑아 그것을 다시 한 번 가려내고 소중하게 보관하는 것처럼, 총명한 사람도 또한 자기의 생각을 그렇게 다룬다. 그는 헛되고 악한 생각을 제거하고 보다 나은 생각만을 소중하게 보관하며, 그것을 다시 가려낸다.

만약 악한 생각을 몰아내지 않고 좋은 생각을 소중하게 간직하지 않는다면, 당신은 악한 행위를 피할 수 없다. 선행은 선한 생각에서만 나오기 때문이다.

그러므로 선한 생각을 소중하게 해야 한다. 또 그런 좋은 생각을 현인의 책이나 말 가운데서, 특히 자기 자신 속에서 찾는 것이 좋다.

6. 촛대가 은은한 빛을 비추기를 바란다면 바람을 막은 곳에 놓아야 한다. 만약 촛대가 바람 앞에 서 있다면 빛은 흔들리리라. 그리고 촛대에서는 기괴한 검은 그림자가 떨어져 내려올 것이다. 버리고 취하는 선택을 하지 않은 온갖 생각에서도 우리의 영혼에 이와 똑같은 기괴한 그림자가 내려온다.
(바라몬의 가르침)

우리는 자기 생각에 대한 지배력을 지닌 존재이다

1. 우리가 어떤 생각을 하느냐에 따라 우리의 삶은 좋게도, 나쁘게도 변한다. 우리는 생각을 통제할 수가 있다. 따라서 선한 삶을 살고 싶다면, 우리는 생각을 계속해서 악한 생각에 굴복하지 않도록 해야 한다.

2. 너희 생각을 정화하기 위해 활동하라. 만약 너희에게 사악한 생각이 없다면 사악한 행위 또한 없으리라. (공자)

3. 생각을 신중하게 하라. 말을 신중하게 하라. 그리고 모든 사악한 것에 대한 행위를 경계하라. 이 세 가지 길을 청정하게 유지함으로써 당신은 성현들이 밟았던 진실의 길로 접어들 수 있게 되리라. (부처)

4. 신 혹은 자기에게 봉사하려는 우리의 욕망 외에는 모두가 천사가 주관하는 일이다. 우리에게는 새가 머리 위를 나는 것을 막을 도리가 없다. 그러나 우리의 머리에 둥지를 틀지 못하게 할 수는 있다. 이와 마찬가지로 우리는 사악한 생각이 뇌리로 파고드는 것을 금할 수는 없지만, 사악한 생각이 그곳에 둥지를 틀고 갖가지 사악한 행위를 낳으려는 것을 방지할 수는 있다. (루텔)

5. 사악한 생각이 머릿속에 떠올랐을 때 이것을 털어낼 수는 없지만, 그것이 사악한 생각임을 깨달을 수는 있다. 그리고 그것이 사악한 생각임을 안 바에는 그것에게 지지 않도록 해야 한다. 가령 어떤 사람 혹은 다른 어떤 사람이 좋지 않은 사람이라는 생각이 들었다 치자. 우리는 그것을 생각하지 않을 수는 없다. 그러나 그것이 좋지 않은 생각임을 깨달아 안 이상 남을 비난하는 것이 좋지 않다는 것, 그런 우리 자신이 이미 악한 인간임을 그 자리에서 떠올릴 수가 있다. 그리고 이것을 떠올림과 동시에 나의 마음속에서도 남을 비난하는 마음을 억제할 수 있다.

6. 당신의 생각이 자신에게 유익하기를 바란다면 감정이나 상황에서 완전히 독립해서 생각하도록 노력해야 한다. 즉, 당신의 감정이나 과거 및 현재에 행한 행위를 변호하기 위해서 생각을 왜곡하지 않도록 노력해야 된다.

자신의 생각을 통제할 힘을 갖기를 바란다면
영적인 삶을 살아야 한다

1. '이 세상의 주된 힘은 물질의 힘이다.' 우리는 때때로 이렇게 생각한다.

이렇게 생각하는 것은 우리의 육체가 바라고 바라지 않고의 여부에 상관없이 언제나 그런 힘을 느끼기 때문이다. 그러나 이와는 반대로 영혼의 힘이나 사상의 힘은 미약하게 느껴진다. 그래서 우리는 이것을 힘으로 인식하지 않는다. 그러나 이것에야말로, 그렇다, 영혼의 힘 속에야말로 우리의 삶도, 모든 사람의 삶도 변화시키는 진실의 힘이 담겨 있다.

2. 영혼은 육체를 이끈다. 그러나 육체는 영혼을 이끌지 않는다. 그렇기 때문에 자기의 환경을 변화시키고 싶다면 우리는 영적인 분야에 대해, 사상의 밭 가꾸기에 스스로 노력을 가해야 한다.

3. 자신을 육체적인 존재로 인식하느냐, 영적인 존재로 인식하느냐의 여부에 따라 우리의 삶은 좋게도 되고 나쁘게도 된다. 만약 자신을 육체적인 존재로 인식한다면, 우리는 그로 인해 자기의 참된 삶을 약화시키고 정욕이나 물욕, 투쟁심이나 증오나 죽음의 공포 따위를 부채질하게 된다. 그러나 이와는 반대로 영적인 존재로 인식한다면, 우리는 생명을 각성시키고 향상시키며 정욕이나 투쟁심이나 증오 따위로부터 해방시켜 마음을 자유롭게 해 준다. 그리고 이 육체적인 존재에서 영적 존재로의 인식의 비약은 사상적인 힘에 의해 행해지는 것이다.

4. 세네카는 친한 친구에게 이렇게 편지를 썼다.

"친애하는 류티니 씨, 당신은 스스로 따뜻하고 선량한 마음씨를 유지하려 애쓰고 계시는데 그것은 참으로 훌륭한 일입니다. 사람들은 모두 늘 스스로 그렇게 할 수가 있습니다. 그렇기 때문에 특별히 하늘을 향해 손을 높이 벌려 올리거나, 신이 우리의 말을 듣고 알도록 좀더 신의 곁으로 나아가게 해달라고 성당지기에게 탄원을 하거나 할 필요는 없습니다. 신은 언제나 우리 가까이 계십니다. 우리 내부에 계시는 것이지요. 우리 안에는 모든 선악을 빼놓지 않고 지켜보는 성령이 깃들어 있는 것입니다. 그리고 이 성령은 이것에 대한 우리 태도와 똑같은 태도로 우리를 대합니다. 즉 우리가 성령을 보호하면 성령도 또한 우리를 보호해 주실 것입니다."

5. 무엇이 선이고 무엇이 악인지를 알 수 없을 때 제일 먼저 세상이라는 것으로부터 벗어날 필요가 있다. 세간의 비평에 대한 초조함만이 선악의 차이를 구별하는 데 방해가 되는 것이다. 세상으로부터 벗어나라. 나 자신 속으로 돌아가라. 그리하면 모든 의혹은 사라질 것이다.

6. 온갖 악의 유혹에 저항하기 쉬운 것은 당신이 아직 이 악의 유혹에 빠져들지 않았을 때뿐이다. 번뇌 속에 있을 때나 온갖 악의 유혹 속에 있을 때는 우리의 욕망에 저항할 수단을 찾아낼 틈이 없다. 갖가지 악의 유혹이 없을 때, 당신이 홀로 있을 때 당신의 목적을 정하는 것이 좋다.

이 세상의 과거와 현재 사람들과 사상적 세계에서 하나로 결합할 수 있다는 사실은 인간의 가장 큰 행복 가운데 하나이다

1. 때때로 젊은 사람들은 말한다. "남의 지혜로 사는 것은 질색이다. 내 힘으로 생각하겠다."

이것은 옳다. 자기의 생각은 다른 모든 사람의 생각보다 귀중한 것이다. 그렇지만 이미 다 생각한 일을 무엇 때문에 새삼스럽게 파고들어 생각할 필요가 있으랴! 만들어진 것을 채택해서 앞으로 앞으로 나아가야 한다. 남의 사상을 이용해서 앞으로 나아갈 수 있다는 것, 거기에 인류의 참된 힘이 있는 것이다.

2. 수많은 죄나 악의 유혹, 맹신으로부터 인간을 벗어나게 하려는 노력은 가장 먼저 사상의 분야에서 행해진다.

온갖 죄나 악의 유혹과 맹신으로부터 탈출하려는 이 투쟁에서 우리에게 가장 크게 힘을 실어 주는 것은, 우리가 먼저 이 세상에 살았던 많은 성현의 총명한 활동과 하나로 맺어질 수 있다는 사실이다. 옛 성현의 사상과 맺는 이러한 결합은 기도를 통해서이다. 즉, 그 사람들이 자기 영혼이나 자기 이외의 사람들, 이 세상, 세상의 시작 등에 대한 자기의 태도를 표현한 갖가지 말을 반복하는 것이다.

3. 인간에게 반드시 기도가 필요하다는 사실은 오랜 옛날부터 인정된 것이다. 옛날 사람들에게 기도는 일정한 경우에 일정한 장소에서, 일정한 동작 및 언어로 자기들을 구원해 달라고 하나의 신 혹은 신들에게 말을 건네는 것이었다. 지금도 대다수의 사람들에게는 여전히 그러하다.

그러나 그리스도의 가르침은 그러한 일시적인 방편으로서의 기도에 대해 말하지 않는다. 그리스도의 가르침은 기도를 이 세상의 불행으로부터 벗어나는 수단으로가 아니라 선량한 생각 속에서 우리를 견고하게 하는 수단으로 필요 불가결한 것이라고 가르친다.

4. 진실한 기도는 그 기도 속에서 오직 신과 둘이 되었을 때, 우리의 생각이 도달할 수 있는 최고한도에 도달한다는 점에서 우리의 영혼에 꼭 필요하고 또 중요하다.

5. 그리스도는 말했다. 기도할 거라면 혼자서 하라고. (마태복음 6장 5~6절 참조) 그때 비로소 신은 당신의 기도를 들으리라. 신은 당신의 안에 있다. 당신의 기도가 신의 귀에 도달하게 하고 싶다면, 신을 가려 덮고 있는 모든 것을 당신 내부에서 몰아내고 없애기만 하면 된다.

6. 우수란 당신이 자신의 삶에서도, 인류 전체의 삶에서도 의미를 찾지 못하는 심리적 상태이다. 그것에서 벗어나는 방법은 오직 한 가지이다. 당신 삶의 의미를 당신에게 설명해 주어라. 당신도 이미 인식하고 있는 자신과 다른 사람의 탁월한 사상을 자기 가슴으로 불러내는 것이다. 그 사상을 불러내는 것은 당신이 이미 알고 있고, 기도에 의해 자신에게 표명하는 것이 가능한 것으로, 고귀한 진리의 반복으로 이룩할 수 있다.

7. 매 시간 기도하는 것이 좋다. 가장 필요한, 게다가 가장 어려운 기도는 삶의 한가운데서 신과 신의 율법에 대한 자기의 책임과 의무를 떠올리는 것이다. 놀라거나 화내거나, 혼란스럽거나 유인을 당하거나 했을 때는 부단한 노력으로 당신이 누구인지, 무엇을 해야 하는 존재인지를 떠올려야 한다. 거기에 참된 기도가 있다. 이것은 처음엔 힘들지만 그러한 습관을 들일 수 있다.

8. 나의 기도, 즉 신에 대한 나의 관계의 표현을 바꾸는 것은 좋다. 사람은 끊임없이 성장하고 변화한다. 따라서 신에 대한 우리의 관계도 당연히 변화를 일으킬 테니 그 표현인 기도 또한 변화하는 것이 당연하다.

생각하는 노력 없이 선한 삶은 불가능하다

1. 자신 및 다른 사람의 좋은 생각을 알았을 때는 이것을 존중해야 한다. 당신 삶의 진정한 사업에 있어서 다른 어떤 것도 좋은 생각만큼 보탬이 될 수가 없으리라.

2. 목적을 달성하기 바란다면 생각을 통제하는 것이 좋다. 그리고 자기 영혼의 눈을 욕정에서 벗어나게 할 유일하고도 청정한 세계로 집중하는 것이 좋다. (바라문의 가르침)

3. 명상은 불멸로 향하는 길이며, 경솔은 멸망으로 가는 길이다. 명상 중

에 얻은 용기는 결코 죽지 않는다. 그러나 경솔한 불신자는 죽은 사람과 같다. 내가 나 자신을 깨워 일으켜야 한다. 그리하면 스스로 방어할 수 있고, 스스로를 통찰할 힘을 얻어 불변의 존재가 되리라. (부처의 가르침)

4. 인간의 진정한 힘은 격정을 드러내는 것에 있지 않고, 우리가 사상 분야에서 수립하고 언어로 표현하며 실행으로 옮기는 바, 선에 대한 굽히지 않는 정진에 있다.

5. 만약 삶을 되돌아보았을 때, 당신의 삶이 전보다 나아지고 선량해졌으며 온갖 죄나 악의 유혹과 맹신으로부터 자유로워졌음을 알았다면, 그 성공이 주로 당신의 생각이 활동한 덕분임을 알아야 한다.

6. 생각의 활동은 우리의 삶을 교정한다는 점에서 귀중할 뿐만 아니라 나 이외의 사람들의 삶에도 보탬이 되어준다는 점에서도 참으로 귀중하다. 그 때문에 생각하는 노력은 특히 중요한 것이다.

7. 중국의 현인 공자는 사상의 정의에 대해 이렇게 말하고 있다.

"참된 가르침은 세상 사람들에게 지고한 선을 가르친다. 사람들이 스스로를 고쳐서 그 상태로 유지할 것을 가르친다. 지고한 행복을 소유하려면 세계의 국민 전체에게 좋은 제도를 펴는 것이 필요하다. 세계의 국민 전체에게 좋은 제도가 펼쳐지려면 각자의 가정에 좋은 제도가 펼쳐지는 것이 필요하다. 각자의 가정에 좋은 제도가 펼쳐지려면 각자의 내부에 좋은 제도가 펼쳐져야 한다. 각자의 마음이 교정되는 것이 필요하다. 그리고 각자의 마음이 교정되려면 명쾌하고 올바른 생각의 출현이 필요하다."

인간이 다른 동물보다 뛰어난 것은 사색하는 능력뿐이다

1. 사색하는 능력이 있다는 사실에서만 우리는 다른 동물보다 탁월하다. 어떤 사람들은 자기 내부에 있는 이 능력을 증대시키지만, 다른 어떤 사람들은 그 능력을 배려하지 않는다. 사색하는 능력을 배려하지 않는 사람들은 자기를 동물로부터 구별해 주는 것을 거절하는 것과 마찬가지이다. (동양철학의 가르침)

2. 소와 말뿐만 아니라 모든 가축은 아무리 굶주린 때라도 문이 안으로 열게 되어 있는 경우에는 결코 우리에서 밖으로 나오지 못한다. 만약 그 문이 단단하고, 그리고 아무도 그것을 열어주지 않는다면 그들은 굶어 죽으리라.

문에서 한 발짝 떨어져서 그것을 자기 쪽으로 잡아당기는 것을 영원히 터득하지 못하는 것이다. 인간만이 자기가 바라는 결과를 얻고자 할 때, 잠시 인내하고, 수고하고, 그리고 현재 바라는 것을 해서는 안 된다는 것을 안다. 우리 인간은 먹지 않을 수도, 마시지 않을 수도, 자지 않을 수도 있다. 그 까닭은 바로 해야 할 일, 해도 되는 일과 해서는 안 되는 일을 모두 알기 때문이다.

우리 인간에게 그것을 가르치는 것은 사색하는 능력이다. 따라서 이 능력은 인간의 내부에서 가장 귀중하며, 우리는 이것을 보호하고 성장시키기 위해 온힘을 쏟아 부어야만 한다.

3. 우리를 둘러싼 이 세계와 비교할 때, 우리는 덧없는 한 줄기 갈대 이상의 아무것도 아니다. 그러나 이 갈대는 생각하는 능력을 부여받은 갈대이다.

사람을 죽이는 데는 별것 아닌 것으로도 충분하다. 그럼에도 불구하고 인간은 만물 위에 선다. 모든 지상의 존재 위에 선다. 왜냐하면 마지막 숨을 거두는 순간에도 인간은 자기가 죽어간다는 것을 인식하기 때문이다.

인간은 대자연에 비해서 자기의 육체가 얼마나 미약한지를 안다. 그러나 자연은 아무것도 인식하지 못한다.

우리가 지닌 우월한 점은 모두 우리의 사고력에 있다. 우리의 사상이 우리를 다른 만물의 위에 높이 서게 하는 것이다. 우리의 사고력을 높이 사고, 이것을 소중하게 간직하자. 그리하면 우리의 사고력은 삶 전체를 우리를 위해 밝게 비추고, 선악의 소재를 가리켜 보이리라. (파스칼)

4. 우리는 읽고 쓰기를 배우고 익힐 수 있다. 그러나 읽고 쓰기는 우리에게 친구에게 편지를 써보낼 필요가 있는지 없는지, 나를 모욕한 사람에 대한 고소장의 초안을 쓸 필요가 있는지 없는지 그 여부는 가르치지 않는다. 우리는 또한 음악을 배워 익힐 수 있다. 그러나 음악은 우리에게 언제 노래하고 언제 연주해야 좋은지, 어떤 때는 안 되고 어떤 때 좋지 않은지를 가르치지 않는다. 만사가 모두 이러하다. 다만 이성만이 우리에게 무엇을 언제 해야 하는지, 무엇을 언제 해서는 안 되는지 가르쳐 준다.

우리에게 이성을 부여함과 동시에 신은 우리에게 가장 필요한 것을 자유롭게 처리할 것을 허락했다. 그것은 신이 우리에게 이성을 부여하면서 우리를 향해 이렇게 말한 것과 마찬가지이다.

'너희가 악을 피하고 인생의 행복을 향유할 수 있도록 나는 너희에게 내 신성의 일부를 깃들게 했다. 나는 너희에게 이성이란 것을 부여했다. 만일 너희가 이 이성을 너희의 신상에 일어나는 모든 일에 적용한다면 이 세상의 어떤 것도 너희에게는, 내가 너희에게 가리켜 보인 진로에서의 장해와 박해가 되지 않을 것이다. 따라서 너희는 절대로 자기의 운명에 대해서도, 세상 사람들에 대해서도 우는 소리를 늘어놓는 일은 없을 것이다. 너희는 사람들을 비난하지 않을 것이다. 또한 남에게 아첨을 하려고도 않을 것이다. 내가 너희에게 한층 커다란 이성을 부여하지 않은 것에 대해 나를 비난해서는 안 된다. 너희가 너희의 삶을 합리적으로, 평안하고 유쾌하게 보낼 수 있다는 사실, 정녕 이것만으로는 너희에게 부족한 것인가?' (에픽테토스)

5. '종을 치지 않아도 신은 온다'라는 훌륭한 속담이 있다. 이것은 곧 우리와 무한과의 사이에 장벽이 없다는 뜻, 인간(결과)과 신(원인)과의 사이에 벽이 없다는 의미이다. 벽은 제거되었다. 우리는 신성의 모든 깊고 원대한 움직임과 마주하고 있다. 그리고 우리가 신과 교통하는 그 통로는 사색의 활동에 의해서 열린 채로 있다. (에머슨)

6. 우리는 사색을 하기 위해 창조된 존재이다. 사색하는 것, 여기에 우리의 모든 가치와 공적이 존재한다. 우리의 의무는 올바르게 사색하는 것 한 가지이다. 나, 나의 창조자, 나의 목적부터 시작하는 것이 사색의 순서이다. 그런데 세상의 많은 사람들은 어떤 것에 대해 생각하고 있을까? 절대로 이러한 일들에 대해서가 아니다. 단지 어떻게 하면 더 즐길 수 있을까, 어떻게 부자가 될 것인가, 어떻게 명예를 획득할 것인가, 어떻게 왕이 될 것인가 하는 그런 것만 걱정하지, 황제가 되는 것이 어떤 의미를 가지는지, 한 인간이 되는 것이 어떤 것을 의미하는지 하는 점에 대해서는 조금도 생각지 않는다. (파스칼)

자기를 잊는 것

인생에서 가장 큰 행복은 신과 이웃에 대한 사랑과 연결되어 있다. 이러한 행복을 방해하는 것은 죄이다. 그리고 죄의 원인은 우리가 자기의 행복을 신과 이웃에 대한 사랑이 아니라 육체적 욕망의 만족에 있다고 생각하는 데에 있다. 우리가 행복을 누리려면 죄에서 벗어나야 한다. 그리고 죄에서 벗어나는 것은 육체 생활을 절제하려는 노력에 달려 있다.

인생의 율법은 육체의 부정에 있다

1. 모든 육체적인 죄, 간음, 사치, 무위도식, 사욕, 적의 등은 주로 자기 육체를 나의 '나'로 인식하는 데에서 생겨난다. 즉 자기의 영혼을 육체의 지배 아래 두는 것이 모든 죄의 출발점이다. 이들 죄로부터 탈출하는 길은 자기의 영혼을 나의 '나'로 인식하는 데 있다. 즉, 나의 육체를 영혼에 종속시키는 것에만 길이 있다.

2. 예수께서 제자들에게 말씀하셨다. "누구든지 나를 따라오려거든, 자기를 부인하고 제 십자가를 지고 나를 따라오라. 누구든지 제 목숨을 구하고자 하는 사람은 잃을 것이요, 누구든지 나를 위하여 제 목숨을 잃는 사람은 찾을 것이다. 사람이 온 세상을 얻고도 제 목숨을 잃으면, 무슨 이득이 있겠느냐? 또, 사람이 제 목숨을 되찾는 대가로 무엇을 내놓겠느냐?" (마태복음 16장 24~26절)

3. "아버지께서 나를 사랑하신다. 그것은 내가 목숨을 다시 얻으려고 내 목숨을 버리기 때문이다. 아무도 내게서 내 목숨을 빼앗아 가지 못한다. 내가 스스로 원해서 내 목숨을 버린다. 나는 목숨을 버릴 권세도 있고, 다시 얻을 권세도 있다. 이것은 내가 아버지께로부터 받은 명령이다." (요한복음 10장 17~18절)

4. 우리가 육체적인 삶을 그만둘 수 있다는 사실은 우리 내부에 좀더 귀한 무엇인가가 있어서 그 때문에 우리가 이것을 그만두는 것임을 분명하게 보여준다.

5. 육체의 삶에 몰두하면 할수록 그만큼 영혼의 삶을 잃는다.

육체의 분야에 있어서 버리는 것이 크면 클수록, 그만큼 영적인 분야에서 얻는 바가 크다. 둘 중에 어떤 것이 당신에게 더 필요한지를 깊이 생각해야 한다.

6. 몰아(沒我)는 나를 부정하는 것이 아니라 각자의 '나'를 동물적 존재에

서 정신적인 존재로 옮겨가는 것이다. 나를 버린다 함은 삶을 버린다는 의미가 아니다. 오히려 육체의 삶을 거부한다는 것은 나의 진실한 영혼의 삶을 강하게 한다는 뜻이다.

7. 이성은 우리에게 육체적 요구의 만족이 최대의 행복일 수 없음을 가르쳐준다. 따라서 이성은 타고난 행복을 향해서 제지하기 어려운 기세로 우리를 잡아당긴다. 그러나 이성은 우리의 육체적인 삶에 참여하지는 않는다.

육체의 삶을 거부하는 것은 대단히 훌륭한 행동이라고 여기거나 말하는 것이 보통이다. 그러나 이것은 옳지 않다. 육체의 삶을 거부하는 것은 특별히 훌륭한 행동이 아니라 인생의 필연적인 조건이다. 동물에게는 육체적 삶의 행복과 그 결과인 종족의 보존이 생애 최고의 목적이다. 그러나 인간에게는 육체적 삶과 종족의 보존은 생존의 1단계이며, 거기에서 육체적 삶의 행복과 일치하지 않는 우리 생애의 참된 행복이 계시되는 것이 분명하다. 인간에게 육체적 삶은 삶의 전부가 아니며, 우주의 영적 시작에 있어서 끊임없고도 긴밀하게 되풀이되고 하나되는 참된 삶의 필연적인 조건에 불과하다.

죽음을 면하기 어렵다는 사실은 필연적으로 우리에게
죽음에 종속되지 않는 영적 삶을 깨닫게 한다

1. 갓 태어난 아기는 자기 혼자만 이 세상에 존재하는 줄 안다. 아기는 누구에게도, 어떤 일에도 양보하지 않는다. 누구에 대해서 알려고 하지도 않는다. 그저 오로지 자기에게 필요한 것을 달라고 조를 뿐이다. 그는 어머니도 알지 못한다. 엄마의 젖가슴을 알 뿐이다. 그러나 날이 가고, 달이 지나고, 해가 가면 아기도 또한 자기 말고 자기와 비슷한 사람이 존재한다는 사실, 자기가 자신을 위해 바라는 것과 똑같은 것을 다른 사람들도 바란다는 것을 이해하기에 이른다.

그리고 이 세상을 살아갈수록 이 세상에 살아 있는 것이 나 혼자가 아니라는 것, 따라서 만약 자기에게 힘이 있다면 자기가 갖고 싶어하는 것을 놓고 다른 사람들과 싸워야만 하며, 만약 힘이 없다면 생긴 대로 주어진 대로 살아야만 한다는 것을 차츰 분명하게 이해하기 시작한다. 뿐만 아니라 이 세상에 사는 기간이 길면 길수록 인간의 일생이 고작해야 한때의 영위에 지나지 않으며, 내일 갑자기 죽음으로 생명의 종말을 고할지도 모른다는 사실마저 점차 명료해지기 시작한다. 눈앞에서 쉴새없이 죽음이 누군가의 목숨을 빼앗는 것을 목격하게 된다. 그와 똑같은 일이 언제 자기에게 일어날지도 모른다는 것, 조만간 반드시 일어나리라는 사실을 깨닫게 된다.

이쯤 이르러 우리는 우리 육체에 진실한 삶이 없다는 것, 육체를 위해 이 세상에서 어떤 일을 한댔자 어차피 아무런 도움도 되지 않는다는 사실을 이해하지 않을 수 없게 된다. 그리고 이 사실을 명료하게 깨달으면서 우리 내부에 깃든 영혼이 자기 내부에만 깃든 것이 아니라 모든 사람의 내부에, 우주 전체에 깃들어 있다는 사실, 그리고 이 영혼이 신의 영혼이라는 사실도 이해하게 될 것이다. 이것을 이해함과 동시에 우리는 육체적인 삶에 의의를 두기보다는 신의 영혼과의 합일, 곧 영원불멸 그 자체와 하나되는 것을 삶의 목적으로 두게 될 것이다.

2. 죽음, 죽음은 언제나 우리를 기다리고 있다. 우리의 삶은 죽음의 코앞에서 행해지고 있다. 만약 당신이 미래에 있을 당신의 육체를 위한 삶을 위해 수고하고 있다면, 당신의 미래에는 죽음만이 기다리고 있다는 것을 스스로 깨닫게 되리라. 그리고 이 죽음은 당신이 갖은 고생을 거듭해 쌓아온 모든 것을 파괴해 버린다. 후손의 행복을 위해 수고하는 것이라고 당신은 말하리라. 그렇지만 그들도 마찬가지로 죽는다. 그리고 그들 역시 아무것도 뒤에 남기지 않는다. 따라서 물질을 목적으로 하는 삶은 아무런 의미도 갖지 못한다. 죽음이 그런 삶을 완전하게 파괴해 가져가 버리기 때문이다.

우리의 삶이 어떤 의의를 갖기를 바란다면 죽음으로 평생의 작업이 파괴되지 않는 그러한 삶의 방식을 가져야만 한다. 더구나 그러한 생활을 그리스도는 우리에게 계시하고 있다. 진정한 삶의 환영(幻影)에 지나지 않는 육체적인 삶과 함께, 우리에게 참된 행복을 부여하는 진실한 삶이 따로 존재한다는 것, 그리고 그러한 진실한 삶을 모든 사람이 알고 있다는 것을 그리스도는 세상 사람들에게 가르쳤던 것이다. 그리스도는 개인적인 삶이 환영과 같다는 사실, 이것에서 벗어나는 것이 반드시 필요하다는 것, 삶의 의의와 목적을 신의 뜻에 맞는 삶으로, 인류 전체를 위한 삶으로, '사람의 아들'인 그리스도를 닮는 삶으로 옮겨가야만 한다는 것을 설교했다.

3. 생명의 구원에 관한 그리스도의 가르침을 깨닫기 원한다면, 모든 예언자들이 한 말, 즉 솔로몬이 말했던 것, 부처가 준 가르침, 그밖에 인간의 개

인적인 삶에 관하여 이 세상의 모든 성현들이 말한 것을 분명하게 이해하지 않으면 안 된다. 파스칼의 표현에 따르면 이런 것은 생각하지 않아도 된다. 우리 모두가 돌진하고 있는 죽음의 심연을 우리의 시야에서 가리고 덮어줄 '가리개'를 자기 앞에 세울 수 있기 때문이다. 그러나 이러한 삶이 모두 육체의 삶에 지나지 않는 이상 어떤 의미도 가지지 못할 뿐만 아니라 우리의 마음에 대한, 이성에 대한, 우리의 안에 있는 모든 선량한 것에 대한 심술궂은 비웃음에 불과하다는 신념을 가지려면, 우리 각자의 육체적 삶이 어떠한 것인가 하는 것을 고찰해야만 한다.

따라서 그리스도의 가르침을 이해하려면 무엇보다도 생각을 고쳐야 한다. 우선 크게 깨닫지 않으면 안 된다. 그리스도의 선구자 요한이 그의 가르침을 말할 때, 우리처럼 방황하는 사람들을 향해 했던 말이 우리의 내부에서 뭔가를 해내도록 해야만 한다. 즉 그는 이렇게 말했다.

"제일 먼저 회개하시오. 곧 생각을 바꾸십시오. 그러지 않으면 여러분은 멸망하고 맙니다."

그리스도도 역시 설교를 시작하기에 즈음하여 이와 똑같은 말을 했다.

"생각을 고쳐라. 그렇지 않으면 너희는 모조리 멸망하고 말리라."

갈릴리 사람들이 빌라도에게 죽임을 당했다는 이야기를 듣고 그리스도는 말했다.

"그들, 갈릴리 사람들이 그런 어려움을 당했으니 다른 모든 갈릴리 사람보다 죄가 깊은 사람이었다고 너희는 생각하느냐? 아니다, 나는 너희에게 말하겠다. 회개하지 않으면 모두 마찬가지로 죽어 멸망하리라. 피할 수 없는 죽음이 우리들 모두의 앞에 놓여 있다. 우리는 이 죽음을 잊고자 무익한 노력을 거듭하고 있으나, 그것은 우리를 죽음으로부터 벗어나게 해주지 못한다. 오히려 갑자기 찾아오는 죽음이 가장 두려운 것이다. 방법은 오직 한 가지다. 사멸할 이 삶으로부터 벗어나 죽음이라는 것이 존재하지 않는 진실한 삶을 사는 것이다."

4. 우리 삶 앞에 놓인 가공의 틀을 보전하기 위해 우리가 행하는 모든 일은 사실 삶을 편안하게 하기 위해서가 아니라 그런 공상 속의 보전작업에 종사함으로써 우리의 삶이 어떤 것에 의해서도 절대로 보전될 수 없다는 것을 잊기 위해 행하는 것이다. 이 사실을 간파하려면 잠깐 일상적인 삶에서 벗어

나 우리의 삶을 방관하는 것으로도 충분하다. 그러나 우리는 끊임없이 자신을 속이고, 공상적인 삶을 위해 자기의 진실한 삶을 쓸데없이 만들 뿐만 아니라, 이러한 헛된 보전작업에 몰두함으로써 우리가 보전하고자 하는 것을 쉽사리 사라지게 한다.

부자는 황금을 가졌다는 사실로 자기의 삶을 보전하고자 한다. 그러나 그 황금이 그를 살해할 도적을 가까이로 부른다. 죽음에 대해 전전긍긍하는 사람은 의료의 도움으로 자기의 목숨을 보전하려 한다. 그러나 의료 자체가 서서히 그를 죽인다. 설령 죽이지 않는다 하더라도 그에게서 진실한 삶을 빼앗는 것은 확실하다. 자기의 생명과 자유를 안전하게 하기 위해 무장하는 국민의 경우도 마찬가지이다. 그들의 보전행동은 반대로 몇십만 몇백만의 생명과 자유를 전장에서 사라지도록 하는 것이다.

목숨을 보전하지는 못한다. 자나 깨나 죽을 준비를 하고 있어야 한다고 한 그리스도의 가르침은 자기의 목숨을 보전하지 않으면 안 된다고 하는 세상 일반의 가르침보다 훨씬 많은 행복을 준다. 죽음은 피하기 힘들고 생명은 보전하기 어렵다는 것은 세상 사람들의 가르침이나 그리스도의 가르침이나 같다. 그렇지만 그리스도의 가르침에 따른다면 목숨을 보전하기 위해 터무니없이 헛된 일에 몰두해 그 생명을 모조리 빼앗기지 않고, 늘 자유로우며 생명 본래의 유일한 목적, 즉 자기 영혼의 완성과 인류에 대한 사랑의 확대에 기여할 수 있으므로 이것만으로도 그것은 보다 커다란 행복을 주는 것이다.

5. 스러져가는 육체에서 자기의 모습을 보지 않는 자가 인생의 진리를 안다. (부처)

6. "그러므로 내가 너희에게 말한다. 목숨을 부지하려고 무엇을 먹을까 또는 무엇을 마실까 걱정하지 말고, 몸을 보호하려고 무엇을 입을까 걱정하지 마라. 목숨이 음식보다 소중하지 않으냐? 몸이 옷보다 소중하지 않으냐? 공중의 새를 보아라. 씨를 뿌리지도 않고, 거두지도 않고, 곳간에 모아 들이지도 않으나, 너희의 하느님 아버지께서 그것들을 먹이신다. 너희는 새보다 귀하지 않으냐? 너희 가운데서 누가, 걱정한다고 해서, 제 수명을 한 순간인들 늘일 수 있느냐?

그러므로 무엇을 먹을까, 무엇을 마실까, 무엇을 입을까 걱정하지 마라.

너희는 먼저 하느님의 나라와 그의 의를 구하여라. 그리하면 이 모든 것을 너희에게 더하여 주실 것이다. 그러므로 내일 일을 걱정하지 마라. 내일 걱정은 내일이 맡아서 할 것이다. 한 날의 괴로움은 그날로 족하다." (마태복음 6장 25~27절, 31, 33~34절)

동물적 존재로서의 자기부정은
우리의 영혼 속에 신이 계심을 드러낸다

1. 육체적인 '나'로부터 벗어나면 벗어날수록, 그만큼 뚜렷하게 우리 내부에는 신의 모습이 드러난다. 육체는 우리 내부에 있는 신을 은폐하고 있는 것이다.

2. 만약 당신이 보편적인 자기 인식에 도달하고자 한다면 제일 먼저 자기 자신을 알아야 한다. 그리고 자신을 알려면 자기의 자아, 즉 소아(小我)를 만유의 자기, 즉 대아(大我)에게 봉사하게 해야 한다. (바라문의 가르침)

3. 소아에서 벗어난 사람은 위대하다. 왜냐하면 소아는 각자의 내부에 있는 신을 은폐하기 때문이다. 자아를 내던짐과 동시에 이미 우리 내부에는 보잘것없는 '나'가 아니라 '신' 자체가 활동하게 된다.

4. 가령 당신이 현세를 중요하게 여기지 않는다 해도 그것은 대단한 것이 아니다. 신의 나라에 사는 자에게는 우리 자신도 이 세상도 언제나 없는 것이나 같다.

5. 육체적 생활에서 이탈하는 것이 가치 있고 필요하며 유쾌한 것은 그것이 종교적인 경우일 때뿐이다. 즉, 우리 내부에 깃든 신의 뜻을 수행하기 위해 우리가 나로부터, 나의 육체로부터 벗어나는 경우뿐이다. 신의 뜻을 수행하기 위해서가 아니라 나의 의지 혹은 나와 똑같은 다른 사람의 의지를 수행하기 위해서 육체적인 생활에서 이탈하는 경우에는, 그런 이탈은 귀중하지도 않고 필요하지도 않으며, 또한 유쾌하지도 않아서 나에게나 남에게나 모두 해로울 뿐이다.

6. 만약 당신이 다른 사람들로부터 존경받기 위하여 그들의 뜻을 받아들이고자 노력한다면, 그것은 아무 유익함 없이 노력하는 것이 되리라. 반대로 그런 것을 고려하지 않고 오로지 신을 위해 세상 사람들에게 선을 행하는 것이라면, 당신은 동시에 자신에게도 선을 행하는 것이 되며, 또한 세상 사람들도 당신에게 감사하게 될 것이다.

신은 자신을 망각하는 사람을 기억하지만, 자신을 기억하는 사람은 망각한다.

7. 자신을 위해 육체의 세계에서 죽을 때에야 비로소 신의 세계에서 다시 태어난다.

8. 만약 당신이 다른 사람들한테서 아무것도 기대하거나 바라지 않는다면, 꿀벌이 다른 꿀벌을 두려워하지 않는 것처럼, 또 말이 다른 말을 두려워하지 않듯 다른 사람들도 당신을 결코 두려워하지 않을 것이다. 그러나 만일 당신의 행복이 다른 사람들의 권력 아래에 있는 것이라면, 당신은 틀림없이 그들을 두려워할 것이다.

그렇기 때문에 우리는 가장 먼저 해야 할 것이 있다. 바로 우리 자신에게 속하지 않는 모든 것으로부터 벗어나야 한다. 우리에게 속하지 않은 것이 우리의 주인 행세를 할 수 없도록 벗어나지 않으면 안 된다. 육체에 필요한 모든 것으로부터 탈피해야 한다. 부나 명예, 관직과 존경에 대한 애착으로부터 벗어나야 한다. 자녀나 아내나 형제로부터 벗어나지 않으면 안 된다. 이런 것들은 모두 나의 소유가 아니다. 이렇게 스스로를 향해 잘라 말해야 한다.

그러나 어떻게 이러한 경지에 도달할 것인가? 그것은 신의 의지에 나의 의지를 따르게 하는 것이다. 신이 나에게서 열병을 거둬가기를 바란다면 나도 이것을 바란다. 신이 내가 예상하지 않았던 일이 나의 신상에 일어나기를 바란다면, 나 또한 그것을 바란다. 우리는 이렇게 살아야 하는 것이다. (에픽테토스)

9. 우리들 각자의 동물적 의지는 설령 그 욕구가 모두 채워졌다 해도 절대로 만족하는 법은 없다. 그러나 동물적 의지에서 벗어나기만 하면 대번에 당신은 완전한 만족을 느낄 것이다. 의지를 따라 사는 경우 우리는 언제나 불만이다. 여기에서 벗어남과 동시에 완전한 만족을 얻게 된다. 유일하고 진실한 선행은 자신에 대한 증오에서 비롯된다. 왜냐하면 모든 사람이 각자의 음욕으로 인해 증오받을 만한 존재이기 때문이다. 스스로를 증오함으로써 우리는 사랑할 가치가 있는 존재가 되기를 바란다. 그러나 우리는 나 이외의 아무것도 사랑할 수 없기 때문에, 우리 내부에 있는 우리가 아닌 존재를 사랑하도록 강요당하고 있다. 그러한 존재가 될 수 있는 것은 오직 한 가지, 바로 온 세상에 널리 통하는 신뿐이다. 그 신의 나라는 우리 안에 있는 것이

다. (누가복음 17장 21절) 보편적인 행복은 우리의 내부에 있다. 그러나 그것이 우리 자체는 아니다. (파스칼)

만인에 대한 진실한 사랑은 나를 버리고서만 가능하다

1. 자기를 위해 살지 않는 자만이 멸망하지 않는다. 그렇다면 나를 위해 살지 않는 사람들은 대체 무엇을 위해 사는 것일까? 우리가 나 자신만을 위해서 살지 않을 수 있는 것은 모든 사람을 위해서 살 때뿐이다. 모든 사람에게 봉사하고 살 때에만 우리는 평안할 수 있고, 또한 실제로 평안하다. (노자)

2. 설령 당신이 아무리 바란다고 해도 당신의 생활을 인류로부터 떼어놓지는 못한다. 당신은 인류 속에서, 인류에 의해, 인류를 위해 살고 있다. 그리고 인류의 한가운데서 살고 있는 당신은 자신으로부터 벗어나야 한다. 왜냐하면 우리는 모든 것, 팔·다리·눈 따위와 마찬가지로 상호작용을 목적으로 창조된 존재이며, 이 상호작용은 '나'를 없애지 않으면 불가능하기 때문이다. (마르쿠스 아우렐리우스)

3. 남을 사랑하도록 스스로를 강제하지는 못한다. 사랑에 방해가 되는 것을 제거할 수 있을 뿐이다. 모든 이를 향한 이러한 사랑에 방해가 되는 것은 나 자신의 동물적인 '나'에 대한 사랑이다.

4. "너 자신을 사랑하는 것과 같이 이웃을 사랑하라."

복음서 속의 이 말은 당신이 이웃을 사랑하도록 노력해야 한다는 의미가 아니다. 사랑하도록 스스로를 강요해서는 안 된다. '이웃을 사랑하라'는 것은 우선 너무 강하게 자신을 사랑하지 말라는 의미이다. 먼저 강하게 나를 사랑하는 것을 그만두면 당신은 필연적으로 자신을 사랑하는 것처럼 이웃을 사랑하게 될 것이다.

5. 입으로가 아니라 진심으로 남을 사랑할 수 있게 되기를 바란다면, 마찬가지로 실제 행동으로 자신을 사랑하지 않도록 해야 한다. 그러나 보통은 그 반대여서 우리가 남을 사랑한다고 말하는 경우, 그것은 그저 말뿐이지만, 자신의 경우라면 말뿐 아니라 실제로 사랑하고 있는 것이다. 우리는 남에게 옷을 입히거나, 먹을 것을 주거나, 집을 주거나 하는 일을 잊기도 하지만, 자신에 대해서는 절대로 잊지 않는다. 따라서 실제로 진심으로 남을 사랑하기

바란다면, 나 자신이 입고 먹고 자야 하는 문제를 남의 경우와 마찬가지로 잊는 방법을 익혀야 한다.

6. 남과 교제할 때는 마음속으로 나 자신의 일을 생각하지 말고, 상대편만을 생각하도록 하자고 스스로를 향해 분명히 말하도록 훈련해야 한다.

7. 한창 대화 중에 내 일을 떠올리자마자 곧장 생각의 끈을 놓치고 만다. 우리가 완전하게 나를 잊었을 때, 나라는 것을 잊어버리고 나로부터 벗어날 때, 그때 비로소 우리는 다른 사람과 성과가 있는 교제를 하게 되며, 그들에게 봉사할 수 있게 되고, 유익한 영향을 끼칠 수 있게 된다.

8. 우리 삶이 외면적으로 부유하고, 빈틈없이 정돈되어 있으면 있을수록 무아의 희열은 그만큼 우리에게서 멀어지고, 이것에 도달하기가 힘들어진다. 부자는 거의가 자기 존재를 잊는 희열을 모른다. 그러나 가난한 자가 이웃을 돕기 위해 자기의 노동으로 얻은 음식을 조심스럽게 나누는 일이나 빵 조각을 거지에게 나눠줄 때, 그는 자기 존재를 잊는 희열을 느낀다.

반대로 부자는 설령 3백만의 재산 가운데서 2백만을 이웃에게 준다 해도 자기 존재를 잊는 희열을 경험하지 못한다.

9. 옛날 옛적 이 지구에 엄청난 가뭄이 들었다. 존재하는 모든 강, 하천, 우물 따위가 모조리 바짝 말라버렸다. 나무와 물, 덤불 등도 시들어버렸다. 사람도 가축도 속속 목말라 죽었다.

어느 깊은 밤의 일이었다. 한 소녀가 나무국자를 들고 아픈 어머니를 위해 물을 찾아 집을 나섰다. 그러나 소녀는 어디서도 물을 찾지 못했고, 그러다가 지쳐 들판의 풀 위에 쓰러져 잠이 들고 말았다. 이윽고 잠에서 깨어 다시 국자를 손에 드니 그곳에서 물이 똑똑 떨어지는 것이 아닌가. 국자에는 찰랑찰랑 맑고 깨끗한 물이 가득 담겨 있었다. 소녀는 뛸 듯이 기뻐하며 재빨리 그것을 마시려 했지만, 퍼뜩 아픈 어머니 모습이 떠올라 서둘러 국자를 들고 날다시피 집으로 뛰어갔다.

그러나 소녀는 너무 서두른 나머지 발치에 강아지가 있는 것을 모르고 뛰어가다가 발에 걸려 넘어져 국자를 떨어뜨리고 말았다. 강아지는 슬프게 소리내어 짖었다. 소녀는 황급히 국자를 집어들었다.

소녀는 물이 쏟아져 없어졌으리라고 생각했다. 그러나 아니었다. 국자는 똑바로 땅바닥에 서 있었고, 국자 안의 물은 그대로 있었다. 소녀는 손바닥에 약간의 물을 덜어서 개에게 주었다. 개는 좋아라고 그것을 핥아먹었다. 소녀가 다시 국자를 손에 드니 그 국자는 나무에서 은으로 바뀌었다.

소녀는 국자를 집으로 가져가 어머니 앞에 내밀었다. 그러자 어머니는 이렇게 말하는 것이었다.

"나는 어차피 죽을 목숨이니 네가 마시는 게 좋겠구나."

그러면서 국자를 소녀에게 주었다. 그 순간, 국자는 은에서 금으로 바뀌었다. 소녀는 더 이상 참을 수가 없어서 국자 쪽으로 입을 대려 했다. 그러자 별안간 나그네 하나가 들어와 부디 그 물을 마시게 해 달라고 소녀에게 간청했다. 소녀는 침을 꿀꺽 삼키고 나서 나그네에게 국자를 내밀었다. 갑자기 국자에서 일곱 개의 커다란 다이아몬드가 쏟아졌다. 그리고 그 속에서 맑고 깨끗한 물이 굵다란 줄기를 이루어 콸콸 솟구쳐 나왔다.

일곱 개의 다이아몬드는 천천히 하늘로 오르기 시작했다. 그러다가 마침내 하늘까지 올라가 북두칠성이라는 이름이 붙은 일곱 개의 별이 되었다.

10. 당신이 내게 준 것은 당신의 것이고, 당신이 가진 것은 남의 것이다. 만약 당신이 자기에게 있는 것을 남에게 주면 당신은 자신에게 선을 베푼 것이며, 그 선은 영원히 당신의 것이어서 아무도 이것을 당신에게서 빼앗지 못한다.

그러나 반대로 만일 당신이 남이 갖고 싶어하는 것을 굳게 쥐고 내놓지 않으면, 그럴 경우 당신은 그것을 아주 잠깐, 혹은 그것을 내놓아야만 하는 입장에 처할 때까지 한시적으로 보관하고 있는 것에 불과하다. 더구나 죽음이 찾아왔을 때는 그것을 반드시 내놓지 않을 수 없는 처지에 놓이게 된다.

11. 원인을 모르는 전쟁에서 죽는 것이 현재 세상 사람들에게 쉬운 것처럼, 남을 위해 사는 것도 마찬가지로 쉬운 일임을 세상 사람들이 발견하는 날이 반드시 오리라고 과연 기대할 수 없는 것일까? 그러나 거기에는 세상 사람들의 영혼의 비약과 정화가 필요하다. (브라운)

동물적 욕망의 만족만 추구하는 사람은
자기의 진정한 삶을 망가뜨린다

1. 자기의 안위만을 생각하고, 매사에 자기의 이익만 추구한다면 우리는 행복할 수 없다. 진정으로 나를 위해 살고자 한다면 남을 위해서 살아야 한

다. (세네카)

2. 영적인 삶을 위해 육체적인 삶에서 벗어날 필요가 있음을 알고자 한다면, 육체적이고 동물적인 욕망에만 봉사하는 우리의 삶이 얼마나 진저리나도록 싫은 것인지 상상하는 것만으로도 충분하다. 우리의 참된 삶은 동물성에서 벗어나기 시작한 때에야 비로소 시작될 수 있다.

3. 포도 소작농에 대한 비유로(마태복음 21장 33~42절) 그리스도는 사람들의 개인적이고 동물적인 삶, 즉 실제적인 삶의 환영을 참된 삶이라고 여기는 사람들의 오류를 밝혔다.

그들 소작농들은 소작 받은 주인의 밭에서 기거하는 동안, 자기들을 그 밭의 소유자로 착각하고 말았다. 그리고 이러한 잘못된 생각 때문에 이 사람들의 턱없고 잔혹한 갖가지 행위가 일어나고, 삶에서 그들을 추방하고 없앰으로써 최후의 막을 내리기에 이른다.

마찬가지로 우리도 또한 각자의 삶을 우리 각자의 소유라 생각하고, 우리가 삶을 결정할 권리를 가졌다고 여기며, 누구에게든 아무런 책임을 느끼지 않고 멋대로 이것을 처리할 수 있다는 식으로 생각한다. 마음속에 이런 상상을 끊임없이 하는 우리 또한 턱없이 잔혹한 행위와 온갖 불행에서 벗어날 수 없으며, 삶에서도 마찬가지로 이 불행을 피할 수 없다.

밭의 거주자들은 자기들이 잘 갈리고, 담이 둘러쳐 있고, 우물까지 말끔히 파 놓은 밭을 넘겨받았다는 것, 누군가가 그 일을 다 끝마쳤으므로 그들에게도 똑같은 일을 기대하고 있다는 것을 잊었거나, 아니면 알려고 하지도 않는 듯 개인적인 생활을 계속한다. 사람들 또한 모든 것이 자기들을 위해, 자기들이 태어나기도 전부터 행해진 것이며, 사는 동안 계속 이루어지고 있는 일이라는 것, 따라서 자기들에게도 똑같은 기대를 하고 있다는 것을 잊었거나 아니면 알려고 하지 않는 것이다.

그리스도의 가르침에 따르면, 손수 갈지 않은 포도밭에 기거하는 소작인들이 주인에게 못다 지불한 채무가 있음을 이해하고 깨달아야 하는 것처럼, 우리도 또한 태어난 그날부터 마지막 숨을 거두는 순간까지 누군가, 즉 우리보다 먼저 살았고 또한 현재에도 살고 있으며, 앞으로도 살아갈 힘을 지닌 누군가, 그리고 과거·현재·미래를 통해 모든 것의 출발점인 것에 대해 다 지불하지 못한 채무가 있다는 것을 이해하고 깨달아야 한다. 우리는 끊임없이 이 의무를 긍정하고 있다는 것, 따라서 자기만을 위한 삶을 계속하고, 우리의 삶 및 그 출발점과 우리에게 채무가 있다는 것을 부정하는 사람은 스스로 자기의 삶을 빼앗는 자임을 분명하게 이해해야 한다.

4. 대다수의 사람들은 자기를 잊고 있는 상태는 자유를 파괴하는 법이라고 생각한다. 그러나 이런 사람들은 자기를 잊는 것만이 우리에게 참된 자유를 주며, 우리 자신으로부터, 또 타락과 퇴폐에 얽매이는 것으로부터 우리를 벗어나게 해준다는 것을 모르는 것이다. 우리의 욕정은 가장 무섭고 잔혹한 폭군이다. 따라서 이것에서 벗어나야 한다. 그리하면 바로 자유를 느끼게 될 것이다.

5. 만약 자기의 사명을 알면서 자아에서 벗어나지 않는다면, 우리는 바깥 열쇠는 없이 안에서 여는 열쇠만 받은 사람과 같다.

6. 나를 버리고 헌신하는 율법을 비롯해 자기 사명에 대해 인식하는 것은 삶의 향락과는 아무런 공통점도 없다. 가령 우리가 자기 사명의 인식과 쾌락을 혼합해서 그 혼합물을 병든 영혼에게 약으로 줘봤자 이내 두 원소는 따로 놀고 말 것이다. 만약 두 원소의 혼합물이 약이 되지 않고, 우리의 높고 원대한 사명에 대한 인식이 아무런 작용도 하지 않고, 이 사명과 합치하는 것처럼 보이는 쾌락을 추구하는 데서 육체의 삶이 어느 정도 힘을 얻는 것처럼 여겨진다면, 도덕적 삶은 만회하기 힘들 정도로까지 타락하고 말 것이다. (칸트)

수많은 죄로부터 벗어나는 길은 나를 버릴 때에만 가능하다

1. 영적인 행복을 위해 동물적 행복에서 벗어나는 것은 인식이 변화한 결과이다. 즉, 지금까지 자신을 동물적 존재에 지나지 않는다고 인식하던 사람이 스스로를 영적인 존재로 인정하기 시작하게 된 것이다. 그리고 이러한 인식의 변화가 이루어지기 시작하면 사람은 지금까지 상실이자 고통이라고 여겨왔던 것이 더 이상 상실도 고통도 아니며, 악보다도 선한 것을 귀하게 여긴 자연스런 결과라 생각하게 된다.

2. 인생의 사명을 완수하고 이 세상의 행복에 도달하려면 아무래도 건강과 물질적 풍요, 그리고 전반적으로 혜택받은 외적 조건이 필요하다고 생각하거나 말하는데, 이것은 옳지 않다. 건강이나 물질적 풍요나 혜택받은 외적

조건 따위는 인생의 사명을 완수하는 데에도, 이 세상의 행복에 도달하기 위해서도 필요치 않다. 우리에게는 어떤 것에 의해서도 파괴되지 않는 영적 생활의 행복을 획득할 힘이 주어져 있다. 자기의 내부에 사랑을 증대시킬 행복을 획득하는 힘이 주어져 있는 것이다. 다만 이 영적인 생활을 믿고, 그 속에 자기의 모든 노력을 쏟는 것만이 필요하다.

당신은 육체적인 삶을 살고 힘써 일한다. 만약 이 육체적인 삶에 방해가 나타나면, 그때는 육체적인 삶에서 영적인 삶으로 옮기는 것이 좋다. 영적 생활은 언제나 자유롭다. 그것은 새의 날개 같은 것이다. 새는 발을 디뎌 걷지만, 방해물이나 위험이 나타나면 자기의 날개를 믿고 그것을 펼쳐 날아간다.

3. 신과 둘이서만 함께 하는 내적인 삶보다 귀중한 것은 없다. 그 활동은 동물적 자아의 행복을 요구하는 나를 억누르고, 육체적 삶의 무의미함을 스스로에게 깨우치려는 것이다. 신과 둘만이 되었을 때, 비로소 그것이 가능하다. 사람들과 함께 있을 때는 이미 때가 늦다. 사람들과 함께 있으면서 당신이 훌륭한 행위를 계속할 수 있으려면, 고독한 가운데 신과 교제하는 중에 자기를 버리는 힘을 준비해야 한다.

4. 모든 인간은 명확하고 불명확한 차이는 있지만 결국 내적인 모순을 경험한다. 즉, 나를 위해서 살려는 나와 합리적이고자 하는 나를 동시에 인식하기에 이르게 되는데, 나를 위해 사는 것은 불합리하다. 이것은 모순인 것처럼 생각된다. 그러나 과연 이것은 모순일까? 만약 그렇다면 부패한 씨앗이 다시 부패한 싹을 틔운다는 점에 모순이 있다는 것이다. 따라서 내가 이성의 목소리에 귀기울이기를 원하지 않을 때, 그때 비로소 모순이 생겨나는 것이다.

이성은 개인적 삶으로부터 끊임없이 성장하는 정신적 삶으로 의식을 전환시키는 작업이 꼭 필요하다고 분명하게 말한다. 이성은 버찌 씨앗을 뚫고 자라는 어린 새싹처럼 새로운 생활을 약속하며, 개인적 삶이 불필요하고 무의미하다는 것을 명확하게 한다.

우리가 이 뼈대와 같은 삶의 외적 형식을 고집하고, 이것에서 벗어나기를 바라지 않을 때 비로소 모순이 일어나는 것이다. 그것은 마치 발아로 인해 깨어진 뒤에도 씨앗의 껍질이 여전히 자기의 삶을 고집하려는 것과 같다. 우리가 보통 모순이라 부르는 것은 새로운 삶을 향한 탄생의 고통을 말한다. 영적인 삶을 살 때 육체적 삶이 없어지는 것은 피하기 힘든 결과이다. 우리는 이것에 저항하지 않아야 한다. 그리고 이 영적인 삶에 몸을 맡겨야 한다. 그렇게만 하면 새롭고, 보다 뛰어난, 참된 삶을 발견할 수 있다.

5. 진실하고 유쾌하며 유일한 인생의 사업은 나의 영혼을 성장시키는 것이다. 그러나 영혼을 성장시키려면 나에게서 벗어날 필요가 있다. 이 벗어남을 작은 일에서부터 시작하는 것이 좋다. 작은 일에서 나를 버리는 것으로 스스로를 길들이면, 큰 일에서 나를 버리는 것도 할 수 있을 것이다.

6. 영적 삶의 빛이 꺼지면 육체적 욕망의 어두운 그림자가 당신의 앞길에 드리운다. 이 무서운 그림자를 경계해야 한다. 자기 영혼에서 육체적 욕망을 몰아내지 않은 동안에는 당신의 영혼의 빛이라 해도 이 암흑을 타파할 수는 없다. (바라문의 가르침)

7. 육체적인 자기애로부터 벗어나기는 힘든데, 이것이 힘든 가장 큰 이유는 육체의 자기애란 것이 생활상 어쩔 수 없는 조건이기 때문이다. 육체상의 자기애도 유년시절에는 자유롭고 또 필연적인 사실이다. 그러나 이성을 가지게 되면서 그것은 미약해지고 사라져야 하는 성질의 것이 된다.

어린이는 육체적인 자기애에 대하여 양심의 가책을 느끼지 않는다. 그러나 이성이 눈을 뜨면서 자기애는 무거운 짐이 되기 시작한다. 그리고 삶이 계속됨에 따라 점차 쇠약해가다가 죽음이 임박했을 때에는 완전히 소멸해 버린다.

8. 나에게서 완전하게 벗어나는 것은 신이 되는 것을 의미한다. 또한 나를 위해서만 사는 것은 완전하게 가축이 되는 것을 의미한다. 즉, 이 가축의 삶에서 서서히 멀어지고 신의 삶에 가까이 가는 것이 우리네 인생이다.

9. 나는 내 삶이 진저리가 난다. 완전히 죄 가운데서 뒹구는 나를 느낀다. 하나의 죄에서 벗어나자마자 이내 또 다른 죄에 빠지고 만다. 어떻게 하면, 하다못해 단 몇 분이라도 나의 삶을 고칠 수 있을까? 가장 효과가 뚜렷한 방법이 하나 있다. 그것은 육체가 아니라 영혼 속에서 자기의 생명을 인식하고 육체적인 삶의 혐오스런 일에 참여하지 않는 것이다. 진심으로 이것을 바라야 한다. 그리하면 당신은 어느새 당신의 삶이 저절로 개선되는 것을 발견할 것이다. 지금까지의 삶이 사악했던 것은 당신이 육체의 삶에 영혼의 삶을

종속시키고 섬기게 했기 때문이다.

10. 우리가 자기의 육체에서 벗어나지 못하고 육체의 요구를 영혼의 요구보다 중히 여기기를 그만두지 않는 한, 아무리 죄에서 벗어나려 노력해도 소용이 없다.

11. 희생 없는 삶은 있을 수 없다. 우리의 모든 삶은 그것을 바라거나 바라지 않거나 상관없이 영혼에 대한 육체의 희생이다.

동물적 자아에서 벗어나는 것은 진실하고 무한한 정신적 행복을 준다

1. 개개인의 삶에서나 대중의 사회적 삶에서나 적용되는 규율은 동일하다. 즉 자기의 삶을 보다 나은 것으로 만들려면 희생을 할 각오가 되어 있어야만 한다는 것이다.

2. 우리는 나를 없앤 내 삶의 결과를 알지 못한다. 그렇지만 그러한 자기를 잊고 있는 상태의 삶을 아주 잠깐이라도 좋으니 경험해보는 것이 좋다. 그렇게 하면 나는 확신하건대, 성실한 사람은 모두 자기를 잊고 자기의 육체적인 '나'로부터 벗어나 행동한 우연의 몇 분 동안이, 나의 영혼과 육체에 얼마나 커다랗고 멋진 영향을 주는지 틀림없이 인식할 것이다. (러스킨)

3. 동물적인 나로부터 벗어나면 벗어날수록 우리의 삶은 점차 자유로워지고 다른 사람들에게도 차츰 필요한 것이 되고, 나 자신에게도 유쾌한 것이 된다.

4. "제 목숨을 얻으려는 사람은 목숨을 잃을 것이요, 나를 위하여 제 목숨을 잃는 사람은 목숨을 얻을 것이다"라고 복음서에 씌어 있다. 이것은 곧 참된 삶은 동물적 삶의 행복에서 벗어난 자에게만 주어진다는 의미이다.

우리가 육체의 행복이 아니라 영혼의 행복을 바라게 될 때, 그때 비로소 참된 인생은 시작된다.

5. 우리 인간은 목장이나 들판, 숲이나 정원, 연못, 하천에 주룩주룩 쏟아지는 비와 같다. 비는 부슬부슬 내려서 몇백만의 작은 풀과 이삭과 관목, 나무에게 생명을 주고, 이것을 신선하게 해주며, 마침내 밝고 투명한 구름 같은 형태의 결정을 이루다가 어느새 사라지고 만다. 선량한 인간의 육체적 삶도 또한 이와 같다. 그는 무수한 사람에게 도움을 준다. 그리고 그들의 삶을 안락하게 해주고 마침내 승천한다. 마지막 숨을 거둠과 동시에 눈에 보이지

않는 영원불멸한 영적인 것만이 사는 하늘 위의 세계로 사라지는 것이다.

6. 나무는 필요를 느끼는 모든 자에게 그 열매를 준다. 아니, 그뿐 아니라 껍질과 잎, 수액마저도 제공한다. 늘 이와 같이 나무처럼 행동하는 사람은 훌륭하다. 그러나 이것을 진정으로 이해하고 행하는 자는 적다.

7. 자신에 대해서 생각하기를 멈추지 않는 한, 참된 행복은 있을 수 없다. 그러나 이것을 도중에 멈추는 정도로 해서는 안 된다. 아주 조금이라도 자기에 대한 번뇌가 남아 있다면 모든 것이 틀어지게 된다. 이것이 힘든 일임을 나는 안다. 그러나 동시에 진정한 행복을 얻으려면 다른 방법이 없다는 것도 안다. (카펜터)

8. 우리의 삶에서 나와 나에 대한 사랑을 빼면 아무것도 남지 않을 거라고 많은 사람들은 생각한다. 그들에게는 나란 존재가 없으면 삶이 없는 것처럼 생각된다. 그러나 이것은 몰아의 희열을 경험한 적이 없는 사람들이 그렇게 생각하는 것에 불과하다. 우리는 삶에서 나를 버려야 한다. 나에게서 벗어나야 한다. 그렇게 하면 인생의 본체를 이루는 것, 즉 의심의 여지 없이 행복을 주는 모든 사람에 대한 사랑이 뒤에 남게 된다.

9. 영적 존재로서의 나를 알면 알수록, 또한 육체적 존재로서의 나를 잃으면 잃을수록 우리는 그만큼 진실로 자신을 이해하게 된다. (바라문의 가르침)

10. 자기의 삶을 동물적 삶에서 영적인 삶으로 전환하면 할수록, 그만큼 우리의 삶은 자유롭고 유쾌한 것이 된다. 그러나 자기의 삶을 동물적 삶에서 영적인 삶으로 전환할 수 있기를 바란다면 영적인 존재로서의 나를 인식해야 한다. 그리고 영적 존재로서의 나를 인식할 수 있기를 바란다면 육체의 삶에서 벗어나야 한다. 신앙에서는 나를 버리는 것이 필요하며, 나를 버리는 것에는 인식이 필요하다. 이 두 가지는 서로 돕는다.

11. 행복이라는 관점에서 인생 문제는 해결되기 힘들다. 왜냐하면 우리의 가장 숭고한 바람이 우리가 행복해지는 것을 방해하기 때문이다. 의무라는 관점에서도 마찬가지로 어려움이 있다. 왜냐하면 주어진 의무는 평화를 주긴 하지만 행복을 주지는 않기 때문이다.

신처럼 신성한 애정과 신과 하나가 되는 마음만이 이 어려움을 없애 준다. 이러한 애정과 마음을 지니면 우리가 치르는 희생이 영원하며 점점 크게 자

라나, 타파하기 힘든 희열이 되어 버리기 때문이다. (아미엘)

12. 만약 의무에 대한 관념이 우리의 양식(良識)에 의해 얻어지는 것이고 이기적 충동에서 완전히 격리된 것이라면, 그 관념은 순수한 의미에서 행복을 출발점으로 하거나, 행복과 연결되어 있거나, 행복을 고려하는 충동, 즉 어느 정도 인위적 요소와 세심한 고려가 필요한 충동보다 간단하고 명료하게 행할 수 있으며, 이해하기 쉬운 데다가 자연스럽다. 뿐만 아니라 일반적 양식의 판단에서도 이기심에서 출발한 모든 충동보다 훨씬 위력 있고, 또한 뿌리깊으며, 보다 많은 성공을 약속한다.

해야만 하는 의무를 띠었으므로 나는 할 수 있다는 자각은 우리 내부에 신적이고 천부적인 샘을 보여준다. 그리고 이 신적이고 천부적인 샘은 성스런 예언자에게 주었던 것과 마찬가지로 우리에게도, 우리의 참된 사명의 위대성과 숭고함을 감지하게 해준다. 따라서 우리가 좀더 자주 이것에 주의를 기울이고 의무를 행하면서 대가로 얻는 모든 이익으로부터 선행을 완전하게 떼어놓는다면, 또 선행에 대한 끊임없는 연습이 개인적 및 사회적 교육의 주요목적이 된다면, 그때 우리의 도덕적 상태는 순식간에 개선될 것이다. 역사적 실험을 통해 오늘날까지 선행에 관한 가르침이 좋은 결과를 초래하지 않았던 까닭은, 의무의 관념에서 비롯된 충동이 지나치게 강력하고 참된 선과는 거리가 있기 때문이다.

또한 세상 사람들 대부분이 내세에 대한 지나친 기대감에서 갖가지 이익에 대한 타산적인 충동을 우리 영혼에 보다 유익할 것이라는 잘못된 생각을 하기 때문다. 그러나 우리의 희생을 촉구하는 우리 내부에 있는 영적 본원에 대한 인식은 어떠한 대가보다도 훨씬 강력하게 우리를 선의 율법을 수행하도록 돌진하게 한다. (칸트)

겸손

이승에서 인간이 얻는 최고의 행복은 사람들과의 융합과 일치이다. 거만한 사람들은 스스로를 격리시킴으로써 제 발로 이 행복을 걷어찬다. 그러나 겸손한 사람들은 이 행복을 얻는 데 장애가 되는 모든 것을 자신 속에서 걷어낸다. 그래서 겸손은 참된 행복에 없어서는 안 될 조건이 된다.

자기의 행위를 자랑해서는 안 된다. 왜냐하면 우리가
행하는 선한 일은 모두 우리가 행한 것이 아니라
우리 안에 깃든 신성이 한 일이기 때문이다

1. 자기의 영혼 속에 신이 깃들어 있음을 아는 사람만이 겸손해질 수 있다. 이런 사람은 세상 사람들이 자기를 어떻게 판단하든 전혀 개의치 않는다.

2. 자신을 자기 삶의 주인공이라고 생각하는 사람은 누구에 대해서든 책임과 임무를 지지 않기 때문에 겸손해질 수 없다. 그러나 신을 섬기는 것에 자기 사명이 있다고 생각하는 사람은 그런 모든 의무를 다 수행하지 못한 것처럼 끊임없이 자신의 사명을 느끼기 때문에 아무래도 겸손하지 않을 수 없다.

3. 때때로 우리는 훌륭한 행위를 한 것을 자랑한다. '내가 했다'고 하면서 그것을 내세운다. 우리들 각자의 내부에 신이 있음을 잊고, 선한 일을 행할 때 신이 자신의 사업을 수행하기 위한 도구로 우리를 쓰고 있음에 지나지 않는다는 사실을 우리는 잊는다.

신은 '나'라는 사람을 통해 자신에게 필요한 일을 행하는 것인데, 우리는 그것을 자랑스러워하는 것이다. 이것은 마치 샘의 수로를 둘러싸고 있는 돌이 자기에게서 물이 나온다고, 그리고 그 물을 사람과 가축이 마시는 거라며 자랑하는 것과 같다. 그러나 돌은 이 경우 자기의 순결함, 즉 물을 더럽히지 않는 것을 자랑해도 되리라고 사람들은 말할 것이다. 그러나 이것 역시 옳지 않다. 돌이 순결한 것도 역시 그 물이 씻어서 깨끗하게 해주었기 때문이다. 우리의 의지에 의한 것은 아무것도 없다. 모든 것은 신의 의지다.

4. 우리는 신의 도구이다. 그러므로 무엇을 해야 하는지 우리는 안다. 그러나 무엇 때문에 그것을 행하는지, 그 까닭을 알지는 못한다. 이 사실을 이해하는 사람은 도저히 겸손해지지 않을 수 없다.

5. 모든 사람의 일생에 가장 중요한 일은 보다 선량하고 보다 뛰어난 사람이 되는 것이다. 그러나 이미 자신을 선량한 사람이라고 생각한다면 어찌 보다 나은 사람이 될 수 있겠는가!

6. 자기가 처한 입장을 깨달았을 때, 그때 비로소 노동자는 자기의 일을 훌륭하게 수행할 것이다. 마찬가지로 우리의 일생이 실은 우리 것이 아니며,

우리에게 이것을 부여한 자의 소유라는 것, 인생의 목적이 우리에게가 아니라 우리에게 이것을 부여한 자의 의지에 있다는 것, 따라서 우리는 자기 안에서 신의 힘이 나타나는 것을 방해할 수는 있지만 스스로는 어떠한 선행도 할 수 없다는 것 등 이러한 것들을 분명하게 이해했을 때, 그때 비로소 우리는 그리스도의 가르침을 참으로 이해하는 것이다.

7. 자신을 주인이 아니라 종이라고 인식해야 한다. 그렇게 하면 어느새 후회나 불안, 불만 등이 확신, 안정, 평화, 희열로 바뀐다.

악의 유혹은 모두 오만에서 생긴다

1. 만약 우리가 신을 향해 정진한다면 절대로 자기에게 만족할 수는 없을 것이다. 아무리 진보하더라도 우리는 늘 완전무결한 경지에서 여전히 동떨어져 있는 자신을 감지할 것이다. 왜냐하면 완전한 경지는 무한무궁의 경지이기 때문이다.

2. 자기를 맹신하는 것은 동물의 본성이며, 겸손은 인간의 본성이다.

3. 누구보다 스스로를 잘 아는 사람은 다른 어떤 사람보다 자신을 더 존경하지는 않는다.

4. 나 자신에게 만족하는 사람은 늘 남에게 만족하지 않는다.

5. "모두들 당신을 나쁜 사람이라고 생각한다"는 말을 들었을 때, 현자는 다음과 같이 대답했다.

"여러분이 나에 대해 모든 것을 알고 있지 않은 것이 참으로 다행스럽다. 만약 나에 대해 전부 알고 있다면 나는 틀림없이 훨씬 심한 말을 들었을 것이다."

6. 당신이 시간적으로나 공간적으로나 참으로 보잘것없는 벌레와 같은 존재이며, 스스로 보잘것없는 존재라는 사실을 이해할 때 겸손한 사람이 될 수 있다는 것, 여기에 당신의 힘이 존재할 뿐임을 깊이 기억하는 것만큼 영혼에 이로운 것은 없다.

7. 나의 결점에 대해서 대다수의 사람들은 그다지 주의를 기울이지 않는다. 그러나 자기 이웃의 나쁜 점은 잘 모르더라도 자기 자신의 나쁜 점을 모르는 자는 없다. 그러므로 겸손은 쉽다.

8. 아주 잠깐만 고찰해 보아도, 우리는 늘 스스로 인류에게 어떤 잘못을

저지르고 있음을 느끼게 된다. 설령 그것이 세간에 존재하는 차별이나 불평등 때문이고, 우리의 권리 행사로 다른 사람들이 약간 더 손실을 입게 되는 그런 잘못에 지나지 않는다 해도 말이다. 이 죄책감은 우리에게 자신의 공적을 자화자찬하여 다른 사람들보다 자신을 높게 생각하는 것을 막아 줄 것이다. (칸트)

9. 다른 사람의 눈으로만 나의 결점을 볼 수가 있다. (중국 속담)

10. 모든 개인이 우리에게는 거울이다. 우리의 결점이나 잘못과 허물, 그 밖에 우리 속에 있는 모든 악의 요소가 남김없이 그 속에 투영되어 있다. 그럼에도 불구하고 우리들 대다수는 거울 속에 보이는 것이 자기가 아니라 다른 개라고 믿고 거울을 향해 짖어대는 개의 어리석음을 감히 저지르고 있는 것이다. (쇼펜하우어)

11. 자만심이 강하고 현명하지도 않으며 부도덕한 사람들이 때때로 겸손하고 현명하고 도덕적인 사람들에게 존경의 마음을 갖게 되는 것에 놀라는 것은, 겸손한 사람은 스스로 판단하건대 악한 사람이 그렇게까지 자기를 존경할 수 있으리라고는 절대로 생각지 못하기 때문이다.

12. 자만에 빠진 인간에게는 경쟁자가 적다.

13. 교양이 깊은 사람들이 야만스럽고 미개한 이단의 신앙 속에서 갈피를 잡지 못하고 계속 헤매는 것과는 반대로, 지극히 단순하고 교양이 낮으며 학식이 없는 사람들은 진실한 그리스도의 가르침을 매우 명쾌하게 깨달아 쉽게 받아들인다. 그 까닭은 바로 평범한 사람들은 대부분 겸손하지만 학식이 있는 사람들은 대부분 자만심이 강하기 때문이다.

14. 삶과 죽음을 올바르게 이해하고, 편안하게 죽음을 기다리고 싶거든 반드시 자신이 하찮고 변변치 못한 존재임을 알아야 한다.

당신은 어떤 것의 무한하게 작은 한 부분이다. 따라서 만약 당신에게 일정한 사명, 즉 일이 없다면 당신은 모조리 무(無)가 되고 말리라. 이것만이 당신의 삶에 의의와 가치를 부여하는 것이다. 그 일이라는 것은 바로 다른 모든 존재와 마찬가지로 당신에게도 주어진 여러 기관을 사용하는 것이다. 즉, 사명을 수행할 때 당신의 육체를 소비하는 것이다.

따라서 당신의 일은 모두 평등하다. 그리고 당신은 자기에게 주어진 것 이상의 일을 어느 것 한 가지도 행할 수가 없다. 당신은 신의 적이 되거나 신의 일을 수행하는 사람이 될 뿐이다. 그래서 우리는 귀중하고 위대한 뭔가를 나 자신에게 속하게 할 수 없다. 위대하고 예외적인 것을 나 자신에게 속하게 하자마자 투쟁의 환멸, 증오, 온갖 고뇌가 끝도 없어질 것이다. 열매를 얻는 성장 이상의 의미를 나 자신에게 속하게 하자마자 당신은 멸망해 버릴 것이다. 평안, 자유, 삶의 희열, 죽음을 두려워하지 않는 마음은 이 세상에서 사는 나를 주인을 섬기는 종 이외에 아무것도 아니라고 인식하는 자에게만 주어진다.

겸손은 사람들을 사랑으로 결합시킨다

1. 일개 무명인 사람(無名人), 또는 대중이 이해하지 못하는 사람으로 살아가면서 그것을 한탄하지 않는 것, 여기에 참된 선행가(善行家), 바로 진심으로 남을 사랑하는 사람의 특질이 감춰져 있다. (중국 철학)

2. 물이 높은 곳에 머무르지 않는 것처럼 착한 마음이나 지혜도 또한 거만한 사람들의 가슴에는 존재하지 않는다. 둘 다 낮은 곳을 좋아한다. (페르시아의 철학)

3. 선인이란 자기의 죄를 기억하고 선행을 잊는 사람을 말하며, 악인이란 반대로 자기의 선행만을 기억하고 죄과를 잊어버리는 사람을 뜻한다.

4. 선량하고 현명한 사람은 언제나 남을 자기보다 현명하고 뛰어난 사람으로 생각하기 때문에, 이러한 점으로 그 사람됨을 쉽게 알아볼 수가 있다.

5. 가장 유쾌한 사람은 늘 자신을 죄인이라 생각하는 정의로운 사람이다. 그리고 가장 불쾌한 사람은 언제나 스스로를 옳다고 여기는 죄인이다. (파스칼)

6. 자만심이 강하고 거만하고 건방진 사람을 좋아하고 사랑하기는 참으로 힘들다! 이미 이것 한 가지로도 겸손이 좋은 일일 뿐더러 유익한 것임을 알 수 있다. 실로 겸손은 다른 어떤 것보다도 강력하고, 인생에서 가장 귀중한 것이자 사람들의 사랑을 가져오는 것이다.

7. 겸손한 사람은 모두가 좋아한다. 우리는 모두 남들이 좋아하는 사람이 되고 싶어한다. 그런데 어째서 겸손한 사람이 되려고 노력하지 않는 것인가?

8. 세상 사람들이 잘 살게 되려면 그들 사이에 평화가 있어야 한다. 그러

나 각자가 자신을 남보다 위에 놓고 싶어하는 상태에서는 평화가 있을 수 없다. 사람들이 겸손해지면 겸손해질수록 평화로운 삶을 살기는 쉬워진다.

겸손은 우리를 신과 하나가 되게 한다

1. 겸손한 사람보다 강한 자는 없다. 왜냐하면 겸손한 사람은 자기를 거부함으로써 신에게 머물 곳을 부여하기 때문이다.

2. '와서 나에게 머무소서'라는 기도 문구는 멋지다. 만약 신이 내부에 깃들어 있다면 우리는 자신에게 필요한 모든 것을 가지게 될 것이다. 그리고 신이 우리 내부에 깃들게 하기 위해서 해야만 하는 수단은 오직 한 가지이다. 바로 신이 머물 곳을 위해서 나를 낮추는 것이다. 나를 낮춤과 동시에 신은 즉각 우리의 가슴에 머물리라. 따라서 나에게 필요한 모든 것을 소유하기 위해서 우리는 무엇보다도 우선 겸손해져야 한다.

3. 자기 자신의 내부로 깊숙이 들어가면 들어갈수록, 그리고 나라는 존재를 하찮은 존재로 여기면 여길수록 우리는 그만큼 신에게로 가까이 다가가는 것이다. (바라문의 가르침)

4. 신을 숭배하는 자의 마음에서는 태양빛을 받은 횃불처럼 거만한 마음은 사라져 버린다. 깨끗한 마음을 갖고 오만한 마음이 없는 사람, 온유하고 견실하며 단순한 사람, 모든 것을 자기의 친한 친구처럼 바라보고 각 개인의 영혼을 자기 영혼처럼 사랑하는 사람, 어떤 사람에게나 평등하게 친절과 사랑으로 대하는 사람, 선을 창조하고자 희망하며 허영을 버리는 사람, 이러한 사람의 마음에는 인생의 지배자인 신이 머문다.

대지가 스스로 창조한 아름다운 초목으로 장식되는 것처럼, 인생의 지배자를 가슴에 머물게 하는 사람 또한 마찬가지로 장식되는 것이다.

오만과 어떻게 싸울 것인가?

1. 참된 겸손은 어렵다. 우리의 마음은 사람들의 경멸이나 굴욕을 생각하기만 해도 난동을 부린다. 우리는 남들 앞에서 자기의 체면을 떨어뜨릴 만한 모든 것들을 덮어 가리려 애를 쓴다. 우리는 자기 자신에게도 그것을 감추려 노력한다. 만약 나쁜 인간일 경우에는 우리는 자신을 있는 그대로의 모습으로 보기를 바라지 않는다. 진실한 겸손은 참으로 힘든 일이기는 하지만, 그

래도 가능하다. 이것을 방해하는 모든 것으로부터 벗어나도록 많은 노력을 기울이지 않겠는가?

2. 타인의 경우에는 괴로워서 참기 힘든 결점이 자신의 경우라면 아무렇지도 않으며, 조금도 고통을 느끼지 않는다. 그러한 결점을 우리는 전혀 느끼지 않는다. 세상 사람들이 남의 일을 얘기하고, 그들을 심하게 비난하고 공격하면서도 사실은 그것이 자신을 겉으로 드러내는 것임을 모르는 경우가 종종 있다. 만약 우리가 남에게서 우리들의 모습을 분명하게 볼 수 있다면, 이보다 신속하게 우리의 결점을 교정해주는 것은 달리 없을 것이다. 타인에게서 나 자신의 모습을 확실하게 찾아낸다면 우리는 우리의 온갖 결점을 가감 없이 증오할 것이 틀림없다.

3. 사람들의 자기만족만큼 도덕적 완성에 해로운 것은 없다.

그러나 다행스럽게도 우리가 보다 나은 인간이 될 경우, 그것은 오랜 세월이 흐른 뒤가 아니면 자기의 성공을 인정할 수 없을 정도로 서서히 눈에 띄지 않게 행해진다.

만약 우리가 보다 나아진 것을 인정한다면, 그것은 이미 우리가 전혀 진보하지 않았거나, 퇴보하고 있다는 증거이다.

4. '나는 다른 사람들보다 뛰어나다. 나에게는 다른 사람에게선 찾아볼 수 없는 많은 선행이 있다'는 생각을 조심해야 한다. 당신의 선행이 아무리 훌륭한 것이라 하더라도, '당신이 나는 다른 사람들보다 뛰어나다'는 따위의 생각을 한다면 그것은 이미 아무런 가치도 없어진다.

5. 자기 자신에 대해서는 좋은 점을 생각하지 않도록 노력해야 한다. 만약 당신에 대해서 나쁜 점을 생각할 수 없다면, 그런 경우에는 당신이 스스로를 나쁘게 생각하지 못한다는 사실, 그 사실이 이미 나쁜 것임을 알아야 한다.

6. 자기를 변호하기 위해서 남과 자기를 비교하는 것은 어떠한 경우든 악의 유혹이며, 이것은 선한 삶의 그 주요 목적인 자기완성에도 방해가 된다. 최고의 완성하고만 자기를 비교하라. 당신 이하일지도 모르는 사람들과 비교하는 것은 절대 안 된다.

7. 겸손의 덕을 익히기 바란다면 자기 자신과 상대해서 오만한 생각에 빠져 있는 자기를 붙잡아야 한다.

8. 매도당하거나 비난받거든 기뻐하라. 칭찬받거나 감탄하거든 두려워하

라.

9. 굴욕을 두려워해서는 안 된다. 만약 당신이 겸손한 마음으로 이것을 받아들일 수 있다면 그 굴욕은 이것과 결부된 정신적인 행복에 의해서 몇 배나 되는 보상을 얻으리라.

10. 자기 죄에 대한 부끄러운 추억을 어두운 구석으로 밀어 감추지 않도록 노력해야 한다. 자기의 죄를 늘 떠올리고, 이웃의 죄를 비판할 수 있도록 언제나 그것을 마음속에 준비해 두는 것이 좋다.

11. 늘 스스로를 초등학생이라 여기도록 하라. '나는 이미 공부하기에는 나이가 들었다. 나의 영혼은 이미 도달할 한도까지 도달했다. 따라서 이보다 좋아질 수는 없다.' 이런 식으로 생각하지 마라. 현명한 사람에게는 마지막 수업 따위는 있을 수 없다. 그는 무덤에 들어갈 때까지 학생인 것이다.

12. 겸허한 사람만이 마음으로 진리를 안다. 겸손은 샘내는 마음을 조장하지 않는다.

나무는 홍수에 의해 밀려 떠내려가지만 갈대는 무사하다.

현인은 말했다.

"남들에게 높이 평가받지 못했던 것을 한탄하지 마라. 아무도 네가 행한 것을 너에게서 거두어 갈 수 없으며, 또한 네가 행하지 않은 것을 너에게 뒤집어 씌우지도 못하기 때문이다. 현명한 사람은 적절한 존경으로 만족한다.

마음씨 곱고, 공손하며 겸허하고, 우애가 돈독하며 남의 이익을 배려하는 사람이 되어야 한다. 그리하면 물이 낮은 곳으로 흐르듯 그렇게 자연스럽게 행복이 너를 찾아오리라."

오만이 초래하는 결과들

1. 겸손하지 않은 사람은 늘 남을 비난한다. 그는 남의 허물만을 본다. 그렇기 때문에 그 자신의 욕정이나 죄과는 점점 더 커져 가는 것이다. (부처의 가르침)

2. 그리스도의 가르침으로 교화되지 않은 사람은 오직 자기만을 사랑한다. 외곬으로 자기를 사랑한 결과, 이런 사람은 위인이기를 바라지만, 현재 자기가 약하고 작다는 것을 인정한다. 또한 중심이 되는 사람이 되기 바라지만

자기가 하찮은 존재에 지나지 않음을 통감하고, 선량한 사람이 되기 바라지만 사악한 존재임을 안다. 이런 결과에 이르러 그는 진실을 좋아하지 않게 된다.

그래서 현재의 내가 애초 희망했던 존재라는 결론이 나오도록 핑계를 궁리하기에 이른다. 그리고 그런 핑계를 궁리한 결과, 자칭 위인 겸 선인 겸 주요한 인물이 되고 만다. 여기에 커다란 이중의 죄과가 잉태된다. 오만과 허위가 그것이다. 그리고 오만에서 허위가 생겨나고, 허위에서 오만이 생겨난다. (파스칼)

3. 자신을 이 세상의 어떤 것보다 높은 위치에 놓으려는 자만에 빠져 겸손하지 못한 사람은 장님과도 같다. 자신에 대한 그와 같은 견해만큼 정의와 진실에 반하는 것은 없기 때문이다. 이러한 견해는 그 자체가 이미 허위이다. 왜냐하면 이 세상의 가장 높은 위치에 서는 따위의 일은 불가능하며, 게다가 모든 사람이 그렇게 되고 싶어하므로 정의에도 어긋나기 때문이다. (파스칼)

4. 우리의 태양 속에는 언제나 흑점이 있다. 그것은 우리가 자신의 '자아'에 대하여 품는 존경이 드리우는 그림자이다. (칼라일)

5. 우리의 힘도, 아름다움도, 부(富)도, 지위도, 학문도, 교화도, 심지어는 우리의 선한 마음조차 절대적인 우월성은 아니다. 모두가 겸손을 바탕으로 해야 남보다 뛰어나다든지 모자라다든지 하는 우월의 비교가 가능한 것이다. 겸손 없이 자기의 부나 신분, 지혜나 교화나 학식이나 선량함 따위를 내세우는 인간만큼 혐오스런 것은 없다. 그런데도 세상 사람들은 겸손 없이 남들한테 호감을 받고자 한다.

사람들은 오만이 다른 사람들을 반발하게 한다는 것을 안다. 그럼에도 불구하고 겸손해질 수 없는 것은 왜인가? 겸손은 그 자체만으로 파악될 수 없기 때문이다. 즉, 겸손은 우리가 자기의 희망을 물질의 세계에서 정신의 세계로 바꿔 놓은 결과이다.

겸손은 우리에게 영혼의 행복과 악의 유혹에 대항할 힘을 준다

1. 희열로 받아들이는 굴욕만큼 영혼을 즐겁게 하는 것도 없다. 자만에 찬 뜨거운 햇살 뒤에 쏟아질 감미로운 단비를 기다리며 겸허하게 받아들이는

굴욕은 우리의 영혼을 신선하게 한다.

2. 진리와 하늘이 내려준 복의 전당으로 들어가는 입구는 낮다. 몸을 낮게 굽히는 사람만이 이 전당으로 들어갈 수 있으리라. 이 입구를 지나간 사람은 다행이다. 전당 안에는 위대한 자유와 광활함이 넘치며, 사람들은 모두 이 안에서는 서로 사랑하고, 서로 도우며, 슬픔을 모른다.

이 전당은 사람들의 진실한 삶이다. 전당의 입구는 밝은 지혜의 가르침이다. 그리고 밝은 지혜는 겸손한 사람에게 주어진다. 즉, 자기를 높이 평가하지 않고 낮추는 사람에게 주어진다.

3. 아시시의 성 프란체스코에 따르면, 완전한 희열은 부당한 힐난을 참아내고, 육체의 고통조차도 견디며 힐난과 고통의 원인에 대해서 적의를 품지 않는 데에 있다. 이 희열은 완전하다. 왜냐하면 사람들의 비겁한 굴욕이나 모욕, 공격 따위가 이것을 파괴하지 못하기 때문이다.

4. 누구든지 자기를 높이는 사람은 낮아질 것이요, 자기를 낮추는 사람은 높아질 것이다. (누가복음 14장 11절)

5. 세상에서 가장 약한 자가 가장 강한 자를 이긴다. 낮고 겸손한 사람이 높고 오만한 사람을 이겨낸다. 그러나 겸손의 힘을 아는 자는 얼마 되지 않는다.

6. 스스로를 높이 평가하면 할수록 우리는 차츰 약한 인간이 된다. 반대로 자기를 낮게 생각하면 생각할수록 스스로에게나 남에게도 점점 강한 인간이 된다.

7. 물보다 온화하고 겸양한 것은 이 세상에 아무것도 없다. 그러나 견고한 것을 공격할 때는 어떤 것도 물보다 강할 수는 없다. 부드러움은 곧잘 굳센 것을 제압한다. 부드러운 것은 단단한 것을 이긴다. 또 겸손한 자는 오만한 자를 이긴다. 세상 사람 모두가 이 사실을 안다. 그러나 아무도 실천하려고 하지 않는다. (노자)

8. 강이나 바다가 흐르는 협곡을 지배하는 것은 강이나 바다가 협곡보다 낮기 때문이다.

그러므로 성인(聖人)도 또한 다른 민중의 위에 서고 싶다면 민중보다 낮은 곳에 서야 한다. 만약 민중을 이끌기를 바란다면 민중보다 뒤에 서지 않으면 안 된다.

성인이 민중보다 높게 선다면 민중은 그가 높이 있다는 것을 느끼지 못한다. 그는 민중의 앞에 서지만, 민중은 그 때문에 구태여 괴로워하지 않는다. 사회는 끊임없이 그를 칭찬한다. 성인은 누구나 싸우지 않는다. 또한 이 세상 누구도 성인과 다투지 않는다. (노자)

9. 물은 부드럽고 가벼우며 겸손하다. 그렇지만 만약 그것이 딱딱하고 단단한 물체에 부딪혔을 경우, 물에 대항할 수 있는 것은 하나도 없다. 물은 집을 쓸고 흘러 지나간다. 거대한 선박도 나뭇잎처럼 내리친다. 대지조차도 죄다 쓸어버린다. 공기는 물보다 더욱 부드럽고 겸손하다. 더구나 견고한 하나하나의 물체에 닿을 때는 더 한층 강력하다. 태풍은 숲 속의 나무를 뿌리째 뽑는다. 마찬가지로 집을 파괴한다. 물을 거대한 파도로 만들어 높이 들어올리기도 하고, 비구름이 되어 쏟아지게 하기도 한다. 유연하고 융통성 있는 것이 강인하고 단단하며 고집 센 것을 이긴다.

사람의 삶도 마찬가지이다. 정복자가 되고 싶거든 따스하고 부드러우며 겸손한 사람이 되어야 한다.

10. 굳센 사람이 되기를 바란다면 물 같아야 한다. 장애물이 없으면 물은 흐른다. 그러나 제방에 맞닥뜨리면 정지한다. 그리고 제방이 무너지면 물은 다시 흘러간다. 네모진 그릇에 담으면 네모지게 되고, 둥근 그릇에 담으면 둥글게 된다. 물은 이렇게 양보하기 때문에 다른 어떤 것보다도 가장 부드러우며, 동시에 가장 강한 것이다.

성실

옳고 그름을 가리지 않고 무턱대고 믿는 일은 선량한 삶을 방해한다. 타인뿐 아니라 자기에 대해서도 성실한 것만이 온갖 맹신으로부터 벗어나게 한다.

기존 신념이나 관습에 대해 어떠한 태도를 취해야 하는가

1. 신의 존재를 부정하는 가장 흔한 방법은 사회의 목소리를 무조건 옳다고 인정하고 우리의 가슴에 끊임없이 들려오는 신의 음성에 어떠한 의미도

부여하지 않는 것이다. (러스킨)

2. 비록 온 세상 사람들이 어떤 가르침을 진실이라고 인정한다 해도, 또 그 가르침이 아무리 오래된 가르침이라 해도 우리는 그것을 이성으로 음미해야 한다. 만약 그것이 이성의 요구와 합치하지 않는다면 결연한 태도로 내던져야 한다.

3. 진리를 알게 될 것이요, 진리가 너희를 자유롭게 할 것이다.·(요한복음 8장 32절)

4. 자기 영혼의 신성을 아는 사람은 세상 사람들이 의심 없이 진리로 인식하는 모든 가르침을 이성으로 검토하지 않을 수 없다.

5. 진실한 사람이 되려는 자는 세상이 받아주기를 바라서는 안 된다. 진실한 삶을 영위하는 사람은 다른 이들이 선이라 여기는 것에 이끌리지 않고, 진실한 선이 무엇이며 그것이 어디에 있는지를 정확하게 끝까지 탐구하지 않으면 안 된다. 홀로 걷는 영혼의 열정보다 신성하고 생산적인 것은 아무것도 없다. (에머슨)

6. 만일 그것이 진실이라면 모든 사람, 즉 가난한 사람에게나 부자에게나, 남자에게나 여자에게나, 또한 어린아이에게도 똑같이 믿게 할 것이다. 그것이 진실이 아니라면 부자든 가난한 사람이든, 군중이나 여자, 어린아이든 아무도 믿지 않으리라. 진리는 높은 곳에서 대단하게 선언되지 않는다.

그런데 우리에게 이런 속삭임이 끊임없이 들려온다. '이것이 진실이 아닌 것은 알지만 대중을 위해 없어서는 안 된다. 대다수 대중에게 이런 종류의 것을 펼쳐 보이는 것은 위험천만하다. 대중은 이것을 믿는 편이 유익하다. 그렇기 때문에 대중의 이 신앙을 동요시키는 일은 지대한 악을 행하는 것이 된다……'

이것은 커다란 착오이다. 부정한 수단은 비록 대다수 사람을 속이기 위한 방편이더라도 부정한 수단임에 틀림없다. 거짓은 누구에게든 절대로 유익할 수 없다. 따라서 우리는 모든 사람을 위한 유일한 법칙을 인식해야 하는 존재들이다. 어디로 우리를 이끌고 가려 하든지 우리가 아는 진리를 향해 끝까지 따라가는 법칙이 그것이다. (클리포드)

7. 진리라면서 제공되는 것을 그대로 믿는 경향 속에는 선악이 동시에 존재한다. 그렇다, 이 경향은 사회의 전진운동을 가능하게 한다. 그러나 또한

이 전진운동을 실로 더디고 괴로운 운동이게 한다. 각 시대의 사람들은 이 경향 덕분에 먼저 살았던 사람들이 힘든 노고로 획득하여 유산으로 남겨 준 지식을 힘들이지 않고 손쉽게 받아들인다. 또 동시에 각 시대의 사람들은 이 경향 덕분에 앞서간 사람들의 착오와 미망에 예속된 존재가 되고 마는 것이다. (헨리 조지)

8. 오래 살면 살수록, 그만큼 우리는 온갖 맹신으로부터 벗어나게 된다.

9. 모든 맹신은 사상이 나쁘게 변화한 것에 불과하다. 따라서 맹신에서 벗어나는 것은 이성으로 깨우친 진리의 요구를 이 맹신에 적용하는 것으로만 가능하다.

10. 우리에게 유익하고 유쾌한 것, 그 자체로서 이미 진실이라는 믿음은 어린아이 및 어린애에 가까운 연령에 있는 인류 전체의 자연적인 성질이다. 그러나 개인과 인류 전체가 오래 생존함에 따라서, 또 이성이 한층 분명해지고 견고해짐에 따라서, 개인과 인류 전체는 인간에게 유리한 모든 것이 진실이라는 등의 그릇된 생각에서 점차로 벗어나게 된다. 따라서 모든 개인과 마찬가지로 인류 전체에도 또한, 인생에 있어서 그들의 노력에 비례해서 지금까지 앞서간 사람들이 물려준 지혜로 받아들여 온 모든 것을 반드시 자기 이성으로 검토해야 한다.

11. 말로 표현된 모든 진리는 그 작용의 무한한 힘이다.

거짓의 원인과 결과

1. 진실을 말하거나 실행하는 것은 중요한 일에만 필요하다고 생각해서는 안 된다. 진실을 말하거나 실행하는 것은 언제나 필요하다. 지극히 사소하며 일상적인 일에서조차도 필요하다. 당신의 거짓말에서 생겨나는 악의 크고 작음이 중요한 것이 아니라, 당신이 절대로 자기 자신을 거짓으로 더럽히지 않는 것이 중요하다.

2. 우리의 삶이 진실과 일치하지 않더라도, 진실을 인식하는 편이 은폐하는 것보다 낫다. 우리는 자기의 삶을 진실하게 고칠 수 있다. 그러나 어떤 것에 의해서도 진실 그 자체를 고치지는 못한다. 진실은 어디까지나 진실이다. 그리고 그 진실은 우리를 힐난하기를 멈추지 않으리라.

3. 우리는 모두 허위보다 진실을 좋아하지만, 우리의 생활과 관계된 문제

일 경우에는 종종 허위를 진실보다도 우선시한다. 왜냐하면 허위는 우리의 사악한 생활을 변호해 주는데, 진실은 이 생활을 힐난하기 때문이다.

4. 사람들의 자각 속으로 들어와서 지금까지의 착각과 미혹을 대신해 왕좌를 차지한 모든 진리, 곧 착각과 미혹이 명백해지고 이것을 대신하는 진리가 분명해지는 때가 반드시 있다. 그러나 사람들은 그 착각과 미혹이 자기에게 유익하거나, 익숙하다는 이유로 온힘을 기울여 이것을 지지하고자 노력한다. 그런 때에는 커다란 목소리로 진리를 높이 외치는 것이 특히 중요하다.

5. 완전한 진리 따위는 영원히 발견될 수 없으므로 모든 일과 현상에서 진리를 추구할 필요는 없다고 당신에게 말하는 자가 있더라도, 절대 그런 사람들이 하는 말을 믿지 말아야 한다. 그들을 두려워해야 한다. 이러한 사람들은 진리에 대해서뿐만 아니라 당신에 대해서도 뱃속이 검은 가장 큰 적이다.

그들은 자기들이 진실에 바탕을 둔 삶을 살지 않으며, 그것을 알고 다른 사람들에게도 똑같이 살게 하려고 그러한 폭언을 내뱉는 것이다.

6. 만약 진리를 인식하기를 바란다면 가장 먼저, 적어도 당신이 진리를 추구하는 동안만이라도 어느 쪽으로 결정하는 것이 나에게 유리한가 따위의 타산에서 벗어나야 한다.

7. 다른 사람의 허위를 깨닫고 이것을 힐난할 때는 유쾌하지만, 그보다도 몇 배나 더 유쾌한 것은 허위 속에 있는 자기 자신을 깨닫고 스스로를 힐난할 때이다. 되도록 자주 자신이 유쾌해지도록 노력하는 것이 좋다.

8. 허위는 영혼을 부추기는 매력을 가지고 있기는 하지만, 때가 오면 그 허위가 우리를 너무나도 괴롭힌다는 것을 알게 된다. 그 결과, 이제는 진리를 탐구하려 해서가 아니라 우리 고뇌의 원인이 된 허위와 떼어놓기 힘든 모든 말썽과 시끄러움으로부터 벗어나고 싶어서 우리는 진리를 향해, 진리 속에서만 구원을 찾게 된다.

9. 어떤 먹구름이 이 세상을 가리고 있는가? 무슨 까닭으로 이 세상은 빛나지 않는가? 무엇이 이 세상을 더럽히고 있는가? 이 세상의 커다란 위험은 무엇에 가로놓여 있는 것인가?

세상 사람들이 각자에게 주어진 신의 지혜에 의하지 않고, 우리의 욕정을 변호하기 위해 사람들 사이에 조성된 일반적이고 개변된 이성에 의해 살아가고 있다는 사실, 거기에 이 세상의 커다란 위험이 가로놓여 있다. 사람들은 고민하고, 구원을 바라고 있다. 무엇이 그들을 구하는가? 바로 자기의 이성에 대한 존경과 진리에 대한 복종뿐이다. (동양의 가르침)

10. 괴로운 경험을 통해 우리는 어느새 과거와 같은 생활조건을 유지할 수 없다는 것, 따라서 새로운 시대에 딱 들어맞는 새로운 조건을 반드시 발견해야만 한다는 것을 배우게 된다. 그러나 세상 사람들은 자기의 이성을 그 새로운 조건을 탐구하거나 실험하려는 데 쓰지 않고, 몇백 년 전과 동일한 조건에 삶을 붙잡아 매는 일에 사용한다.

11. 허위는 우리들 자신과 모든 사람들의 내부에 있는 신을 우리의 눈에서 가리고 덮는다. 그렇기 때문에 우리에게 신과 이웃에 대한 사랑을 길러 주는 진리보다 귀한 것은 없는 것이다.

12. 진실을 두려워하여 진리가 내가 얼마나 사악한지를 보여주지 않게 해 달라고 할 때만큼 불행한 일은 없다. (파스칼)

13. 진실의 가장 확실한 특징은 간단명료하다는 것이다. 허위는 늘 복잡하며 공을 들이고, 꾸밈이 많다.

14. 개인적이고 일시적인 환경에 있어서는 고독할 수 있다. 그러나 우리의 사상과 감정 하나하나는 인류 속에서 반향되어 왔고, 또한 현재에도 미래에도 그럴 것이 틀림없다. 인류 대부분이 자기들의 지도자, 개혁자, 교화자라 인정하는 종류의 사람들에게 이 반향은 실로 크며, 특별한 힘을 가지고 울려 퍼진다. 그러나 자기의 사상도 주위 사람들에게 아주 근소하더라도 마찬가지의 영향을 준다. 우리 영혼의 모든 진지한 표현, 개인적 신념의 모든 발현은 설령 당신이 알지 못하는 경우에도, 또 사람들이 당신의 입을 막는 경우에도, 나아가 당신의 목에 밧줄을 감는 경우조차도 몇 사람에게 또는 어떤 일인가에 도움이 되는 것이다. 누군가에게 한 말은 되돌릴 수 없는 작용을 한다. 모든 운동과 마찬가지로 그 말은 절대로 없어지지 않고, 다른 형식으로 변화하는 것이다. (아미엘)

맹신은 무엇에 의거하는가

1. 우리의 대상·습관·법률 등이 보다 커다란 존경으로 둘러싸여 있으면 있을수록, 그만큼 커다란 주의와 함께 그 존경이 되는 대상물의 자격을 검토해야만 한다.

2. 우리가 한 번도 진지하게 생각한 적이 없는, 단지 그 이유 하나로 우리에게 그럴듯하게 여겨지는 고색창연한 진리가 많이 있다. (로드)

3. 이성은 이 세상에 존재하는 가장 높고 커다란 성소이다. 따라서 이 이성을 악용해서 진리를 은폐하거나 나쁘게 고치거나 하는 일에 쓰는 것은 가장 크고 나쁜 죄악이다.

4. 인류의 역사를 죽 훑어볼 때, 우리는 명백한 불합리가 틀림없는 진리인 것처럼 끊임없이 받아들여지고, 몇몇 나라의 국민 전체가 야만스런 미신의 희생이 되며, 자기들과 똑같은 사람들, 심지어 바보나 호색한 등의 앞에서까지 굴욕에 빠졌던 사실을 보게 된다. 더구나 세상 사람들이 겪은 이러한 불합리와 고뇌의 원인은 언제나 단 한 가지였다. 어린아이조차 불합리하게 여기는 것을 신앙으로 받아들이는, 바로 그 이유 하나뿐이었다. (헨리 조지)

5. 우리 시대는 비판의 시대이다. 신앙으로 받아들여졌던 모든 것들을 비판의 체로 골라내고 있는 것이다.

이성은 그 자유로운 전 인류적인 시험을 통과한 것에 대해서만 존경심을 가지고 상대한다. (칸트)

6. 사람들이 만든 전설을 이성이 파괴하는 것을 두려워해서는 안 된다. 이성은 진리를 바꿔 놓는 일 없이는 아무것도 없애지 못한다. 이것이 이성의 특질이다.

종교상의 미신

1. 사람들이 신을 모르는 것은 좋지 않지만, 그보다 더 나쁜 것은 신이 아닌 것을 신이라고 인식하는 것이다.

2. 우리에게 이제 종교는 없다. 영원한 신의 율법은 그 영원한 천국이나 지옥과 함께, 여러 선행이나 고상한 덕성이 불러일으키는 희열에 대한 존경과 함께 민첩한 이해타산을 기초로 하는 실천철학의 법칙으로 바뀌고 말았다. 선인들의 말로 표현한다면 우리는 '신을 잊어버린' 것이며, 또 현대의 표현법을 빌리면 우리는 인류의 삶을 잘못 해석하고 있다고 해야 한다. 우리는 여전히 눈을 감고 사물의 영원한 모습을 보려고 하지 않으며, 그저 외적인 가상적인 모습만을 관찰한다.

우리는 이 우주를 불가해하고 위대한 우연이라고 태연하게 생각한다. 그

겉모습으로 판단할 때, 우주는 우리에게 실로 광대한 가축우리거나 공장, 아니면 사려분별 있는 영리한 사람들 외에는 자기 자리를 찾지 못하는 식탁이 늘어선 널따란 식당처럼 보이는 것이다.

그렇다, 우리에게 이제 신은 없다! 신의 율법은 되도록 많은 사람을 위한 이익의 율법으로 바뀐 것이다. (칼라일)

3. 신은 자신을 섬기게 하기 위해서 그 영혼인 이성을 우리에게 부여했다. 그러나 우리는 이 영혼을 자기에게 봉사하는 데 사용하고 있다.

4. "율법학자들을 조심하여라. 그들은 예복을 입고 다니기를 좋아하고, 장터에서 인사받기를 즐기고, 잔치에서는 윗자리에 앉기를 즐긴다. 그들은 과부들의 가산을 삼키고, 남에게 보이려고 길게 기도한다. 이런 사람들이야말로 더 엄한 심판을 받을 것이다." (누가복음 20장 46~47절)

5. "그러나 너희는 선생이라는 칭호를 듣지 마라. 너희의 선생은 한 분뿐이요, 너희는 모두 학생이다. 또 너희는 땅에서 아무도 너희의 아버지라고 부르지 마라. 너희의 아버지는 하늘에 계신 분, 한 분뿐이시다. 또, 너희는 지도자라는 칭호를 듣지 마라. 너희의 지도자는 그리스도 한 분뿐이시다." (마태복음 23장 8~10절)

6. 영혼이 청정하지 않은데 어떻게 신에게 꿇어앉을 수가 있으랴! 성도(聖都) 베나레스에 간다는 그런 말을 어떻게 할 수 있으랴! 악을 행한 인간이 어떻게 진정한 베나레스에 이를 수 있겠는가!

거룩한 물건은 숲에도 없지만 하늘에도, 땅에도, 은하수에도 없다. 자기 몸을 깨끗하게 해야 한다. 그리하면 당신은 그것을 발견하리라. 당신의 육체를 신선한 장소로 바꾸고, 사악한 것을 내쫓고, 마음의 눈으로 신을 보아야 한다. 신을 알 때, 우리는 나를 아는 것이다. 개인적 경험을 빼놓고 가르침만으로는 우리의 공포를 없애지 못한다. 그것은 마치 어둠이 가짜 불 그림으로 사라지지 않는 것과 같다. 당신의 신앙과 기도가 어떠하든 당신 가슴에 진실이 없는 한, 당신은 행복의 길에 이를 수 없을 것이다. 진리를 아는 자는 다시 태어날 수 있다.

참된 행복의 샘은 마음에 있다. 다른 곳에서 행복을 구하는 자는 어리석다. 그런 사람은 자기 목장의 그늘에 있는 새끼 양을 하염없이 찾아다니는 목동과 같다.

무엇 때문에 당신은 돌을 모으고, 광대한 전당을 세우는가? 신이 언제나 당신의 내부에 깃들어 있는데도 어째서 당신은 스스로를 그렇게 심하게 괴롭히는 것인가?

양을 지키는 개는 집 안에 안치된 죽은 우상보다 나으며, 위대한 인류의 신은 모든 반신(半神)보다 낫다.

새벽별처럼 각자의 마음속에 깃든 빛, 이 빛이 우리가 쉴 곳이다.

7. 인류가 수많은 고귀한 계시 중에서 매우 오래되어 지금은 이미 시대에 맞지 않는 그런 진리만을 채용하고, 그것으로 참아내며 다른 모든 계시나 독창적인 사상을 하찮고 열등한 것으로 여기고, 때로는 노골적으로 증오하고 혐오하기까지 하는 것은 얼마나 놀라운 일이냐! (트로)

8. 인류의 종교 의식은 변하지 않는 게 아니다. 그것은 끊임없이 변화하고, 차츰 명쾌하고 청정하게 되어 간다.

9. 이 세상에 현존하는 악의 개량은 종교상의 허위를 벗고, 각 개인이 자기의 내부에 종교의 진리를 수립하는 것 외에 다른 어떤 사실로부터도 시작될 수 없다.

우리 내부에 있는 이성의 싹

1. 이성이란 무엇인가? 어떤 일을 판단하는 경우에도 우리는 늘 이성에 의해서만 판단한다. 그러나 대체 무엇으로 이성을 판단해야 하는가?

우리가 모든 사실과 현상을 이성에 의해 판단하는 한, 이 사실로 볼 때 우리는 이성 그 자체를 판단하는 것은 불가능하다. 더군다나 우리는 이성을 알 뿐만 아니라 오직 이 이성만을 확실하고 모든 사람에게 평등한 것으로 알고 있다.

2. 사람의 가치는 때로는 이성이라 불리거나 때로는 양심이라 불리는 영적인 것 속에 존재한다. 이것은 시간을 벗어나며, 움직일 수 없는 진리와 영원의 진실을 포함한다. 그것은 불완전한 것 속에서 완전한 것을 본다.

이것은 모든 사람에게 공통이고 공평하며, 언제나 인간의 본성 속에 있는 불공평하고 이기적인 모든 요소와 서로 맞부딪친다. 이것은 우리들 각 개인을 향해 위력적인 목소리로 우리의 이웃도 우리와 마찬가지로 귀하다는 것, 그들의 권리 또한 우리의 권리와 마찬가지로 신성하다고 밝혀 말한다. 그리고 진리가 아무리 우리의 거만한 마음에 위협적이더라도 그것을 받아들이라고 명령하며, 성실해지는 것이 아무리 우리에게 불리하더라도 결단코 성실하라고 명령한다. 그리고 그것은 어떤 사람의 내부에서 발견되든 아름답고 신성하며 행복한 특질을 띠는 모든 분자를 따뜻한 사랑이 가득 찬 마음으로, 기쁨이라는 심경으로 우리를 이끈다. 이것은 인간의 가슴에 깃든 신성의 빛 그 자체인 것이다. (챠닝)

3. 우리가 알아야 하는 사실과 현상, 우리는 그것을 이성을 통해서 안다. 따라서 이성에 따를 필요는 없다는 따위의 말을 하는 사람의 폭언을 믿어서는 안 된다. 그런 폭언을 내뱉는 사람은 어두운 길에서 우리를 인도하는 유일한 등불을 끄는 게 낫다고 부추기는 무리와 같다.

4. 우리는 각자의 이성을 신뢰해야만 한다. 이것은 은폐해서는 안 되며 은폐할 필요가 없는 진실이다. 이성의 힘에 대한 신앙은 모든 다른 신앙의 근저를 이루고 있다. 만약 우리가 신을 아는 능력의 의의를 가볍게 본다면 우리는 신을 알 수 없다. 이성은 참으로 위대한 능력이며, 온갖 계시를 통하여 이 능력으로 돌아오는 것이다. 이성으로 비로소 계시가 있다는 것은 이해할 수 있다. 만약 우리의 뛰어난 능력을 사심 없이 성실하게 행사한 뒤에, 어떤 교리나 교조가 우리의 의심을 풀지 못한 채 갖가지 주요원칙과 일치하지 않고 서로 맞부딪치는 것 같다면, 그런 경우 우리는 그 교리와 교조에 대한 신앙에서 반드시 벗어나야 한다. 나는 오히려 어떤 종류의 책이 신의 의지의 표현이라기보다도 자기의 이 이성에 눈뜬 본성이 신에게서 받은 것임을 더 믿는 사람이다. (챠닝)

5. 이성은 우리에게 우리 생애의 의의와 사명을 가르쳐 준다.

6. 이성은 신과 이웃을 사랑하라고 우리를 가르치고 길들이기 위해 주어진 것이 아니다. 그것은 우리의 마음에 선천적으로 부여된 것이다. 이성은 우리에게 무엇이 진실하고 무엇이 허위인가를 가르쳐 보이기 위해 주어졌다. 우리는 허위를 내다 버려야만 한다. 그리하면 우리에게 필요한 모든 것을 얻게 될 것이다.

7. 진리를 탐구하고 인식하는 일에 있어서 우리의 오해와 모순은 이성에 대한 불신 때문에 일어난다. 이 불신의 결과, 수많은 습관과 전설, 행사, 미신, 편견, 폭력, 기타 이성 이외의 모든 하찮은 것들에 의해 휘둘리고 있는

우리의 삶은 그 자체로도 멋대로의 운행을 계속하고, 이성 또한 이성대로 따로 존재하는 것같이 되었다. 그리고 어떤 일에 대해 사색하는 경우, 그것이 진리의 탐구라든가 보급 같은 것으로 향하지 않고, 어떤 사상(事象)에든 습관이나 전설, 유행, 미신, 편견을 변호하고 지지하는 일에 쏟아지는 현상조차 때때로 볼 수 있다.

유일하고 절대적인 진리를 인식하는 사업에 있어서 사람들의 오해와 모순은 그들의 이성이 동일하지 않다거나 유일한 진리를 계시하지 못한다거나 하는 원인에서 생겨나는 것이 아니라 사람들이 이성을 믿지 않는 것에서 시작된다.

만약 각자의 이성을 믿는다면 우리는 자기 내부의 이성의 계시와 타인의 이성의 계시를 대조하는 방법을 발견했으리라. 그리고 서로 대조하는 방법을 발견하면서 이성이 모든 사람의 가슴에 동일하다는 것을 확신하고, 그 사명에 따르게 될 것이다.

8. 이성은 모든 사람에게 유일하고 동일하다. 사람과 사람 사이의 교섭, 그 상호작용은 이성을 기초로 한다. 우리들 각 개인에게 모든 사람에게 유일하고 동일한 이성의 요구는 절대적이다.

9. 성실하면 할수록 우리는 그만큼 신성의 은혜를 입는다. 신성의 상처받지 않고 망가지지 않는, 그런 위대한 강함이 성실과 함께 우리 가슴에 들어온다. (에머슨)

10. 만약 육체에 대한 봉사로 타락시키려 하지 않는다면, 당신의 깨달음은 그 자체에 생명력을 가지고 당신을 자유롭게 해 준다. 이 한 가지를 깊이 기억하기 바란다. 깨달음으로 조명된 사람의 영혼, 이 빛을 흐리게 하는 욕정으로부터 벗어난 영혼이야말로 진실한 철옹성이며, 악에 대해 이것보다 견고하고 확실한 피난처는 없다. 이것을 모르는 사람은 장님과 같다. 그러나 이것을 알면서도 이성을 믿지 않는 사람은 그보다 훨씬 불행한 사람이다. (마르쿠스 아우렐리우스)

11. 인간의 가장 중대한 의무 가운데 하나는 하늘로부터 받은 이성의 서광을 온힘을 기울여 빛나게 하는 것이다. (동양철학의 가르침)

12. 나는 그리스도의 가르침을 찬미한다. 그리스도의 가르침은 나의 이성적 본성을 넓히고, 강화하고, 높여주기 때문이다. 만약 그리스도의 가르침을

따르는 신자이면서도 합리적 존재로 일관할 수 없다면, 그 경우 그 사람은 그리스도의 가르침에서 벗어난 것이다. 나는 그리스도의 가르침을 위해 재산과 명예, 생명을 희생할 의무가 있음을 통감한다. 그러나 나를 만물의 위에 세우고, 나를 인간이게 해 준 이성만은 어떤 종교를 위해서도 희생할 수가 없다. 나는 신에게서 받은 이 지고의 능력을 없애는 것보다 극심한 신성 모독을 알지 못한다. 그런 행동은 우리 내부에 깃든 신적 발원에 감히 일부러 반항하는 것이다. 이성은 우리가 사색하는 본성의 최고 발현이다. 이성은 신과 만유와의 합일에 적합하며, 우리의 영혼을 이 지고의 합일체에 반영하여, 거울로 삼으려는 멈추기 힘든 경향이 있다. (챠닝)

13. 눈에 사물을 보는 힘이 있음을 모르고 영원히 눈을 뜨지 않는 사람이 있다면 그 사람은 참으로 비참하다. 그렇지만 그보다도 한층 더 비참한 것은 온갖 불쾌한 일을 온화하게 참고 견디기 위해 우리에게 이성이 주어졌음을 모르는 사람이다. 그렇다, 이성의 도움에 의해서 우리는 모든 불쾌한 일을 처리할 수 있다. 이성에 눈뜬 사람이라도 참기 힘든 불쾌함 따위와 평생 마주치지 않을 수는 없다. 그럴 때 우리는 종종 불쾌한 일을 똑바로 보려 하지 않고 얼마 되지 않는 식견으로 이것을 회피하려 노력한다. 우리 의지에 반해 우리 몸에 일어난 그런 일에 대해서 한탄하지 않을 힘을 신이 부여해 준 것을 기뻐하고, 신이 우리의 영혼을 우리가 좌우할 수 있는 것에만 종속하게 해 준 것에 대해서 감사해야 옳지 않겠는가? 그렇다, 신은 우리의 영혼을 우리의 부모에게도, 형제자매에게도, 부에도, 육체에도, 죽음에도 종속시키지 않았다. 신은 그 넓고 커다란 마음으로 우리의 영혼을 우리 자신에게 속한 것, 즉 우리의 마음에만 종속하게 해 준 것이다. (에픽테토스)

14. 이성은 신을 섬기기 위해 신이 우리에게 부여한 것이다. 따라서 우리는 늘 진실과 허위를 판별할 수 있도록 철두철미하게, 깨끗하게 유지해야 한다.

15. 진리 가운데에 있을 때, 그때 비로소 우리는 자유이다.
그리고 진리는 이성으로 계시된다.

이성은 신앙의 상태를 검토한다

1. 무엇 때문에 세상은 존재하는가, 무엇 때문에 우리는 이 세상을 살아가

는가 하는 문제의 해결에 이성을 행사할 때, 우리의 몸에는 현기증과도 비슷한 기분이 일어난다. 우리의 지능은 이 문제에 대한 해답을 찾아낼 수가 없다. 대체 이것은 무엇을 의미하는 것일까? 바로 이성은 이런 문제에 대답하기 위해 우리에게 주어진 것이 아니라는 것, 이러한 문제를 내놓는 것은 이미 이성의 혼란을 드러내는 것임을 의미한다. 이성은 단지 '어떻게 살아야 하는가?'라는 문제를 해결할 따름이다. 더구나 그 해답은 명명백백하다. 이른바 '나에게나 모든 사람에게나 좋게, 그렇게 살아야만 한다. 그런 생활방식의 가능성은 살아 있는 모든 사람에게 주어지는 것이다. 나에게 부여된 이성을 통해서 나에게도 주어지는 것이다.' 그리고 이 해답은 어째서라든가, 무엇 때문에 등의 모든 의문을 배제한다.

2. '과연 우리는 옳지 않은 것일까? 민중을 기만 속에 머물게 할 필요가 있는 것은 아닐까? 눈을 뜨고 민중이 얼마나 미개하고 야만한지를 보아야 한다.'

아니, 민중이 미개하고 야만스러운 것은 그들이 잔혹하게 기만당하고 있는 결과이다. 따라서 무엇보다도 그들을 잔혹하게 기만하는 일을 멈추게 해야 한다.

3. 비록 신이 신앙 대상으로서 우리의 이해력 너머에 있고, 이성으로 깨달아 알 수 없는 것이라 하더라도, 그 사실로는 아직 이성의 활동을 해롭다고 인정하고 이것을 경시해야 한다는 결론은 나오지 않는다.

설사 신앙의 대상이 우리 이해력의 범위 밖에 있으며, 한 단계 높은 곳에 위치하는 것이라 하더라도, 우리의 이성은 그 대상들에 대한 관계에 있어서도 이성 없이는 절대로 끝마칠 수 없을 듯한, 매우 중대한 의의를 지닌다. 이성은 결국 검열관 같은 역할을 하며, 신앙의 분야에서 이성의 위에 서는 진리, 즉 형이상학의 진리를 허용하고 이성과 맞부딪치는 모든 가상적인 진리를 부정한다.

그러나 이러한 적극적인 것 외에 온갖 죄나 악의 유혹(죄의 변호)이나 맹신으로부터 우리를 벗어나게 하는 소극적인 것 또한 이성 고유의 것이다.

4. 자기 자신을 위한 촛불이 되거라. 자기를 위한 피난처가 되라. 너희 촛불의 빛을 유지하고, 다른 피난처를 다른 데서 찾지 마라. (부처의 가르침)

5. "너희는 빛이 있는 동안에 빛을 믿어서, 빛의 자녀가 되어라." (요한복

참된 종교를 알기 바란다면 세상의 사이비 스승들이 가르치는 것처럼 자기의 이성을 억눌러 부수지 말고, 이것을 깨끗하게 하고 긴장시켜서 제시되는 모든 것을 이성으로 검토하는 일이 필요하다.

6. 포괄적인 '자아'의 인식을 얻고자 한다면, 제일 먼저 자신을 알아야만 한다. 그리고 자신을 알려면 보편적인 이 자아[대아(大我)]에 대해서 나 하나의 자아[소아(小我)]를 희생해야 한다. 만약 당신이 영적인 세계에서 살기를 바란다면, 자기 생활을 희생해야 한다. 모든 외적인 것과 겉으로 보이는 사실과 현상으로부터 자기의 생각을 떼어놓아야 한다. 닥쳐오는 갖가지 일들이 당신의 영혼에 어두운 그림자를 드리우지 않도록 신변에서 이것을 막아내도록 노력해야 한다.

당신의 육체는 살다가 사라진다. 당신의 안에 있는 영원한 것, 이해하는 작용을 지닌 것은 잠시뿐인 이 인생에 속해 있지 않다. 이 영원 자체가 당신 내부에 있는 것이다. 그 안에 머물러야 한다. 그러면 그것은 당신에게 허위인 모든 것과 진실된 모든 것, 당신이 알아야만 하는 모든 것을 계시해줄 것이다. (바라문의 가르침)

악

우리는 육체적 삶의 행복과 안녕을 파괴하는 모든 것들을 악이라 한다. 우리의 일생은 육체의 행복과 안녕을 만드는 것에서 서서히 영혼을 탈출시키는 것이다. 따라서 인생의 진실한 모습을 이해하는 사람에게는 악이 존재하지 않는다.

우리가 고뇌라 일컫는 것은
인생에 있어서 없어서는 안 될 조건이다

1. 살아생전에 불행을 참고 견디는 것은 우리에게 행복이다. 왜냐하면 그것은 우리를 신성한 마음의 은둔처로 이끌며, 땅 위의 어떠한 기쁨과 즐거움도 신뢰하지 않아도 되는, 이 살아 있는 대지에서 추방된 존재로서의 나를

발견하게 해주기 때문이다.

나의 의도가 결백하고 행동이 정당함에도 불구하고 사람들이 나를 나쁘게 생각거나 말하거나 하는 경우, 그들의 비난이나 공격을 달게 받는 것도 또한 우리에게는 행복이다. 왜냐하면 그것은 우리를 겸양의 덕으로 이끌고, 헛된 명예에 대한 해독제가 되어 주기 때문이다. 그러나 그것이 우리에게 가장 커다란 행복인 주된 이유는 바로 세상 사람들이 우리를 경멸하고 존경하지 않으며 사랑의 마음을 잃을 때, 우리는 내부에 있는 증인, 즉 신과 친하게 대화할 수 있기 때문이다.

2. 아시시의 성 프란체스코가 차가운 비바람 속을 한 명의 제자와 함께 페르시아에서 포르티온크리로 돌아가던 때의 일이다. 제자는 프란체스코에게 완전한 희열이 어디에 있다고 생각하느냐고 물었다.

그가 말했다.

"완전한 희열은 나의 선행에 대해 세상 사람들에게서 칭찬을 받는 데에 있지도 않고, 병자를 수발하거나 귀머거리에게 청각을 되찾아주거나 하는 데에도 있지 않으며, 미래를 예언하거나 하는 것도 아니고, 별의 운행이나 모든 동식물의 특질을 연구하는 데에도 있지 않으며, 또한 모든 사람을 진실한 신앙으로 이끄는 데에도 있지 않다."

"그러면 완전한 희열은 대체 어디에 있는 것입니까?"

제자는 물었다.

프란체스코는 대답했다.

"그것은 바로 이런 것이다. 우리가 눈비에 흠뻑 젖고, 진흙투성이로 추위에 덜덜 떨며, 굶주림으로 바짝 여윈 모습으로 포르티온크리에 도착해 문을 두드렸을 때, 문지기가 '누구냐?'고 물을 것이다. 우리가 '당신의 형제입니다'라고 대답했을 때, 문지기가 '거짓말 마라, 네 녀석들은 유랑자다. 사방을 떠돌아다니면서 민중의 마음을 어지럽게 하고, 물건을 훔치지. 여기서 냉큼 꺼져. 어딜 들어오겠다고!'라고 노발대발할지도 모른다. 그때 우리가 추위에 이가 딱딱 부딪치고, 굶주림에 야위고 쇠약한 모습인 채, 겸손한 마음과 사랑으로 그 말들을 따뜻하게 받아들여 '과연 문지기의 말이 옳다. 분명 신은 우리를 이런 식으로 대접하라고 그에게 말했을 것이다'고 나와 내 마음에 말할 때이다. 그때 비로소 우리는 완전한 희열을 알 수가 있다……."

자기에게 괴로움이나 모욕을 준 사람에게 사랑하는 마음으로 모든 괴로움과 모욕을 달게 받아야 한다. 그렇게 하면 모든 괴로움이나 모욕이 모조리 희열로 바뀌는 것이다. 그리고 이 희열은 완전하다. 왜냐하면 다른 모든 희열은 사라질 수 있지만, 이 희열만은 어떤 것에 의해서도 사라지지 않고 늘 우리에게 있기 때문이다.

3. 만일 어딘가에서 이교의 신이 인간의 삶에서 모든 슬픔과 탄식과 그 원인까지 모조리 거두어 주겠다고 한다면, 우리는 틀림없이 처음에는 그 말을 받아들이고 싶은 커다란 유혹에 빠질 것이다. 힘든 일이나 궁핍이 우리를 억누르고, 고통이 송곳으로 찌르는 것처럼 우리를 괴롭히고, 불안이 우리의 심장을 옥죌 때, 우리의 괴로운 마음은 힘들지도 않고 온화하고 만족스러우며 불안이 없는 평화로운 삶보다 나은 것은 없다는 생각에, 그 삶을 선망하게 된다. 그러나 나는 그런 삶을 경험함과 동시에 우리는 어느새 다시 모든 괴로움과 궁핍, 슬픔이나 걱정거리가 가득 찬 예전의 생활을 되돌려달라고 그 이교의 신에게 애원할 것이 틀림없다고 생각한다.

나는 슬픔이나 두려움이 전혀 없는 생활은 곧 재미없다는 생각이 들게 할 뿐만 아니라 오히려 참기 힘들어질 것이 분명하다고 생각한다. 그래서 그 슬픔의 원인과 함께 우리의 삶에서 모든 위험이나 장애, 실패가 사라지는 것은 틀림없지만, 또한 힘의 긴장, 노력, 모험심, 승리할 때의 커다란 환희 등도 사라질 것이 분명하다. 그리고 그 뒤에는 아무런 장해도 없는 계획의 수행과 반항이나 어려운 일을 마주치지 않는 성공만이 남을 것이 틀림없다. 그러므로 그런 인생은 어떠한 경우에도 지지 않는다는 것을 미리 죄다 알고 있는 트럼프놀이처럼 분명히 따분해지고 말 것이다. (파울센)

고뇌는 우리에게 영적인 생활을 불러온다

1. 인간은 육체로 둘러싸인 신의 영혼이다.

우리는 생애 초기에는 이 사실을 알지 못하며, 우리의 생명이 육체 속에 있는 것으로 생각한다. 그러나 세상을 계속 살아가면서 우리의 참된 생명이 육체에 있는 것이 아니라 영혼에 있다는 것을 서서히 알게 된다. 이 사실을 차츰 심각하고 선명하게 깨닫고 아는 것이 인간의 삶의 전부이다. 그리고 그 지식은 육체의 고뇌로 인해 다른 어떤 것보다도 정확하고 쉽게 우리에게 주어진다. 따라서 육체의 고뇌야말로 우리 삶을 진정한 모습이게 하는 것이다. 즉, 우리 삶을 영적인 것으로 만드는 것이다.

2. 신체적인 성장, 그것은 단지 육체가 쇠약해지면서 시작되는 정신적인 성장을 위한, 말하자면 사전 준비에 지나지 않는다.

3. 육체에 의지해 살아가는 사람은 말한다.

"모든 것은 추악하다!"

영혼에 의지해 살아가는 사람은 말한다.

"거짓말이다, 모든 것은 아름답다! 네가 추악하다고 말하는 것은 칼을 가는 숫돌과 같이 귀중한 것이다. 그것이 없어지는 날에는 틀림없이 나의 내부에 있는 가장 귀중한 것, 즉 나의 영혼 자체가 둔화하고 녹슬어 버릴 것이다."

4. 갖가지 어려움과 불행은, 설령 멀리 돌아서 간다 하더라도 어쨌든 개개인과 인류 전체를 인류의 앞에 놓인 단 한 가지의 목적으로 이끈다. 바로 개인과 인류 전체의 내부에 영혼의 싹을 차츰 확실하게 자라나게 하는, 단 하나의 활동으로 이끄는 것이다.

5. "그것은 내가 내 뜻을 이루려고 해서가 아니라, 나를 보내신 분의 뜻을 이루려고 하늘로부터 내려왔기 때문이다. 나를 보내신 분의 뜻은, 내게 주신 사람을 내가 하나도 잃어버리지 않고, 마지막 날에 모두 살리는 일이다"라고 요한복음(6장 38~39절)에 나와 있다. 즉 젖먹이가 있는 유모와 마찬가지로 나에게 주어지고 허락된 신성의 불꽃을 가슴에 소중하게 간직하고 자라게 하며, 가능한 한도까지 최고로 확대시키라는 것이다.

이 의지를 완수하려면 대체 무엇이 필요한가? 육욕의 만족이 아니다. 세상의 명예도 아니다. 안온한 생활도 아니다. 그와는 정반대로 억제, 겸손, 노고, 투쟁, 손실, 고뇌, 굴욕, 박해 등 복음서 속에 무수하게 나와 있는 것, 그것이 필요하다. 그리고 우리에게 필요한 이러한 것들은 매우 다양한 종류와 모습으로, 작은 것에서 제일 커다란 것까지 우리에게 주어져 있다.

우리는 이러한 것들을 우리의 동물적 존재(이 존재를 강화하는 것을 행복이라 일컫는 것이지만)를 파괴하는 꺼림칙한 대상으로서가 아니라 우리에게 필요한, 따라서 유쾌한 활동으로 제대로 받아들일 수만 있으면 되는 것이다!

6. "가령 죽음을 두려워하지 않으며, 죽음에 대해 생각하지 않을 수 있다 하더라도, 우리가 마주치는 그 어떤 것으로도 변호하지 못하고, 또한 절대로 제거할 수 없는, 무섭고 목적이 없는 고뇌만으로도 인생에 주어진 모든 합리적 의의를 충분히 파괴할 수 있을 것이다"라고 사람들은 말한다.

"나는 남들이 보기에 틀림없이 유익하고 선한 일에 종사하고 있다. 그런데 돌연 병마가 나를 덮쳐 육체를 먹어 들어가고, 아무런 의미도 이유도 없이 나를 들볶고 괴롭힌다. 또한 레일의 나사가 부식되어 떨어져 나갔는데, 마침 그날에 그곳을 통과하는 기차에 한 선량한 여인이 타고 있다. 그리고 그 여인의 눈앞에서 자녀들이 다치게 된다. 혹은 지진 때문에 리스본이나 베르누이 같은 도시의 한 지역이 붕괴하고, 아무런 잘못도 없는 사람들이 땅 속에 산 채로 매장되어 무서운 고뇌 속에서 죽어간다. 대체 무엇 때문에, 무슨 까닭으로 사람들을 두려워 떨게 하는 무의미하고 무서운 이러한 수많은 우발적인 일이 일어나는 것일까? 그것은 대체 어떤 의미를 갖는 것인가?"

이런 생각도 영적인 생활을 알지 못하는 사람들에게는 옳다. 위와 같은 의문에 대한 해답은 이렇다. 그런 사람들에게는 인생은 참으로 아무 의미도 없는 것이다. 그러나 중요한 것은 영적인 생활을 알지 못하는 사람들의 삶이 아무래도 무의미하고 비참하다는 점이다.

중요한 것은, 가령 영적인 생활을 모르는 사람들이 육체적이고 유물(唯物)적인 세계관이 필연적으로 낳는 그러한 결론만을 내렸다면, 개인적이고 육체적인 존재로서의 자기의 삶밖에는 모르는 사람들은 한순간도 이 세상에 머무르지 않으려 했을 것이다. 나아가 또한 노동자를 고용하기에 즈음하여 내가 하려고 마음먹으면 언제 어느 때든 내가 고용한 노동자를 산 채로 불구덩이에 넣거나, 산 채로 가죽을 벗기거나 등골을 뽑거나 할 권리, 즉 고용당한 자의 눈앞에서 아무런 까닭도 설명하지 않고 자기의 노동자들에게 갖가지 무섭고 잔학한 행동을 할 권리를 가졌다고 외치는 주인에게는 어떤 노동자도 그 밑에서 일하려 하지 않을 것이다.

그렇다, 만약 사람들이 실제로 이 인생을 그들이 말하는 것과 똑같이 이해한다면, 즉 육체적 존재로서만 이해한다면, 단 한 사람도 그가 자기 주위에서 목격하고 언제 어느 때에 빠질지도 모르는 모든 고뇌, 또 어떤 것으로도 설명하기 힘든 고뇌에 대한 공포 때문에 이 세상에서 버티지 못했을 것이다.

그러나 사람들은 살아 있다. 온갖 고뇌를 탄식하고 하소연하고 울면서도 여전히 살아 있다.

이 이상한 모순에 대한 설명은 단 하나이다. 바로 사람들은 모두 그 영혼의 깊은 곳에서 자기들의 생명이 육체에 있는 것이 아니라 정신에 있음을 알고 있는 것이다. 영적인 삶의 행복을 위해서는 갖가지 고뇌가 언제나 필요하다는 것을 알고 있다는 것이다. 사람들이 인생의 의의를 알지 못하면서도 고뇌에 저항하면서 살아간다는 것은, 그것은 결국 그들이 지적 능력으로 삶의 육체성을 시인하면서도 영혼의 바닥 깊은 곳에서는 삶이 영적인 것이라는 점, 어떠한 고뇌도 우리에게서 참된 행복을 빼앗지 못한다는 것을 알기 때문이다.

고뇌는 삶에 대한 합리적인 태도를 가르친다

1. 악이라 부르는 모든 일과 현상, 모든 슬픔은 적절하게 인식하기만 하면 우리의 영혼을 보다 고양시킨다. 인생이란 바로 다음과 같은 것이다.

"내가 진정으로 진정으로 너희에게 말한다. 너희는 울며 애통하겠으나, 세상은 기뻐할 것이다. 그러나 너희가 근심에 싸여도, 그 근심이 기쁨으로 바뀔 것이다. 여인이 해산할 때에는 근심한다. 때가 왔기 때문이다. 그러나 아이를 낳으면, 사람이 세상에 태어났다는 기쁨 때문에, 그 고통을 잊어버린다." (요한복음 16장 20~21절)

2. 불합리한 생활에서 느끼는 고뇌는 합리적인 생활에서 옳고 그름을 따지는 것이 필요하다는 자각으로 이끈다.

3. 밤의 어둠만이 천체를 보이게 하는 것처럼 고뇌만이 인생의 참된 의의를 계시한다. (트로)

4. 외적인 장해는 정신이 견고한 사람에게는 해를 입히지 않는다. 장해라는 것은 온갖 장해로 인해 분노가 일어나거나 약해지기도 하는 동물과 마찬가지로 우리에게 피해를 입히거나 약하게 하는 모든 작용을 뜻하기 때문이다. 자기에게 주어진 강한 정신력으로 이것을 받아들이는 인간에게 모든 장해는 정신적인 아름다움과 힘을 더해줄 뿐이다. (마르쿠스 아우렐리우스)

5. 어리고 경험이 적은 사람은 연장자가 경험을 통해 깨달은 것을 알지 못한다. 우리에게 불쾌하거나 고통스러운 모든 일이나 현상, 재앙이라 불리는 온갖 일이나 현상이 실은 진정한 행복이라는 것, 그 모든 것들이 우리가 알고 있고 나아가 신앙하고 있는 일들에 대해서 우리가 얼마나 견고한가를 가늠하는 시련에 불과한 것임을 모른다. 만일 우리가 신앙이 견고하지 않다면, 그럴 경우에 이러한 시련은 우리와 신앙을 견고하게 하기 위해 필요하다.

6. 갖가지 고뇌를 경험한 뒤에 나는 비로소 인간의 영혼이 서로 밀접한 유사성을 지녔음을 알게 되었다. 스스로 차분하게 고뇌해 보기만 하면 고민하고 있는 모든 사람들을 이해할 수 있게 된다. 그뿐만이 아니다. 지혜 자체가 맑은 거울처럼 되기 시작한다. 사람들이 지금껏 감추었던 상태나 입장이 분명해지기 시작한다. 그리고 누구에게 무엇이 필요한가 하는 것이 일목요연해진다.

우리를 현명하게 만들어 주는 신은 참으로 위대하다. 그러나 대체 무엇에 의해 우리는 현명해지는가? 바로 우리가 회피하려고 애쓰는 그 재앙에 의해서다. 즉, 책 속에서는 얻지 못하는 지혜의 소립자를 갖가지 고뇌나 슬픔을 통해 얻는 것이다. (고골리)

7. 만약 신이 손수 보냈음을 확실하게 알 수 있는 스승을 우리에게 주었다면, 우리는 물론 자유롭고 유쾌한 마음으로 그들 스승을 따를 것이다. (파스칼)

그렇다, 우리는 인간이 아닌 그러한 스승을 가지고 있다. 바로 결점이라 불리는 모든 사건과 일반에게 인생의 불행한 일이라 불리는 모든 사건, 이 두 가지가 그것이다.

8. 신의 창조물인 인간에게는 신에 의해 주어진 모든 것이 유익할 뿐만 아니라, 그것들이 주어지는 바로 그때 이미 유익한 것이 된다. (마르쿠스 아우렐리우스)

9. 고뇌의 고마움을 아직 모르는 사람은 합리적인, 즉 진실된 삶을 시작하지 못한 것이다.

10. 나는 고통스럽게 하는 이 고뇌로부터 나를 구해달라고 신에게 기도한다. 그러나 이 고뇌는 나를 악에서 구원하기 위해 신이 나에게 주신 것이다. 불타는 우리에서 쫓아내 구해주기 위해 주인은 가축을 채찍으로 때린다. 그

러나 가축은 채찍으로 때리지 말아달라고 애원한다.

11. 우리가 자신에게 해로운 것이라 생각하는 대부분이 아직 우리가 이해하지 못하는 선이다.

질병은 진실한 삶을 방해하는 것이 아니라, 오히려 도움을 준다

1. 각자의 동물적인 요소로부터 서서히 영적인 요소를 창조해 나가는 것이 인생이다. 그러나 그러려면 우리가 악이라 부르는 것이 필요하다. 우리가 악이라 부르는 것에 의해서, 즉 재앙이나 질병, 고뇌에 의해서 비로소 우리는 각자의 동물적인 나를 정신적인 나로 바꾸는 기술을 습득한다.

실제 생활에서 언제나 성공하는 사람들, 늘 건강하고 부유하며 굴종이나 치욕을 모르는 사람들이 매우 허약하고 때때로 열악하기까지 한 것은 인간에게 시련이 얼마나 필요 불가결한 것인지 명료하게 말해준다. 그런데도 우리는 그러한 시련에 맞닥뜨리지 않으면 안 된다고 늘 우는 소리를 늘어놓는다.

2. 우리는 고난은 악이라고 말한다. 그러나 고난이 없다면 우리는 어디에 우리 인간이 종말을 고할 것인지, 그리고 어디에서 우리가 아닌 것이 시작되는지를 몰랐을 것이 분명하다.

3. 육체가 누구보다도 약하다고 느껴질 때, 우리는 정신에 있어서는 누구보다도 강해질 수 있다.

4. 인간의 본분을 다하는 것에 방해가 될 만한 병은 없다. 노동으로 사람들에게 봉사할 수 없다면, 고난을 감수하는 태도를 보임으로써 봉사해야 한다.

5. 병은 누구에게나 닥쳐온다. 그렇기 때문에 자기의 병을 어떻게 고칠 것인가가 아니라 자기가 빠져 있는 그 상태를 어떻게 가장 좋은 방법으로 보낼 것인가 하는 점에 전심 전력을 기울여야 한다.

6. 어떤 사람이 자기가 저지른 죄과에 대해서 절대로 죽을 수 없다는 벌을 받았다는 이야기가 있다. 만약 우리가 괴로워할 수 없다는 벌을 받는다면, 이 벌칙 또한 같은 정도로 괴로울 것이 틀림없다고 대담하게 단언할 수 있다.

7. 그 병 때문에 죽을지도 모른다는 것을 환자에게 감추는 것은 좋지 않다. 반대로 그에게 괴로워할 일들을 상기시킬 필요가 있다. 환자에게 그 사실을 감춤으로써 우리는 그에게서 행복을 빼앗는 것이다. 죽음이 임박했다

고 자각하여 환자의 내부에 영적인 삶을 인식하게 하는 노력을 불러일으키기 위해 병이 그에게 주어졌기 때문이다.

8. 불은 물질을 파괴하기도 하지만 따뜻함을 주기도 한다. 병도 그러하다. 건강한 사람이 선한 삶을 살려 할 때는 그것에 많은 노력을 기울여야 한다. 그러나 아플 때는 뜬세상의 온갖 유혹의 무게가 한꺼번에 가벼워지기 시작한다. 일시에 경쾌해지는 것이다. 그리고 경험으로 알게 된 바와 같이 병이 나음과 동시에 뜬세상의 온갖 유혹의 고통이 커다란 무게로 다시 닥쳐올 것을 생각하기만 해도 두려워지게 된다.

9. 육체적으로 조건이 나빠지면 나빠질수록 그만큼 정신적으로는 좋아진다. 따라서 우리에게 나빠진다는 것은 있을 수 없다. 영혼과 육체, 이것은 천칭의 양끝이다. 육체 쪽이 무거워질수록 정신은 높이 올라가서 그만큼 정신 쪽이 좋아지며, 반대의 경우는 그 반대가 되는 것이다.

10. "노년시절에서 유년시절로의 환원은 인간의 의식과 생명의 폐멸이다"라고 사람들은 말한다.

노년시절에서 유년시절로 환원했다는 전설의 신학자 요하네를 상상해 본다. 전설에 따르면 그는 "형제여, 서로 사랑하라!"라는 말밖에 하지 않았다고 한다.

겨우 몸을 움직이는 100살의 노인이 눈물이 가득 고인 눈을 반짝이면서 단지 "서로 사랑하라!"는 이 말만 한 것이다. 이런 사람에게는 동물적인 존재는 이미 거의 있을까 말까 하다. 세계 인류에 대한 새로운 태도로 인간 존재에 들어 있지 않은, 새로운 살아 있는 영원의 요소로 거의 승화되어 있는 것이다.

참된 모습의 인생을 이해하는 사람에게는 병이나 노쇠함과 함께 자기의 생명이 줄어든다고 탄식해 슬퍼하는 것은, 빛으로 계속 다가가는 사람이 빛에 접근함에 따라서 자기 그림자가 작아지는 것을 탄식하는 것과 같다.

우리가 악이라 칭하는 것, 그것은 우리의 과오이다

1. 우리에게 뭔가 불쾌한 일이 일어날 때, 우리는 때때로 그것에 대해서 다른 사람, 혹은 운명을 탓한다. 더구나 우리는 가령 다른 사람이나 운명이 우리에게 뭔가 나쁜 일을 할 수 있다면, 그것은 곧 우리 내부 어딘가에 원활

하지 못한 곳이 있음을 의미한다는 것을 생각지 못한다. 영혼에 봉사하며 살아가는 사람에게는 어느 누구도, 어떤 것도 절대로 악을 행하지 못한다. 박해도, 굴욕도, 빈곤도, 질병도 이러한 사람에게는 아무것도 아니다. (에픽테토스)

2. 사회생활로부터 자기를 한정하고, 사회에 고난을 초래하기에 이른 자기의 잘못을 인정하지 않으며, 자기를 죄인이라 생각지 않는 사람에게는 고난을 인내하는 것이 특히 힘들다.

3. 악은 우리의 내부에만 존재한다. 즉, 이것을 몰아낼 수 있는 곳에만 존재하는 것이다.

4. 피상적이고 천박한 인간은 인류를 격렬하게 박해하는 온갖 불행을 고찰함으로써 인생을 개선할 수 있는 가능성에 대한 희망을 잃어버리고, 사회의 질서를 주관하는 신의 뜻에 대해서 불만을 품는다. 그것은 당치도 않은 착각이다. 설령 우리가 지금 현재의 삶에서 가장 힘든 길을 걷는다 할지라도, 신의 뜻에 만족하는 것은 괴로운 삶의 한가운데서 씩씩한 마음을 잃지 않기 위해서라도 지극히 중요하다. 뿐만 아니라 특히 운명을 저주하지 않고 모든 악의 유일한 원인인 우리들 자신의 죄과를 못보고 지나치지 않으려면 다른 어떤 것보다도 중요하다고 할 수 있다. (칸트)

5. 불행한 운명에 빠졌을 때, 자기 자신이 아니라 운명을 탓하고, 그럼으로써 자만심을 지키려는 사람은 구제하기 어렵다.

'이렇게 심한 자극을 받지 않았더라면 나는 친절하고 부드러운 사람일 수 있었다. 이렇게 바쁘지 않았더라면 나는 신앙심 깊은 사람이 될 수 있었다. 건강했더라면 나는 참을성이 강해질 수 있었다. 명성을 가졌더라면 나는 세상을 깜짝 놀라게 할 만한 일을 할 수 있었다……'

만약 현재의 입장을 선량하고 신성한 것으로 하지 못한다면 우리는 어떠한 경우든 선량하고 신성한 사람이 될 수 없다.

우리가 처한 갖가지 어려움은 스스로 선량한 견인불굴의 정신으로 그것을 절멸시키고, 평탄하게 하기 위해서 우리에게 주어진 것이다. 또한 우리에게 어둡고 참혹한 요소가 주어진 것은 내부의 정신적 활동의 신성한 빛에 의해서 그것을 밝게 비추기 위해서이다. 또한 슬피 탄식하는 것은 강한 인내심과 깊은 신뢰로 참고 견디게 하기 위해 주어진 것이며, 갖가지 위험은 우리의 씩씩함을 표현하게 하기 위해서이고, 온갖 악의 유혹은 우리의 신앙에 의해서 이것을 제한하게 하기 위해 주어진 것이다. (마르티노)

6. 우리는 신이 선물한 갖가지 불행을 피할 수 있지만, 사악한 생활로 자기가 만들어내는 불행으로부터는 벗어나지 못한다.

수많은 고난이 이로움을 초래한다는 것을 깨달으면
그 고통은 사라진다

1. 건강, 희열, 애모, 신선한 감정, 기억력, 노동 능력 등이 모조리 우리를 외면했을 때, 태양이 얼어붙은 것처럼 느껴지고 인생이 모든 매력을 잃은 것 같을 때는 도대체 어떻게 해야 좋을 것인가? 아무 희망도 없어진다면 어떻겠는가? 착란인가, 아니면 화석인가? 대답은 늘 단 한 가지다. 끊임없이 성장하고 영적인 생활로 일관하라는 것이다.

만약 당신이 마음의 평안을 느낀다면, 만약 당신의 영적 본성이 요구하는 것을 계속하고 있다고 느낀다면 그대로 내버려두면 된다. 그렇게 되는 것이 당연한, 그런 자기가 되어야 한다. 나머지는 모두 신의 뜻이다. 가령 또 신, 즉 신성하고 선량한 존재가 없다고 하더라도 영혼의 생활은 여전히 신비의 통찰이며, 인류에게는 여전히 운행하는 북극성이다. 이것만이 참된 행복을 주기 때문이다. (아미엘)

2. 수많은 고난 가운데서 당신의 정신적인 발달을 위한 의의를 찾으라. 그리하면 고난의 고통은 사라진다.

3. 몸에 일어나는 모든 일들이 참된 정신적 행복으로 이끌어준다는 것을 알고 또 믿기만 하면, 당신은 병이라든가 빈곤, 치욕, 그밖에 세상사람들이 불행이라 여기는 모든 것을 불행이 아니라 행복을 위해 필요한 것으로, 농부가 자기를 흠뻑 젖게 하는 비를 자기의 밭에 필요한 것이라며 환영하는 것처럼, 또한 병자가 쓴 약을 달게 먹는 것처럼, 그렇게 맞이하게 될 것이다.

4. 만물의 영장인 인간의 특질은 자기 운명에 대한 자유로운 복종이지 동물의 특성인 운명에 대한 부끄러운 투쟁 따위가 아니다. 이 한 가지 사실을 깊이 기억하는 것이 좋다. (마르쿠스 아우렐리우스)

5. 우리를 슬피 탄식하게 하고 일생의 사업을 수행하는 데 방해가 되는 듯이 여겨지는 것, 이것이 우리 일생의 사업이다. 당신은 빈곤, 질병, 비방,

굴욕 등에 의해 고통을 받는다. 만약 조금이라도 스스로를 가여워한다면, 당신은 즉각 자신을 불행한 사람 가운데 가장 불행한 사람으로 생각할 것이다. 그러나 반대로 당신이 해야만 하는 것으로 사명지워진 평생의 사업이 빈곤이나 질병, 굴욕의 한가운데에서 최상의 방법으로 살아나가는 것임을 이해한다면, 당신은 즉시 고통이나 절망 대신에 발랄한 기분과 확고한 신념을 가질 것이 틀림없다.

6. 우리는 각자 자기의 십자가를 지고 있다. 스스로를 구속하는 멍에를 지고 있다. 그러나 그것은 고난이라는 의미가 아니라 인생의 사명이라는 의미이다. 따라서 우리가 이 십자가를 고난으로서가 아니라 인생의 사명으로 바라본다면 이것을 견뎌내기가 한결 쉽다. 즉, 온유하고 겸손하며 따뜻한 마음일 때에는 이것을 견뎌내기가 쉬운 것이다. 그러나 더 쉬운 것은 자기를 초월한 경우이며, 그보다 더 쉬운 것은 그리스도가 가르친 바와 같이 이 십자가를 한시도 내려놓지 않는 경우이다.

그러나 만약 우리가 정신적인 활동을 할 때, 세상 사람들이 온갖 속된 일에 자기를 망각하는 것처럼 나를 망각한다면, 이 십자가를 인내하는 것은 더욱 쉽다. 우리에게 주어진 십자가, 이것이야말로 우리 활동의 원동력이다. 우리의 전 생애는 모두가 이 활동의 연속인 것이다. 만일 이 십자가가 질병의 형태를 띤 경우에는 차분하고 달게 받아야 한다. 사람들로부터의 모욕이라면 그 악에 선으로 응대하라. 만약 굴욕이라면 몸을 낮추어야 한다. 그리고 또한 설령 그것이 죽음이라 하더라도 감사하는 마음으로 받아들여야만 한다.

7. 자기의 십자가를 내려버리려고 하면 할수록 점점 힘들어지기만 할 뿐이다. (아미엘)

8. 운명 자체보다도 우리가 이것을 어떻게 받아들일 것인가 하는 문제가 훨씬 중대하다. (훔볼트)

9. 어떠한 재앙도 그것에 대한 공포만큼 클 수는 없다. (호케)

10. 길들여지지 않은 말은 나룻을 채우면 마차를 끌려 하지 않고 발버둥을 치면서 버둥댄다. 그리고 채찍으로 배를 맞으면서도 여전히 몸부림을 친다. 인간의 경우도 이와 똑같다. 만약 우리가 고난을 시련으로 감수하려 하지 않고 이것을 쓸모 없는 악으로 보고 이에 대항해 몸부림을 친다면 이러한 거친

말과 다를 바 없다.

11. 만약 당신에게 적이 하나 있는데 당신이 그 적을 이용함으로써 다른 많은 적을 사랑하는 기술을 얻을 수 있다면, 그 경우 당신이 악이라 생각한 것이 절대의 선이 된다.

12. 병에 걸리거나 팔다리가 없어진다거나, 심각한 환멸과 마주치거나, 재산을 없애거나, 친구를 잃는다든가 하는 것은 당장에는 만회하기 힘든 커다란 손실인 것처럼 여겨진다. 그러나 세월은 이러한 손실들 가운데 놓여 있는 깊고 원대한 치유력을 제시해 준다. (에머슨)

13. 자신이 불행한 사람인 것처럼 느껴질 때는 남의 불행을 떠올리고 더욱 나빠질 수도 있을지 모른다는 것을 생각해야 한다. 나아가 자신이 과거에 나빴던 점과 지금의 나쁜 점을 상기하는 것이 좋다. 그러나 가장 중요한 것은 당신이 불행이라 부르는 것을 점잖게 사랑으로 감수하는 방법을 습득하기 위해, 그리고 그 불행 덕분에 당신이 보다 나은 사람이 되기 위해 시련으로서 당신에게 내려진 것임을 통절하게 떠올려야 한다. 보다 나은 사람이 되는 것, 거기에 당신 일생의 모든 사업이 존재하는 것이다.

14. 병이라든가 커다란 손실, 갖가지 슬픈 일에 휩싸인다거나 하는 괴롭고 힘든 때에는 다른 경우보다도 더욱 더 기도가 필요하다. 그러나 이것은 이들 불행으로부터 벗어나는 데 대한 애원이 아니라 높은 뜻에 순종하기 위한 것이다.

"우리의 뜻이 아니라 당신의 뜻이 이루어지도록, 내가 바라는 일이 아니라 당신이 바라는 일이 이루어지도록. 그리고 나의 뜻대로가 아니라 당신의 뜻대로 하시기를. 당신은 뜻을 이루시기 위해 나에게 조건을 부여하셨습니다. 내가 할 일은 그 조건에 국한되어 있는 것입니다."

고난에 맞닥뜨렸을 때는 이 말을 떠올릴 필요가 있다. 이 고난이야말로 나에게 은혜로운 것이다. 이것이야말로 내가 나의 의지가 아니라 신의 의지를 따르고자 하는 것임을 보일 수 있는 다시없는 절호의 기회이다. 이렇게 생각하는 것이 그 경우에 가장 필요하다.

15. 모든 위대한 일은 고난을 조건으로 한 경우에만 성취된다. 예수는 자기에게도 이것이 해당된다는 것을 알고, 모든 것을 예견했다. 자기가 파괴해 왔던 사람들의 권력, 그들의 비밀스런 음모, 폭력, 나아가서는 가르침의 양

식을 베풀고 병자를 낫게 한 민중의 증오할 만한 배신까지도 예수는 모두 예견했다. 그는 십자가를, 죽음을, 죽음 그 자체보다도 더 한층 한탄스러운 자기 편 사람들의 배신마저도 예견했던 것이다. 그리고 이 생각은 그의 가슴을 떠나지 않았다. 더구나 그것은 한순간도 그의 행동을 멈추게 하지 않았다. 그의 육체가 '쓴잔'을 물리치려 할 때에도 흔들리지 않는 강렬한 의지가 이것을 달게 받았다. 그리고 이 일로 인해 자기의 사업을 계승할 모든 사람들, 자기와 마찬가지로 온갖 악과 미혹의 족쇄로부터 세상 사람들을 구원하기 위해 이 세상에 어렵고 힘든 일을 거듭해 온 모든 사람들에게 언제나 기억해야 하는 본보기를 보였던 것이다. 따라서 만약 사람들이 그리스도가 이끄는 목적지에 도달하고자 한다면 그들도 또한 똑같은 길을 거쳐 나아가야만 한다. 오직 이 한 가지로서만 우리는 세상 사람들에게 봉사할 수가 있다.

당신은 세상 사람들이 진정으로 형제자매가 되기를 바랄 것이다. 당신은 또한 그들을 그들이 공통으로 지닌 성질로 이끈다. 당신은 또한 온갖 박해, 불법, 위선에 저항한다. 그러한 경우에 정반대의 것에 주력하는 사람들이 어찌 당신에게 저항하지 않을 수 있으랴! 과연 그들은 당신을 그대로 방치해서 그들의 전당을 파괴시키고, 그들의 것과 전혀 별개인, 이미 인간의 소산이 아닌 진리를 기초로 하는 영원의 전당을 수립하게 할 수가 있을 것인가? 아니, 아니다. 그것은 불가능하다.

만약 당신이 과거에 그것이 가능하다고 말하고 희망을 품을 정도로 경솔했다면, 그 희망을 이젠 버려야 한다. 당신은 마지막 한 방울까지 '잔'을 다 마시게 되리라. 당신은 도둑 취급을 당하리라. 세상 사람들은 당신을 처벌하기 위해 온갖 위증을 나열할 것이다. 그리고 당신이 스스로 자신에 대해 부여한 바의 것에 대해서 "저놈은 신성을 모독한 자이다!"라는 외침이 일어나리라. 그리고 심판하는 사람들은 말할 것이다. "이놈은 사형이 마땅하다!" 그런 처지에 맞닥뜨린다면 기뻐해야 한다. 그것은 최후의 표시인 것이다. 당신이 진실로 필요한 일을 완수했다는 최후의 표시이다. (라므네)

수많은 고난은 신의 뜻을 수행하는 데 방해가 될 수 없다

1. 불행에 빠져 있을 때만큼 신에게 접근하기 좋은 때는 없다. 불변의 행복을 부여하는 이 유일자에게 접근하는 기회를 잃지 않도록 그 기회를 이용

해야 한다.

2. 신은 자신이 사랑하는 자에게 고난을 내리신다는 옛 격언은 참으로 옳다! 이것을 믿는 자에게는 그 고난이 비할 데 없는 행복이다.

3. 늙을 때까지 산 현명한 인간은 자기가 이미 체력으로는 삼십 대에 했던 것의 백분의 일도 하지 못한다는 것을 알지만 거의 그것을 한탄하지 않는다. 또한 거의 그것을 알지 못한다. 그것은 마치 삼십 대 시절에 유년시절에 했던 것을 할 수 없음을 한탄하지 않고, 또한 깨닫지도 못했던 것과 같다. 그는 단 한 가지 건강하거나 건강하지 않은, 정력이 넘치거나 간신히 움직이는 데 지나지 않는 그러한 자신의 육체가 그 시절과 마찬가지로 지금도 또한 신에게 봉사하기 위해서 존재한다는 사실을 알고 있을 뿐이다. 그리고 신에게 봉사하는 것은 한 손으로 20푸드(러시아에서 쓰는 무게의 단위. 1푸드는 약 16.38kg)의 물건을 들어올리는 힘이 있는 사람이든, 간신히 목을 가눌 힘밖에 지니지 않은 사람이든 모두 똑같이 할 수 있다는 것을 알고 있다. 이제 그는 자기의 육체에 봉사하기 위해서 건강과 정력이 필요하지 신을 섬기기 위해서는 육체적인 힘 따위는 필요치 않으며, 오히려 육체가 쇠하는 것만이 신을 향한 봉사를 고무하는 법임을 안다.

각자 삶의 의의를 외적인 행복의 획득에서 하늘에 계신 아버지에 대한 봉사로 옮겨가야 한다. 그렇게만 하면 이미 그 사람에게는 속세의 행복이라든가 불행 같은 것 사이에 아무런 차이가 없게 되고 마는 것이다.

4. 맞닥뜨리는 모든 일들에 반드시 신의 뜻이 있다고 스스로에게 말하고, 그 신의 뜻이 언제나 선한 것임을 믿어야 한다. 그렇게만 하면 당신은 아무것도 두려워하지 않게 될 것이다. 그리고 인생은 당신에게 늘 행복한 것이 되리라.

죽음

생명이 육체와 함께 있는 것이라 생각한다면 우리의 삶은 육체의 죽음과 함께 끝이 날 것이다. 그러나 생명을 정신으로 생각한다면 삶의 종말을 상상할 필요도 없을 것이다.

우리의 삶은 육체의 죽음과 함께 끝나지 않는다

1. 인간의 일생은 아침에 눈을 떠서 밤에 눈을 감을 때까지의 하루의 생활과 꼭 같다. 아침에 깊은 잠에서 깨어나 처음에는 내가 어디에 있는지도 확실하게 알지 못하며, 내 옆에 누가 서 있는지, 누가 나를 깨웠는지도 모르는 채 일어나는 것이 이상하게 싫고 힘이 없는 것처럼 여겨지는데, 그때의 기분을 떠올려야 한다. 그러나 당신은 서서히 정신을 차리기 시작한다. 내가 누구이며 어디에 있는가 하는 것을 서서히 이해하게 된다.

무수한 생각이 뇌리에 떠오르기 시작한다. 그리고 일어나서 일에 착수한다. 태어나서 한 걸음씩 인생의 길을 밟아 나가며, 이성과 정력을 획득하고, 그리고 어떤 활동을 시작하는 때에도 완전히 이것과 동일한 현상, 혹은 이것과 유사한 현상이 우리 몸에 일어나는 것이다.

둘의 차이는 우리가 잠들었다가 다시 깨어나는 것이 매우 짧은 시간에 이루어지는 데 반해, 태어나고 자라는 것은 매우 긴 세월에 걸쳐 행해진다는 점뿐이다.

우리의 하루 생활 또한 일생의 생활과 흡사하다. 아침에 눈을 뜸과 동시에 우리는 각자의 생각대로 일을 시작하고, 왕성하게 활동한다. 해가 높아짐에 따라서 점점 활발한 기분이 된다. 그러나 정오 무렵이 됨과 동시에 우리는 이미 아침과 같은 원기를 느끼지 않게 된다. 그리고 저녁나절에는 더 한층 피로해서 이제 쉬고 싶어진다. 우리의 일생도 이와 똑같다.

우리는 젊은 시절에는 원기가 왕성해서 기쁜 삶이 계속된다. 그러나 일생의 반이 지나면 어느새 그 원기가 없어지고 만다. 그리고 노년이 되면 우리는 피로를 느끼게 되고, 점점 더 절실하게 휴식을 바라게 된다. 낮 다음에 밤이 오고 우리가 잠자리에 누워 이런저런 생각들이 뇌리에서 뒤죽박죽 오가기 시작하다가 마침내는 스르르 잠에 빠져 어딘지도 모르는 곳으로 의식이 날아가 버려서, 그때는 나를 나로 느끼지 않게 되고 마는 것처럼 우리가 죽는 경우에도 이와 동일한 현상이 일어나는 것이다.

따라서 우리가 매일 아침에 잠에서 깨는 것은 소규모의 탄생이며, 아침부터 밤까지의 하루는 소규모의 일생이고, 그리고 잠은 소규모지만 죽음과 다르지 않다.

2. 벼락이 칠 때는 이미 방전이 끝난 것이며, 따라서 벼락이 생명을 빼앗

을 수 없다는 것을 우리는 안다. 그럼에도 불구하고 우리는 늘 벼락에 겁을 내고 떤다. 죽음의 경우도 이와 같다.

인생의 의의를 깨닫지 못한 인간은 죽음과 동시에 모든 것이 사라지는 것처럼 여긴다. 그래서 그는 죽음을 두려워하며 이미 떨어진 벼락이 절대로 나를 죽이지 못함에도 불구하고, 어리석은 사람이 그 벼락에서 몸을 숨기는 것처럼 죽음으로부터 달아나 숨으려 노력하는 것이다.

3. 어떤 사람이 나의 시선이 미치는 지점에서 내가 볼 수 없는 지점까지 천천히 걸어갔다. 그리고 다른 한 사람은 동일한 장소를 재빨리 걸어 지나갔다. 나는 천천히 걸어간 사람 쪽이 재빨리 지나간 사람보다 오래 살았다고 생각하지 않는다. 내가 아는 것은 단 한 가지다. 만약 나의 창문 앞을 빠른 걸음이든 천천히든 어느 쪽이든, 어쨌든 두 사람이 걸어서 지나가는 것을 목격했다면, 그 경우에 나는 그 둘 다 내 시야에 들어오기 전에 이미 존재했으며, 내 시야에서 사라진 뒤에도 계속 존재한다는 사실을 알고 있다는 것이다. 사람들의 생명 또한 이것과 똑같아서 땅 위의 삶이 길든 짧든 결국 변함은 없다.

4. 불멸에 대한 신념은 다른 사람에게서 받아들이지는 못한다. 또한 강제로 자신에게 불멸을 믿게 하지도 못한다. 불멸에 대한 신념을 가지기 원한다면 자신의 생명을 불멸의 경지에서 깨닫지 않으면 안 된다.

5. 죽음, 그것은 우리의 영혼과 이어져 있는 것의 또다른 표현이다. 이 표현과 그 안에 들어 있는 것을 혼동해서는 안 된다.

6. 당신은 잠시 멈추어 있는 것이 아니라 계속 진행하고 있음을 기억해야 한다. 집 안에 앉아 있는 것이 아니라 죽음의 종점까지 운행하는 기차에 타고 있음을 잊지 말아야 한다. 당신의 육체는 늦든 이르든 종말을 고한다. 영혼만이 영원히 사는 것임을 기억해야 한다.

7. 분명하게 논증할 수는 없지만 어쨌든 나는 합리적이고, 자유로우며, 비육체적인 '본원'이 나의 내부에 살아 있으며, 절대로 사멸하지 않음을 알고 있다.

8. 영혼이 불멸한다고 생각하는 것 때문에 설령 착각에 빠진다 하더라도, 그래도 나는 행복하고 나의 그 착각에 만족할 것이다. 내가 살아 있는 동안은 아무도 나에게서 그 신념을 빼앗을 수 없다. 그리고 이 신념은 나에게 평

안과 완전한 만족을 준다. (키케로)

진정한 삶은 시간의 바깥에 있다.
따라서 미래 같은 것은 존재하지 않는다

1. 죽음은 우리에게 시간에 대한 관념을 부여하며, 우주와의 결합이 붕괴한 것이다. 따라서 미래에 관한 문제는 죽음에 대해서는 의미를 갖지 않는다.

2. 시간은 죽음을 가린다. 시간 속에 사는 것과 동시에 우리는 그 종말을 상상할 수 없게 되는 것이다.

3. 죽음에 관한 상상이 눈에 보이는 작용을 하지 않는 까닭은 우리가 천성적으로 활동적인 존재라는 특질로 볼 때, 전혀 죽음을 생각할 필요가 없기 때문이다. (칸트)

4. 내세(來世)라는 것이 있느냐 없느냐 하는 문제는 요컨대 시간이란 것이 우리의 육체에 한정된 사고력의 소산이냐, 아니면 존재하는 모든 것의 필연적 조건이냐 하는 문제와 같다.

시간이라는 것이 모든 존재의 필연적인 조건일 수 없음은 우리가 자기 내부에 시간에 종속되지 않는 '어떤 것'이 있음을 인식한다는 사실로 입증된다. 따라서 내세가 있느냐 없느냐 하는 문제는 시간에 대한 상상과 현재 우리 삶의 인식 가운데 어느 것이 현실이냐 하는 문제인 것이다.

5. 만약 자기의 생명이 현재에 존재한다고 생각한다면, 그 경우 우리에게는 미래의 삶에 관한 문제 따위는 있을 수 없다.

영적인 생활로 일관하는 사람에게는
죽음은 두려운 것이 아니다

1. 죽음은 실로 손쉽게 온갖 고난과 불행으로부터 우리를 벗어나게 하기 때문에, 불멸을 믿지 않는 사람들이 이것을 바라는 것은 오히려 당연할 정도이다. 그러나 불멸을 믿고 새로운 생애를 기대하는 사람들은 믿지 않는 사람들보다 훨씬 더 죽음을 바라는 것이 당연한 것이다. 그런데 대체 무엇 때문에 대다수의 사람들은 죽음을 갈망하지 않는 것일까? 바로 대다수의 사람들은 육체의 생활로 일관하고 영적인 생활을 영위하지 않기 때문이다.

2. 고뇌나 죽음이 악처럼 여겨지는 것은 우리가 동물로서의 육체적 존재의 법칙을 자기 삶의 율법처럼 해석하는 경우뿐이다. 우리가 인간이면서도 동물의 계급으로 하락하는 경우, 이 경우에만 우리에게 고뇌나 죽음이 두려워지는 것이다. 더구나 이 경우에는 고뇌와 죽음은 참새를 위협하는 허수아비나 도깨비처럼 사방팔방에서 우리를 향해 외쳐대고, 이성의 법칙에 따르고 사랑 속에 표현되는 인생에서 우리의 앞에 전개되었던, 한쪽으로 치우친 한 가닥 길로 내몬다. 고뇌와 죽음은 우리가 행한 자기 삶의 율법이 파괴되는 것에 지나지 않는다. 만약 우리가 철두철미하게 영적인 삶으로 일관한다면 우리에게는 이미 고뇌도 죽음도 대수로운 것이 아니다.

3. 여기에 사슬에 묶인 한 무리가 있다. 그들은 모두 사형을 선고받은 사람들이다. 날마다 그들 가운데 몇 명이 남겨진 사람들의 코앞에서 죽음을 당한다. 남겨진 사람들은 그 위험을 목격하고 자기 차례가 되기를 기다리면서 공포에 떨고 겁에 질린다. 만약 자기 삶의 의의를 이해하지 못한다면, 그러한 사람들에게 인생은 실로 그와 똑같은 것이 된다. 그러나 만약 자기의 내부에 성령이 깃들어 있음을 이해하고, 그 성령과 합일할 수 있음을 이해한다면, 그런 사람에게는 이미 죽음은 존재하지 않는다. 따라서 죽음에 대한 공포도 있을 수 없다.

4. 죽음을 두려워하는 것은 결국 귀신을 두려워하는 것과 같다. 바로 실재하지 않는 것을 두려워하는 것이다.

5. 나는 나의 정원을 사랑한다. 책 읽기를 좋아한다. 아이들을 귀여워하는 것이 즐겁다. 그러나 죽음과 동시에 이러한 것들을 잃게 된다. 그렇기 때문에 죽고 싶지 않다. 그래서 죽음이 두렵다…….

우리의 삶 전체가 이러한 세속적인 욕망과 그 욕망을 채우는 일에 뒤얽혀 있는 경우도 있을 수 있다. 만약 그렇다면 우리는 아무래도 이러한 욕망을 채우는 일에서 오는 기쁨을 잃어버리는 것을 두려워하지 않을 수 없다. 그러나 만약 이들 욕망이 우리의 내부에서 변화를 초래해 다른 욕망으로 바뀐다면, 즉 신의 의지를 따르고 현재의 모습이나 장래에 있을 수 있는 우리의 다양한 모습을 신에게 맡기고 싶은 심정으로 달라진다면, 그 경우 우리의 육체적인 온갖 욕망이 정신적인 욕망으로 크게 바뀌면 바뀔수록, 그만큼 죽음이 두렵지 않게 된다.

그리고 마지막으로 우리의 세속적인 온갖 욕망이 신에게 복종하기를 원하는 단 한 가지의 욕망으로 완전히 바뀐다면, 우리에게는 삶 이외에 아무것도 없어지고 만다. 죽음이 존재하지 않게 된다. 세속적이고 일시적인 욕망을 영원한 욕망으로 바꾸는 것, 이것이 진정한 인생의 길이며, 인생의 행복을 향한 길이다.

6. 영혼에 봉사하며 살아가는 사람에게는 육체의 파괴는 해방과 다름없으며, 고뇌는 그 해방을 위해 없어서는 안 될 조건이다. 그러나 자기의 생명을 육체에 있다고 생각하는 사람이 자기 삶의 토대가 되는 것, 즉 자신의 육체가 고뇌와 함께 붕괴하는 것을 볼 때의 심경은 대체 어떨 것인가?

7. 동물은 죽음을 보지 못하며, 대부분 죽음의 공포에 괴로워하지 않고 죽어간다. 그런데 어째서 우리 인간에게는, 우리를 기다리고 있는 종말을 보는 힘이 주어져 있다는 말인가? 또 무슨 까닭으로 그 종말에 대한 공포에 질린 나머지 자살을 하게 만들 정도로까지 우리의 영혼을 마구 어지럽게 하는 것일까? 왜 그다지도 두려운 것인가?

우리는 그것이 무슨 까닭인지 밝히지 못한다. 그러나 무엇을 위해서인지는 안다. 그것은 자각할 수 있는 현명한 사람을 육체의 삶에서 영혼의 삶으로 전환시키기 위해서이다. 이 전환은 죽음의 공포를 없앨 뿐만 아니라 죽음을 기대하는 마음마저, 즉 고향으로 돌아가는 나그네의 심정과도 비슷한 일종의 온화한 심정을 갖게 해주는 것이다.

8. 삶은 죽음과 상통하는 뭔가를 지니고 있지 않다. 이성을 흐리게 하고, 죽음이 피할 수 없는 것이라는 우리 지식의 확실성을 의심케 하는 헛된 희망이 우리 내부에 늘 생겨나는 것은 어쩌면 그 때문이리라. 육체의 삶은 생존을 고집한다. 육체의 삶은 우화 속의 앵무새처럼 목이 졸리는 순간에도 '이건, 이건 아무것도 아니야!'라고 되뇌인다. (아미엘)

9. 육체, 그것은 곧 영혼을 가두고 자유롭게 되기를 방해하는 벽이다. 영혼은 끊임없이 이 벽을 밀어젖히려 애를 쓴다. 현명한 사람의 일생은 이 벽을 없애는 노력, 육체의 속박으로부터 영혼을 해방시키려는 노력으로 이루어져 있다. 죽음은 완전하게 영혼을 해방시켜 준다. 따라서 진실한 삶을 사는 사람들에게는 죽음은 두렵지 않을 뿐만 아니라 오히려 기뻐할 현상이다.

10. 사람도 동물처럼 죽음을 거부한다. 그러나 이성 덕분에 사람은 언제나

그 저항을 순종으로 바꿀 수가 있다. 아니, 심지어는 쾌락으로까지 바꿀 수 있다.

11. 만약 죽음이 두렵다면 그 원인은 죽음 그 자체에 있는 것이 아니라 우리들 자신에게 있는 것이다. 우리가 보다 나은 사람이 됨에 따라서 죽음은 차츰 두렵지 않게 된다.

성인(聖人)에게는 죽음이란 있을 수 없다.

12. 우리는 죽음을 두려워한다. 그렇지만 만약 현재와 같은 모습으로 영원히 생존해야만 한다면, 대체 어떻게 할 것인가. 이것을 잘 생각해 보아야 한다.

13. 죽음을 두려워하는 것이 불합리한 것과 마찬가지로 죽음을 바라는 것 역시 불합리하다.

14. 죽음에 이를 정도의 중병이 나아서 다시 살 수 있게 되는 것은 결국 습지를 통과해야만 하는 운명에 있는 짐차가 습지로 향하지 않고 이쪽으로 다시 되돌아오는 것과 같다. 그러나 어차피 이 습지를 통과하는 것은 피하기 어렵다.

15. 합리적인 삶은 앞길을 비추는 등불을 높이 들고 나아가는 사람과 같다. 이러한 사람은 절대로 불빛이 비추는 곳을 벗어나지 않는다. 늘 그의 앞에 불빛이 비추고 있기 때문이다. 이러한 것이 합리적인 삶이다. 그리고 이러한 삶으로 일관한 경우에만 죽음은 존재하지 않는다. 왜냐하면 불빛이 끊임없이, 최후의 순간까지 길을 비춰주는 결과, 이승의 일생과 마찬가지로 저승으로 사라지는 경우에도 지극히 평안하기 때문이다.

인간은 자기 내부에 깃들어 있는
영원한 생명과 더불어 살아야 한다

1. 자식은 언제나 아버지의 집에서 생활하지만 날품을 파는 인부는 겨우 한때를 머물 뿐이다. 따라서 자식은 날품팔이처럼 생활하지는 않을 것이다. 그는 아버지의 집에 대해 걱정을 할 것이다. 그리고 날품팔이처럼 자기의 일당을 받으려는 것에 골똘하지는 않는다.

만약 자기의 삶이 죽음과 함께 끝나지 않음을 믿는다면, 그 사람은 아버지의 집에 기거하는 자식 같은 삶을 계속할 것이다. 그러나 만약 자기의 삶이 이 세상에서의 삶이 끝나면서 끝나는 것이라고 생각한다면, 그런 사람은 이 세상의 삶에서 할 수 있는 모든 것을 이용하고자 노력함으로써 날품팔이꾼 같은 삶을 보낼 것이다.

그 때문에 사람들은 누구나 가장 먼저 자신이 주인의 자식인지, 날품팔이 인지의 문제, 육체의 죽음과 함께 모두 죽어버리는 것이냐, 아니냐 하는 문제를 해결해야만 한다. 그리고 내 속에 죽음으로 사라지는 것과 사라지지 않는 것이 포함되어 있음을 깨달음과 동시에, 이 세상에서 사라지는 것보다도 사라지지 않는 것에 대해서 보다 많이 배려하게 되어, 이제는 날품팔이가 아니라 주인의 자식처럼 살아갈 것이다.

2. 자신의 인식 속에 이 세상의 삶에 포함되지 않은, 세계 인류에 대한 새로운 태도를 수립한 사람만이 미래의 삶을 믿을 수 있다.

3. 우리의 삶이 육체의 죽음과 함께 끝나느냐 마느냐 하는 문제, 이것은 매우 중대한 문제라서 아무래도 생각하지 않을 수 없다. 그리고 우리가 불멸을 믿느냐 믿지 않느냐의 여부에 따라서 그 행위 또한 합리적이 되기도 하고 불합리해지기도 할 것이다.

그렇기 때문에 우리의 최대 관심은 우리가 육체의 죽음과 함께 모조리 죽고 마는 것인지, 아니면 모조리 죽어버리는 것은 아닌지, 그리고 만약 모조리 죽는 것이 아니라면 대체 우리 안에 있는 그 불멸의 요소는 무엇인가 하는 문제를 해결하는 한 가지로 모아져야 한다. 그리고 우리에게서 멸망하는 요소와 불멸의 요소가 병존하는 것을 이해함과 동시에, 그 멸망하는 요소에 대해서보다 멸하지 않는 요소에 대해 보다 많이 배려해야 한다는 것이 명백해진다.

우리에게 불멸한다는 것을 알려주는 음성은 우리 내부에 깃든 신 그 자체의 음성인 것이다. (파스칼)

4. 내세에 관한 가르침에 익숙하고, 그러한 생활의 존재를 믿는 많은 사람들이 여전히 죄에 빠지고 저열한 행동을 저지르며, 미래에 자기들을 위협할 행위의 뼈아픈 결과를 어떻게든 교묘하게 피하려고 온갖 수단을 궁리하고 있다는 것을 우리는 경험을 통해 알 수 있다. 더구나 죽음과 함께 모든 것이 끝난다는 사상과 합치할 수 있고, 그 고상한 사상이 내세에 대한 희망으로까지 높아지지 않을 만한, 그러한 정신적인 인간이 언젠가 이 세상에 한 사람

쯤은 존재했을 것이다.

그렇기 때문에 나는 내세에 대한 희망 위에 자신의 고상한 행위를 수립하는 것보다는, 내세에 대한 신앙을 고귀한 영감으로 새롭게 하는 편이 인간의 본성과 결백한 기질에 더 들어맞는다고 생각한다. (칸트)

5. 우리가 확실하게 아는 것은 오직 한 가지, 바로 죽음이 우리를 기다린다는 사실뿐이다. '사람의 일생은 집안에 날아들어 지나가는 제비와도 같다'는 사실이다. 우리는 어디에서 왔는지도 모르고 이 세상에 와서 어디로 가는지도 모르는 채 떠난다. 앞을 분간하기 힘든 어둠이 등 뒤에 가득하다. 진한 그림자가 앞을 가로막고 있다.

죽을 때가 왔을 때, 우리가 그때까지 맛있는 음식을 먹었느냐 먹지 않았느냐 하는 것, 부드러운 옷을 입었느냐 아니냐 하는 것, 많은 재산을 남겼느냐의 여부, 명예를 얻었는지 모멸을 당해 왔는지, 학자로 추앙을 받아 왔는지 무식한 사람으로 일관해 왔는지는 우리가 신에게서 부여받은 재능을 갈고 닦아온 노력에 비한다면, 아무런 의미도 없다! 우리의 눈이 어두워지고, 귀가 들리지 않게 된 그때에 이 모든 것들이 어떤 가치를 우리에게 지닐 수 있으랴!

우리가 끊임없이 자신에게 부여된 영적 생활의 능력을 소중하게 보호할 뿐만 아니라, 육체의 사라짐이 더 이상 두렵지 않게 되는 정도로까지 이것을 증대시켰을 때야 비로소 우리는 연못에 괸 물처럼 평안해질 수가 있다. (헨리 조지)

6. 멕시코 왕 유언 한 구절

"땅 위의 모든 것은 각자의 한계를 지닌다. 가장 힘세고 유쾌한 것은 그 위대함과 유쾌함 속에서 사라져 한 줌도 못 되는 티끌로 돌아간다. 이 지구 전체가 하나의 커다란 무덤과 다르지 않다. 그리고 이 대지 아래의 무덤에 숨지 않더라도 그 표면에는 아무것도 남지 않는다. 빗물도, 시내도, 샘도 각자 사명을 받은 방향으로 나아간다. 자기 행복의 근원으로는 돌아가지 않는다. 만물은 모두 무한무궁한 대양 속에 자기를 수장(水葬)시키기 위해 앞으로, 앞으로 나아간다.

어제 있었던 것은 오늘은 이미 없다. 오늘 있는 것도 내일은 이미 없어지리라. 대우주의 이 초원은 과거 생명을 지녔던 사람들, 황제였거나 국민의 지배자였고, 의회의 대의원이었거나 군대의 대장이기도 했고 새로운 국토의 정복자이기도 했던 사람들, 대중의 최고 경의를 요구하고 영예와 영화와 권력을 자랑하던 사람들, 그러한 사람들의 유해로 가득하다.

그러나 명예는 화산에서 분출하는 검은 연기처럼 사라져 연대기(年代記)의 한 페이지에 그 이름을 싣는 것 외에 아무것도 남기지 못했다.

위대했던 사람들, 총명했던 사람들, 용감했던 사람들, 아름다웠던 사람들, 아, 아아! 그들은 지금 어디에 있는가? 그들은 모두 진흙과 뒤섞이고 말았다. 그리고 그들에게 닥쳤던 것은 이윽고 우리에게도 닥쳐올 것이다. 우리 뒤에 올 사람들에게도 그것은 반드시 닥쳐올 것이다.

그러나 너희는 모두 용기를 가져야 한다. 고귀한 장관도, 진실한 벗도, 충실한 가신(家臣)들도 모두 용기를 내야 한다. 모두 함께 만물이 영원불멸하고, 부패도 궤멸도 없는 곳, 바로 천국을 향해 나아가지 않겠는가. 암흑은 태양의 요람이다. 그리고 별빛에는 밤의 어둠이 필요하다." (테츠쿠코 네자그알 코포트리, BC 약 1460년)

7. 사멸하는 모든 것에 탄생이 피할 수 없는 사실인 것처럼, 태어나는 모든 것에게 사멸은 피치 못할 사실이다. 따라서 이 피할 수 없는 사실을 탄식하는 것은 좋지 않다. 미래의 상태는 불투명하며, 현재 상태는 명백하고, 사후의 상태는 아직 알 수 없다. 대체 무엇을 고민하고 걱정할 필요가 있겠는가! 어떤 사람들은 영적인 것을 기적이나 그 비슷한 것처럼 본다. 또 어떤 사람들은 경탄과 함께 영혼에 대해서 말하거나 듣곤 한다. 그러나 아무도 이 영혼이란 것에 대해서는 어느 것 한 가지도 알지 못한다.

하늘의 문은 정확히 당신에게 필요한 만큼 당신을 위해 열려 있다. 온갖 번뇌와 공포에서 벗어나라. 그리고 자기의 영혼을 영원의 세계로 향해야 한다. 당신의 행위를 사건에 의해 좌우하게 하지 말고, 자신이 좌우하는 곳으로 향하게 하라. 자기 행동의 목적을 대가에 두는 그런 인간이 되어서는 안 된다. 주의 깊은 사람이 되어라. 자기의 본분을 완수하라. 사건이 당신에게 유쾌하게 끝나든 그렇지 않든, 그런 것은 아무래도 상관없도록 결과에 대한 생각을 버려야 한다.

8. 당신은 죄에서 벗어나기를 바란다. 그리고 삶은 당신의 육체와 그 욕망을 감소시킴으로써 당신을 돕는다. 그 결과 언제나 무의식적으로 정신이 육

체로부터, 개체로부터 벗어나기를 바라게 되는 것이다. 당신의 삶을 죄에서 벗어나는 것에 두어야 한다. 그리하면 병이나 노쇠, 그 밖의 모든 신체적인 불행이 가장 커다란 행복이 될 것이다.

당신은 노쇠하고 육체적으로 사멸한다. 그러나 정신적으로는 점점 더 강해지고 성장하며, 새로운 생활로 거듭난다.

9. 이 세상에서 우리는 정체불명의 커다란 배에 타고 있는 나그네와 같은 입장이다. 선장의 손에는 언제, 어디에서, 누구를 상륙시킬 것인지 우리 선객들은 전혀 알지 못하는 여정표가 들려 있다. 그러므로 우리가 자기가 상륙하게 될 그때까지 배 안의 율법을 굳게 지키고, 다른 사람들과 함께 평화와 협조와 사랑 속에서 자기에게 주어진 시간을 보내고자 노력하는 것 말고 다른 어떤 것을 할 수가 있겠는가!

10. 정말로 변화가 당신을 위협하는가? 어떤 일도 변화 없이는 행해지지 않는다. 장작의 변화가 이루어지는 일 없이는 물을 따뜻하게 데우지 못한다. 영양의 흡수는 음식물의 변화 없이는 불가능하다. 이 세상 모든 삶은 변화 이외에 아무것도 아니다. 당신이 가는 길에 기다리고 있는 변화도 또한 이것과 똑같은 의미를 지닌다는 것을 깨달아야 한다.

이 변화는 사물의 본성으로 볼 때 어쩔 수 없는 것임을 알아야 한다. 뭔가를 해서 인간의 참된 본성에 배반하는 일을 하지 않도록, 이 한 가지에만 전념해야 한다. 인간 본성의 명령에 따르고, 명령을 받았을 때 그것을 행하지 않으면 안 된다. (마르쿠스 아우렐리우스)

11. 만약 고뇌가 이 세상에 선을 초래하지 않는다면, 이것은 실로 무서운 세계이다. 세계는 정신적 및 육체적으로 사람들을 괴롭히기만 할 목적으로 만들어진 일종의 사악한 조직에 지나지 않는다. 만일 그렇다면 미래의 선을 위해서가 아니라 무익하게, 무목적으로 악을 행하는 이 세계, 그러한 세계는 말로 다 못할 정도의 부도덕한 세계이다. 그러한 세계는 사람들을 번뇌하고 괴롭힐 목적으로 일부러 유혹하는 것과 같다. 그런 세계는 애초 태어날 때부터 우리를 괴롭히고, 갖가지 행복의 잔에 쓰디쓴 물을 따르며, 죽음을 언제나 우리를 위협하는 공포로 삼는다. 말할 것도 없이 만약 신과 불멸이 존재하지 않는다면 사람들이 드러내는 인생에 대한 혐오는 이해가 갈 것이다. 그 혐오는 현행의 질서에 의해서, 아니 오히려 무질서에 의해서, 가공할 도덕적

혼돈에 의해서(그렇다, 그렇게 형용하는 편이 타당하리라!) 표현된다.

그러나 신이 우리에게 존재하며 영원이 우리의 앞길에 존재하는 한, 모든 것은 변한다. 우리는 악 속에서 선을, 어둠의 한가운데서 빛을 꿰뚫어 본다. 그 결과, 희망이 절망을 쫓아낸다.

이 두 가지 예상 가운데 어느 쪽이 더 확실성을 지녔을까? 정신적 존재인 인간은 우리의 모순을 해결할 결론이 앞에 놓여 있음에도 불구하고, 현재의 사회제도를 저주하는 것이 당연하다는 주장이 과연 허용될 수 있겠는가? 만약 신과 내세가 존재하지 않는다면, 사람들은 이 세계와 자기가 태어난 날을 저주할 것이 틀림없다. 그러나 반대로 이 두 가지가 존재한다면, 인생은 그 자체로서 이미 선(善)이 되며, 이 세계는 정신적 완성의 장, 행복과 신성을 무한히 증대시키는 곳이 될 것이다. (에라스무스)

12. "만약 꿈의 세계에서 끊임없이 동일한 상태에 있는 자신을 보고, 현실 세계에서는 각종 다양한 상태에 있는 자신을 보았다고 한다면, 우리는 꿈을 진실이라 여기고, 진실을 꿈이라 생각할 것이다."

파스칼은 이렇게 말했다.

그러나 이것은 반쪽 진리밖에 되지 못한다. 현실이 꿈과 다른 점은 이렇다. 현실의 세계에서는 우리의 정신적 요구에 순응하여 행하는 능력을 소유하고 있지만, 꿈의 세계에서는 우리가 아는 바와 같이 우리의 본성에 맞지 않는, 싫고 부도덕한 행위를 감히 행하며, 또한 이것을 제지할 수가 없다. 그렇기 때문에 오히려 이렇게 표현하는 편이 맞을 것이다.

'만약 우리가 꿈의 세계에 있는 것보다 더 정신적 욕구를 충족시키는 힘을 지닌 삶을 몰랐다고 한다면, 그런 경우에 우리는 꿈을 진정한 삶으로 여기고, 그것이 진실한 삶이 아니란 것을 절대로 의심치 않았으리라.'

탄생에서 사망까지의 수많은 꿈을 꿀 수 있는 이 세상의 삶 전체가 꿈인 것은 아닐까? 우리가 현실이라 여기고, 현실 생활이라 생각하며, 그리고 영혼의 정신적 요구에 따르는 자유가 현재 우리가 지닌 자유보다 큰 삶을 모른 결과로, 현실인 것을 의심하지 않는 그것이 일종의 꿈인 것은 아닐까?

13. 만약 작고 미미한 이 삶의 한 조각이 너희의 전부라면, 주의를 기울여 그 작은 한 조각으로부터 너희가 할 수 있는 모든 것을 만들어내야 한다. (하메트)

14. "우리가 가는 길에 우리를 기다리는 것이 무엇인지를 모르고 어떻게 살아갈 수 있으랴!" 사람들은 이렇게 말한다. 그러나 우리 앞길에 기다리고 있는 것을 생각하지 않고, 그저 오로지 자기 안에 있는 사랑의 발현을 위해서만 살아갈 때, 그때 비로소 참된 삶은 창조되는 것이다.

15. "나는 이미 아무런 쓸모가 없다. 나는 이제 죽어도 될 때다." 사람들은 종종 이렇게 말한다. 그러나 죽을 때가 왔기 때문에 아무런 도움도 되지 않게 되는 하찮은 사람은 애초부터 아무런 쓸모도 없었던 사람이다. 그것 말고 사람에게는 언제나 필요한 것이 있다. 그리고 그것은 죽을 때가 다가오면 올수록 점점 더 필요해진다. 바로 영혼의 사업이 그것이다. 자기 영혼을 보다 훌륭하게 하는 것이 그 사업이다.

16. 사랑은 죽음의 공포뿐만 아니라 죽음에 관한 상념마저 다 없애버린다. 농부의 늙은 어머니는 죽기 2, 3시간쯤 전에 여름에 죽는 것이 기쁘다고 며느리에게 말했다. 그래서 며느리가 이유를 물었을 때 죽어가는 그 노파는 대답했다.

"너희가 겨울엔 땅이 얼어붙어 무덤을 파기 힘들지만 여름엔 쉬우니까 그렇지."

이 노파에게 죽는 것은 참으로 쉽고 편안했다. 왜냐하면 이 노파는 마지막 순간에 이를 때까지 자신을 생각지 않고 남만을 생각했기 때문이다.

사랑의 사업을 창조하라. 그리하면 너희에게 죽음은 존재하지 않으리라.

17. 어떤 일을 하는 경우에도 늘 그것을 내던질 수 있을 만한 각오를 해야 한다. 곧장 내놓을 수 있을지 어떨지 깊이 살펴야 한다. 그때 비로소 당신은 자신이 행하는 그 일을 훌륭하게 해낼 수가 있을 것이다.

죽음에 대해 미리 생각하고 기다리는 것이 이것을 가르친다.

18. 이 세상에 태어날 때, 당신은 울었지만 주위 사람들은 모두 기뻐했다. 이 세상에 하직을 고할 때에는 반대로 모두들 울지만 당신만은 미소를 띨 채비를 해야 한다.

죽음을 기억하는 것은 영적인 삶에 도움이 된다

1. 사고할 수 있게 된 때부터 우리 인간은 육체의 죽음에 대한 기억만큼 사람의 정신생활에 도움을 주는 것이 없음을 인식하게 되었다. 그런데 그 방

향을 착각한 현대의 의술은 사람들을 죽음으로부터 벗어나게 하겠다는 목적을 설정하고 육체의 죽음에서 달아나게 하며, 육체의 죽음에 대한 상념을 사람들의 마음에서 쫓아내야 한다는 생각을 갖게 하여, 사람들로부터 정신 생활에 정진하고자 하는 마음을 빼앗는다.

2. 자신이 선행으로 일관하고 싶다면 얼마 안 가서 반드시 죽을 것이라는 것을 되도록 자주 떠올려야 한다. 당신이 죽음을 앞두고 있다는 사실을 생생하게 가슴에 상상하기만 한다면, 교활한 행동을 하는 것도, 남을 속이는 것도, 거짓말을 하는 것도, 비난하는 것도, 욕을 하는 것도, 증오하는 것도, 남의 물건을 빼앗는 것도 하지 않게 될 것이 분명하다. 죽음을 앞두고 행할 수 있는 것은 지극히 단순한 선행뿐이다. 즉 남을 돕거나 위로하거나, 애정을 보이거나 하는 것뿐이다. 더구나 이들 행위는 언제나 가장 필요하고, 유쾌한 행위이다. 이들 행위의 결과는 언제나 좋다. 그러나 특히 마음이 어지러울 때는 죽음을 떠올리는 것이 좋다.

3. 죽음이 다가온 것을 알게 되면서 사람들은 깨끗한 영혼으로 신의 곁으로 갈 수 있기 위해 이제껏 자신이 저지른 죄를 참회하고 기도한다. 우리는 날마다 서서히 죽고 있다. 그리고 지금 이 순간에 죽어버릴지도 모른다. 따라서 우리는 빈둥빈둥 죽을 때를 기다리지 말고 어느 순간에든, 언제든 죽을 수 있는 마음의 준비를 해야 한다.

언제든지 죽을 수 있는 각오를 한다는 것은 선한 생활로 일관한다는 의미이다. 우리가 언제든지 죽을 수 있는 준비를 하듯이 죽을 각오를 하고 선한 생활을 하도록, 죽음은 우리 앞에 언제나 서 있는 것이다.

4. 죽음보다도, 죽음이 모든 사람을 찾아온다는 사실보다 확실한 것은 없다. 죽음은 내일이라는 날이 온다는 사실보다도, 낮 다음에 밤이 온다는 사실보다도, 여름이 지나면 겨울이 온다는 사실보다도 정확하다. 그런데도 어째서 우리는 내일, 내일 밤, 또는 겨울 준비를 하면서 죽음의 준비를 하지 않는 것일까? 죽음에 대해서도 준비를 해야 한다. 죽음에 대한 준비는 오직 하나다. 바로 선한 삶을 사는 것이다. 우리 삶이 선량해질수록 그만큼 죽음의 공포는 적어지며, 그만큼 죽는 것이 편해진다. 성자에게는 죽음은 존재하지 않는 것이다.

5. 죽음은 눈 깜짝할 사이에 찾아오는 것이다! 그런데도 여전히 너희는

기만과 욕정에서 벗어나지 못한다. 세속적이고 외적인 것이 우리에게 해를 끼칠 수 있다고 생각하는 편견에서 벗어나지 못한다. 그리고 모든 사람에게 온유해질 줄을 모른다. (마르쿠스 아우렐리우스)

6. 만약 회의(懷疑)가 가시지 않아 어떻게 행동해야 좋을지 모르겠다면, 그런 때에는 자신이 오늘밤에 죽을 것이 분명하다고 상상해보면 된다. 그렇게 하면 회의는 그 자리에서 눈 녹듯이 사라지리라. 그리고 무엇이 우리 본연의 임무이며, 무엇이 개인적인 욕정인가 하는 것이 금세 명백해질 것이다.

7. 죽음을 목전에 두면 어떠한 생활도 엄숙해지고 의미가 깊어지며, 진정 풍요롭고 유쾌한 것이 된다. 죽음을 눈앞에 맞이하면 우리는 아무래도 이 세상에서 우리에게 주어진 유일한 일을 하지 않을 수 없게 된다. 죽음을 눈앞에 둔 경우에는 다른 아무 일에나 몸을 던질 수가 없기 때문이다. 그러한 유일한 일을 함과 동시에 생활이 즐거워진다. 그래서 죽음을 염두에 두지 않고 살아가는 사람들이 갖는 죽음의 공포는 사라지고 만다.

8. 지금 당장 삶과 헤어져야만 한다는 각오, 나에게 남겨진 이승에서의 시간은 예기치 않은 선물이라는 생각, 그런 마음으로 살아가야 한다. (마르쿠스 아우렐리우스)

9. 오늘 밤까지 살라. 동시에 영원히 살라. 영원히 산다는 마음으로 일하라. 동시에 지금 곧 죽는다는 각오로 일하라. 그리고 지금 곧 죽는다는 생각으로 다른 사람을 대하라.

10. 죽음이 임박했다는 의식은 사람들에게 자기 일을 완성하는 방법을 가르친다. 존재하는 모든 일 가운데서 언제나 완전하게 성취될 수 있는 일은 오직 한 가지다. 현재 사랑하는 것이 그것이다.

11. 죽음을 망각한 삶과 날마다 죽음에 접근해 가고 있다는 의식을 항상 지닌 삶은 전혀 다르다. 전자는 동물의 삶에 가깝고, 후자는 신의 삶에 가깝다.

12. 괴로워 번민하는 일 없이 살려면 자기 앞날에 기쁨을 기대해야 한다. 그러나 노쇠와 죽음만이 앞길에 놓여 있는 때에 어떤 기쁨을 기대할 수 있으랴? 대체 어떻게 해야 좋을 것인가? 바로 자기 생명을 육체의 행복에 두지 말고 정신의 행복에 두어야 한다. 보다 학식이 있는, 보다 부유한, 보다 이름 높은 사람이 되는 것이 아니라 끊임없이 점점 더 선량하고 사랑으로 충만

한 사람이 되고, 점점 육체에서 멀리 벗어나야 한다. 그렇게 하면 노쇠나 죽음이 위협이나 고통이 되지 않고 우리가 희망하는 것이 될 것이다.

사망

1. 우리는 삶의 소멸 그 자체도, 사망할 때의 그 순간도 죽음이라 부른다. 삶의 소멸은 우리의 의지에 달려 있지 않다. 그러나 사망은 우리의 의지 아래 있다. 우리는 훌륭한 방법으로 죽을 수도 있고, 추한 방법으로 죽을 수도 있다. 우리는 훌륭하게 죽도록 노력해야 한다. 그것은 뒤에 남겨진 사람들을 위해서도 필요하다.

2. 우리가 어느덧 죽는 순간에는 우리 생명의 촛불(그 빛에 의해 불안이나 기만이나 비애나 악으로 가득 찬 일생의 역사를 우리는 읽어왔다)은 지금까지보다도 한층 밝게 타오르고, 지금까지 어둠 속에 있었던 모든 것을 우리에게 비춰 보여주며, 반짝반짝 불꽃을 발하다가 서서히 어두워지고, 마침내 영원히 사라져버린다.

3. 빈사상태에 이른 사람은 모든 생물의 기분을 이해하기가 힘들다. 그러나 그 경우에 그가 모든 생물을 이해하지 못하는 것은 그의 지력이 쇠해서일 뿐만 아니라, 또한 그가 살아 있는 사람들이 이해하지 못하는 다른 뭔가를 이해하고, 그것에 완전히 몰입한 결과일 것이다.

4. 사람들은 '노령에 이른 사람의 삶은 중요하지 않다. 그들은 이미 여생을 보내는 데 지나지 않는다'는 식으로 생각한다. 그러나 이것은 옳지 않다. 노령에는 자기에게나 타인에게나 모두 중요하고 귀중한 삶이 이루어진다. 삶의 가치는 죽음으로부터의 거리의 제곱에 반비례한다. 노령에 이른 사람들 자신도, 주위 사람들도 함께 이 사실을 이해한다면 얼마나 좋으랴. 특히 마지막 숨을 거두는 순간은 귀중하다.

5. 노령에 이르기 전에 나는 선한 삶으로 일관하고자 노력했다. 노령에 달한 오늘에는 훌륭한 방법으로 죽으려고 애쓰고 있다. 그리고 훌륭한 방법으로 죽으려면 기쁘게 죽는 것이 필요하다. (세네카)

6. 나는 죽음을 두려워하는가? 두려워하지 않는 것 같다. 그러나 죽음이 가까워졌을 때, 어쩌면 죽는 것을 생각할 때 나는 기차에 타고 현기증이 날 만한 높이에서 바다로 굴러 떨어지는 지점을 향해 나아가거나, 기구에 타고

무한히 높은 곳으로 날아오르는 사람이 체험할 듯한 내적 동요를 체험하지 않을 수 없으리라. 우리는 마지막 숨을 거둘 때, 자기의 몸에 아무것도 특별한 일이 일어나지 않을 것을 안다. 몇백만의 생물에게 일어났던 것과 똑같은 일밖에 일어나지 않을 것을 안다. 이른바 여행 방법을 변경하는 것에 지나지 않음을 안다. 그런데도 우리는 그 변화가 일어나는 지점에 달할 때, 내적 동요를 느끼지 않을 수 없다.

7. 인생의 모든 현상은 매우 단순한 것처럼 생각된다. 모든 것이 서로 이어져 있고, 어떤 현상이 다른 어떤 현상으로 설명되는 것처럼 여겨진다. 이와 반대로 죽음은 인생에 있어서 단순하고 분명하며 명료한 모든 현상을 엉망진창으로 만드는 특수한 어떤 것인 것처럼 느껴진다. 그래서 대부분의 사람들은 죽음을 생각지 않으려 애쓴다. 그러나 이것은 커다란 착각이다. 오히려 삶이 죽음의 엄숙함과 불가해함을 띠며, 죽음이 삶의 밝음과 단순함과 명료함을 띠는 것임을 명심해야 한다.

죽음 뒤

'죽음 뒤는 어떨까?'라고 사람들은 묻는다. 이 질문에 대한 대답은 단 한 가지다. '육체는 썩어서 흙이 된다. 우리는 이 사실을 분명히 안다.' 그러나 영혼이라 불리는 것이 어떻게 되느냐에 대해서는 뭐라고 말을 할 수가 없다. 왜냐하면 '어떻게 되느냐?'는 질문이 시간과 관계가 있기 때문이다. 영혼은 시간의 바깥에 있다. 영혼에는 과거도 미래도 없다. 영혼은 영원한 존재이다. 영혼이 없으면 아무것도 존재하지 않을 것이다.

육체의 죽음은 삶의 끝이 아니라 변화일 뿐이다

1. 우리가 죽을 때는 몸에서 두 가지 사실 가운데 한 가지만 일어날 수 있다. 즉, 우리가 '나'라 부르던 것이 다른 개체로 옮겨가거나, 아니면 우리가 개체이기를 그만두고 신과 하나로 융합하거나 하는 것이다. 그러나 설사 이중 어떤 것이 일어난다 하더라도 어느 경우이든 조금도 두려워할 것은 없다.

2. 죽음, 그것은 우리의 육체적인 변화이다. 가장 커다랗고, 가장 마지막

에 일어나는 변화이다. 우리는 자기의 육체적인 변화를 끊임없이 체험해 왔으며, 또한 지금도 겪고 있다. 우리는 원래 핏덩이었다. 그 다음에 젖먹이가 되고, 이어 솜털에 머리칼과 이가 나기 시작하고, 그 다음엔 그 이가 빠지고 새 이가 나며, 이어서 수염이 나기 시작하고, 마침내 백발이 되고 대머리가 된다. 우리는 이러한 변화들을 두려워하지 않는다.

그런데 어째서 최후의 변화만은 두려워하는가?

이 최후의 변화 뒤에 무슨 일이 일어나는지를 아무도 우리에게 말해준 사람이 없기 때문이다. 만일 어떤 사람이 멀리 여행을 떠난 뒤에 우리에게 소식을 보내지 않는다면, 그런 경우 그 사람이 도착하기 전에는 아무도 우리에게 그가 없어졌다거나, 병에 걸렸다거나 하는 것을 말해줄 수 있는 사람이 없다. 단지 소식이 없다고만 대답해줄 뿐이다. 죽은 사람의 경우도 이와 똑같다. 우리들 사이에 그 사람이 없다는 것을 우리는 안다. 그러나 그 죽은 사람이 소멸해 버렸다거나 우리 곁에서 떠난 뒤 지금까지보다 나쁜 상태에 빠졌다고 하는 등의 생각에 대한 어떠한 근거도 없다.

죽은 뒤에 우리의 몸에 어떤 변화가 일어나는가 하는 것도, 이 세상의 삶 전에는 어땠는가 하는 것도 알 수 없다는 사실은, 알 필요가 없기 때문에 그런 것을 알 힘이 우리에게 주어져 있지 않다는 것을 가르쳐줄 뿐이다. 우리가 아는 것은 오직 한 가지, 우리의 생명은 육체의 변화 속에 존재하지 않으며, 육체 속에 깃든 것 가운데, 즉 영혼 속에 있다는 사실뿐이다. 그러나 영혼에는 시작도 끝도 있을 수 없다. 왜냐하면 영혼만이 유일하고 영원한 존재이기 때문이다.

3. "죽음은 의식의 완전한 소멸이든지, 아니면 전설에 나오는 것처럼 그것은 단순한 변화, 이쪽에서 저쪽으로의 영혼의 이동에 불과한 것이든지, 이둘 가운데 어느 하나이다. 만약 죽음이 의식의 완전한 소멸이고, 꿈을 꾸지 않는 깊은 잠 같은 것이라면, 죽음은 의심할 여지가 없는 행복이다. 왜냐하면 꿈꾸지 않고 깊은 잠을 잔 하룻밤을 떠올려 보라. 그리고 그 하룻밤을 현실에서든 꿈의 세계에서든 자기가 경험했던 모든 공포나 걱정이나 채워질 수 없는 욕망 따위로 가득 찬 보통의 밤이나 낮과 비교해 보라. 확신하건대, 누구나 꿈꾸지 않는 밤보다 행복한 밤이나 낮을 별로 기억해 내지 못할 것이다. 그러므로 만약 죽음이 그런 잠이라면 적어도 나는 이것을 행복이라고 생

각할 것이다. 또한 죽음이 이쪽 세계에서 저쪽 세계로 옮겨가는 것이라면, 즉 우리보다 먼저 죽은 지혜로운 자나 성자가 모두 그 곳에 모여 있다는 사람들의 이야기가 진실이라면, 그 사람들과 함께 사는 행복보다 좋은 행복이 과연 있을 수 있겠는가? 나는 그런 곳에 어떻게든 꼭 가기 위해서 한 번은 물론이요, 백 번이라도 죽었으면 좋겠다.

따라서 심판하는 사람들이여. 너희도 또한 모든 사람들도 죽음을 두려워마라. 선량한 인간에게는 죽음이든 삶이든 조금도 악이 없다는 것 한 가지를 깊이 기억해야 한다." (법정에서 소크라테스가 한 웅변)

4. 인생의 의의를 정신적 완성에 두는 사람은 사멸을 믿지 않는다. 완성이 단절된다는 사실을 믿을 수 없기 때문이다. 완성을 향해 정진하는 것은 멸망할 수 없다. 그것은 단지 형태를 바꿀 따름이다.

5. 죽음은 자신이 현재 살고 있는 삶의 인식에 대한 단절이다. 이 삶의 인식이 단절되는 모습, 이것을 나는 죽어 가는 사람들에게서 본다. 그러나 이미 인식한 일이나 현상은 어떻게 되는 것일까? 나는 그것을 모른다. 또한 알 수도 없다.

6. 사람들은 죽음을 두려워하고 되도록 오래 살기를 바란다. 그러나 만약 죽음이 행복이라면 삼십 년 뒤에 죽으나, 삼백 년 뒤에 죽으나 결국은 마찬가지가 아닌가? 사형선고를 받은 사람에게 자기의 동지들이 사흘 뒤에 교수형을 당하는데 자기만 삼십 일 뒤에 처형을 당하게 되었다고 해서 거기에 커다란 행복이 있을 것인가?

죽음으로 완전하게 종말을 고하는 생은 죽음 그 자체와 다를 바가 없다.

7. 사람은 모두 자기가 누군가 다른 사람에 의해 일정한 순간에 이 세상에 불려나온 완전한 무와 같은 존재가 아님을 느낀다. 여기에서 우리의 신념, 즉 죽음은 우리 삶에 종말을 줄 수는 있지만, 절대로 우리의 존재 자체에 종말을 부여하지는 못한다는 신념이 생겨난다. (쇼펜하우어)

8. 노령에 이른 사람들은 최근의 일에 대한 기억마저도 상실한다. 그러나 기억은 시간의 세계에서 이루어진 사상을 '나'의 내부와 결부지은 것이다. 나이가 많이 든 사람들은 이 세상의 존재로서의 '나'는 이미 종말을 고하고 새로운 '나'가 시작된 것이다.

9. 자기의 삶을 보다 깊게 인식하면 할수록 우리는 그 삶이 죽음으로 소멸

되는 것을 점점 믿지 않게 된다.

10. 나는 이 세상에 존재하는 여러 종교 가운데 어느 것도 믿지 않는다. 나는 그것들이 어떤 종류의 전설이나 교육적인 영향에 맹목적으로 따른다는 의심을 하지는 않는다. 그러나 나는 오늘날까지 나의 전 생애를 통해 가능한 한 심각하게 우리 삶의 규칙에 대해서 고찰해 왔다. 나는 그것을 인류의 역사에 있어서, 나 자신의 인식 세계에 있어서 깊이 탐구해 왔다. 그리고 나는 죽음이 존재하지 않는다는 확고부동한 신념에 도달했다. 인생은 영원 이외에 어떤 것도 있을 수 없다. 무한의 완성이라는 것이 인생의 규칙이다. 나에게 부여된 모든 재능, 사상, 꿈은 실제로 발전할 뿐이다.

우리는 이 땅에서 삶의 가능성보다도 훨씬 탁월한 많은 사상과 꿈을 가진다. 우리가 그러한 것들을 소유하고, 우리 감정에서 그것들이 발생한 것인지 조사할 수 없다는 사실은, 그것 자체가 대지 바깥의 분야에서 우리 가슴에 와서 머문 것이며, 대지 이외에서만 구현될 수 있다는 증거가 된다. 육안으로 볼 수 있는 것 말고는 이 땅 위의 어떤 것도 사라지지 않는다. 우리 육체가 멸망한다고 해서 우리가 사멸한다고 생각하는 것은 노동자의 연장이 파손되었으니 그 노동자를 사망하게 해야 한다고 생각하는 것과 같다. 나는 이러한 신념에 도달했다. (마치니)

11. 가령 불멸에 대한 희망이 기만이라면, 속은 사람이 누구인지 명료할 것이다. 한 번도 불멸과 같은 대사상을 접한 적이 없는 비천하고 어두운 영혼, 이 세상의 관능적인 꿈과 미래의 암담한 전망에 만족하는 취생몽사와 같은 경박한 사람들, 양심이 작고 사상이 얕은, 나아가 사랑이 조금밖에 없고 자기 본위인 사람들, 이런 사람들은 속은 것이 아니다. 그들은 옳다. 그리고 이익은 그들의 손에 떨어질 것이다. 속은 사람들은 모든 사람의 존경을 받고, 지금도 존경받는 모든 위인과 성현들이리라. 자기의 행복보다 나은 어떤 것을 위해 살며, 자기의 일생을 모든 사람의 행복을 위해 바칠 수 있는 많은 사람들, 속은 것은 바로 이런 사람들일 것이다.

이런 사람들이 속은 것이다! 그렇다면 그리스도도 상상 속의 하늘의 아버지에게 자기의 영혼을 다 바치고 쓸데없이 고민한 것이다. 그리고 자기의 생애에서 이것을 드러내겠다고 쓸데없이 걱정한 것이다. 골고다의 비극은 모두 착각에 불과한 것이다. 그리고 그때 그리스도를 비웃고, 그리스도의 죽음을 바라던 사람들에게 진실이 존재했을 것이다. 또한 현재도 이 공상과도 같은 역사를 보여주는 인간의 본성과 이것의 합치에 전혀 무관심한 사람들 쪽에 존재할 것이다. 그렇다면, 만약 지고한 존재의 영감이 교묘하게 고안된 옛날 이야기에 지나지 않는다면, 대체 누구를 존경하고 누구를 믿을 수 있으랴! (파커)

육체의 죽음에 즈음하여 이루어지는 삶의 변화라는 본질은 사람의 지혜로는 알 수 없는 법이다

1. 우리는 때때로 죽음이란 것을 어딘가로 이주하는 것처럼 상상하려고 한다. 그러나 이런 상상은 아무 의미도 없다. 죽음을 상상하는 것은 신을 상상하는 것이 불가능한 것과 마찬가지로 불가능하다. 죽음에 대해서 우리가 알 수 있는 것은 죽음이란 것도 신에게서 발생하는 온갖 사실 또는 현상과 마찬가지로 선하다는 사실뿐이다.

2. "사후에 영혼은 어떻게 될까?" 사람들은 묻는다. 그러나 우리는 그것을 알지 못한다. 또한 알 수도 없다. 틀림없는 것은 오직 한 가지, 만약 당신이 사후에 어딘가로 가는 것이라면 반드시 처음에도 어딘가에서 온 것이라는 사실뿐이다. 삶의 관점에서 볼 때도 또한 마찬가지다. 만약 당신이 이 세상에 온 것이라면 분명 어딘가에서 온 것이다. 우리가 출발해서 온 원래의 장소로 우리를 이 세상에 보내신 분, 그분 곁으로 다시 돌아가는 것이다.

3. 나는 태어나기 전의 나에 대해서 아무 기억도 없다. 따라서 죽은 뒤에도 또한 현재의 내 생활에 대해서 아무것도 기억하지 못할 것이라 생각한다. 만약 사후에 삶이 있다면 그것은 현재의 내가 상상할 수 없을 그런 삶이 틀림없다.

4. 사람의 일생은 관찰 대상으로서는 이해할 수 없는 수많은 변화의 연속이다. 그러나 탄생과 동시에 행해지는 이러한 변화의 시작과, 죽음으로 인해 일어나는 그 변화들의 끝은 관찰조차도 할 수 없다.

5. 나에게 중요한 것은 오직 한 가지, 신이 나에게 무엇을 바라는가를 아는 것이다. 이것은 모든 종교에, 또 나 자신의 양심 속에 명료하게 표현되어 있다. 따라서 나의 일은 신이 바라는 그러한 모든 것을 수행하는 방법을 터득하는 것이다. 만약 내가 내 힘을 하느님의 뜻을 수행하는 데 바친다면 하

느님은 나를 버리지 않을 것이며, 따라서 나의 몸에는 참으로 좋고 당연히 그래야만 할 듯한, 즉 그러한 일이 일어날 것이 분명하다는 것 한 가지를 확실하게 알고, 신이 바라는 것에 나의 온힘을 기울이는 기술을 터득하는 것이다.

6. 죽음이 어떤 것인지는 아무도 모른다. 게다가 모두 이것을 두려워해서 지고한 행복임에도 불구하고 죽음을 최대의 악으로 여긴다. (플라톤)

7. 만약 현세에 우리의 몸에 일어난 모든 일들이 우리의 행복을 위해서 일어난 것이라고 믿는다면, 우리가 죽을 때에 일어나는 일도 또한 우리의 행복이어야만 한다는 것을 믿지 않을 수가 없다.

8. 아무도 신이 무엇인지, 내세가 무엇인지를 안다는 사실을 자랑할 수 없다. 나 역시 신과 나의 불멸이 존재한다는 것을 확실하게 안다고 단언하지 못한다. 그러나 나는 신이 존재한다는 사실도, 나의 '나'가 불멸한다는 사실도 느끼고 있다고 말하지 않을 수 없다. 이것은 곧 신과 내세에 대한 나의 신앙이 나와 분리하기 힘들 정도로까지 나의 본성과 단단히 이어져 있음을 의미한다. (칸트)

9. "죽은 뒤에는 어떻게 될 것인가?" 사람들은 묻는다. 그 질문에는 이렇게 대답해야 한다. 만약 당신이 말로만이 아니라 진심을 담아서 '너희의 뜻이 이 땅에서와 마찬가지로 하늘에서도 이루어지도록', 즉 시간에 속박된 이승의 삶에서와 마찬가지로 시공의 바깥에 있는 저 세상의 삶에서도 신의 뜻이 이루어지라고 기도하면 된다. 그러나 신의 뜻이 사랑임을 안다면 '죽은 뒤에는 어떻게 될 것인가?'라는 문제는 별로 생각하지 않을 것이다.

10. 그리스도는 마지막 숨을 거두는 순간에 말했다.

"하늘에 계신 아버지여, 당신의 손에 나의 영혼을 맡깁니다."

만약 이 말들을 말로만이 아니라 진심을 담아서 말하는 자가 있다면, 그 사람에게는 더 이상 아무것도 필요치 않을 것이다. 만약 나의 영혼이 떨어져 나온 그 근원의 존재로 돌아간다면 나의 영혼에 그 이상 최상의 것은 아무것도 있을 수 없다.

죽음은 해방이다

1. 죽음, 그것은 우리의 영혼을 담는 그릇이 파괴되는 것이다. 그릇과 그

내용을 혼동해서는 안 된다.

2. 태어날 때, 우리 영혼은 육체에 깃든다. 이 육체는 곧 관 같은 것인데, 이것은 끊임없이 붕괴한다. 우리의 영혼은 서서히 해방된다. 그리고 영혼과 육체를 결합시킨 아버지의 뜻에 따라 육체가 사망할 때, 영혼은 완전하게 해방되는 것이다.

3. 불에 의해 초가 타는 것처럼 영혼의 삶에 의해 육체의 삶은 소멸한다. 육체는 영혼의 불로 연소한다. 그리고 죽음이 찾아왔을 때, 그것은 완전히 소진한다. 건축이 완성되었을 때, 건축사가 남은 재목을 태워버리는 것처럼 죽음은 육체를 태워 없앤다. 이 경우 건축은 영혼의 삶이고, 목재는 곧 육체이다. 그리고 자기 영혼의 집을 건립한 사람은 죽음에 임하여 육체의 재목이 거둬들여짐을 기뻐한다.

4. 출생에서 사망까지의 육체의 삶을 인생이라 하기 때문에 우리는 죽음과 동시에 생명이 끝난다고 생각한다. 생명을 그렇게 생각하는 것은, 다시 말해 연못 속의 물을 연못이라고 하지 않고 기슭을 연못이라고 생각해, 연못에서 물이 없어짐과 동시에 지금까지 그곳에 담겨 있던 물이 모조리 없어진 것으로 생각하는 것과 같다.

5. 이 세상의 만물은 성장하고 꽃피우며, 원래의 뿌리로 돌아간다. 이러한 뿌리로의 귀환은 자연과 합치하는 안식을 의미한다. 자연과의 합치는 영원을 뜻한다. 그렇기 때문에 육체의 붕괴는 아무런 위험도 포함하지 않는다. (노자)

6. 임종의 마지막 순간, 영적 본원이 육체를 떠날 때 우리는 우리 육체가 살아왔던 것에게 버림을 당하고, 물적 세계로 한정된 존재이기를 그만두고, 물적 세계와 합일하기에 이른다는 것을 확실히 안다. 그러나 이 영적 본원이 다시 한정된 별개의 생활양식으로 옮겨가는지, 아니면 자기에게 생을 부여했던 시공을 초월한 본원과 합일하기에 이르는지에 대해서는 아무것도 모르거니와 알 수도 없다.

7. 자기의 온갖 욕정을 정복하기 위해 평생 매진을 하고, 자기 육체에 의해서 언제나 방해를 받아 온 사람은 육체에서 벗어나는 것을 기뻐하지 않을 수 없다. 죽음은 이 벗어남을 뜻한다. 우리가 수도 없이 입으로 외치는 완성은 영혼을 육체에서 구별하고, 육체를 벗어나 나 자신에게로 집중하도록 가

르치고 길들이는 것이다. 죽음이 이 벗어남을 부여한다.

따라서 육체의 욕망으로부터 될 수 있는 한 자유로운 삶을 살고자 평생을 노력해 온 사람이 마침내 그 벗어남이 행해지려는 순간, 이것에 불만을 느끼는 따위의 경우가 있다면 실로 기묘한 일이다. 그러므로 여러분과 헤어지는 것, 여러분을 슬프게 하는 것은 무척이나 고통스럽지만, 그래도 나는 내가 평생토록 파악하려 했던 것의 실현으로서 죽음을 환영하지 않을 수 없다. (제자들과 헤어질 때 나눈 소크라테스의 대화)

8. 삶에 대해 진실로 생각하지 않았던 사람만이 불멸을 믿지 않는다.

만약 우리가 육체적 존재에 불과하다면 죽음은 애도할 만한 가치도 없는 쓸모없는 것의 종말일 뿐이다. 그러나 우리가 영적 존재이고, 영혼이 아주 잠깐 육체에 머물 뿐이라면 죽음은 단순한 변화에 불과하다.

9. 우리가 죽음을 두려워하는 것은 죽어야만 하는 것으로 사명받은 도구인 육체를 진정한 나라고 생각하기 때문이다. 그러나 그 도구를 행사해 움직이게 하는 것, 그 자체인 영혼을 진정한 나라고 생각하는 데 익숙해지면서 공포는 없어지게 된다. 육체를 나의 신체를 움직이기 위해 나에게 부여된 도구에 지나지 않는다고 생각하는 사람은 죽는 순간 따분함을 느낄 뿐이다. 그것은 마치 노동자가 손에 익은 연장을 빼앗기고 새 연장을 받지 못한 때에 느끼는 듯한 무료한 기분이다.

10. 동식물이 나고 자라고 건장해져서 열매나 새끼를 낳고, 그 다음에 쇠약해져 건강을 잃고, 늙고, 말라죽는 것을 보게 된다.

이것과 동일한 현상을 우리는 나 이외의 사람들에게서도 보고 나의 육체에서도 느낀다. 나의 육체가 이 세상에 태어나 살아가는 모든 존재와 마찬가지로 늙고, 쇠약해지고, 죽는 것을 우리는 안다.

그러나 우리는 각자가 자기 안에 훼손되지 않고, 늙지 않으며, 오래 살면 살수록 점점 튼튼해지고, 차츰 나아지는 듯한 어떤 것이 깃들어 있음을 알고 있다. 즉, 우리는 각자 자기 내부에 육체와 함께 완성되는 것과, 함께 할 수 없는 영혼이 존재한다는 것을 안다. 따라서 죽음이 두려운 것은 영혼에 의하지 않고 육체에 의한 삶을 사는 사람만이 그러하다.

11. 영혼이 불멸한다고 말하는 한 현자를 향해 사람들은 물었다.

"과연 그렇군요. 그런데 이 세상이 끝날 때는 어떻게 됩니까?"

그러자 그는 대답했다.

"나의 영혼이 사멸하지 않기 때문에 세상은 그다지 필요치 않다."

12. 영혼은 육체 속에 고향집처럼 깃들지는 않으며, 타국의 항구에 있는 것처럼 생활한다. (코란)

13. 사람의 일생을 복도나 관 속을 진행하는 운동처럼 상상할 수가 있다. 이 진행은 처음에는 자유롭고 편하다. 그러나 서서히 자기의 크기가 더해짐에 따라서 점점 비좁고 불편해지기 시작한다. 그리고 한창 진행 중에 우리는 자기가 가는 길에 완전하고 광활한 천지가 보이고, 그쪽으로 우리가 한 걸음씩 더 가깝게 다가서고 있음을 깨닫게 된다. 그리고 우리보다 먼저 나아간 사람들이 그 광활하고 무한한 천지로 사라져 모습을 감추는 것을 목도한다.

이 진행운동의 긴장을 감지하고 압박을 느끼면서 될 수 있는 한 빨리 이 광활한 천지에 닿기를 어떻게 바라지 않을 수 있으랴! 또한 이 천지로의 접근을 어찌 바라지 않을 수 있겠는가! 어떻게 두려워할 수가 있겠는가!

14. 우리 삶이 영적인 것이 되면 될수록 그만큼 우리는 불멸을 굳게 믿게 된다. 우리의 천성이 동물적인 야만성으로부터 멀어짐에 따라 우리의 의심도 서서히 사라진다.

미래에서 장막은 제거되고 어둠은 걷힌다. 그리고 이제 자기의 불멸을 느끼는 것이다. (마르티노)

15. 삶을 올바르게 이해하지 못하는 사람은 언제나 죽음을 제대로 이해하지 못할 것이다.

16. 타인을 아는 사람은 지혜로운 자다. 자기를 아는 사람은 현명한 자다. 타인을 정복하는 사람은 강한 자다. 자신을 정복하는 사람은 걸출한 자이다.

그리고 죽음을 맞아 자신이 멸망하지 않음을 아는 자, 이런 사람이야말로 불후의 존재이다. (노자)

출생과 사망은 우리의 삶이 우리로부터 숨을 수 있는 한계이다

1. 출생과 사망은 두 개의 한계이다. 그 두 한계의 맞은편에 똑같은 '무엇인가'가 존재한다.

2. 사망과 출생은 동일한 현상이다. 출생과 동시에 젖먹이는 새로운 세계로 들어서며, 어머니의 태내 생활과는 전혀 별개인 생활을 시작한다. 만약

갓 태어난 젖먹이가 출생 전의 생활과 헤어질 때에 맛본 기분을 말할 수 있다면, 아마 이 세상의 생활을 하직할 때에 사람들이 맛보는 것과 똑같다고 말할 것이 분명하다.

3. 나는 태어나기 전에 죽었고, 죽음과 동시에 다시 전의 상태로 돌아가는 것이라는 생각에서 벗어날 수가 없다. 일단 죽었다가 다시 이전 존재의 기억을 가지고 깨어나는 것을 우리는 졸도 혹은 실신이라고 한다. 그리고 다시 만들어졌을 것이 틀림없는 새로운 사지를 지닌 채 다시 눈을 뜨는 것은 태어나는 것을 의미한다. (리히텐베르크)

4. 삶을 꿈처럼 볼 수도 있고, 죽음을 꿈에서 깨어나는 것처럼 볼 수도 있다.

5. 우리는 죽은 다음에 대체 어디로 가는 것일까? 틀림없이 우리가 태어나기 전에 있었던 원래의 세계로 돌아갈 것이다. 우리는 우리 생명의 어버이신 신에게서 헤어져 나온 것이다. 우리의 삶 전체는 그의 뜻에 의한 것이며, 지금도 그의 뜻에 따르고 있거니와 앞으로도 그러하다. 그리고 우리는 그에게로 돌아가는 것이다. 따라서 우리는 죽음과 동시에 우리를 이 세상에 보내신 분, 그분 곁으로 돌아가는 것일 뿐이다.

우리는 집에서 밖으로 나와서, 밖에서 일하고, 쉬고, 식사를 하거나 유쾌한 기분에 젖거나 하다가 다시 일하고, 그리고 피곤하면 자기의 집으로 돌아간다.

인생도 이와 똑같다. 우리는 신의 곁에 있다가 나와서 일을 하고 고생하며 스스로를 위로하고 기쁨에 젖거나 휴식을 하고 그러다가 녹초가 되었을 때 원래 살았던 집으로 돌아가는 것이다.

6. 우리가 지금 미래에 대해서 아는 것보다도 훨씬 조금밖에 현재에 대해서 알지 못했던 듯한 상태, 그 상태에서 우리가 부활했던 것은 아닐까? 우리 과거의 상태가 현재에 관계가 있는 것처럼 현재는 또한 미래에 관계를 갖는 것이다. (리히텐베르크)

7. 당신은 이 세상에 왔다. 그러나 어떤 식으로 왔는지는 알지 못한다. 그렇지만 당신은 현재의 당신처럼 특별한 '나'로 왔다는 것을 안다. 그리고 이 인생의 길을 계속 걸어왔다. 길의 반 정도까지 도달했을 때 갑자기 당신은 깜짝 놀라서 완강하게 몸을 버티고 거기에서 앞으로 나아가기를 원치 않는다. 앞에 가로놓여 있는 것을 알 수가 없기 때문이다.

그렇지만 당신은 이 세상에 왔을 때에도 역시 이 세상을 보지 못한 상태가 아니었던가? 그런데도 당신은 왔다. 당신은 입구로 들어왔으면서 출구로 나가기를 바라지 않는다. 육체의 삶에서는 끊임없이 앞으로 나아가는 것이 당신의 일생이다. 당신은 전진했다. 전진을 서둘렀다. 그랬는데 지금 갑자기 끊임없이 행했던 그것이 실현되는 것을 당신은 슬프게 느끼는 것이다.

당신의 육체가 죽음에 즈음하여 이루어지는 커다란 변화를 당신은 두렵게 생각하는 것이다. 그러나 이 커다란 변화는 당신이 태어나던 때에도 당신 몸에 일어났다. 그리고 그 커다란 변화에서 당신에게 아무런 나쁜 일이 일어나지 않았을 뿐만 아니라, 반대로 당신이 지금 헤어지기를 원치 않을 만큼 좋은 일이 일어났다.

죽음은 영혼을 개인의 한계에서 벗어나게 한다

1. 죽음, 그것은 '개체'라는 한 부분으로부터의 벗어남이다.

죽은 사람 대다수의 얼굴에 평화와 안식의 표정이 떠오르는 것은 분명히 이 때문이다. 모든 선인(善人)의 죽음은 일반적으로 평안하고 안락하다. 그러나 달게 받는 기분으로, 기다렸다는 기분으로, 기꺼이 기뻐하는 태도로 죽어갈 수 있는 것은 자기를 초월한 사람, 자기의 삶에서 벗어나 이것을 부정하는 사람의 특전이다. 어쩌면 그런 사람들만이 겉모습이 아니라 실제로 죽기를 바라는 것이며, '개체'로서의 다른 존재를 필요로 하지 않으며, 또 요구하지도 않기 때문이다. (쇼펜하우어)

2. 한정된 개개인의 육체의 한계 내에 박혀 있는 '전체'의 인식은 끊임없이 그 한계를 확대하고자 한다. 우리 생애의 전반기가 그렇다. 우리는 생애의 전반기에 사물이나 타인에 대한 사랑을 점점 증대시킨다. 즉, 자기 한계에서 벗어나 자기 인식을 다른 존재로 옮겨간다. 그러나 아무리 많이 사랑하더라도 우리는 자기 한계에서 탈출하지는 못한다. 죽음에 임하여 비로소 그 한계의 파괴 가능성을 보는 것이다. 그러한데 어찌 죽음을 두려워하는 일이 있으랴! 나비가 애벌레에서 부화할 때와 같은 일종의 변화가 일어날 뿐인 것이다. 우리는 이 세상에서는 말하자면 애벌레이다. 우선 태어난다. 그 다음에 번데기가 되어서 잠을 잔다. 그리고 저 세상에서야 비로소 자신을 나비로 인식하는 것이다.

3. 육체는 우리가 영혼이라 칭하는 신적이고 정신적인 본원을 자기 안에 국한한다. 그리고 이렇게 국한시키는 것은 그릇이 그 안에 담겨진 액체나 기체에게 형태를 주는 것처럼 이 신적 본원에게 형태를 부여한다. 그릇이 깨지면 안에 든 내용물은 지금까지 가졌던 모양을 유지하지 않고 흘러 흩어진다. 이 내용물들은 다른 물질과 결합할 것인가? 새로운 형식을 띨 것인가?

우리는 이에 대해 조금도 알지 못한다. 확실하게 아는 것은 단 한 가지, 바로 지금까지 그 내용물들을 국한했던 그릇이 부서진 결과, 그곳에 담겨 있었던 내용물이 형태를 잃었다는 것뿐이다. 우리는 이 한 가지를 알 뿐이다. 그러나 지금까지 국한되어 있었던 내용물이 어떻게 될 것인가 하는 것에 대해서는 아무것도 알 수 없다. 아는 것은 우리의 영혼이 죽은 뒤에, 우리가 이 세상에서 판단할 수 없을 듯한, 일종의 특별하고 별개의 것이 되리라는 사실뿐이다.

4. "개체로서의 나로 간직할 수 있는 경우만이 참된 불멸이라 말할 수 있다."

사람들은 말한다.

그러나 우리의 '나'라는 것이야말로 나에게는 이 세상에서 가장 혐오스런 것이고, 평생 벗어나려고 노력해 왔던 것이다.

5. 만약 삶이 꿈이고 죽음이 깨어나는 것이라면, 내가 국한된 존재로 나를 본다는 사실은 내가 죽음에 임박하여 깨어나기를 바랐던 일종의 꿈에 불과하다.

6. 우리가 우주로부터 나를 한정하는 존재로서의 공포를 느낀 나머지, 만물을 융합하는 기쁨까지는 아니더라도, 적어도 사랑의 불꽃을 서로 나눌 사람들과 교제하는 일이 아주 드물 수밖에 없는 이 세상의 육체라는 감옥에서 탈출하는 기쁨을 터득했을 때, 그때 비로소 죽는 일이 기쁘게 느껴진다. 따라서 나는 이렇게 말하고자 한다.

"이 감옥은 이제 필요없다. 우주에 대한 내 영혼에 좀더 꼭 들어맞는 다른 새 관계를 부여해 주면 좋겠다. 그리고 나는 죽음이 그것을 나에게 부여한다는 것을 안다. 그런데도 세상 사람들은 나를 위로할 생각으로 저세상에서도 당신은 한정된 개인으로 계속 존재할 것이라고 말한다."

7. 발 밑에는 서리가 내려 단단하게 굳은 대지가 놓여 있다. 주위에는

거대한 나무가 빽빽이 서 있다. 머리 위에는 어두컴컴한 하늘이 드리워 있다. 나는 이러한 것들로 둘러싸인 나의 육체를 느낀다. 나의 육체는 갖가지 상념들로 들어차 있다. 나는 그것을 느낀다.

그렇지만 그와 동시에 서리로 딱딱하게 얼어붙은 굳은 대지도, 울창한 숲도, 하늘도, 나의 육체도, 나의 상념도 모두 우연한 존재에 불과하다는 것을 나는 알고 있다. 온몸으로 그것을 느낀다. 그렇다, 이것들은 모두 나의 오감의 소산에 지나지 않는다. 나의 상상이며 내가 세운 세계에 불과하다. 이것들은 모두 내가 이 세계의 다른 일부분이 아니라 이와 같은 일부분을 이루기 때문에 존재하는 것이다. 이 세상으로부터 한정된 나의 모습이 현재와 같기 때문에, 그 결과 그와 같이 있는 것이다.

나는 내가 죽는다는 것을 안다. 그리고 이 모든 것은 나에게서 소멸되는 것이 아니라 연극의 암전(暗轉)처럼 겉모습만 바뀔 뿐이다. 숲과 암석이 궁전이나 높은 탑이 될 뿐이다. 만약 내가 완전히 소멸하는 것이 아니라 이 세계에서 따로 구획된 다른 세계로 이주할 뿐이라면, 죽음 또한 내 속에서 그와 같은 변화를 일으키리라.

그리고 그때 이 세상 전체는, 그 곳에서 생활하는 모든 사람의 눈에 똑같은 모습으로 계속할 것이고, 나만 별개의 모습이 되는 것이다. 이 세상은 내가 나를 이런 모습의 사람으로 생각하고, 다른 모습의 사람으로 생각하지 않기 때문에, 다시 말해 이 모습으로 한정된 존재로 보고, 다른 모습으로 한정된 존재로 보지 않기 때문에 현재와 같은 모습을 띠고 있는 것이다. 이 세상에서 갖가지 존재를 구별하는 방법은 무수하고 각양각색일 수 있다.

지금까지 깨달을 수 없었던 것이 죽음의 세계에서 계시된다

1. 이 세상에서 오래 살면 살수록 모든 사람에게는 그만큼 깊게 인생이 펼쳐 보여진다. 전에는 불명확했던 것이 명료해진다. 이것은 죽음의 순간까지도 계속된다. 그리고 죽음의 세계에는 적어도 우리가 인식할 수 있는 모든 것이 나타난다.

2. 죽어 가는 사람에게는 임종의 순간에 뭔가가 나타난다.

'아, 그랬었던가!'

죽어가는 사람의 얼굴에 떠오르는 표정은 거의 언제나 이렇게 중얼거린다. 그러나 뒤에 남겨진 우리는 그에게 나타난 것을 볼 수 없다. 우리에게는 훗날, 자신의 임종에 그것이 나타나는 것이다.

3. 우리가 살아 있는 동안은 평평한 계단을 똑같은 보폭으로 위로 위로 올라가는 것처럼 모든 일들이 서서히 발견된다. 그러나 죽음이 임박하면 갑자기 지금까지 발견했던 것이 발견되지 않거나 그들 사물의 형태를 발견했던 우리가 전혀 별개의 새로운 뭔가를 본 결과, 지금까지 보아오던 모든 사물의 형태를 보지 않기에 이른다.

4. 죽어가는 중이라는 것은 이미 어느 정도까지 영원에 참여하고 있는 것이다. 때로 죽은 사람이 무덤 속에서 우리와 대화를 하는 것처럼 생각된다. 또 죽은 사람이 우리에게 말하는 것은 우리에게는 명령처럼 여겨진다. 우리는 죽은 사람을 거의 예언자처럼 상상한다.

사라져 가는 생명과 무덤 저편에 전개되는 세계를 느끼는 자가 의미심장한 말을 할 때가 온 것은 분명하다. 그의 천성의 본체가 당연히 나타나야 한다. 그의 안에 있는 신성은 이제 감출 수 없는 것이다. (아미엘)

5. 모든 재앙이나 불행은 우리 삶의 밑바탕을 이루는 신적이고 불멸한, '어떤 것'을 우리를 위해 내부에 보여준다. 그리고 세상 사람들의 판단에 따르면 최대의 불행인 죽음은 우리에게 참된 자기를 완전하게 보여준다.

삶은 가장 큰 복이다

사람의 일생과 행복은 육체에 의해 다른 사람의 영혼 및 신과 구별되는 저마다의 영혼과 그 영혼 본원의 합일, 즉 세월과 함께 고양되고 깊어지는 그 일치됨에 있다. 이 합일은 저마다의 영혼이 사랑으로 점차 자기를 발현하고 차츰 확연하게 육체에서 벗어남으로써 성취된다. 따라서 우리가 육체로부터 영혼이 벗어나는 것이 참된 삶이고 진정한 행복인 것을 깨닫는다면, 우리의 삶은 어떤 재앙이나 고난, 질병 따위로 가득 차더라도 깨뜨리기 힘든 지고한 행복일 뿐이다.

인생은 우리가 파악할 수 있는 가장 귀한 행복이다

1. 인생은 어떤 인생이든 다른 무엇보다 나은 지고한 행복이다. 만약 인생을 악이라고 한다면 그 경우 우리는 상상할 수 있는 보다 나은 다른 인생과 비교해서 말하는 것에 불과하다. 그러나 우리는 어떠한 더 나은 인생도 알지 못하며 또한 알 수도 없다. 때문에 우리의 이 인생은 비록 어떠한 것이든지 우리에게는 가장 큰 행복이다.

2. 우리는 어딘가 좀더 커다란 행복을 얻을 수 있을 데가 없을까 하고 때때로 이 인생의 행복을 소홀히 한다. 그러나 그러한 좀더 커다란 행복 같은 것은 어디에도 있을 수 없다. 우리에게는 이 인생에 이 이상의 것을 절대로 가질 수 없는 절대적인 삶의 행복이 주어져 있기 때문이다.

3. 이 세상은 즐기는 곳도 아니지만, 좀더 나은 영원의 세계로 옮겨가기 위한 시련의 골짜기도 아니다. 이 세상, 즉 우리가 현재 살아가고 있는 이 세상은 아름답고, 즐거우며 영원한 세계이다. 그리고 우리는 이 세상을 우리와 함께 살고 있는 현재의 사람들과 우리보다 나중에 이곳에서 살게 될 모든 사람들을 위해 노력하고 정진함으로써 보다 아름답고, 보다 즐겁게 할 수 있을 뿐만 아니라, 당연히 그렇게 해야 한다.

4. 비록 어떠한 운명의 손이 우리의 몫으로 던져놓은 것이든, 즉 관대하게 주어졌든, 또는 무심하게 주어졌든 간에 우리에게 주어진 인생의 모든 순간을 최상의 것으로 할 수가 있다. 그것은 생명의 신비로운 능력이며, 이성을 부여받은 존재의 진정한 우월성이다.

5. 우리가 불행한 것은 자기가 행복하다는 것을 모르기 때문이다.

6. 신에 대한 봉사가 인생의 사명을 만든다고 단언할 수는 없다. 우리 일생의 사명은 언제나 우리의 행복에 있으며, 앞으로도 그럴 것이 분명하다. 그러나 신은 우리에게 행복을 주기를 바랐기 때문에 사람들은 자기의 행복을 파악하기에 즈음하여 신이 우리에게 바라는 것을 실행하고, 그의 뜻을 섬기는 것이다.

진정한 행복은 '무덤 너머'가 아닌 현재의 생활에 있다

1. 진실하지 못한 가르침에 따르면 이 세상의 삶은 악이고, 선은 내세에서만 획득할 수 있는 것이 된다. 그러나 진실한 그리스도교에 따르면 인생

의 목적은 선이며, 그리고 그 선은 현세에서 획득할 수 있다. 참된 행복은 언제나 우리 손안에 있다. 그것은 그림자처럼 선한 생활을 따라서 온다.

2. 만약 천국이 당신 내부에 있지 않다면 당신은 절대로 천국에 들어가지 못하리라.

3. 이 세상의 삶이 다른 세상으로 가는 여정에 불과하므로, 다른 세상에서만 행복할 수 있다고 믿어서는 안 된다. 그것은 거짓이다. 여기, 이 세상에서 우리는 행복해야만 하는 것이다. 그러나 여기, 이 세상에서 행복하기를 바란다면 우리를 이 세상에 보내신 분, 그분이 바라는 대로 살아야 한다.

또한 당신이 여기, 이 세상에서 행복한 삶을 보내기 원한다면 다른 사람에게 소리 높여서, 모든 사람이 신의 뜻을 따라서 살아야만 한다는 따위를 강요해서도 안 된다. 그것도 잘못된 것이다. 우선 자신이 신을 좇아 살아야 한다. 그리고 스스로 노력해야 한다. 그렇게 하면 당신도 반드시 행복해지며, 다른 사람들도 그 결과 전보다 불행해지지 않을 뿐만 아니라 훨씬 행복해지리라.

4. 세상 사람들이 가장 빠지기 쉬운 미혹은 그들이 이 세상의 삶에서 자기들이 희망하는 행복을 모두 가질 수 없다고 생각하는 것이다.

5. 어떤 사람들은 이 세상이 눈물의 골짜기이며 고된 시련의 장소이고, 저세상만이 행복의 세계라고 단언한다. 이들은 우리가 현재 생활하고 있는 때와 장소에 한정된 세계가 아닌 무궁한 신의 세계가 아름답다거나, 신의 세계에서의 삶이 아름답다거나 하는 식으로 단언한다. 이 무슨 말도 안되는 얘기란 말인가. 과연 이것이 자기 생애의 의의와 사명에 대해 제대로 이해하지 못했다는 확실한 증거가 아니고 무엇이랴!

6. 진실한 생활로 일관하라. 그리하면 많은 적을 갖게 되겠지만, 마침내는 그들 또한 당신을 사랑하게 될 것이다. 인생은 당신에게 많은 불행을 초래할 것이다. 그러나 그 불행 덕분에 당신은 행복해지며, 인생을 축복하고, 다른 사람들도 축복하게 된다. (도스토예프스키)

7. 신에게 애원한다는 따위는 얼마나 기괴한 코미디란 말인가! 신에게 애원할 필요는 없다. 신의 율법을 지키고, 신과 하나가 되는 것이 필요할 뿐이다. 신에 대해 유일하고 합리적인 태도는 신이 나에게 자신의 영혼을

불어넣음으로써 부여한 행복에 대해 언제나 그에게 감사하는 것이다.

신은 노동자인 우리들 자녀를, 신이 우리에게 부여한 것을 행하기만 하면 우리가 상상할 수 있는 최고의 행복을 얻을 수 있게 해놓았다. 그럼에도 우리는 신에게 아직도 뭔가를 탄원한다. 여기에 뭔가를 더 바란다면, 그것은 곧 우리가 우리에게 지워진 사명을 행하고 있지 않다는 의미가 된다.

참된 행복은 자기 내부에서만 발견할 수 있다

1. 신은 나의 가슴에 들어와서 나를 통해 그분의 행복을 탐구한다. 그렇다면 대체 어떤 것이 신의 행복일까? 그것은 곧 신과 하나가 되는 것이다.

2. 어떤 현인은 말했다.

"행복을 찾아서 나는 온 세상을 돌아다녔다. 나는 밤낮 없이 이것을 찾아다녔다. 내가 이 행복을 찾는 일에 완전히 절망하고 있을 때, 내부의 음성이 나에게 말했다.

'그 행복은 너 자신 안에 있다!'

나는 이 목소리에 귀기울였다. 그리고 나는 진실하고 불변의 행복을 발견했다."

3. 너희 가슴에 신과 온 세상이 자리잡고 있는데 너희에게 과연 더 이상 어떠한 행복이 필요하다는 것인가?

4. 만약 자기의 영혼 외에 어떤 것도 자기 소유로 하지 않는다면, 그런 사람은 행복하다. 사리사욕에 불타는 사람들이나 사악한 사람들, 자기를 미워하는 사람들 사이에 살면서도 그들의 행복을 그 누구에게도 빼앗기지 않는다면, 그들은 진실로 행복한 사람이다.

5. 선한 삶으로 일관하면 할수록 우리는 세상 사람들에 대해 점점 더 조금밖에는 불평하지 않게 된다. 사악한 삶으로 일관하는 일이 많으면 많을수록, 그만큼 우리는 스스로에게가 아니라 남에게 만족하지 않게 되는 것이다.

6. 현자는 자기의 마음에서 모든 것을 찾는다. 그러나 어리석은 자는 모든 것을 남의 가슴에서 찾고 구한다. (공자)

참된 삶이란 영혼의 삶이다

1. 우리가 동물로서의 '나'의 행복이라든가 불행이라고 칭하는 것은 우리

의지의 범위 바깥에 있는 사항에 속한다. 그렇지만 영적 존재로서의 '나'의 행복, 이것은 우리에게 달려 있다. 즉, 우리가 신의 뜻에 순종하느냐, 그렇지 않느냐에 달려 있는 것이다.

2. 세상 사람들이 불행이라든가 악이라고 생각하는 것은, 이반이라든가 표트르라든가 나탈리아라든가 하는 각자 육체로서의 내가 진정으로 존재하는 영원불멸의 '전체'를 드러내는 작은 한 부분에 불과함에도, 그 육체인 나를 진정으로 존재하는 것으로 생각하는 데서 생겨난다. 이것은 곧 나뭇가지로 한정된 공간에 형체가 만들어지는 그림자와 유사한 속임수이다. 우리는 육체로 국한된 것을 나라고 인식할 수도 있고, 육체로 국한되지 않은 우리 내부의 '전체'를 나라고 인식할 수도 있다. 전자의 경우 우리는 노예이며, 힘이 없고, 그래서 모든 불행이나 재앙으로 굴러 떨어진다. 그러나 후자의 경우라면 우리는 완전히 자유이며, 전능하고, 악을 모른다.

3. 자기의 영적 존재로서의 '나'를 육체로부터 해탈시키는 것에 모든 삶을 기울였던 사람은 모든 일에 만족하지 않을 수 없다. 왜냐하면 어떠한 것을 바라든 언제나 성취할 수 있기 때문이다.

4. 수많은 육체적인 고뇌로 가득 찬, 언제 어느 때에 단절될지도 모르는 인생, 이러한 우리의 생애가 지극히 비참한 비웃음거리가 되지 않으려면 그것은 의의를 지녀야 한다. 온갖 고난에 의해서도, 세월의 길고 짧음에 의해서도 인생의 가치가 파괴되지 않을 만한 의의를 지녀야 한다. 더구나 그 의의가 우리의 인생에는 엄연히 존재하는 것이다. 점점 강하고 선명하게 자기 내부에서 신을 의식해 나가는 것이 바로 그것이다.

5. '고난이야말로 우리의 행복일지니!'

사람들은 자기들을 위해 만들어진 것도 아닌 멍에를 쓰고, 자기들 힘으로 질 수 없는 무거운 짐차에 몸을 맨다. 멍에는 그들의 몸에 맞지도 않으며, 짐차는 그들의 힘에 미치지 못한다. 이러한 것은 자기의 육체를 위한 삶, 혹은 남의 육체적 행복을 위한 삶이다.

참된 행복은 점점 더 강하고 선명하게 자기 내부에서 신을 인식하는 것에만 존재한다. 이러한 멍에만이 사람들의 힘에 꼭 맞는 것이며, 그리스도도 또한 이것 한 가지를 설교하고 있다.

"직접 해 보라. 그러면 얼마나 경쾌하고 기분이 좋은지 분명하게 알 것이다. 내가 하는 말이 진실인지 아닌지 알고 싶은 사람은 내 말을 실행에 옮겨 보라."

그리스도는 이렇게 말했다.

6. 사람의 일생은 육체에 의해 한정된 영적 존재와 그 영적 존재가 자기와 일체라고 인식하는 것과의 끊임없는 융합과 일치이다. 우리가 그것을 이해하든 못하든, 또한 바라든 바라지 않든 그런 것과는 관계없이 이 융합과 일치는 제어하기 힘든 기세로 우리가 인생이라 부르는 상태에 의해서 행해진다. 자기의 사명을 이해하지 못하고 그 사명을 완수하기를 바라지 않는 사람들과, 자기의 사명을 이해하고 자기의 사명과 합치된 삶을 살기를 희망하는 사람들이 있다. 이들의 차이는 이것을 이해하지 못하는 사람들의 삶이 끊임없는 고통임에 반해서, 이것을 완전히 이해하는 사람들의 삶은 끊임없이 증대하는 선이라는 점이다.

전자는 목에 밧줄이 감겨 주인에게 질질 끌려서 우리로 가고, 거기서 자기의 쉴 곳과 먹을 것을 발견하는 고집스런 동물과 비슷하다. 동물은 주인에게 반항하려고 애를 쓰면서 쓸데없이 스스로를 괴롭히고 학대한다. 그러나 결국 그는 다른 동물이 가는 곳으로, 역시 끌려갈 것이다.

한편 후자는 주인의 뜻을 이해하고, 주인의 의지에 따름으로써 좋은 일이 일어날 것을 알기 때문에 주인이 끌어당기는 곳으로 순순히, 그리고 기쁘게 스스로 따라가는 동물과 같다.

7. 당신이 자기완성 이외에 어떤 것을 희망하든 또 그 희망을 얼마만큼 충실하게 하려 하든, 그것이 채워짐과 동시에 곧장 그 매력이 소멸되고 만다는 사실만큼 일생의 사업이 '완성'이라는 사실을 명료하게 뒷받침하는 것은 없다.

자기의 유쾌한 사명을 잊지 않는 것은 단 한 가지, 완전무결한 경지로의 접근과 인식뿐이다.

다만 이 쉼 없는 완성을 향한 정진만이 진실하며 멈추지 않는, 아니 끊임없이 증대하는 희열을 준다. 이 정진을 향한 한 걸음 한 걸음은 대가를 수반한다. 이 대가는 즉각 얻게 된다. 그리고 어떤 것도 이것을 빼앗아가지 못한다.

8. 영혼의 완성에 자기의 일생을 맡긴 사람은 만족하지 않을 수 없다. 그가 바라는 모든 것이 언제나 그에게 있기 때문이다.

9. 행복한 인간이 된다, 영원한 생명을 얻는다, 신의 품에 안긴다, 구원받은 인간이 된다 등 이러한 것들은 모두 같은 말이다. 이것은 인생의 문제에 대한 해결이다. 그리고 이 행복은 증대한다. 우리는 하늘의 희열을 파악할수록 점차 강력해지고 깊어짐을 느낀다. 그리고 이 행복에는 끝이 없다. 왜냐하면 이 행복은 자유롭고 전능하며, 모든 욕망에 대해 완전히 충실하기 때문이다. (아미엘)

참된 행복은 어디에 있는가

1. 참된 행복은 적다. 만인의 행복과 선만이 진정한 행복이요 선이다. 그렇기 때문에 만인의 행복에 합치하는 것만을 희망해야 한다. 자기의 활동을 이 목적에 집중하는 사람은 행복을 얻을 것이다. (마르쿠스 아우렐리우스)

2. 사람들의 형편이나 사정에는 선과 악의 합일이 있다. 그러나 사람들의 바람에는 이러한 합일은 없다. 바람은 자기의 동물적 존재의 의지를 수행하고자 하는 사악한 것도 있고, 또 신의 뜻을 수행하고자 하는 선한 것도 있다. 만약 첫 번째 바람에 몸을 맡긴다면 불행해지지 않을 수 없다. 그러나 두 번째의 것에 몸을 맡기면 우리에게 어떠한 불행도 있을 수 없다. 시종일관 모든 것이 행복해지게 된다.

3. 아무도 진실한 선을 남에게 행하지 못한다. 우리는 그저 자신에 대해서만 진실한 선을 행할 수 있다. 진실한 선은 단 한 가지, 육체를 위한 삶이 아닌 영혼을 위한 삶에 존재할 뿐이기 때문이다.

4. 선을 행하는 것, 이것은 커다란 사업이다. 이것에 관해 논할 때 우리는 이것이 우리에게 이익을 초래한다고 확실하게 단언할 수 있다.

5. 우리는 세상 사람들 또는 신이 나를 도와주기를 탄원한다. 그러나 자신 외에 아무도 우리를 돕지는 못한다. 왜냐하면 우리를 도울 수 있는 것은 우리 자신의 선한 삶뿐이기 때문이다. 그리고 그 삶을 살 수 있는 것도 우리들 자신뿐이다.

6. 선을 행하는 자에게 대가는 필요치 않다고 사람들은 말한다. 만약 보수가 당신에게 지금 당장 있지 않고 미래에 있다고 생각한다면 이것은 옳은 말이다. 그러나 대가 없이는, 즉 선이 우리에게 희열을 가져다주지 않는다면 우리는 선을 행할 수 없으리라. 중요한 것은 참된 대가가 어디에 있는지를

이해하는 것이다. 진정한 대가는 미래에 외적이고 물질적인 것으로 있는 것이 아니라, 현재에, 지금 여기에 내적이며 정신적인 것으로 있는 것이다. 자기 영혼의 개선이 바로 그것이다. 선한 일의 대가도, 이것을 행하고자 하는 충동도 모두 여기에 존재한다.

7. 성스러운 생활을 하는 어떤 성인이 세상 사람들에 대해 신에게 이렇게 기도했다.

"오, 신이시여! 악인을 불쌍히 여기소서. 선인에게는 이미 은총을 베푸셨기 때문입니다. 그들은 선인이기 때문에 그것만으로도 이미 행복하나이다." (사디)

행복은 모든 사람을 사랑하는 마음에 있다

1. 정녕 행복한 인간이 되기 위해서 필요한 것은 오직 한 가지이다. 사랑하라. 선인이나 악인이나 모든 사람을 사랑하라. 끊임없이 사랑하라. 그러면 당신은 늘 행복한 인간이 될 수 있다.

2. 우리는 무엇을 위해 살고 있는지 알지 못하며, 또한 알 수 없다. 따라서 만약 우리 가슴에 행복을 바라는 마음이 없었다면 우리는 무엇을 해야 하는지, 또한 무엇을 해서는 안 되는지를 알 수 없었을 것이 분명하다. 그러나 우리가 동물로서의 삶이 아니라 육체에 깃든 영혼으로서의 삶을 이해하기만 한다면, 이 행복을 바라는 마음이 우리에게 무엇을 해야 하는지를 정확하게 가르쳐 보여준다. 그리고 우리 영혼이 바라는 행복은 사랑으로만 우리에게 부여될 수 있다.

3. 아직 아무도 자기에게 선을 행하는 일에 지친 선례는 없다. 그러나 최대의 선은 영혼이 바라는 바를 행하는 것이며, 영혼은 언제나 오직 한 가지, 자기로부터 솟아나는 사랑과 자기를 위한 사랑을 바랄 따름이다. 이런 사랑을 키우는 것에 자기의 일생을 바쳐야 한다. 그리하면 당신은 행복이 언제나 당신의 수중에 있음을 발견할 것이다.

4. 만약 선한 신이 존재해서 그 신이 이 세상을 창조한 것이라면, 신은 세상을 만물에게 좋도록, 따라서 우리 인간에게도 좋도록 창조한 것이 분명하다.

만약 신이 없다면 스스로 우리에게 선하도록 생활하라. 우리가 선한 삶을 살려면 우리는 서로 사랑하지 않으면 안 된다. 사랑이라는 존재가 반드시 필요하다. 그런데 신은 사랑이다. 따라서 우리는 여기서 다시 신에게로 되돌아오는 것이다.

5. 나의 일생은 나의 것이 아니다. 따라서 나의 행복만이 그 목적일 수도 없다. 나를 이 세상에 보내신 분, 그분이 바라는 것만이 그 목적일 수 있다. 그리고 그는 모든 사람에 대한 모든 사람의 사랑, 즉 나와 모든 사람의 행복의 원천이 되는 행동을 원한다.

6. 인간은 출생에서 사망까지 언제나 자기의 선을 바란다. 더구나 우리가 바라는 선은 그러한 선이 존재하는 곳, 즉 신과 모든 사람에 대한 사랑 속에서 이것을 찾고 구한다면 반드시 우리에게 주어질 것이다.

7. "우리에게 불쾌한 사람들을 사랑하라니 대체 무엇 때문이지?" 사람들은 이렇게 말한다. 답을 말하면 거기에 희열이 존재하기 때문이다. 해보면 된다. 그러면 당신은 그것이 진실인지 아닌지를 알 것이다.

8. 앞길에는 죽음 이외에 아무것도 없고, 또한 현재에는 맡은 일을 수행해 나가는 것 이외에 아무것도 없다! 이것은 실로 기쁘지 않고, 오히려 두려운 상태인 것처럼 여겨진다! 그럼에도 불구하고 우리는 신 및 모든 사람과 사랑으로 점점 단단히 맺어지는 것에 자기의 일생을 걸어야 한다. 그러면 그때까지 두렵게 여겨졌던 것이 깨뜨릴 수 없는 가장 높고 귀한 행복이 될 것이다.

육체를 섬기면 섬길수록 그만큼 우리는 참된 행복을 잃는다

1. 어떤 사람들은 권력 속에서 행복을 찾고, 어떤 사람들은 지식욕과 과학 속에서 행복을 구하며, 또 어떤 사람들은 향락 속에서 행복을 추구한다. 이 세 종류의 열망은 종류를 달리하는 세 개의 유파를 형성했다. 그리고 수많은 철학자들이 늘 세 유파 가운데 어떤 것인가를 연구했다. 그래서 그들 가운데 참된 철학에 가장 가까이 접근했던 사람들은 모든 사람에게 공통되는 행복, 즉 모든 사람이 돌진하는 목표물이 어떤 종류의 사람들만 소유할 수 있는 개인적인 것(획득함과 동시에 그것으로 얻을 수 있는 향락보다도 먼저 부족한 부분의 공허로 인해 그 소유자들을 슬프게 하는)이어서는 안 된다는 것을 깨달았다. 그들은 진정 행복한 것이 지나치거나 부족함 없이, 선망을 수반하지 않고, 모든 사람이 일시에 파악할 수 있을 듯한, 그리고 누구도 자기의 의지에 반하여 이것을 상실할 수 없다는 것을 깨달았다. 그런 행복은 엄연히

존재한다. 그 행복은 사랑 속에 존재한다. (파스칼)

2. 불행한 자여, 어찌하여 그대는 괴로워하는가? 그대는 행복을 찾아 이리저리 동분서주하고 있다. 그러나 행복은 그대 안에 있다. 남의 문간에서 행복을 찾지는 못한다. 만약 행복이 그대 안에 있지 않다면 그것은 이미 어디에도 없는 것이다. 행복은 그대 안에 있다. 그대가 모든 사람을 사랑할 수 있다는 사실에 존재한다. 뭔가에 대해서도 아니고, 또한 뭔가를 위해서도 아니며 오직 그대 혼자의 삶이 아니라 모든 사람의 삶을 위해 모든 사람을 사랑할 수 있다는 사실에 존재한다. 세상에서 행복을 찾고, 우리 영혼 속에 있는 행복을 알지 못하는 것은 가까이의 산기슭에 맑은 샘이 퐁퐁 솟아남에도 굳이 멀리 있는 웅덩이로 물을 길러 가는 것과 같다.

3. 당신이 참된 행복을 바란다면 그것을 멀리 떨어진 곳에서 찾지 말아야 한다. 부귀나 존경에서 찾아서도 안 된다. 또한 남에게 강요해서도 안 된다. 행복을 얻기 위해서 남을 저주하거나, 다른 사람과 투쟁하거나 해서도 안 된다. 그와 같은 수단으로는 재산이나 중요한 지위, 갖가지 불필요하고 시시한 것들을 얻을 수는 있겠지만 각자에게 없어서는 안 되는 참된 행복은 얻지 못한다. 행복은 돈으로 살 수도, 강요해서 얻을 수도 없다. 그것은 대가 없이 주어진다. 스스로 획득할 수 없는 모든 것은 당신의 것이 아니며, 또한 당신에게 필요한 것도 아니란 것을 알아야 한다. 당신에게 필요한 모든 것을 당신은 언제나 스스로 획득할 수 있다. 자신의 선한 삶으로 인해 획득할 수 있는 것이다.

그렇다, 행복은 하늘에도 속하지 않으며, 땅에도 속하지 않는다. 그것은 단지 우리들 자신에게 속할 따름이다.

이 세상에 행복은 단 하나밖에 없다. 그리고 그 단 하나의 행복만이 우리에게 필요한 것이다. 그것은 어떤 행복인가? 사랑의 삶이 그것이다. 게다가 이 행복을 획득하기는 쉽다.

4. 신이 우리에게 필요한 것은 쉽게 얻을 수 있게 하고, 불필요한 것은 얻기 어렵게 한 것에 감사해야 한다. 우리에게 가장 필요한 것은 행복이다. 더구나 행복해지는 것은 아주 쉽다. 과분하다고, 고맙다고 신에게 감사하지 않으면 안 된다!

신의 나라는 우리들 내부에 있으며, 행복은 우리 가슴속에 있다. 만약 가슴속에 사랑이 담겨 있다면 말이다.

저마다 없어서는 안 되는 행복이 때와 장소, 상태, 건강, 체력 여하에 따라 주어진 것이라면 어떻겠는가? 만일 행복이란 것이 미국에, 혹은 예루살렘이나 솔로몬 시대에, 궁정에, 아니면 부귀에, 과학에, 건강에, 아름다움 따위의 것들에만 존재한다면 어떻게 될까? 모든 사람이 미국에서만, 또는 예루살렘에서만 사는 것이 과연 가능할 것인가? 모든 인류가 동일한 시대에 산다는 일이 있을 수 있겠는가?

가령 인류의 행복이 부라든가 건강, 아름다움이라든가 하는 것에만 존재한다면, 모든 가난한 사람, 나이 든 사람, 병자, 잘나지 못한 사람은 모두 불행해야만 하는 것이 아닌가? 과연 신은 이러한 모든 사람들에게서 행복을 빼앗아 거두어갈 것인가? 아니다, 그러니 신에게 감사해야 한다! 신은 불필요한 것을 얻는 일은 힘들게끔 해 주었다. 부귀나 관직, 육체의 아름다움 속에 행복이 존재하지 않게 해 주었다. 행복은 단 한 가지, 선한 삶 속에만 존재한다. 그리고 그것은 저마다 생각한 대로 획득할 수 있는 것이다.

5. 우리는 자신에게 없는 것을 구하는 데 도움을 달라고 신에게 기도하지만, 신은 언제나 우리 속에 있는 것에 따라서 우리에게 도움을 주고자 한다. 하지만 우리는 우리가 바라는 대로 신이 도움을 주기를 바라고, 신이 바라는 것 같은 도움을 바라지 않는다.

6. 우리가 이 세상의 삶에 행복을 달라고 신에게 기원하는 것은 샘가에 앉아 있는 사람이 샘을 향해서 자기의 목마름을 해결해 달라고 애원하는 것과 같다. 스스로 몸을 숙여 물을 떠서 마셔야 한다. 완전한 행복이 우리에게 주어져 있다. 다만 이것을 파악하는 요령을 터득해야 할 뿐이다.

7. 만약 자기의 힘으로는 할 수 없는 것을 행복이라 생각한다면, 당신은 언제나 불행할 것이다. 당신의 힘이 미치는 것만이 행복이다. 그리고 아무도 당신의 행복을 빼앗지 못한다. 이 한 가지를 이해하지 않으면 안 된다.

인생의 규율을 지키지 않으면
인생의 행복도 느끼지 못한다

1. '무엇 때문에 악이 존재하는가?' 만약 이렇게 묻는다면 나는 그에 대해서 무엇 때문에 인생은 존재하느냐는 반문으로 답하겠다. 인생이 옳은 것이

기 때문에 악은 존재하는 것이다. 즉, 인생은 악으로부터 벗어남으로써 진정한 생명이 발현되는 것이다.

2. 만약 인생이 절대적이고 과분한 희열이라고 상상한다면, 그것은 당신의 이성이 옳지 않은 방향으로 향하고 있기 때문이다.

3. 사람들의 삶이 희열이 아니라면, 그것은 곧 인생이 끊임없이 희열로 가득 차게 하기 위해 필요한 것을 당신이 행하고 있지 않기 때문이다.

4. 삶이 행복하지 않다고 할 때, 우리는 그 말들로 인해 필연적으로 인생에 있어 보다 나은 행복을 안다는 것을 풍자하는 것이 된다. 그러나 우리는 인생에 보다 나은 어떠한 행복도 알지 못하며, 또한 알 수도 없다. 따라서 인생이 우리에게 행복하게 여겨지지 않는다면 그것은 절대로 인생의 잘못이 아니라 우리 자신 탓이다.

5. 선을 행하면서 자신을 불행한 인간으로 생각한다는 따위의 말을 누군가 하는 사람이 있다면, 그것은 결국 그 사람이 선하지 않은 것을 선이라 생각하고 있음을 의미하는 것이다.

6. 만약 우리가 불행하다면 그것은 우리 자신의 잘못임을 알고, 나아가 그것을 마음에 새겨야 한다. 우리가 불행한 것은 가질 수 없는 것을 욕심낼 때뿐이다. 자기가 가질 수 있는 것을 바라면 언제나 행복하다.

그렇다면 우리가 바라면서도 늘 가질 수 없는 것은 대체 무엇인가? 또한 원할 때에 언제든지 가질 수 있는 것은 무엇인가?

우리 권력의 범위 안에 없는 것, 우리에게 속하지 않은 것, 남에게 빼앗길 가능성이 있는 것은 소유할 수 없다. 그러한 것들은 모두 우리의 권력 범위 안에 없는 것이다. 우리의 권력 범위 안에 있는 것은 아무도 어떤 것도 방해할 수 없는 것들뿐이다.

전자는 뜬세상의 온갖 행복, 부귀라든가 존경, 건강 같은 하찮은 것들이다. 그리고 후자는 우리의 영혼, 즉 우리의 영적 존재이다. 더구나 우리의 행복에 있어서 가장 필요한 것만이 우리 권력의 범위 안에 있는 것이다. 왜냐하면 어떤 것도, 그 어떤 뜬세상의 행복도 참된 행복을 주지 못하고 늘 우리를 속이기 때문이다. 영적 완성에 한 걸음씩 다가가려는 노력, 이 노력만이 우리에게 참된 행복을 준다. 그리고 이 노력은 언제나 우리 힘의 범위 안에 있다.

선량한 아버지가 자기의 자녀들에게 하는 것 같은 것을 우리는 받는다. 우리에게 주어지지 않은 것은 행복을 가져다 주지 못하는 하찮은 것들 뿐이며, 우리에게 필요한 것은 모두 주어져 있다. (에픽테토스)

7. 우리는 스스로 배탈이 나게 했으면서 맛난 음식에 대해 불평을 터뜨린다. 인생에 만족하지 않는 사람들도 이와 똑같다.

인생에 불만을 품을 어떠한 권리도 우리는 갖고 있지 않다. 만약 우리가 인생에 불만을 품고 있다면, 그것은 결국 스스로에게 불만을 품을 근거를 갖고 있음을 의미하는 것이다.

8. 우리는 자기가 길을 잘못 들어서 앞길을 가로막는 강가에 이르렀을 때, 자신을 그 곳에 보낸 주인이 자기를 속였다고 말한다. 그리고 절망에 빠져서 강가에 서서 걱정을 하면서 강에 몸을 던지고, 자기를 보낸 주인을 저주하면서 강물에 빠져 죽는다. 우리는 자기가 길을 잘못 든 지점에는 가는 곳마다 다리가 있고, 여행을 위한 온갖 편익이 있음을 알려고 하지 않는다. 인생에 단 하나인 진실의 길을 잘못 든 사람에게도 이와 똑같은 현상이 일어난다. 그들은 인생에 만족하지 않는다. 때때로 인생의 길을 잘못 들었다는 이유만으로 스스로를 죽인다. 그리고 자기의 잘못을 인식하려고 하지 않는다.

9. 인생의 의의에 대한 의혹과 몰이해가 뭔가 이러한 숭고한 것, 또는 비극적인 것을 표시한다는 식으로 생각하지 말아야 한다. 인생의 의의에 대한 의혹은 양서를 읽는 사람들의 모임에 잘못 들어간 사람의 의혹과 비슷하다. 다른 사람들이 읽고 있는 내용을 이해하지 못하거나, 아니면 경청하지 않고 독서에 빠져 있는 사람들 사이에서 주뼛대고 있는 이 사람의 의혹은 숭고하고 비극적인 어떤 것도 드러내지 못하고, 단지 우스꽝스럽고 어리석은, 오히려 비참한 것을 보일 뿐이다.

10. 사치와 호화스런 생활에 익숙한 것이 아니라 우연히 거기에 빠져들었을 뿐인 사람이 사람들 앞에서 자기를 잘난 듯이 보이려는 목적에서 시작한 사치에 익숙해지고 말았다. 그 결과, 그다지 놀라지 않을 뿐만 아니라 오히려 소홀하게 다룰 수밖에 없다는 듯한 태도를 취한다. 이와 마찬가지로 숭고한 세계관에 익숙지 않은 사람도 인생의 기쁨에 마주했을 때, 인생이 자기에게는 실로 따분하며 자기는 보다 좋은 인생을 상상할 수 있다는 태도를 보인다.

11. 되도록 많은 사람에게 선을 베풀고 싶어하는 자선가가 있었다. 그는 아무에게도 굴욕적이지 않고 모든 사람에게 이익을 주려면 대체 어떻게 해야 좋을까를 늘 생각했다. 만약 선을 직접적으로 사람들의 손에 나눠준다면 누구에게 얼마만큼 주어야 좋을까, 누가 보다 많이 받을 가치가 있을까를 속 시원히 가늠할 수가 없었으리라. 또한 모두에게 공평하게 분배할 수도 없었을 것이다. 그 결과, 받지 못한 사람들은 말하리라. '어째서 저런 놈들한테는 주고, 우리한테는 주지 않는 것인가?'

그래서 그 자선가는 사람들이 많이 모이는 곳에 여관을 짓고 사람들에게 이익이 되거나 만족을 줄 수 있는 것을 이 여관에 모아놓자는 데에 생각이 미쳤다. 그래서 그는 그 집 안에 따뜻한 숙소, 훌륭한 난로, 장작더미, 환한 조명, 윤택한 창고, 온갖 종류의 곡식, 야채 창고, 충분히 저장해 놓은 과일, 갖가지 마실 것, 침대, 침상, 온갖 옷들, 시트, 신을 것, 그밖에 수만 가지 물건들을 많은 사람들에게 다 돌아가도록 마련했다. 그 자선가는 그렇게 해놓은 다음에 자기는 그 곳을 떠나 결과가 어떨까 기다리기 시작했다.

선량한 사람들이 이 여관에 들르기 시작했다. 그들은 마시고, 먹고, 또 때로는 하루, 이틀 내지 일주일이나 머무는 일마저 있었다. 때로는 신을 것이나 옷가지 가운데서 자기에게 부족한 것을 가지고 쓰는 일도 있었다. 그리고 그들은 다른 여행객들도 이용할 수 있도록 자기들이 도착하기 전과 똑같이 모든 뒷정리를 깔끔하게 해놓고 떠나면서 누구인지 모를 그 자선가에게 남 모를 감사를 느끼는 것이었다.

그런데 어느 날 이 집에 대담하고 난폭한, 성품이 좋지 못한 사람들이 찾아왔다. 그들은 당장에 자기 마음에 드는 모든 것을 착복했다. 더군다나 그들 사이에는 이 선행이 원인이 되어 다툼이 일어났다. 그들은 처음엔 욕지거리를 해댔다. 그리고 마침내는 서로 때리기에 이르렀다. 그들은 서로 빼앗았다. 그러다가 그저 상대가 갖지 못하게 하려고 그것들을 일부러 망가뜨리기 시작했다. 그래서 모든 것들이 엉망이 되고 말았고, 그들이 모두 굶주림과 추위에 고통스러워하면서 서로의 모욕을 참을 수 없게 되었을 때, 그들은 이번엔 왜 이런 나쁜 설비를 해 놓았느냐, 어째서 관리하는 사람을 두지 않았느냐, 왜 자선 물품을 이것밖엔 준비하지 않았느냐, 왜 나쁜 놈들까지 거리낌없이 드나들게 하느냐며 집 주인을 욕하기 시작했다. 또 그들 가운데 어떤 사람은 이렇게 말하기도 했다.

"주인 따위는 없어. 이 집은 저절로 만들어졌어……."

그러다 이 사람들은 추위와 굶주림에 괴로워하고, 노발대발하면서 그 곳을 나왔다. 그들은 그때까지도 서로를 욕하고, 여관을 만든 사람을 욕하는 것이었다. 세상 사람들도 또한 영혼에 봉사하며 살지 않고 육체에 봉사하며 살고, 자기의 삶과 남의 삶에 독을 끼치고, 자신은 제쳐놓고 상대방을 욕하고, 또 신을 인정한 경우에는 신을 욕하고, 나아가 또 신을 인정하지 않고 이 세상이 저절로 만들어진 것으로 여기는 경우에는 세계 그 자체를 욕하게 되고, 이와 동일한 어리석음을 저지른다.

인생의 규율을 준수하는 것만이 우리에게 하늘은 복을 준다

1. 늘 기뻐하는 사람이어야 한다. 만약 희열이 다했다면 어디에 자기의 잘못이 있는지 그 근원을 찾아야 한다.

2. 우리가 자기의 처한 입장에 만족하지 않는다면, 그런 경우에 우리는 두 가지 수단으로 이를 개선할 수 있다. 자기 삶의 여러 조건을 보다 좋게 하거나, 아니면 자기의 정신상태를 보다 고양시키는 방법이다. 전자는 언제나 가능한 것은 아니다. 그러나 후자는 언제나 자기가 마음먹은 대로 할 수 있다. (에머슨)

3. 우리는 행복하고 만족스러워하는 인간이 되는 것을 첫 번째 규율로 세워야 하는 것처럼 생각하는 것 같다. 자기의 불만을 악행으로 여겨 부끄러워해야 한다. 그리고 만약 나의 경우, 나 자신의 내부에 조화되지 않은 곳이 있다면, 그 경우에는 그것을 다른 사람에게 말하거나 하소연하거나 하지 말아야 한다. 다만 조화되지 않은 곳을 수정하도록 노력해야 한다는 것을 알아야 한다.

4. 신의 율법, 즉 이 땅에서 가장 큰 행복을 주는 사랑의 율법을 존중하는 것은 어떠한 경우든 가능하다.

5. 이 세상에서 우리는 모두가 내몰리고 칼을 쓰고, 나룻에 매인 야생마와 같다. 처음엔 격렬하게 몸을 버둥대면서 자신에게 봉사해 자기의 의지를 좇아서 살고자 애를 쓰느라 나룻에 부딪히고, 마구를 끌고 돌아다닌다. 그러나 아무리 해도 벗어날 수가 없어서 녹초가 되고 만다. 우리가 완전히 녹초가

되어서 자기의 의지를 잊고, 지고의 의지를 좇으며, 이것에 이끌리게 되었을 때, 그때 비로소 우리는 평안과 더없는 행복을 발견할 수 있을 것이다.

6. 나 자신이 존중하고 하지 않고에 상관없이 신의 뜻은 어떠한 경우에나 행해진다. 그러나 신의 의지를 배반하는 자가 되어서 이것에 참여하는 행복을 잃는 것이나, 신의 뜻을 존중하는 자가 되어서 사랑을 띠고 자기가 납득하는 만큼 그것을 내부로 받아들이고, 그것을 좇아 살면서 훼손되지 않는 행복을 경험하는 것도 내 마음대로인 것이다.

7. "수고하며 무거운 짐을 진 사람은 모두 내게로 오너라. 내가 너희를 쉬게 하겠다. 내 멍에는 편하고, 내 짐은 가볍다." 복음서에 이렇게 나와 있다. 이 말들이 의미하는 것은 아무리 괴로워도, 또 어떠한 고난이나 불행이 닥쳐오더라도 인생과 더없는 행복이 우리의 영혼과 육체에 의해 한정되어 있다는 것, 즉 다른 모든 이의 영혼과 신과의 합일에 있다는 진실된 가르침을 이해하고, 이것을 마음에 받아들이기만 하면 이내 그러한 상상 속의 불행은 소멸하고 만다는 것이다. 자기의 삶을 살아 있는 모든 존재와 신과의 사랑에 의한 융합과 일치에 두기만 하면, 우리의 삶은 대번에 고뇌에서 최상의 행복으로 바뀐다.

선과 선한 마음에 대하여

악을 선으로 되갚는 것은, 악을 악으로 앙갚음하는 것에 비해 훨씬 자연스럽고 쉬우며 또한 합리적이다.

우리가 저마다 누릴 수 있는 가장 높고 큰 행복은
꾸준히 선을 행하는 것이다

1. 그들은 '해골산'이라고 하는 곳에 이르러서, 거기에서 예수를 십자가에 못박고 그 죄수들도 그렇게 하였는데, 하나는 그의 오른쪽에, 하나는 그의 왼쪽에 달았다. 그때에 예수께서 말씀하셨다. "아버지, 저 사람들을 용서하여 주십시오. 저 사람들은 자기네가 무슨 일을 하는지 알지 못합니다." (누가복음 23장 33, 34절)

2. 자기에게 가능한 한 최대의 행복을 가져오는 일에 지친 사람은 지금까지 아무도 없다. 그러나 우리가 자기에게 해줄 수 있는 최고의 행복은 자기 이성의 법칙에 맞는 행위를 하는 것 한 가지이다. 그리고 이 법칙은 우리들 각 개인에게 우리의 최고 최대의 행복으로서 싫증내지 말고 타인에게 선을 베풀라고 명령하는 것이다. (마르쿠스 아우렐리우스)

3. 악을 선으로 갚아라. (탈무드)

4. 적에게 어떻게 복수할 것인가? 적에게 되도록 많은 선을 행하도록 노력하라. (에픽테토스)

5. 관용으로 분노를 극복하라. 선으로 악을 극복하라. 아낌없이 줌으로써 인색한 사람을 극복하라. 거짓을 말하는 사람을 진실로써 이겨내라.

6. 우리의 이웃에게 그들이 한 것과 똑같이 대한다면 그들을 현재보다 나쁘게 할 따름이다. 그러나 반대로 그들이 현재 자기에게 적합하다고 생각하는 것 이상으로 대응해 준다면, 우리는 그들을 보다 나은 사람이 되게 할 수 있다. (괴테)

7. 악을 선으로 갚아라. 그리하면 당신은 악인이 악에서 받는 모든 만족을 그들의 가슴에서 절멸시킬 수 있을 것이다.

악을 선으로 갚는 기쁨을 단 한 번이라도 맛본 사람은 다시는 그 기쁨을 얻을 수 있는 기회를 놓치는 일이 없으리라.

하루하루를 선행으로 장식하라

선을 믿게 하려면 선을 실행하는 일을 시작하지 않으면 안 된다.

1. 지나가는 나날을 선행으로 장식해야 한다.

2. 매일을 다음과 같이 시작하는 것이 가장 좋은 방법이다. 즉, 아침에 눈을 뜨면 적어도 오늘은 단 한 사람에게라도 기쁨을 가져다 줄 수 있지 않을까 먼저 생각해 보아야 한다. (니체)

3. 선덕은 우리의 의무이다. 이것을 자주 행하며, 자기의 선한 의도가 실현되는 모습을 주시하는 사람은 어느새 자기에게서 선을 받은 상대방을 진실로 사랑할 수 있게 된다. "너 자신을 사랑하듯 네 이웃을 사랑하라"는 말은 우선 너의 이웃에게 사랑을 가지고, 그 다음에 자기의 그 사랑의 결과로서 그에게 선을 행해야 한다는 의미가 아니다. 결코 그렇지가 않다. 당신은

먼저 당신의 이웃에게 선을 행해야 한다. 그러면 당신이 행하는 선이 당신의 가슴에, 다시 말해 선을 행하는 습성의 결과로서 당신의 가슴에 반드시 사랑의 불길을 더욱 타오르게 할 것이다. (칸트)

4. 선한 의지가 고귀한 것은 그것이 초래하거나 이루어낸 외적인 결과 때문이 아니다. 바라던 어떤 목적을 달성하는 데 도움이 되었기 때문이 아니라 단지 그 선한 의지가 포함하는 욕구로 인해 존귀한 것이다. 말하자면 선한 의지 그 자체로 고귀한 것이다.

모든 비교와 대조를 벗어나 그것 자체로서 평가받을 때, 선한 의지는 그 결과로서 어떤 성향의 이익, 극단적으로 말하면 모든 성향의 이익을 위해 할 수 있는 외적인 결과보다 훨씬 높은 가치를 지닌다. 가령 운명이 유난히 가혹하거나, 자연의 계략 때문에 이 의지가 실현될 가능성을 완전히 잃었다 하더라도, 즉 아무리 긴장에 긴장을 거듭해도 무엇 한 가지 실행하지 못하며, 그냥 선한 의지 자체로 끝난다 하더라도(물론 그것은 단순한 노골적 욕망으로서가 아니라 우리의 힘으로 가능한 수단의 응용으로서이지만), 선한 의지는 여전히 그 자체로서 존귀하고 값진 보석으로서의 가치를 내포하는 것으로서 찬연하게 빛을 발할 것이다. (칸트)

5. 가정 생활에서 선량한 생활을 보내다가 마침내 무덤으로 사라지는 사람은 대체 무엇을 거둘 것인가? 미래의 행복을 위해 수고하는 모든 사람들 가운데서 자기 가정에서 선한 생활을 보내는 자가 누구보다도 많은 것을 얻을 수 있다. (코란)

6. 선을 창조하지 않으면 아무도 선에 대해 이해하지 못한다. 동시에 때때로 희생을 치르면서까지 이것을 실행하지 않으면 아무도 진실로 선을 사랑하지 못한다. 나아가 언제나 선을 실행하지 않으면, 아무도 선에서 영혼의 평안을 찾을 수 없다. 사냥꾼이 사냥감을 찾는 것과 같이 선을 행할 기회를 찾도록 스스로를 훈련하지 못한다 해도, 적어도 선을 행해야 하는 기회를 잃지는 말아야 한다. (마르티노)

선은 주는 이와 받는 이 사이에 있는
신의 세계의 융화에 의해서만 측정할 수 있다

선은 받는 사람의 부족함이나 주는 사람의 희생으로 측정할 수 없으며, 주는 사람과 받는 사람 사이에 있는 신의 세계의 융화로만 측정할 수 있다.

1. 인생은 선이 아니다. 선한 것은 오직 선한 생활에 있다. (세네카)

2. 자연은 선량한 행위보다 사악한 행위가 보다 많이 기억되도록 만들어져 있다. 선은 망각되고 악만이 집요하게 기억에 남는다. (세네카)

3. 우리가 대가를 바라는 마음 때문에 선을 행할 생각을 한다면, 그것은 선행이 아니라 기만의 그림자, 또는 이와 비슷한 하찮은 것에 불과하다. (키케로)

4. 현인이 지혜의 요정에게 물었다.

"어떻게 하면 영혼을 해치지 않고 육체의 안녕과 행복을 얻을 수 있겠습니까? 또 육체를 망가뜨리지 않고 영혼을 속일 수 있겠습니까?"

지혜의 요정은 대답했다.

"불명예스러운 비방이 너 자신에게 향하지 않도록 다른 사람을 비방하지 말아야 한다. 온갖 악귀가 정면에서 공격해 오는 데 반해 비방만은 뒤에서 살며시 덮쳐온다고들 하기 때문이다.

또한 분노에 져서도 안 된다. 분노에 몸을 맡긴 사람은 자기의 의무를 망각하고, 자기의 선한 일을 등한히 하기 때문이다.

또한 겁이 많고 의지가 약한 것을 경계하지 않으면 안 된다. 그런 사람은 외적인 희열과 내적인 희열을 함께 잃고, 육체도 정신도 망가뜨리기 때문이다.

나아가 육욕도 경계해야 한다. 왜냐하면 마지막에는 그 결과로 병고와 회한이 나타나기 때문이다.

자기의 존재를 해치지 않도록 마음속에 원한이나 시기를 품어서도 안 된다. 치욕으로 분노에 떨어져서도 안 된다. 대신 온화하고 침묵을 좋아해야 한다.

그리고 스스로 끊임없이 노동하여 얻은 빵으로 살고, 신과 선량한 사람들을 위해 그 가운데 얼마를 떼어놓아라. 이 습관은 당신의 활동 분야에서 가장 가치 있는 행위가 될 것이다.

일을 하지 않기 위해서 남의 재물을 훔쳐서는 안 된다.

스스로 일해서 자신을 부양하지 않고 남을 내몰아서 자기를 먹이려는 사람은 식인귀라 불리기 십상이다.

교활한 사람과의 논쟁에 뛰어들지 말아야 한다. 오히려 그런 사람에게는 전혀 손을 대지 않는 편이 낫다.

또한 탐욕스런 사람과도 관계를 맺어서는 안 된다. 그런 사람의 지도를 신뢰하지 말아야 한다.

나아가 무식한 사람과 교제해서도 안 된다. 어리석은 사람에게 해명하려 들어서도 안 된다. 악인에게서는 금전을 받지도 말아야 한다. 남을 헐뜯는 자와 나란히 서서 법의 문을 지나가서도 안 된다." (동양의 금언)

5. 모든 행위에 대해 도덕성을 시금석으로 견주어 볼 만큼 순수한 덕성이란 대체 어떠한 것이냐고 묻는다면, 나는 정직하게 고백해야만 한다. 그런 문제의 해결을 아직도 의심스럽다느니 해가면서 단정할 수 있는 것은 철학자라 칭하는 선생들뿐이다. 왜냐하면 건전한 인간의 양식으로 볼 때 그런 문제는, 사실 추상적이고 일반적인 방식의 힘을 빌리지 않더라도 우리가 오른손과 왼손을 확실하게 판별할 수가 있는 것처럼 판별 가능한 행위의 차이로 벌써 옛날에 해결되었기 때문이다. 나는 이렇게 고백하지 않으면 안 된다. (칸트)

6. 친구들이 너를 더욱 사랑하도록 그들에게 선을 행하라. 또 적이 곧 너의 친구가 되도록 그들에게 선을 행하라.

적에 관해서 말할 때는 그 적이 언젠가 너의 친구가 되는 날이 올지 모른다는 것을 상기해야 한다.

7. 모든 사람이 많고 적고의 차이는 있지만 상반되는 두 경계의 어느 한쪽에 접근한다. 즉, 어떤 사람은 자기를 위해서만 전념하는 삶을 살고, 또 어떤 사람은 신을 위해서만 전념하는 삶을 산다.

8. 생애의 매일을 다른 사람의 행복을 위해서 바치고, 다른 사람을 위해서 행할 수 있는 모든 것을 행해야 한다는 것을 반드시 알고 깊이 느껴야만 한다. 다른 사람을 위해서 실행해야 한다고 공언만 해서는 안 된다. (러스킨)

9. 선행에 선행을 거듭하고 그 사이에 빈틈이 없도록 한다. 이런 삶의 방식이야말로 내가 행복한 삶이라 부르는 것이다. (마르쿠스 아우렐리우스)

10. 자기 아닌 사람들에게 많은 것을 주고, 자기를 위해서는 조금밖에 요구하지 않을수록 그 사람은 점점 더 훌륭한 인물이 된다. 그러나 반대로 자기 아닌 사람들에게 조금밖에 주지 않고, 자기를 위해서 많은 것을 요구할수

록 그 사람은 차츰 어리석은 사람이 된다.

11. 당신이 이웃에게 악을 행한 적이 있다면, 설령 그것이 아무리 작은 악이라 하더라도 그것을 커다란 악이라 생각하라. 또 그에게 커다란 선을 행한 경우에는 이것을 작은 선으로 생각해야 한다. 반대로 다른 사람이 나에게 베푼 선행은 아무리 작은 것이라도 커다란 선으로 생각하는 것이 좋다.

신의 축복은 가난한 자에게 줄 수 있는 그런 사람의 머리 위에 내린다. 그리고 그런 행위를 할 때, 따뜻하고 상냥한 태도로 상대방을 맞이하고 보내는 사람에게는 두 배의 축복이 내릴 것이다. (탈무드)

12. 끊임없이 선을 행하고 그것에 대하여 늘 감사하라. 우리가 자기의 행위를 선이라 인정하지 않고 다른 사람 속에서 살기 위해 자기를 해탈할 때, 그때 비로소 우리는 진정한 선을 성취할 수 있다.

선에 대항하는 것만은 절대 불가능하다

선덕은 모든 것을 이긴다. 그리고 그 어떤 것에도 지지 않는다.

1. 어떠한 것에도 대항해 버틸 수 있지만, 단 하나 선에 대해서만은 절대로 불가능하다. (루소)

2. 악에 대한 힐난이 아니라 선에 대한 찬양이 개인과 인류 전체의 삶에 큰 조화를 이루는 수단이 된다. 마음이 비뚤어진 사람은 악을 힐난한다. 그러나 그런 행위 자체가 이미 악 가운데 가장 큰 악이 된다. 왜냐하면 악에 대하여 번뇌하지 않고 선에 대해서만 전념하는 것이 우리를 악을 없애는 데로 이끄는 데 반해, 악에 대한 힐난은 오히려 악을 증대하는 데 도움을 줄 뿐이기 때문이다.

3. 지능을 자기 의무의 규율 탐구에 쏟는 것을 좋아하는 사람은 도덕적인 학문에 친근한 사람이다.

자기의 의무를 수행하고자 노력하는 사람은 인간애의 경지에 친근한 사람이다. 곧, 모든 사람의 행복을 희망하는 데 친근한 사람이다.

의무의 수행에 있어서 자기의 약점에 얼굴을 붉히는 사람은 그 수행에 필요한 정신력에 친근한 사람이다. (중국 격언)

4. 도덕은 종교에서 벗어나서는 있을 수 없다. 왜냐하면 도덕은 종교의 결과일 뿐만 아니라, 우리가 세상에 대해 스스로 인식한 그 관계의 결과이며,

이미 이 관계 속에 포함되어 있기 때문이다.

5. 만약 선한 일과 행동이 고무될 만한 이유가 있다면, 그것은 이미 선이 아니다. 또 그것이 결과나 보상이 있다면 이것 역시 이미 선이 아니다. 선은 원인과 결과를 초월한 것이다.

6. 횃불이나 폭죽이 태양의 밝은 빛 앞에서는 생기를 잃고 보이지 않는 듯 빈약한 것이 되는 것처럼, 뛰어난 지식도, 아니 위대한 천재라 하더라도, 또 영혼을 빼앗길 만한 아름다움을 지녔다 하더라도 진심에서 나온 선덕 앞에서는 광채를 잃고 사라져 버리고 만다. (쇼펜하우어)

7. 언제나 차분하고 부드러운 마음은 진정 위대한 사람이 지닌 최대의 보석이자 재산이다. (러스킨)

8. 연약한 풀은 단단한 대지를 뚫고 나오며, 바위 틈새를 뚫어 자기의 나아갈 길을 연다. 선한 마음도 이와 똑같다. 그 어떤 쐐기, 망치가 선량하고 진실한 사람의 힘과 견줄 수 있으랴! 아무것도 이것에 대항하지는 못한다. (트로)

9. 사람이 있는 곳에는 신에게 선을 행할 기회가 반드시 뒤따른다. (세네카)

10. 사악한 말에 선량한 말로 답하고, 모욕에 봉사로 화답하며, 오른쪽 뺨을 맞았을 때는 이내 왼쪽 뺨도 내민다. 이것이야말로 화를 가라앉히는 유일한 방법이다.

선덕은 대인관계에서 지켜야 할 우리의 신성한 의무이다

선덕은 대인관계에서는 의무이다. 만약 다른 사람에게 선량하지 않다면 당신은 사악한 인간이며, 다른 사람의 가슴에 증오를 불러일으킨다.

1. 사람과 사람 사이에 뒤섞여서 살아가는 한, 아무리 비천하고 볼품이 없으며 우스꽝스런 사람이라도, 누구를 경멸하는 것은 좋지 않다. 모든 이들과 대등하게 교제하고, 그의 내부에 영원하고 지고한 법칙의 결과로서 드러나는 고귀하고 불변하는 모든 것을 인정해주는 것은 매우 중요하다. 가혹한 일을 당하는 경우에도 '과연 세상에는 이런 좋지 않은 일을 당한 사람도 존재하긴 하겠다'고 생각을 고쳐야 한다. 만일 그런 사람들을 적의의 태도로 대한다면, 우리는 불의와 부정을 감히 행하는 것이 된다. 그리고 그렇게 배척

당하는 개인을 생존을 위한 경쟁이 아니라, 죽음을 위한 투쟁으로 불러내는 것이 된다. 말할 것도 없는 애기겠지만 아무도 자기의 개성, 즉 자기의 성격이나 능력, 기질, 외모 등을 개조하지는 못한다.

우리가 비난하는 본질적으로 나쁜 개성은 불구대천의 적으로서 우리와 투쟁하게 된다. 사실 이런 개성의 생존권은 개성이 변하기 힘든 것임에도 불구하고 언젠가 변화할 것이 틀림없다는 가정을 설정하고, 이 가정 아래서 비로소 인정하는 것에 불과한 것이다.

따라서 사람들 사이에 살아가려면 우리는 당연히 갖가지 고유한 특질을 지니는 온갖 개성을 참고 견디며, 그 변화를 조금도 기대하지 말고 개성이 계속되는 것에 대해서 비난하지 않도록 해야 한다. (쇼펜하우어)

2. 악마의 유혹에 이끌린 사람에 대해서 잔혹한 마음을 품어서는 안 된다. 당신이 다른 사람에게서 받기를 바라는 것과 같이 친절하고 공손하게 위로하고자 노력해야 한다.

3. A. '오늘 할 일을 내일로 미루지 마라.'

    B. '내가 하지 못할 일을 남에게 시키지 마라.'

    C. '싸다고 해서 쓸모없는 물건을 사서는 안 된다.'

    D. '오만은 의식주에 필요한 모든 것보다 비싼 대가를 치른다.'

    E. '선한 행위는 너무 지나치게 했다고 해서 후회하게 되는 경우는 드물다.'

    F. '실제로는 일어나지 않았지만, 어쩌면 일어날지도 모를 일 때문에 우리는 얼마나 괴로워하는가.'

    G. '화가 날 때는 열까지 세어라. 그래도 화가 날 때는 백까지 세어라.'

    (제퍼슨)

4. 어떤 사람이든 경멸하지 마라. 이웃에 대한 어떠한 난폭한 판단도, 모멸적인 관찰도 모두 마음속에서 없애라. 다른 사람의 행위나 말을 진심으로 깨끗한 기분으로 스스로에게 설명하여 이해하도록 하라. 그리고 진지하게 다른 모든 사람을 나보다 위에 세우라.

5. 선덕은 인생을 아름답게 장식하고, 온갖 모순을 풀며, 엉킨 것을 풀고, 어려운 일을 쉽게 하며, 어둡고 괴로운 일을 밝고 즐겁게 한다.

영혼의 선덕은 육체의 건강과 같다

1. 영혼의 선덕은 육체의 건강과 같다. 우리가 그것을 지배하고 있을 때는 선덕은 눈에 띄지 않는다. 더구나 그것은 모든 일에 성공을 가져온다.

최고의 선행을 꾸준히 계속하는 사람들은 스스로를 선행자라는 따위의 생각을 하지 않는다. 그렇게 되어야만 그들은 참된 선행자이다. 그러나 낮은 수준의 선행에 밑도는 사람들은 절대로 그 선행을 잊지 않는다. 그렇기 때문에 그들은 선행을 간직하지 못한다. 고귀한 선행은 스스로 자기보증을 하지 않는다. 또한 자기 쪽에서 이름을 내세우지도 않는다. 그러나 낮은 수준의 선행은 스스로 자기보증을 하고, 자기 쪽에서 이름을 대고 나온다.

높고 선한 마음은 행하기는 하지만 자기를 광고하고자 노력하지 않는다. 그러나 낮은 수준의 선한 마음은 스스로 자기를 보증하고, 자기광고에 힘쓴다.

높은 수준의 정의는 실행은 하지만 자기광고에 노력하지 않는다. 그러나 낮은 정의는 실행하면서 동시에 자기광고에 노력한다.

높은 수준의 예의는 실행하지만 자기광고에 노력하지 않는다. 그러나 낮은 예의는 실행하면서, 그것에 대하여 아무도 답례하지 않을 때에는 강제로 예의의 법칙을 지키게 하려 한다.

높은 선덕이 사라졌을 때는 선한 마음이 나타나며, 선한 마음이 상실되었을 때에는 정의가 나타나고, 정의를 잃었을 때에는 예의가 나타난다.

예의의 규율은 진실과 유사한 모든 혼란의 출발점이다. 기지는 영지(靈智)의 꽃이다. 그러나 동시에 무지몽매의 출발점이다. 그렇기 때문에 성인은 이 꽃이 아닌 열매를 따며, 꽃을 버리고 열매를 소중히 하는 것이다. (노자)

2. 훌륭하게 선행을 베풀며 사는 사람은 끝까지 똑바른 길을 똑바르게, 곁눈질도 하지 않고 돌진하려고 노력한다. 그러나 길을 반쯤 와서는 갑자기 마음이 약해져서 녹초가 되고 만다. 이것이야말로 진실로 두려워해야 하는 사실이다. (중국 격언)

3. 우리의 내부에 있는 선덕은 값비싼 보석과 같다. 보석은 어떤 일이 있어도 그 자연의 아름다움을 변함 없이 간직한다. (마르쿠스 아우렐리우스)

4. 우리가 선량한 삶을 인식하고 사는 것은 이미 그 삶에 대해 충분한 보

상을 받은 것과 마찬가지다.

선을 행하는 기쁨을 배우고 익혀야 한다. 남모르게 선을 행하라. 그리고 사람들에게 그 선행이 알려지거든 얼굴을 붉혀라.

5. 우리가 다른 사람들에게 행복을 줄수록 똑같이 우리의 행복도 증대된다. (벤담)

6. 신의 뜻은 우리가 서로 도와 함께 행복하게 사는 것이지, 서로 죽이고 불행에 빠지는 것이 아니다. 더구나 사람들이 서로 돕는 것은 자기의 희열에 의한 것이지 비애에 의해서가 아니다. (러스킨)

7. 초목의 행복은 빛에 있다. 따라서 어떤 것에도 가리고 덮이지 않은 초목은 어떤 방향으로 뻗어나갈 것인지, 지금 받고 있는 것이 좋은 광선인지 아닌지, 보다 나은 다른 광선을 기다려야 하는 게 아닐까 하는 등의 질문을 하지 않으며, 또한 이 세상에 존재하는 단 하나의 빛을 받아들이고, 그 빛의 방향으로 고분고분 뻗어간다.

마찬가지로 자기 혼자만의 행복에서 벗어난 사람은 누군가에게서 빼앗은 것으로 자기 행복이 채워지지 않음을 안다. 또 다른 현재의 사랑보다도 훨씬 좋은 사랑이 어딘가에 있지나 않을까 하는 따위의 생각도 하지 않는다. 그저 자기 눈앞에 놓여 있는, 손쉽게 자기가 도달할 수 있는 사랑의 경지로 순순히 자신을, 자기의 모든 존재를 맡긴다.

더구나 이 세상에는 온 세상의 친구를 위해 자기 목숨을 맡기는 것보다 큰 사랑은 없다. 사랑은 자기희생인 경우에만 사랑인 것이다. 우리가 다른 사람에게 나의 시간이나 정력을 제공할 뿐만 아니라 어떤 목적물을 위해서 나의 육체를 희생하거나 생명을 주거나 할 때, 그때 비로소 우리는 이것을 사랑으로 인식한다. 그리고 우리는 그러한 사랑에서만 사랑의 보상을, 참된 행복을 발견한다. 또한 사람들의 가슴에 이러한 사랑이 있다는 사실로 이 세상은 비로소 가치를 갖는다.

8. 선량한 사람이고자 하는 습성을 올곧게 갖는 것만큼 인생을 아름답게 장식해주는 것은 없다.

선한 마음은 은혜이며, 희열이고, 나아가 투쟁의 무기이다

선한 마음은 은혜이고, 희열일 뿐만 아니라, 동시에 투쟁의 무기이기도 하다.

1. 죄가 깊고 거짓이 많은 사람, 특히 당신을 욕되게 하는 사람에게 따뜻하고 선량한 마음을 갖기는 힘들다. 그렇지만 이런 사람에게야말로 그 사람을 위해서나 또 나를 위해서도 따뜻하고 선량한 마음을 갖는 것이 필요하다.

2. 그때 베드로가 다가와서 예수께 말하였다. "주님, 한 신도가 내게 죄를 지을 경우에, 내가 몇 번이나 용서해 주어야 합니까? 일곱 번까지 해야 합니까?" 예수께서 대답하셨다. "일곱 번까지가 아니라, 일곱 번을 일흔 번까지라도 해야 한다." (마태복음 18장 21~22절)

3. 만약 인생에 대한 자기의 해석이 바르다는 것을 진실로 믿고, 세상 사람들에게 선을 바란다면, 당신은 다른 사람들을 향해 될 수 있는 한 그들이 인생에 대한 자신의 해석이 바르다는 것을 믿도록 해야 할 것이다. 그러나 그 경우 자기와 대화하는 상대방이 오해에 빠져 있으면 있을수록 당신의 견해는 상대방에게 받아들여지기 어렵다. 설득의 작업조차 큰일이며 어렵다. 바람직한 일임에도 불구하고.

우리는 얼마나 자주 우리가 의도하는 것과 정반대의 행위를 하는가! 우리는 나의 견해에 찬성하는 사람이나 반쯤 찬성하는 사람과는 서로 좋게 대화를 나누고 싶은 생각을 한다. 또한 대화하는 상대방이 우리가 인식하는 진리를 믿지 않거나 이해하지 않거나 하는 것을 알 때, 우리는 그에게 그 진리를 설명하고, 그 진리가 옳다는 것을 믿게 하려 노력한다.

그렇지만 상대가 여전히 우리의 견해에 동의하지 않고 끝까지 고집을 피우거나, 이쪽의 말을 다른 의미로 왜곡하거나 하는 것처럼 생각될 때에는 얼마나 쉽게 평정을 잃고, 안절부절하고 격정적 기분으로 떨어지는가! 우리는 이내 화를 내면서 대화자에게 실례의 말을 퍼붓기 시작하거나, 또는 그토록 이해가 늦은 사람이나 편협한 사람에게는 이치를 설명해줘도 소용이 없다고 판단하고 그대로 이야기를 중단해 버린다.

그러나 그러면 안 된다. 자기와 대화하는 상대방에게 어떤 진리를 표시하고자 할 때, 가장 중요한 점은 화를 내지 않는 것이다. 단 한마디라도 가시가 있는 말, 또는 모멸적인 말을 하지 말아야 한다. (에픽테토스)

4. 만약 당신이 어떤 사람의 잘못을 알았다면 공손하게 그를 고쳐주고, 어떤 점이 잘못되어 있는지를 가르쳐 주어야 한다. 만일 당신의 시도가 실패로 끝난다면, 그런 경우에는 그저 자기 한 사람을 책망해야 한다. 그보다 더 나

은 것은 아무도 책망하지 않고 여전히 친절하고 다정한 사람으로 일관하는 것이다. (마르쿠스 아우렐리우스)

5. 만약 어떤 사람과 불화가 생겼다면, 또한 그가 당신에게 불만을 품었다면, 만일 그가 당신의 견해가 옳은데도 당신에게 동의하지 않는다면, 그런 경우 책망해야 하는 것은 그 사람이 아니라 당신에 대해서 그가 선량한 마음이 결여되어 있다는 것이다.

선한 마음 없이 진리는 전달되기 힘들다

정의 없이 선은 있을 수 없다. 또한 선한 마음 없이 진리는 전달될 수 없다.

1. 선과 진리는 동일체이다.

2. 줄기만 남은 잡초도 때로는 자란다. 하지만 그것은 꽃을 피우지 않는다. 또 때로는 열매를 맺지 않는 꽃도 있다.

진리를 아는 사람은 진리를 사랑하는 사람과 같다. 그러나 진리를 사랑하는 사람이 사랑으로 진리를 창조하는 사람과 대등한 것은 아니다. (공자)

3. "너희는 어찌하여 나더러 '주님, 주님!' 하면서도, 내가 말하는 것은 실행하지 않느냐? 내게 와서 내 말을 듣고 그대로 하는 사람이 어떤 사람과 같은지를, 너희에게 보여주겠다. 그는 땅을 깊이 파고, 반석 위에다가 기초를 놓고 집을 짓는 사람과 같다. 홍수가 나서 물살이 그 집에 들이쳐도, 그 집은 흔들리지 않는다. 잘 지은 집이기 때문이다.

그러나 내 말을 듣고서도 그대로 행하지는 않는 사람은, 기초 없이 맨 흙 위에다가 집을 짓는 사람과 같다. 물살이 그 집에 들이치면, 그 집은 곧 무너져 버리고, 무너진 피해가 크다." (누가복음 6장 46~49절)

4. 증오에 대하여 따뜻하고 선량한 마음으로 답하라. 아직 쉬울 때 힘든 일을 깊이 음미하라. 아직 큰일이 닥치기 전에 이것을 처리하라.

이 세상이 가진 어려운 장해는 그것이 손쉬운 때에 찾아온다. 엄청나게 커다란 장해는 그것이 아직 작은 때에 나타나는 것이다. (노자)

5. 완전무결한 선행에 이르는 길이 둘 있다. 정의로워지는 것과 살아 있는 것에게 해악을 끼치지 않는 것이다. (마누 법전)

6. 위선보다 나쁜 것은 없다. 위선은 노골적인 악보다도 훨씬 강하게 배척되어야 한다.

최악의 결점도 선량함을 수반하는 경우에는 허용된다

선량함이란 모든 사실과 현상에 있어 얼마나 필요 불가결한 양념인가! 지극히 좋은 성품도 선량함이 없으면 아무런 가치가 없다. 그와 동시에 지극히 좋지 않은 결점도 선량함을 수반하는 경우에는 용서된다.

1. 외적이고 육체적인 원인에 의한 자연적 선량함이 있다. 즉, 유전이라든가 훌륭한 음식물이라든가, 성공 같은 것이 원인이 된 자연의 선량함이다. 이 선량함은 이것을 맛보는 당사자에게나 다른 사람들에게도 실로 기분이 좋다. 그러나 이밖에도 영혼의 분야의 내적 활동에서 생겨나는, 한 차원 다른 선량함은 앞의 것보다 매력은 뒤떨어진다. 그러나 그 대신 앞의 것이 소실되기 쉬울 뿐만 아니라 정반대인 사악(증오)으로 쉽게 변하는 데 반해, 뒤의 것은 절대로 소실하지 않을 뿐만 아니라 끊임없이 증대한다.

2. 당신이 선한 일이라고 생각하는 것을 행하면서 적의가 소용돌이치는 것을 느끼거나, 다른 사람들이 나에 대한 적의를 품게 하는 일이 있다면 즉각 중지해야 한다. 그것은 곧 당신이 착수한 그 일을 아직 해낼 힘을 지니지 않았다는 증거이다. 육체적으로나 정신적으로 고통스럽거나 불화와 원한이 일어나면, 선한 일을 행하는 것을 그만두고 한편으로는 고통 없이 행하는 방법을 익히고, 다른 한편으로는 그 고통의 원인을 제거하는 것이 좋다.

3. 우리는 타인이 드러내 보이는 선의 경우에는 외부로 나타난 부분만으로도 존중해야 한다. 존경(어쩌면 부당한 존경)을 얻기 위해서 사용한 외면적인 유희에서도 아마도 진지한 뭔가가 생겨날 것이 분명하기 때문이다.

그러나 우리들 자신의 선인 경우에는 겉으로 드러난 부분 따위는 가차없이 뽑아서 제거해야만 한다. 즉, 우리는 자만심이 우리의 결점을 은폐하기 위해 쓰는 선의 껍데기를 제거하지 않으면 안 된다. (칸트)

4. 완전한 선은 기쁘지만 만족은 하지 않는다. 언제나 더 많이 행해야만 하는 것처럼 생각되기 때문이다.

5. 아무리 선을 행해도 늘 보다 많은, 좀더 많은 선을 바라는 마음이 뒤에 남으리라. (공자)

6. 도덕적 관계에서 모든 사악한 행위에 단적으로 일직선으로만 달리는 성향 같은 것은 존재하지 않는다. 그러나 선량한 행위는 의심할 바 없이 이 단적으로 일직선으로 돌진하는 성향이 있다. (칸트)

7. 성자는 융통성 없는 마음을 갖지 않는다. 그는 자기 마음을 모든 사람의 마음에 맞춘다. 선행을 행하는 자에 대해서는 선행을 행하는 자를 대하는 것처럼 행동하고, 죄과와 결점이 있는 사람에게는 선행의 능력이 있는 사람에게 하는 것처럼 행동한다. (동양 금언)

8. 사람은 영리해지고 선하게 됨에 따라 다른 사람의 내적 선을 더 잘 볼 수 있다. (파스칼)

9. 선한 마음을 불러 일깨우는 것은 인생의 중요한 일부이다. (존슨)

10. 세상 사람들과 살아 있는 모든 것에게 봉사하는 일에서 무한한 기쁨을 발견하고 싶다면, 가장 먼저 세상 사람들과 살아 있는 모든 생물에 대해서 해악을 끼치지 않도록, 그리고 다른 존재에게 고통을 주거나 삶을 위협하는 일을 토대로 자기 생활을 구축하지 않도록 스스로를 가르쳐야 한다.

11. 선량함이란 영혼의 근본적인 특질이다. 만약 영혼이 선량하지 않다면 우리는 단번에 우리의 이 자연적 특질을 파괴하는 온갖 종류의 기만이나 악의 유혹, 욕정 따위에 패배하고 말 것이다.

영혼을 위하여

성현의 가르침은 신에게서 나온다

1. 신의 율법을 안다고 하면서도 그것을 준수하지 않는 사람은 이로써 신도, 신의 율법도 신앙하지 않는 인간이라는 것을 스스로 증명하는 것이 된다.

언제나 선한 삶을 살고, 모든 사람과 사랑으로 호흡하며, 늘 남이 자기에게 해주기 바라는 것과 같이 이웃을 대하라는 것이 신의 율법이다. 거기에 진실된 신앙이 존재한다. 그리고 세계의 모든 인류 가운데 진실한 고금의 성현은 모두 언제나 이 신앙을 설교했다.

참된 삶은 영혼에만 존재한다

1. 우리의 참된 삶은 육체에는 존재하지 않고, 오직 영혼에만 존재한다. 많은 사람은 이것을 모른다. 그리고 이 사실을 모를 때, 언제나 자기의 육체를 해칠 수 있는 모든 것을 두려워한다. 특히 그들은 무엇보다도 격렬하게

죽음을 두려워한다. 그러나 반대로 자기의 참된 삶이 영혼에 있음을 깨달을 때, 그 사람에게는 더 이상 두려워할 것이 아무것도 없다. 왜냐하면 자기 이외에 아무것도, 아무도 그를 해칠 수 없기 때문이다.

2. 이웃에 대한 일반적인 의무와 각 개인의 내부에 깃든 영혼에 대한 의무가 있다. 영혼에 대한 의무는 각 개인의 내부에 깃든 영혼을 더럽히거나 멸시하거나 하지 않고 끊임없이 성장하게 하는 것을 말한다.

3. 당신 속에, 그렇다, 당신 속에만 천국의 모든 기쁨이나 지옥의 온갖 고뇌가 존재한다. 당신의 육체가 당신에게 요구하는 것을 해보라. 명예나 부, 지위를 획득해보라. 당신의 삶은 바로 지옥이 되리라. 그러나 반대로 당신의 영혼이 바라는 바를 해보라. 공손·자비·박애를 획득해보라. 당신에게는 어떤 천국도 필요치 않게 되리라.

4. 인생의 중요한 문제에서 우리는 늘 혼자이다. 우리 삶이 걸어온 참된 역사를 타인은 절대로 이해하지 못한다. 그리고 이 역사의 본질은 어느 정도까지 우리가 영혼 또는 육체의 삶으로 일관해 왔는지, 또 현재 어떻게 계속하고 있는가 하는 것이다.

5. 운명이 당신을 어떤 곳으로 내던지더라도 언제나, 어디서나, 당신에게는 당신의 본질, 당신의 영혼, 즉 생명과 자유와 힘의 중심이 단단하게 하나가 되어 떨어지지 않는다. 이 세상에는 우리가 자기 내부에 있는 영혼의 인식을 말살하고, 영혼과 자기와의 연결을 끊고, 자기 자신과의 내적 불화로 인해 자기 영혼의 완벽을 해치기에 이르는, 그런 외적인 행복이나 위대함 같은 것은 존재하지 않는다. 그런 값비싼 희생을 치르고 대체 어떤 것을 얻는지 보여줬으면 좋겠다. (마르쿠스 아우렐리우스)

6. 진실한 빛을 진실한 모습으로 발견해 내려면 내가 먼저 진실한 빛이 되어야만 한다.

7. 신은 말했다.

"나는 아무도 모르는 보배다. 그런데도 나는 알려지기를 바란다. 그래서 인간을 창조한 것이다." (마호메트)

이웃에 대한 사랑

1. 이웃에 대한 사랑 속에서만 우리는 행복을 발견할 수 있다. 그렇다, 우

리는 사랑 속에서 행복을 찾아낼 수 있다. 왜냐하면 타인에게 봉사함으로써 우리는 모든 것 속에 깃든 유일하고 절대적인 영혼과 하나로 결합하기 때문이다.

2. 어떤 사람이 남의 일을 '그놈들은 도무지 어쩔 도리가 없다!'라고 함부로 말하고 그 사람들 속에 있는 형제의 모습을 인정하기를 그만둔다면, 이는 커다란 불행이다. 이런 사람은 자신을 그 사람에게서 차단할 뿐만 아니라 인류 전체로부터도 차단하는 것이 된다.

3. 살아 있는 모든 것과 내가 이어진 것을 보지 못하도록 방해하는 모든 것을 내 주위에서 몰아내야 한다.

4. 저지른 자만이 벌을 받아야 하는 그런 잘못 같은 것은 없다. 우리는 일단 잘못을 저지르면 다른 사람들에게 그 잘못을 옮기게 된다. 선악은 모두 우리의 자녀와 같다. 그것은 이미 우리의 의지에 따르지 않고 자기들 마음대로 살고 움직인다. (엘리엇)

5. 줄기에서 떨어져나간 가지는 이미 완전한 나무에서 이탈한 것이다. 마찬가지로 어떤 타인과 불화를 초래했을 경우, 우리도 또한 인류 전체로부터 이탈한 것이 된다. 더구나 나뭇가지는 스스로 이탈한 것이 아닌 데 반해 인간의 경우는 증오와 분노로 제 발로 이웃에게서 멀어졌으면서도 자기가 그런 행위로 인류 전체로부터 멀어졌다는 생각은 전혀 하지 않는다. (마르쿠스 아우렐리우스)

모든 것을 사랑하라

1. 마음이 어지러울 때는 신의 존재를 느끼지 못하며, 회의(懷疑)만 점점 심해진다. 확실한 구원은 언제나 오직 하나다. 신을 생각하기를 그만두고 오로지 그 율법에 대해서만 생각에 잠기고, 이것을 존중하는 것이다. 즉 모든 사람을 사랑해야 한다. 그러면 회의는 사라지고, 다시 신과 신의 율법이 생생하게 느껴질 것이다.

2. 신을 인식하는 것이 반드시 필요하다는 것을 가장 선명하게 느낄 수 있는 때는 우리가 신에게서 이탈한 순간이다.

3. 우리가 뭔가를 위대하다고 생각할 수 있는 것은 우리가 신을 잊은 때뿐이다.

4. 내 안에 있는 육체적이지 않은 것을 나는 영혼이라 부른다. 세상 전체에서 육체적이지 않은 것을 나는 신이라 부른다.

모든 사람에 대한 사랑은 신의 뜻이다

1. 나 혼자만이 아니라 모든 사람에게 좋게 하라는 것이 신의 뜻이다. 그러나 모든 사람에게 좋게 하는 방법은 단 한 가지밖에 없다. 모든 사람이 자기가 아니라 자기 이외의 다른 사람의 행복을 기원하는 것이다.

2. 만약 우리에게 너는 뭐냐고 묻는다면 누구든지 '나는 나다'라는 것 외에 아무런 대답을 할 수 없을 것이다. 그러나 모든 사람이 '나'인 이상, 이 '나'라는 것은 모든 사람 가운데에 동일하지 않으면 안 된다. 그리고 실제로 그러하다.

3. 신은 모든 사람의 가슴속에 깃들어 있다. 그러나 이것을 모든 사람이 아는 것은 아니다.

4. 만약 내가 나 혼자의 행복만을 바란다면, 다른 사람들에게는 불행을 바라는 일이 있을 수 있으리라. 또 내 가족의 행복만을 바라는 경우에는 다른 가족의 불행을 희망하는 일이 있을 수 있다. 만일 또 자국민의 행복만을 기원한다면, 그 경우에는 다른 여러 나라 국민의 불행을 희망하는 일이 있을 수 있다. 모든 사람의 행복을 기원할 때에만 나는 어느 누구도 나쁘기를 바라지 않을 것이며, 또한 바랄 수 없으리라.

신을 사랑하라. 그리고 너 자신을 사랑하는 것과 같이
너의 모든 이웃을 사랑하라

1. 그런데 그들 가운데 율법 교사 하나가 예수를 시험하여 물었다.

"선생님, 율법 가운데 어느 계명이 중요합니까?"

예수께서 그에게 말씀하셨다.

"'네 마음을 다하고 네 목숨을 다하고, 네 뜻을 다하여, 주 너의 하느님을 사랑하라' 하셨으니, 이것이 가장 중요하고 으뜸 가는 계명이다. 둘째 계명도 이와 같은데 '네 이웃을 네 몸 같이 사랑하라' 한 것이다. 이 두 계명에 모든 율법과 예언자들이 본 뜻이 달려 있다." (마태복음 22장 35~40절)

2. 모든 사람을 사랑할 때, 우리의 마음속은 특별한 기쁨으로 가득 차게 된다. 그리고 이 때 우리는 아무것도 두려워하지 않으며, 아무것도 바라지 않게 된다. 이것은 대체 왜일까? 바로 이러한 사랑은 말할 것도 없이 신 그 자체이기 때문이다. 사랑할 때, 우리는 그 상대자와 하나로 결합함과 동시에 살아 있는 이 세상의 모든 것과도 하나로 융합하는 것이다. 우리가 신과 인류 전체와 하나로 결합했을 때, 두려워하거나 강렬히 바라는 것이 과연 있을 수 있겠는가!

3. 열매를 맺기 시작하면서 동시에 꽃은 떨어진다. 마찬가지로 우리가 영혼의 세계에서 성장을 시작하면서 동시에 온갖 약점이 우리에게서 떨어져 나갈 것이다. 비록 몇천 년 동안 땅속에 어둠이 차 있었어도 한순간 빛이 비치면 땅속은 밝게 드러난다.

당신의 영혼도 이와 같다. 아무리 오랫동안 암흑 속에 가라앉아 있었어도, 당신이 자기의 내부에서 신을 인식함과 동시에 당신의 영혼은 즉각 구석구석 밝게 빛을 받아 드러나리라. (바라문의 잠언)

4. 우리가 세상 사람들을 진정한 사랑으로 사랑하는 것은 그것이 우리에게 이익을 초래하기 때문이 아니라, 사랑보다 커다란 기쁨이 이 세상에 존재하지 않기 때문이다.

5. 당신이 사랑하지 못하고 지금껏 비난해 왔던 사람, 당신에게 모욕을 주었던 사람, 이런 사람을 사랑하도록 노력해야 한다. 그리고 만약 당신의 이러한 노력이 성공한다면 그때, 당신은 새로운 기쁨을 알게 될 것이다. 빛이 어둠의 뒤에 더욱 밝게 빛나는 것과 같이 사랑할 수 없는 마음에서 벗어나면서 동시에 사랑의 빛은 더 한층 강렬하게, 훨씬 기쁘게 당신에게서 불타오를 것이다.

6. '어떻게든 다른 사람들에게서 사랑을 받을 수만 있다면' 하는 생각 따위에 마음을 빼앗겨서는 안 된다. 사랑하라. 그러면 당신도 그들에게서 사랑받게 되리라.

모든 사람의 참된 생활과 행복이 있는 곳

1. 죄가 없는 사람이 될 수는 없지만, 해마다, 달마다, 날마다, 시시각각으로 죄의 정도가 적은 사람이 되는 것은 가능하다. 그리고 여기에, 즉 시시

각각 죄의 정도가 적은 사람이 되는 것에야말로 모든 사람의 참된 삶이 존재한다. 또한 참된 행복도 존재하는 것이다.

2. 두 부인이 장로에게 가르침을 받으러 찾아왔다. 한 부인은 자기를 큰 죄인이라고 생각했다. 그 부인은 젊은 시절에 양심을 배반하고, 끊임없이 고민해 왔다. 그러나 다른 한 부인은 오늘날까지 줄곧 율법을 지키면서 살아왔다. 그리고 특히 이렇다 할 죄를 저질렀다고도 생각지 않고 스스로에게 만족하는 것이었다.

장로는 부인들의 삶에 대해서 두 부인에게 이것저것 물었다. 그러자 앞의 사람은 눈물을 흘리면서 자기의 죄를 그에게 고백했다. 그 부인은 자기의 죄를 매우 커다란 죄라고 여기고 있었으므로 이에 대한 용서를 기대하지 않은 것이었다. 그러나 다른 한 부인은 자기에게 특별히 이렇다 할 죄가 있음을 기억하지 못한다고 말했다. 둘의 대답을 들은 다음 장로는 앞의 부인에게 말했다.

"신의 종이여, 당신은 울타리 바깥으로 가서 커다란 돌을 하나 찾아내 내게 보여주시오. 있는 힘껏 커다란 돌을 찾아내 가져오시오."

그는 이번에는 아무런 큰 죄도 저지른 기억이 없다고 말하는 부인을 향해 말했다.

"당신은 나에게 들 수 있는 만큼의 돌멩이를 가져오도록 하시오. 다만 당신은 작은 자갈만 가져와야 합니다."

두 부인은 울타리 밖으로 나가서 장로의 명령을 따랐다. 앞의 부인은 커다란 돌을 하나 가져왔다. 나중 부인은 자잘한 돌멩이를 자루에 가득 담아 왔다.

장로는 그 돌들을 보고 말했다.

"그럼 이번엔 이렇게 해주시오. 두 분 다 각자의 돌을 가지고 돌아가서 당신들이 주운 원래 장소에 있던 그대로 놓고, 그게 끝나거든 다시 내게로 오시오."

두 부인은 다시 장로의 명령을 따르기 위해 울타리 밖으로 나갔다. 앞의 부인은 돌을 주운 곳을 손쉽게 찾아내어 그것을 원래 있던 모양대로 놓았다. 그러나 나중 사람은 어떤 돌멩이를 어디서 주웠는지 도무지 생각해낼 수가 없었다. 그래서 장로의 명령을 따를 수가 없어서 자갈이 든 자루를 든 채로 하릴없이 장로에게로 돌아왔다.

"바로 그겁니다. 온갖 죄의 경우도 그와 같습니다. 당신은(앞의 부인을 향해서) 커다랗고 무거운 돌을 손쉽게 원래의 장소에 갖다 놓았습니다. 그것은 당신이 어디에서 주웠는지를 기억하고 있기 때문입니다. 그런데 당신은(나중 부인을 향해서) 그렇게 할 수 없었습니다. 당신은 작은 돌멩이를 주운 곳을 기억하고 있지 못하기 때문입니다. 세상의 온갖 죄악의 경우도 이와 똑같습니다. 저 부인은 자기의 잘못을 기억하고, 그에 대해 세상 사람들의 비난과 양심의 비난을 받아 왔습니다. 스스로를 겸손하게 해왔지요. 그 결과, 죄의 대가를 받았던 것입니다. 그러나 당신은 갖가지 죄를 저질렀으면서 그것을 기억하지 못하고, 회개하지 않고, 죄에 또 죄를 얹는 삶에 익숙해져 다른 사람의 죄를 비난하면서 차츰 자기의 죄에 빠져들고만 것입니다."

장로는 말했다.

3. 아이들은 다른 모든 동물과 마찬가지로 자기 내부의 영혼의 삶을 모른다. 따라서 성인이 경험하는 기분을 경험하지 못한다. 그는 서로 부딪치는 두 개의 욕망, 즉 자기가 거두기 바라는 욕망과 남에게 양보해 주고 싶다는 욕망, 복수하려는 욕망과 용서하려는 욕망, 배운 것을 믿으려는 욕망과 스스로 사고해 보려는 욕망 등을 동시에 경험하는 적이 없다. 그러나 우리가 나이가 들면서 서로 모순되는 이 두 가지 목소리, 즉 육체의 욕구와 영혼의 욕구는 차츰 격렬해져 귀에 들리게 된다. 그리고 영혼의 욕구에 두려움 없이 과감하게 몸을 맡길 때, 그 사람은 행복해지는 것이다.

4. 만약 우리가 '나에게는 죄가 없으니 나에게는 노력할 것이 아무것도 없다'는 따위의 생각을 한다면 이것은 좋지 않다. 그러나 마찬가지로 만약 우리가 '나는 죄의 소용돌이의 한가운데서 태어났다. 그리고 죄에 흠뻑 젖어서 죽어간다. 그렇기 때문에 나에게는 채찍을 맞아가며 노력할 점 같은 것은 아무 데도 없다고 생각한다면 이것 역시 좋지 않다. 그럴 때, 우리는 늘 불행하다. 죄는 언제나 있다는 것, 언제나 그것과 싸워야만 한다는 것을 이해하고 기억해야만 한다.

5. 만약 어떤 정욕에 휩싸여서 현혹되었다면, 당신은 그 정욕이 영혼의 요구가 아니라는 것, 전혀 이것과는 정반대의 것이라는 점, 즉 당신 영혼의 요구를 당신에게 은폐하는 쓸모없는 것에 불과하다는 것, 따라서 나는 이런 정

열에서 벗어날 수 있다는 것을 반드시 상기해야 한다.

다른 동물에게서 배워라

1. 세상 사람들은 음식이라는 것 한 가지를 놓고 보면 오히려 다른 동물에게서 배워야 한다. 동물은 자기의 육체에 필요한 것을 섭취하면 얌전해진다. 그러나 인간은 자기의 굶주림을 해결한 것만으로는 만족하지 못하고, 보다 더 감미로운 먹을 것을 끊임없이 생각해낸다.

2. 만약 세상 사람들이 자기를 위해서 사치스런 주거나 음식, 의복을 고안하지 않았더라면, 현재 가난과 결핍에 고통스러워하는 사람이 결핍에 들볶이지 않고 살아갈 수 있을 것이며, 부자들도 자기 몸과 부에 대한 공포를 느끼지 않고, 가난한 사람들의 증오를 받지 않고 살 수가 있을 것이다.

3. 세상 사람들은 자신의 생활에 가장 필요한 것은 이성(理性)이라고 생각할 것이다. 그럼에도 불구하고 얼마나 많은 사람들이 그 중요한 이성을 쾌락을 위해서 담배나 포도주, 보드카로 마비시키는 것을 두려워하지 않는 것인지!

4. 옛 그리스의 현인 피타고라스는 고기를 먹지 않았다. 사람들은 같은 그리스의 저술가 플루타르크에게 무엇 때문에 피타고라스는 육식을 하지 않는 것이냐고 물었다. 그러자 플루타르크는 그들에게 피타고라스가 육식을 하지 않는다는 것은 별로 놀랍지 않지만, 곡물이나 야채, 과일 등을 섭취하는 방법을 얼마든지 알고 있음에도 살아 있는 것을 잡아서 잘라먹겠다는 엄청난 결심을 할 수 있는 사람들이 있다는 사실, 이 사실이 무척 놀랍다고 대답했다.

5. 우리의 육체가 천진난만한 어린아이와 마찬가지로 단순한 하나의 육체에 불과하다면, 우리의 육체는 욕심이 많지 않으며, 따라서 언제나 주어진 것으로 만족한다. 그러나 우리 육체의 내부에 이성이 생겨나서, 더구나 이성이 아직 자기의 육체를 제어할 수 없을 정도로 나약한 경우에는 육체는 늘 무섭도록 욕심이 많아지고, 늘 불만으로 괴로워하고, 끊임없이 더 달라고 요구한다.

땀 흘려 일하는 삶

1. 세상에서 가장 즐거운 노동, 그것은 경작이다.

2. 어떤 것이 가장 좋은 먹을거리일까?

당신이 스스로 일해서 얻은 먹을거리가 가장 좋은 것이다. (마호메트)

3. 내가 남에게 준 노동보다도 많은 것을 남에게서 받는 것은 옳지 못하다. 그러나 우리가 남에게 줄곧 많은 것을 주든, 아니면 그들에게서 많은 것을 받든, 이것을 재서 알기는 도저히 불가능하다. 게다가 우리는 언제 힘이 없어지거나 병에 걸릴지도 모르며 그런 때에는 남에게 주기는커녕 받기만 하게 될 것이므로, 그렇게 되지 않으려면 우리는 힘이 있을 때 많은 것을 주고 조금만 받도록 노력해야 한다.

4. 일하지 않는 모든 인간은 쓸모없는 무리이다. 따라서 일을 할 수 있다는 것은 누구에게나 좋은 일이다. 그것은 가난한 사람에게는 몸을 부양하기 위해 필요하고, 부자에게는 자기를 늘 죄 있는 사람으로 생각하는 데서 벗어나기 위해 필요하다. (루소)

5. 땀 흘려 일하는 삶이 무위도식하는 삶보다 우월한 것은 무위도식하는 이의 사상이 경박하고 엉터리인 것에 비해, 일하는 이의 사상은 확고부동하다는 점에서도 잘 드러난다.

세상 사람들은 때때로 요리를 하거나 바느질을 하거나, 세탁을 하거나, 아기를 돌보거나 하는 일은 여자에게 한정된 역할이며, 남자에게는 부끄러워해야 할 일이라고 생각한다. 그러나 사실은 정반대이다. 지치고 허약하며, 몸이 무거운 여자가 한계 이상의 힘을 내어 요리를 하거나, 세탁을 하거나, 어린아이를 돌보거나 할 때에 사지가 멀쩡한, 더구나 번번이 아무 일도 하지 않는 남자가 쓸데없는 놀이에 시간을 낭비하든가 아무것도 하지 않고 멍하니 있는 것은 오히려 부끄러워해야 할 일이다.

남녀 관계도 다른 동물에게 배워야 한다

1. 남녀가 서로 끌어당기는 흡인력은 종족 보존이라는 일대 사업을 위해 부여된 감정이다. 따라서 이 감정을 향락을 위해서 사람들에게 부여된 것으로 감히 생각하는 것은 커다란 착오이자 죄악이다.

2. 동물의 경우에는 절제라는 점에서, 즉 공복 시에만 먹고 배가 차면 먹이를 탐하여 먹지 않는다는 점에서 우리는 동물에게서 배워야 한다. 성교의 경우에서도 세상 사람들은 동물에게 배우지 않으면 안 된다. 우리 인간도 동

물과 마찬가지로 완전히 성숙하기까지는 이것을 절제하고, 도저히 절제할 수 없을 때에만 성적 결합에 들어가고, 그 목적이 달성되면, 즉 아기가 생기면 즉시 그러한 행위에서 물러나야 한다.

3. 결혼하기 전에 열 번, 스무 번, 백 번이라도 생각해야 한다. 자기의 삶을 타인의 삶과 하나로 맺는 것은 실로 중대한 일이며, 양쪽 모두에게 많은 고뇌와 불행이 생겨날지도 모르기 때문이다. 아내를 맞거나 시집을 가거나 하는 것은 그럴 마음이 생겼다고 해서 되는 것이 아니다. 그보다 다른 행위로 나올 수가 없게 되었을 때, 비로소 해야만 하는 일이다.

4. 독신으로 평생을 보낸 남자나, 결혼을 하지 않고 처녀로 산 여자가 결혼하지 않은 것을 후회했다는 이야기를 나는 지금까지 한 번도 들은 적이 없다. 반대로 결혼한 사람들이 얼마나 많이 결혼하고픈 욕망을 억제하지 못했던 것을 후회하는가!

5. "도저히 방법이 없어요, 처자식을 거느려야 하니까요."

자기가 옳지 못한 삶을 사는 것을 고백하는 경우에 사람들은 늘 이렇게 말한다. 그렇기 때문에 결혼이란 그 결과가 옳지 못한 일을 행하도록 강요하지 않는 경우에만 좋게 끝나는 것이다.

철저한 무저항

1. '눈은 눈으로, 이는 이로 갚아라' 하고 이른 것을, 너희가 들었다. 그러나 나는 너희에게 말한다. 악한 사람에게 맞서지 마라. 누가 네 오른쪽 뺨을 치거든, 왼쪽 뺨마저 돌려 대어라. 너를 걸어 고소하여 네 속옷을 가지려는 사람에게는, 겉옷까지도 내주어라. 누가 너더러 억지로 오 리를 함께 가자고 하거든 십 리를 같이 가 주어라. (마태복음 5장 38~41절)

2. 만약 당신이 다수의 행복을 위한 것이니 어떤 한 사람쯤에게는 폭력을 행사해야만 한다고 결정하는 일이 생긴다면, 그 사람 역시 다수의 행복을 위해 당신 한 사람쯤에게는 폭력을 행사해야 한다고 결심하는 일이 일어날 것이다. 그 결과, 모든 사람이 서로가 서로에게 폭력을 행사하게 되고, 그러면서도 스스로를 정당하다고 굳게 믿게 되리라. 실로 이와 같은 일이 현재 우리 세계에서 일어나고 있다.

3. 버럭버럭 화를 내는 사람에게 그 분노의 대상이 된 사람에 대해 "허,

정말이지 불행한 놈 아닙니까!"라고 말해주는 것만큼 남의 분노를 쉽게 삭이게 하는 방법도 없다. 설사 정당한 분노의 경우라도 그러하다. 비가 불을 사그라지게 하는 것과 같은 작용이 분노에 대한 생각의 전환으로 일어나는 것이다.

타인에 대한 분노로 타오르고, 상대에게 고통을 주려고 생각하는 사람은 자기가 이미 그것을 행하였고, 정신적으로 또는 육체적으로 상대가 현재 괴로워하는 모습을 눈앞에서 보기라도 하는 것처럼 생생하게 상상해보는 것이 좋다. 그리고 이것이 내가 행한 결과라고 스스로에게 말해보라. 다른 방법은 잠시 제쳐두더라도 적어도 이 방법은 가장 확실하게 모든 분노를 수그러들게 해줄 것이다.

4. 늘 뭔가에 쫓기고, 어떤 용건으로 자기 집에 온 사람을 약탈하고 매도할 기회를 찾으며, 언제나 사람들에게서 나쁜 면만 보는 사람이 세상에는 많이 있는 법이다. 그런 사람을 보면 실로 불쾌하다. 그러나 따뜻하고 선량한 정신의 기쁨을 모르기 때문에 이런 사람들은 사실 매우 불행한 사람이다. 따라서 그들에게 화내지 말고 도리어 연민을 가져야 한다는 것을 기억해야 한다.

5. 입을 옷도 없고, 굶주림과 추위에 고통을 당하는 사람은 안됐지만, 사기꾼이나 술주정뱅이, 도둑, 강도, 살인자 같은 사람들은 이보다 백 배, 천 배나 더 불쌍하게 생각해야 한다. 전자는 육체적으로 괴로울 따름이지만, 후자의 경우는 이 세상에서 가장 귀중한 것, 즉 영혼의 고통으로 병들어 있다.

가난한 사람을 불쌍히 여기고 도움을 주는 것은 좋은 일이지만 신세를 망친 사람을 심판하지 않고 그를 가련히 여기며, 돕는 것은 가장 좋은 일이다.

영혼은 모든 사람에게 유일하며 동일하다

1. 우리의 진정한 '나'는 영적인 존재이다. 그리고 이 '나'는 모든 사람에게 유일하며 또 동일하다. 따라서 세상 사람들에게 어떻게 차이가 있을 수 있으랴!

2. 인생에서 가장 중요한 일은 자기의 정신을 개선하는 것이다. 오만한 사람은 자신을 처음부터 끝까지 훌륭한 사람이라고 생각한다. 만약 현재 그가 그렇게 잘못한 경험이 없다면 어떻게 보다 나은 사람이 될 수 있겠는가. 이 점에서 볼 때, 오만은 특히 해롭다. 오만은 인생의 중대한 사업, 즉 보다 나

은 사람이 되겠다는 대사업을 하는 데 우리를 방해한다.

3. 만약 자기밖에 사랑하지 않는다면, 우리는 반드시 오만의 성에 도달할 것이다. 오만은 바로 자기 혼자를 사랑하는 것이다.

4. 우리는 때때로 사람들을 비판하며 어떤 인물을 선한 사람이라 부르고, 어떤 사람을 악인이라 칭하며, 또 어떤 사람을 어리석은 사람이라고 하고, 어떤 사람을 지혜로운 자라고 한다. 그러나 그렇게 해서는 안 된다. 인간은 강물처럼 끊임없이 흘러 움직이기 때문이다. 우리는 날마다 그 모습을 달리한다. 어리석었던 사람은 총명해지고, 사악했던 사람이 선량해지며, 또 그 반대인 사람이 반대가 된다. 이러이러하고 저러저러한 시시한 사람이라고 인간을 판정할 수는 없다. 판단을 내렸을 때, 상대는 이미 다른 사람이 되어 있는 것이다.

5. 오만한 마음의 유혹은 모든 사람의 가슴에 깃든 영혼이 동일하고 유일하다는 의식으로만 없앨 수 있다. 이것 한 가지를 깨닫자마자 우리는 친근한 사람들이나 다른 사람들보다 자신이 뛰어나다거나 우위에 있다거나 하는 식으로 생각할 수 없게 된다.

6. 물체의 밀도를 낮춰 가벼워지면 가벼워질수록, 그것은 점점 더 많은 자리를 차지하게 된다. 오만한 마음도 그렇다.

신을 섬길 것인가, 아니면 나를 섬길 것인가

1. 우리는 둘 중에 어느 한쪽을 섬겨야만 한다. 신이 아니면 나를 섬겨야 하는 것이다. 신을 섬기는 경우에는 죄와 싸워야 하지만, 나를 섬기는 경우에는 죄와 싸울 필요가 없다. 모든 사람이 행하려 선택하는 것만 기계적으로 행하면 된다.

2. 인간에게 봉사하는 것보다 신에게 봉사하는 것이 유익한 까닭은, 인간을 목표로 한 경우에는 저도 모르게 자신을 좋은 사람으로 보이려고 자기 모습이 나쁜 색으로 칠해지면 슬퍼 탄식하는 데 반해, 신을 목표로 하는 경우에는 그런 마음의 탁함이 조금도 없기 때문이다. 신은 당신의 참된 모습을 이미 알고 있다. 따라서 신 앞에서는 아무도 당신을 칭찬하지 못하며, 또한 헐뜯을 수도 없다. 그렇기 때문에 당신은 겉모습을 장식하고자 노력할 필요가 없다. 다만 보다 나은 사람이 되는 것만이 필요하다.

3. 매도와 모욕을 당하는 것은 좋은 일이다. 그러나 그보다 더욱 좋은 것은 유익한 사람이 되는 것이다. 이 둘은 하나로 이어져 있다. 만약 사람들의 행복을 위해서 그들을 비난한다면, 당신은 욕설과 모욕을 당할 것이고, 또한 동시에 유익한 인물이 될 것이다.

4. 우리는 사람들의 비난과 공격에서 커다란 이익을 얻을 수 있다. 그리고 그 비난과 공격이 증오에 익숙한 것이면 것일수록, 그 이익도 또한 크다. 소독제가 병균을 샅샅이 제거하는 것처럼, 사람들의 욕설도 또한 우리 가운데 있는 모든 꺼림칙한 것들을 드러낸다. 나 혼자만이라면 모르고 지나갈지도 모르지만, 이런 욕설은 당신을 위해서 당신의 약점이나 결점을 낱낱이 드러내주는 것이다. 그렇다, 칭찬이 언제나 유해한 것처럼, 비난과 공격은 당신이 늘 이것을 이용하려 하고, 이용할 수 있을 때는 참으로 유익한 법이다.

5. 어진 사람은 자기가 바라는 선을 행할 힘이 없음을 한탄하지만, 세상 사람들이 자기를 모르거나 자기에 대해 잘못된 판단을 내린다고 해서 그것을 한탄하지는 않는다.

이 세상을 신의 나라로 만들어야 한다

만약 각자가 무엇보다도 신의 나라와 그 진실을 탐구한다면, 즉 신의 율법에 자발적으로 따르고, 각자가 이 율법이 정하는 갖가지 의무를 성실하게 준수하려 한다면, 그 즉시 고통과 결핍은 어디론가 사라지고 말 것이다.

고난과 결핍은 불의와 부정의 자녀이다. 탐욕의 딸이다. 인류의 신성한 의무에 대한 죄 많은 멸시의 소산이다. 더구나 우리의 양심은 고난과 결핍조차도 사회조직의 어쩔 수 없는 조건으로 생각하는 데 익숙해졌을 정도로 어둡고 탁하게 흐려 있다.

주여, 부디 당신의 왕국이 세워지기를, 그리고 당신의 율법이 이 세상을 새롭게 하는 율법이 되기를. 그리고 결핍이 인류의 대다수의 몫이 되지 않기를. 이 세상이 잔인한 마음이 되어 서로 해치는 적들이 사는 곳이 되지 않도록, 언제나 서로 도우려는 형제들의 따뜻한 사랑의 둥지가 되기를. 아, 그리고 신의 자녀들이 악의 절멸을 위해, 악마의 전당을 파괴하기 위해, 그 폐허에 진실의 전당을 세우기 위해 날마다 더욱 실천하고, 마침내 이 세상에 빽빽이 들어차게 하소서. (라므네)

어떻게 살 것인가

기뻐하라! 기뻐하라! 인생의 사업, 인생의 사명은 기쁨이다.
하늘을 향하여, 태양을 향하여, 별을 향하여, 풀을 향하여, 수목을 향하여
동물을 향하여, 인간을 향하여 기뻐할지니.

인간은 자연 가운데서 가장 연약한 한 포기의 갈대에 지나지 않는다. 그러나 그는 생각하는 갈대이다. 그를 멸망시키기 위해서 온 우주가 무장할 필요는 없다. 한 번 쏘이는 수증기, 한 방울의 물로도 그를 죽일 수 있다. 그러나 우주가 인간을 멸망시킨다 하더라도, 인간은 자신을 죽게 만드는 우주보다 한결 더 고귀할 것이다. 왜냐하면 인간은 자기가 죽는다는 것과 우주가 자기보다 우월하다는 것을 알고 있으나, 우주는 아무것도 모르기 때문이다. 따라서 우리의 존엄성은 생각하는 데 있다. 우리는 채울 수 없는 공간이나 시간에 따라서가 아니라 자신의 생각으로 스스로를 높여야 한다. 그러므로 생각을 잘하도록 힘써야 한다. 이것이 도덕의 근원이다.　　　　　－파스칼

두 사물에 대하여 단속적 또는 계속적으로 고찰을 거듭하다 보면, 우리의 마음은 새로운 감탄과 경외심으로 충만하게 된다. 내 머리 위에 무수한 별이 있는 하늘과 내 마음 속에 있는 도덕적 법칙으로 인해서이다.

전자는 내가 외적 감성계에서 차지하고 있는 지점에서 내 안에 있는 관련성을 확대시켜 나가면서 모든 세계와 그 너머에 있는 세계, 또 모든 체계와 거기서 유출된 체계까지 포함하는 측량하기 어려운 전체로 퍼져나간다. 그리하여 그 세계나 체계의 주기적인 운동의 시작과 계속이라는 무한한 시간으로까지 확장되는 것이다.

후자는 나의 보이지 않는 자아, 다시 말해 내 인격성에서 시작해 진정한 무한성을 갖추면서 오로지 오성(悟性)에 의해서만 인식할 수 있는 유일한 세계로 나를 데려간다. 그리하여 나는 이 세계를 통해서 구축된 세계나 다른 형태의 모든 가시적인 세계가 결코 우연의 산물이 아니며, 보편적이고 필연적인 인과관계를 갖고 있음을 인식하게 된다.

　　　　　－칸트의《실천이성비판》결론 글에서

이제 나는 너희에게 새 계명을 준다. 서로 사랑하여라. 내가 너희를 사랑한 것과 같이 너희도 서로 사랑하여라.　　　　　－요한복음 13장 34절

머리글

물레방아를 생활수단으로 살아가는 한 사나이를 상상해 보자. 이 사나이는 방앗간 집 아들이나 손자이므로, 곡식을 잘 찧기 위해서는 물레방아를 어떻게 다루면 되는지 대물린 기술을 잘 알고 있다. 그는 기계학에 대한 지식은 없다. 그러나 곡식을 제대로 찧도록 물레방아를 잘 조절하여 만졌다. 그는 그 벌이로 생계를 꾸려 나갔다.

그런데 우연한 기회에 그는 물레방아의 구조에 대해서 생각해 보게 되었다. 다른 사람에게 기계 구조를 물었다가 애매모호한 설명밖에 듣지 못하자, 그는 무엇이 방아를 돌리는지 관찰하기 시작했다.

공이에서 확으로, 확에서 공이로, 공이에서 바퀴로, 수문으로, 제방으로 차례로 더듬어 간 결과, 마침내 모든 것이 제방과 냇물에 의존하고 있다는 것을 이해하기에 이르렀다. 이 발견을 크게 기뻐하며, 이제까지 해왔던 물레방아로 찧은 가루의 품질을 검사하거나 공이를 올렸다 내렸다 조절하거나 공이 바닥을 닦고, 피대(皮帶)를 죄거나 느슨하게 하는 일들 대신 강을 연구하기 시작했다. 그러자 그의 물레방아는 기능이 완전히 떨어지고 말았다. 사람들이 그에게 잘못하고 있다고 귀띔해 주기 시작했다. 그러나 그런 충고엔 귀도 기울이지 않고 그는 계속 강에 대해서만 생각했다. 그 일에 너무도 오랫동안 힘을 기울이고, 그의 그릇된 생각을 지적하는 사람들과 몹시 열을 올려 격렬하게 논쟁을 벌이다 보니, 그는 마침내 강이 곧 물레방아 자체라고 굳게 믿게 되었다.

자신의 그릇된 생각을 지적하는 사람들에게 이 물레방아 주인은 다음과 같이 대답하는 것이다.

"어떤 물레방아라도 물이 없으면 가루를 찧을 수 없어요. 그러므로 물레방아를 알기 위해서는 물이 어떻게 흐르는가를 알지 않으면 안 되는 거죠. 흐르는 물의 힘과 그 힘이 어디서 오는 것인가를 알아야 한단 말입니다.

따라서 물레방아를 알려면, 강 자체를 알아야 하겠지요."

물레방아 주인의 이론은 논리적으로는 반박하기가 어렵다. 그의 잘못된 생각을 고쳐 주는 유일한 방법은, 이 물레방아 주인에게 어떤 이론이라 할지라도 가장 중요한 것은 이론 그 자체가 아니라 그것이 차지하는 위치, 바꾸어 말하면 효과적으로 사색을 하려면 무엇을 먼저 생각하고 무엇을 나중에 생각할 것인가를 깨닫는 것이 근본임을 알려 주는 것이다.

합리적인 활동이 비합리적인 활동과 다른 이유는, 합리적인 활동은 얼마나 중요한가에 따라 차례(즉 무엇이 첫 번째로 와야 하고, 무엇이 두 번째, 세 번째……, 열 번째 등등으로 이해되어야 하는가 하는 차례)로 배열하는 데 비해, 비합리적인 활동은 그런 차례가 없다는 것이다. 또 이 차례를 결정하는 것은 우연적인 것이 아니라, 이론 대상의 목적에 따라 좌우된다는 것도 가르쳐 줘야 한다.

모든 이론의 목적은 각각의 이론이 합리적일 수 있게끔 순차적으로 배열되어야 한다. 따라서 모든 이론에 공통되는 목적과 관련이 없는 이론은 아무리 논리적이라 할지라도 결국 적합하지 않고 어리석은 것이다.

물레방아 주인의 목적은 좋은 가루를 만드는 데에 있다. 그리고 이 목적을 물레방아 주인이 잊지 않는 한 공이, 바퀴, 제방, 강에 관한 그의 생각에 명확한 차례와 배열을 결정할 것이다.

그러나 그의 관찰이 이 목적과 관계가 없다면, 물레방아 주인의 생각은 아무리 훌륭하고 논리적이라 하더라도 근본적으로는 옳지 못하고, 무의미하다. 마치 고골리의 작품 《죽은 혼》에 등장하는 키파 모키예비치의 사색과 같은 것이다. 이를 테면 코끼리가 새처럼 알에서 부화된다면, 코끼리 알의 껍질 두께는 어느 정도일까 하고 골똘하게 생각하는 것과 마찬가지다.

나는 생명에 관한 현대 과학의 이론도 이와 같은 것이라 생각한다.

인생이란 이 사나이가 연구하려고 하는 물레방아와 같다. 물레방아의 목적은 곡식을 잘 찧는 일이고, 인생의 목적은 선한 삶을 사는 것이다. 그러므로 인간은 자기가 추구하는 이 목적을 벌 받을 각오를 하지 않고는 한순간이라도 게을리할 수 없다. 만일 인생의 목적을 잊어버린다면, 그의 이론은 가치를 잃게 되고, 코끼리의 알을 깨는 데 필요한 화약의 양이 얼마나 될까 궁리하는 키파 모키예비치의 사색처럼 될 수밖에 없다.

인간은 인생을 보다 훌륭한 것으로 하기 위해서 깊이 연구한다. 인류를 지식의 길로 진보하게 만든 사람들은 오로지 그런 태도로 인생을 연구한 것이다. 그러나 그와 같이 참된 인류의 스승이나 은인들이 있는 반면, 사색의 목표를 잃고 생명의 기원에 관한 문제를 깊이 연구하는(물레방아를 움직이고 있는 것은 무엇인가 하는 것을 깊이 연구하는) 사람들 또한 예나 지금이나 끊임없이 나오고 있다. 어떤 사람은 그것을 물이 흐르기 때문이라 단언하고, 어떤 사람은 기계의 구조 때문이라고 단언한다. 논쟁은 열을 띠게 되고, 차츰 논쟁의 목적에서 멀어져, 마침내는 전혀 관계없는 주제로 바뀌게 된다.

유대인과 기독교인과의 논쟁에 관한 재미있는 이야기가 있다. 기독교인이 유대인의 복잡 미묘한 논법에 대해 유대인의 대머리를 철썩 때리며 "지금 소리는 어디서 난 것인가? 당신의 대머리에서인가? 그렇지 않으면 내 손바닥에서인가?" 물었다고 한다. 그 결과 신앙에 관한 논쟁은 해결할 수 없는 새로운 문제에 관한 논쟁이 되었다고 한다.

삶의 문제에 관해서도 오랜 옛날부터 이와 비슷하게 논의되어 왔다.

생명은 비물질적 기원에서 유래되는 것인가, 그렇지 않으면 다양한 물질적 결합에서 발생하는 것인가 하는 생명의 기원에 관한 논쟁은 극히 옛날부터 있었다. 그리고 그 논쟁은 지금도 계속되고 있지만, 이 논쟁이 언제 끝날지는 짐작도 가지 않는다. 왜냐하면 모든 논제의 목적이 뒤로 밀리면서 목적과는 상관없는 생명에 대한 논의만 이루어지고 있기 때문이다. 따라서 '생명'이라는 말에서 이해할 수 있는 개념도 이제는 더이상 '생명' 자체가 아닌, 생명은 어디에서 생겨나고 무엇을 수반하는지가 핵심이 되고 말았다.

오늘날 생명에 관하여 말하는 경우에는, 과학 서적 속에서 뿐만 아니라 사람들의 대화 속에서도 우리 모두가 알고 있는 생명, 즉 스스로 두려워하고 미워하는 여러 가지 고통이나, 바라고 있는 즐거움과 기쁨 등에 따라서 의식하고 있는 생명에 관해선 말을 하지 않고, 특정한 물리적 법칙에 따른 우연한 현상에서 일어난 것이나 신비로운 원인에서 발생한 것에 관해서만 말할 뿐이다.

따라서 현재 생명이라고 하는 말에는 생명의 주요한 특성, 즉 고뇌와 희열의 의식이나 선(善)으로 향하는 열망 등이 빠져 있어 논쟁의 여지가 있다.

'생명이란 죽음에 항거하는 기능들의 결합이다. 생명이란 한 유기체 속에

한정된 기간 동안 이어져 있는 여러 현상의 집합이다.'

'생명은 일반적인 동시에, 마디가 없는 결합과 분해의 이중 과정이다. 생명은 차례로 일어나는 복잡한 변화의 특정한 결합이다. 생명이란 행동하는 유기체이다. 생명은 유기체의 특수한 활동이다. 생명은 외적 관계들에 관한 내적 관계들의 순응이다.'

이들 정의 속에 들어 있는 불확실성이나 동어 반복은 잠시 불문에 붙이더라도, 정의의 본질은 똑같다. 즉 생명이라고 하는 말에 대하여 모든 인간이 한결같이 이해하는 것을 정의하지 않고, 생명의 현상과 생명이 수반하는 특정한 과정을 생명이라 정의하고 있다.

이런 정의의 대부분이 생명의 형성 과정에서의 결정(結晶) 작용이나 육체 안에서의 발효와 부패 작용을 하고, 선도 악도 존재하지 않는 세포의 개별적인 생존을 다루고 있다. 즉 결정체(結晶體)·원형질 세포액 등 나의 육체나 남의 육체의 세포 속에서 일어나는 특정한 과정이, 나의 내부에서 행복을 바라는 열망에 대한 의식과 밀접하게 결합되어 있는 것과 같은 말로 불리는 것이다.

생명의 어떤 상태를 생명 그 자체인 것처럼 논의하는 것은, 강을 물레방아라고 말하는 것과 같다. 그런 논의도 어떤 목적을 위해서는 필요하지만, 그들이 논의하여 얻으려고 하던 주제에는 손도 대지 못할 것이고, 따라서 여기서 끌어낸 생명에 관한 결론은 허망하기 그지없다.

'생명'이라는 말은 극히 간단명료하며, 누구 할 것 없이 그것이 무엇을 뜻하는지 알고 있다. 모든 사람이 알기 때문에, 우리는 그 말을 흔히 이해될 수 있는 뜻으로 사용해야 한다. 왜냐하면 이 말이 모든 사람에게 명백한 까닭은, 다른 여러 말과 개념에 의해 정확하게 정의되어 있기 때문이 아니라, 반대로 적어도 다른 많은 개념이 유지되는 기본적인 개념을 나타내기 때문이다. 그리고 추론(推論)을 하려고 한다면, 우리는 먼저 모든 사람들에게 받아들여지고 있는 중심적인 뜻으로 이를 채택하지 않으면 안 된다. 그런데 이같이 중요한 것이 생명이라고 하는 개념에 관해서는 논쟁자들에게 무시되어 온 것같이 여겨진다. 처음부터 생명의 기초적인 개념이 중심적인 뜻으로 채택되지 않았기 때문에, 거듭되는 논쟁의 결과 오히려 쉽게 받아들여질 수 있는 것에서 더 멀리 벗어나 버리고, 마침내 그 기본 뜻을 상실하여 적합하지 않은 다른 뜻을 부여하게 되기에 이르렀다. 중심이 다른 중심점으로 이동되고 만 것이다.

그리하여 사람들은 생명이 세포 속에 있느냐, 그렇지 않으면 원형질 속에 있느냐, 혹은 더 낮은 무기물질 속에 있느냐에 관해서 논쟁하고 있다. 그러나 이런 논쟁을 하기 전에 우리들은 우선, 생명이라고 하는 관념을 세포로 볼 권리가 우리에게 있는지 자문해 봐야 할 것이다.

예컨대 우리는 '세포 속에 생명이 있다. 세포는 살아있다'고 말한다. 그러나 인생이라는 기본적인 관념과 한 세포 속에서 발견되는 생명의 관념은 전혀 다를 뿐만 아니라, 양립하기 어려운 것이다. 한 관념은 다른 한 관념을 배제하는 법이다. 나는 육체가 전부 세포로 구성되어 있다는 것을 인정한다. 나는 이들 세포가 내가 가지고 있는 것과 같은 성질의 생명을 가지고, 나와 마찬가지인 생명이라는 것을 의식하고 있다. 그러나 내가 살아 있는 존재라 인정하는 까닭은 스스로 분할할 수 없는 생물로서 느끼고 있기 때문일 뿐이다. 들은 바로는 나라고 하는 것은 모두 살아 있는 세포로 구성되어 있다. 그렇다면 도대체 생명의 본질을 무엇이라 하면 좋을까? 세포인가? 그렇지 않으면 나 자신인가? 만일 세포에 생명이 있다는 것을 인정한다면, 나는 생명의 관념에서 나 자신의 생명의 주요한 표징(表徵), 다시 말해 내가 독립되어 분할될 수 없는 존재라는 의식을 없애지 않으면 안 된다. 그러나 만일 내가 하나의 독립되고 분할될 수 없는 존재로서 생명을 갖고 있다는 것을 받아들인다면, 나의 육체를 구성하고는 있으나 그 의식에 대해서는 아무것도 알지 못하는 세포에 생명의 본질을 귀속시킬 수 없음은 명백하다.

내가 생명을 가지고 있고 그 속에 세포라고 불리는 생명이 없는 분자를 가지고 있든가, 그렇지 않으면 살아 있는 세포가 하나로 결합한 덩어리가 있고 나의 생명은 실제로 생명이 아니라 허구에 지나지 않든가, 두 가지 가운데 하나가 아니면 안 된다.

우리는 세포 속에 물거품이라 부르는 무엇인가가 있다고 말하지 않고 생명이 있다고 한다. 우리는 그것을 '생명'이라고 부른다. 왜냐하면 그 말에 따라서 우리는 알 수 없는 X로서가 아니라 우리들이 알고 있고, 또 우리들과 떼어놓을 수 없는 유일한 육체를 가진 자신에 대한 의식, 우리들 내부에서만 아는 국한된 일정 부분을 이해하기 때문이다. 따라서 이 관념을 육체를 구성하는 세포에 적용할 수는 없다.

우리가 어떠한 연구나 관찰을 하고 그 관찰에 대해 표현할 경우, 모든 사람에게 통용되는 단어들을 사용해야 할 것이며, 자기만 이해하고 다른 사람에게 알려져 있는 기초적인 개념과 부합하지 않는 것이어서는 안 된다.

만일 '생명'이라고 하는 말을, 세포와 그 세포로 구성되어 있는 동물에게 하듯이, 대상 전체의 성질과 그 대상을 구성하는 부분의 성질을 차별 없이 사용하는 것이 허용된다면, 우리는 마찬가지로 남들과는 다른 말을 사용해도 된다는 이야기가 된다. 사상은 말로 표현되고, 말은 문자로, 문자는 선(線)으로 구성되어 있기 때문에 선을 그린다는 것은 곧 관념과 같고, 따라서 선을 관념이라고 불러도 무방하다는 의미가 된다.

예컨대, 과학계에서 생명의 기원을 물리적 및 기계적인 힘의 작용에서 찾는 설명을 듣든가 읽든가 하는 것은 흔한 일이다. 무엇이라고 불러야 할지 좀 곤란하지만 과학자 대다수가 이 의견이라고 할까, 아니 의견이라기 보다 역설을, 아니 역설도 아니다, 한낱 우스갯소리나 수수께끼와 같은 것을 고집하고 있다.

그들은 생명이 물리적 및 기계적인 힘들의 작용에서 기원한다고 단정하고 있다. 우리가 생명의 관념에 대립시켜서만 물리적 및 기계적이라고 불러온 것에서 이제 생명이 그 물리적 힘의 작용에서 발생하는 것이라고 단정하고 있다.

부당하게도 물리적이고 기계적인 것과 아무런 인연이나 관계도 없는 '생명'이라는 말이 그 기본적인 뜻에서 멀어지고, 그 중심에서도 멀리 떨어져 버리고, 생명이 있을 리가 없는 곳에 생명이 있다고 단정되기에 이르렀다. 그야말로 이것은 외부에 중심이 있는 원이나 구면(球面)이 있다고 말하는 것과 같다.

실제로 나에게는 악에 대항하여 선으로 향하는 것인 생명이, 선이나 악을 구별하지 못하는 영역에서 발생하고 있다. 분명히 생명이라고 하는 개념의 중심은 완전히 그 위치가 바뀌어져 있다. 그뿐만 아니라 생명이라고 일컬어지는 그 무엇인가를 연구하면서, 나는 우리들에게 알려져 있는 그 어떤 개념도 거의 언급되지 않는 것을 발견하게 된다. 과학적 용어 속에서 관용적인 뜻을 지니고 있더라도, 현재 있는 개념들과는 상통하는 바가 없는 새로운 개넘과 말을 거기서 보는 것이다.

내가 알고 있는 생명의 개념은 모든 사람들이 이해하고 있는 것과 같이 이해되지 않고, 또 거기서 나온 개념들도 일반적인 개념과 합치하지 않고, 조건적인 새로운 관념이 나타나거나 그것에 걸맞게 연구된 명칭이 부여되고 있다.

인간의 말은 차츰 여러 가지 대상 및 관념을 표현하는 일반적인 말 대신에, 과학적인 용어에 의해 정복되고 있다. 참된 언어가 일반적인 말을 존재하는 대상과 관념을 나타내는 데 반해, 과학적 언어는 존재하지 않는 말로 개념을 나타내고 있다.

사람들 사이의 정신적 소통의 유일한 수단은 말이고, 이 소통을 가능하게 하기 위해서 말은 그에 부합하는 명확한 뜻을 사람들에게 환기시키도록 사용되어야 한다. 만일 우리들이 제멋대로 뜻을 부여하여 함부로 말을 사용해도 좋다고 한다면, 오히려 말을 하지 않고 모든 일을 몸짓으로 나타내는 것이 나을 것이다.

나는 실험과 관찰을 외면하고 이성의 결론만으로 우주의 법칙을 규정하는 것이 그릇된 과학적 방법이라는 것, 즉 참된 지식을 얻을 수 없음을 인정한다. 그렇다고는 하더라도 실험과 관찰로 세계의 모든 현상을 연구한다면, 기본적이지도 않고 사람에게 공통되지도 않는 조건이 달린 개념으로 추론되고, 그 실험의 결과를 일반적으로 이해되지 않는 말로 기술하는 것은 더 혼란스러운 것이 아닐까? 우수한 약제사가 있는 약국이라 할지라도 약병 라벨이 내용물에 따라서가 아니라 약제사 멋대로 붙여진다고 하면 크나큰 해를 야기할 것이다.

사람들은 나에게 이같이 말할지도 모른다. '과학은 생명의 총화(總和. 의지, 신을 바라는 마음, 정신세계를 포함하여)를 연구하는 것을 과제로 삼지는 않는다. 생명이란 개념에서 실험적 연구에 적합한 현상을 추출하는 것만이 과학의 사명이다.'

올바르게만 된다면, 이것은 아주 합당한 것이리라. 그러나 오늘날 과학자들은 결코 그처럼 이해하고 있지 않다. 무엇보다도 생명이라는 개념이 모든 사람이 이해하고 있는 것처럼 본질적인 뜻에서 이해되고, 과학은 외적 관찰에 한정된 면만 과학의 독특한 연구 방법으로 검토한다면, 그것은 참으로 좋은 일이고 전혀 문제가 되지 않는다. 그 경우에는 과학이 차지하는 위치나 우리가 과학을 토대로 도달해야 할 결론은 전혀 다른 것이 될 것이다. 그렇지만 우리는 사실을 있는 그대로 말해야 하며, 알고 있는 것을 감춰서는 안 된다. 생명에 관한 실험을 하는 과학자 대다수는 '우리는 생명의 일면만이 아니라 전체를 연구하는 사람이다'라고 확신하고 있다.

천문학이나 기계학, 물리학이나 화학, 그 밖의 다른 과학은 모두 자기가 주제로 하는 생명의 특정면을 다루고 있을 뿐 일반적인 생명에 관해선 아무런 결론도 내리지 못하고 있다. 아직 자신의 영역이 어렴풋하고 한계가 정해지지 않았던 미개 시대에는, 과학 속에서 생명의 모든 현상을 포괄하려고 시도한 결과, 새로운 개념과 말을 고안해 냄으로써 큰 혼란을 가져왔다. 점성학(占星學)에 불과하던 시대의 천문학이나, 아직 연금술(鍊金術)에 불과하던 시대의 화학에서 그런 사태가 일어났다. 그런데 지금도 똑같은 일이 진화론적 실험 과학에도 일어나고 있다. 이 과학은 생명의 한 면이나 몇 가지 면을 살펴보면서 생명 전체를 연구한다고 공언하고 있는 것이다.

과학에 대해서 그 같은 그릇된 견해를 가진 사람들은 생명의 특정한 면만이 그들의 검토 주제라는 것을 인정하지 않고, 생명의 모든 현상을 외적인 실험으로 알 수 있다고 단언하며 이렇게 말한다.

"만일 정신과학(그들은 이 같은 막연한 용어를 좋아한다)이 아직 우리들에게 알려져 있지 않다 하더라도 언젠가는 알려질 날이 올 것이다. 생명의 한 면 혹은 몇 가지 면을 알아봄으로써 우리는 모든 면을 알게 될 것이다. 바꾸어 말하면 하나의 대상을 오랫동안 끊임없이 음미하여 그것을 모든 면에서, 아니 그 내부에서까지 틀림없이 알아보게 될 것이다."

이 기괴한 학설(그야말로 미신적인 광신으로밖에 설명한 길이 없다)이 실제로 존재하고 있고, 모든 야만적이고 광신적인 교의(教義)와 마찬가지로 인간의 사상적 활동을 그릇되고 공허한 방향으로 이끌면서 파괴적 영향을 끼치고 있다. 양심적인 노력가들이 그의 생애를 전혀 쓸모없는 연구에 바친 끝에 죽어 가고, 사람들의 육체적 능력도 쓸데없는 일에 낭비되고, 젊은 세대들도 키파 모키예비치 같이 아무 필요도 없는 일을 하면서 마치 인류를 위해 엄청난 일을 하는 듯 추켜세움을 받고 멸망해 가는 것이다.

흔히 과학은 생명을 모든 국면에서 연구한다고 말한다. 그러나 문제는 바로 그 점이다. 모든 대상에는 하나의 구체(球體)에 있는 반지름 수만큼의, 즉 무수한 면이 존재하기 때문에 모든 면을 연구하는 것은 불가능하다. 우리는 어느 면이 보다 중요하고 필요한가, 어느 면이 보다 중요하지 않고 필요하지 않는가를 알아야 된다. 하나의 대상을 모든 면에서 동시에 접근할 수 없는 것처럼, 생명 현상 역시 모든 면에서 동시에 연구하는 것은 불가능하다. 우리가 좋아하건 좋아하지 않건 차례가 정해지지 않으면 안 되고, 거기에 문제의 어려움이 있다. 생명에 관한 이해를 통해서만 그 차례를 정할 수 있기 때문이다.

생명에 대한 올바른 이해만이 과학 일반과 개개의 특정 과학이 생명에 관하여 가지고 있는 각각의 위치에 따라 자리잡게 하고, 적절한 뜻과 방향을 부여한다. 만일 생명에 대한 이해 방법이 우리 모든 사람들 속에 뿌리박고 있는 것이 아니라면 과학은 거짓이 될 것이다.

이때는 우리들이 과학이라고 이름붙이는 것이 생명을 정의하는 것이 아니고, 생명에 대한 우리들의 개념이 과학이 될만한 것을 정의한다. 따라서 무엇보다도 무엇이 과학이고 무엇이 과학이 아닌가 하는 것을 결정해야 한다. 또 그러기 위해서는 생명에 대한 우리들의 개념이 명백해야 한다.

나는 모든 생각을 솔직히 말하려 한다. 우리는 모두 이 그릇된 실험과학의 신념이 기본적으로 독단임을 알아야 한다.

물질과 그 에너지가 존재한다. 에너지가 운동을 낳고, 기계적 운동이 분자 운동을 변형시켜, 전기, 신경, 그리고 대뇌 활동 등으로 나타난다. 생명의 여러 현상 모두가 예외 없이 가지가지 에너지의 상관관계로 설명된다. 이러한 것은 모두 훌륭하고 간단하고 명료하고 또한 편리하다. 그렇기 때문에 우리가 그토록 절실하게 바라는데도 우리들의 생활을 단순화시켜 주는 것이 없다고 한다면, 어떻게 하든 그것을 만들어 내지 않으면 안 된다.

따라서 불손한 생각이지만, 실험과학 활동의 에너지 대부분은 편리한 표상(表象)을 견고히 하는 데 필요한 것을 고안해 내려는 바람에서 나오는 것이다.

이러한 과학의 활동 속에는 생명의 모든 현상을 검토하고자 하는 바람보다도 기본적인 독단의 정당성을 입증하려고 하는, 변함없는 야망이 두드러져 보인다. 유기물이 무기물에서 나오고, 정신적 활동이 유기물의 작용에서 나온다는 것을 설명하려는 시도에 얼마나 엄청난 노력이 허비되고 있는 것일까! 만일 무기물이 유기물로 되지 않는다면, 우리는 바다 밑을 탐색해 보자. 그러면 핵(核)이라고 부르는 것을 발견하게 될 것이다.

설령 거기에 없는 경우에도 우리는 발견되리라 믿을 것이다. 끝없는 시간을 일에 투자할 뿐 아니라, 우리 신념이 요구하는 것이라면 존재하지 않더라도 무엇이나 그 세월 속에 채워 넣을 수 있을 것이므로 더욱 그러하다.

유기물의 활동이 정신적 활동으로 옮겨가는 것도 마찬가지이다. 우리는 아직 그러한 현상을 포착하고 있지 않다. 그러나 그것이 있었으리라 믿고, 적어도 가능성이라도 입증하려고 모든 정신적 노력을 쏟고 있다.

우리들의 생명을 언급하는 일이 없는 이론, 즉 생명의 기원 문제에 관하여 이러쿵저러쿵하는 이론은 애니미즘(物活論)이든 바이탈리즘(活力論)이든, 다른 특수한 힘의 해석이든, 모두 생명의 주요 문제를 사람의 눈에서 감추어 버렸다(이 문제를 제외하고는 생명의 관념은 그 뜻을 잃는 것이지만). 그리고 과학자들은 서둘러 길을 가면서도 자기가 도대체 어디로 가는지 잊어버린 사람이 되어 다른 사람들까지 끌어들이고 말았다.

어쩌면 나는, 과학이 현재의 길을 걸어가는 동안 주고 있는 여러 성과를 고의로 무시하고 있는지도 모른다. 그러나 마음에 새겨두기 바란다. 어떤 성과라 할지라도 그릇된 방향을 인정할 수는 없다. 한 가지 불가능을 가능이라고 가정해 보자. 즉 현대 과학이 단정하는 모든 것(이것은 과학 자체도 믿고 있는 것이 아니지만)이 발견되기에 이른다고 가정해 보자. 그런 것들이 모두 발견되고, 백일하에 분명하게 된다고 가정해 보자. 어떻게 해서 유기물이 무기물의 변화에서 생겨나는가, 어떻게 해서 육체적 에너지가 감정이나 의지나 사상으로 변하는가 하는 따위가 남김없이 알려진다고 가정해보자. 그런 것이 중학생에 머무르지 않고 시골 초등학생에게까지 알려진다고 가정해보자.

그러면 저마다의 사상이 저마다의 운동으로 태어난 것임을 알게 된다. 그러나 그것이 어쨌다는 것인가? 도대체 그와 같은 운동을 하여 이러저러한 사상을 뜻대로 환기시키는 일이 가능하단 말인가, 가능하지 않단 말인가? 또 왜 어떤 사상이나 감정을 자신이나 남들의 내부에 환기시켜야만 하는가? 이런 의문은 풀리지 않을 뿐만 아니라 제기되지도 않은 채 남아 있다.

나는 과학자들이 이 문제에 대답하는 데 아무런 어려움도 느끼지 않는다는 것을 알고 있다. 그들은 이 대답을 매우 간단한 것이라고 여긴다. 그것은 마치 어려운 문제의 해결이, 그 문제를 이해하지 못하고 있는 사람들에게는 아주 간단하게 여겨지는 것과 같은 이치다. 생명을 어떻게 정의할 것인가 하는 문제도 그것이 우리들의 힘이 미치는 곳에 있는 한, 과학자들은 간단한 것이라고 여긴다. 과학자들은 말한다. "사람들은 스스로의 필요를 만족시킬 수 있어야 한다. 과학은 그 방법을 완성한다. 무엇보다도 인류의 필요를 충족시키기 위하여 필요한 것을 올바르게 나누는 방법을 생각해 내고, 그 다음에는 그들의 필요가 쉽게 충족되도록 풍부하고 쉽게 생산하는 방법을 생각해 내는 것이다. 그 결과 인류는 행복하게 될 것이다."

그런데 인류에게 필요한 것이 무엇이고, 그것은 어느 한도까지인가 하고 묻는다면 그들의 대답은 역시 간단명료하다.

"인간의 욕구를 육체적 욕구·지적 욕구·미적 욕구 및 도덕적 욕구에 이르기까지 분류하고, 어느 욕구가 어느 정도까지 정당하고, 어느 욕구가 어느 정도까지 정당하지 않는가 하는 것을 분명하게 결정하기 위해 과학이 존재하는 것이다."

과학은 시간이 흐름에 따라 이것을 결정지어 갈 것이다. 만일 어떤 사람이, 과학은 도대체 이들 욕구가 바른지 그른지 결정짓는 표준을 어디서 구하는 것이냐고 묻는다면, 과학자들은 '그 여러 욕구를 연구함으로써'라고 간단하게 대답할 것이다. 그러나 '욕구'라고 하는 말의 뜻은 두 가지밖에 없다. 하나는 존재 조건의 욕구로, 어떤 사물일지라도 그 존재 조건은 수없이 있고, 따라서 그것을 일일이 연구할 수는 없다. 또 하나는 만족할 만한 환경에 대한 생물로서의 욕구로, 이것은 의식에 따라서만 식별할 수 있고 결정할 수 있는 것으로, 실험 과학에서 연구될 가능성은 아주 적은 것이다.

그런데 세상에는 과학에 관한 사람이나 학자들의 협회라든가 단체라든가 연합회라든가 하는 것이 있다. 이것이 우리들이 필요로 하는 모든 것을 때와 더불어 결정지어 갈 것이다.

이런 문제의 그와 같은 해결은 다만 말을 바꾸어 나타낸 메시아의 왕국에 불과하고, 그 속에서 메시아의 역할이 과학으로 이루어지고 있다는 것, 그런 설명을 납득시키기 위해서는 유대인들이 메시아를 믿는 것과 같이 과학의 여러 가지 도그마를 무조건 믿는 것이 필요하다는 것 등이 분명하지 않은가? 과학의 사도(使徒)들은 사실 그 일을 하고 있다. 다만 메시아를 하느님의 사도로 보는 정통 유대교도가 메시아가 그 힘을 가지고 모두를 보기 좋게 조정할 것이라고 믿는 것에 비해, 과학의 사도들은 문제의 본질상 여러 욕구의 외적 연구에 따라서 생명의 주요한 큰 문제를 해결할 수 있다고는 믿지 않고 있다. 여기에 차이가 있을 뿐이다.

어떻게 살 것인가

1. 인간 생활의 근본적 모순

사람은 오로지 자신을 위해, 자기의 행복을 위해서만 살고 있다. 만일 자신의 행복에 대해 바라지 않는다면, 그 사람은 자신이 살아 있다고 느끼지 못할 것이다. 사람은 자신의 행복을 바라지 않고는 인생을 상상할 수가 없다. 산다는 것은 사람에게는 행복을 바라고 얻는 것과 똑같은 뜻이다. 동시에 행복을 바라고 행복을 얻는 것은 산다는 것과 똑같은 뜻이다.

사람은 자신 속에서만, 개체로서의 자기 속에서만 삶을 느끼는 존재이다. 따라서 사람이 바라는 행복이란, 자기 개체의 행복에 불과하다고 상상한다. 사람은 우선 자기만이 살고 있고, 자기만이 참으로 살고 있다고 생각한다. 다른 여러 존재의 삶을 자신의 삶과는 전혀 다른 것이라고 상상한다. 즉 다른 여러 존재의 삶을 자신의 인생과 유사한 것에 지나지 않는다고 느낀다. 사람은 다른 존재의 인생을 그저 관찰하고, 그 관찰로서 그들이 살아 있다는 것을 알 뿐이기 때문이다. 다른 존재의 생명에 관하여 아는 것은 그들의 일을 생각하려고 마음먹을 때뿐이지만, 자신에 관해서는 자기가 살아 있다는 것을 언제나 '알고 있고', 그래서 한 순간이라도 그런 의식을 멈추지 못한다. 그러므로 어떠한 사람이라도 자신의 삶만을 참된 삶이라고 생각한다. 자기를 둘러싼 다른 존재의 삶은 자기의 생존 조건의 하나라고밖에 생각하지 않는 것이다. 만일 사람이 남의 재난을 바라지 않는다 하더라도, 그것은 그저 남의 괴로움을 보는 것이 자기의 행복을 해치기 때문이다. 또 남의 행복을 희망한다 하더라도, 그것은 자신의 행복을 바라는 경우와는 전혀 다르다. 즉 남의 행복을 희망하고 그 사람을 위해서 행복한 생활을 희망하는 것이 아니라, 다만 남의 행복이 자신의 행복을 증진시키는 것이기 때문이다. 사람에게 중요하고 또 없어서는 안 될 것이 자신의 것이라고 느껴지는 삶의 행복, 즉 자기 개인의 행복뿐이다.

그런데 사람은 행복을 얻으려고 노력하다가 그 행복이 다른 존재에 의지한다는 사실을 알게 된다. 그리고 이들 다른 존재를 관찰하고 연구하면, 그들 모두가, 사람뿐만 아니라 동물에 이르기까지 삶에 대해서 자기가 가지고 있는 것과 똑같은 개념을 가지고 있다는 것을 깨닫기에 이른다. 이들 존재는 모두 자기와 같이 자신의 삶과 행복만을 느끼고 있고, 자기만의 삶을 중요한 것, 진실된 것이라고 생각하고, 다른 존재의 삶을 자기 행복의 수단에 지나지 않는다고 보고 있다.

사람은 또한 살아 있는 모든 것이 자신과 마찬가지로, 자신의 작은 행복을 위해서 다른 존재의 훨씬 큰 행복이나 생명조차도 빼앗아 버리려고 한다. 그것을 깨닫는 동시에 사람은 다음과 같은 상상을 하게 된다. 즉, 만일 그렇다고 한다면(그는 그것이 의심할 수 없는 사실이라는 것을 알고 있다!) '단 하나나 열 개의 존재뿐만이 아니고 이 세상에 수없이 생존하는 온갖 존재는, 각자 자기의 목적을 달성하기 위해서, 자기 한 몸의 생명만 생각하는 사람을 근절시키려고 노리고 있는 것이 아닌가!' 또한 그 사람은 자기 인생의 의미가 되는 유일한 이정표인 자기의 행복이, 그냥 쉽사리 손에 들어오기 어려운 것일 뿐만 아니라 제3자에게 빼앗기게 되는 것이라는 사실을 알게 될 것이다.

오래 살면 살수록 이런 생각은 경험에 의해 더 강해진다. 그리고 그 사람은 자신도 일원이 되어 있고 서로 먹어치우려 하고 있는 각 개인의 결합으로 이루어진 이 세계의 생활이, 자기에게 행복할 리가 없을 뿐만 아니라 확실히 불행이 되리라는 것을 알 것이다.

그뿐만이 아니다. 가령 사람이 자신에 대해서 아무런 걱정도 없고, 다른 사람을 상대로 훌륭히 싸울 수 있는 유리한 조건에 있다 하더라도, 이성과 경험은 다른 사실을 알려준다. 즉 사람이 개인의 쾌락이라고 하는, 외적으로 인생에서 누리는 이러한 행복의 유사품은 참된 행복이 아니라, 쾌락과 떼어 놓을 수 없는 고뇌를 더욱 실감하게 하기 위해서 주어진 행복의 견본에 지나지 않는다는 것을 말이다.

사람은 오래 살면 살수록 쾌락이 차츰 적어지고, 권태와 포만과 노고와 고뇌가 늘어가는 것을 분명히 알 것이다. 그뿐만이 아니다. 자기 힘의 쇠약과 건강하지 못함을 느끼기 시작하든가, 또는 사람들의 질병, 노쇠, 죽음 따위를 보게 되면, 그 사람은 이제까지 확실히 생명이 있는 것이라고 느끼고 있던 자신의 존재조차도 한순간 한순간 쇠약과 노쇠로 사멸에 가까워지고 있음을 인정하지 않을 수 없게 된다. 또 자기의 생명이 다른 존재 때문에 파괴당하는 것 같은 수많은 사건이나 고통을 증가시키는 경우 말고도 생명 그 자체의 본질에 따라서 죽음을 향하여 다가가고 있다는 것, 즉 개인의 생명과 더불어 행복의 가능성도 죽음에 차츰 다가가고 있다는 것을 인정하지 않을 수 없다.

사람은 또한 그 인격(거기에서만 그가 생명을 느끼고 있는 것)이 싸우면 안 되는 것을 상대로 싸우고 있을 뿐이라는 것, 즉 온 세계를 상대로 싸우고 있다는 것, 행복의 유사품을 주고 언제나 고통 속에서 끝나는 쾌락만을 추구하고, 막을 수 없는 생명을 막으려 하고 있음을 인정하게 된다. 또 그 자신의 인격(사람이 오로지 그것만을 위해서 행복과 생명을 희망하는 것 자체)이 행복이나 생명을 가질 수 없음도 인정하게 된다. 그가 얻으려고 바라는 것, 즉 행복과 생명은 그가 느끼지도 못하고 느낄 수도 없는 존재, 다시 말해 그 실재(實在)에 관하여 알 수도 없고 또 알고 싶어하지도 않는, 그와 전혀 관계가 없는 존재가 소유하고 있는 것이다.

자신에게 가장 중요한 것, 자기에게 이것만은 필요하다고 여겨지는 것, 이것만이 참으로 살아 있다고 여겨지는 것, 개체로서의 그 자신과 죽어서 뼈만 남고 구더기가 되는 것, 이것은 사실 그가 아니다. 그에게 필요하지도 않고 중요하지도 않으며, 살아 있다고 느껴지지 않는 것이다. 언제나 싸움이 끊이지 않고 변화하고 있는 여러 존재의 이 세계, 이것이야말로 참된 생명이고 영원히 살아남을 것이다. 따라서 사람에게 유일한 것이라고 느껴지고 모든 활동의 원동력이 되고 있는 생명이라는 것은, 사실 있을 수 없는 거짓론이 존재이고, 사람의 외부에 있으면서 그가 사랑하지도 않고 느끼지도 않으며 전혀 알지도 못하는 생명이야말로 유일한 참된 생명이라고 할 수 있다.

사람이 느끼지 못하는 이 생명이야말로, 진정 혼자서만 소유하기를 바라는 여러 가지 특징을 고스란히 가지고 있다. 이것은 우울하고 기분 나쁜 순간에 떠오르는 관념도 아니고, 갖지 않고도 살아갈 수 있을 것 같은 관념도 아니다. 사실은 한번 사람의 머리에 떠오르거나 다른 사람들이 설명하기가 무섭게, 이미 빠져나갈 수도 없고 의식에서 쫓아낼 수도 없을 정도로 명백하고도 확실한 진리이다.

2. 인류는 아득한 옛날부터 생명의 모순을 의식해왔다. 현자들은 이 내적 모순을 해결할 인생의 진리를 밝혀주었건만, 위선자나 학자들이 그것을 감추고 있다.

인생의 유일한 목적으로 먼저 사람들 마음에 떠오르는 것은, 자기 개인의 행복이다. 그러나 개인을 위한 행복이라는 것은 있을 수 없다. 비록 인생에 무엇인가 행복과 비슷한 것이 있다 하더라도 거기에만 행복이 가능한 인생은 한 번 숨쉴 때마다 고통으로, 해악으로, 죽음으로, 멸망의 구렁으로, 불가항력적인 힘으로 끌려들어가는 것이다.

그리고 분발력이 있는 사람이라면 누구나 다, 젊은 사람이든 학문이 있든 없든 거의 모든 사람이 이 사실을 이해할 수 있을 만큼 명백하고 알기 쉽다. 이 생각은 단순하고 자연스러우므로 이성을 가진 사람이라면 누구나 다 생각할 수 있는 것이며, 아득한 옛날부터 인류가 알고 있던 사실이다.

'서로 멸망시키거나 스스로 멸망해 가는 수없는 자아 속에서 자기 한 몸의 행복만을 얻으려고 노력하는 개체로서의 인간 생활은 악(惡)이고 무의미한 것이다. 참된 생활이란 그런 것일 리가 없다.'

사람은 오랜 옛날부터 이같이 말해 왔다. 인간 생활의 이 내적 모순은 인도·중국·이집트·그리스·유럽의 현인(賢人)들이 강력한 힘으로 분명하게 강조해 온 것이다. 그리고 오랜 옛날부터 사람의 이성은 인간 상호간의 생존경쟁과 고통과 죽음으로 사라지지 않는 행복을 인식하는 일에 몰두해 왔다. 우리가 인생을 알기 시작한 이래, 인간의 끊임없는 진보는 싸움이나 고통이나 죽음으로도 해가 되지 않는 이 행복을 더욱 선명하게 밝히는 데에 있다.

아득한 옛날부터 위대한 인류의 지도자들은, 인생의 내적 모순을 해결하는 때와 더불어 분명한 인생의 정의를 사람들에게 제시하고, 참된 행복과 참된 인생을 가르쳐 주었다. 그러나 이 세계에서 사람들의 입장은 동일하고, 따라서 개인적 행복을 구하는 마음과 불가능을 아는 의식 사이에 존재하는 모순도 역시 동일하기 때문에, 위대한 인류의 현인들이 사람들에게 나타내 보인 참된 행복에 관한, 즉 참된 인생에 관한 정의도 역시 본질적으로는 같은 것이다.

'인생이란 인류의 행복을 위하여 하늘에서 내려진 광명의 포고이다'라고 기원전 600년에 공자는 말했다.

'인생이란 언제나 보다 큰 행복을 구하려 하는 영혼의 순례이고 완성이다'라고 거의 같은 시대의 브라만교도는 말했다.

'인생이란 행복한 열반에 이르기 위한 자기 부인(否認)이다'라고 공자와 같은 시대의 석가모니는 말했다.

'인생이란 행복에 이르기 위한 겸양과 비하의 길이다'고 역시 공자와 같은 시대의 노자는 말했다.

'인생이란 사람이 신의 율법을 지키면서 행복할 수 있도록, 신이 사람의 콧구멍에 불어넣은 입김이다'라고 유대의 현인은 말했다.

'인생이란 남에게 행복을 주는 이성에 따르는 것이다'라고 스토아학파의 철학자는 말했다.

'인생이란 사람에게 행복을 주는 하느님과 이웃에 대한 사랑이다.' 예수그리스도는 이제까지의 모든 정의를 자신의 정의 속에 포괄시켜 이같이 말했다.

태초부터 오늘날에 이르기까지 수천 년 동안, 그릇되고 불가능한 개인적 행복 대신에 타파할 수 없을 정도로 강한 참된 행복을 우리 인류에게 가르쳐 주고, 인간 생활의 모순을 해결하고, 거기에 합리적인 뜻을 부여한 인생의 정의란 모두 이와 같다.

우리는 인생에 대한 이 정의들에 찬성하지 않아도 좋고, 이 정의들을 좀더 정확하고 명료하게 나타내려 상상해도 좋다. 그러나 이 정의들이 인생의 모순을 물리치고 도달할 수 없는 개인적인 행복을 구하는 대신에 다른 행복, 즉 고통이나 죽음으로도 파괴되지 않는 행복을 구하도록 방향을 바꾸어, 인생에 합리적인 뜻을 부여하는 것임을 인정하지 않을 수 없다. 그리고 이 정의들이 논리적으로 올바르다는 것이 인생의 경험으로 확인되고 있다는 사실, 또 이와 같은 인생의 정의는 수백만 수천만의 사람이 실제로 개인적 행복을 구하는 대신 고통이나 죽음으로도 깨지지 않는 행복을 추구해왔음을 증명하고 있다는 사실도 인정하게 된다.

그러나 위대한 성인들이 계시한 인생의 정의를 잘 이해하고 그것에 따라 생활하던 사람들이 있는 반면, 일생의 어느 기간, 때로는 전 생애를 통하여 인간 생활의 모순을 해결하는 그들의 정의를 이해하지 못할 뿐만 아니라, 그런 모순이 있는지조차 모르고 오로지 동물적인 생활만을 보내고 있는 사람들이 대다수에 이르고 있다. 이런 사람들 가운데에는 외적인 지위로 인해 자신을 인류의 지도자인 양 착각하고, 인간 생활의 참뜻이 어떤 것인지도 모르는 주제에, 인생을 개인적인 것으로만 생각하는 등 알지도 못하는 인생을 남에게 가르치려는 무리도 있는 법이다.

이와 같은 그릇된 교사들은 어느 시대에나 있었고, 실제로 현재에도 있다. 그들은 성인들의 가르침을 입으로 말하고는 있으나(그 전통 속에서 그들은 자라난 것이다!) 그 뜻을 이해하지는 못하므로, 가르침을 사람의 과거 혹은 미래 생활에 관한 초자연적인 계시로 생각하고 오로지 형식적 의례만을 요구한다.

넓은 뜻으로 볼 때 바리새인의 가르침은, 인생 그 자체가 불합리한 것일지라도 형식적인 의례를 실행하면서 내세에 대한 신앙만 있다면 수정할 수 있다는 것이다.

어떤 사람은 눈에 보이지 않는 인생 이외의 가능성은 인정하지 않고, 모든 기적이나 초자연적인 것을 일일이 부정하고, 용감하게도 인간 생활은 출생부터 사망에 이르기까지 동물적 생존 이외의 아무것도 아니라고 주장하기도 한다. 어떤 학자는 동물로서의 인간 생활에 전혀 불합리한 것이 없다고 내세우기까지 한다.

이 두 종류의 그릇된 교사들은, 그들이 주장하는 교의가 모두 인간 생활의 근본적인 모순에 대한 몰이해를 바탕으로 하고 있음에도 과거부터 현재에 이르기까지 계속 서로 싸우고 있는 실정이다.

이 두 교의는 현재 우리들 세계를 지배하고 있고, 또한 서로 반목하면서 논쟁으로 세계를 가열시켰으며, 그런 논쟁 자체로 이미 수천 년 전에 인류에게 주어져 사람들을 참된 행복으로 이르게 하는 길을 계시하는 인생의 정의를 사람의 눈에서 가리고 있다.

바리새인들은 자신들을 전통 속에서 키워온 예의 가짜 교사들이 주장하고 있는 인생의 정의를 조금도 이해하지 못하고, 내세에 대한 자기들의 그릇된 해석으로 그 정의를 바꾸어 놓는다. 동시에 다른 성인이 제시한 인생의 정의를 조잡하고 일그러진 꼴로 제자들에게 개진함으로써, 자기들 해석의 바탕을 이루는 그 가르침의 절대적 권위를 유지하려고 한다. 인류의 다른 성인들이 제시한 인생의 정의가 합리적이며 그들 교의와 일치해도, 그들은 그 가르침이 진실을 증명하는 가장 훌륭한 증거라고 생각하지 않는다. 왜냐하면 그 정의는 그들 가르침의 본질을 바꾸어 놓은 자신들의 거짓 해석에 대한 신뢰를 무너지게 하기 때문이다.

한편 학자들 역시 바리새인의 가르침에 대해서 일어난 원인 등에 관해서는 생각해 보려고도 하지 않고 내세에 관한 모든 가르침을 부정해 버리고, 대담무쌍하게도 이 가르침을 전혀 밑바탕이 없을 뿐만 아니라 무지한 문맹시대의 조잡한 학풍의 잔재에 불과하다고 단정하고, 또 자아의 문제나 인생문제를 생각하는 것은 인간의 동물적인 존재 영역을 벗어나는 것으로, 그 속에서는 인류의 진보를 기대할 수 없다고 단정적으로 주장한다.

3. 학자의 미망(迷妄)

얼마나 놀라운 일인가! 인류의 위대한 현인들의 가르침이 그 위대함으로 사람들을 깊이 외경하게 한 결과, 소박한 사람들은 그들에게 초자연적인 성질을 부여하고 그 교조(敎祖)들을 반쯤 신(神)으로 인정하기에 이르렀다고 하는 사실(그것은 이들 가르침의 주된 표징으로서 도움이 되는 것인데) 때문에, 학자들에게는 그 가르침이 불합리하고 진부하다고 하는 가장 좋은 증거라고 받아들여진다니 말이다. 아리스토텔레스·베이컨·콩트 같은 사람들의 하찮은 가르침은 몇몇 소수 사람들의 재산으로 지금도 남아있다. 그럼에도 근본적인 오류 때문에 학자들의 가르침은 대중을 움직일 수 없고, 그로 인해 미신적인 변형이나 과장되는 일이 없었다고 하는 사실이 도리어 그 진실성을 증명한다고 생각된다. 그러나 이에 반하여 브라만·붓다·조로아스터·노자·공자·이사야·그리스도 등의 교의는, 단지 이들의 가르침이 수백 수천만 민중의 생활에 새로운 변화를 주었다는 이유만으로 미신이고, 있을 수 없는 잘못된 생각이라고 간주되는 것이다.

비록 비뚤어진 꼴일지라도 그러한 미신들이 인생의 참된 행복이란 무엇인가 하는 문제에 대해서 사람들에게 대답을 줌으로써, 수십억 사람들이 그런 미신으로 오늘날까지 생활해 왔고 오늘도 생활하고 있다는 사실, 그리고 이들 교의는 모든 시대의 가장 뛰어난 인물의 사상과 관련을 가지고 있을 뿐만 아니라 그 기초로서도 유용하다. 이에 비하여 학자들이 인정하는 이론은 그저 자기 동료들에게만 나누어 준 것으로 끊임없이 논쟁의 불씨가 되고 있고, 때로는 수명이 10년도 되지 않는 것도 있으며, 혹은 그 이론이 싹텄는가 싶으면 곧 잊혀지고 마는 것이라는 사실에도 학자들은 조금도 당황하지 않는다.

그 이론으로 인류가 살아오고 교육 받았으며, 지금도 교육되고 있는 이 위대한 인생 교사들의 가르침이 사회 안에서 차지하고 있는 지위만큼, 현재 사회가 얼마나 그릇된 학문 방향으로 가고 있는가를 노골적으로 나타내는 것은 없으리라고 본다. 여러 가지 연감 통계를 보면, 현재 지구상의 주민들이 신봉하는 종교는 무려 1000종에 이르고 있으며, 이들 종교 가운데에는 브라만교나 불교나 유교와 도교, 기독교도 포함되어 있다.

1000가지 종교가 있다. 그리고 현대 사람들은 진지하게 이 종교들을 믿고 있다. 그러나 그것들은 모두 하찮은 것들뿐이다. 그러므로 그런 것을 연구했다고 해서 도대체 무슨 소용이 있는가? 현대인들은 스펜서나 헬름홀츠, 그밖의 사람들의 지혜로부터 나온 말을 모르는 것을 치욕으로 생각하면서도, 브라만·붓다·공자·노자·에픽테투스·이사야에 관해서는 이름 정도만 알고 있거나 때로 아예 이름조차 모르는 경우도 있다. 그리고 오늘날에 제 구실을 하는 1000가지 종교 따위는 있을 리 없고, 단지 중국의 종교와 인도의 종교, 유럽의 기독교(그 파생에 이슬람교가 있다)만이 있다는 것, 이들 종교 서적은 5루블로도 살 수 있고, 또 2주일이면 독파할 수 있다는 것, 그리고 우리들이 거의 모르는 것 가운데 7퍼센트의 예외를 제하고는 이 서적 속에 인류가 이제까지 살아오면서 알게 된 온갖 지혜와 오늘날 인류를 있게 한 모든 것이 들어 있다고 하는 사실을 조금도 깨닫지 못하고 있다.

이 가르침을 모르는 것은 일반 민중만이 아니다. 학자도 전문이 아닌 한 알지 못하고, 철학자들도 직업상 이런 책에 눈길을 보낼 필요가 없다고 여기고 있다. 또 이성을 가진 사람이 인정한 인생의 모순을 해결하고, 인류의 참된 행복과 참된 생활을 정하여 준 그런 사람들을 연구하는 것에 도대체 무슨 의미가 있단 말인가? 합리적 생활의 근본을 이루고 있는 이 모순을 이해하지 못하는 학자들은 이 모순이 눈에 띄지 않기 때문에 모순 따위는 존재하지 않는다든가, 사람의 생활을 단지 동물적 존재에 지나지 않는다고 대담하게 단언하고 있는 실정이다.

눈이 보이는 사람은 눈 앞에 보이는 것을 잘 이해하고 정의를 내린다. 그러나 장님은 자기 앞을 지팡이로 더듬으며 지팡이의 촉각이 전하여 주는 것 외에는 아무것도 없다고 단언한다.

4. 학자들은 동물적 생존에서 나타나는 모든 현상을 인간의 생명이라는 개념에 적용시킴으로써, 인생의 목적에 대한 결론을 이끌어 내고 있다.

'생명이란, 한 생물이 출생으로부터 죽음에 이르기까지 일어나는 현상이다. 사람·개·말은 태어난다. 각자 모두 특수한 육체를 가지고 태어난다. 그 특수한 육체는 어느 기간 살고, 그러다가 죽는다. 육체는 분해되어 다른 물질로 변해 버리고, 원래의 물질이 아닌 것이 된다. 생명은 있었다. 그리고 끝났다. 심장이 고동치고, 폐가 호흡하고, 육체가 분해되지 않고 있다는 것은 곧 사람·개·말이 살아 있다는 말이다. 심장이 고동을 멈추고 호흡이 끊어지고 육체가 분해되기 시작했다는 것, 이것은 곧 죽음이 닥쳐온 것이고 이미 생명은 없어진 것이다. 즉 생명이란 출생에서 죽음에 이르기까지 살아가면서 사람의 육체에서 일어나는 현상으로, 동물의 육체에서 일어나는 현상과 똑같다. 이 이상 명백한 것이 있겠는가?'

동물적 상태에서 차츰 벗어나고 있는 거칠고 미개한 사람들은 생명에 관해서 언제나 이와 같은 견해를 가져왔다. 현재에도 과학자라고 자칭하고 있는 학자들의 가르침은 생명에 관하여 이와 동일한 거칠고 원시적인 해석을 인정하고 있다. 이와 같은 그릇된 가르침은 인류가 지금까지 손에 넣은 모든 지식을 무기로 해서, 과거 수천 년에 이르는 동안 크나큰 노력과 수고로 벗어나려 애쓴 무지몽매한 암흑 속으로 다시 되돌아가게 만든다.

'우리는 자신의 의식 속에서 생명을 정의내릴 수 없다. 우리가 자신 속에서 생명을 관찰하려고 하면 무엇이 무엇인지 모르게 된다. 의식 내에서 행복을 바라고 있는 것이 우리들의 인생을 형성하고 있는 것이지만, 그것은 행복에 대한 개념이라기보다는 속기 쉬운 환영에 지나지 않고, 생명은 그 속에서 의식되기 어려운 것이다. 생명을 이해하려면 물질 운동으로서 그 현상을 관찰하지 않으면 안 된다. 그리고 이런 관찰에서 끌어낸 법칙에 의해서만 우리는 생명의 법칙과 인간생활의 법칙을 발견하게 될 것이다.'

이와 같이 그릇된 가르침은 인간의 의식 속에서만 알 수 있는 인간의 생명이라는 개념을 그 외적인 부분인 동물적 존재로 바꾸어 버리고, 처음에는 동물로서의 인간, 다음에는 일반적인 동물, 또 그 다음에는 식물, 그 다음에 물질로서의 외적 현상을 연구하게 했다. 그러는 가운데 연구하는 것은 두세 가지 생명의 현상이 아니라, 생명 그 자체라고 주장하게 되는 것이다. 그러나 그 관찰이라는 것이 너무나도 복잡하고 다양하여 혼돈될 뿐 아니라 소모되는 시간과 노력이 너무 많기 때문에 사람들은 차츰 사물의 근본을 잊고 사물의 일부를 전체로 잘못 생각하기에 이르렀으며, 마침내는 물질과 식물과 동물의 외형적 특질을 연구하는 것이 사람이 의식으로만 인식할 수 있는 생명 그 자체의 연구인 양 강조하게 되었던 것이다.

즉 그림자를 진짜라고 말하며 보여주는 사람이, 그림자를 보는 구경꾼을 현재의 그 착각 상태로 두려는 행동과 비슷한 짓을 하는 셈이다.

'절대 다른 곳을 보면 안 됩니다.'

보여 주는 사람은 말한다.

'비치는 곳 외에는 말이에요. 특히 물체 그 자체를 봐서는 안 됩니다. 왜냐하면 물체 따위란 본래 없는 것이기 때문입니다. 물체가 있는 것 같은 생각이 드는 것은 반사 때문이에요.'

단순 소박한 민중과 영합하고 있는 현대의 과학이라는 것도, 인간의 의식 속에서만 계시되는 행복에 대한 소망이라는 인생의 주요 정의를 무시하고, 인생을 말할 때 이와 똑같은 짓을 저지르고 있다(〈부록 1〉 참조).

잘못된 과학은 행복에 대한 소망과 전혀 관계가 없는 인생의 정의에서 출발하여 생물의 목적을 관찰하고, 거기서 인간과 아무런 관련도 없는 목적을 발견하여 사람들에게 강요한다.

이와 같은 외적 관찰의 결과, 생물의 목적으로 열거된 것은 개체로서의 자기 보존이나 종족 보존, 또는 생존을 위한 투쟁 등 인생에 대한 공상적(空想的)인 목적을 사람들에게 강요하고 있다.

인생의 주요한 특질을 이루고 있는 모순 따위는 그 어디서도 찾아볼 수 없는 이 진부한 생명관을 출발점으로, 허울 좋은 과학은 결과적으로 인류의 대부분을 차지하는 어리석은 인간들의 요구에 부응하여 개개의 생명체로서의 인간의 행복에 대한 가능성을 긍정하면서도 동물적 생존만이 인간의 행복인 양 인정하기에 이르렀다.

잘못된 과학은 소박한 대중의 요구 때문이라고 설명하려 하고 있으며, 그 대중의 요구 이상으로 나가려고 한다. 즉 인간의 합리적 의식을 처음부터 부정하면서 인간 생활 또한 동물 생활과 마찬가지로 개인이나 민족·종족의 생존경쟁에 지나지 않는다는 결론에 이르게 되었다 (《부록 2》 참조).

5. 바리새인 및 학자들의 거짓된 가르침은 인생의 진정한 의미에 대해 아무런 설명도 해주지 않고, 또 아무런 지침도 제시해주지 않는다. 따라서 인생의 유일한 길잡이가 되는 것은 오로지 합리적인 설명을 할 수 없는 타성뿐이다.

'인생을 정의할 필요는 없다. 누구나 인생이 어떤 것인가 알고 있다. 그것으로 충분하다. 그대로 살면 되지 않는가!'

잘못된 가르침을 금과옥조처럼 여기고 있는 사람들은, 미망에 젖어 있으면서도 이같이 말하고 있다. 그리고 인생과 인생의 행복이 어떤 것인지도 모르는 주제에 자기들은 살아 있다고 생각한다. 그것은 마치 아무런 방향을 정하지 않고 물결 사이에서 흔들리고 있는 사람이 자기는 당연히 가야 할 방향, 가고 싶어 하는 방향으로 헤엄치고 있다고 생각하는 것과 같다.

한 어린이가 가난한 집이나 부잣집에서 태어나 바리새인의 교육이나 학자의 교육을 받는다. 어린이나 청년에게는 아직 인생의 모순이나 인생에 대한 문제는 존재하지 않는다. 따라서 바리새인이나 학자의 설명은 필요 없고, 또 이들은 청소년의 생활을 인도할 수가 없다. 청소년은 자기 주위에 살고 있는 사람들의 본을 받아서 배울 뿐이다. 그런데 그 본이라는 것이 바로 바리새인이나 학자의 생활 모습이다. 즉 그들은 어느 것이나 자기 개인의 행복을 위해서만 생활하고 있고, 청소년에게도 그것을 가르칠 뿐이다.

만일 청소년의 부모가 가난하다면 인생의 목적은 더 많은 빵과 돈을 얻고, 될 수 있는 한 적게 일하고 될 수 있는 한 많은 동물적 자아를 만족시키는 일이라고 배울 것이다. 만일 부잣집 환경에서 태어났다면, 인생의 목적이란 가능한 한 재미있고 즐겁게 시간을 보내기 위해 부와 명예를 얻는 것임을 배울 것이다.

가난한 사람이 얻는 지식은 개인의 행복을 증진시키기 위해서 그에게 필요한 것이다. 부자인 사람이 얻는 모든 과학과 예술에 관한 지식은, 과학 및 예술의 의미에 관한 온갖 고상한 말로 포장해도 그에게는 단지 지루함을 덜어내고 유쾌한 시간을 보내기 위해서만 필요한 것이다. 이 두 부류는 모두 오래 살면 살수록 세간의 사람들을 지배하고 있는 이런 생각에 더욱더 강하게 젖어들게 된다. 그들은 결혼하여 가정을 꾸려 나간다. 동물적 생활의 행복을 바라는 열망은 결혼 생활을 위해서 더 강해지고, 그에 반해 다른 사람과의 싸움은 한층 치열하게 되며, 개인의 행복을 위해서만 생각하는 생활의 습성이 단단하게 자리를 잡게 된다.

비록 부자든 가난한 사람에게든 이 생활이 합리적인지 의문이 생길 수 있다. 둘 가운데 어느 쪽이든 자자손손 계속되는 목적 없는 이 생존경쟁이 도대체 무엇을 위한 것인가 하는 의문, 혹은 자기에게나 자기 아이들에게도 마지막에는 고민의 씨가 될 이 환영 같은 쾌락 추구는 도대체 무엇 때문인가 하는 의문이 일어나는 것이다. 그러나 그렇다고 해도 그들이 수천 년 전에 같은 상태에 있던 위대한 스승들의, 아득한 옛날 인류가 생각한 인생에 관한 정의를 알 수 있는 가능성은 거의 없을 것이다. 그들 가르침을 볼 수 없을 만큼 바리새인이나 학자들의 가르침이 사람의 눈을 가리고 있는 것이다.

어떤 사람들, 즉 바리새인은 '이 비참한 생활은 무엇 때문인가?' 하는 물음에 '인생이란 비참한 것이다. 언제나 그러했고, 또 영원히 그렇게 되는 것이 당연하다. 인생의 행복이란 현재에는 없고, 출생 이전의 과거나 죽은 뒤의 내세 속에 존재하는 것이다'고 말하고 있다. 브라만교도들이나 불교도들, 유교도나 유대교도들, 기독교적인 바리새인도 같은 말을 하고 있다. '현재의 생활은 악(惡)이며, 이 악에 대한 설명은 과거에 있다. 즉 세계와 인간이 출현한 태초부터 있었다. 그리고 현재의 악에 대한 보상은 내세에 있으며 무덤 저편에 있다. 이 세상이 아니라 내세에만 있는 행복을 얻기 위해서 사람이 해야 할 일은 우리가 주는 가르침을 믿고, 우리가 명하는 의식을 실행하는 것이다'고 답한다.

그러나 개인적 행복을 위해서 살고 있는 사람들의 생활이나 바리새인의 생활을 보고, 이 설명이 진실되지 않다는 것에 눈을 뜬 사람은 그들의 답에 대한 뜻을 깊이 생각하지도 않고, 또 정면으로 신용하지도 않고 학자에게로 간다.

'우리가 동물의 생활 속에서 보는 것과 전혀 다른 생활에 관한 가르침은 무지가 낳은 결과이다'고 학자들은 말한다. '생활의 합리성에 관하여 당신은 여러 가지로 의식하지만, 그것은 밑도 끝도 없는 공상이다. 우주의 생활, 지구의 생활, 인간의 생활, 동식물의 생활에는 모두 각각의 법칙이 있고, 우리는 법칙을 연구하고, 우주의 기원, 인간의 기원, 동식물의 기원, 그 밖의 모든 생물의 기원을 조사하고 있다. 또 세계의 앞길에는 무엇이 기다리고 있는지, 태양은 언제 냉각되는지, 인간과 동식물은 어떤 관계이며, 앞으로 어떻게 변해갈 것인가 등등을 연구하고 있다. 모든 것이 우리들이 말한 대로였고, 우리 연구는 인간의 복지 증진에 기여하고 있다. 그러나 당신의 생활과 행복에 대해, 당신이 가지고 있는 소망에 대해서는, 당신이 알고 있는 이상으로는 아무것도 할 말이 없다. 살아 있으므로, 될 수 있는 대로 훌륭하게 살아가는 것이 좋다.'

의문을 품은 사람은 바리새인이나 학자로부터 아무런 해답을 얻지 못하고, 개인의 충동 이외에 인생에서의 아무런 지표도 없이 본래의 모습으로 머물러 있는 것이다.

의문을 품은 사람들 가운데 어떤 사람은 파스칼의 의견에 따라서 '바리새인들은 그들의 명령을 실행하지 않으면 벌을 받는다고 말하지만, 그것은 과연 사실일까?' 하고 자문하고, 한가한 시간을 이용해 바리새인의 명령을 실천에 옮겨 본다(손해는 없을 것이다. 아니 큰 이익이 될지도 모른다). 그리고 어떤 사람은 학자의 주장에 찬성하여, 현세 이외의 다른 생활이나 모든 종교적 의식을 덮어놓고 부정해 버리고 자신을 향하여 속삭인다.

'나뿐만 아니라 모든 사람이 이렇게 살아왔어. 어쨌든 될 대로 되겠지.'

이 차이는 우열이 없다. 이들 모두 현재 생활에 관해서는 아무런 설명도 하고 있지 않다.

인간의 생활은 아침에 일어나서 잠자리에 들 때까지 여러 가지 행위의 연속이다. 그래서 사람들은 수백에 이르는 행위 속에서 스스로 실행하려고 생각한 행위를 골라내지 않으면 안 된다. 그러나 천국의 신비로운 생활을 말하는 바리새인의 가르침이나 우주와 인간의 기원을 연구하고 미래의 운명에 관한 결론을 이끌어내는 학자들의 가르침도, 인간의 행위에 대해선 아무런 암시도 주지 않는다. 그럼에도 사람들은 여전히 어떤 행위의 선택에 있어서 지침 없이는 살아갈 수 없으므로 하는 수 없이 인간 사회 곳곳에 존재하는 생활의 표면적인 지침을 따르게 된다.

이 지침은 합리적인 설명을 하지 않지만, 대부분의 인간 행위에 원동력이 되고 있다. 이 지침은 곧 인간 사회의 생활습관으로, 이 습관이 인간을 지배하는 힘이 강하면 강할수록 사람에게는 생활의 의미를 이해하는 힘이 약해진다. 이 지침은 분명하게 정의할 수 있는 것이 아니다. 왜냐하면 그것은 때와 장소가 달라지면 그에 따라서 복잡다양하게 변화되기 때문이다. 중국인은 부모의 위패(位牌)에 촛불을 켜놓고, 이슬람교도는 성지를 순례하며, 인도인은 일정한 기도문을 외우고, 군인에게는 군기(軍旗)에 대한 충성과 군복에 대한 명예가 있어야 하고, 사교계 사람은 결투를 하며, 코카서스인은 혈족의 원수를 반드시 갚아야 하는 것 등이다. 그 습관에는 일정한 날의 일정한 양식, 자녀들에 대한 일정한 교육, 방문, 주택의 일정한 장식, 장례식, 출산, 혼례 등 여러 종류의 의식이 있고, 생활을 가득 채우고 있는 수없이 많은 행위와 행동이 있다. 다시 말해 예의라든가 풍습이라고 이름붙일 수 있는 것, 아니 가장 많은 경우 의무라든가 신성한 의무라고 이름 붙여지고 있는 것이 그것이다.

그리고 대부분의 사람들은 바리새인이나 학자들의 가르침에도 불구하고 이 지침을 따르고 있다. 어디를 가든 소년 시절부터 주위 곳곳에서 장엄한 분위기의 이런 관습을 행하고 있는 사람을 볼 수 있다. 사람들은 이런 관습을 따라 자기도 그대로 따라 하고, 그 행위들에 대해 합리적인 의미를 붙이려고 노력하게 된다. 그는 이런 행위들을 실천하고 있는 사람들이 무엇 때문에 그런 행위를 실천하는가 하는 이유가 있을 것이라고 믿고 싶은 것이다. 그래서 이 행위들에는 합리적인 의미가 있고, 자기는 잘 모르지만 이 행위들의 의미는 다른 사람들에게는 알려져 있는 것이라고 스스로를 납득시키기 시작한다. 그러나 다른 사람들 역시 인생에 대한 합리적인 해석 따위는 가지고 있지 않고, 그와 똑같은 상태에 있다.

그러면 그들은 왜 그런 행위를 하는가? 다른 사람들이 그 행위를 하기 때문이며, 자신도 그렇게 요구받고 있다고 생각하기 때문이다. 이리하여 사람들은 자신도 모르는 사이에 서로 속여가면서 합리적인 설명이라고는 조금도 없는 행위를 하고, 그 행위에 까닭모를 신비적인 의미를 덧붙이는 일까지 차츰 익숙해지게 된다. 그리고 자기들이 행하는 행위를, 또 이 행위가 자신에게 의아스럽게 여겨지면 여겨질수록 더욱더 그 행위를 중요하게 생각하고 그것을 실행한다. 부자나 가난한 사람이나, 주위 사람들이 하고 있는 것을 보고 그대로 행한다. 아득한 옛날부터 많은 사람들이 행했고, 또 높이 평가해온 것이므로 인생에 있어 참된 일이 아닐 리가 없다고 생각하여 이를 익히고 자기의 신성한 의무라고 이름 붙이는 실정이다. 사람들은 '무엇 때문에 살고 있는가?'에 대하여 자신은 모르지만 다른 사람은 알고 있다고 확신하려고 노력하면서(다른 사람들도 자기들을 의지하고 있는 이 사람들과 똑같이 그런 점에서는 하찮은 지식밖에 없지만) 늘그막까지, 죽음의 무덤까지 살아간다.

새로운 사람들이 삶을 누리면서 태어나고 성장한다. 그리고 주위에서 존경을 받는 백발이 된 위엄 있는 노인들도 인생이라고 이름 붙여진 이 난잡한 생존 상태를 보고, 무의미하기 그지없는 이 잡동사니가 곧 인생이며 그 밖에는 인생이 없다고 확신하게 된다. 그리고 그 인생의 입구에서 잠깐 붐비는가 싶다가 곧 출구로 가 버린다. 한 번도 집회라는 것을 본 일이 없는 사람은 입구에서 법석을 피우면서 떠들썩하게 있는 군중을 본 것만으로 그것을 집회라고 짐작하고, 입구에서 잠깐 밀치락거리다가 늑골이 부러질 정도로 아픈 옆구리를 안고 자기는 집회에 다녀왔다는 확신을 가지고 귀가하는 것이다.

우리는 산을 뚫고 온 세계로 날아다닌다. 전기·현미경·전화·전쟁·의회·자선사업·당파간의 싸움·대학·학회·박물관……, 그러나 이런 것들이 과연 인생일까?

상업·전쟁·교통로·과학·예술 등에 수반하여 일어나는 복잡하고 끓어오르는 듯한 인간의 모든 활동은, 대부분 인생의 입구에서 일어나는 어리석고 고통스런 법석에 지나지 않는다.

6. 오늘의 세계인에게서 볼 수 있는 의식의 분열

'내가 진정으로 너희에게 말한다. 죽은 사람들이 하느님의 아들의 음성을 들을 때가 온다. 지금이 바로 그 때이다. 그리고 그 음성을 듣는 사람은 살 것이다.' (요한복음 5장 25절) 그때는 이미 오고 있다. 무덤 저편에서의 생활만이 행복하고 합리적일 수 있다든가 개인 생활만이 행복하고 합리적일 수 있다는 것은, 스스로에게 말하든 남들로부터 들든 사람은 믿을 수가 없다. 사람은 근본적으로 행복해지고 싶어한다. 합리적인 의의를 거기에 두고 싶다는 지울 수 없는 욕구를 품고 있다. 앞길에 무덤 저편의 생활이라든가 불가능한 개인 생활의 행복이라든가 하는 것 이외에 아무런 목적도 없는 생활은 악이며 무의미하다.

'내세를 위해서 살 것인가?' 사람은 이렇게 중얼거린다. 그러나 만일 자기가 알고 있는 인생의 유일한 견본인 이 생활, 즉 자기의 현재 활동이 무의미한 것이더라도 그것이 합리적인 생활이 있어야 한다는 생각을 심어놓을 수 없을 뿐만 아니라, 사실은 반대로 인생이라는 것은 그 본질상 극히 무의미한 것이고, 무의미함 이외에는 인생엔 아무것도 없다는 것을 스스로에게 납득시키게 된다.

자신을 위해서 살 것인가? 그러나 자신만을 위한 생활은 악이고 무의미하다. 가족을 위해서 살 것인가? 일반사회의 행복을 위해서, 조국을 위해서, 온 인류를 위해서 살 것인가? 그러나 개인의 생활이 하찮은 것이기 때문에 무의미하고 불합리한 개인들을 아무리 많이 모았다고 하더라도 행복하고 합리적인 인생을 이룰 수는 없다. 그러면 이유도 모르는 채 남이 하고 있는 일을 하면서 자신을 위해 살 것인가? 그러나 남들도 역시 자기가 하고 있는 것이 무엇 때문인지 모른다는 것 정도는 알고 있는 것이 아닌가.

그러나 합리적인 의식이 잘못된 가르침보다 크게 성장하고, 사람이 인생 가운데 서서 합리적인 설명을 요구할 때가 오고 있다(〈부록 3〉 참조).

생활양식이 다른 사람들과 전혀 관계가 없는 극히 소수의 사람들, 자기의 육체적 생존을 보존하기 위해서 자연과 끊임없이 긴장된 싸움을 계속하고 있는 사람만이 '스스로' 의무라고 이름붙인 그 무의미한 행위를 실행하고, 그들의 고유한 인생의 의무일 수 있다고 믿을 것이다.

내세의 생활을 준비하기 위해서 현세의 생활을 입으로만 부정하는 것이나, 개인의 동물적 생존을 시인하거나, 또 이른바 '의무'를 행하는 일을 '이것이 곧 인생이다. 인생의 일이다' 하고 사칭하는 속임수, 그러한 속임수가 대부분의 사람들에게 있다. 그리고 그 결과 채워지지 못한 것 때문에 좌절하든가 음탕한 생활로 인해 우둔하게 된 사람들이 아니라면, 자기 생존의 무의미함과 비참함을 느끼면서 계속 살아야 하는 때가 조만간 닥쳐올 것이다. 아니 이미 닥쳐왔다.

사람들은 더 올바른 자각으로 눈뜨고, 무덤 속에서 되살아난다. 그리고 인간 생활의 근본적 모순은 아무리 인생의 비참함을 보지 않으려고 노력할지라도, 대다수 사람들의 눈앞에서 놀라운 힘과 명료성을 가지고 나타나는 것이다.

깨달은 사람은 이렇게 말한다.

'내 생활은 행복을 원하는 소망에 불과하다. 그러나 이성은 이렇게 말한다. 그 같은 행복이란 자기를 위해서는 존재할 수 없다. 아무리 노력을 기울일지라도, 무엇을 얻을지라도, 모든 것은 언제나 같은 결과, 바로 고통과 죽음과 파멸로 끝나는 것이다. 나는 행복을 바라고 삶을 바라고 합리적인 의미를 바라고 있다. 그러나 나의 내부나 나를 둘러싸고 있는 모든 것 속에는 불행과 죽음과 무의미밖에 존재하지 않는다. 나는 도대체 어떻게 하면 좋단 말인가? 어떻게 살아가면 좋단 말인가?'

그러나 해답은 없다.

사람은 주위를 둘러보고 자신의 의문에 대한 해답이 주어지기를 바란다. 그러나 해답은 찾을 수 없다. 주위에서 자기가 품고 있지도 않은 의문에 답을 주는 가르침은 흔히 볼 수 있지만, 자신이 품고 있는 의문에 대한 답은 없다. 남들이 까닭도 모르고 하고 있는 행위를, 자신도 아무것도 모르는 채 흉내내고 있는, 엄청난 사람들의 움직임이 있을 뿐이다.

사람들은 마치 자신들의 상태의 비참함이나 행위의 무의미함을 느끼지 못하는 듯이 살고 있다. '그들이 바보인가. 그렇지 않으면 내가 바보인가?' 눈을 뜬 사람은 자신을 향하여 이같이 물어 본다. '오늘날 많은 사람이 바보일 리는 없으므로 바보인 것은 바로 내가 된다. 그러나 그럴 리가 없다. 자신에게 이런 것을 알려주는 이성적 자아가 있는데 내가 바보일 리가 없다. 이성적 자아를 가진 내가 세계에 대항하는 유일한 존재여도 좋다. 그래도 역시 나는 나 자신을 믿을 것이다.'

이리하여 사람들은 자기 영혼을 갈기갈기 찢어 버리는 것 같은 무서운 문제를 안고 있는 세계 속에서, 이성으로 세계에 대항하는 단 한 사람의 존재라고 자신을 인식하기에 이른다. 그러나 그래도 사람은 살지 않으면 안 된다.

하나의 자아, 즉 개체로서 그가 살아갈 것을 자신에게 명하는 것이다.

그러나 또 하나의 자아, 즉 그의 이성은 '살 수 없다'고 말한다.

여기서 사람은 분열을 느낀다. 그리고 그 분열이 괴롭게 그의 마음을 찌른다. 그에게는 이성이 자기 분열이나 고뇌의 원인처럼 여겨지는 것이다.

인간의 생활을 위해서 없어서는 안 되는 최고 능력인 이성, 파괴적인 자연의 폭력 한복판에서 벌거숭이인 채 의지할 바 없는 우리들에게 생활의 방법과 향락의 방법을 주는 이성, 이 같은 이성이 인간의 생활에 해독을 주는 능력으로 비친다.

우리들 주위의 세계, 모든 생활 사이에는 이 생물의 독특한 능력(이성)이 인간에게 필요하고, 모두에게 공통되고, 또 인간의 행복에 작용한다. 식물·곤충·동물 등은 자신들의 생활 법칙에 따라 행복하고 즐겁고 편안한 생활을 보내고 있다. 그러나 사람의 경우에는 우리들이 나면서부터 가지고 있는 이 최고 특질이 갑작스럽게 대단히 괴로운 상태를 내부에 야기시킨다. 그 결과, 이성적 의식에 의하여 만들어지고, 현대에서 최고도의 긴장에 다다르고 만이 괴로운 내적 모순으로부터 도망치고 싶은 일념에서, 사람은 때때로, 그리고 최근에 이르러 더 자주, 풀기 어려운 생명의 매듭을 끊고 자살까지 하게 된다.

7. 의식의 분열은 동물과 인간의 혼동에서 일어난다.

우리는 내부에서 눈을 뜬 이성적 의식이 우리 생활을 엉망으로 만들 것같이 여기지만, 그것은 자기의 삶이 아니었던 것, 자기의 삶이 아닌 것, 자기의 삶일 수 없는 것을 자기의 삶이라고 인정하기 때문이다.

사람의 삶은 출생과 더불어 시작된 개인적 생존이라는, 현대 세계의 잘못된 가르침에 따라서 성장한 결과, 우리들은 갓난아기 때부터 소년이 됐을 무렵까지 이미 살아 온 것 같은 느낌이 들고, 청년이 되고 어른이 된 뒤에도 이제까지 계속 살아 온 것 같은 느낌이 든다. '훨씬 전부터 계속 살아 왔다. 끊임없이 계속 살았다. 그럼에도 갑자기 전과 같이 계속 살아갈 수가 없다는 것, 자기 삶이 엉망으로 되고 말았다는 것이 명료해질 때가 왔다'라고 여겨지는 것이다.

잘못된 가르침은 태어나서 죽게 되기까지를 인간의 삶이라는 개념으로 사람의 마음속에 심어놓고 말았다. 그래서 사람은 외견상의 동물적인 삶을 보면서, 겉으로 보이는 삶에 대한 관념과 의식을 혼동하여, 이 외적 삶이야말로 자기의 삶이라는 절대적 확신을 품기에 이르렀다.

그러나 눈을 뜬 이성적 의식은 동물적인 삶으로 채워지기 어려운 여러 가지 요구를 인간의 내부에 일깨우고, 인생에 대한 인간 관념의 잘못을 가르쳐준다. 그러나 인간의 몸 안에 깊이 틀어박힌 잘못된 가르침은 자신의 오류를 인정하려고 하지 않는다. 그리하여 인간은 인생이란 동물적 생존이라는 관념을 버리지 못하고, 자기의 인생이 이성적 의식으로 눈뜬 채 정지되고 마는 것같이 생각된다. 그러나 인생이라고 부르고 있는 것, 인간에게 정지된 것같이 보이는 것은 아직 존재하지 않았던 것이다. 인간이 자기의 삶이라고 부르고 있는 것, 즉 태어났을 때부터 그의 존재는 결코 그의 삶이 아니었다. 태어나서 현재에 이르기까지 계속 살아 왔다고 하는 관념은, 꿈에서의 의식과 비슷한 일종의 속임수에 불과하다. 즉 눈을 뜰 때까지 전혀 없는 것이며, 눈을 뜬 순간 비로소 시작된다. 마찬가지로 이성적 의식이 눈을 뜰 때까지는 어떠한 삶도 없는 것이며, 과거의 삶에 관한 관념은 이성적 의식이 눈을 뜰 때 비로소 완성된다.

사람은 어릴 때에는 동물과 같은 생활을 하고 있었다. 그리고 인생에 관해서 아무것도 모르고 있었다. 만일 열 달밖에 살지 않는다고 한다면, 그 사람은 자신의 삶에 관해서나 다른 사람의 삶에 관해서 아무것도 모르는 채 끝났을 것이다. 즉 어머니의 태내에서 죽어버렸을 경우와 같이, 아무것도 몰랐을 것이다. 이것은 어릴 때에만 한정된 일이 아니다. 지성이 뒤떨어진 어른이나 완전한 백치도 자기들이 살아 있다는 것, 다른 존재가 살아 있다는 것에 관해서 아무것도 모른다. 따라서 그런 사람은 인간의 생활을 하고 있지 않는 것이다.

인간의 삶은 이성적 의식이 나타났을 때부터 시작된다. 즉 현재 및 과거에서의 그의 삶, 다른 개개인의 삶, 이들 개개인과의 관계에서 필연적으로 생기는 모든 고통과 죽음, 동시에 그에게 계시되는 의식, 개인 생활의 행복과 삶을 정지시키는 것처럼 여겨지는 모순을 그의 마음속에 불러일으키는 의식, 그러한 이성적 의식의 발로를 기다려야 비로소 시작된다.

사람은 자기 이외의 눈에 보이는 온갖 생존물을 정의내리는 것과 마찬가지로 자신의 생활을 때에 맞추어 정의내리려고 한다. 그러나 갑자기 육체적 탄생 때와 일치하지 않는 별개의 생명이 눈을 뜨게 된다. 그리하여 때맞추어 정의되지 않는 것도 인생일 수 있다고 믿고 싶지 않게 된다. 그러나 제아무리 사람이 합리적 삶의 시초라고 여겨지는 한 점을 시간 속에서 찾으려고 해도, 결코 발견할 수 없을 것이다.

사람은 추억 가운데서는 이 한 점, 즉 이성적 의식의 실마리를 발견하지 못할지 모른다. 이성적 의식은 언제나 자기 속에 있었던 것 같은 느낌이 든다. 그러나 의식의 실마리와 비슷한 무엇인가를 발견한다 하더라도, 그것은 육체적 출생 속에서는 찾아볼 수 없고, 육체적 출생과 관계가 없는 영역일 것이다. 그는 자기의 이성적 의식의 발생 기원을 육체적 출생과 전혀 다른 것으로 인식한다. 즉 자기의 이성적 의식 발생에 대해 자문하는 동시에, 사람은 이성적 존재로서 자신을 어떤 해에 태어난 부모의 자식이라든가 조부모의 손자라고는 생각하지 않게 되고, 언제나 누구의 아들이 아니라 수천 년이나 되는 옛날 세계의 다른 한쪽에 살아 있던, 때와 장소로 말한다면 전혀 다른 인간의 이성적 존재 의식과 하나로 결부되어 있는 보편적인 존재라고 생각하는 것이다. 사람은 이 이성적 존재 의식 속에서 자기의 발생을 발견하지 못한다. 다만 다른 이성적 의식이 그의 속으로 들어오고, 그도 그것 속으로 들어가는 결과를 초래하여, 다른 이성적 존재와 자기와의 시간·공간을 초월하는 합치를 의식할 뿐이다. 이리하여 인간 속에서 눈을 뜬 이성적 의식은 방황하는 사람들이 인생이라고 보는 잘못된 인생을 정지 상태와 같은 것으로 밀어 떨어뜨린다. 그 결과로 방황하는 사람들은 이성적 의식이 눈을 뜬 그 순간, 자기들의 삶이 정지되는 것같이 생각된다.

8. 분열이나 모순은 실재하지 않는다.
그것은 잘못된 가르침에만 나타난다.

사람들이 그 속에서 자라나고, 또한 의지해 온 가르침, 즉 인생을 출생부터 죽음에 이르기까지의 동물적 생존으로 간주하는 잘못된 가르침으로 인해, 사람들이 자기 속에서 이성이 눈뜸을 느끼자마자 괴로운 분열 상태를 경험하게 된다.

이와 같은 그릇됨 속에 있는 인간에게는 인생이 구분되어 있는 듯이 보인다.

사람은 생활이 하나인 것을 알고 있으면서도 둘인 것처럼 느낀다. 두 개의 손가락으로 단단히 잡고 그 사이에 작은 구슬 하나를 굴리면, 구슬이 하나인 것을 알고 있으면서 두 개인 것처럼 느끼는 것과 마찬가지이다. 인생에 대해 그릇된 관념을 품고 있는 사람에게도 이와 똑같은 일이 일어난다.

인간의 이성은 그릇된 방향으로 향해 있다. 즉 인생일 수 없는 개인의 육체적 존재를 유일한 인생이라고 인정하도록 배워 왔던 것이다. 이와 같이 상상 속의 그릇된 관념으로 실제 인생을 바라본 결과, 인간은 두 개의 인생을 보게 된다. 즉 그럴 것이라고 상상하는 인생과 현실로 존재하는 인생이다.

이런 사람들에게는 이성에 따른 개인적 생존이 행복이라는 견해를 인정하지 않는 것이나 타인의 행복에 대한 요구 따위는 무언가 병적이고 부자연스런 것으로 보인다.

그러나 이성적 존재인 인간에게 개인적 행복이나 개개인의 삶의 가능성을 부정하는 것은 개인 생활에 필연적인 여러 조건의 전제이고, 개인 생활과 결부된 이성적 의식의 본질에서 나오는 당연한 결과이다. 이성적 존재에게는 개인적 행복과 개체로서의 삶을 부정하는 것이 새가 날개로 나는 것이 발로 걷는 것보다 자연스러운 것과 같이, 생명이 지닌 자연의 본성이다. 예컨대 깃털이 나기 시작한 병아리가 바로 달린다 하더라도, 그것이 날지 못하는 닭의 본성을 증명하고 있는 것은 아니다. 마찬가지로 자기 인생의 목적을 개인의 행복이라고 생각하고 있는 사람을 보았다고 하더라도, 이성적인 것이 인간의 본성이 아니라는 증거가 되지는 않는다. 본질적인 참된 생명에 대한 자각이 오늘날 세계에서 숨 막힐 정도의 병적 긴장을 가지고 사람에게 일어나는 것은, 지금 세상의 그릇된 가르침이 생명의 환영을 생명 그 자체로, 참된 삶의 출현을 생명을 파괴하는 것이라고 하면서 사람들을 납득시키려고 하기 때문이다.

참된 삶으로 들어가는 현대 사회의 사람들에게는 여성으로서의 본성이 숨어 있는 소녀에게 일어나는 것과 똑같은 현상이 일어난다. 소녀는 성의 성숙을 몸에서 느끼면, 어머니로서의 의무와 기쁨이 있는 미래의 가정 생활에 적합한 상태를, 병적이고 부자연스러운 상태로 생각하고 절망하기 쉽다. 현대 세계의 사람들도 참된 인간 생활에 대한 최초의 징후에 접했을 때, 이와 똑같은 절망을 경험하는 것이다.

이성적 의식에 눈을 뜨고 있으면서도 아직껏 자신의 생활을 개인적인 것으로밖에 이해하지 못하는 사람은, 자기의 생활을 물질 운동으로밖에 인정하지 않고, 개인을 지배하는 법칙을 인정하지 않으며, 아무런 노력 없이 행해지고 있는 물질 법칙에 따르는 것에서만 삶을 찾을 수 있는 동물과 마찬가지의 상태에 있다. 그런 동물은 쓰라린 내적 모순과 분열을 경험할 것이다. 동물의 물질 법칙에만 따르기 때문에 그런 동물은 몸을 눕히거나 숨을 쉬는 것 이외에는 삶을 찾지 못하게 될 것이다. 그러나 그는 자아와 전혀 별개의 것, 즉 자기 부양과 종족 보존을 요구할 것이다. 이리하여 이 동물은 자기가 분열과 모순을 경험한 듯한 생각이 들 것이다. 그런 동물은 생각한다. '생활이란 중력(重力)의 법칙에 따르는 것이다. 몸을 꼼짝도 하지 않고 드러누워 있으면서, 몸 안에서 일어나는 화학 작용에 몸을 맡기는 일이다. 나는 그와 같이하고 있다. 그러나 한편으로는 움직이지 않으면 안 되고, 먹지 않으면 안 되고, 수컷 또는 암컷을 찾지 않으면 안 된다.'

동물은 이런 상태에서 고민하며, 쓰라린 모순과 분열을 볼 것이다. 마찬가지로 삶의 저급한 법칙인 동물적 자아를 인생의 법칙이라고 배워 온 사람에게도 동일한 일이 일어난다. 인생의 최고 법칙인 이 이성의 법칙은 전혀 다른 것을 요구한다. 그러나 그를 둘러싼 모든 생활과 그릇된 가르침이 그를 허위 의식 속에 몰아넣은 결과, 그는 모순과 분열을 느끼는 것이다.

그러나 동물이 그 괴로움에서 벗어나려고 생각한다면 물질 법칙이 아니라 자아의 법칙을 참된 법칙이라고 인정하고, 그 목적을 달성시킬 물질의 법칙을 이용하지 않으면 안 된다. 이것과 마찬가지로, 인간의 경우도 삶을 자아라는 저급한 법칙 속에서가 아니라, 이 자아의 법칙을 포함한 최고의 법칙 속에서, 즉 이성적 의식으로 계시된 법칙 속에서 자기의 생활을 인정하도록 해야 된다. 그렇게 하면 모순이 해소되고 자아가 자유로이 이성적 의식에 따르고, 그것을 받들게 될 것이다.

9. 인간과 참생명의 탄생

생명의 현상을 사람이라는 존재 속에서 관찰하고 시간의 흐름 가운데서 연구함으로써, 참생명이 마치 곡식 낟알 속에 들어 있는 것같이 사람 속에 있다가 때가 되면 표면으로 나타나는 것임을 알게 된다. 동물적 자아가 사람을 개인의 행복 쪽으로 계속 끌어가고 있는데 반하여, 이성적 의식은 개인적 행복이 불가능함을 보이며 다른 행복을 가르쳐 준다. 거기에 참생명의 발현이 있다. 사람은 멀리서 나타난 이 행복을 눈을 빤히 뜨고 바라본다. 그러나 그것을 볼 수 있는 힘은 없다. 그러므로 처음에는 이 행복을 믿지 않고 개인의 행복 쪽으로 되돌아간다. 그러나 희미하게 그 행복을 가리키는 이성적 의식도, 개인적 행복이 불가능하다는 것을 드러내는 경우에 이르면 참으로 명확하고 또한 단정적이다. 그리하여 사람은 개인적 행복을 부정하고, 자신 있게 이 새로운 행복을 응시하게 된다. 이성적 행복은 아직 보이지 않는다. 그러나 개인적 행복은 완전히 버림받게 되고, 개인적 생존을 계속해 나가기가 불가능하게 된다. 이리하여 사람의 마음속에서 이성적 의식과 동물적 존재 사이에 새로운 관계가 성립된다. 그리고 사람은 참된 인간 생활을 향하여 새롭게 태어난다.

이때는 물질계에서 만물이 발생할 때 일어나는 것과 동일한 일이 일어난다. 태아가 태어나는 것은 자기가 태어나고 싶다고 생각한 때문도 아니고, 태어나는 것이 낫다고 알기 때문도 아니다. 단지 성숙하여 이제까지의 생존을 계속해 나갈 수 없게 되었기 때문이다. 그래서 그는 아무래도 새로운 생활로 들어가지 않을 수 없게 되는데, 그것은 새생활이 그를 불러들인 때문이 아니라 이제까지의 생존 가능성이 상실되었기 때문이다.

이성적 의식은 개체로서의 사람 속에서 무의식중에 성장하여 개인적인 생활이 불가능하게 될 정도까지 팽창한다.

여기서 일어나는 것은 모든 생물의 발생 때 일어나는 것과 같은 현상이다. 즉 원래의 생활 형태인 곡식 낟알의 해체와 새로운 싹틈으로의 발현, 옛 형태가 해체되는 낟알 같은 외관적 싸움과 싹틈으로의 성장, 해체되어 가는 낟알을 바탕으로 한 싹틈으로의 배양, 이성적 의식의 발생과 외형적으로 보이는 육체적 출생과의 차이이다. 다만 육체적 출생에서는 시간과 공간 속에서 하나의 존재가 언제 어떻게 해서 무엇에서 태어나는가 하는 것을 볼 수 있다. 씨앗은 곧 열매이고, 일정한 조건하에서 씨앗으로부터 식물이 돋아난다. 그러면 나무에는 이윽고 꽃이 피고, 씨앗과 같은 열매를 맺는다는 것(이와 같은 생명의 순환은 우리들 눈앞에서 벌어진다!)을 알게 되는데, 이에 반하여 이성적 의식의 발달은 시간 속에서 볼 수가 없고, 그 순환도 볼 수가 없다. 우리가 이성적 의식의 싹틈이나 그 순환을 볼 수 없는 것은 우리 자신이 이를 행하고 있기 때문이다. 즉 우리의 생명은 우리들 속에서 태어나는, 우리 눈에 보이지 않는 존재의 출생이므로 그것을 볼 수 없는 것이다.

우리는 이 새로운 존재의 출생이나 동물적 자아 의식과 이성적 의식과의 새로운 관계도 육안으로 볼 수 없다. 그것은 마치 씨앗이 그 줄기의 성장을 볼 수 없는 것과 같다. 이성적 의식이 숨어 있는 장소에서 나타나 우리들 눈앞에 얼굴을 내밀면, 우리는 어쩐지 모순이 있는 것 같은 생각이 든다. 그러나 그것은 싹이 돋는 씨앗에 아무런 모순이 없는 것처럼 아무 모순이 없다. 우리는 싹이 돋는 씨앗에서 이제까지 씨앗 껍질 안에 있던 생명이 지금은 싹 속에 있는 것을 볼 뿐이다. 이성적 의식에 눈을 뜬 인간 또한 마찬가지로 아무런 모순도 없으며, 다만 새로운 존재의 발생이나 동물적 의식과 이성적 의식과의 새로운 관계가 발생할 따름이다.

만일 사람이 다른 개인이 생존하고 있는 것도 알지 못하고, 쾌락이 자기를 만족시키기에 충분한 것이 아니라는 것도 모르고, 자기가 언젠가 죽어야 할 존재라는 것도 모른 채 살고 있다면, 그는 '자기'가 살아 있다는 것이나 자기에게 아무런 모순도 없다는 것도 모를 것이다.

또 다른 개인도 역시 자기와 똑같은 존재이며, 고뇌가 자기를 기다리고 있고 위협하고 있다는 것을 알게 된다면, 그리고 이성적 의식이 개체로서의 자기의 존재를 분해하기 시작한다면, 사람은 이미 해체되어 가는 자아 속에 인생을 맡길 수 없게 되고, 부득이하게 자기에게 계시된 새로운 인생을 살게 될 것이다. 여기에도 역시 아무런 모순이 없다. 그것은 이미 싹이 트고, 그 결과 해체되고 있는 씨앗에 아무런 모순이 없는 것과 같다.

10. 이성은 인간에 의하여 의식된 법칙이고, 인생은 이 법칙에 따라 완성되어야 한다.

동물적 자아와 이성적 의식과의 관계 속에서 나타나는 사람의 참생활은 동물적 자아로 인한 행복을 부정했을 때에 비로소 시작된다. 그리고 동물적 자아로 인한 행복의 부정은 이성적 의식이 눈을 떴을 때에 시작되는 것이다.

그러면 이성적 의식이란 도대체 어떤 것인가? 요한복음에 따르면 '로고스', 즉 '말씀' (로고스란 이성·예지·말씀이라는 뜻이다)은 맨 처음 천지가 창조되기 전부터 있었고, 모든 것은 말씀을 통해 생겨났고, 따라서 이성은 다른 모든 것을 정의하고, 다른 어떠한 것에 의해서도 정의되는 일이 없다고 한다. 그러므로 이것을 정의내릴 필요는 없다. 왜냐하면 우리는 모두 이성을 알고 있을 뿐만 아니라 이성밖에 알고 있는 것이 없기 때문이다. 사람과 사람이 서로 접촉할 때, 우리는 다른 무엇보다도 우리에게 공통된 이 보편적인 이성의 구속력을 새삼스레 의식하면서, 이성이야말로 살아 있는 우리를 하나로 결부시킬 수 있는 유일한 기반이라고 확신한다. 우리는 이성을 무엇보다 정확하게, 빨리 안다.

그러므로 이 세상에서 우리들이 알고 있는 것은, 분명히 우리가 알고 있는 이성의 법칙과 일치하는 것을 인정했을 때 비로소 알게 된다. 우리는 이성을 알고 있다. 아니, 알지 않을 수 없다. 그러나 우리가 이성을 알지 않을 수 없다는 것은, 이성이야말로 이성적 존재, 즉 인간이 생활하는데 필연적으로 따르지 않으면 안 되는 법칙이기 때문이다. 이성은 인간에게 생활의 기준이 되는 법칙이다. 그리고 동물의 경우, 동물이 자라나고 번식하기 위해서 따르지 않으면 안 되는 법칙과 같은 것이고, 식물의 경우, 나무나 풀이 자라나서 꽃을 피우기 위해서 따르지 않으면 안 되는 법칙과 같은 것이며, 또 천체의 경우, 지구나 별이 운행하기 위해서 따르지 않으면 안 될 법칙과 같은 것이다.

우리가 내부에서 생활의 율법으로 인정하고 있는 법칙은 우주의 모든 외적 현상이 행하여질 때 따르지 않으면 안 되는 법칙과 같은 법칙으로서, 다만 우리 내부에서는 우리가 이 법칙을 스스로 행하지 않으면 안 되는 것이라고 인식하는 데 반해, 외적 현상의 경우에는 우리와 관계없이 이 법칙에 따라 행하지 않으면 안 된다. 우리가 우주에 관하여 알고 있는 것은, 우리들 눈에 비치는 우리들 이외의 모든 천체·동물계·식물계, 그 밖에 모든 세계에서 행하여지고 있는 이성에 대한 종속에 불과하다. 우리는 외계에서는 이성의 법칙에 대한 이와 같은 종속을 본다. 그러나 우리들 내부에서는 이 법칙을 스스로 행하지 않으면 안 되는 율법으로 인정한다.

흔히 있을 수 있는 잘못은 우리들이 행하는 행위 자체에 있는 것이 아니

라, 우리들 눈에 비치기만 하는 동물적 자아 법칙에 따라 사는 것이 인생인
것처럼 생각하는 점에 있다. 그러나 이성적 의식에 이어져 있는 우리들의 동
물적 육체에 관한 이 법칙은, 나무나 수정체(水晶體)나 천체에서 행해지고
있는 법칙과 마찬가지로, 우리 육체에서는 무의식적으로 행해지고 있다. 이
에 반하여 생명에 관한 법칙인 동물적 육체를 이성에 따르게 하는 것은 우리
가 어디서나 보지 못하고, 또 볼 수도 없는 법칙이다. 그것은 완성되어 있지
는 않지만, 생활 속에서 우리 손으로 하나하나 실행하고 있기 때문이다. 행
복을 얻기 위해서 이 법칙을 실행하고, 동물적 육체가 이성의 법칙에 따르도
록 하는 것, 거기에 우리의 참생활이 있다. 우리들의 행복과 인생이 동물적
자아를 이성의 법칙에 따르도록 하는 데 있는 것이라는 사실을 이해하지 못
하고, 동물적 자아의 행복이나 생존을 인생이라고 보고, 우리 앞에 놓여져
있는 인생의 일을 거절한다면, 우리들은 참된 행복과 참된 인생을 자신에게
서 내몰고, 그 대신 우리와 전혀 관계없이 행동하기 때문에 우리의 인생일
수 없는 외적이고 동물적인 활동을 하는 존재를 추대하게 된다.

11. 지식의 그릇된 방향
눈으로 볼 수 있는 동물적 자아 속에 작용하는 법칙을 우리 인생의 법칙이
라고 생각하는 잘못은 옛날부터 사람들이 끊임없이 빠져온 생각이다. 이런
잘못은 인생의 행복을 얻기 위해서 동물적 자아를 이성에 따르도록 한다는
인간 지식의 주요한 목적을 사람들의 눈에서 덮어 가리고, 인생의 행복과는
인연도 관계도 없는 인간 생존의 연구과제를 그곳에 대치시키는 것이다.
그릇된 지식은 자기의 행복을 위해서 동물적 자아가 따라야 할 법칙을 연
구하지 않고, 이 법칙을 인식하거나 그것을 기초로 세계의 다른 현상을 연구
하는 일 없이, 참생활의 행복을 얻기 위한 지식의 주요 목적과는 아무런 관
계도 없는 인간의 동물적 자아의 행복이나 그러한 존재의 연구에만 몰두한
다.
그릇된 인식은 지식의 이 목적을 도외시하고, 과거 및 현재에 이르는 인간
의 동물적 존재 연구와 일반적으로 동물로서 인간 생활의 조건에 대한 연구
에 힘을 기울인다. 그릇된 인식에서는 이와 같은 연구에서 인간 생활의 행복
에 대한 길잡이가 발견되는 느낌이 든다.

그릇된 지식은 '인간은 이제까지 줄곧 살았다. 그런 고로 어떤 모양으로 살았는가, 시간과 공간 속에서 생존하는 동안 어떤 변화가 어떤 방향으로 행하여졌는가 한번 살펴봐야 되지 않겠는가. 그들의 생활 가운데 일어난 이들 역사적 변화에서 우리는 그들의 생활 법칙을 발견할 것이다'고 생각한다.

이런 종류의 이른바 '학자들'은 지식의 주요 목적(인간의 자아가 그 행복을 위해서 당연히 따르지 않으면 안 되는 합리적 법칙의 연구)을 도외시하고 자기들이 연구의 목표로 설정한 목적으로 자기들의 연구를 공허한 것이라고 선언하고 있다. 실제로 인간이라는 존재가 동물적 존재의 일반법칙에 따라서 변화해 간다면, 그 존재를 좌우하고 있는 그들 법칙의 연구 따위는 전혀 무익하고 아무런 뜻도 없을 것이다.

사람들이 자기들의 존재 변화에 관한 법칙을 알든 모르든 이 법칙이 행해지고 있는 것은 마치 두더지나 바다표범의 생활에서 일어나는 변화가 그것들을 지배하고 있는 조건에 따라서 행해지는 것과 같다. 그러나 인간에게는 생활이 따라야 할 이성의 법칙을 아는 것이 가능하다 할지라도, 이 이성의 법칙에 관한 지식은 그에게 계시된 것, 즉 그의 이성적 의식 속 외에서는 발견되지 않는다. 그런 까닭에 동물로서의 인간이 어떻게 생존해 왔는가 하는 것을 연구했다 하더라도, 인간의 생존에 관하여 이런 지식이 없다면 사람들의 내부에서 자연히 일어날 것이 틀림없을 것 같은 그런 현상을 알 수는 없다. 그리고 그들이 아무리 인간의 동물적 존재를 연구했다 하더라도 인생의 행복을 위해서 이 동물적 존재가 따라야 할 법칙을 아는 일도 없을 것이다.

사학이나 정치학이라고 이름 붙여진 인생에 관한 세속적이고 무익한 고찰을 하는 부류가 바로 그렇다.

오늘날 특히 일반화되고, 지식의 유일한 목표를 무시하는 부류는 다음과 같은 추론의 과정을 보여준다. 즉 이런 범주의 학자들은 말한다.

"인간을 관찰의 대상으로 삼아서 연구해 보면, 인간도 다른 동물과 마찬가지로 먹이를 섭취하고, 성장하고, 번식하고, 늙고, 그리고 죽는 것임을 알게 된다. 그러나 어떤 정신적 현상(그들은 이렇게 부르고 있다)이 관찰의 핵심을 방해하여 너무나도 복잡하게 된다. 따라서 인간을 보다 잘 이해하기 위해서는 먼저 간단한 현상, 바로 정신적 활동을 전혀 가지고 있지 않는 동식물에서 볼 수 있는 현상 속에서 인생을 연구해야 할 것이다. 그런데 동식물을 연구하다 보면, 우리는 그들 전체에 공통되는 보다 간단한 물질의 법칙을 발견하게 된다. 이같이 동물의 법칙은 인간의 법칙보다 간단하고, 식물의 법칙은 더욱 간단하며, 물질의 법칙은 그보다 더 간단하기 때문에, 우리들은 이 가장 간단한 물질의 법칙 위에 연구의 기초를 두어야 한다. 동식물들에 일어나는 현상은 사람에게도 반드시 일어나는 현상임을 알 수 있다.

따라서 사람에게 일어나는 모든 현상은 우리들의 실험에서도 가능하고 가장 간단한 무생물에서 생기는 현상을 통해 설명될 수 있다. 인간 활동의 모든 특성이, 물질 속에서 작용하는 힘과 부단한 관계를 가지고 있다는 데에는 말할 나위도 없다. 인간의 육체를 구성하고 있는 물질 가운데 일어나는 모든 변화는 인간의 활동을 변화시키고, 또한 손상시킨다. 그러므로 물질의 법칙은 인간 활동의 근본이다."

그러나 사람에게는 동물이나 식물, 무생물에서 볼 수 없는 어떤 것이 있고, 이 어떤 것이 지식의 유일한 목적이며, 그것 없이는 다른 모든 것이 무익한 것으로 되고 만다고 하는 생각을 그들은 전혀 개의치 않고 있다.

비록 인체 내에서 물질의 변화가 인간의 활동을 손상시킨다 하더라도, 이는 물질의 변화가 인간의 활동을 손상시키는 원인 가운데 하나라는 것을 증명하는 데 지나지 않고, 물질의 활동이 인간 활동의 원인이라고 하는 증거가 되지는 않는다는 것이 학자들에게는 도무지 이해되지 않는다. 마치 식물 뿌리에 붙은 흙을 떨어냄으로써 생기는 해독이 흙은 어디에나 있는 것이 아니라고 하는 증명이 되기는 하지만, 식물이 흙에서만 나오는 산물이라고 하는 증거가 되지 않는 것과 같다. 이리하여 인간 생활에 수반된 현상의 법칙을 드러내면 인간 생활 그 자체까지도 분명히 알 수가 있다고 생각하여 무생물이나 식물, 동물에서 일어나는 현상을 인간 속에서 연구하는 것이다.

사람들은 인간의 생활, 즉 인간이 행복을 얻기 위하여 자기의 동물적 자아가 이성의 법칙에 따라야 한다는 것을 이해하려고 하면서도 인간의 생활은 보지 않고, 인간의 역사적 존재를 조사하거나 동물이나 식물, 물질의 여러 법칙에 대해 눈에 보이기만 할 뿐 인식할 수 없는 것을 조사한다. 다시 말해 그들은 자기들이 추구해야 할 미지의 목적을 찾아내기 위해서, 잘 모르는 연구대상의 상태만을 연구하고 있는 사람들이 하는 일을 하고 있다.

역사에서 외관적인 인간 생활의 현상을 아는 것도 우리들에게는 도움이 되는 것이 사실이다. 또 인간의 동식물적 특성 및 다른 동물의 법칙에 관한 연구나 물질의 종속 법칙 연구 역시 매우 교훈적인 것이 된다.

이들 연구는 생활 속에서 필연적으로 행해지고 있는 것을 거울에 비치는 것처럼 명확하게 나타내 주는 것이므로, 사람에게는 필요한 것이다. 그러나 이미 행하여진 것들에 관한 지식은 우리들에게 중요한 지식, 바로 참된 행복을 위해서 우리들의 동물적 자아가 따라야 하는 이성 법칙에 관한 지식을 주지는 못한다.

현재 행해지고 있는 법칙에 관한 지식은 우리들을 위한 것이기는 하지만, 그것은 동물적 자아를 지배해야 하는 이성의 법칙을 인정하는 경우에만 도움이 되며, 이 법칙이 인정되지 않는 경우에는 전혀 도움이 되지 않는다.

한 그루의 나무가 아무리 자기 내부에서 일어나고 있는 모든 화학적·물리적 현상을 연구했다 하더라도(나무가 그런 것을 할 수 있다고 간주하고), 그 나무는 이들 관찰이나 지식으로 수액을 모으고, 그것을 가지나 잎, 꽃이나 열매의 성장을 위해서 분배할 필요성을 스스로 추리할 수는 없을 것이다.

사람도 마찬가지이다. 제아무리 동물적 자아를 지배하는 법칙이나 물질을 지배하는 법칙을 잘 알고 있다 하더라도, 결국 이들 법칙은 지금 손에 들고 있는 한 조각의 빵을 어떻게 처분하면 좋은가, 아내에게 주어야 하는가, 다른 사람에게 주어야 하는가, 개에게 주어야 하는가, 자기가 먹어야 하는가, 또는 이것을 그대로 가지고 있어야 하는가, 그렇지 않으면 달라고 하는 사람에게 주어야 하는가 등등에 대해서 아무런 지침도 주지 않는다. 그러나 인간 생활은 이러한 문제들, 그리고 이와 비슷한 문제들의 해결을 요체로 하고 있다.

동식물과 물질의 존재를 지배하는 법칙에 대한 연구는 인생의 법칙을 천명하는 데에 유익할 뿐 아니라, 극히 필요하기는 하지만, 이 연구가 인간의 지식이 주는 한 목표(이성의 법칙 천명)를 목적으로 하는 경우에만 해당되는 것이다.

따라서 인간의 생활은 동물적 존재에 불과하다든가, 이성적 의식에 따라서 나타나는 행복 따위가 있을 리 없다든가, 이성의 법칙 등은 환영에 지나지 않는다든가 하는 가정 위에 서 있는 한, 그런 연구는 모두 아무런 유익이 없다. 아니 그저 무익할 뿐만 아니라 지식의 유일한 목표조차도 가리고 말아, 물질의 반영만 연구하면 그 본체를 알 수 있다고 하는 오해로 빠뜨리는 해독마저 빚어내게 된다. 이런 연구는 마치 생물의 운동 원인을 그림자의 변화나 운동 속에서 찾아야 한다고 생각하고, 생물의 그림자 변화나 운동만을 열심히 연구하는 방법과 비슷하다.

12. 그릇된 지식의 원인은 대상을 파악하는 잘못된 원근법에 있다.

'참된 지식이란, 아는 것을 안다고 하고, 모르는 것을 모른다고 하는 데 있다'고 공자는 말했다. 이에 반하여 그릇된 지식은 모르는 것을 안다고 하고, 아는 것을 모른다고 하는 데에 있다. 우리들 사이에 존재하고 있는 이 그릇된 지식에 대하여 이 이상 정확하게 정의를 내릴 수는 없다. 현대의 그릇된 지식은 알 수 없는 것을 안다고 하고, 알고 있는 유일한 것을 알지 못한다고 생각하는 데 있다. 그릇된 지식을 품고 있는 사람은 공간과 시간 속에 나타나는 삼라만상은 알고 있으나, 그 이성적 의식이 그에게 가르쳐주는 확실한 것은 모른다고 생각한다.

이 같은 사람에게는 일반적인 행복과 자신의 행복이란 것이 도저히 알 수 없는 대상물같이 생각된다. 그리고 이성과 이성적 의식도 알 수 없는 것같이 여겨진다. 좀 알기 쉽게 생각되는 것은 그 자신, 더 알기 쉽게 여겨지는 것은 동식물, 가장 알기 쉽게 여겨지는 것은 무생물, 즉 무한히 흩어져 있는 물질이다.

이와 비슷한 일이 사람의 시각에도 일어난다. 사람의 시각은 무의식적이기는 하지만 언제나 가장 멀리 있는, 따라서 빛깔이나 윤곽에서 가장 단순한 듯이 여겨지는 물체, 지평선이든가, 먼 들판이든가, 숲이든가 하는 것에 향하기 쉽다. 이들 물체는 멀리 떨어져 있으면 떨어져 있을수록 더욱 더 뚜렷하고 단순한 것같이 보이지만, 가까이 있으면 가까이 있을수록 빛깔이나 윤곽도 더욱 복잡하게 보인다.

만일 사람이 물체의 거리를 결정짓는 방법을 모르고, 원근법에 따라서 물체를 배열하여 바라보지 않고, 시각의 크기에 따라서 대상의 윤곽이나 빛깔을 보고 단순하고 명확하다고 인정해보자. 가장 단순하고 확실하게 보이는 것은 끝없는 하늘, 그리고 좀 복잡한 지평선의 윤곽, 또렷하게 보이지 않는 것은 빛깔에서나 윤곽에서나 한층 복잡한 집이나 나무, 그리고 더 잘 보이지 않는 것은 자기의 눈앞에서 움직이는 손, 그리고 마지막으로 가장 제대로 보이지 않는 것은 광선이 된다.

아마 사람의 그릇된 지식도 이와 같지 않을까? 그렇다. 사람이 확실히 알고 있는 것, 그 이성적 의식은 단순하지 않기 때문에 알기 어려운 것으로 여겨지고, 이에 반하여 아무래도 이해하기 어려운 무한하고 영원한 물질은 멀리 떨어져 있는 결과, 단순하게 보이기 때문에 가장 알기 쉬운 것으로 생각된다.

그러나 사실은 정반대이다. 모든 사람은 확실하게 자기가 구하고 있는 행복에 대해서 알 수 있고, 또 알고 있다. 또 사람은 자기를 향하여 행복을 지시해 주는 이성을 알고, 또 이성에 따르는 자기의 동물적 자아를 알고, 마지막으로 시간과 공간 속에 나타나는 그 밖의 모든 현상도 볼 수가 있으나 알 수는 없다.

그릇된 인생관을 가진 사람에게는 물체가 시간과 공간에 따라서 뚜렷하게 한정되어 있으면 있을수록, 잘 알 것 같은 생각이 든다. 그러나 실제로는 시간과 공간으로 한정되지 않는 행복과 이성의 법칙만 충분히 알고 있을 뿐이다. 외부의 대상은 그 인식을 위해 우리들의 의식에 자극이 가해지는 정도가 적으면 적을수록, 그것을 아는 정도도 적고, 그 결과 사물은 시간과 공간에서의 위치에 따라서만 한정된다. 따라서 하나의 사물이 시간과 공간에 따라서 한정되는 일이 적으면 적을수록, 사람에게 알려지는 것(사람에게 이해되는 것)도 적어진다.

사람의 참된 지식은 자기의 자아를 알고 동물성을 아는 것으로써 끝난다. 사람은 행복을 구하고 이성의 법칙에 따르는 자기의 동물성을 철두철미하게도 자아가 아닌 다른 부분에서 이해한다. 실제로 사람은 자기에게 있는 이 동물적인 면을 알고 있다. 그러나 사람이 알고 있는 것은 자기가 시간적, 공간적인 '어떤 것'이기 때문이 아니고(그렇기는커녕 사람은 자기를 시간적, 공간적인 현상으로서 인식하지 못한다), 행복을 얻기 위하여 이성의 법칙에 따르지 않으면 안 되는 '어떤 것'이기 때문이다. 그가 동물적인 면에서 자기를 인식하는 것은, 시간과 공간에서 독립된 어떤 것으로서 인식하는 것에 불과하다. 시간, 공간 속에서의 자신의 위치에 대하여 자문할 때, 그에게는 무엇보다도 양쪽에 걸쳐서 무한히 계속되는 시간의 한복판에 자기가 서 있고, 그 표면 도처에 있으면서 어디에도 없는 지구의 중심을 조성하고 있는 듯한 느낌이 든다. 그리고 사람이 실제로 인식하는 것은 이 초시간적, 초공간적인 자기이고, 이러한 자신에 대한 지식으로 끝맺는다. 사람은 그러한 자기 이외에 다른 사물은 알지 못하고, 다만 외적이고 형식적인 방법으로 그것을 관찰하고 정의하는 데 불과하다.

지금 행복을 소망하는 이성적 중심으로서의, 즉 초시간적·초공간적인 존재로서의 자신을 아는 것에서 잠시 떨어진다면, 사람은 그 기간만 조건부로 자기가 시간과 공간 속에서 나타난, 눈에 보이는 세계의 일부라는 것을 인정할 것이다. 이렇게 사람은 시간과 공간 속에서의 자신을 다른 존재와 관계시켜서 생각함으로써, 자기에 대한 참된 내적 지식과 외적 관찰을 하나로 연결시킬 수 있고, 다른 사람과 같은 일반인으로서의 자신에 대한 관념을 얻는다. 사람은 자기 자신에 대한 이와 같은 조건적 지식에 따라서 다른 사람들에 대한 외적 관념도 얻는다. 그러나 다른 사람을 아는 데까지는 이르지 못한다.

우리가 다른 사람의 모든 것에 대해 참된 지식을 가질 수 없는 것은, 우리가 보는 것이 단 한 사람이 아니고 수백 수천에 이를 뿐만 아니라, 그 사람들 가운데에는 이제까지 한 번도 만난 일도 없고, 장래에도 만날 일이 없는 사람들이 있을 것임을 스스로도 알고 있기 때문이다.

우리는 사람들의 저편, 자신으로부터 더욱 멀리 떨어진 곳에서 사람들과 다르고 또한 서로간에도 다른 동물을 시간과 공간 속에서 보는 것이다. 만일 우리가 인간에 대한 일반적인 지식을 전혀 가지고 있지 않다면, 이들 존재는 전혀 이해할 수 없을 것이 틀림없다. 그러나 이 지식이 있고, 자기의 이성적 의식을 인간이라고 하는 개념에서 빌린다면, 동물에 관해서도 어느 정도의 개념을 얻을 수가 있다. 이 개념은 일반적으로 갖고 있는 개념에 비하면, 오히려 지식답다고 할 수 있다. 이 수없이 많은 종류의 동물을 보고, 수가 많으면 많을수록 우리가 이것을 인식할 수 있는 가능성이 더욱더 적어지는 것은 자명한 일이다.

우리들은 자기로부터 멀리 떨어진 곳에서 식물을 본다. 세계에서 이와 같은 현상의 범위가 넓어지면 넓어질수록, 그것에 관한 지식을 얻는 것도 우리들에게는 더 불가능하게 된다.

자기로부터 더욱 멀리 떨어진 곳, 동물이나 식물 저쪽에서 우리는 무생물이나 간신히 식별할 수 있는 물질의 형태, 아니 전혀 식별할 수 없는 물질의 형태를 시간과 공간 속에서 본다. 물질은 무엇보다도 이해하기 어려운 것이다. 물질의 형태에 관한 지식 등은 우리들에게는 아무래도 좋은 것이다. 우리는 그것을 모르며, 안다고 해야 단지 상상에 지나지 않는다. 하물며 물질이 우리들에게 공간적으로나 시간적으로 무한한 것이라고 생각되는 점에서는 말할 나위가 없다.

13. 대상을 인식할 수 있는 가능성이 증가하는 것은 시간과 공간 속에서 자주 모습을 드러내기 때문이 아니라, 우리와 그 연구 대상이 동일한 법칙을 따르기 때문이다.

개가 아파하고 있다, 송아지는 나를 잘 따라서 귀엽다, 작은 새가 기뻐하고 있다, 말은 겁을 내고 있다, 착한 사람, 나쁜 동물, 이런 말 이상 알기 쉬운 말이 달리 있을까? 그런데 중요하고 알기 쉬운 이러한 모든 말은 시간과 공간에 따라서 결정되는 것이 아니다. 그뿐만 아니라 현상이 따르는 법칙이 알기 어려우면 어려울수록 현상은 시간과 공간에 더 정확하게 한정된다. 지구나 달이나 태양의 운동원인이 되고 있는 인력의 법칙을 이해하고 있다고 과연 누가 말할 수 있는가? 그러나 일식(日蝕)은 시간과 공간에 따라 가장 정확하게 결정되어 있는 것이 아닌가.

우리는 생활과 행복에 대한 소망, 우리에게 이 행복을 가리켜 주는 이성을 알고 있을 뿐이다. 다음으로 우리가 비교적 확실하게 알고 있는 것은 행복을 바라고 이성의 법칙을 따르는, 우리의 동물적 자아에 관한 지식이다. 그러나 동물적 자아에 관한 지식에는 육안으로 보인다거나, 촉각으로 만질 수 있다거나, 환각의 대상이 된다는 등 우리들의 이해력이 미치지 않는 공간적·시간적 조건이 이미 붙어 있다.

여기에 이어서 우리가 알고 있는 것은, 우리 모두에게 공통되는 행복에 대한 소망과 이성적 의식을 인식하는 우리가 다스려야 할 동물적 자아에 관한 지식이다. 개인의 삶이 삶과 행복에 대한 소망과 이성의 법칙을 따르는 법칙에 가까이 가면 갈수록 우리는 그것을 잘 알게 되고, 시간적 및 공간적 제약

속에서 그 삶이 나타내는 거리가 크면 클수록 그것을 모르게 된다. 따라서 우리는 사람을 가장 잘 알고 있는 셈이다. 확실성의 정도에서 보아 이것 다음에는 동물에 관한 것이다. 동물 속에서 우리는 행복을 바라는 우리의 자아와 비슷한 자아를 인정한다. 그러나 우리들의 이성적 의식과 비슷한 것을 인정하는 것은 불가능하고, 또 우리들에게 있는 이 이성적 의식 때문에 동물과 우리는 도저히 일치하지 못한다. 그 다음에 우리는 식물을 들 수 있다. 그러나 식물에서 행복을 바라는 우리 자아와 같은 것을 인정하기는 곤란하다. 식물은 주로 시간적, 공간적 현상으로써 우리 눈에 비친다. 따라서 우리 지식으로는 더 이해하기가 곤란하다.

우리가 식물을 아는 것은 우리들의 자아와 같이 행복을 바라거나 공간과 시간의 제약 밑에서, 자아 속에 나타난 이성의 법칙에 따르도록 우리들의 동물적 자아와 아주 비슷한 자아를 그들 속에서 인정하는 것일 뿐이다.

그리고 우리들이 더 이해하기 어려운 것은 개성이 없는 사물이다. 그것들 속에는 이미 우리들의 자아와 비슷한 것을 발견할 수도 없고, 행복에 대한 욕구도 발견할 수 없다. 보이는 것은 단지 그 물질이 따르는 이성의 법칙이라는 시간적, 공간적 현상에 불과하다.

우리들 지식이 확실하다는 것은 시공간에서 사물의 관찰 여하에 의한 것은 아니다. 오히려 사물의 현상은 시간적, 공간적으로 관찰하기 쉬우면 쉬울수록 우리들에게는 이해하기 어려운 것이다.

세계에 관한 우리들의 지식은 참된 행복(선(善))을 바라는 마음의 의식과, 이 참행복을 얻기 위해서 우리들의 동물성이 이성을 따르지 않으면 안 되는 필요성에서 생긴다. 만일 우리가 동물의 생활을 안다고 하면, 그것은 우리가 동물 속에도 그러한 행복을 구하는 마음이 있다는 것을 인정하고, 동물 속에 유기체의 법칙으로서 나타나 있는 이성의 법칙에 그들이 따를 필요를 인정하기 때문이다.

또 우리가 물질을 안다고 한다면, 그것은 물질의 행복이 우리들이 이해할 수 없는 것임에도 우리들 안에서 일어난 것과 같은 현상, 즉 물질을 지배하는 이성의 법칙에 따르지 않으면 안 되는 필요를 인정하는 것일 뿐이다.

무엇보다도 지식이란 것은 '이성의 법칙에 따름으로써 얻는 행복에 대한 소망이 참생활'이라는 우리들의 지식을 다른 사물에 적용한 것에 불과하다.

우리는 동물을 지배하고 있는 법칙에서 자신을 알 수는 없다. 다만, 자신 안에서 인정하고 있는 법칙에서 동물을 알 뿐이다. 따라서 물질의 현상으로 옮아간 생활 법칙에서는 결코 자신을 알 수 없다.

우리가 외부의 세계에 대해서 알고 있는 것은, 요컨대 자신을 알고, 자신 속에서 세계에 대한 세 가지 다른 관계를 발견하는 것이다. 다시 말해 첫째로 우리와 이성적 의식의 관계, 둘째로 우리와 동물성의 관계, 셋째로 우리와 동물적 육체로 들어오는 물질의 관계를 통해서 알게 된다.

우리는 자기 속에 이들 세 가지 다른 관계가 있다는 것을 알고 있다. 따라서 우리가 세계에서 보는 온갖 것은 이 세 가지의 상이한 평면을 가진 배경 속에서 분류된다. 즉 이성을 구비한 합리적 존재, 동물과 식물, 무생물이 그것이다.

일반적으로 우리는 세계의 여러 사물에 대하여 이들 세 가지 범주를 인정하는데, 그것은 이 세 가지 인식의 대상을 이미 자기 내부에 품고 있기 때문이다. 우리는 자신을 동물성을 다스리는 이성적 의식으로서, 이성적 의식에 따르는 동물로서, 동물성을 따르는 물질로서 인정하고 있다.

일반적으로 믿고 있듯이, 우리가 유기체의 법칙을 알 수 있는 것은 물질의 법칙을 인식하기 때문이 아니고, 또 지금 이성적 존재로서의 자신을 알 수 있는 것도 유기체로서의 법칙을 인식하기 때문이 아니다. 오히려 그 반대이다.

우리는 자신을 알 수 있고, 또 알아야 된다. 다시 말해 우리는 자신의 행복을 위해서 자아가 당연히 따라야 하는 이성적 법칙을 알고, 또 알아야만 한다. 그렇게 돼야만 비로소 동물적 자아 및 그와 비슷한 다른 자아의 법칙이나 우리로부터 멀리 떨어진 물질의 법칙을 알 수 있고, 또 반드시 알아야 되는 것이다.

우리가 아는 것은 자신뿐이다. 우리들이 볼 때, 동물의 세계는 우리가 자신 속에서 이미 알고 있는 것을 반영하는 것에 불과하다. 그리고 물질의 세계는 반영의 또 다른 반영이라고 할 수 있다.

물질의 세계가 특히 우리들에게 명료한 듯이 여겨지는 것은 그것이 우리들에게 변함없이 일정하기 때문이다. 그리고 우리들과 일정한 관계를 형성하는 것은 그것이 우리들이 인식하는 생활 법칙에서 멀리 떨어져 있기 때문이다.

유기체의 법칙 또한 우리로부터 멀리 떨어져 있기 때문에 생활 법칙보다도 훨씬 간단한 듯이 보인다. 그러나 우리는 거기서도 법칙을 관찰할 뿐이며, 우리가 이행해야 하는 이성적 의식을 알듯이 그들 법칙을 알고 있지는 않다.

그 어느 존재도 우리는 알고 있지 않다. 다만 보거나 관찰하거나 하는 데 지나지 않는다. 우리가 확실하게 알고 있는 것은 우리의 이성적 의식에 관한 법칙뿐이다. 그것은 우리들의 행복을 위해서 필요하기 때문이며, 우리가 이 의식에 따라 살고 있기 때문이다. 그러나 우리는 그것을 보지는 못한다. 왜냐하면 그것을 관찰할 수 있는 장소가 없기 때문이다.

가령 우리들의 이성적 의식이 동물적 자아를 다스리고 있듯이, 또 동물적 자아(유기체)가 물질을 다스리고 있듯이, 우리의 이성적 의식을 지배하는 한층 높은 존재가 있다고 한다면, 그 높은 존재는 우리가 동물적 존재나 물질의 존재를 보듯이, 우리의 이성적 생활을 볼 수 있을 것이다.

이성은 스스로 그 속에 포함하고 있는 두 종류의 생존 형식, 즉 동식물(유기체)의 존재와 물질의 존재로 나누어지지 않도록, 단단히 매어져 있는 모습이다.

사람은 자신이 스스로 참생활을 만들고, 그 생활을 한다. 그러나 그 삶과 결부된 이들 두 가지 존재 양식에는 참여하지 못한다. 인간을 형성하고 있는 육체와 물질은 각각 독립되어 존재하고 있다.

이들 존재 양식은 마치 인간의 생활 속에 포함되어 있는 훨씬 이전의 과거 생활과 같은 모습으로, 과거 생활의 추억과 같은 모습으로 우리들 앞에 나타난다. 인간의 참된 생활에서 이들 두 존재 양식은, 인간에게 활동 도구와 재료를 제공한다. 그러나 활동 그 자체를 하게 하지는 않는다.

사람에게 자기의 활동 재료 및 도구를 연구하는 것은 유익한 일이다. 그것을 잘 알면 알수록 일이 편해질 것이다. 인간의 삶 속에 포함되어 있는 이들 생활양식(자신의 동물성 및 그 동물성을 형성하고 있는 물질)의 연구는 우리들에게 모든 존재물의 일반 법칙(즉 이성의 법칙에 따르라는 법칙!)을 거울에 비친 듯이 분명하게 나타내고, 그렇게 함으로써 자기의 동물성을 이 법칙에 따르게 할 필요성을 확신시킨다. 그러나 인간은 활동의 재료와 도구를 활동 그 자체와 혼동하지 않고, 또 혼동해서는 안 된다.

사람이 자기와 타인 속에서 볼 수 있고, 만질 수 있고, 관찰할 수 있는, 즉 노력 없이 외부에서 행해지고 있는 인생을 아무리 연구한다 하더라도, 그 생활은 그에게 언제나 신비한 것으로 남아 있다. 이런 관찰에서 이 인식되지 않는 생활을 이해할 수는 없을 것이다. 또 시·공간의 무한 속에서 가리어져 있는 이 신비스런 삶을 관찰하는 것만으로는, 그의 의식 속에 계시되어 있는 참된 자신의 삶과 특별하고 확실한 행복을 얻기 위해서, 또 자신에게 명료하게 보이는 동물적 자아를 이성의 법칙에 따르게 함으로써 성립되는 참된 자기의 삶을 분명히 하는 것도 불가능할 것이다.

14. 참된 인간 생활은 공간과 시간 속에서 생기는 것이 아니다.

사람은 동물적 자아를 이성의 법칙에 따르게 함으로써 이루어지는 행복에 대한 소망으로 자기 내부의 생명을 알게 된다.

그는 이것 이외의 생명을 알지 못한다. 아니 알 수가 없다. 실제로 사람은 동물을 구성하는 물질이 그 자신의 법칙뿐만 아니라 유기체의 더 높은 법칙에 따를 때, 비로소 그 동물이 살아 있다는 것을 인정하게 된다.

물질의 일정한 결합 속에 유기물이 더 높은 법칙을 따르는 경우, 우리는 이 물질의 결합 속에서 생명을 인정한다. 그러나 이 종속이 아직 시작되지 않았든가, 혹은 이미 끝나 버린 경우에는 이 물질과 기계적, 화학적, 물리적 법칙밖에 작용하지 않는 모든 물질을 구별하는 것이 전혀 없게 되어, 거기서 무엇인가 동물적 생명을 인정하게 되지는 않는다.

마찬가지로 우리의 동물적 자아가 그 자신의 유기체 법칙뿐만 아니라 한 층 높은 이성적 의식의 법칙에도 따르는 경우, 비로소 우리는 자신과 우리와 같은 존재를 살아 있는 것으로 인정한다.

이성의 법칙에 대한 이 자아의 종속이 없게 되면, 그리고 인간을 구성하고 있는 물질을 지배하는 자아의 법칙만이 인간 속에서 작용하게 되면, 우리는 자신 속에서나 남들 속에서 생명을 아는 것을 인정하지 못하게 된다. 이것은 마치 자신의 법칙에만 따르는 물질에서 동물적 생활을 인정하지 못하는 것과 마찬가지이다.

인사불성이라든가, 광기라든가, 고민이라든가, 술에 곤드레만드레 취한다든가, 걱정에 빠졌을 때, 인간의 운동이 아무리 힘이 넘쳐도, 우리는 그 인간을 살아 있는 존재로 인정하지 않고, 또 생명 있는 존재로도 취급하지 않고, 그저 그 사람 속에 있는 생명의 가능성만을 인정하게 될 뿐이다. 이에 반해 아무리 동작이 약하디 약하고 활발하지 못하다 하더라도, 동물적 자아가 이성에 따르고 있다고 인정하게만 된다면, 우리는 이 사람을 살아 있는 존재로 인정하고, 그런 대접을 하게 된다.

우리는 동물적 자아가 이성의 법칙에 따르고 있는지의 기준으로밖에 생명을 이해하지 못한다. 이 생명은 시공간 속에 나타나 있지만, 시간적 공간적 조건에 따라서 결정되지 않고, 다만 동물적 자아를 이성에 따르게 하는 정도에 따라서만 결정된다. 생명을 시간적 공간적 조건에 따라서 결정하는 것은 물체의 크기를 그 길이와 너비로 재는 것과 같다.

동시에 평면상에서 행해지는 물체의 상승운동은 인간의 참생활과 동물적 자아의 생활과의 관계, 참생활과 시간적 공간적 생활과의 관계와 비슷할 것이다. 물체의 상승 운동은 평면적인 운동에 따르는 것이 아니고, 또 그것으로 변할 수도 없다. 인간의 생활을 결정하는 경우에도, 이같이 말을 할 수 있다. 참생활은 언제나 자아 속에 나타나 있다. 그러나 그것은 자아와 관계가 없고, 자아의 존재 여하에 따라서 변할 수도 없다. 인간의 동물적 자아를 이끄는 시간적 공간적 조건은, 동물적 자아가 이성적 의식에 따르는 것으로 이루어지는 참생활에 아무런 영향도 미치지 못한다.

살기 원하는 사람은 자기 존재의 시간적 공간적 운동을 폐기하든가 혹은 이를 정지시키는 것을 도저히 할 수 없다. 그러나 참생활은 육안으로 보이는 시간적 공간적 운동과 전혀 관계없이 동물적 자아가 이성에 따름으로써 행복을 얻는 것이다. 이성에 따름으로써 차츰 큰 행복을 얻는 것 속에 인간의 참생활을 형성하는 참된 요소가 있다. 차츰 더해가는 이 이성의 다스림이 없다고 한다면, 인간의 생활은 시간과 공간의 눈으로 보이는 두 방향으로 나아갈 뿐이며, 단순한 생존이 있을 뿐이다. 그러나 이 위로 향하는 운동이 있는 한, 즉 차츰 높아져 가는 이성의 다스림이 있는 한, 두 개의 힘과 하나의 힘 사이에 관계가 확정되고, 인간의 존재를 참생명의 영역으로 끌어올리는 그 합해진 힘의 강약에 따라서 크거나 작거나 항상 운동이 일어난다.

공간적 시간적인 힘은 생명의 관념과는 다른 유한한 힘이다. 그러나 이성에 종속되어 행복을 바라는 힘은 위로 향하는 힘이고, 생명 그 자체의 힘이며, 이 힘에는 시간적 제한이나 공간적 제한이 없다.

사람은 자기 생활이 정지하거나 분열하는 것같이 상상하지만, 이들 정체나 동요는 단지 의식의 속임수(외적 감각들의 속임수와 비슷한)에 지나지 않는다. 참된 생활에는 정체나 동요 따위는 없다. 아니 있을 리가 없다. 우리가 인생에 대한 그릇된 견해를 품은 경우에 그같이 보일 뿐이다.

사람들이 참생활을 시작하면, 즉 동물 생활보다 몇 단계 높은 곳으로 올라간다면, 그 높은 곳에서 당연히 죽음으로 끝나는 자기의 동물적 존재의 환영을 보고, 평면상에서 낮게 깔려 있던 자기의 존재가 사면의 심연으로 둘러싸여 있는 것을 본다. 그러나 사람들은 높디높은 이 비약이 참생활이라는 것을 인정하지 않고, 그 높은 경지에서 자기의 눈앞에 펼쳐진 것을 바라보고, 두려워 떤다. 그리고 그 높은 곳으로 들어올린 힘을 자기의 생명이라고 인정하고 자기 앞에 펼쳐진 진로를 따라 가는 대신, 높이 올라갔기 때문에 자기 앞에 펼쳐진 것을 겁낸 나머지, 자기 앞에 펼쳐진 벼랑을 보지 않으려고 더 아래로 내려가며 될 수 있는 대로 낮은 자리를 차지하려고 한다.

그러나 이성적 의식의 힘이 다시 그를 높이 들어올린다. 그리하여 또 다시 절벽을 보고, 또 겁을 내어 떨고, 그것을 보지 않으려고 다시 땅 위에 엎드리고 만다. 자기를 자꾸만 끌어당기는 파멸적 생활의 급격한 전환 운동에 대한 공포에서 벗어나려고 마음먹으면, 이러한 상태는 평면에서의 운동(시간적 공간적 존재)이 우리의 생활이 아니라 위로 향하는 운동이 참생활이며, 이성의 법칙에 자아를 종속시키는 것 속에서 행복과 참생명의 가능성이 있다는 것을 이해할 때까지 계속된다. 그러므로 사람들은 자기에게는 심연 위까지 자신을 들어올릴 날개가 있지만, 이 날개가 없다면 높은 곳으로 올라갈 수도 없었을 것이고 심연을 보는 일도 없었으리라고 하는 것을 분명히 이해해야 한다. 그리고 이 날개를 믿고, 날개가 데려다 주는 대로 안심하고 날아가야 한다.

처음 얼마 동안 참으로 이상하게 여겨지는 참생활의 동요나 정체, 의식의 분열 등은 모두 신뢰의 부족에서 나타나는 것이다.

자기의 생명은 시간과 공간에 따라 제한되는 동물적 존재 속에 있다고 해석을 내리는 사람만이, 이성적 의식이 동물적 존재 속에서 때때로 나타나는 것을 볼 수 있다고 생각한다. 사람들은 자기 속에 있는 이성적 의식이 나타나는 것도 이와 같은 모양으로 보기 때문에, 자기의 이성적 의식이 언제 어떠한 조건 밑에서 나타났는가 자문한다. 그러나 아무리 과거를 조사하더라도, 이성적 의식이 나타난 시기를 발견하는 일은 없다. 그것은 한 번도 존재하지 않았든가, 혹은 어떤 때에나 존재하고 있었던 것같이 여겨진다. 만일 이성적 의식에 간극이 있었던 듯이 여겨진다면, 그것은 곧 그 사람이 이성적 의식의 생활을 참생활이라고 인정하였기 때문이다.

그러나 자기의 생활을 시간과 공간에 따라서 한정되는 동물적 존재에 지나지 않는다고 해석하는 사람은 이성적 의식의 각성이나 활동도 같은 자로 재려고 한다. 그 결과 '언제, 어느 정도나 오래, 어떠한 조건 밑에서 이성적 의식의 손바닥 속에 있었는가?' 자문한다. 그러나 이성적 생활의 각성에 간극이 있는 것은, 자기의 생활을 동물적 자아의 생활이라고 해석하는 사람에 한해서이다. 자기의 생활을 있는 그대로 해석하는 사람, 이성적 의식의 활동 속에 있는 것으로 해석하는 사람에게는 그 같은 간극 따위는 존재하지 않는 법이다.

이성적 생활은 존재한다. 이성적 생활만이 참으로 존재하는 것이다. 그 생활에서는 1분간의 간극이건, 5만 년의 간극이건 조금도 문제가 될 것이 없다. 왜냐하면 이성적 생활에서는 시간 따위는 존재하지 않기 때문이다. 인간의 참된 생활(인간은 그것으로 다른 모든 생활의 관념을 구성한다!)이란, 자기의 자아를 이성의 법칙에 종속시킴으로써 비로소 달성되는 선(善)에 대한 소망이다. 이성도, 동물적인 자아를 이성에 종속시키는 활동도 모두 공간이나 시간에 따라서 결정되는 것은 아니다. 참된 삶은 공간이나 시간을 초월하여 영위되는 것이다.

15. 동물적 행복을 부정하는 것이 인간 삶의 법칙이다.

인생이란 참된 행복(선(善))으로의 정진인 선에 대한 소망이다. 모든 사람이 언제나 인생을 이같이 해석해 왔고, 앞으로도 이같이 해석할 것이다. 따라서 사람의 인생은 사람으로서의 참된 행복을 바라는 것이고, 사람으로서의 참된 행복을 바라는 것이야말로 곧 인생의 참생활이다. 그러나 대중(사색하지 않는 사람들)은 인간의 행복을 동물적 자아의 행복에 있다고 해석한다.

그릇된 과학도 인생을 정의할 때 참행복(선)의 개념을 빼 버리고, 인생을 동물적 존재 속에 있는 것이라고 해석한다. 그 결과 인생의 행복을 동물적 행복에만 있다고 보는데, 그 점에서 역시 대중의 잘못과 궤를 같이한다.

어떤 경우에나 오해는 자아, 즉 과학에서 말하는 '개체성'을 이성적 의식과 혼동하는 데서 생긴다. 이성적 의식은 개체성을 포함한다. 그러나 개체성은 이성적 의식을 포함하지 않는다. 개체성은 동물의 본성이고, 동물로서의 인간의 본성이다. 이에 반하여 이성적 의식은 인간만이 가지고 있는 특성이다.

동물은 자기의 육체만을 위해서 살 수 있다. 그 무엇도 동물이 그렇게 생활하는 것을 막지 않는다. 동물은 개체로서의 자신을 만족시키고, 무의식적으로 자기 종족에 봉사하며, 자기가 개체임을 알지 못한다. 그러나 이성을 구비한 사람은 자기의 육체만을 위해서 살 수는 없다. 인간은 그렇게 생활할 수 없다. 왜냐하면 인간은 자기가 개체인 것을 알고 있고, 다른 존재도 자기와 꼭 같은 개체라는 것을 알고 있으며, 이들 개체와 개체간의 관계에서 당연히 생기는 모든 일을 알기 때문이다.

사람이 개체로서 자기만의 행복을 구하고, 자신만을 사랑할 마음밖에 없다면, 다른 동물이 알지 못하듯이, 그도 다른 여러 존재도 자신을 사랑하고 있다는 사실을 모를 것이다. 그러나 사람이 자기는 주위에 있는 모든 개인이 욕구하는 것과 동일한 것을 욕구하는 존재라는 것을 안다면, 그는 이성적 의식으로 보아 악(惡)으로 보이는 행복을 바랄 수 없게 되고, 그 결과 그의 생활은 이미 개인적 행복에 대한 바람 속에서 그저 떠돌 수가 없게 될 것이다.

일시적이나마 행복에 대한 욕구가 동물적 자아의 만족을 목적으로 하는 것같이 여겨질 때가 있다. 그러나 이것은 잘못이다. 이는 당사자가 자기의 동물적 자아 속에서 일어난 일을 이성적 의식의 활동 목적이라고 인정하는 데서 생기는 것이다. 즉 사람이 꿈에서 깨어난 뒤에도 꿈에서 본 것에 따라 행동하는 경우와 같은 일이 일어나는 셈이다.

그리고 그때, 이 잘못된 생각이 그릇된 가르침으로 지탱되면, 그 사람의 내부에는 개체와 이성적 의식과의 혼란이 발생한다.

그러나 이성적 의식은 언제나 인간에 대하여 동물적 자아의 욕구 만족이 참된 행복(선)이 아니라는 것, 따라서 참된 생활도 아니라는 것을 가르쳐 주고, 참된 행복으로, 인간에게 상응하는 생활로, 동물적 자아 속에 들어 있지 않는 참생활로 이끌어갈 것이다.

일반적으로 세상에서는 개인의 행복을 부정하는 것이 인간의 위대한 행위이고 미덕이라고 생각하거나 말한다. 그러나 개인의 행복을 버리는 것은 미덕도 아니고 위대한 행위도 아니다. 인간 생활의 불가피한 조건일 뿐이다. 사람은 자신을 세상에서 완전히 떨어진 한 개인이라고 인정하는 동시에 다른 개인 역시 온 세계에서 떨어진 개인이라고 인정하여, 그들 상호간의 관계도 인정하고, 자기 개인의 행복이 덧없음을 인정한다. 그리하여 이성적 의식을 만족시킬 수 있는 행복만이 진실한 행복이라는 것을 안다.

동물에게는 개인의 행복을 목적으로 하지 않고, 자신의 행복을 돌보지 않는 활동이 삶을 부정하는 것이다. 그러나 인간의 경우는 정반대이다. 자아의 행복을 얻기 위해서 행해지는 인간의 활동이야말로, 인간 생활을 철저하게 부정하는 것이다.

생존은 비참하고 끝이 있다는 것을 가르쳐 주는 이성적 의식을 갖고 있지 않은 동물에게도 개체로서의 행복과 그로부터 발생하는 개체로서의 종족 보존이 삶의 최고 목표이다. 그러나 인간에게 개체는 요컨대 생존의 한 단계에 지나지 않고, 그 단계에서 자기의 개인적 행복과 일치하지 않는 인생의 참행복이 그에게 나타나고 있다.

자아라는 의식은 인간에게 삶 그 자체는 아니다. 그러나 인간에게 특유한 동물적 자아의 행복과는 관계가 없는 참된 행복, 차츰 깊이 획득해 가는 활동 속에서 성립되는 참생활이 시작되는 지점이다.

오늘날 유행하는 인생관에 따르면, 인생은 동물적 자아의 출생에서 죽음에 이르는 한 가닥의 시간이다. 그러나 이것은 인생이 아니다. 요컨대 그것은 동물적 자아로서의 단순한 생존에 지나지 않는다. 인생이란 동물적 존재 속에서만 나타나는 것으로 마치 유기적 생명이 물질적 생존 속에서만 나타나는 어떤 것에 불과한 것과 같다.

인간에게는 자아의 눈에 보이는 최초의 목적이 자기 생의 목적인 양 보인다. 이들 목적은 모양이 있고 눈에 보이므로 참으로 알기 쉬운 듯이 여겨진다.

이에 반하여 이성적 의식에 따라 생각되는 목적은 모두 눈에 보이지 않기 때문에 알기 어렵게 생각된다. 처음에는 눈에 보이는 것을 버리고, 눈에 보이지 않는 것에 몸을 맡기는 것이 무서운 듯한 생각도 든다.

그릇된 세속적인 가르침에 중독된 사람에게는, 자연 속에서 실행되고 자기에게서나 남들에게서도 보이는 동물적 자아의 요구는 간단명료한 듯이 보이지만, 그와는 달리 새롭고 눈에 보이지 않는 이성적 의식의 요구는 자아의 요구에 완전히 상반되는 듯이 보인다. 이들 요구의 만족은 자연스레 수행되는 것이 아니고 우리들의 노력을 필요로 하기 때문에, 복잡하고도 모호한 것 같이 여겨진다. 뚜렷이 눈에 보이는 인생관을 버리고 볼 수 없는 의식에 몸을 맡기는 것은 무섭기도 하거니와 기분도 나쁘다. 그것은 마치 갓난아기가 자기 출생을 느낄 수 있었다면, 태어날 때에 무섭기도 하고 기분 나쁘기도 했다고 느끼는 것과 비슷하리라. 그러나 눈에 보이는 관념이 죽음으로 인도하는 데 반하여, 볼 수 없는 의식은 생명을 준다고 하는 사실은 이미 확실한 사실이기 때문에 어쩔 수 없는 일이다.

16. 동물적 자아는 삶의 도구

제아무리 이유를 내세운다 하더라도 결국 개체로서의 존재는 끊임없이 멸망해 가는 것, 끊임없이 죽음을 향하여 돌진하는 것일 뿐이고, 동물적 자아 속에 참된 인생이 있을 수 없다는 명백한 진리를 사람에게 숨기지 못한다.

태어나서 어린아이가 되었다가 늙어 죽기까지, 개체로서의 인간의 생존은 반드시 죽음으로 끝나고 마는 이 동물적 자아의 끊임없는 소비와 파멸에 지나지 않는다는 사실을 인간은 인정해야 한다. 따라서 참된 행복(선)에 대한 정진이 인생의 유일한 의의임에도, 개인적 자아의 확장과 불멸에 대한 소망을 포함한 개인의 생활 의식은 끊임없는 모순과 고통의 씨앗일 수밖에 없고, 악의 씨앗을 면할 길이 없다.

인간의 참된 행복이 무엇으로 이루어진다 하더라도 어쨌든 동물적 자아의 행복을 부정하는 것은 인간에게 어쩔 수 없는 일이다.

동물적 자아의 행복을 부정하는 것은 인간 생활의 법칙이다. 만일 이 법칙이 이성적 의식을 따르는 표현으로 자발적으로 행해지지 않는다면, 그 법칙은 각 개인이 동물적 자아의 육체적 죽음에 즈음하여 고통을 견디지 못하고 멸망해 가는 자아에 대한 괴로운 의식에서 도망쳐서 다른 종류의 존재로 옮아가고 싶다고 열망하게 될 때, 강제적으로 내부에서 행해질 것이다.

인간 생활을 향한 첫걸음과 생애는 마구간에서 주인에게 끌려나와 마구(馬具)를 처음 짊어지는 말에게 일어나는 변화와 같다. 마구간에서 끌려나와 바깥의 빛을 보고 자유로운 기분을 느낀 말은 이 자유에 참된 생활이 있는 줄 알기 쉽지만, 곧 수레를 맨 채 끌려 나가야 한다. 말은 자기 등에 실린 무거운 짐을 느낀다. 만일 이 말이 자유로이 달리는 것이 자기의 참된 생활이라고 생각한다면 마구 몸부림치고 쓰러지며, 때로는 죽어버리는 수조차 있을 것이다. 그러나 말이 죽지 않는다면, 그러한 처지에서의 돌파구는 다음 두 가지밖에 없다. 즉 무거운 짐을 그대로 끌고 가서 짐이 그다지 무겁지 않고 그 일이 괴롭지 않을 뿐만 아니라 나중에는 즐거움이 된다는 것을 발견하든가, 혹은 고집을 계속 피우다가 주인에게 방앗간으로 끌려가서 밧줄로 벽에 묶인 채 끌채 밑에서 빙글빙글 돌기 시작하다가, 결국 괴로워하면서 어둠 속에서 계속 걷지 않으면 안 되든가(이 경우에도 말의 힘은 헛되이 소비되지는 않는다. 말은 마지못해 자기 일을 수행하지만, 법칙은 여기에 적용되고 있다!) 두 가지 가운데 어느 하나이다.

양자의 차이는 앞의 경우는 자발적으로 일하지만, 뒤의 경우는 괴로워하면서 마지못해 일한다는 것뿐이다.

'그러나 인간이 자기의 참 생명을 얻기 위해 자아의 행복을 부정해야 한다면, 자아란 도대체 무엇 때문에 존재하는 것인가?'

자기의 동물적 생존을 삶이라고 믿는 사람들은 이렇게 말한다.

'이 자아 의식이 참된 삶을 드러내는 것을 방해한다. 그러면 도대체 이 의식은 무엇 때문에 인간에게 주어졌는가?'

이 질문은 자기의 생명과 종족 보존이라는 목적을 향하여 돌진하는 동물이 생각하는 질문으로써 대답할 수 있을 것이다.

동물은 물을 것이다. '도대체 내가 목적을 달성하기 위해서 싸우지 않으면 안 되는 이 물질이든가 기계적 물리적 화학적 그 밖의 여러 법칙은 무엇 때문에 있는 것인가? 만일 나의 사명이 동물의 생활을 살아가는 데 있다면, 내가 정복하지 않으면 안 되는 이 유형무형의 장애물은 도대체 무엇 때문에 있는 것인가?'

동물이 상대로 싸우고 있고, 동물적 자아를 존속시키기 위해 존재하는 모든 물질과 그 법칙이, 실은 장애가 아니라 그 목적을 달성하기 위한 수단이라고 하는 것은 명백하다. 동물은 물질 개조와 법칙의 중개에 의해서만 살아 있을 뿐이다. 그러나 인간 생활의 경우도 이와 같다. 동물적 자아, 다시 말해 인간이 그 속에서 자기를 발견하고, 또한 이성적 의식으로 다스려야 하는 사명을 띠고 있는 동물적 자아는 장애가 아니라, 참된 행복(선)이라고 하는 목적을 달성하기 위한 수단이다. 동물적 자아는 인간에게는 일하는 데 사용해야 할 도구이다. 말하자면 인간에게 있는 동물적 자아는 땅을 파기 위해서 이성적 존재에게 주어진 가래이다. 즉 오래도록 파는 사이에 날이 무디어져서 다시 갈고, 그렇게 마음껏 사용해야 할 성질의 것이지, 번쩍번쩍 빛나게 해서 외진 곳에 치워 두어야 하는 것은 아니다. 이것은 성장하기 위해서 주어진 재능이지, 헛되이 넣어 두어야 할 성질의 것이 아니다.

'누구든지 제 목숨을 구원하고자 하는 사람은 잃을 것이요, 누구든지 나를 위하여 제 목숨을 잃는 사람은 찾을 것이다.' (마태복음 16장 25절) 복음서의 이 말 가운데에는 멸망해야 하는 것, 끊임없이 멸망하고 있는 것을 보존하지 못한다는 것, 멸망하고야 마는 것, 멸망해야만 하는 것, 즉 우리들의 동물적 자아의 부정으로 영원히 멸망하지 않고 또 멸망할 리 없는 참생명을 얻을 수 있다는 것이 언급되어 있다. 또 거기에는 우리들에게 삶이 아니고 또한 삶일 리가 없었던 것, 바로 동물적 존재를 삶이라고 보는 것을 멈추었을 때, 비로소 참된 삶이 시작된다는 것도 언급되어 있다. 또 생명을 지탱해야 할 양식을 얻기 위해서 가지고 있는 가래를 사용하기를 아끼려는 인간은, 가래를 아꼈기 때문에 양식이나 생명 두 가지를 모두 잃을 것이라고 하는 것도 언급되어 있다.

17. 영혼에 의한 탄생

'너희가 다시 태어나야 한다고 내가 말한 것을, 너희는 이상히 여기지 마라(요한복음 3장 7절)'고 그리스도는 말했다. 이것은 사람이 새로이 태어나리라는 것을 누군가에게 명했다는 뜻이 아니라, 필연적으로 그렇게 된다는 뜻이다. 참생명을 가지기 위해서는 이성적 의식으로 살아 있는 가운데 새로이 태어나지 않으면 안 되는 것이다.

이성적 의식은 이 의식으로 계시되는 참된 행복(선) 속에서 자기의 참된 삶을 발견하기 위하여 인간에게 주어진 것이다. 참된 행복(선)에서 삶을 발견하는 사람은 참된 삶을 가지지만, 거기서 삶을 찾지 못하고 좁게 구획된 동물적 자아의 행복 가운데서 삶을 발견하는 사람은 그 사실만으로 생명을 잃고 만다. 그리스도가 말한 인생의 정의는 이 한 가지로 성립되는 것이다.

개인적 행복을 구하는 것을 인생이라고 보는 사람들은, 이런 말을 들을 경우, 그것을 인정하지 않는 것은 아니지만 이해하지를 못한다. 그들에게는 이런 말들은 전혀 의미가 없거나 의미가 있다 하더라도 극히 적고, 그들이 즐겨 쓰는 표현을 따른다면, '겉치레의 감상적이고 신비적인 기분을 나타내는 것'으로밖에 보이지 않는다. 그들은 자신들이 이해하기 어려운 경지를 설명하고 있는 이들 말의 진의를 이해하지 못한다. 그것은 메말라서 이미 싹이 나오지 않게 된 씨앗이, 물기를 머금고 바야흐로 싹이 돋아나올 것 같은 씨앗의 상태를 이해하지 못하는 것과 같다. 메마른 씨앗에게는 이제부터 싹이 돋아나려는 씨앗에게 마구 빛을 쏟아놓고 있는 태양도 무의미한 우연에 지나지 않고, 얼마 안 되는 빛과 열을 더하는 것에 불과하지만, 싹을 내리려고 하는 씨앗에게는 태양은 생명 탄생의 원인이다. 동물적 자아와 이성적 의식 사이의 내적 모순에 이르지 않은 사람들의 경우도 이와 똑같아서, 이성이라고 하는 태양의 혁혁한 빛도 그들이 볼 때에는 무의미한 우연이든가 감상적이고 신비적인 말 정도일 뿐이다. 태양은 생명이 이미 싹트기 시작하고 있는 것에만 생명을 가져다주는 것이다.

인간뿐만 아니라 동물이나 식물들에서도, '왜, 언제, 어디서 생명이 싹트는가'에 관해서 알고 있는 사람은 오늘날까지 한 사람도 없었다. 인간 내부의 참생명의 탄생에 관하여 그리스도는 말했다. '어떠한 사람도 이것을 알지 못한다. 아니 알 수가 없다'고 말이다.

실제로 인간 내부에 생명이 어떻게 싹트는가를 우리가 어떻게 알 수 있겠는가? 생명은 사람들의 빛이다. 생명은 곧 생명이다. 모든 것의 기원이다. 그런데 어떻게 우리가 그 태어남을 알겠는가? 인간에게 있어 발생하든가 멸망하든가 하는 것은 살아 있지 않은 것, 시간 공간 속에 나타나는 것뿐이다. 참된 생명은 실재(實在)이다. 따라서 인간에 관한 한 참생명은 발생하거나 멸망할 수 없다.

18. 이성적 의식은 무엇을 요구하는가.

이성적 의식은 단호한 태도로 선언한다. 사람이 세계의 구성을 자아로서 자신의 껍질 속에서 바라보는 경우에는 '자기를 위한 행복, 자아로서의 자기를 위한 행복은 있을 수 없다'고. 인간의 삶은 자기 자신, 특히 자신의 행복을 바란다. 그러나 사람은 그 행복이 불가능하다는 것을 인정하고 있다. 그러나 아아, 얼마나 이상한 일인가! 이 행복이 자신에게 불가능하다는 것을 아무런 의심 없이 알고 있음에도 의연히 이 불가능한 행복, 자기 한몸을 위한 행복을 유일한 희망으로 삼고 살고 있다.

눈을 떴으나(겨우 눈을 떴을 뿐이다) 아직 동물적 자아를 다스리는 정도의 이성적 의식밖에 없는 인간은, 자살이라도 하지 않는 한 이 불가능한 행복을 실현시키고자 생각하며, 단지 그것을 위해서 살고 있다. 그가 살고 일을 하는 것은 자기 한몸의 행복을 위해서이다. 그리고 모든 사람들이나 존재들까지 그 한 사람에게 기쁨과 쾌락을 주기 위해서 살며, 또한 일해 주기를 바라고, 그만이 고통이나 죽음에서 벗어나는 것을 바랄 뿐이다.

참으로 놀랄 만한 이야기이지만, 이들은 자기의 경험과 주위 사람들의 생활에 대한 관찰과 이성이 각 개인에게 이 목적이 달성되기 어려움을 분명히 가르쳐 주고, 다른 사람들이 자신을 사랑하지 않고 인간을 사랑하도록 하는 것이 불가능함을 가르쳐 주는데도, 여전히 부나 권력, 높은 지위나 명예, 아첨이나 허위 등, 온갖 수단을 다 써서 다른 사람들이 그들 자신이 아니라 그 한 사람을 위해서만 살고, 자신을 사랑하지 않고 그 한 사람을 사랑하도록 하려고 한다.

사람들은 눈앞의 이 목적을 달성하기 위해서 힘껏 노력을 해왔고, 지금도 노력하고 있다. 그러나 동시에 자기들이 불가능한 일을 하고 있다는 것도 인정하고 있다. '나의 생활은 행복을 구하는 일이다'고 사람들은 자신을 향하여 말한다. '행복은 모든 사람이 그 자신보다도 나를 사랑하게 되었을 때 비로소 내 손에 들어오는 것이다. 그러나 살아 있는 것은 모두 자신만을 사랑하고 있다. 따라서 살아 있는 것에게 나를 사랑하게 만들려고 하는 이 노력은 결국 헛수고이다. 헛수고이지만, 나는 달리 어떻게 할 수도 없다.'

몇 세기가 지난 후, 사람들은 천체로부터의 거리를 알게 되고, 그 무게를 추정하고, 태양이나 별의 성분을 조사했다. 그러나 개인의 행복에 대한 요구와 이 행복의 가능성을 배제하는 세상의 삶을 어떻게 조화시켜 나갈 것인가 하는 문제는 대다수의 사람들에게 5천 년 이전의 사람들과 마찬가지로 미해결인 채로 남아 있다.

이성적 의식은 사람을 향하여 말한다. '당신은 행복을 손에 넣을 수 있다. 그러나 그것은 모든 사람이 그 자신보다도 당신을 사랑하는 경우에 한한다.' 이같이 말한 뒤에 이 이성적 의식은 사람을 향하여, '그것은 불가능한 이야기이다. 왜냐하면 사람들은 모두 자신만을 사랑하기 때문이다' 하고 가르쳐 준다. 따라서 이성적 의식으로 사람들에게 계시된 유일한 행복은, 이성이라는 이 의식 때문에 다시 가려지게 된다.

몇 세기가 또 흘러간다. 그러나 인생의 행복에 대한 수수께끼는 대다수 사람들에게 여전히 풀리지 않는 수수께끼인 채로 남아 있다. 그렇다고는 하지만 이 수수께끼는 이미 아득한 옛날에 해결된 것이다. 따라서 그 수수께끼의 답을 알고 있는 사람들에게는 자신이 이 수수께끼를 풀지 못한 것이 이상하게 여겨진다. 아득한 옛날에 알고 있었던 것이므로 깜빡 잊고 있었을 뿐이라고 여겨지는 것이다. 오늘날 세계의 모든 그릇된 가르침이나 학설 사이에서 극히 곤란한 것같이 여겨지는 이 수수께끼의 해결이 이처럼 간단하고 자연스럽게 처리되는 것이다.

당신은 모든 사람이 당신을 위해서 살고, 자신보다 당신을 사랑하기를 바라고 있을 것이다. 당신의 희망이 실현될 수 있는 경우는 한 가지밖에 없다. 모든 생물이 다른 것의 행복을 위해 살고, 자신보다도 더 많이 남을 사랑하게 되는 경우이다. 그렇게 됨으로써 비로소 당신이나 모든 생물은 다른 모든 것으로부터 사랑을 받게 되고, 그 일원인 당신 역시 당신이 바라는 행복을 얻게 된다. 따라서 모든 생물이 자신보다도 더 많이 당신을 사랑하게 됨으로써 당신의 행복이 가능하다고 한다면, 한 생물인 당신 역시 자신보다 더 많이 다른 존재를 사랑하지 않으면 안 된다.

이런 조건에서만 인간의 행복이나 생활이 가능하게 된다. 또 그런 조건 아래에서만 인간의 생활을 중독시키는 일이 없어지게 된다. 생존 경쟁이나 고뇌나 죽음의 공포도 모두 사라지는 것이다.

실제로 개인의 삶에서 행복을 불가능하게 하는 것은 무엇인가?

첫째는 서로 자기의 행복을 구하려는 경쟁 때문이다. 둘째는 생명의 낭비와 욕심과 고뇌로 인도하는 향락의 속임수 때문이다. 셋째는 죽음이다. 그러나 행복이 불가능하다는 생각을 떨쳐버리고, 얻기 쉬운 것이라고 마음먹게 하려면, 자기의 개인적 행복에 대한 욕구를 다른 모든 존재의 행복에 대한 욕구로 바꾸어 놓을 수 있다는 것을 마음속에서 허락하기만 하면 된다.

인생은 개인의 행복 추구에 불과하다는 인생관에서 세계를 바라보면, 사람은 거기서 서로 멸망시키고자 하는 불합리한 생존 경쟁만 볼 뿐이다. 그러나 이 세계에서 전혀 다른 것을 발견하려고 생각한다면, 즉 생존 경쟁의 우발적인 현상과 더불어 이들 존재의 끊임없는 상호부조, 다시 말해 이것이 없으면 세계의 존재 그 자체를 생각할 수 없게 되고 마는 서로 돕는 일을 발견하려고 생각한다면, 자기의 생활을 다른 사람의 행복을 바라는 것으로 인정하기만 하면 해결된다.

이것을 인정하기만 하면 우리가 이제까지 도달할 수 없었던 개인적 행복으로 기울어 있었던 무의미한 활동도, 세계의 법칙과 일치하고 있는, 또 자신에게나 온 세계에서 도달할 수 있는 최대의 행복을 얻기 위한 다른 활동과 바꾸어 놓게 되는 것이다.

개인 생활을 참담하게 하고 인간의 행복을 불가능하게 하는 둘째 원인은, 생명을 낭비하고 욕심과 고통을 불러일으키는 개인적 쾌락의 속임수 때문이다. 사람이 자신의 생활을 다른 사람의 행복을 바라는 것으로 인정하기만 하면 그것으로 충분하다. 그러면 다른 쾌락에 대한 환상과 같은 갈망은 당장에 분쇄되고, 동물적 자아의 탐욕스럽고도 밑빠진 통에 물을 채우기 위해서 해 왔던 무익하고 괴로운 활동도 이성의 법칙과 일치하는 것, 즉 다른 존재의 행복을 유지하고 자기의 행복에도 필요한 활동으로 바뀌게 될 것이다. 생명 활동을 소모시키는 개인적 고뇌는 의심할 나위 없이 유일하고 가장 유쾌한 활동, 바로 다른 사람의 행복을 자기의 행복으로 느끼는 감정으로 변할 것이다.

개인 생활을 비참하게 하는 셋째 원인은 죽음의 공포이다.

우리들은 자기 생활의 참뜻을 동물적 자아의 행복에서가 아니라, 다른 존재의 행복에 있다고 인정하기만 하면 된다. 그렇게 하면 죽음이라고 하는 괴물은 영원히 사람의 눈에서 없어져 버릴 것이다.

죽음의 공포는 육체의 죽음과 더불어 인생의 행복도 상실되지 않을까 하는 불안과 공포에서 일어나는 것이다. 따라서 자기의 행복을 다른 존재의 행복 속에서 상상할 수 있다면, 즉 우리가 자신보다도 다른 존재를 사랑할 수 있다면, 자신을 위해서만 살고 있는 사람이 생각하고 있듯이 죽음을 '행복과 생명의 정지'라고 생각하지 않게 될 것이다. 왜냐하면 다른 존재의 행복과 생명은 다른 존재를 위해서 살고 있는 사람의 행복에 따라서 쉽사리 사라지지 않을 뿐만 아니라, 오히려 그 생명이 희생됨으로 커지기도 하고 강화되기도 하기 때문이다.

19. 이성적 의식을 요구하는 이유

'그러나 그것은 사는 것이 아니다.' 흥분하여 미혹에 빠진 사람의 의식은 이렇게 반박할지 모른다. '그것은 삶을 거부하는 것이다. 자살과 다름없다.'

이에 대하여 이성적 의식은 '그런 것은 내가 알 바 아니다'고 대답한다. '내가 알고 있는 것은 인생이란 그와 같은 것이고, 그밖에 인생은 없다. 아니 있을 수 없는 것이 엄숙한 사실이다. 그리고 나는 그런 생활이야말로 인간에게나 온 세계에 있어서 참된 인생이며 행복이라는 것을 알고 있다. 또 옛날 세계관에 따르는 경우 나의 생활이나 모든 생물의 생활이 악하고 어리석었음에 비하여, 이 생각에 따르면 인간의 마음에 심어진 이성의 법칙을 실현시키게 되는 것도 알고 있다. 또 나는 각 존재의 생활과 무한하게 증대할 수 있는 최대의 행복이 모든 사람에게 봉사하도록 하는 이 법칙, 즉 모든 사람이 상부상조한다는 법칙으로서만 얻어질 수 있다는 것을 알고 있다.'

'그러나 그것은 이론으로 생각할 수 있는 법칙이기는 하지만, 실제적인 법칙일 수는 없다'고 흥분하며 미혹에 빠진 사람의 의식은 대답한다.

'현재 다른 사람은 그들 이상으로 나를 사랑하고 있지는 않다. 그러므로 나도 나 이상으로 그들을 사랑하거나, 그들을 위해서 내 쾌락을 던져 버리고 고통에 몸을 맡기거나 할 수는 없다. 나는 이성의 법칙 따위는 필요 없다. 나를 위해서 쾌락을 구하고, 나를 위해서 고통에서 벗어나고자 생각한다. 현재는 인간들 사이에서 생존경쟁이 일어나고 있기 때문에, 만일 나 혼자만 싸우지 않는다고 하면 다른 사람이 나를 부스러뜨리고 말 것이다. 상상 속에서 모든 사람의 행복이 어떤 모양으로 얻어진다 할지라도, 그런 것은 나에게는 아무래도 좋다. 현재 나에게 필요한 것은 나의 실제적인 행복이다.'

'나는 그런 것은 전혀 모른다'고 이성적 의식은 대답한다.

'내가 알고 있는 것은 당신이 즐거움이라고 부르고 있는 것도 자기 손으로 얻지 않고 남으로부터 받았을 때에 당신에게 행복이 될 것이라는 사실이다. 또 당신이 자기를 위해서 그 즐거움을 잡았을 때에는 현재와 같이 그것은 남아도는 것이 되고, 고통의 원인이 될 것이라고 하는 사실이다. 그리고 남이 현실의 고통에서 당신을 해방시켜 줄 때, 비로소 당신은 그 고통에서 벗어날 수가 있을 것이다. 그러나 현재 당신이 하고 있듯이, 상상으로 고통의 공포에 내몰려 스스로 자기 생명을 끊는 것 같은 짓을 되풀이하는 경우에는, 단연코 그런 해방은 있을 수 없다.

모든 사람이 나만을 사랑해 주고 내가 나 자신밖에 사랑하지 않는 생활, 내가 될 수 있는 대로 많은 즐거움을 얻고 고통과 죽음에서 나만 벗어날 수 있는 생활은 가장 큰 고통이고 끊임없는 고통인 것을 나는 알고 있다. 내가 나만을 사랑하고 남과 싸우는 일이 많으면 많을수록 남은 더욱더 나를 미워하고, 더욱더 심하게 나와 싸우게 될 것이다. 내가 고통에 대하여 몸을 지키면 지킬수록 고통은 더 커갈 것이다. 내가 죽음에 대해서 몸을 지키면 지킬수록 죽음은 더욱 더 무서운 것이 될 것이다.

나는 또 알고 있다. 아무리 애쓴다 하더라도 자기의 생명 법칙과 일치하는 생활을 하지 않는다면 우리는 행복을 지키지 못할 것임을. 우리들의 생명 법칙은 싸움이 아니라 모든 생물 간에 이루어지고 있는 상호협력에 있다.'

'그러나 나는 개체로서 자기 속에서만 개인의 생명이 있음을 알고 있다. 다른 존재의 행복 속에 자기의 인생이 있다는 생각은 나로서는 할 수 없다.'

이성에 눈뜬 의식은 이에 대답한다.

'그런 것은 내가 알 바 아니다. 내가 알고 있는 것은 다만 이제까지 악이나 불합리하다고밖에 여겨지지 않던 나의 생활과 세계의 생활이, 지금은 내가 자신 속에서 알고 있는 동일한 이성의 법칙에 복종함으로써 동일한 행복을 향해 정진하는, 살아 있는 합리적인 완전체처럼 여겨진다는 사실이다.'

'그런 것은 있을 수 없다!'고 미혹에 빠진 의식은 말한다. 그러나 이 불가능한 일을 하려고 하지 않는 사람은 하나도 없고, 이 불가능한 일 속에서 자기 생활의 최대 행복을 상상하지 않는 사람은 하나도 없다.

'다른 존재의 행복 속에서 자기의 행복을 생각한다는 것은 불가능하다.' 그러나 자기 이외의 인간의 행복이 자기의 행복이 된 것 같은 상태를 모르는 사람은 한 사람도 없다. '남을 위해서 일하거나 괴로워하는 가운데서 행복을 찾다니, 불가능한 일이다'라고도 말한다. 그러나 한번 이 자비로운 상태에 몸을 맡기기만 하면, 개인적 쾌락같은 것은 당장 그 사람에게 아무런 의미도 없게 되고, 그의 생활은 남의 행복을 위한 수고와 고통으로 옮아가고 만다. 그리고 이 고통과 수고가 그에게 행복이 된다.

'남의 행복을 위해서 자기의 삶을 희생하다니, 있을 수 없는 일이다'고 말한다. 그러나 이 감정을 조금만 경험하면, 곧 죽음이 보이지 않게 되고 무섭지 않게 될 뿐만 아니라, 그가 도달할 수 있는 최고의 행복으로까지 여겨지게 된다.

이성이 있는 사람이라면 누구나 자신의 행복을 바라는 마음이 다른 존재의 행복을 바라는 것으로 바뀔 수도 있다고 생각하는 것만으로도, 이제까지 자기 생활의 어리석음과 비참함을 벗어던지고 합리적이고 행복한 상태가 된다는 것을 인정할 것이다. 또한 다른 사람들이나 다른 존재 속에서 동일한 생활 관념을 인정하는 동시에 온 세계 온 인류의 생활이 이제까지 미치광이 같은 것, 잔인한 것이라고 여겨지던 것에서 모습을 바꾸어, 인간만이 욕구할 수 있는 최고의 합리적인 행복의 원천이 된다는 것 역시 인정할 것이다. 즉 이제까지의 무의미성, 무목적성을 던져 버리고 합리적인 뜻을 띠기에 이르는 것이다. 이와 같은 사람에게 세계 인류의 삶의 목적은 전 세계 존재의 끝없는 하나됨과 밝은 희망으로 생각되고, 온 세계 온 인류의 생활은 이 하나됨과 희망을 향하여 끊임없이 나아가고, 이 과정에서 맨 처음에는 인간, 다음에는 다른 존재가 차츰 이성의 법칙에 따라 가는 동안, 인생의 행복, 각자의 행복이 각자의 행복 추구로 얻어지지 않고, 이성의 법칙을 바탕으로 각자가 모든 사람의 행복을 소망함으로써 얻어진다는, 인간만이 이해할 수 있는 대진리를 이해하기에 이른다.

그러나 이것으로 끝나는 것이 아니다. 자기만의 행복에 대한 욕망을 다른 존재의 행복에 대한 소망으로 대체할 수 있다는 것을 인정하기만 하면, 사람은 차츰 자아를 부정하는 정도를 증가시키고, 활동의 목적을 자신으로부터 다른 존재로 이동시키는 것이 온 인류에게 가장 가까운 생물의 진보 운동이라는 것도 인정하게 될 것이다. 사람은 또 역사 속에서, 보편적인 생활의 움직임은 인류 상호간의 생존경쟁 격화와 증대에 있는 것이 아니고, 오히려 불화의 감소, 싸움의 완화에 있다는 것도 인정할 것이다. 바꾸어 말하면 인생에서의 활동은 단지 이성에 따름으로써 적의와 불화에서 조화와 결합으로 세계 인류가 차츰 가까워지는 일에 있다는 것을 인정하게 된다. 그리고 이 사실을 인정하는 동시에 이제까지 서로 물어뜯고 있던 사람들이 물어뜯는 일을 멈추고, 포로나 자기 자식들을 죽이고 있던 사람들이 죽이는 짓을 멈추고, 살육을 자랑으로 여기고 있던 군인들이 그것을 자랑으로 여기기를 멈추고, 노예제도 수립자가 노예제를 폐지하고, 동물을 죽이고 있던 사람들이 동물을 길들이고 죽이는 것을 조심스럽게 하고, 동물의 고기를 먹는 대신에 계란이나 우유를 섭취하게 되고, 식물세계에서조차 벌채가 차츰 줄어드는 것을 인정하게 된다.

또 인류 가운데 가장 뛰어난 사람들이, 행복을 위해서 자기 존재를 희생으로 바친 모범을 보였음을 인정할 것이다. 그리고 사람은 오로지 이성의 요구에 따라서 자기가 인정한 그 일이 실제로 이 세상에서 행해지고 있고, 인류의 과거 생활로 증명되고 있음을 인정하기에 이를 것이다.

이것만이 아니다. 이성보다도 역사보다도 더욱 힘세고 더욱 크나큰 설득력을 가지고, 이같은 사실이 마치 다른 샘에서 흘러나온 것처럼 사람에게 보이는 것이 있다. 바로 이성이 그에게 가리켜 보이고 있고, 또 그의 마음속에서 사랑으로 나타나게 된 활동, 단적으로 지극히 높은 곳의 행복 그 자체에 끌리듯 끌어당겨지는 그의 마음의 욕구이다.

20. 자아의 요구와 이성적 의식의 요구는 양립하기 어렵다.

이성이나 양식, 역사나 내적 감정, 이 모두가 사람에게 다른 사람을 위한 삶이야말로 바른 삶이라는 것을 확신시켜 주는 듯이 보인다.

그러나 오늘날 그릇된 가르침으로 교육 받은 사람은 자기의 이성적 의식과 감정의 모든 요구를 만족시키는 것이 자기의 생활 법칙일 수 없는 듯이 여긴다.

'자기 개인의 행복만을 위해서 남과 싸워서는 안 된다, 쾌락을 구해서는 안 된다, 고뇌를 피해서는 안 된다, 죽음을 두려워해서는 안 된다고 어떤 이들은 말한다. 그러나 이것은 불가능한 이야기이다. 이것은 삶 전체를 부정하는 말이 아닌가! 자아의 요구를 느끼고, 이성에 의하여 이 요구가 아무런 문제가 없음을 인정하고 있는 이상, 어떻게 이 자아를 부정할 수 있겠는가!' 하고 현대의 교양 있는 사람들은 자신만만하게 말한다.

그러나 여기에 주목해야 할 현상이 있다. 비판력을 사용하는 일이 극히 적은 단순한 노동자들은 거의 자아의 요구 같은 것은 지키려 하지 않고, 자아의 요구와 정반대되는 요구를 언제나 느끼고 있다. 게다가 이성적 의식의 요구를 전적으로 부정하고, 특히 이성적 요구의 합리성을 파괴하고 자아의 권리를 보호하는 것은, 비판력을 키워 온 부유하고 고귀한 사람들 사이에서만 발견되는 것이 일반적이다.

교양 있고 사치스러움에 젖어 무위도식하는 사람은 언제나 절대 침범할 수 없는 권력이 자아에 있다는 것을 증명하려고 한다. 그러나 굶주림에 허덕이고 있는 사람은, 사람은 먹지 않으면 안 된다는 것을 새삼스럽게 증명하지 않을 것이다. 그런 것은 이미 누구나 다 알고 있고, 새삼스럽게 증명하거나 논박하거나 할 것이 아니라는 것을 알기 때문이다. 그는 그저 묵묵히 먹을 것이다. 즉 생애를 육체 노동으로 보내는 교육을 받지 못한 자는 자기 이성을 손상시키는 일 없이 순결성과 힘을 그대로 지니고 있다.

그러나 무의미하고 보잘것없는 일을 생각하고, 인간이 생각하면 안 되는 것까지 생각하며 평생을 헛되이 소비해온 사람은 그 이성을 일그러뜨리고 만다. 그의 이성은 자유롭지 못하다. 그의 이성은 부적당한 일, 즉 자아의 요구를 고찰하고, 그 요구의 발달 및 증대, 그 요구를 만족시키는 수단의 연구 등에 골몰한다.

'그러나 나는 자아의 요구를 느끼고 있다. 그러므로 이들 요구는 정당한 것이다' 하고 세속적인 가르침에 교육된 이른바 '교양 있는 사람'은 말한다.

그들은 자아의 요구를 느끼지 않고는 못 배긴다. 이런 사람들의 생애는 존재하지도 않는 개인적 행복을 확장하는 데 향해져 있기 때문에, 자아의 행복이란 모든 욕망을 만족시키는 데 불과하다고 여긴다. 그래서 그들은 각자의 이성을 향해 있던 개인적 존재의 모든 조건을 자아의 요구라고 이름붙이고 있다. 그러나 이들 의식된 요구, 즉 이성이 향하고 있는 것 같은 요구는 이 의식의 결과로서 무한히 발달하고, 계속 증대해 가는 이 요구를 만족시키는 결과, 참된 생활의 요구에 귀를 기울이지 않는다.

이른바 사회학은 그 연구 기초에 인간의 모든 요구에 관한 고찰을 두고 있는데, 인간의 경우 자살하는 인간이나 굶어 죽어가는 인간처럼 아무런 요구도 없는 경우도 있고, 문자 그대로 요구가 무제한인 경우도 있음을 잊고 있는 실정이다.

동물적인 인간의 생존 요구에는 그 존재의 모든 면과 같은 정도의 수가 있고, 그 수는 구(球)의 반지름과 같이 수없이 있다. 식품·음료·호흡·근육 및 신경 운동 등의 요구, 노동·휴식·쾌락·가정생활 등의 요구, 과학·예술·종교 및 그것들이 변형된 요구, 이런 모든 관계 속에서의 유년·청년·성인·노인·소녀·여인·노파 등의 요구, 중국인·프랑스인·러시아인·랍란드인 등의 요구, 민족의 습관이나 질병 등에 적응하는 요구 등등 참으로 다양하다.

인간의 개인 생존에 필요한 모든 요구는 죽기 직전까지 센다고 하더라도, 도저히 다 셀 수는 없을 것이다. 생존의 모든 조건이 요구로 될 수 있고 생존의 조건은 수없이 있다.

요구라고 불리는 것은 의식된 조건일 뿐이다. 의식된 조건은 한번 의식되자마자 참된 뜻을 상실하고, 그 요구들을 향해 있는 이성이 과장된 뜻을 가지게 되면서 참된 생활을 가리게 된다.

요구라고 불리는 것, 즉 인간의 동물적 생존으로서의 모든 조건은 어떤 모양으로도 만들어 낼 수 있는 팽창력 있는 무수한 작은 공으로 비유할 수 있다. 그 작은 공은 모두 같은 것으로 각자 자기의 거처를 가지고 있고, 작은 공이 부풀어 오르지 않는 한 서로 압박할 염려도 없다. 다시 말해 모든 요구는 같고, 각자의 거처에 있으며, 그 요구가 의식되지 않는 한 서로 고통을 느끼는 일이 없다. 그러나 이 작은 공은 부풀어 오르기가 무섭게 다른 것이 차지하고 있는 넓은 장소를 차지할 정도로 부풀어 오르고, 그 결과 다른 것을 압박하고, 또 다른 것으로부터 압박을 받기에 이른다. 모든 요구도 이와 마찬가지이다. 이성적 의식이 요구의 한 가지로 향하기가 무섭게, 이 의식된 요구는 곧 생활 전체를 독차지해 버리고, 인간의 모든 존재를 고뇌로 빠지게 한다.

21. 자아의 부정이 아니라 이성적 의식을 따르는 것이 요구된다.

사람이 이성적 의식의 요구를 느끼지 못하고 자아의 요구만을 느끼고 있다는 주장은, 자아를 강화시키고자 노력해 온 동물적 욕망이 마침내 우리를 지배하고, 참된 인간 생활을 덮어 가렸다고 주장하는 것이다. 즉 무성해 가는 악덕의 잡초가 참생활의 싹틈을 짓밟아 뭉개 버린 것이다.

개개인의 최고의 완성은 자아의 고상한 여러 요구에 대한 전면적인 발전이라든가, 많은 사람의 행복은 많은 요구를 만족시키는 가운데 있다든가, 사람들의 행복은 이런 요구를 충족시키는 것이라고 사회 지도층은 주장해왔고, 또 주장하고 있으므로 이것은 부득이한 것이다.

어떻게 이 같은 가르침 속에서 교육받아 온 사람들이 이성적 의식의 요구를 느끼지 못하고 자아의 요구만을 느낀다고 단언하지 않을 수 있겠는가! 그리고 그들의 이성이 남김없이 육욕(肉慾) 강화로 향해져 있을 때, 그들이 어떻게 이성의 요구를 느끼겠는가! 또 육욕이 그들의 온 생애를 삼켜 버리고 있을 때 어떻게 그들이 그 욕망의 요구를 부정하겠는가! '자아를 부정하는 것은 불가능하다!'라고 하며, 이 사람들은 고의로 문제를 왜곡하려고 애쓰고, 자아를 이성의 법칙에 따르게 한다는 생각 대신 자아의 부정이라는 생각으로 바꾸면서 흔히 이런 말을 한다. '그것은 부자연스럽다. 따라서 불가능하다.'

아무도 자아를 부정하지 않는다. 자아와 이성적 인간에 대한 관계는 호흡이나 혈액 순환과 동물적 자아에 대한 것과 같다. 동물적 자아가 어떻게 혈액순환을 부정할 수 있는가? 그런 말은 입 밖에 낼 수도 없는 일이다. 마찬가지로 이성적인 인간에게도 역시 자아의 부정이라는 것은 입 밖에 낼 수조차 없는 이야기이다. 자아는 혈액 순환이 동물의 생존에 필수조건임과 마찬가지로, 참으로 이성적 인간의 생명에 필수 조건이다.

인간의 자아는 동물의 자아와 같이 어떠한 요구도 제기할 수 없고 또 제기하지도 않는다. 이러한 모든 요구는 인생을 가르치지도 않거니와 계발도 하지 않고, 오로지 자아의 육욕 도발에만 관심을 두고 있는, 그릇된 방향으로 향한 이성이 제기하는 것이다.

동물적 자아의 요구는 언제나 채워진다. 우리는 '나는 무엇을 먹을까? 무엇을 입을까'라고 말할 필요가 없다. 만일 사람이 이성적인 생활을 하고 있다면, 이런 필요는 마치 새나 꽃에게 주어지듯 그 사람에게도 주어지는 것이다. 그리고 실제로 사려 깊은 사람이라면 자아로서의 자기에게 식량이 할당

되었다고 해서, 자기 생존의 불행을 감소시킬 수 있다고 어떻게 믿겠는가?

인간이라는 존재에게 불행은 자아에서 오는 것이 아니라, 자기의 자아라는 존재를 인생이요, 행복이라고 생각하는 데서 오는 것이다. 그때에 비로소 인간의 모순과 분열, 고뇌가 나타난다.

인간의 고뇌는 이성이 요구하는 것을 자신에게 보이지 않게 하기 위해서, 자아의 요구를 무제한으로 강화하고 증대하는 데 이성의 힘을 이용할 때 비로소 나타나는 것이다.

자아를 부정하는 것은 인간이 존재하는 모든 조건을 부정하는 것과 마찬가지이고, 또 불필요한 것이다. 그러나 이 조건을 인생 그 자체라고 인정하지 않을 수는 있고, 또 인정해서도 안 된다. 사람은 주어진 인생의 조건들을 이용할 수 있고 또 이용하지 않으면 안 되지만, 그 조건을 인생의 목적이라고 볼 수는 없는 일이고 또 보아서도 안 된다. 자아를 부정하는 것이 아니고 자아의 행복을 부정하고 자아를 인생이라고 인정하지 않으려는 것, 그것이야말로 인간이 본래의 자기 통일을 회복하는 것이고, 삶의 목적인 참된 행복을 찾기 위해 당연히 하지 않으면 안 되는 중요한 일이다.

자기의 인생을 자아 속에서 인식하는 것은 삶을 파괴하고, 자아의 행복을 부정하는 것이 생명을 얻는 유일한 길이라는 가르침은 오랜 옛날부터 인류의 위대한 스승들이 주장해 온 것이다.

'그렇다. 그러나 그것은 무엇인가? 불교가 아닌가!' 현대 사람들은 흔히 이처럼 대답한다. '그것은 열반이다. 기둥 위에 서 있는 것이다.'

이처럼 설명하면, 현대 사람들에게는 그들이 교묘한 방법으로 모든 사람들이 잘 알고 있는 것, 누구에게나 숨길 수 없는 것, 즉 개인 생활은 불행하며 아무런 의미도 없다는 것을 말해 주는 듯이 여긴다.

'이것은 불교다, 열반이다' 하고 그들은 말한다. 그들에게는 자기들의 이 말이 수십 억 사람들이 인정해 온 것, 각자가 마음 깊이 알고 있는 것, 즉 개인을 목적으로 하는 삶은 파멸하고 무의미하다고 하는 것, 이 파멸과 무의미함에서 벗어날 수 있는 출구가 있다면, 그것은 개인의 행복을 부정하는 것임을 말해 버린 것이리라.

인류의 대부분이 인생을 이와 같이 이해해 왔고, 위대한 현인들이 인생을 역시 이처럼 이해하고 있었다는 사실, 그 밖에는 인생을 어떻게 이해할 수도 없다는 사실은 조금도 그들을 동요시키지 않는다. 인생의 문제는 만족스런 방법으로 해결되지 않았지만, 전화나 오페레타나 세균학이나 전등, 폭약 등에 의해 한 켠으로 밀려나고, 개인 생활의 행복을 부정한다는 사상은 고대의 무지한 생각으로밖에 여겨지지 않는다고 그들은 확신하고 있다.

이들 어리석기 짝이 없는 사람들은 열반에 들기 위해 개인의 행복을 부정한다는 그 명목만으로 몇 년간을 한 발로 서 있는 소박한 인도인이, 온 세계를 철도로 돌아다니거나 전보와 전화로 닿을 수 있는 유럽 현대 사회의 짐승같은 생활을 하는 사람들과 비교가 안될 만큼 제대로 산 인간이라는 사실은 생각해보지도 않는다. 이 인도인은 개인 생활과 이성적 생활에 모순이 있다는 것을 깨달은 결과, 될 수 있는 대로 훌륭하게 해결하고 있는 것이다. 그러나 현대의 교양 있는 사람들은 이 모순을 깨닫지 못할 뿐만 아니라, 모순이 있다는 것조차 믿지 않는다.

인생은 개인의 생존에 있는 것이 아니라는 생각은 수천 년 동안에 걸쳐 인류의 정신적 노력으로 얻어진 것으로, 이 생각은 사람에게(동물에게 있어서가 아니다!) 정신계에서 지구의 자전이나 인력의 법칙 따위와 같이 의심할 여지 없는 확고한 진리이다. 사려 깊은 사람들은 학자이건 배우지 못한 사람이건, 노인이건 어린이이건 이것을 알고 또한 이해하고 있다. 다만 이 생각에 눈을 가리고 있는 것은 아프리카와 오스트레일리아에 사는 미개한 사람들과 유럽 각 도시와 수도에서 살고 있는 자유롭지 못하고, 밤이 되면 짐승이 되는 사람들뿐이다.

이 진리는 인류의 재산이다. 따라서 인류가 기계학, 대수학, 천문학 등의 2차적 지식 분야에서 퇴보하는 일이 없다면, 더군다나 삶을 규정하는 중요한 근본적 지식 분야에서 퇴보할 리는 없다. 인류가 수천 년의 오랜 생활에서 얻어낸 것, 즉 개인 생활이 공허하고 무의미하다는 확신을 잊어버릴 수 없고, 인류의 의식에서 그것을 없앨 수도 없다. 현대 유럽 사회의 과학이라고 하는 것이 몰두하고 있는, 인생이란 개인적 존재의 생존이라는 낡고 미개한 인생관을 전개하려는 시도는 인류의 이성적 의식의 발달을 한층 분명하게 나타내고, 인류가 갓난아기에서 얼마나 성장했는가 하는 것을 뚜렷이 나타내는 정도가 고작이다. 자살 철학론과 무서운 비율로 증가하는 자살 행위가 인류가 경험한 이 의식을 퇴보하게 하는 일이 불가능함을 보여주고 있다.

개인적 삶으로서의 인생이라는 사고방식에서 인류는 이미 졸업했고, 따라서 지금 다시 그 생각으로 되돌아가게 할 수는 없다. 또 인간의 개인적 생존이 무의미하다는 것을 잊게 할 수도 없다. 우리가 무엇을 쓰고 무엇을 말하고 발견하건, 또 자신의 개인적인 삶을 개선하건, 자아의 행복에 대한 가능성을 부정하는 것은 현대의 이성적 인간에게는 확고부동한 진리로 남아 있다.

'그래도 지구는 돈다!'는 갈릴레오나 코페르니쿠스의 명제를 뒤엎고, 새로이 프톨레마이오스(천동설을 주장한 그리스의 천문학자)의 궤도를 생각하는 문제가 아니다. 이미 그런 것을 생각해 낼 수는 없다. 계속 앞으로 전진하고 이미 인류의 보편적 의의로 들어가 버린 명제에서 그 이상의 결론을 이끌어 내는 것, 중요한 것은 바로 그것이다. 브라만교도·붓다·노자·솔로몬·스토아학파, 그 밖의 진정한 사상가들이 말하고 있듯이, 개인적 행복은 불가능하다는 명제도 같은 것이다. 이 명제를 자신이 보지 못하도록 해서는 안 되고, 모든 수단을 써서 그것을 피하려고 해도 안 된다. 분명하고 용감하게 이를 인정하고, 보다 이상적인 결론을 거기서 이끌어 내야 한다.

22. 사랑이라는 감정은 이성적 의식을 따르는 자아의 활동을 나타낸다.

이성적인 인간은 개인적 목적을 위해서 살 수 없다. 그것은 불가능하다. 왜냐하면 길이 막혀 있기 때문이다. 인간의 동물적 자아가 원하는 목적은 분명히 도달할 수 없는 것이기 때문이다. 이성적 의식은 다른 목적을 제시한다. 이 목적은 달성할 수 있는 것일 뿐만 아니라 인간의 이성적 의식에 충분한 만족을 준다. 그러나 처음에는 세속의 사이비 가르침의 영향으로, 우리들에게는 이들 목적이 자기의 자아와 상반되고 있는 듯이 생각된다.

오늘날 교육을 받고, 발달되고 과장된 자아의 욕망을 가진 인간이 이성적 자아 속에서 아무리 '자기'를 인정하려고 할지라도, 이 자아 가운데서, 동물적 자아 속에서 느끼는 생에 대한 소망은 느끼지 못할 것이다. 이성적 자아는 삶을 관조하는 것 같지만, 스스로는 살지 않고, 또 삶에 대한 동경도 없다. 이성적 자아는 삶에 대한 어떠한 바람도 느끼지 않지만, 동물적 자아는 고통을 받지 않으면 안 된다. 따라서 단 한 가지, 즉 삶에서 벗어나는 것만이 남겨진다.

이리하여 이 문제는 현대의 부정적 철학자(쇼펜하우어나 하르트만)에 의하여 참으로 불성실하게 해결되고 있다. 그들은 삶을 부정하면서 그것을 버릴 좋은 기회를 이용하려고도 않고 그대로 거기에 멈추어 있다. 반대로 인생을 악이라고 믿고 삶에서 도망쳐 나온 자살자들은 자살이라는 행위로 이 문제를 해결하게 된다. 자살자들에게는 자살이야말로 현대 인간 생활의 불합리에서 도망쳐 나오는 유일한 길이라고 생각되는 것이다.

염세적인 철학자나 일반적인 자살자의 생각은 이러하다. 동물적 자아가 있고, 그 속에는 삶에 대한 집착이 있다. 이러한 집착을 가진 자아는 만족될리가 없다. 그러나 그 밖에 또 다른 자아, 즉 합리적 자아가 있다. 여기에는 삶에 대한 집착이 없고, 삶에 대한 그릇된 애착이나 동물적 자아의 정열을 비판적으로 관찰하고, 철두철미하게 이를 부정한다.

'이 첫째 자아에 몸을 맡기면, 나는 무의미한 생활 방법으로 모든 불행을 향하여 나아가며, 차츰 그 속으로 깊이 가라앉는 것을 알게 된다. 그러나 둘째 자아, 즉 이성적 자아에 몸을 맡긴다면 내 속에는 삶에 대한 집착이 흔적도 없게 될 것이다. 그리고 나는 그것을 위해서만 살고 싶다고 마음먹고 있는 유일한 일, 바로 개인적 행복을 위해서 사는 일이 참으로 어리석기 짝이 없고 또한 불가능함을 알게 된다. 이성적 의식을 위해서 살 수는 있지만 그럴 필요도 없거니와 그럴 기분이 되지도 않는다. 내가 태어난 본원, 즉 신(神)에 봉사해야 하는가? 그러나 무엇 때문에? 신에게는(만일 신이 있다고 하면) 내가 아니라도 받들 사람이 얼마든지 있을 것이다. 내가 그렇게 하지 않으면 안 되는 무슨 이유라도 있는 것인가? 싫증을 낼 일이 없는 동안, 그러한 인생의 즐거움을 보고 있는 것도 좋을 것이다. 그러나 싫증이 나면 도망쳐 나가는 것이다. 자살할 수 있다. 그래서 나도 그렇게 행할 것이다……'

솔로몬 이전, 부처 이전에 인류가 도달한 모순투성이의 인생관이란 대체로 이런 것이다. 현대의 그릇된 지도자들은 바로 이 인생관으로 인류를 되돌리려고 하는 실정이다.

자아의 요구는 어리석고 못난 쪽의 극한에 이르렀다. 눈을 뜬 이성은 이를 부정한다. 그러나 자아의 요구는 엄청나게 증대하여 인간의 의식을 덮어 버렸기 때문에, 이성이 생활 전반을 부정하고 있는 것처럼 여겨질 정도이다.

그러한 인간에게는 삶의 의식에서 이성이 부정하는 모든 것을 제거해 버린다면, 나중에는 아무것도 남지 않을 것 같은 느낌이 든다. 그러한 사람에게는 이미 남아 있는 것이 눈에 띄지 않는다. 이 남아 있는 것, 거기에 바로 참된 인생이 있는데, 그에게는 텅 비어 있는 듯 보이는 것이다.

빛은 어둠 속에서 빛난다. 그리고 어둠은 빛을 덮어 감출 수가 없다.

진리의 가르침은 이 딜레마, 바로 무의미한 생존을 이어나갈 것인가, 혹은 이를 거부할 것인가를 알고 해결한다.

언제나 선에 관한 가르침, 행복에 관한 가르침이라고 이름 붙여지는 가르침, 진리의 가르침은 세상 사람들이 자기들의 동물적 자아를 위해서 구하고 있는 잘못된 선, 그릇된 행복 같은 것이 아니고, 언제 어디서나 얻을 수 있으리라고 여겨지는 것이 아니며, 지금 바로 여기서 누구에게도 빼앗기는 일이 없고 언제나 손에 닿는 곳에 있는 참된 선, 참된 행복을 그들이 가지고 있는 것임을 사람들에게 보여주었다.

이 행복은 단지 추리에서 연역되는 것이 아니고, 또 어디선가 찾아내야만 하는 것도 아니다. 언제 어디선가 준다고 약속된 것도 아닌, 타락하지 않은 인간의 영혼이 끌려가는 가장 친숙한 행복이다.

모든 사람이 어린 시절부터 알고 있듯이 인생에는 동물적 자아가 느끼는 행복보다 더 뛰어난 행복이 있다. 그 행복은 동물적 자아가 갖는 육욕의 만족과 별개의 것일 뿐만 아니라 오히려 동물적 자아의 행복을 거부하는 정도가 크면 클수록 더욱더 커지는 것이다. 인생의 모든 모순을 해결하고 인간에게 최대의 행복을 주는 이 감정은, 모든 사람들이 다 알고 있는 것이다. 사랑! 이 감정은 바로 사랑인 것이다.

인생은 이성의 법칙에 따르는 동물적 자아의 활동과 다를 바가 없다. 그리고 이성은 인간의 동물적 자아가 그 자신의 행복을 위해서 반드시 따라야 하는 법칙이다. 사랑은 인간의 유일한 이성적 활동이다.

동물적 자아는 개인의 행복에 집착한다. 이성은 사람에게 개인적 행복이 거짓임을 깨우치고 우리들에게 하나의 길을 남긴다. 이 길에서의 활동이 곧 사랑이다.

인간의 동물적 자아는 지상의 행복을 요구하고, 이성적 의식은 서로 다투는 사람마다 모두 불행하게 된다는 것을 가르쳐 준다. 동물적 자아에는 참된 행복 따위는 없다는 것을 사람들에게 가르쳐 주며, 인간에게 가능한 유일한 행복은 생존경쟁에서 얻을 수 있는 것이 아니며, 행복한 느낌을 가지지 못하거나 행복에 대해 권태를 느끼지도 않으며, 죽음의 환상이나 공포가 전혀 존재하지 않는 것이어야 함을 사람들에게 가르쳐 준다.

이리하여 사람들은 이 법도에 맞도록 특별히 만들어진 열쇠와 같이, 이해할 가능성이 있는 유일한 이성이 나타내 보이는 행복을 자기의 영혼 속에서 발견하는 것이다. 이 사랑이라는 감정은 인생의 모순을 해결할 뿐만 아니라 이 모순 속에서 자기 발현의 가능성을 발견할 수 있을 것같이 생각되기도 한다.

사람은 누구나 이 목적을 위해서 주위에 있는 타인을 이용한다. 그러나 사랑의 감정은 사람을 이끌어서 다른 사람의 이익을 위해서 자기의 존재를 던져 버리게 한다.

동물적 자아는 괴로워한다. 그리고 이 괴로움을 줄이는 것이 사랑의 주요 목적이 된다. 동물적 자아는 행복을 목적으로 순간순간 악의 방향, 죽음의 방향으로 돌진한다. 그리고 죽음의 환상은 자아의 모든 행복을 파괴해 버린다. 그러나 사랑의 감정은 이 공포를 타파할 뿐 아니라 사람을 이끌어들여 다른 사람의 행복을 위해서 마지막에는 자기의 육체를 희생하게 한다.

23. 사랑이라는 감정은 자기 삶의 의미를
이해하지 못하는 사람에게는 나타나지 않는다.

사랑이라는 감정은 삶의 온갖 모순을 해결할 수 있고, 삶에서 바라는 완전한 행복을 사람에게 줄 수가 있다는 점에서 특별한 것임은 모두가 알고 있다. 그런데 삶의 의미를 깨닫지 못한 사람은 이렇게 말한다.

'그러나 그 감정은 극히 드물게 일어나는 것이고, 오래 지속되지 않으면, 그 뒤에는 더욱 좋지 않은 고뇌가 따르는 것이 아닌가.'

인생을 깨달은 사람들은 말한다.

'사랑은 생명의 유일한 표시이다.'

그러나 인생의 의미를 이해하지 못한 사람들은 이렇게 생각하지 않는다.

이 사람들에게는 그 같은 훌륭한 사랑의 감정도 이성으로 눈뜬 의식이 생각하는 것 같은 유일하고도 진정한 생명의 발현이라고는 보이지 않고, 고작해야 생명이 겪는 수천 가지 우연한 일 가운데 하나, 즉 사람이 살아가며 경험하는 수천 가지 기분 가운데 하나에 지나지 않는 것으로 보인다. 사람은 때로는 자신을 자랑하고, 때로는 과학이나 예술에 힘을 기울이고, 때로는 근무·명예·이득에 몰두하고, 또 때로는 누군가 특정한 존재를 사랑한다. 참생명을 터득하지 못한 사람들에게 사랑의 기분은 인생의 본질이라고는 보이지 않고, 한평생 끊임없이 봉착하는 다른 기분과 같이 자기의 의지에서 독립된 우발적인 기분처럼 생각된다. 그뿐 아니라 사랑은 생명의 정상적인 흐름을 파괴하여 쓰라린 변칙적 기분을 느끼게 한다. 이것은 마치 해가 뜰 즈음 부엉이가 느끼는 것 같은 그런 기분과 같다.

그러나 이런 사람들일지라도, 사실 다른 상태에 있는 것보다 더 중요하고 독특한 무엇인가가 사랑의 상태에 있다는 것을 느끼고 있다. 그러나 그들은 인생을 이해하지 못하므로 사랑을 이해하는 일에도 실패한다. 그리하여 이 훌륭한 사랑의 상태도 그들에게는 다른 상태와 마찬가지로 비참하고 속기 쉬운 것으로 보이는 것이다.

사랑한다고? 누구를?
한순간의 사랑은 무의미하고.
영원한 사랑은 불가능한데…….

이 시구는 사랑 속에 인생의 모든 번뇌로부터의 구원과 참된 행복과 비슷한 그 무엇이 있다는 사람들의 막연한 의식, 동시에 인생을 이해하지 못하는 사람들에게 사랑이 구원의 법도일 수 없다는 고백을 적절하게 표현하고 있다. 만일 사랑할 사람이 없다면 모든 것은 헛되다. 사랑은 지나가 버린다. 그러므로 영원히 사랑하는 사람이나 사랑을 받는 사람이 있을 때에만 사람은 행복할 수 있다. 그러나 그렇지 못하기 때문에 사랑 속에 구원이 없게 되고, 또 사랑이 다른 것과 마찬가지로 기만이고 고통이 된다.

인생을 동물적 생존 이상의 아무것도 아니라고 배우고, 자신도 그같이 설교하는 사람들은 사랑이라는 것을 이처럼 이해하는 것이다.

이러한 사람들에게 사랑이라는 개념은, 우리들 모두가 무의식중에 사랑이라는 말에 부여하는 개념과는 상당히 다르다. 그것은 사랑하는 사람과 사랑받는 사람들에게 행복을 주는 선량한 활동이 아니다. 자기의 삶을 자신의 동물적 자아 속에만 있는 것이라고 생각하는 사람들의 개념 속에서의 사랑은, 한 어머니가 자기 아기의 행복을 위해서 다른 굶주리고 있는 아기로부터 그 어머니의 젖을 뺏는 일까지 서슴지 않고 행하고, 어떻게든 자기 자식을 잘 키우겠다고 끊임없이 고심하는 것 같은 결과를 초래하는 감정이다. 그것은 이 세상 아버지가 자기 자식의 안전을 염려하는 나머지, 굶주린 사람들로부터 마지막 한 조각의 빵을 빼앗으려고 고심하는 감정과도 같다. 더 나아가 한 여자를 사랑하는 한 남자가, 그녀를 유혹하면서 그 사랑 때문에 자신도 괴로워하고 그녀도 괴롭히며, 질투 때문에 자신이나 그녀를 파멸로 이끄는 감정과 같은 것이다.

그 결과 남자가 여자에게 폭력을 범하는 죄악마저 저지르게 하는 감정이다. 그것은 어떤 당파의 사람들이 자기들의 이익을 옹호하기 위해서 다른 당파의 사람들에게 해를 끼치는 감정이다. 마음에 드는 일 때문에 스스로 괴로워하고 또한 그 일로 주위 사람들에게 슬픔과 걱정을 끼치는 감정이다. 사람들로 하여금 사랑하는 조국에 대한 모욕을 견뎌 내지 못하고 들판을 이편과 저편의 전사자와 부상자로 덮게 하는 감정과 같은 것이다.

그뿐만이 아니다. 인생을 자기의 동물적 자아의 행복에 있다고 해석하는 사람들에게는, 사랑의 활동을 드러내는 것이 고통스러울 뿐만 아니라, 끝내 참을 수 없는 것으로까지 만드는 무서운 곤욕이다. '사랑은 논할 성질의 것이 못 된다.' 인생을 이해하지 못하는 사람들은 이같이 중얼거리기가 예사이다. '사람들에게 언제나 일어나는 이것보다 저것이 낫다고 하는 감정, 본능적인 감정에 자신을 내맡기는 것이 좋다. 그것이야말로 참된 사랑이다.'

사랑은 논할 성질의 것이 아니다. 사랑을 논하는 것은 사랑을 파괴하는 것이라는 그들의 견해는 옳다. 그러나 중요한 것은 이미 자기 삶의 의미를 이해하는 데 이성을 사용하고 개인적인 삶의 행복을 위해 살아가는 사람들만이, '사랑은 논할 성질의 것이 못 된다'고 하는 데에 있다. 아직 삶을 이해하지 못하고 있는 사람들, 동물적인 자아의 생존을 구하며 살고 있는 사람들은 자기들이 사랑이라고 부르고 있는 감정에 자신을 맡기기 위해서 사랑에 대해 생각하지 않을 수 없다. 사랑에 대해 생각하지 않고 해결하기 전에는 이 감정이 불가능하다.

사실, 사람들은 자기 아이들이나 친구들, 아내, 나라를 남의 아이들이나 친구들, 남의 아내, 남의 나라보다 소중하게 생각한다. 그리고 이 감정을 사랑이라고 부르고 있다.

　사랑한다는 것은 일반적으로 선행을 하는 것을 의미한다. 우리들은 모두 사랑을 이같이 이해하고 있고, 또 그렇게 말고는 이해하지 못한다. 그와 같이 나는 내 아이, 내 아내, 내 나라를 사랑하고 있다. 즉 나는 내 아이, 내 아내, 내 나라가 남의 아이들이나 남의 아내들이나 남의 나라보다 더 행복하기를 바란다. 한 사람이 자기의 아이만을 사랑한다든가, 자기의 아내만, 자기의 나라만을 사랑한다든가 하는 일은 결코 일어날 수가 없다. 누구나 동시에 자기의 아이, 자기의 아내, 자기의 친구들, 자기의 나라와 인류를 사랑하는 것이다. 그러나 어떤 사람이 그 사랑에서 출발하였으나, 자기가 좋아하는 여러 사람들을 위해서 바라는 행복의 조건들이 서로 연결되어 있으므로, 그가 좋아하는 사람들 가운데 한 사람에게만 사랑이 향해 다른 사람을 위해서 꾀하는 그의 사랑을 덮어 가릴 뿐 아니라 때로 해가 되기도 한다.

　여기서 문제가 생긴다. 어떤 사랑을 위해서 어떻게 행동할 것인가? 그리고 어떤 사랑을 위해서 또 어떤 사랑을 희생할 것인가? 누구를 가장 사랑하고, 누구에게 보다 많은 선을 베풀 것인가? 자기의 아내인가, 그렇지 않으면 자식들인가? 또 남의 아내나 자식인가? 도대체 어떻게 하면 아내와 자식이나 친구를 배반하는 일 없이 사랑하는 자기 나라에 봉사할 수 있겠는가? 남에 대한 봉사에 필요한 희생을 어느 정도로 할 것인가 하는 문제를 어떻게 결정지을 것인가? 다른 사람들을 사랑하고 그들을 돕기 위해서는 자신에게 어느 정도로 마음을 쓰면 되는가? 이 모든 문제는 사랑이라고 부르고 있는 감정을 분명히 이해하려고 한 적이 없는 사람에게는 참으로 간단한 것같이 보이지만, 사실은 간단한 것이 아니고, 해답을 내릴 수 없는 문제이다.

　옛날 모세 율법의 신봉자가 예수를 향하여, '가까운 사람이란 누구인가?' 하고 질문을 한 것은 까닭이 있어서였다. 이런 문제들에 해답을 내리는 것은 인생의 참된 조건을 잊고 있는 사람에게나 쉽게 보이는 것이다.

　인간이 우리들이 상상하고 있는 것 같은 신이었다고 하면, 그때 인간은 선택된 특정한 사람들을 사랑할 수 있을 것이다. 그리고 그때 비로소 이 사람을 저 사람보다 앞세워 차별하는 것이 참된 사랑이 될 수 있을 것이다. 그러나 인간은 신이 아니다. 인간은 모든 생물이 언제나 서로 침해하면서 상대를 희생시키는 조건 밑에서 살고 있다. 문자 그대로나 비유적으로도 서로 물어뜯으면서 살고 있다. 그리고 인간은 이성이 있는 존재로서 이런 사실을 알고 또한 보게 되는 것이다. 모든 물질적 이익은 한쪽을 손해 입힘으로써만 다른 한쪽이 얻게 된다는 것을 사람들은 알아야만 된다.

종교적 또는 과학적 미신이 각자가 만족할 만큼 소유할 수 있는 황금시대가 미래에 올 것이라고 아무리 보장한다 하더라도, 이성이 있는 사람은 자기의 시간적 공간적인 생존의 법칙이 한 사람에 대한 만인의 싸움, 만인에 대한 한 사람의 싸움이라는 것을 보거나 알게 된다.

세계의 생명을 형성하는 이 동물적인 이해(利害)의 엇갈림과 싸움 속에서는, 삶을 이해하지 못한 사람들이 상상하는 것같이, 한 사람이 어떤 선택된 소수자를 사랑하는 것은 불가능하다. 한 사람이 비록 소수의 선택된 사람을 사랑한다 하더라도, 그는 결코 단 한 사람을 사랑하는 것은 아니다. 사람은 누구나 자기의 아내나 자식이나 친구들이나 나라를 사랑하고, 그 밖에 사람들도 사랑한다. 그리고 사랑은 단순한 말이 아니라(누구나 동의하는 바와 같이) 다른 사람의 행복을 향한 활동이며 실천이다. 이 활동력은 당사자의 강한 사랑의 요구에 따라서 차례로 진행되는 것이 아니다. 아무런 차례도 없이 끊임없이 나타나는 것이다. 지금 여기서, 조금밖에 사랑하지 않는 굶주린 노인이 찾아와서, 내가 귀여운 자식들의 저녁 식사로 장만해 놓은 음식을 구걸한다고 하자. 나는 이 눈앞의 노인에 대한 약한 사랑의 요구와 자식들을 향한 강한 사랑의 요구를 어떻게 저울질해 볼 수 있단 말인가?

모세의 율법 신봉자가 이것과 똑같은 질문을 예수에게 던졌다. '이웃은 누구인가?' 실제적인 이야기로 누구에게 어느 정도까지 봉사해야 하는가를 어떻게 결정해야 하는가? 사람들인가, 그렇지 않으면 조국인가? 조국인가, 그렇지 않으면 친구인가? 친구인가, 그렇지 않으면 아내인가? 아내인가, 그렇지 않으면 아버지인가? 아버지인가, 그렇지 않으면 자식인가? 자식인가, 그렇지 않으면 나 자신인가?

이것들은 모두 사랑의 요구이고, 또한 하나의 요구 충족이 사람에게서 다른 사람의 요구를 충족시킬 가능성을 빼앗아 버리는 관계에 있다. 만일 내가 동정을 해 달라고 구걸하고 있는 옷을 언젠가는 자식에게 필요할 것이라는 이유로 얼어 죽어가는 남의 아이를 벌거숭이인 채로 방치할 수 있다면, 나는 같은 이유로 장래 태어날 아이들을 고려해 다른 사랑의 요구에 따르지 않아도 될 것이다. 그것은 고국, 특정한 직업, 모든 사람들에 대한 사랑의 경우도 마찬가지이다. 만일 어떤 사람이 장래의 한층 강한 사랑을 위해서 현재의 약한 사랑의 요구를 물리친다고 하면, 그 사람은 장래의 요구에 도움이 되기 위해 현재의 사랑의 요구를 어느 정도까지 물리치면 좋을까 판단하고 싶지만, 아무리 노력한다 하더라도 판단할 수 없다. 그래서 그는 이 문제를 결정짓지 못한 채, 언제나 자기를 가장 즐겁게 해 주는 사랑을 선택할 것이다. 즉 사랑의 요구에 대해서가 아니라 자기 자아의 요구에 따를 것이다. 이것은 너무나도 분명한 일이다. 만일 사람이 장래의 보다 큰 사랑을 위해서 현재의 약한 사랑의 요구를 물리치는 편이 좋다고 마음 먹는다면, 그런 사람은 자기는 물론 다른 사람들을 속이고, 자신 말고는 아무도 사랑하지 않는 셈이다.

장래의 사랑이라는 것은 존재하지 않는다. 사랑이란 오로지 현재의 활동이다. 현재에서 사랑을 나타내지 않는 사람은 결국 사랑이 없는 사람이다.

참 생명이 없는 사람이 삶에 대해 품고 있는 생각에서도 이와 동일한 현상이 일어난다. 가령 사람이 동물로서 이성을 가지고 있지 않다면, 사람도 또한 동물과 같이 삶에 대해 생각하는 일 없이 생존할 것이다. 그러면 인간의 동물적 생존은 정당한 것이고, 또한 행복할 것이다. 사랑에 관해서도 마찬가지이다. 만일 사람이 이성이 없는 동물이라고 한다면, 그들은 자기와 취향에 적합한 동물, 즉 자기 새끼 이리, 자기 동료 이리를 사랑할 것이다. 그리고 자기가 그런 것을 사랑하고 있는 것도 모르고, 또 다른 이리들이 각각 자기의 새끼 이리나 이리떼를 사랑하는 것도 모르고, 또 다른 짐승들이 자기 동료를 사랑하는 것도 몰랐을 것이다. 그리고 그들의 사랑은 현재 유지하고 있는 의식 단계에서 가능한 사랑이고 삶일 것이다.

그러나 인간은 이성적 존재이고 다른 존재도 역시 자기와 같이 사랑이 있다는 것, 따라서 이 여러 가지 사랑의 감정이 서로 모순을 일으켜 사랑이라는 관념과는 정반대가 되는 행복하지 못한 무엇인가를 낳는 것을 보게 된다.

만일 그들이 사랑이라고 부르고 있는 이 해로운 동물적 감정을 터무니없이 신장시키고, 이를 정당화하고 강력하게 하는 데 이성이 사용된다면, 그 감정은 더욱더 선량하지 못한 것이 될 뿐만 아니라, 사람들을 더욱 흉악하고 무서운 동물로 만들 것이다(이것은 예부터 모든 사람에게 알려져 있는 진리이다). 그리고 복음서에 씌어 있듯이 '네게 있는 빛이 꺼지면 그 어둠이 얼마나 하겠느냐!'고 하는 현상이 일어날 것이다. 인간에게 자기와 자기 자식에 대한 사랑밖에 없다고 하면, 현재 사람들 사이에 있는 죄악은 99퍼센트까지 자취를 감출 것이다. 사람들 사이의 죄악의 99퍼센트는 그들이 사랑이라고 찬양하여 부르는, 동물적인 삶이 인간의 삶과 같다고 할 수 있을 정도로 비슷한 허위의 감정에서 생기는 것이다.

인생을 이해하지 못하는 사람들이 사랑이라고 부르는 것은, 자아에게 행복을 주는 어떤 조건을 다른 조건들보다 낫다고 하는 감정에 지나지 않는다. 인생을 이해하지 못하는 사람이 자기의 아내나 자식, 친구를 사랑한다고 일컫는 경우, 그것은 그저 그의 생활에 아내·자식·친구의 존재가 그의 개인적 행복을 증진시킨다는 것을 말해 주는 것이다.

이들 좋아하는 감정과 사랑의 관계는 동물적 생존과 삶의 관계와 같다. 그것은 인생을 이해하지 못하는 사람들이 생존을 인생이라고 부르는 것과 같은 것으로, 이 사람들이 사랑이라고 말할 때 그 말의 뜻은, 그들의 개인 존재의 특정한 조건을 다른 조건들보다 좋아한다는 것을 뜻한다.

이러한 감정, 예를 들면 특정한 대상, 즉 자기 아이가 낫다고 하는 감정이라든가, 과학이나 예술과 같은 특정한 직업을 좋아하는 감정과 같은 것도 우리는 사랑이라고 부른다. 그러나 무한히 변모하는 이와 같은 감정, 이와 같은 기호는 인간의 눈에 보이고 손으로 만질 수 있는 동물적 삶 전체를 구성하고 있고, 사랑의 주요한 표지, 즉 목적과 결과가 되는 복지 활동이 없기 때문에 사랑이라고 불릴 수 없다.

그런 감정이 나타날 때에 따르는 정열은, 동물적 자아의 정력을 나타내는 것에 불과하다. 어떤 사람들을 다른 사람들보다 더 낫다고 하여 좋아하는 정열을 그릇된 사랑이라고 부르기도 한다. 하지만, 그것은 참된 사랑을 접목(接木)하여 열매를 맺게 할 가능성이 있는 야생의 사과나무이다. 그러나 야생의 사과나무는 사과나무가 아니고, 열매가 맺지 않는 것, 혹은 달콤한 열매 대신 쓰디쓴 것만을 맺는 것과 마찬가지로, 편애하는 감정은 사랑이 아니고 사람들에게 유익하지도 않다. 그것은 오히려 더 큰 악을 낳는 수도 있다. 따라서 과학·예술 혹은 조국에 대한 사랑은 말할 나위도 없고, 아내·자녀·친구 등에 대한 사랑도 세계 인류에게 최대의 악을 가져다주는 요소나 다름없는 것이다. 그러한 사람은 동물적 생활의 특정한 조건을 일시적으로 다른 조건보다도 좋아한다는 감정에 불과하다.

24. 참된 사랑은 개인의 행복을 부정한 결과이다.

참된 사랑은 사람이 동물적 자아의 행복을 포기했을 때에만 비로소 가능하다.

참된 사랑의 가능성은 사람이 자기에게는 동물적 자아의 사랑이 있을 수 없다는 것을 이해할 때 시작된다. 그때에야 비로소 그의 생명의 수액(樹液)이, 동물적 자아라는 야생의 어린 나무 줄기에 활력을 받아서 참사랑의 접목으로 흘러들어간다. 기독교는 그리스도가 말한 대로 참으로 이 사랑의 접목이다. 그리스도는 자신과 자기의 사랑을 열매 맺고 있는 한 그루의 포도나무로 비유하여 말하고, 열매 맺지 못하는 나뭇가지는 모두 찍어 버릴 것이라고 말하였다.

'제 목숨을 얻으려는 사람은 목숨을 잃을 것이요, 나를 위하여 제 목숨을 잃는 사람은 목숨을 얻을 것이다' (마태복음 10장 39절)는 말을 이해하는 사람, 자기의 생명을 사랑하는 사람은 이를 파멸하게 하고, 반대로 현세에서 자기의 생명을 귀하게 여기지 않는 사람은 이를 영원한 생명으로서 보존한다는 것을 머릿속에서 뿐만 아니라 온 생명으로써 이해하는 사람으로 참된 사랑을 아는 것이다. '나보다 아버지나 어머니를 더 사랑하는 사람은 내게 적합하지 않고, 나보다 아들이나 딸을 더 사랑하는 사람도 내게 적합하지 않다.' (마태복음 10장 37절) '너희가 너희를 사랑하는 사람만 사랑하면 무슨 상을 받겠느냐?' (마태복음 5장 46절)

세상 사람들이 자아를 부정하는 것은 일반적으로 생각하는 것과 같이, 아버지나 아들이나 아내나 친구나 친절한 사람이나 좋은 사람 등에 대한 사랑의 결과가 아니라 다만 자아로서의 생존이 공허하고, 자아의 행복이 불가능하다는 의식의 결과일 뿐이다.

따라서 자아로서의 삶을 포기함으로써 사람은 참된 사랑을 알게 되고, 또 그때에야 비로소 사람은 자기의 아버지나 아들이나 친구들을 진정으로 사랑하게 된다.

사랑이란 우리들 자신, 우리들의 동물적 자아보다도 다른 살아 있는 존재를 중히 여기는 감정이다.

동물적 자아의 행복을 버린 결과에서 비롯되지 않은 사이비 사랑으로 인해, 자아가 눈앞의 이익을 무시하고 더 이후의 보다 나은 이익을 달성하는 것은, 이른바 자기희생으로까지 발전하지 않은 사람의 경우에 일어나듯이, 개인적 행복을 위해서 어떤 특정한 것을 다른 것보다 앞세우는 것에 불과하다. 참된 사랑은 적극적인 감정으로, 밖으로 드러나기 전에 어떤 특정한 상태로서 존재하지 않으면 안 된다. 사랑의 시초, 그 근원은 흔히 생각되고 있듯이 이성을 현혹하는 감정의 폭발이 아니고, 어린이나 이성 있는 사람들이 소유하고 있는 더할 나위 없이 이성적이고 밝고, 침착하고 기쁨으로 가득 찬 특유한 상태이다.

이 상태는 모든 사람들에 대한 호감이다. 그것은 어린이들 역시 태어날 때부터 갖추고 있지만, 어른에게는 개인의 행복을 포기하는 데서 생겨나고, 얼마나 포기하느냐에 따라서 강화되기도 한다.

'아무래도 상관없어. 나는 아무것도 바라지 않아' 하는 말을 우리는 얼마나 자주 듣는가! 그리고 이런 말들과 함께 남에 대한 악의를 알아차리게 된다. 누구라도 악의를 가지고 있을 때에 한 번이라도 좋으니 시험삼아 마음속으로 진실하게 이같이 말해 보도록 하는 게 좋다. '아무래도 상관없어. 나는 아무것도 바라지 않아'라고.

그 사람은 한 순간이라도 좋으니, 모든 개인적 욕망을 포기하는 것이 좋다. 그러면 모든 사람은 이 간단한 내적 실험으로 악의가 자기 포기라는 진실성에 따라 얼마나 빨리 사라져 버리는가, 그리고 얼마나 빨리 그때까지 그의 가슴 속에 갇혀 있던 선의가 사람들을 향하여 뿜어 나오는가 알 것이다.

사랑은 자신보다도 다른 사람을 소중하게 여기는 내적 활동이다. 우리는 모두 그와 같이 이해하고 있고, 그 밖에는 해석할 수가 없다.

사랑의 양은 분수의 양과 같다. 그 가운데 분자, 즉 다른 사람에 대한 편애, 동정은 나의 힘으로는 어떻게도 할 수 없으나, 분모, 즉 자기에 대한 사랑은 내가 자신의 동물적 자아에 두는 의의에 따라서 무한히 증감(增減)시킬 수 있다. 그리고 사랑과 그 단계에 대하여 세상이 내리는 평가는 분모를 고려하지 않고 분자만으로 판단한 분수의 양의 평가에 지나지 않는다.

참된 사랑은 언제나 자아의 행복을 제쳐두고, 그 결과 생기는 모든 사람들에 대한 호의, 호감을 그 밑바탕에 가지고 있다. 특정한 사람들, 즉 혈연관계든 타인에 대한 참된 사랑은, 이 보편적인 호의 속에서 자라날 수 있다. 그리고 그런 사랑만이 인생에 참된 행복을 가져다주고, 동물적 자아와 이성적 의식 사이의 모순을 해결할 수 있다.

자아를 부정하고 그 결과 생기는 모든 사람에 대한 선의를 밑바탕에 두고 있지 않는 사랑은 단순한 동물적 삶에 지나지 않고, 그 사랑이 없는 생활과 같은 불행, 또는 그 이상의 불행, 그 이상의 불합리와 마주칠 것이다. 사랑이라고 잘못 불리는 편애의 감정은 생존경쟁을 없애지 못할 뿐만 아니라, 쾌락의 추구에서 자아를 해방시키지도 못하고, 죽음에서 구해 내기는커녕 반대로 삶을 위한 투쟁을 치열하게 하고, 자기와 남을 위한 향락을 더욱 갈망하게 하고, 자기와 남에게 죽음의 위협을 증대시키며, 인생을 더욱 암담하게 할 뿐이다.

자기의 삶을 동물적 자아의 존재 가운데 있는 것이라고 해석하는 사람은 사랑할 수가 없다. 왜냐하면 사랑은 그에게 정면으로 자기 삶에 반대되는 활동으로 보일 것이기 때문이다. 그러한 사람들의 생활은 동물적 존재의 행복 속에만 있다. 그러나 사랑은 무엇보다도 그러한 행복을 희생할 것을 요구한다. 인생을 이해하고 있지 않은 사람은, 가령 성심껏 사랑의 활동에 몸을 바치려고 해도, 인생을 이해하고 인생에 대한 자기의 모든 관계를 변경시키기 전에는 절대 불가능하다. 자기의 삶을 동물적 자아의 행복 속에 있다고 하는 사람은, 재산을 모아서 쌓아두고, 남을 강제하여 자기의 동물적 행복에 공헌하게 하고, 자아로서의 자기의 행복을 안전하게 하는 데 필요한 많은 사람들에게 호의를 뿌리고, 그러한 행위로 한평생 자기의 동물적 행복의 수단을 증진시켜 간다. 그러나 자기의 삶이 자신에 의해서가 아니고 다른 사람들에 의하여 지탱되고 있는데, 도대체 어떻게 희생하면 좋은 것인가? 그리고 그에게 더 어려운 것은 도대체 누구를 위해서 일하면 좋은가, 또는 자기가 쌓아둔 재산을 자기가 좋아하는 사람들 가운데 누구에게 양도하면 좋은가 하는 결정이다.

자기의 삶을 내어주기 위해서는 무엇보다도 자신의 행복을 위해서 남들로부터 빼앗은 초과분을 모두 포기하지 않으면 안 된다. 또 자기의 삶을 모두 기울여서 누구에게 봉사할 것인가 결정짓지 않으면 안 된다. 사랑하는 것이 가능해지기 전에, 즉 자기 희생으로 선을 행할 수 있는 상태로 되기 전에, 그는 먼저 미워하는 일을 그치지 않으면 안 된다. 악을 행하는 것을 그치고, 자신의 개인적 행복을 위해서 특정 사람들을 다른 사람들보다 좋아하는 것을 그치지 않으면 안 된다.

언제나 자신이나 남들을 만족시키는 사랑의 활동은 행복을 자아로서의 삶 속에 두지 않고, 거짓 행복에 마음을 속박당하지 않고, 따라서 모든 사람들에 대한 박애를 자기 내부에서 자유롭게 한 사람들에게만 가능하다. 그러한 사람에게 삶의 행복은 사랑에 있다. 그것은 마치 초목의 행복이 빛에 있는 것과 같다. 따라서 아무것도 덮인 것 없는 식물이 어느 쪽으로 성장하면 좋다든가, 이 빛은 좋은 빛인가 좋지 않은 빛인가라든가, 더 바람직한 다른 빛을 기다려야 하는가 어떤가 묻지도 않으며, 이 세계에 존재하는 유일한 빛을 섭취하고, 그쪽으로 무럭무럭 뻗어나가는 것같이, 자기의 자아로서의 행복을 포기한 사람은 자기가 일찍이 남들로부터 빼앗은 것 가운데서 무엇을 누구에게 줄 것이라든가, 자기에게 요구를 표명하는 사랑 이상으로 더 좋은 사랑이 달리 있지 않을까 하는 것에 관해서는 생각하지 않는다. 그리고 오로지 자신을 포기하고, 자기의 손에 미치는 범위 안에 있고, 자기 눈앞에 보이는 사랑에 자기의 존재를 바친다. 오직 이 사랑만이 인간의 합리적 천성에 충분한 만족을 준다.

25. 사랑은 참된 생명의 완전하고도 유일한 활동이다.

친구를 위해서 생명을 버리는 사랑, 그런 사랑보다 더 고귀한 사랑은 없다. 사랑은 자기를 희생했을 때 비로소 참된 사랑이다. 자기의 시간과 힘을 남에게 나누어 주는 데 그치지 않고 사랑하는 대상을 위해서 자기의 육체를 희생하여 그에게 자기의 생명을 줄 때, 그런 때에 우리는 이것이 바로 참된 사랑이라고 인정하고, 그런 사랑 속에서만 행복(사랑의 보수)을 발견한다. 사람들 속에 그런 사랑이 있음으로써 이 세상은 유지되고 있는 것이다.

갓난아기를 젖먹여 키우는 어머니는 자기가 없으면 살아갈 수 없는 아기를 기르기 위해서, 직접 자신을 주고 자신의 육체를 준다. 이것이 사랑이다. 다른 사람을 위해서 자신을 희생하는 노동자들도 역시 자기의 육체를 피곤하게 하고, 자신을 죽음에 접근시킴으로써 그와 같은 일을 하고 있다. 이런 사랑은 자기 희생의 행위와 스스로를 사랑하는 존재 가운데 있으면서, 그런 희생을 불가능하게 하는 아무런 장애도 없는 사람에게만 가능하다. 자기의 아기를 유모에게 맡겨 버리는 어머니는 아기를 사랑하지 못하고, 돈을 벌어서 저축하는 사람은 절대로 사랑을 하지 못한다.

'빛 가운데 있다고 말하면서도 자기의 형제자매를 미워하는 사람은 아직도 어둠 가운데 머물러 있는 사람입니다. 자기의 형제자매를 사랑하는 사람은 빛 가운데 있는 것이니, 그 사람 앞에는 올무가 없습니다. 자기의 형제자매를 미워하는 사람은 어둠 가운데 있고, 어둠 가운데서 걷고 있으니, 자기가 어디로 가는지를 알지 못합니다. 어둠이 그의 눈을 가렸기 때문입니다.' (요한1서 2장 9~11절) '자녀 여러분, 우리는 말로나 혀로만 사랑하지 말고, 행함과 진실함으로 사랑합시다. 이렇게 함으로써 우리가 진리에서 났음을 우리는 알게 되고, 하느님 앞에서 확신을 가지게 될 것입니다.' (요한1서 3장 18~19절) '이것으로써 사랑은 우리에게서 완성된 것이니, 곧 심판 날에, 우리가 담대함을 가지는 것입니다. 우리가 이렇게 담대해지는 것은, 그리스도께서 사신 대로, 우리도 이 세상에서 그대로 살기 때문입니다. 사랑에는 두려움이 없습니다. 완전한 사랑은 두려움을 내쫓습니다. 두려움은 형벌과 맞물려 있습니다. 두려워하는 사람은 아직 사랑을 완성하지 못한 것입니다.' (요한1서 제4장 17~18절)

다만 이런 사랑만이 사람들에게 참된 사랑을 줄 수 있을 것이다.

'네 마음을 다하고 네 목숨을 다하고 네 뜻을 다하여, 주 너의 하느님을 사랑하여라 하셨으니, 이것이 가장 중요하고, 으뜸 가는 계명이다. 둘째 계명도 이것과 같은데, 네 이웃을 내 몸 같이 사랑하여라' (마태복음 22장 37~39절)한 것이다. 모세 율법의 신봉자는 그리스도에게 말했다. 그러자 이에 대하여 그리스도는 대답했다. '네 대답이 옳다. 그대로 행하라.' 즉 하느님과 이웃 사람을 사랑하라는 뜻이다. '그러면 살 것이다.' (누가복음 10장 27~28절)

참된 사랑은 생명 그 자체이다.

'우리가 이미 죽음에서 생명으로 옮겨갔다는 것을 우리는 압니다. 이것을 아는 것은 우리가 형제자매를 사랑하기 때문입니다. 사랑하지 않는 사람은 죽음 가운데 머물러 있습니다.' (요한1서 3장 14절) 사랑하는 사람만이 참으로 사는 것이다.

그리스도의 가르침에 따르면, 사랑은 생명 그 자체이다. 불합리하고 고통스럽게 사라져가는 생명이 아니라, 축복받은 끝없이 영원한 삶이다. 우리는 이것을 알고 있다.

사랑은 이성의 결론도 아니고 일정한 활동의 결과도 아니다. 사랑은 우리들을 사면에서 싸고 있는 삶의 기쁜 활동 그 자체이다. 우리들은 기억할 수 있는 유년기의 처음부터, 이 세상의 거짓 가르침이 우리들의 영혼 속에서 이것을 흐리게 하여 그 사랑을 경험하는 것을 불가능하게 했던 시대까지, 자기 내부에서 일어나는 이 사랑의 활동을 알고 있었다.

참된 사랑은 선택된 사람들이나 대상에 대한 사랑처럼 개인의 일시적인 행복 증진에 대한 집착이 아니라, 자기의 동물적 자아의 행복을 포기한 뒤에 남는 모든 것의 행복에 대한 바람이다.

살아 있는 모든 것, 인척·부모·형제·악인·원수·개·말·초목 등을 사랑하고 싶다는 마음이 들게 하고, 살아 있는 것이 잘되고 모든 것이 행복하게 되라는 그 한 가지만을 바라고, 살아 있는 것이 행복할 수 있는 일만 하고, 언제나 즐겁고 행복하게 하기 위하여 자기 생명을, 자신을 바치는 일까지 바라는 축복되고 감격스런 느낌, 이것은 우리 영혼이 아직 내부에서 생명을 억압하는 온갖 허위로 덮여 있지 않은 어린 시절에 자주 경험하는 감정이다. 그런데 이 느낌은 살아 있는 사람들 가운데 단 한 번만이라도 경험했다면, 누가 이 행복한 감정을 모르겠는가? 그런 감정은 확실히 있다. 그런 감정만이 인간의 삶을 구성하는 참된 사랑이다.

그 속에 참생활이 있는 이러한 사랑은 사람의 영혼 속에서, 세상에서 사랑이라고 부르고 있는 인간의 잘못된 가지가지 욕망이 싹트는 속에, 진실된 사랑과 유사하게 거의 느끼지 못할 정도로 여린 싹눈으로 싹터 가고 있다. 남들에게나 자신에게도 이 싹은, 새들이 둥지를 틀 것 같은 거목 뒤에서 새롭게 생장함에도 다른 싹과 같은 것으로 보인다. 그뿐 아니라 처음 한동안 사람들은 무럭무럭 자라나는 잡초의 싹을 더 중히 여긴다. 그 결과 참생명의 싹은 자라지 못하고 때로는 말라죽는다. 그러나 대부분의 경우, 그것보다 더 나쁜 일이 일어난다.

사람들은 이들 싹 속에 사랑이라고 불리고 있는 참생명의 싹이 있다는 말을 들으면 그것을 짓밟아 버리고, 그 대신 다른 잡초의 싹을 사랑이라고 부르며 기르기 시작하는 것이다. 게다가 이 일보다 더욱 나쁜 일조차 일어난다. 사람들은 이 싹을 거친 손으로 따면서 '이것이다. 이것이야! 자, 발견했어. 이제 알게 되었으니 이것을 키우는 거야. 사랑이다! 사랑이야! 이것이 최고의 감정이지. 이것이야!' 하고 소리친다. 그리고 그것을 옮겨 심거나 형태를 바로 세우거나, 마구 손으로 뒤적거리고 발로 짓밟는다. 그 때문에 싹은 꽃을 피우지 못하고 말라 죽는다. 그러면 본인이나 다른 친구들은, '이게 뭐야, 바보 같은 짓이야. 이것은 헛된 감상에 지나지 않아' 하고 말하는 것이다.

　사랑의 싹은 막 나타났을 때에는 연하여 가볍게 닿기만 해도 움츠러들기 쉽다. 충분히 성장했을 때에야 강해지는 것이다. 사람이 하는 짓은 모두 이것을 상하게 할 뿐이다. 필요한 것은 단 한 가지이다. 바로 이 싹이 이성의 태양을 보지 못하는 일이 없도록 하는 것이다. 이성만이 이 싹을 성장시킬 수 있다.

26. 자기 생존을 위한 불가능한 개선에 허비하는 인간의 노력은, 진실된 삶을 살 유일한 가능성을 앗아가 버린다.

　동물적인 생존이 덧없는 거짓이라는 것을 의식하고, 사랑이라는 유일하게 진실된 생명을 자기 내부에 두는 것만이 인간에게 참된 행복을 준다. 그러면 이 행복을 얻기 위해서 사람은 도대체 어떤 일을 하고 있는가? 자신이 자아는 천천히 파멸하고, 피할 수 없는 죽음으로 접근해가는 존재라는 사실을 모르는 사람들은, 살아가면서 전력을 다해 이 몰락해 가는 자아를 바로 세우고, 이 욕망을 채우려고 전념하다가 결국 삶의 유일한 행복인 사랑의 가능성을 스스로 잃어버리는 결과를 초래하고 있다.

　인생을 이해하지 못하는 이들 인간의 활동은 생애에 걸쳐 생존 경쟁, 쾌락 추구, 고통의 회피, 도망치기 어려운 죽음으로부터의 도피로 향한다.

　그러나 쾌락이 늘어나면 싸움의 격렬함과 고통을 감수하는 정도도 늘어나고, 죽음이 다가온다. 이 피할 수 없는 죽음이 접근하는 것을 사람의 눈에서 안 보이게 하는 길, 즉 잊는 방법은 단 한 가지이다. 바로 쾌락을 더 늘리는 것이다. 그러나 쾌락의 증가도 결국에는 그 극한에 다다르게 된다. 쾌락을 더 이상 증가시킬 수 없게 되면 도리어 고통으로 변하게 되고, 나중에는 고통마저 익숙해져 그 고통 속에서도 확실하게 접근해 오는 죽음의 공포만 남는다. 그리하여 일종의 악순환이 나타난다. 즉 하나가 다른 것의 원인이 되고 그 하나가 또 다른 것을 강화하게 된다. 인생을 이해하지 못하는 사람들의 주된 공포는 그들에게 쾌락이라고 보이는 것(부자 생활의 온갖 쾌락)이 모든 사람에게 평등하게 분배될 수 없는 성질의 것이기 때문에, 그것을 얻으려면 사랑의 근원인 다른 사람에 대한 선량한 의지의 가능성을 파괴하는 악이나 폭력이라는 수단으로 남으로부터 빼앗지 않으면 안 되는 것이다. 그런 까닭에 쾌락은 언제나 정면으로 사랑에 반하는 것이고, 쾌락이 강하면 강할수록 사랑에 반하는 비율도 높아지게 된다. 따라서 쾌락을 얻고자 하는 활동이 강하고 격렬할수록, 인간은 유일한 행복인 사랑에 접근하기가 더욱 불가능하게 된다.

인생은 이성적 의식으로 이해되지는 않는다. 즉 인생은 눈에 보이지 않지만 의심할 나위 없이 순간순간 행해지고 있는 현재의 동물적 자아가 이성의 의식에 의심을 품은 채 따르지 않고, 인간 고유의 모든 사람에 대한 선의와 거기에서 흘러나온 사랑의 활동을 자유롭게 하지 못하고, 단지 모든 사람에 대한 선의의 가능성을 배제하는 우리들이 만든 조건 아래에서 일정한 기간 계속되는 육체적인 존재로서 이해된다.

세상 일반의 견해를 갖고 자기의 이성을 일정한 생존 조건을 만들어 내는 데 향하고 있는 사람들에게는, 삶의 행복이 자기의 생존 여건을 보다 좋게 정비하는 일에 달려 있는 듯이 보인다. 그러나 이 외적 정비는 다른 사람을 보다 강하게 압제하는 것으로 사랑과 정면으로 상반되는 행위이다. 따라서 그들의 외적 정비가 좋으면 좋을수록 그들에게 남아 있는 사랑의 가능성, 참된 생명의 가능성은 더욱 줄어들어 없어진다.

그런 사람들은 동물적 생존의 행복이 모든 사람들에게 제로(0)와 같다는 까닭을 이해하는 데 자기의 이성을 사용하지 않고, 마치 이 제로를 줄였다 늘였다 할 수 있는 양인 것처럼 늘였다 줄였다 하는 공상을 하는 데 이성을 허비하고 있다.

사람들은 이 아무것도 없음, 즉 제로가 아무리 곱하고 합쳐진다 하더라도 여전히 제로와 같다는 것을 모르고 있다. 각자의 동물적 자아의 생존은 어떠한 외적 조건 아래에서도 여전히 비참한 것이고, 행복하게 될 수 없다는 것을 모르는 것이다. 사람들은 어떠한 존재도 육체적 생존으로는 다른 존재보다 행복하게 될 수 없다는 것을 이해하려고 하지 않는다. 마치 호수 표면에서 어떤 일을 꾸미더라도 한 부분만을 호수 전체의 수면 이상 높일 수 없다는 것과 같은 법칙을 이해하지 못하는 것이다.

사람들은 자기의 이성을 제대로 사용하지 않은 결과 그것을 깨닫지 못하고, 호수 수면 한 곳의 물을 들어올린다는 일에 자기의 일그러진 이성을 사용하여, 마치 아이들이 목욕탕에 들어갔을 때 거품을 만들어 내는 '맥주만들기' 장난과 같이, 호수 표면 곳곳의 물을 들어올리려는 불가능한 일을 하면서 그들의 삶 전부를 보내고 마는 것이다.

그들에게는 인간이라는 존재는 어느 정도의 차이는 있지만, 어쨌든 바람직하고 행복한 것처럼 보인다. 가난한 노동자나 병자들의 존재는 나쁘고 불행하다고 그들은 말한다. 그러나 부자나 건강한 사람의 존재는 좋고 행복한 것이다. 그래서 그들은 자기 이성의 온 힘을 기울여서 나쁘고 불행하고 가난하고 앓는 존재를 피하고, 자기에게 좋은, 부유하고 건강하고 행복한 존재로 정비하려고 한다.

몇 대에 걸쳐서 그들은 여러가지 행복한 생활을 계획하고 유지하는 방법을 만들어 놓고, 이것보다 낫다고(자신의 동물적 생존을 그같이 부른다) 생각되는 생활 계획을 자자손손에게 전한다. 사람들은 자기의 어버이들에게 상속받은 행복한 생활 유지에 최선을 다하고, 한층 새롭고 행복한 생활을 스스로 만들어 내고자 서로 다투고 있다. 그들은 자신이 상속받은 생존의 조직을 유지함으로써, 또는 자기가 더 낫다고 여기는 새로운 조직을 스스로 짜냄으로써, 무엇인가를 위해 일하고 있는 듯이 생각한다.

이와 같이 잘못된 생각 가운데 서로를 격려하면서, 사람들은 자신에게도 확실하게 무의미한, 이 미치광이 같은 물 두드리는 일 속에 인생이 있다고 진지하게 믿어버리는 것이다. 그리고 끊임없이 진리의 가르침이나 살아 있는 사람들의 생활에서, 그리고 자신의 심장 고동을 가라앉힌 마음속에서, 다시 말해 이성과 사랑의 목소리가 마지막까지 지워지지 않는 마음속에서, 끊임없이 들려오는 참된 생활로 부르는 소리에 조소를 띠며 얼굴을 돌릴 정도로 그 생각을 믿어버린다.

놀라운 일이 벌어지는 것이다. 거대한 수에 이르는 인간이, 이성과 사랑으로 관철된 삶을 누릴 가능성이 있는데도 마치 불타오르고 있는 건물에서 끌어 낸 양 떼와 같이 행동하고, 사람들이 자기들을 불꽃 속으로 던지려고 하는 듯이 상상하여, 자기들을 구조하려는 사람들에게 반항하는 데 그 온 힘을 기울인다.

죽음의 공포에 사로잡힌 채 그들은 죽음에서 벗어나기를 바라지는 않는다. 고통에 대한 공포 때문에 그들은 자신을 괴롭히고, 단 한 가지 인간에게 가능한 행복과 생명을 상실하기에 이른다.

27. 죽음의 공포는 해결되지 않는 삶의 모순에 대한 의식이다.

'죽음은 존재하지 않는다' 하고 진리의 목소리는 말한다. '나는 부활이요 생명이니, 나를 믿는 사람은 죽어도 살고, 살아서 나를 믿는 사람은 영원히 죽지 않을 것이다. 네가 이것을 믿느냐?' (요한복음 11장 25~26절)

죽음은 존재하지 않는다. 세계의 위대한 스승들은 모두 이와 같이 말하고 있고, 삶의 의미를 이해하는 수백만의 사람들도 이와 같은 말을 하고, 또 그들의 삶으로 증명하고 있다. 참으로 살아 있는 사람은 모두 의식에 빛을 받는 순간, 각자의 마음에서 같은 것을 느낀다. 그러나 삶을 이해하지 못하는 사람들은 죽음을 두려워하는 것에서 벗어나지 못한다. 그들은 죽음을 보고, 죽음을 믿는다.

'죽음이 없다고?' 이들은 분개하여 증오하는 목소리로 소리친다. '그것은 궤변이다. 죽음은 우리들 눈앞에 있다. 죽음은 수백만의 사람들을 쓰러뜨렸다. 아무리 당신이 없다고 말하더라도, 죽음은 우리들과 함께 있다. 똑똑히 보아라!'

사실 그들은 자기들이 말하는 죽음을 보고 있다. 정신병자는 자기를 위협하는 유령을 만져본 적이 없다. 유령 역시 한 번도 그를 만져 본 일이 없다. 그는 유령이 품고 있는 계획은 전혀 모른다. 그러나 이 상상의 유령에게 크나큰 공포와 괴로움을 느끼기 때문에, 살아갈 힘을 잃고 만다. 죽음의 경우도 이와 똑같다. 인간은 자신의 죽음을 알지 못하고, 또 알 수도 없다. 죽음은 이제까지 한 번도 그를 만진 일도 없고, 또 그는 죽음이 품고 있는 의도도 모른다. 그런데 그는 도대체 무엇을 두려워하는 것일까?

'죽음은 아직 한 번도 나를 잡아본 일이 없다. 그러나 틀림없이 나를 잡고 말 것이다. 죽음은 나를 휘어잡고, 나를 멸망시킬 것이다. 그것이 무서운 것이다!'

삶을 이해하지 못하는 사람은 이와 같이 말한다. 삶에 관해 그러한 그릇된 관념을 가진 사람일지라도, 만일 조용히 반성할 수 있고, 삶에 대하여 품고 있는 개념의 밑바탕을 올바르게 고찰할 수 있다면, 그들은 우리의 육체적 생존이 '죽음'이라고 부르는 변화를 만난다는 사실에(우리는 죽음이 모든 존재물에서 끊임없이 일어나고 있는 것을 본다), 아무런 불쾌한 요소나 무서운 소리도 없다는 결론에 도달할 것이다.

'나는 언젠가는 죽는다. 거기에 무슨 두려움이 있는가? 나의 육체적 생존 속에는 참으로 다양한 변화가 일어났고, 지금도 일어나고 있지만, 그래도 나는 그것을 두려워하지 않지 않는다. 그런데 아직 일어나지도 않은 변화를 어째서 두려워해야 되는가? 그것은 나의 이성과 경험에 거슬리는 요소는 하나도 없을 뿐만 아니라, 잘 납득이 되는 친숙하고 자연스런 현상이다. 나는 이제까지 몇 번이나 생각해 본 일이 있고 지금도 생각하고 있는데, 동물이나 인간의 죽음은 어쩔 수 없는 것이고, 게다가 대부분의 경우는 기쁜 삶의 조건이라고 생각된다. 그런데 무슨 두려움이 있다는 것인가?'

삶에 관해 존재하는 논리적 인생관에는 두 가지밖에 없다. 하나는 그릇된 견해로 그 견해에 따르면, 삶은 태어날 때부터 죽을 때까지 나의 육체에서 일어나는 눈에 보이는 현상들이다. 그러나 올바른 견해에 따르면, 삶은 자기의 내부에 간직하고 있는 눈에 보이지 않는 삶의 의식이다. 한쪽 견해는 잘못이고 다른 하나는 진리이다. 그러나 양쪽 모두 논리적이기는 하다. 그래서 사람들은 둘 가운데 어느 한쪽을 선택해도 되지만, 어느 견해의 경우라도 죽음의 공포는 있을 수 없다.

첫째, 인생을 태어날 때부터 죽음에 이르기까지 육체적으로 눈에 보이는 현상이라는 그릇된 견해는, 이 세계와 같이 낡은 것이다. 그것은 많은 사람들이 생각하고 있듯이, 현대의 유물론적 과학과 철학이 만든 인생관은 아니다. 현대 과학과 철학은 단지 이 생각을 극한까지 밀고 나갔을 뿐이고, 이 견해가 인간의 기본적 요구와 어울리기 어렵다는 것을 이전보다 더 명백히

했을 뿐이다. 이것은 가장 낮은 발달 단계에 있던 인간의 고대적 원시적 관점이다. 그래서 중국인들이나 불교도, 혹은 헤브라이인이나 욥기 속에, 그리고 '당신은 먼지이므로 다시 먼지로 돌아간다'는 금언 속에도 나타나 있다.

이 견해를 지금의 표현으로 고치면 다음과 같이 된다.

'생명이란 시간과 공간 속에 나타나는 원자의 우발적인 집합이다. 우리가 의식이라고 부르는 것은 생명이 아니고 단순한 감각의 환상에 지나지 않으며, 그 감각의 환상 때문에 우리는 생명이 그 의식 속에 있는 것같이 본다. 의식은 특정한 상태에서 물질이 내는 섬광(閃光)이다. 이 섬광은 반짝 불길이 일어서 타올랐다가 다시 불길이 죽어서 꺼지고 만다. 두 개의 무한 사이의 특정 시간만 물질이 경험하는 이 섬광(의식)은 결국에는 모두 무(無)로 돌아간다. 그리고 의식은 자신과 무한한 세계를 알고, 또 자신과 모든 무한한 세계에 판단을 내리고, 이 세상의 모든 우발적인 사건의 움직임을 보는데, 이 경우(이것이 더욱 중대한 일이다) 이 움직임을 무엇인가 우연하지 않은 것과 대비하여 우발적이라 부르고 있다. 그럼에도 이 의식 자체는 본래 아무런 흔적이나 의의도 남기지 않고 나타난다든가 사라진다든가 하는 생명 없는 물질의 소산, 다시 말해 그저 하나의 환영에 지나지 않는다. 그것들은 끝나는 일 없이 변화해가는 물질의 소산이고, 생명이라고 불리는 것은 죽은 물질의 특정한 상태일 뿐이다.'

이런 것이 생명에 관한 하나의 견해이다. 이것은 참으로 논리적인 견해이다. 이 견해에 따르면 인간의 이성적 의식은 물질의 특정한 상태에 수반하는 우발적인 것에 지나지 않고, 우리가 의식 속에서 생명이라고 부르고 있는 것도 실은 하나의 환영이다. 죽은 것 말고는 아무것도 존재하지 않는다. 우리가 생명이라고 부르고 있는 것은 죽음의 희롱이다. 생명에 관한 이 같은 견해에서는 죽음은 두렵지 않을 뿐만 아니라, 반대로 생명 쪽이 부자유하고 불합리한 것으로서 두려운 것이 된다. 이것은 불교도나 근대 염세주의자(쇼펜하우어나 하르트만)의 가르침에서 볼 수 있는 견해이다.

또 하나의 생명에 관한 견해는 이러하다.

'생명이란, 내가 자신 속에서 의식하고 있는 것이다. 그러나 내가 생명을 의식하는 것은 과거의 나와 장래의 나로서가 아니라(나는 생명을 이같이 생각하고 있다) 언제나 현재의 나, 시작도 없고 끝도 없는 나로서 의식하는 것이다. 시간과 공간에 대한 관념은 나의 생명의식과 융합하기 어렵다. 나의 생명은 시간·공간 속에 나타나지만, 그것은 단지 나타남일 뿐이다. 내가 의식하는 생명 그 자체는 시간과 공간 밖에 있다.'

그러므로 이 견해에 따르면, 앞의 견해와 정반대로 생명의 의식이 환영이 아니라 오히려 시간과 공간에 제약된 것만이 모두 환영이라고 할 수 있다. 이 견해에 따르면, 육체적 생존이 시간과 공간 속에서 중단된다는 것은 아무런 진실성도 없고, 참된 생명을 끝나게 하지 못할 뿐 아니라 해칠 수도 없다. 이 견해 속에는 죽음은 존재하지 않는다.

이상 두 가지 견해의 경우에도 사람이 굳이 이를 견지한다면 죽음의 공포는 일어나지 않는 것이 당연하다.

동물적 존재로서도 이성적 존재로서도 인간은 죽음을 두려워할 까닭이 없다. 동물은 생명의 의식이 없기 때문에 죽음을 알지 못하고, 이성적 존재는 생명의 의식이 있기 때문에, 동물적인 죽음을 물질의 자연스럽고 어쩔 수 없는 운동의 일부로 여긴다. 인간이 두려워하고 있는 것은, 자기가 알고 있지도 않은 죽음이 아니라, 동물적 및 이성적 존재만이 알고 있는 생명이다. 인간이 죽음의 공포로 표현하고 있는 감정은 생명의 본질적인 모순에 대한 의식일 뿐이다. 그것은 마치 유령에 대한 공포가 정신의 병적 상태를 나타내는 조짐에 지나지 않는 것과 같다.

'나는 존재하지 않게 된다. 죽을 것이다. 내 생명을 이루고 있는 모든 것은 죽을 것이다'라고 하나의 목소리가 말한다.

'나는 존재한다' 하고 지금 다른 하나의 목소리가 말한다. '나는 죽을 수 없고, 또 죽지 않을 것이다. 죽지 않을 것이지만, 죽어가고 있다.'

육체의 죽음이라고 하는 것과 함께 인간을 사로잡는 공포의 원인은, 죽음 그 자체가 아니라 실은 이 같은 모순에 있다. 죽음의 공포는 인간이 자기의 동물적 생존의 단절을 두려워하는 데서 일어나는 것이 아니고, 죽을 리 없고 죽어서도 안 되는 것이 죽어가고 있다는 것이 상상되는 데서 일어난다. 미래의 죽음에 대해 생각하는 것은, 현재 진행되고 있는 죽음을 미래의 영토로 옮겨놓는 데 불과하다. 미래에 육체가 죽을 것에 대한 환영은 죽음을 깨달은 것이 아니라, 반대로 인간이 가져야 하지만 가지고 있지 않은 생명에 대해 깨달은 것이다. 이 감정은 지하의 무덤 속에서 생명에 눈을 뜨고 되살아난 인간이 경험할 감정이다. '생명은 생존이다. 그러나 나는 죽음 속에 있다. 여기에 있는 것이 곧 죽음이다!' 하는 생각에서 비롯된다. 그에게는 존재하고 있는 것과 존재해야 하는 것이 파괴되고 있는 듯이 보인다. 그리하여 인간의 두뇌는 혼란스러워지고 공포에 떤다.

죽음의 공포는 실은 죽음에 대한 공포가 아니라, 허위의 죽음에 대한 공포이다. 그 가장 좋은 증거로 들 수 있는 것은 사람이 자주 이런 공포 때문에 자살한다는 것이다. 사람들이 죽음을 생각하면서 위협받는 것은 그들의 생명이 죽음과 함께 끝나기 때문이 아니고, 육체의 죽음이 그들이 가지지 않은 참된 생명의 필요를 분명하게 보여주기 때문이다. 그래서 생명을 이해하지 못하는 사람들은 죽음에 관해서 상기하는 것을 그토록 혐오하는 것이다. 죽음에 관해 생각하는 것은 그들에게는 이성적 의식의 요구에 따라 살고 있지 않다는 것을 고백하는 것과 같다.

죽음을 두려워하는 사람들은 죽음이 그들에게 아무것도 없는 것이나 암흑과 마찬가지라고 보기 때문에 두려워한다. 그러나 그들이 죽음을 무(無)와 암흑으로 보는 것은 생명을 보지 못하기 때문이다.

28. 육체의 죽음은 공간에서 유한한 육체와 시간에서 유한한 의식을 파괴하지만, 생명의 밑바탕을 이루는 '세계에 대한 여러 존재의 특정한 관계'는 파괴할 수 없다.

생명을 이해하지 못한 사람이라 할지라도 자기를 위협하는 환영에 접근하여 그것을 본다면, 아마도 그것이 단순한 환영이고, 실제로는 있지 않다는 것을 발견할 것이다.

죽음의 공포는 언제나 사람들 내부에서 자기의 생명을 이루고 있다고 느끼는 특별한 '자아'를 육체의 죽음으로 잃는 것을 두려워하는 데서 일어난다. '나는 죽는다. 육체는 해체된다. 그리고 나의 '자아'는 소멸하게 된다. 이토록 오랜 세월 동안 나의 육체 속에서 살아온 이 '자아', '자아'가 소멸해 버리는 것이다.' 이와 같은 공포에서 나오는 것이다.

사람들은 각자 이 '자아'를 존중하고 있다. 그리고 이 '자아'를 그들 육체의 생명과 일치하는 것이라 보고, 육체의 생명 분리는 반드시 자아를 파괴할 것이라고 결론 내린다.

이것은 극히 평범한 결론이라, 이 결론을 의심하리라는 생각은 누구의 머리에도 떠오르지 않지만, 그럼에도 이 결론은 철저하게 독단적인 것이다.

사람들, 유물론자나 유심론자라고 자인하는 사람들도 '자아'를 그토록 오랜 세월 살아오게 한 것은 각자 육체의 의식일 뿐이라고 습관적으로 지나치게 생각한 결과, 그 같은 단정의 옳고 그름을 검토하고자 하는 생각조차도 하지 않은 것이다.

나는 59년 동안 살아왔다. 그 동안 나는 언제나 내 육체 속에서 스스로를 의식해 왔다. 나에게는 이 자의식이 내 생명이었던 것같이 여겨진다. 그러나 알아둘 것은 단지 나에게만 그런 생각이 든다는 것이다. 내가 살아온 것은 59년간이거나, 5만 9천 년간이거나 59초간이 아니다. 나의 육체의 생존 기간도 나의 '자아'의 생명을 결정하지 않는다. 만일 내가 살아 있는 어떠한 순간에, 자신의 의식 속에서 자신을 향하여 '나는 무엇인가?' 하고 묻는다면, 나는 '생각하고 느끼는 그 무엇'이라고 대답할 수밖에 없다. 즉 대단히 특수한 모양으로 세계와 관계를 지니고 있는, 생각하거나 느끼는 '어떤 것'이다고 대답할 수밖에 없다. 이것만을 나는 '자아'라고 인정하고, 그 이외의 것은 아무것도 인정하지 않는다.

언제 어디서 내가 태어났는가, 언제 어디서 지금 하고 있듯이 느끼거나 생각하기 시작했는가 하는 것에 관해서는 아무것도 모른다. 나의 의식은 나를 향하여 내가 존재한다고 하는 것, 내가 이 세계에 현재와 같은 관계를 유지하면서 존재하고 있다는 것만을 말할 뿐이다. 나는 내 출생을 기억하지 못한다. 유년기나 청년 시절, 중년 시절에 관해서, 그리고 최근에 관해서조차도 이렇다 할 아무것도 기억하지 못한다. 가령 무슨 일을 기억하고 있다든가, 또는 과거 속에서 무엇인가를 다른 사람이 생각나게 해 준다든가 하는 일이 있다 할지라도, 내가 그것들을 기억하고 상기하는 것은 다른 사람에 관하여 들은 것을 기억하고 있는 것과 거의 똑같다.

그렇다면 나는 도대체 어떤 근거로, 살아온 전 기간을 통하여 내가 계속 동일한 '자아'였다고 단언하는 것일까? 자신이 소유하는 한 개의 육체라는 것은 지금도 없고, 또 이제까지도 전혀 있지 않았던 것이다. 나의 육체는 비물질적이고 눈에 보이지 않는 어떤 것을 통하여 끊임없이 흐르는 물질로 구성되어 왔고, 또 현재도 구성되어 있으며, 이 비물질적이고 눈에 보이지 않는 어떤 것이 나를 통하여 흐르는 것을 자신의 소유물이라고 인정하는 것이다. 나의 육체는 수십 번이나 변했다. 옛 육체에서 남은 것은 아무것도 없다. 근육도 내장도 뼈도 뇌도, 모두 변해버린 것이다.

나의 육체가 하나인 까닭은 이 변화되고 있는 육체를 하나라고 인정하고, 자기의 소유라고 인정하는 비물질적인 어떤 것이 있기 때문이다. 비물질적인 어떤 것을 우리는 의식이라고 부르고 있다. 이 의식만이 모든 육체의 동일성을 유지하고, 이것을 하나의 것이라고 인정하고, 자기의 소유라고 인정한다. 다른 것으로부터 구별된 존재라고 보는 이 자의식이 없다면, 나는 나 자신의 생명에 관해서도, 다른 생명에 관해서도 아무것도 모를 것이다. 그러므로 모든 것의 기초인 이 의식은 불변하는 것이라 생각될 것이다. 그러나 이것도 역시 옳지 않다. 의식도 불변하는 것은 아니다. 현재 우리의 모든 생애에 걸쳐서 수면이라는 현상이 되풀이되고 있다. 이것은 우리가 매일 잠을 자기 때문에 간단한 것같이 생각되지만, 만일 우리가 수면 중에 의식이 완전히 멈추어 있을 때가 있다는, 인정하지 않을 수 없는 현상을 인정한다면, 이해하기 어려운 것이 된다.

매일 깊이 잠들었을 동안 의식은 완전히 작용을 멈추었다가 뒤에 되살아난다. 이 의식은 역시 육체의 동일성을 유지하고, 또한 이를 자기의 소유라고 인정하는 유일한 근거이다. 의식이 멈추면서 육체는 붕괴해 버리고 그 동일성을 잃을 듯이 여겨지지만, 그런 일은 자연스런 잠이나 인위적인 잠일 때도 일어나지 않는다.

육체의 동일성을 유지하는 의식이 정기적으로 상실되더라도 육체는 붕괴되지 않는다. 뿐만 아니라 의식도 육체와 마찬가지로 변화한다. 현재의 내 육체를 구성하는 물체 중에 10년 전에 있었던 것과 같은 것이 아무것도 남아 있지 않듯이, 동일한 육체라는 것이 있었던 예가 없었던 것같이, 동일한 의식 역시 나의 내부에는 없다. 세 살배기 아기의 의식과 현재 나의 의식은, 현재의 내 육체가 30년 전의 내 육체에 비하여 달라진 것과 같이 다르다. 동일한 의식은 존재하지 않고, 무한히 분할할 수 있는 계속되는 의식의 흐름이 있을 뿐이다.

그러므로 내 육체 전체를 하나로 유지하고 그것을 나의 소유라고 간주하는 의식은 단일한 것이 아니라 끊임없이 끊어졌다 이어졌다 하며 변화하는

'어떤 것'이다. 인간의 내부에는 우리가 흔히 생각하듯이 그 사람 자신의 단일한 의식이라는 것은 존재하지 않는다. 단일한 육체라는 것이 존재하지 않는 것과 같다. 인간에게는 동일하고 유일한 육체도 없거니와, 그 육체를 다른 것과 구별하는 개체로서의 동일한 의식도 없다. 마찬가지로 인간에게는 온 생애에 걸쳐서 언제나 변하지 않는 유일하고 동일한 것 같은 의식은 존재하지 않고, 그저 무엇인가에 따라서 결합된 끊어졌다 이어졌다를 되풀이하는 일관된 의식이 있을 뿐이다. 하지만 그래도 역시 인간은 자기를 자기라고 느낀다.

우리들의 육체는 단일한 것이 아니다. 이 언제나 변화하는 육체를 단일한 것으로 자신의 소유라고 인정하는 것 역시 부단히 지속하는 것이 아니고, 변화하는 일련의 의식일 뿐이다. 우리는 이미 수천 번이나 자신의 육체나 의식을 잃었다. 자기의 육체를 끊임없이 잃어가고 있고, 잠에 떨어졌을 때마다 의식도 잃고 있다. 게다가 매일 매 순간 우리는 그러한 변화를 내부에 느끼면서도, 그것들을 조금도 두려워하지 않는다. 따라서 우리가 죽을 때에 잃을 것을 두려워하는 우리의 '자아'라는 것이 있다면, 이 '자아'는 우리가 자신의 것이라고 부르고 있는 이 육체나, 한정된 시간 동안 자기의 것이라고 부르고 있는 이 의식 속에 있을 리 없고, 계속되는 의식의 연결을 하나로 결합하는 것 속에 있는 게 틀림없다.

그렇다면 시간적으로 연속되어 있는 모든 의식을 하나의 의식으로 결합하고 있는 '어떤 것'이란 무엇일까? 이 가장 근본적이고 특수한 '자아', 육체의 존재와 육체 속에 나타난 의식들의 연쇄로 구성되는 것이 아닌 '자아', 시간적으로 연속되어 다음으로 이어져가는 의식들을 꼬챙이로라도 꿰듯이 꿰뚫는 이 기본적인 '자아'란 도대체 무엇일까? 이 의문은 아주 깊이있고 제대로 된 듯이 여겨지지만 어린아이일지라도 그 대답을 알고 있고, 그 대답을 하루에 스무 번이나 지껄이지 않는 사람은 없다.

'나는 이것을 좋아한다…… 그러나 저것은 좋아하지 않는다.' 이런 말은 극히 단순하다. 그러나 그것은 모든 의식을 하나로 결합하는 특별한 '자아'가 무엇인가 하는 물음에 대한 답을 간직하고 있다. 이것을 좋아하고 저것을 좋아하지 않는 것이 바로 이 '자아'이다. 어째서 어떤 사람이 이것을 좋아하고 저것을 좋아하지 않는지 아무도 모른다. 그러나 이것이야말로 개개인의 생명의 기초를 이루는 것이고, 각 개인의 시간적으로 다양한 모든 의식을 하나로 결합하는 것이다.

외부 세계는 모든 사람에게 동일하게 작용한다. 그러나 사람들이 받아들이는 감각은 완전히 동일한 조건에 놓여진 경우에도 무한히 세분화할 수 있을 정도로 참으로 다양하다. 이들 인상(印象)에서 개인적인 의식의 연쇄가 생긴다. 그러나 계속되는 모든 의식이 결합되는 것은 하나의 인상이 그때 바로 그의 인상에 작용하고, 다른 하나의 인상이 작용하지 않기 때문일 뿐이다. 그리고 어떤 인상이 사람에게 작용하거나 작용하지 않는 것은 요컨대 본인이 이것을 조금이라도 좋아하는가 좋아하지 않는가에 달려 있다.

바로 이 좋아하는 정도에 따라서 인간 속에 있는 어떤 의식의 연쇄가 이루어지고, 다른 연쇄가 이루어지지 않는 것이다. 그러므로 한 가지 것을 조금이라도 사랑하고 다른 것을 사랑하지 않는다는 특성에서 인간 고유의 기초적인 '자아'가 성립되고, 분산되거나 자취가 끊어진 의식이 모이는 것이다. 그리고 이 특성은 우리의 생애에 걸쳐서 발전하지만, 눈에 보이지 않고 알 수도 없는 과거에서 이미 형성되어 현재의 생명 속으로 우리 스스로 가져온 것이다.

하나를 조금이라도 사랑하고, 다른 것을 전혀 사랑하지 않는 인간의 특성을 보통 '성격'이라고 부른다. 그리고 그 성격은 때와 장소의 특정한 조건의 결과로 각 개인의 특이성을 뜻한다고 해석되는 수가 많다. 그러나 이것은 옳지 않다. 하나를 많이 혹은 조금 사랑하고 다른 것을 사랑하지 않는다는 인간의 근본적인 특성은 시간·공간의 조건들에 기초하는 것이 아니라, 인간이 이 세계로 들어왔을 때 이미 하나의 것을 사랑하고 다른 것을 사랑하지 않는, 극히 결정적인 특성을 가지고 있어서 시간·공간의 조건들이 그 사랑에게 작용하거나 작용하지 않을 뿐이다. 이 한 가지만이 같은 시간적·공간적 조건 속에서 태어나 자라나는 사람들이 내적 자아에서는 극단적으로 상반된 경향을 나타내는 원인이다.

우리들의 육체 속에서 차례로 다른 의식을 결합하는 것은 시간·공간의 조건들로부터는 독립되어 있으나, 시간·공간을 초월한 영역에서 우리가 이 세계로 가지고 온 것이다. 이것은 내가 스스로 의식하고 있는 이 세계에 대해 특수한 관계에 있는 나의 참된 실제적 '자아'이다. 나는 자신을 그러한 근본적인 속성으로 알고 있고, 만일 내가 다른 사람들을 안다면, 그들을 이 세계에 대해 무엇인가 특수한 관계에 있는 존재로서만 아는 것이다. 누구라도 사람들과 진지하게 정신적 교류를 하고 있는 경우, 그들의 외적 특징에 좌우되지 않고, 본질로 들어가려고 노력한다. 즉 세계에 대한 그들의 관계는 그들이 무엇을 어느 정도 사랑하고, 무엇을 사랑하지 않는가를 알려는 것이다.

말·개·소 등 개개의 동물은 만일 내가 이 동물을 알고 또한 진지하게 정신적 교류를 한다면, 나는 외적 특징이 아니라 그 동물들이 각각 세계에 대하여 취하고 있는 특별한 관계, 동물들이 각각 무엇을 얼마만큼 사랑하는가, 그리고 무엇을 사랑하지 않는가 하는 것을 알 수 있다. 만일 내가 동물이 가진 독특함을 발견하게 된다면 그것은 엄밀히 말해서 그 외적 특징이 아니라 사자·물고기·거미 등 개별적인 동물이 외부 세계에 보이는 공통되는 독특한 관계를 보는 것이다. 사자는 일반적으로 어떤 것을 좋아하고, 물고기는 다른 어떤 것을 좋아하고, 또 거미도 어떤 것을 좋아한다. 그래서 나의 지각 속에 그들을 따로따로의 생물로 구별한다.

내가 이들 생물에서 세계에 대한 특수한 관계를 식별하지 않는 것은, 그러한 관계가 없다는 것이 아니라, 한 마리의 거미가 이 세계에서 생활하며 맺는 독특한 관계가 나 자신이 세계와 맺은 관계와는 거리가 멀기 때문에, 내가 아직 실리비오 페리코(이탈리아의 시인. 1781~1854년. 옥중에 있을 때 거미와 친하게 지냄)가 거미를 이해한 것같이는 이해하지 못하고 있음을 증명할 뿐이다.

내가 자신과 외부 세계에 관해 알고 있는 것은 이 세계와 나의 특별한 관계에서 비롯된다. 나는 현재 그런 특별한 관계에 있고, 그 결과 세계에 대해 같은 특별 관계에 있는 다른 생물을 알게 된다.

그러나 외부 세계에 대한 나의 특별한 관계는 지금의 이 생활에서 결정된 것이 아니고, 나의 육체와 더불어 시작된 것도 아니며, 때에 따라서 계속 이어지는 의식의 이어짐과 함께 시작된 것도 아니다.

그러므로 일시적인 의식으로 결합되어 하나가 되어 있는 나의 육체는 일시적인 의식이 파괴될 수 있는 것과 같이 파괴될 수도 있다. 그러나 나의 특수한 '자아'를 형성하고, 모든 존재물을 나를 위해서 창조하는 세계에 대한 관계는 파괴되지 않는다.

그것이 파괴되지 않는다는 것은 이것만이 참으로 존재하는 것이라는 말이다. 만일 이것이 존재하지 않는다면, 나는 자신의 계속적인 의식의 연결이나 나의 육체, 나 자신의 생명이나 다른 사람의 생명도 몰랐을 것이다. 그러므로 육체와 의식의 멸망은 외부 세계에 대한 나의 특수한 관계, 즉 현재의 생명 속에서 비롯된 것도 아니고 일어난 것도 아닌 특별한 관계가 사라진다는 것을 의미하지는 않는다.

29. 죽음의 공포는 사람들이 그릇된 관념으로 한정된 생명의 작은 부분을 인생이라고 확신하는 데에서 생긴다.

우리들은 육체와 시간 속에서 계속 나타나는 의식을 하나로 결합하는 '자아'가 육체의 죽음으로 사라질 것을 두려워한다. 그러나 이 독자적인 '자아'는 나의 출생 때문에 비롯된 것이 아니기 때문에, 어떤 일시적인 의식의 흐름이 끊어져 일시적인 의식 모두를 하나로 결합하는 것이 파괴될 리는 없다.

육체의 죽음은 육체를 결합하여 유지하는 것, 즉 일시적인 생명이라는 의식을 사라지게 한다. 이것은 우리가 자는 동안 매일 끊임없이 일어나는 현상이다. 문제는 계속되는 여러 가지 의식을 하나로 결합하는 것, 즉 외부 세계에 대한 나의 특별한 관계를 육체의 죽음이 파괴하는가 아닌가 하는 것이다. 이것을 알아 보기 전에 우리들은 우선, 여러 가지 의식을 하나로 결합하는 세계에 대한 이 관계가 육체적 존재와 함께 태어난 것이고, 육체와 함께 죽는 것임을 증명해야 한다. 사실은 이 한 가지가 결여되어 있다.

자신의 의식을 기초로 판단한 결과, 나는 자신의 의식을 하나로 결합시켜 온 것은 하나를 받아들이고 다른 것을 냉담하게 대한 결과이며, 그로 인해 나의 내부 가운데 하나는 남고 다른 것은 사라져 버린다는 것을 안다. 선에 대한 나의 사랑과 악을 혐오하는 것, 나의 개인적 자아를 형성하는 외부 세계에 대한 나의 독자적인 이 관계가 외적인 원인에서 생겨난 것이 아니라, 내 삶의 다른 현상의 근본적인 원인인 것을 안다.

그러나 내가 한 관찰을 기초로 판단한다면, 처음에는 내 특별한 '자아'의 두드러진 성격 원인이 나의 부모와 부모와 나에게 동시에 영향을 끼친 모든 조건들의 특수성에 있는 듯이 생각된다. 그러나 이런 생각을 더 더듬어나가 보면, 만일 나의 특별한 '자아'가 부모와 부모에게 영향을 준 조건들과의 특수성에서 기인된다면, 그것은 나의 선조의 특수성과 그들이 생존했던 조건들 속에도 있어야 되고, 이렇게 무한히 거슬러 올라가서 끝내는 시간과 공간 밖에까지 이른다는 것을 생각하게 된다. '그러므로 나의 특별한 '자아'는 시간과 공간 밖에서 기원한 것이고, 그것이 내가 의식하는 것이다.' 이같이 결론짓게 된다.

우리가 육체의 죽음과 함께 파괴될 것이라고 두려워하는 그 특별한 '자아'는 시간과 공간을 초월한 기초 위에 있다. 내가 기억할 수 있는 모든 의식과 기억으로 알 수 있는 생활 이전의 의식(플라톤이 말하고 있듯이, 또 우리들 모두 느끼고 있듯이)이 결합하는 것은 외부 세계에 대해 시간·공간 밖에 있는 이 기초 위에서 성립된 나의 특별한 관계에 있다.

그러나 기억해야 할 것은 여러 가지 의식을 하나로 결합하는 각자의 특별한 '자아'를 형성하는 것이 시간 밖에 있다는 것, 이것은 언제나 있었고 또 지금도 있으며, 파괴될 수 있는 것은 특정한 시간 동안 의식의 연결에 지나지 않는 것, 이 두 가지이다. 이것을 이해하기만 하면, 육체의 죽음에 따르는, 다시 말해 시간적으로 마지막 의식을 파괴하는 것은 참된 사람으로서의 '자아'를 조금밖에 파괴할 수 없으며, 마치 매일 수면을 취하는 것과 같다는 것이 곧 명료하게 될 것이다.

자는 것을 두려워할 사람은 없다. 우리가 잠을 깊이 잘 때에는 죽음에 즈음하여 일어나는 것과 같은 시간적인 의식의 멈춤이 일어남에도, 아무도 자는 것을 두려워하는 사람은 없다. 수면 때 의식이 멈추는 것은 죽음에서와 같은데도, 사람은 자는 것을 두려워하지 않는다. 자는 것을 두려워하지 않는다는 것은 그가 전에 자다가 깨어났으므로, 또 깨어날 것이라는 결론에 이르렀기 때문이 아니고, (그러한 추리는 부정확하다. 그가 그때까지 1천 번 잠에서 깨었다 하더라도 천한 번째에는 깨어나지 못할지도 모르기 때문이다! 그리고 아무도 그런 추리를 하지 않을 것이며 이런 추리는 그를 수긍시키지도 못할 것이다) 자기의 참된 '자아'가 시간 밖에서 살고 있음을 알고 있고, 시간적으로 그의 몸에 나타나는 의식의 멈춤이 생명을 침범하지 못한다는 것을 알기 때문이다.

옛날이야기에 나오듯이, 사람이 수천 년이나 잘 수 있다 하더라도, 그는 2시간 자는 경우와 같이 편안하게 잠잘 것이다. 일시적이 아닌 참된 생명의 의식에는, 시간적인 간격이 100만 년이건 8시간이건 같다. 왜냐하면 그러한 삶에는 시간이 존재하지 않기 때문이다.

육체가 멸망하면 현재의 의식도 멸망한다.

그러나 인간은 자기의 육체가 변화하는 것에 이제는 익숙해져도 좋을 때이다. 이러한 변화는 인간의 기억이 더듬어 올라갈 수 있는 당초부터 시작되고, 그 이래 끊어지는 일 없이 계속 일어나고 있다. 인간은 자기의 육체에 일어나는 변화를 두려워하지 않는다. 아니 두려워하기는커녕, 곧잘 빨리 변하기를 바라는 일조차 있다. 성장하는 것이나 어른이 되는 것, 질병에서 회복하는 것 따위를 바라는 것이다.

인간은 일찍이 하나의 빨간 고깃덩어리에 지나지 않았다. 그리고 모든 의식은 위(胃) 주머니의 요구에 집약되어 있었다. 그것이 지금은 수염을 기른 분별 있는 사나이가 되었거나 혹은 장성한 자식이 있고, 자식을 사랑하는 여자가 되어 있기도 하다. 육체나 의식에도 전에 있었던 것은 아무것도 남아 있지 않다. 그럼에도 인간은 자기를 현재의 자기로 만든 그 변화를 조금도 두려워하지 않고 오히려 환영하고 있다. 도대체 다음에 일어날 변화 가운데에는 어떠한 두려운 일이 있다는 것인가? 완전한 소멸이 두렵다는 것인가? 이들 모든 변화의 기초, 세계에 대한 인간의 특별한 관계, 참생명의 의식 밑동에는 육체의 출생과 더불어 비롯된 것이 아닌 육체와 시간을 초월한 것에서 시작된 것이다. 그럼에도 도대체 어찌하여 시간·공간 안에서의 변화가 그것을 벗어나 존재하는 것을 파괴할 수 있다는 것인가?

인간은 자기 생명의 극히 작은 부분에 눈을 쏟고(전체를 보는 것을 바라지 않는다), 이 작은 부분을 잃지 않을까, 보이지 않게 되지 않을까 언제나 전전긍긍하고 있다. 이 한 가지 사실은, 나에게 스스로를 유리로 만들어져 있는 존재라고 생각하는 미치광이의 이야기를 생각나게 한다. 이 미치광이는 얻어맞았을 때 '쩽그렁' 하고 외치고, 그 자리에서 숨졌다고 한다. 참된 생활을 얻고자 한다면, 인간은 그 전체를 취해야 된다. 시간·공간 속에 나타나 있는 작은 부분이 아니라 전체를 취하는 사람에게는 그보다 더 많이 주어질 것이다. 그러나 작은 한 부분만을 취하는 사람은 그것마저도 빼앗길 것이다.

30. 생명은 존재와 세계의 관계이다. 생명 운동은 새롭고 한층 높은 관계

확립을 위한 것이므로, 죽음은 이 새로운 관계로 들어서는 것이다.

우리는 세계에 대한 일정한 관계로밖에 생명을 이해할 수 없다. 우리는 자신의 내부에 있는 생명을 이처럼 해석하고, 다른 생물 속의 생명도 이처럼 이해한다.

그러나 우리는 우리 내부의 생명을 외부 세계에 대해 현재 존재하는 관계로 그치지 않고, 동물적 자아가 더 많이 이성에 따르게 함으로써 새로운 관계를 수립하는 일, 사랑의 표현을 더 크게 하는 작용으로 이해한다. 우리가 자신 속에서 인정하는 육체적 존재의 피할 길 없는 붕괴는, 우리들이 세계에 대해 현재 가지고 있는 관계가 영원한 것이 아니라는 것을 나타내고, 또 하나 새로운 관계를 수립하지 않으면 안 된다는 것을 보여준다. 이 새로운 관계의 수립, 즉 새로운 생명 운동이야말로 우리들이 가진 죽음의 개념을 깨뜨리는 것이다. 죽음이 모습을 나타내는 것은 자기의 삶을 세계에 대한 합리적인 새 관계의 수립과 그 관계를 보다 큰 사랑으로 자신 속에 나타내 보이는 활동이라고 인정하지 않고, 변함없이 원래의 관계에 따라 그가 이 세상의 존재로 들어올 때 가지고 온 것과 같은 정도로 어떤 것에 대해서는 사랑하고, 다른 것에 대해서는 증오하는 것을 끝까지 계속한 사람에 대해서 뿐이다.

생명은 쉼 없는 운동이다. 그러나 외부 세계에 대하여 구태의연한 관계에 머물면서, 자기가 이 세상의 생명으로 들어올 때에 가지고 온 것과 같은 사랑밖에 없을 때 사람은 생명이 멈추었음을 느끼고, 거기서 죽음이라는 관념에 빠지게 된다.

죽음은 이런 사람에게만 보이고 또 두렵게 하는 것이다. 그 사람의 생존은 끊임없는 죽음일 뿐이다. 그런 사람에게는 죽음은 미래뿐만 아니라 현재에도 느껴지기 때문에 두려운 것이다. 어린 시절부터 노년까지 자신의 동물적 생존은 쇠퇴의 조짐 하나하나를 뚜렷하게 보인다. 왜냐하면, 어린 시절부터 성년기까지의 생존의 움직임은 일시적인 체력의 증대처럼 보이지만, 사실은 출생부터 죽음에 이르기까지 멈추는 일 없이 계속되는 신체 각 부분의 굳어짐, 육체의 유연성과 활력의 쇠퇴에 지나지 않기 때문이다. 그런 사람은 자기 눈앞에서 끊임없이 죽음을 보게 될 뿐, 그 무엇도 그를 죽음으로부터 살려내지 못한다.

이런 상태는 시시각각 악화되고 그 무엇도 이것을 개선할 수가 없다. 외부 세계에 대한 자기의 특수한 관계, 다시 말해 어떤 것은 좋아하고 다른 것은 증오하는 사람에게는 자기의 생존 조건이 한 가지인 듯 보이고, 삶의 유일한 일인 외부 세계에 대한 새로운 관계를 수립하고 사랑을 더욱 키우는 것이 마치 소용없는 것처럼 보인다. 그런 사람들은 피할 수 없는 생명의 감소·경화·약화·노화를 벗어나려고 헛된 노력을 하며 생애를 보낸다.

그러나 삶을 이해하고 있는 사람에게는 그런 일은 없다. 그런 사람은 외부 세계에 대한 자기의 특별한 관계, 즉 어떤 것에 대한 사랑과 다른 어떤 것에 대한 증오가 자신이 알지 못하는 먼 과거로부터 현재 자신의 삶 속으로 온 것을 알고 있다. 그는 현재의 생존 속에 있는 어떤 것에 대한 사랑과 어떤 것에 대한 증오가 바로 자기의 삶의 핵심이며 단순한 우연적인 특징이 아니라는 것, 그것만이 생명 운동을 가지고 있다는 것을 알고 있다. 그리고 그는 자기의 삶을 그와 같은 운동 속에, 또 사랑을 키우는 것 속에 둔다.

그러한 사람은 현재의 생활 속에서 자신의 과거를 생각하고, 자기가 기억하고 있는 의식의 연쇄로 세계에 대한 자기의 관계가 변했다는 것, 이성의 법칙을 자기가 곧잘 따른다는 것, 그리고 자기 사랑의 강도와 넓이가 자신의 개인적 생존에 구애됨 없이, 때로는 아주 정반대로 더 많은 행복을 자기에게 주면서 끊임없이 늘어왔음을 안다.

그러한 사람은 자기에게 보이지 않는 아득한 과거로부터 생명을 받고, 언제나 쉬는 일 없는 성장을 의식하면서 보이지 않는 미래를 향해 편안한 마음으로 기뻐하면서 간다.

질병·노령·쇠약·어린이로 되돌아가는 것은 인간의 의식과 생명을 파괴한다고 일컬어지고 있다. 그러면 그것은 도대체 어떤 사람에 대해서인가? 나는 늙어서 다시 어린이로 돌아왔다는 성(聖) 요한을 상상한다. 전설에 따르면 그는 '형제여, 서로 사랑하시오!'라는 말만 하였다고 한다. 몸도 제대로 놀릴 수 없는 100살 된 노인이 눈물을 흘리면서 그저 이 짧은 말만 중얼거리는 것이다. '서로 사랑하시오!'라고. 그런 사람에게는 동물적 생존은 희미하게 되고, 세계에 대한 새로운 관계로 인해 육체적인 인간의 생존 속으로 더 이상 들어갈 장소를 발견할 수는 없어 새롭게 살아 있는 존재에 의하여 완전히 흡수된다.

인생을 참된 모습으로 이해하는 사람에게는 자기의 생명이 병이나 노쇠 때문에 쇠퇴한다며 슬퍼하는 것은, 마치 빛으로 다가가는 사람이 빛으로 접근한 만큼 자기의 그림자가 작아지는 것을 슬퍼하는 것과 마찬가지이다. 육체가 죽었다고 생명이 사라진다고 믿는 것은 가득 비치는 빛 속으로 들어가자마자 물체의 그림자가 소멸되는 것을 물체 자체가 없어진 표시라고 믿는 것과 같다. 너무나 오랜 동안 그림자를 바라보았기 때문에, 마침내 그 그림자를 물체라고 상상하게 된 사람만이 앞에서와 같은 결론에 도달한다.

그러나 공간과 시간 속에서의 자신의 생존이 아니라, 자신을 세계에 대한 자기 사랑의 관계에 대한 성장으로 아는 사람에게는, 공간적 시간적 조건 아래 있는 그림자를 잃어버리는 것은 빛의 강도가 커졌다는 표시일 뿐이다. 자기의 삶을 자기가 태어날 때에 가지고 온 관계, 그리고 생존 기간 동안 사랑을 키워서 발전시킨 세계에 대한 어떤 특별한 관계라고 보는 사람에게는 자기가 없어진다는 것을 믿는 것은 외적이고 눈에 보이는 세상 법칙을 알고 있는 인간이 어머니가 자기를 양배추 잎 밑에서 발견했다는 것이나 자기 육체가 언젠가는 아무도 모르는 곳으로 날아가 버리고 아무런 흔적도 없게 될 것임을 믿는 것과 같다.

31. 이 세상에서의 죽음이 생명의 끝은 아니다.

죽음에 대한 미신은 이 관점에서는 우리가 알고 있는 대로의 생명의 본질로 말한다면 한층 분명해진다. 내 친구나 형제는 나와 마찬가지로 살고 있었지만, 지금은 나처럼 살아 있지는 않다. 그들의 생명은 의식 자체이고, 물질로서의 존재 조건들에 지배되고 있었다. 따라서 생명이 지금은 시간과 공간 속에 나타날 수 없게 된 이상, 그는 나에게 이미 존재하지 않는다. 내 형제는 살아 있었다. 그리고 나는 그와 친하게 지냈다. 그러나 이제는 그전의 그가 아니고, 나는 그가 어디에 있는지 모른다.

'그와 나 사이에는 모든 연결고리가 끊어지고 말았다. 그는 우리에게 이미 존재하지 않고, 우리들도 차례로 살아남아 있는 사람들에게 존재하지 않게 될 것이다. 이것이 죽음이 아니고 무엇인가?' 하고 생명을 이해하고 있는 사람들은 말한다.

계속되는 외적인 교제가 단절되는 것은 그들에게는 죽음이 실재(實在)한다는 반박할 여지없는 증명으로 보인다. 그러나 죽음의 개념이 환상 내지 망상에 지나지 않는다는 것은 우리들과 친밀했던 친구가 육체적 생존을 멈출 때 가장 명백하게 나타난다. 나의 형제는 죽었다. 그래서 무슨 일이 일어났는가? 내가 시간·공간 속에서 인정하고 있는 세계에 대한 그의 관계가 나의 눈에서 사라지고 아무것도 남아있지 않게 된 것이다.

아직 나방이 되지 않아 날지 못하는 번데기는 자기 옆에 누에고치가 텅 비어 있는 것을 보면 '아무것도 남아 있지 않다'라고 말할 것이다. 그러나 누에고치가 만일 생각하거나 말을 할 수 있다고 하면, 자기 이웃을 잃으면 다시는 이웃과 실제로 친하게 지낼 수 없으므로 이같이 말하는 것은 당연한 일일 것이다. 나의 형제는 죽었다. 그의 누에고치는 정말 비어 있다. 나는 이제까지 눈에 익은 모습으로는 그를 보지 못한다. 그러나 그가 나의 눈에서 사라져 버렸다고 그에 대한 나의 관계가 사라진 것은 아니다. 우리가 흔히 표현하고 있듯이 나는 그의 추억을 간직하고 있다.

그의 기억이 남아 있다. 그의 손이나 얼굴이나 눈의 기억은 아니지만, 그 정신적 영상의 기억은 남아 있다.

이 기억이란 도대체 무엇인가? 그처럼 단순하고 알기 쉬워 보이던 말은 도대체 무엇인가? 결정체(結晶體)나 동물의 형체가 사라지면, 그것들 간에는 아무런 기억도 남아 있지 않는다. 그러나 나는 친구나 형제의 기억을 가지고 있다. 그리고 그 기억은 나의 친구나 형제의 삶이 이성의 법칙에 합치하고 있으면 있을수록, 사랑으로 나타나는 일이 많으면 많을수록 더욱 생생하다. 이 기억은 단순한 개념이 아니라, 나의 형체가 이 세상에 생존하고 있던 동안, 그의 삶이 나에게 작용한 것과 꼭 같이 작용하고 있는 것이다. 이 기억은 살아 있을 때의 그를 둘러싸고 있는 육체적 생존 동안, 나와 다른 사람들에게 작용하고 죽은 뒤에도 여전히 나에게 작용하는, 눈에 보이지 않는 비물질적 분위기와 동일한 것이다.

이 기억은 그가 살아 있을 때 나에게 요구한 것과 똑같은 것을 죽은 뒤에도 요구한다. 정말이지 이 기억은 나에게는 그가 죽은 뒤에도 살아 있을 때보다 더 강제력을 지니고 있다. 내 형제의 몸 안에 있던 생명의 힘은 소멸되거나 쇠잔하기는커녕 그저 형태를 바꾸었을 뿐으로, 오히려 전보다도 더 강하게 나에게 작용하고 있는 것이다.

그의 육체가 죽은 뒤에도 그의 생명의 힘은 전과 마찬가지로, 또는 그 이상으로 강하게 작용하고, 모든 살아 있는 것들과 같이 작용했다. 그럼에도 도대체 어떤 근거에서, 이 생명의 힘을 나의 형제의 생존 동안에 느낀 것과 꼭 같이 느끼고 있으면서 나의 죽은 형제가 이미 생명을 소유하고 있지 않다고 단정할 수 있는가? 감히 말하건대, 그는 외부 세계에 대한 낮은 관계(그가 일찍이 동물로 그 세계 속에 있었고 내가 현재 있는)에서 나가 버린 것이다. 그것뿐이다. 그가 지금 있는 곳의 새로운 관계의 중심이 나에게는 보이지 않지만, 그의 생명을 부인할 수는 없다. 왜냐하면 나는 그의 영향을 느끼기 때문이다. 말하자면 나는 어떤 모양으로 사람이 나를 잡고 있는지 거울에 비추어 보고 있었던 것이다. 거울 면은 흐려졌고 이미 나에게는 어떤 모양으로 그가 나를 잡고 있는지 보이지 않지만, 그가 전과 같이 나를 잡고 있는 것을 느낀다. 따라서 나는 그가 존재하고 있는 것을 아는 것이다.

그것뿐이 아니다. 나의 눈에 보이지 않는 형제의 삶은 단지 나에게만 작용하는 것이 아니라 내 속으로까지 들어와 있다. 그의 특수한 살아 있는 '자아', 세계에 대한 그의 관계는 세계에 대한 나의 관계로 되고 있다. 말하자면 외부 세계에 대해 그가 맺었던 새로운 관계를 나까지 도달하도록 끌어올려 주는 것이다. 그 결과 그가 한 걸음 들어온 다음 단계가 나의 특수한 '자아'에게는 한층 명료하게 된다. 그는 나의 육안에서는 숨어 버렸지만, 아직 나를 자기 쪽으로 끌어당기고 있다.

이리하여 나는 내 내부에서 육체적으로 이미 죽어 있는 형제의 생명을 의식한다. 따라서 그가 존재하고 있는 것을 의심할 수 없고, 나의 눈앞에서 사라져간 그 생명의 세계의 작용을 관찰할 때, 나는 사라진 그 생명의 존재를 더욱 굳게 믿게 된다. 그 사람은 죽어버렸다. 그러나 세계에 대한 그의 관계는 계속되고 있고, 그가 살아 있었을 때처럼 나에게 작용하는 데 그치지 않고, 더 강대한 힘으로 작용한다. 이 작용은 이성과 사랑에 비례하여, 모든 살아 있는 것과 같이 커지고, 성장하고 멈추는 일이 없이 조금도 중단되지 않는다.

그리스도는 아득한 옛날에 죽었다. 그가 육체를 지니고 산 시간은 짧았고, 우리는 그 육체적 개인에 관하여 아무런 관념도 가지고 있지 않다. 그러나 그의 이성적인 사랑으로 충만된 삶, 세계에 대한 그 자신의 관계는 그 모습을 받아들여서 자기의 삶을 따르게 하고 있는 수백만의 사람들 위에 지금도 작용하고 있다. 도대체 이 작용은 무엇인가? 전에는 그리스도의 육체적 생존과 연결되어 있고, 지금은 그 삶을 지속시키며 확대시키고 있는 이것은 도대체 무엇인가? 우리는 이것이 그리스도의 생명이 아니라 그 결과라고 말한다. 그리고 그 같은 무의미한 말을 하면서도 우리는 이 힘을 살아 있는 그리스도라고 한 것보다 더 명료하고 적절한 말을 한 것같이 여긴다. 이런 말은 싹이 나서 떡갈나무가 된 도토리 주위를 파고 있던 개미들이나 하는 말이다. 도토리는 성장하여 떡갈나무가 되고, 그 뿌리를 땅속 깊이 내리고, 가지와 새 도토리를 떨어뜨리고, 햇빛과 비를 가리고, 그 주위에서 살고 있는 모든 것을 변화시킨다. '이것은 도토리의 생명이 아니라 그 생명의 결과이다. 우리가 끌고 가서 구멍 속에 던져 넣었을 때에 도토리의 생명은 끝장이 났다.' 개미들은 이렇게 말할 것이다.

　내 형제가 어제 죽었거나 1천 년 전에 죽었다 하더라도, 그의 육체적 생존 동안 작용하고 있던 같은 생명의 힘, 나에게 보이는 그의 일시적인 육체적 생존이라는 이 힘의 중심이 내 눈앞에서 사라져 버렸다고는 하더라도, 더 강력하게 나에게 그리고 수백, 수천만 사람들에게 계속 작용한다. 이것은 도대체 무엇을 뜻하는가? 나는 내 앞에서 불타고 있는 풀을 보았다. 풀은 타 버렸으나, 빛은 더해갈 뿐이었다. 나는 이 빛의 원인을 보지 못한다. 나는 무엇이 타고 있는지를 모른다. 그러나 풀을 태워 버린 불이, 지금은 저쪽 숲에서나 어딘가에서 내게 보이지 않는 무엇인가 다른 것을 태우고 있음을 짐작할 수 있다. 그리고 이 빛은 현재 내가 볼 수 있을 뿐만 아니라, 나를 인도하여 나에게 생명을 주는 유일한 것과 같다. 나는 그 빛에 의해 살고 있다. 그런데 어떻게 이것을 부정할 수 있는가?

　이 생명의 힘은 지금 내게는 보이지 않는 다른 중심을 가지고 있다고 할 수 있지만, 나는 그것을 느끼고 있고, 그것 때문에 움직이며 살고 있으므로 결코 그 존재를 부정하지는 못한다. 이 중심이 어떤 모양의 것인지, 그 생명의 정체는 무엇인지 나는 알 수 없다. 내가 추측하는 것을 좋아하고, 복잡한 것을 두려워하지 않는다면 추측할 수 있을 것이다. 그러나 생명에 대한 합리적인 이해를 탐구한다면, 나는 분명하고 확실한 것으로 만족하고, 애매모호하고 엉터리인 추측을 덧붙여서 그 확실성을 해치는 것을 바라지 않는다.

　나에게는 생명의 줄기를 이루는 모든 것이 나보다 훨씬 이전에 살다가 아득한 옛날에 죽어버린 사람들의 생명으로 구성되고 있다는 것, 따라서 자신의 동물적 자아를 이성에 따르도록 하고 사랑의 힘을 나타냄으로써 자기 삶의 법칙을 완성시켜 온 사람은, 그 육체적 생존의 소실 뒤에도 다른 사람들 속에 살아 있고, 현재도 살아 있다는 것을 알기만 하면 그것으로 충분하다. 그렇게 하면, 이 지식의 빛 속에서는 죽음이라는 어리석은 공포의 미신은 다시는 나를 괴롭히지 않게 될 것이다.

작용을 계속하는 힘을 죽은 뒤에 남기고 간 사람들에게서, 우리는 왜 그들이 자아를 이성에 복종시키고, 생명을 사랑을 위해 바치고, 생명이 멸망하는 것이 불가능하다는 것을 의심하지 않았는가 알 수 있다.

우리는 그 사람들의 삶에서 생명의 영원성에 대한 신앙의 기초를 발견할 수 있고, 또 우리 자신의 삶에 대해 깊이 생각을 하면, 우리 속에서도 그 기초를 발견할 수 있다. 그리스도는 자기는 생명이라는 환상이 소멸된 뒤에 살 것이다고 말했다. 그가 이같이 말한 것은 그의 육체적 생존이 한창일 때 이미, 끊을 수 없는 참된 삶으로 들어서고 있었기 때문이다. 그는 육체적 생존 동안에 일찍이 그가 접근하고 있었던 삶의 다른 중심에서 오는 빛의 광채 속에서 살고 있었고, 그 빛이 어떻게 주위 사람들에게 비치고 있는가를 보았다. 자아를 포기하고, 이성과 사랑의 삶을 영위하는 사람은 모두 이와 같은 것을 본다.

인간의 활동 범위가 아무리 좁다 하더라도, 예를 들어 그 인간이 그리스도이건, 소크라테스이건, 이름 없이 자기를 희생한 노인이건, 청년이건, 부인이건 다른 사람의 행복을 위해 자아를 포기하고 산다면, 그는 이미 현재의 삶에서 외부 세계에 대한 새로운 관계(거기에는 이미 죽음이 존재하지 않고, 모든 사람들에게 현재 삶의 유일한 중대 사업인 새로운 관계!)로 들어가 있는 것이다.

자기 삶을 이성의 법칙에 따르고, 사랑의 표시 속에 두는 사람은 현재의 삶에서 한편으로는 자기가 목표로 하고 있는 영원한 삶의 새로운 중심에서 오는 빛의 반짝임을 보고, 다른 한편으로는 그 빛이 자기를 통해 주위 사람들에게서 일으키는 작용을 본다. 그리고 이 사실은 그에게 삶의 안정성과 불멸성, 영원한 강화에 대한 확실한 믿음을 준다.

죽지 않는다는 것에 대한 신념은 남으로부터 받는 것이 아니고 자신에게 설득시킬 수 있는 것도 아니다. 불사불멸(不死不滅)에 대한 신앙이 존재하기 위해서는 불사불멸이 존재하지 않으면 안 되고, 불사불멸이 존재하기 위해서는 자기의 생명을 불살리는 관점에서 파악하지 않으면 안 된다. 이 세상의 생애에서 자기의 일을 수행하고, 이 세계의 품이 수용할 수 없는 세계에 대해 새로운 관계를 수립한 사람만이 미래의 삶을, 영원한 생명을 신뢰할 수 있다.

32. 죽음과 관련된 미신은 사람이 외부 세계에 대한 여러 종류의 관계를 혼동하는 데서 일어난다.

우리가 삶을 제대로 이해하고 그 입장에서 관찰한다면, 죽음이라는 이상한 미신이 무엇에 기초하고 있는가를 이해하는 것조차 어렵게 된다. 즉 어둠 속에서 무엇 때문인가 두려움을 느끼고 자세히 살펴본 뒤에는 이전 같은 환영으로 인해 공포를 다시는 느끼지 않는 것과 같다.

하나밖에 없는 것을 잃어버리지 않을까 하는 두려움은 단지 외부 세계에 대한 그의 이성적 의식의 특별한 관계, 즉 눈에 보이지는 않지만 알려져 있는 관계뿐만 아니라, 알려져 있지는 않지만 눈에 보이는 세계에 대한 그의 동물적 의식과 육체의 관계에서도 생명의 토대를 인정하는 데서 비롯된다.

인간은 존재하는 모든 것을 외부 세계에 대한 그의 이성적 의식이 갖는 관계, 외부 세계에 대한 그의 동물적 의식이 갖는 관계, 외부 세계에 드러난 그의 육체가 갖는 관계라는 3가지 차원의 관계로 생각할 수 있다. 세계에 대한 그의 이성적 의식의 관계가 유일한 삶이라는 것을 이해하지 못하는 인간은, 자기의 삶이 동물적 의식과 육체를 구성하고 있는 물질이라는 눈에 보이는 관계 속에 있는 것이라고 상상하고, 자기의 동물적 자아와 그 자아를 구성하고 있는 물질이 개인에게서 없어지는 경우, 세계에 대한 자기의 이성적 의식의 특별한 관계를 잃지 않을까 두려워한다.

이런 사람은 자신이 개인적 의식 단계에서 의식될 수 있는 물질의 운동에서 생겨난 것같이 생각한다. 그에게는 이 동물적 의식이 이성적 의식으로 변형되고, 이성적 의식이 결국 쇠퇴해 다시 동물적인 것으로 되돌아가고, 나중에는 그 동물적 의식이 약해져서 그것이 나오게 된 살아 있지 않은 물질로 돌아가는 듯이 여겨진다. 사물을 이와 같이 보기 때문에, 그런 사람에게는 세계에 대한 자기의 이성적 의식이 무엇인가 우연하고 불필요하고 없어질 것으로 보인다.

이 견해에 따르면, 세계에 대한 인간의 동물적 의식 관계는 파괴될 리가 없으며, 동물은 자기를 그 종족 속에 존속시키고, 세계에 대한 물질의 관계는 절대로 멸망되지 않는 영원한 것이 된다. 반대로 온갖 것들 속에서 가장 귀중한 이성적 의식은 영원한 것이 아닐 뿐만 아니라 불필요한 여분의 것으로, 한낱 지나치고 마는 섬광에 지나지 않는 것이 된다.

그런데 사람은 이것이 진짜가 아니라는 것을 느끼고 있다. 그리고 여기에 죽음의 공포가 있는 것이다. 이 공포에서 벗어나기 위해서 어떤 사람들은 동물적 의식이 참으로 자기들의 이성적 의식이라는 것, 동물적 인간, 바꾸어 말하면 자기의 종족, 자기 자손의 불멸성은 자신의 내면에 있는 이성적 의식이 사라지지 않아야 한다는 요구를 충족시킨다고 하는 것을 자신에게 믿게 하려고 한다. 또 어떤 사람들은 생명은 전에는 전혀 존재하지 않았으나 육체적 형태 속에 갑자기 나타난 것이므로, 소실되면 육체에 부활하여 다시 살아날 것이라고 자기에게 확신시키려고 한다. 그러나 생명을 세계에 대한 이성적 의식의 관계 속에서 인정하지 않는 사람들은 앞에서 언급한 것과 같은 견해에 대해 아무 것도 믿지 못한다. 그들은 인류가 계속 이어지는 것이 독자적인 자아의 영구성을 구하려는 요구를 충족시키는 것이 아님을 분명히 알고 있다. 그리고 새롭게 시작되는 생명이라는 관념이 생명의 중단이라는 관념을 포함하고 있고, 만일 생명이 전에 존재하지 않고 언제나 존재하고 있던 것이 아니라고 한다면, 앞으로 존재할 리가 없다고 하는 것도 알고 있다.

이들에게 지상에서의 생명은 하나의 물결이다. 죽은 물질에서 자아가 일어나고, 자아에서 이성적 의식인 물결의 정점이 만들어진다. 정점에 도달하면, 물결, 즉 이성적 의식과 자아는 본래 나온 것으로 내려가고, 그런 뒤 존재하지 않게 된다. 그들에게 인류의 생명은 눈에 보이는 생활이다. 인간은 자라나고 어른이 되어 죽는다. 그리고 죽은 뒤에는 그에게서 아무것도 얻을 수 없다. 그의 뒤에 남은 것은 자손이거나 사업일지라도 그를 만족시킬 수 없다. 그는 그 자신을 애석하게 여기고, 자기 생명이 끝나는 것을 두려워한다. 이 지상의 육체에서 시작되고, 또한 이 지상에서 끝나는 자기의 생명이 부활할 것이라고 하는 것을 믿을 수가 없다.

만일 자기가 전에는 존재하지 않고 갑자기 무(無)에서 나온 것이라고 한다면, 자기의 개인적 자아는 다시는 존재하지 않을 것이고, 또 존재하지 못할 것임을 알고 있다. 자기가 태어난 것이 아니라 언제나 계속 존재해 온 것이며, 현재도 계속되고 있고 또한 장래에도 계속 존재할 것이라는 것을 인정할 때에만, 사람은 자기가 죽지 않을 것이라는 것을 인정하게 된다. 자기의 생명이 물결이 아니고 하나의 영원한 운동이며 현재의 삶에서 하나의 물결로 나타난 것일 뿐이라는 것을 이해할 때에만, 우리는 자신이 죽지 않는다는 것을 믿게 될 것이다.

'나는 죽을 것이다. 나의 인생은 종말에 도달할 것이다'라고 생각하기도 한다. 이런 생각은 자신을 애석하게 여기게 하기 때문에 나를 괴롭힌다. 그러나 도대체 무엇이 죽는 것인가? 도대체 무엇을 나는 애석하게 여기는가? 가장 일반적인 관점에서 본다면, 나 자신이란 무엇인가? 무엇보다 나는 육체이다. 그것이 어떻다는 것인가? 육체를 잃는 것을 두려워하는 것, 그것을 나는 애석하게 여기는가? 그렇지는 않다. 물질로 되어 있는 육체의 한 조각이라도, 그 한 분자라 할지라도 잃을 리가 없다. 이것은 분명하다. 그러므로 그런 점에서는 나는 안전하다. 여기에는 아무것도 두려워할 것이 없다. 그야말로 안전하게 유지될 것이다.

'아니, 그렇지 않다.' 우리들이 애석하게 여기는 것은 그것만이 아니다. 예컨대 레프 니콜라예비치나 이반 세묘노비치라고 하는, 자신을 애석하게 여기는 것이다'라고 사람들은 말한다. 그러나 우리들은 누구나 할 것 없이 20년 전의 우리가 아니라 나날이 변화하고 있다. 그러면 도대체 나는 무엇이 애석한 것인가? '사람이 잃는 것을 고통으로 여기는 것은 아니다. 나는 자기의 의식, 자아를 애석하게 여기는 것이다'라고 그들은 말한다.

그리고 당신의 이 의식도 언제나 같은 것은 아니었다. 몇 개의 당신이 있었지 않은가. 1년 전에 다른 사람이었고, 10년 전에는 더 다른 사람이었으며, 또 그 이전에는 완전히 다른 사람이었고, 당신이 기억하는 한에서도 당신은 언제나 변해 왔다. 당신이 잃은 것을 애석하게 여길 정도로, 당신의 현재 의식이 마음에 드는 것은 무슨 까닭인가? 만일 그것이 언제나 같은 것이었다고 하면 수긍이 되기는 하지만, 그것은 쉬는 일 없이 변하는 것이다. 당신은 그 처음을 알고 있지도 않고, 발견하지도 못한다. 그럼에도 당돌하게 당신은 그것이 결코 종말에 도달하지 않기를 바라고, 현재 당신 속에 있는 의식이 영원히 존재하기를 바란다. 당신은 이제까지 물심양면으로 끊임없이 걸어왔다. 어떻게 해서 이 세상에 왔는지를 모르면서 당신은 살짝 이 세상으로 들어왔다. 단지 현재 당신이 갖고 있는 이 독특한 자아를 지니고 온 것을 알 뿐이다. 그 이래 당신은 걷고 걸어서 마침내 길을 반쯤 와서, 갑자기 기쁘기도 하고 두렵기도 한 마음에서 멈추어 선 채, 저쪽에 무엇이 있는지 보이지 않는다고 더 앞으로 조금도 나가려고 하지 않고 있다.

당신은 지금 자기가 어디서 왔는지 모른다. 그렇지만 현재 와 있다. 당신은 입구로 들어왔으면서도 출구로 나가는 것도 바라고 있지 않다.

당신의 이제까지의 생애는 육체적 존재를 통해서 진행되었다. 당신은 걷고 또 걸었다. 그런데 이제까지 당신이 끊임없이 이루어온 것의 완성이 갑자기 당신에게는 애석하게 여겨지게 된 것이다.

당신은 육체의 죽음에 즈음하여 다가올 크나큰 변화에 위협을 받고 있다. 그러나 마찬가지로 크나큰 변화가 당신의 출생에 즈음하여 일어났음에도, 당신에게 아무런 나쁜 결과도 일어나지 않았다.

오히려 그 결과는 매우 좋았다. 그래서 당신은 현재 그 상태에서 떨어지는 것을 바라지 않는 것이다.

무엇이 당신을 위협할 수 있는가? 당신은 감정과 사상을 갖고 있고 세계관을 가지고 있는 '자아'와 세계에 대한 자기의 현재와의 관계, 이 두 가지를 애석하게 여긴다.

당신은 세계와 당신과의 관계를 잃는 것을 두려워한다. 그렇다면 관계란 도대체 무엇인가? 그것은 무엇으로 성립되어 있는가?

만일 관계가 당신이 먹고 마시고, 아기를 낳고 집을 세우고, 옷을 입고, 다른 사람들이나 동물과 교섭하는 것이라면, 이러한 것들은 이성 있는 동물로서 모든 사람이 삶에 대하여 가지고 있는 관계이고, 따라서 소멸될 리가 없다. 수백만의 이러한 관계가 존재해 왔고, 존재하고 있으며 앞으로도 존재해 가고, 그 때문에 종족은 물질의 각 원자와 같이 확실하게 유지되어 갈 것이다. 종족의 유지라는 것은 모든 동물들이 아무런 걱정도 할 필요가 없을 정도로 강력하게 뿌리를 내리고 있고, 그 때문에 참으로 확고하다. 만일 한 마리의 동물이라면 당신은 아무런 두려움도 없을 것이고, 또 물질이라면 당신은 영원한 존재를 보증받고 있다.

그러나 만일 당신이 동물이 아닌 것의 상실을 두려워한다면, 그것은 당신과 세계의 합리적인 관계, 즉 당신이 이 생존 속으로 가지고 들어온 것의 관계가 없어지는 것을 두려워하는 것이다.

그러나 당신은 그 관계가 출생과 더불어 시작된 것이 아닌 것을 알고 있다. 당신은 동물적 자아의 출생으로부터 독립되어 존재하고 있다. 따라서 당신이 죽더라도 관계가 변화되는 일은 없다.

33. 눈에 보이는 생명은 무한한 생명 운동의 일부분이다.

지상에서의 나의 삶과 다른 사람들의 삶은 나에게는 다음과 같이 보인다.

나와 살아 있는 모든 사람들은 이 세계에서 세계와 어떤 일정한 관계에 있고, 또 일정한 정도의 사랑을 가지고 있다. 우리는 처음에는 삶이 세계에 대한 이 관계와 더불어 시작되는 듯이 여기지만, 차츰 자기와 다른 사람을 관찰하면서 세계에 대한 이 관계와 우리들 각자의 사랑의 정도가 현재의 삶과 더불어 시작된 것이 아니라, 육체적 출생으로 우리들에게 감추어져 있었던 과거로부터 우리가 이 삶 속으로 가지고 온 것임을 알게 된다. 그리고 이 세계에서 우리들의 인생 항로는 사랑의 끊임없는 증대와 강화에 있으며, 나아가 그것은 결코 정지하는 일이 없지만, 육체의 죽음으로 우리 눈에 보이지 않게 된다는 것도 안다.

눈에 보이는 나의 삶은 꼭대기와 밑바닥 부분이 우리들 마음의 시야에서 가리어져 있는 하나의 원뿔과 같은 것으로 생각된다. 이 원뿔의 가장 좁은 부분은 최초에 내가 자신을 의식하기 시작했을 때의 세계와 나의 관계이고, 가장 넓은 부분은 내가 현재 도달하고 있는 삶과의 관계이다. 이 원뿔의 시작, 그 꼭대기는 나의 출생으로 인해 시간 속에 숨겨지고, 원뿔의 연장은 육체의 생존 동안, 그리고 육체의 죽음을 만나서도 헤아릴 수 없는 미래에 의해 나로부터 숨겨져 있다. 나는 원뿔의 꼭대기나 그 밑바닥을 보지 못한다. 그러나 내 눈에 보이는 삶이 통과하는 그 한 부분, 내가 기억하고 있는 한 부분에서, 나는 확실히 그 성질을 인식한다. 처음 나에게는 이 원뿔 조각이 나의 삶 전체인 양 여겨진다.

그러나 참생활이 계속되면서 한편으로 나는 삶의 밑바탕을 형성하고 있는 것이 그 배후에, 경계 밖에 있는 것을 안다. 즉 삶을 살아가면서 보이지 않는 과거와의 관계가 더욱 더 생생하게 의식되어 가는 것이다. 동시에 다른 한편으로는 어떻게 밑바닥이 나에게 보이지 않는 미래로 펼쳐져 있는가를 보고, 그 미래와 나와의 관계를 더욱더 생생하게 느끼고, '눈에 보이는 지상의 생활은 내 생활의 일부분에 지나지 않고, 양끝을 넘어서 나의 출생 전과 죽은 뒤로 이어져 있지만, 현재의 의식에서는 숨겨져 있다'고 결론내리기에 이른다. 그러므로 나의 육체가 죽은 뒤에 눈에 보이는 삶의 정지는 출생 전과 죽은 뒤와의 생명의 존재에 대한 확신을 나에게서 빼앗지 못한다. 그것은 나의 출생 전에 눈에 보이지 않는 상태가 그 존재에 대한 확신을 빼앗지 못했던 것과 마찬가지이다.

나는 바깥 세계에 대해 일정한 자연스런 사랑의 특성을 갖고 삶으로 들어왔다. 나의 육체적 생존은 짧건 길건 나 때문에 삶 속으로 가져온 이 사랑의 성장을 거친다. 그러므로 나는 내가 출생 전에도 살았고 지금 생각하고 있는 이 현재의 순간 뒤에도, 그리고 나의 육체가 죽기 이전과 이후의 모든 순간 뒤에도 계속 살아갈 것이 틀림없다고 결론짓는다. 외부의 다른 사람들의 존재에서 육체적인 시작과 끝남을 주시하면서 나는 어떤 삶은 길어 보이고 어떤 삶은 짧아 보이며, 어떤 것은 빨리 나타나서 오랫동안 보이고 또 어떤 것은 늦게 나타나서 빨리 숨어 버리는 것을 보게 된다. 그러나 그런 것들 속에서 나는 모든 참생활의 유일하고도 동일한 법칙, 즉 생명의 빛이 반사하는 것과 같은 사랑의 확장을 본다. 조만간 일시적인 인생 항로를 나의 눈에서 덮어 가리는 장막이 내려진다. 모든 사람들의 삶은 동일하고, 모든 삶은 똑같은 시작이나 끝을 갖지 않는다.

사람이 나의 눈에 보이는 존재 조건에서 장시간 내지 단시간 살았다는 것은, 그 사람의 참된 삶을 구별하는 아무런 단서도 되지 않는다. 한 사람이 보다 천천히, 다른 한 사람이 보다 빨리 나의 시야를 지나갔다는 것은 앞사람이 뒷사람보다 참된 삶을 살았다는 근거가 되지 않는다. 나는 누군가가 나의 창문께로 지나가는 것을 볼 때, 이 사람이 내가 보기 이전부터 생존했고 나의 눈 앞을 지나간 뒤에도 여전히 생존할 것이라는 것을 안다. 그러나 어째서 어떤 사람은 빨리, 어떤 사람은 천천히 지나가는 것일까? 우리들이 보기에는 위축되고 정신적으로 굳어져 사랑의 성장이라는 생명의 법칙을 실천

할 능력이 없을 듯한 노인은 계속 살아가고 있는데, 어린이나 청년이나 소녀 등 정신적 활동으로 한창 힘을 내고 있는 장년이 어째서 이 육체의 생명의 조건을 떠나서 죽어가는 것인가?

파스칼이나 고골리의 죽음은 납득할 수도 있다. 그러나 셰니에나 레몬토프, 그 밖에 훌륭한 인생의 완성을 이룩하리라 여겨지는, 이제 내적 활동의 문턱에 막 들어섰다고 생각되는 수천 사람들의 죽음은 도대체 어떻게 된 것인가?

그러나 이는 우리들에게 그와 같이 생각되는 것일 뿐이다. 우리 가운데 그 누구라도, 다른 사람들이 이 세상에 가지고 온 생명의 기초나 그들 내부에서 행해진 생명 운동이나 그들 내부에 있었던 생명 운동의 장애, 특히 다른 생존에서라면 들어가 버렸을지도 모르는 다른 생명의 조건(그것은 각자의 눈에는 보이지 않지만 가능하다) 등에 관해서는 무엇 하나 아는 것이 없다.

대장장이가 일을 하는 것을 보고 있으면, 우리에게는 쇳조각 하나가 거의 완성되어 겨우 한두 번 망치로 두들기면 끝날 것같이 여겨지지만, 대장장이 본인은 그것이 충분히 달구어지지 않았다는 것을 알고, 부수어 불 속에 넣는다.

우리는 한 사람의 내부에서 참생활이 이루어지고 있는지 그렇지 않은지를 알지 못한다. 우리가 아는 것은 자신에 관해서이다. 우리에게는 사람이 죽지 않아도 좋을 때에 죽는 듯이 보이지만, 그런 일은 있을 수 없다. 사람은 다만 자기의 행복에 필요한 경우에만 죽는다. 마치 사람이 자라서 어른이 되는 것이 그의 행복에 필요한 경우에 한하는 것과 똑같다.

실제로 우리가 쓰는 생명이라는 말이 생명의 그림자가 아니라 생명 그 자체를 뜻한다면, 그리고 참된 생명이 모든 것의 밑바탕이라고 한다면, 그 밑바탕이 자기가 만들어 낸 것에 의존할 리는 없다. 원인이 결과에서 발생하는 것은 불가능하다. 참생활의 흐름은 그 현상의 변화로 손상될 리 없다. 이미 시작되어 아직 끝나지 않은 이 세계에서 인간의 생명 운동은 하나의 종기나 세균, 혹은 한 방의 총탄 따위의 작용으로 정지될 리 없다.

사람이 죽는 것은 이 세상에서 그가 참된 생활의 행복을 그 이상 증진시킬 수가 없기 때문이며, 폐를 앓고 있다든가, 암이 생겼다든가, 권총에 맞았거나 폭탄을 떨어뜨렸다든가 하는 것 때문이 아니다. 우리는 보통 육체의 삶을 사는 것을 자연스럽게 여기고, 불·물·추위·벼락·질병·권총·폭탄 등으로 죽는 것을 부자연스럽다고 여긴다. 그러나 사람들의 삶을 제삼자의 입장에서 방관하지 않고, 진지하게 생각해 보는 게 좋다. 그러면 사실은 오히려 도처에 흩어져서 그 대부분이 목숨과 관계되는 숱한 세균에 둘러싸여 있고, 이들 치명적인 조건 한복판에서 육체의 삶을 영위해 가는 것이 인간에게는 참으로 부자연스러움을 발견하기에 이를 것이다. 우리가 죽는다는 것은 자연스런 일이다. 그러므로 이와 같은 차별적 조건 가운데서 육체적 삶은 물질적 견지에서 본다면 무척 부자연스런 일이다. 우리가 살아 있다고 한다면, 그것은 우리가 조심하며 자신을 지키고 있다는 사실 때문이 아니라, 이들 모든 조건을 만족시키는 참된 삶을 우리들 내부에서 수행하고 있기 때문이다. 우리가 살고 있는 것은 우리가 자신을 지키고 있기 때문이 아니고, 참된 삶을 살고 있기 때문이다.

참된 삶이 진행되었을 때에는 그 무엇도 인간의 육체적 생명의 끊임없는 소멸을 막을 수 없다. 이러한 소멸이 계속 진행되고, 바로 그때 우리는 언제나 인간을 둘러싸고 있는 육체의 죽음이라는, 가까이에 있는 원인 가운데 하나를 우리 죽음의 유일한 원인이라고 보는 것이다.

우리에게 참생명은 존재한다. 우리는 이것을 알고 있고, 거기에서 우리는 동물의 생명을 알게 된다. 그러므로 만일 참생명과 비슷한 것이 불변의 법칙을 따르고 있다고 한다면, 어떻게 그 유사품을 낳는 참생명이 같은 법칙에 따르지 않을 수 있겠는가?

우리는 참생명의 원인과 결과를 외적 현상의 원인과 결과를 보듯이 보지 못하기 때문에 괴로워하고 있다. 왜 한 인간이 독자적인 자아를 가지고 삶으로 들어가고, 다른 사람이 다른 특징을 가지고 오는가, 왜 한 사람의 생명이 파괴되고, 다른 한 사람의 생명이 계속되는가를 우리는 모른다. 자기가 지금의 자기와 같은 존재로 태어나기까지 과연 어떤 원인이 자신의 출생 전에 있었던가? 이런저런 생활을 살고 나서 죽은 뒤에는 어떤 결과가 있을 것인가? 우리들은 이런 물음들에 대한 답을 얻지 못함을 슬퍼한다.

그러나 자기가 태어나기 이전에 무슨 일이 일어났는지, 그리고 자기가 죽은 뒤에 무슨 일어날 것인지 지금 알 수가 없다는 점에서 상심하는 것은 마치 자기의 시력이 저 먼 건너편을 볼 수 없다고 상심하는 것과 같다. 만일 내가 시력이 미치지 않는 건너편에 있는 것을 볼 수 있다면, 나는 시야 내에 있는 것은 볼 수 없을 것이다. 그러나 자신의 헛된 동물적 자아의 행복에는 자기 주위에 있는 것을 보는 것이 가장 필요하다. 내가 사물을 이해하는 수단인 이성에 관해서도 같은 말을 할 수 있다. 만일 내가 이성의 한계 너머에 있는 것을 인정할 수 있다면, 나는 그 영역 내에 있는 것을 인정할 수 없게 될 것이다. 그런데 나의 참생명의 행복을 위해서는 무엇보다 삶의 행복을 얻기 위해서 자기의 동물적 자아를 지금 여기서 무엇에 따르게 할 것인가를 알아보는 것이 필요하다.

그런데 이성이 그것을 나에게 가르쳐 준다. 이성은 나에게 현재의 삶에서의 유일한 길, 끊임없이 행복으로 통하는 길을 가르쳐 준다.

이성은 현재의 삶이 출생과 동시에 시작된 것이 아니라 계속 있어 온 것이고, 언제나 있는 것이라는 것을 확실하게 가르쳐 준다. 삶의 행복은 여기서 자라나고 증대하고, 더 이상 두 팔로 안을 수 없을 정도의 극점까지 퍼져간다. 그때 비로소 이 성장을 방해할 것 같은 조건을 넘어선 별개의 생존 속으로 삶이 옮아간다는 것을 가르쳐 준다.

이성은 인간을 삶의 유일한 길에 서게 해준다. 사방을 둘러싼 벽 사이에서 차츰 퍼져 가는 원뿔 모양의 터널과 같이, 인간을 삶과 그 행복과의 영원성을 아득한 앞쪽에 계시해 주는 유일한 길에 서게 해주는 것이다.

34. 지상의 생존에서 겪는 여러 가지 고통을 설명하기 어려운 것은, 이 삶이 출생에서 시작되어 죽음으로 끝나는 개인의 삶이 아니라는 것을 확실하게 보여준다.

사람이 죽음의 공포와 죽음의 생각을 피할 수 있다 하더라도, 납득할 만한 이유가 없고 목적도 없는 무서운 고뇌가 존재하고 이 고통을 피할 수 없다면, 그 한 가지만으로도 인생에 덧붙여진 어떠한 합리적인 의미를 파괴하기에 충분할 것이다.

예를 들어 나는 다른 사람들의 이익을 위해서 유익하고 훌륭한 일에 종사하고 있는데, 갑자기 병이 나를 덮쳐 내 일을 중단시키고, 아무런 뜻도 까닭도 없이 나를 괴롭힌다. 선로에 박혀 있는 한 개의 나사못이 녹슬어서 빠져나가게 된 바로 그날, 한 선량한 여자가 타고 있는 그 열차 차량에서 아기가 그 어머니의 눈앞에서 깔려 죽는다. 리스본이나 베르누이 같은 고장이 지진으로 붕괴되어 죄 없는 사람들이 생매장당하거나 끔찍한 고통 속에서 죽어 간다. 이같은 사실에 도대체 어떤 뜻이 있는가? 수천을 헤아리는 인류를 떨게 하는 뜻 없는 끔찍한 고통의 돌발사건은 대체 무엇 때문에 일어나는가?

짜낼 수 있는 온갖 논리적 설명을 다 짜내 봐야 아무것도 설명하지 못한다. 그런 설명은 언제나 문제의 핵심에서 벗어나고 이해할 수 없는 사실만을 더 뚜렷하게 할 뿐이다. 내가 병을 앓게 된 것은 어떤 세균이 몸 안으로 들어왔기 때문이다. 아기가 어머니의 눈앞에서 깔려죽은 것은 습기가 쇠붙이에 작용하여 생긴 어떤 결과로 인한 것이다. 베르누이가 몰락한 것은 어떤 지질학상의 법칙 때문이다. 중요한 것은 그 특정한 사람들이 그 같은 끔찍한 고통을 당하는 것은 어떤 까닭이냐 하는 것이고, 이런 종류의 사건에서 벗어나기 위해서 우리는 어떻게 하면 좋은가 하는 점이다.

그러나 이에 대해서는 답이 없다. 반대로 이성은 나에게 어떤 사람이 이들 사건의 소용돌이 속으로 던져지고, 어떤 사람이 무사하다는 법칙은 있지도 않고, 또 있을 수도 없다는 것을 보여준다. 또 한편 이런 사건은 수없이 있고, 어떠한 수단을 강구하더라도 나의 생명은 모든 순간 가장 두려워할 고통의 수많은 가능성 앞에 놓여져 있다는 것을 명백하게 보여준다.

사람들이 그들의 세계관에서 필연적으로 생기는 결론만을 밀고 나간다면, 자기의 생명을 개인적 생존이라고 이해하고 있는 사람들은 한시도 살아가지 못하게 될 것이다. 비유를 들어 말한다면, 일꾼을 고용함에 있어서 주인이 마음만 내키면 언제라도 일꾼을 산 채로 불에 지지고, 껍질을 벗기거나 신경을 제거해 버릴 수 있는 권리, 말하자면 주인이 우리 눈앞에서 설명이나 이유도 없이 마음대로 일꾼에게 행사할 수 있는 여러 가지 끔찍한 일들을 시행할 권리를 유보해 두겠다고 한다면, 그 같은 주인에게 들어가 일하려고 하는 일꾼은 한 사람도 없을 것이다. 만일 사람들이 이해하고 있다고 생각하는 것과 같이 참으로 생명을 이해한다면, 그들 가운데 단 한 사람이라도 자기 주위에서 보고 있고 어떤 순간에 자기에게 떨어질지 모르는 두려움이나 가책으로 가득한 설명할 수 없는 온갖 고통의 두려움 때문만으로도 이 세상에서 계속 살아가려고 하지 않을 것이다.

그러나 사람들은 여러 가지 손쉬운 자살 방법, 잔인하고 무의미하고 고통으로 가득 찬 현재의 삶을 떠나는 방법을 알고 있으면서도, 여전히 살아가고 있다. 그들은 자기의 고통을 호소하며 탄식하지만, 역시 살아가고 있다.

이것으로 삶 속에 고통보다 쾌락이 많기 때문이라고 단언할 수는 없다. 왜 냐하면 먼저 단순한 추론만이 아니라 인생의 철학적인 검토 또한 모든 지상의 삶이 쾌락으로 도저히 보상받을 수 없으며, 삶은 고통의 연속에 불과하다는 것을 명백히 나타내고 있고, 이 고통은 죽음에 이르기까지 증대해 가기만 하는데도 삶에서 아무것도 받을 수 없는 상태에 있는 사람들이 자살하지 않고 살고 있는 것을 우리들 모두 자신에게서, 그리고 남들에게서 보고 있기 때문이다.

이 기괴한 모순을 설명할 수 있는 것은 단 한 가지이다. 모든 사람들이 행복 속에는 고통이 필연적으로 존재한다는 것을 영혼 깊숙한 곳에서 알고 있기 때문이다. 그러기에 사람들은 그 고통을 예지(豫知)하고, 그것을 견뎌내면서 계속 살고 있다. 그들은 이 고통을 원망한다. 왜냐하면 그들은 삶에 대해 자아로서의 행복만을 바라는 그릇된 견해를 가지고 있는 결과, 행복으로 인도하는 게 아니라 그 행복을 침해하는 것은 그들에게는 무엇인가 이상하고, 번거로운 것으로 보일 것이 틀림없기 때문이다.

그래서 사람들은 이들 고통을 두려워하고, 뜻밖의 이상한 것에 맞부딪히지 않았나 놀란다. 그러나 사람은 그러한 고통에 의해 성장해 왔다. 우리들의 삶은 모두 우리가 경험하거나 우리가 다른 존재에게 주는 고통의 연속이다. 따라서 어느 정도 고통에 익숙해지면, '그것을 두려워하거나 참지 않으면 안 되는 것은 어째서인가? 무엇 때문인가?' 하고 자문하지 않는 것이 좋다. 모든 사람은 자기 쾌락이 다른 존재의 고통으로 인해 얻을 수 있는 것, 자기의 모든 고통이 자기의 쾌락을 위해서 필요하다는 것, 고통없이는 쾌락도 없다는 것, 고통과 쾌락은 하나가 다른 것 때문에 야기되는 것으로 서로 없어서는 안 되는 두 개의 대조적인 조건이라는 것을 알 것이다.

그렇다면 이성 있는 모든 사람이 자문하는 '이들 고통은 무엇 때문에 존재하는 것인가?' 하는 문제는 도대체 무엇을 뜻하는가? 고통과 쾌락이 서로 결부되어 있다는 것을 알고 있는 사람이 무슨 이유로 '고통은 무엇 때문에 존재하는가?' 하고 자문하면서 '쾌락은 무엇 때문에 존재하는가?' 하고 자문하지 않는 것인가?

동물과 동물로서의 인간의 생활은 끊임없는 고통의 연속이다. 동물과 동물로서의 인간의 활동은 다만 고통으로만 환기된다. 고통은 그 고통의 감정을 제기하고 쾌락의 상태를 낳는 활동을 불러일으키는 하나의 괴로운 감각이다. 그리하여 동물과 동물로서의 인간의 삶은, 고통 때문에 손상을 받기는커녕 오히려 완성된다. 그렇기 때문에 고통은 삶을 움직여서 전진시키는 요소이고, 반드시 필요한 것이다. 그렇다면 '고통은 무엇 때문에 존재하는가?' 하고 묻는 경우, 이 사람은 도대체 무엇을 묻는 것인가?

동물은 그런 질문을 하지 않는다.

굶주린 농어가 피라미를 괴롭히거나, 거미가 나비들을 괴롭히거나, 이리가 양을 괴롭히는 경우, 그들은 자기가 하는 짓이 그렇게 하지 않을 수 없는 행위라는 것을 알고 있다. 그러므로 그 농어나 거미나 이리는 자기보다 강한 것으로부터 똑같은 괴로움을 받을 경우, 이리는 도망치거나 방어하거나 몸부림을 치면서 그렇게 하지 않을 수 없다는 것을 알고 있고, 자신들에게 일어나고 있는 것이 당연하다는 점에 추호의 의심도 없다. 그런데 남의 다리를 잘라 버린 전투에서 자기 다리가 잘려 나가자, 그 다리의 나머지 부분을 치료하는 데 몰두하고 있는 인간이나, 자기가 이미 직접적이든 간접적이든 누군가를 독방에 감금해놓고는 자신이 독방에 감금당하는 경우, 그 기간을 될 수 있는 대로 쾌적한 상태에서 지내려고 그 일에만 몰두하고 있는 인간, 자기가 이미 수천에 이르는 동물을 잡아 먹었으면서도 자기를 물어뜯는 이리를 물리치든가 도망치든가 하는 일에 전념하고 있는 인간 등등은 자기에게 일어나고 있는 일이 당연히 일어날 일이라는 것, 그리고 자기가 그런 고통에 떨어진 것은 자기가 해야 할 것을 하지 않았기 때문이라는 것은 인정하지 못하는 것이다.

그러나 이리에게 물어뜯길 상황에 처한 인간이, 이리에게서 도망쳐 목을 보호하는 일 이외에 도대체 달리 어떻게 해야 한다는 말인가? 그는 이성적 존재로서 할 수 있는 일을 해야 한다. 즉 그 고통을 초래한 죄를 인정하고, 뉘우치고, 진리를 인정하지 않으면 안 된다.

동물은 현재에만 괴로워하는 것이므로 고통 때문에 일어나는 동물의 활동은 현재의 자신에게 기울어지고, 그를 충분히 만족하게 한다. 그럼에도 인간은 현재에만 괴로워하는 데 그치지 않고, 과거와 미래에 걸쳐서 괴로워하기 때문에 그와 같은 고통 때문에 일어난 활동은 동물적 인간의 존재에 향하여져 있다면 그를 만족시키지 못한다. 고통의 원인이나 결과에도 향하여지고, 미래에도 향하여진 활동만이 괴로워하고 있는 인간을 만족시키는 것이다.

동물은 갇혀 있으면 울타리를 파괴하고 도망치고, 다리에 상처를 입으면 아픈 곳을 혀로 핥고, 다른 동물에게 잡아먹힐 것 같으면 그 동물로부터 도망치려고 한다. 즉 그들 삶의 법칙이 외적 요인으로 침해된다면, 그들은 침해받은 법칙 재건에 몰두한다. 그 결과 당연히 있어야만 하는 일이 이루어진다. 그러나 예를 들어 한 인간, 다시 말해 나 자신이나 친구 가운데 한 사람이 감옥에 들어갔다고 하자. 혹은 친구나 내가 전투에서 다리를 잃었다고 하자. 그리고 이리가 잡아먹으려고 하고 있다고 하자. 그런 경우 나는 감옥으로부터의 탈출이나 다리의 치료, 이리로부터 몸을 보호하는 일에만 향해져 있는 활동으로는 만족하지 못할 것이다. 왜냐하면 투옥이나 다리의 상처, 이리의 습격 등은 내 고통의 겨우 한 부분을 이루고 있을 뿐이기 때문이다.

나는 고통의 원인을 과거나 자신의 잘못 속에서, 또 다른 사람의 잘못 속에서 본다. 그러므로 나의 활동이 고통의 원인, 즉 나의 잘못에 주의를 두지 않는다면, 그리고 내가 그 과오에서 벗어나려고 하지 않는다면, 나는 당연히 해야 할 것을 하지 않고 있는 것이며, 따라서 그 고통은 나에게는 있을 수 없는 일같이 여겨지고, 현실뿐만 아니라 상상 속에서도 두려운 것으로 확대되어 삶을 견뎌 내기 어려운 것으로 만든다.

동물이 괴로워하는 것은 삶의 법칙을 침범당했기 때문이고, 이 침범으로 고통을 의식하고, 침범으로 환기된 활동은 그 고통을 제거하려 한다. 그러나 이성을 갖추고 있는 사람, 즉 이성적 존재로서 인간이 느끼는 고통의 원인은 이성적 의식에 눈뜬 삶의 법칙을 따르지 않는 데 있다. 이 이성의 법칙을 따르지 않는 것은 과오, 죄의식으로 나타나고, 이로 인해 환기된 활동은 그 잘못을 없애려고 한다. 동물이 그 고통을 줄이는 일을 하고, 그로 인해 참기 어려운 고통이 멎는 것과 마찬가지로, 이성적 생물의 고통도 역시 잘못된 것을 기억하고 이를 없애는 그 활동이 참기 어려운 고통을 멈추게 한다.

고통을 경험하거나 상상할 때 인간의 마음속에서 일어나는 '왜? 무엇 때문에?'라는 의문은, 그가 고통으로 자기 속에서 일어나는 것, 그 고통을 제거해 주는 활동을 아직 인식하지 못하고 있다는 것을 나타내는 것이다. 사실, 동물적 생존을 자기의 삶이라고 보고 있는 사람에게는 고통에서 자신을 구해 내는 이 같은 활동은 있을 수 없고, 그가 자기의 삶을 이해하는 것이 좁으면 좁을수록 그 활동은 적어지지 않을 수 없다.

자기의 삶을 개인적 생존으로 생각하는 사람은 개인적 고통의 원인을 그 자신의 잘못 속에서 발견하는 경우, 다시 말해 자기가 무엇인가 해로운 것을 먹었으므로 병에 걸렸고, 자기가 싸움을 걸었기 때문에 얻어맞았으며, 일하려고 하지 않았기 때문에 굶고 헐벗게 된 것임을 이해하고 있는 경우, 즉 자기가 당연히 해야 할 것을 하지 않았기 때문에 고통을 받고 있다는 것을 알고, 앞으로 같은 잘못을 저지르지 않기 위해서 자기의 잘못을 없애려 하는 경우, 그런 경우에 그는 그 고통을 조용히, 때로는 기꺼이 참을 것이다.

그러나 이런 사람이 고통과 자신의 잘못의 관계를 알 수 있는 한계를 넘어선 고통을 견뎌내지 않으면 안 되는 경우, 예컨대 그의 개인적 활동 밖에 있었던 것 같은 원인 때문에 고통을 받는다든가, 고통의 결과가 그 자신에게나 그 밖의 사람에게 아무런 도움도 되지 않는 경우에는 무엇인가 이상한 일이 자기에게 일어난 것같이 생각되고, 그래서 그는 '왜? 무엇 때문에?'라고 자문하게 된다. 그리고 자기가 해야 할 것을 발견하지 못한 채 그 고통에 반항하게 되어 끝내 고통을 견디기 어려운 무서운 것으로 생각하는 것이다. 게다가 인간의 고통 대부분은 그 원인이나 결과가 때로는 양쪽 모두 공간·시간 속에 감추어져 있다. 즉 유전적 질환, 불행한 돌발사고, 흉작, 난파, 화재, 지진, 그 밖에 죽음을 가져오는 결과의 것들로 우리 눈으로 보지 못하는 것들이다.

자손에게 나쁜 병을 전하는 원인이 될 정욕에 몸을 내맡기면 안 된다는 것, 좀더 우수한 열차를 만들어야 된다는 것, 불을 좀더 신중히 다루어야 된다는 것 등등을 후대 사람들에게 가르쳐 주기 위해 필요하다고 설명하는 것은, 나에게 아무런 답도 주지 않는다. 나는 삶의 의미가 조심성이 필요하다는 것을 남에게 보여주는 예로서 도움을 주는 데 있다는 것을 인정할 수 없다. 나의 삶은 행복에 대한 부단한 추구와 소망을 가진 나 자신의 삶이지, 다른 사람의 삶에 대한 본보기가 아니다. 그러므로 이런 설명들은 객실의 대화에는 쓸모가 있을지 모르나, 나를 위협하고 삶을 불가능하게 하는 고통의 무의미성에 직면하고 있는 공포를 가라앉히지는 못한다.

그러나 자기의 잘못이 다른 사람의 고통의 원인이 되는 동시에, 자기도 역시 다른 사람의 잘못으로 고통을 받고 있다는 것을 어떻게든 이해하는 것이 가능하다 할지라도, 또 모든 고통이 현재의 삶에서 사람들이 시정해야 하는 잘못을 보여준다는 것을 조금이라도 이해한다고 하더라도, 거기에는 여전히 수많은 고통이 설명이 안 된 채 남아 있다. 숲 속에서 혼자 걸어 가던 사내를 이리들이 잡아먹는다. 한 사내가 혼자 물에 빠져죽거나 얼어 죽거나, 불에 타죽거나 한다. 보통은 병에 걸려 죽지만, 아무튼 아무도 이들이 얼마나 괴로움을 당했는지 알지 못한다. 이러한 예는 얼마든지 있다. 이런 일이 도대체 누구에게 어떤 모양으로 도움이 될 수 있다는 것인가?

자기의 삶을 동물적 존재로 이해하고 있는 사람들에게는 어떤 설명도 있지 않고 있을 수도 없다. 왜냐하면 그런 사람에게는 고통과 잘못과의 관계는 그의 눈에 보이는 사물 속에 있을 뿐이고, 죽음에 다다랐을 때의 고통 속에서는 이런 관계가 그의 마음에서 완전히 사라져 버리기 때문이다.

인간에게는 두 가지 선택이 있다. 고통과 자기 삶과의 관계를 알지 못하고 자기가 경험하고 있는 고통을 아무 뜻도 없는 형벌로 받아들이든지, 혹은 자신의 잘못된 행위가 여러 가지 죄를 만들어 내는 결과가 되고, 자기 고통의 원인이 되고, 자신과 다른 사람들의 죄의 구원이고 속죄라는 것을 인정하는 것이다. 다시 말해 고통에 대하여 다음 두 가지 태도만이 가능하다. 하나는 사람이 고통의 외적 의의를 인정하지 않기 때문에 고통을 무엇인가 잘못된 것으로 부정하는 태도이고, 다른 하나는 참된 삶을 위한 고통의 내적 의미를 이해하고 당연히 있어야 하는 것으로서 기꺼이 받아들이는 태도이다.

첫째 태도는 인간의 개인적 삶의 행복만을 행복으로 인정하는 데서 일어난다. 두 번째 태도는 다른 사람이나 모든 존재물의 행복과 끊을 수 없는 결합 속에 있는 인간의 과거 및 미래 행복을 행복으로 인정하는 데서 생긴다. 첫째 견해에 따르면, 고통은 어떠한 설명도 해주지 않고 끊임없이 증대하여 절대 가라앉힐 수 없는 절망과 분노 이외에 아무런 활동도 일으키지 않는다. 그러나 둘째 견해에 따르면, 고통은 참된 삶의 운동을 구성하는 활동, 즉 죄의식, 잘못으로부터의 해방, 이성의 법칙에 대해 복종하게 한다.

인간은 이성이 없다 하더라도 병고의 쓰라림으로 자기 삶이 자아 가운데 있는 것이 아니라는 것, 자아는 삶 전체에서 눈에 보이는 일부에 지나지 않는다는 것, 자아를 나타내는 원인과 결과의 외적인 관계는 자기의 이성적 의식이 언제나 인간에게 알려 주는 원인과 결과의 내적인 관계와 일치하지 않는다는 것을 싫건 좋건 인정하게 한다.

동물의 경우 시간과 공간과의 조건 속에서만 보이는 잘못과 고통과의 관계가, 인간의 의식에서는 이러한 조건 밖에서도 명료하다. 어떤 종류의 고통일지라도 인간은 언제나 그 고통을 자기 죄의 결과라고 인정한다. 그리고 그는 죄의 회개를 고통으로부터의 해방, 행복의 획득으로 인정한다.

어린 시절 처음부터 인간의 삶은 고통을 통하여 죄를 의식하고, 과오로부터 자신을 해방시키는 일로 시작된다. 나는 자기가 현재의 삶으로 일정한 진리의 지식을 가지고 들어왔다는 것, 그리고 나의 속에 과오가 많으면 많을수록 나와 다른 사람의 고통이 많았다는 것을 알고 있고, 잘못에서 벗어나는 일이 많으면 많을수록 자신과 남의 고통은 적고 내가 도달한 행복이 많았음을 알고 있다. 따라서 비록 고통 때문에 주어지는 것이라 할지라도 나는 자기가 이 세계에서 가지고 가는 진리의 지식이 크면 클수록, 많은 행복을 얻게 되는 것을 알고 있다.

괴로운 고통을 경험하는 것은 자신을 세계 전체, 인류 전체의 삶에서 떼어 내고, 그로 인해 자신과 다른 사람 위에 고통을 가져오는 죄과를 보지 않고, 자신을 죄 없는 사람이라고 생각하여, 그 결과 세계 인류의 죄를 위하여 자기가 참고 있는 고통에 반항하는 인간뿐이다.

참으로 놀라운 것은 심리적으로 이성에는 명료한 그 일이 삶의 유일한 참된 활동인 사랑에 의해서도 인정되는 것이다. 즉 이성은 사람의 죄와 고통간의 관계, 그리고 세계의 죄와 고통간의 관계를 아는 사람만이 고통의 괴로움에서 벗어날 수 있다고 말하는데, 사랑이 그것을 실제로 뒷받침하고 있다.

각자 삶의 반은 고통 속에서 보내진다. 이성의 법칙을 따르는 사람은 그 고통을 참기 어려운 괴로움으로 인정하지 않고, 마음에 두지도 않을 뿐만 아니라, 오히려 행복이라고까지 보고 있다. 그것은 그가 그 고통을 잘못의 결과로서, 또 자기가 사랑하는 사람들의 고통을 가볍게 하는 수단으로서 견디기 때문이다. 그러므로 가지고 있는 사랑이 적으면 적을수록 사람은 더 많은 고통을 느끼고, 사랑이 많으면 많을수록 고통을 느끼는 일이 적은 것이다. 그러나 사랑 속에 그 모든 활동이 나타나는 것 같은 완전히 이성적인 삶은 모든 고통의 가능성을 배제한다. 참을 수 없는 고통은 사람이 세계의 생활과 인간의 생활을 결합하는, 선조와 자손 및 동시대 사람들에 대한 사랑의 연쇄를 끊어 버리려고 하는 경우에 아픔을 느끼는 것이다.

35. 육체적 고통은 인간의 행복을 위한 필수조건이다.

사람들은 이렇게 묻는다.

'그러나 어쨌든 아프다. 육체적으로 아프다. 이 아픔은 무엇 때문인가?'

'우리가 아픔을 필요로 할 뿐만 아니라 아픔을 경험하는 일이 없다면 살 수가 없기 때문이다' 하고, 고통의 원인을 만들어내고, 우리들의 고통을 될 수 있는 한 적게 하고, 이 고통에서 생기는 행복을 될 수 있는 한 크게 한 이는 대답할 것이다.

우리들에게 아프다고 느끼는 이 감각이 육체를 보존하고, 동물적인 삶을 유지하기 위한 중요한 수단이라는 것, 그리고 아픔이 없다면 우리들은 모두 어렸을 적에 심심풀이로 자신을 태우든가 잘라버리든가 했을 것이라는 것을 모르는 사람이 있을까? 육체의 아픔은 우리들의 동물적인 개체를 보호한다. 그리고 아픔이 개체를 보호하고 있는 동안은 어린이의 경우와 같이, 이 아픔은 우리들의 이성적 의식이 충분히 힘을 드러내고 우리가 아픔을 있어서는 안 되는 것으로 생각해 그것과 투쟁하는 경우에 경험하는 것 같은 끔찍한 괴로움일 리가 없다.

동물이나 어린이에게 아픔은 분명한 한계가 있고 극히 가벼운 것으로, 이성적 의식을 부여받은 생물에서와 같은 정도의 고통에는 이르지 않는다. 우리는 때때로 어린이가 벼룩에 물려서, 마치 내장 어느 부분이 끊어지기라도 한 것처럼 아파하며 우는 것을 보는 일이 있다. 그러나 이성에 눈뜨지 않은 생물의 아픔은 그 기억에 아무런 흔적도 남기지 않는다. 우리들은 어린 시절의 아픔을 기억해 내려는 경우, 자기가 아무런 기억도 없을 뿐만 아니라 상상 속에서 생각하는 것도 불가능한 것을 알 것이다. 어린아이나 동물이 괴로워하는 것을 볼 때 우리는 그들의 고통보다 훨씬 큰 고통을 우리들이 겪는 듯한 인상을 받는다. 이성을 가지고 있지 않은 생물이 고통을 외적으로 표현하는 것은 실제의 고통보다 헤아릴 수 없을 정도로 크므로, 뇌염·열병·티프스, 그 밖의 여러 가지 모양의 고통에서 보듯이 우리들의 동정을 어처구니없이 크게 불러일으킨다.

이성적 의식이 아직 눈을 뜨지 않고, 아픔이 개체 보존에만 도움이 되는 시기에는 그것은 고통이 아니지만, 인간 속에 있는 이성적 의식이 작용할 때가 되면 아픔은 동물적 자아를 이성이 지배하는 수단이 되고, 이 의식이 눈을 뜸에 따라서 아픔을 차츰 참을 수 없게 된다.

실제적으로 이성적 의식을 완전히 소유해야만 비로소 우리들은 고통에 관해 이야기할 수 있다. 왜냐하면 이 상태가 되어야 여기에 생명이 시작되고 우리들이 고통이라고 부르는 삶의 상태가 시작되기 때문이다. 이 상태에서는 아픔의 감각을 크게 확대하는 것도 작게 축소하는 것도 가능하다. 실제 생리학을 연구하지 않더라도 감수성에는 한계가 있다는 것, 그리고 아픔은 어느 정도에 이르면 감각이 끊어져 기절·무지각·무의식 등으로 떨어지든가 혹은 실신한다는 것을 모르는 사람이 있는가. 그러므로 아픔의 증가는 그 양이 극히 한정되어 있고, 어느 한계를 넘을 수 없다. 이에 반하여 아픔의 감각은 우리들의 관계에 따라 무한히 증대하는 수가 있고, 마찬가지로 무한히 축소되는 수도 있다.

인간이 얼마나 아픔에 몸을 맡길 수 있고, 아픔을 당연한 것이라고 인정하고 아픔을 느끼지 않게 될 때까지, 때로는 그것을 참아내는 데 기쁨조차 느끼기에 이르기까지 아픔을 견뎌낼 수 있는가는 모든 사람들이 알고 있다. 순교자의 경우나 화형(火刑)을 당하면서 노래 부르던 후스는 말할 것도 없다. 극히 평범한 사람들도 용기를 보여주기 위해 떨지도 않고 비명도 지르지 않은 채로 몹시 아프다고 생각되는 수술을 견뎌내고 있다. 아픔의 증대에는 한계가 있으나, 그것을 감지하는 것을 축소하는 데는 한계가 없다.

아픔이라는 고통은 자기 삶을 육체적 존재로 생각하는 사람들에게는 참으로 무서운 것이다. 그리고 실제로 고통의 쓰라림을 가라앉히기 위해서 인간에게 주어진 이성의 힘이, 그것을 증대시키는 일에만 향하는 경우, 어떻게 아픔이 두렵지 않겠는가?

신은 처음 인간의 수명을 70년으로 정하였으나 뒤에 그 때문에 인간의 상태가 나빠진 것을 보고 현재와 같이 변경하여 자기가 언제 죽을지 알 수 없도록 하였다고 하는 신화가 플라톤에 있다. 그와 마찬가지로 정해진 사물의 질서도 역시 최초에는 인간이 아무런 감정도 아픔도 가지지 않도록 창조되었으나, 뒤에 인간의 행복을 위해서 현재와 같은 모양으로 고친 것이라는 신화가 있다는 사실 또한 합리성을 가지고 있다.

만일 신이 인간을 고통의 감정이 없게 창조하였다면, 인간은 곧 고통이라는 감정을 달라고 청했을 것이다. 출산의 고통이 없다면, 여자는 아기를 계속 낳았을 것이다. 어린이나 젊은이는 자기의 신체를 상하게 할 것이다. 어른은 자기보다 앞서 산 사람이나 현재 살고 있는 사람의 잘못을 결코 알지 못할 것이고, 특히 자신의 잘못조차도 알지 못할 것이다. 그들은 이 삶에서 자기가 무엇을 해야 하는가를 모를 것이고, 그들의 활동은 아무런 합리적인 목적을 가지지 못할 것이며, 육체적 사멸의 관념에 자신을 결코 융화시킬 수 없었을 것이고, 또 사랑을 하지 못했을 것이다.

자기의 삶을 이성적 법칙이 자아를 지배하는 것으로 이해하고 있는 사람에게는 아픔은 악이 아닐 뿐만 아니라, 자기의 동물적이고 합리적 삶에 없어서는 안 되는 조건이다. 만일 아픔이 존재하지 않았다면, 동물적 자아는 자기에게 법칙 위반을 지시할 만한 아무것도 가지지 못했을 것이고, 이성적 의식이 아무런 고통도 경험하지 않았다면 인간은 진리를 몰랐을 것이고, 또 생존 법칙을 배우지도 못했을 것이다.

'그러나 당신은 자신의 고통에 관하여 말하고 있을 뿐이다. 당신이 어떻게 사람들의 고통을 부정할 수 있는가! 사람들의 고통 상태를 보는 것은 무엇보다 큰 고통이 아닌가?' 이같이 사람들은 어느 정도 비꼬는 투로 말하리라.

다른 사람의 고통? 그러나 여러분이 고통이라고 부르는 것은 언제나 계속되었고, 지금도 계속되고 있다. 인간과 동물의 세계는 언제나 괴로움을 받아왔고, 지금도 괴로워하고 있다. 과연 우리들은 오늘에야 그 말을 들었는가? 부상·불구·굶주림·추위·질병, 모든 종류의 불행한 사고, 특히 우리들 가운데 누구라 할지라도 거치지 않고는 이 세계로 들어올 수 없었던 출산 등 이런 것 모두는 생존에 없어서는 안 되는 조건이다. 이 한 가지, 남의 고통을 도와서 덜어 준다고 하는 일이야말로 참된 삶의 활동이 이루어지는 것이고, 인간의 이성적인 삶의 내용이다. 인류의 삶에서 유일한 사업은 개인의 고통과 인류의 잘못에 대한 원인을 이해하고 그 잘못을 없애는 데 헌신하는 것이다. 내가 한 사람의 인간으로 존재하는 까닭은 다른 사람의 고통을 위해서이다. 각 개인의 고통 속에서 고통의 일반적인 원인, 즉 과오를 인정하고 그 과오를 자신과 다른 사람들 속에서 없애기 위해 나는 이성적 의식을 부여받은 것이다.

어떻게 노동자의 일거리가 그 노동자에게 고통의 원인이 될 수 있겠는가? 그것은 마치 아직 일구지 않은 땅이 자기 고통의 원인이 된다고 농부가 투덜거리는 것과 같다. 아직 일구지 않은 땅이 고통의 원인이 되는 것은, 일구지 않은 땅이 일궈지는 것을 보기는 바라지만 그 일구는 것을 자기 평생의 일로 여기지 않는 사람에게만 해당된다. 고통받고 있는 사람에 대한 사랑의 봉사와 고통의 일반적 원인, 즉 과오를 없애는 일에 힘을 기울이는 직접적인 활동이 인간을 기다리고 있고, 그것은 그의 삶을 구성하는 영원한 행복을 주는 유일한 기쁨이다. 인간에게 고통을 주는 것은 단 한 가지 뿐이다. 그것은 인간이 바라건 바라지 않건 그의 행복이 다만 그 속에만 존재하는 삶에 헌신하도록 강요하는 것이다.

이 고통은 자신과 세계 전체의 죄에 대한 의식과 자기의 삶, 세계 전체의 삶 속의 진리를 누군가 다른 사람의 손이 아니라 자신의 손으로 실현하는 단순한 가능성에만 머무르지 않으며, 실현해야 한다는 의무와 모순되는 의식이다. 이 고통을 가라앉히는 것은 자기의 죄에 관계하여 자신의 죄를 보지 않음으로써는 불가능하고, 또 자신과 세계의 삶인 진리를 다른 사람을 통해서가 아니라 혼자서 실현해야 한다고 생각하는 것으로는 더더구나 불가능하다. 첫 번째 것은 인간의 고통을 증대시킬 뿐이고, 두 번째 것은 인간으로부터 살아갈 힘을 빼앗아 버린다. 이 고통은 다만 개인적인 삶과 인간이 인정하는 목적과의 불균형을 없애는 참생명의 활동으로만 가라앉힐 수 있다.

인간은 자기 삶이 출생부터 죽음까지의 개체로 한정되어 있는 것이 아니라는 사실을 원하든 원치 않든 간에 인정하지 않을 수 없다. 인간은 자신이 인식하고 있는 목적에 도달할 수 있고, 이 목적을 향해 가면서 자신의 죄성을 더욱 크게 의식하는 일 속에서, 또 세계의 삶 속에 진리를 더욱 크게 구현시키는 것 속에서, 세계 전체의 삶에서 떼어 놓을 수 없는 자기 삶의 사업이 성립되고 있고, 앞으로도 언제나 성립될 것이라는 것을 인정하지 않으면 안 된다. 인간은 이성적 의식이 아니라도 삶에 관한 자기의 과오에서 비롯된 고통에 의하여, 아무런 장해도 없고 악도 없고 그 무엇도 손상되지 않으며, 또 처음도 없고 끝도 없이 끊임없이 커지는 행복만 존재하는 삶의 참된 길로 내몰린다.

맺음글

사람의 삶은 행복으로 나아가는 정진이다. 그리고 이렇게 정진하는 것은 반드시 사람에게 주어진다.

죽음과 고통이라는 형태의 악이 보이는 것은 인간이 육체적 동물적 존재의 법칙을 자기 삶의 법칙이라고 여기고 오해할 때뿐이다.

인간이면서도 동물 상태로 타락했을 때에 그는 죽음과 고통을 역력히 보게 된다. 그리고 그때, 죽음과 고통은 도깨비처럼 사방에서 그에게 소리를 지르면서 이성의 법칙에 따르고 사랑 속에 모습을 보이는, 인간 앞에 열린 삶의 유일한 활로로 그를 내몬다. 죽음과 고통은 자기 삶의 법칙에 대한 인간의 침범이다. 이 법칙에 따라서 살고 있는 사람에게는 죽음이나 고통은 존재하지 않는다.

'수고하며 무거운 짐을 진 사람은 모두 내게로 오너라. 내가 너희를 쉬게 하겠다. 나는 마음이 온유하고 겸손하니, 내 멍에를 메고 내게 배워라. 그러면 너희는 마음에 쉼을 얻을 것이다. 내 멍에는 편하고, 내 짐은 가볍다.' (마태복음 11장 28~30절)

인간의 삶은 행복을 소망하는 것이고, 그가 바라고 소망하는 것이 그에게 주어진다. 바로 죽음으로 끝날 수 없는 삶과 악이 될 수 없는 행복이 그것이다.

뒤에 부치는 글

1

흔히들 '우리들은 삶의 의식에서가 아니라, 외적 관찰에서 삶을 연구한다'라고 말한다. 이 말은 우리들 자신의 외부에서 사물을 관찰한다고 하는 말과 같다.

우리가 외부의 사물을 보는 것은 그것들을 눈으로 보기 때문이며, 외부의 삶을 인지(認知)하는 것은 그것을 우리 속에서 인지하고 있기 때문이다. 우리들은 사물을 눈에 보이는 것으로밖에 보지 않고, 또 외부의 삶을 우리 속에서 알고 있는 것으로만 정의내린다. 우리들은 우리 속에 있는 삶을 행복에 대한 소망과 정진으로서 알고 있다. 따라서 행복에 대한 소망과 정진으로 정의되는 것이 아니라면, 우리들에게는 삶을 관찰하는 것이 어리석은 것이 되며 삶을 보는 것조차 불가능하게 된다.

우리가 생물을 인식하는 으뜸가는 행위는 다양한 많은 사물을 유일한 존재 개념 속에 포함시키고, 그 생물을 다른 것과 비교해 식별하는 일이다.

사람이 말을 타고 있는 것을 여러 생물이라고 보지 않고 하나의 생물이라고도 보지 않는다. 그것은 그 사람과 말을 구성하고 있는 각 부분을 관찰해서가 아니라, 사람과 말의 허리에서도 다리에서도, 그 밖의 부분에서도, 우리가 자신 속에서 의식하고 있는 것과 같은 행복에 대한 정진과 노력을 보지 못하기 때문이다. 사람과 말이 하나의 생물이 아니라 두 개의 생물이라는 것을 알고 있는 것은, 우리가 자신 속에서 행복을 바라는 유일한 정진과 노력을 알고 있지만 그들 속에서는 두 개의 노력을 인정하기 때문이다.

다만 이 한 가지에 따라서 우리는 기수와 말의 결합 속에 생명이 있다는 것, 말의 무리, 새 떼, 나무, 풀 속에도 생명이 있다는 것을 안다.

만일 말은 말 자신의 행복을 바라고 있고, 사람은 사람으로서 행복을 바라고 있다는 것, 말의 무리 속의 개개의 말도 마찬가지로 자신의 행복을 바라고 있다는 것, 그리고 그것은 어느 곤충이나 나무나 풀이라도 마찬가지라는 것을 모른다면, 우리는 그것을 각각 인정하지 않았을 것이고, 그것을 인정하지 않으면 생물을 전혀 이해하지 못했을 것이다. 만약 그랬다면 1개 연대의 기병, 한 무리의 말, 한 떼의 새·곤충·식물 등은 모두 바다의 물결과 같이 되고, 온 세계는 삶을 식별할 수 없는 무차별한 운동이 되어 버렸을 것이다.

만일 우리들이 말이나 개나, 개에 달라붙어 있는 진드기 등이 생물이라는 것을 알고 있다면, 그리고 그들을 관찰할 수 있다면, 그 말, 개, 진드기가 각자 자신의 행복을 위해서 목적을 가지고 있다는 것을 의미한다. 내가 이 사실을 아는 것은 행복을 위하여 노력하고 정진하고 있는 한 존재로서의 자신을 알기 때문이다.

생명에 관한 지식의 기초가 되는 것은 행복을 지향하는 소망이다. 각자가 의식하고 있는 행복을 지향하는 이 소망이 생명이고, 이것이 가지가지 삶의 본질적인 표시임을 인식하지 않고서는 삶의 연구나 관찰은 불가능하다. 그러므로 관찰은 생명이 어떤 것이라는 것을 이미 알고 있을 때에 시작되는 것이고, 생명의 발현(發現)에 의존하고 있는 관찰은 결코 생명 자체를(거짓 과학이 상상하고 있듯이) 해명하지 못한다.

사람들은 생명을 자신의 의식 속에서 발견할 수 있는 행복을 지향하는 소망으로 정의하지 않고, 진드기에서 볼 수 있는 가능성으로 생각한다. 그리하여 진드기가 노력하고 바라는 행복에 관한 아무런 근거도 없는 가상의 지식을 기초로 생명 그 자체의 본질에 관하여 관찰과 추론을 하는 것이다.

외부 세계의 생명에 관한 나의 인식은 행복을 소망하는 의식을 기초로 하고 있다. 그러므로 나는 자신의 행복과 생명이 무엇에 있는가를 알아야만 다른 존재의 행복과 생명이 무엇에 있는가를 알 수 있다. 자신의 생명을 모르고는 다른 존재의 행복과 생명은 알 수 없다.

내가 소망하고 있는 행복과 비슷해 보이는 것을 추구한다고 알지도 못하는 다른 생물을 관찰하는 것은, 나에게 아무런 설명도 해줄 리 없고, 오히려 생명에 관한 참된 지식을 확실히 감추는 결과만 될 것이다. 자신의 생명도 제대로 이해하지 못하면서 다른 존재의 생명을 연구한다는 것은, 중심도 없이 원주를 그리려고 하는 것과 같다. 중심으로서 일정한 점을 설정한 뒤에 비로소 원주를 그릴 수 있고, 어떤 모양을 그린다 하더라도, 중심이 없다면 원주라는 것은 존재하지 않을 것이다.

2

사이비 과학은 단지 생명에 따른 현상들을 연구하면서 생명 그 자체를 연구하고 있는 줄로 착각해 잘못을 저지르고 있다. 따라서 그들 현상을 연구해 가면 갈수록 사이비 과학은, 자기가 연구하고자 하는 생명의 관념에서 점점 더 멀리 갈 뿐이다.

우선 포유동물(哺乳動物), 다음에는 다른 척추동물·물고기·식물·산호충(珊瑚蟲)·세포·미생물 등이 연구되고, 마지막에는 생물과 무생물 사이의 구별, 유기물과 무기물 사이의 구별, 한 유기체와 다른 유기체와의 한계의 구별마저 없어지는 데까지 이른다. 그리하여 마침내는 탐구와 관찰의 가장 중요한 주제로 관찰될 수 없는 것까지 출현하게 된다. 생명의 비밀과 만물에 대한 이해는 더 이상 눈에 보이지 않아 추측할 뿐이고, 만물의 근원이 오늘 발견되었는가 싶으면 내일은 잊어버리게 되는 것이나 미립자 속에 있는 것처럼 여겨지게 된다.

모든 생물을 이해할 수 있다고 여기는 것은, 미생물적 생물 속에 포함되어 있는 유기물에서, 또는 그 유기물 속에 포함되어 있는 유기물에서 하는 투로 제한이 없다. 즉 '작은 것의 무한한 가분성(可分性)은 큰 것의 무한성과 그 무한성이 같지 않은 것과 같다. 작은 것의 무한성 전체를 완전히 연구하고 나면 신비는 해명될 것이다'라고들 말한다. 즉 이것은 영원히 풀리지 않는다는 것이다. 그리고 사람들은 그 해결이 무한히 작은 것 속에 있는 것이라고 추정함으로써, 그 문제를 잘못 다루고 있다는 것을 스스로 입증하고 있음을 알아차리지 못한다.

그런데 이 같은 잘못된 생각의 마지막 단계(연구가 그 뜻을 얼마나 완전히 상실하고 있는가를 명백히 나타내는)를 과학의 승리라고 보는 것이다. 말하자면 장님의 마지막 단계가 시력의 최고 상태라고 생각되는 것이다. 사람들은 막다른 골목에 이름으로써 그들이 걸어온 길의 허망함을 명백히 보는데, 거기에 이르러서도 여전히 '현미경을 좀더 확대해서 보면, 우리들은 무기물에서 유기물로, 유기물에서 생리적인 것으로의 전화(轉化)를 이해할 것이다. 그러면 생명의 모든 신비는 명백해질 것이다' 하는 투로 열성을 보인다.

물체 대신에 그림자를 연구하고 있는 동안, 사람들은 자기가 연구하고 있는 그림자의 본체를 깨끗이 잊어버리고 자꾸만 그림자에만 몰두하다가, 끝내 암흑으로 들어가서 그 그림자가 매우 짙은 것에만 기뻐하고 있다. 생명의 의의는 행복을 바라는 인간의 의식 속에 나타나 있다. 이 행복을 분명히 하는 것, 그리고 그 이해를 더욱 바라는 것은 온 인류의 생명 과업의 주요 목표를 형성하고 있다. 그리고 이 과업이 어렵고 놀이가 아닌 괴로운 노동인 결과, 사람들은 이 행복의 정의가 인간의 합리적 의식 속에서 발견될 리가 없으며, 그 존재가 나타나는 장소 이외의 장소를 한없이 찾지 않으면 안 된다고 마음먹고 있다.

마치 한 사람이 자기에게 필요한 것을 정확히 알려 주는 쪽지를 가지고 있으면서도 읽을 수 없다며 그 쪽지를 던져 버리고, 만나는 사람마다 자신에게 필요한 것을 가르쳐 달라고 부탁하는 것과 같다. 사람들은 지워 버릴 수 없는 글자로 인간의 영혼에 적어 놓은 생명의 정의를 탐구하기 위해 모든 곳을 찾아다니고 있다. 본인의 의식 속 이외의 모든 장소를 찾고 있는 것이다. 이것은 온 인류가 '그대 자신을 알라'고 하는 그리스의 격언 이래, 가장 현명한 대변자를 통하여 언제나 정반대의 말을 계속해 오고 있다는 것을 생각하면 더욱 이상한 일이다. 모든 종교의 가르침은 인간에게 받아들여지기 쉽고, 속이는 일 없고, 진정한 행복을 지향하는 소망으로서의 생명의 정의이기 때문이다.

3

인간이 이성의 목소리를 차츰 또렷하게 듣게 되고, 그 목소리에 더 자주 귀를 기울이고, 그 목소리가 개인적인 행복과 허망한 의무로 인간을 부르고 있는 목소리보다 더 강하게 되는 때가 바야흐로 다가오고 있다. 아니 이미 다가와 있다. 한편으로는 마음을 빼앗기 쉬운 개인적 삶이 행복을 줄 수 없다는 것, 그리고 다른 한편으로는 인간이 규정하는 모든 의무를 준수하는 것은 인간 발생의 이성적이고 자비로 가득 찬 근원에 대하여 그가 지고 있는 빚을 갚을 능력을 인간에게서 빼앗아 버리는 속임수에 불과하다는 것, 이 두 가지가 차츰 뚜렷하게 드러나고 있다. 아무런 합리적 설명을 하지 못하는 것을 믿으라고 강요하는 낡은 속임수는 이미 바닥이 드러나 아무도 그 속임수에 빠지지 않게 되었다.

과거에 사람들은 흔히 이렇게들 말했다. '생각하지 마라. 우리가 규정하는 의무를 믿어라. 이성은 당신을 속일 것이다. 다만 신앙만이 당신에게 참된 행복을 계시해 줄 것이다.' 그리하여 인간은 믿으려고 노력하고 믿었다. 그러나 다른 사람들과의 교제는 그에게 다른 사람들이 전혀 다른 무엇인가를 믿고 있다는 것을 알려 주었고, 그들의 신앙 쪽이 큰 행복을 주고 있다는 것을 확인시켰다. 그리하여 수많은 신앙 가운데 어느 것을 믿을 것인가 하는 문제를 결정할 필요가 생겼으나, 이것은 이성으로밖에 결정지을 수 없는 것이다.

사람은 언제나 모든 것을 자기의 이성을 통하여 이해한다. 신앙을 통해서 이해하는 것이 아니다. '사람은 신앙을 통해서 알게 되고, 이성을 통해서 알게 되지는 않는다.' 이같이 단언함으로써 사람을 속이는 것이 한때는 가능하였지만, 사람이 두 개의 신앙을 알고 그가 자기의 신앙을 내세우는 것같이 다른 사람들도 다른 신앙을 내세우고 있는 것을 보게 되자, 그는 일을 이성으로 결정지을 필요성에 내몰리게 되었다. 이슬람교를 알게 된 불교인이 의연하게 불교인으로 있는다면, 그것은 이미 신앙 때문이 아니라 이성에 의한 것이다. 다른 하나의 신앙이 그의 앞에 나타나서, 자기의 신앙을 버릴 것인가, 아니면 제시된 신앙을 버릴 것인가 하는 문제가 일어나게 되면, 그 문제는 이성으로 결정짓는 수밖에 없게 된다. 만일 그가 이슬람교를 알게 된 뒤에도 여전히 불교인으로 있게 된다면, 부처에 대해 맹목적이던 그의 이전 신앙은 합리적인 기초 위에 선 신앙으로 대체될 것이다.

오늘날에는 이성이 아닌 신앙을 통하여 사람에게 정신적인 것을 주입하고자 하는 시도는, 마치 입이 아니라 다른 방법으로 사람에게 음식을 먹게 하려고 하는 것과 같다. 사람들 사이의 교제는 그들 모두에게 공통되는 이 지식의 밑바탕을 발견하게 했다. 그들은 이미 이전의 잘못으로 되돌아가지 못한다. 죽은 사람이 신의 아들의 목소리를 듣고 되살아나야 할 때가 다가오고 있다. 아니 이미 와 있다.

그 목소리를 지워 버린다는 것은 불가능하다. 왜냐하면 그 목소리는 어떤 개인의 목소리가 아니라 개인 가운데서나 인류의 탁월한 소수자 가운데서, 그리고 이미 오늘날에는 대다수의 사람들 가운데서도 들려오고 있는 인류의 합리적 의식 전체의 목소리이기 때문이다.

  *주 1 참된 과학이란 자기의 자리, 나아가서는 자기의 목표를 알고 겸손하기 때문에, 진실로 참된 과학은 과거와 현재에 걸쳐 이와 같은 말을 한 적이 없다. 물리학은 '힘이란 무엇인가?' 하는 문제에는 조금도 언급하지 않고, 힘의 본질을 설명하려고도 하지 않으며 다만 힘의 법칙이나 관계만을 설명한다. 화학은 '물질이란 무엇인가?' 하는 문제에는 조금도 언급하지 않고, 또한 그 본질을 정의 내리려고도 하지 않으며 다만 물질 관계만을 말한다. 생물학 역시 '생명이란 무엇인가?' 하는 문제에는 조금도 언급하지 않고, 또한 그 본질을 정의내리려고도 하지 않으며, 다만 생명의 형태에 관해서만 설명한다. 그러나 참된 과학에서는 힘이나 물질이나 생명은 연구 대상으로 다루어지지 않고, 다른 부문의 지식에서 따온 것으로, 그 위에 각자 다른 과학의 건축물이 세워져 있는 공리적 초석으로서 다루어지고 있다.

  참된 과학은 대상물을 이같이 보고 있다. 그러므로 이 과학이 민중을 무지한 쪽으로 향하게 하는 해로운 영향을 끼칠 리 없다. 그러나 그릇된 과학 연구는 대상물에 그와 같은 견해를 가지고 있지 않다. 즉 '우리는 물질을, 힘을, 생명을 연구한다. 우리는 그것을 연구하고 있으므로, 그것을 잘 알 수 있다'는 것이다. 그들은 자기들이 연구하고 있는 것이 물질도 힘도 생명도 아니고, 다만 그런 관계와 형태에 불과하다는 것을 깨닫지도 못하고 이와 같이 말하는 것이다.

  *주 2 시간과 공간 가운데서 인간의 생활 및 일반 생활의 발생이나 발달을 헤아려 보는 논의만큼 귀에 익숙해진 논의는 없을 것이다. 이 같은 논의를 펴는 사람들은 자기들이야말로 확고한 현실의 기반에 서 있는 것이라고 자인하고 있다. 그러나 사실 시간과 공간 속에서 생명의 진보를 헤아려 보는 논의만큼 가상적인 것은 없다. 이들 논의는 마치 한 개의 선을 재려고 하는 사람이, 자기가 그 위에 서 있어서 잘 알고 있는 한 점에서 자를 들이대려고 하지 않고 무한히 계속되는 선상에, 자기로부터 거리가 가지가지인 일정하지 않은 곳에 떨어져 있는 가상의 한 점을 골라, 거기서 자기까지의 거리를 재려고 하는 것과 같다. 사람들이 시간과 공간 속에서 생명의 발생과 발전을 헤아려 보려는 논의를 하는 경우, 혹시 이와 같은 일을 하고 있는 것은 아닌가? 실제로 우리들은 과거에 인간 생활의 발달을 나타내고 있는 무한한 선 어딘가에서 이 공상적인 삶의 진화에 대한 역사를 쓰기 시작하려는 임의의 점을 취하여야 할 것인가? 수태에선가 자기의 출생에선가, 혹은 부모의 관계에선가, 더욱 거슬러 올라가서 원시 동물과 원형질에선가, 혹은 태양에서 분열한 최초의 파편에서인가? 이 모든 논의는 결국 가장 어처구니없는 공상적인 논의, 척도가 없는 측량에 불과하다.

예술과 삶

시는 인간의 영혼 속에서 타오르고 있는 불이다.
이 불은 태우고, 뜨겁고, 빛난다.

예술과 삶

1. 예술은 반드시 필요한가

오늘날 신문 독자들은 어느 신문에서나 연극란·음악란을 대하게 된다. 그리고 거의 매호마다 이러저러한 전시회라든가 그림에 대한 기사를 발견하게 되며, 시, 소설, 수필, 평론의 신간 서적 안내를 발견하게 된다.

또한 한 공연이 끝나기가 바쁘게 어떤 여배우나 남자 배우가 이러저러한 연극 또는 오페라에서 어떤 역을 맡았고 어떤 연기를 보였으며, 신작의 연극 또는 오페라의 내용은 어떠하며, 또 어떤 장점과 단점을 가지고 있었다는 것들이 자세하게 기사화된다. 마찬가지로 어떤 음악가가 어떤 곡을 어떻게 노래하고, 피아노나 바이올린으로 어떻게 연주하였으며, 그 곡과 연주의 장단점은 어디에 있는가 하는 것도 자세하게 소개된다. 어느 대도시에서나 한 군데쯤은 신작 전시회가 열리고, 그 장단점이 미술 평론가들과 감상가들에 의해 진지하게 검토된다. 또한 거의 날마다 신작 소설과 시가 단행본이나 잡지에 발표된다. 신문은 독자들에게 그 같은 예술 작품에 대한 자세한 기사를 전하는 것을 자기 의무로 알고 있다.

러시아에서는 온 국민을 교육시키는 데 필요한 돈의 1퍼센트밖에 쓰고 있지 않으면서도, 예술 보호를 위해서는 정부가 미술 학교, 음악 학교, 극장 등에 몇백만 루블의 보조금을 주고 있다. 프랑스에서는 8백만 루블이 예술을 위해서 할당되어 있고, 독일과 영국에서도 마찬가지이다. 어느 대도시에서나 박물관, 미술 학교, 음악 학교, 연극 학교를 위해서, 또 연극과 음악회를 위해서 거대한 건물이 세워지고 있다. 몇십만의 노동자들, 예를 들어 건축업자, 석공, 페인트공, 목수, 표구사, 양복장이, 이발사, 보석상, 주물공, 식자공 등은 예술에 대한 인간의 욕구를 충족시키기 위하여 고된 노동 속에서 일생을 보내고 있다. 전쟁을 제외하면 이처럼 많은 인간의 노력을 집어삼키는 것도 예술을 제외하고는 달리 없을 것이다.

예술활동을 위하여 실로 엄청난 노력을 기울일 뿐만 아니라, 전쟁에서와 마찬가지로 직접 사람의 목숨까지 희생되는 일도 허다하다. 몇십만 명이 어릴 때부터 자기 일생을 바쳐 두 발을 아주 날렵하게 돌리는 법을 배우고 있고(무용가들), 건반과 현을 빠르게 치고 켜는 법을 익히고 있는가 하면(음악가들), 물감으로 묘사하는 것을 배우고(화가들), 또 온갖 시구를 온갖 가락으로 바꾸고(작곡가들), 온갖 말에 운을 찾아 주는 일을 익히고(시인들) 있다. 그들은 대개 아주 선량하고 현명하고 온갖 이로운 일을 할 줄 아는 사람들이지만, 인간을 어리석게 만드는 특수한 일에 종사하고 있는 동안 점점 편벽해지고 인생의 모든 진지한 현상에 둔감해지면서 어느 한 분야에만 국한되는 사람이 되어 버린다. 그저 발, 혀, 혹은 손가락 놀릴 줄밖에 모르는 전문가로 만족하게 되는 것이다.

그것만이 아니다. 나는 언젠가 한번 유럽 극장에서 상연되고 있는 지극히 평범한 신작 오페라 리허설을 구경하러 간 적이 있다.

내가 도착했을 때는 이미 제1막이 시작되고 있었다. 관람석으로 들어가려면 무대 뒤를 지나가야 했다. 나는 안내를 받아 거대한 건물 지하실의 어두운 통로와 출입구를 따라 무대 장치와 조명을 바꾸는 커다란 기계 옆을 지나가게 되었다. 그런데 그 어둠과 먼지 속에서 일을 하고 있는 사람들이 눈에 띄었다. 그때 음울하고 깡마른 얼굴에다 지저분한 작업복을 걸치고 억세고 더러운 손을 한 노동자 가운데 한 사람이, 지칠 대로 지친 불만스러운 어투로 다른 사람을 나무라면서 내 곁을 지나갔다. 어두운 층계를 올라간 다음 나는 무대 뒤 마루로 나왔다. 어수선하게 내던져진 도구류, 커튼, 장대 같은 것들이 늘어져 있었다. 화장을 하고 허벅지와 장딴지에 착 달라붙은 옷을 걸친 사내들과, 언제나처럼 가능한 한 많은 몸뚱이를 드러낸 여자들이 몇십 명 가량 빙 둘러서서 움직이고 있었다. 그들은 모두 자기 차례를 기다리고 있는 가수, 남녀 합창단원, 발레리나들이었다.

안내인은 무대를 지나고 오케스트라 박스를 가로지르는 널빤지 다리를 건너, 어두운 1층 관람석으로 나를 데리고 갔다. 오케스트라 박스에는 100명 가량 되는 연주자들이 큰북에서 플루트, 하프에 이르기까지 온갖 종류의 악기를 들고 앉아 있었다. 반사경이 달린 두 램프 사이로 조금 높은 단이 마련되어 있어서, 오케스트라와 가수 또 오페라 공연 전체를 지휘하는 지휘자가 지휘봉을 든 채 악보대 앞 의자에 앉아 있었다.

내가 도착했을 때엔 리허설이 진행되고 있었다. 무대 위에서는 신부를 데리고 오는 인도인들의 행렬이 연출되고 있었다. 무대 뒤에서는 의상을 걸친 남녀 외에도 신사복 차림의 두 사내가 이리저리 마구 뛰어다니며 돌아다니고 있었다. 한 사람은 연기 부문의 연출자고, 부드러운 구두를 신고 아주 가볍게 이쪽저쪽으로 뛰어다니고 있는 또 한 사람은 무용 교사였다. 이 사람의 월급은 노동자 10명의 연봉보다 많았다.

이들 세 주요인물들이 노래와 오케스트라와 행렬을 감독하고 있었다. 행렬은 언제나 그렇듯 은종이를 바른 창을 어깨에 메고 두 사람씩 짝을 지은 남녀들로 이루어져 있었다. 모두들 한곳에서 나와 무대를 몇 바퀴 돌다가는 발을 멈추었다. 행렬은 한참동안 순조롭게 진행되지 않았다. 창을 든 인도인들이 너무 늦게 나오거나 너무 일찍 나오기도 하고, 또는 적당한 때에 나왔다 싶으면 이번에는 퇴장할 때 너무 뭉쳐버린다. 또 뭉치지 않을 때는 무대 양옆에 제대로 자리를 잡지 못하곤 했다. 그러면 그때마다 모든 것이 중지되고 처음부터 다시 시작되곤 했다. 행렬 중 터키인으로 분장한 사내가 야릇하게 입을 벌려 '나는 신부를 데려오고 있노라' 하고 시작되는 아리아를 노래한다. 그가 노래를 부르며 물론 장갑을 끼지 않은 손을 망토 밑으로 흔든다. 그러면 행렬이 시작된다. 그런데 여기서 아리아의 반주를 맡고 있던 프렌치호른 소리가 제대로 나오지 않았다. 그러자 지휘자는 마치 불행이 내려덮치기라도 한 것처럼 몸을 부르르 떨고는 악보대를 지휘봉으로 두드렸다. 모든 것이 중지되고 지휘자는 오케스트라 쪽으로 돌아선다. 그러고는 마치 마부들이 서로 욕지거리를 하는 듯한, 몹시 거친 말로 욕을 해대면서 왜 음이 틀리느냐고 프렌치호른 주자를 꾸짖는다.

모든 것은 다시 처음부터 시작된다. 창을 든 인도인들은 다시 그 괴상한 신을 신은 발을 부드럽게 내디디면서 나왔다. 그리고 가수는 다시 '나는 신부를 데려오고 있노라' 하고 노래를 부른다. 그런데 이번에는 행렬 간격이 좁아졌다. 다시 지휘봉을 두드리고, 욕설이 쏟아져 나오고, 다시 처음부터 새로 시작되었다. 다시 '나는 신부를 데려오고 있노라'에 이어, 다시 망토 밑의 똑같은 손동작, 그리고 어깨에 창을 멘 행렬이 부드럽게 발을 떼어 놓는다.

진지하고 슬픈 얼굴을 하고 있는 자들도 있고 말을 주고받으며 웃는 자들도 있다. 그들은 빙 둘러서서 노래를 부르기 시작한다. 모든 것이 다 잘된 것 같다. 그러나 다시 지휘봉을 두드리는 소리, 그리고 지휘자가 괴로워하는 앙칼진 목소리로 남녀 합창단원들에게 욕설을 퍼붓기 시작한다. 노래를 부르면서 고조된 감정을 나타내는 표시로 이따금 두 손을 들어올려야 하는데 합창단원들이 그렇게 하지 않았던 것이다.

"그래 너희들 모두 죽었나? 이 바보들아! 어떻게 된 거야? 너희들은 모두 송장이야, 뭐야? 왜 움직이지 않는 거야?"

다시 처음부터 반복된다. '신부를 데려오고 있노라'에 이어 다시 합창단원들은 침통한 얼굴로 노래를 부르며 두 손을 번갈아 들어올린다.

그런데 두 여자 합창단원이 말을 주고받는다. 다시 세차게 지휘봉을 두드리는 소리.

"뭐야, 너희들은 얘기하러 여기에 왔어? 수군대고 싶으면 집에 가서 해. 저기 빨간 바지를 입은 너, 좀더 가까이 와. 그리고 나를 쳐다봐! 처음부터 다시."

다시 '나는 신부를 데려오고 있노라'. 이처럼 리허설은 한 시간, 두 시간, 세 시간 계속된다. 그날은 6시간이나 계속되었다. 지휘봉 두드리는 소리, 노래, 오케스트라, 행렬, 무용의 반복, 배치, 정정과 그 밖의 앙칼진 욕설이 곁들여진 것으로 '얼간이, 바보, 천치, 돼지'라는 말이 악사들과 가수들에게 퍼부어지는 것을 나는 한 시간 동안에 40번이나 들었다. 육체적으로나 정신적으로나 불구가 되어 버린 인간, 욕설을 듣고 있는 불행한 플루트 주자, 프렌치호른 주자, 가수들은 묵묵히 지휘자가 명령하는 대로 묵묵히 따르고 있다. '나는 신부를 데려오고 있노라'를 스무 번이나 되풀이하고, 똑같은 구절을 스무 번이나 연주하며, 스무 번이나 창을 어깨 너머로 메고 노란 구두를 신은 발을 옮겨놓고 있다.

지휘자는 이 사람들이 불구가 되어 트럼펫을 불거나 노란 구두를 신은 발로 창을 들고 걷거나 하는 짓 외에는 아무 데도 쓸모가 없다는 것을 알고 있다. 또 그런 주제에 달콤하고 사치스러운 생활에 길들어 있어 그저 이런 달콤한 생활을 빼앗기지만 않는다면 무슨 짓이고 다 참아낸다는 것을 훤히 알고 있다. 그래서 지휘자는 태연히 그러한 횡포를 자행하고 있는 것이다. 더구나 그가 그러한 것을 파리와 빈에서 보고, 훌륭한 지휘자들은 그렇게 한다는 것, 그것이 위대한 예술가들의 전통이며, 자기의 위대한 예술에 열중하다 보면 다른 예술가들의 감정 따위를 돌보고 있을 겨를이 없다는 것을 잘 알고 있다. 이런 진풍경을 다른 곳에선 보기 힘들다.

나는 하역 작업을 하면서 한 노동자가 자기를 내리누르는 무거운 짐을 받쳐 주지 않았다고 다른 노동자에게 욕지거리를 퍼붓는 것과, 건초를 거둬들일 때 풀더미를 잘못 쌓는다고 지주가 호통을 쳐도 공손하게 잠자코 있는 것을 본 적이 있다. 보기가 아무리 불쾌할지라도 거기에서 행해지고 있는 일이 필요하고 중요하며, 지주가 소작인에게 욕지거리를 퍼붓지 않으면 안 될 만큼 귀중한 일을 망그러뜨릴는지도 모른다는 것을 생각하면 다소 누그러진다.

그런데 도대체 여기서는 무엇이 행해지고 있고 무엇을 위한 것이며 누구를 위한 것인가? 그 지휘자도 어쩌면 그 노동자와 마찬가지로 지쳐 있을지도 모른다. 지휘자는 지쳐 있었음에 분명하다. 그러나 도대체 누가 그를 괴롭히고 있는 것인가? 도대체 무슨 일 때문에 그는 괴로워하고 있는 것인가? 그들이 리허설을 하고 있던 오페라는, 그것에 길든 사람에게는 지극히 예사로운 오페라 가운데 하나지만, 동시에 상상할 수 있는 한 가장 어리석은 내용을 담고 있었다.

한 인도의 황제가 장가를 들고 싶어한다. 그리하여 직접 신부를 데리고 오는데 그는 가수로 위장한다, 신부는 가짜 가수에게 홀딱 반하여 절망한다, 뒤에 가수가 황제라는 것을 알고 모두들 대단히 만족한다는 얘기다.

그러한 인도인들은 일찍이 존재한 적이 없었고, 또 존재할 수도 없다. 그들이 연출하는 것은 인도인들을 닮지도 않았을 뿐만 아니라, 다른 오페라에나 있으면 있었지 이 세상의 어떤 것과도 닮지 않았다. 그것은 명백한 사실이다. 사람들은 그 같은 아리아로 이야기하지도 않고, 일정한 거리를 두고 서서 두 손을 흔들면서 자기 감정을 나타내지도 않는다. 또 극장 외의 어디에서도 은종이를 바른 창을 들고 슬리퍼를 신고 열을 지어 돌아다니지도 않으며, 절대로 그처럼 화를 내거나 감동하거나 웃거나 울거나 하지도 않는다. 이 세상 어떤 사람도 그 같은 연기로 감동시킬 수는 없을 것이다. 이것은 전혀 의심할 나위 없는 사실이다.

문득 의문이 머리에 떠오른다. 누구를 위하여 이러한 것이 행해지고 있는가? 이런 것을 도대체 누가 좋아할 수 있는가? 이 오페라 가운데 이따금 듣기 좋은 음악이 있다면, 그것은 그 어리석은 의상과 행렬, 아리아, 손짓 따위 없이도 간단히 노래 부를 수 있는 것이 아닌가. 반라의 여자들이 음탕한 동작, 온갖 형태로 육감적인 기교를 부리는 발레야말로 정말로 타락한 연기이다. 이것은 누구에게 보이려고 하는 것인지 전혀 이해할 수 없게 된다. 교양 있는 사람에게 이것은 못 견딜 만큼 싫증이 나는 것이고, 노동자에게 이것은 전혀 이해할 수 없다. 그런 것을 좋아할 수 있는 사람이 있다면, 물론 그것도 의심스러운 것이기는 하지만 상류사회의 정신을 익히기는 했지만 아직은 상류사회에 싫증을 느끼지 않은 타락한 장인이나, 자기가 개화되어 있음을 증명하고 싶어 못 견디는 젊은 하인배 정도이리라. 게다가 이런 어리석은 일이 선량한 쾌활함과 순진함이 아니라 악의와 야수 같은 잔인함으로 준비되고 있다.

사람들은 이것은 예술을 위한 일이라고 말한다. 그리고 예술은 대단히 중요한 일이라고 한다. 그러나 그러한 것이 예술이고 예술이 그러한 희생을 강요해도 좋을 만큼 중요한 일이라는 것은 정말일까? 이 문제가 특히 중요한 것은, 몇백만 명의 노력과 인명, 특히 사람들 사이의 사랑까지도 희생할 것을 요구하는 예술이 이제는 사람들의 의식 속에서 차츰 무엇인가 불명확하고 불확실한 것으로 타락해 가고 있기 때문이다.

이제까지 예술 애호가들이 자기네 예술에 대한 판단의 근거로 삼고 있던 평론은 서로 모순되는 게 많다. 따라서 만일 각 유파의 평론가들이 예술에 속할 권리를 인정하지 않는 것을 예술분야에서 모두 제외한다면 예술은 거의 아무것도 남지 않게 될 것이다.

마치 서로 다른 종파의 신학자들처럼 각파 예술가들은 자기들끼리 서로 배척하거나 부정하고 있다. 오늘날 각 유파의 예술가들이 말하는 것을 들어보라. 그러면 모든 분야에서 한 파의 예술가들이 다른 파 예술가들을 부정하고 있는 것을 보게 될 것이다. 이를테면 시에서 낭만주의 시인들이 고전주의 시인들과 퇴폐주의 시인들을 부정하고, 고전주의 시인들은 낭만주의와 퇴폐주의 시인들을 부정하며, 퇴폐주의 시인들은 모든 유파와 상징주의 시인들을 부정하며, 상징주의 시인들은 과거의 모든 유파와 신비주의 시인들을 부정하고, 신비주의 시인들은 자기 이전의 모든 시인들을 부정한다. 소설 역시 자연주의, 심리주의, 자연숭배주의 소설가들이 서로를 부정하고 있다. 연극, 미술, 음악에서도 마찬가지이다.

민중의 커다란 노력과 많은 인간들의 생명을 희생시키면서 인간 상호간의 사랑을 파괴하고 있는 예술이라는 것은 그 본질이 무엇인지 명확하게 정의되어 있지 않다. 그뿐이 아니다. 그 애호가들에게도 예술이라는 것에 무슨 뜻이 담겨져 있으며 현재와 같은 희생이 바쳐져도 좋은 그런 뛰어나고 유익한 예술이라는 것이 도대체 무엇을 뜻하는가를 말하기조차 어려울 만큼 제멋대로 풀이되고 있다.

2. 예술이란 무엇인가

자주 목숨까지 빼앗아가는 천덕스러운 발레, 서커스, 오페라, 오페레타, 전시회, 회화, 음악회, 출판과 같은 일에는 노예처럼 일해 줄 몇천 몇만이라는 사람들의 긴장된 노동이 필요하다.

만일 예술가들이 자기들 일을 모두 자기 스스로 한다면 또 좋다. 그러나 그들 모두에게는 예술의 창작을 위해서뿐만 아니라 사치스러운 생활을 위해서도 많은 노동자들의 도움이 절실히 필요하다. 더욱이 그들은 부유한 사람들에게서 보수라는 형태로 받거나 극장, 음악 학교, 미술 학교 등에 주어지는 몇백만 루블에 이르는 정부 보조금이라는 형태로 그런 생활을 유지하고 있다.

이렇게 쓰이는 세금을 내기 위해 민중들은 한 마리밖에 없는 암소를 팔아야 한다. 예술에 주어지는 지원금은 이렇게 예술이 주는 미적 즐거움을 누리는 일이 없는 민중에게서 거두어들여지고 있는 것이다.

그리스나 로마의 예술가, 심지어 19세기 전반의 예술가에 이르기까지 그때는 그래도 노예가 존재하는 시대라 자기와 자기 만족을 위하여 편안한 마음으로 사람들을 억지로 부려먹어도 당연한 일이라고 여겨졌으므로 괜찮다고 치자. 그러나 막연하게나마 모든 사람들이 평등하다는 의식이 보편화되어 있는 오늘날에는 예술이라는 것이 과연 그러한 횡포를 부릴 만큼 훌륭하고 중요한 일인가 하는 문제를 먼저 해결하지 않고는 예술을 위하여 사람들을 노예처럼 일하도록 강제할 수는 없다.

만약 그렇지 않고 노력, 인명, 도덕 등을 희생시키면서까지 추구해야 할 예술이라면, 그것은 유익하지 않을 뿐만 아니라 충분히 유해한 것이 될 수도 있지 않을까 생각되어 나는 저절로 소름이 끼친다.

따라서 우리는 예술을 자칭하고 있는 모든 것이 실제로 예술인가, 그리고 예술이기만 하면 그것이 모두 좋은 것인가, 그리고 좋은 것이라고 하더라도 그토록 중요한 것이며 그것을 위하여 요구되고 있는 희생이 바쳐질 만큼 값어치가 있는가 하는 것을 생각해 두어야 한다.

더구나 양심적인 예술가라면 누구나 자신이 행하고 있는 것은 모두 정당성을 가지고 있으며 자기는 좋은 일을 행하고 있다는 독선적인 생각을 하거나, 그리고 자기가 무슨 장한 일을 하고 있다든지, 자기 작품을 위해 노력하고 있으므로 세상 사람들이 자기를 호사시켜 주는 것이 당연하다는 그릇된 자만심을 품어서는 안 된다. 오늘날 이러한 문제에 대한 해답들이 특히 중요하게 된 것도 바로 이 때문이다.

인간의 노력과 생명뿐만 아니라 행복까지도 희생해도 괜찮을 만큼 인류에게 중요하고 필요한 것으로 여겨지고 있는 이 예술이란 도대체 무엇인가?

"예술이란 무엇인가?"

"뭐 예술이 무엇이냐고? 예술, 그것은 모든 형태의 건축, 조각, 회화, 음악, 시가 아니고 무엇이란 말인가?"

대부분의 사람들이나 예술가는 이렇게 말한다. 그들은 자기가 답한 것은 확실하며 모든 사람들도 또한 한결같이 이해하고 있다고 예상하면서 그렇게 대답하고 있다. 그러나 건축 가운데는 흔히 예술의 대상이 되지 못하는 단순한 건물이 있기도 하고, 그런가 하면 또 예술의 대상이 되려다가 실패한 보기 흉한, 그래서 예술의 대상으로 인정받을 수 없는 건물도 있지 않은가 하는 의문이 생긴다.

그렇다면 도대체 어디에 예술적인 특징이 있을까?

조각·음악·시에서도 마찬가지이다. 모든 형태의 예술은 한편으로는 실제 유익한 것과, 다른 한편으로는 실패한 예술적 시도라는 양면성을 띠고 있다. 어떻게 이 둘로부터 예술을 구별할 것인가? 현대적인 교육을 받은 평범한 인간과 심지어는 미학을 전공하지 않은 예술가까지도 이런 문제에는 당황하지 않을 것이다. 이런 것은 모두 이미 오래전에 해결되어 누구나 다 잘 알고 있는 것으로 생각하기 때문이다.

'예술은 미(美)를 나타내는 활동이다' 하고 보통 사람들은 대답할 것이다. "그러나 만일 그것이 예술이라고 한다면 발레와 오페레타 또한 예술인가?"

"그렇다. 좋은 발레와 우아한 오페레타 또한 미를 나타내고 있는 한 예술이다."

비록 약간의 의혹을 느끼면서도 보통 사람들은 이렇게 대답할 것이다.

그러나 한 걸음 더 나아가, 보통 사람들에게 어떻게 좋은 발레와 우아한 오페레타를 그렇지 못한 것과 구분하는가 하는 질문은 제쳐놓자. 그것은 분명 무척 대답하기 어려운 물음일 것이다. 그러므로 만일 여러분이 그 보통 사람들에게, 그렇다면 발레와 오페레타에 나오는 여자들의 모습과 얼굴을 꾸며 주는 의상담당과 미용사, 양재사, 향수 제조업자, 요리사들이 하는 일도 예술로 인정할 수 있느냐고 묻는다면, 그들은 대개 그와 같은 일은 예술 분야에 속하지 않는다고 부정할 것이다. 그러나 이러한 점에서 보통 사람들은 잘못을 저지르는 것이다. 바로 그 사람이 전문가도 아닐 뿐 아니라 미학 문제를 공부하지도 않았기 때문이다.

만일 그들이 그러한 것을 공부한다면 그들은 유명한 르낭(Renan)의 저서 《마르쿠스 아우렐리우스》 가운데서 '재봉도 예술이며, 여자의 의상을 최고의 예술이라 인정하지 못하는 사람은 지극히 편협하고 아둔한 자'라고 단정하고 있는 것을 보게 될 것이다.

르낭은 '이것이야말로 위대한 예술이다'라고 말한다. 그뿐만 아니라 보통 사람들은 많은 미학이야말로 학설 가운데서 이를테면 박학한 크랄릭(Kralik) 교수의 미학 학설 《세계의 미, 일반미학시론(*Weltschönheit, Versuch einer allgemeinen Aesthetik*)》과 귀요(Guyau)의 《현대미학의 여러 문제(*Les problêmes de l' esthétique Contemporaine*)》 가운데서 의상, 미각, 촉각을 위한 것이 예술로 인정되고 있음을 알게 될 것이다.

"그리하여 주관적 감각에서 자라는 다섯 잎사귀의 예술이 생긴다. 예술은 우리들의 다섯 가지 감각으로 받아들여진 것을 미적으로 가공하는 것이다." 크랄릭은 이렇게 말하고 있다.

이 다섯 가지 예술은 다음과 같다. 즉 미각·후각·촉각·청각·시각 예술 등이 그것이다.

우선 미각의 예술에 대하여 그는 다음과 같이 말하고 있다.

"일반적으로 물질은 오직 둘, 혹은 많아야 세 가지 감각의 도움으로만 훌륭하게 미적 가공에 이를 수 있다고 인정된다. 그러나 나는 그것이 옳지 않다고 생각한다. 나는 우리가 일상생활 속의 다른 여러 예술의 명칭, 이를테면 요리기술을 예술로 인정하는가에 관하여 함부로 주장할 생각은 없다."

그리고 또 다음과 같이 말하고 있다.

"그러나 요리기술이 맛있는 것을 만들어 낼 수 있다면, 그것으로 어떤 미적 만족이 얻어진다 함에는 의심할 나위가 없다. 그러므로 미각 예술(이른바 요리기술 가운데 나타나는)의 원칙은 다음과 같은 점에 있다. 즉 먹을 수 있는 모든 것은 일정한 관념의 상징으로서 가공되어야 하며, 어떠한 경우에도 표현에 따르는 관념과 일치되어야 한다."

이 저자 역시 르낭과 마찬가지로 의상 예술을 인정하고 있다.

현대 작가들에게서도 높이 평가받고 있는 프랑스의 저술가 귀요의 견해도 마찬가지이다. 귀요는 자신의 저서 《현대미학의 여러 문제》 가운데서 촉각·미각·후각이 미적 인상을 주거나 혹은 줄 수 있다고 진지하게 말하고 있다.

"촉각은 비록 물체의 빛깔을 구분하지는 못하더라도, 그러나 눈만으로는 전달하지 못하는 커다란 미적 가치를 가지고 있는 것에 대한 관념, 즉 물체의 '부드러움, 매끄러움' 등과 같은 것에 대한 관념을 준다. 벨벳의 아름다움을 특징짓고 있는 것은 그 윤기 못지않게 직접 닿았을 때의 부드러움이다. 여자의 아름다움에 대한 우리의 관념 속에는 그 살결의 부드러움이라는 것이 본질적 요소로 들어 있다."

"누구나 조금만 주의 깊게 과거의 기억으로 거슬러 올라간다면, 참된 미적 즐거움인 미각의 즐거움을 경험했던 일을 기억해 낼 것이다."

그리고 귀요는 산 속에서 마셨던 우유 한 잔이 자기에게 얼마나 미적 즐거움을 주었는지를 이야기하고 있다.

따라서 미적 표현으로서의 예술이라는 관념은 겉으로 보는 것처럼 결코 단순한 것이 아니다. 더구나 최근의 미학자들이 주장하듯이 미의 관념 속에 촉각·미각·후각까지도 포함시키고 있는 현대에는 특히 그렇다.

그러나 보통 사람들은 그것을 모르고 있거나 알려고 하지 않고, 예술의 문제는 모두 미를 예술의 내용으로 인정함으로써 지극히 간단하고 명료하게 해결되는 것으로 굳게 믿고 있다. 보통 사람들에게 예술은 미의 산물이라는 것이 명백하고 알기 쉬운 것으로 받아들여지고 있으며, 또한 미에 대한 관념으로 모든 예술의 문제를 해결할 수 있을 것이라 여겨지고 있는 그 '미'란 도대체 무엇이며, 어떻게 정의되고 있는 것일까?

무슨 일에 있어서나 으레 그렇듯이 말로 전달되는 개념이 불명료한 데다 복잡할수록 사람들은 더욱더 태연하고 자신만만하게 그 말을 사용하기 때문에, 마치 그런 말의 의미는 간단 명료해서 무엇을 의미하고 있는지 새삼 말할 것도 없는 것처럼 보인다. 흔히 미신이나 종교 문제에 관하여 이러한 태도를 취하고 있는데, 오늘날 미의 개념에 대해서도 사람들은 그러한 태도를 취하고 있다.

'미'라는 말이 무엇을 의미하는지 누구나 다 알고 있고 이해하고 있다고 간주된다. 그러나 '미'는 제대로 알려져 있지 않다. 그뿐 아니라 150년 동안, 다시 말해 1750년 바움가르텐(Baumgarten, 1714~ 62, 독일의 철학자)이 미학을 창시한 이래, 이 문제에 대하여 가장 학식이 많고 사려 깊은 사람들이 산더미만큼의 저서를 남겼는데도 '미란 무엇인가' 하는 문제는 오늘날까지 해결되지 않은 채 남아 있다. 그리고 미학에 관한 새로운 저서가 나올 때마다 새로운 방법으로 해석되고 있다.

내가 미학에 대해 읽은 최근의 저서 가운데 율리우스 미탈터(Julius Mitalter)의 《미의 수수께끼(Das Rätsel des Schönen)》라는 괜찮은 소책자가 있다. 이 책은 제목부터 '미란 무엇인가' 하는 문제를 잘 나타내고 있다. '미'라는 말의 의미는 150년 동안 몇천 명의 학자들이 논의해 왔으나 여전히 수수께끼로 남아 있는 것이다. 독일인들은 이 수수께끼를 비록 다양하긴 하지만 저들 나름대로 풀이하고 있다. 생리학적 미학자들, 특히 허버트 스펜서, 그랜트 앨런 등 영국인들 또한 독자적인 해석을 하고 있고, 프랑스의 절충파와 귀요, 텐의 후계자들도 역시 독자적인 해석을 하고 있다. 이 사람들은 모두 바움가르텐, 칸트, 셸링, 실러, 피히테, 빙켈만, 레싱, 헤겔, 쇼펜하우어, 하르트만, 샤슬러, 쿠쟁, 레베크 등 여러 사람들이 예전에 내린 해석도 알고 있었다.

자기가 말하고 있는 것에 대하여 생각해 보지 않는 사람들에게는 대단히 간단한 것 같은 느낌이 들지만, 정작 그것을 정의하는 것에 대해서 여러 나라의 다양한 경향을 띤 모든 철학자들이 150년이나 걸려도 일치할 수 없는 그 불가사의한 미의 개념이란 도대체 무엇인가? 예술에 대한 주요한 학설의 기초를 이루고 있는 미의 개념이란 무엇인가?

'미'라는 말은 러시아어로 '크라소타(Krasotá)', 즉 우리 눈을 즐겁게 하는 것만을 뜻할 뿐이다. 요즘 '아름답지 못한 행위'라느니 '아름다운 음악'이라느니 하는 말을 쓰지만, 이것은 러시아어가 아니다.

외국어를 모르는 서민 출신의 러시아인은 한 벌밖에 없는 마지막 옷이나 그 비슷한 무엇인가를 다른 사람에게 주어 버린 사람의 '아름다운' 행위, 또는 남을 속이는 '아름답지 못한' 행위, 노래가 '아름답다'든가 하는 말은 들어도 이해하지 못할 것이다. 러시아어에서 행위가 선량하거나 선량하지 않을 수 있고, 음악이 유쾌하거나 불쾌할 수 있지만, 아름답다거나 그렇지 않은 음악은 있을 수 없기 때문이다.

사람, 말〔馬〕, 집, 경치, 동작 같은 것은 아름답다고 할 수 있다. 행위, 사상, 성격, 음악 같은 것이 아름답다는 말은 없다. 만일 그러한 것들이 아주 맘에 들 경우에는 좋다고 말하면 되고, 만일 맘에 들지 않을 경우에는 좋지 않다고 말하면 된다. 그러나 '아름답다'는 말은 눈을 즐겁게 하는 경우 외에는 쓰지 못한다. 따라서 '좋다'는 말과 그 개념 속에는 '아름답다'는 개념을 내포하고 있다. 그러나 그 반대의 경우는 성립되지 않는다. '아름답다'는 개념은 '좋다'는 개념을 포함하지 않는다. 만일 우리가 그 외형으로 어떤 것을 평가할 때 '좋다'고 말할 경우, 그 대상이 아름답다는 뜻도 되지만, 아름답다고 말한다고 그것이 반드시 좋다는 것을 뜻하지는 않는다.

그러므로 러시아어로, 즉 러시아 민중이 이해하고 있는 대로 미를 표현한다면 '좋고 아름답다'는 개념이 된다.

유럽 각국의 언어, 즉 '미'가 예술의 본질이라는 학설이 보급되고 있는 여러 나라의 언어, 즉 프랑스어의 'beau', 독일어의 'schön' 영어의 'beautiful', 이탈리아어의 'bello' 등의 말은 형태 미라는 의미 이외에 '좋다', '선량하다'라는 뜻도 내포되어 있다. 즉 '좋다'라는 말의 대용으로 쓰이고 있다. 그래서 이러한 언어에는 이미 '아름다운 마음(belle âme)', '아름다운 사상

(schöne Gedanken)', '아름다운 행위(beautiful deed)' 등의 표현이 아주 자연스럽게 쓰이고 있다. 이러한 언어는 오히려 형식미를 정의하기 위한 알맞은 말이 없어 '형태에 의한 아름다움(beau par la forme)' 등과 같은 합성어를 써야만 한다.

러시아어의 '미', '아름다움' 등의 말들과, 미학 이론이 확립되어 있는 유럽 여러 나라의 언어의 고어와 현대어에서 나타난 뜻을 관찰하면, '미'라는 말에는 어떤 독특한 뜻, 즉 좋다는 뜻이 있음을 알게 된다.

러시아 사람들이 유럽의 예술관을 차츰 받아들이게 되고 나서부터 러시아어도 유럽 여러 나라의 언어처럼 변화·발전되어 아름다운 음악이라든가 아름답지 않은 행위, 심지어는 사상에 있어서까지 '아름답다'고 말하고 쓰는데도 예사로워서 조금도 놀라는 사람이 없다는 것은 주목할 만한 일이다. 40년 전 내가 젊었을 때는 '아름다운 음악'이니 '아름답지 않은 행위'니 하는 표현은 쓰지 않았을 뿐만 아니라 이해할 수도 없었다. 유럽 사상이 가져다 준 '미'에 대한 이 새로운 의미가 러시아 사회에서도 받아들여지고 있음은 분명하다.

그러면 이 '미'란 어떤 것일까? 유럽 여러 국민들이 이해하고 있는 '미'란 과연 어떤 것일까?

이 물음에 대답하기 위해서 나는 현대 미학 학설 가운데서 가장 널리 행해지고 있는 미의 정의를, 비록 적은 부분이지만 발췌해 보겠다. 독자들도 지루해하지 말고 이 발췌문을 통독해 주기 바라며, 되도록이면 어떤 미학 책이라도 읽어 주었으면 더욱 좋겠다.

독일인의 두꺼운 미학서는 그만두고라도 이 목적에 좋은 것으로는 독일의 크랄릭, 영국의 나이트, 프랑스의 레베크의 저서가 있다. 이 가운데 어느 미학서든 읽을 필요가 있다. 왜냐하면 미학에 관한 다양한 견해를 알게 되고, 그토록 이해되지 않는 개념이 그 영역을 지배하고 있다는 사정을 알게 되며, 이토록 중요한 문제를 남의 말만 곧이곧대로 믿지 않게 하기 위해서라도 그것은 필요한 일이다.

모든 미학 연구의 특징에 대하여 독일의 미학자 샤슬러는 미학서 서문에서 이렇게 말하고 있다.

아마 철학의 어느 분야에서도 미학 분야에서처럼 서로 모순되고 조잡한 연구 방법과 서술 방법은 찾아보지 못할 것이다. 한편에는 전혀 내용이 없고 대부분 일방적이고 피상적인 미사여구만 늘어놓는 방법이 있는가 하면, 다른 한편에는 깊은 연구와 풍부한 내용을 지니면서도 딱딱한 철학 용어로 사람을 불쾌하게 하고 아무것도 아닌 것에 추상적인 학문의 옷을 입혀, 마치 찬란한 궁전 현관에나 어울리는 것으로 만들려는 듯한 것도 있다. 또 이 두 연구와 서술 방법 사이에는 한편과 다른 한편의 중간을 이루는 듯한 미사여구의 남용과 현학적인 해박함을 자랑하고 있는 절충주의인 제3의 방법도 있다. 이들 세 가지 결함이 남김없이 참으로 구체적이며 본질적인 내용을 명확한 일반적인 철학 용어로 표현하는 서술 방식은 미학 영역에서만큼이나 찾아내기 어려운 데도 달리 없을 것이다. (*Schassler* : *Kritische Geschichte der Ästhetik*, 1872, Ⅰ, p. 13.)

이 견해가 적당하다는 것을 확인하기 위해서는 샤슬러의 이 책을 한번 읽는 것만으로 족하다.

프랑스의 저술가 베롱도 그의 훌륭한 미학서 머리말 가운데에서 이 문제에 대하여 다음과 같이 말하고 있다.

모든 학문 가운데 미학만큼 형이상학자의 공상에 맡겨져 있는 것은 없다. 멀리는 플라톤 시대부터 가까이는 오늘날 공인된 여러 학설에 이르기까지 그들은 예술론에서 순수한 공상과 선험적인 초월적 신비에서 생기는 불가사의한 혼합물로 만들어 버렸다. 그리하여 그 최고의 표현은 현실 사물의 영원하고 거룩한 원형이라고도 할 절대적인 이상미의 관념 속에 있다고 생각한다. (*Veron* : *L'esthetique*, 1878 p. 5.)

만일 독자가 지금부터 내가 발췌할 다음과 같은 저명한 미학자들의 미에 관한 정의를 읽는 수고를 아끼지 않는다면, 이와 같은 판단이 충분히 납득이 갈 것이다.

나는 고대 사람들 즉 소크라테스, 플라톤, 아리스토텔레스에서 플로티노스까지의 '미'에 관한 정의는 인용하지 않겠다. 왜냐하면 고대인에게는 미의 개념을 현대 미학의 기초와 목적인 선과 구별하지 않았기 때문이다.

고대인의 미의 판단을 현대의 개념, 다시 말해 보통 미학에서 통용되고 있는 미의 개념에 결부시키면 우리는 고대인의 말에 그들이 갖지 못했던 의미를 부여하는 결과가 될 것이다.

3. 미의 개념

미학의 창시자 바움가르텐부터 살펴보하겠다.

바움가르텐에 따르면, 논리적 인식의 대상은 '진(眞)'이며, 미적(감성적) 인식의 대상은 '미'이다. 미는 감성으로 인식되는 완전한 것(절대적인 것)이고, 진은 이성으로 인식되는 완전한 것이며, 선은 도덕적 의지로 달성될 수 있는 완전한 것이다.

바움가르텐은 미에 관하여, 부분이 그 상호의 관계 및 전체에 대한 관계에 있어서의 일치, 즉 질서라고 정의하고 있다. 미의 목적은 사람에게 '쾌감을 주고 욕구를 불러일으키는(Wohlgefallen und Erregung eines Verlangens)' 데에 있다. 이 견해는 칸트가 생각한 미의 본성 및 특징과는 정반대이다.

바움가르텐은 미의 발현을 자연 속에서 인지할 수 있다고 보았으므로, 자연의 모방이 예술의 최고 임무라고 생각하였다(이것 또한 최근 미학자들의 견해와는 정반대되는 것이다).

바움가르텐의 후계자로 별로 유명하지 않은 마이어(Meyer), 에센부르크(Erchenburg), 에베르하르트(Eberhart) 등은 아름다운 것과 기분 좋은 것을 구별했을 뿐 거의 스승의 견해를 고수하고 있으므로 생략한다. 바움가르텐 직후에 나와서 그와는 완전히 다르게 정의한 저술가들의 미에 대한 정의를 인용하겠다. 그 저술가들이란 쉬츠, 줄체르, 멘델스존, 모리츠 등이다. 이 저술가들은 바움가르텐의 의견과는 반대로 예술의 목적은 미가 아니라 선이라고 주장하고 있다. 줄체르(Sulzer, 1720~79)는 선을 내포하고 있는 것만이 미로 인정될 수 있다고 말하고 있다. 줄체르에 따르면, 모든 인간 생활의 목적은 사회생활의 행복이다. 이것은 도덕적 감정을 함양함으로써 달성되는 것이며 예술은 이 목적에 따르지 않으면 안 된다. 미란 이 감정을 불러일으키고 함양하는 것이다.

멘델스존(Mendelssohn, 1729~86)도 거의 이와 같이 미를 이해하고 있다.

멘델스존에 따르면, 예술이란 막연한 감정으로 인식된 아름다운 것을 진실하고 선하게 이끄는 것이다. 예술의 목적은 도덕적 완성이다.

이러한 경향의 미학자들에게 미의 이상은 아름다운 육체에 깃드는 아름다운 마음이다. 따라서 이 미학자들의 경우에는 완전한 것(절대적인 것)을 진·선·미 세 형식으로 나눈다는 개념은 사라지고, 이를 다시 선 및 진과 융합시키고 있다.

그렇지만 그러한 미의 해석은 후세 미학자들에게 지지받지 못하였을 뿐만 아니라 다시 이러한 견해에 완전히 대립하는 빙켈만의 미학이 나타났다. 빙켈만에 따르면, 아주 단호하고 날카로운 형태로 예술의 임무를 선의 목적으로부터 구별하여 외형적인 미, 심지어는 조형미 하나만으로 예술의 목적을 한정시키고 있다. 레싱에 이어 괴테도 같은 견해를 가지고 있다.

빙켈만의 유명한 저서에 따르면, 모든 예술의 법칙과 목적은 선과는 완전히 분리되어 독립한 미일 뿐이다. 그 미에는 세 가지가 있다. 즉 ①형식미 ②형상으로 표현되는 관념미(조형 예술의 경우) ③이상의 두 조건이 갖추어졌을 때에만 가능한 표정미 등이다. 이 표정미는 고대 예술 속에 실현되고 있는 예술의 최고 목적이다. 따라서 현대 예술은 고대 예술의 모방을 지향해야 한다.

미에 대해 같은 해석을 내린 사람으로는 레싱, 헤르더, 괴테가 있으며, 칸트 이전의 독일의 훌륭한 미학자들이 있다. 그러나 칸트 시대부터 또다시 다른 예술관이 나타나기 시작했다.

영국, 프랑스, 이탈리아, 네덜란드에도 이 시기에 독일 저술가들과는 달리 불명료하고 모순된 점은 있지만 독자적인 미학론이 제기되고 있었다. 이들은 모두 각자의 학설을 미의 개념에 두고 있는 독일의 미학자들과 마찬가지로 미가 절대적으로 존재하고 있으며, 다소의 차는 있지만 선과 융합되어 있거나 선과 동일한 뿌리를 가지고 있는 것이라고 이해했다. 영국에서는 바움가르텐과 거의 같은 시대에, 섀프츠베리, 허치슨, 홈, 버크, 호가드 등과 그밖의 사람들이 예술을 쓰고 있었다.

섀프츠베리(Shaftesbury, 1671~1713)에 따르면, 아름다운 것은 조화와 균형이 잡혀 있다. 아름답고 균형이 잡혀 있는 것은 진실한 것(true)이다. 아름답고 동시에 진실한 것은 유쾌하고 선하다(good). 섀프츠베리에 따르면 미는 오직 정신으로만 인식된다. 선은 근본적인 미이며, 미와 선은 같은 원천에서 나오고 있다(Knightz : *The Philosophy of the Beautiful*, I, pp.165~166.). 그러므로 새프츠베리에 따르면, 미는 선과는 구별된 어떤 것으로 보이고 있기는 하지만 미는 또한 그 선과 불가분한 것으로 융합되어 있기도 하다.

허치슨(Hutcheson, 1695~1746)의 《미와 도덕관념의 기원(*Origin of our Ideas of Beauty and Virtue*)》에 따르면 예술의 목적은 미이며, 그 본질은 다수 속에서 통일을 나타내는 데에 있다. 미를 인식하고 우리를 이끌어 주는 것은 내적 감각(an internal sense)이다. 이 내적 감각은 윤리적 본능과 상반될 수 있다. 그러므로 허치슨에 따르면 미는 언제나 반드시 선과 일치하는 것은 아니라 선과 구별되는 것이며 대립되는 수도 있다.

홈(Home, 1696~1782)에 따르면, 미는 즐거운 것이다. 그러므로 미를 규정하는 것은 취미뿐이다. 진정한 취미의 기초를 이루는 것은 최대한 풍부하고 충실하고 강력하고 다양한 인상을 최소한의 한정된 범위 내에 가두어 두는 데 있다. 여기에 완전한 예술 창작에 대한 이상이 있다.

버크(Burke, 1729~97)의 《숭고와 미 관념의 기원에 대한 연구(*Philosophical Inquiry into the Origin of Our Ideas of the Sublme and Beautiful*)》에 따르면, 예술의 목적인 숭고와 미는 그 기초에 자기 보존감과 사회 공존감을 내포하고 있다. 이러한 감정의 근원을 살펴보면 개인을 통해 종족을 유지하고자 하는 수단일 뿐이다. 전자는 영양, 호신, 전투로, 후자는 공존과 생식으로 달성된다. 그러므로 자기보존 및 그것과 관련된 전투는 숭고한 것의 원천이며 사회성 및 그것과 관계를 갖는 성욕은 미의 근원이다.

이상이 18세기 영국에서 대두되었던, 예술과 미에 관한 주요 정의이다.

같은 시대에 프랑스에서는 페르 앙드레, 바토에 이어서 디드로, 달랑베르 등이 예술론을 썼고, 부분적으로는 볼테르도 예술을 썼다.

페르 앙드레(Pére Ardré)의 《미에 관한 시론(*Essai sur le Beau*)》에 따르면 미에는 세 가지가 있다. 즉 ①신성미 ②자연미 ③인공미가 그것이다.

바토(Batteux, 1713~80)에 따르면 예술은 자연미를 모방하는 것으로 그 목적은 쾌락이다.

디드로(Diderot, 1713~84)의 예술에 관한 정의도 이와 마찬가지이다.

무엇이 아름다운지를 결정하는 것을 취미라고 주장하고 있는 점은 프랑스

학자들도 영국 학자들과 같다. 그러나 취미의 법칙이 확립되어 있지 않을 뿐만 아니라 그것은 불가능하다고 인정하고 있다. 달랑베르와 볼테르도 같은 의견을 갖고 있었다.

당시 이탈리아 미학자 파가노(Pagano)에 따르면, 예술이란 자연 속에 널려 있는 미를 하나로 통일하는 것이다. 이러한 미를 찾아내는 능력이 취미이며 그것을 하나의 전체로 통일하는 능력이 예술적 천재이다. 파가노에 따르면, 미는 나타난 선이고 선은 숨겨진 미라고 할 만큼 선과 미는 융합되어 있다.

그 밖의 이탈리아 사람들, 무라토리(Muratori, 1672~1750)의 《과학과 예술에서 좋은 기호에 대한 고찰(*Riflessioni sopra il buon gusto intorno le scieze e le arti*)》 및 특히 스팔레티(Spaletti)의 《미에 대한 연구(*Saggio Sopra la bellezze*)》에 실린 견해에 따르면, 예술은 버크의 경우와 마찬가지로, 자기보존과 사회성을 위한 욕망을 근본으로 한 이기적인 감각에서 생긴다.

네덜란드 학자 가운데서 주목할 만한 사람은 독일의 미학자들과 괴테에게 영향을 준 헴스테르휘이스(Hemsterhuis, 1720~90)이다. 그의 말에 따르면, 미는 최대의 쾌락을 주는 것이며, 최대의 쾌락을 주는 것은 최대의 관념을 최단시간 안에 지각을 주는 것이다. 미에 의한 쾌락은 최단시간 안에 최대의 지각을 주므로 인간이 도달할 수 있는 최고의 인식이다.

이상이 지난 18세기 동안 독일 이외의 나라에서 대두되었던 미학 이론이다. 그런데 독일에서는 빙켈만 이후에 또다시 완전히 새로운 칸트(1724~1804)의 미학 이론이 나타나 미의 개념, 따라서 예술 개념의 본질을 어느 누구보다도 명료하게 설명했다.

칸트의 미학은 다음과 같은 사상에 기초를 두고 있다. 즉 칸트에 따르면, 인간은 자기 밖의 자연과 자연 속의 자기를 인식한다. 자기 밖의 자연 속에서는 진을 구하고 자기 속에서는 선을 구한다. 하나는 순수이성이고 또 하나는 실천이성, 즉 의지이다. 칸트에 따르면 이 두 가지 인식 수단 외에도 개념 없이 판단하며 욕구 없이 만족을 불러일으키는 판단력이라는 것이 있다. 바로 이 판단력이 미적 감정의 기초를 이룬다. 미라는 것은 칸트에 따르면, 주관적인 의미로는 개념이나 실천적 이익 없이 일반적으로 필연적인 쾌감을 주는 것이고, 객관적 의미로는 아무런 공리적 목적 관념 없이 받아들여지는 하나의 합목적(合目的) 대상의 형식이다.

칸트의 후계자들, 특히 실러(Schiller, 1759~1805)도 이를 똑같이 정의하고 있다. 미학에 대한 글을 많이 쓴 실러에 따르면, 예술의 목적은 칸트와 마찬가지로 미이며 미의 원천은 실제적 이익이 없는 쾌락이다. 따라서 예술은 유희라고 할 수 있다. 그러나 그것은 '쓸데없는 일'이라는 뜻이 아니라 '미 이외에 다른 목적을 가지지 않는 인생 그 자체의 미'를 나타낸다는 뜻으로서의 유희이다.

실러 외에 미학 분야에서 칸트의 후계자 가운데 가장 주목할 만한 사람은 빌헬름 훔볼트(Humboldt, 1767~1835)이다. 비록 그가 미의 정의에 기여한 것이 아무것도 없었다 하더라도 비극, 희극, 음악 등과 같은 미의 여러 종류를 밝혔다.

칸트 이후 미학에 대하여 쓴 사람으로는 2류 철학자를 제외하면 피히테, 셸링, 헤겔 및 그 후계자들이 있다.

피히테(Fichite, 1762~1814)에 따르면, 아름다움에 대한 의식은 다음과 같은 것에서 생긴다.

세계, 즉 자연은 두 측면을 지니고 있는데, 세계는 우리의 제한된 소산이기도 하고, 또 우리의 자유로운 이상적 활동의 소산이기도 하다. 전자의 의미로는 세계란 한정되어 있고, 후자의 의미로는 세계란 자유롭다. 전자의 의미로는 모든 물체는 한정되고 왜곡되고 억압되고 억제되어 있어 우리 눈에는 기형적인 모습만이지만, 후자의 의미로는 내면적 충실, 활기, 부활로 우리는 미를 볼 수 있다. 따라서 사물의 추함 또는 아름다움은 피히테에 따르면, 관찰자의 관점에 달렸다. 그러므로 미는 외부 세계에 있는 것이 아니라 아름다운 마음(schöne Geist) 속에 자리잡고 있다. 예술은 아름다운 마음의 표현이기도 하고, 또 그 목적은 단순한 지식 교육(그것은 학자의 일이다)이나 정서 교육(그것은 도덕 설교자의 일이다)일 뿐만 아니라 인간 전체의 교육이다. 따라서 미는 어떤 사물의 외면적인 것 속에 있는 것이 아니라 마음을 가진 예술가의 내부에 존재한다.

피히테 이후 같은 방향으로 미를 정의한 사람은 프리드리히 슐레겔과 아담 뮐러이다.

슐레겔(Schlegel, 1772~1829)에 따르면 예술에서의 미는 너무나 불완전하고 일방적이고 일관성이 없는 것으로 해석되고 있다. 미라는 것은 예술뿐만 아니라 자연이나 사랑 속에도 있다. 따라서 참으로 아름다운 것은 예술과 자연과 사랑이 합쳐졌을 때에 표현된다. 그래서 슐레겔은 미적 예술과 불가분의 것으로서 도덕적 예술과 철학적 예술을 인정하고 있다.

아담 밀러(Müller, 1779~1829)에 따르면 두 가지 미가 있다. 하나는 태양이 유성을 끌어당기듯 사람을 끌어당기는 보편적 미로서, 특히 고대미가 그것이다. 또 하나는 개성미이다. 이를 개성미라 하는 것은 관찰자 자신이 미를 끌어당기는 태양이 되기 때문이다. 이것은 근대 예술의 미이다. 모든 모순을 내부에서 조화시키고 있는 세계야말로 최대의 미이다. 모든 예술 작품은 이 전세계적 조화의 재현이다. ……최고의 예술은 생활의 예술이다.

피히테와 그 후계자 이후의 철학자로서 현대 미학 개념에 큰 영향을 준 사람은 셸링이다. 셸링(Schelling, 1775~1854)에 따르면, 예술이란 주관을 객관으로 바꾸거나 객관 자체가 주관이 되는 세계관에서 나온 작품 또는 그 결과이다. 미는 유한 속에 깃든 무한의 표상이다. 예술 작품의 주된 특징은 무의식의 무한성이다. 예술은 주관적인 것과 객관적인 것, 즉 자연과 이성, 무의식적인 것과 의식적인 것과의 결합이다. 따라서 예술은 인식의 최고 수단이다. 미란 모든 사물의 원형 자체에 대한 직관이다. 아름다운 것을 만들어 내는 데에 예술가는 자기의 지식이나 의지로써가 아니라 그의 내부에 있는 미에 대한 관념 자체로 창조하는 것이다.

셸링의 후계자 가운데 가장 두각을 나타내는 사람은 《미학 강의(*Vorlesungen uber Aestetik*)》를 쓴 졸거이다. 졸거(Solger, 1780~1819)에 따르면, 미의 개념은 온갖 사물의 기본 개념이다. 현실 세계에서 우리가 보고 있는 것은 근본 개념의 왜곡된 모습일 뿐이다. 예술은 상상력의 힘으로 근본 개념의 높이까지 끌어올릴 수 있다. 따라서 예술은 창조와 유사한 것이다.

또 한 사람의 셸링의 후계자 크라우제(Krause, 1781~1832)에 따르면, 참다운 현실적인 미란 관념이 개체 속에 나타난 것이며, 예술이란 인간의 자유로운 정신 속에 있는 미를 실현하는 것이다. 예술의 최고 단계는 생활 예술로서, 그 활동을 생활의 미화에 집중하고, 그 생활이 아름다운 인간에게 아름다운 주거가 되도록 한다.

셸링과 그 후계자들에 이어 헤겔의 새로운 미학론은 오늘날까지 의식적으로 지지해 온 사람도 많으나 대부분은 무의식으로 지지받기 시작했다. 그러나 이 학설은 그 이전 학설보다 명백하거나 정확하지 않을 뿐만 아니라 한결 더 애매하고 신비한 것이다.

헤겔에 따르면 신은 자연과 예술 속에 미의 형태로 나타난다. 신은 객관과 주관 속에, 즉 자연과 정신 속에 이중으로 나타난다. 미는 물질을 통해서 관념이 빛나는 것이다. 참으로 아름다운 것은 오직 정신과 정신에 관련된 모든 것뿐이며, 따라서 자연의 미는 정신적 미의 반영에 불과하다. 아름다운 것은 오직 정신적 내용만을 갖고 있기 때문이다. 그러나 정신적인 것이 나타나려면 감각적 형식을 빌려야 한다. 정신이 감각을 통해 발현되는 것은 단순한 가상일 뿐이다. 그런데 바로 이 가상이 아름다움의 유일한 실재이다. 그러므로 예술은 관념이 가상을 실현하는 것이며, 종교 및 철학과 함께 사람들의 가장 깊은 문제와 정신의 가장 높은 진리를 의식하게 하고 또한 그것을 표현하기 위한 수단인 것이다.

헤겔에 따르면 '진'과 '미'는 같은 것이다. 그 차이는 오직 진은 그 자체가 자기 내부에 존재하며 사유되고 있는 관념이라는 데에 있을 뿐이다. 외계에 나타나는 그 관념은 의식에서는 진이 될 뿐만 아니라 미가 되기도 한다. 미는 관념의 표현이다.

헤겔 뒤에 많은 후계자들이 잇따랐다. 바이제, 아르놀트 루게, 로젠크란츠, 테오도르 피셔 등이 그들이다.

바이제(Weisse, 1801~66)에 따르면, 예술이란 절대적으로 정신적인 미의 본질을 외적(外的)인 생명 없는 무관심한 물질 속에 이입한 것으로서, 물질이라는 개념은 이입된 미를 제외하면 자기 존재를 스스로 부정하는 결과가 된다.

바이제는 진이라는 관념 속에는 인식의 주관적인 면과 객관적인 면의 모순이 있다고 말한다. 즉 개개의 자아가 우주를 인식하는 데에 모순이 있다. 이 모순은 진이라는 개념 속에서 분리되어 있는 보편성과 개별성의 요소를 하나로 결합하는 개념으로 제거될 수 있다. 그런 개념은 조화된 진이라고도 할 수 있으며, 미는 바로 그렇게 조화된 진인 것이다.

엄밀한 의미에서 헤겔의 진정한 계승자 루게(Ruge, 1802~80)에 따르면, 미는 자기 자신을 표현하는 관념이다. 자신을 스스로 관조하는 정신이 자신을 완전히 표현한 것은 미이고, 완전하지 않을 때에는 정신 속에 자기 자신의 불완전한 표현을 변경하고자 하는 요구가 나타난다. 그때의 정신이 창조적 예술이 되는 것이다.

피셔(Vischer, 1807~87)에 따르면 미란 한정된 표현 형식 속의 관념이다. 관념 자체는 불가분의 것은 아니며 상승선과 하강선으로 나타나는 관념의 체계를 이루고 있다. 관념은 높으면 높을수록 큰 미를 지니지만, 낮은 관념도 체계라는 필요불가결한 일부를 이루고 있으므로 역시 미를 지닌다. 관념의 최고 형식은 인격이며 따라서 최고의 예술은 최고 인격을 대상으로 하는 예술이다.

이상이 헤겔의 견해를 따르는 독일의 미학 이론이다. 그러나 이것으로 미학에 대한 논의가 그치는 것은 아니다. 즉 같은 무렵의 독일에서는 헤겔파의 이론과 나란히, 미를 관념의 표현이며 예술을 이 관념의 표현이라는 헤겔의 논지를 인정하지 않을 뿐만 아니라, 그 견해에 정면으로 대립하여 부정하고 비웃는 여러 미학이론이 나타나고 있다. 헤르바르트와 쇼펜하우어가 그러하다.

헤르바르트(Herbart, 1776~1841)에 따르면, 미라는 것은 그 자체가 독립적으로 존재하는 것은 아니고 또 존재할 수도 없다. 그것은 오직 우리의 판단일 뿐이다. 따라서 이 판단의 기초를 찾을 필요가 있다. 이 판단의 기초는 우리의 인식과 관계 속에 존재한다. 우리가 아름답다고 일컫고 있는 예술은 이러한 관계, 다시 말해 회화, 조각, 건축에서는 동시적이며, 음악에서는 연속적이고 동시적이며, 시에서는 오로지 연속적인 관계를 발견하는 데에 있다. 헤르바르트에 따르면 이전의 미학자들과는 반대로 전혀 아무것도 표현하고 있지 않은 아름다운 대상이 꽤 있다. 이를테면 무지개 같은 것이 그것이다. 그 선과 색으로 아름답기는 하지만, 결코 이리스나 노아의 무지개처럼 신화의 의미와 관계가 있기 때문에 아름다운 것은 아니다.

또다른 헤겔의 반대자로는 그의 체계 전부와 미학을 부정한 쇼펜하우어가 있다.

쇼펜하우어(Schopenhauer, 1788~1860)에 따르면, 의지는 세계에서 갖가지 단계로 객관화되어 있고, 그 객관화의 단계가 높을수록 그 의지가 아름답지만, 어느 단계나 모두 저마다 그 미를 가지고 있다. 자기의 개성에서 벗어나는 것과 의지를 나타내는 한 단계를 관조하는 것이 우리에게 미의식을 준다. 쇼펜하우어에 따르면, 모든 사람은 이 관념을 갖가지 단계에서 인식하고 객관화할 수 있는 능력을 가지고 있다. 천재적인 예술가는 이 능력을 보다 많이 갖추고 있기 때문에 더 높은 미를 나타낼 수 있다.

독일에서는 이런 뛰어난 학자들의 뒤를 이어 하르트만, 키르흐만, 슈나제, 헬름홀츠(미학자로서의), 베르크만, 융만, 그 밖에 독창성이나 영향력이 그다지 크지 않은 학자들이 무수히 나타났다.

하르트만(Hartmann, 1842~1906)에 따르면 미는 외계 속에도, 사물 자체 속에도, 또한 인간의 정신 속에도 있지 않고 예술가가 창조하는 가상 속에 있다. 사물 그 자체는 아름답지 않지만 예술가가 그것을 미로 바꾸어 놓는 것이다.

슈나제(Schnasse, 1798~1875)에 따르면 현실세계에 미라는 것은 없다. 자연 속에는 다만 그것에 가까운 것이 있을 따름이다. 예술은 자연이 줄 수 없는 것을 준다. 자연 속에는 없는 조화를 의식하는 자유로운 자아 활동 속에 미가 나타난다.

키르흐만(Kirchmann, 1802~1875)은 경험적 미학을 강조한다. 키르흐만에 따르면 역사에는 6부문이 있다. 즉 ①지식 ②부(富) ③도덕 ④신앙 ⑤정치 ⑥미의 부문이 그것이다. 이 '미' 부문에서 활동하는 것이 곧 예술이다.

음악의 미에 대하여 논한 헬름홀츠(Helmholtz, 1821~94)에 따르면, 미는 음악 창작의 경우에 반드시 법칙을 지킴으로써만 달성된다. 그 법칙은 예술가에게는 알려져 있지 않다. 그래서 미는 예술 속에 무의식적으로 나타나 스스로를 분석하게 하지 못한다.

베르크만의 《미에 대하여(*Ueber das Schöne*)》에 따르면 미를 객관적으로 정의한다는 것은 불가능하다. 미는 주관적으로 인식되는 것이기 때문에 미학의 과제는 무엇이 누구에게 쾌감을 주는지를 규정하는 데에 있다.

융만(Jungmann, ?~1885)에 따르면 미는 첫째로 감각을 초월한 성질의 것이고, 둘째로 미는 오직 관조하는 것으로 우리 마음속에 만족을 주며, 셋째로 사랑의 기초가 된다.

근대의 프랑스, 영국, 그 밖의 여러 나라의 주된 미학 이론은 다음과 같다.

프랑스 근대의 뛰어난 미학자들은 쿠쟁, 주프루아, 피크테, 라베송, 레베크 등이다.

쿠쟁(Cousin, 1792~1867)은 절충주의자로 독일 이상주의자들의 후계자이다. 그의 이론에 따르면 미는 언제나 도덕적 기반을 갖고 있다. 쿠쟁은 예술은 모방이며 즐거운 것이 미라는 설을 반박하고 있다. 미는 그 자체로 규정될 수 있으며 그 본질은 통일 속의 다양성에 있다고 그는 주장하고 있다.

쿠쟁 뒤에 미학에 대하여 논한 이는 주프루아(Jouffroy, 1796~1842)였다. 주프루아도 독일 미학의 계승자로 쿠쟁의 제자이다. 그의 정의에 따르면 미란 눈에 보이지 않는 것을 나타내는 자연의 표상이다. 눈에 보이는 세계는 우리가 미를 보는 매체인 옷이다.

스위스의 학자 피크테(Pictet)도 예술에 대해서 논했다. 그의 주장은 헤겔과 플라톤의 설을 반복한 것으로, 미는 감각적 형상 속에 나타나는 신적인 관념의 직접적이고 자유로운 표현이라고 생각했다.

레베크(Lévêque)는 셸링과 헤겔의 계승자이다. 레베크에 따르면 미란 자연 속에 숨겨져 있어서 눈에 띄지 않는 어떤 것, 즉 힘이라든가 정신이라는 질서정연한 에너지 속에 발현된다.

미의 본질에서 마찬가지로 막연한 견해를 개진하고 있는 사람이 프랑스의 형이상학자 라베송(Ravisson, 1813~1900)이다. 그는 미를 세계의 궁극적 목적으로 인정하고 있다.

"가장 신적인 것, 특히 가장 완전한 미는 그 안에 비밀을 간직하고 있다. 전세계는 절대미가 모든 사물 속에 주입하는 사랑을 통해서만 모든 사물의 원인이 될 수 있다."

나는 이 형이상적인 표현을 일부러 원문대로 인용한다. 그것은 독일인이 아무리 불명료하다고 하더라도 프랑스인들이 한번 독일인의 것을 읽고 그것을 흉내내기로 들면, 각종 개념을 하나로 합치고 아무렇게나 개념을 대용하고 하는 점에서 독일인들을 훨씬 능가하기 때문이다. 이를테면 프랑스의 철학자 라셸리에(Lachelier) 또한 미를 논하면서 이렇게 말하고 있다.

"우리는 이렇게 말하기를 두려워하지 않는다. 즉 '진'이 아름답지 않은 것이라면 우리 정신의 논리적 유희에 불과할 뿐 그 이상의 아무것도 아니다. 그리고 그 이름에 어울리게 유일하고 확고한 기초에 서 있는 '진'이 '미'이

3. 미의 개념 717

다."

독일 철학의 영향 아래 저술을 하였고 또 하고 있는 이러한 관념주의적 미학자들 외에, 최근 프랑스에서 미 예술의 해석에 영향을 준 사람들로는 텐, 귀요, 셰르빌리에, 코스테르, 베롱 등이 있다.

텐(Taine, 1828~93)에 따르면, 미란 현실 속에 나타나 있는 것보다도 더 완전히 그 어떤 중요한 관념의 본질적인 특징이 나타난 것이다.

귀요(Guyau, 1854~88)에 따르면, 미는 대상 자체에 관계된 어떤 것이 아닐뿐더러 거기에 기생하는 것도 아닌 미가 나타나 있는 실체의 개화, 그것이다. 예술이란 우리 내부에서 한편으로는 가장 깊은 생존 감각을, 다른 한편으로는 가장 고도의 감정과 고귀한 사상을 불러일으키는 이성적, 의식적 생명의 표현이다. 예술은 동일한 감정과 신앙에 참여함으로써뿐만 아니라 이와 유사한 감정을 지니기 때문에, 인간을 개인 생활로부터 보편적 생활로 향상시킨다.

셰르빌리에(Cherbuliez)에 따르면 예술은 ① 형상에 대한 우리의 타고난 애정을 만족시키고 ② 그 형상에 관념을 주며 ③ 우리의 감각·감정·이성에 동시에 쾌감을 주는 작용을 한다. 또 셰르빌리에에 따르면, 미는 대상에 고유한 것이 아니라 우리 정신의 작용이다. 미는 환상이다. 절대적인 미라는 것은 없고 우리가 특징적이고 조화롭게 보는 것이 아름답게 보이는 법이다.

코스테(Coster)에 따르면 진·선·미의 관념은 선천적인 것이다. 이러한 관념은 우리의 오성(悟性)을 계발하는 것이며, 선이자 진이며 미이기도 한 신과 동일한 것이다. 미의 관념은 본질의 통일, 구성 요소의 다양함과 생활 현상의 다양함 속에 통일을 주는 질서를 내포하고 있다.

미에 대한 개념 정의를 더욱 충실하게 하기 위해서, 예술에 관한 아주 최근의 저서 가운데서 몇몇을 인용하겠다.

우선 마리오 필로(Mario Pilo)의 《미와 예술의 심리학(*La Psychologie du Beau et de l'Art*)》인데, 그에 따르면 미는 육체적 감각의 소산이고 예술의 목적은 쾌락이다. 그러나 이 쾌락은 어째서인지 반드시 아주 도덕적인 것으로 간주되고 있다.

다음은 피에랑 제바에르(Fierens Gevaert)의 《현대예술론(*Essai sur l'art Contemporain*, 1897)》으로, 그에 따르면 예술은 과거와의 관계와 현대의 예술가가 그 작품에 자기 개성이라는 형식을 줄 경우 자기가 생각하고 있는 종교적 이상에 지배된다.

다음은 사르 펠라당(Sar Péladan, 1858~1918)의 《이상주의적 신비주의적 예술(L'art idealiste et mystique, 1894)》. 펠라당에 따르면 미는 신(神)을 표현하는 것 가운데 하나이다. 신 이외에 실재(實在)는 없고 신 이외에 진리는 없으며 신 이외에 미는 없다. 이 저서는 대단히 공상적이고 지극히 비학문적이긴 하지만, 그 논지와 이 저서가 프랑스 젊은이들 사이에서 크게 영향력을 발휘하고 있음은 특기할 만하다.

최근까지 프랑스에서 유포되고 있는 미학은 모두 이상과 같은 것이다. 그 중에서 명확함과 합리성으로 예외가 되고 있는 것이 베롱(Véron, 1825~89)의 저서 《미학(L'esthétique)》이다. 비록 이 책이 예술을 정확하게 정의하고 있는 것은 아니라 하더라도 최소한 절대미라는 막연한 관념을 미학에서 배제하고 있다.

베롱에 따르면, 예술은 선·형·색의 배합이라든가 일정한 리듬에 따르는 동작, 음향, 혹은 말의 연속으로 외부에 전달되는 감정의 표현이다.

이 무렵 영국에서는 미학자들이 차츰 미를 그 본래의 성질에 따라서가 아니라 취미에 따라 정의하는 일이 많아져 미의 문제는 취미의 문제로 바뀌고 있었다.

미는 오로지 관조하는 사람에 달린 것으로 인식한 리드(Reid, 1704~96) 뒤에 앨리슨(Alison)도 저서 《취미의 본성과 원리에 관하여》에서 같은 것을 논증하고 있다. 유명한 찰스 다윈의 조부 에라스무스 다윈도 같은 것을 다른 측면에서 입증하고 있다. 우리는 관념 속에서 우리가 사랑하는 것과 결부되어 있는 것을 아름답게 생각한다고 그는 말하고 있다. 리처드 나이트의 저서 《취미의 원리에 관한 분석적 연구》도 같은 경향의 것이다.

영국 미학자들의 이론은 대부분 경향이 같다. 19세기 초 영국의 훌륭한 미학자들은 찰스 다윈, 스펜서, 몰리, 그랜트 앨런, 커, 나이트 등이 있다.

찰스 다윈의 《인간의 유래》에 따르면 미는 인간뿐만 아니라 동물, 인간의 조상에게도 있는 감정이다. 새는 둥우리를 아름답게 꾸미고 배우자의 미를 존중한다. 미는 결혼에도 영향을 갖는다. 미는 여러 가지 관념을 내포하고 있다. 음악 예술의 기원은 수컷이 암컷을 부르는 울음소리이다.

스펜서에 따르면 예술의 기원은 유희이다. 이것은 실러도 주장했던 바이다. 하등 동물들에게는 모든 생활력이 생명의 지탱과 지속을 위해 소비되지만, 인간의 경우에는 이러한 욕구를 채운 뒤에도 여력이 남는다. 이 여력이 유희에 쓰이고 다시 예술로 변하는 것이다. 유희는 실제 행위의 모방이며 예술 역시 마찬가지이다.

미적 쾌락의 근원은 ①최대의 훈련과 최소의 손실로 가장 완전한 형태에 의하여 감각(시각 혹은 그 밖의 감각)을 훈련하는 것, ②환기되는 감정을 가장 다양하게 하는 것, ③이상 두 가지를 거기에서 흘러나오는 관념과 결부시키는 것이다.

토드헌터의 《미의 이론》에 따르면, 미란 우리가 이성이나 사랑의 열정으로 인식할 수 있는 무한한 매력이다. 미를 미로 인식하는 것은 취미에 달려 있는 것으로 무엇으로도 정의될 수 없다.

이 정의에 가까운 유일한 것은 바로 사람들의 문화성이다. 그러나 문화성이 무엇인가 하는 것에는 정의가 없다. 즉 선·색·음·말소리로써 우리를 감동시키는 것의 본질은, 맹목적인 힘의 소산이 아니라 서로 도우면서 합리적인 목적을 향해 나아가는 이성적인 힘이다. 미는 모순의 중재(仲裁)이다.

몰리의 《옥스퍼드 대학에서 행한 설교》에 따르면 미는 인간의 마음속에 있다. 자연은 우리의 신적인 것에 대해 말하며, 예술은 이 신적인 것의 상형문자적 표현이다.

스펜서의 계승자 그랜트 앨런의 《생리학적 미학(*Physiological Aesthetics*, 1877)》에 따르면, 미는 생리적인 기원을 가지고 있다. 그랜트 앨런은 미적인 만족은 아름다운 것을 관조하는 것에서 생기고 아름다운 것의 개념은 생리학적인 과정에서 얻어진다고 말하고 있다. 예술의 기원, 그것은 유희이다. 인간은 생리적인 힘이 남으면 유희에 골몰하고 지각적 힘이 남으면 예술 활동에 빠진다. 아름다움이란 최소의 소모로 최대의 흥분을 주는 것이다. 아름다운 것에 대한 평가의 차이는 취미에서 생긴다. 취미는 양성될 수 있다. 즉 가장 섬세하게 교육을 받고 가장 높은 식별력을 가진 사람들의 판단을 신뢰하여야 한다. 이러한 사람들이 다음 시대의 취미를 만드는 것이다.

커(Ker)의 《예술철학시론》에 따르면 미는 객관적 세계를 완전히 파악하는 수단으로, 과학의 경우에는 불가피한 것 같은 세계의 다른 부분과 비교하고 대조하는 번거로움이 없이 우리에게 제공한다. 따라서 예술은 단일과 다수, 법칙과 현상, 주관과 객관을 하나로 통일하면서 그 사이의 모순을 해소한다. 예술은 유한한 사물의 모호함과 불가해함에서 해방되어 있으므로 자유의 발로이며 확증이다.

나이트의 《미의 철학》에 따르면, 미는 셸링의 경우와 같이 주관과 객관의 결합이자 자연으로부터 인간에게 고유한 것을 끌어내는 것이며, 전 자연에 공통된 것을 자신의 내부에서 의식하는 것이다.

여기에 발췌한 미와 예술에 대한 견해는 결코 이 문제에 관한 모든 저술을 살핀 것은 아니다. 게다가 새로운 미학자가 나날이 나타나고 있다. 그러나 그들의 견해에는 미를 정의하는 데 있어 역시 똑같은 기묘한 마술에 걸린 듯한 모호함과 모순이 담겨 있다. 체계만을 여러 가지로 바꾸어 바움가르텐과 헤겔의 신비적 미학을 타성적으로 계속하고 있는 사람들이 있는가 하면, 또 문제를 주관적인 영역으로 옮겨 취미의 문제 속에서 미의 기초를 찾는 사람들도 있다. 또 최근의 미학자들처럼 미의 기원을 생리학적 법칙 속에서 찾는 사람들도 있는가 하면, 문제를 완전히 미의 개념에서 떠나서 검토하는 사람도 있다.

이를테면 설리(Sully)의 《심리학과 미학의 연구》에 따르면 미라는 개념은 완전히 폐기되고 있다. 그의 정의에 따르면, 예술은 보고 듣고 하는 일부의 사람들에게 그것에서 얻어지는 이익을 떠나, 활기 있는 기쁨과 즐거운 인상을 줄 수 있는 지속적 혹은 이동적 대상을 만들어 내는 것이기 때문이다.

4. 쾌락의 효용

미학에서 개진된 이러한 모든 미의 정의에서 도대체 무슨 결론이 나오는 것일까? 만일 미를 효용, 합목적성, 균제, 질서, 균형, 원활, 부분의 조화, 통일, 다양함, 이러한 요소의 갖가지 결합 속에 있다고 보는 견해와 완전히 부정확하고 예술의 개념을 포괄하지 못하는 미의 정의를 논외로 한다면, 즉 객관적 정의의 만족스럽지 못한 이러한 시도를 도외시한다면, 미의 미학적인 정의는 모두 기본적인 두 견해로 귀착된다. 그 하나는 미란 곧 독자적으로 존재하고 있는 어떤 것, 절대적으로 완전한 관념, 정신, 의지, 신의 표현 중의 하나라는 것이고, 또 하나는 미란 일종의 만족이며, 개인적 이익이라는 목적을 갖지 않는다는 것이다.

첫 번째 정의를 받아들인 이는 피히테, 셸링, 헤겔, 쇼펜하우어와 프랑스의 철학자 쿠쟁, 주프루아, 라베송 등이다. 여기서는 2류 철학자와 미학자의 이름은 열거하지 않겠다. 이 객관적·신비적 미의 정의를 현대의 교양인들 대부분이 받아들이고 있다. 이것은 널리 보급된, 특히 전세계 사람들 사이에 퍼진 미의 해석이다.

두 번째 미의 해석, 즉 미는 일종의 만족이며 개인적 이익이라는 목적을 갖지 않는다는 해석은, 주로 영국 미학자들 사이에서 퍼졌으며 러시아 사회에서도 주로 청년층이 받아들이고 있다.

따라서 당연한 결과로 미의 정의는 두 가지밖에 있을 수 없게 된다. 하나는 객관적·신비적인 정의로 이 개념은 최고의 완전, 즉 신과 합일시키고 있는 공상적이며 아무런 근거도 없는 정의이다. 또 하나는 이와는 반대로 미란 사람의 마음에 드는 것이라는 아주 간단하고 알기 쉬운 주관적 정의이다. '마음에 드는'이라는 말에 내가 '목적도 이익도 없이'라고 덧붙이지 않는 것은 '마음에 드는'이라는 말 자체가 그러한 이익을 염두에 두고 있지 않음을 의미하기 때문이다.

한편으로 미는 신비적이고 아주 고상한 것처럼 이해되고 있지만, 동시에 유감스럽게도 지극히 막연한, 따라서 셸링, 헤겔과 프랑스와 독일의 그들 후계자들의 경우처럼 철학이나 종교, 나아가 인생까지도 내포하고 있는 것으로도 이해되고 있다. 또 한편으로는 칸트와 그 추종자들의 정의로 미루어 마땅히 인정되어야 하는 것처럼, 미는 특별한 무욕의 쾌락에 지나지 않는다. 이 경우에도 미의 개념은 비록 극히 명백한 것 같은 느낌이 든다고 하더라도 역시 정확하지 않다. 그것은 이것이 다른 측면으로까지 퍼져서 귀요, 크랄릭 등에게서 볼 수 있듯, 마실 것, 먹을 것, 보드라운 살갗의 감촉 등과 같은 쾌락까지도 포함하게 되기 때문이다.

미에 대한 미학의 연구 발전을 살펴보면, 초기에는 미의 형이상학적인 정의가 우세했지만 현대에 가까워질수록 더욱더 경험적인 특징을 나타내고 있다. 특히 최근에는 생리적 성질까지도 받아들이고 있는 정의가 나타난 나머지 베롱이나 설리처럼 미의 개념을 완전히 도외시하는 미학자들마저 나타나기에 이르렀다. 그러나 이러한 미학자들이 주장하는 이론은 그다지 인정받지 못했다. 대부분의 대중이나 예술가 또는 학자들도 미의 개념을 대부분 미학론이 규정하고 있는 것처럼 신비적이고 형이상학적인 어떤 것이라든가 또는 특수한 쾌락이라고 굳게 믿고 있다.

그렇다면 현대사회나 현대인들이 예술을 정의하기 위하여 그처럼 집착하고 있는 이 미의 개념이란 도대체 무엇인가?

주관적인 의미로는 우리에게 어떤 쾌락을 주는 것을 미라고 부른다. 또 객관적인 의미로는 절대적으로 완전한 어떤 것을 미라고 말한다. 우리가 그것을 미라고 인정하는 이유는 절대적으로 완전한 것으로부터 어떤 쾌락을 느끼기 때문이다. 따라서 이 객관적인 정의도 결국은 표현을 달리한 주관적 정의에 지나지 않는다. 실제로 어느 쪽의 미에 대한 해석도 일종의 쾌락, 즉 이해관계에 얽히지 않은 쾌락을 느끼는 것이 곧 미라고 할 수 있다.

사정이 이렇게 되고 보면 예술학으로서는 미, 즉 우리 마음에 드는 것을 기초로 한 예술의 정의에 만족하지 않고 모든 예술 작품에 적용되는 일반적인 정의, 즉 어떤 대상이 예술에 속하는지 속하지 않는지를 판정할 수 있는 정의를 찾는 것이 훨씬 더 자연스럽다고 여길는지도 모른다. 그러나 앞에서 인용된 미학론의 발췌로 알 수 있듯이, 만일 독자가 직접 미학서를 통독하는 노력을 기울인다면 그러한 정의는 불가능하다는 것을 충분히 알 수 있을 것이다. 자연의 모방이니, 합목적성이니, 부분의 일치니, 균형이니, 조화니, 다양의 통일이니 하고 절대미를 규정하려는 모든 시도는 아무것도 규정하지 못하고 있거나, 그렇지 않으면 몇몇 예술 작품의 어떤 특징만을 규정하고 있을 뿐이다. 이와 같은 정의로는 모든 사람들이 언제나 예술로 생각했고 지금도 생각하고 있는 예술 전체를 포괄하기엔 미치지 못한다.

미의 객관적인 정의는 없다. 현재 유포되어 있는 정의는 형이상학적인 정의이든 경험적인 정의이든 모두 주관적인 정의로, 이렇게 말하는 것도 기묘하지만 미를 나타내는 것은 예술로 여겨지고 있다. 또한 그 미는 이해관계에 얽히지 않고 우리 마음에 드는 것으로 귀착되고 있다. 많은 미학자들이 이러한 정의가 불충분하고 불완전함을 느끼고 그것에 확고한 근거를 구축하기 위해 '마음에 드는 것은 무슨 까닭인가' 하는 의문을 제기하였다. 그리하여 미의 문제를 취미의 문제로 옮겨 놓았다. 허치슨과 볼테르와 디드로, 그 밖의 사람들이 그러하였다.

그러나 취미가 무엇인가 하는 것을 정의하려는 시도는 미학서에서나 경험으로 볼 수 있듯이 헛수고로 그치고 말았다. 어떤 것이 한 사람에게는 마음에 들고 딴 사람에게는 마음에 들지 않는 까닭은 무엇인가. 또는 그 반대의 경우가 생기는 것은 무슨 까닭인가에 대한 설명도 아직 없고 또 있을 수도 없다.

따라서 현재의 모든 미학은 과학이라고 자칭하는 지적 활동에서 기대할 수 있을 법한 것, 말하자면 예술이라든가 미(그것이 예술의 내용이라면)의 본질과 법칙, 혹은 취미(그것이 예술과 그 가치의 문제를 결정하는 것이라면)의 본질을 규정하고, 이어서 그러한 법칙을 토대로 그 법칙에 맞는 작품을 예술로 인정하고, 그것에 맞지 않는 것을 포기하는 데 있는 것이 아니다. 다만 이러한 미학은 일단 우리 마음에 든다는 이유로 어떤 작품을 좋은 작품이라고 인정하면 일부 사람들의 마음에 드는 모든 작품이 그 속에 포함될 수 있는 그런 예술 이론을 만드는 데 있는 것이다.

세상에는 예술의 규범이라는 것이 존재한다. 우리들 사이에서 애호받고 있는 작품(피디아스, 소포클레스, 호메로스, 티티아노, 라파엘로, 바흐, 베토벤, 셰익스피어, 괴테 등)도 그것에 따라서 예술로 인정된다.

따라서 미학상의 견해도 마땅히 이러한 작품을 모두 포괄해야 마땅한 것이다. 어떤 것의 우열을 정하는 일정한 법칙을 근거로 하지 않고, 그것이 우리가 세운 규범에 맞는지 어떤지를 근거로 한 예술의 가치와 의의에 대한 판단을 미학 문헌 속에서 자주 만난다.

요즈음 나는 폴켈트(Volkelt)의 책을 읽었는데, 좋은 책이었다. 예술 작품 속에서 도덕적인 것을 요구할 것인가의 문제를 논하면서 저자는 예술에 대하여 정면으로 도덕적인 요구를 제기하는 것은 잘못이라고 말하고, 그 증거로 만일 그 요구를 시인한다면 셰익스피어의 《로미오와 줄리엣》도 괴테의 《빌헬름 마이스터》도 훌륭한 예술의 정의 속에는 들어가지 못할 것이라고 인용하고 있다. 그러나 이 두 작품은 예술의 규범 속에 들어 있기 때문에 이 요구는 부당하다. 따라서 이 작품에 들어맞는 예술의 정의를 찾을 필요가 있어 폴켈트는 도덕적인 것의 요구 대신 예술의 근본이라는 의미 있는 요구라는 것을 내걸고 있다.

지금의 미학은 모두 이 설계에 따라서 이루어지고 있다. 먼저 참다운 예술의 정의를 내린 작품이 그 정의에 들어맞느냐 혹은 들어맞지 않느냐에 따라서 예술이냐 아니냐를 결정짓는 대신, 이유야 어떻든 일부 사람들의 마음에 드는 어떤 종류의 작품이 예술로 인정되고 있고, 이러한 작품을 모두 포함할 수 있는 예술의 정의가 고안되고 있다.

최근 무터(Muther)의 훌륭한 저서 《19세기 예술사》에서도 나는 또 이 수법의 명확한 확증을 만났다. 이미 예술의 규범 속에 받아들여진 라파엘로 전파(前派), 퇴폐파, 상징파에 대한 기술에 착수하면서, 무터는 이 경향을 비난하려고 마음먹지 않았을 뿐만 아니라, 오히려 자연주의의 극단적인 폐해에 대한 정당한 반동으로 여겨지고 있는 라파엘로 전파, 퇴폐파, 상징파를 포괄할 수 있도록 자기의 틀을 확장하려고 노력하고 있었다. 예술 속에 아무리 광기가 있을지라도 일단 그것이 우리 사회의 상층 계급 사이에 받아들여진다면, 당장 그 광기를 변명하고 시인하는 이론이 제기된다. 그것은 마치 아무런 흔적도 남기지 않고 후세에 완전히 잊혀져버린 거짓되고 추악하고 무의미한 예술이, 일부 특수 계급의 사람들 사이에서 받아들여지고 시인되었던 시대는 역사상 없었던 것 같다.

예술의 무의미함과 추악함이, 특히 오늘날처럼 예술은 과오를 범하지 않는 것으로 여겨지고 있음을 예술이 알고 있을 때, 어느 정도까지 다다를 수 있는 것인가 하는 것은 우리 사회의 예술의 상태를 보면 알게 된다.

따라서 미학서에 서술되기도 하고 막연하게나마 대중에게서 공인되어 있는 미를 근본으로 한 예술론이란 우리들, 즉 일부 사람들의 마음에 든 것, 또 현재 마음에 들고 있는 것을 좋은 것으로 인정하는 것일 뿐이다.

인간의 어떤 활동을 판정하려면 그 의미와 가치를 이해하지 않으면 안 된다. 그리고 그 작업의 의미와 가치를 이해하려면 무엇보다도 먼저 활동 자체를, 우리가 그것에서 받는 만족에 관해서뿐 아니라 그 작업의 원인 및 결과와 관련되는 점을 잘 검토해 볼 필요가 있다.

만일 그 작업의 목적이 오직 우리의 쾌락에만 있다고 인정하고, 이 쾌락이란 점에서만 그 작업을 정의한다면 그 정의는 거짓이 될 것이다. 예술을 정의할 때도 마찬가지이다. 아마 음식물 문제를 논할 때 음식물의 의의는 그것을 먹을 때에 받는 쾌락에 있다고 생각하는 사람은 아무도 없을 것이다. 우리 미각의 만족감은 결코 음식물의 가치 판단의 근거가 될 수 없으며, 따라서 고추, 린부르크 치즈, 알코올 등이 곁들여진 식사가 우리 입맛에 맞고 또 우리 마음에 든다고 해서 가장 좋은 인간의 음식물이라고 결정할 그 어떤 권리도 우리에게 없다는 것쯤은 누구나 알고 있다.

마찬가지로 미 또한 이와 같다. 우리 마음에 드는 것이 결코 예술을 정의하는 기초가 될 수 없고, 또 우리에게 만족을 주는 여러 가지 대상이 결코 예술의 전형은 되지 못한다.

예술의 목적과 사명을 그것에서 얻는 쾌락에 있다고 보는 것은, 마치 도덕적 발전이 가장 낮은 단계에 있는 사람들(이를테면 미개인들)이 음식물의 목적과 사명이 그것을 먹을 때 느끼는 쾌락에 있다고 보는 것과 같다.

음식물의 목적과 사명을 쾌락에 있다고 생각하는 사람들이 식사의 참다운 의미를 알지 못하는 것과 마찬가지로, 쾌락을 예술의 목적이라고 생각하는 사람들 역시 예술의 의의와 사명을 이해하지 못한다. 왜냐하면 그들이 다른 생활 현상과의 관련 속에 그 의의를 갖는 예술의 활동에 쾌락이라는 거짓되고 배타적인 목적을 돌리기 때문이다.

식사의 의의가 신체의 영양에 있음을 사람들이 알게 된 것은, 그들이 그 활동의 목적이 쾌락에 있다는 생각에서 벗어난 뒤의 일이다. 예술의 경우도 그러하다. 미, 즉 쾌락이 이 예술의 목적이라는 생각에서 벗어난 뒤에야 비로소 사람들은 예술의 의미를 알게 되는 것이다. 예술의 목적으로서 미나 예술에서 받아들여지는 쾌락을 인정하는 것은, 무엇이 예술인지를 정의하는 것에 도움이 되지 않을 뿐만 아니라 문제를 전혀 예술과는 관련이 없는 영역, 즉 왜 어떤 작품은 일부 사람들의 마음에 드는데 다른 사람들의 마음에는 들기도 하고 들지 않기도 하는가 하는 형이상학적, 심리학적, 생리학적, 역사적인 검토로 옮겨서 예술에 대한 정의를 내리는 것을 불가능하게 하고 있다. 왜 한 사람은 배를 좋아하고 다른 한 사람은 고기를 좋아하는가에 대한 검토가 영양의 본질은 무엇인가 하는 규정에 도움이 되지 않는 것과 마찬가지로, 예술에서의 취미(예술의 논의가 자칫하면 취미로 귀착되고 있는 것이 현실이다) 문제를 해결한다 하더라도 우리가 예술이라고 일컫는 특수한 인간의 작업이 무엇인가 하는 설명에 도움이 되지 않을 뿐만 아니라 그 설명을 완전히 불가능한 것으로 만들어 버린다.

몇백만 명의 사람들의 노력과 인명, 도덕까지도 희생물로 바치고 있는 예술이란 무엇인가 하는 물음에 대해서, 우리가 현재의 여러 가지 미학에서 얻은 해답은, 어느 것이나 다 예술의 목적은 미이고 미는 그것에서 얻어지는 쾌락으로 인식되는 것이며, 예술에 따른 쾌락은 훌륭하고 중요한 것이라는 주장으로 귀착하고 있다. 즉 쾌락은 그것이 쾌락이니까 좋다는 것이 된다.

그러므로 예술의 정의로 여겨지고 있는 것은 전혀 예술의 정의가 아니고, 예술을 정당화하기 위한 속임수에 지나지 않는다. 따라서 이렇게 말하면 이상하게 들릴지 모르나 예술에 관해서 씌어진 책은 산더미 같으면서도 예술의 정확한 정의는 오늘날까지 만들어지지 않았다. 그 원인은 예술 개념의 근본에 미의 개념을 두고 있기 때문이다.

5. 타락의 위험

그러면 모든 문제를 뒤죽박죽이 되게 하는 미의 개념을 버릴 경우, 예술이란 무엇일까? 미와 관계없는 가장 새롭고 알기 쉬운 예술의 정의는 다음과 같다.

예술이란 동물계에서도 볼 수 있는 성적 감정과 유희의 충동으로 일어나는 활동으로(실러, 다윈, 스펜서), 신경 에너지의 즐거운 흥분이 수반된다(그랜트 앨런). 이것은 생리학적·진화론적 정의가 된다. 혹은 예술은 선·색·동작·음·말로 인간이 경험하는 기분을 외부에 나타내는 것이다(베롱). 이것은 경험적 정의가 된다. 설리의 아주 최근 정의에 따르면, 예술이란 '어떤 영속적인 대상 혹은 어떤 추이적인 행위를 만들어 내는 것으로서 그 대상 혹은 행위는 그것을 만들어 내는 자에게 생생한 기쁨을 줄 뿐만 아니라 그것을 보는 자와 듣는 자에게도 그것에서 얻어지는 어떤 개인적 이익을 떠나 즐거운 인상을 전달할 수 있는 것'이 될 것이다.

이러한 정의는 미의 개념에 기초를 둔 형이상학적인 정의에 비하면 뛰어나지만 역시 정확하지는 않다. 첫 번째의 생리학적 진화론적 정의가 정확하지 않음은 그것이 예술의 본질을 이루는 활동 자체에 대해서 언급하지 않고, 오히려 예술의 기원에 대해서 말하고 있기 때문이다. 또 인체 조직에 대한 생리학적인 작용에 의한 정의가 정확하지 않은 것은 이 정의 속에 인간의 다른 많은 활동까지 포함될 수 있기 때문이다. 이를테면 아름다운 옷과 쾌감을 주는 향료와 심지어는 먹을 것을 만드는 행동도 예술로 꼽는 새로운 미학 같은 것이다.

예술을 정서의 표현으로 보는 경험적 정의가 정확하지 않은 것은, 인간이 선·색·음·말의 도움을 빌려 자기 정서를 나타낼 수 있어도 그러한 표현으로 는 타인에게 영향을 줄 수 없는 경우도 있어 그럴 때는 예술이 되지 못할 것 이기 때문이다.

세 번째 설리의 정의가 정확하지 않은 것은, 창작하는 자에게 만족을 주고 보는 자와 듣는 자에게 그들을 위한 이익과는 관계 없이 즐거운 인상을 주는 대상을 만들어 내는 것 속에는 예술이라고 할 수 없는 요술, 체조 그 밖의 활동도 포함될 수 있는 데다, 또 이와는 반대로 시나 연극에서의 어둡고 참 혹한 장면과 같이 즐겁지 않은 인상을 주는 많은 대상도 의심할 나위도 없는 예술 작품이기 때문이다.

이러한 모든 정의의 부정확함은 형이상학적 정의에서와 마찬가지로 예술 의 목적으로 쾌락만을 들 뿐, 인간과 인류 생활에서의 예술적 사명이라는 것 을 다루지 않는 데서 오는 것이다.

예술을 정확하게 정의하기 위해서는 무엇보다도 먼저 이것을 쾌락의 수단 으로 보는 것을 버리고, 인간 생활의 조건 가운데 하나로서 예술을 검토해 보아야 한다. 예술을 그렇게 검토할 경우, 우리는 예술이 사람들 상호간의 교류 수단 가운데 하나임을 인정하게 된다.

어떤 종류의 예술 작품이건 예술을 창작한 사람과 그것을 감상하는 사람, 다시 말해 과거·현재·미래를 통해 같은 예술적 인상을 받는 모든 사람들을 일종의 교류를 갖게 한다.

마치 사람들의 사상과 경험을 전달하는 말〔언어〕이 사람들을 결합하는 수 단이 되고 있는 것처럼 예술도 그와 같은 작용을 한다. 다만 이 교류 수단이 말에 의한 교류 수단과 구별되고 있는 것은, 말로는 어떤 한 사람이 자기 생 각을 다른 한 사람에게 전달할 뿐이지만 예술은 많은 사람들이 서로 그 마음 을 전달한다는 점에 있다.

예술 활동은 인간이 귀나 눈으로 타인의 감정 표현을 지각하면 그 감정을 나타내는 사람이 경험한 것과 동일한 감정을 경험하는 능력이 있다는 데에 근거를 두고 있다.

가장 간단한 예로, 한 사람이 웃으면 다른 한 사람도 명랑해지고, 울면 그

울음소리를 듣는 사람도 슬퍼진다. 한 사람이 발끈 화를 내거나 안절부절못하면 다른 한 사람도 그것을 보고 같은 상태가 된다. 동작과 목소리의 울림으로 용기와 결단력, 또는 반대로 우울함, 차분함을 나타내면 그 기분은 상대방에게 전달된다. 괴로워서 신음 소리나 경련으로 그 고통을 나타내면 이 괴로움은 상대방에게 전달된다. 또 어떤 사물, 인물, 현상에 대한 환희, 숭배, 공포, 존경의 감정을 나타내면 다른 사람들도 그것에 감염되어 똑같은 사물, 인물, 현상에서 똑같은 환희, 숭배, 공포, 존경의 감정을 경험한다.

예술 활동은 바로 사람이 다른 사람의 감정에 감염될 수 있다는 특성 위에 기초를 두고 있는 것이다.

그러나 한 사람이 어떤 감정을 경험한 바로 그 순간에 당장 그것을 자기 모습이나 자기가 내는 소리로 직접 다른 한 사람이나 다른 많은 사람들에게 감염시킨다고 하더라도, 즉 자기가 하품이 나올 때 남도 하품이 나게 한다든가 자기가 무슨 일인가로 웃거나 울거나 할 때 남을 웃거나 울거나 하게 한다든가, 또는 자신이 괴로워할 때 남도 괴로워하게 한다든가 하더라도 이러한 사실만으로는 아직 예술이 아니다.

예술은 자기가 경험한 감정을 타인에게 전달할 목적으로 그 감정을 자기 내부에서 다시 불러일으켜 일정한 외면적인 부호로 표현할 때 비로소 시작된다.

그럼 가장 간단한 예를 들어 보자. 늑대를 만나 공포를 경험한 소년이 그때의 일을 이야기한다고 가정하자. 다른 사람에게도 자기가 경험한 감정을 불러일으키게 하려고 먼저 자신의 사정, 숲, 가벼운 기분, 이어 늑대의 모습, 그 움직임, 자기와 늑대 사이의 거리 등을 묘사한다. 이러한 모든 것은 소년이 이야기하는 사이에 자기가 전에 경험한 감정을 다시 경험하고 그것을 듣는 사람에게 감염시켜 그들에게도 이야기하는 사람이 경험한 것을 모두 경험하게 한다면 그것은 예술이다. 또 만일 그 소년이 늑대를 본 적은 없지만 그것을 아주 무서워하고 있어서 자기가 경험한 공포감을 타인에게도 불러일으킬 생각으로 늑대와 만난 것을 이야기로 만들어 내어 자기가 늑대를 상상할 때에 경험한 것과 똑같은 감정을 자기 이야기를 듣는 사람에게 불러일으키도록 했다면 그것 또한 예술이다.

사람이 실제나 공상으로 고통의 두려움이나 쾌락의 매력을 경험하고 나서

캔버스나 대리석에 그 감정을 표현하여 타인이 그것에 감염됐을 경우에도 역시 예술이 될 것이다. 또 만일 사람이 명랑, 환희, 우수, 절망, 용맹, 우울의 감정과 이러한 감정에서 다른 감정으로 옮아가는 것을 경험하거나 상상하고 그 감정을 소리로 나타내어 듣는 사람이 그것에 감염되어 그의 경험과 동일한 감정을 경험한다면, 그것 역시 예술이 될 것이다.

감정이 아무리 다양하더라도, 아주 강한 것이든 약한 것이든, 아주 중요한 것이든 쓸데없는 것이든, 아주 나쁜 것이든 좋은 것이든, 만일 그것이 독자나 관중이나 청중을 감염시킬 수만 있다면 예술의 대상이 되는 것이다. 극(劇)으로 전달되는 희생 정신이나 운명 또는 신에 대한 인종(忍從)의 감정, 소설로 쓰여진 연인들의 황홀감, 그림으로 그려진 육욕, 음악에서 개선 행진곡으로 전달되는 용기의 감정, 무용으로 불러일으켜지는 명랑한 감정, 우스꽝스러운 일화로 불러일으켜지는 해학, 저녁 풍경이나 자장가에 의해서 전달되는 정적감 등 이러한 것은 모두 예술이다.

관중이나 청중이 작자가 경험한 것과 똑같은 느낌에 감염되기만 하면 그것은 예술인 것이다.

한번 경험한 감정을 자기 내부에서 불러일으킬 것, 그리고 그것을 자기 내부에서 불러일으킨 다음 동작·선·색·음·말 등의 표현 형태로 그 감정을 타인들도 똑같이 경험할 수 있도록 전달할 것, 이것이 예술 활동이다. 예술이란 어떤 사람이 자기가 경험한 감정을 의식적으로 일정한 외면적인 부호로 타인에게 전달하고, 타인은 이 감정에 감염되어 그것을 경험하는 것으로 성립되는 인간 활동이다.

예술은 형이상학자들이 말하는 것처럼 그 어떤 신비로운 관념인 미나 신의 발현도 아니고 생리학적 미학자가 주장하는 것처럼 인간이 축적된 에너지의 과잉을 발산시키는 유희도 아니다. 외면적인 부호에 의한 감정의 발로도 아니고 즐거운 대상을 만들어 내는 것도 아니며 쾌락 따위는 더구나 아니다. 그것은 한 사람 한 사람의 인간 및 인류의 생활과 행복으로 향하는 필요 불가결한 사람들의 교류 수단, 사람들을 동일한 감정으로 통일하는 수단이다.

모든 인간은 말로 표현된 사상을 이해할 수 있는 능력 덕분에, 자기를 위해 사상계에서 전 인류가 해 준 일을 모두 알 수 있고, 타인의 사상을 이해할 수 있는 능력 덕분에 타인의 활동에 참가할 수가 있으며, 또 자신도 이 능력 덕분에 타인에게서 얻은 사상과 자기 내부에서 일어나는 사상을 동시 대인과 후세 사람에게 전달할 수 있다. 그와 마찬가지로 인간은 예술로서, 타인의 감정에 감염될 수 있는 능력 덕분에 감정의 세계에서도 그 이전의 인류가 경험한 일을 모두 이해할 수 있게 되고, 동시대 사람들이 경험하는 감정이나 몇천 년 전의 타인이 경험한 감정을 알 수 있으며, 또한 자기 감정을 타인에게 전달할 수도 있게 된다.

만일 인간에게 말로 전달된, 이전에 살았던 사람들이 품고 있던 사상을 모두 몰수해 버리고 자기 사상을 타인에게 전달하는 능력이 없었다면, 인간은 야수나 카스페르 하우젤(Kasper Hauser, 1828년 뉘른베르크 시장에서 발견된, 말도 모르고 사람도 만난 적 없는 기아(棄兒))과 마찬가지로 되어 버렸을 것이다.

또 만일 인간의 다른 능력, 즉 예술에 감염될 수 있는 능력이 없었다면, 인간은 한결 더 야만스러워졌을 것이고, 따로따로 떨어져 서로 원수처럼 되어 버렸을 것이다.

그러므로 예술 활동이라는 것은 아주 중요하고, 그 중요함은 언어 작용에 비할 만큼 큰 것이고 그만큼 보급되어 있기도 하다.

말이 설교, 연설, 서적에 의해서뿐만 아니라 우리 사상과 경험을 서로 전달하는 모든 이야기로 우리에게 작용하는 것처럼, 예술도 넓은 의미로 우리의 모든 생활 속에 스며들어 있는 것으로, 우리는 그중 일부만을 좁은 의미로 예술이라고 일컫는 것이다.

우리가 책을 읽고, 극장, 음악회, 전람회에서 보고 듣고 하는 것만큼, 우리는 건축, 조각, 시, 소설 등만을 예술로 보는 버릇이 있다. 그러나 이러한 것은 모두 우리가 생활 속에서 서로 교류하는 수단인 예술의 극히 작은 부분에 지나지 않는다. 모든 인간 생활이 자장가, 농담, 흉내, 주거, 의복, 도구류의 장식에서부터 교회 의식, 개선 행렬에 이르기까지 온갖 종류의 예술 작품으로 가득 차 있다. 이러한 것이 모두 예술 활동이다. 그러므로 우리가 좁은 의미로 예술이라고 일컫고 있는 것은 감정을 전달하는 인간 활동 전부가 아니라, 이 전체 활동 가운데서 무엇인가의 이유로 구별하고 그것에 특별한 의의를 부여하고 있는 것에 불과하다.

모든 사람들이 이 특수한 의미로 줄곧 일컬어 온 것은 그 활동 중에서도 사람들의 종교적 의식에서 흘러나오는 감정을 전달한 부분이었으며, 예술 전체의 이 작은 부분을 사람들은 완전한 의미의 예술이라는 이름으로 일컬어 온 것이다.

예술을 이렇게 본 것은 고대 사람들, 바로 소크라테스, 플라톤, 아리스토텔레스였다. 유대 예언자나 고대 그리스도교도들도 예술을 그렇게 보았다. 이슬람교도들도 그렇게 생각하였고 지금도 그렇게 생각하고 있으며 현대인들 가운데 종교적인 사람들도 그렇게 이해하고 있다.

인류의 교사라고 부를 만한 사람들 가운데에는 《국가론》을 쓴 플라톤, 원시 그리스도교도, 엄격한 이슬람교도, 불교도들처럼 온갖 예술을 배척하기까지 한 사람들이 있었다.

예술을 이렇게 보는 사람들은 쾌락을 주기만 하면 어떤 예술이나 다 좋은 것으로 보고 있는 현대의 견해와는 반대이다. 말하자면 예술이라는 것은 듣지 않으려면 듣지 않을 수 있는 말과 달리 사람들의 의지에 반해서까지 감염시킬 만큼 매우 위험한 것이므로 어떤 예술이나 다 허용하느니보다는 차라리 모든 예술을 추방해 버리는 것이 인류로서는 훨씬 손실이 적다고 생각해 왔고, 지금도 그렇게 생각하고 있다.

어떤 예술이나 다 배척한 이러한 사람들은 분명히 잘못됐다. 그들이 부정해서는 안 되는 것, 그것 없이는 인류가 생존하지 못하는 필요불가결한 교류수단의 하나를 부정했기 때문이다. 그러나 이에 봉사하기만 하면, 즉 사람들에게 만족을 주기만 하면 어떤 예술이나 다 허용한 유럽의 문명사회, 우리 친구들, 우리 시대 사람들도 그에 못지않게 잘못되어 있다.

이전에는 인간을 타락시키는 것이 예술의 대상 속에 들어오는 것을 두려워하여 예술 전체를 금지했다. 그런데 지금은 예술이 주는 쾌락을 하나라도 잃지 않으려고 걱정하고 온갖 예술을 보호하고 있다. 나는 후자의 오류가 전자의 오류보다 훨씬 더 심각하고 그 결과도 훨씬 더 해롭다고 생각한다.

6. 좋은 예술 나쁜 예술

그러면 옛날에는 가까스로 허용되었거나 철저히 배척되었던 바로 그 예술이 현대에는 만족을 주기만 하면 언제나 좋은 것으로 여겨지게 된 것은 도대체 무슨 까닭인가?

그것은 다음과 같은 원인에서 생긴 것이다.

예술의 가치 평가, 즉 예술이 전달하는 감정의 평가는 인간이 인생의 의미를 어떻게 해석하느냐, 그러니까 인생의 선과 악을 어디에 있다고 보느냐에 따라서 결정된다. 그리고 인생의 이 선과 악은 종교라고 일컬어지는 것에 의해 정해진다.

인류는 끊임없이 인생에 대한 낮고 부분적이고 불명료한 이해로부터 높고 전체적이고 명료한 이해로 진보하고 있다. 그리고 모든 운동에서와 마찬가지로 이 운동에도 선구자가 있다. 즉 다른 사람들보다 인생의 의미를 한층 뚜렷이 이해하고 있는 사람들이 있다. 그리고 언제나 이러한 선구자들 가운데는 이 인생의 의미를 말과 생활로 뚜렷하고 알기 쉽고 힘차게 나타낸 사람이 있다. 이 사람이 표현한 인생의 의미와, 보통 이 사람의 기억 주변에 형성되는 미신적인 전통과 의식이 함께 합쳐져 종교라고 일컬어진다. 종교란 일정한 시대, 일정한 사회에서 뛰어난 선구자들이 도달할 수 있는 최고 인생관의 교시로, 그 사회의 나머지 모든 사람들은 피하지도 저항하지도 못하고 그것에 접근할 수밖에 없는 것이다. 따라서 종교만이 옛날이나 지금이나 인간의 감정을 평가하는 기초가 되고 있다. 만일 감정이 종교가 교시하는 이상에 인간을 접근시켜 모순되지 않고 일치한다면, 그 감정은 좋은 것이다. 만일 그 이상으로부터 멀어져 일치하지 않고 대립한다면 그것은 나쁜 감정이다.

만일 종교가 인생의 의의를 유일신을 숭배하고 신의 의지대로 행하는 데 있다고 본다면, 이 신과 신의 계율에 대한 사랑에서 흘러나오는 감정이 예술로 전달되는 것, 예를 들어 예언자의 성시(聖詩), 성가, 창세기 이야기 등은 좋은 예술이고 높은 예술이다. 이와 반대로 다른 신을 숭배하는 감정이나 신의 계율과 일치하지 않는 감정을 전달하는 것은 모두 나쁜 예술로 간주될 것이다. 만일 종교나 인생의 의의를 지상의 행복, 미, 힘에 있다고 생각한다면 예술로 전달되는 인생의 기쁨, 용기는 좋은 예술로 간주될 것이다. 즉 그리스인들 사이에서 인정되고 있었던 것처럼, 유약함이나 우울한 감정을 전달하는 예술은 나쁜 예술이 될 것이다. 만일 인생의 의의가 자기 국민의 행복이라든가 선조들의 전통 계승, 그들에 대한 존경에 있다고 한다면, 국민의 행복을 위하거나 조상을 기리기 위해서 개인적 행복을 희생시키는 기쁨이나 조상의 전통을 지키는 기쁨을 전달하는 예술은 좋은 것이고 반대되는 감정을 나타내는 예술은 나쁜 예술이 될 것이다. 이것은 고대 로마 사람들과 중국 사람들 사이에서 인정되고 있었던 것이다. 또 불교도 사이에서 생각되고 있는 것처럼 만일 인생의 의의가 야만성의 굴레에서 자기를 해방시키는 데에 있다고 한다면, 마음을 높이고 육욕을 낮추는 감정을 전달하는 예술을 좋은 예술로 보게 될 것이며 육체의 정욕을 북돋우는 것은 모두 나쁜 예술로 보게 될 것이다.

어떤 시대를 막론하고 모든 인간 사회에는 늘 선악을 판단하는 공통된 종교적 자각이 있어서 예술에 의해 전달되는 감정의 가치를 판단해 왔다. 따라서 어떤 민족이건 그들에게 공통된 종교적 자각에서 흘러나오는 감정을 전달한 예술은 좋은 것으로 인정되어 장려되었고, 이 종교적 자각과 일치하지 않는 감정을 전달한 예술은 나쁜 것으로 배척당했다. 사람들의 교류 수단이던 예술의 나머지 커다란 부분은 전혀 평가되지 않고 동시대 종교적 자각에 반대되는 경우에 한해서만 배척되었다. 그것은 그리스인, 유대인, 인도인, 이집트인, 중국인 등 어느 민족의 경우에도 그러하였고 그리스도교가 나타났을 당시도 그랬다.

초기의 그리스도교는 전설·전기·설교·기도·찬송가만을 훌륭한 예술 작품으로 인정했다. 그것은 그리스도에 대한 사랑의 감정, 그 생애에 대한 감동, 그의 가르침에 따르겠다는 희망, 세속적 생활의 포기, 사람들에 대한 겸양과 사랑을 불러일으킨 것이었다. 한편 그리스도교는 개인적 쾌락의 감정을 전달한 작품은 모두 나쁜 것으로 여겼다. 따라서 상징적인 조형 미술만을 인정할 뿐 모든 이교적인 조형 예술을 배척했다.

초기 몇 세기 동안 그리스도교도 사이에서 이러한 태도가 취해진 것은 그리스도의 교리를 완전히 진실한 형태는 아니더라도, 아무튼 후세에 받아들여진 것과 같은 이교적인 왜곡된 형태로 받아들이고 있지 않았기 때문이다. 그러나 이러한 그리스도교도들 외에 콘스탄티노스, 카를로스 대제, 블라디미르의 치세에서 그랬듯이 모든 민중을 일괄적으로 그리스도교로 개종시킨 시대 이후, 그리스도의 가르침보다도 더 이교에 가까운 다른 그리스도교가 나타났다. 그리고 이 교회 그리스도교라는 것이 자기 교리를 기본으로 삼아 인간의 감정과 그것을 전달하는 예술 작품을 완전히 별도로 평가하기 시작했다. 이 교회 그리스도교는 진정한 그리스도교의 본질적인 기본 논지, 즉 아버지인 신에 대해 개개의 인간이 직접적인 관계에 있다는 것, 그 결과 만인은 동포이고 평등하다는 것, 모든 종류의 폭력에 겸양과 사랑으로 대할 것을 인정하지 않을 뿐만 아니라, 오히려 이교적 신화와도 같은 하늘나라의 계급 제도를 만들고, 그리스도·성모·천사·사도·성도·순교자의 숭배, 또 이러한 신들뿐만 아니라 그 우상의 숭배까지 끌어넣어 그 가르침의 본질로서 교회 및 그 결정에 대한 맹목적인 신앙을 수립했다.

이 가르침은 진정한 그리스도교와 전혀 무관한 것이었고, 또 진정한 그리스도교와 비교해서뿐만 아니라 배교자 율리아누스와 그 일파 같은 로마 사람들의 세계관에 비교해서도 참으로 저급한 것이었다. 그러나 그것 역시 이 그리스도교를 받아들였던 야만인에게는 이전에 그들이 받들고 있던 여러 신들, 영웅, 선령과 악령 따위보다는 훨씬 훌륭한 가르침이었다. 따라서 이 가르침은 그것을 받아들였던 야만인들에게는 종교가 되고, 또한 이 종교를 기초로 하여 당시의 예술도 평가되었다. 그래서 성모, 예수, 사도, 천사에 대한 경건한 숭배, 교회에 대한 맹목적인 신앙과 복종, 가책에 대한 공포, 무덤 건너에 있는 행복에 대한 기대를 전달한 예술은 좋은 것으로 여겨지고, 그것에 반대되는 예술은 모두 나쁜 것으로 여겨졌다.

이 예술을 낳은 기초가 된 가르침은 그리스도에 대한 왜곡된 가르침이었다. 그러나 이 왜곡된 그리스도의 가르침 위에서 나온 예술만큼은 진정한 예술이었다. 그것은 이것을 낳은 민족의 종교적 세계관과 일치되어 있었기 때문이었다.

중세 예술가들은 민중과 똑같은 감정의 기초, 즉 종교에 의해서 살며 자기네가 몸소 경험한 감정과 기분을 건축·조각·회화·음악·시·극 속에 전달한 진정한 예술가였다. 그리고 그들의 활동은 그 시대가 도달할 수 있는 최고의 것으로, 전체 민중의 공통된 이해 위에 기초를 두었으므로 비록 현대의 관점에서 보면 저열한 것일지라도 역시 참다운 예술이었다.

이러한 상태는 교회 그리스도교에서 나타난 인생관의 진실성에 대한 회의가 유럽 사회의 부유하고 교육받은 계급 속에 나타날 때까지 계속됐다. 그런데 부유한 계급 사람들은 한편으로는 십자군 원정, 교황권 융성과 그 남용을 겪으면서 다시 고대인의 지혜를 알게 되었고, 고대 현인의 가르침에서 합리적인 명석함을 보았다. 다른 한편으로는 교회의 가르침과 원시 그리스도교의 가르침이 일치하지 않는 것을 알게 되었다. 그리하여 부유한 계급 사람들은 전처럼 교회의 가르침을 따르지 않았다. 표면상으로는 여전히 교회의 가르침이라는 형식을 지키고는 있었다 하더라도, 그들은 이미 그것을 믿을 수 없었으며 그들을 지키고 있었던 것은 오직 그동안의 타성 때문이었으며 민중을 위해서 그렇게 했을 뿐이었다.

민중은 교회의 가르침을 맹목적으로 믿었고, 상류 계급 사람들은 민중을 이 신앙에 붙들어 두는 것이 자기네 이익을 위해서도 꼭 필요한 것으로 생각하였다. 그래서 교회의 그리스도교 가르침은 어떤 시기에 이르러 전 그리스도교 민족의 공통된 종교적 가르침이 되지 못했다. 일부 사람들, 즉 부유 계급, 그러니까 권력과 부를 소유했고 따라서 예술을 만들고 장려하는 여유와 수단을 가진 계급은 자기네 교회의 종교적 가르침을 믿는 것을 그만두고 민중만이 맹목적으로 그것을 믿었던 것이다.

중세 상류 계급은 종교에 관해서는 교양 있는 로마 사람들이 그리스도교의 출현을 눈앞에 두고 있었던 것과 동일한 상태에 있었다. 즉 더 이상 민중이 믿는 것을 믿지 않았으나, 그렇다고 자기네로서는 시대에 뒤떨어진, 의의를 상실한 왜곡된 그리스도교의 가르침을 대신할 만한 신앙은 아무것도 가지고 있지 않았던 것이다.

양자의 차이는 다만 로마 사람의 경우는 자기네의 여러 신, 황제, 가신(家神)에 대한 신앙을 상실한 뒤, 이제 더 이상 모든 피정복 민족에게서 빌려 온 많은 복잡한 신화에서 아무것도 끌어낼 수 없게 되어 완전히 새로운 세계관을 받아들여야 했던데 비해, 중세 사람들은 가톨릭 교회의 가르침에 의심을 품게 되었어도 굳이 새로운 종교를 찾을 필요는 없었다. 중세 사람들이 왜곡된 형태로 교회 신앙으로 받들고 있었던 것은 사실이지만 그리스도교의 가르침은 인류가 나아갈 길을 아득히 먼 데까지 그려 주었다. 따라서 그들은 그리스도가 계시한 가르침을 흐리는 왜곡을 제거하고 그 가르침의 완전한 의의, 비록 전체는 아니더라도 작은 부분이나마(그러나 교회가 파악한 것보다는 많이) 파악하기만 하면 되었다.

그것은 위클리프, 후스, 루터, 칼뱅의 개혁뿐만 아니라 초기 바울파(派)와 신애파(神愛派), 뒤에는 발덴스파(派)와 그 밖의 이단파 모두를 대표로 하는, 비교회적 그리스도교의 모든 유파에 의해서 어느 정도 이루어졌다.

그렇지만 그것을 이룩할 수 있었고 또 이룩한 것은 권력을 장악하지 않은 가난한 사람들이었다. 부자와 유력자 가운데서는 드물게 아시시의 프란체스코와 그 밖의 몇몇 사람들만이, 이 가르침이 자기네의 유리한 지위를 파괴했음에도 완전한 의미의 그리스도교의 가르침을 받아들였다.

상류 계급 사람들의 대부분은 비록 마음속에서는 이미 교회의 가르침에 대한 신앙을 잃고 있었다고는 하더라도 그렇게 할 수 없었거나 그렇게 하고 싶지 않았다. 그것은 교회의 신앙을 포기한 다음에 그들이 자기 것으로 인정해야 할 그리스도교적 세계관의 본질이 인간의 동포성, 즉 그 평등성이었기 때문이며, 그러한 가르침은 그 속에서 자라 교육을 받으며 길들어 버린 그들의 특권을 부정하는 것이었기 때문이다. 마음속에서는 이미 시대에 뒤떨어진 데다 자기네에게는 진정한 의의를 가지지 않게 된 가르침을 믿지도 않았고, 그런가 하면 진정한 그리스도교를 받아들일 만큼 강력하지도 못한 이런 부유한 지배 계급 사람들, 바로 교황, 제왕, 제후, 그리고 세상의 모든 강자들은 어떠한 종교도 믿지 않고 다만 그 형식만을 유지하고 있을 뿐이었다. 그것은 그 가르침이 자기네에게 이익을 가져다주는 특권을 정당화해주었기 때문에 자기네에게 유리할 뿐만 아니라 필요한 것으로 여겼기 때문이다. 실제로 이 사람들은 최초 몇 세기의 로마인들처럼 아무것도 믿지 않았다. 그러나 동시에 사람들의 수중에 권력과 부가 있었으므로 예술을 장려하고 지도한 것도 역시 이들이었던 것이다. 그 영향력을 예술가들은 벗어날 수 없었다.

바로 이러한 사람들 사이에서 자라기 시작한 예술은 이내 그것이 얼마만큼 사람들의 종교적 의식에서 흘러나오는 감정을 나타내고 있는가 하는 것으로 평가되지 않고, 다만 얼마나 아름다운가, 바꾸어 말하면 얼마나 쾌락을 주는가 하는 것으로만 평가받게 되었다.

자기네 허위를 들추어 낸 교회의 종교를 이제 더 이상 믿을 수가 없는데다, 그렇다고 또 자기네 생활 전부를 부정하는 진정한 그리스도교의 가르침을 받아들일 수도 없게 된 부와 권력을 가진 이러한 사람들은, 인생의 온갖 종교적 이해를 잃고 본의 아니게 인생의 의의를 개인의 쾌락에 두는 이교적인 세계관으로 되돌아가 버렸다. 그리하여 상류 계급에서는 '과학과 예술의 부흥'이라고 일컬어지고 있는 것이 실은 온갖 종교를 부정할 뿐만 아니라 그 불필요성을 인정하는 일이 이루어졌다.

교회, 특히 가톨릭 신앙은 일관된 체계로서 그것 모두를 부수지 않고는 변경할 수도 수정할 수도 없다. 교황의 순수성에 대한 의혹이 생기자마자(그런데 이러한 의혹은 당시 교양 있는 모든 사람들 사이에 자라고 있었다) 가톨릭 전통의 진위에 대해서도 불가피하게 의혹이 생겼다. 그런데 가톨릭 전통의 진위에 대한 의혹은 교황권과 가톨릭교를 파괴했을 뿐만 아니라 그리스도의 신성이니 부활이니 삼위일체니 하는 교리를 가진 교회의 신앙 전체도 파괴했고, 나아가서는 성서의 권위까지도 파괴해 버렸다. 그것은 전통이 성서를 거룩한 것으로 인정하고 있었기 때문이다.

따라서 당시 대부분의 상류 계급 사람들은, 심지어 교황과 성직자들까지도 실제로는 아무것도 믿고 있지 않았던 것이다. 이 사람들이 교회의 가르침을 믿지 않았던 것은 그 교회의 무능을 보고 있었기 때문이다. 그리고 그들이 아시시의 프란체스코며 헤리티키의 피터(표트르 헤리티키. 15세기의 보헤미아 사람, 반교회적·반국가적 저서 《신앙의 그물》이 있음. 톨스토이의 《신의 나라는 너희 속에 있다》와 《인생 독본》의 '이레째의 읽을거리' 가운데 이 인물에 대한 해설 참조), 그 밖의 몇몇 사람들처럼 그리스도의 도덕적 사회적 가르침을 인정할 수 없었던 것은, 그 가르침이 자기네의 사회적 지위를 파괴해 버렸기 때문이었다.

그리하여 이 사람들은 어떠한 종교적 세계관도 갖지 않게 되었다. 이제 종교적 세계관을 가지지 않는 이 사람들은 좋은 예술과 나쁜 예술을 평가하는 척도를 개인의 쾌락 외에는 아무것도 가질 수 없었다. 그리하여 선의 척도로서 쾌락, 즉 미를 인정한 유럽 사회의 상류 계급 사람들은 그 예술관에서도 이미 플라톤이 비난한 고대 그리스인들의 조야한 예술관으로 뒷걸음질치고 말았다. 그리고 이 해석에 맞추어 그들 사이에서도 예술 이론이 마련되었다.

7. 예술과 진선미

상류 계급 사람들이 그리스도교에 대한 신앙을 잃은 이후 미, 즉 예술에서 받는 쾌락이 좋은 예술과 나쁜 예술의 척도가 되었다. 이 예술관에 맞추어 상류 계급 사이에서는 저절로 그러한 해석을 정당화하는 미학 이론, 즉 예술의 목적은 미의 표현에 있다는 이론이 마련되었다. 이 미학 이론의 계승자들은 이것이 진실이라는 것을 뒷받침하기 위하여 이 이론은 자기네가 발명한

것이 아니라 사물의 본질 속에 있는 것으로 고대 그리스인들에게서도 인정
되고 있던 것이라고 주장하고 있다. 그러나 이러한 주장은 완전히 근거가 없
는 것이다. 그러므로 고대 그리스인들 사이에서는 그리스도교에 비해 그 도
덕적 이상이 낮았으므로 선($τὸ\ αγαθου$)의 개념이 아직 미($τὸ\ καλου$)의 개
념과 확실히 구분되어 있지 않았다는 것 외에는 아무런 논거가 없다.

　미와 일치하지 않을 뿐만 아니라 대부분의 경우 그것과 상반되는 선의 최
고 완성은, 이미 이사야 시대에 유대인들에게서 인정되고 있었고 그리스도
교에서 충분히 나타나고 있었다. 그러나 그리스인들에게는 그것이 일반적으
로 알려져 있지 않아, 그들은 아름다운 것은 반드시 선한 것이어야 한다고
생각하고 있었다. 아닌게 아니라 소크라테스, 플라톤, 아리스토텔레스 같은
사상가들은 선이 미와 일치하지 않을 수도 있다고 느끼고 있었음에 틀림없
다. 소크라테스는 미를 선에 종속시켰고, 플라톤은 두 개념을 통일할 생각으
로 정신적 미를 말하였으며, 아리스토텔레스는 사람들에 대한 도덕적 영향
을 예술에게서 요구했다. 그러나 역시 이러한 사상가들도 미와 선은 일치하
는 것이라는 생각에서 완전히 벗어나지 못했다.

　그래서 그때의 말에서도 이 일치를 의미하는 '선미(善美, $καλοχᾶγαθια$)'
라는 합성어가 쓰이게 되었다. 그리스의 사상가들은 분명히 불교와 그리스
도교에서 나타나는 선의 개념에 접근하고 있는데, 선과 미를 결정하면서 혼
란에 빠져 버렸다. 플라톤의 선과 미에 관한 생각도 모순투성이이다. 그런데
온갖 신앙을 잃어버린 후세 유럽 사회 사람들이 법칙으로까지 떠받들려고
노력한 것이 바로 이 혼란에 빠진 개념이었던 것이다. 그들은 미와 선의 일
치는 사물의 본질로 볼 때 원래 당연한 것이다, 미와 선은 일치되어야 한다,
그리스인에게는 의미가 있지만 그리스도교도에게는 아무런 의의도 없는 '선
미'라는 말과 개념이 인류의 최고 이상을 이루는 것이라는 것들을 증명하려
고 시도했던 것이다. 이 그릇된 해석 위에 세워진 새로운 학문이 미학이다.
그런데 이 새로운 학문을 시인하기 위해서 고대인의 예술론까지 심히 곡해
되어 마치 이 고안된 학문인 미학이 그리스인들 사이에도 존재하고 있었던
것처럼 여겨지게 되었다.

　실제로 예술에 대한 고대인들의 견해는 우리 견해와는 아주 다른 것이었
다. 베나르(Bénard)가 아리스토텔레스의 미학에 관한 저서 《아리스토텔레스

와 그 후계자들의 미학》에서 다음과 같이 말하고 있다.

　이 문제를 연구하고자 하는 사람이면 누구나 플라톤 및 그 후계자들의 경우와 같이 아리스토텔레스의 경우도 예술 이론과 미학 이론이 서로 완전히 따로따로 나타나고 있음을 알아챌 것이다.

　실제로 고대인들의 예술에 대한 견해는 현대 미학을 지지하기는커녕 오히려 부정하고 있다. 그런데 한편으로는 샤슬러에서 나이트에 이르기까지 모든 미학서에는 미에 관한 학문이 이미 고대인들에 의하여 시작되었다고 주장하고 있다. 즉 미학은 소크라테스, 플라톤, 아리스토텔레스에게서 시작되어 그 일부가 세네카, 플루타르크에서 플로티노스에 이르는 에피쿠로스 학파와 스토아 학파에게 전해졌다. 그런데, 어떤 불행한 사건으로 이 학문은 4세기에 이르러 갑자기 사라지고 1500년 동안 모습을 드러내지 않고 있다가 1750년에야 겨우 독일의 바움가르텐의 학설에서 부활하기에 이른 것이라고 주장하고 있다.

　샤슬러에 의하면, 플로티노스 이후 15세기나 지났는데 그동안 미와 예술의 세계에 대한 학문적인 관심이라는 것은 전혀 없었다는 것이다. 그는 이 1500년 동안이라는 세월이 미학과 이 학문의 체계적 정립에는 아무런 도움 없이 끝나고 말았다고 말한다.

　그러나 실제로 그런 일은 없었다. 미학, 즉 미에 관한 학문은 한번도 사라진 적이 없고 사라질 수도 없었다. 그런 것은 일찍이 없었기 때문이다. 있었던 것은 다만 그리스인들이 다른 사람들과 마찬가지로 언제 어디서나 예술을 온갖 일과 마찬가지로 그 예술이 그리스인들이 해석하고 있었던 선에 기여할 때에만 좋은 것으로 생각하고, 그 선에 거슬릴 때에는 나쁜 것으로 생각하고 있었다는 것뿐이다. 그리스인들은 도덕적으로 발달이 아주 늦어 그들에게는 선과 미가 일치된 것처럼 여겨졌는데, 이 시대에 뒤떨어진 그리스인들의 세계관 위에 18세기 사람들에 의하여 고안되어, 특히 바움가르텐에 의해 이론화된 미학이 세워진 것이다. 그리스인들은(베나르의 아리스토텔레스와 그 후계자들에 대한 명저, 발터의 플라톤에 대한 저서를 통독한 사람이면 누구나 확신할 수 있듯이) 일찍이 그 어떤 미학도 가진 적이 없었던 것이다.

미학 이론과 이 학문의 명칭은 한 150년 전 그리스도교를 믿는 유럽 사회의 부유한 계급과 여러 민족, 즉 이탈리아인, 네덜란드인, 프랑스인, 영국인 사이에서 생겨난 것이다. 이것에 학문적이고 이론적 형태를 준 창시자이자 설립자가 곧 바움가르텐이다.

바움가르텐은 독일인 특유의 외면적이고 현학적인 정확함과 균형으로써 이 놀라운 이론을 고안하고 서술했다. 그것은 아무런 근거가 없는 것임에도 불구하고 어느 누구의 이론도 이처럼 교양 있는 많은 사람들의 취미에 딱 들어맞았던 것은 없었다. 또 이처럼 신속히, 그리고 무비판적으로 받아들여진 것도 없었다. 이 이론은 상류 계급 사람들의 취미에 딱 들어맞아, 그 논지의 완전한 독단과 논거의 불충분에도 불구하고 마치 의심할 나위 없는 것인 양 학문이 있는 사람들이나 학문 없는 사람들에 의하여 오늘날까지 되풀이되고 있는 형편이다.

'서적은 독자의 두뇌에 따라 서로 다른 운명을 갖는다'는 말처럼, 아니 오히려 그 이상으로 개개의 이론은 그 이론이 고안된 사회가 빠져 있는 혼미 상태에 의해 저마다 서로 다른 운명을 갖는 것이다. 만일 하나의 이론이 사회의 어떤 일부가 빠져 있는 거짓된 상태를 시인한다면, 그 이론이 아무리 근거가 없고 심지어는 분명한 거짓이라 할지라도 사회의 일부에 훌륭하게 받아들여져 그들의 신앙이 되어 버린다.

예를 들어 지구의 인구는 기하급수적으로 불어나는데 식량은 산술급수적으로밖에 불어나지 않으므로 지구는 인구 과잉이 될 우려가 있다는 맬서스의 그 유명한, 그러나 아무런 근거도 없는 이론이 그렇다. 또 맬서스의 인류 진보의 기초가 되는 생존 경쟁과 도태 이론도 그러하다. 또 모든 사적인 생산이 자본주의에 흡수되는 경제 발전이 불가피하다는, 널리 보급되고 있는 마르크스 이론도 마찬가지이다.

그러한 종류의 이론이 아무리 근거가 없더라도, 또 아무리 인류에게 잘 알려져 있고 의식되고 있는 모든 사실에 어긋나더라도, 그리고 아무리 부도덕하다는 것이 분명하더라도 그러한 이론은 무비판적으로 신앙처럼 받아들여지고 있다. 그 이론들이 시인하고 있는 조건이 없어지든가 그렇잖으면 선전된 이론의 어리석음이 손바닥 들여다보듯이 아주 명백하게 되든가 하지 않는 한, 때로는 몇 세기에 걸쳐 넋을 뺏길 만큼 열정적으로 전파되기 마련이다.

바움가르텐의 진·선·미 삼위일체설이라는 것도 바로 그러한 예로, 그것에 의하면 1800년 동안이나 그리스도교적 생활을 해 온 민족들의 예술이 할 수 있는 최선은, 인간의 나체를 아주 훌륭하게 그리고, 보기에 기분 좋은 건물을 세웠으며, 노예를 부리던 반야만적인 소민족이 지금부터 2000년 전에 가지고 있던 것을 자기네 생활의 이상으로 선택했다. 그런데 그러한 모순을 아무도 알아채지 못하고 있다.

학자들은 진·선·미라는 미학적 삼위일체의 하나인 미에 대하여 장황하고 무슨 뜻인지 알 수 없는 논문을 쓰고 있다. 진선미라는 말은 철학자, 미학자, 예술가, 소설가, 잡문가들에 의하여 되풀이되고 있는 데다가, 또 누구나 이 상징적인 말을 외면서 무엇인가 충분히 정의가 내려진 확고한, 그 위에다 자기의 판단을 세워도 좋은 것에 대하여 말을 하고 있는 듯한 느낌을 갖고 있다. 그런데 실제로 이러한 말은 조금도 정의가 내려진 의미가 없고, 게다가 현재 예술에 그 어떤 뚜렷한 의미를 주지 못하게 하며, 우리에게 만족을 가져다주는 것이기만 하면 어떤 종류의 감정이든 우리가 예술에 부여하고 있는 거짓된 의의를 시인하기 위한 것으로밖에 볼 수 없다.

잠시 이 삼위일체를 종교상의 삼위일체와 마찬가지로 진실한 것이라고 생각하는 버릇에서 떠나, 이 세 낱말을 가지고 우리가 늘 생각하고 있는 것에 대해 자문해 보자. 그렇게 함으로써 이 완전히 별개인, 특히 의미상으로 공통점이 없는 낱말과 개념을 하나로 합치시키고 있는 완전한 공상성을 확신하게 될 것이다.

진·선·미는 같은 수준에 놓여 있으며, 이 세 개념은 모두 근본적이고 형이상학적인 것으로 인정되고 있다. 그런데 실제로는 그렇지가 않다.

'선'은 우리 인생의 영원한 최고 목적이다. 우리가 선을 어떻게 이해하고 있든 우리 생활은 선에 대한 희구, 즉 신에 대한 희구이다. 선은 사실상 근본적이고 형이상학적인 것으로 우리 의식의 본질을 이루고 있는 개념, 이성으로는 정의가 내려질 수 없는 개념이다. 선은 어떤 사람에게서도 정의내려질 수 없지만 다른 모든 것을 정의하는 것이다.

'미'라는 것은, 만일 우리가 그 말 자체에 구애받지 않고 이해하고 있는 범위에서 말한다면 우리에게 쾌락을 주는 것일 뿐이다.

미의 개념은 선과 일치하지 않을 뿐만 아니라 오히려 상반된다. 대개의 경우 선은 감정의 극복과 일치하는 데 반해 미는 모든 감정의 기초이기 때문이다.

우리가 미에 골몰하면 할수록 우리는 더욱더 선에서 멀어진다. 나는 이것에 대하여 사람들이 미는 언제나 도덕적인 것과 정신적인 것이 있기 마련이라고 말하는 것을 알고 있다. 그러나 이것은 말의 유희에 지나지 않는다. 왜냐하면 정신적인 미니 도덕적인 미니 하는 것은 결국 선을 의미하는 것일 뿐이기 때문이다. 정신적인 미 또는 선은 대개의 경우 흔히 미로 해석되고 있는 것과 일치하지 않을 뿐만 아니라 상반되어 있다.

진에 관해서는 어떤가 하면, 상상 속에 조작된 삼위일체의 이 일위(一位)에 대해서는 선 또는 미와의 일치는 물론이고 그 어떤 독립된 존재마저도 인정할 수 없는 형편이다.

그러나 우리가 진이라고 일컫는 것은 대상의 표현, 또는 정의와 그 본질, 또는 모든 사람들에게 공통된 대상의 해석적 일치에 지나지 않는다. 도대체 미와 진과 선의 개념 사이에 무슨 공통점이 있다는 말인가?

미와 진의 개념은 선과 동등한 개념이 아닐 뿐만 아니라 선과 함께 하나의 본질을 이루는 것도 아니고, 더욱이 그것과 일치하는 일마저도 없다.

진은 표현이 대상의 본질과 일치한 것이며 따라서 선을 성취하는 수단의 하나이기는 하지만, 진은 선도 아니고 미도 아니며 심지어는 그러한 것과 일치하는 일마저 없다.

그래서 이를테면 소크라테스와 파스칼, 그 밖의 많은 사람들은 불필요한 것에 관한 진리의 인식을 선과 일치하지 않는 것으로 여기고 있었다. 진이 미와 아무런 공통점도 가지지 않을 뿐 아니라 대부분 상치되는 것은 진이 대개의 경우 기만을 폭로하여 미의 주요한 조건인 환상을 파괴하기 때문이다.

이렇게 서로 공통점도 없고 아무런 인연도 없는 이 세 개념을 제멋대로 하나로 합친 것이 그 놀라운 이론의 기초가 된 것으로, 이 이론으로 선한 감정을 전하는 좋은 예술과 악한 감정을 전하는 나쁜 예술 사이의 구분이 완전히 사라져 버렸다. 그리하여 예술의 저열한 한 형태인 오직 쾌락만을 위한 예술, 다시 말해 인류의 모든 스승들이 사람들에게 경고해 왔던 것이 최고의 예술로 여겨지게 되었다. 그리고 예술은 그 본래의 사명 대신 한가한 사람들의 공허한 오락이 되고 말았다.

8. 현대예술의 조건

만일 예술이 인간이 도달한 최고이자 최선의 감정을 사람들에게 전달할 목적을 가지고 있는 인간의 활동이라면, 사람들이 교회의 가르침을 믿지 않게 된 뒤부터 오늘날까지 그 긴 기간을 인류가 이 중요한 활동 없이 쾌락만을 주는 하찮은 예술 활동에 만족하고 있었다는 것은 도대체 어떤 까닭인가?

이 질문에 대답하려면 무엇보다 사람들이 진정한 인류 공통의 예술에 대한 의의를 오늘날의 예술에 돌리면서 저지르고 있는 일반적인 오류부터 바로잡아야 할 것이다. 우리는 단순하게도 카프카스 종족을 가장 뛰어난 인종으로 여기는 버릇이 있다. 그뿐만 아니라 우리는 영국 사람이거나 미국 사람이거나 하면 앵글로색슨족을, 독일 사람이면 게르만족을, 프랑스 사람 같으면 갈리아 라틴족을, 러시아 사람이면 슬라브족을 가장 뛰어난 민족으로 여기는 버릇이 들어 버렸기 때문다. 이와 마찬가지로 오늘날 예술에 대하여 말할 경우에도 현대 예술이야말로 진정한 예술일 뿐만 아니라 최상의 유일한 예술이라고 확신하고 있다. 그러나 오늘날의 예술은 옛날 성서가 유일한 책으로 여겨졌던 것처럼 유일한 예술이 아닐 뿐만 아니라 전(全)그리스도교 인류의 예술도 아니며, 다만 인류의 일부분을 차지하는 지극히 소수의 예술에 지나지 않다.

옛날에는 민족 전체에 공통된 민족 예술, 즉 유대, 그리스, 이집트 예술이라는 것에 대하여 말할 수 있었고, 지금도 중국, 일본, 인도 예술이라는 것에 대하여 말할 수 있다. 그 민족 전체에 공통된 예술은 러시아에는 표트르 대제 시대까지 있었고 유럽 사회에는 18, 19세기까지 있었다. 그러나 유럽 상류 계급 사람들이 교회의 가르침에 대한 신앙을 잃고 나서 진정한 그리스도교를 받아들이지 못하는 무신앙 상태가 되어 버린 뒤부터 이미 그리스도교를 신봉하는 민족의 상류 계급 예술은 그들 전체의 예술이라고는 말할 수 없게 됐다.

그리스도교를 신봉하는 민족의 상류 계급이 그리스도교에 대한 신앙을 잃어버린 뒤부터 상류 계급의 예술은 민족 전체의 예술과 나뉘어져서 민중 예술과 귀족 예술로 되어 버렸다. 따라서 인류가 어떤 시기 동안 진짜 예술 없이 지내며 그 대신 쾌락에만 이바지하는 예술을 인정해 온 것은 무슨 까닭일까 하는 물음에 대한 답으로는 진정한 예술 없이 지내온 것은 인류 전체가 아니고 그 대부분도 아니며, 다만 그리스도교를 믿는 유럽 사회의 상류 계급일 뿐이며, 그것도 비교적 아주 짧은 기간으로 문예부흥과 종교개혁의 초기에서 최근에 이르기까지의 일에 지나지 않는다고만 말하면 그만이다.

이처럼 진정한 예술 부재의 결과로 나타난 것은 예술을 누리고 있던 계급의 필연적 타락이었다. 복잡하고 이해할 수 없는 예술 이론, 모순투성이의 모든 거짓 예술 비평, 특히 오늘날 예술이 그 거짓된 길에 자신만만하게 눌러앉아 있는 것 등은 모두 일반적으로 의심할 나위 없는 진리로 받아들여지고 있지만 실은 놀라울 만큼 확실한 잘못을 저지르고 있다. 즉 오늘날 상류 계급의 예술이야말로 예술 전체이며 진정하고 유일한 전세계적인 예술이라는 확신에서 이런 잘못들이 생겨나고 있는 것이다. 이러한 확신은 자기네 종교야말로 유일무이하고 진정한 종교라고 여기고 있는 갖가지 종파의 신도들이 갖는 확신과 똑같은 것으로, 완전히 자의적이고 부정한 것인데도, 사람들은 절대로 잘못이 없다는 자신감과 함께 태연히 되풀이하고 있다.

우리가 가지고 있는 예술이 예술 전체이고 유일한 진짜 예술인데도 인류의 3분의 2를 차지하고 있는 아시아, 아프리카의 모든 민족은 이 유일한 최고의 예술도 모르는 채 살고 있고 또 죽어간다. 어디 그뿐이랴. 우리 그리스도교 사회에도 우리가 예술의 전부라고 일컫고 있는 예술을 누리는 것은 전체 인구의 백 분의 1이 될까말까 하며, 유럽 민족의 나머지 99퍼센트는 몇 대에 걸쳐 한번도 이 예술을 누리지 못한 채 중노동을 하다가 죽어간다. 게다가 예술이라는 것을 그들이 누릴 수 있다고 하더라도 그들로는 아무것도 이해하지 못할 것이다.

우리가 고백한 미학 이론에 따르면 예술은 관념, 신, 미의 최고의 표현이라느니 최고의 정신적 쾌락이라느니 하고 인정하고 있는 데다가, 모든 사람들은 설사 물질적 행복은 아니라고 하더라도 정신적 행복에 대해서는 평등한 권리를 가지고 있다고 인정하고 있다. 그런데 정작 유럽 사람들의 99퍼센트는 우리의 예술은 이용하지도 못한 채 그것을 만들어 내기 위해서 대를 이어 필요한 중노동만 하다가 죽고 있다. 그런데도 우리는 태연히 우리가 만들어 내는 예술이 진정하고 유일한 예술의 전부라고 확신하는 것이다.

만일 우리의 예술이 진정한 예술이라면 민중 전체가 그것을 누려야 할 것이라는 말에 대하여 보통 행해지고 있는 반박은 다음과 같다.

'현재 모든 사람들이 현재 예술을 이용하고 있지 않다고 하더라도 그 죄는 예술에 있는 것이 아니라 거짓된 사회 조직에 있고, 앞으로는 육체노동의 일부는 기계에 의하여 대신되고 일부는 적당한 분배에 따라서 경감되므로 예술을 만들어 내기 위한 노동은 바뀔 것이다. 또 특정한 사람들만이 배경을 움직이면서 무대 밑에 앉아 있고 도구를 들어올리고 피아노와 호른에 매이고, 책의 식자와 인쇄를 하는 일에만 매달릴 필요가 없어지고, 이러한 일을 하고 있는 사람들도 하루에 몇 시간만 일하면 한가로운 시간에는 예술의 온갖 혜택을 누릴 수 있을 것이다.'

독선적인 예술 옹호론자들은 그렇게 말하고 있다. 그러나 나는 그렇게 말하는 그들 자신부터가 자기네 말을 믿고 있지 않다고 생각한다. 왜냐하면 오늘날의 세련된 예술은 다수 민중의 노예제가 있어야만 생기고 이 노예제가 있는 동안까지만 존속할 수 있다는 것을 그들이 모를 리 없기 때문이다. 또 노동자들의 중노동을 전제로 함으로써만 전문가들, 바로 작가, 음악가, 무용가, 배우들은 현재 그들이 추구하고 있는 세련된 완성 단계에 도달하고 각자 세련된 예술 작품을 낳을 수 있으며, 또 이러한 전제가 있음으로써만 이 같은 작품을 평가할 만큼 세련된 대중이 존재할 수 있다는 것도 모를 리 없기 때문이다. 자본의 노예를 해방시켜 보아라. 그러면 그처럼 세련된 예술을 만들어 낼 수 없을 것이다.

그러나 설령 우리 사이에서 예술로 여겨지고 있는 예술을 민중 전체가 이용할 수 있는 수단이 발견될 수 있다는 꿈 같은 주장을 받아들인다고 하더라도, 현대의 예술은 결코 예술 전체가 될 수는 없다. 즉 민중에게는 완전히 난해한 것이라는 다른 의견이 나온다. 옛날 시는 라틴어로 씌었지만 지금의 예술 작품은 마치 산스크리트어로 씌어지기라도 한 것처럼 민중에게는 이해하기 어려운 것이다. 이에 대하여 그들은 으레 만일 민중이 지금 우리의 이러한 예술을 이해하지 못한다고 하더라도 그것은, 다만 그들의 감수성이 덜 발달했음을 증명하고 있는 것일 뿐이고, 예술이 새로운 진보를 하기 위해서는 언제나 거치는 과정이라고 답한다. 처음에는 이해하지 못했지만 나중에는 길들게 된다는 의미이다.

'현대 예술도 마찬가지이다. 민중 전체가, 현대 예술을 만들어 내고 있는 우리들, 즉 상류 계급 사람들처럼 교양을 갖게 되면 현대 예술을 이해하게 될 것이다'라고 현대 예술 옹호론자들은 말하고 있다. 그러나 이러한 확신은 분명히 전자의 확신보다도 잘못된 생각이다. 그것은 우리가 알고 있다시피 상류 계급 예술 작품의 대부분, 이를테면 여러 가지 송가, 시, 희곡, 칸타타, 파스토랄〔목가〕, 회화 같은 것은 처음 만들어졌을 당시의 상류 계급 사람들은 기쁘게 했지만, 나중에 가서 대중에게는 끝내 단 한번도 이해된 적도 없고 평가받은 적도 없기 때문이다. 단지 그 무렵의 부유한 사람들에게밖에 의미가 없는 단순한 오락으로 끝나고 말았던 것이다. 따라서 현대 예술도 마찬가지라는 결론을 내릴 수 있다. 여기에 대해 민중이 시간과 더불어 우리 예술을 이해하게 된다는 증거로 전에는 대중의 마음에 들지 않았던, 이른바 고전적인 시, 음악, 회화 가운데 어떤 작품을 대중에게 보이고 들려주니 그들의 마음에 들기 시작했다는 실례를 끌어온다. 하지만 군중이라는 것은, 특히 도시의 반을 차지하는 망가뜨려진 군중이라는 것은 언제나 그 취미를 왜곡시켜 어떠한 예술에도 수월히 길들게 할 수 있다는 것밖에는 증명하지 못하는 것이다. 게다가 이 예술은 군중에게서 만들어지고 있는 것도 아니고, 그들에게서 선택되고 있는 것도 아니며, 민중이 예술과 접근할 수 있는 공개 장소에서 억지로 그들에게 떠맡겨지고 있는 것이다.

모든 노동 대중 대다수에게 오늘날의 예술은 너무 돈이 들어서 접근할 수 없는 데다 또 내용마저도 대다수 인류의 특성이라고 할 노동 생활의 여러 조건에서 동떨어진 사람들의 감정을 전달하고 있어 인연이 없는 것이다. 부유한 계급 사람에게는 쾌락을 주더라도 노동자에게는 쾌락으로 이해되지 않는다. 거기서는 내부에 아무런 감정도 일어나지 않거나, 하는 일 없이 빈둥거리며 배불리 먹고 있는 사람들이 느끼는 것과는 완전히 반대의 감정이 일어난다. 이를테면 명예, 애국심, 연애 등과 같은 현대 예술의 주된 내용을 이루는 감정은 노동자로선 이해할 수 없거나, 경멸 혹은 분노만을 일으킬 뿐이다.

그러므로 대다수 노동 대중에게 어느 정도까지 도시에서 행해지고 있는 것처럼 화랑, 민중 음악회, 서적 등 현대 예술의 정화를 이루고 있는 모든 것을 보고 읽고 듣고 할 수 있는 가능성을 준다고 하더라도, 그들은 자기네가 노동을 하는 대중이고 얼마만큼이라도 안일함으로 타락한 사람들의 입장에 끼지 않는 한, 오늘날의 세련된 예술에서는 아무것도 이해하지 못할 것이고, 또 이해한다고 할지라도 그들이 이해한 대부분은 그들의 마음을 고양시키지 못할 뿐만 아니라 타락시켜 버릴 것이다.

따라서 사려와 성의가 있는 사람들에게는 상류 계급의 예술은 절대로 민중 전체의 예술이 될 수 없다는 것에 그 어떤 의심도 없다. 그러므로 예술이 마치 종교처럼 중요한 일이고, 예술 애호가들이 그런 말을 하기를 좋아하듯이 모든 사람들에게 필요불가결한 정신적 행복이라고 한다면, 그것은 마땅히 모든 사람들에게 받아들여져야 한다. 그런데 그것이 만일 민중 전체의 예술이 될 수 없다면 예술이 사람들이 제창하고 있는 것처럼 중요한 사상이 아니거나, 우리가 예술이라고 일컫고 있는 예술이 실은 중요하지 않거나 하는 두 가지 가운데 하나일 것이다.

이 딜레마는 해결되지 않는 것이다. 따라서 영리하지만 부도덕한 사람들은 그 한쪽을 부정해 버린다. 즉 민중이 예술을 향락할 권리를 부정함으로써 대담하게도 이것을 해결하고 있다. 이 사람들은 문제의 근저에 있는 것을 다음과 같이 솔직히 토로하고 있다.

'예술에 의하여(그들의 해석에 의한) 고상한 미, 즉 최고의 쾌락에 참여하고 그것을 향유할 수 있는 것은 오직 낭만주의자들로, 이른바 선택된 아름다운 영혼이나 니체의 후계자들이 말하는 초인(超人)들뿐이며, 그 밖의 이러한 쾌락을 경험할 수 있는 능력이 없는 조야한 천민들은 그저 상류 사람들의 고상한 쾌락에 이바지하는 것이 마땅하다.'

이러한 생각을 토로하는 사람들은 최소한 결합될 수 없는 것을 결합시키는 체하거나 그것을 바라거나 하지 않는다. 다만 있는 그대로의 것, 즉 오늘날의 예술은 상류 계급의 예술에 불과하다는 것을 솔직히 인정하고 있을 뿐이다. 또 실제로 오늘날 예술에 종사하고 있는 모든 사람들에게서 예술은 그렇게 이해되어 왔고, 또 현재 그렇게 이해되고 있다.

9. 예술과 종교적 자각
유럽 상류 계급의 무신앙은 인류가 모처럼 도달한 종교적 자각에서 흘러나오는 최고의 감정을 전달하는 것을 목적으로 한 예술 활동 대신 일부 사회의 사람들에게 최대의 쾌락을 주는 것을 목적으로 하는 활동을 낳았다. 그리하여 예술이라는 커다란 영역에서 일부 사람들에게 쾌락을 주는 것만이 선별되어 예술로 일컬어지게 되었다.

전체 예술의 영역에서 이러한 분열이 생겼다는 사실과 이토록 존중할 만한 가치도 없는 것을 중요한 예술로 인정한 것이 유럽 사회에 어떤 도덕적 결과를 가져왔는가 하는 것은 차치하고라도, 예술의 이러한 왜곡은 예술 자체를 악화시켜 거의 파멸에 이르게 하고 말았다. 그 첫째 결과는 예술 고유의 무한히 다양하고 깊은 종교적 내용을 잃어버렸다는 것이고, 둘째는 예술이 소수 사람들만을 염두에 두고 있기 때문에 형식미를 잃고 허식적이고 불명료한 것으로 되어 버렸다는 것이다. 그리고 가장 중요한 셋째 결과는 예술이 순진성을 잃고 머리로 짜낸 딱딱한 것이 되고 말았다는 것이다.

첫째 결과인 내용의 빈곤화가 생긴 이유는, 참다운 예술이란 오직 사람들에게 아직 경험되지 않은 새로운 감정을 전달하는 것만을 가리키기 때문이다. 마치 사상적인 저작이 사상적인 저작일 수 있는 것은 그것이 새로운 관념과 사상을 전달하고 전부터 알려져 있는 것을 되풀이하지 않을 때뿐인 것과 마찬가지로, 예술 작품도 그것이 예술 작품일 수 있는 것은 아무리 사소한 것일지라도 인간의 일상생활 속에 새로운 감정을 가져다 줄 경우로 제한된다. 이 때문에 어린애들과 젊은이들은 아직 경험한 적이 없는 감정을 처음으로 자기들에게 전달하는 예술 작품에 그처럼 강하게 감동하는 것이다.

마찬가지로 어른들에게도 완전히 새롭고 아직 어느 누구에게서도 나타난 적이 없는 감정은 강하게 작용한다. 그런데 상류 계급의 예술은 감정을 평가함에 있어서 종교적 자각에 의하지 않고 얻어질 수 있는 쾌락의 정도를 좇은 나머지 이러한 감정의 샘을 잃어버렸다. 쾌락보다 낡고 진부한 것은 없으며, 또 어떤 시대의 종교적 자각 위에서 일어나는 감정만큼 새로운 것도 없다. 그럴 수밖에 없는 것이 인간의 쾌락에는 그 본성에 의하여 정해진 한도가 있는 데 비해 인류의 진보, 종교적 자각으로 나타나는 것에는 한계가 없기 때문이다. 인류가 그 한 걸음을 내디딜 때마다(이 걸음은 종교적 자각을 더욱 명료하게 함으로써 이루어지고 있다) 사람들은 더욱 새로운 감정을 경험한다. 따라서 한 시대의 사람들이 도달할 수 있는 최고 수준의 인생관을 가리키는 종교적 자각 위에 섰을 경우에만, 아직 사람들이 경험하지 않은 새로운 감정이 생겨날 수가 있다.

호메로스와 그 밖의 비극 시인들이 표현한 그리스인들의 참으로 새롭고 중요하며 끊임없이 변하는 다양한 감정도 고대 그리스의 종교적 자각에서 흘러나온 것이었다. 일신교라는 종교적 자각에 도달했던 유대인에게도 마찬가지였다. 이 자각에서 예언자들이 나타낸 새롭고 중요한 감정이 유감없이 흘러나왔던 것이다. 그것은 교회 단체와 하늘나라의 교회 정치를 믿고 있던 중세인의 경우와 진정한 그리스도교의 종교적 자각, 즉 사람들은 모두 형제라는 것을 파악한 현대인의 경우도 마찬가지이다.

종교적 자각에서 흘러나오는 감정의 다양함은 무한하고 또한 그 감정은 모두 새롭다. 왜냐하면 종교적 자각은 인간이 세계에 대하여 갖는 새로운 관계의 표시이기 때문이다. 그런데 이에 반하여 쾌락의 욕구에서 흘러나오는 감정은 한정되어 있을 뿐만 아니라 이미 아주 오랜 옛날에 경험되고 표현된 것이었다. 따라서 유럽 상류 계급의 무신앙은 그들을 내용적으로 가장 빈약한 예술로 이끌었던 것이다.

상류 계급 예술의 빈약한 내용은 예술이 종교적이 아니면서 민중적이지도 않게 되어 버렸다는 것 때문에 한결 더 심해졌고, 예술이 전달할 감정의 범위마저 축소시켜 버렸다. 왜냐하면 세도 있고 부유하고 생활의 어려움을 모르는 사람들이 경험한 감정의 범위라는 것은 노동 대중들의 특유한 감정보다 훨씬 좁고 빈약하고 하찮기 때문이다.

우리와 같은 부류의 사람들, 즉 미학자들은 흔히 이와 반대로 생각하고 있고, 또 말하고 있다. 지금도 기억하고 있는 일인데 총명하고 교육도 받았지만 완전히 도시인인 미학자였던 작가 곤차로프(Goncharov)가 나에게 투르게네프의 〈사냥꾼의 수기〉가 나오고 난 뒤, 민중의 생활 가운데서는 이제 아무것도 쓸 것이 없게 되었다고 말한 적이 있다. 모조리 파헤쳐진 것이다. 노동 대중의 생활은 곤차로프에게는 너무나 단순하여 투르게네프의 민중을 제재로 한 여러 단편이 출간된 뒤 거기에는 이제 아무것도 쓸 거리가 남지 않게 된 것처럼 여겨졌던 것이다. 부유한 사람들의 생활 쪽이 사랑도 있고 자기 불만도 있어 그에게는 무한한 내용으로 차 있는 것처럼 여겨졌던 것이다. 한 주인공이 그 연인의 손바닥에 입을 맞추고 두 번째 주인공은 팔꿈치에 입을 맞추며 세 번째 주인공은 다시 어딘가에 입을 맞춘다. 한 사람은 게으름 때문에 괴로워하고 다른 한 사람은 사랑을 받지 못하여 괴로워한다. 그리하여 곤차로프는 이 영역에는 다양함이 끝이 없는 것처럼 여겼다. 노동 대중의 생활은 내용이 빈약하고, 무위도식하는 사람들의 생활은 흥미에 차 있다는 생각은 상류층의 아주 많은 사람들이 품고 있는 생각이다.

노동자의 생활에는 노동에 따른 무한히 다양한 형식이 있고, 그것과 관련된 땅 위와 지하의 위험이 있으며 여행도 있고, 주인, 상사, 동료와의 교섭이 있는가 하면 종교와 국적이 다른 사람들과의 관계, 자연, 야수와의 싸움도 있고, 가축에 대한 보살핌도 있고, 숲, 초원, 들, 마당, 채소밭에서의 일도 있으며, 처자를 사랑하는 육친으로서뿐만 아니라 업무적인 협력자·조수·대리인으로서의 관계도 있다. 사색과 허영의 대립이 아니라 자기와 가족의 생활 문제로서의 온갖 경제 문제도 있고, 자기만족과 타인에 대한 봉사에 대한 긍지, 휴식의 쾌감도 있다. 그리고 이러한 현상에 대한 종교적 태도로 일관된 온갖 관심도 있다.

그런데 이러한 관심과 그 어떤 종교적 이해도 없는 우리에게는, 이 생활이 다른 사람들이 우리를 위해서 만든 것을 이용하며 파괴하고 있을 뿐, 일도 하지 않고 창작도 하지 않는 우리 생활의 보잘것없는 쾌락과 쓸데없는 번민에 견주면 오히려 단조롭게 보이는 것이다. 우리는 우리 시대와 우리가 경험하고 있는 감정은 대단히 의의가 있는 복잡한 것으로 생각하고 있다. 그러나 실은 우리의 감정은 거의 전부가 아주 하찮고 단순한 세 가지 감정, 오만과 성욕과 생의 우수라는 감정으로 귀착된다. 그리고 이 세 감정과 그리 중요하지 않은 것들이 부유한 계급이 자랑하는 예술의 거의 독점적인 내용을 이루고 있다.

그 옛날 상류 계급의 배타적 예술과 민중 예술이 분리되기 시작했을 무렵에는 예술의 주요한 내용을 이루는 것은 '오만'이라는 감정이었다. 르네상스와 그 뒤, 예술 작품의 주요한 제재가 교황, 국왕, 제후 등과 같은 강자들의 찬미였던 때도 그러했다. 강자들을 기리는 오드, 마드리갈, 칸타타와 같은 찬미가 씌었고, 그들의 초상화가 그려졌으며, 그들을 기리는 갖은 모습의 조각들이 만들어졌다. 이윽고 차츰차츰 예술 속에 성욕적 요소가 들어가게 되고(극히 소수의 예외가 있지만 소설과 연극에서는 예외 없이) 그것이 지금은 부유한 계급의 온갖 예술 작품의 필요불가결한 조건이 되어 버렸다.

그 뒤 또 예술로 전달될 수 있는 감정 속에, 부유한 계급의 예술 내용을 이루는 세 번째의 감정, 즉 생의 우수라는 감정이 들어갔다. 이 감정은 금세기 초에 바이런, 레오파르디(Leoparidi), 뒤이어 하이네와 같은 예외적인 사람들에 의해서만 표현되었을 뿐인데, 최근에 이르러 그것도 하나의 유행이 되면서 지극히 보잘것없는 보통사람들에게도 나타나게 되었다. 프랑스의 평론가 두믹(Doumic)은 신진 작가의 작품 특색에 대해 다음과 같이 말하고 있는 것은 정당하다.

그것은 생의 권태, 당대에 대한 경멸, 예술의 환영을 통해서 증명된 과거에 대한 서운함, 역설적 취미, 눈에 띄고 싶은 욕구, 지나치게 섬세한 사람 특유의 단순함을 갈망하는 마음, 기적에 대한 어린애 같은 감탄, 공상에 대한 병적인 유혹, 신경의 격동, 특히 육감에 대한 거센 유혹이다.

실제로 이 세 감정 가운데 모든 사람들뿐만 아니라 동물에게도 알려져 있는 가장 저속한 감정으로서의 육감이 새 시대의 모든 예술 작품의 주요 대상을 이루고 있는 것이다.

보카치오에서 마르셀 프레보(Marcel Prévost)에 이르기까지의 모든 소설, 시는 갖가지 형태의 성애 감정을 그리고 있다. 간통은 모든 소설이 즐겨 다루는 제재일 뿐만 아니라 유일한 제재이다. 연극도 그 어떻게든지 상반신이나 하반신을 드러낸 여자들이 나타나지 않으면 연극이 되지 않는다. 로맨스, 가요, 이러한 것은 모두 갖가지로 시화(詩化)된 성욕의 표현이다.

프랑스 화가들의 그림은 대부분 여인의 나체를 갖가지 모습으로 그리고 있다. 프랑스의 새로운 문학에는 나체가 그려져 있지 않거나, 적절하든 부적절하든 아랑곳없이 그들이 애호하는 '누드(벌거숭이)'라는 개념과 말이 한두 차례 되풀이되지 않는 소설이나 시는 거의 없을 정도이다.

저서도 나와 있고 재능도 인정받고 있는 레미 드 구르몽이라는 작가가 있다. 신진작가가 어떤지 알아볼 생각으로 나는 그의 소설 《디오메드의 말(Les chevaux de Diomede)》을 읽었다. 그런데 그 소설은 한 신사가 여러 여자들과 맺은 성적 관계의 세세한 묘사였다. 육감을 도발하는 묘사가 없는 페이지는 하나도 없었다. 호평을 받은 피에르 루이(Pierre Louÿe)의 저서 《아프로디테》도 그렇고, 최근에 입수한 화가의 비평인 듯한 위스망스(Huysmans)의 《어떤 사람들》이라는 책도 마찬가지이며, 극히 드문 예를 제외하고는 프랑스 소설은 모두 그렇다.

어느 것이나 모두 욕정에 사로잡힌 사람들의 작품이다. 이 사람들은 분명히 자기네 생활 전체가 그 병적 상태에 빠져 있고, 또 성적인 욕지기를 치밀게 하는 행위를 장황하게 그리는 것에 집중되어 있는 것으로 보건대, 세상사람들의 생활 전체도 모두 똑같은 것에 집중되고 있다고 확신하고 있다. 성적 욕망에 사로잡혀 있는 이러한 사람들을 유럽과 미국의 전 예술계가 흉내내고 있는 것이다.

부유층의 무신앙과 예외적인 생활의 결과로 이들 계급의 예술은 내용이 빈약해지고 모두 허영과 생의 우수, 그리고 특히 육욕의 감정을 전달하기에 골몰하게 된 것이다.

10. 데카당티슴 예술

상류 계급 사람들의 무신앙의 결과로 이들의 예술은 내용적으로 빈약하게 되어 버렸다. 그뿐만 아니라 더욱더 배타적으로 변해 한층 더 복잡하고 허식적이며 불명확한 것이 되었다.

그리스의 예술가들이나 히브리 예언자들 같은 민중적인 예술가가 작품을 만들 적에는 물론 그 작품이 모든 사람들에게 이해되도록 자기가 하려는 말에 고심했다. 그런데 예술가가 예외적인 조건 속에 있는 일부 사람들을 위해서라든가, 심지어 한 인물이나 그 신하들을 위해서 교황, 추기경, 국왕, 제후, 왕비를 위해서, 또는 국왕의 총첩(寵妾)을 위해서 작품을 만들 경우에는, 자연히 자기가 알고 있는 어떤 정해진 조건에 친숙한 사람들에게만 작용하는 표현을 하려고 애썼다. 그리고 감정을 불러일으키기에 한결 수월한 이수단은 예술가를 부지불식간에 모든 사람들에게는 불명료하지만, 오직 그것이 바쳐진 사람들에게만 이해되는 암시로 표현하는 쪽으로 끌고 갔다. 첫째, 그 방법으로는 한결 많은 것을 얘기할 수 있었고, 둘째, 그러한 표현 방법은 그것이 바쳐진 사람들에게는 어떤 색다른 매력까지 내포하고 있었다.

완곡한 표현과 신화적·역사적 회상 속에 나타나 있던 이 표현 방법은 차즘 널리 쓰이게 되어 요즘은 데카당티슴 예술 속에서 그 극한에 다다랐던 것 같다. 요즘은 막연함, 신비로움, 몽롱함, 대중이 접근하기 어려운 난해함이 예술품의 가치와 시적인 조건으로 인정되고 있을 뿐만 아니라 부정확, 불명료, 어눌함까지 그렇게 인정되고 있다.

테오필 고티에(Theophile Gautier)는 그 유명한 보들레르 작《악의 꽃》머리말 가운데서, "보들레르는 시에서 웅변과 정열과 너무나 충실히 전달된 진실을 되도록 배제하였다"고 말하고 있다.

보들레르도 그런 말을 하고 있을 뿐만 아니라 자기의 시와 '작은 산문시집' 같은 산문으로 이것을 증명하고 있다. 그런데 이 산문시의 의미는 수수께끼 그림처럼 짐작해야 하며 그 대부분은 풀리지 않은 채로 남아 있다.

보들레르에 이어 마찬가지로 대시인으로 여겨지는 베를렌은 심지어《시학》이라는 것까지 한 편 썼다. 그 가운데서 다음과 같이 시를 쓸 것을 충고하고 있다.

음악, 무엇보다도 먼저 음악을
그것도 절반쯤 박자를 취해야 한다.
그러는 것이 한결 아련하고 공기에 녹기 쉬우니
무게도 형태도 없으므로.

또 일부러 고르고 골라서
틀림없는 말을 고르지 마라.
잿빛 노래처럼 좋은 것은 없으니
거기에는 어렴풋함과 뚜렷함이 맺혀 있다.
⋯⋯
⋯⋯
그리고 더 나아가서

역시 언제나 음악을
그대의 시가 두둥실 떠
그것이 흔들거리는 마음에서 도망쳐

다른 사랑이 있는 딴 하늘로 가는 것처럼 여겨지도록.

그대의 시가 행복한 사랑의 모험이 되어
박하와 백리향 꽃을 피워
경련하는 아침 바람에 흩날리는 것처럼……
그러면 그 다음은 이제 완전히 문학적이다.

이 두 사람 뒤를 이어 젊은 시인들 가운데 가장 유명한 시인으로 알려져 있는 말라르메가 나타났다. 그는 "솔직하게 말해 시의 매력은 그 의미를 추측하는 데에 있다. 즉 시에는 언제나 어떤 수수께끼가 있어야 한다"고 말했다.

나는 암시만 필요하다고 생각한다. 대상의 관조, 대상이 불러일으키는 환상에서, 날아오르는 형상에서 노래가 태어난다. 고답파 사람들은 대상을 완전히 파악하여 보이고 있다. 그래서 그들의 작품 속에는 신비로움이 부족하다. 그들은 독자들에게서 그 신비를 풀어가며 얻을 수 있는 기쁨의 가능성을 빼앗고 있다. 대상을 '지칭해 버리는 일'은 조금씩 풀어나가는 기쁨으로 이루어지는 시인의 즐거움을 4분의 1로 감소시키는 것을 의미한다. 대상을 암시하는 데에 우리의 꿈이 있는 것이다. 이 신비로움을 완전하게 구사하는 것이 상징의 본질을 이루고 있으므로, 그것은 조금씩 대상을 불러내어 기분을 드러내거나 거꾸로 대상을 골라내어 점차 그것을 풀이함으로써 기분을 고양시키는 것이다. ……만일 지적으로 평범하고 문학 소양도 부족한 사람이 우연히 이런 종류의 책을 발견하고 그 속에서 재미를 찾아내고자 한다 치더라도 거기에는 오해가 있을 것이다. 시에는 언제나 수수께끼가 있어야 한다. 그것이 문학의 목적이다. 다른 목적을 가지고 있지 않다. 오직 암시로만 대상을 그려야 하는 것이다.

따라서 새로운 시인들 사이에서는 제대로 알지 못하는 것이 하나의 신조로 떠받들어졌다. 이 도그마의 진실을 아직 인정하고 있지 않은 프랑스 평론가 르네 두믹은 다음과 같이 말하고 있다.

새로운 유파가 신조로 떠받들었던 그 유명하고 무지몽매한 이론도 이제 끝장을 볼 때이다.

그러나 그렇게 생각하고 있는 것은 프랑스 작가들만이 아니다. 다른 모든 나라의 시인들, 독일인, 스칸디나비아인, 이탈리아인, 러시아인, 영국인들도 그렇게 생각하며 행동하고 있다. 새로운 시대의 예술가들은 모든 종류의 예술에서, 즉 회화에서, 조각에서, 음악에서도 그렇게 생각하고 있다. 니체와 바그너에게 기대어 새로운 시대의 예술가들이 조야한 대중에게서 이해될 수 있는 것이어야 할 필요는 없었다.

가장 훌륭히 교육을 받은 사람들, 즉 영국의 한 미학자가 말하고 있는 것과 같이 '가장 교양 있는 사람들(best nurtured men)'의 시적 정서를 불러일으키면 충분한 것이었다.

내가 말하고 있는 것이 근거 없는 억지 소리로 여겨지면 곤란하므로 여기에 이 운동의 선구자가 되는 프랑스 시인들 몇 사람의 예를 들겠다. 이러한 시인들의 이름은 무수하다.

내가 프랑스의 새로운 작가들을 선택한 까닭은 그들이 다른 작가들보다 한결 더 명료하게 예술의 새로운 경향을 나타내고 있는 데다, 또 유럽 작가들이 대부분 그들을 흉내내고 있기 때문이다.

이미 유명한 시인으로 알려져 있는 보들레르, 베를렌 같은 이름 외에 그러한 시인들의 이름을 몇 명 예로 들면 다음과 같다.

장 모레아스, 샤를 모리스, 앙리 드 레니에, 샤를 비니에, 아드리앙 르마클, 르네 길, 모리스 메테를링크, 알베르 오리에, 레미 드 구르몽, 생 폴 루르 마니피크, 조르주 로덴바흐, 로베르 몽테스키외 페장자크 백작 등. 이들은 상징주의자들과 데카당파들이다. 그리고 조제팽, 펠라당, 폴 아당, 쥘 부아, M. 파퓨 등의 마기파(Magi派)들이다.

이 밖에도 두믹이 그 저서 가운데서 들고 있는 시인들이 141명이나 있다.

이러한 시인들 가운데서도 가장 뛰어나다고 알려진 사람들을 보자.

먼저 유명하며 기념비적 가치가 있는 인물로 인정되고 있는 보들레르부터 시작하겠다. 다음 작품들은 이제까지 예로 든 그의 유명한 《악의 꽃》에 실린 한 편의 시이다.

25

나는 밤하늘처럼 네가 좋다.
오, 비애의 꽃병, 오, 위대한 침묵,
네가 도망치면 도망칠수록 귀엽다.
내 밤의 장식이여, 네가 익살스럽게도
넓고 넓은 푸른 하늘과 내 손을 떼어놓고 있는
그 거리를 늘리면 늘릴수록 귀엽다.

나는 돌진하고 덮치고 기어오른다.
주검을 찾아가는 구더기 대열처럼.
오, 거북살스런 잔혹한 빌어먹을 것!
네가 한결 아름답게 보이는 그 싸늘함마저도 귀엽다!

보들레르의 것을 또 하나 들겠다.

결투

두 무사가 서로 덮쳤다. 무기가
휘날리는 빛과 핏방울을 대기에 뿌렸다.
무쇠에서 나는 움직임, 그 울림은
울부짖는 사랑에 괴로워하는 젊은 날의 소음

우리의 젊은 날처럼 칼은 부러졌다!
사랑하는 사람이여!
하지만 뾰족하게 간 이빨이, 손톱이,
배신자의 장검과 단검에 이윽고 원수를 갚을 것이다.
오, 사랑에 곪아 터진 심장의 분노여!

살쾡이와 표범이 어슬렁거리는 골짜기로

우리의 용사는 심술궂게 부둥켜안은 채 굴러 떨어졌다.
그 살갗은 메마른 가시나무 꽃이 되어 필 것이다.

그 골짜기는 흡사 지옥이다, 우리의 벗들이 잔뜩 있다!
거기로 우리도 굴러들어가자, 매정한 여인이여,
우리들 증오의 열정을 영원히 불태우기 위하여!

엄밀히 말하자면 이 시들 가운데는 이해하기 수월한 구절도 다소 있기는 하지만, 솔직히 그렇게 힘들이지 않고 이해할 수 있는 것은 하나도 없을 뿐만 아니라 노력한다고 하더라도 보람이 없다. 그것은 이 시인이 전달하는 감정이 좋지 않기도 하고 지극히 저속하기도 하기 때문이다.

게다가 이러한 감정은 짐짓 독창적인 데다 불합리하게 표현되어 있다. 일부러 꾸며낸 이 같은 애매모호함은 산문에서 유난히 눈에 띈다. 산문에서는 저자가 마음만 먹으면 언제든지 솔직히 말할 수 있기 때문이다.

다음은 그의 산문시 가운데 한 편인 〈이방인(L'étranger)〉이다.

이방인

"자네는 누구를 가장 좋아하나? 여보게, 수수께끼 인간, 아버지인가, 어머니인가, 누이인가, 형인가?"
"나에게는 아버지도 어머니도 없고 누이도 형도 없어."
"그럼 벗인가?"
"자네가 한 말뜻을 나는 지금도 모르고 있어."
"그럼 조국인가?"
"나는 조국이란 것이 위도 몇 도에 위치하고 있는지 몰라."
"그럼 어쩌면 자네는 아름다움을 좋아할는지 모르겠군."
"그것이 만일 불멸의 여신이기라도 하다면 나는 기꺼이 사랑하겠네만."
"혹시 자네는 황금에 끌리고 있는 것은 아닌가?"
"나는 그것을 미워하네. 자네가 신을 미워하고 있는 것처럼."
"예사롭지 않은 이방인이여, 그럼 도대체 무엇을 좋아하지?"

"나는 구름을 좋아하지……. 저기, 저 위를 지나가는 구름을……. 저 불가사의한 구름을."

〈수프와 구름〉이라는 다음의 시 한 편은, 아마 그가 사랑하고 있는 여인마저 시인을 이해할 수 없다는 것을 표현하려고 한 것이 틀림없다. 이것이 그 한편이다.

수프와 구름

귀여운 미치광이 같은 애인이 나에게 점심을 대접하고 있었다. 활짝 열린 식당 창문 너머로 나는 신이 수증기로 만든 움직이는 건물, 손으로 만질 수 없는 이상야릇한 건물을 관찰하고 있었다. 찬찬히 관찰하면서 나는 혼잣말을 했다.

"이 환영은 모두 나의 사랑하는 미녀, 녹색 눈을 가진 요 앙증스런 괴물 같은 미치광이 애인의 눈처럼 아름답다."

그러자 느닷없이 누군가에게 나는 주먹으로 사정없이 등을 두들겨 맞았다. 그리고 신경질적이고, 브랜디로 껄껄해진 것 같은 쉰 목소리, 나의 소중한 애인의 목소리를 들었다. 그 목소리는 나에게 말하고 있었다.

"곧 수프를 드시겠어요…… 어리석은 구름 장수?"

이 작품은 아무리 기교를 부린 것일지라도 얼마간 힘을 들이면 그래도 작자가 그것으로 무엇을 말하고자 하였는가를 짐작할 수 있다. 그러나 최소한 나에게는 전혀 이해가 안 되는 것이 있다.

예를 들면 〈멋쟁이 사수〉라는 한 편이 그것인데 나는 그 의미를 전혀 이해하지 못했다.

멋쟁이 사수

마차가 숲을 빠져나왔을 때 그는 시간을 '죽이기' 위해서는 총알을 서너 발 쏘는 것이 유쾌하겠다고 하면서 사격장 가까이에서 멈추도록 명령하였다.

이 괴물을 죽인다는 것! 그래, 그것은 누구에게나 가장 정당하고 평범한 일이 아닐까? 그는 정중하게 자기 손을 감미롭고 매력적이면서도 못 견디게 미운 아내에게, 수많은 기쁨이기도 했고 그 자신의 슬픔이기도 했으며 또한 어쩌면 그 자신의 천재성의 대부분이었을지도 모르는 그 신비로운 아내에게 내밀었다.

몇 발의 총알은 과녁에 빗맞았다. 그 가운데 하나는 천장에 박혔다. 그러자 그 매혹적인 아내가 남편의 서투른 솜씨를 빈정거리면서 미치광이처럼 웃었다. 그는 얼굴을 홱 돌리고 말했다.

"저 오른쪽 인형을 보아요, 잔뜩 거드름을 피우며 거만한 표정을 짓고 있는 것을. 자, 그러면 나는 한순간 저걸 당신이라고 생각하겠소."

그는 눈을 감고 쏘았다. 인형은 멋들어지게 목이 달아났다.

그때 그는 자기의 감미롭고 매력적이면서도 못 견디게 미운 아내에게, 무자비한 시신(詩神)에게 절을 하고 아내의 손에 공손히 입을 맞춘 다음 이렇게 덧붙였다.

"오, 여보, 당신 덕분에 잘 해치웠어!"

또 한 사람의 저명한 작가 베를렌의 작품도 이에 못지않게 허식적이고, 이해하기 어렵다. 여기에 한 예로서 《잊어버린 노래》 가운데 한 편을 인용하겠다.

다음은 그 첫 노래이다.

들판의 바람이 그 호흡을 그친다
(파바르)

여원 황홀이다
사랑의 권태이다
산들바람에 푹 안겨서는
숲이 몸을 떠는 것이다
잿빛 가지를 보고 부르는

조그만 합창.

오, 가냘프고 싱그러운 속삭임이여!
지저귀고 있다, 수선거리고 있다
설레는 풀이 내쉬는
부드러운 외침 소리처럼……
구불구불 흐르는 시냇물 밑에서
굴러가는 조약돌처럼.

이 잠자고 있는 탄식 속에서
통곡하는 마음
그것은 우리의 마음이 아닐까?
내 마음, 그리고 네 마음
거기에서 한숨처럼 이 미지근한 밤을 따라
겸손한 노래가 나직이 흘러나오는 것이 아닐까.

도대체 이 '조그만 합창'이란 무엇인가? 또 '설레는 풀이 내쉬는 부드러운 외침 소리'란 무엇인가? 이 전체가 어떤 의미를 가지고 있는가? 나에게는 전혀 이해되지 않은 채 남아 있다.
그런데 여기에 또 다른 노래가 하나 더 있다.

8
끝없는
들판의 권태 속에
불분명한 눈이
모래처럼 반짝인다.

하늘은 구릿빛
아무런 빛도 없다.
달이 살고 죽는 것도

보이는 것 같다.

구름처럼 잿빛으로
떠오른 것은 떡갈나무
가까운 숲의
물안개 속에

하늘은 구릿빛
아무런 빛도 없다
달이 살고 죽는 것도
보이는 것 같다.

헐떡이는 까마귀와
너희, 여윈 늑대들이여
이 매운 삭풍 속을
어떻게 된 일이냐?

끝없는
들판의 권태 속에
불분명한 눈이
모래처럼 반짝인다.

이 구릿빛 하늘에서 달이 살고 죽고 한다는 것은 무엇인가? 또 눈이 모래처럼 반짝인다는 것은 무엇인가? 이 전체가 실제로 무엇인지 모를 뿐만 아니라 기분을 전달한다는 핑계로 부정확한 비유와 말을 긁어모으고 있다.

이 같은 기교를 부린 불명확한 시가 아니라 뜻을 알 수 있는 시도 있지만 그 대신 형식상으로나 내용상으로 아주 좋지 않은 시가 있다. 〈지혜〉라는 표제의 시가 바로 그것이다.

이 시에서 대부분을 차지하고 있는 것은 지극히 진부한 가톨릭적이고 애국적인 감정을 몹시 졸렬하게 표현한 것이다. 이를테면 그 가운데에 이런 몇

구절이 있다.

나는 어머니 마리아에 대해서밖에는 아무것도 생각하고 싶지 않다.
지혜가 있는 곳, 용서의 샘,
또한 프랑스의 어머니, 그 손에서 우리는
확고히 조국의 명예를 기다린다.

다른 시인들의 예를 들기 전에 나는 잠시 멈추어 현재 대시인으로 인정되고 있는 이 두 시인 보들레르와 베를렌의 놀라운 명성에 관심을 갖게 된다. 일찍이 셰니에, 뮈세, 라마르틴, 특히 위고와 최근에는 이른바 고답파의 르콩트 드 릴르, 쉴리 프뤼돔 등을 낳은 프랑스인들이, 형식도 졸렬하고 내용도 참으로 저속하고 진부한 이런 두 시인에게 어째서 그러한 찬사를 던지며 대시인으로 떠받드는 걸까? 그중 한 사람인 보들레르의 세계관은 야비한 에고이즘을 이론으로 조작해내서, 철저하게 기교적인 미의, 구름처럼 부정한 개념을 도덕에 바꾸어 놓았을 뿐이다.

보들레르는 자연 그대로인 여자의 얼굴보다도 분칠을 한 여자의 얼굴을, 또 자연의 나무와 물보다도 금속으로 만든 나무와 연극에서 보이는 모조된 물을 더 좋아했던 사람이다.

또 한 사람의 시인 베를렌의 세계관은 시든 방탕, 도덕적으로 무력함을 자인하면서, 그 무력함에 대한 구원인 가장 조야한 가톨릭적 우상 숭배로 이루어져 있다.

게다가 이 두 사람은 순수함, 성실함, 단순함을 완전히 알고 있을 뿐만 아니라 두 사람 다 기교, 독선, 자부심에 차 있다. 따라서 그들의 비교적 나쁘지 않은 작품에서까지도 독자들은 그들이 그리고 있는 것보다도 오히려 보들레르나 베를렌을 보게 된다. 그리하여 이 두 좋지 않은 시인들은 한 유파를 이루며 몇백의 추종자들을 거느리고 있다.

이러한 현상에 대한 설명은 오직 하나이다. 즉 시인들이 활동하고 있는 사회의 예술은 인생의 진지하고 중요한 일이 아니라 오락일 따름이다. 오락은 어떤 것이든 되풀이하면 싫증난다. 오락을 다시 가능한 것으로 만들려면 어떻게든지 그것을 새롭게 하여야 한다. 즉 보스턴^(샤프 댄스의 일종)에 질리면 위스트

(카드 게임의 일종)가 발명된다. 위스트에 싫증이 나면 다른 좋아하는 것이 고안된다. 다른 좋아하는 것에 물리면 무엇인가 또 새로운 것이 잇따라 궁리된다. 일의 본질은 그대로 남고 형태만이 바뀐다.

예술에서도 그와 같다. 즉 예술의 내용은 줄곧 더욱더 한정되어 감으로써, 마침내 이러한 배타적 계급의 예술가들에게는 모든 것이 이미 다 이야기되어 버려, 이제는 새로운 것이라고는 하나도 이야기할 수 없을 것 같은 느낌이 들게 되는 것이다. 그래서 이 예술을 새롭게 할 양으로 그들은 새로운 형식을 찾는 것이다.

보들레르와 베를렌은 새로운 형식을 연출하고 게다가 또 그 형식을 일찍이 쓰였던 적이 없는 외설스런 자세함으로 새롭게 만들었다. 그러자 평론가나 상류 계급 사람들은 그들을 대작가로 인정하게 되었다.

이것으로 비로소 보들레르와 베를렌만이 아니라 데카당파 전부의 성공이 설명된다.

이를테면 말라르메와 메테를링크의 시는 아무런 의미도 가지고 있지 않은 것이다. 그런데도, 어쩌면 그렇기 때문에 오히려 판을 거듭할 때마다 몇만 부가 인쇄되고 있을 뿐만 아니라 젊은 시인들의 걸작집에까지 실리고 있다.

그럼 말라르메의 소네트를 예로 인용하겠다.

　　짓누르는 듯한 구름에 너
　　현무암과 용암의 여울에 덮이고
　　노예 같은 울림에 싸여
　　소리가 나지 않는 나팔로
　　참으로 쓸쓸한 난파선(너는 포말이 일고 있어야 하는데 오늘밤은 침을 뱉는다)
　　표류물 가운데서 가장 훌륭한 것
　　벌거숭이의 돛대를 부순다.
　　혹은 광란하는 난파선의
　　그림자도 없어 성난
　　심연이 흐트러뜨린 백발 속에
　　헛되이 날개를 펼치고

사이렌의 어린애 같은 옆구리를
조금씩 담그고 있는 것인가.

(〈빵 Pan〉지, 1895년, 제1호)

이 시의 난해함도 예외는 아니다. 나는 몇 편인가 말라르메의 시를 읽었다. 그러나 역시 어느 것이나 모두 아무런 의미도 없는 것이었다.

또 여기에 오늘날의 시인들 가운데서 유명한 또 한 사람의 예로 메테를링크의 시를 들겠다.

이것도 역시 잡지(〈Pan〉, 1895년 제2호)에서 발췌했다.

그가 나갔을 때
(나는 문소리를 들었다)
그가 나갔을 때
그 여자는 웃고 있었다.

그가 돌아왔을 때
(나는 램프 소리를 들었다)
그가 돌아왔을 때
다른 여자가 거기에 있었다.

나는 죽음을 만났다
(나는 그 넋 소리를 들었다)
나는 죽음을 만났다
그를 여전히 기다리고 있다……

누군가가 알리러 왔다
(아가야, 나는 두렵다)
누군가가 알리러 왔다,
그가 가 버렸다고……

램프를 켜고
(아가야, 나는 두렵다)
램프를 켜고
나는 다가간다⋯⋯

첫 번째 문에서
(아가야, 나는 두렵다)
첫 번째 문에서
불꽃이 흔들렸다⋯⋯

두 번째 문에서
(아가야, 나는 두렵다)
두 번째 문에서
불꽃이 말을 했다⋯⋯

세 번째 문에서
(아가야, 나는 두렵다)
세 번째 문에서
불빛이 꺼졌다⋯⋯

그리하여 만일 어느 날엔가
그가 돌아오면 뭐라고 말하지?
말해다오, 기다리고 있었노라고
다 죽어가면서까지도⋯⋯

나를 알아보지 못하고
다시 물으면
그에게 언니처럼 말해 주오
틀림없이 괴로워할 테니까⋯⋯

어디에 있느냐고 물으면
뭐라고 대답하지?
그에게 나의 금반지를 주오
대답은 하지 말고……

왜 방이 쓸쓸하냐고
만일 그 사람이 묻거든
꺼진 램프와
열린 문을 보여주오……

그리고 나의 최후를 만일
묻거든
말해주오, 웃었노라고
그가 울까봐……

도대체 누가 나갔고 누가 왔으며 누가 이야기를 했고 누가 죽었다는 것인가?

독자들은 이 밖에도 유명하고 존중받고 있는 젊은 시인들, 그리핀, 베르하렌, 모레아스, 몽테스키외의 작품을 읽어 보기 바란다. 그것은 예술 현상에 대하여 명확한 이해를 얻을 수 있을 뿐 아니라 많은 사람들이 생각하고 있는 것처럼 데카당티슴이 일시적인 우연한 현상이 아니라는 것을 이해하기 위해서도 꼭 필요하기 때문이다.

이 시인들의 시는 모두 한결같이 이해할 수 없는 것이거나 이해한다고 하더라도 많은 힘을 들여 읽을 때에 한하며 그래도 충분히는 이해하지 못한다.

내가 그 가운데서 몇몇 이름을 든 시인들의 몇백 편의 작품도 모두 그렇다. 이 시들이 독일, 스칸디나비아, 이탈리아, 그리고 우리 러시아에서 출판되고 있다. 그리고 이러한 작품은 몇백만 부까지는 못하더라도 몇십만 부나 출판되고 있다(어떤 것은 몇만 부 팔리고 있다). 이러한 책의 식자, 인쇄, 편집, 제본에 수백만의 노동자들이 종사하고 있다. 아마 피라미드 건조에 소요된 노동보다 적지는 않으리라. 어디 그뿐이랴. 똑같은 일이 다른 예술에서도 행해지고 있다. 회화, 음악, 연극에서도 마찬가지로 이해할 수 없는 작품에 수백만의 노동자가 투입되고 있는 것이다.

회화는 이 점에서 시에 뒤져 있기는커녕 오히려 한 발 앞서 있다. 다음에 든 것은 1894년에 파리의 전람회를 보러 갔던 한 회화 애호가의 일기에서 발췌한 것이다.

오늘 나는 세 군데의 전람회에 갔다. 상징파, 인상파, 신인상파의 것이었다. 나는 호의를 가지고 주의깊게 그림을 보았다. 그러나 역시 또 곤혹을 느낄 뿐, 마침내는 부아가 났다. 카밀 피사로의 전람회가 그나마 가장 이해하기 좋았다. 하지만 그림은 화법을 무시하고 내용이 없으며, 색채는 아무 데도 있을 것 같지 않은 것이었다. 화법이 분명하지 못하여 손이나 머리가 어디를 향하고 있는지조차 모를 것도 있었다. 내용은 대부분 인상(印象)이었다. 안개, 저녁, 일몰의 인상이었다. 인물화도 몇 점 있었다. 하지만 주제가 없었다.

색채는 밝은 청색과 밝은 녹색이 많았다. 그러나 그림마다 기본색조가 있었다. 그리고 마치 화면 전체에 그것을 뿌려놓기라도 한 것 같았다. 이를테면 〈거위를 지키는 소녀〉의 기본색조는 회록색이었다. 그 조그만 회록색 얼룩점이 소녀의 얼굴, 머리칼, 손, 옷의 여기저기에 칠해져 있었다. 똑같은 뒤랑 뤼엘(Durant-Ruel) 화랑에는 또 퓌비 드 샤반, 마네, 모네, 르누아르, 시슬레 등의 그림도 있었다. 그들은 모두 인상파 화가들이다.

이름은 확실하지 않지만 르동이든가 하는 사람은 옆얼굴을 청색으로 그렸다. 옆얼굴 전체를 연백색(鉛白色)을 띤 푸른 색조만으로 그리고 있었다. 피사로의 것에는 점만으로 만들어진 수채화가 한 점 있다. 전경(前景) 전체를 갖가지 빛깔의 점만으로 그린 암소가 있다. 아무리 떨어져서 보아도, 다가가서 보아도, 전체적인 색조는 파악할 수 없었다.

그 다음에 상징파 그림을 보러 갔다. 그곳에 무엇이 그려져 있는지 아무에게도 묻지 않고 나 혼자 짐작하려고 애쓰면서 오랫동안 바라보고 있었으나, 그것은 인간의 사고가 미치지 못하는 것이었다. 먼저 내 눈에 띈 것은 볼품없게 완성된 나무의 높은 돋을새김으로 여자(나체)가 두 손으로 양쪽 유두에서 피를 짜내고 있는 것이었다. 흘러내린 피가 보랏빛으로 바꿔고 있다. 머리칼은 일단 아래로 늘어졌다가 다시 위로 올라가 나무로 바꾸어 있었다. 몸뚱이는 모두 노란빛이고 머리칼은 갈색이었다.

그리고 이런 그림도 있었다. 노란 바다에 배도 아니고 심장도 아닌 것이 떠 있고 수평선 위에는 후광을 인 노란 머리칼의 옆얼굴이 있는데, 그 머리칼은 바다로 바뀌어 그 속에서 녹고 있다. 몇몇 그림은 물감이 너무 짙게 칠해져 있어서 회화도 아니고 조각도 아니었다.

세 번째 것은 한결 더 이해가 되지 않았다. 남자의 옆얼굴이 있고, 그 앞에 불꽃과 나중에 들은 바로는 거머리라는 검은 줄이 있다. 나는 결국 한 신사에게 "도대체 이것이 무엇입니까?" 하고 묻고 말았다. 그 신사는 '이 조상(彫像)은 하나의 상징인데 '대지'를 나타내고 있고, 노란 바다에 떠 있는 심장은 '환각'이며 거머리가 붙어 있는 남자는 '악'이라고 설명해 주었다.

거기에는 인상파의 그림도 몇 점인가 있었다. 손에 무엇인가 꽃 같은 것을 들고 있는 원시적인 옆얼굴이 그것이다. 어느 것이나 모두 단조롭고 화법을 무시하고 있으며, 막연하거나 그렇지 않으면 널따란 검은 선으로 그려져 있었다.

이것은 1894년의 이야기이다. 지금은 이러한 경향이 한결 더 강하고 명확해지기까지 하여 뵈클린, 슈터크, 클링거, 사샤 슈나이더 등을 낳고 있다.

똑같은 일이 연극에서도 일어나고 있다. 한 건축가가 어떤 이유로 이전의 원대한 설계를 실현시키지 못한 결과, 자기가 지은 집 지붕에 기어 올라가 거꾸로 뛰어내린다든가(입센의 〈건축사 솔네스〉), 쥐를 잡고 있는 한 노파가 무엇인지 모르는 이유로 한 어린애를 바다로 데리고 가 빠뜨려 죽인다든가(입센의 〈조그만 에이욜프〉), 어떤 소경이 바닷가에 앉아 어떤 이유로 줄곧 똑같은 짓을 되풀이하고 있다든가(메테를링크의 〈소경들〉), 종(鐘)이 호수에 가라앉아 거기에서 울리고 있다든가(하우프트만의 〈가라앉은 종〉) 하는 따위가 그것이다.

또 음악에서도 같은 현상이 일어나고 있다. 음악은 다른 어떤 예술보다도 한결 더 사람들이 쉽사리 이해하는 것이어야 할 것 같은 데도 말이다.

이미 잘 알고 있는 유명한 음악가가 피아노 앞에 앉아, 이것은 자기의 신작이라느니, 새로운 작곡가의 것이라느니 하고 말하면서 우리들 앞에서 무엇인가를 연주하여 보인다. 우리는 야릇하게 큰 음향을 듣고 체조 같은 손가락의 운동에 놀라며, 작곡가가 만들어 낸 음향이 마음의 여러 시적 흐름이라는 것을 우리에게 전달하기를 바라고 있음을 본다. 그의 의도도 안다. 그러나 지루함 외에는 아무런 감정도 전달되지 않는다.

연주는 오랫동안 계속되거나 아주 오랫동안 계속 연주되는 것 같은 느낌이 든다. 그것은 우리가 뚜렷한 것을 아무것도 받지 못하여 저도 모르게 알퐁스 카르의 '빠르면 빠를수록 오래 계속된다'라는 말을 생각해 내기 때문이다. 그러면 우리 머리에는 이것이 속임수가 아닐까, 연주자가 아무렇게나 손과 손가락으로 건반을 두드리다 보면, 청중이 걸려들어 박수갈채를 보내게 될 것을 기대하면서 우리를 떠보고 있는 것이 아닐까, 연주자 자신은 히죽히죽 웃으며 다만 우리를 떠보려 한 일을 자인하고 있는 것은 아닐까 하는 생각이 문득 떠오른다. 그러나 연주가 끝나고 땀에 흠뻑 젖어서 흥분한 음악가가 칭찬을 기대하면서 피아노에서 일어서는 것을 보면, 우리는 그것이 모두 진지한 것이었음을 안다.

똑같은 일이 리스트·바그너·베를리오즈·브람스, 최근의 리하르트 슈트라우스, 그 밖에 끊임없이 오페라에 이어 오페라, 심포니에 이어 심포니, 소곡(小曲)에 이어 소곡을 만들어내는 많은 사람들의 작품을 연주하는 모든 연주회에서 일어나고 있다.

이와 같은 현상은 이해할 수 없다고 말하기가 더 어려울 것 같은 영역, 장편 소설과 단편 소설에서도 일어나고 있다.

위스망스의 〈저기에(Là-Bas)〉, 키플링의 단편, 빌리에 드 릴라담의 《잔인한 이야기》 중 〈고지자(告知者)〉 등을 읽어 보라. 그러면 여러분은 그러한 것들이 다만 '압스콩(abscons, 은밀하다는 뜻의 새로운 작가들의 새로운 신조어)'한 것일 뿐만 아니라 형식상으로나 내용상으로 완전히 이해할 수 없는 것임을 알게 된다.

이를테면 지금 〈르뷔 블랑슈(삼Revue blanche)〉지에 실리고 있는 모렐의 장편 《신이 약속한 땅(Terre Prommise)》이라는 것도 그런 것이고, 새로운 소설이라는 것도 대부분 마찬가지이다. 문체는 아주 과장되어 있고 감정은 극도로 높여져 있다. 하지만 어디서 누구에게 무엇이 일어나고 있는지 전혀 이해가 안 간다.

오늘날의 젊은 예술이라는 것은 모두가 그러하다.

괴테·실러·뮈세·위고·디킨스·베토벤·쇼팽·라파엘로·다빈치·미켈란젤로·들라로슈 등의 찬미자들인 금세기 전반의 사람들은 이 최신 예술에 대해서는 아무것도 이해하는 것이 없으면서도 곧잘 이 예술 작품을 몰취미한 미치광이의 짓으로 간주하여 무시하고 싶어한다. 그러나 새로운 예술에 대한 그러한 태도는 완전히 근거가 없는 것이다. 왜냐하면 첫째 이 예술은 차츰차츰 퍼져나가 벌써 낭만주의가 1830년대에 차지했던 것과 똑같은 확고한 사회적 지위를 차지하고 있기 때문이며, 둘째로 이것이 주요한 이유인데, 만일 최근의 데카당스 예술 작품을 우리가 단순히 이해하지 못한다는 이유만으로 그렇게 판단해도 괜찮다고 한다면, 우리가 아름다운 것으로 간주하는 예술 작품, 즉 괴테·실러·위고 등과 같은 우리가 애호하고 있는 예술가들의 시와 디킨스의 소설, 베토벤·쇼팽의 음악, 라파엘로·미켈란젤로·다빈치의 그림 등을 마찬가지로 이해하지 못하는 막대한 수의 사람들, 노동 대중 전부와 비노동 대중 가운데 대다수의 사람들도 있지 않은가 하는 것을 고려해야 하기 때문이다.

만일 민중 대부분이 내가 확실히 좋은 것으로 인정하고 있는 것을 이해하지도 못하고 좋아하지도 않는 것을 그들의 진보가 부족한 탓이라고 생각할 권리가 나에게 있다면, 내가 새로운 예술 작품을 이해할 수 없고 좋아할 수 없는 것은 내가 그것을 이해할 만큼 진보가 충분하지 못하기 때문일 뿐이라는 것도 부정할 권리가 나에게 없을 것이다. 또 만일 나, 그리고 나와 같은 의견을 가진 많은 사람들이 새로운 예술 작품을 이해하지 못하는 것은 거기에 이해할 아무런 것도 없는 데다 그것은 나쁜 예술이기 때문이라고 말할 권리가 나에게 있다면, 그와 아주 똑같은 권리가 있는 그 이상의 대다수 사람들, 즉 내가 아름다운 예술로 치고 있는 것을 이해하지 못하는 전체 노동 대중도 내가 좋은 예술로 치고 있는 것은 나쁜 예술이고 거기에는 이해할 아무런 것도 없다고 말할 수 있을 것이다.

새로운 예술을 비난하는 것이 옳지 않음을 내가 분명히 안 것은, 언젠가 한번 내가 있는 자리에서 이해할 수 없는 시를 쓰고 있는 한 시인이 명랑할 만큼 자신만만하게 이해되지 않는 음악을 비웃었는데, 그런 뒤 얼마 되지 않아 이해되지 않는 심포니를 작곡하고 있는 한 음악가가 마찬가지로 자신만만하게 이해되지 않는 시를 비웃었을 때였다. 19세기 전반기의 교육을 받은 나 같은 사람이 알지 못한다고 새로운 예술을 비난하는 것은 있을 수 없는 일이다. 나에게 그럴 권리도 없고, 또 되지도 않는다. 내가 말할 수 있는 것은 오직 그것이 나에게는 이해되지 않는다는 것뿐이다. 내가 인정하고 있는 예술이 데카당 예술보다 뛰어난 점은 내가 인정하고 있는 예술이 오늘날의 예술보다 많은 사람들에게 이해되고 있다는 데에 있다.

어떤 배타적인 예술에 길들여 있어, 그 예술은 알지만 한결 더 배타적인 예술은 모른다고 하여 나의 예술은 진정한 것이고, 내가 모르는 것은 진정한 것이 아니고 나쁜 것이라고 결론을 내릴 권리는 없다. 다만 내가 결론을 내릴 수 있는 것은 예술은 점차 배타적으로 되어감으로써 많은 사람들이 점점 이해할 수 없게 되어간다는 점이다. 이렇게 점점 더 이해할 수 없게 되어(그 단계 가운데 하나에 나도 내가 길든 예술과 함께 서 있다) 소수의 선택된 사람들만이 이해하며 더욱이 이 선택된 사람들조차도 점차 감소되고 있는 상태에까지 다다르고 있다.

상류 계급의 예술이 민중 예술에서 분리되자 예술은 그저 예술이며, 따라서 대중에게 이해되지 않을 수도 있다는 확신이 나타났다. 그런데 이런 상태가 허용되자 예술은 극히 소수의 선택된 사람들에게만 이해되는 것일 수 있고, 결국 두 사람이나 한 사람, 자기 자신에게밖에 이해되지 않는 것일 수도 있다는 것을 어쩔 수 없이 허용해야 했다. 오늘날 예술가들은 예사로이 이렇게 말하고 있다.

"나는 나 자신을 창조하며 이해하고 있다. 만일 나를 이해하지 못하는 사람이 있다면 그것은 그 사람에게 손해가 될 뿐이다."

예술이 대다수 사람들에게 이해하기 어려운 것일지라도 훌륭한 예술일 수 있다는 확신은 옳지 않고, 그 결과는 예술에 유해한 것이다. 아울러 이런 생각이 아주 널리 보급되어 우리 생각 속에 파고들어 있기 때문에 그 불합리를 충분히 해명할 수도 없다.

가상적인 예술 작품에 대하여, 이것은 아주 훌륭한 것이나 이해하기가 힘들다는 말을 흔히 듣는다. 우리는 그런 주장에 길들어 있다. 그러나 작품은 좋은데 이해되지 않는다는 말은, 마치 그 어떤 음식에 대하여 아주 맛있는데 사람들이 먹을 수는 없다고 말하는 것과 같다. 보통 사람들은 뒤틀린 미각을 가진 식도락꾼들이 좋아하는 썩은 치즈며 악취를 풍기는 뇌조(雷鳥) 따위와 같은 요리를 좋아하지 않는다. 그러나 빵과 과일은 보통 사람들의 비위에 맞기 때문에 비로소 맛있다고 할 수 있다. 예술의 경우도 마찬가지다. 즉 정상에 반한 예술은 사람들에게 이해되지 않을 수도 있지만, 좋은 예술은 언제나 모든 사람들에게 이해되는 것이다.

뛰어난 예술 작품이란 대다수 사람들에게는 이해될 수 없으며 오직 이런 위대한 작품을 이해할 만큼 교양 있는 선택된 사람들만 이해될 수 있는 것이라고 한다. 그러나 만일 대다수 사람들이 이해하지 못한다면, 그들에게 설명하고 이해하도록 필요한 지식을 전달해야 한다. 그러나 실은 그런 지식이라는 것은 있지도 않고 작품을 설명한다는 것도 불가능하다. 따라서 대다수 사람들은 훌륭한 예술 작품을 이해하지 못한다고 말하는 사람들에게 설명은 하지 못하고, 다만 그것을 이해하려면 똑같은 작품을 몇 번이고 읽고 또 읽고, 보고 또 보고, 듣고 또 들어야 한다고 말할 따름이다. 그러나 그것은 설명하는 것이 아니라 길들이는 것이다. 길들이는 것이라면 어떤 것도, 심지어 가장 나쁜 것도 길들일 수 있다. 마치 사람들을 썩은 음식과 보드카와 담배와 아편에 길들 수 있듯이 사람들이 실제로 현재 그렇게 행하고 있는 것처럼 나쁜 예술에 길들 수 있는 것이다.

그뿐만 아니라 대다수 사람들은 고급 예술 작품을 평가할 만큼의 취미를 가지고 있다. 대다수 사람들은 언제나 최고의 예술이라고 우리가 인정하는 것을 이해해 왔고 지금도 이해하고 있다. 즉 예술적으로 단순한 성서의 이야기, 복음서의 우화, 민간 전설, 옛이야기, 민요 등은 모두들 이해하고 있다. 그런데 어째서 대다수 사람들이 우리의 예술 가운데 고귀한 것을 이해할 능력을 상실하였다는 것인가?

연설의 경우라면, 훌륭하지만 그 나라 말을 모르는 사람에게는 이해가 되지 않는다고 말할 수 있다. 중국어로 된 연설이 설혹 훌륭한 것일지라도 내가 중국어를 모른다면 나에게는 역시 모르는 것이 될 수밖에 없다. 그러나 예술작품이 다른 정신 활동과 다른 점은 그 말이 모든 사람들에게 이해되고, 그것이 모든 사람들에게 차별 없이 전달된다는 것이다. 중국인의 눈물과 웃음은 러시아인의 눈물이나 웃음과 마찬가지로 나에게 전달된다. 그것은 회화에서나 음악에서나, 또 시적인 작품에서나 그것이 내가 아는 나라 말로 옮겨져 있기만 하다면 마찬가지이다. 키르키스인과 일본인의 노래는 비록 키르키스인과 일본인을 감동시키는 것보다 정도는 약할지라도 역시 나를 감동시킨다. 나를 감동시키는 것은 일본의 회화, 인도의 건축, 아라비아의 이야기도 마찬가지다. 내가 일본 노래와 중국 소설에 조금밖에 감동하지 않았다고 하더라도, 그것은 내가 그 작품을 이해하지 못하기 때문이 아니다. 그것은 내가 더 정도가 높은 예술 작품을 알고 있고 그것에 길들어 있기 때문이지 결코 그 예술이 나보다 높기 때문은 아니다.

위대한 예술 작품은 그것이 모든 사람들에게 받아들여지고 이해될 수 있기 때문에 위대한 것이다. 중국어로 번역된 요셉 이야기는 중국인들을 감동시킨다. 석가모니의 이야기도 우리를 감동시킨다. 그것은 건축, 회화, 조각, 음악의 경우도 마찬가지이다. 따라서 예술이 감동을 주지 않는다고 하더라도 그것은 관객과 청중이 이해를 하지 못하는 데서 일어나는 것이라고 말할 수 없으며, 그 결과에서 끌어낼 수 있고 끌어내야 하는 결론은 다만 그것이 나쁜 예술이냐 전혀 예술이 아니냐 하는 것뿐이다.

준비와 어떤 일정한 예비지식 필요로 하는(기하학을 모르는 사람에게 삼각법을 가르칠 수 없다) 분야도 있지만, 예술은 사람들에게 그 발달과 교양의 정도 여하에 상관없이 작용한다. 그림과 음향과 형상은 어떠한 발전 단계에 있는 어떠한 사람에게도 한결같이 전달되는 것이다.

예술의 역할은 논리로는 이해할 수 없고 납득할 수 없는 것을 이해하도록 만드는 것이다. 그래서 흔히 정말로 예술적인 인상을 받으면 이미 전부터 알고 있던 것인데 다만 표현할 줄 몰랐을 뿐이라는 느낌이 드는 것이다.

뛰어난 예술은 언제나 그러하다. 〈일리아드〉며 〈오디세이아〉, 야곱, 이삭, 요셉 이야기, 그리고 헤브라이의 예언자, 시편, 복음서의 예화, 석가모니의 이야기와 베다의 찬가도 모두 고귀한 감정을 전달하고 있다. 이것은 현재 우리 모두에게 교육의 유무에 상관없이 완전히 이해되고, 현재의 노동 대중보다 한결 더 교육 수준이 낮았던 당시 사람들에게도 이해되었던 것이다. 간혹 이해하지 못하겠다고 하는 사람들도 있다. 그러나 예술이라는 것이 인간의 종교적 자각에서 흘러나오는 감정을 전달하는 것이라면, 종교, 즉 신에 대한 인간의 관계에 근거를 둔 감정이 도대체 어찌 이해되지 않을 수 있단 말인가? 그러한 예술은 언제나 모든 사람들에게 이해될 것이고 또 실제로 이해되어왔다. 그것은 신에 대한 인간은 오직 하나뿐이기 때문이다.

그래서 교회도 성상(聖像)도 그에 대한 찬양의 노래도 언제나 모든 사람들에게 이해되어 왔다. 가장 높고 선량한 감정을 이해하는 데 있어서의 장애는, 복음서 가운데도 있듯이 절대로 진보와 학식의 부족 때문이 아니라 오히려 거짓된 진보와 거짓된 학식에 있는 것이다. 실제로 뛰어난 좋은 예술 작품이 이해되지 않을 수 있기도 하지만, 그것은 다만 소박하고 정상적인 노동 대중의 경우가 아니다. 노동 대중들에게는 좋은 것은 모두 이해된다. 오히려 타락하여 종교를 잃은 사람들은 진정한 예술 작품이 이해되지 않을 수 있고 또 그런 경우가 아주 많다.

최고의 종교적 감정이 사람들에게 직선적으로 이해되지 않고 있는 일은 우리 사회에서 끊임없이 일어나고 있다. 이를테면 스스로 가장 세련되었다고 자인하고 있는 주제에, 이웃에 대한 사랑과 자기희생의 시를 이해하지 못한다느니 정절의 시를 이해하지 못한다느니 하고 말하는 사람들이 있다.

따라서 어쩌면 뛰어나고 위대하고 보편적이고 종교적인 예술이 그저 일부 정상적이지 않는 사람들에게만은 이해되지 않을지 모르지만, 절대 대다수 정상적인 사람들에게 그런 일은 없다.

예술은 그것이 뛰어나다는 이유만으로 대중에게 이해될 수 없다고 오늘날 예술가들은 말하지만 그런 일은 있을 수 없다. 차라리 예술이 대중에게 이해되지 않는 것은 다만 예술이 아주 나쁜 것이거나 전혀 예술이 아니기 때문일 뿐이라고 말할 필요가 있다. 따라서 교양 있는 사람들에게 사랑받으며 받아들여지고 있는 논거, 즉 예술을 느끼려면 그것을 이해하여야 한다는(실은 다만 그것에 길든다는 것을 의미하고 있다) 논거는, 그 방법으로 이해하라고 제시된 것이 아주 졸렬하고 배타적인 예술이거나 전혀 예술이 아니라고 하는 가장 확실한 증거이다.

민중이 예술 작품을 좋아하지 않는 그들이 이해할 능력이 없기 때문이라고들 말하고 있다. 그러나 만일 예술 작품이 예술가가 경험한 감정을 사람들에게 전달시키는 목적을 가지는 것이라고 한다면, 어떻게 이해하지 못한다느니 하는 말을 할 수 있겠는가?

민중의 한 사람이 책을 읽고 그림을 보고 드라마 혹은 심포니를 듣고도 아무런 감동을 받지 못했다고 하자. 그러면 그것은 그가 이해할 줄 모르기 때문이라고들 말한다. 또 그에게 어떤 연극을 보여 주겠다고들 약속한다. 그러나 그는 거기서도 아무것도 보지 못한다. 그러자 이번에는 이 연극을 볼 준비가 되어 있지 않았기 때문이라는 말을 듣는다. 그러나 그는 자기가 모든 것을 훌륭히 보고 있다는 것을 알고 있다. 만일 그가 자기에게 보여 주겠다고 약속한 것을 보지 못한다면, 그로서는 자기에게 연극을 보여 줄 것을 떠맡은 사람들이 떠맡은 일을 이행하지 않았다고밖에 결론을 내릴 수 없다(이것이 옳은 소리다).

마찬가지로 그 민중의 한 사람은 자기에게 아무런 감정도 불러일으키지 않은 현대의 예술 작품에 대하여 바른 결론을 내린다. 그러므로 그 사람이 내 예술에 감동하지 않는 것은 그 사람이 어리석기 때문이라거나 지극히 자기를 과신한 데다 야만적이기 때문이라고 말하는 것은 책임이 전도된 것이며 병자 대신 성한 사람을 병상에 눕히는 짓이다.

볼테르는 "지루한 양식을 제외하고는 어떤 양식이나 좋다"고 말했다. 예술에 대해서 꼭 들어맞는 말이다. 어떤 양식이든 좋다. 이해되지 않는 양식만 제외하면, 또는 효과를 거두지 못하는 양식을 제외하고는. 왜냐하면 맡겨진 역할을 다하지 못하는 것에는 아무런 가치도 있을 수 없기 때문이다.

중요한 것은, 정신적으로 건강한 사람들에게 이해하기 어려운 것일지라도 예술일 수 있다는 것을 허용하기가 무섭게, 아무리 비정상적인 사람들일지라도 자기네의 비정상적인 감정을 드러낸, 그들 자신 외에는 어느 누구에게도 이해되지 않는 작품을 만들어, 현재 데카당파에 의해 행해지고 있는 것처럼 거기다 예술이라고 일컬어서는 안 될 이유도 없게 된다는 것이다.

예술이 걸어 온 과정은 직경이 큰 원 위에 차츰차츰 작아지는 직경의 원을 자꾸 쌓아올려가는 것과 비슷하다. 그래서 원추가 이루어지고 그 정점은 이윽고 원이 아니게 된다. 바로 이러한 일이 오늘날 예술에서 일어나고 있다.

11. 모조품이 된 상류 계급의 예술

내용은 더 빈약해지고 형식은 더 난해해져서 최근의 예술은 심지어 예술의 본성까지 잃어버린 모조품으로 바뀌고 말았다.

상류 계급의 예술은 전 민중의 예술에서 이탈한 결과, 내용에서는 빈약하고 형식에 있어서는 나쁘게, 즉 더욱더 이해하지 못하게 되었을 뿐만 아니라, 시간의 흐름과 함께 심지어는 예술을 포기하고 예술의 모조품으로 바뀌고 있다.

이것은 다음과 같은 원인이 있다. 민중의 예술은 민중 가운데 그 어떤 한 사람이 강한 감정을 경험하고 그것을 사람들에게 전달하려는 욕구를 가질 때에만 발생한다. 한편 부유한 계급의 예술이 발생하는 것은 거기에 예술가의 욕구가 있기 때문이 아니라, 주로 상류 계급 사람들이 오락을 구하고, 그 것에 대하여 좋은 보수를 주기 때문이다. 상류 계급의 사람들은 예술로부터 자기네를 유쾌하게 하는 감정을 줄 것을 요구하고 있고, 예술가들도 그러한 요구를 만족시키려고 애쓴다. 그러나 안일과 사치 속에서 생활하고 있는 상류 계급 사람들은 예술에 의한 끊이지 않는 오락을 요구하기 때문에 이 요구를 만족시킨다는 것이 여간 어렵지 않다. 예술을 낳는 것은 비록 그것이 낮은 종류의 것일지라도 임의로 되는 것이 아니라 예술가 내부에서 태어나야 한다. 그러므로 상류 계급 사람들의 욕구를 만족시키기 위해서는 예술과 닮은 것을 만들어 낼 수 있는 수단을 취하지 않으면 안 되었다. 그리하여 그 방법이 모색되었다.

그 방법은 다음과 같다. 즉 ① 차용 ② 모방 ③ 충격 ④ 흥미.

첫째 방법은 이전의 예술 작품 가운데서 모든 사람들에게 알려져 있는 시적인 작품의 주제 전체, 또는 몇몇 세부적인 것만을 '차용'하여 다소 보충함으로써 새로운 것으로 보이게끔 개작해 버리는 것이다.

그러한 작품은 일부 사람들의 내부에 이전에 경험한 예술적 감정에 대한 기억을 불러일으킴으로써 예술과 닮은 인상을 낳으며, 게다가 만일 또 다른 필요한 조건을 갖추면 예술에서 쾌락을 찾고 있는 사람들 사이에서는 예술로 통용된다. 이전의 예술 작품에서 빌려 온 주제는 보통 시적 주제로 일컬어지고 있다. 마찬가지로 이전의 예술 작품에서 빌려 온 대상과 인물은 시적 대상 및 시적 인물이라고 일컬어지고 있다. 이들 부류 사이에서는 온갖 종류의 전설, 실화, 옛날이야기가 시적 주제로 생각되고 있다. 또 시적 인물과 대상으로 생각되고 있는 것으로는 처녀, 전사, 목동, 은자, 천사, 온갖 형상의 악마, 달빛, 번개, 산, 바다, 절벽, 꽃, 긴 머리칼, 사자, 새끼양, 비둘기, 꾀꼬리 등이 있다. 이전의 예술가들이 그 작품 가운데서 가장 자주 썼던 대상은 대체로 시적인 것으로 생각되고 있다.

한 40년 전에, 어떤 현명하지는 않지만 교양이 많은 한 부인(지금은 이미 고인이 되었다)이 자기가 쓴 소설을 들려 주겠다며 나를 부른 적이 있었다. 그 소설에서는 여주인공이 시적인 숲 속 물가에서 시적인 흰 옷을 입고 시적으로 머리칼을 흩뜨린 채 시를 읽는 대목부터 시작되었다. 그런데 갑자기 덤불 뒤에서 빌헬름 텔의 것과 같은(꼭 그렇게 씌어 있었다) 깃이 꽂힌 모자를 쓴 주인공이 시적인 흰 개 두 마리를 데리고 나타났다. 작자에게는 이 모든 것이 아주 시적인 것처럼 여겨졌다. 그러나 주인공이 말로 하지 않게 했다면 그나마 좋았을 것이다. 그런데 빌헬름 텔과 같은 모자를 쓴 신사가 흰 옷 입은 처녀와 이야기를 주고받자마자 작자에게는 아무것도 말할 것이 없어졌다. 작자는 그저 이전 작품의 시적인 회상에 감동하여 그 회상을 더듬어 가기만 하면 예술적인 인상을 낳을 수 있다고 생각하고 있음이 드러났다.

예술적 인상, 즉 그 인상의 감염은 오직 작자 자신이 나름으로 그 어떤 감정을 경험하고 그것을 전달할 때에 비로소 받아들여지는 것이지, 자기에게 전달된 남의 감정을 그대로 전달할 때에는 그렇지 못하다. 이러한 시로 만든 시는 사람들을 감염시키지 못한다. 오직 예술 작품을 닮은 것을 줄 뿐이며 그것도 비정상적인 미적 취미를 가진 사람들에게 한할 뿐이다. 이 부인은 지극히 우둔하고 재능이 없었기 때문에 문제가 어디에 있었는가 이내 분명해졌지만, 이러한 차용이 만일 박식한 데다 재능 있고 자기 예술의 기교에 숙달되어 있는 사람들에게서 행해질 경우에는 그리스, 고대 그리스도교, 신화의 세계로부터의 차용이 나온다. 이러한 차용은 이미 굉장히 많이 불어난 데다 특히 요새는 무수하게 잇따라 나타나고 있어, 그저 예술 기교로 훌륭히 꾸며져 있기만 하면 예술작품으로 인정받고 있는 것이다.

이러한 종류의 예술이 가짜라는 특징을 나타내는 본보기로, 로스탕의 희곡 〈먼 나라의 공주〉가 있다. 거기에는 예술의 불꽃은 없지만 대다수 사람들, 그리고 아마 그 작자에게는 아주 시적인 것으로 보이는 것 같다.

예술처럼 보이게 하는 둘째 방법, 그것은 내가 '모방'이라고 일컬었던 것이다. 이 방법의 본질은 서술되거나 묘사되는 것에 따르는 자세함을 전달하는 것이다. 문자로 이루어지는 예술에서의 이 방법은 여러 등장인물의 외모, 얼굴, 옷, 몸짓, 소리, 주거(住居)를 생활 속에서 부딪히는 모든 우연한 사건과 함께 아주 세밀한 점까지 묘사하는 것이다. 이를테면 장편, 중편소설에서는 등장인물이 이야기를 할 때마다 어떤 목소리로 말을 했는지, 무슨 행동을 하면서 말을 했는지를 서술한다. 또 대화는 그것이 큰 의미를 가지도록 전달하는 것이 아니라 실생활에서의 대화와 마찬가지로 중단과 생략을 섞어 실제 그대로를 전달한다. 극예술에서 이 방법은 대화의 모방뿐만 아니라 모든 무대장치, 인물들의 동작이 실생활에서와 똑같도록 하는 일이다. 회화에서는 회화를 사진에 접근시켜 사진과 회화 사이의 차이를 없애버린다. 아무리 그것이 이상야릇하게 여겨질지라도 이 방법은 음악에서도 쓰여지고 있다. 즉 음악은 그것이 재현하고자 하는 것을 실생활 속에서 따르고 있는 리듬뿐만 아니라 소리까지도 모방하려고 애쓴다.

셋째 방법은 표면적인 감정에 미치는 작용, 흔히 생리적인 작용으로 '충격'이니 '효과'니 하고 일컬어지는 것이다. 모든 예술에서 이러한 효과를 거두는 것은 주로 대조, 즉 무서운 것과 편안한 것, 아름다운 것과 추한 것, 시끄러운 것과 조용한 것, 어두운 것과 밝은 것, 예사로운 것과 예사롭지 않은 것 등 상대적인 대비이다.

문자에 의한 예술에서는 대조의 효과 외에 지금까지 한번도 서술되거나 묘사된 적이 없는 것을 서술하고 묘사함으로써 이루어지는 효과도 있다. 그것은 주로 성적 욕망을 불러일으키는 세세한 서술과 묘사, 또는 공포의 감정을 불러일으키는 괴로움과 죽음에 관한 세세한 서술과 묘사이다. 이를테면 살인을 서술하면서 산산이 찢긴 조직·종창·냄새·피의 양과 모양 따위를 조서처럼 서술하는 것과 같은 방법이다. 회화에서도 마찬가지이다. 온갖 종류의 대조 외에 하나의 대상만 면밀히 완성하고 나머지 것은 모두 소홀히 취급하는 대조 또한 쓰이기 시작한다. 회화에서 중요하고 잘 쓰이는 효과, 그것은 빛과 무서운 것의 묘사 효과이다. 연극에서 대조 외에 가장 흔한 효과는 폭풍·천둥소리·달빛, 바다 위 또는 바닷가 장면, 의상의 변화, 여자의 육체노출, 광기, 살인 그리고 죽어가는 사람의 단말마로 고뇌를 자세하게 전달하는 죽음 등이다. 음악에서 가장 잘 쓰이는 효과는 약하고 한결같은 소리에서 오케스트라 전체의 강하고 복잡한 소리에 다다르는 크레셴도와 복잡화가 시작된다든가, 갖가지 악기로 옥타브 전체에 걸쳐 아르페지오로 되풀이한다든가, 또는 하모니·템포·리듬이 악상(樂想)의 진행에서 자연스럽게 흘러나오는 것이 아니라 그 의외의 것으로 충격을 주는 방법 등이다. 그 밖에 음악에서의 가장 흔한 효과는 오케스트라의 경우 소리의 힘으로 만들어 내고 있다.

이상과 같은 것이 예술에서 가장 흔히 쓰이고 있는 효과 가운데 몇 가지다. 그러나 그 밖에 또 한 가지 모든 예술에 공통된 것이 있다. 즉 어떤 예술로 본래 다른 예술이 고유한 것을 나타내는 것이다. 이를테면 표제음악과 바그너, 그리고 그 추종자들의 음악처럼 '음이 서술을 한다'든가 데카당스 예술이 그러는 것처럼 회화·극·시가 '기분을 낸다'든가 하는 것을 말한다.

넷째 방법은 '흥미', 즉 예술 작품에 결부된 지적 관심이다. 흥미는 뒤얽힌 줄거리 가운데에 있을 수 있다. 이 방법은 근래까지 영국 소설과 프랑스의 희극·비극 가운데서 쓰이고 있었지만, 지금은 유행에 뒤떨어져서 사실성(史實性), 즉 그 어떤 역사적 시기나 현대 생활의 개개 부분을 자세히 서술하는 것으로 대체되었다. 이를테면 소설 가운데서 이집트나 로마의 생활, 또는 광부, 그렇지 않으면 큰 가게의 점원 생활이 서술되고 있는 것에서 이루어지는 흥미 같은 것이다. 독자는 이것에 흥미를 느끼고 이 관심을 예술적 인상으로 잘못 안다. 흥미는 표현 수단에도 있을 수 있다. 이러한 종류의 흥미는 지금 많이 쓰이게 되었다. 시와 산문도 회화·연극·음악과 마찬가지로 수수께끼처럼 풀어야 하는 식으로 씌어 있다. 그리하여 이것을 푸는 과정이 만족을 주며 예술에서 받는 것과 비슷한 인상을 준다.

예술 작품이 시적이거나 사실적이라든가 효과적이라든가 흥미롭다든가 하여 흔히 사람들은 이를 아주 훌륭하다고 말한다. 그러나 이 첫째의 것도 둘째, 셋째의 것도 예술 가치의 표준이 되지 못할 뿐만 아니라 예술과는 아무런 관련도 없다.

시적이라는 것은 빌려온 것이라는 뜻이다. '차용'은 어떤 것이든 독자·관중·청중을 다만 그들이 이전 예술 작품에서 받았던 예술적 인상에 대한 어렴풋한 회상으로 이끌 뿐, 자신이 경험한 감정을 감염시키는 것은 아니다. 차용을 밑바탕으로 한 작품도 이를테면 괴테의 《파우스트》처럼 아주 훌륭하게 완성되어 정신과 온갖 아름다움으로 차 있는 수가 있다. 그러나 그것은 예술 작품의 중요한 특질인 완전성과 유기성(有機性), 즉 예술가가 경험한 감정을 나타내는 데 필요한 형식과 내용이 잘 어울리지 못하고 있기 때문에 진정한 예술적 인상을 주지 못한다.

차용의 경우는 오직 자기가 이전 예술 작품에서 전달받았던 감정만을 전달할 뿐이다. 따라서 차용이라는 것은 주제 전체의 차용이든 개개의 장면, 상황, 서술의 차용이든 모두 다만 예술의 그림자, 예술과 유사한 것일 뿐 예술 자체는 아니다. 그러므로 그러한 작품에 관해 그것이 시적이기 때문에, 즉 예술 작품을 닮았기 때문에 훌륭하다고 말하는 것은 마치 화폐가 진짜를 닮았기 때문에 훌륭하다고 말하는 것과 똑같다. 마찬가지로 모방·사실(寫實)도 오늘날 미학자들이 생각하고 있는 것처럼 그렇게 예술의 가치 척도가 될 수 있는 것이 아니다.

'모방'이 예술의 가치 척도가 될 수 없는 것은, 만일 예술의 주요 특질이 예술가가 경험한 감정을 다른 사람들에게 전달하는 것이라면, 감정을 전하는 것은 자세히 서술하는 것과 일치하지 않을 뿐만 아니라 대개의 경우 자세함이 지나쳐 파괴되어 버리기 때문이다. 예술적 인상을 받는 사람은 이러한 자세함에 현혹당하고, 그 때문에 그 예술적 인상은 작자의 감정일지라도 정확하게 전달되지 않고 만다.

작품과 예술을 그 사실성, 즉 전달된 자세함의 진실성의 정도에 따라 평가하는 것은 마치 음식물의 영향을 그 외관으로 판단하는 것과 마찬가지로 묘한 것이다. 우리가 사실성에 따라 작품의 가치를 규정할 경우, 우리는 그저 예술 작품에 대해서가 아니라 예술의 모조품에 대해서 말하고 있음을 나타낼 뿐이다.

가짜 예술의 셋째 방법인 '충격' 또는 '효과'도 앞의 두 가지 방법과 마찬가지로 진정한 예술 개념과 일치하지 않는다. 충격에는 진기함의 효과, 즉 대조의 의외성이나 두려움 등의 감정이 없고, 있는 것이라고는 오직 신경 작용뿐이기 때문이다. 만일 한 화가가 피투성이 상처를 훌륭하게 그릴 경우, 그 상처를 그린 그림은 나에게 충격을 주겠지만 예술은 못 된다. 강력한 오르간으로 하나의 소리를 길게 울리면 충격적인 인상을 낳아 때로는 눈물까지 흘리게 할 수도 있을 것이다. 그러나 아무런 감정도 전달되지 않기 때문에 음악은 없다.

그런데 그러한 종류의 생리적 효과가 줄곧 우리에게, 음악에서뿐만 아니라 시·회화·연극에서도 예술로 오인되고 있다. 그러고는 오늘날의 예술은 세련되었다느니 하고 말하고 있다. 실은 그와는 반대로 효과를 쫓은 나머지 예술은 지극히 거칠어져 버렸는데도 말이다.

이를테면 현재 유럽의 모든 극장에서 공연되고 있는 하우프트만(Hauptmann)의 신작 희곡 〈한넬레〉를 살펴보자. 그 가운데서 작자는 괴롭힘을 당한 한 소녀에 대한 동정을 관객에게 전하고 싶어한다. 이러한 감정을 예술 수단으로 관객에게 불러일으키기 위해서 작자는 등장인물 가운데 한 사람으로 하여금 모든 사람들에게 전달되도록 이러한 동정을 표현하게 하든가, 그 소녀의 감정을 정확히 서술해야 할 것이다. 그러나 그는 그러한 짓을 할 줄 모르거나 하고 싶어하지 않아서, 무대 장치가들에게는 복잡하지만 예술가에게는 한결 수월한 다른 방법을 선택하고 있다.

작자는 소녀가 무대 위에서 죽도록 했다. 게다가 관객에 대한 생리적 작용을 강하게 할 양으로 관객을 어둠 속에 남겨 놓은 채 극장 안의 조명을 끄고 비통한 음악 속에서 술에 취한 아버지가 그 소녀를 쫓아다니며 두들겨대는 것을 보여 주고 있다. 소녀는 몸을 웅크리고 외마디 소리를 지르며 신음하다가 쓰러진다. 천사들이 나타나 그녀를 데리고 간다. 그러면 이때 관객은 어떤 흥분을 경험하면서 믿어버린다. 그러나 이 흥분 속에 내적인 것은 아무것도 없다. 그것은 한 사람의 감정을 다른 사람에게 감염시키는 것이 아니라, 오직 다른 사람의 고뇌와 괴로워하고 있는 것은 자기가 아니라는 기쁨으로 뒤얽힌 감정만이 있기 때문이다. 그러한 감정은 우리가 사형을 목격했을 때에 경험하거나 로마인들이 서커스를 보면서 경험했던 것과 흡사하다.

마음에 구체적인 작용을 하는 대신 표면적인 효과를 노리는 방법은 다른 예술 분야보다 음악 예술에서 특히 뚜렷이 나타난다. 음악은 그 본래의 특질상 신경에 직접 작용하는 요소를 가지고 있기 때문이다. 작곡가가 경험한 감정을 멜로디로 전달하는 대신, 새로운 음악가는 소리를 긁어모으거나 배합한다. 그리하여 그 소리를 강하게 또는 약하게 하면서 특정한 장치로 측정가능한 생리적인 작용을 청중에게 준다(팔 근육의 긴장에 따라 움직이는 아주 민감한 바늘로 신경과 근육에 음악의 생리적 작용을 나타내는 장치가 있다). 그러면 청중은 이 생리적 작용을 예술의 작용으로 오인한다.

넷째 방법, 즉 '흥미'는 어떤가 하면 이 방법은 다른 방법보다 한결 더 예술과 인연이 먼 것인 데도 가장 밀접하게 예술과 얽혀 있다. 장편과 중편 소설 가운데서 독자가 알아채야 할 것을 작자가 짐짓 숨기고 있는 것에 대해서는 잠시 접어둔다고 하더라도, 그림과 음악 작품에 대해 재미있다는 말을 자주 듣게 된다. 도대체 재미있다는 것은 무슨 뜻인가? 재미있는 예술 작품이란 그 작품이 우리 내부에 채워지지 않는 호기심을 불러일으키거나, 예술 작품을 접하는 가운데 우리에게 새로운 지식을 얻게 하거나, 작품이 충분히 이해되지 않아 우리가 조금씩 노력을 하여 그 이해에 도달하고 그 의미를 추측하는 가운데서 어떤 만족을 찾는 것을 의미한다. 어떤 경우든 흥미라는 것은 예술적 인상과는 아무런 관계도 없다. 예술은 예술가가 경험하는 감정을 사람들에게 감염시키는 것을 목적으로 하고 있다. 관객·청중·독자의 고양된 호기심을 만족시키기 위해서나, 작품 가운데서 얻는 새로운 지식을 소화시키기 위해서나, 또는 작품의 의의를 파악하기 위해서 치러야 하는 정신적 노력은 독자, 관객, 청중의 주의를 빼앗음으로써 감정의 감염을 방해한다. 따라서 작품의 흥미라는 것은 예술 작품의 가치와는 아무런 관계도 없을 뿐만 아니라 예술적 인상에 도움을 주기는커녕 오히려 방해할 뿐이다.

시적인 교화가 사실성이나 충격이나 흥미는 예술 작품 가운데서 만날 수 있기는 하지만, 예술의 주요 특성, 예술가에게서 경험된 감정을 대신할 수는 없다. 최근 상류 사회의 예술에서 예술작품으로 나오고 있는 대부분은 그저 예술을 흉내고 있을 뿐, 그 근저에 예술의 주요 특성, 즉 예술가에게서 경험된 감정을 가지고 있지 않는 것들이다.

한 사람이 참다운 예술 작품을 만들어 내려면 많은 조건이 필요하다. 그 사람은 자기 시대 세계관의 최고 수준 위에 서 있어야 하는가 하면 감정을 경험하고 그것을 전달하려는 욕구와 가능성을 갖고 있어야 하고, 게다가 어떤 종류의 예술적 재능을 갖추고 있어야 한다. 참다운 예술 작품에 필요한 이러한 모든 조건이 합쳐진 경우는 매우 드물다. 진부한 방법, 즉 차용·모방·효과·흥미와 같은 것의 도움을 빌려 우리 사회에서 좋은 보수를 얻는 예술의 유사물을 만들어 내기 위해서라면, 그것은 자주 볼 수 있는 일이고, 그 어떤 방면의 재능을 가지기만 하면 그만이다. 내가 재능이라고 일컫고 있는 것은 능력, 즉 문자에 의한 예술에서는 자기 사상과 인상을 쉽게 표현하고 특징을 나타내는 세부적인 것을 찾아내어 그것을 기억하는 능력, 조형 예술에서는 선·형태·색채를 식별하고 기억하며 전달하는 능력, 음악 예술에서는 음정을 구별하고 소리의 연속을 기억하여 그것을 전달하는 능력을 의미한다. 오늘날에는 그러한 재능을 가지고 있기만 하면, 그 분야의 예술을 모작하는 기교와 방법을 익히고, 나중에 자기 작품에 반발을 할지도 모를 만큼 미적 감정만 마비시키거나, 참을성만 있을 경우에는 오늘날 사회에서 예술로 평가되는 작품을 한평생 끊임없이 만들어낼 수 있다.

그러한 예술의 모조품을 만들어 내는 데에는 각 예술 부분마다 일정한 규칙 또는 비결이 있다. 그러므로 재능이 있는 사람은 그것을 터득하고 나면 아주 냉담하고 조금의 감정도 없이 그러한 작품을 만들어 낼 수 있다.

문학적 재능이 있는 사람이, 시를 쓰기 위해서는 다만 하나하나의 참되고 필요한 말 대신 각운 또는 운율에 맞춰 거의 똑같은 의미의 말을 열 낱말쯤 더 쓸 수 있게 자기를 훈련시킨 다음, 뜻을 명백하게 하기 위해서 고유한 낱말의 배열은 딱 한 가지밖에 없는데도 온갖 어구를 가능한 한 이리저리 도치를 시도하여 어떤 의미에 접근시키도록 표현할 줄 알게 자기를 길들이고, 다시 운에 들어맞는 그 낱말에다 사상·감정, 또는 정경 비슷한 것을 생각해 내어 덧붙이는 짓을 수련하기만 하면 그만이다. 그러면 그 사람은 수요에 맞춰 끊임없이 장시·단시·종교시·연애시 또 민간시 등 어느 것이든 만들어 낼 수 있다.

만일 문자에 의한 재능이 있는 사람이 중편과 장편소설을 쓰고 싶을 경우, 그 사람은 자기의 문체만 만들어 내면 그만이다. 즉 자기가 본 것을 하나하나 서술하는 방법을 익히고 자세한 것을 외거나 적는 버릇을 들이기만 하면 그만이다. 그것이 몸에 배기만 하면 그는 이제 희망이나 요구를 좇아 장편소설이나 중편소설을 불문하고 역사소설, 자연주의 소설, 사회소설, 연애소설, 심리소설, 심지어는 유행하는 소설까지 무엇이든 써 나갈 수 있다. 그는 독서를 통해서나 경험한 사건을 통해 주제를 얻을 수 있고, 등장인물들의 성격 따위는 자기 주변사람들에게서 따올 수 있다.

그러한 장편과 중편소설이, 눈여겨봐 두었다가 적어 놓은 세부사항으로 꾸며질 경우, 또 그 세부적인 내용들이 에로틱한 것일 경우에는 더더구나 감정의 불꽃이 없을지라도 예술 작품으로 꼽힌다.

연극 형식의 예술을 만들어 내기 위해서 재능이 있는 사람은, 장편과 중편소설에 필요한 것 외에 등장인물들로 하여금 정확하고 기지에 찬 말을 되도록 많이 쓰게 하는 일, 극적 효과를 이용하는 일, 무대 위에서의 장황한 대화를 없게 하고, 되도록 소란스럽고 움직임이 많도록 인물들의 동작을 짤 줄 아는 일을 수련해야 한다. 만일 작가가 이 일을 할 줄 알면 주제는 범죄 사건이나 최면술·유전 등과 같은 최근 사회의 화제가 된 것 중에서, 아니면 먼 고대와 심지어 공상의 세계에서까지 골라내서 끊임없이 연극 작품을 쓸 수 있다.

회화 또는 조각 분야에, 재능이 있는 사람은, 예술의 유사품을 만들어 내는 일이 한결 수월하다. 그런 일을 하기 위해서는 그저 소묘를 하고, 채색을 하고, 소조(塑造) 특히 나상을 만드는 일을 익히기만 하면 된다. 그런 것을 익히고 나면 그는 기호대로 신화적인 것이든 종교적인 것이든 공상적이고 상징적인 것이든 주제를 마음대로 고를 수 있다. 또한 신문에 실려 있는 대관식, 충돌, 그리스·터키 전쟁, 기근 같은 재해를 표현한다든가 또 흔히 행해지고 있는 것처럼 아름답다고 여겨지는 것, 즉 알몸의 여자에서부터 구리 대야에 이르기까지 무엇이나 표현하면서 끊임없이 그림을 그리고 조상을 소조할 수 있다.

음악 예술을 만드는 데 있어서 재능이 있는 사람은, 예술의 본질을 이루고 있는 것, 즉 다른 사람들을 감염시킬지도 모를 감정은 더 필요하지 않다. 그 대신 아마 무용 예술을 제외하고는 다른 어느 예술에서보다 많은 육체적 노동을 필요로 할 것이다. 음악 예술을 만들어 내려면 무엇보다 손가락을 특정 악기 연주에 최고도의 완성에 도달한 사람들이 하는 것과 마찬가지로 빨리 움직이는 기술을 익혀야 한다. 다음에는 과거에 다성악(多聲樂)을 어떻게 썼는가 알아야 한다. 말하자면 대위법, 푸가를 연구해야 하고, 오케스트라를 편성하는 법, 즉 어떻게 악기를 효과적으로 이용할 것인지를 익혀야 한다. 이 모든 것을 익히고 나면 음악가는 그때부터 끊임없이 작곡을 할 수 있다. 표제음악이든, 조금이라도 대사에 맞는 음을 생각해 내면서 오페라나 소곡이든, 남의 주제를 따서 그것을 대위법과 푸가로 일정한 형식 속에서 개작하는 실내악이든, 흔히 행해지고 있는 것처럼 우연히 손에 넣은 소리의 결합을 취하여 이 우연히 손에 넣은 소리 위에 온갖 종류의 복잡함과 장식을 쌓아올리는 환상곡이든 무엇이든지 작곡할 수 있다.

이처럼 예술의 모든 분야에서 미리 준비되고 궁리된 처방을 좇아 예술의 모조품이 만들어지고 있는 것을 상류 계급은 참다운 예술로 오인하고 있다.

그리고 바로 이처럼 예술 작품을 모조품으로 바꾸어 놓은 것이야말로 상류 계급의 예술이 전체 민중의 예술에서 분리된 가장 중요한 이유이기도 하다.

12. 모조 예술품 왜 만들어지는가

우리 사회에는 모조 예술품 제작을 조장하는 세 가지 요건이 있다. 첫째는 예술가들이 자기네 작품으로 받는 막대한 보수, 따라서 예술가들의 직업성이고, 둘째는 예술 비평, 셋째는 예술 학교이다.

예술이 둘로 갈리지 않고 종교적 예술만이 존중받고 장려되었으며, 있으나마나 한 예술은 장려되지 않았던 동안 예술을 흉내내는 일은 전혀 없었다. 있었다 하더라도 민중 전체의 비난을 받아 당장 사라져 버렸다. 그러나 이 같은 분열이 생기자마자 어떠한 예술이든 그것이 쾌락을 주기만 하면 상류 계급의 사람들에게 훌륭한 것으로 인정되었으며, 쾌락을 주는 그 같은 예술은 다른 어떤 사회적 활동보다 많은 보수를 받게 되었다. 그러자 이내 많은 사람들이 이 활동에 열중하게 되었다. 그리하여 이 활동은 전에 가지고 있던 것과는 전혀 다른 성격을 지닌 하나의 직업이 되어 버렸다.

그런데 예술이 직업화하자마자 예술의 가장 귀중한 특질인 성실성은 두드러지게 약화되고 일부는 사라져 버렸다.

직업적인 예술가는 자기 예술로 생계를 꾸려나가기 때문에 끊임없이 자기의 작품 대상을 생각해 내야 하며, 또 실제로 그것을 생각해 내고 있다. 그러니까 같은 예술 작품일지라도 그것이 헤브라이의 예언자, '시편'의 작자, 아시시의 프란체스코, 《일리아드》와 《오디세이아》의 작자, 민담, 전설, 민요의 작가들과 같이 자기 작품에 대해 아무런 보수도 받지 않았을 뿐만 아니라 심지어 그것에 자기 이름마저 붙이지 않았던 사람들이 만들었을 경우와, 명예와 보수를 받고 있었던 옛날의 궁정 시인, 극작가, 음악가들과 뒤에 와서는 이것을 직업으로 삼아 생활하던 저널리스트, 출판업자, 흥행업자들과 같은, 일반적으로 말하면 예술가와 예술의 수요자인 도시 대중 중간에서 중개인들에게서 보수를 받고 있는 공인된 예술가들에 의하여 만들어진 경우에 어떤 차이가 있을 것인지는 명백하다.

이렇게 예술가의 직업화가 거짓된 모조 예술을 퍼뜨리게 하는 첫째 조건이다.

둘째 조건, 그것은 최근에 대두한 예술 비평으로, 모든 사람들이 아니라 학문이 있는 몇몇 사람들이 행하는 일그러진 자기 과신에 의한 예술의 가치 평가이다.

나의 한 친구는 예술가와 비평가의 관계를 나타내면서 반농담으로 이렇게 정의를 내렸다. 비평가는 현명한 예술가에 대해서 이러저러하게 말하는 바보라고 말이다. 이 정의가 아무리 일면적이고 부정확하며 거칠지라도 역시 어느 정도 진리를 포함하고 있고, 예술 작품을 설명하는 사람을 비평가이기라도 하듯 정의하는 것보다는 비교가 되지 않을 만큼 옳다.

'비평가는 설명한다.'

도대체 무엇을 설명한다는 건가?

예술가는 그가 진정한 예술가라면 자기 작품을 창작하면서 자기가 경험했던 감정을 다른 사람들에게 이미 전달하였을 것이다. 그런데 도대체 거기에 설명할 것이 무엇이 있단 말인가?

만일 한 작품이 예술로서 훌륭한 것이라고 한다면, 그 내용이 도덕적이거나 부도덕한 것에 상관없이 예술가에게서 표현되는 감정은 다른 사람들에게 전달된다. 만일 그것이 다른 사람들에게 전달될 경우 사람들은 이를 경험한다. 그러므로 해석을 하는 것은 불필요한 짓이다. 어떤 작품이 사람들을 감염시키지 못한다면 어떠한 해석도 그 작품이 감염력을 갖게 하는 일을 못할 것이다. 예술가의 작품을 해석한다는 것은 불가능하다. 예술가가 표현하고자 한 것을 말로 설명할 수 있었다면 그 자신이 말하였을 것이다. 그런데도 그가 그것을 자기 예술로 표현한 것은 그 밖의 다른 방법으로는 자기가 경험한 감정을 전달할 수 없었기 때문이다. 예술 작품을 말로 해석한다는 것은 그 해석자가 예술이 표현하는 것을 느낄 능력이 없다는 것을 증명하는 것이다. 또 실제로 그렇다. 이렇게 말하면 좀 이상하게 들릴지 모르지만, 비평가는 언제나 다른 사람들보다 예술에 감염되는 능력이 적은 사람들이다. 대개의 경우 그들은 대담하게 글을 쓰는 교양 있고 현명한 사람들이지만 예술에 감염되는 능력은 완전히 비틀거렸거나 또는 시들고 만 사람들이다. 따라서 언제나 자기네가 쓴 것을 믿고 읽는 대중의 취미를 왜곡하는 짓을 도와왔고, 지금도 돕고 있다.

예술 비평이니 하는 것은 예술이 양분되지 않아서 민중 전체의 종교적 세계관으로 평가받고 있는 사회에서는 있지도 않았고 있을 수도 없었다. 예술 비평이라는 것은 자기 시대의 종교적 자각을 인정하지 않는 상류 계급의 예술에서만 일어날 수 있었다.

모든 민중 예술은 의심할 나위 없이 확연한 내적 표준, 종교적 자각을 가지고 있다. 그러나 상류 계급의 예술은 그 종교적 자각이 없다. 따라서 예술을 평가하는 사람들은 불가피하게 그 어떤 외적 표준에 의지해야 한다. 그들의 이 외적 표준은 영국의 미학자도 말한 것처럼 가장 교양 있는 사람들의 취미, 즉 교양 있는 사람들로 생각되는 사람들의 권위이며, 이 권위뿐만 아니라 그 사람들의 권위있는 전통에 근거한다. 그런데 이 교양 있는 사람들의 판단은 곧잘 잘못되기도 하여 전에는 옳았던 판단이 시간이 흐름에 따라 그렇지 않게 되는 수도 있으므로, 이 전통이란 것도 지극히 잘못되어 있다. 또한 비평가들은 판단의 근거를 가지고 있지 않으므로 끊임없이 그러한 오류를 되풀이하고 있다. 어느 고대 비극시인이 한번 뛰어나다고 하면 비평가들도 무턱대고 그렇게 판단한다. 단테가 대시인, 라파엘로가 대화가, 바흐가 대음악가로 꼽히고 나자 좋은 예술과 나쁜 예술을 구별하는 척도를 가지고 있지 않은 비평가들도 그 사람들을 대예술가로 간주하고 있을 뿐만 아니라, 그들의 작품은 모두 위대하고 모방할 가치가 있는 것으로 꼽기도 한다. 비평으로 세워지고 있는 이 권위처럼 예술의 퇴폐를 도와왔고 현재 돕고 있는 것도 없다. 어떤 사람이 그 어떤 예술 작품을 모든 예술가와 마찬가지로 자기가 체험한 감정을 자기의 독특한 방법으로 그 속에 구현시켜, 이를 본 대다수의 사람들이 그 예술가의 감정에 감염되면 그 작품은 유명해진다. 그러면 비평가가 나타나 그 예술가를 비판하면서 이 작품도 나쁘지는 않으나 역시 이 작품은 단테나 셰익스피어, 괴테, 후기의 베토벤이나 라파엘로만 하지는 않는다고 말하기 시작한다. 그러면 그 비판과 동시에 그 젊은 예술가는 본보기로 제시된 사람들을 흉내내기 시작하여 빈약할 뿐만 아니라 거짓된 모조 작품을 만들어 내게 된다.

이를테면 러시아의 푸슈킨은 그의 시, 〈예브게니 오네긴〉〈집시〉, 그 외 중편소설을 쓰고 있는데 이것은 모두 진정한 예술 작품이다. 그러나 셰익스피어를 예찬하는 거짓된 비평의 영향을 받아 〈보리스 고두노프〉라는 추상적이고 논리적인 차가운 작품을 쓰게 되었고, 이 작품을 비평가들이 예술의 전형으로 내세우며 칭찬하자 이번에는 오스트로프키의 〈미닌〉이라든가, 알렉세이 똘스또이의 〈황제 보리스〉 등, 모방을 다시 모방한 작품이 나타났다. 이 같은 모방으로 지극히 쓸모없고 아무 데도 필요하지 않은 작품이 문학계 전체에 범람하고 있다. 비평가들의 제일 큰 해독은 자기네가 예술에 감염되는 능력을 잃은 사람들이기 때문에(비평가들이란 모두가 그러한 사람들이다. 그들이 만일 그 능력을 잃지 않았다면 그들이 예술 작품을 해석한다고 하는 불가능한 일을 꾀할 리가 없다) 비평가들은 최대로 주의를 집중하여 추상적이고 논리적인 머리로 만들어낸 작품을 치켜세우면서 그것을 모방할 만한 본보기로 내세우고 있다.

그 결과 그들은 자신 있게 그리스의 비극 시인들, 단테, 타소, 밀턴, 셰익스피어, 괴테(거의 모두 연속적으로), 졸라, 입센, 그리고 후기의 베토벤과 바그너의 음악을 칭찬하고 있다. 이 같은 추상적이고 논리적인 머리로 꾸며진 작품을 치켜세우는 정당한 이유로서 그들은 이론(유명한 미 이론도 그렇다)을 생각해 낸다. 그러면 우둔하면서도 잔재주가 있는 사람들이 즉각 이 이론을 좇아 자기네 작품을 만들 뿐만 아니라 심지어는 참다운 예술가까지도 그런 이론에 굴복하고 만다.

비평가들이 치켜세운 온갖 거짓된 작품은 곧 예술의 위선자들이 밀치고 들어오는 출입문이 된다.

오늘날에는 이미 거칠고 야만적인, 그래서 우리에게는 무의미한 소포클레스, 에우리피데스, 아이스키네스, 특히 아리스토파네스와 같은 고대 그리스인들, 또는 단테, 타소, 밀턴, 셰익스피어와 같은 사람들, 회화에서는 라파엘로의 작품, 그 우스꽝스러운 〈최후의 심판〉을 포함한 미켈란젤로의 작품들, 음악에서는 바흐의 작품과 후기 베토벤의 작품 전부를 치켜세우는 비평가들 때문에 오늘날 입센, 메테를링크, 베를렌, 말라르메, 퓌비 드 샤반, 클링겔, 뵈클린, 슈터크, 슈나이더, 음악에서는 바그너, 리스트, 베를리오즈, 브람스, 리하르트 슈트라우스 등 어중이떠중이 아무 소용도 없는 이러한 모방자들을 모방하는 방대한 수의 인간이 존재하게 되었다.

비평이 좋지 않은 영향을 미친다는 가장 좋은 예증이 될 수 있는 것이 베토벤에 대한 비평이다. 주문을 받아 부랴부랴 씌인 무수한 그의 작품 가운데는 형식이 부자연스러움에도 불구하고 예술적인 작품도 있기는 하다. 그러나 그는 귀머거리가 되어 소리를 듣지 못하게 된 뒤부터는 완전히 머리로만 생각해 낸 미완성의 작품, 따라서 곧잘 음악적 의미에서는 무의미하고 이해하기 어려운 작품을 만들기 시작했다. 나는 음악가들이 상상만으로도 충분히 생생하게 소리를 알 수 있고 눈으로 읽은 것을 거의 들을 수 있다는 것도 알고 있다. 그러나 상상되는 소리는 절대 실제 소리를 대신할 수 없다. 그러므로 어떤 작곡가라도 자기 작품을 완성하려면 직접 들어 보아야 한다. 그런데 베토벤은 들을 수가 없었으니 작품을 완성하지 못한 셈이 되었다. 결국 그는 예술적인 잠꼬대에 불과한 작품을 세상에 내고 말았다. 그러나 일단 그를 대작곡가로 인정했던 비평가란 사람들은, 유달리 기쁨을 표시하며 그 같은 이상한 작품에 달려들어 거기에서 예사롭지 않은 아름다움을 찾기 시작했다. 그러고는 자기네의 칭찬을 정당화할 셈으로 음악 예술의 개념까지 왜곡되게 하면서 베토벤의 작품이 표현할 수 없는 것을 표현하는 특성을 지녔다고 극찬했고, 귀머거리 베토벤이 시도한 이상한 예술 작품을 따라하는 모방자들이 무수히 나타나게 되었다.

그리하여 나타난 것이 바로 바그너이다. 그는 여러 평론을 써서 베토벤, 특히 후기 베토벤을 예찬했다. 그리고 베토벤의 음악에 못지않을 만큼 어리석은 쇼펜하우어의 신비설, 즉 음악은 의지의 표현이지만 객관화의 단계에서 의지가 따로따로 나타나는 것이 아니라 의지의 본질이 나타난다는 설과 베토벤의 음악을 결부시킨 다음, 자기 자신도 그 설을 좇아 예술을 통합한다는 더 잘못된 방식으로 자기 음악을 만들어냈다.

그런데 바그너 뒤에는 한층 더 새롭고 예술에서 멀어진 모방자들, 브람스, 리하르트 슈트라우스 등이 나타났다.

비평의 결과는 이상과 같다.

그러나 예술을 일그러지게 하는 셋째 조건인 '예술을 가르치는 학교'라는 것은 어쩌면 한층 더 해로울지도 모른다.

예술이 모든 민중을 위한 것이 아닌 부유한 사람들을 위한 예술이 되자마자 그것은 직업이 되었고, 직업이 되자마자 이것을 가르치는 방법이 고안되면서 예술을 직업으로 선택한 사람들은 이 방법을 배우게 되어 직업학교, 즉 중등학교에서의 수사학과 또는 문학과, 미술 학교, 음악 학교, 극예술을 위한 연극 학교가 나타났다.

그런 학교에서 예술을 가르친다. 그러나 예술이란 예술가가 경험한 독특한 감정을 다른 사람들에게 전달하는 것이다. 도대체 어떻게 그것을 학교에서 가르칠 수 있겠는가?

어떠한 학교도 인간의 내부에 감정을 불러일으킬 수 없고 더욱이 자기 한 사람에게만 특유한, 자기만의 방법으로 감정을 나타내는 예술의 본질을 이루고 있는 것을 인간에게 가르칠 수는 없는 노릇이다.

학교에서 가르칠 수 있는 오직 한 가지, 그것은 다른 예술가들이 경험한 감정을 그 예술가들이 전달한 대로 전달하는 것뿐이다. 예술 학교에서 가르치고 있는 것도 바로 그것이다. 이것은 진정한 예술의 보급을 돕지 않을 뿐만 아니라 오히려 예술의 모조품을 보급시킴으로써 사람들에게서 진정한 예술을 이해하는 능력을 빼앗아간다.

문자에 의한 예술에서는 아무것도 말하고 싶지 않은 경우에도 지금까지 자기네가 한 번도 생각해 본 적이 없는 것을 많은 페이지에 걸쳐 쓰게 하고, 그것이 저명하다고 인정되고 있는 작가들의 글을 닮게 쓰는 법을 가르치고 있다. 중등학교에서 이것을 가르치고 있는 것이다.

회화에서의 주요 교육은 주로 나체, 지금까지 한 번도 본 적이 없고 일찍이 한 번도 진정한 예술에 종사하고 있는 사람이 나타낼 기회가 없었던 나체를 소묘하고 그리는데, 그것도 이전의 대가들이 소묘하고 그렸던 것과 똑같아야 한다. 즉 이전 대가들이 다루었던 것과 비슷한 주제로 화면을 구성하는 방법을 가르치고 있는 것이다. 음악도 마찬가지이다. 음악 이론 전체가 작곡의 대가로 인정받은 사람들이 자신의 음악 작품을 위해서 썼던 방법을 되풀이하는 것이다.

나는 일찍이 러시아의 화가 브류로프의 예술에 대한 의미심장한 명언을 인용한 적이 있었다. 그러나 그 명언이 학교에서 가르칠 수 있는 것과 가르칠 수 없는 것을 가장 잘 나타내고 있기 때문에, 그것을 다시 한 번 인용하지 않을 수 없다. 학생의 습작을 고쳐 줄 때 브류로프가 몇 군데에다 그저 살짝 손만 대도 서투르고 생명이 없던 습작이 별안간 생기를 띠었다. 학생 가운데 하나가 말했다.

"아니, 선생님께서는 '그저 살짝' 손만 대셨을 뿐인데 완전히 바뀌어 버렸어요."

"그 '그저 살짝'이라는 데서부터가 예술이야."

그는 이 말로 예술의 가장 특징적인 면을 나타내고 있다. 이 생각은 모든 예술에서 옳지만 특히 음악 연주에서 잘 드러난다.

음악 연주가 예술적이기 위해서는, 즉 예술적으로 감염시키기 위해서는 세 가지 주요 조건이 지켜져야 한다(이러한 조건 외에도 음악을 완성시키기 위해서는 많은 조건이 있다. 즉 한 음에서 다른 음으로의 이행이 단속적 또는 합체적이어야 하고, 음이 균형 있게 강해지거나 약해져야 한다. 또 함부로 음을 결합시켜도 안 되며 음에 터무니없는 음색을 갖게 하지 말 것 등 그 밖에도 다른 많은 조건이 필요하다. 그러나 여기에서는 세 가지 주요 조건만 다루겠다). 즉 음의 높이·속도·강도이다.

음악 연주가 예술이 되고 감염을 일으키는 것은 음이 일정한 기준보다 높지도 낮지도 않은, 즉 요구되는 음조의 중심을 치밀하게 포착하고, 또 이 음조가 꼭 필요한 만큼 늘어져 음의 강도가 필요 이상으로 강하지도 약하지도 않으면 안 된다. 음의 높이가 조금이라도 어느 쪽으로 벗어나거나 속도가 조금이라도 증감되거나 소리의 강약이 조금이라도 어긋나거나 하면, 연주의 완전함은 사라지고 그 결과 작품의 감염성이 없어진다. 따라서 지극히 간단하고 수월하게 될 것처럼 생각되는 음악 예술에 의한 감염은 완전한 음악을 위해 요구되는 한없이 자질구레한 요소를 연주자가 발견할 경우에만 가능하다.

이것은 어떤 예술에서도 마찬가지이다. 즉 회화에서는 아주 조금만 더 밝든가 조금만 더 어둡든가, 또는 조금만 더 높든가 낮든가, 또는 조금만 더 오른쪽으로 기울든가 왼쪽으로 기울든가 하면 예술의 인상은 전달되지 않는다. 연극 예술에서도 아주 조금만 더 억양이 약하든가 강하든가 하면, 아주 조금만 더 빠르든가 조금만 더 늦든가 하면, 또 시에서는 조금만 강하게 말하든가 정도가 넘든가 과장이 지나치든가 하면, 감염은 일어나지 않는다.

감염은 예술 작품을 구성하고 있는 무한히 작은 요소를 예술가가 찾아낼 때에만, 또 그 정도 안에서만 이루어지는 것이다.

이 무한히 작은 순간을 찾아내는 것을 가르치는 데는 어떠한 외적인 방법도 없다. 그것은 인간이 오직 감정에 스스로를 내맡겼을 때에만 찾아내는 것이다. 어떠한 교육도 무용가를 음악의 박자에 들어맞게 하고, 가수나 바이올리니스트에게 음조의 무한히 작은 요소를 찾아내게 하고, 화가에게 가능한 모든 선 가운데서 오직 필요한 하나의 선을 긋게 하며, 시인에게 유일하게 필요한 말의 배열을 찾아내게 하는 일을 하지는 못한다. 모든 것을 찾아내는 것은 오직 감정뿐이다. 따라서 학교가 가르칠 수 있는 것은 예술을 닮은 어떤 것을 만들기 위해서 필요한 것이지 결코 예술 자체가 아니다.

학교 교육은 '그저 살짝'이 시작되는 데, 즉 예술이 시작되는 데서 멎는다.

사람들을 예술을 닮은 것에 길들게 하는 것은 오히려 참다운 예술의 이해에서 그들을 떼어 놓는 결과가 된다. 그 결과 예술 직업학교를 거쳐 크게 진보를 보였던 사람들만큼 예술에 둔감한 사람도 없게 된다. 이같이 직업학교가 양성하는 것은 예술의 위선이다. 그것은 목사를 비롯하여 일반적으로 각종 종교상의 교사를 길러내는 학교가 낳고 있는 종교상의 위선과 똑같은 것이다. 학교에서 인간을 가르쳐서 종교가가 되게 할 수 없듯이 인간을 가르쳐서 예술가가 되게 할 수는 없다.

그러므로 예술 학교라는 것은 예술의 두 가지 의미에서 해로운 것이다. 첫째로 이 학교에 들어가 7년, 8년, 또는 10년의 과정을 거치는 불행한 사람들에게 학교는 참다운 예술을 만들어 내는 능력을 사장시켜 버린다. 둘째로 현대 세계에 가득 찬, 대중의 취미를 타락시키고 있는 모조 예술을 대량으로 보급시킨다. 예술가로서 태어난 사람들이 이전의 예술가들이 궁리한 각종 예술 방법을 알 수 있으려면, 어느 초등학교에나 미술과 음악, 노래의 과목을 두어 그것을 거치면 누구나, 재능이 있는 학생이면 모든 사람이 접할 수 있는 예를 이용하여 혼자 힘으로 자기 예술의 완성을 이루어야 한다.

바로 이 세 조건, 예술가의 직업화·예술 비평·예술 학교야말로 오늘날 대다수의 사람들에게 심지어 예술이란 무엇인가 하는 것마저도 알지 못하게 지극히 거친 예술의 모조품을 예술로 오인하게 만들어 버린 것이다.

13. 인식 능력의 상실

우리 시대 사람들이 어느 정도까지 참다운 예술을 받아들이는 능력을 잃어버렸고, 예술과는 아무런 관계도 없는 것을 예술로 오인하는 데 길들어 버렸는가 하는 것은, 최근에 더욱 더 존중되고 있고, 독일인들뿐만 아니라 프랑스인들, 영국인들에게까지 새로운 지평선을 연 최고의 예술로 인정되고 있는 리하르트 바그너의 작품에도 잘 나타나 있다.

바그너 음악의 특성은 누구나 알고 있듯이 음악은 시에 이바지하는 것으로 시적 작품의 음영을 모두 나타내야 한다는 데에 있다.

15세기 이탈리아에서 고대 그리스의 것으로 상상되는 음악극을 부흥시키기 위하여 고안된 연극과 음악의 통일은, 상류 계급 사이에서만 성공을 거둔, 또 현재 거두고 있는 기교적인 형식이다. 그것도 모차르트·베버·로시니 등과 같은 천재 음악가들이 극의 주제에 영감을 얻어 텍스트를 음악에 따르게 하고 자유로이 그 영감에 몰입한 경우에 한한다. 그 결과, 그들의 오페라에서 듣는 사람에게 중요한 것은 어떤 텍스트에 의한 음악일 뿐이지 결코 텍스트가 아니다. 이를테면 〈마적(魔笛)〉에서처럼 지극히 무의미한 것이라 할지라도 역시 음악의 예술적 인상을 방해하지는 않았다.

바그너는 오페라를 개혁하여 음악이 시의 요구에 따르며 그것과 합류하도록 하고자 하고 있다. 그렇지만 어느 예술이나 다른 예술과 합류하지 않고 다만 접촉할 뿐인 일정한 영역을 가지고 있으며, 따라서 많은 예술뿐만 아니라 그저 연극과 음악의 두 예술의 경우라도 이것을 하나의 완전한 표현 속에 통일하려고 하면, 한쪽 예술의 요구를 채울 수 없게 된다. 이것은 연극 예술이 음악 예술에 종속되기보다는 오히려 양보하고 있는 보통의 오페라에서 일어나고 있는 것과 같은 것이다. 그러나 바그너는 음악 예술이 연극 예술에 종속되게 하여 양자가 온 힘을 발휘하도록 시도하고 있다. 하지만 그것은 불가능하다. 어떤 예술 작품이든 그것이 진정한 예술 작품이라면, 완전히 독자적인, 다른 어떤 것과도 닮지 않은 예술가의 마음속에서 우러난 감정의 표현이기 때문이다. 음악 예술이든 연극 예술이든 그것이 진정한 예술일 경우에는 마찬가지다. 따라서 어떤 예술 작품이 다른 예술 작품과 합치되려면 불가능한 일이 일어나야 한다. 다시 말해 영역이 다른 두 예술 작품이 아주 독특하여 이전에 있었던 어떤 것과도 닮지 않으면서 아울러 합치될 경우 서로 완전히 닮아야 한다.

그런데 그런 일은 있을 수 없다. 그것은 두 명의 사람뿐만 아니라 한 나무에 달린 두 잎의 잎사귀조차도 완전히 똑같을 수 없는 것과 같다. 마찬가지로 영역이 다른 두 예술, 음악 예술과 언어 예술이 완전히 똑같은 것일 수는 없는 노릇이다. 만일 그것이 합치된다고 하면, 그것은 한쪽은 예술 작품이고 다른 쪽은 모조품일 경우나 그도 아니면 양쪽 다 모조품일 경우이다.

살아 있는 두 잎은 서로가 완전히 닮을 수는 없다. 닮을 수 있는 것은 두 잎이 인위적으로 만들어졌을 때뿐이다. 예술 작품의 경우도 그와 마찬가지이다. 그것이 완전히 합치될 수 있는 것은 그 어느 한쪽이 예술이 아니고 머리로 생각해낸 예술의 유사품일 때뿐이다.

시와 음악이 찬미가·가요·연가에서 다소 합치될 수 있다손 치더라도(그것도 바그너가 바라고 있는 것처럼 음악이 텍스트의 하나하나의 시구를 좇도록 하는 그런 것이 아니라 양자가 똑같은 기분을 일으킬 수 있도록 하는 정도이지만) 그런 일은 서정시와 음악이 부분적으로 같은 목적(기분을 낳는다는)을 가지고 있고, 서정시와 음악으로 생겨나는 기분이 얼마만큼 합치될 수 있을까에 한해서만 일어난다. 그러나 이처럼 합치될 경우에도 무게의 중심은 언제나 두 작품 가운데 하나에 있으며, 한쪽만이 예술적 인상을 낳고 다른 한쪽은 감지되지 않는 것으로 남는다. 더욱이 서사시 또는 극시와 음악 사이에서는 이 정도의 합치도 있을 수 없다.

그 밖에도 예술적 창작의 주요 조건 가운데 하나로, 예술가는 온갖 종류의 선입관을 가지지 말아야 한다는 것이 있다. 자기의 음악 작품을 시 작품에 맞춘다든가 그 반대를 요구하는 것은 창작의 온갖 가능성을 사라지게 한다. 따라서 이러한 종류의 서로 끼워맞춘 작품은 언제나 그랬듯 예술 작품이 아니라 멜로드라마의 음악, 그림의 제목, 삽화, 오페라 대본과 같이 다만 예술의 모조품이 될 뿐이다.

바그너의 작품도 그러하다. 그 증거는 바그너의 새로운 음악에는 온갖 진정한 예술 작품의 주요 특징, 즉 그 형식을 조금이라도 바꾸면 작품 전체의 의의가 파괴되는 완전성, 유기성이 부족한 것으로도 명백하다. 진정한 예술 작품에서는 시든 연극이든, 그림이든 노래든 교향곡이든 한 시구, 한 장면, 한 인물, 한 박자도 작품 전체의 의미를 파괴하지 않고 그 본래의 자리에서 끌어내어 다른 자리로 옮기는 것은 불가능하다. 그것은 만일 한 기관을 그 고유의 자리에서 뽑아내어 다른 자리로 옮길 경우 유기체의 생명을 파괴하지 않을 수 없는 것과 같다. 그러나 후기 바그너 음악의 경우에는 독립된 음악적 의미를 가지고 있는 그리 중요하지 않은 몇몇의 대목을 제외하면 온갖 종류로 바꾸어 놓을 수도 있다. 즉 앞에 있던 것을 뒤로 보낼 수도 있고 그 반대로도 할 수 있는데, 그렇다고 음악적 의미가 바뀌는 것은 아니다. 바그너 음악의 의의가 이럴 경우, 바뀌지 않는 것은 그 의의가 시에 있지 음악에 있는 것이 아니기 때문이다.

바그너 오페라의 음악 텍스트는, 요즘 흔히 있는 어떤 주제, 어떤 각운, 어떤 운율로도 의미를 가진 '시를 닮은 시'를 쓸 수 있을 만큼 자기 언어를 거칠게 만들어 버린 시인과 흡사하다. 만일 그 시인이 어떤 교향곡이나 베토벤의 소나타, 또는 쇼팽의 발라드를 자기 시로 해석해 보겠다는 생각을 가지고 하나의 특성을 가지는 최초의 박자에 맞추어 본인이 이 최초의 박자에 잘 어울린다고 생각하는 시를 썼다고 치자. 뒤이어 다른 특성을 가지는 다음 박자에 맞추어 또 자기로서는 잘 어울린다고 생각하는, 최초의 시와 아무런 내적 관련도 없고 각운도 운율도 없는 시를 썼다고 치자. 그럴 경우 시 작품은 음악을 빼내 버리고 그 시의 의미만 생각하면 바그너의 오페라를 텍스트 없이 들을 때의 음악의 의의와 완전히 마찬가지가 되어 버릴 것이다.

그러나 바그너는 음악가일 뿐만 아니라 시인이기도 하다. 그러므로 바그너에 대해서 비판하려면 그의 텍스트, 음악이 따르고 있는 바로 그 텍스트도 알아야 한다. 바그너의 주요한 시 작품은 〈니벨룽겐의 반지〉이다. 이 작품은 오늘날 크나큰 의의를 획득하였고 현재 예술로서 제기되고 있는 것에 커다란 영향을 끼치고 있으므로, 이 시대 사람들은 누구나 이 작품에 대한 이해를 가지고 있다. 나는 이 작품이 인쇄된 4권의 책을 주의 깊게 통독하고 거기에서 짧은 발췌를 만들어 그것을 부록에 덧붙여 두겠다. 만일 독자가 텍스트를 읽지 않았다면, 이 놀라운 작품에 대한 이해를 돕기 위하여 무엇보다도 내가 만든 발췌만이라도 읽어보는 것이 좋을 것 같아 이를 읽어보도록 적극 권한다. 이 작품은 참으로 거칠고 심지어 우스꽝스럽기까지 한 모조 시의 본보기이다.

그러나 바그너의 작품에 대해서 그것을 무대 위에서 보지 않고는 비판하지 말라고들 얘기하고 있다. 마침 이번 겨울 모스크바에서 이 극의 제2막이 상연되었는데, 사람들이 그 부분이 전체 가운데서 가장 뛰어난 대목이라고 해서 나도 그 극을 보러 갔다.

내가 갔을 때에는 거대한 극장은 벌써 위에서 아래까지 관람객들로 꽉 차 있었다. 거기에는 대공들과 귀족, 상인, 학자, 중류 관리와 각계각층의 관객들이 자리를 메우고 있었다. 대부분의 사람들은 대본을 들고 작품의 의의를 찾으려 하고 있었다. 음악가들은(그 가운데는 백발의 늙은이도 몇 명인가 섞여 있었다) 악보를 들고 음악을 듣고 있었다. 분명히 이 작품의 상연은 하나의 사건이었다.

나는 조금 늦게 도착했지만, 개막 때의 서곡은 그리 의의가 있는 것이 아니니까 대단찮다는 말을 들었다. 무대에는 바위 동굴을 나타내고 있는 것 같은 무대장치 한가운데에 대장간임을 알려 주는 도구 앞에, 타이츠 위에 털외투를 걸치고 가발을 쓴 데다 가짜 수염을 단 노동 경험이 없는 희고 가냘픈 손의 배우(거침없는 동작, 특히 배 부분의 근육이 빈약한 점으로 미루어 보아 첫눈에 배우임에 분명하다)가 걸터앉아 일찍이 없었을 것 같은 망치로 전혀 없을 것 같이 생긴 칼을 벼리고 있었다. 그 배우는 망치를 이렇게 치는 법도 있는가 싶은 모습인 데다가 이상하게 입을 벌리고 무엇인지 이해할 수 없는 노래를 부르고 있었다. 갖가지 악기의 음악이 그가 내는 이 야릇한 소리에 반주를 하였다.

대본에서 이 배우가 바위 동굴에서 살고 있는 힘이 센 난쟁이이며, 자기가 기른 지그프리트를 위해서 칼을 벼리고 있는 것을 알 수 있었다. 그가 난쟁이라는 것은 이 배우가 걸을 때 언제나 타이츠 신은 다리를 무릎께에서 구부리고 있는 것으로 알 수 있었다. 이 배우는 여전히 이상한 입놀림으로 오랫동안 노래를 불렀다 외쳐댔다 하고 있었다. 음악은 마구잡이로 무엇인가 이상한 소리를 냈다. 그러나 음악은 무엇인가의 시작일 뿐 이어지지 않고 하나로 마무리가 지어지지 않았다.

대본에 따르면 난쟁이는 거인이 소유하고 있는 반지에 대해서 혼잣말을 하고 있는 것으로, 그는 지그프리트를 통해 그것을 얻고자 하고 있었다. 그러기 위해서 지그프리트에게 훌륭한 칼이 필요했다. 그래서 이 난쟁이는 그 칼을 벼리고 있는 것이다.

이런 대사와 노래가 한참 계속된 뒤 오케스트라 가운데서 느닷없이 이 또한 시작뿐이고 끝이 없는 다른 소리가 울리더니, 어깨에 뿔피리를 멘 다른 배우가 곰으로 분장하여 네 발로 뛰어 돌아다니는 사람과 함께 나타났다. 이 배우가 이 곰에게 난쟁이 대장장이를 공격하게 하자 대장장이는 타이츠 신은 다리를 구부리지도 않고 피해 다녔다. 이 다른 배우가 주인공인 지그프리트를 나타내는 셈이었다. 이 배우가 등장함과 동시에 오케스트라에서 울린

소리는 지그프리트의 성격을 표현하고 있는 셈이며, 지그프리트의 라이트모티프(악극이나 표제음악 등에서 곡 중의 주요 인물이나 사물, 특정 감정 등을 상징하는 동기, 즉 주제적 동기를 취하는 악구를 이르는 말)라고 일컬어지는 것이다. 이 소리는 지그프리트를 나타낼 때마다 되풀이된다. 라이트모티프라는 이 같은 일정한 소리의 결합은 인물마다 있다. 따라서 이 라이트모티프는 그것이 나타내는 인물이 나타나기만 하면 반드시 되풀이되고, 심지어는 그 어떤 인물에 대한 이야기가 나오기만 해도 그 인물에게 맞춘 라이트모티프가 들리기까지 한다. 그뿐만 아니라 물체마다 자기의 라이트모티프 또는 협화음을 가지고 있다. 반지의 모티프, 투구의 모티프, 사과의 모티프, 불·창·칼·물 등의 모티프가 있고, 반지·투구·사과의 이야기가 나오기만 하면 이미 반지·투구·사과의 모티프 혹은 협화음이 시작된다.

뿔피리를 멘 배우도 난쟁이 못지않은 부자연스러운 입놀림으로 오랫동안 말을 길게 끌며 외치자, 미메(난쟁이의 이름)도 마찬가지로 그에게 길게 무어라고 대답한다. 대본을 보고서야 비로소 알 수 있는 이 대화의 의미인즉, 지그프리트는 난쟁이 손에 키워졌는데 어째선지 그를 미워하여 줄곧 죽이고 싶어한다. 난쟁이는 지그프리트에게 칼을 만들어 주었지만 지그프리트는 그 칼에 만족하지 않는다. 대본 페이지로 10페이지가량 여전히 야릇하게 입을 벌려가면서 한 반 시간가량 길게 주고받는 대화에서 지그프리트는 어머니가 숲속에서 낳은 아이라는 것은 알 수 있으나 아버지에 대해서는 다만 칼을 가지고 있었다는 것, 그 칼이 부러졌다는 것, 그 조각이 미메에게 있었다는 것, 그리고 지그프리트는 두려움을 모르고 숲을 나가려고 하는데 미메가 그를 놓아주고 싶어하지 않는다는 것이었다. 음악에 맞추어 이 대화가 오가는 동안, 아버지, 칼, 그 밖의 이야기가 나오는 데서는 그 인물과 물체의 모티프가 한군데서도 잊혀지지 않고 흘러나왔다.

이 대화 뒤 무대에 뷔탄의 신이 등장하는 새로운 소리가 울리고 한 나그네가 나타난다. 이 나그네가 뷔탄의 신이다. 마찬가지로 가발을 쓰고 타이츠를 입은 뷔탄 신은 창을 들고 넋 잃은 자세로 서서 미메가 다 알고 있는 사실만을 지껄여대는데, 그것은 관객에게 이야기해 주어야 할 필요에서이다. 그러한 것을 모두 솔직히 이야기하는 것이 아니라 수수께끼 형태로 이야기한다. 더욱이 그것을 그는 자신에게 풀 것을 명령하고 그것을 풀 수 있는가에 목을 건다. 그때 나그네가 창으로 땅을 치면 땅 속에서 불길이 솟아오르고 오케스트라에서는 창과 불길 소리가 들린다. 대화에는 끊임없이 화제에 오른 인물과 물체의 모티프를 인위적으로 짜 넣은 오케스트라 반주가 따른다. 뿐만 아니라 지극히 단순한 방법(음악)으로 여러 감정이 표현된다. 무서운 감정은 베이스 소리, 들뜬 감정은 소프라노의 빠른 템포 등으로.

그 수수께끼는 별다른 의미를 가지고 있지 않다. 그저 니벨룽겐, 거인, 신들의 정체와 이전에 있었던 일을 관객에게 이야기하기 위한 것일 뿐이다. 이 이야기도 역시 이상한 입놀림으로 지루하게 노래한다. 대본으로 8페이지나 되는데, 무대에서도 그만큼 오랫동안 계속된다. 그러고 나서 나그네가 퇴장하면 지그프리트가 다시 등장하여 미메를 상대로 13페이지가량의 대사를 또 지껄여댄다. 음악은 멜로디는 전혀 없고 내내 대화에 나오는 인물과 물체의 라이트모티프가 교차될 뿐이다. 그 대화의 내용은, 지그프리트는 무서움이라는 것이 무엇인지 모르기 때문에 미메는 지그프리트에게 무서움이라는 것을 가르치고 싶어한다는 것이다. 이 대화가 끝나자 지그프리트는 칼의 파편을 나타내는 조각을 쥐고 그것을 톱으로 자른다. 그리고 그 조각들을 풀무를 나타내는 도구 위에 놓고 이은 다음 벼리면서 노래 부른다. '헤아호, 헤하호, 호호, 호호, 호호, 호호, 호호, 호헤호, 하호, 하헤호, 호호'. 이것으로 제1막이 내린다.

일부러 극장까지 온 나에게 문제는 확실히 해결되었다. 흡사 내가 알고 있는 부인이 나에게 읽어 주었던, 흐트러진 머리칼의 흰 옷을 걸친 처녀와 흰 개를 두 마리 데리고, 빌헬름 텔이 썼던 것과 같은 깃이 꽂힌 모자를 쓴 주인공의 장면이 나오는, 앞에서 들었던 중편소설의 가치에 대한 문제와 마찬가지로 아주 분명하게 해결된 것이었다.

지금 여기서 내가 본 것과 같이 미적 감정을 칼로 도려내 버리는 듯한 거짓된 무대를 만들 수 있는 작자에게는 이제 아무것도 기대하지 못한다. 이런 작자는 진정한 예술 작품이라는 것을 모르는 것이 분명하기 때문에, 이런 작자가 쓰는 것은 모두 어리석은 것이라고 과감히 단정해도 될 것이다. 나는 나가고 싶었지만 같이 갔던 벗들이 이 막만으로 단정을 해서는 안 된다고, 제2막은 더 좋을 것이라고 역성을 들면서 붙들었다. 그 바람에 부득이 제2막을 보기 위해서 남았다.

제2막은 밤이었다. 이윽고 시간이 흘러 날이 새고 있었다. 대체로 작품 전체가 새벽녘·안개·달빛·어둠·도깨비불·번개 등으로 가득 차 있었다.

무대는 숲으로 변해 있고 숲 속에 동굴이 있다. 동굴 앞에는 다른 난쟁이로 분장한 제3의 배우가 역시 타이츠 차림으로 앉아 있다. 뷔탄 신이 창을 들고 나그네의 모습으로 또다시 등장한다. 다시 그 뷔탄 신을 알리는 음악과 아주 낮은 베이스 소리. 이 베이스 소리는 용이 말을 하고 있는 것을 나타낸다. 뷔탄은 용을 깨운다. 그 베이스 소리가 더욱더 낮게 울린다. 처음에 용은 나는 잠을 자고 싶다고 말하나, 이윽고 동굴에서 기어 나온다. 용으로 분장하고 있는 것은 비늘 같은 녹색 가죽을 둘러쓴 두 사람으로 한쪽에서는 꼬리를 흔들고 또 한쪽에서는 악어같이 야무지게 붙인 턱을 벌리고 있는데, 거기에서 전등 장치로 불길을 내뿜고 있다. 용이라면 당연히 무서운 존재인 셈인데, 실제로 대여섯 살 난 아이들한테 그렇게 여겨질 만한 용이 으르렁거리면서 베이스 소리로 무슨 말을 하고 있었다. 이것들 모두가 어쩌나 어리석고 신파조 같던지, 어떻게 일곱 살 이상의 사람들이 이런 것을 진지하게 보고 있을 수 있을까 하고 나는 그저 놀랄 뿐이었다. 그런데도 거짓 교육을 받은 몇천의 사람들이 지금 앉아서 주의 깊게 듣고 보면서 감탄하고 있는 것이 아닌가.

뿔피리를 둘러맨 지그프리트와 미메가 등장한다. 오케스트라에서는 그들을 나타내는 소리가 울린다. 그리고 지그프리트와 미메는 지그프리트가 무서움이라는 것을 알고 있는지 어떤지에 대해서 이야기한다. 그것이 끝나자 미메는 퇴장하고, 가장 시적이라 할 장면이 시작된다. 지그프리트 역시 타이츠 입은 아름다운 자세로 누워서 침묵을 지키기도 하고 혼잣말을 하기도 한다. 그는 공상에 잠기며 새의 노랫소리를 듣더니 그것을 흉내내고 싶어한다. 그래서 그는 칼로 갈대를 베어서 갈대피리를 만든다. 차츰 날이 밝아 새들이 노래를 부른다. 지그프리트는 새의 흉내를 낸다. 오케스트라에서는 지그프리트가 흉내내는 새소리가 들리고, 그 소리는 그가 하는 말과 적합한 음악 소리와 섞인다. 그러나 지그프리트는 갈대피리가 잘 불어지지 않자 자기 뿔피리를 분다. 이 장면은 도저히 참을 수 없다. 작자가 경험한 기분을 전달하는 방법으로서 이용되는 예술로서의 음악 따위는 전혀 없다. 음악적 의미에서는 전혀 이해되지 않는 것이 널려 있다. 음악의 의미 속에서는 끊임없이 희망이 느껴지는데 그 뒤를 이어 마치 음악이 시작되었다가는 이내 단절되는 듯한 환멸감이 든다. 서곡 비슷한 무엇인가가 있다고 치더라도 그 시작 부분이 아주 짧고 복잡한 하모니·편곡·대조의 효과가 겹치며 분명하지 않고 마무리도 지어지지 않았다. 그런 데다가 무대 위에서 행해지고 있는 거짓이 아주 욕지기를 치밀게 하여서 더욱이 어떤 감정에 감염된다든가 하는 것은 생각도 못할 노릇이었다. 특히 중요한 것은 작자의 의도가 처음부터 끝까지 어느 음조에서나 들리고 보이는데, 그것은 지그프리트도 아니고 새도 아니었다. 시에 대해서 지극히 그릇된 생각을 품고 있는 데다 그러한 자기의 그릇된 생각을 거칠고 원시적인 방법으로 관객에게 전달하는, 옹졸하고 자만심에 넘친 악취미를 가진 한 독일인일 뿐이라는 생각이었다.

작자의 노골적인 계획이 불러일으켜지는 불신과 반발의 감정은 누구나 알고 있는 바이다. 작자는 미리 웃거나 울거나 할 준비를 하고 있으라고 말하기만 하면 그만이다. 그렇다고 관객이 틀림없이 웃고 울고 하지는 않을 것이다. 그러나 작자가 감동적이기는커녕 우스꽝스럽거나 욕지기를 치밀게 하는 것에 감동을 강요하는 것뿐이라면 또 몰라도, 관객을 완전히 사로잡았다고 확신하고 있는 것을 알 때에는 무겁고 괴로운 감정이 일어날 뿐이다. 흡사 늙고 추한 여자가 무도복으로 여러분의 동정을 얻은 것으로 확신하고, 벙실거리면서 춤을 추며 돌 때에 누구나가 경험하는 것과 같다. 이 인상은 주위의 3천 관객이 이 따위 어떤 것과도 일치되지 않는 난센스를 얌전히 보고 있을 뿐만 아니라 이런 것에 감탄하는 것을 의무로 알고 있기 때문에 한층 더 강화될 것이다.

그러나 아무튼 나는 꾹 참고 다음 장면까지 앉아 있었다. 지그프리트의 모티프가 섞인 베이스 곡에 반주된 괴물의 등장, 괴물과의 싸움, 으르렁거리는 소리, 불길, 칼의 번득임, 그러나 이제 그 이상 더 참지 못해 나는 비위가 뒤틀리는 느낌과 함께 극장에서 도망쳐 나와 버렸다. 그 느낌은 지금도 잊지 못한다.

이 오페라를 보면서 나는 문득 존경할 만하고, 총명하며 글을 아는 시골의 노동자들, 그것도 내가 민중 가운데서 알고 있는 현명하고 진실로 종교적인 사람들 가운데 한 사람을 생각해 보았다. 만일 그에게 오늘 저녁 내가 본 것을 보인다면 얼마나 무서운 의혹에 잠길까 상상해 보았다.

만일 이 상연을 위해 바쳐지고 있는 온갖 노력을 안다면, 그리고 이 관객,

그가 평소 존경해 온 나이도 지긋하고 머리도 벗겨진 데다 턱수염도 하얘진 이 세상의 권위자들이 꼬박 6시간 동안 묵묵히 앉아 이처럼 어리석은 것을 주의깊게 듣고 보는 것을 본다면, 그는 도대체 어떻게 생각할까? 어른 노동자는 고사하고 심지어 아이들까지도 일곱 살만 지나면 이같이 어리석고 앞뒤로 맞지 않는 이야기에 흥미를 느끼리라고는 상상조차 하기 힘들다.

그런데도 수많은 관중, 즉 교양 있는 상류 계급의 관객들은 6시간에 걸친 이 미치광이놀이를 쭈그리고 앉아 구경하고, 이 어리석음에 봉사한 대가로 자신을 진보적인 문화인으로 인정할 만한 새로운 권리를 얻은 것처럼 상상하면서 돌아간다.

나는 지금 모스크바의 관객들에 대해서 말하고 있다. 그런데 모스크바의 관객이란 도대체 누구인가? 바로 자기네를 가장 개화된 인사로 여기고 있는 관객의 100분의 1을 차지하고 있는 사람들, 이런 어리석은 속임수를 분노도 없이 보고 앉아 있을 뿐만 아니라 도취되기까지 할 만큼 예술에 감염되는 능력을 잃어버린 것을 명예로 알고 있는 사람들인 것이다.

이것이 초연되었던 바이로이트 극장에는 세련된 교양을 갖췄다고 자인하는 사람들이 이 상연을 보려고 세계 각지에서 몰려온다. 한 사람 앞에 1천 루블 가까운 입장료를 치르고 날마다 6시간씩 나흘 동안 이 무의미한 속임수를 보고 들으러 다닌다.

그런데 도대체 무엇 때문에 사람들은 예나 지금이나 이런 유희를 보러 다니고, 또 왜 이런 것에 도취되는 것인가? 바그너 작품의 성공은 어떻게 설명해야 할 것인가? 이런 의문이 절로 생긴다.

나는 이 성공을 이렇게 설명한다. 즉 국왕의 재산도 좌우할 수 있을 정도로 예외적인 지위에 있었던 덕택에, 바그너는 거짓 예술을 오랫동안 실습한 후에 모색해낸 모조 예술의 온갖 수단을 지극히 교묘하게 이용하여 전형적인 모방 예술을 만들어 낸 것이다. 내가 이 작품을 여기에 전형으로 든 것은, 내가 알고 있는 모든 예술의 모조품 가운데 이만큼의 수완과 역량으로 모방 예술의 온갖 수법, 즉 차용·수식·효과·흥미를 하나로 모은 것은 하나도 없기 때문이다.

고대에서 따온 주제에서 시작하여 안개와 달이 떠오르고 해가 떠오르는 것에 이르기까지, 바그너는 이 작품 가운데서 시적이라고 여겨지는 것은 모조리 이용한다. 거기에는 잠자는 미녀도 있고 물의 요정도 있고, 지하의 불, 지신(地神), 전투, 칼, 연애, 간음, 괴물, 새들의 노래도 있다. 즉 온갖 시적인 것이 모두 쓰이고 있는 것이다.

게다가 또 모두가 모방이다. 도구도 의상도 모방하고 있다. 모두 고고학의 온갖 자료에 따라서 고대의 것으로 여겨지는 대로 되어 있고 소리까지 모방하고 있다. 바그너는 음악적 재능이 없었던 것은 아니므로 망치질 소리, 빨갛게 단 무쇠가 슛슛거리는 소리, 새의 노래 등을 흉내낸 소리를 모방하여 생각해 낸 것이다.

그뿐만 아니라 이 작품에서는 모든 것이 극히 충격적이고 효과적이다. 그 예사롭지 않음에서도, 괴물에서도, 도깨비불에서도, 물 속의 활극에서도, 관객을 어둠 속에 두는 것에서도, 오케스트라가 보이지 않는 것에서도, 이전에 쓰이지 않았던 새로운 화음의 결합에서도 그러하다.

또한 모든 것이 흥미 위주이다. 그 흥미라는 것은 누가 누구를 죽이고, 누가 누구에게 장가를 들고, 누가 누구의 아들이고, 무엇이 무엇 뒤에 일어나고 하는 것에만 있는 것이 아니다. 텍스트에 대한 음악의 관계, 즉 라인 강에서 물결이 소용돌이치는 것, 그것은 음악에서 어떻게 표현될 것인가? 흉악한 난쟁이가 나타나면 음악은 그 난쟁이를 어떻게 표현할 것인가? 음악은 이 난쟁이의 욕정을 어떻게 나타낼 것인가? 용기·불은 음악에서 어떻게 나타나고 사과는 어떻게 표현될 것인가? 말을 하고 있는 인물의 라이트모티프는 그 말에 나오는 인물과 물체의 라이트모티프에 어떻게 짜 넣을 것인가 하는 것에도 또한 흥미가 있다. 그뿐만 아니라 음악도 흥미 위주로 되어 있다. 이 음악은 이전에 채용되었던 모든 법칙에서 벗어나 있는 데다 거기에는 지극히 기상천외하고 완전히 새로운 조바꿈이 나타나 있다(이런 짓은 내적인 합법성을 가지고 있지 않은 음악에서는 지극히 쉽고 가능한 것이다). 또 새로운 불협화음이 새로운 방식으로 처리되고 있는 것도 흥미를 끈다.

바로 이러한 시적인 것, 아름다움, 충격, 흥미가 이 작품에서 바그너가 가진 재능의 독특함과 그의 유리한 지위 덕택에 최고도의 완성에 도달하여 관객에게 최면술로 작용하고 있다. 그것은 흡사 최대의 웅변술을 써서 이야기된 미치광이의 잠꼬대를 몇 시간이고 계속해서 들은 사람이 최면술에 걸리는 것과 같은 종류의 것이다.

당신은 바이로이트 극장의 어둠 속에서, 즉 음악은 무대 밑에 숨겨져 있어 보이지 않고, 연기는 최고도의 완성에 도달해 있던 때의 바그너의 작품을 본 것이 아니니까 비판할 자격이 없다고 말할 사람이 있을지도 모르겠다. 그렇게 말한다면, 그것은 바로 예술을 문제로 하고 있는 것이 아니라 최면술을 문제로 하고 있다는 것을 증명하는 것이 될 뿐이다. 심령론자들도 똑같은 말을 한다. 그들은 환각을 진실로 믿게 할 셈으로 흔히 이렇게 말한다.

"당신은 비판할 자격이 없다. 한번 시험해 보라. 몇 차례라도 그 자리에 나가 보라. 묵묵히 어둠 속에서 몇 시간이고 내리 반미치광이인 사람들과 함께 앉아 있어 보라. 이런 것을 한 열 번 되풀이해 보라. 그러면 당신도 우리가 보는 것을 보게 될 것이다."

그렇다. 어찌 보이지 않으랴? 그런 상태에 자신을 놓기만 하면 누구나 보고자 하는 것을 보게 된다. 술을 마시든가 아편을 피우든가 하면 더 짧은 시간에 그것이 달성된다. 바그너의 오페라를 보아도 이와 똑같다. 어둠 속에 나흘 동안 환각에 빠진 사람들과 함께 앉아 뇌수의 흥분에 가장 알맞게 만들어졌고, 또 청신경을 통해서 가장 강한 작용을 미치는 그런 소리에 머리를 맡기고 있으면, 확실히 당신도 비정상적인 상태에 빠져 어리석게도 기뻐 어쩔 줄 모르게 될 것이다. 그러나 그것을 위해서라면 나흘까지 필요하지도 않다. 모스크바에서처럼 한 회 공연이 계속되는 데는 하루 다섯 시간으로 충분하다. 충분한 것은 다섯 시간뿐만이 아니다. 예술이 어떠한 것이어야 하는가에 대한 명백한 관념이 없고, 앞으로 자기가 볼 것은 아름다운 것으로, 이 작품에 냉담하거나 만족하지 않거나 하는 것은 자기의 무교육, 후진성을 증명하는 것이 된다는 선입관을 품고 있는 사람들에게는 한 시간만으로도 충분하다.

나는 내가 보러 갔던 공연의 관객들을 관찰했다. 관객 전체를 지도하며 관객 전체에게 거기서 취해야 할 태도를 가르치고 있는 사람들은 벌써 전부터 최면술에 걸려 있다. 그런 데다가 또 다시 알음알이로 최면술에 걸려 있는 사람들은 비정상적인 상태에 빠져서 환희에 잠겨 있었다. 게다가 또 예술 비평가라는 사람들은 모두 예술에 감염되는 능력을 잃은 나머지, 바그너의 오페라와 같은 완전히 이지적인 작품만을 유달리 존중하는 터라, 으레 사고에 풍부한 재료를 주는 작품을 의미심장하게 시인하는 법이다. 그런데 이 두 종류의 사람들의 뒤를, 비틀리고 어느 정도 퇴화한 예술에 감염되는 능력을 가진, 예술에 무관심한 많은 도시 대중이 제후, 부호, 예술 후원자를 필두로 하여 따르고 있었다. 그들은 쓸모없는 사냥개처럼 큰소리로, 그것도 떳떳하게 자기의 의견을 털어놓는 사람들에게 달라붙고 있는 것이다.

"오, 그래, 물론이야, 참으로 훌륭한 시야! 놀라워! 특히 그 새!"

"그래, 그래, 나는 완전히 나가떨어졌다니까."

이러한 사람들은 믿을 만하다고 여겨지는 사람들의 의견을 듣기만 하면 그것을 그대로 되풀이한다.

이 무의미한 짓거리와 속임수를 아주 불쾌하게 여기는 사람들이 있다고 하더라도, 그런 사람들은 마치 주정뱅이들 사이에서 술을 마시지 않은 사람들이 겁을 집어먹고 잠자코 있듯이 잠자고 있다.

이리하여 예술과는 아무런 관계도 없는 무의미하고 조악하며 거짓된 작품이, 모조 예술이라는 뛰어난 수완 덕택에 전세계를 활개치고 돌아다니고, 그 상연에 몇백만이라는 돈을 쓰게 하며, 상류계급 사람들의 취미와 예술에 대한 이해를 더욱더 타락하게 하고 있다.

14. 예술 작품을 어떻게 볼 것인가

현명한 사람들로 인정받는 대다수의 사람들뿐만 아니라 실제로 아주 현명하여 과학·수학·철학에서 지극히 어려운 이론을 이해할 수 있는 사람들도, 아주 단순하고 분명한 진리인데도 이해하지 못하는 경우가 있다. 말하자면 어떤 사항에 대하여 자기네가 대단한 노력을 치른 끝에 얻고, 그로 인해 자랑으로 삼기도 하고, 다른 사람들에게도 가르치며 그것을 근거로 자기 생활을 쌓아올린 판단이 거짓일지 모른다고 인정하는 진리를 받아들인다는 것이 아주 드문 일이라는 것을 나도 알고 있다. 따라서 나는 우리 사회에서 예술과 취미가 뒤틀린 데 대하여 내가 들고 있는 이유가 정당하게 받아들여질 뿐만 아니라 진지하게 논의되리라고 기대하지 않는다. 그러나 역시 예술 문제에 대한 내 연구가 불가피하게 도달한 결과는 끝까지 털어놓는 것이 마땅할 것 같다.

이 연구의 결과로 나는 우리 사회에서의 예술, 또는 훌륭한 예술, 또는 예술 전체로 생각되고 있는 것의 거의 전부가 참다운 예술도, 예술 전체도 아니며, 심지어는 전혀 예술이 아닌 것까지도 있고, 대개는 그 모작이라는 확신에 다다르게 되었다. 이 논지는 굉장히 기묘하고 역설적으로 여겨지리라는 것을 알고 있다. 그러나 만일 우리가 예술이라는 것을 일부 사람들이 자기네 감정을 다른 사람들에게 전달하는 수단으로서의 인간 활동이지, 미에의 봉사 또는 관념의 표명 등이 아니라는 것을 인정한다면, 이 결론을 인정해야 할 필요가 있을 것이다. 예술이라는 것이 어떤 감정을 경험한 사람이 그것을 다른 사람들에게 의식적으로 전달하는 수단으로서의 활동이라면, 우리는 부득이 상류 계급의 예술로 일컬어지고 있는 모든 것, 즉 예술 작품으로 사칭되고 있는 모든 장편소설·중편소설·비극·희극·회화·조각·심포니·오페라·오페레타·발레, 그 밖의 모든 것 가운데 그 작자가 경험한 감정에서 나온 것은 10만에 하나 있을까 말까 하며, 나머지 것은 모두 차용·수식·효과·흥미라는 수단이 감정의 감염을 대신하고 있는 공장제품, 즉 예술의 모조에 불과하다는 것을 인정해야 한다.

이 같은 모조에 비해 진정한 예술 작품의 비율이 10만분의 1, 그 이하라는 것은 다음과 같은 계산으로 증명할 수 있다.

나는 어딘가에서 파리에만 3만 명의 화가가 있다고 읽었다. 아마 영국에도 그만큼 있을 것이고 독일에도 그만큼 있을 것이며, 러시아·이탈리아, 그 밖의 조그만 나라를 합쳐서도 그만큼은 있을 것이다. 그렇다면 전 유럽에는 12만 명의 화가가 있는 셈이 되고, 음악가도 그만큼은 있는 셈이며, 문학자도 그만큼 있는 셈이 된다. 이 30만 명의 사람들이 한 해에 한 사람마다 3편씩의 작품만 만들어 낸다 하더라도(개중에는 10편씩 혹은 그 이상 만들어내는 사람도 적지 않지만) 해마다 100만이라는 예술 작품이 세상에 쏟아져 나오게 된다. 그렇다면 최근 10년 동안에 나온 작품은 도대체 얼마나 되고, 상류 계급의 예술이 민중 예술에서 떨어져 나간 전체 기간을 치면 얼마나 되는 것일까? 틀림없이 몇백만은 될 것이다.

그런데 가장 뛰어난 예술 감상가들 가운데서 과연 이 모든 거짓 예술 작품에서 실제로 감명을 받은 사람이 있을까? 이러한 작품에 대한 개념을 가지고 있지 않는 노동자 대중은 논외로 치더라도, 상류 계급의 사람들도 전체 1천분의 1도 알지 못할 것이며, 또 알았다 해도 기억에 남아 있지는 않을 것이다. 이러한 작품 모두가 예술의 모습을 취하고 있지만 어떤 사람에게도 아무런 인상을 주지 못하고, 그저 이따금 무위도식하는 부유한 사람들에게 오락의 인상을 줄 뿐 자취도 없이 사라지고 만다.

이에 대해서 흔히들 비록 실패했지만 이 같은 막대한 수의 시도가 없었다면 진정한 예술 작품도 없었을 것이라고 말하고 있다. 그러나 이 논법은 마치 빵을 굽는 사람이 그의 빵이 아무 데도 쓸모가 없다고 나무라면, 몇백 개의 망가진 빵이 없다면 잘 구워진 빵은 없을 것이라고 응수하는 것과 같다. 금이 있는 곳에 모래도 많다는 것은 사실이지만, 그것은 무엇인가 현명한 말을 하기 위해서 어리석은 말을 많이 할 필요는 없는 것이다.

우리는 예술적인 것으로 생각되는 작품에 둘러싸여 있다. 몇천 편의 단시, 몇천 편의 서사시, 몇천 편의 소설, 몇천 편의 희곡, 몇천 점의 그림, 몇천 편의 악보가 계속 출판되고 있다. 어느 시나 모두 사랑, 또는 자연이나 작자의 심경이 서술되고 있고, 어느 시에나 모두 각운과 운율이 지켜져 있다. 어느 비극이고 희극이고 모두 훌륭한 무대 장치가 만들어져 있으며 훈련된 배우들이 연기를 하고 있다. 소설은 모두 많은 장(章)으로 나뉘어 있고, 각 장에는 모두 사랑이 그려져 있다. 그리고 효과적인 장면이 있고 자잘한 생활의 충실함이 서술되어 있다.

심포니는 모두 알레그로, 안단테, 스케르초, 피날레를 내용으로 하고, 조바꿈과 협화음으로 이루어져 있으며 숙련된 음악가들이 섬세한 부분까지 연주한다. 그림은 금빛 액자에 끼워져 있고 인물과 정물은 액세서리처럼 도드라지게 그려져 있다.

온갖 종류의 이런 작품 가운데에는 십만에 하나 정도로 다른 작품보다 좀 낫다는 정도가 아니라 다이아몬드와 유리 정도로 완전히 구별되는 것이 있다. 한쪽은 천금을 주고도 사지 못할 만큼 값지며 또 한쪽은 몇 푼의 가치도 없을 뿐만 아니라 취미를 속이고, 또한 비틀기 때문에 부정적인 가치를 지니는 것이다. 그런데도 이 둘은 감정이 일그러지고 쭈그러진 사람에게는 겉으로는 완전히 똑같게 보이는 것이다.

우리 사회에서 예술 작품을 식별하는 일이 어려운 것은 거짓 작품에서 기교를 부린 외적 가치가 참된 작품의 것보다 못하지 않을 뿐만 아니라 곧잘 더 뛰어난 경우가 있어서이다. 자주 모조 쪽이 진짜보다 감동을 주며 모조의 내용 쪽이 흥미도 더 있다. 그렇다면 어떻게 구별하여야 할 것인가? 겉으로는 완전히 진짜를 닮은 작품과 구별되지 않는 그 십만에 하나 있을까 말까 한 이 작품을 어떻게 찾아야 할 것인가?

비틀리지 않은 취미를 가지고 있는 사람, 도시인이 아닌 노동자에게는 이 것은 마치 섬세한 감각을 가지고 있는 짐승이 숲이나 들판에 찍힌 몇천 개의 발자국 가운데서 자기에게 필요한 하나의 발자국을 쉽게 찾아내는 것과 마찬가지로 쉽다. 짐승은 자기에게 필요한 것을 틀림없이 찾아낸다. 마찬가지로 인간도 그 천성적인 자연의 특성이 그의 내부에서 비틀려 있지만 않다면, 몇천의 작품 가운데서라도 예술가가 경험한 감정을 전달시켜 주는, 자기에게 필요한 진정한 예술품을 어김없이 골라낼 것이다. 그러나 교육과 실생활로 망가진 취미를 가지고 있는 사람들에게는 그것이 불가능하다. 예술을 받아들이는 그들의 감정은 이미 오그라들어 있어 예술 작품 평가에서도 논의와 연구라는 안내를 받아야 한다. 그런데 이 논의와 연구라는 것도 결국은 그들을 혼란에 빠뜨리고 말기 때문에 대부분 예술 작품을 지극히 조야한 그 모작과 전혀 구별하지 못하고 있는 것이다.

이러한 사람들은 음악회라든가 극장에 몇 시간이고 죽치고 앉아 새로운 작곡가의 작품을 듣는다든가, 입센·메테를링크·하우프트만의 연극을 본다든가, 바그너의 작품을 듣는다든가, 또는 졸라·위스망스·부르제·키플링의 소설을 독파한다든가, 불가해한 또는 모두 똑같아 차라리 실물을 보는 편이 훨씬 나을 것 같은 그림을 찬찬히 들여다본다든가 하는 것을 의무로 알고 있다. 그런데 중요한 것은 이 모든 것을 예술 작품이라고 생각하여 이러한 모든 것에 감탄하는 것을 의무로 알고 있고, 아울러 참다운 예술 작품에 대해서는 그들 사이에서 예술 작품으로 받아들이지 않고 있다는 이유만으로 관심을 주지 않을 뿐만 아니라 오히려 얕보고 묵살하고 있다는 점이다.

얼마 전에 나는 침울한 기분으로 산책에서 돌아온 적이 있다. 집으로 돌아오면서 나는 많은 농사꾼의 아낙네들이 빙 둘러서서 신나게 춤을 추면서 부르는 노랫소리를 들었다. 아낙네들은 시집 간 딸이 친정에 다니러 온 것을 환영하며 축하하고 있는 것이었다. 외마디 소리를 지르고 낫을 내두르면서 부르는 이 노랫소리에는 기쁨과 원기와 정력의 감정이 어찌나 뚜렷하게 잘 나타나 있던지, 나 자신도 어느 틈에 그만 이 감정에 휩쓸려 힘차게 집으로 발걸음을 옮겼다. 그리고 집에 돌아왔을 때에는 완전히 쾌활하고 명랑한 기분이 되어 있었다. 나는 이 노랫소리를 듣고 있던 가족들도 모두 똑같은 흥분 상태에 있음을 나중에 확인할 수 있었다.

바로 이날 저녁, 마침 뛰어난 음악가가 집에 와 있었는데, 그는 고전적인 작품, 특히 베토벤 작품의 전문 연주가로 알려진 사람이어서 베토벤 101번 소나타를 연주해 주었다. 여기서 베토벤의 이 소나타에 대한 나의 판단을 나의 이해 부족 탓으로 돌릴지도 모르는 사람들을 위해서 한마디 해 두어야겠다. 나도 음악에 대한 감수성은 상당히 강한 편이어서 이 소나타와 후기 베토벤의 다른 작품 가운데서 다른 사람들이 알고 있는 것만큼은 알고 있었다. 그래서 오랫동안 나는 베토벤 후기 작품의 내용인 이 무형식의 즉흥곡을 오랫동안 좋아하고 있었다. 그러나 일단 예술 문제를 진지하게 생각하게 되면서 베토벤의 후기 작품에서 받은 인상은, 유쾌하고 밝고 힘찬 음악의 인상, 이를테면 바흐(그 아리아) · 하이든 · 모차르트 · 쇼팽의 멜로디(그 멜로디가 복잡함과 수식으로 차 있지 않은 경우)와 같은 베토벤이라도 초기의 작품, 또 이탈리아 · 노르웨이 · 러시아 민요와 헝가리의 차르다시(csárdás) 춤 등에서 받은 인상과 비교하고 나자, 후기 베토벤의 작품에서 받은 감동 같은, 내가 인위적으로 불러일으킨 원인불명의 거의 병적인 감동은 당장 사라져 버렸다.

연주가 끝나자 그 자리에 있었던 사람들은 예상대로 분명 모두 지루해하고 있었다. 그런데도 열심히 베토벤의 심오한 작품을 칭찬하고, 지금까지 이 후기의 작품은 모르고 있었는데 이것이야말로 가장 훌륭한 것이라고 말하는 것을 잊지 않았다. 그래서 나는 농사꾼 아낙네들의 노래가 나에게 준 인상, 즉 그 노래를 들은 모든 사람들이 경험한 느낌과 이 소나타를 비교해서 내 의견을 말했다. 그러자 베토벤 애호가들은 내가 말한 이런 기괴한 잠꼬대에는 대답할 필요도 없다는 듯이 다만 씩 웃을 뿐이었다.

그러나 농사꾼 아낙네들의 노래는 일정하고 힘찬 감정을 전달한 참다운 예술이었고 베토벤의 소나타 101번은 아무런 일정한 감정도 없고, 어떤 느낌도 감염시키지 않은 성공하지 못한 예술의 시도에 불과했던 것이다.

나는 예술론에 대한 일을 위해서 이번 겨울 많은 노력을 기울여 전 유럽에서 유명하고 평판 좋은 장편소설과 중편소설(졸라 · 부르제 · 위스망스 · 키플링)을 읽었다. 마침 이 무렵 가난한 가정에서 과부가 부활절을 위해서 준비하는 것을 쓴 무명 작가의 단편이 어린이 잡지에 실린 것이 우연히 내 눈에 띄었다. 그 단편은 이런 것이었다.

어머니가 애써 흰 밀가루를 얻어 와 반죽을 하려고 식탁 위에 펴놓고, 아이들에게 집을 비우지 말고 밀가루를 지키고 있으라고 일러 놓은 뒤 이스트를 가지러 갔다. 어머니가 나가자 이웃 아이들이 떠들썩하게 창문 밑으로 달려와 한길에서 같이 놀자고 부른다. 아이들은 어머니가 일러 놓은 말을 잊고 한길로 뛰어나가 정신없이 논다. 이윽고 어머니가 이스트를 가지고 돌아와 보니 오두막 안 식탁에서는 암탉이 병아리들을 위해 마지막 밀가루를 바닥에 흩뜨려 놓는 참이었으며, 병아리들은 그것을 바닥 먼지 속에서 쪼아 먹고 있었다.

어머니는 어찌할 바를 모르고 아이들을 나무란다. 아이들은 울부짖는다. 그러나 이제 흰 밀가루는 없다. 그래서 어쩔 수 없이 어머니는 체로 걸러두었던 검은 밀가루에 달걀 흰자위를 섞어 부활절 과자를 구울 마음을 먹는다.

"검은 빵은 흰 빵의 할아버지야."

어머니는 아이들에게 그런 속담을 들려주며 부활절 과자가 흰 밀가루로 만들어지지 않게 된 것을 달랜다. 그러자 아이들은 갑자기 절망에서 벗어나 기뻐 어쩔 줄 모르고, 장난기를 머금은 다양한 목소리로 속담을 되풀이하면서 한결 더 명랑하게 부활절 과자가 구워지기를 기다린다.

어떤가? 나는 제재상으로는 근사했던 졸라·부르제·위스망스·키플링, 그 밖의 사람들의 장편소설과 중편소설을 보고 조금도 감동하지 못했다. 오히려 내내 작자에 대해 화가 났다. 그것은 사람을 아주 순박하게 보고, 이쪽의 마음을 사로잡으려는 그 기만이라는 수단마저 숨기려고 하지 않는 인간에 대한 분노 같은 것이었다. 첫 행에서부터 쓰고 있는 의도가 뻔히 들여다보여 소설의 온갖 세세함이 필요하지 않게 되고 지루해진다. 특히 중요한 것은 그 작자에게 중편소설이라든가 장편소설을 쓰고 싶다는 욕구 외에 다른 어떠한 예술적 인상도 얻지 못했다는 점이다. 그런데 그런 내가 한 무명의 작자가 쓴 아이와 병아리 이야기에 끌려들지 않을 수 없었던 것은, 분명 작자 자신이 생활하고 경험하여 전달한 감정에 단번에 감염되었기 때문이다.

러시아에 바스네초프라는 화가가 있다. 키예프 성당의 성상을 그린 화가이며 새로운 고급 그리스도교 예술의 창시자로 모든 사람들의 칭송을 받고 있는 사람이다. 그는 몇십 년 동안 그 성상을 그렸고, 몇만의 보수를 받았다. 그런데 그 성상이라는 것은 모두 우연한 모방에 모방을 거듭한 것으로 거기에는 감정의 불꽃 같은 것이라고는 하나도 없다. 바로 그러한 바스네초프가 투르게네프의 단편 〈메추라기〉(아버지가 어린애 앞에서 메추라기를 죽이고 그것을 가여워하는 이야기)의 삽화를 그렸는데, 거기에는 윗입술을 쑥 내민 채 자고 있는 아이와 그 위에 아이의 꿈속에서 보고 있는 메추라기가 그려져 있었다. 이 그림은 진정한 예술 작품이다.

영국의 《아카데미 화집》에 나란히 실려 있는 두 점의 그림이 있다. 한 점은 J.C. 도르맨이 그린 〈성 안토니우스의 유혹〉이다. 성자는 무릎을 꿇고 앉아 기도를 드리고 있다. 그 뒤에는 알몸의 한 여자와 어떤 짐승이 몇 마리 서 있다. 이 예술가에게는 벌거벗은 여자만이 마음에 들 뿐 성 안토니우스는 문제가 되지 않는데, 유혹도 그 예술가에게는 무섭지 않을 뿐만 아니라 오히려 극히 유쾌한 것임이 분명했다. 따라서 이 그림에는 예술이 있다 치더라도 아주 추하고 거짓된 것이다. 같은 화집에 나란히 실려 있는 랭글리의 조그만 그림에는 한 주부가 떠돌이 거지 소년을 가여워하여 집 안으로 불러들인 것 같은 광경이 그려져 있다. 소년은 가엾게도 맨발인 두 발을 걸상 밑으로 구부려 넣은 채 음식을 먹고 있고, 주부는 음식이 더 필요하지나 않을까 생각하면서 찬찬히 바라보고 있다. 이 집의 일곱 살쯤 난 여자애도 한쪽 손을 짚고 이 굶주린 소년에게서 눈을 떼지 않은 채 찬찬히 진지하게 바라보고 있다. 분명히 가난이란 무엇이며 불평등이란 무엇인가 하는 것을 난생 처음 알았고, 왜 자기에게는 다 있는데 이 소년은 신을 것도 먹을 것도 없는 것일까 하는 문제를 비로소 느끼고 있는 것처럼 보인다. 여자애는 불쌍하게 여겨지기도 하고 흐뭇한 느낌이 들기도 한다. 소년도 좋고 착한 일도 좋다……. 예술가가 이 여자애와 가난한 소년이 좋아하는 것을 기뻐하는 듯이 느껴지기도 한다. 그리 알려지지도 않은 화가일 듯한 이 사람의 그림은 훌륭하고 진정한 예술 작품이다.

나는 롯시의 〈햄릿〉 상연을 본 적이 있다. 이 비극의 주역을 맡았던 배우는 비평가들에게서 연극 예술의 극치로 평가되고 있다. 그런데 나는 연극의 내용에서도 연출에서도 내내 예술 작품의 거짓된 모작이 주는 그 독특한 고통을 경험하였다.

또 최근에 워글족(族)이라는 미개 민족의 연극에 관한 기사를 읽은 적이 있다. 관람객 가운데 한 사람이 쓴 것이다.

한 명의 큰 위글인과 또 한 명의 작은 위글인 두 사람이 사슴의 모피를
둘러쓰는데, 한 사람은 암사슴, 또 한 사람은 새끼사슴으로 분장한다. 세
번째 위글인은 활을 든 사냥꾼으로 분장하고, 네 번째 위글인은 목소리로
사슴에게 위험을 알리는 새를 흉내낸다. 연극은 사냥꾼이 사슴과 새끼사
슴을 뒤쫓는 내용이다. 사슴들은 무대에서 뛰어나갔다가 다시 뛰어들어온
다. 그 연기가 조그만 유목민의 천막 안에서 행해진다. 사냥꾼은 사냥감에
게로 차츰 가까워진다. 새끼사슴은 지쳐 어미 곁으로 달라붙는다. 어미사
슴도 숨을 돌리려고 발을 멈춘다. 사냥꾼은 마침내 이 사슴들을 따라붙어
화살로 겨냥을 한다. 이때 새가 지저귀며 위험을 알린다. 놀란 사슴들은
뛰어달아난다. 다시 추적, 그리고 다시 사냥꾼은 접근하고 따라붙어 화살
을 날린다. 화살이 날아가 새끼사슴에 명중한다. 새끼사슴은 뛰지 못하고
어미에게 달라붙고 어미는 상처를 핥아 준다. 사냥꾼은 다시 다른 화살을
당긴다. 그 자리에 있었던 사람이 쓴 바에 따르면, 구경꾼들은 숨을 죽이
고 관중 속에서는 무거운 한숨, 심지어는 울음소리까지 들렸다고 한다.

나는 이 글만으로도 이것이 진정한 예술 작품이라고 느꼈다.
내가 지금 말하고 있는 것은 그저 미치광이 역설로 받아들여질 것이다. 그
렇더라도 나는 내가 생각하고 있는 것을 말하지 않을 수 없다. 즉 우리 가운
데는 시·중편소설·장편소설·오페라·심포니·소나타를 쓰고 온갖 종류의 그림
을 그리고 조각을 만드는 사람들이 있는가 하면, 그것을 보고 듣는 사람들이
있고, 또 이러한 것을 평가하고 비평하고 논의하고 비난하고 축복하고 서로
기념비를 세우는 사람들이 있다. 그런데 이 사람들은 모두 지극히 적은 예외
를 제외하고는 예술가고 관중이고 비평가고 간에 아주 초기의 소년 시절과
예술에 관해서 아직 아무런 논의도 듣지 않았을 청년 시절 외에는 아무리 단
순한 사람이라도, 심지어는 갓난아기도 알 수 있는 당연한 마음, 즉 다른 사
람의 감정에 감염되는 감정, 즉 남의 기쁨을 기뻐하고 남의 슬픔을 슬퍼하며
다른 사람과 마음으로 맺어지게 하는 감정, 또한 예술의 본질을 이루고 있는
감정을 한 번도 경험한 적이 없다.
따라서 이 사람들은 진정한 예술과 그 모조를 구별하지 못할 뿐만 아니라
언제나 지극히 졸렬한 모조를 참다운 예술로 오인하고, 심지어는 참다운 예

술을 알아보지 못하기까지 한다.

그 이유는 모작이 으레 더 장식적인 데 반하여 진정한 예술은 수수하기 일쑤이기 때문이다.

15. 예술의 감염성

우리 사회에서는 오히려 나쁜 예술이 좋은 것으로 여겨지게 되었을 뿐만 아니라 예술이란 무엇인가 하는 것에 대한 개념마저 눈에 띄지 않을 정도로 일그러져 있다. 그래서 우리 사회의 예술에 대하여 말하려면, 무엇보다도 참다운 예술과 거짓 예술을 구별해야 할 필요가 있다.

참다운 예술을 거짓된 것과 구별하는 표지로 의심할 나위 없는 것이 하나 있다. 바로 예술의 감염성이다. 만일 어떤 사람이 자기편에서는 아무런 활동도 하지 않고 자기 처지를 조금도 바꾸지 않은 채 다른 사람의 작품을 읽고 듣고 보고 나서, 그 작자, 그리고 자기와 마찬가지로 예술 작품을 경험한 다른 사람들과 감정의 교류를 경험한다면, 그러한 심경을 불러일으킨 것은 예술품이다. 대상이 아무리 시적이고 진짜를 닮고 효과적이거나 흥미롭다고 하더라도, 그것이 다른 사람이 경험하지 못한 독특한 기쁨의 감정을 작자와 그의 예술 작품을 받아들이는 다른 사람들(청중 또는 관객)에게 정신적으로 합치되도록 불러일으키지 않는다면 그것은 예술품이 아니다.

이 특징은 '내적인 것'인데도, 참다운 예술이 주는 작용을 잊고 예술에서 무엇인가 완전히 다른 것을 기대하고 있는 사람들(그러한 사람들이 우리 사회에는 엄청나게 많이 있다)이, 예술을 모방한 것을 대할 때 경험하는 오락과 어떤 흥분의 감정을 미적 감정이라고 생각하는 것이 사실이다. 그리고 또 비록 색맹에게 녹색은 빨강이 아니라고 고쳐 생각하게 할 수 없듯이 이 사람들에게 고쳐 생각하게 한다는 것은 어려운 노릇이다. 그러나 이 특징은 예술에 관해서 비뚤어지지 않고 시들지 않은 감정을 가진 사람들에게는 확고부동한 것으로 예술이 환기하는 감정을 다른 감정과 명백하게 구별해 주는 것도 사실이다.

이 감정의 주요 특성은, 예술을 받아들이는 사람이 완전히 예술가와 합치되어 버려, 자기가 받아들이고 있는 것은 누군가 다른 사람에게서가 아니라 자기 자신이 만든 것 같은 느낌이 들고, 그것이 나타내고 있는 모든 것이 마치 자기도 이미 오래전부터 나타내고자 하였던 것 같은 느낌이 드는 데에 있다. 참다운 예술 작품은 그것을 받아들이는 사람의 의식 속에서 자기와 예술 사이의, 그리고 자기와 같은 예술 작품을 받아들이는 모든 사람들 사이의 구별까지도 없애버린다. 이 같은 자타의 구별로부터의 해방, 자기 고독으로부터의 해방, 즉 다른 사람들과의 합치에 예술의 주된 매력과 특성이 있는 것이다.

어떤 사람이 이 감정을 경험하여 작자와 동일한 심경에 감염되고, 다른 사람들과 자기와의 합치를 느낀다면, 이 상태를 불러일으키는 것은 예술이다. 즉 이러한 감염이 없고 작자나 작품을 받아들이는 사람들과의 합치가 없으면 예술도 없는 것이다. 그러나 감염성은 의심할 나위 없는 예술의 표지일 뿐만 아니라 감염성의 정도가 예술의 가치에 대한 유일한 척도이기도 하다.

감염이 강하면 강할수록 그 예술의 내용은 차치하고라도, 즉 그것이 전달하는 감정의 가치 여하와는 관계 없이 그만큼 뛰어난 예술이다.

예술이 감염력을 가지게 되는 정도에 따라 작품은 다음 세 조건의 결과를 보여준다. 첫째 전달되는 감정의 독창성이 큰지 작은지의 결과, 둘째 이 감정을 전달하는 명확함이 큰지 작은지의 결과, 셋째 예술가의 성실성, 즉 예술이 전달한 감정을 경험하는 힘이 큰지 작은지의 결과이다.

전달되는 감정이 특별한 것일수록 그것은 받아들이는 사람에게 한층 강하게 작용한다. 받아들이는 사람은 자기가 예술에 몰입하는 심정이 독특할수록 깊은 즐거움을 경험하며, 따라서 더 기꺼이, 그리고 더 강하게 그 심정과 합치된다.

감정 표현의 명확함도 감염성을 돕는다. 이는 자기의 의식 속에서 작자와 합치될 경우, 받아들이는 사람은 자기가 이미 오래전부터 알고 있고 또한 경험하고 있으며, 지금에야 그 표현을 찾아낸 것 같은 느낌이 드는 감정이 분명하게 표현되어 있을수록 더욱 더 만족하게 되기 때문이다.

예술의 감염성 정도는 무엇보다도 예술가의 성실성에 따라 커진다. 관객·청중·독자는 예술가가 자기 작품에 감염되어 자기를 위해서 쓰고 노래를 부르고 연주를 하는 것이지 다른 사람들에게 영향을 주기 위해서만은 아니라는 것을 느낄 때, 비로소 그 감정에 전염된다. 또 반대로 관객·독자·청중이 작자가 자기만족을 위해서가 아니라 받아들이는 사람을 위해서 쓰고 노래를 부르고 연주를 하고 있으며, 작자가 나타내고자 하는 것이 자신이 느끼고 있는 것이 아니라고 느낄 때, 반감이 일어나 아무리 특수한 새로운 감정도, 교묘한 기술도, 아무런 인상도 주지 않을 뿐만 아니라 오히려 반발만 사고 만다.

나는 지금 예술 감염성의 세 조건에 대하여 말했는데, 그 가운데 중요한 조건은 마지막 하나뿐이다. 즉 예술가는 자기 감정을 표현하고 싶다는 내적 요구를 경험하여야 한다는 것이다. 이 조건은 첫 번째 조건도 포함하고 있다. 예술가가 성실하다면 그는 자기가 받아들였던 것처럼 감정을 표현하기 때문이다. 그러나 사람은 각양각색이기 때문에 감정도 사람마다 다를 것이며, 또 그 감정을 예술가가 깊이 다듬으면 다듬을수록, 즉 그 감정이 마음속으로부터 진실하면 할수록 더욱더 달라질 것이다. 이 성실성이 예술가가 전달하고자 하는 감정의 명확한 표현을 찾아내게 하는 것이다.

그래서 이 세 번째 조건인 성실성은 셋 가운데서 가장 중요한 것이다. 이 조건은 민중 예술에는 언제나 갖추어져 있고 그 결과 그처럼 강하게 효과를 발휘하고 있다. 반면에 예술가들이 줄곧 자기네의 개인적 타산, 또는 허영에 찬 목적으로 만들어 내는 상류 계급의 예술에는 성실성이 거의 없다.

이런 것이 예술과 모방한 작품을 구별하는 동시에, 그 내용과는 관계 없이 온갖 예술 작품의 가치를 정할 때에 있어야 하는 세 가지 조건이다.

이 조건 가운데 하나만 빠져도 그 작품은 예술에 속하지 않고 모조품에 속하게 된다. 만일 작품이 예술가가 느낀 감정의 개인적인 특성을 전달하지 않고 독자적인 것이 아니라면, 그리고 이해할 수 없게 표현되어 있다면, 또는 작자의 내적인 요구에서 나오지 않았다면 그것은 예술 작품이 아니다. 또 비록 지극히 적더라도 이 세 조건이 모두 갖추어져 있다면 그 작품은 힘은 약할지라도 예술 작품이다.

이 세 조건, 바로 특성·명확함·성실성을 갖추고 있는가 하는 것이 그 내용과는 상관 없이 예술로서의 가치를 정한다. 모든 예술 작품은 이러한 조건 가운데 어떤 하나가 갖추어져 있는 정도에 따라서 그 가치가 정해진다. 전달되는 감정의 특성이 뛰어난 것도 있고 표현의 명확함이 뛰어난 것도 있으며, 성실성이 뛰어난 것이 있는가 하면 성실성과 특성은 뛰어나지만 명확하지 못한 것도 있고, 특성과 명확성은 뛰어난 데 성실하지 못한 것도 있다. 그 정도와 배합은 천차만별이다.

이처럼 예술과 비예술은 구별되고, 그 내용과는 아랑곳없이, 즉 그것이 좋은 감정을 전달하는가 나쁜 감정을 전달하는가에 상관없이 예술로서의 가치가 정해진다.

그럼 내용에 따른 좋은 예술과 나쁜 예술은 무엇으로 정해지는가?

16. 제9교향곡도 예술인가

내용에 따른 좋은 예술과 나쁜 예술은 무엇으로 정해지는가?

예술은 내용을 통한 하나의 교류 수단이며 진보, 즉 완성을 향한 인류 전진의 수단이기도 하다. 언어는 현재 생활하고 있는 세대의 사람들에게 경험과 사색을 통해 이전 세대와 동시대의 선구적인 사람들이 알아낸 것을 모두 알게 한다. 또 예술은 현재 생활하고 있는 최근 세대의 사람들에게 그 이전 사람들이 경험했고 오늘날 선구적인 사람들이 경험하고 있는 감정까지 모두 경험할 수 있게 한다. 지식이 진화되고 있듯이, 다시 말해 더 진실하고 필요한 지식이 그릇되고 불필요한 지식을 몰아내고 대치하고 있는 것과 마찬가지로, 예술에 의한 감정의 진화도 더 선량하고 행복을 위해 필요한 감정이 저속하고 불량하여 사람들의 행복에 불필요한 감정을 몰아내고 있다. 여기에 예술의 사명이 있다. 따라서 내용상으로 예술이 이 사명을 수행하면 할수록 좋은 것이 되고 수행하지 않으면 않을수록 나빠지게 된다.

감정의 평가, 즉 어떤 감정이 얼마만큼 선량한가, 다시 말하자면 사람들의 행복에 그 감정이 필요한가를 인정하는 것은 그 시대의 종교적 자각으로 결정된다.

역사상 어느 시대에나 그 시대와 인간 사회에는 그 사회 사람들이 가까스로 도달한 인생의 의의에 대한 최고의 깨달음이 있다. 그래서 그것이 그 사회가 지향하는 최고의 선을 규정하고 있다. 이 깨달음이 어떤 시대, 어떤 사회의 종교적 자각이다. 이 종교적 자각은 언제나 사회 일부의 선구적인 사람들이 명확히 표현하기 마련이다. 그리고 또 어느 정도의 차이는 있지만 모든 사람들이 생생하게 느낄 수 있다. 그 표현에 맞는 종교적 자각은 늘 각각의 사회에 있다. 만일 사회에 종교적 자각이 존재하지 않는 것 같은 느낌이 든다면, 그 같은 느낌이 드는 것은 실제로 없어서가 아니라 우리가 그것을 보지 않아서이다. 그런데 우리가 자주 그것을 보지 않게 되는 것은 그것과 일치하지 않는 우리의 생활을 그것이 들추어내기 때문이다.

한 사회의 종교적 자각은 흐르는 시대의 방향과 같다. 만일 시내가 흐르고 있다면, 그것이 흐르고 있는 방향이라는 것이 있기 마련이다. 마찬가지로 사회가 움직이고 있다면 그 사회의 모든 사람들이 의식적이든 무의식적이든 지향하는 방향을 가리켜 주는 종교적 자각이라는 것이 있다.

따라서 종교적 자각은 어느 사회에나 있었고 지금도 있다. 그리고 예술로 전달되는 감정은 언제나 이 종교적 자각에 비추어 평가되어 왔다. 오직 그 시대의 이 종교적 자각을 기초로 예술의 다양한 분야 가운데 실생활 속에서 느끼는 감정을 전달하는 것이 특히 주목을 끌었던 것이다. 그리고 그러한 예술은 언제나 높이 평가되었고 장려되었다. 그러나 같은 종교적 자각이라도 이전 시대의 예에서 흘러나오는 감정을 전달하는, 즉 시대에 뒤떨어지고 이미 경험된 예술은 언제나 비난을 받았고 경멸을 당했다. 사람들이 서로의 교류 수단으로 쓰는, 극히 다양한 감정을 전달하는 그 밖의 모든 예술은 그것이 종교적 자각에 반한 감정을 전달하지 않는 한 비난받지 않았고 수용되었다.

이를테면 그리스인들 사이에서는 아름다움·힘·용기의 감정을 전달하는 예술(헤시오도스·호메로스·피디아스)이 칭송받고 장려되었으며, 야비한 육욕·우울·나약함의 감정을 전달한 예술은 비난받고 경멸당했다. 헤브라이인들의 경우에는 그들의 신과 신의 유훈(遺訓)에 귀의하고 복종하는 감정을 전달한 예술(《창세기》의 일부, 예언서들, 〈시편〉)이 장려되었으며, 우상 숭배의 감정을 전달한 예술(황금 송아지)은 비난을 받고 경멸을 당했다. 그 밖의 모든 예술(이야기·노래·춤·건물의 장식·가구·의상)도 그것이 종교적 자각에 반하는 것이 아닌 한 주목을 끈다든지 논란이 되는 일은 없었다. 이처럼 예술이 언제 어디서나 그 내용에 따라서 마땅히 받아야 할 평가를 받은 것은 예술에 대한 태도가 인간 본성의 특질에서 흘러나오고, 그 특질이 바뀌지 않기 때문이다.

오늘날 널리 퍼져 있는 견해에 따르면 종교라는 것은 인류가 경험한 미신이다. 따라서 오늘날에는 예술을 평가하는 모든 사람들에게 공통된 그 어떤 종교적 자각이 없다고 전제되고 있다는 것을 알고 있다. 또 그것이 오늘날 자칭 교양 있는 그룹에 널리 퍼져 있는 의견이라는 것도 알고 있다. 진정한 의미의 그리스도교를 인정하지 않고, 온갖 종류의 철학 이론과 미학 이론을 생각해 내어 자기네 생활의 무의미함과 비도덕성을 은폐하고 있는 사람들은 이렇게밖에 생각하지 못한다. 이 사람들은 고의로, 때로는 종교 의식이라는 관념과 종교적 자각의 관념을 혼동하고 의식을 부정해서 그것으로 종교적 자각을 부정하였다고 생각한다. 그러나 종교에 대한 이러한 공격과 오늘날의 종교적 자각에 반하는 세계관을 수립하려는 시도는, 모두 그것과 합치되지 않는 사람들의 생활을 들추어내는 이 종교적 자각이 존재하고 있다는 것을 무엇보다도 분명하게 증명하고 있다.

만일 인류 속에서 진보, 즉 전진이 행해진다면 마땅히 이 움직임의 방향을 가리키는 것이 있어야 할 것이다. 종교가 언제나 그러한 것을 가리키는 구실을 해 왔다. 인류의 진보가 바로 종교의 인도를 받아 움직여 왔음은 역사가 증명하고 있다. 만일 인류의 진보가 종교의 지도 없이는 행해질 수 없다면 (그런데 진보는 언제나 행해졌고 오늘날에도 행해지고 있다), 마땅히 오늘날도 종교라는 것이 있어야 할 것이다. 그러므로 오늘날 교양 있는 사람의 마음에 들든 들지 않든 그들도 종교(가톨릭이라든가 프로테스탄트와 같은 의식적 종교가 아니라 오늘날에도 필요불가결한 진보적 지도자로서의 종교적 자각)의 존재를 인정해야 할 것이다. 만일 우리들 사이에 종교적 자각이 있다면 이 종교적 자각에 입각하여 우리의 예술도 평가되어야 할 것이다. 언제 어디서나 그렇듯이 오늘날의 종교적 자각에서 흘러나오는 감정을 전달하는 예술을 가려내어 이를 높이 평가하고 장려해야 할 것이다. 반면 이 자각에 반한 예술은 비난받고 멸시되어야 하며, 그 밖의 어정쩡한 예술은 인정되거나 장려되는 일이 없어야 한다.

실제로 가장 널리 응용되는 오늘날의 종교적 자각은 우리의 행복이 물질적인 것이든, 정신적인 것이든, 또는 개별적인 것, 일반적인 것, 일시적인 것, 영구적인 것이든 간에 모든 사람들의 우애있는 생활, 우리들 상호간의 사랑에 의한 결합에 있다는 깨달음이다. 이 깨달음은 그리스도를 비롯하여 고대의 모든 뛰어난 사람들이 나타내고 있고 오늘날 뛰어난 사람들도 지극히 다양한 형태로 다양한 측면에서 되풀이하고 있을 뿐만 아니라, 한편으로는 사람들의 결합을 방해하는 육체적 도덕적 장애를 타파하고, 또 한편으로는 사람들을 전세계적인 형제 관계 속에 결합시킬 수 있고, 또 모든 사람들에게 공통된 원리를 세운다는 인류의 활동 원칙이 되기도 한다. 우리는 바로 이 자각에 입각하여 우리 생활의 모든 현상과 그 사이 우리의 예술을 평가해야 하며, 예술의 분야 가운데서 이 종교적 자각에서 흘러나오는 감정을 전달하는 것을 골라내어 높이 평가하고 장려하며, 이 자각에 반하는 것을 부정하고 그 밖의 예술에는 특별한 의의를 부여하지 않아야 한다.

이른바 문예부흥기의 상류 계급 사람들이 저지른 주요 잘못(그것은 우리가 지금도 계속하고 있는 잘못이다)은 그들이 종교적 예술을 존중하고 그것에 의의를 부여하는 것을 멈춘 데에 있는 것이 아니라(당시의 사람들은 그러한 종교적 예술에 의의를 부여하지도 못했다. 오늘날의 상류 계급 사람들과 마찬가지로 그들도 자기네에게 종교라고 속여 제시된 것을 믿을 수 없었기 때문이다), 이 존재하지 않는 종교적 예술의 자리에 사람들의 쾌락만을 목적으로 하는 쓸데없는 예술을 끌어다놓은 것, 즉 어떠한 경우에도 그러한 존중과 평가를 받을 만한 것이 못 되는 것을 종교적 예술로 발탁하여 존중하고 장려했다는 데에 있다.

한 성직자가 사람들의 불행은 그들이 신을 모르고 있기 때문이 아니라, 신의 자리에 신이 아닌 것을 놓은 데 있다고 말한 적이 있다. 예술의 경우도 마찬가지다. 오늘날 상류 계급 사람들의 불행은 아직 그들이 종교적 예술이 없다는 데에 있는 것이 아니라, 그들이 특히 중요하고 가치 있는 것으로서 다른 모든 예술 가운데서 발탁한 최고의 종교적 예술의 자리에, 일부 사람들의 쾌락을 목적으로, 이미 오늘날의 종교적 자각을 이루고 있는 전세계적 결합이라는 그리스도교적 원리에 반하는 지극히 쓸모없고 유해한 예술을 가져다 놓았다는 데에 있다. 종교적 예술의 자리를 공허하고 때로는 음탕한 예술이 차지함으로써 생활을 개선하기 위하여 생활 속에 있어야 할 진정한 종교적 예술에 대한 요구가 사람들에게 가려져 있는 것이다.

오늘날 종교적 자각에 대한 요구를 만족시키고 있는 예술은 이전의 예술과는 전혀 닮지 않았다는 것은 사실이다. 그러나 비슷하지 않음에도 오늘날의 종교적 예술의 내용은 의도적으로 진리를 가리려고 들지 않는 사람에게는 지극히 분명하고 확연하다. 전시대에는 최고의 종교적 자각이 비록 대단히 큰 것이기는 할지라도 한 사람들의 사회, 즉 헤브라이인, 아테네와 로마 시민만을 결합시키고 있었을 뿐이므로, 당시의 예술로 전달되는 감정은 그 사회의 위력·위대함·명예·번영의 요구에서 흘러나왔다. 그리고 예술의 주인공이 될 수 있었던 것도 체력·간사한 꾀·음모·잔인함으로 그 번영에 이바지하는 사람들이었다(오디세우스, 야곱, 다윗, 삼손, 헤라클레스와 모든 영웅들). 오늘날 종교적 자각은 어떠한 '하나의' 특수한 사회 사람들만 위하는 것이 아니다. 반대로 모든, 예외 없는 모든 사람들의 결합을 요구하며, 많은 미덕 가운데서 사람들의 우애있는 사랑을 가장 높이 평가하고 있으므로, 오늘날의 예술에서 전달되는 감정과는 일치되지 못할 뿐만 아니라 마땅히 대립된다.

그리스도교적인, 진실로 그리스도교적인 예술이 오랫동안 확립되지 못했고 지금까지도 확립되지 못한 것은, 그리스도교적인 종교적 자각은 인류가 나아가는 조그만 발걸음 가운데 하나가 아니라 사람들의 인생관과 그 생활의 내적 기구 전부를, 지금까지 바꾸어 놓지 않았다고 하더라도 앞으로 반드시 바꾸고 말 커다란 혁명이었기 때문이다. 인류의 생활이 개인의 생활과 마찬가지로 고르게 나아간다는 것은 사실이지만, 그 고른 움직임 가운데는 이전의 생활과 이후의 생활을 날카롭게 구분하는 전환점 같은 것이 있다. 인류에게는 그 같은 전환점이 그리스도교였고 최소한 그리스도교적인 자각으로 살고 있는 우리들에게는 그리스도교가 전환점이었다고 여겨야 할 것이다. 그리스도교적 자각은 사람들의 감정에 색다른 새로운 방향을 제시해 주었고, 예술의 내용과 의의도 완전히 바꾸어 놓았다. 그리스인들은 페르시아인들의 예술을, 로마인들은 그리스인들의 예술을 이용할 수 있었고, 헤브라이인들도 이집트인들의 예술에 대해 마찬가지였는데, 그것은 기본적인 이상이 같았기 때문이다. 그 이상은 페르시아인들의 위대함과 행복이기도 하고, 그리스인들과 로마인들의 위대함과 행복이기도 했다. 즉 동일한 예술이 다른 여러 조건으로 옮겨져 새로운 여러 민족에게 도움이 되었던 것이다. 그러나 그리스도교적인 이상은 마치 복음서에 '사람들 앞에서는 위대하였으나, 신 앞에서는 보잘것없는 것이 되었다' 하고 이야기되고 있는 것처럼, 모든 것을 바꾸어 놓고 뒤집어 버렸다.

새로 나타난 이상은 이집트 국왕과 로마 황제의 위대함도 아니고 그리스의 아름다움이나 페니키아의 부(富)도 아닌, 겸손·정절·동정·사랑이었다. 주인공이 된 것도 부자가 아닌 가난한 나사로였고, 한창 예뻤을 때가 아니라 자기 죄를 뉘우쳤을 때의 막달라 마리아였다. 부를 얻은 사람이 아니라 그것을 나누어 준 사람, 궁궐이 아닌 동굴과 오두막에서 사는 사람, 다른 사람들을 다스리는 사람들이 아니라 신 이외의 어느 누구의 권력도 인정하지 않는 사람들이 주인공이었다. 또 최고의 예술 작품이 된 것도 승리자들의 입상으로 꾸며진 승리의 전당(1812년의 대 나폴레옹 전쟁에서 프랑스 군의 패배를 기념하기 위하여 모스크바에 세워진 '우리의 구세주의 전당'을 가리킴)이 아니라 박해를 당하고 죽음을 당해도 그 박해자를 가여워하고 사랑할 만큼 사랑으로 갱생한 인간 정신의 표현이었다.

따라서 그리스도교 세계의 사람들로서도 자기네가 한평생 습관이 되어 온 이교적 예술의 타성에서 벗어나기는 어려운 노릇이었다. 그리스도교적 종교 예술의 내용이 하도 참신한 데다 이전의 예술 내용을 닮지 않았기 때문에, 그들에게는 그리스도교적 예술이 여태까지 예술과는 아주 거리가 멀었기 때문에 예술이 아닌 것처럼 생각되었다. 그래서 그들은 무작정 낡은 예술을 붙들고 늘어지고 있는 것이다. 그러나 역시 이 낡은 예술은 오늘날에는 이미 그 종교적 자각에 기초하지 않았기에 그 모든 의의를 잃어버렸다. 그러므로 우리는 본의든 본의가 아니든 그것을 거부하여야 한다.

그리스도교적 자각의 본질은 복음서에서도(《요한복음》 제17장 제27절) 이야기되고 있는 것처럼, 개개의 사람이 자기를 신의 아들로 인정하고 그 인식에서 흘러나오는 사람들과 신, 그리고 사람들 상호간의 결합을 인정하는 데에 있다. 따라서 그리스도교적 예술의 내용, 그것은 신과 사람들, 그리고 사람들 간의 상호결합을 돕는 감정인 것이다.

'사람들과 신, 그리고 사람들 상호간의 결합'이라는 표현은 극히 자주 악용되어 귀에 못이 배기도록 들은 사람들은 불명확한 것으로 여길지도 모르지만, 이 말은 아주 분명한 의미를 가지고 있다. 이 말의 의미는 그리스도교적 결합은 오직 일부 사람들만의 부분적이고 배타적인 결합과는 반대로 모든 사람들을 예외 없이 결합하게 한다는 것이다.

예술은 그 자체에 사람들을 결합시키는 특성을 가지고 있다. 어떤 예술이나 예술가에게서 전달된 감정을 받아들이는 사람들은 첫째로는 예술가와, 둘째로는 같은 인상을 받은 모든 사람들을 감정적으로 결합한다. 그러나 비그리스도교적인 예술은 일부의 사람들은 서로 결합시키지만, 이 결합으로 오히려 그들을 다른 사람들과 갈라놓기 때문에, 이 부분적인 결합은 자주 분열의 원인이 될 뿐만 아니라 다른 사람들을 향한 적의의 원인이 되기도 한다. 국가·서사시·기념비를 포함한 모든 애국주의적인 예술이 그렇고, 어떤 종교의식의 예술, 그 화상(畵像)·조상·행렬, 그 밖의 지방적 의식과 전당을 포함한 모든 교회 예술, 전쟁의 예술, 세련되고 특히 음탕하여 다른 사람들을 억압하는 예술로 부유한 사람들에게만 허용되는 모든 예술이 그렇다. 그러한 예술은 시대에 뒤떨어진 일부 사람들을 결합시키기는 하지만, 결국 그들을 다른 사람들에게서 더 확실하게 떼어놓고, 심지어는 다른 사람들과 적대적인 관계에 서게까지 하므로 전혀 그리스도교적이지 않은 예술이다. 그리스도교적인 예술은 신과 이웃에 대해 모두 평등하다는 의식을 깨우치거나 지극히 단순한 것일지라도 그리스도교에 반하지 않으면서 모든 사람들에게 똑같은 감정을 사람들의 내부에 불러일으켜서 모든 이들을 결합시키는 것에 한한다.

오늘날의 뛰어난 그리스도교적 예술은 형식상의 결함이라든가 무관심 때문에 사람들에게 이해되지 않고 있을지 모르지만, 모든 사람들이 그 작품이 전달하는 감정을 경험할 수 있도록 하는 것이어야 한다. 그리스도교적 예술은 어느 한 집단, 한 계급, 한 나라, 한 종교적 의식의 예술이어서는 안 될 것이다. 다시 말해 어떤 종류의 교육을 받은 사람이라든가 귀족, 상인, 러시아인, 일본인, 가톨릭교도라든가 불교도 등에만 받아들여지는 감정을 전달하는 것이 아니라 모든 사람에게 받아들여지는 감정을 전달하는 것이어야 한다. 오직 그 예술만이 오늘날 뛰어난 예술로 인정받고 그 밖의 다른 예술 작품 가운데 특별히 선정되어 장려될 가치가 있다.

그리스도교적 예술, 즉 오늘날의 예술은 이 말의 직선적인 의미에서 볼 때, 전세계적이어야 하며 모든 사람들을 결합시키는 것이어야 한다. 모든 사람들을 연결시키는 것은 딱 두 가지 감정, 즉 사람들은 신의 아들이고 서로 형제간이라는 의식에서 흘러나오는 감정과 기쁨·감격·원기·차분함 등등과 같이 지극히 단순하고 인상적이지만, 모든 사람들이 예외 없이 받아들이는 감정밖에 없다. 오직 이 두 가지 감정만이 내용상으로 뛰어난 오늘날 예술의 대상이 되는 것이다.

그런데 서로 다르게 보이는 이 두 종류의 예술에서 일어나는 작용은 완전히 똑같다. 즉 사람들은 신의 아들이며 서로 형제간이라는 의식에서 흘러나오는 감정, 이를테면 진리에 대한 확신, 신의 의지에의 귀의, 헌신, 인간에 대한 존경과 사랑처럼 그리스도교적인 종교적 자각에서 흘러나오는 감정이나, 노래, 누구에게나 이해되는 재미있는 농담, 감동적인 이야기, 그림, 인형 등에서 받는 감동적이거나 명랑한 기분과 같이 지극히 단순한 감정은 사람들을 서로 결합시키는 똑같은 작용을 일으키는 것이다. 한자리에 있는 사람들은 그 기분과 감정이 서로 다르기 일쑤이지만, 원수가 아닌 한 이야기나 옷, 그림, 심지어 건축, 그 가운데서도 특히 음악이 가장 자주 번개처럼 한순간에 사람들을 결합시킨다. 그러면 이러한 사람들은 모두 그때까지의 분열된 모습이나 심지어는 적의까지 나타내던 모습에서 벗어나 서로간의 연합과 사랑을 느낀다. 사람은 누구나 다른 사람이 자기와 똑같은 기분을 경험하는 것을 기뻐하며, 자기와 한 자리에 있는 사람들 사이뿐만 아니라 똑같은 인상을 받는 모든 사람들 사이에 있는 그 교류를 기뻐한다. 그뿐만 아니라 똑같은 감정을 경험한 과거 모든 사람들과, 그 감정을 경험할 미래의 사람들과의 교류라는 불가사의한 기쁨도 느낄 수 있다. 바로 예술이 신과 이웃에 대한 사랑을 전달하는 것과 마찬가지로 모든 사람들에게 공통되는 지극히 단순한 감정을 전달하는 일상적인 작용 또한 일으키는 것이다.

오늘날의 예술과 전 시대의 예술에 대한 평가의 차이는 주로 다음과 같은 데에 있다. 오늘날의 예술, 즉 그리스도교적 예술은 사람들의 결합을 요구하는 종교적 자각 위에 서 있기 때문에, 배타적인 사람들을 결합이 아니라 분열시키는 감정을 전달하는 것은 모두 내용상 뛰어난 예술의 영역에서 제외되어 나쁜 예술 부류에 넣어 버린다. 반대로 이전에는 존중할 만한 것으로 인정받지 못했으며, 비록 의의가 없고 단순한 감정일지라도 모든 사람들에게 받아들여지고 그들을 결합시키는 감정을 전달하는 종류의 예술은 내용상 뛰어난 예술 영역에 포함시킨다.

그러한 예술은 오늘날 뛰어난 예술로 인정받지 않을 수 없다. 왜냐하면 오늘날 그리스도교적인 종교의 자각으로 인류에게 제시된 목적에 도달하고 있기 때문이다.

그리스도교적인 예술은 사람들 내부에 신과 이웃에 대한 사랑을 통하여 그들을 더욱더 결합하게 하고, 그들에게 그러한 결합에 대한 준비와 능력을 주는 감정을 불러일으키거나, 그렇지 않으면 일상적인 희노애락을 같이 함으로써 그들이 이미 결합되어 있다는 감정을 불러일으킨다. 따라서 오늘날 그리스도교적인 예술은 두 가지가 있는 셈이다. 첫째, 세계에서 인간의 신과 이웃에 대한 위치에 대한 종교적 자각에서 흘러나오는 감정을 전달하는 예술, 즉 종교적 예술과 둘째, 지극히 단순하고 일상적인 감정이지만 세계의 모든 사람들에게 받아들여지는 감정을 전달하는 예술, 바로 일상적인 세계적 예술, 이 두 가지 예술만이 오늘날 뛰어난 예술이 될 수 있다.

첫째 종류의 종교적인 예술은 적극적인 감정(신과 이웃에 대한 사랑)을 전달하는 것이나 소극적인 감정(사랑의 파괴에 대한 분노와 공포)을 나타내는 것으로, 주로 문학에, 부분적으로는 회화와 조각 속에 나타나 있고, 둘째 종류의 모든 사람들에게 받아들여지는 감정을 전달하는 세계적 예술은 문학·회화·조각·무용·건축 그리고 주로 음악에서 나타난다.

만일 나더러 새로운 예술 가운데서 이 두 예술의 본보기를 각각 가리켜 보라고 한다면, 신과 이웃에 대한 사랑에서 흘러나오는 높은 종교적 또는 적극적인 예술의 본보기로서도, 또 소극적인 예술의 본보기로서도, 문학에서는 실러의 《군도(群盜)》, 위고의 《가난한 사람들》과 《레 미제라블》, 디킨스의 《두 도시 이야기》, 《종소리》 등과 거의 모든 단편소설, 중편소설, 장편소설, 《엉클 톰스 캐빈》, 도스또예프스키, 특히 그의 《죽음의 집의 기록》, 조지 엘리엇의 《아덤 비드》를 들 것이다.

근대 회화에는 신과 이웃에 대한 사랑이라는 그리스도교적인 감정을 직접 전달하고 있는 이런 종류의 작품이, 이렇게 말하면 이상하게 여겨지겠지만 거의 없다. 특히 유명한 화가 가운데는 없다. 복음서에서 제재를 따온 그림은 있다. 그런 그림은 많다. 그러나 그것은 모두 역사적인 사건을 지극히 풍부하고 세밀한 묘사로 나타내고 있을 뿐이지 작자에게 어떤 감정도 없고 종교적 감정을 전달하지도 않고 또 전달하지도 못한다. 또 다양한 인물들의 개인적 감정을 그린 그림도 많이 있다. 그러나 헌신, 즉 그리스도교적인 사랑의 공적을 전달하는 그림은 아주 적으며, 그것도 주로 무명화가 가운데, 완성된 그림이 아니라 대부분은 소묘에 있다.

크람스코이의 소묘에 그런 것이 있다. 발코니가 달린 객실과 그 옆을 개선하는 군대가 의기양양하게 지나가는 것을 그린 것이다. 이 그림 하나만으로도 그의 다른 많은 그림에 맞먹는 가치가 있다. 발코니에는 갓난아기를 안은 유모와 사내아이가 서 있다. 모두들 군대의 행진을 보고 기뻐하고 있다. 그러나 어머니는 얼굴을 손수건으로 가리고 흐느끼면서 소파 등에 기대고 있다. 앞에서 말했던 랭글리의 그림도 그렇고, 세찬 폭풍 속에서 구명정이 난파선을 구조하려고 서두르고 있는 것을 그린 프랑스 화가 모를롱의 그림도 그렇다. 그 밖에 이런 종류에 가까운 그림으로 일하는 노동자를 그린 것이 있다. 이를테면 밀레의 그림, 특히 〈괭이를 들고 있는 사람〉의 소묘가 그렇고, 쥘 브르통, 레르미트, 데프레거 등의 그림도 이 부류에 속한다.

신과 이웃에 대한 사랑의 파괴에 대한 분노와 공포를 불러일으키는 작품으로 회화 분야의 모범이 되는 것으로는 S.N. 게이의 〈심판〉, 리첸 마이에르의 〈사형 선고의 서명〉이라는 그림이 있다. 이런 종류의 그림은 아주 적다. 기교와 미에 대해 마음을 쓴 나머지 대부분 감정을 어둡게 하고 있기 때문이다. 이를테면 제롬의 〈엄지손가락을 뒤집어라〉라는 그림만 하더라도 사태에 대한 공포감이라기보다는 오히려 관중의 미에 대한 도취감을 나타내고 있다.

상류 계급의 새로운 예술에서 둘째 부류, 즉 선량하고 전세계적이거나 최소한 민중에게 일상적인 예술의 예를 들기란 더 어려우며 특히 문학과 음악에서는 더욱 어렵다. 설령 《돈 키호테》와 몰리에르의 희극이라든가 디킨스의 《데이비드 코퍼필드》와 《피크윅 페이퍼스》, 고골리, 푸슈킨의 여러 단편이나 모파상의 몇몇 작품, 나아가서는 뒤마의 장편소설같이 내용으로 미루어 보아 이 종류에 넣을 수 있을 작품이 있기야 하지만, 이러한 것들은 전달되는 감정의 배타성에서나 시대와 장소의 특수한 세부 묘사가 지나치게 많고, 특히 내용의 빈약함, 이를테면 '미남 요셉의 이야기'와 같은 고대의 보편적인 예술의 전형과 비교하면 대부분 자기 민족에게밖에 받아들여지지 않는 것이다. 아버지가 요셉을 귀여워하기 때문에 형제들이 질투하여 요셉을 장사치들에게 팔아넘기고, 보디베라의 아내가 이 젊은이를 유혹하고 싶어하고, 요셉이 높은 지위에 올라 형제들, 특히 사랑하는 벤야민을 가여워하는 등 여러 가지 일이 있는데, 이러한 것은 모두 러시아의 농부에게도, 중국인에게도, 아프리카인에게도, 아이에게도, 늙은이에게도, 교양이 있는 사람이나 없는 사람에게도 받아들여지는 감정이다. 그리고 이러한 것이 모두 아주 절제 있고 지나친 세부 묘사 없이 씌어 있어, 이 이야기는 다른 어떤 환경에 옮겨 놓아도 모든 사람들에게 마찬가지로 이해되며 감동을 줄 수 있다.

그러나 《돈 키호테》라든가 몰리에르 작품의 주인공의 감정은(그래도 몰리에르는 거의 새로운 예술의 가장 보편적인 예술가이므로 훌륭한 예술가이다) 그렇지가 않다. 피크윅과 그 벗들의 감정은 더욱이 그렇지 않다. 이 감정은 아주 배타적이고 보편적인 모든 인간에게 공통된 것이 아니어서, 그것을 공감하는 것으로 만들려고 작가들은 시대와 장소의 세부 묘사를 잔뜩 써서 꾸며 댔다. 그러나 이 같은 디테일의 풍부함은, 이 이야기를 작자가 서술하고 있는 환경 밖에서 살고 있는 사람들에게는 오히려 난해한 것이 되었다.

요셉의 이야기만 하더라도 오늘날의 작가였다면 요셉의 피투성이 옷, 야곱의 주거와 옷, 보티발의 아내의 자태와 의상, 그녀가 왼팔의 팔찌를 바로잡으면서 "이리 들어와요" 하고 말한 것 등을 자세하게 썼을 테지만 그럴 필요가 없었던 것이다. 그것은 이 이야기의 감정이 아주 강력하여, 이를테면 요셉이 울기 위해서 다른 방으로 나갔다든가 하는 지극히 필요한 것을 제외하고 모든 세부 묘사는 쓸데없는 것으로, 다만 감정 전달을 방해할 뿐이기 때문이다. 따라서 이 이야기는 모든 사람들에게 받아들여지고 있고, 모든 국민·계급·나이의 사람들을 감동시키면서 오늘날에 이르고 있다. 또 몇천 년 후까지 이어질 것이다. 그러나 오늘날의 뛰어난 장편소설에서 디테일을 제거한다면 도대체 무엇이 남을까?

그러므로 새로운 문학예술에서는 모든 보편적인 것의 요구를 완전히 충족시켜 주는 작품을 들 수는 없다. 그나마 있는 것도 이른바 리얼리즘이라는 것 때문에 대부분 망가져 있는데, 그런 것은 예술의 촌스러움이라고 일컫는 편이 더 알맞을 것이다.

음악에서도 문학예술에서와 똑같은 현상이 똑같은 원인으로 일어나고 있다. 내용, 즉 감정이 빈약한 나머지 새로운 음악가들의 멜로디는 놀랄 만큼 내용이 없다. 그래서 이 내용 없는 멜로디에서 일어나는 인상을 강하게 할 양으로 새로운 음악가들은 하나하나의 쓸데없는 멜로디에 자기 민족 특유의 가락에 있는 복잡한 조바꿈뿐만 아니라 특정 그룹, 어떤 음악상의 한 파(派)가 지향하는 특유한 조바꿈까지 무질서하게 쌓아올리고 있다. 멜로디는 (어떤 멜로디나) 자유로워 모든 사람들에게 이해될 수 있다. 그러나 어떤 하모니와 맺어지게 되면, 멜로디는 그 하모니와 혈연관계에 있는 사람밖에 받아들이지 않게 되고, 다른 민족에게뿐만 아니라 특정 하모니의 형식에 길들지 않은 사람들에게도 완전히 연관이 없는 것이 된다. 그래서 음악도 시와 마찬가지로 거짓된 순환 속에서 맴돌고 있는 것이다. 쓸데없이 배타적인 멜로디가 더 매력적인 것으로 만들기 위하여 하모니·리듬·오케스트라의 복잡한 형식을 쌓아올리면서 한결 더 배타적인 것이 되고 있다. 그리고 세계적인 것이 아닐 뿐만 아니라 심지어 민중적인 것이 아니기까지 한 것, 민중 전체가 아닌 일부 사람들에게밖에 받아들여지지 않는 것으로 만들어지고 있다.

음악에서는 세계적인 예술의 요구에 접근하고 있는 여러 작곡가들의 행진곡, 무도곡 외에는 러시아에서 중국에 이르는 다양한 민족의 민요밖에 듣지 못한다. 본격적인 음악 가운데는 아주 소수의 작품, 즉 바흐의 유명한 바이올린을 위한 아리아, 쇼팽의 야상곡, 어쩌면 하이든·모차르트·슈베르트·베토벤·쇼팽의 작품 가운데서 골라낸 한 열 작품쯤, 그것도 전곡이 아니라 몇 부분쯤 들 수 있을는지도 모른다. 나는 지금 내가 뛰어난 것으로 치고 있는 예술의 예를 제시하고 있으나 내 선택에 무게를 주고 싶지는 않다. 그것은 나 자신이 모든 종류의 예술에 통달하고 있는 바도 아닌 데다 거짓 교육으로 일그러진 취미를 가진 사람들의 계급에 나 역시 속하고 있기 때문이다. 따라서 옛날에 몸에 밴 버릇 때문에 내가 젊었을 적에 듣고 감동되었던 작품이 나에게 준 인상을 절대적인 가치로 받아들이는 잘못을 저지르고 있는지도 모른다. 그러나 여기에 각종 예술 작품의 예를 든 것은 다만 나의 생각을 되도록 명백하게 하기 위해서, 즉 내가 현재 어떤 견해를 가지고 내용상 예술의 가치를 어떻게 이해하고 있는지를 보이기 위함일 뿐이다. 아울러 여기에 한마디 더 말해 두어야 할 것은 나는 내가 쓴 예술 작품을 나쁜 예술의 영역에 넣고 있다는 것이며, 다만 첫째 종류에 속하기를 바라는 〈신은 진리를 보고 있다〉라는 단편과 둘째 종류에 속하고 있는 〈카프카스의 포로〉 정도는 예외일 것이다.

회화에서도 시와 음악에서와 같은 현상이 되풀이되고 있다. 즉 구상이 약한 작품을 더 흥미로운 것으로 만들기 위해서, 이 작품에 세계적이고 공간적인 흥미를 주며, 자세한 점까지 연구에 연구를 거듭한 시간과 공간의 부속물을 배치하여 오히려 덜 일반적인 것으로 만드는 일이 되풀이되고 있다. 하지만 그래도 회화에서는 다른 종류의 예술보다는 더 세계 그리스도교적 예술의 요구를 만족시키고 있는 작품, 즉 모든 사람들에게 받아들여지는 감정을 나타내는 작품을 들 수 있다. 회화와 조각에서 내용상으로 본 그 같은 세계적인 예술 작품으로는 이른바 풍속화와 소상, 동물의 묘사, 풍경화, 그리고 모든 사람들에게 받아들여지는 내용의 풍자화와 온갖 종류의 장식이 있다. 회화와 조각(도자기·인형)에는 그런 작품이 대단히 많다. 그러나 그 작품의 대부분은 온갖 장식류처럼 예술로 취급되지 않거나 예술품으로는 낮은 것으로 취급되고 있다. 실제로 만일 그러한 것들이 예술가의 진정한(그것이 아무리 우리에게 쓸데없게 여겨지더라도) 감정을 전달하고 있고 모든 사람들에게 이해되고 있기만 하다면, 그 작품은 모두 참다운 그리스도교적 예술 작품인 것이다.

이렇게 말하면 미의 개념이 예술의 대상을 이루는 것을 부정하고 있으면서, 훌륭한 예술품으로서 장식류를 인정하는 것은 모순이 아니냐고 비난을 받을지도 모른다. 그 비난은 옳지 않다. 왜냐하면 온갖 종류의 장식 예술의 내용을 이루는 것은 미가 아니라 예술가가 경험한 감정이나 인상을 보는 사람에게 감염시키는 선이나 빛깔의 배합에 대한 황홀, 기쁨의 감정이기 때문이다. 예술은 예나 지금이나 어떤 한 사람, 즉 감염시키는 사람이 경험한 감정을 다른 한 사람 또는 여러 사람들에게 전하는 것일 뿐이다. 이 감정 속에는 눈으로 보아 기분좋은 것을 애호하는 감정도 들어 있다. 그러나 눈으로 보아 기분좋은 대상에는 소수의 사람들을 즐겁게 하는 것도 있고, 다수의 사람들을 즐겁게 하는 것도 있으며 모든 사람들을 즐겁게 하는 것도 있다.

장식은 주로 후자에 속한다. 아주 예외적인 마음의 풍경화, 아주 특수한 풍경화는 누구나 마음에 들 수는 없지만, 장식은 야쿠트인에서 그리스인에 이르기까지 누구에게나 받아들여지고 한결같은 기쁨의 감정을 불러일으킨다. 따라서 그리스도교 사회에서 경시당하고 있는 이러한 종류의 예술은 마땅히 배타적이고 부자연스러운 회화와 조각보다는 훨씬 높이 평가되어야 할 것이다.

뛰어난 그리스도교적 예술에는 이상의 두 종류밖에 없다. 이 두 종류에 들어가지 않은 다른 것은 모두 나쁜 예술로 생각해야 한다. 그것은 장려되어서는 안 될 뿐만 아니라 사람들을 결합시키지 않고 분열시키는 예술로서 마땅히 몰아내야 하고, 부정되어야 하며, 또 경멸당해야 한다. 예를 들면 문학에서는 무위도식하는 부유한 계급에만 맞아들어가는 고유한 감정, 즉 귀족적인 명예·풍족·우수·비관 등의 감정, 성애에서 흘러나오는 세련되고 퇴폐적인 감정 등으로 다수의 사람들에게는 전혀 이해되지 않는 감정을 전달하는 연극·소설·시가 그러한 것이다.

회화에서도 마찬가지로 그 같은 나쁜 예술 작품으로 인정되어야 할 것이 있다. 거짓된 종교적·애국적·배타적 그림, 부유하고 나태한 생활의 즐거움과 매력을 그리고 있는 그림, 상징적 그림, 일부 사람들에게밖에 받아들여지지 않는 이른바 상징적인 모든 그림, 그리고 특히 음탕한 주제의 그림, 모든 전시회와 화랑을 가득 메우고 있는 여자의 추악한 나체화가 바로 그런 것이다. 또 이 종류에 속한 것으로는 오늘날의 모든 실내악과 오페라 음악, 특히 베토벤에서 시작하여 슈만, 베를리오즈, 리스트, 바그너 등 그 내용상 배타적이고 인위적이고 복잡한 음악으로 병적인 신경의 흥분을 자극하여 자기 자신의 내부에 인위적으로 길들인 사람들에게밖에 받아들여지지 않는 감정을 표현하는 음악이 있다.

'뭐라고? 제9 교향곡이 나쁜 종류의 예술에 속한다고?' 하는 분개해하는 목소리를 나는 듣는다.

'조금도 의심할 것이 없다'고 나는 대답하겠다. 내가 여기까지 써 온 것은 모두 예술 작품의 가치를 판단할 수 있을 명백하고 합리적인 기준을 찾아내기 위해서였다. 그런데 그 기준이 단순하고 건전한 사상과 일치되면서부터 그것은 나에게 베토벤의 이 교향곡은 뛰어난 예술 작품이 아니라는 것을 확실히 보여 주고 있다. 물론 어떤 작품과 그 작자를 숭배하도록 교육을 받은 사람들에게는, 그리고 그 숭배 교육의 결과 편벽된 취미를 가지게 되어 그처럼 유명한 작품을 나쁜 것으로 인정하는 것은 놀랍기도 하고 기묘하기도 할 것이다. 그러나 이성의 지시와 상식은 어떻게 할 수 없지 않는가?

베토벤의 제9 교향곡은 위대한 예술 작품으로 꼽히고 있다. 이 사실을 관찰하기 위해서 나는 먼저 이런 물음을 제기한다. 이 작품은 과연 높은 종교적 감정을 전달하고 있는가? 나는 부정적이다. 왜냐하면 이 음악은 그러한 종교적 감정을 전달하지 못하기 때문이다. 다음에 나는 이렇게 물어본다. 이 작품이 종교 예술의 최고 부류에 속하지 않는다고 하더라도 오늘날 뛰어난 예술의 다른 특성, 모든 사람들을 하나의 감정 속에 결합시킨다는 특성이 있지 않은가? 즉 그것은 그리스도교적이고 일상적이고 세계적인 예술에 속하고 있지 않은가? 나는 또 부정적으로 대답하지 않을 수 없다. 왜냐하면 나는 이 작품에서 전달되는 감정은 이 복잡한 최면술에 걸리도록 특별히 교육받지 않은 사람들을 결합시킬 수 있다고 보지 않을 뿐만 아니라, 정상적인 일반 대중이 이 길고 착잡하고 인위적인 작품 가운데서 이해되지 않는 바다 속에 가라앉은 짤막한 단편 외에 무엇인가를 이해할 수 있을 것으로 도저히 상상되지 않기 때문이다. 따라서 본의든 본의 아니든 이 작품은 나쁜 예술에 속한다고 결론짓지 않으면 안 된다. 아울러 주목해야 할 것은 이 교향곡의 끝에 실러의 시가 덧붙여져 있는데, 그것은 비록 불명확할지언정 감정이(실러가 말하고 있는 것은 기쁨의 감정에 대해서뿐이지만) 사람들을 결합시키고 그들 내부에 사랑을 불러일으킨다는 사상을 나타내고 있다. 이 시가 교향곡의 끝에서 노래로 불려지고 있음에도 음악은 시의 사상에 대답하지 않고 있다. 왜냐하면 이 음악이 배타적인 데다가 사람들을 결합시키지 않고 일부 사람들만을 결합시킴으로써 그들을 다른 사람들에게서 분리시켜 놓고 있기 때문이다.

현대 사회의 상류 계급 사이에서 걸작으로 꼽히고 있는 대다수 예술 작품도 이처럼 평가되어야 한다.

마찬가지로 유명한 《신곡》과 《예루살렘의 해방》도 셰익스피어와 괴테 작품의 대부분도, 또 회화에서 온갖 기적의 묘사와 라파엘로의 〈그리스도 변용〉 등도 이 유일하고 확고한 기준에 비추어 평가되어야 한다. 예술 작품으로 사칭되고 있는 것이 어떤 것이고, 그것이 사람들에게서 아무리 칭찬을 받고 있을지라도 그 진가를 알려면 무엇보다도 그 작품이 참다운 예술에 속하는가 아니면 모조에 속하는가 하는 의문을 가져 보아야 한다. 그리하여 비록 일부 사람들에게 감염성이 있다는 것으로 어떤 것이 예술의 영역에 속하고 있음을 알게 되면, 이번에는 일반적인 수용성이라는 것에 입각하여 그 다음 문제, 그 작품이 종교적 자각에 반하는 배타적 예술에 속하고 있는지, 또는 사람들을 결합시키는 그리스도교적인 예술에 속하고 있는지를 결정해야 한다. 그것이 참다운 그리스도교적인 예술에 속한다고 인정됐으면, 그 다음에는 그 작품이 신과 이웃에 대한 사랑에서 흘러나오는 감정을 전달하고 있는가, 또는 그저 사람들을 결합하는 단순한 감정만 전달하고 있는가를 근거로 첫째 종류, 또는 둘째 종류, 다시 말해 종교 예술 또는 일상적인 세계 예술에 속하는지 판단하게 된다.

이와 같은 검토를 근거로 우리는 사회에서 예술로 사칭되고 있는 모든 유해하고 무익한 예술과 그 모조를 가려내어 진실되고 중요하고 필요한 정신의 양식을 이루는 것만 골라낼 수 있게 된다. 또 그러한 검토를 근거로 해야만 유해한 예술의 파멸적인 결과에서 벗어나 진정하고 훌륭한 예술의 사명, 바로 개인과 인류의 정신생활에 없어서는 안 될 유익한 감화를 누리게 될 것이다.

17. 퇴폐한 예술

예술은 인류를 진보하게 하는 두 기관 중 하나이다. 인간은 언어를 통하여 사상을 교류하고 예술의 형상을 통해 현재뿐만 아니라 과거·미래의 감정을 모든 사람과 교류할 수 있다. 이 두 가지 교류 기관을 가지는 것은 인류에게만 있는 고유한 것이며, 그 가운데 한쪽이라도 고장이 나면, 그 고장이 일어난 분야에서는 해로운 결과가 나타난다. 그리고 이 결과는 당연히 이중으로 나타난난다. 첫째로 그 기관이 수행하는 활동이 사회에 일어나지 않는다는 것, 둘째로 고장난 기관으로 부작용이 일어난다는 것이다.

현재 우리 사회에서는 이런 결과가 버젓이 일어나고 있다. 예술이라고 하는 기관이 고장을 일으키고 그 때문에 상류 계급 사회는 이 기관이 수행해야 할 작용을 눈에 띄게 상실하고 말았다. 현대 사회에 적지않게 만연되어 있으면서, 사람들을 흥겹게 하고 타락시키는 일밖에 하지 않는 예술의 모조품, 그리고 최고라는 평가를 받고 있는 보잘것없는 배타적 예술 작품은 대부분 현대 사회 사람들에게서 참된 예술 작품에 대한 감염 능력을 손상시킨다. 따라서 인류가 느낄 수 있는 최고의 감정이 예술임을 알게 할 가능성마저 빼앗아버린 것이다.

인류가 수행한 예술상의 모든 뛰어난 성과도 예술에 감염되는 능력을 잃은 사람들에게는 상관없는 것이 되고, 거짓된 예술 모조품이 진짜로 받아들여져 보잘것없는 예술로 대체되고 있는 실정이다. 우리 시대 사람들은 시에서는 보들레르·베를렌·모레아스·입센·메테를링크에, 회화에서는 모네·마네·퓌비 드 샤반·번 존스·슈터크·뵈클린에, 음악에서는 바그너·리스트·리하르트 슈트라우스 등에 심취되어 이제는 어떤 고상한 예술이나 단순한 예술도 이해하지 못하게 되었다.

상류 계급 사람들은 예술 작품에 감염되는 능력을 상실한 결과, 예술의 완화 작용, 개량작용 없이 성장하고 교육받고 생활하고 있다. 따라서 완벽을 추구하거나 개량되지 못하고, 도리어 외관상의 수단이 고도로 발달해 감으로써 더욱더 야만적이고 거칠고 잔인하게 되어간다.

이것이 예술이라고 하는, 없어서는 안 되는 기관의 작용이 현대 사회에 없어서 생긴 결과이다. 그러나 이 기관의 그릇된 작용의 결과는 한층 더 유해하고 그 수 또한 더욱 많다.

눈에 띄는 첫째 결과는 무익하고 해로운 일에 노동자들의 노력이 낭비되고, 또한 이 불필요하고 나쁜 일에 인명이 보상 없이 낭비되는 것이다. 사람들 사이에서 퇴폐풍조를 퍼뜨리는 거짓 예술 서적을 매일 밤 10시간, 12시간 혹은 14시간씩 식자(植字)하기 위해 자기와 가족을 위해 필요한 일을 할 틈도 없는 사람들이 있다. 퇴폐를 조장하는 극장·음악회·전람회·화랑 등에서 일하고 있는 몇백만의 사람들이 얼마나 큰 괴로움을 받으며 가난 속에서 일하고 있는지 생각만 해도 끔찍한 일이다. 활기 있고 영리해서 착한 일을 잘 할 수 있는 아이들이 어린 나이 때부터 10년, 15년 동안 매일 6시간, 8시간, 10시간씩 계속 악기를 연주하고, 손발을 뒤틀며 발가락 끝으로 걷거나 머리보다 높이 발을 들고, 도레미파를 노래 부르고, 함부로 멋을 내며 시를 낭독하고, 반신상과 나체 모델을 스케치하거나 습작하고, 문장법 규칙에 따라서 문장을 만들면서 일생을 바친다. 완전한 성년기에 이른 뒤에도 계속되는 이 가치 없는 일 속에서 온갖 육체적·정신적 힘을 다 쏟아 인생에 대한 이해를 잃고 마는 것을 생각하면 더욱 끔찍하다.

어린 곡예사가 발을 목 뒤로 들어올리는 것은 보기만 해도 끔찍하고 가엾다. 열 살 정도의 어린이가 음악회를 열고 있는 것을 보는 것도 가엾다. 하물며 열 살 정도의 어린이가 라틴 문법의 예외 규칙 따위를 암송하고 있는 것은 더 가슴 아프다.

이런 아이들은 육체적·정신적으로 불구가 되고 있을 뿐만 아니라 도덕적으로도 불구가 되어서 인간에게 실제로 필요한 것에는 마치 무능력자처럼 되어 버린다.

이런 사람들은 사회에서 부자들의 비위를 맞추는 역할이나 하고 있는 동안에 인간으로서의 존엄성을 잃고, 한번 크게 박수갈채나 받고 싶다는 허영심 때문에 전전긍긍하는 몸이 되어, 자기의 온갖 정력을 오로지 이 욕망을 채우는 일에 사용하게 된다. 그런데 무엇보다도 비참한 것은 이런 사람들은 예술에 바친 생활 때문에 몸을 망치면서도 그 예술에 아무런 이익도 끼치지 못할 뿐만 아니라 오히려 큰 해독을 끼치고 있다는 것이다.

미술 학교, 음악 학교 등에서는 예술의 모조품을 만드는 법을 가르친다. 그것을 배워 익히면서 사람들은 참된 예술을 낳을 능력을 완전히 상실하게 된다. 그리고 현대 세계에 가득한 모조 예술이나 보잘것없는 예술, 또는 음탕한 예술의 청부업자로 변하여 간다. 이것이 예술이라고 하는 기관이 고장난 결과로 눈에 띄는 첫 번째 것이다.

두 번째 결과는 예술 작품, 즉 수많은 직업 예술가가 엄청나게 대량으로 제조하고 있는 오락품은 현대의 부유한 사람들에게 자연스럽지 못할 뿐만 아니라, 그 사람들이 공언하고 있는 박애주의 원리에 거슬리는 생활을 하게 한다는 것이다. 부유하고 게으른 사람들, 특히 부인들은 자연에서 벗어나고 생물에서 벗어나 인위적인 상태에서 살을 빼거나 체조 등으로 울퉁불퉁하게 근육을 발달시키거나 또는 맥빠진 생활을 하고 있다. 예술이라고 불리는 것, 즉 사람들의 눈을 그 무미건조한 생활에서 돌리고 그들을 괴롭히는 권태에서 살려주는 오락, 기분 전환이 없었다면, 결코 그런 일이 일어나지 않을 것이다. 극장·음악회·전람회·피아노 연주회·노래·소설과 같은, 어쨌든 그와 같은 일에 종사하는 것이 세련되고 미적이며 좋은 일이라는 확신을 품고 있는 그러한 사람들에게서 그 일을 빼앗아 보라. 그리고 그림을 사들이거나 음악가를 보호하거나 문학가와 교제하고 있는 예술 후원자로부터 예술이라고 하는 중대 사업의 후원자라는 역할을 빼앗아 보라.

그들은 더 이상 자신들의 생활을 계속해 나가지 못하게 되고, 모두 권태와 우수에서 또는 자기 생활의 무의미와 부조리를 깨달은 결과 파멸하고 말 것이다. 즉 모든 자연 생활 상태를 파괴해 버린다고 해도 자기들이 예술이라고 생각하고 있는 것에 종사하는 일만 존재한다면, 그 생활의 무의미함, 잔혹함을 느끼지 못하고 삶을 계속할 수 있을 것이다. 이 같은 부자들의 허위적인 생활양식을 지탱하고 있는 것이 퇴폐한 예술의 두 번째 결과이다.

퇴폐한 예술의 세 번째 결과는 아이들이나 민중의 사상 속에서 일으키는 혼란이다. 현대 사회의 그릇된 이론에 왜곡되지 않은 사람들, 즉 노동자들이나 아이들에게는, 어떤 점에서 사람을 존경하고 찬양해야만 하는가에 대한 분명한 기준이 있다. 대중이나 아이들의 생각에 따르면 사람을 찬양하고 찬미하는 기초가 될 수 있는 것은 육체적인 힘(헤라클레스·용사·정복자와 같은)이나, 도덕적·정신적 힘(중생을 구제하기 위하여 미모의 아내와 왕위도 버린 석가모니와 인류를 위하여 자진해서 십자가를 짊어진 그리스도나, 모든 순교자·성자와 같은)밖에 없다. 이 두 가지는 대중이나 아이들도 알고 있다.

육체적인 힘은 강제로 존경하게 하는 힘이므로 존경하지 않을 수 없고, 도덕적인 선의 힘도 타락하지 않은 사람으로서는 그 정신적 본질이 그 방향으로 끌어당기므로 이 역시 존경하지 않을 수 없다는 것은 그들에게도 납득이 된다. 그런데 이 아이들이나 대중은 육체적인 힘과 정신적 힘 때문에 찬양받고 존경받고 보상받고 있는 사람들 이외에, 다만 노래를 잘 부르고, 시를 잘 짓고, 춤을 잘 추는 것만으로, 힘과 선의 영웅들과 비교도 안 될 정도로 찬양받고 추앙되고 보상받고 있는 사람이 있다는 것을 갑자기 알게 된다. 가수와 작가, 화가와 무용가가 어마어마한 돈을 벌고, 성자 이상으로 존경받는 것을 보게 된다. 그리하여 아이들이나 대중은 당황하고 만다.

푸슈킨이 죽은 지 50년이 지나서, 민중에게 일제히 그 염가판이 보급되고 모스크바에서 그의 기념비가 세워질 무렵, 나는 농민들로부터 어째서 푸슈킨이 이처럼 야단법석인가 하는 질문의 편지를 열 통 이상이나 받았다. 이 무렵에 사라토프에서 나를 방문했던 한, 읽고 쓰는 정도는 할 수 있는 사람이 나를 찾아온 적 있는데, 그는 성직자들까지 푸슈킨의 기념비를 세우는 일에 참여하는 것이 못마땅하다고 하며 그것을 폭로하려 모스크바로 가겠다고 하는 것이었다.

실제로 이제까지 한번도 들어본 적이 없는 푸슈킨이란 사람을 '러시아의 위인, 은인, 명예다' 하면서 국내 성직자들이나 정부, 훌륭하다는 사람들이 떠들썩하게 동상 제막식을 하는 것을 신문이나 소문으로 알았을 때, 이 같은 민중의 입장도 생각해 보지 않으면 안 된다. 어느 곳으로 눈길을 보내든지 그것만 읽게 되고 듣게 되므로 그 정도의 명예가 주어지는 것이라면 틀림없이 이 사람은 무엇인가 예삿일이 아닌 일, 위대한 일을 한 것이 틀림없다고 생각하게 된다. 그리하여 도대체 푸슈킨이란 사람은 어떤 사람일까 하고 알고자 애쓴다. 그러나 푸슈킨은 영웅도 아니고 장군도 아니며 그저 인간이며 작가라는 것을 알게 되면, 푸슈킨은 틀림없이 덕망이 높은 사람이며 좋은 것을 가르치는 사람일거라는 결론을 내리고, 서둘러 그의 전기나 저작을 읽든가 들어보든가 할 것이다. 그러나 푸슈킨은 매우 경박하다고 해도 표현이 모자랄 정도의 성격을 가진 사람이었다는 것, 남을 죽이려고 결투하다가 죽음을 당했다는 것, 그의 공적이란 단지 사랑의 시, 그것도 곧잘 외설적인 시를 쓴 것에 불과하다는 것을 안다면, 그 사람의 의혹은 어떠할까?

신화의 영웅이나 마케도니아의 알렉산더 대왕, 칭기스칸 또는 나폴레옹이 위대했다는 사실을 그도 알고 있다. 이러한 사람들이라면 틀림없이 자기나 자기 동류들을 몇천이라도 짓밟아 버릴 힘이 있음에 틀림없기 때문이다. 그리고 석가모니나 소크라테스나 그리스도가 위대했다는 것도 알고 있다. 그를 비롯하여 누구라도 이러한 인간이 되어야 한다고 생각하고 있고 느끼기 때문이다. 그러나 사랑의 시를 쓴 인간이 어째서 위대한가를 그는 알 도리가 없다.

브르타뉴나 노르망디의 농민도 만일 《악의 꽃》을 읽든가 그 내용을 들은 뒤에, 그것을 쓴 보들레르에게 마치 성모에게라도 바치는 것 같은 기념비가 세워진 일을 안다면, 역시 똑같은 의문이 떠오를 것이다. 또는 베를렌의 경우도 그가 건달과 같이 음탕한 생활을 했다는 것을 알거나 그런 시를 읽은 뒤에, 마찬가지로 기념비 이야기를 듣는다면 더욱 놀랄 것이다. 그리고 민중이 파티(Patti)나 탈료니(Taylioni) 같은 예술가들이 한 계절에 1만 파운드나 받는다든가, 화가가 그림 한 점으로 그 정도를 받는다든가, 진한 사랑의 장면을 묘사하는 소설가 등이 더 많은 돈을 받는다는 것을 알게 된다면, 그들의 머릿속에서는 어떤 혼란이 일어날 것인가.

어린이의 경우도 마찬가지이다. 잊혀지지 않는 일이지만, 나 자신도 이런 놀라움과 혼란을 경험한 일이 있다. 마음속에서 도덕적 가치나 의의를 일부러 낮추거나, 거짓되고 부자연스런 의미를 예술 작품에서 인정하든가 해서, 차츰 예술가라고 하는 것을 신화 속의 영웅이나 정신상의 위인과 같이 찬미하는 것에 타협했던 것이다. 이와 마찬가지로 예술가에게 주어지는 터무니없는 명예와 보수를 들었을 때 대중의 마음속에서도 혼란이 일어난다. 이것이 예술에 대한 현대 사회의 거짓된 태도에서 나오는 세 번째 결과이다.

이러한 태도에서 생기는 네 번째 결과는, 상류 계급 사람들이 미와 선과의 모순에 더 자주 직면하는 반면, 그들은 미의 이상을 최고의 이상으로 놓고 이것으로 자신이 도덕적 요구에서 해방된다고 생각하는 것이다. 이러한 사람들은 역할을 바꾸어 자기들이 받들고 있는 예술을 본래 자리인 이차적인 일로 인정해야 함에도 오히려 도덕을 이차적인 일로 인정하고, 현재 자기들과 같이 높은 진화를 이룩한 사람들에게는 그런 도덕 따위는 아무런 뜻도 가질 수 없는 것이라고 생각하고 있다.

이런 예술에 대한 그릇된 태도에서 오는 결과는 이미 벌써부터 현대 사회에 나타나 있는 것이지만, 최근 예언자 니체와 그의 추종자들, 그리고 그들과 호흡이 맞는 데카당파와 영국의 유미주의자(唯美主義者)들이 나오면서부터 더욱 노골적으로 나타나기 시작했다. 데카당파나 오스카 와일드와 같은 유미주의자들은, 도덕의 부정과 방탕에 대한 찬미를 작품의 주제로까지 삼고 있다.

이 예술은, 일부는 그런 철학을 낳고 일부는 유미주의자들의 조류에 합류했다. 최근 나에게 《적자생존, 힘의 철학(*The Survival of the Fittest. Philosophy of Power, by Ragner Redbeard*, Chicago, 1896)》이라고 하는 표제의 책이 도착했다. 이 책의 요지는 발행자의 서문에도 있듯이, 헤브라이 예언자와 나약한 구세주의 그릇된 철학 때문에 선을 숭배하는 것은 미친 짓이라고 하는 것이다. 정의는 설교의 결과가 아니라 힘의 결과이다. 모든 법률도, 명령도, 자기가 바라는 것을 남에게 베풀라고 하는 가르침도, 그 자체에는 아무런 뜻도 없고, 매질이나 감옥이나 칼과 같은 탄압이 있음으로써 뜻을 가진다는 것이다. 참으로 자유로운 사람이라면, 사람이든 신이든 어떤 명령에도 복종할 의무는 없다. 복종은 퇴화의 조짐이고, 반항은 영웅의 조짐이다. 사람들은 자기들의 원수가 생각해 낸 전설에 속박당해서는 안 된다. 세계는 전투장이다. 이상적인 공평함이란, 진 사람이 착취당하고 박해당하고 경멸당하는 것이다. 자유롭고 독립적인 용사는 온 세계를 지배할 수 있다. 따라서 생명·토지·사랑·여자·권력·돈 때문에 영원한 싸움이 있는 것은 당연하다. 땅과 그 재산은 '용사의 전리품'이라는 것이다. 이러한 것은 몇 해 전, 유명한 아카데미 회원 보귀에(Vogüé)도 주장한 일이 있다.

저자는 분명히 니체와는 무관하게, 새로운 예술가들이 내세우는 결론에 무의식적으로 도달한 것이 틀림없다.

학설 형식으로 논술된 이 주장은 우리를 놀라게 한다. 그러나 사실을 말하자면, 이 주장은 '미'를 떠받드는 예술의 이상 속에 들어 있는 것이다. 현대 상류 계급의 예술은 이 초인의 이상, 사실은 네로나 스텐카 라진(1667년~1670년의 러시아 농민 반란 때의 카자흐 출신의 지도자), 칭기즈칸, 로베르 마케르(프랑스의 악한), 나폴레옹이나 그와 한패, 부하, 아첨꾼들의 예에서 이상을 조장시키고 전력을 다하여 그 확립을 꾀하였다.

그런데 이 도덕의 이상을 미, 즉 쾌락의 이상으로 대치한 것이야말로 현대 사회의 예술이 퇴폐해서 일어난 네 번째의 가공할 결과이다. 만일 이런 예술이 일반 대중 사이에 퍼진다면 인류는 어떻게 될 것인가는 생각만 해도 끔찍하다. 그러나 그것은 이미 번져가고 있다.

마지막으로 다섯 번째 가장 중요한 결과는 유럽 사회의 현재 상류 계급 사이에서 번영하고 있는 예술이 미신, 애국심, 특히 음탕함이라고 하는 인류에게 있어서 가장 나쁘고 해로운 감정을 감염시킴으로써 사람들을 직접 타락시킨다는 것이다.

일반 대중이 배우지 못한 원인을 주의하여 관찰해 보라. 그 주된 원인은 우리가 습관적으로 생각하고 있듯이 학교나 도서관의 부족에 있는 것이 아니고, 그들에게 침투되어 있는 예술이 온갖 수단으로 끊임없이 만들어 내고 있는 교회적·애국적 미신이라는 것을 알게 될 것이다. 교회적인 미신은 기도문·찬송가·회화·우상이나 입상 등의 조각·노래·오르간·음악·건축 내지는 종교 의식의 극예술로 유지되고, 또 만들어지고 있다. 애국적 미신은 학교에서 가르치고 있는 시나 이야기·음악·노래·개선 행렬, 국왕이 참석하는 집회·전쟁그림·기념비 등으로 유지되고 만들어지고 있다.

만일 교회와 애국심이 민중의 우매함과 분노를 유지하기 위해 예술의 모든 부문에 걸친 이와 같은 끊임없는 작용이 없었다면, 민중은 오랜 옛날에 이미 참된 문화에 도달했을 것이다. 그리고 예술의 퇴폐를 가져온 것은 단지 교회나 애국심의 경우뿐만이 아니다.

예술은 또 현대에서는 사회생활의 가장 중요한 문제, 즉 성적인 방면에서도 사람들을 타락시키는 큰 원인이 되고 있다. 오로지 이 성욕의 만족만을 위해서 사람들이 얼마나 크나큰 정신적·육체적 고뇌, 즉 무익한 정력을 낭비하고 있는가 하는 것은 우리 모두가 스스로의 경험에 비춰, 그리고 부친이나 모친이라면 성장한 자기 자녀들을 보고서 잘 알고 있는 터이다.

천지개벽 이래 성의 방종에서 일어난 트로이 전쟁에서부터 매일같이 신문 지상을 어지럽히는 연인들의 자살이나 타살에 이르기까지, 인류 고뇌의 태반은 이러한 성적 방종에서 나온 것이다.

그런데 어떠한가? 극히 희귀한 예외를 제외하고는 예술은 모두 진짜든 가짜든 오로지 모든 종류의 성애를 온갖 모습으로 묘사하고 표현하고 도발하는 일만 하고 있다. 우리 사회의 문학을 채우고 있는 모든 소설, 정욕을 자극하도록 사랑을 묘사한 극히 치밀하고 조잡한 소설, 여자의 나체를 나타낸 회화 및 조각, 삽화와 광고에 나오는 모든 추악한 것을 생각한다면, 또 우리 세계에 얼마든지 기분을 상하게 하는 오페라·오페레타·노래·로맨스 등을 생각해 본다면, 예술이 지니고 있는 유일하고 확고한 목적은, 가능한 한 널리 음탕한 감정을 퍼뜨리는 것에 있는 게 아닌가 하고 생각하게 될 정도이다.

이것이 전부는 아니지만, 현대 사회에 예술이 끼친 악영향의 결과이다. 즉 현대 사회에서 예술이라고 일컫는 것은 인류의 진보에 기여하지 않을 뿐만 아니라, 거의 그 어떤 것보다도 더 우리 생활에 선과 도덕이 실현되는 것을 방해하고 있다.

그리하여 예술 활동과 관계없고, 현재의 예술과 이해관계로 맺어지지 않은 사람이라면 누구나가 저도 모르게 머리에 떠오르는 의문, 즉 우리가 예술이라고 부르는 것, 사회 일부의 소유밖에 안 되는 것에 대하여 현재와 같은 희생이나 노력·인명·도덕을 바치는 것이 과연 올바른가 하는 의문에 대해 '아니다. 그것은 올바르지 않다. 그래서는 안 된다'고 하는 답을 자연스레 얻게 되는 것이다. 상식도, 감정도 도덕적으로 일그러져 있지 않다면 이처럼 대답한다.

우리 사이에서 예술이라고 인정하고 있는 것을 위해 희생을 치르는 것은 옳지 않고 의심스럽다고 할 뿐만 아니라, 반대로 좋은 생활을 바라는 사람들은 모두 이 예술을 없애는 방향으로 노력해야 한다. 이 예술이라는 것이 우리 인류를 학대하고 있는 가장 잔혹한 악의 하나이기 때문이다.

따라서, 현재 있는 것이 거짓된 것이거나 뛰어난 것이거나 가리지 말고 예술이라고 간주되는 것은 '모두' 없애는 편이 우리 그리스도교적인 세계를 위해서는 오히려 좋은 일이 아닌가 하는 문제가 대두된다. 아마도 총명하고 도덕적인 사람이라면 누구나가 이 문제를 플라톤이 이상국을 위하여 해결했던 것과 같이, 또 모든 교회의 그리스도교와 이슬람교의 인류 스승들이 해결한 것처럼 할 것이라 생각한다. 즉 퇴폐한 예술이나 지금과 같은 모조 예술이 존속할 바에야 차라리 예술 같은 건 모두 사라지는 편이 낫다고 할 것이다. 그러나 다행히 이 문제는 아무에게도 제기되지 않았으므로, 당장 궁극적인 단안을 내릴 필요는 없다. 지금 사람이 할 수 있는 것, 우리처럼 그 환경에서 볼 때 생활 현상의 의의를 이해할 수 있는 입장에 놓인 이른바 교양 있는 사람들이 할 수 있고 해야만 하는 것은 우리가 빠져 있는 오류를 깨닫고, 고집피우지 말고 거기로부터 뛰쳐나올 출구를 찾는 일이다.

18. 예술의 타락

우리 사회의 예술이 허위에 빠져 있는 것은 상류 계급의 사람들이 이른바 그리스도교의 가르침이 진리인가 아닌가 하며 신뢰감을 잃은 끝에, 진정한 그리스도의 가르침을 그 참다운 주요 의미, 즉 사람들은 신의 아들이고, 또 사람들은 서로 형제간이라고 하는 의미에서만 취하겠다는 결단을 세우지 못한 채 여전히 신앙 없는 생활을 계속하기 때문이다. 그 신앙의 공백을 어떤 사람은 위선으로 아직도 무의미한 교회적 신앙의 형식을 믿고 있는 듯 보이고, 어떤 사람은 자기의 무신앙을 대담하게 선언함으로써, 또 어떤 사람은 빈틈없는 회의주의로, 또 어떤 사람은 그리스식 미의 숭배로 되돌아가서 이기주의의 합리성을 인정하고 그것을 종교의 교의로 떠받들든지 함으로써 얼버무리려고 하는 점에 있다.

이 병폐의 원인은 그리스도의 가르침을 진정하고 완전한 의미에서 이해하지 않는 데 있다. 그러므로 병폐로부터 회복할 수 있는 길은 단 한 가지, 이 가르침을 완전한 의미에서 인정하는 것밖에 없다. 그리고 현대에는 이것을 인정하는 것이 가능할 뿐만 아니라 필요하기도 하다. 이제는 이미 현대의 지적 수준에 도달한 사람의 경우에는 그것이 가톨릭이든 프로테스탄트든, 교회의 교리, 즉 하느님은 삼위일체라든가 그리스도는 신이라든가 또는 속죄자라든가 하는 교의를 믿는다고 하지 못하게 되어 버렸다. 그렇다고 무신앙이나 회의설을 선언하든가 미의 숭배나 에고이즘으로 되돌아가 보았자 만족하지도 못한다. 중요한 것은, 이제 우리는 새삼스레 그리스도의 가르침의 참뜻을 모른다고 말할 수는 없다는 것이다. 그것은 이 가르침의 참뜻이 현대의 누구라도 알 수 있는 것으로 되었을 뿐만 아니라 현대인의 생활은 모두 이 가르침의 정신으로 관철되어서, 의식적이든 무의식적이든 그리스도의 가르침으로 인도되고 있기 때문이다.

우리 그리스도교 세계 사람들이 인간의 사명을 아무리 여러 가지 꼴로 정의를 내린다 하더라도, 예컨대 어떠한 뜻에서의 인류의 진보나 만인을 사회주의 국가나 자치 단체로 통일시키는 것, 세계 동맹이나 그리스도와의 결합 또는 교회의 유일한 지도 아래에서 인류를 결합한다든가 하는 것을 그 사명으로 인정하더라도, 즉 인간 생활의 사명에 대한 정의가 형식상으로 아무리 천태만상일지라도, 대체로 현대인은 누구나 인간의 사명은 행복이고 현세계에서 사람들에게 허용되는 최고의 행복한 생활은 사람들 상호간의 결합으로 얻어지는 것임을 인정할 것이다.

상류 계급 사람들이 자기들의 가치는 자기들과 같이 부유하고 학식 있는 사람을 노동자와 가난한 사람과 문맹자와 구별하는 데 있다고 느끼고, 그 우월을 유지하려고 한다. 따라서 새로운 세계관, 즉 고대 복귀의 이상이나 신비주의, 그리스주의, 초인론 등을 모색하려고 한다. 그러나 아무리 애써 보았자, 생활 속에서 각 방면을 통해 의식적·무의식적으로 확인되는 진리, 즉 우리 인간의 행복은 모든 사람들이 형제처럼 결합하는 데 있다고 하는 진리를 어쩔 수 없이 인정할 수밖에 없다.

이 진리는 무의식적으로는 전신·전화·신문과 같은 소통 기관이 설치됨으로써, 즉 누구에게나 이 세상의 행복을 더욱더 넓게 손에 넣을 수 있게 됨으로써 확인되고 있다. 또 의식적으로는 사람들을 분열시키는 미신의 타파나 진리의 보급, 오늘날 우수한 예술 작품에서 사람들은 모두 형제라는 이상을 표명함으로써 확인되고 있다.

예술은 인간 생활의 정신 기관이라 이것을 파괴하지는 못한다. 따라서 인류를 지도하고 있는 종교적 이상을 덮어 가리려고 상류 사회 사람들이 아무리 노력을 해도, 이 이상은 그럴수록 사람들에게 인정되고, 이 퇴폐한 사회 속에서도 과학과 예술 속에 더욱더 자주 나타난다. 20세기 초부터 참된 그리스도교 정신으로 채워진 높은 종교 예술 작품이 전세계의 사람들에게 받아들여지는 일상적 예술 작품과 더불어 마침내 문학과 회화에도 나타나기 시작했다. 따라서 예술 자체도 오늘날의 진정한 이상을 알고 그것을 향하여 나아가고 있다.

오늘날의 우수한 예술 작품은 한편으로는 사람들을 결합해서 동포적 관계로 이끄는 감정을 표현한다. 디킨스·위고·도스토예프스키, 회화에서는 밀레·바스티앙 르파주·쥘 브르통·레르미트 등의 작품이 그것이다. 다른 한편으로는 우수한 예술 작품은 상류 계급 사람만의 독점이 아니라 모든 사람들을 결합시킬 수 있는 감정 전달에 전념하고 있다. 아직 이와 같은 작품은 그 수가 적다. 하지만 그 요구는 이미 인정되고 있다. 더욱이 최근에는 대중을 상대로 하는 서적·회화·음악회·극장의 기획을 차츰 많이 보게 되었다. 이것만으로는 아직 이상에 미치기에는 먼 것이지만, 예술이 바른 길로 가기 위하여 스스로 취해야 할 방향은 이미 분명해진 것이다.

오늘날의 종교적 자각은 전체적이든 개별적이든 모든 생활의 목적은 사람들의 결합에 있다고 인정하는 것이 분명하다. 그리하여 오늘날 사람들은 쾌락을 예술의 목적으로 인정하는 것같이 그릇된 미학 이론을 던져버리기만 한다면, 종교적 자각을 가진 자는 스스로 오늘날 예술의 지도자가 될 것이다.

또 무의식적으로는 이미 오늘날 사람들의 생활을 가르치고 있는 종교적 자각이 의식적으로 사람들에게 인정받기에 이른다면, 하층 예술과 상류 예술이라고 하는 그런 예술의 구별도 없어질 것이다. 그리하여 일반적·형제적·전체 민중적인 예술이 탄생하면 오늘날의 종교적 자각과 어울릴 수 없는 감정을 전달하는 예술은 자연히 배제되고, 부당하게 존중받고 있던 의미없고 배타적인 예술도 그림자를 감추게 될 것이다.

이것이 실현되기만 한다면 예술은 곧 최근과 같은 인간의 황폐·타락의 수단이 되지 않고 본연의 모습으로 돌아가 사랑의 증대·결합·행복으로 나아가는 인류의 수단이 될 것이다.

입에 담기도 두려운 일이지만, 우리 사회나 우리 시대의 예술에는 마치 여자가 어머니가 되기 위해서 준비되어 있는 여자로서의 매력을, 욕망을 좇는 탕아들을 만족시키기 위해서 팔아버리는 일이 일어나고 있다.

우리 시대 및 우리 사회의 예술은 매춘부로까지 전락한 것이다. 이런 비유는 아주 상세한 부분까지 들어맞는다. 예술도 마찬가지로 시간 제한이 없고, 언제나 겉치레를 하고, 언제나 팔 수 있고, 마찬가지로 사람을 유혹하고 타락시킨다.

참다운 예술 작품은 어머니가 아기를 잉태하듯이, 과거 생활의 결실로서 아주 드물게 예술가의 마음에 나타난다. 그런데 모조 예술은 수요자가 있기만 하면 공장에서 쉴새없이 만들어진다.

참다운 예술은 남편의 사랑을 받고 있는 아내와 같이 화장을 할 필요가 없다. 그러나 모조 예술은 매춘부와 같이 언제나 분냄새를 풍기지 않으면 안 된다.

참다운 예술은 마치 사랑이 어머니에게 임신의 원인이듯이, 축적된 감정을 나타내려고 하는 내적인 요구에서 생겨난다. 그러나 모조 예술은 매춘부에서와 마찬가지로 이익에 따라 생겨난다.

진정한 예술은 마치 여성에게 있어서 사랑의 결실인 아기의 탄생처럼 생활에 없어서는 안 되는 새로운 감정을 맺는다. 모조 예술은 인간의 타락과 만족에 대한 탐욕, 인간 정신력의 약화라는 결과를 낳는다.

우리에게 침투되어 있는 타락하고 음탕한 예술의 탁류에서 빠져나오기 위해서 이것은 우리가 깊이 생각해 보지 않으면 안 될 일이다.

19. 미래의 예술

흔히 미래의 예술에 대하여 논할 때, 그것은 당연히 현재 상류라고 지목되고 있는 사회의 한 계급의 예술에서 정제되는 특수하고 세련된 새로운 예술인 양 말하는 사람이 있다. 그러나 그와 같은 미래의 예술은 있을 리가 없고, 또 실제로 없을 것이다. 그리스도교 세계에서 현대 상류 계급의 배타적인 예술은 막다른 골목으로 들어가 있다. 이제까지 걸어온 길을 간다면 더 이상 아무 데도 갈 수가 없다. 이 예술은 일단 예술의 크나큰 요구, 즉 종교적 자각으로 인도된다고 하는 정신에서 얼굴을 돌린 다음에는 더욱 배타적이 되고, 따라서 더욱더 타락하여 결국은 힘이 고갈되고 말 것이다. 그러므로 실제로 생겨날 것으로 보이는 미래의 예술은 현대 예술의 연장이 아니라, 현재 우리 상류 계급의 예술을 인도하고 있는 것과는 아무런 관계도 없는 전혀 다른, 새로운 기초 위에서 일어날 것이다.

미래의 예술, 즉 사람들 사이에 보급된 예술 속에서 나오게 될 예술의 일부는 현재처럼 어떤 상류 계급 사람들에게만 받아들여지는 감정을 전하는 것이 아니다. 오늘날 사람들의 높은 종교적 자각을 실현하는 예술이 될 것이다. 그리고 예술로서 평가받게 되는 것은 사람들을 동포적 결합으로 끌어들이는 감정이나 모든 사람들을 결합하는 힘이 있는 전 인류적인 감정을 전하는 작품이 될 것이다. 이런 예술만이 선택되고 받아들여지고, 인정받고 보급될 것이다. 그리고 사람들이 다 경험한 시대에 뒤떨어진 종교적 교의에서 흘러나오는 감정을 전달하는 예술, 즉 교회적 예술·애국적 예술·육감적 예술과 같이 미신적인 공포나 성욕, 오만·허용·영웅 숭배 따위의 감정을 전달하는 타락된 그리스도교 예술, 자기 나라 국민에 대한 배타적인 애정이든가 육감을 자아내는 것 같은 예술은 나쁘고 해로운 예술로 평가되어 여론에서 규탄받고 경멸을 받게 될 것이다. 그 밖에 일부 사람밖에 모르는 감정을 전하는 예술은 중요하지 않은 것으로 판단되어, 비난도 받지 않지만 수용되지도 않을 것이다. 또 전반적으로 예술을 평가하는 입장도 현재와 같이 부유한 계층이라고 하는 일부 계급이 아니라 민중 전체가 담당하게 될 것이다. 따라서 작품이 우수하다고 인정되어 추천·보급되기 위해서는 부자연스런 환경에 있는 일부 인사의 요구가 아니라, 만인의 요구, 노동에 종사하고 자연스런 환경에 있는 대중의 요구를 만족시켜야 된다.

그리고 예술을 만드는 예술가도 현재와 같이 대중의 일부에서 선택된 소수의 부유 계급이 아니라, 대중 속에서 나온 예술 활동에 능력과 소질을 가진 천분이 풍부한 사람들이 될 것이다.

그렇게 되면 누구나 예술 활동에 참여할 수 있게 될 것이다. 그 까닭은 첫째, 미래의 예술에서는 오늘날 예술 작품을 못쓰게 만들어 놓고 있는 주제에 막대한 노력과 시간의 낭비를 필요로 하는 복잡한 기술이 요구되지 않을 뿐만 아니라, 오히려 명확·단순·간소라고 할 수 있는 기계적인 연습이 아닌 취미의 함양에서 얻어지는 조건이 요구되기 때문이다. 둘째, 일부 사람들밖에 갈 수 없었던 현재의 직업적인 학교 대신에 누구나 초등학교에서 읽고 쓰기와 함께 음악과 회화(노래와 그림)를 배울 수 있게 되므로, 그림이나 악보의 초보적인 기초만 배우면 예술 분야에서 능력과 천분을 느끼기만 한다면 누구나 다 그 길에서 자기를 완성시킬 수 있기 때문이다. 셋째로는, 현재 예술에 소비되고 있는 모든 노력이 모두 민중 사이에 참된 예술을 보급시키는 데 사용되기 때문이다.

전문적인 예술 학교가 없어지면 예술의 기술이 쇠퇴할 것이라고 생각할 사람이 있을지도 모른다. 물론 기술이라고 하는 것을 현재 가치가 있는 듯이 여기는 '예술의 복잡화'라는 뜻으로 본다면, 그것은 확실히 쇠퇴한다. 그러나 기술이라는 것이 명확성·아름다움·간결성, 즉 예술 작품의 압축이라고 생각한다면, 기술은 쇠퇴하기는커녕 어떤 민중 예술에서도 알게 되듯이, 직업학교가 사라지거나 초등학교에서 회화와 음악의 기초를 가르치지 않더라도 지금보다 백 배나 완전하게 될 것이다. 왜냐하면, 지금은 민중 속에 숨어 있는 천재적인 예술가들이 예술의 제작자가 되어 참되고 완벽한 모범을 보이고, 다른 예술가들에게 무엇보다 좋은 기술 학교가 되기 때문이다. 참된 예술은 현재에도 학교에서가 아니라 세상에서 거장을 본보기로 하여 배우고 있다. 그러므로 예술 참여자가 대중으로부터 나온 예술적 재능이 있는 사람들로 구성되고, 그 본보기가 많아지고 손에 넣기 쉽게 된다면, 미래의 예술가가 받지 못하게 되는 학교 교육 따위는 사회에 보급된 수많은 뛰어난 예술의 보기에서 몇백 배나 더 보상받게 될 것이다.

이것이 미래와 현재의 예술이 보여주는 차이이다. 또 하나의 차이는 미래 예술은, 자기 예술에 대해 보수를 받고 자기 예술 이외의 활동은 하나도 하지 않는 직업 예술가에게서 생겨나지 않을 것이라는 점이다. 미래의 예술은 대중에서 나온 모든 사람들에게서 생겨나고, 그들은 그 활동에 대한 요구를 느꼈을 때에만 그 일에 종사하게 될 것이다.

오늘날 사회에서는 예술가가 물질적으로 보장되어 있기만 하면 좋은 활동을 할 수 있고 작품도 많이 만들 수 있으리라고 여겨지고 있다. 이런 생각은, 이것을 아직 증명할 필요가 있다고 한다면, 우리들 사이에서 예술로 간주되는 것은 예술이 아니라 예술의 모조라는 것을 다시 한번 분명하게 증명하는 것과 같다. 장화나 흰 빵 제조에 분업이 유리하다는 것은 옳은 말이다. 구둣방이든 빵집이든 직접 식사와 땔감을 만들 필요가 없다면, 식사와 땔감 걱정을 하지 않으면 안 되는 경우보다 장화와 흰 빵이 많이 만들어질 것은 당연하다. 그러나 예술은 손에 의한 작업이 아니라 예술가가 경험한 감정을 전달하는 것이다. 게다가 그 감정은 인간이 인간 고유의 자연스런 생활을 살아갈 때에만 생겨나는 것이다. 따라서 예술가가 물질적인 필요를 보장받고 있다는 것은, 예술가의 작품 제작상 가장 해로운 조건이다. 그것은 자신과 다른 사람의 생활을 유지하기 위해서 모든 사람들에게 고유한, 자연과의 싸움이라고 하는 상태를 예술가가 경험하지 못하게 하는 것이고, 그 때문에 인간에게서 가장 중요하고 본질적인 감정을 경험할 기회와 가능성을 빼앗아 버리기 때문이다. 즉 우리 사회에서 보통 예술가가 놓여 있는 완전한 보장과 사치스런 상태만큼 예술가의 창작에 해로운 것은 없다는 말이다.

미래의 예술가는 무엇인가 일을 해서 생계를 이어가며, 일반인의 생활을 영위해 가게 된다. 그리고 예술가는 자신 속에 흐르고 있는 최고 정신력의 결실을 될 수 있는 대로 많은 사람들에게 나누어 주려고 할 것이다. 왜냐하면 자기 속에서 생겨난 감정을 될 수 있는 대로 많은 사람들에게 전하는 것이야말로 그의 기쁨이고 보수이기 때문이다. 미래에는 자기 작품이 널리 보급되는 것을 기쁨으로 삼아야 할 예술가가, 보수를 받지 않으면 작품을 주지 않는다고 하면 전혀 이해하지 못할 것이다.

장사꾼이 추방되기 전에는 예술의 전당도 전당이 아니다. 미래의 예술은 장사꾼들을 추방할 것이다.

따라서 미래의 예술은 내가 상상하는 바로는 현재의 내용과는 전혀 비슷하지 않을 것이다. 아마도 미래의 예술 내용은 예외적인 감정, 허영·우울·포만·색욕 등 형태는 가지가지지만, 인간이 본래 해야 하는 노동에서 무리하게 스스로 벗어나려 하는 사람들에게만 인정되고 흥미를 주는 그런 감정의 표현이 아니라, 본래의 생활에서 사람들이 경험하고, 또한 오늘날의 종교적 자각에서 흘러나오는 감정이든가 또는 모든 사람들에게 받아들여지는 감정의 표현에 있을 것이다.

이 미래의 예술 내용을 이루는 감정을 알지도 못하고, 알 수도 없고, 또한 알려고도 하지 않는 일부 사람들에게는, 이와 같은 내용은 현재 그들이 종사하고 있는 배타적인 예술의 섬세성에 비해 몹시 빈약하게 보일지도 모른다. '이웃에 대한 그리스도교적 사랑의 감정 세계에서 무슨 새로운 것을 표현할 수 있겠는가? 누구나 다 알 수 있는 감정 따위는 대체로 하찮고 단조로운 것이다'고 그들은 생각할 것이다. 그러나 오늘날 참으로 새로운 감정이 될 수 있는 것은, 다만 종교적, 그리스도교적인 감정과 만인이 인식할 수 있는 감정뿐이다. 오늘날의 종교적 자각에서 흘러나오는 감정, 즉 그리스도교적인 감정은 참신하며 또한 복잡하다. 그것은 일부 사람들이 생각하고 있는 것처럼 복음서 가운데의 일화를 묘사하거나, 합일·우애·평등·사랑이라고 하는 그리스도교의 진리를 새로운 형식으로 되풀이한다는 뜻이 아니라, 아무리 오래되고 흔해빠져 모든 면에서 알려져 있는 생활 현상이라도 사람이 그리스도교적인 관점에서 이 현상을 보기만 한다면, 생각지도 못한 새로운 감동을 불러일으킬 수 있다는 뜻이다.

　대체로 부부 관계, 어버이와 자식과의 관계, 동포나 이국인과의 관계, 공격이나 방어의 관계, 재산과 토지와 생물에 대한 관계만큼 오래된 것이 있겠는가? 그런데 일단 사람이 그리스도교적 관점에서 이런 현상을 보면, 참으로 새롭고 참으로 복잡하고 감동적인 감정이 용솟음칠 것이다.

　마찬가지로, 내용면에서도 가장 단순하고 누구에게나 알 수 있는 일상적인 감정을 전달하는 미래의 예술은 위축되기는커녕 풍부해질 것이다. 지금까지 우리의 예술에서는 어떤 특수한 지위에 있는 사람만이 느끼고 있는 감정의 표현을, 그것도 대다수 사람에겐 알 수 없는 방법으로 조건부로 전하는 것이 가치 있는 일이라고 생각했다. 그리고 민중 예술, 아동 예술의 광대한 영역은(익살·속담·수수께끼·민요·무용·놀이·흉내내기 등) 예술상의 가치를 논할 대상으로 인정되지 않았다. 미래의 예술가는 감동을 주는 동화나 민요, 심심풀이가 되는 속담 비슷한 이야기나 수수께끼, 웃음을 자아내는 익살 등을 만들든가, 수십 대에 걸쳐서 몇백만에 이르는 어린이와 어른들을 기쁘게 해줄 그림을 그리는 것이, 부유한 계급의 일부 사람들을 잠시 동안 기분 좋게 해줄 뿐 영원히 잊혀지고 마는 그런 소설이나 교향곡을 쓰든가 그림을 그리는 것과는 비교가 안 될 정도로 중요하고 결실이 많은 것임을 이해할 것이다. 단순하고 누구나가 알 수 있는 감정을 다루는 이 영역의 예술은 자못 광대하여 아직껏 거의 개척되지 않은 상태이다.

　그러므로 미래의 예술은 내용이 빈약해지기는커녕 반대로 무한히 풍부하게 될 것이다. 마찬가지로 미래의 예술 형식도 현재의 예술 형식보다 저하되지 않을 뿐만 아니라 비교하지 못할 정도로 향상될 것이다. 그러나 향상된다 하더라도 그것은 기술이 세련되고 복잡하게 된다는 뜻이 아니라, 예술가가 경험하여 전하려고 마음먹은 감정을 군더더기를 빼버리고 간결하고 단순하고 명확하게 전하는 수완을 뜻하는 것이다.

그것과 연관시켜서 생각나는 것은, 일찍이 은하의 스펙트럼 분석에 관하여 강연을 한 어떤 유명한 천문학자와의 대화 속에서, 내가 그 사람을 보고, "당신처럼 지식과 명강연 능력을 갖춘 분께서 지구가 움직인다는 수준만으로도 좋으니 우주학 강연을 해 주면 좋지 않겠습니까?"라고 말했을 때의 일이다. 그것은 실제 그 은하의 스펙트럼 분석 강연의 청중 속에는, 특히 부인들 속에는 어째서 낮과 밤, 겨울과 여름이 있는가 하는 것을 잘 모르고 있는 사람이 매우 많기 때문이었다. 그런데 이 머리 좋은 천문학자는 싱글벙글 웃으면서 나에게 이렇게 대답했다.

"네, 그거 좋겠습니다. 하지만 매우 어려운 일입니다. 저로선 은하의 스펙트럼 분석 강연 쪽이 훨씬 쉽습니다."

예술의 경우도 마찬가지로 클레오파트라 시대에서 취재한 시나 로마를 불태운 네로의 그림, 브람스나 리하르트 슈트라우스풍의 교향곡, 또는 바그너풍의 오페라를 쓰는 편이, 단순한 이야기를 하되 군더더기를 전혀 붙이지 않으면서도 이야기하는 사람의 기분을 전하는 것이나 연필로 그림을 그려서 보는 사람을 차분하게 하거나 미소짓게 하는 것, 또는 4박자의 간단하고 분명한 멜로디를 반주 없이 만들어서 어떤 기분을 전하여 듣는 사람의 마음에 남아 있게 하는 것보다 훨씬 쉬운 것이다.

현대의 예술가는 말한다.

"우리와 같이 진화된 사람들에게는 새삼스레 원시 상태로 돌아가는 것은 불가능하다. 우리에게는 새삼스레, '미남 요셉의 이야기'나 〈오디세이아〉를 쓰게 하거나, 밀로의 〈비너스〉와 같은 상을 조각하게 하거나, 민요와 같은 음악을 짓게 하거나 하는 것은 불가능하다."

틀림없이 오늘날의 예술가들에게는 불가능한 일이다. 그러나 미래의 예술가의 경우는 다르다. 그들은 내용의 공허를 감추는 기교상의 완성에서 오는 폐단을 모르고, 직업 예술가도 아니며, 자기 일에 대해 보수도 받지 않고 그저 참을 수 없는 마음속의 욕구를 느낄 때에만 예술을 창작할 것이기 때문이다.

이상과 같이 미래의 예술은 내용상으로나 형식상으로도 현재 예술이라고 간주되는 것과는 전혀 다른 것이 될 것이다. 미래의 예술 내용은 사람들을 결합으로 인도하든가, 실제로 결합시키고 있는 감정에 한할 것이고, 모든 사람들에게 그 예술의 형식도 이해가 될 것이다. 따라서 미래의 완성이라는 이상은 일부 사람에게밖에 받아들여지지 않는 감정의 배타성이 아니라 보편성이다. 현재와 같은 형식의 방대함, 불명확, 복잡성이 아니라 표현의 간결, 명확, 단순이다. 예술이 이렇게 됨으로써 현재와 같이 사람들의 힘을 낭비시켜서 흥겹게 하거나 타락시키는 일이 없게 되고, 그리하여 예술 본연의 자세로 돌아가 종교적, 그리스도교적 자각을 지나 이성의 영역에서 감정의 영역으로 옮기는 기관이 된다.

이렇게 함으로써 예술은 인간을 실제로 생활 그 자체 속에 있는 종교적 자각이 나타내는 완성과 결합으로 접근시킬 것이다.

20. 예술의 사명과 참된 과학

나는 이제껏 내게 꼭 붙어 떨어지지 않는 문제, 즉 예술에 관해 15년간이나 마음에 걸려 있던 일을 이제야 겨우 전심전력을 기울여 해냈다. 이 문제가 15년간 마음에 걸려 있었다고 했지만, 그렇다고 15년간이나 내가 이 저술에 종사했다는 것은 아니고, 다만 15년 전에 이 일은 착수만 하면 중단되는 일 없이 곧 끝낼 수 있을 것이라고 여기고 예술에 관하여 쓰기 시작했다는 뜻이다. 그런데 이 문제에 관한 나의 사상은 당시 아직 대단히 불명확해 도저히 만족할 만큼 쓰지 못한다는 것을 알게 되었다. 그때 이래 나는 끊임없이 이 문제에 관하여 계속 생각하고 예닐곱 번이나 붓을 들어 보았지만, 어느 정도 써나가다가는 아무래도 끝마칠 때까지 밀고 나가지 못할 것 같은 느낌이 들어 던져 버리고 말았다. 이제 나는 이 일을 끝마쳤다.

비록 아무리 서투르게 되었다 하더라도, 나는 우리 사회의 예술이 거기서 생겨나고 현재도 나아가고 있는 그릇된 길, 그 그릇된 원인 및 예술의 참된 사명 등에 관한 나의 근본 사상이 잘못되지 않기를 바란다. 따라서 이 저술이 비록 아직 불완전하고 더 많은 설명과 보충을 필요로 할지라도 헛되지 않고, 예술이 현재 빠져 있는 그릇된 길에서 조만간 벗어나기를 바라는 사람이다. 그러나 예술이 잘못된 길에서 빠져나오고 새로운 방향을 잡기 위해서는 또 하나의 중요한 인간의 정신 활동, 즉 예술과 언제나 밀접한 의존 관계에 있는 과학 역시 예술과 같이 현재의 잘못된 길에서 빠져나와야 한다.

과학과 예술은 마치 폐와 심장같이 서로 밀접하게 결부되어 있다. 따라서 한쪽 기관이 고장을 일으키면 다른 한쪽도 정상적인 활동을 하지 못한다.

진정한 과학은 진리, 즉 그 시대 및 사회 사람들에게서 가장 중요하다고 생각되는 지식을 연구하여 그것을 사람들의 의식 속으로 이끌어오는 것이고, 예술은 이 진리를 지식의 분야에서 감정의 분야로 옮기는 것이다. 따라서 과학이 걸어가는 길이 옳지 않다면 예술의 길도 그렇게 된다. 과학과 예술은 전에 강을 왕복하던 예인선(曳引船)이라고 일컬어지는, 끄는 닻이 달려 있는 배와 같다. 과학은 마치 앞으로 나아가 닻을 던지는 배와 같이 그 전진운동을 준비하고 방향을 잡아 준다. 그러면 예술은 그 배 위에서 배를 닻 쪽으로 끌어당기면서 작동하는 윈치와 같이 비로소 운동을 한다. 따라서 과학의 잘못된 작용은 역시 아무래도 그릇된 예술의 작용을 수반하게 된다.

예술이 넓게는 모든 감정을 전하는 것이면서도 좁은 뜻으로 예술이라고 부르는 것이 우리가 중요하다고 인정하는 감정을 전하는 것에 한하고 있는 바와 같이, 과학도 넓게는 온갖 지식을 전하면서도 좁은 뜻으로 우리가 과학이라고 부르는 것은 우리가 중요하다고 인정하는 지식을 전하는 데 한하고 있다.

그리고 예술에서 전해지는 감정이나 과학에서 전해지는 지식의 중요성의 정도를 결정하는 것은 그 시대 및 사회의 종교적 자각이다. 즉 인생의 목적에 대한 그 시대 및 사회 사람들의 일반적 관념이다.

이 목적 달성에 가장 많이 기여하는 것은 가장 많이 연구되는 중요한 과학이라고 여겨지지만, 기여가 적은 것은 연구가 적고 중요성도 적다고 생각된다. 인류의 목적 달성에 기여하지 않는 것은 연구되지 않고, 비록 연구된다 하더라도 그 연구는 과학이라고 인정받지 못한다. 이것은 과거에도 그랬고 현재도 마찬가지다. 그것은 인간의 지식이나 생활이 원래 그런 것이기 때문이다. 그런데 현대 상류 계급의 과학은 어떠한 종교도 인정하지 않을 뿐만 아니라 모든 종교를 단지 미신에 불과하다고 보고 있으므로 그럴 수가 없었고, 또 그럴 수 있을 리도 없는 것이다.

따라서 오늘날의 과학자들은 '모든 것'을 공평하게 연구하고 있다고 주장하지만, 모든 것은 너무 많기 때문에(모든 것이란 무한히 많은 것인 까닭에), 또 공평하게 연구한다는 것도 가능한 일이 아니다. 이것은 단지 이론상의 주장에 지나지 않는다. 실제로 연구되고 있는 것이 모든 것이 아니고, 또 결코 공평하게 연구되고 있지 않다. 그저 과학에 종사하는 사람에게 될 수 있는 대로 필요하고 또한 유쾌한 것에 한해 연구하고 있다. 그런데 상류 계급에 속하는 과학자들에 무엇보다 필요한 것은 이 계급이 우선권을 가지도록 제도를 유지하는 것이고, 가장 유쾌한 것은 쓸데없는 호기심을 만족시키는 것, 막대한 정신적 노력을 요구하지 않는 것, 그리고 실제로 응용이 되는 것이다.

그리하여 현행 제도에 맞는 신학이나, 철학, 또 역사학 및 경제학을 포함한 과학의 일부는 현재의 생활 체계가 당연한 것이고, 인간의 의지에 속하지 않는 불변한 법칙에 의해 생기고 존속되는 것이며, 이것을 파괴하고자 하는 시도는 모두 불법이며, 무익하다는 것을 증명하는 일을 주로 하고 있다. 그리고 또 하나의 부문, 즉 수학·천문학·화학·물리학·식물학 및 모든 자연 과학을 포함한 경험 과학의 부문은 인간 생활과 직접 관계되지 않는 흥미 본위로, 상류 계급 사람의 생활에 유리하게 응용할 수 있는 것만을 위해 힘쓰고 있다.

현대 과학자들은 그들이 행한 연구 대상을 그 지위에 따라서 이처럼 선택한 연구대상을 정당화하기 위해, 마치 예술을 위한 예술이라는 이론과 똑같은, 과학을 위한 과학이라는 이론을 생각해 냈다.

예술을 위한 예술이라는 이론은, 우리에게 쾌감을 주는 일을 하는 것이면 무엇이라도 예술이 될 수 있다고 말한다. 이처럼 과학을 위한 과학이라는 이론도, 우리의 흥미를 끄는 대상을 연구하는 것이면 모두 과학이라고 주장하고 있다.

그리하여 일부 과학은 인류가 그 사명을 수행하기 위해서는 어떻게 살아야 하는가를 연구하는 대신, 좋지 않고 잘못된 현재의 생활 체계의 합법성이나 필연성을 연구하고, 다른 부분, 즉 경험 과학 쪽은 단순한 호기심이나 기술적 완성의 문제만을 다루고 있다.

전자의 과학, 즉 현행 제도에 맞는 신학·철학·역사학·경제학 등은 인간의 사상을 혼란시켜 잘못된 판단을 하게 하는 점에서 해로울 뿐만 아니라, 그것이 참되고 진진한 과학이 차지해야 할 위치를 차지하고 있는 점에서도 해롭다. 즉 인생에서 가장 중요한 문제를 연구하려고 하면, 누구나 그 해결에 앞서서 가장 본질적인 인생의 문제에 직면한다. 바로 몇 세기에 걸쳐서 쌓아올려졌고 현재 인간이 모든 지혜를 짜내 유지하고 있는 허위의 건물을 무너뜨리지 않으면 안 된다고 하는 점에서 그 과학은 유해한 것이다.

한편 후자의 과학 즉, 현대 과학이 자랑으로 여기고 많은 사람들이 유일한 참된 과학이라고 간주하는 수학·천문학·화학 등의 경험 과학도 사람들의 주의를 실제로 중요한 대상에서 보잘것없는 대상으로 벗어나게 하는 점에서 해롭다. 게다가 전자의 과학이 용인하고 유지하는 그릇된 제도 아래에 있기 때문에, 경험 과학이 만들어내는 기술적 수확의 대부분은 인류에게 이익은 커녕 손해를 끼치는 것이다.

그렇지만 이 연구에 일생을 바치고 있는 사람들에게게만은 자연과학 영역에서 행해지는 모든 발견이 극히 중요하고 유익하게 보이는 것이다. 그러나 이것은 그 사람들이 주위를 둘러보려고 하지 않고, 실제로 중요한 것에 눈길을 주지 않기 때문에 그렇게 여겨지는 것뿐이다. 만일 그들이 그 연구 대상을 관찰하는 데 사용하고 있는 심리적 현미경에서 떠나 주위를 한번 둘러보기만 한다면, 그처럼 터무니없는 지식을 주고 있는 것들이 모두 상상의 산물인 기하학, 은하의 스펙트럼 분석, 원자 형상, 석기시대 인간의 두개골 크기 등과 같은 하찮은 것임을 알게 될 것이다. 미생물이나 X광선 등에 관한 지식도, 우리 스스로 포기하여 신학·법률학·경제학·재정학 등의 교수들이 잘못 가르치고 있는 지식에 비하면 얼마나 보잘것없는 것인가를 알게 될 것이다.

다만 주위를 한번 둘러보기만 해도, 참된 과학의 본래 활동이란 우연히 우리의 흥미를 일으키는 일들을 연구하는 것이 아니라, 인간 생활을 어떻게 지속해야 하는가, 즉 그 의문에 대한 해결 없이는 자연에 대한 우리의 지식도 모두 해롭거나 보잘것없는 것이 되어 버릴 종교·도덕·사회생활의 여러 문제에 관한 연구라는 것을 알게 될 것이다.

우리는 과학이 폭포의 에너지를 이용할 수 있도록 하고, 그 힘을 공장에 작용시키는 것이나, 산에 터널을 파는 것을 기뻐하며 자랑으로 여긴다. 그러나 유감스런 것은, 폭포의 이 힘을 작용시키고 있는 것은 인류의 이익을 위해서가 아니라 사치품을 사는 자본가들의 주머니를 불룩하게 해주기 위해서이다. 실제 우리는 전쟁을 피하려고 하지 않을 뿐만 아니라 불가피한 것이라고 하면서 끊임없이 전쟁 준비를 갖추고, 터널을 파기 위하여 산을 폭파하는 데 사용하는 다이너마이트를 전쟁에 사용하지 않는가.

만일 현재 디프테리아 예방 주사를 놓거나, X선으로 몸 안의 바늘을 발견하거나, 곱사등이를 바로잡거나, 매독을 치료하거나, 놀랄 만한 수술을 할 수 있다 하더라도, 그것이 아무리 엄연한 사실이라도, 우리는 참된 과학의 실제 사명을 완전히 이해하지 않는 한, 그것을 자랑으로 여기지 못한다. 만일 현재 단순한 호기심이나 실용적 응용 대상에 쓰고 있는 힘의 10분의 1이라도 인간 생명을 위한 참된 과학에 쓴다면, 현재 병을 앓고 있는 사람의 태반은, 의사가 진찰하거나 병원에 입원시키더라도 극히 일부밖에 낫지 않는 병에 걸릴 리도 없을 것이다. 또한 공장에서 자라난, 혈색이 좋지 않은 꼽추 어린이도 없어질 것이고, 50퍼센트에 이르는 어린이 사망률도 없어지고, 자손 모두에게 미치는 퇴화도, 매춘도, 매독도 없어지고, 전쟁터에서의 몇만이라고 하는 살육도 없어지고, 또 현대 과학이 인간 생활에 반드시 따라 다니는 조건으로 간주하는 어리석은 행동이나 번민의 공포도 사라질 것이다.

우리는 과학이라는 관념을 완전히 왜곡하고 있으므로 어린이의 사망을 없애거나, 매춘이나 매독을 없애거나, 자손에 미치는 퇴화나 인간의 대량 살육을 없애는 것을 과학이라고 하면, 오늘날 사람들에게는 오히려 이상하게 여겨질지 모른다. 우리는 과학이라고 하면 실험실 내에서 이 플라스크에서 저 플라스크로 액체를 바꾸어 넣거나, 스펙트럼을 분석하거나, 개구리나 돌고래를 해부하거나 하면서, 특수한 과학 용어를 써서 본인도 복잡하여 잘 모르는 신학·철학·사학·법률학·경제학 관계에 존재하는 것은 모두 필연이라고 하는 것을 증명하기 위해 조건을 짜는 것이라고 생각하고 있다.

그러나 과학이란, 참다운 과학이란(현재 극히 보잘것없는 부문의 일부 과학자들이 자신에게 존경을 요구하고 있으나, 참으로 그 존경에 어울릴 만한 과학은 그런 것이 아니다) 무엇을 믿어야 하고 무엇을 믿지 말아야 한다는 것을 아는 것, 사람들의 공동생활은 어떻게 수립해야만 하고 어떻게 수립해서는 안 된다는 것을 아는 것, 즉 성관계는 어떻게 취급해야 할 것인가, 자식은 어떻게 교육할 것인가, 땅은 어떻게 이용할 것인가, 남을 혹사하지 않고 스스로 땅을 일구려면 어떻게 해야 하는가, 외국인을 만날 때와 생물을 대할 때에는 어떻게 해야만 하는가 등, 그 밖에 인간 생활에 중요한 많은 것을 아는 것이다.

그것이 언제나 진정한 과학이라고 하는 것이었고, 또 당연히 진정한 과학은 그런 것이어야 된다. 사실 이와 같은 과학은 오늘날에도 생겨나고 있다. 그러나 그 같은 진정한 과학은 한편으로는 현재의 생활 기구를 옹호하는 모든 정통파라고 일컬어지는 학자들이 부정하고 배격하고 있고, 다른 한편으로는 경험 과학에 종사하는 사람들이 공허하고 무용한 비과학적 과학으로 간주되고 있다.

이를테면 종교적 광신의 부패성이나 불합리를 밝히고, 시대에 적합한 합리적인 종교와 세계관 수립의 필요성을 말하는 저술이나 견해가 나타난다. 그러면 많은 신학자들이 이 저술에 반박하고 나선다. 이미 옛날에 수명이 끊어진 미신을 옹호하기 위하여 연거푸 지혜를 짜내고 있는 셈이다. 또는 민중이 빈곤해지는 주요 원인은 현재 서유럽에서 볼 수 있는 바와 같이, 노동자 계급이 땅을 가지지 않은 데에 있다고 하는 견해가 있다. 여기서 이것이 참된 과학이라면, 당연히 이와 같은 견해를 환영하고 그 논지에서 더 나아가 그 뒤의 결론을 연구해야 할 것이다. 그런데 현대 과학은 결코 그런 일은 하지 않는다. 그뿐만 아니라, 경제학은 정반대의 것을 내세우고 있다. 즉 오늘날의 마르크스주의자의 주장과 같은 것이 그 일례이다. 즉 토지 소유권은 다른 모든 소유권과 같이 더욱더 소수의 지주 손에 집중될 것이 틀림없다는 것이다.

마찬가지로 참된 과학의 임무는, 전쟁이나 사형의 불합리와 불이익이나, 매춘의 비인도성과 해독, 마약의 사용과 육식의 폐해나 부도덕성, 애국주의가 이치에 맞지 않거니와 해롭고 시대에 뒤떨어진 것 등을 천명하는 데 있다고 할 것이다. 실제 이 같은 저술도 있기는 하지만, 그것은 모두 비과학적이라고 간주되고 있다. 그러면 과학적인 것은 무엇인가 하고 물으면, 이상과 같은 현상을 모두 당연하다고 내세우는 저술이나 인간 생활에 아무런 관계도 없이 쓸데없는 호기심을 충족시키는 문제를 다룬 저술이라는 것이다.

오늘날의 과학이 그 본래의 사명에서 얼마나 동떨어져 있는가 하는 것은, 일부 과학자가 표방하고 대다수의 학자가 별로 부정도 하지 않고 인정하는 그 이상(理想)을 보면, 놀라울 정도로 분명히 알게 된다.

이 이상은 천 년 뒤, 3천 년 뒤의 세계를 쓴 보잘것없는 유행 책자에 들어 있을 뿐만 아니라, 스스로 진지한 학자로 자처하는 사회학자들도 주장하고 있다. 그 이상이란 곧, 식품은 농업이나 목축으로 땅에서 얻어지는 대신에 실험실에서 화학적 방법에 의하여 보급되게 될 것이고, 인간의 노동은 거의 전부 자연력의 이용으로 대체될 것이라는 것이다.

인간은 현재처럼 자기가 기르는 닭의 알과 자기 밭에서 재배한 곡물과 몇 년이나 걸려서 키워 눈앞에서 꽃피고 열매를 맺은 나무에서 딴 사과 등은 먹지 않게 되고, 실험실에 한몫 끼어서 여러 사람의 공동 작업으로 조제된 맛있고 영양 풍부한 식품을 먹게 된다.

그래서 인간은 일할 필요가 거의 없게 되고, 누구나가 마치 상류 지배 계급이 현재 빠져 있는 것과 같은 게으름에 몸을 맡기는 상태가 될 것이다.

오늘날의 과학이 얼마나 그 정도(正道)에서 벗어나 있는가 하는 것을 이 이상 분명하게 나타내고 있는 것은 없을 것이다.

오늘날의 사람들은 대다수가 충분하고 좋은 영양을 얻지 못하고 있다. 주거나 의복, 또는 제일 필요한 필수품에 대해서도 마찬가지다. 그리고 이 대다수의 사람들은 자신의 행복을 희생하며 끊임없이 힘에 겨운 노동을 강요당하고 있다. 그러나 이와 같은 모든 불행은 인간 상호간의 투쟁과 사치와 부의 불공평한 분배를 없앰으로써, 즉 일반적으로 말하면 잘못된 해로운 제도를 폐지하고, 합리적인 인간 생활을 수립함으로써 극히 손쉽게 없앨 수 있는 것이다. 그러나 과학은 현재의 제도를 천체의 운행과 같이 불변하는 것이라고 생각한다. 따라서 과학의 일은 이 제도의 부정을 밝히고 새로운 합리적 생활 체계를 수립하는 것이 아니라, 이 현행 제도 아래에서 모든 사람들을 살게 하고 그들을 여유로운 사람으로 만드는 데 있다고 생각하고 있다.

이 경우 과학은 자기의 노력으로 지상에 재배된 곡물·야채·과일 등이 영양이 좋고 건전하며 손쉽고 자연스런 영양이라는 것과, 노동, 즉 자기의 근육노동이 호흡으로 인한 혈액의 산화와 같은 생활의 필수 조건이라는 것 등은 잊고 있다.

사람들이 이와 같은 부나 노동의 잘못된 분배 아래에서 화학적으로 조제한 식품으로 영양을 섭취하고, 자기 힘 대신에 자연력을 활용하려는 수단을 연구하는 것은, 마치 나쁜 공기로 가득찬 닫힌 방에 있는 사람에게, 그 닫힌 방에서 이 사람을 나가게 하면 된다는 것을 잊고, 그 사람의 폐로 산소를 보내는 수단만 연구하고 있는 것과 매한가지이다.

식물과 동물의 세계에는 어떤 교수의 설계도 미칠 수 없을 만큼 뛰어난 식품 제조공장이 세워져 있다. 이 공장의 성과를 이용하고 또 거기서 일을 맡아하기 위해서는, 사람은 다만 그것이 아니면 인생은 괴로운 것이 되고 마는 노동에 대한 즐거운 요구에 몸을 내맡기고 있으면 된다. 그런데 현대의 과학자들은, 인간을 위하여 마련된 이 행복을 향수하는 데 방해가 되는 것을 없애는 데 전력을 기울이는 대신, 인간으로부터 이 행복을 빼앗고 있는 상태를 불변하는 것이라고 생각하고, 사람들에게 기꺼이 노동을 하여 지상에서 식품을 얻도록 하는 대신에 일부러 불구자로 만드는 수단을 연구하고 있는 것이다. 이것은 마치 숨막힐 듯한 장소에서 신선한 대기 속으로 사람을 끌어내는 대신에 필요한 양만큼의 산소를 주고, 그를 집이 아닌 숨막히는 감옥에 매어 두려는 연구만 하는 것과 다를 바가 없다.

이런 잘못된 이상은, 과학이 그릇된 길에 빠져 있지 않다면 있을 수 없는 일이다.

그런데 예술로 전해지는 감정은 바로 이 과학 위에서 싹트는 것이다.

그릇된 길에 빠진 이런 과학이 도대체 어떤 감정을 불러일으킬 것인가? 이 과학의 일부는 시대에 뒤떨어지고 인류가 이미 경험한 바 있는, 그리고 현대에서는 바람직하지 않은 배타적인 감정을 불러일으킨다. 그리고 다른 한편으로는 원래부터 인간 생활과 관계가 없는 대상의 연구에만 종사하고 있으므로 예술의 기초가 되기에는 쓸모 없는 것이다.

그러므로 오늘날의 예술이 예술이 되기 위해서는, 과학과는 별도로 스스로 그 진로를 개척해 가든가 인정받지 못하는 과학, 즉 정통파로부터 부정되고 있는 과학의 지시를 이용하지 않으면 안 된다. 이것은 예술이 비록 일부분일지라도 그 사명을 수행하고 있을 때 해야 할 일이다.

바라건대, 예술에 대하여 내가 시도한 일이 과학에서도 행해지고, 과학을 위한 과학이라고 하는 주장이 틀린 것이라는 것을 사람들이 이해해야 한다. 참된 뜻에서의 그리스도교의 교리를 인정할 필요를 분명히 명시하고, 이 교리에 입각하여 현재 우리가 자랑하는 모든 지식에 대한 재평가가 이루어져, 실험적인 지식이 이차적이라는 것과 그 보잘것없음, 또 종교적·도덕적·사회적 지식의 중요성이 명시되길 바란다. 그래서 이들 지식이 현재와 같이 상류 사회만의 지도에 맡겨지는 일 없이 자유롭고 진리를 사랑하는 모든 사람들,

언제나 상류 계급과 협조하지 않고 때로는 반목하더라도 생활의 참된 과학을 추진할 방법을 마련하지 않으면 안 된다.

그렇게 되면 수학·천문학·물리학·화학·생물학과 같은 과학도, 공학이나 의학과 같이 사람들을 종교적·법률적 또는 사회적인 기만에서 해방시키는 일에 기여하는 범위 내에서, 또는 일부 계급이 아니라 모든 사람들의 행복에 도움이 되는 범위 내에서 연구될 것이다.

그때 비로소 과학은 현재와 같은 모습을 띠지 않게 된다. 즉 낡은 사회 제도를 유지하기 위하여 필요한 궤변적인 체계라든가, 태반은 거의 또는 전혀 불필요한 지식의 무질서한 퇴적이 아니라 정연하고 유기적인 일체가 되어, 명백하고 누구나 알 수 있는 합리적인 사명(사람들의 의식 속에 현대의 종교적 자각에서 흘러나오는 진리를 주입한다고 하는)을 가지게 될 것이다.

그리고 그때 비로소 과학에 언제나 의존 관계에 있는 예술도, 그것이 이루어질 수 있는 또 당연히 이루어져야 할 인류의 생활과 진보를 위해서 과학과 같이 중요한 기관이 될 것이다.

예술은 쾌락도 아니고 위안이나 오락도 아니다. 예술은 사람들의 합리적 의식을 감정으로 옮기는 인간 생활의 기관이다. 오늘날 사람들의 공통된 종교적 자각이란, 모든 사람들은 형제간이라는 자각과 인간 상호간의 결합에서 오는 행복에 대한 자각이다. 진정한 과학은 이 자각을 생활에 적응시켜야 할 여러 종류의 형태를 나타내는 것이어야 하며, 예술 또한 이 자각을 감정으로 옮기는 것이어야 한다.

예술의 임무는 중대하다. 과학의 조력 아래 종교로 인도되는 참된 예술은 현재 재판·경찰·자선사업·공장 검열 등의 외적 수단으로 지켜지는 인간의 평화스런 공동생활이, 사람들의 자유롭고 즐거운 작업으로 달성될 수 있도록 해야 하며, 폭력 또한 배제하지 않으면 안 된다. 그리고 그것을 할 수 있는 것도 예술뿐이다.

오늘날 폭력이나 징벌에 대한 두려움에 의존하지 않고 사람들의 공동생활을 가능하게 하는 것은 하나같이 이런 예술로 만들어진 것이다. 만일 예술로 종교적 대상은 이렇게 다루고, 양친·자식·부녀·친척·타인·외국인에 대해서는 이래야 하며, 연장자나 손윗사람에게는 이래야만 한다, 또한 괴로워하는 사람에 대해서는 이래야 하고, 적이나 생물에 대해서는 어떻게 대해야 하는가 하는 풍습이 전해져 내려온다면 과연 어떻게 될까? 더욱이 그런 규칙들이 수대에 걸쳐 수백만 명에게 한치의 폭력도 없이 지켜져왔을 뿐 아니라 예술 외에는 그 어떤 것에도 흔들리지 않는 견고한 것이 된다면, 이 같은 예술로 또 다른 현대의 종교적 자각에 더욱 적응되는 습관도 불러일으킬 수 있을 것이다. 만일 예술로 우상·성찬식·국왕의 얼굴 등에 대한 경건이나 동료를 배신하는 치욕, 국기에 대한 충성, 모욕에 대한 복수의 필요성, 사원 건립 또는 수리를 위한 노력 봉사의 필요성, 개인의 명예 또는 조국의 명예를 지켜야만 할 의무 따위의 감정이 전해질 수 있다면, 마찬가지로 예술은 또한 개인의 존엄, 생명에 대한 경건한 마음, 사치·폭력·복수 및 타인의 필수품을 자기만족을 위해서 이용하는 것에 대한 수치, 타인에 대한 봉사도 스스로 자유롭고 기꺼이 희생이 되도록 할 수도 있을 것이다.

예술은, 지금 오로지 상류층 사람들밖에는 이해되지 않는 인류애, 평등사상, 박애, 형제애와 같은 감정을 모든 인간이 본능처럼 지니고 있어 마땅한 자연스런 감정으로 만들어주지 않으면 안 된다. 종교적 예술은 상상이라는 조건 아래에서 사람들 가운데 형제 관계와 사랑의 감정을 불러일으키며, 현실에도 같은 조건에서 같은 감정을 경험하도록 길들이고, 예술에 의해 키워진 사람들의 생활 행동이 자연히 미끄러져가는 궤도를 사람들의 마음속에 알려줄 것이다. 또 저마다 다른 사람들의 감정을 하나로 결합하여 그 차별을 없애면서, 민중적 예술은 모든 사람들을 결합시키고, 생활로 인해 놓여진 장애를 초월한 보편적 결합이라는 기쁨을 이론이 아니라 생활 그 자체에서 보여줄 것이다.

오늘날 예술의 사명은 사람들의 행복이 그 서로간 결합에 있다는 진리를 이성의 영역에서 감성의 영역으로 옮기고, 현재 우리를 지배하고 있는 폭력 대신에 신의 세계, 즉 인간 생활의 최고 목적이라고 여겨지는 사랑의 세계를 건설하는 일이다. 더 나아가서는 예술을 위하여 과학은 보다 새롭고 높은 이상을 발견하고, 예술은 이를 실현해 나갈지도 모른다. 그렇지만 현대에 있어서 예술은 그 사명이 명백하게 정해져 있다. 그리스도교적 예술의 임무는 모든 사람의 동포적 결합을 실현시키는 일, 바로 그것이기 때문이다.

가슴에 손을 얹고
교육에 대하여
나의 종교
초록지팡이

신이 없으면 인간은 살아갈 수 없다.
신을 안다는 것과 살아있다는 것은 같은 일이기 때문이다.
신이란 삶 그 자체이다.

가슴에 손을 얹고

1

　'오직 너희 죄악이 너희와 너희의 하느님을 갈라놓았고, 너희의 죄 때문에 주께서 너희에게 얼굴을 돌리셔서, 너희 말을 듣지 않으실 뿐이다. 너희의 손이 피로 더러워졌으며, 너희의 손가락이 죄악으로 더러워졌고, 너희의 입술이 거짓말을 하며, 너희의 혀가 악독한 말을 하기 때문이다. 공의로써 소송을 제기하는 사람이 아무도 없고, 진실하게 재판하는 사람이 하나도 없다. 헛된 것을 믿고 거짓을 말하며, 해로운 생각을 품고서, 죄를 짓는다.

　그들이 거미줄로 짠 것은 옷이 되지 못하고, 그들이 만든 것으로는 아무도 몸을 덮지 못한다. 그들이 하는 일이란 죄악을 저지르는 것뿐이며, 그들의 손에는 폭행만 있다. 그들의 발은 나쁜 일을 하는 데 빠르고, 죄 없는 사람을 죽이는 일에 신속하다. 그들의 생각이란 죄악으로 가득 차 있을 뿐이며, 그들이 가는 길에는 황폐와 파멸이 있을 뿐이다. 그러므로 공평이 우리에게 미치지 못한다. 우리가 빛을 바라나 어둠뿐이며, 밝음을 바라나 암흑 속을 걸을 뿐이다. 우리가 앞을 못 보는 사람처럼 담을 더듬고, 눈먼 사람처럼 더듬고 다닌다. 대낮에도 우리가 밤길을 걸을 때처럼 넘어지니, 몸이 건강하다고 하나 죽은 사람과 다를 바 없다.'

이사야서 59장 2~4절, 6~10절(표준새번역)

　'지금 우리는 유럽 여러 나라가 1300억의 국채를 안고 있으며, 그 가운데 1100억이 1세기 동안에 생겨났다는 것, 그 막대한 국채는 오직 군사비 지출을 위해 발행되었다는 것, 그리고 그들 유럽 여러 국가는 평상시에도 400만 명 이상의 군대를 갖고 있으며, 전시에는 1억 1천만 명까지 증원할 수 있다는 것, 그들 국가 예산의 3분의 2는 국채 이자와 육해군의 유지비로 쓰인다는 것만 경고하는 데 그치기로 하겠다.'

몰리나리

전쟁은 시대를 막론하고 존중되고 또 찬양을 받는다. 이 방면의 달인이자 천재적인 살육자 모르토케 장군은 언젠가 평화단체 위원단에게 다음과 같은 무시무시한 말을 했다.

"전쟁은 성스러운 것, 신 다음가는 제도이다. 그것은 세계의 신성한 법칙 가운데 하나이며, 사람들의 마음속에 염치와 무사(無私), 선덕(善德), 용기 등 모든 위대하고 뛰어난 감정을 축적하게 한다. 전쟁이 있음으로써 사람들은 비로소 지극히 천하기만 한 물질주의로 떨어지는 것을 피할 수 있다."

'40만의 사람이 떼를 지어 밤낮으로 쉬지 않고 행진하고, 아무 생각도 않고, 아무것도 탐구하지 않으며, 어떤 것도 배우지 않고, 아무것도 읽지 않고, 아무도 돕지 않는다. 오물 범벅이 된 채 진창에 누워서 들짐승처럼 계속되는 치매상태 속에서 보내고, 도시를 약탈하고, 마을과 마을을 태우며, 민중의 삶을 파괴하고, 마침내는 자기들과 똑같은 인간 무리와 맞붙어서 피의 강을 만든다. 때리고 부서져 오물 범벅에 피투성이가 된 인육을 들판에 널어놓고, 팔과 다리를 잃고, 머리가 잘리고, 아무에게도 도움을 주지 못한 채 낯모르는 밭이랑에 널부러져 버린다. 바로 그 순간, 그들의 늙은 부모와 처자식들은 굶주림으로 죽어간다. 이것이 지극히 천한 물질주의로 떨어지지 않는 까닭이라고 누군가는 말한다.'
기 드 모파상

또다시 전쟁. 또다시 어느 누구에게도 필요치 않은, 표현조차도 힘든 고통과 허위 속에서 사람들 모두가 우둔하고 광포해진다. 서로 몇만 리나 떨어진, 사람뿐만 아니라 동물마저도 죽이는 것이 금지되어 있는 불교 신도와 인류 동포의 율법과 사랑의 율법을 신봉하는 그리스도교도가 마치 야수처럼 잔혹하게 서로를 죽이고, 고통과 상처를 입히기 위해 육지와 바다를 헤맨다. 이것은 대체 어찌 된 일인가? 꿈일까? 아니면 현실인가?

일어나서는 안 될 일, 일어날 리가 없는 일이 일어나고 있다. 꿈이라고 생각하고 싶다. 그리고 잠에서 깨어나고 싶다. 하지만 꿈이 아니다. 그것은 꿈이 아닌 가공할 현실이다.

살아 있는 생명체를 자비로 대해서는 안 되고, 우상에게 제물을 바쳐야 한다고 배운 이들, 자기 밭이라고는 한 뼘도 없어 가난하고 못 배워 속아넘어 간 일본인 불교도나, 그리스도나 성모 마리아, 성인들과 그 성상을 숭배해야 한다고 주입받은 그리스도교인들, 이를테면 가난한 툴라(모스크바 남부 하리코프 철도에 연한 공업도시)나 니제고로드의 배우지 못한 대부분의 청년들은, 오랜 기간에 걸친 억압과 기만으로 인류동포를 살육하는 세계 최대의 범죄를 공적으로 인정되어 왔다. 따라서 그런 사람들이 죄를 인식하지도 못하고 그런 가공할 만한 행동으로 내달리는 것 역시 이해할 수 있다.

그러나 어째서 교양인이라 불리는 사람들이 앞장서서 전쟁을 부르짖고, 전쟁에 협력하거나 참가하는가. 무엇보다도 자기는 전쟁의 위험에 노출되지 않은 채 다른 사람의 전의(戰意)만 부채질해서 불쌍하고 기만당한 동포를 전쟁터로 보내거나 할 수 있단 말인가. 그들 교양인이라 불리는 사람들이 스스로를 그리스도교도로 인정하는 이상, 그리스도교의 율법은 말할 것도 없고 전쟁의 잔혹성, 쓸데없음, 무의미함에 대하여 지금까지 사람들이 쓰고 말해 온 것들을 모를 턱이 없다. 그것을 모두 알기 때문에 교양인이라 불리는 것이 아닌가.

그들 가운데 대다수가 직접 전쟁에 대해 쓰거나 말하고 있다. 모두들 극진히 치켜세우는 헤이그 만국평화회의나, 각종 기록물, 소책자, 신문의 논설이나 강연 등에서 국제분쟁을 국제재판으로 해결할 가능성을 거론한다면 오죽이나 좋으랴만, 세계의 많은 나라들은 서로 무장하는 것을 필연적으로 여긴다. 이렇게 무장하는 것이 끝없는 전쟁이나 전면적인 파산, 아니면 양쪽 모두의 결과를 틀림없이 불러올 것을 그들 교양인들이 모를 리 없다. 또한 전쟁 준비를 위해 결국은 민중의 피고름인 돈, 다시 말해 어리석고 무익한 수십 억 루블의 돈이 소비되고, 몇백만 명이나 되는 한창 힘이 넘치는 젊은 사람들이 죽어가는 것도 모를 리 없다. (지난 1세기 동안 전쟁에서 1400만 명이 죽었다.) 그들 교양인이 전쟁의 동기라고 말하는 것이 한 사람의 목숨을 희생하기에도 충분하지 않을 뿐만 아니라, 전쟁에 소비되는 돈의 100분의 1의 가치도 없는 하찮은 것임을 모를 리 없다. (흑인 해방이라는 명분으로 일어난 남북전쟁에서 남부지방의 흑인 전체를 사들일 만큼의 돈이 쓰였다.)

누가 뭐라 해도 전쟁이란 것이 인간사 가운데서 가장 저급하고 동물적인 격정을 불러일으키고, 그들을 타락시키고 광포하게 만드는 것임을 모두가 알고 있다. 드 메이스톨이나 모르토케 같은 사람들이 전쟁을 변호하기 위해 내민 변명 따위는 불행 속에서도 유익한 측면을 발견할 수 있다는 궤변이거나, 아니면 전쟁은 늘 존재해 왔던 것이므로 앞으로도 계속 존재할 것이라는, 마치 어떤 악독한 행위에서 갖가지 구실과 그것이 가져오는 이익을 끄집어내거나, 그것이 오랫동안 행해져 왔던 것이기에 어쩔 수 없다는 등 자기들 멋대로의 구실로 정당화한, 전혀 근거 없는 것에 지나지 않음을 모두가 알고 있다. 이른바 교양인이라 불리는 사람들은 모두 알고 있는 것이다.

하지만 갑작스레 전쟁이 시작되면 그런 일은 모조리 한순간에 잊어버리고, 어제까지 전쟁의 잔혹성과 무의미함, 어리석음을 설파하던 사람들이 이제 어떻게 하면 되도록 많은 인간을 죽이고, 많은 노동생산물을 소진하고 파괴할 것인가만 생각한다. 또한 그 노동으로 자기들을 먹이고 입히는 평화롭고 온건하며, 노동을 사랑하는 사람들 속에 인간을 증오하는 감정을 어떻게 더 격렬하게 부채질해서, 그 사람들을 양심에도, 행복에도, 신앙에도 반하는 무시무시한 행위로 내몰 것인가만 생각하고 말하고 쓰는 형편이다.

2

'미크로메가스는 말했다.

"오, 영원한 존재가 온갖 능력을 다하여 창조한 이성적 원자인 여러분, 분명 여러분은 이 지구상에서 순수한 기쁨에 빠져 있음이 틀림없습니다. 왜냐하면 여러분에게는 물질적인 요소가 거의 없으며, 정신적으로 고도의 발달을 이루었기 때문에 분명히 사랑과 사색의 삶을 보내고 있을 것이기 때문이지요. 사랑과 사색의 삶이야말로 참된 정신적 존재자로서의 삶이기 때문입니다."

그 말에 철학자들 모두 고개를 갸웃거렸다. 그 가운데서도 가장 솔직한 사람이 말했다.

"그다지 존경 받지 못하는 활동가 가운데 몇몇을 제외하면, 다른 지구인들은 모두가 바보에다 악인이고, 불행한 사람들입니다."

그는 이어서 말했다.

"만약 악이 육체적인 요소에서 생겨나는 것이라면, 우리에게는 필요 이상으로 육체적 요소가 많으며, 만약 악이 정신적 요소에서 생겨나는 것이라면, 필요 이상으로 정신적인 요소가 많은 것이겠지요."

"예를 들면 오늘날, 지금도 모자를 쓴 몇천의 바보들이 두건을 쓴 다른 몇천의 생물들과 서로 죽이고 있으며, 이것은 이미 창조 이래로 지구상의 모든 곳에서 행해지는 현상입니다."

"그 작은 생물들은 대체 어째서 그런 싸움을 하는 걸까요?"

"당신 발뒤꿈치 크기 정도의 땅이라거나 뭐 그런 것 때문입니다." 철학자가 대답했다. "게다가 서로 목을 베고 죽이는 사람들 가운데 어느 한 사람도 그런 땅 따위에 관심이 없습니다. 그들에게 문제가 되는 것은 그 땅이 술탄이라 불리는 사람의 것이 될지, 케사르라 불리는 자의 것이 될지 하는 것입니다. 실제로는 술탄이나 케사르나 그 땅 같은 것은 단 한 번도 본 적이 없는데도 말입니다. 그리고 서로 죽이는 사람들 가운데 그들 술탄이나 케사르를 본 적이 있는 사람은 거의 없지요."

"한심한 녀석 같으니!" 시리우스 자리의 사람이 말했다. "그런 얼토당토않은 미친 짓이 어디 있어? 나는 정말이지 세 발짝 걸어서 그 못된 살인자 놈들의 개미집을 밟아 뭉개주고 싶다니까."

"그럴 필요는 없습니다." 사람들이 그에게 대답했다. "놈들이 제 스스로 그렇게 할 테니까요. 실은 벌해야 하는 것은 그 녀석들이 아니라 궁전에 앉아서 놈들에게 살인을 명하고, 으스대면서 그것을 신께 감사하라고 명령하는 야만인이니까요.'"

볼테르

'요즈음 전쟁의 어리석음은 왕조의 이익관계라든가 다른 국적 때문이라거나, 유럽의 세력균형, 명예심 따위로 변호되고 있다. 마지막의 명예심이란 놈만큼 엉터리인 것은 없다. 왜냐하면 갖가지 범죄행위나 부끄러워해야 할 행위로 자신을 더럽히지 않은 나라 따윈 하나도 없으며, 온갖 굴욕에 만신창이가 된 적이 없는 나라 역시 하나도 없기 때문이다. 만일 다른 나라에 내세울 만한 명예가 있다고 하더라도 그것을 전쟁으로 유지한다는 것은, 다시 말해 성실한 사람이라면 누구나 수치스럽게 여길 갖가지의 범죄행위, 즉 방화, 약탈, 살육으로 유지한다는 것은 얼마나 기괴한 방법이란 말인가.'

아나톨 프랑스

'군사적 살육이라는 야만스런 본능은 몇천 년에 걸쳐 조심스럽게 배양되고 자라왔기 때문에, 인간의 머릿속에 깊이 뿌리를 내리고 있다. 그렇지만 당신들 인류보다 훨씬 뛰어난 인류가 언젠가는 그 가공할 범죄로부터 해방되리란 것을 기대해야 한다. 그러나 보다 우수한 그 인류는 우리가 그렇게나 자랑스레 여기는 이른바 고아한 문명을 어떻게 생각할까? 어쩌면 용맹하기도 하지만 경건하기도 하고, 동시에 동물적이기도 한 고대 멕시코 민족과 그들의 식인습관을 지금의 우리가 생각하는 것과도 같은 것이리라.'   레토르느

'때로는 한 군주가 다른 군주 쪽에서 나를 습격해 오지 않을까 우려해 자기 쪽에서 먼저 공격을 한다. 또 때로는 적이 너무나 강하기 때문에, 때로는 지나치게 약하기 때문에, 때로는 우리가 갖고 있는 것을 이웃나라가 노리기 때문에, 또는 우리에게 부족한 것을 가졌기 때문에 전쟁이 시작된다.
그런 경우에 적이 자기에게 필요한 것을 빼앗거나, 우리에게 필요한 것을 적이 주거나 하지 않는 한 전쟁은 계속된다.'   조나단 스위프트

그 잔학성과 기만성과 어리석음으로 인해 전혀 이해하기 힘들고 있을 수 없는 일이 행해지고 있다.

세계 여러 나라에 평화를 부르짖던 러시아 황제는 세계평화를 위한 진심 어린 노력에도 불구하고(실은 다른 나라의 영토를 점령하고, 군대의 힘으로 그것을 지키려는 노력이지만) 일본인에게 공격을 받았으므로 일본인이 했던 것과 똑같이 그들에게 할 것, 즉 그들을 죽일 것을 명령했다. 그리고 그 살육행위(전쟁)를 선언할 때, 그는 신의 이름을 내세우고, 신에게 무서운 범죄에다 축복해 줄 것을 기원했다.

일본 황제도 마찬가지로 살육행위를 러시아인에게 선언했다. 무라비요프 라든가 마르텐스 등의 법률학자들은 세계평화를 호소한 것과 다른 나라의 땅을 점령하기 위해 전쟁을 일으키는 것은 전혀 모순되지 않음을 빈번히 증명하려 한다. 또한 외교관들은 고상한 프랑스어 회람을 인쇄해 돌리고, 거기에 상세하고 성심껏(아무도 믿지 않는다는 것을 알면서도) 평화관계를 구축하고자 온갖 노력을 시도한 끝에(실제로는 다른 여러 나라를 속이고자 많은 것을 시도한 끝이겠지만), 러시아 정부는 마침내 문제의 올바른 해결을 위

한 유일한 수단, 즉 살인이라는 수단에 호소하지 않을 수 없음을 증명하려 하고 있다.

일본의 외교가들도 비슷한 것들을 쓰고 있다. 학자나 역사가, 철학자 등은 그들 나름대로 현재와 과거를 비교하여 고증하고, 그 고증 속에서 심원한 결론을 이끌어내 민족 이동의 법칙이라든가 황인종과 백인종의 관계, 불교와 그리스도교의 관계 등에 대해 장광설을 늘어놓고, 그 결론이나 구실을 바탕으로 그리스도교도가 행한 황인종 살육을 정당화하고, 그와 마찬가지로 일본 철학자들도 백인종 살육을 정당화하는 것이다.

또한 신문기자들은 기자들대로 기쁨을 감추려고도 않고, 줄곧 서로 앞을 다투어 낯두껍고 속이 들여다보이는 온갖 거짓도 거리끼지 않고, 오직 러시아인만이 옳고 강하며, 모든 점에서 훌륭하다고 한다. 반면 일본인은 죄다 부정하고 허약하며, 모든 점에서 악한 자이고, 또 러시아에 적대행동을 하거나 적대행동을 할지 모르는 영국인이나 미국인도 역시 악한 자임을 입에 침이 마르도록 설명한다. 그와 같은 일을 일본인이나 일본의 동맹국 사람들도 러시아인을 상대로 행하고 있다.

직업적인 특성 때문에 살인을 준비하고 있는 군인들은 아무런 말을 않는다. 그런데 교수라든가 지방자치체의 공무원이나 대학생, 귀족이나 상인 등 특별히 아무에게도, 또 어떤 일로도 그렇게 하라고 재촉을 당하지도 않는 이른바 교양인들 그룹이 일본인에 대해, 그리고 어제까지 우호적이었거나 아무런 감정도 없었던 영국인이나 미국인에 대해 극히 악의에 찬 모멸적인 감정을 표현한다. 게다가 아무런 필요가 없는데도 애초 전혀 무관심한 황제를 향해 끝없는 경애와 목숨을 건 봉사를 바치겠다는 지극히 저열하고 노예적인 감정을 피력하는 것이다.

또한 1억 3천만 인구의 지도자로 인정 받고, 계속 속아서 자신도 모순에 빠져버린 불행하고 머리가 혼란스런 젊은이는, 군대를 믿고 이에 감사하며, 아직 자기의 땅이라는 권리도 없는 토지를 지키기 위해 살인을 저지르는 군대를 축복한다. 또 교양인들이라면 아무도 믿지 않고, 문맹의 농민들조차도 내팽개치고 있는 추악한 성상(聖像)을 들여다 놓고, 그 성상 앞에 꿇어앉아 예배하고, 거기에 입을 맞추며, 거드름을 잔뜩 피우며 거짓말을 수도 없이 늘어놓는다.

부자들은 부도덕하게 모은 재산 가운데 극히 일부분을 살인을 위해, 또는 살인을 돕는 시설 등을 위해 기부하며, 정부에 해마다 20억 루블의 세금을 바치는 가난한 사람들도 역시 그렇게 해야 한다고 믿고, 작지만 그들에게는 소중한 재산을 정부에 헌납한다. 정부는 황제의 사진을 메고 거리를 활보하며 노래하거나, '울라(만세)'를 부르거나, 애국주의라는 이름 아래 갖가지 난폭한 행동을 일삼는 사람들을 치켜세우거나 상을 준다. 그리고 궁정에서 시골구석에 이르기까지 모든 러시아 땅에서 그리스도교라 자칭하는 교회 사제들이 신에게, 원수를 사랑하라고 명령하는 사랑의 신에게 악마의 짓, 인간 살육을 도와달라고 기도한다.

이처럼 기도라든가 설교, 격문, 행렬이라든가 그림, 신문 등에 속은 몇십만이나 되는 대포 먹이들은 똑같은 군복을 입고, 다양한 살인도구를 지고 부모와 처자식들은 뒤에 남긴 채, 속으로는 슬픔에 젖으면서도 겉으로는 꽤나 용감한 듯이, 앞으로 자기들이 목숨을 걸고 지극히 무서운 행동, 바로 자기들이 알지도 못하며 자기에게 전혀 나쁜 짓을 한 적도 없는 사람들을 죽이는 범죄행위를 하려고 그 장소로 나아간다.

그리고 그 뒤를 의사나 적십자 간호사들이, 무슨 까닭에선지 국내의 평범하고도 평화롭게 살아가는 환자에게는 봉사할 수가 없으며, 서로 죽이느라 바쁜 사람들에게만 봉사해야 한다고 믿는 사람들이 따라간다.

또 총 뒤의 사람들은 살인 뉴스에 기뻐하며, 수많은 일본인이 죽었다는 것을 알고 그들이 신이라 부르는 누군가에 대고 감사를 바친다.

그 모두가 숭고한 감정의 표현이라고 인정할 뿐만 아니라, 그런 감정을 나타내지 않고 사람들을 제정신으로 되돌리고자 시도하는 사람들은 나라를 망치는 자, 또는 배신자로 간주해 버린다. 또한 자기들의 어리석음이나 잔혹함을 지키기 위한 무기로 광포한 완력 이외에는 아무것도 없는 야수가 되어버린 사람들에게 매도를 당하거나 맞거나 하는 위험에 빠진다.

3

'전쟁은 사람들을 시민이 아닌 병사로 바꿔놓는다. 그들의 습관은 그들을 일반사회로부터 유리시킨다. 그들의 주요 감정은 상관에 대한 절대복종이며, 그들은 병영 속에서 전제주의를, 자기의 목적을 폭력으로 완수하며, 이웃 사람들의 인권과 행복을 멋대로 희롱하는 방법을 배운다. 그들이 가장 만족스러워하는 것은 난폭하고 광적인 사건이며, 위험한 일이다. 그들은 평화로운 노동을 싫어한다.

전쟁은 전쟁을 부르며, 끝도 없이 계속하게 한다. 이긴 나라는 승리에 도취되어 한층 새로운 승리를 추구하고, 패배한 나라는 패배에 안달이 나서 실추된 자기의 명예, 손실을 되돌리려 초조해한다. 서로 상처를 입은 나라와 나라는 증오로 불타고, 상대를 욕하며, 상대가 망하기를 바란다. 그들은 질병이나 기아, 빈곤이나 패배가 적국을 덮치기를 염원한다.

천 명의 적군을 죽이는 것은 연민 대신 열광적인 환희를 부른다. 도시는 일류미네이션(전기장식)으로 장식되고, 나라 전체가 축제의 소용돌이가 된다. 그리하여 사람들의 정신은 황폐해지고 악한 감정이 횡행한다. 사람들의 동정과 인간적인 동정심이 내팽개쳐진다.'   채닝

'군대 근무의 적령기에 이르면, 젊은 사람은 무뢰한이나 벽창호들이 내리는 명령, 문답이 필요없는 명령에 복종하지 않으면 안 된다. 이제 그는 인간의 존엄성이나 위대함은 자기의 의지를 버리고 남의 의지를 수행하는 도구가 되는 것, 죽거나 죽이거나 굶주림과 목마름, 비와 추위에 괴로워하는 것, 다치고 불구가 되는 것에 있다고 믿어야만 한다. 그것도 무엇 때문인지도 모르는 채, 전투가 있는 날의 한 잔 술이나 실체도 없는 허구의 약속이나 마찬가지인 사후의 불멸과 명예 이외의 아무런 보수도 없이, 더구나 그 명예란 것도 따뜻한 방에 앉은 신문기자가 마음 내키는 대로 부여하기도 하고 부여하지 않기도 하는 상황 아래서, 그렇게 믿지 않으면 안 되는 것이다.

총소리와 함께 그는 부상을 당하고 쓰러진다. 같은 편 군사가 그 위를 짓밟고 건너가 숨의 뿌리를 끊는다. 그리고 아직 경련을 일으키는데도 땅에 묻히고, 그로써 죽음이 없는 세계로 들어간다. 친구들이나 친척도 그를 잊고, 자기의 행복이나 고통, 목숨을 바쳤던 상대도 그에 대해 아무것도 알지 못한다. 그리고 몇 년쯤 뒤에 누군가가 그의 백골을 파내 그것을 원료로 검정 구두약이나 영국식 왁스를 만들어 장군의 장화에 광을 낸다.'   알퐁스 카를르

'그들은 남자가 한창 패기가 넘치는 청춘인 때에 소집해, 그에게 총을 쥐

어주고 배낭을 지게 한 다음 군모를 씌우고, 그를 향해 말한다. "다들 들어라. 어디어디의 황제가 짐에게 괘씸한 짓을 했다. 때문에 너희는 그 놈의 신하 모두를 쓰러뜨려야만 한다. 나는 너희가 몇 월 며칠에 그 녀석들을 죽이기 위해 놈들의 국경으로 갈 것이라고 선언을 했다.'"

'너는 경험이 부족하기 때문에 우리의 적을 사람으로 여길지도 모른다. 하지만 적은 인간이 아니라 오직 프러시아놈, 프랑스놈, 일본놈에 지나지 않는다. 너는 임무를 완수하기 위해 최선을 다하는 것이 좋다. 나는 내 집에 있으면서 너의 행동을 관찰하고 있을 테니까. 네가 승리를 거두고 고국으로 돌아왔을 때, 나는 군복을 입고 너희 앞으로 나아가서 '병사들이여, 나는 만족한다'고 말할 것이다. 또한 만일 네가 전장에서 주검이 된다면(이것은 있을 수 있는 일이지만), 나는 너의 죽음을 네 가족에게 알리고 그들이 너의 죽음을 슬퍼해 울게 하고, 즉각 너의 뒤를 따르도록 조치할 것이다. 만약 네가 팔다리를 잃으면 그 대가를 지불할 것이다. 만약 네가 살아남는다 하더라도 배낭을 질 힘마저 없어진다면, 나는 네게 퇴역을 허락하겠다. 그러면 너는 어딜 가고 어디서 죽든 상관없고, 그것은 내가 전혀 알 바가 아니다.'

클로드 칠리에

'그래서 나는 군대 규율이란 것, 즉 하사가 병졸에게 말할 때는 언제나 하사가 옳으며, 상사가 하사에게 말할 때는 늘 상사가 옳고, 소위가 상사와 이야기할 때는 항상 소위가 옳은 것처럼, 원수에 이르기까지 줄곧 그러하며, 비록 그들이 2×2=5라고 해도 그렇다는 것을 알아채야 했다. 처음엔 그것을 깨닫기가 힘들지만 어떤 군대에나 주의사항을 쓴 표가 걸려 있어서, 그것을 읽으면 그 말이 맞다는 것을 알게 된다.
　그 표에는 병사가 하고 싶어하는 것, 예를 들면 고향으로 돌아가는 것, 군대 근무를 거부하는 것, 상관의 명령에 복종하지 않는 것 등등이 모조리 각 조항에 걸쳐 쓰여 있으며, 그에 대해 모두가 사형이나 5년의 징역 등의 형벌이 규정되어 있다.'

에르크만 샤트리앙

'나는 흑인을 샀고 그는 나의 소유가 되었다. 그는 말처럼 일한다. 나는 그에게 거친 음식을 먹이고, 아무 옷이나 입히며, 명령에 거역하면 때린다. 특별히 놀랄 것은 없지 않은가?

우리가 병사들에게 그 이상으로 좋은 일을 하고 있는 것일까? 그들도 그 흑인처럼 자유를 빼앗긴 것은 아닐까? 차이라고 한다면 병사가 훨씬 돈이 싸게 먹힌다는 것뿐이다. 괜찮은 흑인은 현재 적어도 500에큐는 나가지만, 훌륭한 병사라도 50에큐가 될까말까 한다. 둘 다 자기들이 붙잡혀 있는 장소를 벗어나지 못하며, 그 어느 쪽이나 약간의 실수에도 얻어맞는다. 대우도 거의 비슷하지만 흑인이 병사보다 나은 점은 생명의 위험이 없다는 것과, 처자와 함께 살 수 있다는 것이다.

백과사전 1권 기술노예에 대한 아마추어의 질문에서

마치 볼테르나 몽테뉴, 파스칼이나 스위프트, 칸트, 스피노자, 그 밖에 전쟁의 무의미함과 무익함을 날카롭게 지적하고, 그 잔혹성과 비인도적인 야만성을 분명하게 묘사한 몇백 명의 저작자들 따위는 없었던가 싶고, 무엇보다도 인류애와 신, 사람들에 대한 사랑을 그렇게나 설파했던 그리스도 따위는 전혀 존재하지 않았던 것 같다.

그런 생각과 함께 현재 주위에서 벌어지고 있는 일들을 바라볼 때, 전쟁의 참화보다, 오히려 그 어떤 무시무시한 것보다 훨씬 두려운 것, 바로 인간 이성의 무력함을 의식하게 되는 공포에 전율하지 않을 수 없다.

인간을 동물과 구별하는 유일한 것, 인간의 존엄성을 구성하는 것, 바로 그 인간의 이성이 불필요하고 무익하며, 오히려 해롭기까지 해서, 마치 말의 머리에서 떨어져 다리에 뒤엉킨 재갈이 족쇄처럼 말을 괴롭히듯 사람을 괴롭게 할 뿐이라는 것이다.

예를 들면 복음서도 모르고 교회의 가르침을 맹신했던 중세시대의 그리스도교도였던 이교도인 그리스인이나 로마인이, 전쟁에 종사하는 군인이라는 신분을 자랑스러워한다는 것은 이해한다. 그러나 진정으로 그리스도교를 믿는 사람, 믿지 않는다 하더라도 현재의 철학자나 도덕학자나 예술가의 작품에 흘러 넘치고 있는 그리스도교적 동포애의 이념으로부터 좋든 싫든 감화를 받은 사람, 그런 사람이 어째서 총을 잡거나 이웃 사람들에게 대포를 조준해서 되도록 많은 수를 죽이려고 마구 쏘아대거나 할 수 있다는 말인가?

앗시리아인이나 로마인, 그리스인이라면 전쟁을 하더라도 자기들의 양심에 거리낌이 없을 뿐만 아니라 오히려 훌륭한 행위라고 믿을 수도 있으리라. 그렇지만 바라건 바라지 않건 간에 우리는 그리스도교도이며, 그리스도교를 아무리 왜곡해 보았자 그 근본 정신은 전쟁이 어리석고 잔혹할 뿐만 아니라 우리가 선한 것, 당연한 것으로 생각하는 모든 것과 모순되는 것을 느끼지 않을 수 없는 곳으로 우리를 끌어올린다.

때문에 우리는 전쟁에 자신만만하게, 결연하고 침착하게 응할 수 없을 뿐만 아니라, 희생자를 죽이려 들 때 자기 행위가 범죄라는 것을 의식하지 않을 수 없다. 마음 깊은 곳에서는 그 죄의 심각성을 느끼면서도 어떻게든 그 가공할 짓을 해내고 싶은 것처럼, 특히 스스로를 광란의 상태로 떨어뜨리려 하는 살인범처럼, 될 대로 되라는 감정 없이 전쟁을 할 수 없는 것이다.

현재 러시아 상류사회를 지탱하고 있는 부자연스럽고, 마치 열병에 걸려 헛소리를 하는 듯한 어리석은 흥분상태는 자기들이 줄곧 저지르고 있는 행위의 깊은 죄악을 의식하는 징후에 지나지 않는다. 황제에 대한 충성심이나 경애하는 마음, 목숨을 희생할 각오(자기의 목숨이 아니라 남의 목숨이라고 해야 하겠지만)에 대한 낯두꺼운 거짓말, 남의 나라 땅을 몸소 지켜주겠다는 약속, 갖가지 군기(軍旗)나 성상에 대고 하는 무의미한 축복 행사, 이곳저곳에서 벌어지는 기도, 시트나 붕대 준비, 간호사 파견, 선전을 포고하고, 전쟁에 필요한 함대나 부상자용 붕대 조달에 필요한 돈은 필요한 만큼 국민에게서 징집할 수 있고, 전쟁의 직접적 책임자인 정부에 군함을 지원하고 적십자를 위해 기부하는 것, 방방곡곡에서 꽤나 중대한 뉴스이기라도 한 것처럼 보도하는 신문, 교회에서 슬라브어로 행해지는 과장되고 무의미하고 모독적인 기도, 갖가지 행렬, '신이여 황제를 지켜주소서'라는 국가, '울라(만세)'의 외침 소리, 무시무시하고 뒤죽박죽인 상태에 모두 휘말려 있어서 적발될 염려가 없는 신문의 뻔뻔스러운 갖가지 거짓말 등등 현재 러시아 사교계가 빠져 있고 서서히 대중에게 전염되고 있는 갖가지 우둔화와 광포화, 그것들은 모두 속속 진행되고 있는 일들에서 죄의 심각성을 의식하는 징후에 지나지 않는 것이다.

감정은 사람들을 향해서 지금 당신들이 하고 있는 것이 해서는 안될 일이라고 말한다. 그러나 희생자를 죽이기 시작한 살인을 멈출 수 없는 것처럼,

현재 러시아인들도 이미 시작된 전쟁이기에 항거하기 힘들다고 생각한다. '전쟁이 시작되었다. 때문에 계속되지 않으면 안 된다.' 비천한 욕정과 우둔화의 영향 아래서 조종을 당하는, 배우지 못해 지극히 단순하고 미혹되기 쉬운 사람들은 그렇게 생각한다. 그리고 오늘날 학식 있는 사람들마저 그와 같이 생각해, 인간에게는 애초 의지의 자유 따위는 없으며, 때문에 비록 시작된 일이 좋지 않은 것임을 알았더라도 이미 그만둘 수 없다고 주장한다.

이렇게 제정신이 아니고 광포해진 사람들이 가공할 악행을 계속하는 것이다.

4

'외교나 신문 덕분에, 얼마나 사소한 외교상의 오해로 인해 거룩한 전쟁이 발발하는지 그저 놀랄 수밖에 없다. 1856년에 영국과 프랑스가 러시아에 선전포고를 했을 때, 이 전쟁은 너무나 사소한 일에서 시작되었기 때문에 그 원인을 알려면 오랫동안 외교 고문서를 휘젓고 다녀야만 할 정도였다. 그러나 그 기괴한 오해의 결과는 50만 명 이상의 사망자와 50억 내지 60억이라는 돈을 소비하게 했다.

사실 원인은 있었다. 그러나 그것은 원인으로 인정되고 있지 않다. 나폴레옹 3세는 영국과 동맹해 전쟁에 이김으로써 범죄로 획득한 자기 권력의 기초를 확고히 하고자 했다. 러시아인은 콘스탄티노플을 손에 넣으려 했다. 그리고 영국인은 차츰 그들의 상업을 발전시켜 러시아의 동양 진출을 방해하려 했다. 모양은 가지가지이지만 침략이나 폭력 등의 정신은 언제나 그런 법이다.'

리쉐

'한 사람이 강 저편에 살고 있는데, 그 사람의 나라가 우리나라와 싸운다고 해서, 특별히 그 사람하고 싸울 까닭도 없는데 그 사람에게 나를 죽일 권리가 있다는, 그런 바보 같은 이야기가 어디 있는가?'

파스칼

'지구 주민들은 바보에다 얼뜨기이고 둔해서, 여러 문명국의 신문잡지에는 매일 여러 나라 원수들이 가상의 적국에 대항하기 위해 동맹관계를 논한 문장이나 전쟁 준비 기사가 나오며, 한편 국민들은 자기들 하나하나의 목숨은 자기들 개인의 것임을 완전히 잊기라도 한 듯, 도살장에 끌려온 가축처럼 자기 몸을 지도자들에게 내맡기고 있다.

이 별의 주민들은 모두 '세상에는 국민이나 국경, 국기라고 하는 것들이 있다'고 굳게 믿으며, 인류라는 의식은 너무도 약하고, 그 의식은 조국이라는 관념 앞에서는 완전히 소멸되고 만다. 사려 깊은 사람들이 어떻게든 온건하게 서로 대화하면, 분명 애초부터 전쟁을 바라는 사람은 아무도 없었으므로 그런 상태는 일변하기라도 하겠지만…… . 하지만 거기에는 무수한 기생충들이 떼지어 있는 정치기구라는 것이 존재한다.'
프랑마리온

'인간의 다양한 행위를 피상적이 아니라 근본적으로 연구하면, 아무래도 다음과 같은 슬픈 생각이 떠오르지 않을 수 없다.

'지상에 악의 나라를 유지해 나가기 위해 얼마나 많은 생명이 사라지고 있는가. 또한 그 악에 가장 협력하는 것은 상비군제도가 아닌가!' 게다가 그런 일은 모두 필요 없는 것들이며, 압도적 다수의 사람들이 얌전하게 받아들이고 있는 악은 오로지 그들의 어리석음에서, 또 자기들보다 훨씬 적은 수의 교활하고 타락한 사람들에게 착취당한 것에서 생겨난 것임을 생각하면, 그 놀라움과 슬픔이 차츰 늘어날 뿐이다.'
패트릭 라로크

늙은 부모와 처자식을 떼어놓고 온 병사들에게, 어떻게 알지도 못하는 사람들을 죽이러 가느냐고 묻는다면, 그는 처음 들어 보는 이 물음에 놀라리라. 그는 군인이고 선서를 했으므로 상관의 명령에 복종하는 것은 당연하지 않느냐고 한다. 만약 당신이 그에게 전쟁, 즉 살인은 계율에 반하는 것이 아니냐고 한다면, 그는 하지만 적이 공격해 온다면 역시 황제를 위해, 정교 신앙을 위해 싸워야 한다고 말할 것이다. (어떤 사람은 나의 질문에 대해 '만약 적이 성소를 습격해 온다면 싸우겠습니다' 하고 답했다. 그래서 '성소라니 어떤 곳입니까?' 하고 다시 물었을 때 그는 '군기(軍旗)가 있는 곳입니다'라고 대답했다)

만일 그런 병사를 향해 신의 계율은 군기뿐만 아니라 이 세상의 어떤 것보다도 중요하다는 것을 설명하려 한다면, 그는 침묵하거나 화를 내면서 상관에게 고자질하러 갈 것이다.

장교나 장군에게 어째서 전쟁터로 가느냐고 묻는다면, 자신은 군인이며, 군인은 조국을 지켜야 한다고 대답할 것이다. 살인은 그리스도교의 율법 정신에 반한다고 말해도 그는 태연하리라. 왜냐하면 그는 그런 율법 따위는 믿지 않거나, 믿는다 하더라도 율법 그 자체가 아니라 그 율법에 부여되어 있는 해석을 믿을 것이므로. 중요한 것은 그가 인간으로서 무엇을 해야 하는가 하는 문제를 언제나 군인으로서의 일반적인 국가의 문제, 조국의 문제로 바꿔치기 한다는 점이다. "요즘같이 조국이 위급 존망한 때에 우리는 행동을 해야지 논의를 해서는 안 된다"고 그는 말할 것이다.

그렇게 속아서 전쟁준비를 하는 외교관들에게 어째서 그런 짓을 하느냐고 물어보자. 그들은 자기들의 목적은 각 국가 간의 평화를 확립하는 것이며, 그 목적은 관념적이고 실현 불가능한 학설로 달성되는 것이 아니라, 외교적 활동과 전쟁에 대비한 만반의 준비로 이루어진다고 대답할 것이다. 그리고 군인과 마찬가지로 외교관들도 역시 자기 생활방식의 문제 대신에 일반적 문제를 들고 와서 러시아 국익의 문제라거나, 다른 나라의 부정과 불의, 유럽의 세력균형 문제라든가 하는 것을 떠들기만 할 뿐, 자신의 삶이나 행동에 대해서는 말하지 않을 것이다.

또 신문기자들을 향해 어째서 전쟁을 부채질하는 듯한 내용을 쓰느냐고 물어보라. 그들은 전쟁은 불가피한 것이자 유익한 것이며, 특히 이번 전쟁은 그렇다고 하면서 자기의 의견을 어설픈 애국주의적 언사로 장식할 테고, 어째서 하나의 인격, 살아 있는 인간으로서 그런 행동을 하느냐고 물으면 군인이나 외교관과 마찬가지로 일반 국민의 이익이라든가 국가, 문명, 백인종 등등을 늘어놓을 것이다.

전쟁을 준비했던 사람들도 모두 전쟁에 자기들이 참가한 이유를 그런 식으로 설명할 것이다. 그들도 전쟁은 일어나지 않는 것이 바람직하다는 것에는 찬성하지만, 그러나 현재로는 무리이고, 지금은 러시아인으로서, 정해진 지도적 입장에 있는 지방자치회 의원 혹은 의사, 혹은 적십자운동에 종사하는 사람으로서 단지 행동만이 있을 뿐이지 토론 따위를 해서는 안 된다고 답할 것이다.

모든 것의 책임자로 여겨지는 황제도 역시 그런 식으로 말할 것이다. 그도 역시 병사와 마찬가지로 지금 과연 전쟁이 필요하냐는 질문을 받으면 깜짝 놀라리라. 그로서는 지금 전쟁을 그만두는 것 따위는 생각지도 못할 일이다. '나로서는 모든 국민이 자기에게 바라고 있는 것을 하지 않을 수가 없으며, 전쟁이 커다란 악이란 것은 인정하고, 그것을 없애기 위한 모든 수단을 강구해 왔거니와 앞으로도 강구할 작정이지만, 지금의 이 경우는 도저히 선전포고를 하지 않을 수 없고, 전쟁을 계속할 수밖에 없다. 그것이 러시아의 행복과 영광을 위해 불가결하다'고 대답할 것이다.

일반 사람들도 어째서 황제 이반, 혹은 표트르, 아니면 니콜라이가 그저 이웃을 죽이는 것을 금지할 뿐만 아니라 이웃에 대한 사랑, 이웃을 위한 봉사를 요구하고 있는 그리스도교의 계율을 지킬 의무가 있음을 인정하면서도, 감히 전쟁, 즉 폭력과 약탈, 살인에 참가하는 것이냐고 묻는다면, 언제나 자기들은 조국을 위해, 신앙을 위해, 혹은 선서를 지키기 위해, 또는 명예를 위해, 그도 아니면 문명을 위해, 인류 전체의 미래의 행복을 위해 등등 대체로 추상적이고 애매모호한 말을 늘어놓을 것이다. 게다가 그 사람들은 모두 언제나 전쟁 준비나 지도, 전쟁에 관한 논의를 하느라 정신이 팔려서 자유로운 시간에는 휴식을 하는 것이 고작이지, 자기 인생에 대해 생각할 시간 따위는 없으며, 그런 것은 무익하다고 생각한다.

5

'금세기 말에 피하기 힘든 파국이 우리를 기다리고 있으며, 그것을 각오해야만 한다는 무서운 생각이 만연해 있다. 지난 20년 동안 사람들은 지적 능력을 살인병기를 발명하는 데 기울여왔다. 그리고 이제 곧 몇발의 포탄으로 군대 하나를 전멸시킬 수 있게 될 것이다. 지금은 예전처럼 돈으로 산 몇천의 빈민들을 무장시키는 것이 아니라 국민 전체가 서로 싸우고 죽일 태세를 취하고 있다. 그들에게 서로 죽이게 할 준비로 '너희는 미움을 받고 있다'는 생각을 불어넣고, 증오심을 북돋운다. 그렇게 되면 애초 온화했던 사람들이 그 말을 믿고, 또 본래 평화를 사랑하는 사람들도 어리석은 명령에 복종해서 당장이라도 야수처럼 광포하게 상대를 덮치려 한다. 그것도 어리석기 짝이 없는 국경분쟁이나 식민지에서의 상업적 이익 등을 구실로 해서 말이다.'

'그들은 도살장에 끌려가는 양 떼처럼 어디로 가는지도 모른다. 하지만 자기들이 아내를 버리고 왔다는 사실, 자식들이 배를 곯으리란 것을 알고 집을 나선다. 그들은 끊임없이 귀에 들려오는 거짓말에 취해 서로 죽이는 것이 자기들의 의무라고 굳게 믿고, 자기들의 피비린내 나는 짓을 신이 축복해주실 것을 기도할 정도로 뭔가에 홀려서 길을 떠난다. 자기들이 씨를 뿌린 밭을 짓밟고, 자기들이 세운 마을들을 태우며 환성을 질러 기쁜 듯이 노래하면서, 불평도 하지 않고 얌전하게, 빰빠라밤빰 군악대와 함께 나아간다. 그들에게 야말로 힘이 있으며, 그들이 대화를 한다면 외교관들의 야만스런 교지(狡智) 대신 양식과 우애를 확립할 수 있음에도 불구하고 말이다.' E. 로드

'어떤 사람이 이번 러일전쟁 때, 군함 바리야그호의 갑판에서 실제로 보고 온 광경을 말했다. 그것은 너무도 처참한 광경이었다. 가는 곳 어디나 피투성이에다 인육이 어지러이 흩어져 있고, 머리가 없는 동체와 문드러진 팔이 나뒹굴고 있고, 그 피 비린내는 아무리 노련한 병사라도 속이 메스꺼워질 정도였다. 포탑은 가장 큰 피해를 입었다. 유탄이 포탑 꼭대기에서 폭발해 포격을 지휘하던 젊은 장교를 날려버렸다. 흩어져 날아간 그의 몸에서 남은 것은 포의 일부를 움켜쥐고 있는 한쪽 팔뿐이었다. 지휘관과 함께 있었던 4명 가운데 2명은 산산조각이 나서 날아갔고, 나머지 2명은 중상을 입었다. (그들이 내가 이야기한 그 2명인데, 두 다리를 잃었으나 나중에 또다시 다리를 절단해야만 했다.) 사령관은 관자놀이에 포탄 파편을 맞았을 뿐이었다. 그 뿐만이 아니다. 중립국의 함정도 부상자를 수용할 수 없었다고 한다. 괴저(壞疽)나 열병에는 전염성이 있기 때문이다. 괴저나 야전병원에서의 전염은 기아나 화재, 도시의 폐허나 질병, 티푸스나 천연두와 함께 전쟁에서 얻는 영광의 일부이다. 그것이 전쟁이다.

그런데도 조셉 메스틀은 다음과 같이 전쟁의 은혜를 기리고 있다. "인간이 너무도 유약해져서 그 영혼이 탄력성을 잃고 신앙마저 잃고 과도한 문명이 낳은 썩어빠진 죄에 빠져들 때, 그것은 오직 피에 의해서만 다시 살아날 수 있다."

아카데미 회원인 워규에도 브류네티에르와 마찬가지로 거의 똑같은 말을 하고 있다.

그러나 대포의 먹이가 되어야 하는 가난한 사람에게는 그런 의견에 찬성

하지 않을 권리가 있다. 하지만 불행하게도 그들은 자기의 신념에 투철할 만한 용기가 없다. 모든 악은 거기서 기인한다. 자기들이 이해할 수 없는 문제 때문에 죽음을 당하는 것이 옛날부터 허락되어 왔기 때문에, 그들은 여전히 그 습관을 계속하면서 모든 것이 원만히 되어가고 있다고 생각한다. 그래서 지금 저렇게 사체가 바다에 가라앉고, 바닷게가 그것을 먹고 있다.

하지만 산탄(散彈)이 그들 주위의 모든 것을 부숴 없앨 때, 그것이 모두 자기들의 행복을 위해, 과도한 문명 덕택에 탄력성을 잃은 동시대인의 영혼을 다시 살리기 위해 생겨난 것이라면서 기뻐하지는 않으리라.

불쌍하게도 어쩌면 그들은 조셉 메스틀의 글을 읽지 않았을 것이다. 나는 부상자들이 붕대를 교체하는 짬짬이 그것을 읽었으면 좋겠다. 그러면 그들도 '전쟁은 사형집행인과 마찬가지로 없어서는 안 되는 것이다. 왜냐하면 전쟁은 신의 정의 구현이기 때문'이라는 것을 이해할 것이다. 그리고 이 위대한 사상은 외과의사의 톱이 그들의 뼈를 탈 때 위로가 되리라.'

'〈루스키에 웨드모스치지(러시아 신문)〉에서 나는 러시아가 유리한 점은 러시아에 무한한 인적 자원이 있다는 점이라는 논설을 읽은 적이 있다.

하지만 아버지를 잃은 자식에게, 남편을 잃은 아내에게, 아들을 잃은 어머니에게 인적 자원은 아무런 의미가 없다.'

하르두안(1904년 3월의 어느 러시아 어머니의 편지에서)

'아직도 여러 문명 국가간의 전쟁은 피할 수 없는 것이냐고 당신은 묻고 있다. 그에 대해 답변하겠다. 전쟁은 이제 필요치 않을 뿐만 아니라 과거에도 단 한 번도 필요했던 적이 없다. 전쟁은 언제나 인류 역사의 올바른 발전을 방해해 왔으며, 그 권리를 파괴하고, 역사의 진보를 막아왔다.

비록 때로는 전쟁의 결과가 문명 일반에 유리한 적이 있기는 해도, 유해한 결과 쪽이 훨씬 컸다. 즉각 나타나는 유해한 결과는 극히 일부분에 지나지 않으므로 우리는 엉겁결에 속고 만다. 그 대부분, 가장 중대한 부분을 우리는 알아채지 못한다. 그런 까닭에 우리는 '아직'이라는 단어를 문제삼지 않을 수 없다. 그것을 못 들은 체하는 것은 전쟁을 옹호하는 사람에게 '전쟁은 단순히 시간적인 문제, 개인적 견해의 문제에 지나지 않으며, 견해 차는 결국 우리가 전쟁이 무익하다는 것에 대해 그들은 전쟁은 아직도 유익하다'고 주장할 권리를 부여하는 것이 되기 때문이다.

그들은 전쟁에 대한 견해에 있어서 기꺼이 우리에게 찬성하고, 전쟁은 분명 얼마 안 있어 무익한 것, 오히려 해로운 것이 될지도 모르지만 현재의 일은 아니며, 아직도 먼 앞날의 일에 불과하다고 할 것이다. 그들은 지금은 아직 겨우 한 주먹거리밖에는 되지 않는 사람들의 개인적인 명예욕을 만족시키기 위해 자행되는, 전쟁이라는 이름의 가공할 만한 유혈 참사를 일반민중들 위에 닥치게 할 필요가 있다고 생각한다.

이런 생각이 전쟁의 유일한 원인이었고 지금도 그러하다. 대중의 희생 위에 선 소수인의 권력과 명예와 부, 대중의 천성을 우습게 보는 것과 그 소수인이 환기시키고 지지하는 편견이 그것을 가능하게 하는 것이다.'

가스통 모크

현대 그리스도교 세계의 사람들은 진정한 길을 벗어나서 앞으로 가면 갈수록 도무지 바라던 곳에 갈 수 없다는 것을 알게 되는 사람과도 같다. 그는 길을 잘못 든 것을 느끼면 느낄수록 점차 자포자기가 되어, 어차피 '어딘가 나오겠지' 하고 믿으며 길을 재촉한다. 그러나 마침내 그 길의 끝에 있는 것은 벼랑이란 것이 분명해지고, 이미 그 벼랑이 보이기 시작하는 순간이 다가온다.

현재 그리스도교계의 사람들 상태는 위에서 말한 대로이다.

만약 우리가 지금처럼 개인적으로든 나라별로든 자기만, 혹은 자기 나라만의 행복을 바라는 삶을 계속하고, 지금처럼 그 행복을 폭력으로 지키려 한다면, 필연적으로 개인끼리, 나라끼리 폭력 수단을 증대시키게 된다. 그로 인해 우리는 우선적으로 생산력의 큰 부분을 군비에 쏟아 부어 파산하게 될 것이고, 두 번째로 건강한 신체의 사람들을 전쟁에서 서로 죽이게 함으로써 차츰 퇴화되고, 도덕적으로도 뒤떨어지고 타락하게 될 것이다.

현재의 생활을 고치지 않는 한 그렇게 되리란 것은, 평행하지 않은 2개의 선은 언젠가 반드시 교차하는 것과 마찬가지로 확실하다. 또 이론적으로 그러할 뿐만 아니라 이미 감정상으로도 확실해지고 있다. 우리가 가까이 와 있는 벼랑은 이미 보이고, 배우지 못했고 지극히 소박하며 핑계를 대지 않는 사람들도 이런 식으로 서로 군비를 증대하고 전쟁에서 서로를 계속 죽인다면, 우리는 마치 병 속에 빠진 거미처럼 서로를 죽일 수밖에 없다는 것을 안다. 성실하고 진지하고 사려가 깊은 사람이라면, 과거 사람들이 생각했던 것처럼 로마 대제국이라든가 카를 대제, 나폴레옹이나 중세 교황의 교권이라든가, 신성동맹, 유럽 여러 국가 간의 정치적 균형이나 국제재판, 혹은 특정 종류의 사람들이 생각하는 것처럼 군사력의 증대와 강력한 살인도구의 개발이 사태를 개선할 수 있다고 생각하고 자위하지는 못할 것이다.

유럽의 여러 나라를 하나로 뭉쳐 세계 제국이나 세계 공화국을 만들지는 못한다. 왜냐하면 어떤 나라도 한 나라로 통일되기를 바라지 않기 때문이다. 국제분쟁 해결을 위해 국제재판소를 만든다? 하지만 대체 누가 무장한 100만의 병사를 보유한 나라를 그 판결에 따르게 할 것인가?

그러면 군비 폐지는? 아무도 여기에 손을 대려고 하지 않거니와 그런 것은 가능할 것 같지도 않다. 가장 무시무시한 살육수단, 예를 들면 질식성 가스를 넣은 폭탄이나 포탄을 싣고, 상대의 하늘에서 투하하는 비행선을 고안한다면? 어떤 생각을 하든 어떤 나라나 그런 살육도구를 갖출 것이고, 대포의 먹이는 맨 먼저 칼이나 창 밑을 헤쳐나간 다음, 이번엔 총화(銃火)를 헤치고, 이어서 차례로 유탄, 폭탄, 원거리포, 속사포, 지뢰의 위험을 무릅쓰고 나아가, 비행선에서 떨어지는 질식성 가스를 넣은 폭탄 밑으로 나아가리라.

일본과의 전쟁은 헤이그 만국평화회의와 모순되지 않는다는 무라비요프나 마르틴스 교수의 말만큼이나 현대 세계에서 사상 전달의 수단인 언어가 어떻게 왜곡되며 명백하고 이성적인 사상표현의 기능을 상실하고 있는가를 나타내는 것도 없다. 사상이나 언어가 인간 행위의 지침으로서 도움이 되게 하기 위해서가 아니라, 제아무리 죄가 깊은 행위라도 그 행위를 변호하기 위해 사용되고 있는 형편이다. 최근의 보어전쟁(1899~1902년 영국과 트란스발공화국이 벌인 전쟁. 남아프리카 전쟁이라고도 한다.)이나 언제 어느 때에 전면전으로 이행할지 모르는 일본과의 전쟁이 이를 잘 보여주고 있다. 어떤 반군국주의적인 말도 전쟁 중지에 도움이 되지 않는 것은, 마치 이빨을 드러내고 있는 개들을 향해 싸움의 불씨가 되는 고기를 사이좋게 나누는 편이 서로 으르렁거리는 것보다 좋으며, 그런 행동을 하면 지나가는 다른 개가 그 고기

를 물고 가버린다고 친절하고 공손하게 말해보았자 아무 소용이 없는 것과
마찬가지이다.

우리는 벼랑을 향해 돌진하다가 멈출 수가 없어 뛰어들고 말 것이다.

이성을 구비한 인간이라면 누구나 현재 인류가 처해 있는 상황을 생각하
고, 인류에게 다가오고 있는 것을 생각할 때, 그런 상황에서 실제적인 퇴로
는 없으며, 우리가 싫든 좋든 돌진하고 있는 파멸의 늪에서 우리를 구해낼
그 어떤 기구나 제도도 없다는 것을 분명히 깨달을 것이다.

어떻게 해결할 수가 없다. 차츰 복잡해져만 가는 경제적 위기는 잠깐 제쳐
두더라도, 끊임없이 전쟁의 위험성을 내포한 채 현재에도 종종 전쟁을 일으
켰던 나라들, 서로 군비를 경쟁하는 열강의 관계를 보기만 해도, 이른바 문
명을 발전시킨 인류가 피하기 힘든 파멸을 향해 돌진하고 있다는 것은 자명
하다.

대체 어떻게 해야 할 것인가?

6

'예수는 자기의 사명을 다했고, 그에 따라 새로운 사회의 기초를 쌓았다.
그 전에는 여러 나라 백성들이 마치 양 떼가 자기의 주인에게 속한 것처럼
한 사람 혹은 여러 명의 주인에게 속해 있었다. 황제나 강자들은 오만과 탐
욕으로 민중을 압박했다. 그러나 예수는 그런 부당한 세상을 끝내고 뒤틀린
고개를 들게 해주었으며, 노예들을 해방시켰다. 그는 사람들을 향해 인간은
신 앞에서 평등하며, 사람과 사람은 서로 자유롭고, 어떤 사람도 자기 동포
들의 위에 권력을 휘둘러서는 안 되며, 평등과 자유(인류에게 주어진 신의
율법)를 허물어서는 안 된다는 것, 권력은 권리가 아니라 사회생활에 있어
서 의무이자 봉사이며, 사회 복지를 위해 어떤 의미에서는 기꺼이 사람들의
노예가 되는 것이라고 가르쳤다. 예수가 세우려 한 것은 그런 세상이다.

지금의 세상은 과연 그러한가? 그런 가르침이 세상을 지배하고 있는 것일
까? 현재 황제라 불리는 자는 민중의 봉사자인가, 아니면 주인인가? 이미
18세기 동안이나 사람들은 자자손손 그리스도의 가르침을 전하고, 그의 가
르침을 믿는다고 말해 왔다. 하지만 뭔가 세상이 달라졌는가?

민중은 여전히 억압에 고통스러워하면서 약속된 자유해방을 기다리고 있

다. 그것은 그리스도의 말이 틀렸거나 비현실적이어서가 아니라 민중이 가르침의 실현은 자신의 노력이나 강한 의지로 이루어야 한다는 사실을 이해하지 못했거나, 완전히 비굴해져서 승리를 가져오는 일을 하지 않았기 때문에, 즉 진리를 위해서 죽을 각오를 하지 않은 때문이다. 하지만 그들도 결국은 눈을 뜬다. 이미 그들 가운데 뭔가가 움직이기 시작하고 있다. 그들은 이미 구원이 가까이 왔다는 목소리를 듣고 있다.'　　　　　　　　　라므네

'19세기가 새로운 길로 접어들고 있음을 인정하지 않을 수 없다. 19세기 사람들은 민중을 위한 규율과 판단이 존재해야 하며, 국민 하나하나에 대한 범죄는 비록 대규모로 행해지더라도 한 인간의 한 인간에 대한 범죄행위와 마찬가지로 증오해야 한다는 것을 깨닫기 시작하고 있다.'　　　　　케트레

'모든 사람은 출신이 하나이며, 하나의 율법에 속하고, 하나의 목적을 추구할 사명을 띠고 있다. 때문에 당신들에게는 하나의 신앙, 하나의 행동 목적, 그 아래서 싸워야 하는 하나의 깃발이 있어야만 한다. 행동, 눈물, 순교는 모든 사람이 이해하는 인류 전체의 공통어이다.'　　　　요셉 마티니

'……자기 동료가 피 흘리는 것을 본 사람, 또는 그 피의 원인이 된 사람이 반드시 보이는 양심의 고통이 뚜렷한 증거이다. 그 살육의 무거운 짐을 한 사람의 머리로 막아낼 수는 없다. 거기에는 역시 싸우는 사람 수만큼의 머리수가 있어야만 한다. 그들이 정한 피의 율법에 대해 책임을 지려면, 적어도 그 율법을 이해하고 있지 않으면 안 된다. 그러나 지금 화제가 되고 있는 보다 나은 기구라는 것도 역시 일시적인 것에 지나지 않는다. 왜냐하면 다시 한 번 반복되는 말이지만, 군대나 전쟁은 폐지되어야 하는 것이기 때문이다. 비록 내가 다른 장소에서 반박했던 궤변가들이 어떤 말을 하더라도, 타국인에 대한 전쟁은 거룩한 전쟁이라는 것은 거짓이거니와 대지가 피에 굶주려 있다는 것 또한 거짓이다. 전쟁은 신에게도, 참가해서 남모르는 공포를 경험한 사람들에게도 저주를 받고 있다. 그리고 대지는 강을 위한 물과 구름을 위한 아름다운 안개를 바라고 있다.'　　　알프레드 드 비니

'인간은 조금도 남을 강제하도록 만들어지지 않았으며, 남에게 굴종하도록 만들어지지도 않았다. 사람들은 그런 습관으로 그저 서로 상처를 입을 뿐이다. 그렇게 한쪽에선 우매함이 생겨나고, 한쪽에선 우쭐함이 생겨나 참된 인간적 존엄성은 자취를 감춰버린다.'

콘시데랑

'만약 나의 병사들이 생각을 하기 시작한다면 단 한 명도 군대에 남지 않으리라.'

프리드리히 2세

2천 년 전, 최초의 세례자인 요한에 이어 그리스도가 사람들을 향해, "때가 찼다. 하느님의 나라가 가까이 왔다. 회개하여라. 복음을 믿어라"(마가복음 1장 15절)고 했고, 또한 "너희도 회개하지 않으면 모두 그렇게 망할 것이다"(누가복음 13장 5절)라고 했다.

그러나 사람들은 그의 말을 받아들이지 않았다. 그리고 그가 예언했던 멸망은 이미 가까워오고 있다. 현재의 우리는 그 멸망을 겪지 않을 수 없다. 이미 멸망의 지경에 빠진 우리는 시대적으로는 오래되었지만 우리에게는 새로운 구원의 수단을 못들은 체해서는 안 된다. 우리는 악하고 비이성적인 생활에서 생겨나는 갖가지 불행은 별개로 하더라도, 오직 전쟁 준비와 그 필연적인 결과인 전쟁만으로도 틀림없이 우리를 멸망시키리란 것을 생각해야 한다. 또 그런 재앙으로부터 벗어나기 위해 사람들이 고안한 수많은 수단은 모두 무기력하며 또 무기력하지 않을 리가 없거니와, 서로 무장한 채 대치하는 나라들의 불행한 상태는 차츰 혹독해지지 않을 수 없음을 볼 것이다. 때문에 그리스도의 말은 그 어느 때보다도, 그 어떤 사람보다도 현재의 우리 상황에 꼭 들어맞는 것이다.

그리스도는 "회개하라"고 말했다. 바꿔 말하면 각자 지금 하고 있는 것을 그만두고 '나는 누구인가? 나는 어디서 왔으며 나의 사명은 무엇인가를 생각하라. 그리고 그 물음에 답하고, 그 대답에 따라서 자기가 하고 있는 것이 자신의 사명에 적합한지 여부를 결정하라'고 한 것이다. 그래서 현재에 사는 우리들 한 사람 한 사람이, 즉 그리스도교의 본질을 아는 사람 하나하나가 지금 하는 일을 잠깐 멈추고, 자신이 세상 사람들로부터 황제라든가 병사라든가, 대신이나 신문기자라 불리는 것을 잊고, 진지하게 나는 누구이며, 나의 사명은 무엇인가를 스스로에게 묻고, 자신의 현재 행위가 과연 유익하고 도리에 어긋나지 않는 훌륭한 것인가를 생각해 보기만 하면 된다. 나는 황제이고, 병사이고, 대신이며, 신문기자이기 전에(현대 그리스도교 사회에 사는 한 사람 한 사람이 스스로에게 답해야만 한다) 무엇보다도 나는 인간이다. 바꿔 말하면 지극히 높은 자의 의지로 시간·공간적으로 무한한 세계로 보내졌고, 잠시동안 이곳에 있다가 죽어간다. 즉, 이곳에서 사라져 가는 유한한 존재자이다. 때문에 내가 나에게 부과하고, 사람들이 나에게 부과한 개인적, 또는 사회적, 인류적 목적조차도 나의 생명이 그토록 짧고, 세상의 생명이 유한하다는 것을 생각하면, 모두가 하찮은 것이며, 내가 달성하기 위해 이 세상에 보내진 지극히 숭고한 그 목적에 따라야 하는 것이다. 그 최종 목적은 내가 유한한 존재이기 때문에 알 수는 없지만, 분명 존재하며(존재하는 모든 것에 목적이 있어야만 하는 것처럼), 나의 일은 그 목적에 봉사하는 도구가 되는 것이다. 즉 나의 사명은 신의 종이 되어 그의 일을 수행하는 것이다. 그리고 나의 일을 그런 식으로 이해했을 때, 황제에서 병사에 이르기까지 현대에 사는 이는 모두 내가 스스로에게, 혹은 사람들이 나에게 부과한 현재의 의무를 다른 눈으로 보게 된다.

사람들이 나에게 왕관을 씌우고 황제로 인정하기 전에, 내가 국가 원수로서의 의무 수행을 하기 전에, 애당초 내가 이렇게 태어나 있는 것 자체로, 나는 이 지상에 나의 생명을 보내준 가장 고귀한 뜻이 요구하는 것을 수행할 약속을 했다. 나는 그 요구를 알고 있을 뿐만 아니라 마음속으로 느끼고도 있다. 그것은 내가 신봉하는 그리스도교의 율법 속에 표현되어 있는 것처럼, 내가 신의 뜻에 복종하여 신이 나에게 요구한 것, 즉 이웃을 사랑하고, 봉사하며, 남이 나에게 해주기를 바라는 대로 그에게 행하는 것이다. 사람들을 지배하고, 폭력행위나 사형, 무엇보다 가장 무서운 전쟁을 명령하고 있는 나는 과연 그렇게 하고 있는 것일까?

사람들은 나에게 그렇게 해야만 한다고 말한다. 그러나 신은 나에게 그것과는 다른 것을 하라고 한다. 때문에 사람들이 아무리 나를 향해 국가 원수로서 폭력행위나 세금 징수, 처형, 게다가 전쟁을 지휘 명령하라고 해도, 나는 그런 것은 싫기도 하지만 할 수도 없다.

또한 남을 죽여야만 한다고 명령을 받은 병사도, 전쟁 준비를 할 의무가 있다고 믿는 각료도, 전쟁을 선동하는 신문기자도, 스스로에게 '나는 대체 누구인가? 이 세상에서 나의 사명은 무엇인가'를 묻는 사람들이라면 모두 전쟁을 해서는 안 된다고 말해야만 한다. 만약 국가원수가 전쟁 지휘를 그만 두고, 병사가 싸우기를 그만두며, 각료가 전쟁준비를 멈추고, 신문기자가 전쟁을 선동하는 일을 그만둔다면, 특별히 어떤 새로운 기구나 장치, 세력균형, 국제재판이 없어도 사람들은 전쟁에 관해서 뿐만 아니라 스스로 자초한 모든 불행으로 인한 절망적 상태에서 저절로 벗어날 수 있다.

때문에 아무리 이상하게 여겨지더라도, 제 스스로 자초한 갖가지 불행, 그 중에서도 가장 가공할 불행인 전쟁으로부터 확실하게 벗어날 수 있는 길은 어떤 외면적인 공공시책에 의해서가 아니라 단지 우리들 한 사람 한 사람이 심기일전하여 '나는 대체 누구인가? 무엇 때문에 태어났으며, 무엇을 해야 만 하고, 무엇을 해서는 안 되는 것인가'를 스스로에게 물음으로써 가능하다.

7

'종교는 인간성을 구성하는 필수 요소는 아니라는 의견이 광범위하게 퍼져 있다. 많은 사람들이 종교는 보다 비문명적인 생활을 하던 과거 사람들의 시대에나 어울리는 사상과 감정의 한 단계에 지나지 않으며, 사람들은 이미 그 것을 졸업했고, 이제 등 뒤로 사라져버릴 성질의 것이라고 말한다.

우리는 그 문제를 조용히 지켜보면 된다. 종교가 미신에 지나지 않는다면 졸업해야만 하는 것은 자명하기 때문이다. 또한 종교가 보다 높고, 보다 선한 인간생활과 분리될 수 없는 것이라면, 그 문제에 대한 그리스도교적인 탐구가 이를 보여줄 것이다. 만약 어떤 화폐나 각인이 있고 그 각인이 모두 똑같다는 것을 알면, 우리는 틀림없이 어떤 화폐나 그 각인을 날인한 어떤 사람인가가 존재한다는 것을 믿을 것이다. 그렇기 때문에 만일 인간성 가운데, 그리고 그 밖의 어떤 존재자의 성질 가운데 보편적이고 필수적인 특성을 안다면, 우리는 세상에는 그런 특성을 탄생시킨 누군가가 존재한다는 것을 믿어 의심치 않으리라. 다시 말해 인간은 어느 시대 어떤 나라에서든 종교적 존재란 것을 알게 될 것이고, 어떤 나라 사람도 눈에 보이지 않는 세계가 자신을 둘러싸고 있다고 믿게 될 것이다.

어떤 학설을 기준으로 세상을 조망했든, 세계는 우리를 현재 있는 그대로의 우리로 만들고 있으며, 세상이 허망하지 않다면 우리 내부에서 그 세계와 호응하는 것, 그것 또한 실재하지 않으면 안 된다. 왜냐하면 실재의 세계가 우리들에게 그 특성을 낳게 했기 때문이다.'　　　　　　　　　　사베시

'종교는 인간교육을 위한 최고 최선의 것이며, 문명 최고의 힘이기는 하지만, 신앙의 외면적 형식이나 정치적이고 이기주의적인 활동은 인류 진보의 중대한 장애물이다. 교회나 국가의 행위는 종교와는 대립한다. 우리가 조사한 바로는 영원하고 신성한 종교의 본질은 맥박이 뛰는 사람들의 심장과 똑같이 충만해 있다. 우리가 한 조사의 논리적 결론이 모든 위대한 종교의 유일한 근거, 개벽 이래 오늘날에 이르기까지 전개되어 온 유일한 가르침을 보이고 있다.'

'모든 신앙의 바닥 깊은 곳에는 유일하고 영원한 계시의 흐름, 인간에게 보내는 신의 말이라는 독특한 종교의 흐름이 있다. 조로아스터교도가 타워드를, 유대교도가 다윗의 별을, 그리스도교도가 십자가를, 이슬람교도가 초승달이 그려진 깃발을 지니는 것은 상관없지만, 그것은 모두 단지 형식이나 표장(標章)일 뿐, 마누, 조로아스터, 석가모니, 모세, 소크라테스, 힐렐, 예수, 폴로, 마호메트 등 모든 종교의 본질은 이웃을 향한 사랑에 있음을 깨달아야만 한다.'　　　　　　　　　　모리스 프뤼겔

'어떤 사회든 공통의 신앙, 공통의 목적 없이는 존재하지 못한다. 정치활동은 그 응용이며, 종교는 그 원리를 수립한 것이다. 그러한 공통의 신앙이 없는 곳에서는 끊임없이 변화하고 다른 사람을 억압하는 다수자의 의지가 지배한다. 신 없이 사람들을 강제할 수는 있어도 납득시키지는 못한다. 신이 없이는 다수자는 폭군이 될 뿐, 사람들의 교육자가 될 수 없다.

우리가 빠져 있는 에고이즘이나 의혹, 부정의 구렁텅이에서 빠져나올 길을 찾기 위해 일반 대중에게 필요한 것, 현재라는 시대가 요구하는 것, 그것은 우리 영혼이 개인적 목적의 추구라는 어둠 속 방황을 그만두고, 같은 출신, 같은 율법, 같은 목적을 인정함으로써 함께 나아갈 수 있는 신앙이다.

오래되고, 생명을 잃은 신앙의 폐허에서 생겨난 강력한 신앙은 모두 현존하는 사회질서를 변혁한다. 왜냐하면 강력한 신앙은 필연적으로 인류활동의 제반 분야에 적용되기 때문이다.

인류는 갖가지 형태, 각종 단계에서 "주여, 당신의 나라가 하늘에 있음과 같이 땅에도 있게 하소서"라는 기도를 반복하고 있다.'   요셉 마티니

인간이 자신을 오늘만 사는 동물로 생각할 수 있다면 몇 세기나 사는 가족의 일원, 사회의 일원, 국가의 일원으로 보는 것도 가능하고, 무한히 사는 무한대의 세계 일부로 볼 수도 있으며, 또 그렇게 보아야 한다. 왜냐하면 그의 이성은 좋든 싫든 그를 그쪽으로 이끌어가기 때문이다.

그 때문에 이성적 인간은 언제나 사소한 신변의 여러 생활현상과의 관계뿐만 아니라 시간적 공간적으로 무한하며, 그렇기 때문에 그가 인식하지 못하는 세계를 하나의 물체로 포착하고 관계를 수립해 왔다. 그러한 인간이 자신을 그 일부로 느끼고, 자기의 행동 지침을 이끌어내고, 인식 불가능한 전체자와의 관계를 수립하는 것을 바로 종교라 말하는 것이다. 그런 까닭으로 종교는 언제나 이성적 인간과 이성적 인류의 삶에서 불가결한 것, 피할 수 없는 조건이었으며, 그렇지 않을 수 없는 것이다.'

'참된 종교는 인간의 생명을 무한한 것과 결부시켜서 그의 행동 지침이 되는 것, 바로 그를 둘러싼 무한한 생명과의 관계 수립이다.'   레프 톨스또이

'종교란 객관적으로 보아 우리의 모든 의무를 신의 계율로 인정하는 것이다. 비록 신앙은 여러 가지가 있더라도 진정한 종교는 오직 하나밖에 없다.'

칸트

요즘 사람들을 괴롭히는 악은 대다수 사람들이 인간의 행동에 옳은 지침을 주는 종교 없이 살고 있는 데서 생겨난다. 그 종교란 도그마나 쾌적한 날씨, 위로나 흥분을 주는 예배의식을 믿는 것이 아니라 인간과 전능자, 즉 신과의 관계를 수립하고, 그 관계 없이는 사람들이 동물적 수준, 혹은 동물 이하의 수준으로 떨어지는 듯한 것으로, 모든 인간활동의 가장 보편적인 지침

을 주는 것이다. 사람들을 피할 수 없는 멸망으로 이끄는 악은 현재 유독 맹위를 떨치고 있다. 왜냐하면 사람들이 인생에 있어서 이성적인 지침을 없애고, 주로 응용과학 분야의 개발과 완성에 힘을 쏟았으므로, 현대인은 자연계를 지배하는 거대한 힘은 획득했지만, 그 힘을 현명하게 사용할 지침을 지니지 못했기 때문이다. 또 내키는 대로 자기의 가장 저급한 동물적 욕정을 만족시키기 위해 그 힘을 사용했기 때문이다.

자연에 대해 거대한 힘을 지녔지만 종교가 없는 사람들은 장난감으로 화약이나 폭발가스를 가진 어린아이들과도 같다. 현대인들이 지닌 그런 거대한 힘과 그들이 그 힘을 어떻게 사용하고 있는가를 보면, 현재의 도덕적 발전단계에서는 자신들에게 철도나 증기기관, 전기, 전화나 사진, 무선전신 등을 이용할 권리가 없을 뿐만 아니라, 단순한 제철기술조차 이용할 권리가 없음을 느끼게 된다. 왜냐하면 그러한 여러 설비나 기술을 자기들의 욕정을 만족시키기 위해, 유흥이나 방탕, 살육놀이를 위해서만 사용하고 있기 때문이다.

그렇다면 어떻게 해야 하는가? 인류가 획득한 그들 여러 시설이나 기술을 내버려야 할까? 지금까지 안 것을 잊어버려야 할까? 그것은 불가능하다. 그들 지적 획득물이 어떻게 악용이 되든 그것은 이미 획득된 것이며, 사람들은 그것을 잊을 수가 없다. 몇 세기에 걸쳐 형성되어 온 민족구성을 바꿔 새로이 통합 구성해야만 할까? 소수가 다수를 기만하고 착취하는 것을 저지할 새로운 체제를 고안해내야 하는가? 지식과 학문의 보급에 노력해야 할까? 그것들은 모두 열심히 시도되고 실행되었던 것이다. 이들 갖가지 일시적인 수단이야말로 자기도취의 방법이요, 불가피한 파멸 의식에서 벗어나기 위한 방법이다. 국경이 바뀌고 체제가 바뀌며 지식이 보급되어도, 사람들이 종교적 의식으로 인도되지 않고, 욕정이나 이해타산, 선동에 의해 행동하는 한, 그 사람들은 여전히 언제나 상대를 물고 늘어지려 도사리고 있는 짐승이거나 구태의연한 노예일 뿐이다.

달리 선택의 여지는 없다. 가장 비양심적이고 후안무치한 사람들의 노예가 되든지, 신의 종이 되는 것이다. 인간이 자유로울 수 있는 방법은 하나밖에 없기 때문이다. 자기의 의지를 신의 뜻에 합일시키는 것이 그것이다. 종교 그 자체를 부정하거나, 종교를 대신하는 외적이고 왜곡된 형식을 종교로 잘못 취해서 진실된 종교를 잃은 끝에, 오로지 개인적 욕망이나 공포심, 인간이 꾸며낸 법률이나 특히 서로가 거는 최면술에 의해 행동하는 사람들은 짐승이요, 노예의 생활을 결코 그만두지 못하며, 어떠한 외적인 노력도 그들을 그 상태에서 구출해낼 수가 없다. 종교만이 인간을 자유롭게 하기 때문이다. 그러나 현재의 대다수 사람들은 종교를 잃고 있다.

8

'양심에 가책을 받을 일을 하지 말고, 진실되지 않은 말을 하지 마라. 그것을 가장 중요한 과제로 삼으라. 그리하면 너는 네 생애의 사명을 다하게 되리라.'

'어느 누구도 너의 의지를 강제하지 못한다. 너의 의지에는 도둑도 강도도 없음이다. 부조리한 것을 바라지 마라. 대다수의 사람들처럼 개인적 행복을 바라거나 하지 말고, 중생의 행복을 바라거라. 인생의 과제는 다수자 편에 서는 것이 아니라 미친 사람들의 무리에 들어가지 않는 것이다.'

'나를 본떠 만든 사람들이 보내는 칭찬이나 영예 따위를 바라지 말고, 내가 인간들에게 준 이성으로 모방하여 그 행위를 하기 바라는 신이 존재한다는 것을 잊지 말아야 한다. 무화과나무도 자기의 본업에 충실하고, 개나 꿀벌도 그렇지 않은가. 그런데 어떻게 인간이 자기 사명을 다하지 않을 수 있겠는가? 하지만 슬프게도 이 위대하고 신성한 진리가 너의 마음 속에서 완전히 흐려져 있다. 나날의 힘든 노동, 전쟁, 어리석은 공포, 정신의 위축, 노예적 습관이 진리를 속이고 있는 것이다.'

'큰 가지에서 잘라낸 작은 가지는 그로써 나무에서 이탈되어 버린다. 인간이 인간과 싸우는 것은 인류 전체에서 이탈하는 것이 된다. 잔가지는 타인의 손에 의해 잘리지만, 인간은 자신을 인류 전체에서 잘라낸다는 것을 깨닫지 못한 채 질투와 증오로 스스로를 이웃에게서 격리시킨다. 하지만 인간을 형제로, 공통의 생명으로 초대한 신은 분열 뒤에 다시 화합할 자유를 주고 있다.'

마르쿠스 아우렐리우스

'계몽이란 사람이 스스로 머물러 있었던 어린아이 같은 태도를 벗어나는 것이다. 어린아이 같은 태도란 남의 가르침 없이는 자기의 이성을 사용하지 못하는 상태이다. 이성이 부족해서가 아니라 남의 가르침 없이 이성을 사용할 결단력과 용기가 부족할 때, 사람은 어린아이 같은 태도에 스스로 머무는 것이다.

감히 말하건대 현명해지거라!

"너 스스로의 이성을 사용할 수 있는 용기를 지녀라!" 이것이 계몽의 표어이다.'

칸트

'예수가 설파한 종교를, 예수를 명목으로 삼는 종교에서 해방시키지 않으면 안 된다. 영원한 복음의 근원적 원리를 형성하는 의식의 실상을 알 때, 우리는 그것을 옹호해야만 한다. 나뭇조각을 태운 초라한 등불이나 촛불의 행렬이 찬연한 태양빛 앞에서 빛이 바래듯, 여기저기서 들리는 우연적이고 어설프며 하찮은 기적 따위는 영적 생명의 법칙 앞에서, 신이 인도하는 인류의 역사라는 위대한 광경 앞에서 순식간에 빛을 잃게 되리라.'

아미엘

'다음의 명제는 애당초 그 어떤 증명도 필요로 하지 않는다. 즉, 선한 삶 이외에 신이 기뻐하실 뭔가가 있다고 생각하는 것은 단순한 종교적 미망(迷妄)이자 미신이란 것이다.'

칸트

'사실 신을 숭배하는 방법은 단 한 가지, 자기의 의무를 수행하고, 이성의 법칙에 적합한 행위를 하는 것이다.'

리히텐베르크

그러나 우리를 괴롭히는 악을 종식시키려면 일부가 아니라 모든 사람들이 반성하고, 그 결과로 모두 자기 삶의 사명은 신의 뜻에 복종하고, 이웃에 봉사하는 것에 있다는 것을 깨달아야만 한다. 그러면 갖가지 세속적 활동에 몰두하는 사람들은 과연 그것이 가능하겠느냐고 말한다.

나는 그것은 가능할 뿐만 아니라 그렇지 않은 쪽이 불가능하다고 답하겠다. 인간은 누구나 자신을 향해 나는 대체 누구이며, 무엇을 위해 살고 있는지를 묻는다. 이성적 존재로서 인간은 자기가 무엇 때문에 살고 있는지도 모르고 살 수는 없기 때문에, 늘 그것을 스스로에게 물어 왔거니와 그 발달 단계에 따라서 종교적인 가르침 속에서 답을 구했다. 현재는 사람들이 느끼는 내적 모순이 특별히 현실적으로 이 물음을 환기시키고 그 답을 요구하고 있다. 오늘날 사람들은 이 물음에 대해 생의 법칙은 사람들에 대한 사랑과 봉사에 있음을 인정하는 것 이외에 답할 수 없을 것이다. 왜냐하면 그것만이 현재 인생의 의미가 무엇인가 하는 문제에 대한 유일하고도 이성적인 대답이며, 그 답은 1900년 전에 이미 그리스도교 속에 나타나 있고, 인류 전체의 압도적 다수에게 알려져 있기 때문이다.

이 대답은 감춰진 채로 오늘날 그리스도교 세계의 사람들에게 존재하지만, 아직 분명한 형태로 나타나지 않았다. 이 대답이 현재의 생활 지침이 되지 않은 것은, 단지 권위를 자랑하는 학자들이 '종교는 인류 발달의 일시적 단계이며, 우리는 이미 그것을 졸업했고, 지금은 종교 없이 살아갈 수 있다'는 엉터리 미망에 빠져 있어서 자라나는 민중에게 그러한 미망을 불어넣기 때문이다. 또한 온통 권력을 장악하고 있는 사람들이 의식적, 또는 무의식적으로(스스로 교회 신앙을 그리스도교라 생각하는 미망에 빠져 있기 때문에) 민중 속에 그리스도교라 칭하는 엉터리 미신을 환기하고자 노력하기 때문이다.

그 두 가지 기만이 없어지기만 하면, 이미 감춰진 채 사람들 속에 머물러 있는 참된 종교가 명료해지고, 그 종교를 따르지 않을 수 없게 될 것이다. 그런 일이 실현되려면 첫째, 모든 사람은 모두 형제라는 명제와 내가 원하는 대로 남에게 베풀라는 율법이 많은 사상 가운데 하나에 불과한 우연적인 것이거나 다른 생각에 종속시켜도 되는 성질의 것이 아니며, 인간과 무한자의 불변하는 관계에서 생겨나는 의심할 여지없는 것으로, 다른 모든 사상을 초월한 명제이며, 종교 그 자체, 종교의 모든 것, 때문에 언제나 지상명제라는 것을 학식 있는 사람들이 깨닫는 것이다.

또 하나는 의식적 혹은 무의식적으로 그리스도교라는 이름으로 엉터리 미신을 설파하는 사람들이, 그들이 옹호하고 제창하는 도그마나 성스러운 비밀 예식(새크라멘토), 의식 등이 그들이 생각하는 것처럼 특별히 해롭지 않기는커녕, 신의 뜻을 존중하는 것이나 인간의 동포성, 사람들에 대한 봉사라는 형태로 나타나 있는 종교적 진리를 은폐한다는 점에서 극히 해롭다는 것과 내가 원하는 바를 남에게 베풀라는 율법은 그리스도교 가운데 하나의 가르침이 아니라 복음서에도 분명히 나와 있는 것처럼 실천적 의미에서 종교

전체라는 것을 깨닫는 것이다.

오늘날 사람들 모두가 삶의 의미를 자문하고 마찬가지로 그에 답하려면 스스로 학식 있다고 믿는 사람들이 종교는 시대착오이며, 과거 미개시대의 유물이고, 사람들이 잘 살아가려면 교육의 보급, 즉 사람들을 옳고 도덕적인 생활로 이끄는 다양한 지식이 있으면 충분하다는 생각에서 벗어나야 한다. 또는 다음 세대 사람들에게 그런 지식을 불어넣기를 그만두고, 사람들의 선한 생활을 위해서는 종교가 없어서는 안 된다는 것, 그 종교는 이미 현대인의 의식 속에 머물러 있다는 것을 깨달아야 한다. 또 교회의 미신에 의해 고의로, 혹은 무의식적으로 일반 민중을 우둔화하고 있는 사람들이 그것을 그만두고 그리스도교에서 중요한 것, 반드시 필요한 것은 세례라든가 성찬식, 도그마신앙 등의 아니라 신이나 이웃에 대한 사랑이라는 것을 깨달아야 한다. 그밖에 네가 바라는 것을 남에게 베풀라는 율법을 실행하고, 이 율법에 야말로 모든 법률과 예언자가 나타나 있음을 믿는 것이 필요하다.

만약 거짓 그리스도교도나 학자들이 어린아이들이나 교육을 받지 못한 사람들에게 지금처럼 까다롭고 혼란스러우며 불필요한 이론 대신에 간단 명료하고 필요한 진리를 말한다면, 모든 사람들이 자기 삶의 의의를 이해하고, 거기서부터 생겨나는 동일한 의무를 인정할 것이다.

9

병역을 거부한 농민 볼리휘크의 편지.

'1895년 10월 15일, 나는 징병검사에 호출되었다. 제비를 뽑을 차례가 되었을 때, 나는 '제비를 뽑지 않겠다'고 말했다. 관리들은 나를 보더니, 자기들끼리 서로 이야기를 한 다음에 어째서 제비를 뽑지 않느냐고 물었다. 나는 대답했다.

"나는 선서도 하지 않을 것이며, 무기도 손에 들지 않을 것이기 때문이다."

관리들은 그 문제는 나중의 일이라면서 어쨌든 지금은 제비를 뽑으라고 명령했다. 나는 다시 거부했다. 그때 관리들은 마을 이장에게 대신 제비를 뽑으라고 명령했다. 이장이 뽑으니 674호였다. 기록원이 그것을 기록했다.

징병사령관이 들어와서 나를 사무실로 불러 물었다.

"선서하지 않겠다니 대체 누가 그런 걸 네게 가르쳤지?"

나는 대답했다.

"성서를 읽고 나 스스로 알았습니다."

징병사령관은 말했다.

"네가 직접 성서를 그런 식으로 이해했다고는 생각지 않는다. 성서는 무척 난해하다. 성서를 이해하려면 공부가 필요해."

그래서 나는 대답했다.

"그리스도는 특별히 어려운 것을 가르치지 않았습니다. 그 증거로 가장 신분이 낮고 배우지 못한 문맹의 사람들도 그 가르침을 이해하지 않았습니까?"

그러자 징병사령관은 한 병사에게 나를 부대로 보내라고 명했다. 그 병사와 나는 부대의 취사장으로 들어갔는데, 거기서는 모두 식사를 하고 있었다. 식사가 끝난 뒤 다시 어째서 선서를 하지 않느냐고 신문을 당했다.

나는 말했다.

"왜냐하면 복음서에 결코 맹세하지 말라고 쓰여 있기 때문입니다."

그들은 놀랐지만 이윽고 내게 물었다.

"복음서에 그런 것이 쓰여 있나? 어디, 어디에 있지?"

내가 그곳을 찾아내 읽자 모두 듣고 있었다.

"그렇게 쓰여 있더라도 역시 선서하지 않으면 안 된다. 그렇지 않으면 혹독한 꼴을 당할 것이다."

나는 대답했다.

"이 세상의 생명을 버리는 것은 영원한 생명을 계속하는 것입니다."

20일에는 나를 다른 젊은 병사들의 대열에 넣고, 우리에게 군인 규칙을 설명했다. 나는 그들을 향해 "나는 절대 그런 것은 하지 않겠다"고 했다.

그들은 물었다.

"왜 하지 않지?"

나는 말했다.

"왜냐하면 나는 그리스도교도로서 무기를 들고 적으로부터 몸을 지키는 일은 하지 않기 때문입니다. 그리스도도 적을 사랑하라고 가르치고 계시지 않습니까?"

그들은 말했다.

"너만 그리스도교도라는 거냐? 우리도 그리스도교도야."

그래서 나는 말했다.

"나는 다른 사람이 어떤지는 모릅니다. 다만 그리스도가 지금 내가 하는 것처럼 행동하라고 가르치신 것을 알 따름입니다."

그러자 다시 그들이 말했다.

"네가 병역에 복종하지 않는다면 감옥에 처넣어주지."

그에 대해 나는 말했다.

"당신들 좋을 대로 하십시오. 나는 병역에는 따르지 않습니다."

오늘 군법회의가 열렸다. 장군이 장교들을 향해 말했다.

"이 애숭이가 병역을 거부하다니, 이 무슨 괘씸한 생각인가. 몇백만이나 되는 사람들이 착실하게 병역에 종사하고 있는데, 이 녀석 혼자서 거부를 하다니. 채찍으로 흠씬 두들겨 맞으면 바보 같은 생각을 버릴 것이다.'"

'볼리휘크는 아무르로 보내졌다. 배 위에서 모두 성찬식을 했지만 그는 그것도 거부했다. 병사들이 이유를 물었다. 그는 까닭을 설명했다. 병사 키릴 세레더가 그 대답을 들으며, 깊은 생각에 잠겼다. 세레더는 복음서를 펼치고 마태복음 5장을 읽기 시작했다. 다 읽고 나자 그는 말했다.

"이렇게 그리스도는 맹세도, 재판도, 전쟁도 금하셨는데, 우리는 모두 그것을 행하고 당연하게 여기고 있다."

그때 그곳에 있던 병사들이 세레더의 목에 십자가가 걸려 있지 않은 것을 알았다. 그래서 너의 십자가는 어디에 있느냐고 물었다. 그는 트렁크 속에 있다고 대답했다.

그들은 다시 물었다. "어째서 목에 걸지 않지?"

그는 말했다.

"나는 그리스도를 사랑하기 때문에 그리스도가 매달리신 것을 목에 걸고 싶지 않다."

마침내 2명의 상병이 다가와 세레더와 말하기 시작했다.

그들은 그에게 말했다.

"너는 최근에 성찬식을 받았는데도 어째서 지금은 십자가를 걸지 않았지?"

그는 대답했다.

"그때는 내가 어리석어서 빛을 볼 수가 없었지만 복음서를 읽기 시작한 다음에 그리스도교도로서 그런 것을 할 필요가 없다는 것을 깨달았기 때문입니다."

그들은 다시 물었다.

"그럼 너도 볼리휘크처럼 군대에 복무하지 않을 작정이냐?"

그는 하지 않겠다고 대답했다.

"어째서지?"

그들은 물었다.

그는 대답했다. "나는 그리스도교도이기 때문입니다. 그리스도교도는 사람에 대해 무장할 수 없습니다."

세례더도 볼리휘크와 함께 구속이 되었고, 야크츠크주로 유형을 당해 지금도 그곳에 있다.'

볼리휘크의 편지에서

'1894년 1월 27일, 크루스크군의 한 마을에서 교사 드로진이라는 사람이 볼로네지 감옥의 병원에서 폐렴으로 사망했다. 그의 시신은 감옥에서 사망한 사람이 모두 그랬던 것처럼 감옥의 공동묘지에 매장되었다. 그러나 그 사람은 이 세상에서 가장 거룩하고 깨끗하고 옳은 사람 가운데 한 명이었다.

1891년 8월, 그는 군대 소집 명령을 받았다. 그러나 그는 모든 사람을 인류동포라 생각하고, 살인과 폭력을 양심과 신의 의사에 반하는 최대의 죄라고 생각했기 때문에, 병사가 되어 총을 메기를 거부했다. 또한 자기에게 악행을 요구할 사람들에게 자기의 의사를 맡기는 것을 악이라 보고 선서도 거부했다. 폭력과 살인에 기초한 생활을 하던 사람들은 처음엔 그를 1년 동안 하리코프 감옥의 독방에 넣었고, 그 다음엔 올로네지의 군교도소로 이송해 15개월 동안 추위와 굶주림과 독방 감금으로 괴롭혔다. 계속된 고뇌와 굶주림 끝에 그는 마침내 폐를 앓아, 군교도소에 부적당하다는 판정을 받았다. 일반 감옥으로 옮기기로 했으나, 그는 거기서 다시 9개월이나 더 감금되어 있어야만 했다. 그러나 추위가 혹독한 어느 날, 그를 군교도소에서 일반 감옥으로 옮길 때, 경찰들이 부주의하게도 그를 얇은 옷인 채로 오랫동안 세워

놓았기 때문에, 그는 감기에 걸려 폐렴이 되었고, 22일 뒤 사망했다.

죽기 전날, 그는 의사에게 말했다.

"나의 일생은 짧았지만 나는 내 믿음에 따르고 양심에 따라서 행동했다는 의식을 가지고 죽어갑니다. 물론 그것은 다른 사람이 좀더 잘 이해해 주겠지요. 혹시 어쩌면…… 아니, 역시 나는 옳았다고 생각합니다."

그는 단호한 어조로 그렇게 말했다.'   《드로진의 삶과 죽음》에서

'악마의 간계에 맞설 수 있도록 하느님께서 주시는 장비로 완전무장을 하십시오. 우리의 싸움은 피와 살을 가진 사람들을 상대로 하는 것이 아니라, 통치자와 권세자들과 이 어두운 세계의 지배자들과 하늘에 있는 악한 영들을 상대로 하는 것입니다. 그러므로 여러분은 악한 날에 능히 대항할 수 있고 모든 일을 한 뒤에 서 있을 수 있도록, 하느님께서 주시는 장비로 완전무장을 하십시오.'   바울이 에베소 교인들에게 보내는 편지

그러나 현재 적이 우리를 덮치고, 우리가 국민을 죽이며, 적이 우리에게 줄곧 위협을 하는 지금 이 순간, 러시아는 어떻게 행동해야만 할 것인가? 러시아의 병사와 장교, 장군과 황제는 대체 어떻게 해야 하는가? 적이 우리 국토를 황폐하게 하고, 생산물을 약탈하며, 우리 국민을 포로로 삼는데, 우리를 죽음에 맡겨도 된다는 말인가? 전쟁이 이미 시작된 지금 대체 어떻게 해야 할 것인가?

누가 전쟁을 시작했다 하더라도, 어쨌든 그 전쟁에서 그 어떤 것보다 우선이 되는 것은 내가 사는 것이다. 그리고 내가 산다는 것은 여순항에 대한 중국인이나 일본인, 러시아인 나름의 권리를 인정하는 것과는 아무 관계도 없다. 내가 산다는 것은 나를 이 세상에 보낸 분의 뜻을 존중하는 것이다. 그리고 그 뜻을 나는 알고 있다. 그 뜻은 내가 이웃을 사랑하고 그분을 섬기는 것이다.

대체 무엇 때문에 나는 일시적이고 우연한, 더구나 아둔하고 잔혹한 요구에 따라서 내가 아는 나의 삶을 영원 불변한 율법에서 일탈하지 않으면 안 되는 것인가? 만약 신이 존재한다면, 그는 내가 죽을 때(언제 어느 때에 그 일이 닥칠지 모르지만) 나에게 203고지, 혹은 여순항, 나아가서는 러시아

국가라 불리는 결합체 등 애당초 신이 나에게 위탁도 하지 않은 것을 사수했는지 여부를 묻지 않을 것이고, 그가 나에게 맡긴 삶을 어떻게 살았는가, 다시 말해 내가 신의 뜻에 따라 위탁받은 조건에 따라 삶을 살았는지 여부를 물을 것이다. 과연 나는 그 약속을 존중하고 있는가?

그렇기 때문에 전쟁이 시작된 지금, '과연 무엇을 해야 하는가' 하는 물음에 대해 나의 사명을 이해하는 나로서는 비록 내가 어떤 지위에 있든, 전쟁이 시작되었든 시작되지 않았든 간에 일본인 천 명이 죽든 러시아인 천 명이 죽든, 여순항 뿐만 아니라 페테르부르크나 모스크바가 점령을 당하든, 나는 신이 내게 요구한 것 외에는 행동할 수가 없으며, 그 때문에 인간으로서 직접적이든 간접적이든, 지휘의 형식이든 원조의 형식이든, 또 전쟁을 선동하는 형식이든 다른 그 어떤 형식이든 어쨌든 전쟁에 참가할 수 없으며, 절대로 참가하지 않겠다고 대답하는 것 이외에는 할 말이 없다. 지금 곧, 혹은 얼마 안 있어 내게 어떤 사태가 일어날지 모르고 또 알 수도 없겠지만, 내가 신의 뜻에 반하는 행동을 하지 않겠다는 것이므로 그로 인해 나에게든 다른 사람에게든 선 외에 다른 아무것도 생겨나지 않으리라 믿어 의심치 않는다.

여러분은 상당히 두려운 듯이, 만약 우리 러시아인이 지금 당장 싸우기를 그만두고 일본인이 바라는 것을 뭐든지 양보해 준다면, 대체 어떻게 되겠느냐고 한다.

그러나 만약 인류가 짐승이 되지 않도록 하고, 자살행위에서 구원되는 유일한 방법이 이웃에 대한 사랑과 봉사를 요구하는 참된 종교의 확립에 있다고 한다면(나는 그것에 찬성하지 않을 수 없다), 모든 전쟁의 시시각각, 거기에 내가 참가하는 것은 유일하고도 가능한 구제를 보다 힘들게 하고, 보다 멀어지게 할 것이다. 그런 고로 예상되는 결과에 따라 행위를 결정하는 미덥지 못한 관점에서 보더라도, 러시아인이 일본인에게 그들이 원하는 것을 무엇이든 주는 것은 파괴와 살육을 멈추는 의심할 바 없는 선일 뿐만 아니라 인류를 멸망에서 구하는 유일한 방법에 근접하는 것이지만, 전쟁을 계속하는 것은 그 성패 여부에 상관없이 유일한 구제수단에서 멀어지는 원인이다.

그러나 비록 그렇다 하더라도 전쟁은 모든 사람들, 혹은 대다수가 참가를 거부할 때에야 멈출 것이다. 단 한 사람으로는 비록 그가 황제든 병사든 간에 아무런 도움도 되지 않으며, 장난으로 그 사람의 목숨을 없앨 뿐이다. 지금 러시아 황제가 전쟁을 거부한다면, 모두가 그를 왕위에서 추방할 것이며, 어쩌면 성가신 존재라면서 총살을 할지도 모른다. 또한 보통 사람도 병역을 거부하면 군교도소로 보내지거나, 아니면 총살을 당할지도 모른다. 그런 식으로 '어째서 사회에 도움이 될 수 있는 생명을 헛되이 없애야 하느냐'고 자기 생명의 의의를 생각지 못하고 이해하지 못하는 사람들은 말할 것이다.

그러나 자기 생명의 의의를 이해하는 사람, 즉 종교적인 사람은 그런 식으로 느끼거나 말하지 않을 것이다. 종교적인 사람은 자기 삶의 방식을 자기 행동의 결과를 예상하여 결정하지 않고, 삶의 의의에 대한 의식에 따라 결정한다. 공장노동자는 공장에 가서 자기에게 할당된 일을 할 뿐, 그 일의 결과가 어떻게 되는지는 생각하지 않는다. 상관의 명령에 따르는 병사도 그와 마찬가지다. 종교적인 인간의 경우도 마찬가지여서 자기의 행동이 어떤 결과를 낳는지를 계산하지 않고, 신에게서 명령 받은 일을 다하는 것이다. 때문에 종교적인 인간은 자기와 똑같은 행동을 하는 사람이 많으냐 적으냐 하는 것이나, 자기가 할 일을 했을 때 어떤 일이 일어나는가 하는 문제는 중요하게 생각하지 않는다. 여하튼 그는 사느냐 죽느냐 하는 것 이외에는 아무것도 일어날 수 없다는 것, 그 삶과 죽음은 자기가 따르는 신의 손바닥 안에 있다는 것을 안다.

종교적 인간이 그렇게 행동하는 것은 그렇게 행동하고 싶어서도, 그러는 편이 자기에게나 남들에게 유리하기 때문도 아니며, 자기의 생명은 신의 뜻 속에 있다는 것을 믿고, 그것 이외의 행동은 취할 수 없기 때문이다. 거기에 종교적인 사람들의 생활 방식의 특징이 있다.

그 때문에 사람들이 자초한 불행에서 벗어나는 길은 이익이나 타산을 인생의 지침으로 삼지 않고, 종교적 의의를 지침으로 하는 것에 따라서만 가능하다.

10

'신에게 속하는 사람들은 이 세상을 지키는 신비의 소금이다. 이 세상의 일들은 그 신성한 소금이 얼마나 맛을 잃지 않느냐에 따라서 지켜지는 것이기 때문이다. "소금이 짠맛을 잃으면, 무엇으로 짠맛을 내겠느냐? 그러면 아무데도 쓸 데가 없으므로 바깥에 내버리니, 사람들이 짓밟을 뿐이다."(마

태복음 5장 13절 참조)

만약 신이 악마에게 우리를 박해할 힘을 주셨다면 우리는 박해를 당하겠지만, 신이 우리가 고난에 처하기를 바라지 않을 때는 우리를 미워하는 이 세상에서도 우리는 근사한 평안을 즐길 수 있으며, "나를 믿으라. 내가 세상을 이기었노라"고 말씀하신 분의 비호 아래 살 수 있다.

체르지이는 또한 말한다.

"아시아나 유럽, 리비아 주민이나 그리스인, 야만인이 동일한 율법에 따르는 것은 불가능하다. 그런 생각을 하는 것은 아무것도 모른다는 증거이다."

우리는 여러 나라 사람들이 같은 율법을 따르는 것이 가능할 뿐만 아니라 언젠가는 모든 이성적 존재가 하나의 율법 아래 합일하는 날이 찾아온다고 말할 것이다. 왜냐하면 언어 혹은 이성은 모든 이성적 존재를 정복하고, 그들에게 본래의 완전성을 부여할 것이기 때문이다.

육체의 병이나 부상에는 아무리 치료를 해도 낫지 않는 것이 있다. 하지만 영혼의 병은 그렇지 않다. 신 그 자체인 최고의 이성이 치유할 수 없는 악 따위 존재하지 않는다.'
체르지이에 대한 올리겐의 반론

'나는 시간과 함께 세상을 바꾸는 힘이 내 안에 있음을 느낀다. 그 힘은 찌르거나 누르지 않지만, 좋든 싫든 서서히 나를 끌어당기는 것을 느낀다. 그래서 나는 내가 다른 사람을 무의식적으로 끌어당기는 것처럼, 무언가가 나를 끌어당기고 있음을 안다.

나는 그들을 끌어당기고, 그들은 나를 끌어당긴다. 그리고 우리는 새로운 통일을 바라고 있음을 느낀다. 중앙의 자석과 만나면 우리도 자석이 된다. 그리고 우리가 자신의 사명과 힘을 의식하면 할수록 점차 새로운 세계가 확연하게 모습을 나타내기 시작한다. 우리는 신으로부터 직접 계율을 받았고, 그 신성한 계율의 전달자가 되었으며, 인간의 계율은 그 앞에서 위축되고 시들어간다.

내가 내 안의 그 힘에게 당신은 누구시냐고 물으면, 그것은 나에게 대답한다.

"나는 사랑이며 하늘의 지배자이다. 나는 사랑이기를, 땅의 지배자이기를 원한다."

　나, 나는 모든 하늘의 힘 가운데서 가장 강력하며, 미래의 왕국을 세우기
위해서 왔다.'
크로스비

　'교회 신앙에서 보편적인 이성 종교로 그 원리가 옮겨가 어딘가에 뿌리내
렸을 때, 우리는 충분한 근거를 가지고 '이미 신의 나라가 도래했다'고 말할
수 있다. 비록 신의 나라의 완전한 실현은 아직 무한히 멀더라도 말이다. 왜
냐하면 그 원리 속에는 최초의 작고 어린 싹, 결국에는 융성해질 새싹처럼
세계를 비추고 세계를 지배하는 모든 것이 포함되어 있기 때문이다.

　세계의 생명에게는 천 년도 하루와 같다. 우리는 참을성 있게 신의 나라
실현을 위해 일하면서 신의 나라 도래를 기다려야 한다.'
칸트

　'내가 신에 대해 너에게 말할 때, 금이나 은으로 된 무언가를 말하고 있다
고 생각하지 않는 것이 좋다. 내가 네게 말하는 신은 네가 네 마음 속에 있
음을 느끼는 신을 이르는 것이다. 네 속에는 그것이 존재하지만, 너는 불결
한 생각과 추악한 행동으로 인해 네 안의 신을 더럽히고 있다. 너는 네가 신
이라 숭배하는 황금의 우상 앞에서는 무례한 행동 따위는 하지 않으려 조심
하지만, 네 안에 살고 있어 모든 것을 보고 듣는 신 앞에서는 추악한 생각에
빠지고, 그런 행위에 빠져 있어도 얼굴도 붉히지 않는다.'

　'만약 우리 안의 신이 우리가 행동하는 것, 생각하는 모든 것을 보고 듣고
있다는 것을 계속 생각하기만 한다면, 우리는 죄를 저지르지 않게 되고, 신
은 항상 우리와 함께 있게 될 것이다. 되도록 자주 신을 떠올리고, 신에 대
해 생각하며, 신에 대해 말하지 않겠는가.'
에픽테토스

　그러나 적이 우리를 공격해 온다면 어떻게 해야 하나?
　"너희의 원수를 사랑하라. 그러면 너희에게 원수는 없으리니." '12사도의
가르침'이 이렇게 말하고 있지 않은가. 이 대답은 원수를 사랑하는 계율
따위는 일종의 비유이지 문자 그대로의 의미가 아니며, 뭔가 다른 것을 말
하는 것이라는 생각에 익숙한 사람이 하는 듯한 단순한 말대답이 아니다.
그 대답은 분명하게 정해진 행위와 그 결과를 가리키고 있다.

가슴에 손을 얹고　899

원수를 사랑하는 것, 방황하는 사람들이 지금 우리에게 증오심을 불러 일으키려 하는 일본인이나 중국인 등의 황인종을 사랑하라는 것은 영국인이 했던 것처럼 그들의 아편으로 나쁜 권리를 얻기 위해 그들을 죽이거나 하지 말라는 것, 프랑스인이나 러시아인, 독일인이 했던 것처럼 땅을 빼앗기 위해 그들을 죽이지 말라는 것, 러시아인이 했던 것처럼 도로를 파괴한 벌로 그들을 흙 속에 생매장하거나 길게 땋은 머리를 서로 묶어 흑룡강에 빠뜨리거나 하지 말라는 것이다.

"제자는 스승을 뛰어넘지 마라…… 제자는 그 스승과 같아지면 충분하다."

우리가 원수라 칭하는 황인종을 사랑한다는 것은 그들에게 그리스도교의 이름으로 죄에 빠지거나 속죄라든가 부활 등의 어리석은 미신을 가르치지 말며, 사람들을 속이거나 죽이는 기술을 가르치지 말 것이고, 정의와 무욕과 자비, 애정을 가르칠 것, 그것도 입으로만이 아니라 선한 생활의 모범을 보여 가르치란 것이다.

때문에 전쟁 계획을 세우는 사람, 준비를 하는 사람, 외교관으로 활약하는 사람, 행정적·재정적·경제적인 일에 종사하는 사람, 혁명을 논하는 자, 사회주의를 말하는 사람, 기타 다양하고 쓸데없는 지식을 인류를 불행에서 구하는 방법이라며 내세우는 사람들이 그것을 아무리 이상하게 생각한다 하더라도 어쩔 수 없다. 사람들을 전쟁으로 인한 불행뿐만 아니라 사람들 스스로 초래하는 갖가지 불행으로부터 구하는 것은 평화동맹을 맺는 황제나 왕이 아니고, 황제나 왕을 타도하거나 헌법으로 그들의 권리를 제한하거나 왕국을 공화국으로 바꾸거나 하는 사람도 아니며, 세계 정상회의나 사회주의적 계획의 달성도, 육지나 바다에서의 승리도 패배도 아니며, 도서관도, 대학도, 현재 학문이라 불리는 허황된 지적 유희도 아니다. 다만 러시아의 드호볼교도나 드로진, 볼리휘크 같은 사람, 오스트리아의 나자렌교도, 프랑스의 후트디스, 네덜란드의 텔웨이 같은 사람 등 자기 생활의 외적 변화를 목적으로 하지 않고, 자기들을 이 세상에 보낸 자의 뜻을 있는 힘껏 올바르게 존중하는 것을 목적으로 하는 소박한 사람들이 드러내는 것, 그 모습만이 우리를 불행으로부터 구제해 줄 것이다. 보통 사람들의 영혼이 바라는 것은 신의 나라라는 외적인 형태를 만드는 것이지만, 그 사람들만은 자기의 내부에, 자기의 영혼 속에 신의 나라를 실현함으로써 겉으로 드러나는 것을 바라지 않는다.

구원은 다른 어떤 것에 의한 것도 아니며, 단지 영혼 속에 신의 나라를 실현함으로만 생겨난다. 그렇기 때문에 사람들을 지배하고, 사람들에게 종교적 애국주의적 미신을 불어넣고, 그들의 독선·증오심·살육을 부채질하는 사람들이라든가, 사람들을 노예화와 억압으로부터 해방하기 위해 폭력적인 사회기구로 이끄는 사람들, 그때 그때 되어 가는 대로 불필요한 지식을 잔뜩 긁어모으기만 하면 저절로 선한 생활이 찾아온다고 믿는 사람들이 하고 있는 것, 이 모든 것은 진정으로 필요한 것에서 사람들을 떼어내고, 구제의 가능성에서 멀어지게 할 뿐이다.

현재 그리스도교 사람들을 괴롭히는 악의 원인은 그들이 종교를 잃은 데에 있다.

어떤 사람들은 종교와 오늘날 인류의 지적 학문적 발달단계의 불일치를 확신하고, 종교 따위의 대체물은 불필요하다고 말하면서 종교 없이 살아간다. 또 어떤 사람들은 현재 거론되고 있는 왜곡된 형태의 그리스도교를 굳게 지키면서, 사람들의 생활 지침이 될 수 없는 헛되고 외면적인 형식만을 추구하고 있다.

그러나 한편으로는 현대인의 요구에 부응하는 종교가 엄연히 존재해 모든 인류에게 알려져 있고, 감춰진 형태긴 하지만 현재 그리스도교 사람들의 마음 속에 살고 있다. 때문에 그 종교가 모든 사람들에게 명료해지고 없어서는 안 되는 것이 되려면, 대중을 지도할 학식 있는 사람들이 종교는 필요하며, 종교 없이는 선한 생활을 할 수 없다는 것, 그들이 학문이라 부르는 것은 종교를 대신할 수 없다는 것을 깨달아야 한다.

또한 권력을 지닌 채 낡고 거짓된 종교의 형식을 지지하는 사람들은 자기들이 지지하고 있는 형식에 얽매인 것은 종교가 아닐 뿐만 아니라 사람들이 이미 알고 있고, 그들을 불행에서 구할 수 있는 유일하고도 참된 종교를 자기 것으로 만드는 일에 최대의 방해물이 되고 있음을 깨달아야 한다.

사람들을 구하는 유일하고 확실한 방법은 그들의 의식 속에 살고 있는 참된 종교를 자기 것으로 하는 일을 방해하지 않는 일이다.

'지금 이 나라에서는 놀랍고도 끔찍스러운 일들이 일어나고 있다. 예언자들은 거짓으로 예언을 하며, 제사장들은 거짓 예언자들이 시키는 대로 다스리며, 나의 백성은 이것을 좋아하니 마지막 때에, 너희가 어떻게 하려느냐?'

예레미야 5장 30~31절

'주께서 그들의 눈을 멀게 하시고, 그들의 마음을 무디게 하셨다. 그것은 그들이 눈이 있어도 보지 못하게 하고, 마음으로 깨닫지도 못하여 돌이키지 못하게 하고, 나에게 고침을 받지 못하게 하려는 것이다.'

요한복음 12장 40절

'가장 뛰어난 무기는 축복 받지 못하는 법이다. 때문에 현자는 그것에 기대하지 않는다. 현자는 무엇보다 평화를 가장 좋아한다. 그는 승리를 거두어도 기뻐하지 않는다. 승리를 기뻐하는 것은 살인을 기뻐함이다. 살인을 기뻐하는 자는 진정으로 선한 목적을 달성할 수 없다.'

노자

'한 나그네가 멀리 섬에 사람들이 있는데, 장전한 포가 그 집들을 둘러싸고 그 주위를 밤낮 보초가 돌아다니는 것을 본다면, 그는 그 섬에는 강도들만 살고 있다고 생각할 것이다. 유럽 여러 나라가 그러하지 않은가?
종교가 사람들에게 주는 영향이란 얼마나 적은가! 그게 아니라면 우리는 진정한 종교로부터 얼마나 멀리 떨어져 있는가!'

리히텐베르크

여순 전투에서 600명의 죄 없는 사람들이 목숨을 잃었다는 보도를 접한 순간, 나는 마침 이 문장 쓰기를 마치고 있었다. 그런 불행하고 거짓되며, 무익하고 무참한 죽음을 당한 사람들의 고통과 죽음은 그 죽음의 원인을 제공한 사람들을 제정신으로 되돌릴 만한 것이리라. 나는 마카로프라든가 그 밖의 장교들을 말하는 것이 아니다. 그들은 모두 자기들이 무엇 때문에 어떤 일을 하고 있는지 알고 있으며, 그러면서도 너무나 일반적이기 때문에 드러나지 않을 애국주의라는 기만의 그늘에 숨어서 자기의 이익을 위해, 명예를 위해 그런 짓을 해 온 것이다. 내가 말하는 것은 종교적 기만이나 형벌의 위협 때문에 깨끗하고 도리에 맞으며, 유익하고 성실한 가정 생활에서 떨어져 나온 사람들, 그래서 세상 끝까지 쫓겨가 잔인한 살인기계에 태워지고, 몸은 너덜너덜 천 갈래로 끊어져 어리석은 살인기계와 함께 요동치는 바다 속으로 가라앉고, 더구나 그 모든 고통과 고뇌, 죽음으로 그 어떤 유익도 얻을 수 없었던, 러시아 곳곳에서 모아진 가련한 사람들을 말하는 것이다.

1830년 폴란드 전쟁 당시 프로피츠키에서 페테르부르크로 파견된 빌레진스키 부관과 디비치와의 대화에서, 디비치가 제안한 러시아군의 폴란드 영내 침입 조건에 대해 빌레진스키는 말했다.

"장군, 저는 그런 조건으로는 폴란드 국민이 성명서를 받아들이는 것은 도저히 불가능하다고 생각합니다."

"아니, 폐하께선 그 이상의 양보는 하지 않으실 것이오."

"그렇다면 유감스럽지만 전쟁이 될 것 같습니다. 많은 피가 흐르고, 다수의 불쌍한 희생자가 나오겠군요."

"그렇지 않습니다. 기껏해야 양쪽에서 1만 명 정도입니다. 그것뿐이오."

"1만 명 정도라. 단지 그것뿐이군요."

러시아인이나 폴란드인의 생명에 대해 잔혹하고 냉담한 니콜라이 파블로비치와 마찬가지로 1만 명 혹은 십만 명의 러시아인과 폴란드인에게 사형을 선고하고 안 하고가 자기 마음에 달려 있는 것처럼 디비치는 말했다.

그런 어리석고 무서운 애기가 있을 수 있느냐고 하겠지만, 그리고 믿지 못하겠지만 현실적으로 그런 일이 생겨난 것이다. 가족을 부양하는 6만 명의 목숨이 이들의 의지로 스러진 것이다. 그리고 지금도 똑같은 사태가 생겨나고 있다.

일본인이 만주에 발을 들이지 못하게, 또 조선에서 축출하기 위해서는 어쩌면 1만 명이 아니라 5만 명 혹은 그 이상의 목숨을 필요로 할지 모른다. 니콜라이 2세나 크로포트킨이 디비치처럼 말하면서, '그러려면 러시아 쪽에서만도 5만 명가량, 기껏 그 정도 죽으면 충분하다'고 말할지 어떨지는 모르지만, 그들이 실제로 그렇게 생각하고 있다고 할 수밖에 없다. 왜냐하면 두 사람의 대화가 그들을 대신해 그렇게 말하고 있기 때문이다.

지금 끊이지 않는 세찬 흐름처럼 극동으로 보내진 몇천 명의 속아넘어간 가련한 러시아 농민들, 니콜라이 로마노프와 알렉세이 크로포트킨이 궁전

안에서 유유히 지내는 동안, 중국이나 조선에서 아무 잘못도 없이, 고통과 죽음의 대가로 아무것도 얻지 못하고 죽어갈 불쌍한 러시아 노동계급 사람들이 5만 명이다. 이들을 전사시킴으로써 새로운 명예와 이익을 고대하지만, 그러한 부도덕하고 허영심 강한 사람들이 어리석은 짓과 약탈행위와 갖가지 추악한 행위를 지지하기 위해 죽이고자 결심하고 또 죽이게 될 사람은 '겨우 5만'에 지나지 않는 살아 있는 바로 그 러시아인인 것이다.

애초 러시아인에게는 아무런 권리도 없고 정당한 소유자에게서 강탈한 아무 필요도 없는 땅 덕분에, 게다가 조선이라는 남의 삼림에서 돈을 벌려는 투기꾼의 못된 계획 덕택에 몇백만 루블의 거금, 즉 러시아 민중의 노동 대부분이 소비되고, 국채라는 형식으로 자손에게 부담을 주며, 뛰어난 노동자들이 일터에서 떠나 몇만이나 되는 그들이 쓸데없이 죽어 가는 것이다. 그런 불쌍한 사람들의 죽음이 이미 시작되고 있다. 뿐만 아니라 전쟁을 계획했던 사람들이 서투르고 계획성 없이 전쟁을 하고 있고, 아무것도 예견하지 못하고 준비도 하지 않은 채, 어느 신문이 쓴 것처럼 '러시아의 가장 유리한 점은 무한한 인적 자원이 있다'는 점을 절감하게 한다. 몇만이나 되는 러시아인을 사지로 몰아넣는 사람들이 겨냥하는 것은 바로 그 인적 자원뿐이다.

해전에서 참패했으니 육지 전투에서는 앙갚음을 해야 한다고 사람들은 말한다. 그것을 정확하게 말한다면, 상관들의 지휘가 서툴러서 그로 인한 부주의 때문에 몇백만이나 되는 백성의 돈과 몇천 명의 목숨이 물고기 밥으로 사라졌다면, 우리는 육지에서 그보다 더한 몇만의 목숨에 사형을 선고함으로써 복수를 하자는 것이다.

아직 날개 없는 메뚜기가 강을 건너려고 할 때, 아래쪽 메뚜기는 차츰 물에 빠지고, 그것이 쌓여서 다리가 생기면, 그 위를 다른 메뚜기가 건넌다. 지금의 러시아 백성도 그와 똑같다.

지금 처음 아래쪽 병사들이 빠져서, 이어 오는 몇천의 병사에게 길을 내고, 그 뒤를 잇는 몇천도 마찬가지로 물에 빠져 죽어간다.

그런데 과연 이 아수라장의 초안자, 지휘자, 선동자들은 자기들의 죄, 자기들의 범죄를 이해하기 시작했을까? 전혀 그렇지가 않다. 그들은 책임을 다했고, 지금도 다하고 있다고 믿어 의심치 않으며, 자기들의 행위를 자랑스러워하고 있다.

그들은 모든 사람이 인정하는 살인의 명수 마카로프의 죽음을 애도하고, 몇백만 루블이나 되는 뛰어난 살인기계가 침몰한 것을 분통해하며, 갈피를 잡지 못하는 불쌍한 마카로프처럼 다른 살인을 저지르기 위해 의논하고, 좀 더 효과가 있는 새로운 살인기계를 고안하며, 황제부터 신문기자까지 마지막 한 명에 이르기까지 그 가공할 죄업의 책임자들은 이구동성으로 계속 어리석은 행동과 만행을 통해 사람들에게 광포성과 인간에 대한 증오의 감정을 강화시키고 있다.

〈노보에 브레미야〉지는 이렇게 보도하고 있다.

"마카로프는 러시아에 한 명뿐이 아니다. 그를 대신하는 제독은 모두 그의 뒤를 따르고, 마카로프를 애도하는 전투를 위해 철저한 전략을 세우고 전법을 고안해 나갈 것이다."

"나의 목숨을 성스러운 조국에 바치며, 우리 조국이 앞으로 전투를 계속하기 위해 새롭고 용감한 아들들을 주시고, 그들에게 전투의 마지막 승리를 주시고, 끊이지 않는 예비군을 주시도록 신께 열심히 기도하지 않겠느냐!" 고 〈페테르부르크 정보〉지는 쓰고 있다.

또 〈러시아〉지는 이렇게 쓰고 있다.

"의식이 있는 국민이라면 비록 자기가 한 번도 겪어보지 않았다 하더라도 전쟁을 계속해서 보다 발전된 모습을 본 후에 종결해야 한다는 당연한 결론을 내릴 것이다. 우리에게서 새로운 힘을 찾자. 정신적으로 용감한 새로운 사람이 반드시 나타난다."

이렇게 점점 미친 듯이 사납게 살인과 갖가지 범죄행위가 속행된다. 갑자기 50명이나 되는 이웃을 습격해 모조리 참수하거나, 마을을 점령해 주민들을 몽땅 죽이거나, 스파이 용의자를 교수형에 처하거나 사살하는 등 전시 중에 불가피하다고 생각하여 러시아군이 끊임없이 저지르는 행동을 통해, 이들은 마치 사냥감을 죽인 사냥꾼처럼 기뻐한다. 그리고 그 흉악행위가 자랑스러운 전보로 최고사령관인 황제에게 전해지면, 황제는 그 용감한 군대에게 그러한 흉악한 행위를 속행하도록 축복을 보낸다.

만약 이런 상황에서 구원이 있다고 한다면, 오직 그리스도가 한 말에 있음은 자명하지 않은가. '하느님의 나라와 그 의를 구하라. (너희 가운데 있는 것을 구하라) 그리하면 그 밖의 것, 결국은 사람이 바랄 수 있는 실생활의

행복은 저절로 실현될 것이다.'

그것이 인생의 법칙이다. 실제 생활에서 행복을 얻는 것은 사람이 행복을 얻기 위해 기를 쓰고 좇는 때가 아니라(기를 쓰고 좇는 것은 대개의 경우, 오히려 인간을 그가 추구하는 것에서 멀어지게 한다) 행복을 생각하지 않고 자기가 신의 뜻, 즉 자기 삶의 원리, 삶의 법칙에 따라 해야만 한다고 생각하는 것을 되도록 완전하게 수행하기 위해 노력할 때뿐이다. 그때 비로소 실제 삶에서 행복도 얻을 수 있다.

그렇기 때문에 참된 구원은 오직 한 가지, 한 사람 한 사람이 자기의 내부에서, 바꿔 말하면 오직 자기의 지배 아래에 있는 세계 속에서 신의 뜻을 수행하는 것이다. 그곳에야말로 각자에게 소중한 한 가지 사명이 있으며, 자기이외의 다른 사람들에게 작용을 하는 유일한 방법이 있다. 그러므로 누구나 그것에 모든 힘을 쏟아 붓지 않으면 안 된다.

12

전쟁에 관한 마지막 원고를 막 보냈을 때, 민중을 지배하는 권력을 장악하고 그 권력에 취한 한심한 사람들이 러시아 민중에게 가한 새로운 악행에 관한 정보가 도착했다. 다시 갖가지 색깔의 군복을 입고, 노예 근성에 썩어 문드러진 노예 가운데 노예인 장군들이 남보다 눈에 띄기 위해, 남들을 밀어내기 위해, 그 미련하기 짝이 없는 번쩍이는 군복 위에 훈장과 쩔렁이는 장난감이나 리본 등을 붙일 권리를 얻기 위해, 혹은 어리석음 때문에, 혹은 스스로의 타락 때문에, 또다시 자기들을 먹여 살리던 몇천이나 되는 정직하고 선량하며 노동을 사랑하는 불쌍한 노동자를 끔찍한 고통 속에서 죽게 한 것이다. 또다시 그러한 나쁜 짓이 일어났다. 전쟁으로 수많은 사람들이 죽었다는 소식은 책임자에게 뭔가를 생각하게 하고 회개하게 하기는커녕 그저 좀더 일찍, 좀더 많은 사람들을 다치게 하거나 죽이고 싶다거나, 좀더 많은 러시아인이나 일본인 가족을 파괴하고 싶다거나 하는 이야기를 사람들에게 들려주거나 알려줄 뿐이다.

더욱이 또다시 사람들을 그런 나쁜 짓으로 끌어들이기 위해, 범죄 행위의 책임자들은 러시아인에게 애국주의적, 군사적 견지에서도 수치스러운 패배였다는 자명한 사실을 인정하지 않는다. 게다가 속이기 쉬운 사람들을 향해,

한 장군이 다른 장군의 말을 듣지 않았기 때문에 싸우기 싫은데도 억지로 끌려가 포화에 몸을 내민 불행한 러시아의 노동자들이 몇천 명이나 살해되고 불구가 되었다고 말하며, 가련한 노동자들 가운데 달아난 자들은 살아 남았다는 사실로 영웅의 훈장을 주었다고 꼬드기는 형국이다. 그런 무섭고 부도덕하고 잔혹한 장군이나 제독 등 우러름을 받는 사람 가운데 하나가 평화로운 일본인을 여럿 익사시켰다는 것은, 러시아인을 기쁘게 만든 위인이며 용감한 무공이라고 칭찬받는다. 그리고 온갖 신문에 살인행위를 부채질하는 무서운 격문이 게재된다.

"크게 파괴당한 〈레트비잔호〉와 그의 요선(僚船), 침몰한 우리 어뢰정과 함께 압록강에서 죽어간 2천 명의 러시아인은 우리 순양함대에게 동해 남부연안을 완전히 섬멸하고 파괴해야 한다는 것을 가르쳤다. 일본은 러시아인의 피를 보기 위해 병사를 보내 왔으므로 우리도 용서할 수 없다. 이미 지금은 감상이 허락되지 않는다. 우리는 싸워야만 한다. 교활하기 짝이 없는 일본인들의 간담이 서늘해지도록 크게 혼을 내주지 않으면 안 된다. 지금이야말로 우리 순양함은 출격해서 일본의 도시들을 잿더미로 만들고, 그 아름다운 해안 일대를 참화에 빠뜨려야만 한다. 감상에 빠지는 것은 이제 충분하다!"

이렇게 시작된 무서운 악행은 계속된다. 약탈, 폭력, 살육, 위선, 강도, 거기에 무엇보다 끔찍한 허위, 즉 그리스도교, 불교 쌍방의 가르침마저 왜곡된다.

가장 큰 책임이 있는 황제는 열병식을 계속하고, 병사들에게 감사하며, 상을 주고, 격려하고, 예비부대의 소집명령을 내린다. 충성스런 신하들은 이른바 은혜로우신 황제 폐하의 발치에 계속 자기들의 목숨과 재산을 내던지겠다고 맹세하지만, 그저 말뿐이다.

말뿐만 아니라 실제로 남들 앞에서 자신을 자랑스레 드러내려는 자들은 불쌍한 가족들의 부양자인 아버지들을 끌어다가 도살장으로 보낼 준비를 한다. 신문기자들은 러시아군의 형세가 나쁘면 나쁠수록 속이 들여다보이는 거짓말을 하고, 부끄러워해야 할 패전을 승리로 위장하고, 어느 누구도 반박하지 않을 것을 알고 그런 거짓으로 채운 신문을 유유히 정기 구독이나 가판대 판매로 팔아서 돈을 번다. 돈이나 사람들의 노동이 전쟁 쪽으로 흐르면 흐를수록 정부의 고관들이나 투기꾼들은 부정한 돈을 긁어모은다. 모두가 그러고 있으므로 자기들도 잘못이 없다고 생각하는 것이다. 10년, 20년 비인간적이고 야만스러우며, 하는 것 없이 나태한 학교생활을 보내면서 살인기술을 배운 군인들은, 전시의 특별지급 외에 가련한 전사자가 자기들에게 승진의 기회를 주는 것을 기뻐하는 판국이다. 그리스도교 사제들은 사람들을 범죄행위로 선동하고, 승리를 신에게 비는 것과 같은, 신을 모독하는 행위를 계속한다. 전쟁의 한가운데서 십자가를 손에 들고 사람들에게 살육을 장려하는 사제가 있는가 하면, 그것을 비난하기는커녕 모두 시인하고 칭찬하는 형국이다.

이는 일본에서도 마찬가지다. 유럽의 추악한 것을 모조리 흉내내 나쁜 길에 빠져든 일본인들은 승리에 교만해져서 차츰 살육행위를 빈번하게 하고 있으며, 천황이 열병식을 하는가 하면 상도 준다. 여러 부서의 장군들도 살인기술을 배움으로써 보다 문명인이 된 듯한 기분이 되어 어깨에 잔뜩 힘을 준다. 유익한 노동과 가족으로부터 멀리 떨어진 가련한 노동자 계급 사람들은 고통으로 신음한다. 신문기자들은 거짓말을 하고 매상에 기뻐하며, 정부 고관들이나 투기꾼들은 부정한 돈을 벌 테고(살인을 공훈으로 생각하는 곳에서는 모든 악덕이 횡행할 것이므로), 군인들은 뒤떨어지지 않도록 무장기술에 날뛰고, 종교적 기만과 신을 모독하는 기술에 대해서는 유럽인 못지 않게 일본의 승려나 종교 교사도 부처가 금지한 살인을 무시할 뿐만 아니라 정당화하면서까지 위대한 불교의 가르침을 왜곡하고 있다.

800개의 절을 대표하는 불교학자 샤쿠 소엔(釋宗演)은 분명 부처는 살인을 금하고 있지만, 모든 존재자가 무한한 자비심 속에 합일되지 않는 한 마음을 편안히 할 수 없으며, 그 때문에 무질서 속에 있는 사람들에게 질서를 부여하려면 싸워서 남을 죽이는 것도 필요하다고 말한다.

샤쿠 소엔의 글에는 다음과 같이 쓰여 있다.

"삼계(三界. 하늘·사람·땅의 세 세계를 이르는 말)는 나에게 속해 있다. 삼계(三界) 속의 모든 것은 나의 자식이다. 그들은 모두 나의 반영에 불과하다. 모두 하나의 근원에서 생겨나며……내 몸의 일부이다. 그렇기 때문에 존재하는 아무리 작은 부분이라도 본래의 사명으로 돌아오지 않는 한 나는 마음이 편치가 않다. ……그것이 부처와 세계의 관계이다. 그리고 부처의 온순한 추종자인 우리는 그의 뒤를 따르지 않으면 안 된다.

어째서 우리는 싸우는가? 왜냐하면 세계가 마땅히 있어야 할 모습이 아니기 때문이며, 무지한 자아관의 결과로 왜곡된 것, 잘못된 사상, 악을 향한 마음이 존재하기 때문이다. 때문에 불교도는 무지가 낳는 갖가지 것들과 싸워야 한다. 전쟁은 더 쓰라린 결과를 향해 계속 나아간다. 그들은 사정없이 공격할 것이다. 이 전쟁이 삶의 불행을 낳는 근원을 멸한다. 그 목적을 달성하기 위해 우리 불교도는 자기의 목숨을 아까워하지 않는다."

우리의 경우와 마찬가지로 계속해서 자기희생이라든가 악의의 부정, 영혼의 변화 등 다양하고 혼란스러운 핑계가 이어지지만, 모두 그저 살생하지 말라는 단순 명쾌한 부처의 계율을 감추기 위한 것에 불과하다.

더욱이 이렇게 말한다. "칼을 휘두르는 손이나 총을 조준하는 눈도 이미 개인에 속하는 것이 아니며, 지나가는 생명의 위에 있는 본원자(本源者)가 사용하는 무기이다."

《공개 법정》, 1904년 5월 전쟁에 대한 불교도의 견해. 우익 대표 샤쿠 소엔

마치 인간에게 영혼의 동일성이나 인간의 동포성, 나아가 사랑이나 자비, 인명(人命)의 불가침성에 관한 그리스도교의 가르침이나 불교의 가르침은 전혀 존재하지 않는 것 같다. 그리고 이미 진리의 빛을 쬐었을 일본인이나 러시아인이 마치 야수처럼, 아니 야수보다도 광포하게 되도록 많은 목숨을 멸하고자 서로 맞서 싸우는 것이다. 이미 몇천이나 되는 불쌍한 사람들이 일본이나 러시아의 야전병원에서 극심한 고통에 신음하고 몸부림을 치면서, 대체 무엇 때문에 자기들이 이렇게 고초를 겪어야 하는지 의아해하면서 죽어가고 있다. 한편으로는 또 몇천의 사람들이 흙 속과 흙 위에서 썩거나, 몸이 부푼 채 바다 위에 둥둥 떠다니고 있다. 그리고 몇만의 아내와 어머니, 아버지, 자식들은 가족의 부양인이 쓸데없이 살해를 당한 것을 탄식한다. 그러나 아직도 새로운 희생자가 계속 뒤를 이어 준비되고 있다. 살인행위를 지휘하는 자들의 최대 관심사는 러시아측 대포 먹이의 흐름이 하루에 3천이며, 죽기로 정해진 사람들의 흐름은 한순간도 끊어져서는 안 된다는 것이며, 일본인의 경우도 똑같다. 날개 없는 메뚜기 떼는 뒤를 잇는 메뚜기가 자기들

위를 밟고 강을 건너도록 끊임없이 강으로 뛰어들어 빠져죽는다……

대체 언제 끝날 것인가? 도대체 언제가 되면 속아넘어간 사람들이 정신을 차리고, '무자비하게 신을 경외하지 않는 황제나 천황, 대신이나 주교, 승려원장이나 장군, 편집장이나 투기꾼 등등 갖가지 이름으로 불리는 당신들이나 포탄과 총알이 어지럽게 날아다니는 곳으로 가시오. 우리는 가고 싶지 않거니와 갈 생각도 없소. 우리가 평온하게 밭을 갈거나 씨를 뿌리고, 집을 짓거나 하면서 당신들 양식을 만들게나 해주시오'라고 하겠는가? 지금 러시아에서 자기들이 부양해야 하는 사람들, 이른바 예비병으로 소집되어 간 사람들의 몇십만의 어머니와 아내, 자식들의 울음소리와 통곡하는 소리가 흘러넘치는 이때, 그것은 당연한 일이 아니겠는가. 그 예비병들 대다수가 제대로 글을 읽으며, 극동이 무엇인지를 알고, 전쟁이 러시아 사람들에게 뭔가 도움이 되기 위해 행해지는 것이 아니라는 것을 알까. 그들이 연고도 없는 다른 나라의 영토를 일정 기간 빌리어 통치하는 것 때문에 저급한 투기꾼들이 돈벌이를 위해 도로를 만들고 장사를 하고 있는 것을 알고, 또 일본인은 최신식 고성능 살인도구를 가졌는데 자기들을 사지로 내모는 러시아 고관들은 일본인이 가진 그런 무기를 제때 조달하는 것을 잊었기 때문에, 전장에서는 도살장으로 끌려가는 양의 꼴을 당하게 되리란 것도 아는 것일까. 그런 것을 모두 알고 있다면, '부디 전쟁을 계획한 당신들, 전쟁을 필요로 하며 전쟁을 변호하는 당신들이 일본인의 탄환과 지뢰 곁으로 가주시오. 우리는 가지 않겠습니다. 우리에겐 그런 것이 필요치 않을 뿐만 아니라 대체 왜 그런 것이 누군가에게 필요한지 모르기 때문이니까요'라고 말하는 것이 당연하다.

그러나 그들은 그런 말도 하지 않고 전쟁터로 나간다. 그들이 육체가 상하는 것만 두려워하고, 육체와 영혼 모두 상하는 것을 두려워하지 않는 한 나가지 않을 수 없다.

'우리가 나간 유난포(203고지?)에서 죽음을 당하거나 다칠지는 아직 모르고(그들은 이렇게 생각한다) 혹시 무사히 빠져나와, 어쩌면 일본인의 폭탄이나 탄환에 맞지 않고 다른 사람이 맞았기 때문에 러시아에서 영웅이 된 수병들처럼 포상을 받거나 훈장을 받을지도 모른다. 그러나 전쟁에 나가기를 거부했다가는 분명 감옥에 갇혀 굶주림을 당하거나 매를 맞거나, 야크츠크 주로 유형을 가거나, 아니면 그 자리에서 사형을 당할지도 모른다.' 이렇게 절망적인 생각을 하면서 이제까지의 선량하고 성실한 생활을 버리고, 처자식을 버리고 나아간다.

어제 나는 어머니와 아내의 배웅을 받으면서 전쟁터로 떠나는 예비병을 보았다. 세 사람 다 마차에 타고 있었다. 예비병은 약간 취해 있었고, 아내의 얼굴은 울어서 퉁퉁 부어 있었다. 그는 나를 향해 말했다.

"안녕히 계십시오, 레프 니콜라예비치. 저는 극동지방으로 갑니다."

"그래서 전쟁을 하나?"

"누군가가 싸워야만 하니까요."

"아무도 싸울 필요는 없다네."

그는 깊은 생각에 잠겼다.

"하지만 어떻게 하겠습니까? 어쩔 도리가 없지 않습니까?"

나는 그가 나를 이해해 주었다는 것, 그가 향한 일이 나쁜 일임을 깨달았음을 알았다.

'어쩔 도리가 없지 않습니까?' 이것이 공보 혹은 신문기사에는 '신앙과 황제와 조국을 위하여'라는 말로 바뀌겠지만, 이것은 그때의 정신상태를 정확하게 보여주는 표현이다. 굶주린 집안을 버리고 고통과 죽음으로 나가는 사람들은 실제 느낀 대로 '어쩔 도리가 없지 않습니까?'라고 말한다. 그러나 호화로운 궁전에서 안전하게 살아가는 사람들은 모든 러시아인은 숭배하는 황제를 위해, 러시아의 영광과 국위선양을 위해 목숨을 걸 각오라고 말한다.

어제 나는 아는 농부에게서 두 통의 편지를 연달아 받았다.

한 통은 다음과 같다.

친애하는 레프 니콜라예비치,

오늘 저는 소집영장을 받았으므로 내일은 집합장소로 가야만 합니다. 이제 저는 먼 극동지방에서 일본군의 총알 밑을 기어다녀야만 합니다. ……

저나 제 가족의 슬픔은 말하지 않겠습니다. 당신은 제 두려움, 전쟁의 공포를 십분 이해하실 테니까요. 당신은 이미 오래 전부터 그것 때문에 가슴 아파했고, 모든 것을 알고 계십니다. 저는 진작부터 당신을 찾아가 이야기를 나누기를 얼마나 바랐는지 모릅니다. 저는 지금 제 심적 고통을 표현한 긴 편지를 쓰고 있었습니다만 채 마치기도 전에 소집영장을 받았습니다. 넷이나 되는 자식을 거느린 제 아내는 어쩌면 좋겠습니까?

당신은 이미 나이가 드셨으니 제 가족의 운명에 마음 쓰시는 것도 무리이겠습니다만, 당신 친구나 누군가에게 산책길에라도 아버지 없는 제 가족을 찾아가 봐달라고 부탁해 주시지 않겠습니까? 만약 제 아내가 하녀 하나에 많은 자식을 거느린 고통을 견디다 못해 당신을 찾아가 도움이나 충고를 청하거든 부디 부탁드립니다. 만나주시고 위로해주시지 않겠습니까? 아내는 아직 당신을 직접 알지는 못합니다만, 당신의 말씀은 믿을 것이고, 그것만으로도 상당한 도움이 되리라 생각합니다. ……

저는 소집을 거부할 수는 없었습니다. 하지만 미리 말씀드립니다만, 저 때문에 일본인의 단 한 가족도 전사자를 내는 일은 없을 것입니다. 참말이지 지금껏 함께 살아 온 사람들, 삶의 보람이었던 것들을 모두 버리고 떠난다니 너무도 두렵고 괴로운 마음입니다.

두 번째의 편지는 다음과 같다.

친애하는 레프 니콜라예비치!

실제로 복무를 한 것은 하루밖에 지나지 않았습니다만, 극심한 고통을 느끼며 영원한 시간을 산 것 같은 심정입니다. 아침 8시부터 밤 9시까지 우리는 병영 마당에서 가축처럼 이리저리 끌려 다녔습니다. 세 번의 신체검사라는 희극이 반복되고, 아프다고 말하는 사람에게도 충분한 주의를 기울이지 않고 '좋아, 합격'이라고 하는 판입니다. 우리들 2천 명의 합격자가 징병사령부에서 병영으로 이동할 때, 길에는 몇천 명이나 되는 친척, 어머니와 자식을 안은 아내들이 십 리나 되도록 기다란 행렬을 이루고 있었습니다. 모두 자기 아버지나 남편, 아들에게 매달리거나 목에 매달리거나 하면서 심하게 우는 광경을 당신께 보여드리고 싶었습니다. 저는 참을성 있게 감정을 억제할 수 있을 것 같았는데, 역시 견디기 힘들어 울고 말았습니다(신문에서라면 이것은 위대한 애국심의 앙양이라고 표현된다). 현재 지표의 거의 3분의 1에 펼쳐진 감춰진 슬픔을 재는 척도는 어디에 있을까요? 그리고 우리는, 우리는 머지않아 복수와 공포의 신에게 산제물로 바쳐질 테지요. ……

저는 도저히 정신의 균형을 이룰 수가 없습니다. 아, 저는 얼마나, 유일한 주이신 신에게 의지하는 것을 방해하는 이 이중성을 지닌 저를 미워하고 있는지 모릅니다.

이 사람은 아직 참으로 무서워해야 할 것은 육체를 상하는 것이 아니라, 육체도 영혼도 모두 상하는 것임을 충분히 깨닫지 못하고, 그 때문에 징병을 거부할 수는 없었지만, 그래도 가족을 버리고 출발하기에 즈음하여 자기는 일본인의 단 한 가족에게도 전사자를 내는 일은 하지 않겠다고 약속하고 있다. 그는 가장 중요한 신의 율법, 모든 종교의 계율인 '내가 바라는 대로 남에게 베풀라'를 믿고 있다. 그리고 현재 그 계율을 크건 작건 의식적으로 인정하고 있는 사람들은 그리스도교뿐만 아니라 불교, 마호메트교, 유교, 바라몬교 세계에도 몇백, 아니 몇천만이 있다.

진정한 영웅은 남을 죽이려 하면서 자기는 죽지 않았다고 영웅 대접을 받는 사람들이 아니다. 진정한 영웅은 살인자들의 행렬에 참가하기를 단호하게 거부하고, 그리스도의 율법을 어기느니 순교의 고난을 택해 감옥에 있거나 야크츠크로 유형을 간 사람들이다. 또한 내게 편지를 보낸 사람처럼 전쟁터에는 가겠지만 결코 남을 죽이지 않겠다는 사람도 있다. 그러나 자기가 앞으로 하게 될 일을 아무 생각도 없이, 생각지 않으려 애를 쓰면서 전쟁터로 나가는 대다수의 사람들도 이제는 자기들을 노동과 가족에게서 떼어내고, 그들의 영혼에도 신앙에도 반하는 불필요한 살인행위의 장으로 몰아넣는 권력자를 따르는 것이 악을 행하는 것임을 느끼고 있다. 그런데도 역시 전쟁터로 가는 것은 사방팔방의 막다른 곳에서 들려오는 '어쩔 도리가 없지 않은가?'라는 말로 드러난다.

뒤에 남은 사람들도 느낄 뿐만 아니라 그것을 알며 말하고 있다. 나는 어제 토블라에서 빈 마차로 돌아오는 농민들과 큰길에서 마주쳤다. 그 중 1명이 마차를 따라 걸으면서 뭔가 종이쪽지를 읽고 있었다.

나는 물었다. "그게 뭔가, 전보인가?"

"어제 것입니다. 오늘 것도 있지요." 그는 멈춰섰다.

그는 다른 하나의 전보를 호주머니에서 꺼냈다. 우리는 발을 멈췄다. 그리고 나는 전보를 읽었다.

"아, 어제 정류장의 광경이라니." 그는 말을 꺼냈다.

"정말이지 너무했습니다. 아내와 자식들이 천 명 이상 있었는데, 울거나 기차에 매달려서 떨어지려 하지 않더군요. 곁에서 보는 사람들도 울고 있었습니다. 토블라의 어떤 여자는 비명을 지르더니 그대로 죽고 말았습니다. 뒤에 자식이 다섯 있었어요. 뿔뿔이 고아원으로 밀어 넣었습니다만, 아버지는 역시 전쟁터로 보내더군요. ……대체 만주 같은 것이 우리한테 무슨 상관이 있는 겁니까? 우리에게도 땅은 충분히 있건만. 사람이 죽어 나가고, 돈이 들고……."

그렇다. 확실히 사람들의 전쟁에 대한 태도는 전과는 딴판이다. 겨우 얼마 전인 77년 무렵과도 완전히 다르다. 그 무렵엔 지금 같은 일은 결코 없었다.

신문은 황제가 살인의 장으로 출발하는 사람들에게 최면술을 베풀기 위해 러시아 전체를 차로 돌 때, 백성들 사이에 말과 글로는 표현하기 힘들 정도의 환호성이 솟구쳐 올랐다고 쓰고 있다. 그러나 사실은 전혀 다르다. 방방곡곡에서, 저기서는 소집을 받은 예비병 3명이 목을 맸다거나, 여기서도 2명 맸다거나, 저기서선 남편을 빼앗긴 여자가 군대 사무소로 자식들을 데려다 놓고 가버렸다거나, 또 어떤 여자는 징병사령관의 집 앞에서 목을 맸다거나 하는 이야기가 들릴 정도이다. 모두가 불만과 우울로 분개하고 있다. '신앙과 황제와 조국을 위하여'라든가 국가(國歌)라든가, '만세'의 외침소리 등은 전처럼 사람들에게 호소력이 없다. 그것과는 별개로 사람들을 무리하게 내모는 것이 얼마나 부정하고 죄가 깊은 것인가 하는, 과거와는 대조적인 의식의 물결이 사람들을 속속 붙들고 있다.

그렇다. 현재의 싸움은 일본인과 러시아인 사이에서 일어나고 있는 전쟁도 아니며, 앞으로 일어날지도 모르는 백인종과 황인종과의 싸움도 아니며, 지뢰나 폭탄, 총알로 싸우는 전쟁도 아니다. 지금 서서히 눈뜨고 있는 인류 동포의 의식과 인류를 둘러싼 압박을 가하는 어둠과 고뇌와의 싸움인 것이다.

그리스도는 이미 그 무렵부터 그 전쟁을 기다리다 못해 "나는 세상에다가 불을 지르러 왔다. 불이 이미 붙었으면 내가 바랄 것이 무엇이 더 있겠느냐?"(누가복음 12장 49절)고 했다.

그리스도의 바람은 이루어진다. 불은 반드시 타오른다. 그 불에 거스르지 말고 그것에 몸을 바치지 않겠는가.

1904년 4월 30일

전쟁에 관한 나의 이 논문을 뒷받침하는 근거를 계속해서 써 나간다면 언제까지라도 다 쓰지 못할 것이다. 어제 나는 몇 척인가 일본 전함이 격침되어 러시아 사회의 유명인사나 부호, 지식인 등 이른바 상류계급 사람들이 태연히 천이나 되는 목숨이 스러진 것을 기뻐한다는 뉴스를 접했다. 또 오늘 나는 사회 최하층의 일원인 수병에게서 다음과 같은 편지를 받았다.

"소중하고도 소중한 레프 니콜라예비치, 진심으로 고개를 낮게 낮게 숙이고 애정을 담아 소중한 레프 니콜라예비치에게 인사를 드립니다.

저는 당신의 글을 읽었습니다. 너무도, 너무나도 재미있었습니다. 그런데 레프 니콜라예비치, 지금 전쟁이 한창입니다만 상관이 우리에게 살인을 하라고 하는 것은 괜찮은 것인지 아닌지를 가르쳐 주십시오. 부디 레프 니콜라예비치, 지금 세상에 진실이 있는지 없는지 편지로 가르쳐 주십시오. 교회에서 신부님이 기도할 때 그리스도께서 전쟁을 사랑하라고 하셨다고 했습니다만, 정말로 신께서 전쟁을 좋아하는지 여부를 가르쳐 주십시오. 당신에게 그것이 사실인지 아닌지를 알 수 있는 책은 없을까요? 있다면 가격이 얼마입니까? 대금을 보내겠습니다. 레프 니콜라예비치, 혹 책이 없더라도 나의 질문에 답해 주십시오. 나에게 편지를 써주십시오. 편지를 주시면 굉장히 기쁘겠습니다. 목을 길게 빼고 당신의 편지를 기다리겠습니다.

그럼 안녕히, 저도 잘 있겠습니다만 부디 당신에게도 주님이 주시는 건강과 당신의 훌륭한 사업에 성공의 은혜가 있기를."

그리고 그 뒤에 여순항에서 ○○함상, ××등 수병, 이름, 아버지 이름, 성이 이어져 있다.

나는 이 사랑스럽고 성실하며, 진정한 의미에서 계몽된 사람을 직접 만나서 말로 답할 수는 없다. 그는 여순항에 있고, 지금 그곳에는 편지도 전보도

닿지 않는다. 그러나 역시 나와 그 사이에는 통신수단이 있다. 그것은 우리가 둘 다 믿고 있는 하느님, 둘 다 군사행동을 좋아하지 않으리라 믿고 있는 하느님이다. 그에게 생겨난 의문은 이미 해결이라 해도 된다.

그리고 그 의문은 단순히 러시아인이나 일본인뿐만 아니라 지극히 인간성에 반하는 일을 강제적으로 당하고 있는, 불행한 몇천 몇만의 사람들의 가슴에 생겨나고 또한 존재하고 있다.

사람들을 우둔하게 만들고, 지금 현재에도 우둔하게 만들려고 애를 쓰는 최면술은 이제 곧 사라지고, 그 영향은 점점 약해져서, '상관이 우리에게 살인을 시키는 것을 하느님이 기뻐하실지 어떨지?'라는 의문은 차츰 강해지고, 그 어떤 것으로도 사라지지 않고 점점 확대되어 갈 것이다.

'상관이 우리에게 살인을 시키는 것을 하느님은 기뻐하실지 어떨지?'라는 의문, 이것이야말로 그리스도가 땅 위에 던진 불이 타오르기 시작한 불꽃이다.

그것을 알고, 그것을 느끼는 것은 매우 커다란 기쁨이다.

1904년 5월 8일

교육에 대하여

　새로운 활동영역으로 접어들면서 나는 자신을 위해서도, 그리고 수년간에 걸쳐 내 자신의 마음속에서 단련된 진리라고 생각되는 사상을 위해서도 어쩐지 두려운 마음을 없앨 길이 없다. 벌써부터 이 사상의 대부분이 오류로 규정되리라는 것을 믿어 의심치 않는다. 나는 국민교육의 문제를 열심히 연구해 보았지만 나의 연구는 한 측면으로부터의 관찰에 지나지 않았다.

　나는 내 사상이 정반대의 의견을 내주기를 바란다. 나는 내가 발행하는 기관지에 여러분이 의견을 발표할 수 있도록 기꺼이 지면을 할애할 생각이다. 다만 한 가지 내가 걱정하는 것은, 그 의견들이 감정에 치우쳐서 뭇사람들에게 귀중하고 중요한 '국민교육'이라는 주제의 토의가 조소와 욕설로 주제에서 벗어나거나, 개인 문제나 또는 잡지의 논쟁으로 확대되지 않기를 바랄 뿐이다.

　조소나 욕설, 개인 문제 같은 것은 나를 움직일 수 없다. 나는 그런 것보다 한층더 높은 것을 추구하고 싶다고 말하고 싶어하는 것은 아니다. 도리어 그 반대로 문제 자체를 위해 두려워하고 있을 뿐더러 내 자신을 위해서도 두려움을 느끼고 있음을 고백한다. 자기 사업에 대한 냉정하고 끈기 있는 작업 대신에 개인적인 논쟁에 열중하게 되지나 않을까 하는 두려움이 앞서는 것이다.

　그렇기 때문에 나의 의견에 대한 미래의 모든 반대자들에게 부탁한다. 제발 당신들이 자신들의 견해를 스스로 표명하실 때에는 나에게 나 자신의 의견을 자세히 설명할 수 있는 기회를 주기 바란다. 그리고 서로간 의견의 불일치가 단순한 오해에서 발생했을 때에는 내가 그것을 입증할 수 있도록, 그리고 내 의견의 오류가 입증될 때에는 당신들의 의견에 내가 선뜻 찬동할 수 있도록 자기의 의견들을 분명히 밝혀 주기를 바란다.

국민교육은 항상 어느 곳을 막론하고 나에게는 이해되지 않는 하나의 현상이었다. 그리고 지금도 그 생각에는 변함이 없다. 국민은 교육받기를 원하고 있고 각 개인들도 무의식적으로 교육을 원하고 있다. 좀더 교양이 풍부한 계급——사회 내지 정부는 자기의 지식을 전달함으로써 보다 교양이 부족한 서민계급을 교화하려고 열망한다.

이와 같은 요구의 합치는 교양계급과 피교양계급을 똑같이 만족시킬 수 있을 것같이 생각된다. 그러나 사실은 이와 정반대이다. 서민들이 좀더 교양 있는 계급의 대표자인 사회 내지 정부가 실천하는 노력에 끊임없이 반항하는 결과, 교양 있는 계급의 노력은 대부분 허사로 끝나고 있다.

인도, 이집트, 고대 그리스, 로마의 고대 학교는 그 조직이라든가 그에 대한 민중의 견해를 자세히 알 수 없었기 때문에 불문에 붙인다 하더라도, 루터로부터 현대에 이르는 유럽 각국의 학교에서 앞서 말한 것과 같은 현상이 일어난다는 사실은 우리를 놀라게 한다.

학교 교육의 시조라고 할 수 있는 독일은 거의 백 년에 걸친 투쟁 끝에도 아직 학교에 대한 민중의 반항을 극복할 수 없었다. 독일은 퇴역병을 교사로 임명하기도 하고 2백 년간 존속해온 엄격한 법률을 활용하기도 하였으며, 사범학교를 설립해서 최신식 교원을 양성하기도 했다.

그러나 독일 국민의 법률에 대한 철저하고 온순한 감정이 있다해도 강제적인 의무교육은 지금도 여전히 민중 위에 강력한 힘을 행세하고 있으며, 독일 정부는 의무교육에 관한 법률의 폐지를 결행하지 못하고 있다. 독일은 단지 통계적 지식면에서 국민교육을 자랑할 수 있을 뿐, 대부분의 국민이 학교교육에 대한 반감을 가진 채로 교문을 나서는 것은 지금이나 예나 다름이 없다.

그리고 프랑스 역시 마찬가지로 교육은 황제의 손에서 집정관의 손으로, 집정관의 손에서 사제의 손으로 이행되었지만 독일과 조금도 다를 바 없이 교육사업에서 쥐꼬리만한 성공을 거두었을 뿐이다. 심지어 공보(公報)로 판단하는 교육사가(敎育史家)의 말에 따르면 독일보다도 한층 떨어져 있다는 것이다. 프랑스의 정직한 여러 정치가들은 지금도 역시 교육에 대한 민중의 반감을 극복하는 유일한 수단으로 강제적 의무교육의 법률을 제창하고 있다.

자유주의 만능의 영국에 있어서는 그와 같은 법률을 제정하려는 사상은 없다. ——그것을 통탄하는 인사들도 많이 있기는 하다. 그러나 영국에서는 다른 어느 국가보다도 학교에 대한 민중의 반항이 강하다. 그런데 지금까지 온갖 수단을 다하면서 이 민중의 반항과 싸워온 것은 국가가 아니라 사회 자체이다.

영국에서는 학교의 일부는 관립이고 나머지 일부는 개인 단체에서 경영하고 있다. 영국의 이러한 종교적·박애적 교화단체의 기이한 활약은 이 나라에서 민중 교화 운동에 종사하는 사람들이 맞닥뜨리는 반항이 얼마나 강력한지 여지없이 웅변함으로써 증명한다. 북미합중국과 같은 신생국가에서조차도 이러한 곤란 없이는 이겨나갈 도리가 없어서 교육을 반의무적인 것으로 하고 있다. 하물며 우리 러시아에서는 말할 나위도 없다.

우리 러시아에서는 대부분의 민중이 여전히 학교라는 개념에 증오를 품고 있는 반면, 가장 교양이 풍부한 사람들은 독일식의 강제적 의무교육 제도의 실시를 꿈꾼다. 모든 학교는 상류계급을 위한 관위(官位)와 거기에 초래되는 이익을 얻기 위한 수단으로서 있을 뿐이다. 지금도 도처에서 아동들은 거의 강제적으로 교육기관에 보내지고 있는 형편이고, 부모들도 역시 준엄한 법의 힘 때문인지, 코앞의 이익을 들이대는 간책으로 자기 아이들을 학교로 내보내도록 강요받고 있는 실정이다. 그렇지만 민중은 결코 참된 교육에 불감증을 느끼는 것이 아니다. 그래서 그들은 여기저기서 독학을 하고 있으며 교양을 가장 큰 복이라고 생각하고 있다.

이것은 도대체 어떻게 된 일일까? 교육에 대한 요구는 각자의 내부에 잠재해 있다. 민중은 교육을 사랑하고 또 원하고 있다. 그것은 호흡하기 위해 공기를 원하는 것과 마찬가지다. 정부와 사회는 민중을 교육할 열의에 불타고 있다. 그러나 정부와 사회의 모든 강제, 간책, 집요함에도 민중은 끊임없이 자기들에게 제창되는 교육에 대해서 불만을 드러내고 조금씩조금씩 권력에 굴복해 가고 있을 뿐이다.

사물이 맞부딪쳤을 때 하는 것과 마찬가지로 이 경우에도 역시 시비를 가리기 위해 다음의 문제를 해결할 필요가 있다. 즉 민중의 반항과 그러한 교육적 활용에서 어느 것이 좀더 합법적인가, 민중의 반항을 타파시킬 것인가, 아니면 교육적 활동 그 자체를 개혁할 것인가?

역사상 지금까지 알려진 바에 따르면 이 문제는 정부 및 교육을 담당하는 계급의 이익을 중심으로 해결되어 왔다. 민중의 반항은 법에 저촉된다고 간주되어 인류에게 퍼져 있는 악의 본원으로 취급받았다. 따라서 교육에 종사하는 계급은 자신의 교육활동의 형태를 변혁하지 않고 교육을 조종하는 계급 내지 사회가 영유하는 교육의 내용과 형식을 고수하면서 민중의 반항 근절을 위해서 폭력과 간계를 부렸다. 그래서 민중은 느린 걸음걸이로 싫은 것을 억지로 참으면서 오늘에 이르기까지 그러한 교육적 활동에 따라 온 것이다.

교육을 조종하는 계급이나 사회가 자기의 교육을 어떤 역사적 시기에서의 어떤 국민을 위한 행복을 형성하는 것으로 인정하려면, 거기에 합당한 그 어떤 기초를 가져야 된다.

도대체 그 근거는 어떤 것일가? 현대의 학교가 어떤 것은 가르치면서도 다른 것은 가르치지 않고, 또 어떤 방법으로는 가르치면서도 다른 방법으로는 가르치지 않는 것은 도대체 어떤 근거에서 나오는 것일까?

어느 시대에도 인류는 이와 같은 문제에 조금이나마 만족할 만한 회답을 주려고 애썼고 또한 실제로 주기도 했지만, 과거 그 어느 시대에서보다도 현대만큼 그 회답을 필요로 한 적이 없었다.

북경에서 한걸음도 밖으로 나간 적이 없는 중국의 관리에게 공자의 교리를 암송하게 하고 회초리로 때리는 수단을 써서 그 교리를 아동에게 따로 외게 할 수는 있을 것이다. 이런 방법이라면 중세에도 가능했다. 그러나 지금은 강제적으로 민중을 교육하는 권위를 우리에게 줄 만큼 확고부동한 자기 지식에 대한 신념을 현사회 어디에서도 찾아볼 수 없다.

루터를 전후로 해서 중세의 어느 학교라도 좋으니 예를 들어보자. 또는 중세의 모든 교육문헌을 예로 들어보자. 무엇이 진실이고 무엇이 허위인가에 대해서도 확고부동한 굳은 신념의 힘이, 그 당시의 인간을 통해 얼마나 명백히 나타나고 있는 것일까? 그때의 인간들은 그리스어가 교육의 유일한 필수조건이라는 것을 쉽게 알아낼 수 있었다. 왜냐하면 아리스토텔레스가 말한 가정의 진리는 그후 수세기에 걸쳐 아무도 의심할 수 없는 진리였으며, 그리고 그 아리스토텔레스 자신이 그리스어를 사용했기 때문이다.

사제들이 확고한 기초 위에 서 있는 성서의 교리를 어떻게 타인에게 요구하지 않을 수 있겠는가?

루터가, 신은 인류를 위해 헤브라이어로 진리를 계시했다고 확신하고 그 언어의 참된 연구를 요구한 것은 무리가 아니다. 인간의 비판적인 사상이 아직 눈뜨기 전에 학교는 독단적이었고, 그리고 학생들에게는 신이며, 아리스토텔레스에 의해서 계발된 진리내지는 베르길리우스와 키케로의 운문의 아름다움을 암송함이 자연스러운 것이기도 했다. 그보다 나은 참된 진리가 있고, 그보다도 우아한 아름다움이 존재한다는 것에는 그뒤 수세기 동안 아무도 생각이 미치지 않았던 것이다.

그러나 그러한 독단적인 여러 원리원칙을 물려받은 현대의 학교에서는 어떠한 현상이 일어나고 있는가? 한쪽에서는 생도들에게 영혼불멸의 진리를 앵무새처럼 암기시키면서도, 다른 한쪽에서는 인간과 개구리 사이의 공통적인 신경은 그전에 영혼이라고 불리던 것과 조금도 다를 것이 없다는 것을 이해시키고 있다. 그리고 나빈의 역사가 아무 설명없이 고수된 뒤에 태양은 옛날에도 지구의 주위를 운행한 적은 없었다는 것을 가르치지 않으면 안 되고, 생도는 베르길리우스의 시적(詩的) 미에 대한 설명을 들은 후에 10원을 내고 산 알렉산드르 뒤마 쪽이 훨씬 더 아름답다는 것을 발견한다.

이렇게 되어 진실한 것은 아무것도 존재하지 않고, 존재하는 것은 모두 합리적인 것이고, 진보는 신이고, 정체는 악이라는 것에 교사의 유일한 신념이 귀착된다. 그리고 아무도 진보의 그 일반적 신념이 무엇으로부터 만들어지고 있는가를 모르고 있다. ——바로 이런 것이 현대학교에서 일어나는 현상이다!

모든 진리가 의심할 여지가 없었던 중세의 독단적인 학교와 아무도 진리가 무엇인지를 모르면서 아동 및 부모를 강제적으로 학교에 통학시키거나 통학하게 만드는 현대의 학교를 여기서 한번 비교해 보기로 하자.

중세의 학교에서는 교수법을 결정하는 것이 쉬웠다. 즉 교수법은 다만 한 가지밖에 없었고, 또 모든 학문은 성서와 어거스틴과 아리스토텔레스의 서적에 집중되어 있어서 교수법의 순서를 결정하기도 쉬웠다. 그러나 우리에게는 각 방면으로부터 한없이 다양한 교수법이 제공되고 있으며, 지금처럼 온갖 학술 관련 내용들이 막대하게 쌓여있는 현재의 상태에서 제공된 모든 교수법 가운데 하나를 선택하고, 학술의 여러 부문을 선택하여 그 학술의 수업을 위한 합리적이면서도 정당할 수 있는 순서를 정한다는 것—— 이것은 말할 수 없이 힘든 일이다. 어떻게 가능하겠는가?

아니, 그 뿐만이 아니다. 현대에는 그 기준을 발견한다는 것이 중세기에 비해서 한층 더 곤란하다. 왜냐하면 당시의 교육은 일정한 계급이 일정한 조건으로 생활하기 위한 준비에 지나지 않았지만, 현대에는 민중 전체가 교육에 대한 자기의 권리를 표명하기 때문에 이 모든 다양한 계급을 위해서 무엇이 필요한가를 안다는 것은 우리에게 다른 무엇보다도 어려운 일이며, 동시에 가장 필요한 일이기 때문이다.

그렇다면 이와 같은 기준은 어떠한 것인가? 시험삼아 어느 교육가에게 어째서 이 과목은 가르치고 저 과목은 가르치지 않는가, 왜 이것은 먼저 하고 저것은 나중에 하는가를 물어보도록 하자. 만일 그 교육가가 여러분을 이해한다면 다음과 같이 대답할 것이다. 자기는 신에 의해서 계시된 진리를 알고 있기 때문에 그것을 젊은 시대의 아이들에게 주어 그들을 의심할 수 없는 진리인 원리원칙으로 교육하는 것을 자신의 의무로 인정하기 때문이라고.

그리고 이 교육가는 종교적이지 않은 과목에 대해서는 여러분에게 대답을 주지 않을 것이다. 또 다른 교육가는 여러분을 향해서 학교교육의 기준을 피히테, 칸트, 헤겔에 의해서 저술된 이성의 영원한 법칙으로 설명할 것이다. 그리고 또 다른 사람은 예부터 모든 학교는 강제적인 존재였지만, 그럼에도 그러한 학교 교육의 결과가 참된 교육으로 되었다는 사실로 강제적 의무교육의 권리를 설명할 것이다.

마지막으로, 또 어떤 사람은 위에서 기술한 모든 기준을 종합해서 학교는 현재 있는대로 있어야 한다, 왜냐하면 종교·철학 및 경험이 학교를 그렇게 만든 것으로써 결국 사적(史的)이란 것은 모두 합리적인 존재이기 때문이라고 말할 것이다.

이와 같은 모든 논증은 그 자체 내에 온갖 다른 논증을 내포하고 있다. 그리고 나에게는 이 논증들이 네 개의 부문, 즉 종교·철학·경험 및 역사로 나뉘어진다고 생각한다.

기초로서의 종교——신의 계시——를 갖는 교육은 아무도 그 진리와 합법성에 대해서 의심을 품지 않는다. 따라서 이러한 교육이 민중에게 보급되어야 한다는 것은 논쟁할 여지가 없는 진실이고, 이런 경우에 한해서만 강제가 합법적으로 된다.

지금까지 선교사들은 이와 같은 필법으로 아프리카나 중국에서 자기의 의무를 행하고 있다. 그리고 현재까지 전세계 여러 학교에서 종교교육에 대한 이와 같은 필법이 사용되고 있다. 가톨릭교·불교·유대교·회교, 그 밖의 어떤 종교의 경우에도 같다. 그러나 종교교육이 교육에서 작은 부분을 형성하는 데 지나지 않는 현대에는, 학교가 젊은 시대의 사람들을 일정한 방법으로 강제적으로 학습시키는 데 어떤 근거를 가지고 있는가 하는 문제는 종교적 관점으로 봐서 아직 미해결인 채 버려지고 있다.

그 회답은 아마 철학 속에서 발견될 수 있으리라. 철학은 종교처럼 확고한 근거를 가지고 있는 것일까? 그 근거는 어떤 것일까? 누구에 의해서, 어떤 방법으로, 언제 그 근거는 표현되었는가? 우리는 그것을 모르고 있다. 모든 철학자는 선악의 법칙을 탐구하고 있다. 그들은 그러한 법칙을 탐구해 가지고는 교육에 간섭하고(그들은 모두 교육에 간섭하지 않을 수 없었다!) 그러한 법칙으로 인류를 교육하려고 기도하고 있다.

그러나 그러한 여러 원리의 하나하나도 역시 다른 여러 원칙과 마찬가지로 완전한 것이 아니고 단지 인간 속에 존재하는 선악의 의식에 새로운 올가미를 더할 뿐이다.

모든 사상가는 자기 시대가 의식하는 것을 표현할 뿐이다. 따라서 책을 통해 그러한 의식을 젊은 시대의 아이들에게 교육한다는 것은 완전할 수가 없다. 그러한 의식은 이미 현대인에게 널리 알려진 사실인 것이다.

모든 교육철학의 원리는 덕행 있는 인간의 양성을 목적으로 하고 사명으로 한다. 그러나 덕행의 의의는 그대로 끝나버리든가 아니면 한없이 발전한다. 그리고 여러 이론의 발생에도 덕행의 퇴폐나 융성은 교육 여하에 달려 있는 것이 아니다. 덕행 있는 중국인·그리스인·로마인, 그리고 현대의 프랑스인은 모두 덕행있는 사람이거나 아니면 모두 한결같이 덕행에서 멀리 떨어진 자들이다.

교육학의 철학적 이론은 어떤 시대에 형성되어 의심할 수 없는 진리라고 인정되고 있는 윤리학의 어떤 이론에 의해서, 어떤 방법으로 가장 훌륭한 인간을 양성할 것인가 하는 문제를 해결한다. 플라톤은 자기 윤리학의 진리를 의심하지 않고 그것을 기초로 해서 교육을 수립하고 한 걸음 더 나아가서 그 교육 위에 국가를 건설하려고 했다.

슐라이에르마헤르는 이렇게 말한다.

'윤리학은 아직도 미완성의 학문이다.'

따라서 훈육과 교육은 교육받은 사람들이 자기들의 생활에서 찾을 수 있는 조건에 적응할 수 있도록, 그리고 그와 동시에 자기들의 의식 속에 나타나는 완성에 대해서 유력한 활동을 할 수 있도록 사람들을 단련시켜내는 것을 목적으로 삼아야 한다고 한다. 그의 말에 따르면 한마디로 말해서 교육은 국가·교회·사회생활 및 지식의 세계로 인간다운 인물을 배출하는 것을 목적으로 한다는 것이다.

미완성의 학문이지만 교육받은 사람이 네 가지의 요소 중에서 어떤 일원이 되어야 하는가에 대하여 해답을 주는 것은 윤리학뿐이다. 플라톤도 역시 교육학적 철학자들과 마찬가지로 교육의 사명과 목적을 윤리학 속에서 찾고 있다.

어떤 사람들은 윤리학을 가리켜 해명되어진 학문이라 인정하고, 또 어떤 사람들은 끊임없이 완성되어 가는 인류의 의식이라고 믿고 있다. 그렇지만 민중에게 무엇을 어떻게 가르칠 것인가 하는 문제에 대해서는 아무 이론도 없으며 적극적인 해답도 주어지지 않고 있다. 어떤 자는 하나의 의견을 제시하는가 하면 또 어떤 자는 다른 의견을 말한다. 앞으로 나아감에 따라 지론은 점점 모순되어 간다. 이율배반적인 온갖 원리가 한꺼번에 나타나버린다.

신학파는 스콜라파와 싸우고 스콜라파는 고전파와 싸우고, 고전파는 현실파와 싸운다. 그래서 현대에는 이 모든 파들이 상대편을 정복할 수 없을 정도로 존재해서 아무도 어느 파가 잘못하고 있으며 어느 파가 옳은지 알지 못한다.

루소·페스탈로치·프뢰벨 등의 다종다양하고 기괴하기 짝이 없으며, 아무 근거 없는 이론들이 출현하고 있고, 또 현실적·고전적 및 신학적 시설을 갖춘 가지각색의 학교들이 즐비하게 존재하고 있다. 모든 사람은 현존하는 것에 불만을 가지고 있지만 어떤 새로운 것이 필요하며 또한 가능한가는 모르고 있다.

교육철학자들의 발자취를 거슬러 올라가면 그속에서 교육의 규범을 발견하기는커녕 오히려 그 반대로 모든 교육가들 사이의 빈번한 견해 차이에도 그들 안에 무의식적으로 존재하는 하나의 보편적인 사상을 발견할 것이다. 다시 말해서 그러한 규범의 부족을 우리에게 확증해 주는 사상을 말이다.

플라톤에서 칸트에 이르기까지 그들은 모두 다만 한 가지 사실을 향해 나아가고 있다. 즉 무거운 역사적 압제로부터 학교를 벗어나게 노력하고, 인류에게 필요한 것을 예측하고는 다소나마 옳게 예측된 요구 위에 자기의 새로운 학교를 세우려고 바라는 것이다.

루터는 앞선 고승들의 주석에 따르지 않고 직접 원서로 성서를 연구시키려고 했다. 베이컨도 역시 자연을 아리스토텔레스의 책에서가 아니라 자연 자체로부터 배우게 하려 했다. 루소는 인생을 그 자신이 이해하고 있는 대로 인생 자체에서 가르치기를 원하고 재래의 여러 경험에 입각한 교육을 부정한다.

교육 철학이 나아간 발자취는 그 한걸음 한걸음이 요컨대 낡은 시대의 사람들이 학문이라고 인정한 것으로, 젊은 시대의 아이들을 교육하려는 사상으로부터 학교를 해방하고 젊은 시대가 요구하는 것에 따라 교육하려는 발자취이다.

이 보편적인 동시에 그 자신이 모순되는 하나의 사상은 교육학의 역사 전체에서 느낄 수 있다. 이런 경우를 보편적이라고 말하는 까닭은 다름이 아니라 누구를 불문하고 학교의 해방을 강하게 바라고 있기 때문이다. 그리고 상호 모순된다는 이유는 각자가 자기의 학설 위에 기초를 둔 법칙을 제정하고, 그 자체에 의해서 학교의 자유를 구속하고 있기 때문이다.

예전에 존재했던, 그리고 현재 존재하는 여러 학교들의 경험이란 무엇인가? 어떤 방법으로 그와 같은 경험은 현존하는 강제적인 교육방법이 적당하다는 것을 우리에게 명시해 줄 수 있을까? 우리는 그 밖에 달리 합법적인 방법이 존재하는지 않는지를 모른다. 대부분의 학교는 지금도 역시 자유롭지 않기 때문이다. 사실 고등교육(대학·공개강의) 분야에서 우리는 교육이 점차로 자유로워지려는 경향이 있는 것을 인정한다. 그러나 그것은 단순한 가설에 지나지 않는다.

지금까지의 경험은 우리에게 정도가 낮은 교육은 항상 강제성을 띤 채 방치되어야 하고 또 어떤 종류의 학교가 양호해지는가를 가르쳐주고 있는지도 모른다. 그럼 여기서 이러한 학교들을 독일식의 교육적 통계표를 떠난 관점에서 검토해 보기로 하자. 그리고 현실에서의 여러 학교와 민중에 대한 그 영향을 관찰하도록 노력해보자.

현실은 나에게 다음과 같은 것을 가르쳐 주었다. 즉, 아버지는 집안일로부터 자식을 빼앗아 가는 학교를 저주하고 있으면서도, 자기의 의지와는 달리 아들과 딸을 학교로 보내면서 자식들이 졸업하는(이 한마디——학교에서 석방된다는 이 한마디에 따라서 얼마나 민중이 학교를 증오하고 있는지를 알 수 있다) 그날만을 기다리고 있다.

아동은 자기가 알고 있는 아버지의 유일한 권력이 아들을 강제로 학교에 보내게 만들고 있는 정부의 권력을 존중하지 않는다고 확신하면서도 학교에 다니고 있다. 그리고 그 학교에 이미 적을 두었던 선배들로부터 들은 이야기는 아동이 학교에 입학하고 싶은 마음이 들게 도와줄 수 있는 성질의 것은 아니다.

아동에게 학교는 자기들을 괴롭히기 위한 시설로밖에 생각되지 않는다. 그도 그럴 것이, 학교는 아동들의 주요한 만족과 요구인 자유 행동을 방해하고 순종과 온화를 중요한 조건으로 삼으면서 한 시간 가량 어디로 가는 것조차 특별 허가를 받아야 하고, 모든 행위가 규칙에 따라서 벌받게 되어 있다. 공문에서는 규칙을 사용하는 체벌과 시간 외의 과업을 시키는 잔혹한 벌을 폐지하고 있지만, 그러나 학교라는 시설은 그것을 필요로 하고 있다.

아동들의 생각에 따르면, 학교란 이해하지 못하는 것을 가르치는 곳, 대부분의 경우 자기들에게 각각의 방언으로 말하는 것을 금하고, 전혀 들어보지 못한 언어를 사용하게 하는 곳이다. 대다수의 교사는 자기의 사념 내지는 교사가 배운 것을 배우려고 원하지 않는 학부형들에 대한 악의에서, 자기의 학생들을 태어났을 때부터의 원수처럼 생각한다. 한편 학생 쪽에서는 교사를 개인적인 악의에서, 자기들에게 여러 가지 어려운 일들을 학습시키고 있는 존재라고 생각해서 원수처럼 보고 있다.

이와 같은 시설 속에서 아동들은 6년간 매일 여섯 시간씩을 보내지 않으면 안 된다. 이것이 부른 결과를 통계에 입각하지 않고 사실에 입각해서 검토해보니, 독일에서는 학교에 재학한 민중의 9할까지가 읽고 쓰기의 기계적 재능을 학교에서 얻고 있지만 그러나 그들은 자기에게 시행된 학습의 수단에 대해서 격렬한 혐오를 느끼고 있어서 그 결과 졸업 후에는 책을 손에 들지 않는다는 것이다.

내 의견에 동의하지 않는 사람들은 민중에게 읽히고 있는 서적을 나에게 제시해주기 바란다. 바덴의 헤벨이나 달력, 민중 신문조차 보기 드문 예외로 읽히고 있는 실정이다. 민중 속에 교양이 없다는 뚜렷한 증거는 민중문학이 없다는 것이며, 특히 옛날처럼 아동들을 강제적으로 학교에 보내지 않으면 안 된다는 것이다. 이러한 학교는 교육에 대한 혐오를 부식할 뿐 아니라, 6년간에 걸쳐 부자연스러운 상태에서 발생하는 위선과 기만을 학생에게 습득시킨다. 이른바 문자교육이라는 혼란과 망상의 개념에 그들을 익숙하게 만들고 마는 것이다.

나는 학생들의 지능과, 학교에 대한 학생들의 견해와, 그들의 도덕적 발달 상태를 시찰하기 위해서 프랑스, 독일, 스위스 등 여러 나라를 두루 돌아다니는 동안 여러 초등학교를 방문하기도 하고 또 이미 졸업한 학생들을 면접하기도 하면서 다음과 같은 질문을 했었다.

"프러시아 및 바바리아의 수도는 어디인가?"

"야곱에게는 몇 명의 자식이 있었는가?"

"요셉에 대한 얘기는 어떤 것이 있는가?"

이런 질문에 대해서, 아직 학교에서 배우고 있는 학생 가운데는 책에서 암송하는 듯한 느릿느릿한 어조로 대답하는 학생도 가끔 눈에 띄었다. 하지만 학교를 마친 사람한테서는 한 번도 해답을 얻을 수가 없었다. 나는 암송 이외의 대답을 거의 얻을 수가 없었던 것이다. 수학도 역시 마찬가지여서 일반적인 기준을 발견할 수 없었다.

그리고 나는 학교를 참관할 때마다 재학생에게 지난 일요일에는 무엇을 했는가라는 제목으로 작문을 짓게 했다. 그러면 언제나 예외 없이 여자애건 남자애건 할 것 없이 일요일엔 하나님께 기도를 드리기 위해 모든 시간을 바쳤고, 조금도 놀지 않았다고 판에 박은 듯한 말을 했다. 이것은 학교가 도덕적 방면에 어떤 영향을 끼치는가에 대한 좋은 견본이다.

어째서 자네들은 학교를 졸업한 후 공부를 하지 않는가? 어째서 독서를 하지 않는가? 성인이 된 남녀에게 질문을 해보니 그들은 모두 하나같이 이미 신앙을 굳히는 의식을 마치고 학교라는 검역소를 통과하고 일정한 교육 단계——문자교육——에 대한 면허를 받았기 때문이라고 대답했다.

이러한 학교의 악영향은 독일인들이 '우둔화한다'고 옳은 명칭을 고안해낸 것도 그럴싸하게 들린다. 원래 아동들의 지능을 불구로 만드는 것이지만 여기에는 그보다 심한 악영향이 있다. 다른 것이 아니다. 아동들이 매일 지루한 수업을 받는 동안, 자연히 그들에게 설정해 준 발달의 필요조건으로부터 그들의 가장 귀중한 많은 시간을 격리시킨다는 것이다.

가정상태, 부모의 횡포, 마을에서의 나쁜 장난, 잡일들이 학교 교육의 주요한 방해가 된다는 의견을 매우 자주 읽기도 하고 듣기도 한다. 그리고 이것은 교육가가 의미하는 학교 교육에 대해서 확실히 방해가 될 것이다. 그러나 이 모든 조건이 온갖 교육의 기초를 이루는 것이고, 학교의 방해자나 원수가 되지 않을뿐더러 교육의 가장 으뜸가는 주요한 활동자라는 것을 확인해야 한다.

그러한 가정조건이 없다고 하는 경우, 아동은 결코 문자의 구별을 구성하는 선의 차이도, 숫자도, 자기의 사상을 표현할 방법까지도 습득할 수는 없을 것이다. 그 난폭한 가정생활이 온갖 어려운 일들을 아동에게 습득시켰던 것이다. 그런데 갑자기 이런 가정생활이 읽고 쓰기 같은 쉬운 일을 가르쳐주지 못할 뿐만 아니라, 오히려 그것을 가르치는 데 방해가 되는 것처럼 생각되는 것은 도대체 무엇 때문일까.

입학할 때까지 한 번도 책을 읽어보지 못한 농민의 아동과 다섯 살 때부터 가정교사 밑에서 배운 지주의 아이를 비교해 보면 가장 좋은 증거가 될 것이다.

지혜나 여러 지식의 우월은 항상 전자에 있다. 뿐만 아니라 무엇인가를 알려는 흥미, 그리고 그 흥미에 대해서 학교가 회답할 것을 임무로 하는 문제는 오로지 이와 같은 가정적 조건으로부터 발생하는 것이다.

모든 교육은 오로지 생활에서 제기된 문제에 대한 회답이어야만 한다. 그런데도 학교는 여러 가지 문제를 환기하지 않을 뿐만 아니라 생활이 제기한 문제에 대해서조차 회답해주지 않는다. 학교는 언제나 인류에게서 수세기 전에 제기된 같은 문제에 대해서 회답하고 있다. 그러나 이러한 문제는 아동의 연령에 준해서 제기되고 있지는 않다. 그렇기 때문에 아동은 관심을 가질 수 없는 것이다.

그것은 예를 들어 어떻게 세계는 창조되었는가? 최초의 인간은 누구였는가? 2천년 전에는 무엇이 있었는가? 아시아는 어떤 땅인가? 지구의 형태는 어떤가? 천 단위에 백 단위를 곱할 때는 어떤 방법으로 해야 하는가? 사후에는 어떻게 되는가 하는 등등의 문제들이다. 실생활에서 나타나는 여러 문제에 대해서 아동은 답을 얻지 못하는 것이다. 하물며 학교 안에는 군대와 같은 질서가 깔려 있기 때문에 아동은 화장실에 가겠다고 청할 때도 입을 열 권리를 가지지 못하고 떠들어서 교사에게 방해가 되지 않도록 그것을 몸짓으로 행하지 않으면 안 되니 그 고충은 말할 필요도 없다.

관립학교의 목적은 그 대부분이 민중을 교육하는 데 있다. 즉 바꿔 말하면, 수많은 학교를 세우려는 것이 목적이기 때문에 학교는 이러한 시설로 변해가고 있다. 교사가 부족하다고 해서 자꾸 교사를 양성한다. 그러나 여전히 교사는 부족하다. 한 사람의 교사가 5백 명의 아동을 가르칠 수 있게 만든다. 기계적 교육에 따른 랑카스타식 방법으로 이른바 학생의 과잉 생산이다. 따라서 상부로부터 강제적으로 설립된 학교는 양떼를 위한 목자가 아니라 목자를 위한 양떼인 것이다.

학교는 아동들이 편리하게 학습할 수 있도록 시설되어 있지 않고 교사의 편의에 따라 가르칠 수 있게 만들어져 있다. 교사들에게는 아동들의 학습을 위한 필수조건인 토론, 운동, 쾌활성 등이 구미에 맞지 않는다. 형무소처럼 설치된 학교에서는 질문도 대화도 운동도 금지되고 있다. 그 어떤 대상(교육분야에서는 이 대상이 자유로운 아동이다)에 대해서 효과적으로 일하려고 한다면, 먼저 그 대상을 배우는 것이 필요하지만, 그와 정반대로 교사들은 될 수 있는 대로 자기들이 고안한대로 아동을 가르치려하고, 만일 그것이 실패하는 경우에는 교육의 방법을 바꾸려고 하지 않고 아동의 본성 자체까지를 변화시키려고 한다.

이런 사상에서 교육의 기계화의 방법(페스탈로치의 방법)이 고안되고, 또 현재도 고안되고 있다. 교사나 학생이든 어떤 사람을 불문하고 천편일률적인 동일한 교수법(教授法)을 실시하는 시설로 시종하려는 교육학의 부단한 경향이 바로 이것이다. 동일한 아동을 자택이나 한길, 또는 학교 안에서 관찰해 봄으로써 명백해진다.

여러분은 앞의 경우에선, 눈과 입가에 미소를 띤 발랄한 생기와 지식욕에 넘치는 아동을 본다. 이 아동은 모든 사물에 관해서 지식을 탐구하는 것을 기뻐하고 자기의 독특한 말로 끊임없이 강렬한 의지를 표현한다. 그러나 이와는 반대로 학교에서 본다면, 이 동일한 아동이 피로와 공포와 권태의 표정을 지닌 채 고통받고 위축된 존재로 되어 여러분 앞에 나타날 것이다. 그는 다만 자기도 모르는 국어 낱말을 입술로 되풀이할 뿐, 그의 영혼은 달팽이처럼 껍데기 속에 살고 있는 것이다.

이러한 두 가지의 상태 속에서 어느 것이 아동의 성장에 좀더 좋은가를 결정하려면, 그 아이를 한번 보기만 하면 충분하다. 내가 정신의 학교적 상태라고 부르는 학교에서의 아동들의 이 이상스러운 심리 상태를 불행히도 우리는 모두 잘 알고 있다. ──즉, 이것은 상상, 창조, 계획과 같은 모든 고등재능이 내용과는 떨어져서 단지 기계적으로 음향을 발하는 반동물적인 재능에 자리를 양보하는 데 지나지 않는 것이다.

처음부터 1, 2, 3, 4, 5로 순서대로 계산하고, 상상 속에 어떠한 형상을 그리는 것도 허용하지 않고 오로지 말을 섭취하는 것에만 힘쓴다. 한마디로 말해서 아동의 마음속에 학교의 상태와 합치하는 것──공포 및 기억력의 긴장과 주의──을 발달시키기 위해 그가 기다리는 온갖 고등재능을 억압하는 것이다.

아동들이 그와 같은 상태에 빠져서 모든 독립성을 잃어버리고 그 마음속에 여러 병적인 징후── 위선, 목적없는 허위, 둔갑 등등──가 나타나기만 하면 그들은 이미 학교의 이분자는 아니다. 궤도에 오른 것이다. 그때 교사는 그들에게 만족을 느낀다.

그러나 이런 경우에도 언제나 끊임없이 반복되는 필연적인 현상이 나타나게 마련이다. 즉, 가장 우둔한 아동이 가장 우수한 학생이 되기도 하고, 가장 현명한 아동이 열등생이 되기도 한다. 이 사실을 연구하고 해명하려는 노력만으로도 상당한 의의를 갖는다 할 것이다. 나에게는 이 한가지 사실만으로도 강제적인 학교제도의 기초가 허위라는 명백한 증거가 된다고 생각된다.

그러나 단지 그것만은 아니다. 아동들을 가정이며, 노동이며, 세상에서 얻을 수 있는 무의식적 교육으로부터 떼어놓는 소극적인 해독 이외에도, 학교는 아동의 어린 시절, 특히 정신과 분리할 수 없는 육체에서도 해롭다. 비록 학교가 좋은 기관이라 할지라도 단조로운 학교교육을 볼 때 특히 이 해독은 중대하다.

농민에게는 그를 둘러싼 들판의 생활, 노동의 여러 조건, 연장자의 대화 등과 바꿀 수 있을 만한 것은 아무 데도 없다. 직공이나 일반 도시 생활자에게도 역시 마찬가지다.

자연이 농촌적인 조건에 의해 농민을 포위하고 도시적 조건에 의해서 도시 생활자를 포위하고 있는 것은 우연에서 나온 것이 아니고 합목적성을 가지고 있는 것이다. 이들의 조건은 가장 교육적인 것이고, 또한 이런 조건들 속에서만이 양자의 모두가 교육되어질 수 있는 것이다.

그러나 이에 반해서 학교는 그 교육의 제1조건으로서 이러한 여러 조건으로부터 떨어지는 것을 요구한다. 게다가 학교는 그것만으로선 아직도 부족하다. 가장 좋은 나이의 학생들을 하루에 여섯 시간씩 실생활로부터 떼어놓을 뿐만 아니라, 만 세 살의 유아까지도 어머니에게서 받을 수 있는 좋은 영향으로부터 떼어 놓으려고 원하고 있다. 우리는 나중에 다시 상세히 말하게 되겠지만, 어쨌든 유치원이라는 대용물까지 발견해 낸 것이다. 앞으론 어머니와 대체될 만한 증기기계만 발명해 내면 부족함이 없다 하겠다.

학교가 불완전하다는 것에는 모든 사람이 동의한다(나 자신은 학교는 유해한 것이라고 확신하고 있다). 모든 사람이 학교는 다다익선(多多益善)을 필요로 한다는 점에서 견해를 같이 한다. 그러한 개선은 학생을 위해서 한결 더 많은 편의를 주는 것에 기초를 두어야 한다는 점에서도 모든 사람들은 찬동한다. 의무 교육을 받아야 할 나이가 된 아동의 요구 중에서 각 계급에 공통되는 요구를 연구함으로써만 이들의 편의를 알 수 있다는 점에서도 모든 사람의 의견은 일치하고 있다. 이 곤란하고 복잡한 연구를 위해서 도대체 어떤 일이 이뤄지고 있는 것일까?

수세기 동안 각 학교는 그 이전의 다른 학교의 모형을 토대로 해서 설립되고, 그리고 다른 학교에 모방된 학교 역시 그 이전 학교의 모형을 토대로 해서 건설된다. 그리고 이들 학교의 어느 곳을 막론하고 아동들이 자유로이 말하고, 묻고, 임의의 과목을 선택하는 것을 금지하기 위한 규율이 필수적인 조건으로서 설치되고 있다. 간단히 말해서 학생들의 요구에 대한 결론을 내릴 가능성을 교사로부터 박탈하기 위해서 온갖 수단이 동원되고 있는 것이다.

학교의 강제적 조직은 온갖 진보의 가능성을 배제한다. 실제로 얼마나 많은 세기가, 아동들에 의해서 제출되리라고는 생각지도 못했던 질문에 대답하는 과정 속에 흘러가버렸다는 것을 생각하고, 또 현대의 세기가 아동에게 부식하려고 하는 교육의 낡은 형식으로부터 얼마나 멀리 떨어져 있는가를 생각해 본다면, 어떻게 되어서 그런 학교가 아직도 존속하고 있는지 도무지 이해가 가지 않는다.

학교란 우리들의 생각에 따르면 교육의 기관인 동시에 끊임없이 참신한 결론을 가져다주는 새로운 시대를 향한 실험이어야만 한다. 실험이 학교의 기초로 되고, 각 학교가 이른바 교육적 실험실로 될 때에 비로소 학교는 일반사회의 진보로부터 뒤떨어지지 않게 될 것이다. 그리고 실험은 교육과학을 위해 견고한 기초를 설치하게 되리라.

어쩌면 역사는 우리가 헛되이 끝낼지도 모르는 문제——즉 부모나 학생에게 교육을 강제하는 권리는 도대체 무엇에 기초를 두고 있는가 하는 문제——에 해답을 제시해 줄지도 모른다. 물론 역사는 말할 것이다. 현재의 학교는 사적 방법으로 형성되어진 것이며, 앞으로도 지금과 마찬가지로 사적 방법으로 형성되고 사회 및 시대의 요구에 응해서 변모해야 한다. 우리가 발전된 생활을 해나감에 따라 학교도 보다 좋게 개선되게 마련이다.

여기에 대해서 나는 다음과 같이 대답하겠다.

첫째로, 순철학적 논증도 역시 순수한 사적 논거와 마찬가지로 편협하고 또 허위이다. 인류의 의식은 역사의 주요한 요소를 구성한다. 때문에 만일 인류가 학교 존재의 불능을 인식한다면, 이 의식의 사실은 벌써 주요한 사적 사실인 것이고 학교의 조직은 바로 그 위에 기초를 두어야만 한다.

둘째로, 우리가 발전된 생활을 해나감에 따라 학교는 좋아지지 않고 도리어 나빠져 가고 있다. 사회가 획득하는 교양의 표준에 정비례해서 나빠지고 있는 것이다. 학교는 국가의 유기적 조건의 하나이기 때문에 이것을 격리해서 관찰하거나 평가하거나 할 수 없다. 하지만 학교의 가치는 그것이 국가의 다른 부분에 적응하는 정도의 대소에 정비례한다. 학교는 국민이 생활하고 있는 기초적 법칙을 의식했을 때만이 그 가치를 인정받을 수 있다.

러시아의 광야촌(曠野村)에 있는 학교는, 비록 그것이 그곳 학생들의 모든 요구를 만족시켜주는 우수한 학교라 할지라도 파리의 아이들에게는 몹시 나쁜 학교일 것이고, 또 17세기의 가장 좋은 학교도 현대에서는 가장 열등한 학교가 될 것이다. 그리고 그 반대로 중세에 가장 열등한 학교도, 그 당시에는 현대의 가장 우수한 학교보다도 훨씬 좋은 학교가 될 수도 있었으리라. 그러나 중세의 학교는 현재의 학교보다 시대에 적합해서 그 당시의 일반 문화보다 진보하고 있지 않았다 해도 적어도 그것과 병행하고 있었는데 현대의 학교는 시대의 문화보다 훨씬 뒤떨어져 있는 것이다.

학교에 대한 극히 개괄적인 정의를 허용해서 만일 학교의 사명이 국민이 창조하고 의식하는 것을 전달하는 것, 그리고 생활이 인간에게 제시하는 각종 문제에 해답을 주는 것에 있다면, 중세의 학교에서는 그 전달이 현대에 비해서 훨씬 간단하고, 생활이 제시하는 문제도 훨씬 쉽게 해결될 수 있었을 것이다.

여기에 대해서는 이미 의심할 여지가 없다. 중세의 인간이 연구가 충실하지 못한 자료를 가지고 그리스와 로마의 구비 전설을 전하고 여러 종교상의 교리와 문법, 당시 알려지고 있던 수학 같은 것을 전한다. 그것을 현대의 우리가 그 당시부터의 체험에 따라 고대 민족의 전통을 후퇴시킨 갖가지 전통과 일상생활의 여러 현상에 관한 해답으로서, 현대인에게 필요한 여러 가지의 자연과학 지식을 거치지 않으면 안 되는 것에 비하면 훨씬 쉬운 것이다.

이와 같이 전달되어야만 하는 사물은 점점 복잡해져 가는데 이것을 전하는 방법은 옛날 그대로 실시되고 있으니, 학교가 시대에 뒤떨어지고 한층더 열등한 것으로 되어가는 것은 어쩔 수 없는 일이다. 학교를 옛날의 형식대로 온전하게 지키고, 그리고 문화의 진전에 뒤떨어지지 않게 하기 위해서는 좀더 철저하지 않으면 안 된다. 즉, 학교에서만 강제적인 규칙을 설치할 것이 아니라 앞으로 전진하려고 하는 다른 모든 수단, 즉 기계나 교통기관 및 인쇄술의 발전까지도 금하지 않으면 안 된다.

역사에서 알 수 있는 범위 내에서 중국민족 하나만이 여기에 대해 엄격히 논리적이었다. 다른 민족이, 서적과 인쇄의 제한을 비롯해서 일반적인 문화의 발전을 방해하기 위해 취한 모든 시도는 모두가 일시적인 현상에 지나지 않았고 항구성이 결핍되어 있었다. 그런데 중국인만이 현대에서의 학교의 우수성과 일반문화의 수준에 알맞게 적응하는 점들을 자랑할 수 있는 것이다.

만일 어떤 사람이 우리에게, 학교는 역사의 도정에 따라서 완성되어 가고 있다고 말한다면, 그때 학교의 완성은 상대적이어야 한다. 그러나 사실은 오히려 정반대로 학교는 해를 거듭할수록 자꾸 열등해지고 일반문화의 수준보다 점점 뒤떨어지고 있다. 왜냐하면 학교의 진보는 인쇄술 발명의 시대부터 문화의 발전과 병행할 수 없기 때문이라고 대답할 수 있을 것이다.

셋째로 '학교는 존재했다. 따라서 그것은 선량한 것이다'라고 말하는 역사적 논증을 가지고 토론해보도록 하자. 나는 작년에 마르세유로 가서 그 도시에 설치되어 있는 노동자들의 학교를 모조리 시찰했다. 취학 아동과 인구 전체와의 비율은 근소한 예외를 제하면 아동들은 모두 3, 4년 내지 6년간이나 학교에 재학하고 있을 정도로 심대한 것이었다. 학과는 기독교의 문답서, 성사(聖史)와 세계사, 산술의 가감승제(加減乘除), 불어, 철자법 및 부기(簿記)이다. 어째서 부기 같은 것이 학과 속에 포함될 수 있는지 도저히 나는 납득이 가지 않고 또 어느 교사도 나에게 이것을 해명해주지 못했다.

나는 노동자 학교를 졸업한 학생들이 장부를 정리하는 솜씨를 본 뒤에 나 자신에게 다음과 같은 단 하나의 설명을 주었다. ——그렇다. 그들은 산술의 가감법과 승법조차 모르고, 그저 숫자의 산용(算用)을 암기식으로 습득했을 뿐이다. 따라서 부기법도 암기식으로 습득하지 않으면 안 되는 것이다. (독일 및 영국에서 가르치고 있는 부기법이 산술의 가감승제를 알고 있는 학생이라면 네 시간의 설명으로 습득되는 과목이라는 것을 증거로 들 필요도 없을 것이다.)

이들 학교의 생도들은 산술에서 가장 간단한 가감 문제를 해결하지 못하는 주제에 추상적인 숫자로 수천 단위의 승법을 신속히 해내고 있다. 프랑스사에서의 문제는 암기로 멋있게 대답했다. 그러나 개별적인 문제에 대해서는 헨리 3세가 율리우스 케사르에게 살해되었다는 식의 대답을 받았다. 지리 및 교회사에 관해서도 같았고, 독서며 철자법에 있어서도 동일했다.

여성의 반수 이상은 학교에서 배운 서적 이외에는 아무것도 읽지 않는다. 6년간의 교육은 틀림없이 문자를 쓸 수 있는 가능성조차도 주지 않고 있다. 내가 제시한 여러 가지 사실은, 많은 사람들이 선뜻 나의 의견에 찬성할 수 없을 정도로 사실 같지 않으리라. 그것은 나도 알고 있다.

그러나 나는 프랑스, 스위스 및 독일의 여러 학교에서 목격한 무학무능(無學無能)의 횡행을 주제로 해서 몇 권의 저서를 쓸 수도 있을 것이다. 따라서 이 문제를 절실한 관심사로 느끼는 사람은 나처럼 공개시험의 보고에만 기초를 두지 말고, 그 내부 및 외부에서 교사 및 학생들간의 대화나 지속적인 견학을 통해 학교 자체를 연구하려고 노력해야 할 것이다.

나는 또한 마르세유에서 성인을 위한 비종교적 학교와 종교적 학교를 참관했다. 25만 명 시민 가운데 학교에 다니는 자는 천 명 이하로, 게다가 남자는 2백 명밖에 안 된다. 과목은 역시 같아서 1년 내지 1년 이상이나 배워서 겨우 달성되는 기계적인 읽기, 산술의 지식을 결여하는 부기, 종교적 교훈 등등이다.

나는 보통급의 학교를 참관한 후에 교회에서 나날의 과업을 보았다. 그리고 네 살난 아이가 마치 병사들처럼 호령으로 걸상 주위를 뛰어다니기도 하고, 명령에 따라 팔짱을 끼거나 손을 들기도 하고, 기묘하게 떨리는 음성으로 신과 자기들의 은인을 위해 찬미가를 부르고 있는 유치원까지도 관찰했다. 그리고 그 결과 마르세유시의 여러 학교는 극히 나쁜 것이라고 확신하기에 이르렀다.

만일 어떤 사람이 거리, 공장, 식당, 가정에서 민중이 어떻게 생활하는지 보는 일 없이 그 어떤 기묘한 방법에 따라서 이들 학교 거의 전부를 보았다고 한다면, 어떠한 견해를 확립할 것인가. 확실히 그 사람은 이곳의 민중을 무학(無學), 조잡, 위선, 편견에 사로잡힌 거의 야만인과 다름없는 존재라고 생각할 것이다. 그러나 동일한 사람이 시중의 한 사람과 교섭을 가지고 그와 터놓고 말을 해보면, 당장에 프랑스인이라는 것은 그들 자신이 그렇게 생각하고 있는 것처럼 확실히 현명하고 영리한, 사교적이면서도 자유로운 사상을 지닌 참되게 개화된 국민이라는 확신을 가지게 될 것이다.

30세 안팎의 노동자를 한번 조사해 보자. 그는 이미 학교에 있었을 때와 같은 잘못을 편지에 범하지 않는다. 때로는 정치나 가까운 과거의 역사 및 지리에 대해서도 완전히 옳은 지식을 가지고 있다. 그는 이미 여러 소설 중에서 서너덧 개의 줄거리를 알고 있으며, 또 자연과학에 관한 약간의 지식도 가지고 있다. 그는 자주 그림에 대한 취미도 가지며 수학의 공식을 자기 일에 응용하기도 한다. 그는 도대체 어디에서 그와 같은 재능을 모두 얻을 수 있었던가.

나는 마르세유에서의 학교 시찰을 마친 후, 시의 거리, 주점, 식당, 박물관, 공장, 부둣가, 서점 등을 돌아보고 나도 모르는 사이에 그 문제에 대한 해답을 얻었다. '헨리 3세는 율리우스 케사르에게 살해되었습니다'하고 나에게 대답한 사내아이는 〈삼총사〉, 〈몬테크리스토 백작〉의 얘기를 잘 알고 있었던 것이다.

나는 마르세유에서 5원에서 10원 정도 하는 값싼 삽화 간행물이 28종이 나와 있다는 것을 발견했다. 25만의 시민에 대해서 이런 종류의 간행물이 3만 부 가량이나 발행되고 있으니 열 사람의 인간이 한 부를 읽는다고 가정하면 시민 전체가 읽는 셈이 된다. 게다가 박물관, 공개도서관, 극장이 있다. 큰 식당이 두 집 있고, 50원을 내면 누구든지 그곳으로 들어갈 권리를 가질 수 있다. 그리고 매일 2만 5천 명 정도의 손님이 있다. 조그만 요리점은 이 계산에 빠졌는데 거기에도 같은 수효 정도의 사람이 들어가고, 각 요리점마다에서는 가벼운 희극과 촌극, 시낭독 등이 행해진다.

이런 형편에서 대충 어림잡아 보아도 시민의 5분의 1은 옛날의 그리스인이며 로마인들이 원형극장에서 배운 것처럼 매일 같이 귀로 듣는 공부를 하고 있는 것이다. 이러한 교육이 좋은지 나쁜지 그것은 별문제다. 그렇지만 강제적 교육보다 몇 배나 강력한 무의식적인 교육이라는 것은 확실하다.

강제적 학교는 '거의' 내용이 없는 폭군적 잔해에 지나지 않는다. 나는 감히 '거의'라는 말을 쓴다. 문자를 조립해서 단어를 만들어내는 기계적인 재능, 이것이 5, 6년간의 과업으로 얻은 유일한 지식이다. 게다가 읽고 쓰기라는 기계적 재능 자체도 아주 짧은 기간 동안에 학교 외에서 획득될 수 있음에도 불구하고, 곧잘 학교 안에서는 그 재능을 숙달할 수조차 없고, 또 숙달된다 하더라도 실생활에 응용할 수 없기 때문에 자주 헛되이 소실되고 마는 사실을 인정하지 않으면 안 된다.

따라서 강제 취학의 법률이 존재하는 장소에서도 젊은 시대의 아동들에게 읽고 쓰기나 산술을 가르칠 필요는 전혀 없다. 왜냐하면 그들의 부모가 가정에서 학교에서보다 훨씬 쉽게 그것을 가르칠 수 있기 때문이다. 내가 마르세유시에서 본 사실은 다른 어느 지방에 있어서도 동일해서, 어디서나 민중교육의 주요한 부분은 학교에서라기보다 실생활에서 얻고 있는 실정이다.

런던이나 파리를 비롯해서 그 밖에 일반적으로 실생활 그 자체가 교훈적인 대도시에 있어서는 민중이 교양이 있고, 시골과 같이 실생활이 교훈적이 아닌 곳에서는 학교가 도시의 그것과 조금도 다름없는 데도 민중에게는 교양이 없다. 도시에서 얻은 지식은 남지만, 시골에서 얻은 지식은 소실되는 것 같기도 하다. 국민교육의 방향과 정신은 도시나 시골을 불문하고 초등학교에 주입하려고 원하는 정신에서 완전히 독립돼 있고 대부분 그것과 모순되고 있다. 교육은 학교와 교섭이 두절된 자기 길을 걸어 나가고 있는 것이다.

일반적인 사적 논증에 반대되는 우리들의 사적 논증의 요지는 다른 것이 아니다——교육의 역사를 관찰한 결과, 우리는 국민이 발달함에 따라 학교가 발달한다는 것을 확신하지 않을 뿐만 아니라, 학교는 국민의 발달과 더불어 전락해서, 내용이 텅 빈 형식으로 화해버리고 마는 것을 확신하기에 이르렀고, 동시에 국민의 보통교육 분야가 진보하면 할수록, 교육은 학교로부터 떠나 실생활의 영역으로 이행해서, 학교의 내용을 무가치하게 만든다는 것을 확신하기에 이르렀다.

교육의 다른 여러 가지 방법, 즉 상업관계 및 교통의 발달, 크나큰 개인의 자유, 개인의 정치 문제로의 참여, 집회·박물관·공개강연 등등에 대해서는 감히 언급하지 않는다 해도, 예전의 학교와 현재의 학교 상태의 차이를 이해하려고 생각한다면 다만 한 가지, 인쇄술과 그의 발달을 살펴보면 충분할 것이다.

무의식적인 실생활 교육과 유의식적인 학교 교육은 서로서로를 충족시키면서 항상 병행해 내려왔고 현재도 병행하고 있다. 그러나 인쇄술이 존재하지 않던 시대에는 실생활이 주는 교육은 학교가 주는 교육보다 극히 미미한 것이었다. 그 당시의 학문은 교육을 받을 자력을 가진 선택된 소수의 독점물에 지나지 않는다.

그것이 현재는 어떤가? 지금까지 얼마나 많은 역할이 실생활적 교육에 부여되고 있는 것일까. 지금은 책을 가지지 않은 사람은 한 사람도 없으며, 게다가 책값은 싸고 공개 도서관은 만인을 위해 개방되고 있다. 그리고 학교에 다니는 아동은 공책 외에도 싸구려 삽화책을 감춰가지고 다니고, 또한 3코페이카로 두 권의 초급독본이 판매되고 있으므로, 들판의 농부까지도 독본을 사서 자주 지나다니는 병사를 붙잡고, 예전 같으면 사제 밑에서 몇 해씩 걸려서 습득하던 모든 학문을 가르쳐 달라고 요청하는 형편이 아닌가.

중학생은 중학교를 그만두고 직접 책을 보며 독학자습해서 대학시험에 합격한다. 젊은 사람들은 대학을 퇴학하고, 교수의 강의 필기에 의해서 준비하지 않고 직접 원본에 대해서 연구한다. 정직히 말해서 참된 모든 교육은 학교로부터가 아니고 오로지 실생활로부터 얻어지고 있는 것이다.

가장 최후의, 그러나 나 자신의 견해에 따르면 가장 중요하다고 생각되는 논증은 결국 다음의 한 가지에 있다. 즉, 2백년이나 학교가 존재한 역사를 기초로 가지는 독일 민족에 있어서는 그것을 역사적으로 변호하는 것도 무방하겠지만, 우리 러시아 민족은 우리나라에 존재하지 않는 국민교육을 어떤 기초에 입각해서 변호하지 않으면 안되는가 하는 점이다. 우리나라의 학교가 서구의 그것과 동일한 것이어야 한다는 어떤 사적 권리를 우리는 가지고 있는가? 우리는 아직 국민교육의 역사를 가지고 있지 않는 것이다.

국민교육의 보편적인 역사를 연구한 결과, 우리는 독일을 모방해서 사범학교를 건설하거나 독일식의 발음법이며 영국의 유치원이며, 프랑스의 중학교 내지 전문학교를 모방하고 그러한 방법으로 유럽을 따라 잡으려는 시도가 우리에게는 불가능하다는 것을 확신할 뿐만 아니라, 그리고 동시에 우리 러시아인은 국민교육에 관해서 매우 행복스러운 여러 조건 밑에 있다는 것, 우리의 학교는 중세의 유럽에서와 같이 공민적(公民的) 문화와 여러 조건으로부터 발생해서는 안 된다는 것, 그리고 학교를 정부 내지 종교상의 목적을 위해 이용해서는 안 된다는 것, 학교에 대한 여론 및 심대한 실생활상의 교육을 무시하고 암암리에 학교를 설립해서는 안 된다는 것, 새로운 노력과 고통을 겪으면서 그렇게 장구한 세월에 걸쳐 유럽의 학교들이 체험해온 '악순환'에 빠져버린 뒤, 거기서 탈출하는 노력에 땀을 흘리든가 하지 말라는 것 등등을 확신하기에 이르렀던 것이다.

나는 감히 여기서 '악순환'이라고 말한다. 왜냐하면 학교는 무의식적인 교육을 전진시키지 않으면 안 되었고, 무의식적인 교육은 학교를 전진시키지 않으면 안 되었기 때문이다. 서구의 여러 국민은 이 곤란을 극복했다. 그러나 이 투쟁에서 많은 것을 상실하지 않을 수 없었다. 우리는 서구 국민들의 이 노력을 이용해야 하는 운명에 처해 있는 것을 감사하자. 그리고 이 영역에서 새로운 노작을 완성해야 하는 사명이 맡겨져 있다는 것을 잊지 않도록 하자.

이미 인류가 경험한 것과 우리의 활동이 아직 시작되고 있지 않다는 것을 기초로 해서, 우리는 자기들의 노작에 좀더 큰 자각을 가져올 수 있는 것이고, 또한 이것을 행해야만 할 의무가 있다. 서구의 학교 제도를 채용함에 있어서, 우리는 그들 속에서 이성의 영구적인 법칙에 기초를 둔 것과 단순히 역사적 조건의 결과에서 생긴 것과를 구별할 의무를 가지고 있다.

국민에 대해서 학교가 사용하는 강제를 정당화하기 위한 기준으로서의 일반적인 이지적 법칙은 존재하지 않는다. 그렇기 때문에 학교의 강제라는 뜻에서의 서구 학교들에 대한 여러 가지 모방은 우리 국민에게는 전진의 일보가 되는 것이 아니라 후퇴의 일보가 되는 것이다. 그리고 이것은 스스로의 사명에 대한 불신을 의미한다.

프랑스에서는 어째서 산술, 대수(代數), 기하, 도화(圖畵)같은 정밀과학을 가르쳐 주는 강제적인 학교가 설립되었는가? 독일에서는 어째서 가요(歌謠)의 분석을 교수하는 고급적인 훈육학교가 설립되었는가? 영국에서는 어째서 무산계급(無産階級)을 위해 도덕적 경향과 더불어 실제적 경향까지도 갖춘 박애주의적 학교 설립을 목적으로 한 수많은 단체들이 발달했는가.

우리는 이것을 전혀 알 길이 없다. 그리고 우리가 그 학교를 자유롭게 적절하게 역사적 시대에 적응시키고 우리나라의 역사, 특히 세계의 역사에 순응하도록 발달시키지 않는다면, 우리에게는 언제까지나 불명한 채 남아 있게 되리라. 만일 우리가 서구에서의 국민교육이 허위의 길을 걷고 있다고 확신한다면, 오히려 우리나라의 국민교육을 위해 전혀 아무것도 하지 않고 있는 편이, 각자가 좋다고 생각하는 모든 것을 갑자기 강제적으로 도입하기보다는, 국민교육을 위해 보다 많이 공헌하는 결과가 될 것이다.

그런데 사정은 달라서, 교양이 부족한 일반 민중은 교양이 있는 계급이 민중을 교육하려고 원하는 이상으로 교육을 얻으려 하고 있다. 게다가 그들 민중은 오로지 강제로 교육에 참여당하고 있다. 철학, 경험 및 어느 역사를 찾아 보아도 교양 있는 계급에게 그러한 권리를 부여한 근거를 우리는 전혀 찾을 수 없다. 반대로 교육분야에서는 인류의 사상이 강제로부터 민중을 해방시키려고 끊임없이 정진하고 있다는 것을 확신했던 것이다.

우리는 더욱 나아가서 교육학의 기준——즉 무엇을 어떻게 배울 것인가에 관한 지식——을 찾아보았지만, 거기서도 역시 서로 모순되는 학설과 시설 이외에 아무것도 발견할 수 없었다. 반대로 인류가 나아감에 따라 그와 같은 기준이 보다 더 불가능하게 되어간다는 것을 확인한 것이다.

교육사(教育史)에 이 기준을 구한 결과, 우리는 우리 러시아인을 위해 역사적으로 발달한 학교가 모범적인 것이 될 수 없다는 것을 확인했다. 뿐만 아니라 이들의 학교가 걸음을 내디딜 때마다 점점 교육의 일반적 수준으로부터 뒤떨어지고, 따라서 그 강제적 성질도 점차로 비합법적으로 되어간다는 것, 그리고 유럽에서의 교육 자체가 스스로를 위해서 다른 진로를 선택했다는 것, 다시 말해서 재래의 학교를 배제하고 실생활의 교화 속에 교육이 발달했다는 것——이 모든 것의 사실을 인정하게 된 것이다.

우리 러시아인은 현재의 이 순간에 무엇을 해야 할 것인가? 우리는 모두 협정하여 교육에 대한 영국·독일·프랑스 내지 북미(北美) 식의 견해를 근거로 삼아서, 그들의 방법으로부터 도대체 어떤 것을 채용해야만 하는가? 혹은 철학 및 심리학을 깊이 연구해서 인간의 정신발달을 위해 그리고 또 젊은 시대의 아동들을 교육하여 우리의 해석에 의한 최상의 인간을 만들어내기 위해 무엇이 필요한가를 밝혀야 할 것인가? 혹은 또 역사의 경험을 허용할 것인가? ——역사를 만들어낸 형식을 모방한다는 뜻에서가 아니라 인류가 고난을 겪으면서 만들어낸 법칙을 납득한다는 뜻에서 이것을 이용하고, 그리고 자기를 향해 성실하게 '우리는 미래의 인간들에게 무엇이 필요한가를 모르고 있으며 또 알 수도 없다. 하지만 이들의 요구를 연구하는 것을 의무라고 통감하고 또 이것을 행하기를 원하고 있다. 우리는 우리의 교육을 받아들이지 않는 민중을 무식하다고 책망하려 하지 않는다. 만일 우리가 스스로의 견해에 따라 민중을 교육하려고 생각한다면, 자기들의 무식과 거만에서 나온 소행으로서 스스로를 비난할 것이다.'——이렇게 단언할 것인가?

우리의 교육에 대한 민중의 반항을 교육의 적대적 요소로 보는 것을 그만두고, 오히려 반대로 그것에 따라서 우리의 사업이 지도되어야 할 유일한 요소인 민중의 의지의 표현을 우리는 거기서 보도록 하자. 그리고 결국 우리는 교육학 및 교육 전체의 역사가 그렇게도 명료하게 우리에게 말해주는 법칙을 받아들이자. 즉, 교육에 종사하는 자는 무엇이 선이며 무엇이 악인가를 알기 위해서, 피교육자는 자기의 불만을 명시하는 충분한 권능을 가져야만 한다. 적어도 본능적으로 자기들을 만족시키지 않는 교육으로부터 벗어날 수 있는 권능을 가져야 한다. 교육학의 기준은 단 하나 있을 뿐, 즉 그것은 자유이다. ——이렇게 우리에게 명언하는 법칙을 받아들이도록 하자.

우리는 자기들의 교육사업에서 이 마지막 길을 선택했다.

우리들의 사업의 기초로서 소용되는 신념은 다음과 같은 신념이다——즉, 우리는 민중교육의 요점이 어디에 있어야 하는지를 모를 뿐만 아니라 또 실제로 알 수도 없는 것이다. 교육 및 훈육, 즉 교육학을 위한 어떠한 학문도 존재하지 않을 뿐만 아니라 아직 그 학문의 기초조차도 설치되어 있지 않다. 교육학 및 철학적 의의에서 그 목적의 규정은 불가능한 동시에 쓸데없고 또 유해한 것이다.

우리는 교육 및 훈육이 어떠한 것이어야 한다는 것을 모른다. 그리고 교육의 온갖 철학을 인정하지 않는다. 우리는 인간에게 무엇이 필요한가를 알 가능성이 인간에게 있다고 인정하지 않기 때문이다. 교육과 훈육은 우리에게 어떤 사람들이 다른 사람들에게 끼치는 영향, 감화의 역사적 사실이라고 생각된다. 따라서 교육학의 문제는 우리의 견해에 따르면, 한쪽 사람들이 다른 쪽 사람들에게 끼치는 영향, 감화의 법칙을 열심히 탐구하는 것에 있다.

우리는 이 시대가 인간을 완성시키기 위해서 무엇이 필요한가 라는 지식을 가지고 있다고는 인정하지 않는다. 그리고 그와 같은 지식을 가질 권리조차도 인정하지 않는다. 가령 인류에게 그러한 지식이 있었다고 해도, 그것은 젊은 시대의 아이들에게 전달될 수도 있고 전달되지 않을 수도 있다는 것이 불가능하다고 확신한다.

선악의 의식은 인간의 의지로부터 독립해서 인류 전체의 내부에 자리잡고 있으면서 역사와 더불어 무의식적으로 발달한다.

따라서 젊은 시대의 아이들로부터 우리들의 선악에 대한 관념을 뺏을 수도 없으며, 또 미래의 역사를 짊어질 젊은 시대의 아이들을 가장 높은 관념의 계단으로 상승시킬 때 그것을 그들로부터 뺏는 것도 불가능하다.

선악의 법칙에 대한 우리들의 사이비 지식 및 이 지식을 기초로 하는 젊은 시대의 아이들에 대한 봉사는, 그 대부분이 우리들의 시대에는 아직 성립되지 않고 젊은 시대에 이르러 처음으로 성립되어질 새로운 관념의 발달에 대한 반항이다. ——즉 교육에의 방해이지 그 방조는 아닌 것이다.

교육은 역사이기 때문에 궁극적인 목적을 가지고 있지 않다고 우리는 확신한다. 훈육을 포함한 가장 보편적인 의미에서의 교육은 우리의 견해에 따르면, 평등에 대한 요구와 교육 전진의 불변의 법칙을 기초로 가지는 인간의 활동이다. 어머니가 자기 아이에게 말하는 법을 가르치는 것은 서로의 의사를 소통하기 위한 데 지나지 않는다. 어머니는 본능적으로 아이가 사물을 관찰하는 수준까지, 아이가 말하는 단계까지 하강하려고 시도한다. 그러나 교육 전진의 법칙은 어머니가 아이의 눈높이로 내려가는 것을 허락하지 않는다. 반대로 어머니의 지식까지 아이를 높이려고 한다.

이와 똑같은 관계가 작가와 독자간, 학교와 학생간, 정부와 사회 및 민중 사이에도 존재한다. 교육에 종사하는 사람의 활동도 같은 목적을 가지고 있다. 교육학의 사명은 동일한 목적에 대한 이들 두 가지의 바람의 합치조건을 연구하는 것에 지나지 않고, 또 이 합치를 저해하는 조건을 명시하는 데 지나지 않는다.

이러한 결과에서 교육학은 한편으로 보아서 어떤 것이 교육적 최후의 목적인가, 우리는 젊은 시대의 아이들을 어떻게 양육할 것인가 등의 문제를 제시하지 않고 보다 간편한 것으로 되었다. 그러나 또 한편으로 보자면, 반대로 측량하기 어려운 정도로 곤란한 것으로 되었다.

우리에게는 교육자와 피교육자의 바라는 바를 돕는 모든 조건을 연구하는 것이 반드시 필요하다. 자유만이 모든 교육 과학적 기준으로서 우리에게 소용되는 것이다. 그리고 또 우리는 한걸음 한걸음 많은 사실의 퇴적속으로부터 과학의 여러 문제의 해결을 향해 전진하지 않으면 안 된다.

우리는 우리의 논거가 소수의 사람밖에 납득시킬 수 없다는 것을 알고 있다. 우리는 또 교육의 유일한 방법은 경험이고, 그의 유일한 기준은 자유라고 하는 우리의 기본적인 확신이 어떤 사람들에게는 진부한 속설처럼 들리고, 또 다른 사람들에게는 불명료한 추상적인 언사로 생각되고, 그리고 제 3의 사람들에게는 공상처럼 불가능한 일로 생각되리라는 것을 알고 있다.

만일 우리가 이 논문의 의론권내(議論圈內)에 시종해야만 한다면 이론만을 추구하는 교육가 여러분의 마음을 어지럽게 하거나, 온세계에 항거하는 듯한 신념을 토로하거나 하는 짓은 감히 하지 않았을 것이다.

그러나 우리는 한 걸음마다, 하나의 사실이 생길 때마다 이토록 세상에 익숙하지 않는 우리의 신념의 타당성과 실행성과를 명시할 수 있는 가능성을 느낀다. 그리고 다만 이 목적을 위해서 기관지 《야스나야 뽈랴나》를 발간하는 바이다.

나의 종교

1

모든 인간 사회에서는 종교가 우선 그 근본적인 의의에서 벗어나게 되는 시기가 온다. 그리고 그후 계속해서 점점 탈선의 정도가 커져서 종교에서의 주요한 근본적 의의를 상실하게 된다. 그리고 나중에는 기성의 형식 속에 응고된 모습을 드러내게 되는 시기가 찾아오게 마련이다. 또한 이런 시기에는 인간 생활에 대한 종교 작용은 시간이 갈수록 점점 희박해져 가는 것이다.

이런 시기에 교양 있는 일부 사람들은 현존하는 종교를 믿지 않는다. 그리고 다만 기성 사회 조직 속에 민중들을 결박시켜 놓기 위한 수단으로 종교가 필요하다는 생각에서 종교를 믿고 있는 듯 가장할 뿐이다. 한편 민중들도 타성에 끌려 기성 종교 양식을 보존하여 지닌다고는 한다. 하지만 이미 그 실생활에서는 종교의 여러 요구에 따르는 일 없이 그저 여러 가지 민간의 관습일 뿐이다. 그리고 국법에 따라 살아 나가고 있을 뿐인 것이다.

이것은 각양각색의 인간 사회에서 흔히 볼 수 있는 현상일 것이다. 그러나 현재의 기독교 교회에서는 지금까지 한번도 찾아 볼 수 없었던 현상들이 일어나고 있다. 민중에 대해서 어마어마한 세력을 가지는 부유하고 교양이 많은 소수의 지배 계급자들은 무턱대고 현존하는 종교를 믿지 않을 뿐만 아니라, 현대에는 이미 어떠한 종교도 필요치 않다고 한다. 게다가 현재 믿고 있는 종교의 진실을 의심하고 있는 사람들에게 현존하는 그것보다 한층 합리적이고 명료한 종교상 교의를 주입하려고는 하지 않고, 반대로 종교라는 것은 일반적으로 시대에 뒤늦은 산물로서 이제 와선 그저 무익할 뿐만 아니라 마치 인체에서의 맹장과도 같은 것으로 도리어 유해한 것이라고 설득시키려 한다는 것은 예전에는 좀처럼 찾아볼 수 없었던 현상이다.

그런 종류의 사람들은 내적 경험에 의해서 우리에게 알려진 현상으로써 종교를 연구하는 것이 아니다. 외적 현상으로만 연구하는 것이다. 즉, 종교를 어떤 종류의 사람들에게 걸렸던 병처럼 보고 외적 징후로만 규명해낼 수 있는 병으로서 연구하는 것이다. 종교란 그들 가운데 A의 의견에 따르면 자연계의 온갖 현상을 영화(靈化)하는 데서 발생한 것——物活說——이라고 말하고, B의 견해에 따르면 작고한 조상과 왕래할 수 있다는 상상에서 나온 것이고, 그리고 C의 의견에 따르면 자연계의 모든 힘에 대한 공포로부터 발생한 것이라고 말한다.

그리고 보다 많은 학문적 지식을 가진 현대인들은 다음과 같이 단정한다. 목석(木石)이 영혼을 소유할 수 없다는 것, 작고하신 조상들은 현재 살고 있는 사람들이 행하고 있는 것을 감지하지 못한다는 것, 작고하신 조상들은 현재 살고 있는 사람들이 행하고 있는 것을 감지하지 못한다는 것, 자연계의 모든 현상은 자연의 원인으로 설명된다는 것, 그 모든 것이 과학으로 입증되었기 때문에 종교의 필요성도 없어졌다. 그리고 동시에 지금까지 세상 사람들이 종교적 신앙의 결과, 각자 위에 부과되고 있었던 모든 구속도 불필요하게 되었다고 그들은 단정한다.

이런 종류에 속하는 여러 학자들의 견해에 따르면 이 세상에는 옛날에 무지몽매한 시대가 군림했었는데, 바로 그것이 종교의 시대였던 것이다. 인류는 이미 옛날에 그 시대를 통과했고, 지금에 와선 격세유전의 징후만이 간신히 남아 있을 뿐이다. 그 시대에 뒤이어 형이상학의 시대가 왔다. 그리고 인류는 그 시대까지도 통과했다. 그리고 지금 우리 문화인은 과학의 시대, 즉 종교에 대치해서 미신적인 종교상의 교의를 따른다면 절대로 도달할 수조차 없는, 높은 발달의 단계로 인류를 인도하고 있는 실증과학의 시대에 살고 있다고 그들은 말한다.

1901년 초, 프랑스의 유명한 학자 베르텔로트가 일장의 강연을 시도하고 청중 일동을 향해서, 종교의 시대는 이미 지나갔다, 지금이야말로 종교는 과학으로 대체되어야 할 운명에 놓여 있다고 설파했다.

나는 여기서 그 강연의 요점을 인용하기로 하겠다. 왜냐하면 다행이 그것이 내 손 가까이에 있었고 또 그것이 문명세계의 수도에서 온갖 유명한 학자에 의해서 회자되고 있는 견해이기 때문이다. 그러나 이것과 동일한 사상은 딱딱한 철학적 논문에서 신문, 잡지의 소품란에 이르기까지 끊임없이 여러 가지의 형식으로 표현되고 있는 것이다.

"그전에는 두 가지의 원동력이 무용지물로 되고 말았다. 과학이 그의 자리를 빼앗았기 때문이다."

이렇게 베르텔로트는 그 강연회에서 말하고 있다.

여기서 그가 과학이라고 하는 것은 과학을 믿는 모든 사람들에게 예에 어긋남이 없이 조화 있게 결합되고 중요성의 정도에 따라 구별된 인류의 모든 지식 부문을 포괄하며, 획득된 모든 자료가 의심할 여지 없는 진리를 조성하는 그런 학문을 가리킨다.

그렇지만 실제에는 그러한 과학은 존재하지 않으며 현재 과학이라고 불리고 있는 것은 서로서로 하등의 관련도 없는 우발적인, 어떤 때는 전혀 불필요한 지식, 의심할 여지없는 진리를 계시하지 못할 뿐만 아니라, 오늘 진리로서 제창되었다가도 내일이면 이미 뒤집어지고 마는 극히 조잡하고 모호하기 그지없는 지식, 그러한 지식의 모음에 지나지 않기 때문에 베르텔로트가 말하는 바와 같은 종교에 대치할 만한 그러한 대용물이 없다는 것은 명백한 것이다.

따라서 과학이 종교에 대치된다는 베르텔로트나 그의 의견을 좇는 사람들의 단정은 '신성하고도 완전무결한 교회 대신에 신성하고도 완전무결한 과학'이라는 아무 근거도 없는 신앙을 제멋대로 기초로 삼고 있는 것이다. 그러나 그럼에도 학자로 자인하거나 자칭하는 사람들은 종교에 대치되어야 하는 과학, 대치될 수 있는 과학, 아니 이미 종교를 무용지물로 만든 과학이 존재한다고 굳게 믿고 있는 것이다.

'종교는 이미 무용지물이 되었다. 과학 이외의 어떤 것을 믿는다는 것은 이제 와선 무지몽매함을 말해줄 뿐이다. 과학은 필요한 모든 것을 정비할 것임에 틀림없다. 그래서 우리는 과학에서 인생의 지도를 받아야 한다!'

이런 생각을 품은 학자들은 물론, 과학과는 거리가 멀면서도 학자를 믿고 있는 사람들까지 이렇게 생각하고 이렇게 말한다. 그러면서 '종교라는 것은 시대에 뒤떨어진 미신이다, 우리는 오로지 과학에서 참인생의 지도를 받아야 한다'고 단정한다.

결국 과학은 그 본래의 목적——존재하는 모든 것의 연구——으로 봐서 인류 생활에 아무런 지도도 줄 수가 없기 때문에 실제에서는 어떤 것에 의해서도 지도되어서는 안 된다는 것을 말해주는 셈이 된다.

종교는 무용지물이다. 과학이 종교에 대치될 것임에 틀림없다. 아니, 이미 대치되었다고 현대의 학자들은 단정했다. 그러나 옛날이나 지금이나 마찬가지로 어떤 인간 사회도, 이성을 구비한 어떤 개개의 인간도(나는 감히 이성을 갖춘 인간이라 말한다. 왜냐하면 이성에 눈뜨지 않은 인간은 동물과 같아서 종교 없이도 살아갈 수가 있기 때문에) 종교 없이는 절대로 살지 못했고 또 살아갈 수가 없는 것이다.

그렇다. 이성에 눈뜬 사람은 종교 없이는 살아갈 수 없다. 왜냐하면 종교만이 이성에 눈뜬 인간에게 무엇을 할 것인가, 무엇을 먼저 하고 무엇을 다음에 할 것인가 하는 문제에 대한 필요 불가결한 지도를 하기 때문이다. 이성에 눈뜬 인간은 종교 없이는 살아갈 수 없다. 왜냐하면 그것은 이성이 인간의 본성이기 때문이다.

모든 동물은 자기 욕망을 충족시키려는 단적인 요구에 의해서 좌우되는 행위 이외엔 자기 행위에 가장 가까운 결과에 대한 고려에 지배되면서 행동한다. 동물은 자신이 보유하는 인식 수단에 의해서 그 결과를 고찰하고 그 다음 자신의 행동을 그 결과에 부합시킨다. 그리고 항상 변함없이 그들의 고찰에 따라 동일한 요령으로 행동한다. 일례를 들어서 말한다면, 꿀벌은 꿀을 구하려고 날아다니고, 꿀을 둥지로 가져온다. 왜냐하면 자신이나 어린 벌들을 위해서 겨울에 대비하여 음식을 모아두는 것이 필요하기 때문이다.

그러나 꿀벌은 그러한 생각 외에는 아무것도 모르고 또 알 수도 없다. 둥지를 틀기도 하고 북에서 남, 남에서 북으로 날아다니는 새도 이와 똑같이 행동한다. 온갖 다른 동물들도 역시 기대되는 결과에 대한 고찰에 기초를 두는 행위를 할 때에는 이렇게 행동하는 것이 상례다.

그렇지만 인간의 경우에는 이와 다르다. 즉 동물의 인식력이 우리의 본능이라 말하는 것에 국한되는 데 반하여 인간의 근본적인 인식력이 이성 그 자체라는 점, 바로 여기에 양자의 차이가 있는 것이다. 꿀을 긁어 모으는 꿀벌은 자기 행위의 선악에 대해서 아무런 의혹도 품을 수가 없다. 하지만 인간은 곡물이나 과실을 거둬들일 때, 자기는 장차 곡물이나 과실의 성장을 절멸시키게 되지나 않을까, 이 수확에 의해서 이웃의 양식을 빼앗는 결과가 되지나 않을까 하는 점에 대해서 생각하지 않을 수가 없다.

그리고 우리 인간은 자기가 현재 기르고 있는 자식들이 장차 어떤 사람이 될 것인가 하는 것, 그 밖에도 여러 가지 일에 대해서 생각하지 않을 수 없는 것이다. 그러나 인생 행위의 가장 중요한 문제는 이성에 눈뜬 인간으로서는 철저하게 해결되어질 수 없다. 그의 눈에 보이지 않는 결과가 너무나도 많기 때문이다.

우리는 극히 중요한 인생의 여러 문제에서 개인적 감정의 충동에 따라서나 자기 활동에 손쉬운 결과에 대한 고려에 따라서 지도되어서는 안 된다. 왜냐하면 우리가 보는 그러한 결과, 즉 자기 자신이나 타인에게 유익할 수도 있고 유해할 수도 있는 결과가 너무나도 다양해서 가끔 모순까지도 보이고 있기 때문이다. 이성에 눈뜬 인간은 이것을 알지는 못한다 하더라도 적어도 이것을 느끼고는 있는 것이다.

이런 전설이 있다. 천사가 지상으로 내려와서 믿음이 깊은 어느 가정으로 들어가서 요람 속에서 잠들고 있는 그 집의 애를 죽였다. 그리고 어째서 그런 짓을 했는가 하고 물으니 천사는 이렇게 대답했다는 것이다.

"이 애는 앞으로 최대의 악인이 되어 가정에 불행을 끼치게 될 것 같기 때문이다!"

그러나 어떠한 인간생활이 유익·무익·유해한 것인가 하는 문제에 대해서만 아니라 인생의 극히 중요한 문제는 모두 이성에 눈뜬 인간으로서는 해결되어질 수 없다. 이성에 눈뜬 인간은 동물의 행위를 이끄는 고찰만으로서 만족할 수가 없다. 인간은 지상에서 살아가는 여러 동물 가운데의 하나로 볼 수도 있고, 또 가족의 일원 내지 수세기에 걸쳐 생활하는 사회·민족의 일원으로 느낄 수도 있다.

그리고 또 무한 무궁하게 생존하는 우주 전체의 일부로 자기를 느낄 수도 있다. 아니 반드시 그렇게 느껴야 한다. 그것은 우리의 이성이 저항하기 힘들어서 그런 관점으로 자꾸 이끌어 가기 때문이다. 그래서 이성에 눈뜬 인간은 자기 행위에 영향을 줄 수 있는 조그만 생활 현상에 대해서 소위 수학상의 적분을 행하지 않을 수 없었고, 또 항상 그렇게 해왔다. 즉, 이성에 눈뜬 인간은 인생의 가장 비근한 여러 현상에 대한 관계 이외에 시간적으로나 공감적으로 무한한 우주 전체를 혼연한 일체로 이해했고, 그에 대한 자기의 관계를 정하기 위한 사업을 행해온 것이다.

다시 말해서 인간이 자기를 그 일부분으로 느끼고 자기 행위에 대한 지도를 그곳으로부터 추출하고 있는 그 완전체에 대한 우리의 관계를 정하는 것이 과거·현재에 걸쳐 종교라고 불리는 것의 요체인 것이다. 따라서 종교는 이성에 눈뜬 인간과 인류생활에서 항상 필요 불가결한 요소였던 동시에 배제하기 힘든 필수조건이었고 언제나 늘 그렇게 되지 않을 수도 없는 것이다.

3

다른 동물로부터 인간을 구별하는 최고 의식, 즉 종교적 의식의 능력을 결여하지 않은 사람들은 항상 종교를 이렇게 해석해 왔던 것이다. Religio(결합한다는 뜻)라는 그 말 자체의 원천이 되는 가장 낡은 보편적인 종교의 정의에 따르면 종교는 사람과 신의 결합이라고 한다.

"신에 대한 인간의 의무, 바로 이것이 종교이다."

데베나르크는 이렇게 말하고 있다. 그리고 슐라이어마허와 포이어바흐는 "인간이 신에 대한 자기의 종속성을 자각하는 것이 종교의 기초이다"라고 말하며 동일한 의의를 종교에 부여했다.

"종교는 각 개인과 신 사이에서 생겨난 것이다"라고 베이유는 말한다. "종교는 영혼의 요구로부터 발생한 것으로 예지의 결과 그 자체이다"라고 콘스탄스는 말한다. "종교란 인간의 영혼과 인간이 우주 및 자기를 지배한다고 인정하고 또한 자기와 그것이 하나로 결합되어 있다고 느끼고 있는 저 신비하고 이상한 거대한 영혼과, 이 양자의 결합에 따른 인간생활의 정의에 지나지 않는다"고 후미유는 말한다.

이와 같이 높은 인간성을 가지고 있는 사람들은 종교의 본질이라는 것을 우리에게 절실한, 지배력을 느끼게 하는 하나 내지 여러 무한무궁한 존재에 대해서 우리의 관계를 수립하는 데 지나지 않는다고 항상 해석해 왔고 또 현재도 그렇게 해석하고 있는 것이다.

이렇게 되어 우리 인류와 그 무한무궁한 존재와의 이 관계는 다종다양한 민족, 다종다양한 시대에 의해서 각양각색이긴 했지만 어쨌든 항상 인류에 따라서 지상에서의 우리의 사명을 정하고 그 사명으로부터 우리의 활동에 대한 지도도 역시 자연히 우러나기에 이르렀던 것이다.

유대인은 이 무한무궁한 존재에 대한 자기의 관계를 다음과 같이 해석했다. 즉 자기는 전세계의 모든 민족 속에서 신에 의해 선출된 민족의 일원이다. 따라서 자기는 신과 이 민족 사이에 맺어진 약속을 신에 대하여 준수하지 않으면 안 된다고 해석했던 것이다.

그리고 그리스인은 자기와의 관계를 다음과 같이 해석했다. 자기들은 '무한무궁'한 대표자들(즉 신들)에 종속하기 때문에 그들에게 쾌적한 일을 하여야만 한다. 바라문교도는 또 무한무궁의 브라마에 대한 자기들의 관계를 다음과 같이 해석했다. 자기들은 이 브라마의 발현이고, 속세의 생을 부정함으로써 이 지고의 존재와 결합하도록 노력해야 한다고.

그리고 또 불교도는 무한한 존재와 자기들의 관계를 다음과 같이 해석했다. 우리는 하나의 생활 양식으로부터 다른 생활 양식으로 전환하면서 불가피하게 고민한다. 그리고 그 고민은 모든 정열과 욕망으로부터 발생하는 것이다. 그렇기 때문에 우리는 온갖 정열과 욕망을 끊고 열반으로 들어가도록 노력하지 않으면 안 된다고.

이와 같이 모든 종교는 무한무궁의 존재, 즉 우리가 자기 자신을 그 참여자라고 느끼고, 그곳으로부터 자기 행위의 지도를 바라고 있는 바의 무한무궁한 존재에 대한 인간관계의 설정에 불과하다. 따라서 만일 종교라고 일컬으면서, 이를 테면 우상숭배 내지 요술과 같이 무한무궁한 존재에 대해서 자기의 관계를 설정하지 않는다면, 그것은 이미 종교가 아니고 종교의 타락에 지나지 않는다. 그리고 종교가 비록 신에 대한 인간관계를 설정했다 할지라도 이성이나 인간의 현대 지식에 합치하지 않는 단정에 따라서 이것을 행하고 인간이 그러한 단정을 믿지 않는 결과를 초래한다면 이것 역시 종교가 아니고 종교의 위장물에 불과하다.

그리고 또 종교라고 하면서 인간 생명의 무한무궁한 존재와 결합시키지 않는다면 이것 역시 종교가 아니다. 인간의 행위에 대해서 확실한 방향을 제시해 주지 못한다는 교리를 믿으라고 요구하는 것도 역시 참된 종교는 아니다. 참된 종교는 우리를 둘러싸는 무한무궁한 생명에 대한 우리의 이성과 모든 지식에 합치하도록 우리에 의해서 설정된 관계에 지나지 않는다.

다시 말해서 우리의 생명을 이 무한무궁한 존재와 결합시키고 우리의 행위를 지도하는 관계 그 자체에 지나지 않는 것이다.

인간은 어느 시대에도 종교 없이 산 예가 없었고 또 현재도 종교 없이는 살 수 없다. 그럼에도 현대의 학자들은 간장이 인체의 왼쪽에 있다고 단언한 모리엘의 전언을 따라 우리는 모든 것이 변하고 말으며, 종교 없이도 살 수가 있다, 아니 종교 없이 살아야 한다고 역설하고 있다.

그렇지만 종교는 과거에도 그렇듯이 현대에도 역시 인간 사회의 중요한 원동력, 사회생활의 심장이라는 것에 변함이 없으며 이것을 결여할 때에는 마치 심장이 없을 때와 같아서 합리적인 생활은 있을 수 없다.

무한무궁한 존재――한 개 내지 여러 개의 신――에 대한 인간관계의 표현이 시대에 따라, 또 다종다양한 민족의 발달 정도에 따라 각양각색이기 때문에 종교는 과거·현재에 걸쳐 다종다양성을 면치 못하고 있다. 그러나 어쨌든 인간이 이성에 눈뜬 존재로 된 이후 지금까지 어느 하나의 사회라 할지라도 종교 없이 살 수가 없었고, 또 살 수도 없는 것이다.

사실 여러 민족의 생활에서 기성 종교가 무섭게 부패타락해서 도저히 생활을 지도해 나갈 수 없을 정도로 시대에 뒤떨어진 시대도 있었고, 또 현대에도 그러한 시대는 이따금씩 도래하고 있는 것이다. 그렇지만 어느 시기에 있어서 어떤 종교에게도 반드시 도래하는 사회생활에 대한 이러한 작용의 중절 상태는 항상 일시적인 현상에 지나지 않았다.

종교도 역시 생존하고 있으며, 또 생존하는 모든 것과 마찬가지로 출생하고 성장하고 노쇠하고 사망하고 그 다음 다시 부활하는데, 부활할 때에는 언제나 그전보다 완전한 형태를 취한다고 하는 특질을 보유한다.

종교의 최고의 발달을 이룬 이후에는 언제나 쇠퇴하여 사망하는 시기가 온다. 그러나 그에 뒤이어 반드시 부활의 시기, 이전의 그것보다 더욱 합리적이고 명쾌한 종교적 교의 수립의 시대가 도래하는 것이다.

이러한 발달·사망·부활의 시대는 모든 종교에서 볼 수 있었다. 심오한 사상을 내포하는 저 바라문교의 경우에는, 이 교의가 노쇠해서 근본적 의의를 탈각하는 천박한 형식으로 경화하기 시작하자, 한쪽에서는 바라문교 그 자체의 부활이 행해지고 또 다른 한쪽에서는 무한무궁에 대한 자기 관계의 전 인류적 해석을 비약 발전시킨 숭고한 불교의 교의가 발생했다.

이와 같은 쇠퇴는 그리스 및 로마의 종교에서도 볼 수 있었다. 그리고 극도에 달한 그러한 쇠퇴에 뒤이어 기독교가 나타났다. 동일한 현상은 저 바잔틴에서의 우상숭배며, 다신교로 퇴화된 교회 기독교에서도 볼 수 있었다.

이 부패 타락한 기독교에 대항해서 한쪽에선 성모봉신에 대항해서 단일의 신을 근본교의로 하는 준엄한 회교가 대두했다. 그리고 이와 동일한 현상은 저 종교개혁을 유발시킨 중세기의 법황적 기독교에도 발생했다.

따라서 대다수의 사람들에게 작용한다는 뜻에서 종교적 역량이 쇠퇴하는 시기는 모든 종교적 교의의 생명 및 그 성장에 필요한 절대적인 조건을 만들어 주는 셈이 되는 것이다.

어째서 그런 현상이 나타나는가 하면 다름 아니라, 참된 의미에서의 모든 종교적 교의는 아무리 조잡하고 원시적이라 할지라도 만인에게 동일한 무한에 대하여 우리의 관계를 설정하는 것이 상례이기 때문이다. 모든 종교는 우리 인간을 무한에 비할 때 한결같이 초라한 존재로 인식한다.

따라서 항상 모든 종교는 번갯불이건, 수목이건, 바람이건, 동물이건, 그리고 또 영웅호걸이건, 또는 로마에서 본 것 같은 죽은 국왕이건, 아니 그뿐 아니라 현재 살아 있는 국왕이건, 어쨌든 그 종교가 신이라고 숭배하는 존재를 대했을 때 만인은 평등하고 무차별하다는 관념을 지닌다. 그렇기 때문에 만인이 평등하고 무차별하다는 인식은, 모든 종교의 불가침적이며 근본적인 특질인 것이다.

그러나 어쨌든 만인의 평등·무차별한 인식을 지니는 종교적 교의가 새로이 출현할 때마다 불평등이 자신의 이익이라고 생각하는 측의 사람들은 재빨리 교의 그 자체를 왜곡하여 그 근본적 특질을 감추려고 노력했다.

새로운 종교적 교의가 발생한 곳에서는 항상 어디서나 그와 같은 현상을 볼 수 있었던 것이다. 게다가 이것은 대부분의 경우, 의식해서 행해진 것이 아니라, 불평등을 자기에게 유리하다고 생각하는 사람들, 부유한 지배층들이 자신들의 지위를 변경하지 않고, 새로운 교의에 대해서 자기를 옳다고 느끼기 위하여 갖은 수단을 다해서, 불평등이 허용될 수 있는 정의를 새로운 종교적 교의에 부여하고 노력한 결과에 지나지 않는 것이다.

그러나 그것은 어쨌든 그러한 종교의 왜곡, 그와 동시에 타인을 지배하는 사람들이 자기를 옳다고 인정하기에 이르는 그와 같은 왜곡은 자연히 대중에게도 전해져서 그들 대중의 가슴에도, 지배하는 사람들에 대한 자기들의 복종만이 자기들이 신봉하는 종교의 요구라고 생각하는 관념을 주입시키기에 이른 것이다.

5

모든 인간의 활동은 세 가지의 동인(動因)에 따라서 환기된다. 감정·이성·암시가 그것으로서, 이 마지막의 암시라는 것은 의사가 최면술이라고 부르는 작용을 말한다.

가끔 우리는 자기가 원하는 것을 얻으려고 애쓰면서, 감정에만 지배되어 행동할 때가 있다. 그리고 때로는 자기가 해야 할 일을 지적하고 이성에만 지배되어 행동할 때가 있다. 또 때로는(이것이 가장 빈번한 것이지만) 우리 자신이나 타인이 우리에게 어느 활동을 암시한 결과 그것에 이끌려서 활동을 개시하고 무의식적으로 그 암시에 복종할 때가 있다.

정상적인 생활 상태에서는 이 세 가지 원동력이 인간의 활동에 참여한다.

감정은 인간을 어떤 활동으로 견인한다. 이것은 과거의 경험과 미래의 예측에 따라 주위의 사회에서 이 활동이 적응하는지 어떤지를 측정한다. 그리고 암시는 감정에 따라 환기되고 이성에 따라 시인된 행동을 느끼거나 생각하는 일 없이 실행시킨다. 감정이 없다면 인간은 어떠한 일도 생각해낼 수 없을 것이다. 그리고 이성이 없다면 우리는 모순되는, 자타에게 모두 해로운 많은 감정에 순식간에 몸을 내맡기고 말 것이다. 그리고 또 자타의 암시에 따를 능력이 없다면 우리는 일정한 활동을 향해서 끊임없이 우리를 내모는 감정을 쉴 새 없이 경험하게 되고, 이 감정의 합목적성을 검사하기 위해서 끊임없이 이성을 긴장시켜야만 할 것이다.

따라서 이 세 가지의 원동력은 인간의 가장 단순한 어떤 활동에도 필요 불가결한 요소인 것이다. 우리가 어떤 장소에서 다른 장소로 갈 때에 그 활동은 우선 감정이 어떤 장소로부터 다른 장소로 가도록 우리를 촉구하고, 이성이 그 계획을 시인함과 동시에 실행방법(이때에는 일정한 도로를 걸을 것)을 지시하고, 따라서 육체의 모든 근육이 이 지시에 복종해서 그 결과 우리가 일정한 도로를 걸어감에 따라 수행되는 것이다.

우리가 걷고 있을 때에는 우리의 감정도 이성도 다른 활동에서 해방되고 있다. 만일 암시에 따를 능력이 없다면 그런 일은 결코 일어날 수 없을 것이다. 인간의 모든 활동에 대해서 이러한 현상은 행해지는 것이다. 그러한 활동 가운데에서 가장 중요한 활동, 즉 종교적 활동의 경우에도 역시 마찬가지다. 감정은 신과 인간과의 관계를 설정하고자 하는 욕망을 불러일으킨다. 이성이 이 관계를 정한다. 그리고 암시가 이 관계로부터 발생하는 활동으로 우리를 향하게 만드는 것이다.

그러나 이것은 종교가 아직 부패와 타락 속에 빠지기 전의 일로서 부패와 타락이 시작하자마자 암시의 세력은 시시각각 세력을 증대해서, 감정과 이성의 활동은 쇠퇴를 보이게 된다. 암시의 방법은 어디서든 항상 같다. 즉 가장 암시에 걸리기 쉬운 시기(유년 시대며, 사망·출산·결혼과 같이 생애에서 중대한 사건이 생겼을 때)에 있는 우리의 상태를 이용해서, 우리에게 예술(즉 건축·조각·그림·음악·연극 등)에 의해서 영향을 주고, 그 다음 반수면 상태로 유도하여 우리가 암시에 걸리기 쉬운 상태로 빠져 있을 동안에 암시자가 원하는 것을 우리에게 주입시키는 것이 이 방법의 요체인 것이다.

이러한 현상은 온갖 낡은 종파에서 볼 수 있다. 즉 분향과 독경이 교차되는 다종다양한 사원에서, 수많은 우상에 대하여 극히 야만적인 예배를 하고 있는 저 숭고한 바라문교에서도 볼 수 있으며, 그리고 예언자들에게서 전도된 후, 장엄한 독경과 행진을 수반하는 근엄한 사원에서, 신의 예배로 퇴화된 저 고대 헤브라이의 종교에서도 여러 가지 승원이며 불상이며 수많은 장엄한 의식을 갖는 신비적인 라마교로 기울어진 숭고한 불교에서도, 그리고 또 요술과 주문을 갖는 도교에서도 한결같이 볼 수 있다.

모든 종교적 교의에 있어서 교의가 부패하고 타락하기 시작했을 때에는 항상 그 교의의 수호자들은 사람들의 이성적 활동을 쇠약상태로 이끌고, 그리고 자기들에게 필요한 모든 요소를 그들의 가슴에다 주입시키려고 온갖 노력을 하는 것이다. 다시 말해서, 모든 종교에서 노쇠된 종교의 온갖 부패와 타락의 기초가 되는 동일한 세 개의 관념을 주입하는 것이 필요했다.

즉, 첫째로 자기들만이 인간과 하나 내지 여러 신 사이의 중재자가 될 수 있는 특수한 사람들이라는 관념, 둘째로 인간과 신 사이의 중재자가 말하는 것이 진리라는 것을 입증하고 뒷받침하는 듯한 기적이 현재·과거에 걸쳐서 행해지고 있다는 관념, 셋째로 하나 내지 여러 신의 불변의 의지를 표현하는 신성불가침의 어떤 글 또는 말이 입으로 반복되거나 서적으로 기록되어 존재한다는 관념——이상 세 가지가 그것이다.

그리고 최면술의 힘으로 이들 세 가지 관념이 받아들여지자마자 신과 사람들 간의 중개자들이 말하는 모든 것이 그 자리에서 신성불가침한 진리로 받아들여져 종교를 부패·타락시키려고 하는 주요한 목적이 달성되기에 이른다——즉, 인류는 평등·무차별한 존재라고 하는 철학을 은폐할 뿐만 아니라, 가장 큰 불평등의 수립과 시인, 계급적 구별, 서민과 외도, 정통파와 이단과의 분할, 성직자와 죄업을 지니는 속인과의 차별 등이 행해진다.

게다가 이와 동일한 현상이 우리의 기독교에서도 볼 수 있었고 또 현재도 볼 수 있는 것이다. 즉 인간의 완전한 불평등이 시인되고, 사람들은 교의를 이해한다는 의미에서 성직자와 속인으로 나뉘었을 뿐만 아니라, 사회적 지위라는 뜻에서도 권력을 가지는 자와 그것에 복종해야 하는 자로 구별되고, 파브로의 교의에 따르면 이러한 불평등은 신 자신이 정해주신 것으로 인정되고 있는 형편이다.

6

다만 성직자 및 속인으로서만 아니라 부자와 가난한 자, 주인과 노예로서의 인간의 불평등은 다른 여러 종교에서와 마찬가지로 교회 기독교에서도 역시 확고한 결정적인 모습으로 나타나고 있다. 그렇지만 우리가 원시 기독교의 상태에 관해서 보유하는 자료와 복음서에 씌어 있는 가르침에 따라서 판단하건대, 거기서는 벌써부터 재빨리 다른 여러 종교에서 행해지고 있는 진의왜곡(眞義歪曲)의 방법이 예견되고 그것에 대한 경고가 명료하게 말해지고 있는 듯이 생각된다.

성직자계급에 대해서는 어떤 사람이라도 타인의 스승이 될 수 없다는 뜻이 단적으로 말해지고 있으며, 경전에다 신성한 의미를 덧붙이는 것에 대해서는 이를 꾸짖고, 중요한 것은 정신이지 문자가 아니라고 말했다. 그리고 또 인간은 전설을 믿어서는 안 된다는 것, 모든 율법과 예언자(신성한 문자라고 생각하고 있는 모든 책)들은 요컨대 내가 남에게서 받기를 바라고 있듯이 너도 이웃에 대해서 행하라고 하는 한 가지에 귀착한다는 것이다.

물론 기적을 부정하는 말은 전혀 찾아볼 수 없고, 그리고 복음서 속에는 그리스도 자신이 기적을 행한 듯이 생각되는 일들이 기록되어 있기는 하다.

그러나 어쨌든 그리스도교의 진리를 그러한 기적 위에 둔 것이 아니라, 가르침이 그 자체에다 두었음은 명백한 것이다. (내 가르침이 진실인지 아닌지를 알고자 하는 자는 내가 말하는 것을 행할지어다……) 그리고 마지막으로, 이것이 가장 중요한 점이지만 기독교에 의해서 인류는 평등 무차별의 존재라는 것이 높이 선언되고 있다. 그리고 그것은 이미 무한의 존재에 대한 인간의 관계로부터 추출된 추리이론으로서가 아니라 인간 모두 신의 자식으로 인정되기 때문에 모든 인간은 형제 자매라고 하는 근본적인 가르침으로서 고창(高唱)되고 있는 것이다. 따라서 사해동포의 평등·무차별 의식을 근절시킬 정도로 기독교의 가르침을 왜곡하는 것은 불가능한 일처럼 생각되는 것이다.

그렇지만 인간의 지혜는 굴신 자재성(屈伸自在性)을 가지고 있다. 그래서 그 결과 복음서의 경고며 만인의 평등·무차별하다는 명확한 선언을 무효로 만들기 위한 새로운 수단, 즉 프랑스인의 소위 'true'가 무의식적 내지는 반의식적으로 강구되었던 것이다. 이 'true'는 다만 어떤 종류의 대해서뿐만 아니라, 교회라고 불리고 자기들이 선출하는 사람들에게 신성불가침의 성실을 계승시킬 권리를 가지는 일정한 사람들의 집단에게도 그러한 성질을 부여하는 것을 요점으로 한다.

복음서에 대한 약간의 보충이 생각되었다. 다른 것이 아니다. 그리스도가 승천에 즈음해서, 신의 진리를 사람들에게 가르치는 권리뿐만 아니라, 복음서에 기록된 문자에 의하면 그리스도는 그 권리와 함께 뱀이나 모든 독, 그리고 화재에 대해서도 피해를 입지 않는다고 보통으로는 이루어질 수 없는 권리까지도 전했다고 한다. 그리고 동시에 구원을 받는 사람들과 구원을 받지 못하는 사람과를 결정하는 권리, 아니 그뿐만 아니라, 그 권리를 타인에게 물려줄 권리까지도 전했다고 하는 항목인 것이다.

그러나 교회의 해석이 이렇게 내려지자마자 지금까지 기독교의 부패·타락을 방지해 온 복음서의 모든 명제는 모조리 무효로 되고 말았다. 왜냐하면 교회라는 것이 이성보다도, 신성불가침한 것으로 인정되고 있는 성서보다도 위에 서 있게 되었기 때문이다. 그래서 이성은 착오의 원천으로 인정되고 복음서도 역시 상식이 요구하는 대로가 아니라, 교회의 구성분자가 원하는 대로 설득되기에 이르렀다.

그 결과, 종교를 부패 타락시키는 옛날부터 내려오는 세 가지의 수단, 즉 성직자계급의 존재와, 기적과, 성전의 신성불가침성이 기독교의 경우에도 역시 그대로 똑같이 인정되었다. 신과 인간 사이에서는 중개자의 존재, 교회가 그러한 중개적 존재의 필요성과 합법성을 인정한 데서 합법적이라고 인정되었다. 모든 기적의 실재도 신성불가침한 교회가 입증함으로써 동일하게 진실로 인정되었다. 그리고 성서라는 것 역시 교회에서 인정되었다는 이유로 그렇게 인정받기에 이른 것이다.

이렇게 되어 기독교도 다른 모든 종교의 예에 어긋남이 없이 무참히 왜곡되었다. 그러나 기독교가 특히 명백하게 신의 아들로서의 만인은 평등하고 무차별하다는 것을 그 근본 교의로 선언하고 있기 때문에, 이 근본 교의를 은폐하기 위해서 교의 전체를 특히 맹렬하게 왜곡시키지 않을 수 없었다는 점, 여기에 기독교와 다른 여러 종교 사이와 다른 유일한 차이가 있었다.

그래서 이 왜곡은 교회의 해석을 밑받침으로 해서, 다른 어느 종교에서도 볼 수 없었을 정도로 맹렬하게 행해졌다. 실제로 다른 어떤 종교라 할지라도 교회적 기독교가 설득하고 있는 그것처럼 명백히, 이성이며 현대의 지식에 상응되지 않은 비도덕적인 것을 설교하지는 않았던 것이다.

태양이 있기 전에 빛이 창조되었다거나, 6천 년 전에 세계가 창조되었거나, 노아의 배 속에 온갖 동물이 있었다고 하는 구약성서의 모든 허망한 신의 명령에 의해서 이들과 주민 전체를 죽이라고 했다는 것과 같은 여러 가지의 비도덕적이고 괴이한 일, 이런 것은 말할 필요도 없고 저 볼테르가 이미 "온갖 졸렬한 종교적 교의는 과거와 현재에 걸쳐 존재하지만, 자기들의 신을 잡아먹는 것을 요점으로 하는 종교는 지금까지 한번도 없었다"고 논파한 바 있는 저 졸렬한 성례까지도 감히 불문에 붙인다 해도 성모가 어머니이면서 처녀라고 하는 것, 하늘이 열리고 그 속으로부터 하느님의 말씀이 들렸다고 하는 것, 그리스도가 승천해서 하늘이 열리고 그 속으로부터 하느님의 말씀이 들렸다고 하는 것, 그리스도가 승천해서 하늘의 어느 곳에서 아버지이신 신의 왼쪽에 앉아 있다고 하는 것, 신은 삼위일체이고 그리고 그것은 저 바라문교의 3신——브라만·비시누·시바——처럼 개개의 세 가지 신이 아니라, 하나이면서 동시에 셋이라는 것, 과연 이보다 무의미한 것이 또 있을 수 있을까? 절대로 있을 수 없다.

따라서 어떤 종류의 사람들이 이 종교의 주요 교의의 보충으로 생각하고 있는 것, 이를테면 갖가지의 지위, 성모의 우상에 대한 신앙, 각자의 전문에 따라 여러 성인을 향해서 기원하는 기도 같은 것을 불문에 붙이더라도, 신교의 숙명설에 대해서도 역시 모든 사람에게 인정되고, 니카에아 신조에 의해서 정해진 이 종교의 기초가 사람들이 믿을 수 없을 정도로 불합리하고 또한 비도덕적이며, 건전한 인간의 감정과 이성에 너무나 모순되는 것이다.

　인간은 어떤 말이든 입으로 되풀이할 수는 있지만 무의미한 것을 믿을 수는 절대로 없다. '나는 이 세계가 6천 년 전에 창조된 것을 믿는다'거나, '나는 그리스도가 승천해서 아버지이신 신의 왼쪽에 앉은 것을 믿는다'거나, '신은 하나이면서 동시에 셋이다'라는 것을 입으로 떠들어댈 수는 있으리라. 그렇지만 아무도 그런 허망을 믿지는 않는다. 왜냐하면 그 말들은 아무런 의미도 표시하지 않기 때문이다. 따라서 왜곡된 기독교를 신봉하는 현대인들은 실제에 있어서 아무것도 믿고 있지 않다. 그리고 이것은 현대의 특징인 것이다.

7

　현대인들은 아무것도 믿고 있지 않으면서도, 바울의 책이라고 잘못 알고 있는 헤브라이 서적으로부터 취한 허위적인 신앙의 정의를 따르면서 자기들의 신앙을 가지고 있다고 상상하고 있다. 이 정의에 따르면 신앙은 기대되는 사물의 실현이고 보이지 않는 것에 대한 신뢰이다. 그러나 신앙은 마음의 상태이고 기대되는 사물의 실현은 외부의 사건인 것이다.

　따라서 신앙은 기대되는 사물의 실현일 수는 없다. 그리고 이것을 잠시 불문에 붙인다 하더라고 신앙 역시 보이지 않는 것에 대한 믿음일 수는 없다. 왜냐하면 이러한 믿음은 이 책의 서두에서도 설명하고 있듯이 진리의 증언에 대한 믿음을 기초로 하는 것이지만, 본래부터 믿음과 신앙은 서로 다른 두 개의 개념에 지나지 않기 때문이다. 그래서 신앙은 희망도 아니거니와 믿음도 아니고, 하나의 특수한 마음의 상태에 지나지 않는 것이다. 신앙은 일정한 행동을 하도록 우리에게 의무를 지워주는 현세에서의 우리 위치를 인식케 해주는 것에 지나지 않는다.

　인간이 자기 신앙에 합치하는 행동을 하는 것을,《기독교문답 교시서》에서 말하고 있듯이, 보이지 않는 것을 보이는 것처럼 믿기 때문도 아니고, 또 기대되는 것을 얻으려고 희망하기 때문도 아니며, 오로지 현세에 있어서의 자신의 위치를 결정한 결과, 스스로 그 위치에 복종해서 행동하기 때문이라는 데 지나지 않는다. 농부가 땅을 경작하고 항해자가 바다로 나가는 것은, 《기독교문답 교시서》에 기록되어 있는 것처럼 자기 활동에 대한 보수를 얻으려는 기대에서가 아니라(그런 희망도 있기는 하지만 그들을 지도하는 것은 그것이 아니다), 그들이 그 활동을 자기 사명이라고 느끼기 때문이다.

결국 이와 마찬가지로 종교적 신앙에 젖어 있는 인간이 한결같이 일정한 행동을 하는 것도 보이지 않는 존재를 믿는다거나 자기 활동에 대한 보수를 기대하기 위해서가 아니라, 세계에서 자신의 위치를 깨달은 결과, 스스로 자기 위치에 적합하도록 행동하려는 데 지나지 않는 것이다. 그래서 사람들은 사회에서의 자기의 지위를 노동자·직공·관리, 또는 상인으로서 노력을 다하기에 이르는 것이다.

이와 같이 우리 인간은 어떤 형식으로든지 자신의 위치를 정하기만 하면 필연적으로 자연히 그 결정(때로는 확실한 결정이 아니라 막연한 의식에 지나지 않을 때도 있지만)에 맞게 행동하기에 이르는 것이다. 즉 하나의 예를 든다면 '나는 신께서 선택해 주신 백성 가운데 한 사람이다. 나는 신의 도움을 받기 위해서 신의 요구를 실행하여야 할 의무를 지닌 존재이다'라고 자신의 위치를 결정한 사람은 이러한 자신의 결정에 맞추어 자기 생활을 영위해 나갈 것이다.

그리고 자기는 다종다양한 존재 형식을 겪어 왔고, 또 지금도 겪어 나가고 있지만, 자기 미래의 행·불행은 다소의 차이가 있을지는 몰라도 반드시 자기 행위의 선악에 달렸다고 자기 위치를 결정한 사람은 역시 이러한 자신의 결정에 따라 자기 생활을 복종시켜 나갈 것이다. 그리고 또, 자기는 수많은 원자의 우발적인 결함에 지나지 않아서 얼마 후, 영원히 소멸되지 않을 수 없는 의식의 불〔火〕이, 잠시 일시적으로 결합되어 불타고 있는 것에 지나지 않는다고 생각하는 사람은 앞의 두 사람의 경우하고는 전혀 다른 행동을 해나갈 것임에 틀림없다.

그런 사람들의 행동은 완전히 다를 것이 분명하다. 왜냐하면 그들은 자신의 위치를 전혀 다른 것으로 결정했기 때문이다. 즉 다시 말해서, 그들은 신앙을 서로 달리하기 때문인 것이다. 신앙과 종교는 같은 것이다. 단지 우리가, '종교'는 말을 통하여 외부에서 관찰되는 현상을 의식하는 데 반해서, '신앙'이라는 것을 통해서는 우리 자신의 내부에서 경험하는 동일한 현상을 의식한다는 것, 바로 여기에 양자의 차이가 있을 뿐이다.

신앙이란 무한무궁한 우주에 대한 인간의 의식관계에 지나지 않아서, 우주에 대한 이러한 관계에 의해서 그 사람의 활동 방향이 결정되는 것이다. 따라서 참된 신앙은 결코 불합리하지 않을 뿐만 아니라, 현존하는 여러 지식과도 모순되지 않는다. 신앙의 특징은 대부분의 세상 사람들이 생각하고 있듯이, 그리고 교회의 어떤 신부가 "불합리하기 때문에 믿는 것이다"라고 표현했듯이 초자연과 불합리를 내포하는 것은 아니다.

오히려 사실은 그와 정반대로서, 참된 신앙의 확인은 이것을 입증할 수는 없다 해도 절대로 사람들의 이성에 반하지 않고 여러 지식에 모순되지도 않는다. 오히려 그것은 신앙이 없을 때에 불합리하고 모순되게 느껴지는 모든 것을 항상 올바르게 설득하고 해명시켜주는 구실을 한다. 즉, 예를 든다면 우주·지구·동물·인간을 창조하고 율법을 지키는 백성을 수호하겠다고 약속하는, 저 숭고하면서도 영원하고, 영원하면서도 전능한 존재를 믿는 고대의 유대인은 자기들의 지식에 합치하지 않는 불합리한 것을 모두 믿지 않았다. 그러나 이러한 그들의 신앙은 결여해서는 해명될 수 없는 인생의 수많은 현상을 그들에게 주었던 것이다.

이와 마찬가지로 우리의 영혼이 동물 속에 있었으며, 우리 생활의 선악 여하에 따라서 우리 영혼은 보다 고상한 동물이나, 보다 저급한 동물에게로 환생할 수 있다는 것을 믿어 의심치 않는 인도인도 역시 그와 같은 신앙에 의해서 그것을 결여할 때에 해명할 수 없는 많은 현상을 해명하고 있다.

그리고 생은 악이며, 생의 목적은 모든 욕망을 끊음으로써 이루어지는 평안에 있다고 생각하는 사람의 경우도 마찬가지이다. 그런 사람은 불합리한 것을 믿지 않는다. 오히려 그 반대로 그 신앙이 없었을 때보다도 더욱 자기의 인생관을 합리적으로 해 주는 것을 열심히 믿게 되는 것이다. 그리고 또, 신은 만인의 영의 아버지라는 것과, 인간의 최상의 행복은 신의 아들로서의 인간이 사해평등하고 무차별하다고 깨달을 때에 비로소 달성된다는 것을 믿어 의심치 않는 참된 기독교의 경우도 이와 똑같은 것이다.

이러한 모든 신앙은 논리적으로 입증될 수는 없다 해도 그 자체가 결코 불합리하지는 않고, 사실은 정반대이다. 그리고 이런 종류의 신앙이 없을 때에 불합리하고 모순되어 보이는 인생의 모든 신앙은 세계에서의 인간의 위치를 결정하면서, 필연적으로 그 위치에 적합한 일정한 행위를 요구한다.

따라서 어떤 종교적 교의가 하등의 해명도 주지 않고, 인생의 해석을 더욱 혼란하게 만드는 데 지나지 않는 무의미한 교리교조를 주장한다면 그것은 이미 신앙이 아니다. 진정한 신앙의 주요 특질을 상실한 부패하고 타락한 신앙에 지나지 않는 것이다. 진정한 신앙과 부패 타락한 신앙 사이에서 볼 수 있는 주요한 차이는 다른 것이 아니다. 즉 부패 타락한 신앙에서는, 인간이 신에 대해서 공물과 기도를 통해 인간의 희망을 성취시켜 달라고 요구하는 데 반해서, 진정한 신앙의 경우에는, 신이 인간에게 향해서 신의 의지의 준수를 요구하고 신에게 봉사할 것을 요구하고 있는 것이라고 인간 스스로 감지한다는 데 양자간의 주요한 차이가 있는 것이다.

그러나 유감스럽게도 이러한 신앙은 현대인 사이에서는 찾아볼 수가 없다. 아니, 그뿐만 아니라, 현대인들은 참된 신앙이 어떤 것이라는 것조차 모르고 있다. 그들은 신앙의 진수라는 것을 입으로만 되풀이하거나, 입으로만 교회적 기독교의 가르침을 따르는 것만이 인간의 희망을 달성하는 데 도움을 준다고 되뇌이면서, 그러한 공허한 여러 가지 의식을 수행하는 것을 신앙이라고 해석하고 있는 것이다.

8

현대인은 아무런 신앙도 가지지 않은 채 살고 있다. 일부 교양 있는, 교회의 훈계에서 떠난 부유한 소수자는 전혀 아무것도 믿지 않는다. 왜냐하면 그들은 신앙이라는 것을 졸렬하기 그지없는 것, 또는 대중을 지배하기 위해서 유리할 뿐인 하찮은 무기에 지나지 않는다고 보기 때문이다.

그럼, 가난에 시달리는 교양 없는 대다수의 사람들은 어떤가. 그들은 참된 신앙을 가지고 있는 극히 소수의 예외를 제외하곤 모두가 교회의 최면술에 걸려 있기 때문에 신앙이라고 받아들여진 것을 일생 동안 소중히 믿고 있다. 그러나 그것은 세계에서 우리 인간의 위치를 설명해 주지 못할 뿐만 아니라, 오히려 그것을 모호하게 해 줄 뿐이기 때문에 참된 신앙이 될 수 없다.

사실 현대의 소위 '기독교계'의 생활은 아무것도 믿지 않으면서 믿고 있는 듯이 행동하는 일부 사람들과 교회의 최면술에 걸려 있는 대부분의 사람들과 이러한 상태, 이러한 상호관계로부터 조성되고 있는 형편이다. 이러한 생활은 최면술의 수단을 장악한 소수 지배자들의 잔인성과 비도덕성으로 보아서, 그리고 최면술에 걸려 있는 대다수 근로 대중이 압제당하고, 우둔화된다는 점으로 보아도 전율을 금치 못할 일이다.

종교가 퇴폐했던 어느 시대를 막론하고 온갖 종교(특히 기독교)의 주요한 핵심을 등한시하거나 망각하는 일이 현대에서 보이는 것처럼 극도에 달했던 적은 한번도 없었다. 현대에서 인간 대 인간의 무서운 잔학 행위의 주요한 원인을 조성하는 것은, 종교의 완전한 결여 이외에도 사람들에 대해서 그와 같은 행위의 결과를 은폐하게 만드는 복잡한 생활, 그 자체인 것이다.

아시리아나 칭기즈칸의 부하들이 아무리 잔학했다 할지라도, 마주 보고 사람을 죽일 때는 그 살해과정이 불쾌했을 것임에 틀림없고, 또 그 살해 결과(살해된 사람의 근친자의 통곡, 눈앞에 누워 있는 시체 등과 같은)는 더한층 불쾌했을 것이 분명하다.

그런데 현대의 우리는 지독히 복잡한 방법으로 살인을 행하고, 그 잔악행위의 결과가 조심스럽게 처리되어 우리 눈에 보이지 않게 감추어지고 있다는 점에서, 잔악행위를 제지하는 반동작용이 전혀 없고, 그 결과 잔학행위는 날이 갈수록 점점 증대하고 있고, 그리고 지금이야말로 그 유래를 찾아볼 수 없을 정도로 극도에 달하고 있는 것이다.

악명 높은 네로 황제가 아니라, 현대의 보통 기업가가 학식 있는 의사들의 진단에 따라, 부유한 환자들을 목욕시킬 목적으로 사람의 피로 연못을 만들려고 생각만 한다면 그는 아무 지장 없이 이 계획을 실행할 수가 있을 것이다. 그렇지만 그럴 경우, 그는 점잖은 형식으로 그것을 실행할 것임에 틀림없다. 즉 사람들을 붙잡아서, 강제로 피를 흘리게 하지는 않고, 그것을 거부하면 생활해 나갈 수 없게 그들을 곤경으로 몰아 넣고는, 그 다음에 성직자와 학자를 초대할 것이다.

그러면 성직자는 대포·소총·감옥·교수대를 신성화하듯 이 새로 만든 피의 못을 신성화할 것이고, 또 학자는 전쟁이나 매음의 설비가 필요 불가결하다는 증명을 발견해 냈듯이 그러한 시설이 필요 불가결하며 합리적이고 옳다는 증명을 찾아낼 것이다.

모든 종교의 근본 의의——만민이 평등하고 무차별하다는 관념——는 극도로 망각되고 방기되어서, 지금 믿어지고 있는 괴상한 종교의 불합리하기 이를 데 없는 교리교조 밑에 짓눌려 있고, 또 인류애의 이러한 차별·불평등은 과학의 분야에서도——생존경쟁의 형식으로——생활의 필수조건으로 인정받고 있다. 그래서 그 결과, 지배하는 소수자의 편의를 위해서 수백 만의 인명을 희생시키는 행위가, 극히 당연하고도 필요불가결한 생활현상으로 간주되어 끊임없이 행해지고 있다.

우리 시대의 사람들은 19세기에 이루어진 저 빛나는 전대미문의 수많은 공학적 대성공에 대해서 완전히 만족할 수는 없다.

19세기만큼 물질적 진보, 즉 자연력의 정복이 이루어진 적은 지금까지의 역사상 그 유래를 찾을 수 없다는 점에서 조금도 의심할 여지가 없다. 그렇지만 그와 동시에 우리 기독교가 날이 갈수록 점점 횡포해지며, 인간의 동물적 욕망을 억제하는 모든 힘으로부터 이탈한 이러한 비도덕적인 생활에 젖어 있었던 예도 역사상 한번도 없었다는 것, 이 점에서도 의심할 여지는 추호도 없는 것이다.

19세기 사람들이 파악한 물질적 진보는 참으로 위대한 것이다. 그러나 이 진보는 도덕상 가장 기본적인 여러 요구에 대해서 칭기즈칸, 아시리아 내지 네로의 시대에서조차 경험할 수 없었던 극렬한 멸시로써 보답되었고, 또 현재도 보답되고 있다 하겠다.

장갑함·철도·터널·인쇄기·축음기 등은 매우 훌륭한 것으로서, 이 점에서는 논쟁할 여지가 없다. 그것은 매우 훌륭한 것들이다. 그러나 이에 못지않게, 아니 다른 무엇과도 비교될 수 없을 정도로 훌륭한 것은, 저 러스틴이 멋있게 갈파했듯이 인간의 생명인 것이다. 그런데 인생을 장식하기는 커녕 반대로 그것을 추하게 하는 장갑함이나, 철도나 터널을 획득하기 위해 오늘날 수백 명의 인명을 무자비하게 희생시키고 있는 것이다.

이 사실에 대해서 흔히 다음과 같은 대답이 주어지고 있다. 즉 현재 희생되고 있는 인명을 희생되지 않게 만드는 수단이 이미 여러 가지로 발명되어 있으며, 또 앞으로도 시간의 흐름에 따라 발명되어갈 것이라고. 그러나 이것은 새빨간 거짓말이다. 세상 사람들이 서로 종교적 태도로 융합되지 않는 한, 그들은 항상 자신의 개인적인 이익을 위해서 서로의 생명을 희생시키려고 할 것이다.

아무리 바보라 할지라도 자기 권력으로 아무렇게도 처분할 수 있는 조건을 구비하기만 하면, 백 원만을 소비해서 동일한 목적이 달성될 때에, 자진해서 천 원을 탕진하려고는 하지 않을 것이다. 시카고에서는 철도 사고로 매일 거의 같은 수효의 인간이 살해된다. 그러나 그 철도 소유자가 살해 방지 수단을 강구하지 않는 것은 피해자와 그 가족에게 매년 지불하는 것이 위험 방지시설에 필요한 금액의 이자보다도 싸게 먹히기 때문이다.

자기 이익을 위해서 인명을 희생시키는 사람들이, 사회여론에 의해서 창피를 당하거나 하여서 방지 시설을 추진하게 할 수는 있다. 그러나 사람들이 신앙을 결여하고 인생을——세상을——깔보고 자기 사업을 하고 있는 이상, 그들은 어느 장소에선 인명 보호의 시설을 논하면서 다른 장소에선 다시 돈벌이의 가장 좋은 재료로서 인명을 희생하는 것을 다시금 일삼을 것이 틀림없다.

인명을 아끼지 않고 거기에 연민과 동정을 바치지만 않는다면, 자연을 정복하거나 기차·기선·박물관 같은 것을 얼마든지 쉽게 만들어 낼 수 있다. 이집트 왕들은 자기의 피라미드를 자랑으로 삼았다. 우리도 역시 그 건립을 위해 수백만에 달하는 노예의 생명이 죽어갔다는 것을 잊고 피라미드를 우러러보며 찬미했다.

같은 식으로 우리도 역시 하늘로 솟아오르는 전당이며 장갑함이며 저 전선 같은 시설에 대해서 무엇이 지불되고 있는가를 잊고 찬미한다. 그리고 우리가 이 모든 것을 자랑할 수 있는 것은, 이 모든 것이 노예들의 손에 의해서가 아니라 속박을 모르는 자유인의 손으로 자유로이 만들어졌을 때에 한하는 것이다.

기독교를 신봉하는 국민들은 아메리카의 인디언과 인도인·아프리카인을 정복하고 굴복시켰다. 그리고 중국인을 정복하고 굴복시키고 있으면서 그것을 커다란 자랑으로 삼고 있다. 그러나 말할 필요도 없는 것이지만, 이러한 정복과 굴복이 행해지는 것은 기독교 국민들이 피정복 민족보다 정신적으로 우월하기 때문이 아니라 사실은 이와 정반대로서 전자가 후자보다 비교가 되지 않을 정도로 정신적으로 저열하기 때문이라는 것에 지나지 않는다.

인도인이나 중국인은 말할 필요도 없고, 저 즈르인(남아프리카 흑인) 사이에서까지도 일정한 행위를 명하고 다른 행위를 금지하는 종교상의 의무적 규칙이 전해져 내려왔고, 지금도 지켜지고 있다. 그런데도 이들 기독교 국민들 사이에는 전혀 그런 것이 지켜지지 않고 있다. 로마가 전세계를 정복한 것은 로마가 모든 종교로부터 이탈했다는 말에 지나지 않는다. 그리고 이와 똑같은 맹렬한 현상이 지금도 역시 기독교 국민들 사이에서 일어나고 있는 것이다. 그들은 모두 종교를 결여한 것과 같은 상태에 있다.

따라서 내부에 불화·알력이 있음에도 그들은 모두 연방해서 하나의 강도단을 조성하고 있으며 그리고 이 강도단 사이에서는 절도·약탈·매음·살인 등이 털끝만큼도 양심의 가책 없이 최근 중국에서 일어난 그것처럼, 최대의 자기만족을 느끼면서 개별적 또는 집단적으로 행해지고 있는 형편이다. 즉, 다시 말해서 어떤 사람들은 아무것도 믿지 않으면서도 그것을 자랑으로 삼고 있고, 어떤 사람들은 자기 이익을 위해서, 민중에게 믿게 하고 있는 신앙을 믿는 듯이 가정하고 있고, 또 어떤 사람들(대다수 사람, 민중 전체)은 자기에게 제시된 어마어마한 것들을 신앙의 마음으로 받아들이고, 아무것도 믿지 않으면서도 자기들을 지배하고 최면술적인 마술을 사용하는 그들이 요구하는 모든 것에 노예처럼 복종하고 있는 것이다.

이러한 최면술적인 마술사가 요구하는 것은, 무엇인가에 의해서 자기 생활의 공허를 충족시키려고 노력하는 네로 족속들의 요구와 같다. 즉, 정신이 나간 족속들이 자기의 사치를 만족시키려고 팔방으로 손을 뻗치는 것과 다를 것이 없다. 그러나 사치는 인간을 노예화하는 이외에는 아무것도 얻지 못한다. 따라서 인간의 노예화가 시작되자마자 사치는 급속히 증대한다.

사치의 증대는 또 필연적으로 가혹한 인간 노예화를 수반한다. 왜냐하면 과중한 빈곤에 손발을 묶이고 굶주림과 추위에 신음하고 있는 사람들만이, 자기에게 필요한 일을 못하고 한평생 변함없이 지배자들의 취미를 위해 필요한 일을 하기 때문이다.

9

창세기의 제6장에는 의미심장한 대목이 있다. 즉 거기에는, 신은 대홍수 이전에 자기에게 봉사시킬 목적으로 인간에게 신령을 부여했는데, 인간이 자기들의 육욕을 위하여 그것을 행사해버린 것을 안 신은 몹시 노한 나머지, 인간을 창조한 것을 후회하고 인간을 모두 근절시키기에 앞서 먼저 그들의 생명을 1백 20년까지 단축시키기로 결심했다는 사실이 기록되어 있다. 그리고 성서에 기록되어 있는 이 사실, 즉 신이 몹시 노해서 인간의 생명을 단축시켰다고 하는 이와 똑같은 일들이 현재 우리 기독교계의 인간들 사이에서 실제로 엄연히 행해지고 있는 것이다.

이성은 넓은 의미의 세계 내지 우주에 대한 우리와의 관계를 결정하는 중요한 인간의 힘이다. 그리고 우주에 대한 만인의 관계는 동일하기 때문에 이 관계의 수립, 즉 종교는 만인을 하나로 결합시키고, 그리고 이 결합은 만인에게 영육 양면에서 만인이 파악할 수 있는 최고의 행복을 부여한다.

완전하고도 지고한 이성의 분야에서 행해지는 전 인류의 완전한 결합, 따라서 완전한 행복은 전 인류가 끊임없이 희구하는 이상이다. 모든 참된 종교는 어느 사회의 사람들이, 우주라는 것은 무엇인가, 거기에 살고 있는 인류라는 것은 무엇인가, 하고 물을 때 이에 대해서 동일하게 대답하고 그것에 따라서 그들을 하나로 결합시키고, 그 결과 그들을 최대 행복의 실현으로 접근시킨다.

그러나 이성이 신에 대한 인간관계 및 이에 적응하는 인간 활동을 정한다는 본래의 기능에서 벗어나서, 다만 육욕을 위한 봉사나 인간 및 다른 모든 생물과의 사악한 투쟁으로 기울어지고, 여기서 더 나아가 인간의 특성과 사명에 반하는 사악한 자기 생활의 시인으로까지 이어질 때에는, 현재 대다수의 사람들을 고통 속으로 몰아넣고 있는 저 가공할 만한 여러 가지 재액과 합리적인 선량한 생활로 되돌아가는 것이 거의 불가능하다고 생각되는 비참한 상태가 발생하는 것을 상례로 한다.

극히 야만적이고 원시적인 종교적 교의에 따라서 하나로 결합되고 있는 이교도 쪽이, 현대의 사이비 기독교 국민(아무 종교도 없이 생활하고 그들 중에서 가장 첨단을 걷는 자들이 종교의 불필요성을 스스로 믿고 또 타인을 설득시키고 있는 이들 국민)들보다도 훨씬 진리의 인식에 가까이 서 있다고 할 수 있다.

이들 이교도 가운데는 자기들의 신앙이, 나날이 증대하는 자기들의 지식과 이성이 요구하는 여러 가지 질문에 적합하지 않는다는 것을 인정하고, 국민의 정신상태에 보다 적합하고 자기 국민과 신자들을 하나로 결합시켜 주는 종교적 교의를 창안해 내기도 하고, 또는 다른 곳으로부터 그것을 받아들이고 있는 사람들이 있다는 것을 우리는 알고 있다.

그런데 우리 기독교 국민들만은, 첫째로 종교를 민중에 대한 지배의 불가결한 무기로 보고 있는 사람들과, 둘째로 종교를 졸렬하기 짝이 없는 것이라고 생각하고 있는 사람들, 셋째로 야만적인 최면술의 기만 속에 빠져 있으면서, 자기들이야말로 진실한 종교의 파악자라고 자만하고 있는 사람들(국민의 대부분을 점한다)과의 비참한 집합체에 지나지 않아서, 진리의 길로의 어떠한 전진이나 접근에 대해서도 암담한 상태에 빠져 있는 형편이다.

그들 육체적 생활에 필요한 여러 방면의 완성과 자기들의 공정성뿐만 아니라 모든 역사적 시대를 통해서 타민족보다 자기들이 우월했다는 것까지도 함께 증명하길 원하는 나태한 사색, 이 두 가지를 코끝에 번쩍이면서 무지와 비도덕의 혼미 속을 헤매고 있다. 게다가 자기들은 아직까지 인류가 한번도 도달한 예가 없는 눈부신 높은 곳에 서 있는 존재이며, 무지와 비도덕의 혼미 속을 걷는 한걸음 한걸음이 자기들을 한층 더 높은 문명의 개화로 이끌어 주는 것이라고 완전히 믿고 있는 것이다.

10

인간은 원래부터 자기의 물질적(즉 육체적) 활동과, 이성적(즉 정신적) 활동 사이에 찬란한 조화를 수립하려는 성질을 가지고 있다. 인간은 어떤 형태로든지 이 조화를 수립하지 않는 한 안심할 수가 없다. 이 조화는 두 가지의 방법에 의해서 수립된다. 첫째 방법은, 우리가 어느 하나의 행위 내지 여러 가지 필요와 요구를 이성에 따라서 결정하고 그 다음에는 이성의 결정에 합치하는 행위를 한다는 것이고, 두 번째 방법은 우리가 감정에 좌우되어 활동해버린 다음에 뒤늦게 그러한 행위에 대해서 지적 설명 내지 변명을 안출해 낸다는 것이다.

여러 행위와 이성을 합치시키는 첫 번째의 방법은, 어떤 종교를 신봉하고 그 종교의 교리에 입각해서, 자기들이 어떤 행동을 하여야 하고 어떤 행동을 해서는 안 되는가를 잘 알고 있는 사람들에게 있어서의 특유의 것이다. 그리고 둘째 번 방법은 주로 비종교적인 사람들, 즉 자기 행위의 가치 판단을 결정짓는 보편적 기준을 가지고 있지 않고, 따라서 행위를 이성에 복종시키는 방법에 의해서가 아니라, 감정에 좌우되어 행동한 후 그런 행동을 변명하기 위해 이성을 구사함으로써 이성과 행위 사이에 항상 조화를 수립하려고 하는 사람들에게서 볼 수 있다.

종교적인 인간은 자기 및 타인의 활동에서 무엇이 선이고 무엇이 악이라는 것을 알고 있고, 따라서 어떤 사람 행동이 선하고 또 어떤 사람 행동이 악하다는 것을 알고 있기 때문에 자기 이성의 요구와, 자기 및 타인의 행동 사이에서 모순을 발견할 때에는 그와 같은 모순을 배제하는 방법을 발견하기 위해서, 즉 자기 행위와 자기 이성의 요구를 일치시킬 수 있는 최상의 방법을 획득하기 위해서 자기 이성의 온힘을 기울인다.

그런데 비종교적인 인간은 행위가 가져오는 쾌락 이외에, 그 행위의 가치를 판단할 만한 기준을 가지고 있지 못하기 때문에 다종다양하고 여러 가지로 모순된 자기 감정에 좌우되어 이에 빠져 들어가지 않을 수 없다. 그들은 모순에 빠져들어가기가 무섭게 다소 복잡한, 그렇지만 항상 사기 근성을 띠고 있는 괴상한 추리추론을 휘두르면서 그들의 모순을 해결하고 은폐하려고 애를 쓴다. 따라서 종교적인 사람들의 판단은 항상 순수하고 단도직입적이고 진실한 데 반해서, 비종교적인 사람들의 지적 활동은 가지각색이고 복잡하고 허위로 일관하고 있다.

아주 비근한 예를 들어보겠다. 여기 한 사람의 인간이 있는데, 방탕에 몸을 맡겨서 일부일처의 규칙을 파괴하고 아내를 배반하는 불손한 행위를 한다. 만일 결혼하지 않은 경우라면 시종 음탕에만 빠져 있다고 해두자. 그럴 때, 만일 이 사람이 종교적인 인간이었다면 그는 자기의 그런 행동이 사악하다는 것을 안다. 따라서 그의 이성의 모든 활동은 그런 악덕으로부터 벗어날 수 있는 방법을 찾기에 이른다. 즉, 간음에 젖어 있는 남녀와 교제하지 말 것, 노동을 많이 할 것, 준엄한 생활을 누릴 것, 자신에게 육욕의 대상으로서 여성을 보는 것을 허락하지 말 것 등에 주의를 기울이게 된다. 게다가 이 모든 것은 극히 간단해서 누구에게든지 이해가 간다.

그러나 만일 방탕에 젖어 있는 인물이 비종교적인 사람이라면 그는 즉시 여러 여자를 사랑하는 것이 어째서 좋은가 하는 온갖 설명을 생각해 내기에 이른다. 그리고 곧 혼과 혼의 포옹, 선·사랑의 자유 등에 관한 극히 복잡하고 교활한 온갖 종류의 고찰이 시작되고, 그리고 이 고찰이 확대되면 될수록 중요한 문제는 점점 모호해져서 필요한 사항이 은폐되기에 이르는 것이다.

비종교적인 사람들에게는 이와 똑같은 일들이 실제적 활동과 사색의 온갖 분야에서도 발생한다. 내적 모순을 감추기 위해서 복잡하고도 기묘한 여러 가지 추리추론이 모아지고, 산처럼 쌓인 이 추리추론은 그들의 마음을 가지 각색의 불필요한 혼합물로 가득하게 하고, 중요하면서도 본질적인 사상으로부터 그들의 주의를 분리시켜 현대의 사람들이 마취된 줄 모르고 살고 있는 그 허위의 구렁텅이에 빠질 가능성을 그들에게 주는 것이다.

'그 행위가 악하기 때문에 빛보다 어둠을 사랑한다.' 이렇게 복음서에 씌어 있다. '대체로 악을 행하는 자는 빛을 증오하고 사악한 행위를 말리는 것을 두려워하며 빛을 향해 걸어나가지 않는다.'

따라서 우리 시대의 사람들도 역시 종교를 결여한 결과, 말할 수 없이 야수적이고도 비도덕적인 생활을 영위하고, 대다수의 사람들이 선악·진위의 구별을 판별하는 능력을 완전히 상실하고 말았을 정도로 그렇게 맹렬히 불필요한 복잡화로 이끌어가고 만 것이다.

현대인에게서는 단적으로 직접 접근할 수 있는 문제는 하나도 없다. 모든 국가가 대외적 내지 대내적 문제, 경제·정치·외교 및 과학상의 여러 문제(철학상 및 종교상의 문제는 말할 필요도 없다)는 모두 인위적으로 부당하게 제기되고 그 결과, 복잡하고도 불필요한 추리추론이며, 어법 및 해석에 대한 기묘한 왜곡이며, 궤변이며 논쟁 등의 두꺼운 연막에 싸여 버려서 이런 문제에 대한 모든 논의는 한 자리에서 악순환을 되풀이할 뿐, 마치 벨트 없는 차바퀴와 같아서 자기들이 행하고 있는 악을 자타 양면에서 감춘다는 단 하나의 목적(이러한 목적 때문에 이와 같은 문제가 일어나는 것이지만)으로 이끌어 가는 외에 아무런 성과도 가져오지 않는다.

11

현대의 과학이라고 일컫는 온갖 분야에는 여러 방면의 지식 연구를 하고 있는 사람들의 지적 능력을 모조리 공허한 것으로 만드는 동일한 특징이 있다. 그 특징은 무엇인가? 다른 것이 아니다. 현대의 모든 과학상의 연구가 모두 한결같이 해답이 요구되는 본질적인 문제를 회피하고 아무 성과도 이

끌지 못하고, 이것을 계속하면 계속할수록 점점 더 복잡하지고 착잡하게 되는 종속적·방계적·부차적인 사상을 연구하는 것이 그것이다.

그러나 무슨 목적으로 무엇을 연구하지 않으면 안 되는가, 무엇을 먼저 하고 무엇을 나중에 해야 하는가 하는 점을 결정하는 종교적 인생관의 요구에 따르지 않고, 닥치는 대로 연구의 대상을 선택하는 과학에서는 오히려 이것이 당연한 이치일 수밖에 없다.

이를테면 현재 유행하는 사회학 내지 경제학의 문제에서는 '어째서, 무슨 목적으로 갑은 일도 하지 않고 을·병 그 밖의 사람들은 갑을 위해 노고를 제공하는가' 하는 문제가 유일한 것처럼 생각된다. (만일 달리 문제가 있다고 한다면, '어째서 사람들은 그 편이 훨씬 유리하다고 생각되는데도 협동해서 함께 일하지 않고 개별적으로 일해서, 서로 방해하는 행위를 연출하고 있는 것일까' 하는 문제가 있지만, 이 문제는 앞의 문제에 포함되어 있다. 불평등이 없으면 투쟁도 있을 수 없기 때문이다.)

그러므로 이 문제는 단 한 가지밖에 있을 수 없다고 생각된다. 그럼에도 현대의 과학은 이 문제를 제기하려고도 하지 않고, 그것에 대해서 해답하려고도 하지 않으면서 지독히 먼곳으로부터 이론을 짜내서는, 어떤 경우에도 그 결론이 근본 문제를 해결할 수 없고, 해결의 단서로도 될 수 없게 먼 곳으로 가져간 것이다.

과거 및 현재의 상태에 관한 이론으로부터 시작해서, 그리고 그 과거와 현재가 천체의 여러 발광체의 운행처럼 불변한 그 무엇으로 관할되고, 그 결과 가치·자본·이윤·이자 등의 추상적 개념이 고안되며, 이미 백 년씩이나 계속되고 있는 복잡기괴한 지적 유희가 또다시 그 얼굴을 내민다. 그러나 이 문제는 극히 쉽게 깨끗이 해결될 수 있는 성질의 것이다.

즉 만인은 서로 형제 자매이고 서로 평등·무차별하기 때문에, 각자는 자기가 남으로부터 원하는 것을 그대로 남에게 해주어야 한다는 것이 이 해결의 골자이다. 따라서 사이비 종교의 규칙을 파괴하고 참된 규칙을 수립하는 것이 중요하다. 이것이 이 해결의 요점이다.

그럼에도 기독교계의 첨단을 걷고 있는 여러 사람들은 이 해결을 받아들이지 않을 뿐만 아니라, 반대로 이러한 해결의 가능성을 사람들에게 감추려고 노력하고 있으며, 또한 이런 목적에서 그들이 과학이라고 부르고 있는 공허한 지적 유희에 빠져 있는 것이다.

동일한 현상은 법학의 분야에서도 일어나고 있다. 세상에는 타인에게 대해서 폭력을 행사하기도 하고, 약탈하기도 하고, 감금하기도 하고, 사형에 처하기도 한다. 그 밖에도 이와 유사한 행위들이 많은데, 어째서 사람들은 그런 행위를 하도록 자기에게 허용하는 것일까 하는 것이 바로 본질적인 유일한 문제인 것처럼 생각된다. 그런데 이 문제를 이에 적용하는 관점, 즉 종교적 관점으로 본다면 그 해결은 실로 쉬운 것이다. 종교적 관점으로 본다면 인간은 그 이웃에 대해서 폭력을 행사할 수 없으며, 또 행사해서도 안 된다.

따라서 문제의 해결에 필요한 것은 다만 한 가지가 있을 뿐이다. 다른 것이 아니다. 폭력을 허용하는 모든 미신과 궤변을 타파하고 폭력 행사의 가능성을 배격하는 종교적 원리를 명백하게 사람들의 가슴속으로 불어넣는 것이 필요할 뿐이다.

그런데도 소위 선각자들은 이것을 감히 하지 않을 뿐만 아니라, 오히려 해결의 가능과 필요를 감추기 위해서 모든 지혜를 짜낸다. 그들은 갖가지의 민법·형법·경찰법·교육법·회계법 등의 법률 서적을 수없이 써내고서는 그 제목에 대해 설명하기도 하고 논쟁을 벌이기도 한다. 그리고 자기들이 사회에 유익할 뿐만 아니라 동시에 극히 중요한 사업을 하고 있다고 확신한다.

그들은 본질적으로 말해서, 평등·무차별한 인간들 사이, 즉 어째서 갑은 을을 재판하고 강제하고 약탈하고 사형에 처하게 할 수 있는가 하는 문제에 대해서는 대답을 주지 않을 뿐만 아니라, 그러한 문제가 존재한다는 그 자체까지도 인정하지 않는다. 그들의 설교에 따르면 그와 같은 폭력을 행사하는 것은 인간이 아니다. '고스다르스트보(러시아어로, 국가라는 뜻)'라고 칭하는 추상적 존재라고 말한다.

이와 똑같은 필법으로 현대의 학자들도 역시, 본질적인 여러 문제를 모조리 회피하고 입을 다문 후 감히 말을 입 밖에 내지 않음으로써 지식의 모든 분야에 걸쳐서 내적 모습을 감추고 있다. 예를 들어, 사적 분야에서도 본질적인 문제는 하나밖에 없다. 즉 전 인류의 99퍼센트를 점하는 근로 대중은 어떤 생활을 영위해 왔는가 하는 문제가 그것이다. 게다가 이 문제에 대해서는 해답에 비슷한 것조차도 없다.

이 문제는 도대체 존재하고 있지도 않다. 그러면서도 루이 11세는 위장병으로 고생했다든지, 영국의 엘리자베스 여왕과 요한 4세가 더러운 일들을 수없이 했다든지, 어떤 사람과 어떤 사람이 재상이었다든지, 당시의 문학가들이 그들의 여왕이며 애인들이며 재상들을 즐겁게 해주기 위해서 어떤 시와 희곡을 저술했다든지 하는 것에 대해서 역사가들은 수많은 저술을 남겼다. 또 다른 역사가들은 어느 민족이 살고 있었던 땅은 어떤 곳이었으며, 그들은 무엇을 먹고 무엇을 팔고 무엇을 입고 있었던가 하는 따위의, 대체로 민족적 생활에 영향을 줄 수 없었던 일들에 대해서 누누이 설명하였다. 게다가 그들의 인식에 의하면 종교라는 것은 여러 민족이 사용한 의식의 결과에 지나지 않는 것이다.

그러나 어쨌든 근로대중이 과거에 어떤 생활을 누리고 있었는가 하는 문제에 대한 해답은 종교를 민족생활의 불가결한 조건으로 인정하는 것에 의해서 처음으로 얻어질 수 있다. 따라서 이 답은 각 민족이 신봉하는 종교——각 민족을 각자의 고유한 환경으로 놓이게 해준 종교——의 연구 속에서만 이루어질 수 있는 것이다.

박물학의 분야에서는 사람들의 상식을 마비시킬 필요가 그다지 없을 것 같이 생각된다. 그럼에도 여기서도 역시 '동식물계라는 것은 무엇인가? 그리고 그것은 어떻게 세분되는가?' 하는 문제에 대해서 조금도 자연스러운 해답을 주지 못하고, 그 대신 모든 유기체의 기원에 관한 말할 수 없이 공허하고 모호한 이론이나 성서의 창세설에 대해서 정면으로 반대하는 무익하기 이를 데 없는 요설들이 마구 성행하고 있는 형편이다.

그리고 사실 이러한 문제는 아무도 알 필요가 없으며 또 알 수도 없는 것이다. 왜냐하면 이러한 기원은 우리가 천만 단어를 소비해서 누누이 설명한다 할지라도 결국 무한무궁한 시공 속에서는 우리로부터 감추어지게 마련이기 때문이다. 그렇지만 이런 제목에 대해서 여러 가지 학설이나 그 반발이나 보충 같은 것이 다종다양하게 고안되어 수백 만 권의 서적으로 되었다. 그리고 그 책으로부터 나오는 결론은 다만 한 가지, 다른 것이 아니라 인간이 따라야 할 인생의 법칙은 바로 생존경쟁 그 자체에 있다는 것이다.

그러나 단지 이러한 학문뿐만 아니라 공학이나 의학 같은 응용과학도 역시 지도하는 종교적 원리를 결여하는 데서 모르는 사이에 올바른 합리적인 사명을 이탈하고 여러 가지 잘못된 방향을 취하고 있다. 즉 공학은 민중의 노고를 경감시키기 위해 돌진하지 않고, 부유한 계급에서만 필요한 여러 가지의 완성에 전력을 경주한다.

그리고 이와 같은 완성은 빈부의 차를 더욱 격심하게 하고 주인과 노예사이의 간격을 더욱 벌어지게 만든다. 하긴 그와 같은 발명이나 완성으로 말미암아 일반 대중은 사소한 이익을 받을 수 있을지는 모른다. 그러나 그것은 어디까지나 일반 대중을 위해서 기획되었다기보다는 그 발명이나 완성이 그 자체의 성질로 봐서 민중에게도 파급되지 않을 수 없는 성격을 지니고 있기 때문이다.

의학적 분야에서도 또한 동일한 현상을 발견할 수 있다. 현대 의학은 부유한 계급에 한해서만 이용할 수 있을 정도로까지 잘못된 방향으로 벗어나고 말았다.

그러나 현대에서 가장 노골적으로 근본 문제를 회피하고 왜곡하는 것은 철학이라고 불리는 학문의 분야이다. 철학적인 해결에 수반하는 제일 큰 문제는 '자기는 무엇을 해야 하는가?'라는 문제에 지나지 않는다고 생각된다. 그리고 이 문제에 대해서 기독교 국민들의 철학에서는 저 스피노자, 《실천이성비판》의 칸트, 쇼펜하우어, 특히 루소에서 그랬듯이 그들의 철학은 모두 완전히 불필요한 복잡함 어수선함으로 수십 겹씩 묶여 있기는 했지만, 그래도 어쨌든 해답은 있었다.

그러나 존재하는 것은 모두 옳은 것이고, 합리적이라고 인식하는 헤겔 이후, 최근에 이르러서는 '무엇을 할 것인가?'라는 중요한 문제는 완전히 부차적인 문제로 도외시된다. 반면에 현재의 철학은 '존재하는 것'을 연구하는 것과, 기성의 이론에다 그것을 부합시키는 일에 전력을 다하고 있다.

이것이 타락의 첫 단계이다. 인간의 사상을 더 한층 저하시킨 두 번째 단계는 생의 투쟁을 동식물 간에서 볼 수 있다는 이유만으로 이른바 생존경쟁을 인류의 근본 법칙으로 인정한 점이다. 이 학설에 따르면 약자의 멸망은 불가치한 철학이라고 인정하고 있는 형편이다.

끝으로 마지막 단계가 다가오고 있다. 저 반미치광이인 니체의 어린애 장난 같은 기교가, 즉 그것으로써 그가 말하는 사상은 조금도 체계적인 내용을 나타내지 않고 전혀 근거없는 비도덕적인 사상을 제시하는 데 지나지 않는 것이다. 그렇지만, 그래도 그것이 이 분야의 첨단에서는 여러 지식인들에게서 철학의 최신 학설로 인정되고 있는 실정이다. '무엇을 할 것인가?' 하는 문제에 대한 대답으로서는 놀랄 만큼 간단히, '남의 생활 같은 건 상관치 말고 계속 자기 만족하며 살아라!'라고 내뱉고 있는 형편이다.

만일, 현대의 기독교 국민들이 빠져 있는 끔찍한 정신이상증세와 어리석음과 야수화에 대해서 의심을 품은 자가 있다면 그런 이들에게, 최근 중국인 및 남아프리카의 네덜란드인 사이에서 행해지고 선교사들에 의해서 변호된 후 전세계의 모든 유력자에 의해서 공훈으로 인정받고 있는 모든 죄악 행위를 인용할 필요도 없이 니체 이론의 이상스런 성공만으로도 그 증거로 되기에는 충분하리라 생각한다.

말할 수 없이 저열하고 비천한 형식으로 효과를 노리는 체계와 맥락이 없는 온갖 저술이 과대망상광에 걸리고 지나치게 용감무쌍한, 그러면서도 지독히 천박하고 이상한 이 한 사람의 독일인에 의해서 제멋대로 행해지고 있는 형편이다. 그 저술은 재능면에서 보거나 기초의 확실성으로 보거나 대중의 주의를 환기시킬 자격을 조금도 가지고 있지 않다.

이러한 저술은 저 칸트, 라이프니츠, 흄의 시대뿐 아니라 지금으로부터 50년쯤 전이라 해도 일반의 관심을 끌 수 없었을 것이 분명하고 심지어 그 출현조차 불가능했을지도 모르는 일이다. 그러나 현대의 소위 교양있는 모든 인사들은 한결같이 니체의 우스꽝스러운 글을 칭찬하고 이것을 논하기도 하고 여기에다 여러 가지 해명을 가하기도 한다. 그리고 그의 저술은 수많은 국어로 무수히 인쇄되고 있는 실정이다.

투르게네프가 아주 기묘한 말을 한 적이 있다. 즉, 아무 재능도 없으면서 많은 사람들의 주의를 환기시키려고 원하는 사람은 가끔 정반대의 말을 하곤 한다는 것이다. 이를테면 물이 축축하다는 것은 모든 사람이 알고 있는 것이다. 그런데 갑자기 어떤 사람이 매우 심각한 표정을 하고, '물은 말라 있다', '얼음이 아니다', '물은 건조해 있다', 등의 말 확신을 가지고 표현하면 이 말이 대부분 사람들의 주의를 끌 것임에 틀림없다는 것이다.

이와 마찬가지로 선덕(善德)을 성실히 지키게 하는 것은 모든 욕정의 제압에 있으며, 자기 헌신에 있다는 것은 전세계의 인류가 다 아는 사실이다. 이것을 알고 있는 것은 니체의 가상적인 기독교 세계뿐만이 아니다. 이것은 저 바라문교에서도, 불교에서도, 유교에서도, 그리고 또 고대 페르시아의 종교에서도 전인류가 파악해 낸 영원불멸의 최고 법칙이다.

그런데 별안간 괴상한 사람이 하나 나타나서, 나는 자기 헌신·온순·겸손·사랑 등을 모든 인류를 멸망시키는 악덕으로 확신한다고 선언한다(그는 다른 모든 종교를 망각하고 기독교만을 안중에 넣고 있는 것이다). 이러한 그의 단언이 그 자리의 사람들을 현혹시킨다는 것은 상상하기에 어렵지 않다.

그렇지만 이성에 눈뜨고 있는 모든 인사는 잠시 머리를 기울이고 생각한 다음 이런 종류의 책 속에서 그처럼 기괴한 단정에 대한 어떤 논증도 발견해 볼 수 없다는 점에서 그 책을 집어 던지고 그런 것까지 출판을 하게 되는 현대의 우매성에 놀라움을 금치 못할 것이다. 그런데 니체 저서의 경우에는 그렇지 않다. 즉 사이비 문화인의 대다수는 광장히 심각하게 초인설을 연구하고 그 저자 니체를 데카르트, 라이프니츠, 칸트를 계승하는 위대한 철인으로 생각하고 있다.

이 모든 현상은 무엇 때문에 일어나는가? 다른 것이 아니다. 현대의 사이비 문화인의 대다수가 선덕이라거나 그의 주요한 근저를 이루는 자기 헌신이라거나, 또는 사랑과 같이, 그들의 동물적 생활을 억제하기도 하고 힐난하는 요소를 상기시키는 언사를 좋아하지 않고, 동시에 아무리 제멋대로 불합리하게 요령없이 표현되었다 할지라도 이기주의 종교, 잔인의 종교, 남의 생활을 짓밟고 위에다 자기의 행복과 위대함을 수립하라는 종교, 즉 그들의 생활을 이끌고 있는 이러한 종교가 그들에게 안성맞춤이기 때문이다.

12

바리새인과 학자들이 천국의 열쇠를 쥐고 있으면서 자기들도 천국에 들어가지 않고 다른 사람들도 천국에 들여보내지 않았다는 것에 대해서 그리스도는 그들을 힐난했다.

현대의 박식한 여러분들도 이와 똑같은 행동을 하고 있다. 즉 그들은 현대에서 천국의 열쇠를 가지고 있는 것은 아니지만 문명 개화의 열쇠를 가지고 있으면서 자기들도 거기에 들어가지 않고 다른 사람들까지도 들여보내지 않는다.

성직자들은 각종의 기만과 최면술적 수단을 종횡무진으로 구사하고 '기독교는 만인의 평등·무차별을 설교하는 종교가 아니기 때문에 현대의 모든 이

단적 생활조직을 파괴하지 않고, 사실은 이와 정반대로서 그런 생활조직을 지시하고 별[星]이 서로 구별되듯이 사람들까지도 구별하라고 명령하고 모든 권력은 신으로부터 오는 것이기 때문에 권력에는 절대로 복종하지 않으면 안 된다고 설교한다'라는 관념을 사람들의 마음속에 주입시켰다. 또 현재도 피압박자를 향해서 '너희들의 경우는 신께서 주시는 것이기 때문에 너희들은 온순하고 겸허하게 그것을 감수하고 억압자에게 복종해야만 한다. 동시에 억압자들은, 속세의 권력자이건 종교계의 권력자이건 간에 겸허하고 온순하지 않아도 좋을 뿐더러, 타인을 벌하고 가르치고 교정하면서 피압박자들이 자기들의 의무로서 제공하는 부귀영화를 누리며 살아가야 한다'는 사상을 불어넣고 있는 것이다.

이렇게 해서 지배계급은 자기를 강력히 지지해 주는 이런 허위의 가르침 덕분에 민중을 지배하고 자신의 무위도식과 사회와 악덕에 봉사하고 있다. 그러나 이러한 최면술로부터 탈각하는 유일한 사람들, 즉 학자들은 그 억압으로부터 민중을 탈출시킬 수 있는 유일한 사람들이다. 또 그것을 희망한다고 입으로는 말하고 있지만 실제에는 그 목적을 달성할 수 있는 방법을 강구하지 않고 정반대의 일을 행하고 있으면서도 그것을 민중에게 봉사하고 있다고 상상하고 있는 실정이다.

그들은 민중을 자기 지배 아래 결박시키고 있는 지배자들이 가장 크게 근심하고 있는 것을 표면으로 관찰하기만 해도 무엇이 민중을 움직이고 있는가, 무엇이 민중을 일정한 상태로 결박시키고 있는가를 이해할 수 있으리라 생각한다. 또 그들은 이 원동력에 자기들의 전력을 경주하지 않으면 안 될 처지라고 생각하지만, 사실은 그렇지 않아서 그들은 그것을 감히 실행하지 않을 뿐만 아니라, 이것을 완전히 무익한 것이라고 생각하고 있는 것이다.

그들은 아주 정성껏, 그리고 때에 따라서는 아주 진정한 마음으로 민중을 위해 여러 가지 일을 행하지만 그러면서도 일반 대중에게 필요한 일은 하나도 하지 않는다. 따라서 그들의 활동은 탄수차(炭水車)를 타고 자기들이 늘 보고 있는 기관수의 수법대로 실린더로 증기를 보내는 핸들을 돌리기만 하면 되는 것을, 일부러 수고스럽게도 근육의 힘으로 기차를 움직이려고 안간힘을 쓰는 인간의 활동과 흡사하다.

이때의 증기는 인간의 종교적 인생관이다. 따라서 그들은 노예상태로부터 민중을 해방시키기 위해서 자기들의 노력을 무엇에 경주하지 않으면 안 되는가를 이해하려고 생각한다면, 모든 권력자가 민중의 지배에 행사하는 이 원동력을 어느 정도의 열성을 가지고 보호하고 있는가를 주시하기만 하면 되는 것이다.

터키의 황제는 무엇을 방어하고 무엇에 가장 세게 달라붙는가? 어째서 러시아의 황제는 도시에 도착하자마자 만사를 제쳐놓고 성해(聖骸)와 성상에 키스를 바치는가? 그리고 어째서 독일 황제는 머리에서 발끝까지 최신 의복으로 자신을 감싸고 있으면서도 담화를 낼 때면 장소를 불문하고 언제나 정한 듯이, 신에 대해서나 종교의 신성·선서 등에 대해서 말하는 것일까?

다른 것이 아니다. 그들은 모두 자기들의 권력이 군대에 의해서 유지되고, 그리고 군대와 군대라는 존재의 가능성이 오로지 종교를 기초로 해서 유지되고 있다는 것을 알고 있기 때문이다. 따라서 부유한 사람들이 유달리 믿음이 깊거나 또는 신자를 가장해서 교회에 다니며 안식일을 준수한다 한들, 요컨대 그것은 자기 보존 본능이 사회에서의 그들의 특권적인 유리한 지위와 그들이 신봉하는 종교와의 뗄 수 없는 밀접한 관계를 그들에게 속삭이기 때문이라는 데에 지나지 않는다.

이 모든 사람들은 자기들의 권력이 종교적 기만에 따라서 어떤 방법으로 유지되고 있는가를 알지 못한다. 그러나 자기 보존의 본능에 따라서 자기들의 약점이 어디에 있는가, 자기들의 지위가 무엇을 기초로 해서 유지되고 있는가를 알고 있어서, 다른 것을 제외하고서라도 우선 그 약점을 방어한다. 이 사람들은 어느 정도까지 사회주의적 선전, 아니 혁명적 선전까지도 허용해 왔으며 또 앞으로도 허용할 것이다. 그렇지만 모든 종교적 원리에는 절대로 손을 대지 않을 것이 분명하다.

따라서 현대의 첨단을 걷는 사람들, 즉 학자·자유사상가·사회주의자·혁명가·무정부주의자 등은 국민을 움직이는 원동력이 무엇인가 하는 것을 역사나 심리학만으로는 알 수 없다고 해도 적어도 그 일목요연한 경험적 지식으로, 국민을 움직이는 원동력이 물적 조건 속에 있지 않고 종교에 존재한다는 것을 확신할 수는 있을 것이다.

그런데 정말 이상스럽게도 현대의 첨단을 걷고 있는 학자 여러분들은, 국민의 생활상태를 아주 세밀히 파고들어 연구하고 이해하면서도 대낮같이 명백한 이 사실을 인정하지 않는다. 만일 이런 행동에 시종하고 있는 사람들이 소수의 지배자 간에서의 유리한 자기 위치를 유지하기 위해서 고의로 국민을 종교적 무지몽매 속에 결박해 놓는 것이라면 이것은 그야말로 가공할 만한 기만이라고 하지 않을 수 없다.

실로 이러한 행위로 일관하는 사람들은 그리스도가 가장 강렬히 비난하는 사람들, 아니 모든 인간 속에서 유일한 예외로서 비난하는 사람들, 바로 그와 같은 위선의 도배이다. 무엇 때문에 그리스도는 그런 사람들만을 비난했을까? 다른 것이 아니다. 어떠한 무뢰한도 악인도 이 사람들만큼 인생의 생활에 악을 가져오지는 않았고, 또 앞으로도 가져오지 않을 것이기 때문이다.

따라서 이 사람들이 진실한 사람들이라고 한다면 현대의 사이비 문화인도 역시 일반 대중이 사이비 종교의 최면술적 암시에 걸려 있듯이, 사이비 과학의 최면술적 암시에 걸려서 과거나 현재를 통해 인류의 생활을 지도해 온 중요한 신을, 이미 무용지물이며, 무엇인지 다른 것으로 대치되어야 한다고 단정하는 사이비 과학의 결정을 되풀이하고 있는 데 불과하다고 설명될 수 밖에 없다.

13

실로 현대 세계의 학자들, 교양 있는 사람들의 이러한 미망 내지 교활성은 현대의 특색이고, 바로 그 속에 기독교 국민들이 현재 당하고 있는 불행한 처지와 더욱더 심각해지고 있는 야수화의 원인이 깃들어 있다.

현대 세계의 첨단을 걷고 있는 교양 있는 사람들은 일반 대중이 신봉하고 있는 괴상한 종교적 신앙을 그다지 중요한 것이 아니라고 단정하고 흄, 볼테르, 루소 등이 과거에 싸웠듯이 그들처럼 기를 써서 싸울 필요도 없고 가치도 없다고 단정한다. 그들의 견해에 의하면 과학, 즉 그들이 국민 속에 보급시키고 있는 무질서하고 우연적인 여러 지식은 혼자서 목적을 달성할 수 있다는 것이다. 다시 말해서 인간은, 지구에서 태양까지는 얼마만큼 먼가, 태양과 별에는 어떤 금속이 매장되어 있는가를 알게 됨으로써 교회의 교리교조를 믿지 않게 된다는 것이다.

이러한 단정 및 가정의 밑바닥에는 커다란 오류 내지는 무서운 교활성이 자리잡고 있다. 암시에 대해서 감수성이 가장 강하게 작용하는 유년 시대,

즉 교육 내지 훈육을 담당하는 자가 아무리 세심한 주의를 해서 아동에게 가르친다 해도 만족할 만한 소득을 얻을 수 없는 이 시대부터 그들 아동은, 소위 기독교라고 하는 이성과 지식에 합치하지 않는 졸렬하면서도 비도덕적인 여러 가지 교리교조를 주입받게 된다.

그들 아동은 상식에서 어긋나는 삼위일체의 교리를 배우고, 이 세 신 가운데 하나의 신이 인류의 속죄를 위해 지상으로 내려왔다가 부활해서 다시 승천했다는 것을 배운다. 그들은 또 그리스도의 재림을 기대해야 한다는 것, 교리를 믿지 않으면 영원한 고통의 벌로서 받지 않으면 안 된다는 것까지도 배운다.

그리하여 이성, 현대의 지식, 인간의 그 어느 것에도 일치하지 않는 이 모든 것들이 감수성이 예민한 아동의 두뇌 속에 지울 수 없는 각인을 남기게 된다. 그리고 의심할 수 없는 진리로서 받아들인 후, 이미 자기 것이 되어버린 그 교리로부터 발생하는 어떤 모순에 빠졌을 때에는 자기 혼자서 그것을 물리치고 나가야 한다고 말하면서 각자를 고독 속에 방치시킨다. 누구 하나 그들에게, 그 모순은 어떻게 조화해야만 하고 어떻게 조화시킬 수 있는가를 가르쳐 주는 사람은 없다. 신학자들이 그 모순을 조화시키려고 시도한다 해도 그러한 시도는 한층 더 사태를 혼란하게 만들 따름이다.

이렇게 해서 인간은 이성을 신뢰해서는 안 된다는 관념, 이 세상에서는 어떤 것이라도 일어날 수 있다는 관념, 인간은 자기에게서 가장 중요한 일, 즉 자기의 행위의 지도를 자기 자신의 이성에 의하지 않고 남이 자기에게 말해 주는 언설에 따라서 지도되어야만 한다는 관념, 이러한 관념에 차차 익숙해진다. (신학자들은 기를 써서 우리를 이런 관념 속에 결박시키려 하고 있다!) 성직자들의 도움을 받으며, 끊임없이 민중에게 최면술적 암시를 행사하고 있는 그러한 훈육이 인간의 정신세계에 가공할 만한 왜곡(부패·타락)을 가져오지 않을 수 없다는 것은 너무나도 자명한 사실인 것이다.

강한 정신력을 보지하는 어떤 사람이 심대한 노력과 고뇌의 결과, 어릴 때부터 성년에 이르기까지 자기를 결박하고 있던 최면술로부터 탈피할 수 있었다 해도 자기의 이성을 믿어서는 안 된다는 관념에 의해서 주입되었던 본인의 정신적 왜곡은 그 흔적을 남기지 않고 넘어갈 수는 없다.

마치 이것은 육체의 분야에서 유기체가 어떤 맹독을 받았을 때, 흔적없이 지날 수 없는 것과 마찬가지다. 그런 사람은 기만의 최면술로부터 탈피함과 동시에 지금까지 자기가 결박되어 있던 허위를 증오하는 나머지, 모든 종교를 인류의 진보를 가로막는 장애물의 하나로 간주하는 선배들의 이론을 받아들이기에 이른다. 이것은 자연의 힘인 것이다.

그리하여 그러한 이론을 자기의 특허품으로 만드는 동시에, 그 사람도 역시 그 스승을 모방해서 무주의, 무정견의 인간으로 되어버리고 말 것임에 틀림없다. 즉, 자기 생활에 있어서 오직 정욕이 이끄는 대로 몸을 맡기고, 그러면서도 자기 행동에 대해서 자신을 힐난하지 않을 뿐만 아니라, 지금이야말로 자기는 인간이 도달할 수 있는 정신적으로 가장 강한 사람이 되었다고 생각되는 현상이 나타난다. 보다 정신력이 약한 인간은 회의에서 각성하는 일이 있다 해도 자기들이 훈육되고 있는 그러한 기만의 테두리에서 절대로 벗어나지 않는다. 그들은 교리의 기만을 정당화하기 위해서 교활하게 꾸며진 애매하고 모호한 갖가지 이론에 동조하고, 자신도 그런 이론을 고안해 내면서 회의와 모호와 궤변과 자기 기만의 세계에 빠져들어 대중을 현혹시키는 일에 열심히 조력하고 그들의 각성을 방해하기에 이를 것이다.

마지막으로, 대다수를 점하는 일반 대중은 자기들에게 작용하는 이 최면술적 암시와 싸울 힘도 가능성도 가지고 있지 않기 때문에 자손대대에 이르기까지 자기들이 현재 생활하고 있듯 인간의 지고지선의 행복, 인생의 진실한 종교적 각성을 결여한 채 헛되게 살고 헛되게 죽는다.

그리고 그들은 자기들을 기만하고 자기들을 지배하는 계급을 위해서 온순한 도구로서 시종 일관할 것이다.

한편 이 가공할 만한 기만에 대해서 세상의 자각자라고 일컫는 학자들은 말한다. 이것은 별로 대단한 것이 아니며, 기를 써서 싸울 만한 것이 못 된다는 대담한 단정에는 구태여 설명을 가할 필요조차 없을 것 같다.

그러나 굳이 설명을 해본다면 이렇게 될 것이다. 즉, 그들이 진정한 마음으로 그런 단정을 감히 내린다면, 그것은 결국 그들 자신이 사이비 과학의 최면술에 걸려 있다는 증거이며, 또 진실하지 않게 건방진 태도로 이런 단정을 내렸다고 한다면 기성종교를 공격하는 것이 불리할 뿐더러, 잘못하다가는 위험하기까지 하다는 것이 그러한 단정에 대한 유일한 설명이라 할 수 있을 것이다. 어쨌든 간에 '사이비 종교의 신봉은 해롭지 않다. 만일 해롭다

해도 대단할 것은 없다. 따라서 종교적 기만을 타파하지 않아도 문명 개화를 보급시키는 것은 가능하다' 하는 식의 단정은 완전히 잘못된 것이다.

인류는 성직자들에 의해서 결박되어 있는 최면술의 세계와, 학자들에 의해서 인도되고 있는 최면술의 세계로부터 탈피함으로써만 모든 재액과 불행으로부터 구원될 수 있다.

그릇에 무엇인가를 담으려면 먼저 그릇을 비워놓지 않으면 안 된다. 이와 마찬가지로 참된 종교, 즉 만유의 본원[神]에 대한 인류의 진보발달에 적응하는 올바른 관계를 사람들에게 각성시키고 이 올바른 관계로부터 추출되는 활동에 대한 지침을 그들에게 파악시키려고 원한다면, 무엇보다도 그들을 결박시키고 있는 기만의 거미둥지로부터 그들을 벗어나게 하지 않으면 안 된다.

14

"그러나 과연 참된 종교라는 것은 존재하는 것일까? 종교는 수없이 많고 또 다종다양하다. 따라서 우리는 우리의 취미에 가장 적합하다는 이유만으로 그것을 참된 종교라고 부를 수 있는 권리를 가지고 있지 않다." 종교를 그 외적 형식에 의해서 점검하는 사람들은 이렇게 말한다.

그들은 모든 종교를 어떤 병처럼 생각해서 자기들만은 그 병에서 면역되어 있지만 아직도 수많은 사람들이 그 병에 걸려 있다고 보는 것이다.

그러나 그들의 이 단정은 옳지 않다. 종교는 외적 형식으로 보자면 다종다양하지만 그 근본 원리에는 모두 같기 때문이다. 모든 종교의 이러한 근본 원리야말로 참된 종교를 조직하는 요소이고, 그리고 그러한 종교만이 현대에 있어서 만인에게 적응할 수 있고 또 이러한 종교를 자기 것으로 만듦으로써만 세상 사람들을 재액과 불행으로부터 구할 수 있는 것이다.

인류는 먼 옛날부터 이 세상에서 생활을 계속하고 있다. 그래서 인류는 실제적인 방면에서 여러 가지 수단들을 계승적으로 창안해 왔지만 정신적인 방면에서도 역시 생활의 기초로 되는 여러 가지의 원리 원칙과, 그것으로부터 파생하는 행위에 대한 규칙을 창안해 내지 않을 수 없었다. 따라서 정신적으로 눈먼 사람이 인정하지 않는다고 해서 그것이 존재하지 않는다는 증명은 되지 않는 것이다.

그건 그렇고, 만인에게 공통되는 현대인의 종교, 여러 가지 특이성과 왜곡을 가지는 어떤 한 종교가 아니라, 우리에게 잘 알려지고, 인류의 9할 이상에게 신봉되고, 그리고 널리 보급되고 있는 여러 가지 종교 속에 평등하게 포함되고 있는 여러 종교적 핵심으로부터 성립되는 종교, 그러한 종교는 확실히 존재한다.

그리고 사람들이 아직껏 완전히 야수화되지 않고 있는 것은, 전세계의 국민 가운데 우수한 사람들이 비록 무의식적이라고는 해도 그러한 보편적인 종교를 유지하고 그것을 신봉하고 있기 때문이다. 성직자들과 학자들의 도움에 의해서 사람들에게 행해지는 최면술적인 기만이 그들이 참된 종교를 받아들이는 것을 의식적으로 방해하고 있는 것이다.

이 참된 종교의 법규는 사람들에게 알려지기가 무섭게 당장에 받아들일 수 있을 정도로 그만큼 사람들의 본성에 딱 들어맞는 것이다. 그리고 우리에게 참된 종교라는 것은 말할 것도 없이 기독교로서, 그것은 외적 형식에서가 아니라, 근본적인 핵심에서 바라문·유교·도교·유대교·불교는 물론이고, 저 회교까지도 일치한다.

이와 마찬가지로 바라문교·유교 그 밖의 종교를 신봉하는 사람들에게도 역시 근본적인 핵심에서의 다른 대종교의 그것과 합치함으로써 비로소 참된 종교가 될 수 있을 것이다. 그리고 그들의 종교적 핵심은 극히 간단해서 이해하기 쉽고 또한 복잡하지도 않다.

그들의 종교적 핵심이라는 것은 다른 것이 아니다. 신, 만물의 본원으로서의 신의 존재는 절대적이며 유일하다. 그리고 인간에게는 이 본원으로서의 신의 일부가 이미 내재되어 있다. 따라서 인간은 각자의 생활방법 여하에 따라서 자기 내부에 살고 있는 이 본원적인 신적인 면을 증대시킬 수도 있고 감소시킬 수도 있다. 이것을 증대하려고 원한다면 각자가 자기의 욕정을 억압하고 자기 내부에 사랑을 증대시켜야 한다. 그리고 이 목적을 달성하는 유일한 실제적 방법은, 자기가 남에게서 도움을 받기를 원하듯 남에게 먼저 그것을 행해야 한다는 데 있다――이것이 모든 참된 종교의 핵심의 요점이다. 이러한 모든 종교적 핵심은 바라문교에도, 유대교에도, 유교에도, 기독교에도, 회교에도 모두 공통적이고 보편적인 것이다. 비록 불교가 신의 정의를 부여하지 않는다 해도 어쨌든 역시 인간이 그것에 융합해서 하나로 되는 본원, 열반에 이르면서 자기의 소아를 잊어버리는 본원, 그러한 본원을 인정하는 데는 변함이 없다. 따라서 인간이 열반에 달함으로써 하나로 결합되는 곳의 본원을 유대교나 기독교·회교에서 신으로 인정되고 있는 본원과 결국 같은 것이다.

"그러나 어쨌든 그런 것은 종교라고 할 수 없다."

초자연, 즉 무의미를 종교의 주요한 특징으로 해석하고 있는 우리 시대의 지식인들은 말한다.

"철학·윤리·추리, 아무렇게라도 제멋대로 부를 수 있을는지 몰라도 결코 종교라고는 말할 수 없다."

종교라는 것은 이들 인사의 해석에 따르면 황당무계하고도 불가능한 것이라는 것이다. '황당무계하기 때문에 우리는 믿는다'는 식이다.

그렇지만 이런 종류의 명제가 세워짐으로써, 즉 보다 단적으로 말한다면 실로 이런 종류의 수많은 명제를 참된 종교라고 설교했던 탓으로 오랜 시일에 걸친 왜곡의 과정에서 이런 종류의 황당무계한 기적이며, 초자연적인 사건이 이룩되고 모든 종교의 근본적 특징으로 간주되기에 이른 것이다. 그러나 초자연이며 불합리가 종교의 근본적 특질을 조성한다고 단정하는 것은, 마치 썩은 사과만을 관찰한 후 사과의 특질이라는 것이 물렁물렁하고 쓰며 위장에 해롭게 작용한다고 단정해 버리는 것과 같다.

종교라는 것은 마음의 본원에 대한 인간의 관계와, 그 관계에서 발생하는 인간의 사명과, 그 사명으로부터 파생하는 행위에 대한 여러 규칙을 결정하는 활동에 지나지 않는다.

그래서 어떤 신앙을 막론하고 기본적인 핵심을 동일하게 하는 보편적인 종교는 이들의 요구를 충분히 만족시킨다. 그러나 보편적 종교는 신에 대한 인간의 관계를 완전무결한 전체에 대한 일부분의 관계로 본다.

그리고 이런 관계로부터 우리 내부에 포장되는 신적 본성의 확대를 요점으로 하는 인간의 사명을 추출해 낸다. 인간의 사명, 그것은 남에게서 받고 싶은 대로 자기가 먼저 남에게 해주어야 한다는 근본 원칙으로부터 여러 가지의 실제적인 요구를 추출해 내는 데 있다.

남에게서 받고 싶은 대로 먼저 남에게 해주어야 한다는 이러한 추상적인 원칙이, 보다 절차가 간단한 단식이나 기도, 성찬식과 같은 모든 행위에 대한 의무적인 규칙이며, 도표로 될 수 있었던가? 가끔 세상 사람들은 이러한 의혹에 사로잡히고, 그리고 이렇게 말하는 나 역시 한때 그런 회의에 빠진 적이 있었다. 그러나 성찬의 빵을 인분 위해 내뱉기보다는 오히려 깨끗이 죽음을 택하겠지만 그런 반면에도 또 인간의 명령에 따라 자기 형제를 죽이는 것까지도 주저하지 않는 러시아 농민의 정신 상태가 그러한 회의에 대해서 논파하기 힘든 해답을 줄 것이다.

남에게서 받고 싶은 대로 자기가 먼저 남에게 주어야 한다는 원칙으로부터 추출된 모든 요구, 이를테면 형제를 죽이지 말라, 욕설을 퍼붓지 말라, 간음하지 말라, 복수하지 말라, 자기의 욕정을 충족시키기 위해서 형제의 곤궁을 이용하지 말라는 등의 요구가, 명료한 내적 의식보다도 오히려 막연한 신뢰 위에 신앙의 기초를 둔 사람들에게서는 성찬·성상, 그 밖의 거룩한 것에 대한 신앙처럼 힘있게 주입되지 못하고, 또 의무적이고 불가침적인 것으로 되지 못하는데 도대체 그 이유는 어디에 있는 것일까?

15

만인에게 보편적인 현대 종교의 모든 진리는 극히 단순하고 용이해서 저마다의 마음에 꼭 들어맞는다. 그렇기 때문에 세상의 부모들이나 지배자·교사들은 저 삼위일체며, 성처녀며, 속죄며, 기상의 변화를 조성하는 인도의 신 인드라나 브라만, 위미나, 시바의 3신이나 승천, 부처 및 마호메트에 관한 그것처럼 자주 자기들조차도 믿지 않는, 시대에 뒤떨어진 황당무계한 교를 주입하는 것을 그만두어야 한다. 인간에게는 신령이 살아 있다는 것을 형이상학적 본질로 하고, 인간은 남에게서 받기 원하는 대로 자기가 먼저 남에게 해주어야 한다는 것을 실천적인 면을 철저히 지키는, 만인에 공통·보편적인 종교의 간단 명료한 모든 진리를 아이들에게도 어른에게도 주입시키기만 하면 될 것이다. 그렇게 되면 인류 생활 전체가 갑자기 일변할 것임에 틀림없다.

신은 아담의 죄를 속죄하기 위해서 그 외아들을 이 세상으로 내려보냈으며, 인간이 복종하지 않으면 안 될 신의 교회를 수립하셨다는 것, 그리고 그러한 가정에서 파생되는 법규, 즉 우리는 어느 때 어느 장소에서 기도를 드려야 하고 공물을 바쳐야 하는가, 어떤 날에 일을 하지 말고 쉬어야 하는가 등에 관한 규칙들. 아이들은 현재 이런 것에 대한 신앙을 가슴속에 주입당하고 있고, 또 성인들은 이것에 대해서 열심히 맞장구를 치고 있다.

이와 마찬가지로 신은 영혼이다. 그 신의 발현이 우리 내부에 살고 있고, 우리는 저마다 생활에 의해서 이 신령의 힘을 증대시킬 수 있다는 관념을 사람들의 가슴속에 주입시키고, 그것을 뒷받침해 주기만 하면 되는 것이다.

있을 수 없는 사건에 관한 전혀 불필요한 얘기며, 그러한 얘기로부터 발생하는 무의미한 여러 종류의 의식들, 그리고 지금 고쳐되고 있듯이 조금 전에 말한 것 및 전술의 기초로부터 자연히 발생하는 모든 것들이 수긍이 가도록 그럴듯하게 가르치기만 하면 되는 것이다. 그렇게 되면 불합리한 투쟁과 분열은 종식되고, 그 대신에 외교관·국제법·만국 평화회의·경제학자, 온갖 종류의 사회주의자들의 조력을 기다릴 필요도 없이 평화로운 협조에 융합되는 유일한 종교에 의해서 지도되는 행복한 전인류의 생활이 시작될 것임에 틀림없다.

그런데도 이와 비슷한 일조차 전혀 이루어지지 않고 있다. 사이비 종교의 기만이 타파되지 않고 참된 종교가 서지 않을 뿐 아니라 사실은 이와 정반대여서 세상 사람들은 점점 멀리 심하게 진리 파악의 가능성으로부터 멀어져 가고 있는 형상이다.

세상 사람들은 어째서 그렇게도 자연스럽고 필요불가결하고 동시에 실행이 가능한 것을 실행하지 않는 것일까? 다른 것이 아니다. 우리 시대의 사람들은 오랫동안 종교 없는 생활에 젖어 온 결과, 폭력·무기·감옥·교수대 등에 의해서 자기들의 생활을 구성하고 강화하는 것에 익숙해져서 그런 생활조직을 정상적이라고 볼 뿐 아니라, 절대적으로 유일한 것이라고까지 생각하게 되었다는 것, 바로 여기에 그 주요 원인이 있는 것이다.

그래서 현행 제도가 자기에게 유리하다고 생각하는 사람들뿐만 아니라 현제도 때문에 고통을 당하고 있는 사람들까지도 자기들에게 시행된 최면술에 의해서 우둔해진 결과, 폭력을 인류 사회의 안녕 유지를 위한 유일한 수단으로 생각하고 있는 형편이다.

그렇지만 그러한 폭력에 의해서 사회생활을 조직하고 강화하는 방법은 모든 고뇌의 원인을 이해하는 것에서 사람들을 더욱 멀리 떨어지게 하고 따라서 참된 안녕과 행복의 가능성으로부터 말할 수 없이 멀리 격리시켜 놓았다.

일반 대중을 노예화시키고 '우리 뒤에 대홍수가 온들 무슨 상관인가!'라고 생각하고, 또 입으로도 말하고 있는 지배계급에 있어서는 군대·성직자·경관 등의 존재, 무기·감옥·강제 노동소·교수대의 위협 등에 의해서 노예화되고 있는 사람들을 우둔화 및 노예화의 상태로 머물게 하고, 지배계급이 자기의 특권적 지위를 이용할 때 방해되지 않도록 해두는 것이 좋다고 생각했다.

그래서 지배계급의 사람들은 서슴지 않고 그것을 행하고, 또 그 제도를 좋은 제도라고 말한다. 그렇지만 진실하고 선량한 사회제도를 만드는 데 이것만큼 심하게 방해하는 것은 없다. 사실 이것은 좋은 제도이기는커녕 악 그 자체의 건설에 지나지 않는 것이다.

지금 아직도 여전히 대중 사이에 존속하면서 여러 가지 종교적 원리의 유물을 유지하는 현대 사회의 사람들이 사회제도며, 사회생활의 덕성을 지켜야 할 의무를 지닌 사람들이 전쟁·사형·투옥·과제, 보드카 및 아편의 판매 등과 같은 죄악을 끊임없이 행하는 것을 눈앞에 목격한다면 그들은 자기들이 현재 좋은 일이며, 인간성에 본유한 것이라고 확신하며 행하고 있는 모든 악행·기만·폭력·강제·살인의 백분의 일이라도 행하고 싶은 생각이 떠오르지는 않을 것이다.

생활의 개선은 각 개인의 경우에도, 또 사람들의 집단인 사회의 경우에도 내적·도덕적 방면의 완성에 의해서만 가능한 것이다. 이것이 인생의 법칙이다. 폭력과 강제를 행사하여 서로 외적으로 작용해 나가면서 저마다의 생활을 개선하려고 하는 모든 노력은 아주 효과적인 악의 선전으로 되고 범례로 된다. 따라서 생활을 개선하지 못할 뿐 아니라, 사실은 정반대여서 오히려 악을 증대시킨다. 그럴 경우 악은 마치 눈사람처럼 점점 크게 되어서 진정한 생활 개선의 가능성으로부터 사람들을 아주 멀리 격리시키기에 이른다.

질서와 도덕의 보호자들 자신으로 말미암아 법률을 빙자해서 행해지는 폭력과 범죄의 습관이 점점 빈번해지고 잔혹해지고, 종교와 더불어 제창되는 허위적인 종교의 최면술에 의해서 변호되면 될수록 '서로 사랑하고 서로 돕는 것이 생활의 규칙이 아니라, 서로 싸우고 물어뜯는 것이 규칙이다'라는 생각에 사람들은 점점 익숙해지고 마는 것이다.

따라서 그들이 자기들을 야수의 수준에까지 타락시키는 그러한 사상에 익숙해지면 질수록 현재의 최면술 권내로부터 벗어나기 힘들어지고 전인류에게 공통되는 현대의 참된 종교를 인생의 기초로서 받아들이는 것이 힘들어지고 만다.

괴상한 순환논법이 날뛰는 허위의 사회가 수립되고 있다. 즉, 종교의 결여가 폭력을 기초로 하는 동물적 생활을 가능하게 하고, 그리고 폭력을 기초로 하는 동물생활은 최면술로부터의 탈각과 참된 종교의 파악을 점점 더 불가능하게 만든다. 그 결과 대부분의 세상 사람들은 현대에 있어서 자연스러우면서도 가능하고, 동시에 필요불가결한 것을 하지 않는다. 즉 그들은 사이비 종교를 몰아내지도 않고 참된 종교를 제창하지도 않는 것이다.

16

이 이상한 순환논법의 쳇바퀴로부터의 탈출은 가능한 것인가? 가능하다면 그 요체는 어떤 것인가?

'이 이상한 쳇바퀴로부터 세인을 구원해 줄 수 있는 임무를 띠고 있는 것은 국민 전체의 생활을 행복하게 지도할 의무와 책임이 있는 각 국민정부 그 자체에 지나지 않는다.'

무엇보다도 먼저 이렇게 생각된다. 폭력과 강제를 기초로 하는 사회조직을 철폐하고 그 대신에 상호 봉사와 상호애를 기초로 하는 사회조직을 수립하려고 시도했던 사람들은 항상 이렇게 생각했던 것이다. 기독교의 개혁자들도 이렇게 생각했다. 그리고 유럽에서의 공산주의 여러 학설의 창시자들도 이렇게 생각했다. 중국의 유명한 개혁주의자 묵자도 이렇게 생각했다. 묵자는 중국인들의 안녕과 행복을 위해서 아동 및 청년에게 존경과 사랑의 규칙을 가르치고 사랑의 공적에 대해서 포상을 주고 또 장려해야 한다는 것을 그 당시의 정부에 건의했던 것이다.

그리고 내가 알고 있는 과거, 현재의 러시아 민중 출신의 많은 종교 개혁론자들도 역시 저 슈타예프를 위시하여 이미 다섯 번이나 황제에게 상소문을 보내서 사이비 종교철폐와 진정한 기독교의 선포를 탄원한 한 노인에 이르기까지 모두가 한결같이 이렇게 생각했고 또 지금도 이렇게 생각하고 있는 형편이다.

'세계 각국의 정부라는 것은 국민의 안녕, 행복을 배려한다는 한 가지에 의해서 자기의 존재를 정당화하고 있기 때문에 어떤 경우에도 국민에게 해롭지 않고 아주 풍성한 결과만을 가져올 수 있는 유일한 수단을 행사하려고 염원하고 있을 것임에 틀림없다.'

일반 사람들은 으레 이렇게 생각하곤 한다. 그러나 사실은 그렇지 않다. 어느 나라의 어느 정부도 그러한 의무를 두 어깨에 짊어진 적은 없었으며, 사실은 이와 정반대로 항상 도처에서 현존하는 시대에 뒤진 사이비 신앙의 보호에 전력을 다했고, 반면에 참된 종교의 여러 원리를 국민에게 알리려고 시도했던 모든 사람을 온갖 방법으로 박해했던 것이다.

이것은 당연한 이치였다. 그러나 정부로서는 현존하는 종교의 허위를 폭로하고 참된 종교를 창조하는 것은 나뭇가지 위에 앉아 있는 사람이 자기 손으로 그 가지를 꺾는 것과 같은 뜻이 되기 때문이다.

그렇지만 정부가 이것을 하지 않는다 해도 사이비 종교의 기만으로부터 탈출하여 자기를 양성해준 국민에게 봉사하는 것을 염원으로 한다고 자칭하고 있는 학자들은 꼭 이것을 실행해 줄 것임에 틀림없다. 그런데 이 선생님들도 정부와 마찬가지로 이 중요한 일을 행하지 않는다. 왜냐하면 우선 첫째로, 그들은 정부에 의해서 보호를 받고 있으며, 그리고 그들의 신념에 의하면 자연히 소멸되고 말 그런 종류의 기만을 폭로함으로써 공연히 정부로부터 불쾌한 일이나 박해를 받을 필요가 없다고 생각하기 때문이다.

그리고 둘째로, 그들은 모든 종교를 시대에 뒤떨어진 미망으로 보고 있으며, 또 자기들에 의해서 타파되리라고 기대되고 있는 그 기만 대신에 제창될 만한 아무런 대용물도 가지고 있지 못하기 때문이다.

교회와 정부의 최면술에 사로잡힌 결과, 자기들에게 주입된 사이비 종교를 진실하고 유일한 종교로 생각하고 그 밖에는 어떤 종교도 없으며 또 있을 수도 없다고 생각하는 무지몽매한 대다수의 민중이 아직 뒤에 남아 있다.

이들 대중은 항상 부단히 작용하는 최면술의 강렬한 지배에 결박당해 있고, 성직자계급과 정부가 자기들을 결박하는 그러한 마취적인 상태 속에서 자손대대로 계승하여 생활하며 죽어간다.

그래서 이런 경지로부터 탈출할 수가 있다고 해도 그때에는 종교를 부정하는 학자들의 영향 아래로 달려가게 마련이고, 그리고 그들의 영향이나 감화도 역시 그들 스승의 영향 감화와 마찬가지로 무익하고도 유해로운 것이 되고 만다. 따라서 그것은 어떤 사람들에게는 불리하고, 또 다른 사람에게는 불가능한 것이 되는 것이다.

17

탈출할 수 있는 혈로가 전혀 없는 것처럼 보인다.

사실 비종교적인 사람들은 이러한 경지로부터 탈출할 수 있는 어떠한 혈로도 가지고 있지 못하며, 또 가질 수도 없다. 가장 높은 지배계급에 속하는 사람들은 비록 대중의 안녕과 행복을 위해 전념하는 듯 행동할지라도, 대중이 지금 그 속에 빠져 생활하고 있으며 또 자기에게 대중을 지배할 가능성을 부여하고 있는 그 마취와 노예화를 결코 진정한 마음으로 그만두려고 생각하지는 않을 것이다(그들은 세속의 목적에 좌우되는 결과 이것을 실행할 수가 없다).

이와 마찬가지로 노예화된 계급에 속하는 사람들도 역시 세속적인 여러 목적에 좌우되고 있기 때문에 사이비 종교의 폭로와 진정한 종교의 고창(高唱)에 대해서 높은 계급과 투쟁함으로써 지금도 고통스러운 자기들의 처지를 더욱더 곤란하게 하려고는 하지 않을 것이다. 전자에게 있어서도, 후자에게 있어서도 그런 것을 한다는 것은 사리에 맞지 않는 행동이다. 따라서 그들이 바보가 아닌 이상 절대로 그렇게 어수룩한 행동은 하지 않을 것이다.

그러나 종교적인 사람들, 비록 사회가 아무리 부패하고 타락해 있다 해도 인생 존재의 불가결한 요소인 종교의 성화를 언제나 목숨을 걸고 수호하는 사람들에게 있어서는 그렇지 않다. 이런 종류의 사람들이 나타나지 않은 것도 아니다. 이를테면 현재 우리 러시아에서와 같이 유형이며, 감옥이며 징벌부대 따위의 고문 속에 그처럼 빛나는 사람들이 학대받고 모욕당하면서 남모르게 고난의 생활을 보내고 있는 시대가 가끔 존재한다.

그렇지만 이러한 사람들이 존재한다는 것은 엄연한 사실로서 옳고 합리적인 인류의 생활은 이러한 사람들에 의해서 유지되고 있는 것이다. 그리고 비록 그 수효는 적을지라도 그와 같은 사람들만이 인간을 수십 겹씩 쇠사슬로 묶고 있는 이러한 순환논법적인 기만의 사회를 타파할 수 있는 것이고, 또 반드시 타파하고야 말 것이다. 그 사람들은 틀림없이 그것을 감행해 낼 수 있을 것이다. 왜냐하면 세속적인 사람들에게 있어서 현행 사회조직에 반대하고 방해가 되고 모든 불이익과 위험이, 종교적인 인간에게는 아무 장애도

되지 않을 뿐더러 오히려 허위와 기만과의 투쟁 속에서 그리고 그가 신의 진리로 생각하는 것의 언행 양면에서의 실천 속에서 그의 열의를 더욱 강화시켜 주기 때문이다.

만일 이러한 사람이 지배계급에 소속된다면 그는 자기 지위의 이익 때문에 진리를 감추려고도 하지 않을 뿐더러, 오히려 반대로 그러한 이익을 무시하고 자기의 정신력이 자라는 한, 그런 종류의 이익으로부터 자신의 탈각과 진리의 고창을 위해 전력을 다 할 것이다. 왜냐하면 그러한 사람들은 신에 대한 봉사 외에 달리 목적을 가지지 않기 때문이다.

그리고 또 그러한 인물이 피지배 계급에 소속했을 때에도 역시 앞의 경우와 같아서 그도 역시 자기와 동일한 경우에 처해 있는 사람들에게 공통 보편적인 자기의 육체적 생활을 개선하고 싶다는 욕망을 부정해버린 결과, 허위와 기만의 폭로와 그리고 진리의 고창에 의해서 신의 의지를 실행하는 것 이외에는 아무런 목적도 가지게 되지 않고, 어떠한 고통도 어떠한 위협도 자기 생활에서 본인이 인정하고 있는 그 유일한 의의와 합치되게 자기 생활을 일관해 나갈 것이다.

그렇다. 전자도 후자도 그런 행위로 일관해 나갈 것이 분명하다. 이것은 마치 세속적인 인간이 재물을 획득하기 위해서, 혹은 또 자기에게 이익을 가져다 주리라고 기대되는 지배자에게 잘 보이기 위해서 부자유를 참으며 고생하고 있는 것과 같은 것으로 아주 자연스러운 현상인 것이다.

종교적인 인간은 모두 이러한 행위로 일관한다. 왜냐하면 종교에 의해서 내적 개안을 얻은 인간의 영혼은 이미 비종교적인 사람들처럼 이 세상의 생활에만 일관하지 않고 영원하고도 무한한 생활에 철저하게 되는 것이다.

실로 이러한 인물에게는, 마치 논밭을 경작하는 농부에게 있어서 손바닥에 못이 박이거나 발이 휘청거리도록 지쳐버리는 것이 보잘것없는 사소한 일인 것과 마찬가지로, 그러한 생활의 파악을 위해서는 이 세상의 온갖 고난은 물론이고 자기 목숨을 버리는 것까지도 아무것도 아닌 것이다.

보라, 앞으로 반드시 이런 종류의 사람들이 현재 사람들을 수십 겹의 쇠사슬로 묶고 있는 최면술적인 허위의 사회를 타도할 것임에 틀림없다. 아무리 그 수가 적을지라도, 아무리 사회적인 지위가 낮을지라도, 그리고 그의 교양 내지 지력이 아무리 빈약하다 할지라도 반드시 이 사람들은 불길이 마른 초원을 태우듯 전세계를 화염으로 감싸고 기나긴 무종교 생활 탓에 완전히 고갈된 채 갱신을 갈망하는 모든 사람의 마음속에 골고루 각성의 불길을 나누어 주기에 이를 것이다.

종교란 옛날에 있었던 것처럼 생각되는 초자연적 현상이나 일정한 기도 및 의식의 필요성 등에 대하여 영원 부동하게 정해진 신앙이 아니다. 또 학자들이 생각하는 것처럼 이미 현재에 있어선 아무 의미도 없고 인생에 대해서 아무런 작용도 가지지 않는 옛날의 무지몽매한 미신의 유물도 아니다.

종교란 이성 및 당대의 여러 지식과 꼭 합치되게 수립되어진 영원의 생명, 즉 신(神)에 대한 인간관계 그 자체에 지나지 않고, 그리고 신에 대한 이러한 관계의 설정만이 인류에게 사명지워진 참된 목적을 향해서 인류를 전진시킬 수 있는 것이다.

'사람의 마음은 신의 불을 켜는 촛대이다'

헤브라이의 속담은 이렇게 말한다. 그렇다, 마음속에 신의 불이 타지 않는 한, 인간은 불행한 동물에 지나지 않는다. 그러나 일단 이 불이 타기 시작하는 그날에는(이 불은 종교에 의해서 내적 개안을 얻은 마음속에서만 불타는 것이다) 인간은 이 세상에서 가장 강한 존재로 된다. 그리고 이것은 그렇게 되는 것이 당연하다. 왜냐하면 이럴 경우에 인간의 내부에서 행동하는 것은 본인의 힘이 아니고, 신의 힘이기 때문이다. 그렇다, 이것이야말로 참된 종교이고, 또 진수이다.

초록 지팡이

만약 어떤 사람이 과거의 일을 몽땅 잊어버릴 정도로 오랫동안 잠을 잔 끝에 눈을 떠보니, 자신이 지금까지 본 적도 없는 새로운 장소에 있고, 그곳에는 자기 같은 인간과 동물들이 끊임없이 바쁘게 움직이며 돌아다니고 뛰어다니고 있더라고 치자. 그 사람은 다른 어떤 것보다도 대체 누가 무엇 때문에 자신을 이 새롭고 이상한 곳에 데려다 놓았는지, 자신은 여기서 무엇을 해야 하는지, 자기 속에 느끼는 힘과 행동하고자 하는 욕구를 어떻게 사용해야 하는지 알려고 애를 쓸 것이다. 그것에 대한 대답이야말로 종교라 불리는 것이 해야 할 일이다. 그 대답 없이는 가슴이 있는 인간으로서 이 세상에서 선한 삶을 보낼 수가 없다.

누가 나를 이런 이상한 곳으로 데려왔을까?

그것은 모르거니와 알 도리도 없지만, 그 누군가가 있다는 것, 그런 누군가가 나를 이 세상으로 데려왔다는 것은 안다. 그것은 틀림없이 알고 있다. 왜냐하면 나의 뜻으로 이 세상에 나온 것이 아니며, 그런 것을 한 번도 바란 적도 없고, 바랄 수도 없었기 때문인데다 이 세상에 나오기 전에는 나는 없었던 것 같고, 적어도 그 이전에 내가 있었던 것 따위가 전혀 기억에 없기 때문이다. 또 진정한 의미의 나는 언제 시작되었느냐고 묻는다면 그 대답은 한층 불만스러울 것이다. 사람들은 나에게 너는 몇 년인가 전에 어머니의 태내에서 태어났다고 한다. 하지만 어머니의 태내에서 태어난 것은 나의 육체이며, 그 육체는 대단히 오랫동안 나의 존재를 몰랐고, 지금도 모르며, 결국엔 갑자기, 어쩌면 내일이라도 흙에 묻혀 흙으로 돌아가리라.

내가 나로서 의식하는 것은 육체와 동시에 나타난 것이 아니다. 이 나는 어머니의 태내에서 시작된 것도, 거기서 나와서 탯줄이 끊긴 때에 시작된 것도 아니며, 젖을 뗀 때, 혹은 말을 하기 시작한 때에 시작된 것도 아니다.

나는 내가 언젠가 시작되었다는 것을 알고 있으며, 나는 항상 존재하고 있었음을 안다. 그렇기 때문에 나를 아무리 가까이에, 혹은 제아무리 멀리서 찾는다 해도 시간 속에서 그것을 발견하는 것은 불가능하다. 말하자면 나는 어느 순간에 나타난 것이 아니라 늘 존재하고 있거니와, 단지 이전 생활을 잊고 있는 것이다.

때문에 나란 무엇인가 하는 것을 결정적인 형태로 말할 수는 없다. 다만, 나와 나의 육체는 동일하지 않음을 알 따름이다.

두 번째 문제는 철이 든 내가 '나를 그 속에 있다고 의식하는' 이 세계란 대체 무엇인가 하는 점이다.

이 세계는 나의 가족, 나의 집이 아니며, 에르미린가(家)나 야스나야 폴라냐의 똘스또이가의 가족이나 집도 아니고, 바바리아의 바벨가, 중국의 시골, 혹은 베이징의 후엔한가(家)의 가문이나 집도 아니며, 샴, 아이슬랜드, 마다가스카르 등등, 지구라는 행성 위의 내가 알거나 모르는 여러 장소에 사는 사람들로 이루어진 거대한 세계이다. 그리고 이 세계는 현재 지구에 살고 있다는 15억 명만으로 구성된 것이 아니며, 내가 알지 못하는 몇천 몇만 년이나 전부터 살았던 몇십, 몇백 억의 사람들과 앞으로 태어날 사람, 자랄 사람, 나의 뼈 따위 흔적도 없어질 정도로 먼, 아주 먼 미래에 살게 될 사람들로 구성되어 있다. 그들 모든 사람들 외에 현미경으로나 볼 만한 갑충에서 코끼리, 하마 등에 이르는 각종 다양하고 무수한 동물, 식물과 무기물, 그것도 단지 지구를 둘러싼 무한의 공간에서, 시작도 끝도 없는 무한의 시간에서, 내가 나타난 세계, 내가 철이 든 뒤에 본 세계를 그것들이 구성하고 있다.

이처럼 시간적으로나 공간적으로 모든 측면에서 무한한 세계에서 나는 겨우 어제, 혹은 우리의 계산법으로 10년, 20년, 30년, 40년, 50년 전에 태어났다고 한다.

나의 출현 계기는 아버지와 어머니의 결혼이지만, 사람들의 말에 따르면 나는 최초엔 태아였고, 그 다음 갓난아기가 되고, 그 뒤에 어린이가 되고, 청년이 되고, 이어 어른이 된 것이라고 한다. 나라고 의식하는 이 내가 대체 언제 나타났는지는 말할 수 없다. 나에게는 내가 늘 존재해 있었던 듯한 느낌이 든다. 언제 내가 없어질지 그것도 역시 알 수 없다. 사람들을 바라보고, 사람들에게 무슨 일이 일어나는지를 바라보고 있으면, 나는 70년 뒤, 80년 뒤에는 틀림없이 죽으리라는 사실, 날마다 매 시간마다 죽음에 가까워지고 있다는 것, 언제 어느 때에 죽을지도 모른다는 것을 안다. 그러나 그것을 알고 있음에도 불구하고, 그 현상이 모든 사람에게 일어나고 있음을 봄에도 불구하고, 나는 내가 죽는다는 것, 내가 존재하지 않게 된다는 것을 믿을 수가 없다.

그러나 그렇다고 한다면 나는 늘 이 세상에 있었던 것이 아닌 게 된다. 왜 나는 이 세상에 나타났을까? 이 세상에서 무엇을 해야만 하는가?

이 보잘것없는 육체와 덧없는 수명을 부여받은 나는 공간적으로나 시간적으로 무한한 이 세계에서 무엇을 해야 좋을 것인가?

아직 이성(理性)이 생겨나지 않아서 동물적인 생활을 하는 사람인 경우, 이 물음에 대한 가장 일반적인 대답은 나는 먹기 위해, 마시기 위해, 자기 위해, 놀기 위해, 요컨대 생명이 부여해주는 육체적 향락을 누리기 위해 살고 있다는 것이다. 그러나 그 사람이 잠깐 자기 주변을 돌아보고, 자신을 몹시 기다리고 있는 것에 생각이 미치기만 한다면, 생명의 사명이 육체적 행복일 수 없다는 것을 확신하리라. 왜냐하면 투쟁과 온갖 종류의 불행과 병, 도저히 벗어나지 못할 죽음으로 운명 지워져 있는 자에게 그런 행복은 있을 수 없기 때문이다. 불가피하게 쇠약과 노화와 죽음으로 나아가는 삶 속에 과연 어떤 행복이 있을 수 있으랴? 그렇기 때문에 향락도, 자신의 여러 능력의 완성도, 대사업의 달성도, 사회복지를 위한 협력조차도 인생의 사명일 수는 없다.

만약 시간적으로 공간적으로 무한한 세계도 없고, 죽음이란 것도 없다면 그럴지도 모르지만, 시간적 공간적으로 무한한 세계 속에서 내 생명의 유한성과 짧음을 생각하면, 그런 인간적 영위에는 아무런 의미도 있을 수 없다. 나의 모든 행위가 무한한 세계에서 눈에 보이지 않을 정도의 작은 점에 지나지 않으며, 생명 그 자체가 2개의 영원 사이에 끼워진 한 순간에 지나지 않을 때, 무슨 까닭으로 생명을 더 낫게 만드는 데 애를 쓸 것인가? 게다가 사람들의 생활개선을 위한 노력으로 보더라도 나는 틀림없이 죽으며, 더 나은 생활을 볼 수도, 사람들을 위해서 했던 행위에 대한 감사를 볼 수도 없을 텐데, 대체 무슨 이유로 그런 것을 해야만 할 것인가? 또 내가 선을 베푼 사람들도 마침내는 흔적도 없이 사라질 것인데 말이다.

그런 연유로 앞서 말한 문제를 진지하게 묻고, 진지하게 대답한다면 그 대답은 다음과 같을 것이다.

첫째, 나는 대체 누구인가? 이 물음에 대한 대답은 왠지 최근 존재하기 시작했으며, 일시적이고 죽어 가는 자, 일찍 죽어 사라지고 없는 자, 그런데도 의심의 여지없이 존재하는 자, 그것 없이는 모든 것이 존재하지 않을 것 같은 것이다. 즉 나는 내가 누구인지를 모르지만, 동시에 그것은 내가 의심할 여지 없이 잘 아는 사람이라는 것이 된다.

두 번째로 그 속에 있는 나를 느끼는 세계란 무엇인가? 이 물음에 대한 대답은 뭔가 시간적으로나 공간적으로 무한하며 무의미한 것, 시간적으로는 언젠가 시작되고 언젠가 끝날 것이지만, 그런데도 결코 시작되는 일도 없고 끝나는 일도 없으며, 공간적으로 역시 어딘가에서 끝나지 않으면 안 되겠지만, 결코 끝나는 일이 없는 것이라는 점이다. 요약하면 뭔가 무의미한 것, 혹은 내가 이해할 수 없는 것이며, 결국은 나는 세계란 무엇인가를 전혀 모르긴 하지만, 그래도 역시 세계로 둘러싸여 세계 속에 살며, 그 속에서 행동하지 않으면 안 될 것 같은 곳이 된다. 그것이 두 번째 물음의 답이다.

세 번째로 나는 무엇을 해야 하는가라는 물음의 답은 내가 나라고 생각하는 것, 이 세계에 나타나 이 세계에서 모습을 감출 자의 행복을 위해 하고 싶어하는 것, 그것은 모두 쓸데없으며 아무런 의미가 없다는 점이다. 그러나 결코 시작된 적도 없이 늘 존재하며, 외적으로 연결되어 있는 나의 육체와는 별개의 어떤 자, 그런 존재자를 위해서는 어느 것 하나도 필요하지 않다. 그 때문에 생명은 나를 위해서는, 즉 내가 나의 나라고 생각하는 것을 위해서는 아무런 의미도 없으며, 또 있을 수 없고, 내가 사는 그 세계에서도 마찬가지이다. 나로서는 나를 위해서든 세계를 위해서든 아무것도 할 필요가 없으며, 무엇 하나도 유익한 것은 할 수 없는 것이다.

우리가 제각기 황제라든가, 노동자, 재판관, 공장주, 교수, 학자, 예술가, 가족의 일원이라든가 하는 신분을 잊고 오직 한 가지, 바로 나는 얼마 전에 이 이해할 수 없는 세계에 나타났다가 마침내는 그곳에서 소실될 인간이라는 것만을 생각한다면, 나의 생명에 아무런 이성적 목적이 없으며, 아무것도 할 필요가 없다는 사실을 깨닫게 된다. 모든 것은 헛되며, 쓸데없다. 즉, 무엇을 해도 무의미하기만 할 뿐이지만, 살아 있는 한 역시 뭔가를 하지 않으면 안 된다. 마치 평생 마차 바퀴에 매인 말의 행동 같은 것이다. 말은 걷지 않을 수 없으며, 걸음으로써 바퀴를 움직이지 않을 수 없다. 인간도 뭔가를 하지 않을 수 없으며, 그로써 전 세계의 움직임에 참가하지 않을 수 없다. 그렇기 때문에 인간으로서 나에게, 전 세계에서 나의 일생은 무의미함에도 불구하고 아무리 발버둥을 쳐봤자 역시 행동하지 않을 수 없다. 어떤 힘이 나를 그런 처지에 놓았기 때문에 나를 위해서나 세계를 위해서가 아니라, 뭔가 내가 이해하지 못하는 것을 위해 행동하지 않으면 안 된다. 그런 의식 속에 참된 종교의 본질이 있다.

2

그러면 신의 뜻을 존중하는 것이란 무엇인가? 신은 모세를 통해, 혹은 그리스도를 통해, 부처를 통해 자기의 모습을 나타냈다고 가르친다. 그러나 그것은 올바르지 않다. 그것은 때로는 미혹이었고 때로는 기만이기도 했으나, 어쨌든 옳지 않다.

신은 어디서나 한 개인 혹은 사람들의 집단에게 한번에 자기의 뜻이나 계율을 계시하지 않는다. 신은 언제나 그를 찾는 모든 사람들에게 모습을 나타낸다. 신은 한 사람 한 사람의 마음속에 모습을 나타내는 것이다. 누구나 자기 안에 신을 느끼고, 육체는 아니지만 육체에 깃든 생명의 근원, 바로 무게도 없고 길이도 없고, 색도 맛도 냄새도 없으며, 결코 시작도 않고 끝나지도 않는 생명의 근원을 느끼고 있다. 인간에게 깃든 이 생명의 근원은 육체에 의해 제한되어 있으며 전체의 일부에 불과하다. 그러나 그 일부에 의해 사람은 모든 것을 알 수 있다. 그 모든 것이 신이다. 사람은 자기 속에 그 모든 것의 일부를 느끼며, 그렇기 때문에 신을 알고, 또 알지 못할 수가 없다.

신을 안다 함은 그 계율을 아는 것이다. 신의 계율은 책 같은 것에 씌어 있지 않으며 생명 그 자체에, 인간의 운명에 씌어 있다. 사람들은 자기들은 신의 계율 따윈 모른다고 생각하거나 그에 대해 잘못된 지식을 갖거나 하지만(어떤 사람들은 이쪽 것을, 어떤 사람들은 다른 것을 신의 계율이라 여기거나 하면서), 그것은 단지 그들이 눈을 감고 자기가 처한 입장을 보려 하지 않거나, 실제와는 다른 모습으로 보고 싶어하기 때문이다. 만약 어떤 사람이 기차역에 와서 기차가 멈추는 것을 보고, 그 안으로 들어가 그것을 집이라 여기고 그곳에서 살기 위해 가재도구를 갖고 들어갔는데, 기차가 다음 역으로 출발하게 되어 가재도구를 모조리 갖고 나가라는 말을 들었을 때, 그는 틀림없이 놀라거나 슬퍼할 것이다. 그 사람은 기차가 주택이 아니라 여행 수단에 지나지 않는다는 것, 여행을 위해서는 그 조건을 지켜야만 한다는 것, 즉 표를 사고, 철도의 승객으로서 규칙을 지키지 않으면 안 된다는 것을 알아야만 했다. 그러나 대다수의 사람들이 그런 식으로 자기 인생의 입장을 잘못 이해하거나, 전혀 이해하지 못하고 있다. 요컨대 모든 것은 자기 입장에 대한 몰이해 때문이다.

복음서에 포도 정원사들의 예화가 있는데, 그에 따르면 한 명의 주인이 포도원을 만들고 거기에 담을 둘러치고, 그 안에 우물을 파고, 탑을 세우고, 그것을 정원사들에게 관리하게 하고는 그 수확을 자기에게 가져오라고 명령했다. 그러나 정원사들은 포도원을 맡자 그 포도원은 자기들의 것이라고 생각하고는 주인이 수확한 포도를 가져오라고 보낸 심부름꾼을 내쫓거나 죽이거나 했다. 그것을 안 주인은 정원사들을 쫓아냈다. 정원사들이 자기들의 위치를 몰랐기 때문에 망했다는 이야기이다.

신과 인간의 입장도 마찬가지다. 다른 사람이 아니라 그들 자신이 스스로를 망하게 한 것이다. 다만 인생에서 자기 입장을 분명하게 이해하는 사람들에게 신은 계율을 계시해 준다. 인간은 신을 모른다고 말할 수는 있어도 신의 계율을 모른다고 말하지는 못한다. 왜냐하면 신의 계율은 존재하는 모든 이들의 생활과 마찬가지로 그의 생활을 지도하고 있으며, 사람은 비록 자기의 지능으로 계율을 알 수 없더라도 그것을 느끼지 않을 수 없기 때문이다.

3

모든 사람들이 사랑과 화합 속에 아프지도 않고, 고통도 없으며, 죽지도 않고 기쁘게 살아가기를 바라는데도, 실상은 모두 분열과 적대관계 속에서 살며, 병을 앓고 괴로워하거나 죽거나 한다. 대체 무엇 때문인가? 어째서 신은 사람들이 선을 바라면서도 끊임없이 고통스러워하도록 창조하셨단 말인가? 참으로 어째서인가?

그리스도의 가르침이 이에 답을 준다. 그리스도는 사람들이 목자 없는 양들처럼 지치고 뿔뿔이 흩어져 있는 것이 불쌍하다면서 그들을 자기 곁으로 불러 모두에게 행복을 약속했다. 그는 말한다.

'수고하며 무거운 짐을 진 사람은 모두 내게로 오너라. 내가 너희를 쉬게 하겠다. 나는 마음이 온유하고 겸손하니 내 멍에를 메고 내게 배워라. 그러면 너희는 마음에 쉼을 얻을 것이다. 내 멍에는 편하고, 내 짐은 가볍다.'

그리스도는 사람들을 향해 그들의 불행은 모두 자기 입장을 이해하지 못하고, 자기에 대한 잘못된 관념을 가진 채 자기들이 대체 누구인지를 잊고 있기 때문인데, 만약 자기들의 입장을 이해하고 명심한다면, 그들의 삶은 고통이 아니라 기쁨이 되리라고 말하고 있다. 그것은 복음서 가운데 여러 번 나오는데, 특히 포도원 정원사들의 예화에는 분명히 나와 있다. 주인이 포도를 심고 모든 것을 정비한 다음, (포도원은 세상이요, 주인은 신이다) 포도농원을 정원사들에게 맡겨 그들이 거기서 일하고 수확을 자기에게로 가져오도록 명령했다. 그런데도 정원사들은 그 포도원이 애당초 자기들의 것이 아님을 망각하고, 또 주인에게 약속한 것을 바쳐야 자기들도 수확의 기쁨을 맛볼 수 있음을 잊었다. 그래서 주인이 포도원의 수확물을 요구하자 정원사들은 그것을 내놓지 않고 주인의 심부름꾼을 내쫓았던 것이다. 그래서 이번엔 주인이 그들을 내쫓아 그들은 불행에 빠지고 말았다.

그와 같이 사람들도 생명이 자기의 것이며, 생명을 그들에게 준 신을 섬기지 않고 멋대로 생명을 써도 된다고 생각하면 불행에 빠지는 것이다.

하느님이 주시는 재능도 생명과 마찬가지로 그것으로 일하도록 주어졌다. 일하지 않는 자는 주인이 원하는 것을 모두 잃게 되며, 신을 위해 일하는 자는 차츰 많은 것을 받게 된다.

마찬가지 일이 주인이 자기 집에 남겨놓은 관리인의 예화 속에도 있다. 관리인은 주인 집을 배려하지 않고 노는 데 정신이 팔려 주인의 재산을 다 써버렸다. 그래서 주인은 그를 벌하고 내쫓아버렸다.

이들 예화는 인간은 자기의 신분에 관해 잘못된 생각을 가져서는 안 된다고 말하고 있다. 들판에서 돌아온 종의 예화에는 이 세상 사람이 자신을 어떤 사람으로 이해해야 하는가에 대해 말하고 있다.

'너희 가운데 누구에게 밭을 갈거나 양을 치는 종이 있다고 하자. 그 종이들에서 돌아올 때에 '어서 와서 식탁에 앉아라' 하고 그에게 말할 사람이 어디에 있겠느냐? 오히려 그에게 말하기를 '너는 내가 먹을 것을 준비하여라. 내가 먹고 마시는 동안에는 너는 허리를 동이고 시중을 들어라. 그런 다음에야, 먹고 마셔라' 하지 않겠느냐? 그 종이 명령한 대로 했다고 해서 주인이 종에게 고마워하겠느냐? 이와 같이 너희도 명령을 받은 대로 다 하고 나서 "우리는 쓸모 없는 종입니다. 우리는 마땅히 해야 할 일을 했을 뿐입니다" 하여라.'(누가복음 17장 7∼10절 참조.)

그리스도의 가르침은 요컨대 인간은 하느님과 자기와의 관계를 이해해야만 한다는 것이다. 만약 사람이 그것을 이해하지 못한다면, 무엇을 하든 어떤 행복을 구하든, 고용된 자로서의 조건을 다하지 않은 하인이 행복해질 수 없는 것처럼 행복해질 수 없다.

사람이 자기의 처지를 이해했을 때, 내 생명의 주인이 자신이 아니라 자기는 신의 종이고 자식이며, 따라서 신에게 책임을 다해야만 한다고 깨달았을 때, 비로소 그의 삶은 선한 것이 되리라.

그와 똑같은 것이 복음서에 '하느님의 나라와 그 의를 구하라(즉, 하느님이 바라시는 것을 구하라), 그리하면 이 모든 것을 너희에게 더하여 주실 것이다'(즉 행복을 위해 필요한 것을 모두 받게 되리라)는 말 속에 나와 있다.

사람이 자기에게 가능한 행복을 얻기 위해서는 자신을 속이지 말고 자기의 위치를 이해하지 않으면 안 된다.

그러면 이 세상에서 인간의 진정한 입장은 무엇이며, 인간을 불행하게 하는 기만은 어디에 있는가?

그 기만은 사람들이 죽음을 잊을 때, 즉 자기들이 이 세상에서 영원토록 사는 것이 아니라 이 세상을 지나가는 것임을 잊을 때 생겨난다. 아이들은 그 속임수 가운데 있으며, 때때로 어른들도 그러하다. 어른들도 곧잘 노년에 이를 때까지 죽음을 생각하지 않고, 죽음 따윈 없기라도 한 것처럼 영원히 산다고 굳게 믿는 것처럼 살아가고 있다. 그처럼 사람들은 죽음의 순간에 비로소 자기의 처지를 이해하고, 자기 삶의 고칠 수 없는 과오를 인정하고 경악하지만 이미 때는 늦다. 이 기만에 관해서는 누가복음의 12장 16∼20절에 다음과 같이 씌어 있다.

'그리고 그들에게 비유를 하나 말씀하셨다. '어떤 부자가 밭에서 많은 소출을 거두었다. 그래서 그는 속으로 '내 소출을 쌓아 둘 곳이 없으니 어떻게 할까?' 하고 궁리하였다. 그는 혼자 말하였다. '이렇게 해야겠다. 내 곳간을 헐고 더 크게 짓고, 내 곡식과 물건들 다 거기에다가 쌓아 두겠다. 그리고 내 영혼에게 말하겠다. 영혼아, 여러 해 동안 쓸 많은 물건을 쌓아 두었으니, 너는 마음을 놓고 먹고 마시고 즐겨라.' 그러나 하느님께서 그에게 말씀하셨다. '어리석은 사람아, 오늘 밤에 네 영혼을 네게서 도로 찾을 것이다. 그러면 네가 장만한 것들이 누구의 것이 되겠느냐?'"

동물은 죽음을 생각하지 않고 살 수도 있겠지만, 인간에게는 이성이 있기 때문에 그렇게 살지는 못한다. 만약 인간에게 앞으로 먹고 살아야만 하니까 밀을 수확하고 곳간을 지을 만큼의 선견지명이 있다면, 나아가서 노년에는 죽음이 기다리고 있다는 것, 노년이 되지 않더라도 언제 어느 때에 죽음이 찾아올지 모른다는 것도 분명 내다볼 것이다.

죽음을 생각하는 사람은 이미 자신의 개인적 행복을 위해서 살지 못한다. 언젠가는 죽을 몸임을 잊지 않는 사람이 자기 삶에서 찾을 수 있는 오직 한 가지 의의는, 그가 독립된 존재가 아니라 신의 뜻에 따르는 도구라는 사실이다. 나는 신의 뜻에 따라서 무한의 시간과 공간으로 이루어진 이 세상에 태어나 아주 잠깐 머문 뒤에 영원히 사라지지 않으면 안 된다. 만약 그렇다면 나의 삶을 구축하기 위해 사는 것이 어리석다는 것은 분명하며, 목적한 바가 있어 나를 이 세상에 보내신 분의 뜻을 존중하는 것, 그것에만 의의가 있다는 것도 자명하다.

그러면 그 목적이란 무엇인가? 그 궁극적 목적을 나는 알지 못하거니와 알 수도 없다. 왜냐하면 그것은 무한 속에 모습을 감추고 있기 때문이다. 그러나 나는 그 목적 달성을 위한 방법을 안다. 그 달성 방법이란 내 생명의 본질을 이루는 행복을 지향하는 나 자신만의 행복이 아니라 전 세계의 행복을 지향하는 것이다. 내가 아는 목적은 전 세계의 행복이며, 나의 행복을 지향한 정진은 곧 우리 세계를 위해 무엇을 해야 하는가 하는 지표(指標)와 같은 것이다.

그러므로 세상에서 인간의 입장을 명료하게 이해하는 것만이 그에게 신과 신의 계율에 대한 참된 신앙을 계시해 준다고 해야 할 것이다. 그리고 이러한 자기 입장에 대한 인식에서 신의 뜻에 대한 순종과 모든 사람 평등의 인식, 그리고 모든 사람에 대한 사랑과 봉사, 내가 바라는 대로 남에게도 베풀라는 인생의 근본적 계율이 생겨난다.

자기 입장의 올바른 인식에서 생겨나는 신의 계율은 모두 신의 뜻에 대한 순종과 이웃에 대한 사랑과 봉사 속에 있다. 거기에야말로 모든 신앙의 기반이 있다. 그러나 그것은 인생의 여러 경우에 적용하기 위해, 정해져 있고 기타 필요한 종교적 규칙 등이 있을 수 없다는 의미가 아니다. 그런 규칙은 바라몬의 성전에도, 불교 경전에도, 고대 유대의 성전에도, 복음서에도, 그 뒤의 도덕적인 종교 속에도 있다. 모세의 십계만 해도 비록 그 전부는 아니더라도 살인하지 마라, 간음하지 마라 등이 그렇거니와, 마누 법전의 거짓말하지 마라, 음주에 빠지지 마라는 것도 그렇고, 불교의 살아 있는 것을 불쌍히 여기라는 계율도 그렇다. 또한 생활 전반에 걸친 그리스도의 위대한 다섯 계율, (1)노여워 마라 (2)간음하지 마라 (3)맹세하지 마라 (4)폭력을 삼가라 (5)원수를 사랑하라는 것도 그러하다.

신의 뜻에 대한 복종과 이웃 사랑이라는 근본적인 계율에서 생겨나는 여러 응용 규칙은 다양한 상황에 따라 끊임없이 증가한다. 자기의 처지를 이해하고, 그 입장에서 생겨나는 근본적인 계율을 깨달은 자는 종교적 도덕적 진리를 향한 열쇠를 가진 것이며, 그 근본으로부터 직접 자기 생활에 필요한 규칙, 계율을 이끌어 낼 수 있다.

요컨대 모든 것은 '나를 속이지 말라는 것, 세계에서 자신의 입장을 아는 것'에 달려 있다. 그 입장을 알기만 한다면, 이해하기만 한다면, 나의 행복을 위해 사는 것이 아니라 생명은 신이 신께 봉사하라고 주신 것임을 알게 된다. 또 나는 신의 사용인이자 노예, 도구임과 동시에 신의 자식이라고 생각하기만 한다면, 그때 비로소 인생은 무의미해지지 않고, 괴롭지도 않게 되며 자신도 행복해진다. 모든 것은 그러한 자신의 입장 인식에 있다. 그 인식에서, 그리고 신의 뜻을 순종함에서 모든 사람에 대한 평등과 동포라는 인식, 이웃을 향한 사랑과 봉사, 그리고 서로 돕는 가운데 기쁨이 생겨난다.

사람들이 자기들의 생명의 의미가 신에 대한 봉사에 있음을 깨닫기만 한다면, 현재 삶에 존재하는 무서운 불행과 고뇌 대신에 신의 나라가 재림하는 기쁨과 행복이 생겨나리라. 그러려면 단지 그 미혹에서 깨어나 자신의 참된 처지를 이해하기만 하면 된다.

형제자매들이여, 자신의 목숨을 위해(그보다 소중한 것은 아무것도 없으므로) 부디 당신의 입장을 생각했으면 한다. 잠깐 멈춰 서서 당신은 대체 무엇인지, 어디에 있는지, 그리고 무엇이 당신을 기다리고 있는지 생각하기 바란다. 우리가 아는 생명은 단 하나이다. 하나뿐인 그 생명을 망쳐서야 되겠는가? 언뜻 우리에게 소중한 것처럼 보이는 육체적 만족이나 기쁨, 부(富), 조국, 의식이나 명예 등은 신의 뜻을 존중하고 따르는 인생의 중요하고 진실한 사명에 비한다면, 아무것도 아님을 깨닫기 바란다. 누가 명령해서가 아니라 당신과 전 세계의 행복이 바로 그곳에 있으므로 당신의 삶을 바꾸기 바란다.

그리고 당신에게 '그런 것은 불가능하다. 사람들의 성품은 개선의 여지가 없다. 왜냐하면 완전히 타락해버렸기 때문'이라고 하는 사람들을 믿지 말며, 나아가서는 '그런 것은 불가능하다. 사람들이 변하거나 자기들의 삶을 개선하거나 하는 것은 자기들이 연구하는 역사학적, 사회학적 법칙에 의할 뿐'이라고 말하는, 한층 질 나쁜 기만자들을 믿지 않았으면 한다. 그 어느 쪽도 믿지 말고 생명의 힘, 이성의 힘을 다해 살기 바란다. 그 밖의 것은 모조리 신께 맡길 것을 원한다.

나는 다른 사람들과 마찬가지로 엉터리에다 어리석은 삶을 보내고 있었다. 그러나 그 뒤로 30년쯤 전에 나에게 진리가 계시되었고, 그 이후로 나의 삶은 그 전과는 달리 고요하고 행복하고, 기쁘게 되었으며, 죽음이 다가옴에 따라 점점 좋아지고 있다.

부디 여러분도 그리될 것임을 믿기 바란다. 그렇게 되지 않을 리가 없다. 왜냐하면 삶의 계율에 반하고, 신의 계율에 반하여 사는 것은 힘들고 괴롭기만 하기 때문이다. 그 계율에 합치된 삶은 신이 그것을 바라시는 것과 마찬가지로 죽음에 이를 때까지 끊일 줄 모르는 기쁨이며, 죽음 그 자체 속에도 기쁨이 있다. 죽음이 두려운 것은 신을 믿지 않거나 잘못된 신을 믿기 때문이다. 신을 믿고 그 인자함을 믿는 자, 그리고 신의 계율에 복종하여 살아가는 사람, 신의 인자함을 경험한 사람, 그런 사람에게 죽음은 신이 정해주신 일정의 상태(행복하다는 것이 판명된 상태)이므로 미지이기는 해도 신이 정하신 것이고, 역시 행복할 것이 분명한 상태로 옮겨가는 것이다.

1905년

인생의 스승, 똘스또이가 삶에 던지는 빛

똘스또이에게는 넓은 시야와 생활 구석구석을 샅샅이 식별하는 놀랍도록 풍부한 감수성이 있었다. 그는 러시아의 생활을 사랑하고 러시아 사람들, 특히 농민과 아이들을 사랑하였다. 그러나 풍요로운 그의 정신은 한편으로는 늘 인생의 진리를 찾아 헤매었다. 그는 시대의 풍조에 반발하고 모든 권위와 권력에 반발하면서 절대적인 자유와 참된 창조성, 그리고 삶의 진정한 가치를 구하고자 노력하였다. 그리하여 마침내 그가 찾아낸 인간으로서의 자유와 창조성, 또 삶의 의미는 도대체 어떤 것일까?

우리의 인생을 올바르게 이끌어줄 똘스또이 스승이 던지는 진지하고 깊이 있는 물음들, 그의 철학적 산문들은 오늘날을 살아가는 사람들에게 과연 어떠한 기쁨을 안겨줄 것인가?

《인생의 길》

지금도 내게 변함없이 참신한 시사와 교훈과 반성을 불러일으키는 이 책. 똘스또이가 깊은 애착을 느껴 죽음의 문턱에 이르러서도 교정쇄를 놓지 않았다는 이 책을 여러분에게 소개할 수 있어 깊은 감회를 갖는다. 피 비린내 나는 테러가 끊이지 않는 오늘날, 더욱이 최근에는 러시아 북오세티야공화국 베슬란의 초등학교 인질극에서 1천여 명의 어린 사상자가 희생되는 일도 있었다. 인간의 갈등이 좀처럼 해소되지 않는 오늘날에 우리는 삶이 무엇인지 되돌아보며, 다시 한 번 똘스또이의 깊은 사상을 펼쳐봐야 하지 않을까?

《나의 참회》 이후 똘스또이가 마지막 순간까지 소리 높여 외쳤던 '다투지 마라' '살인하지 마라' '전쟁하지 마라' 등 이 계율들이야말로 지금 우리들 가슴에 다시금 아로새겨야 할 뜨거운 울림이다.

전 세계 사람들이 똘스또이의 염원대로 진실로 각성하여 '철포나 대포를 녹여서 다시 생활도구를 만들어낼' 그런 날들이 하루라도 빨리 찾아오길 고

대한다.

《어떻게 살 것인가》

'인생론'으로 알려진 이 글은 1886년 말부터 87년 8월까지 똘스또이가 집필한 인생철학 산문으로 그의 사상을 이해하기 위한 중요한 저작 가운데 하나이다. 이 글이 나오게 된 경위는 책의 내용을 이해하는 데 커다란 도움을 주기 때문에 간단히 그 저술 배경을 소개하겠다.

1886년 여름, 58세의 똘스또이는 가난한 이웃을 위하여 건초를 직접 날라 주다가 짐마차에 한쪽 다리를 심하게 부딪치면서 상처가 덧나 중병에 걸리고 말았다. 40도나 되는 고열에 며칠을 시달리고 구토까지 멈추지 않아 쇠약할 대로 쇠약해진 똘스또이는 병상에서 자신의 죽음을 의식하게 되었다. 그때 사촌 여동생 알렉산드라 톨스타야에게 그는 이런 편지를 보낸다.

'……이토록 교묘한 당신의 말씀처럼, 저는 당신의 품 안에서 비로소 스스로를 돌아보게 되었습니다. 너무도 놀라울 따름입니다. 저는 앞으로도 계속 이렇게 있고 싶고, 지금의 상태를 벗어나고 싶지 않습니다……'

그해 9월, 뒷날 체르트코프의 아내가 되는 안나 디테리프스가 긴 편지를 보내 똘스또이의 용태를 걱정하면서 위로했다.

'…… 만인에게 꼭 필요한 당신(똘스또이) 같은 사람마저 반드시 죽어야 한다니, 죽음이란 도대체 왜 존재하는 것일까요? 이런 생각을 하면 이성과 감정을 어떻게 조화시켜야 할지 저는 갈피를 잡을 수가 없어요……'

똘스또이가 이 편지에 답장을 쓸 만큼 몸이 회복된 것은 10월에 접어들면서였다. 그즈음 희곡《어둠의 힘》을 집필 중이어서 디테리프스의 의문에 조목조목 자신의 생각을 밝힌 것은 11월이 되어서였다. 이 대답들이 바로《어떻게 살 것인가》의 밑바탕이 되는 초고(草稿)인 셈이다. 때마침 체르트코프의 집에서 똘스또이의 이 편지를 본 〈러시아의 부(富)〉 잡지편집장 오보렌스키는 이 글을 싣고 싶다고 부탁했다. 그러나 똘스또이는 아직 완성되지 않았다는 이유로 거절하면서 대신 언젠가는 죽음과 삶에 대한 자신의 생각을 정리한 원고를 꼭 보내겠다고 약속했다. 이때부터 그의 마음속에는 이런 주제로 글을 쓰겠다는 생각이 싹텄을 것이다. 게다가 같은 달에 장모가 크리미아에서 세상을 떠난 일도 그의 집필에 조금은 영향을 끼쳤을 것이라고 러시아의 똘스또이 연구가 니키포로프는 지적하였다.

이듬해 2월 모스크바심리학회에서는 부회장이자 철학자인 글로트가 《의지의 자유》라는 주제로 연구보고를 했다. 1885년부터 그와 알고 지내면서 적잖은 영향을 받았다고 스스로 고백했던 똘스또이는 밤 8시부터 12시 반까지 이어진 이 연구보고와 토론에 열성적으로 참가했다. 그리고 3월 14일로 결정된 다음 회의에서는 글로트의 보고를 보완하는 의미로 그가 직접 연구한 결과를 발표하게 되었다.

똘스또이는 디테리프스에게 보낸 편지를 가필하여 《생명에 대한 개념》(삶과 죽음에 대하여)라는 제목으로 강연했고, 이것이 《어떻게 살 것인가》 제2장의 초고가 되었다. 이렇게 초고는 만들어졌지만 똘스또이는 언제나 그렇듯이 장마다 6, 7번씩 수정한 끝에 1888년 1월에야 겨우 최종교정을 인쇄토록 허락하여 책이 완성되었다. 그러나 같은 해 4월 검열에 걸려 이 출판은 전면 금지되었다. '정교에 대한 불신을 심어주고 조국애를 부정한다'는 이유였다.

똘스또이로서는 마땅히 손으로 필사하거나 비합법 지하출판, 또는 외국출판사를 이용한 국외번역의 길을 모색하지 않을 수 없었다. 이에 부인도 즉시 프랑스어 번역에 들어갔지만, 최초의 번역본은 1888년 뉴욕에서 출판된 영어판이었다. 그 다음 덴마크, 체코 순으로 출간되었다. 러시아 내에서는 작품의 일부만이라도 소개하고자 페테르부르그의 주간지 〈네제랴〉 1889년 1, 2, 3, 4, 6호에 22~25장, 27~35장이 '인생론', 또 '맺음말'이 '생명에 대하여 생각하다'는 표제로 게재되기도 했다. 전문이 단행본으로 출판된 것은 1891년 스위스 제네바가 처음이었다. 그 뒤 1903년에 체르트코프의 감수로 영국에서 출판된 《러시아에서 출판 금지된 똘스또이 작품집》 제9권에 들어간 《어떻게 살 것인가》가 원문에 가장 충실한 것으로 인정받고 있다.

위에서 설명한 저술 배경으로도 밝혀졌듯이 이 책은 사실 '생명에 대하여'라고 옮기는 것이 어쩌면 가장 정확할 것이다. 그러나 러시아어로 '생명'이라는 단어 속에는 우리들이 말하는 생명, 생활, 인생, 일생 등도 모두 포함된다.

똘스또이는 이 글에서 인간의 삶을 크게 '생존'과 '생명'으로 구분하였다. '생존'이란 인간의 일생을 출생에서 죽음에 이르는 시간적·공간적 존재로 보고, 그 기간에 동물적 행복을 일생의 목표로 생각하는 삶을 가리킨다고 보았다. 이에 비해 '생명'은 인간의 일생을 출생과 죽음으로 경계를 짓는 것이 아니라 영원히 계속되는 것으로 보고, 그동안 자기의 동물적 욕구를 이성적 의식에 종속시키는 삶을 의미한다고 생각했다. 이러한 '생명'을 획득하게 되면 인간에게는 더 이상 '죽음'이 존재하지 않을 뿐 아니라 참된 행복도 찾게 될 것이라고 말한다.

중병으로 자신의 죽음을 되돌아보면서 도리어 삶의 의미를 바로잡으려 했던 똘스또이. 오랜 세월에 걸친 그의 사상적 편력이 마침내 도달한 이 결론은 오히려 당연하다면 당연한 귀결이고, 또 이런 생각이 흔히 말하는 똘스또이적 사상의 밑바탕을 이룬다고도 할 수 있다. 더러는 너무 극단적이라고 비판도 받는 똘스또이의 사상이지만, 어느 시대를 막론하고 늘 우리들 곁에서 인간이 살아가는 의미를 되돌아보게 해준다.

《나의 참회》

'나의 참회'는 똘스또이의 자전적 글 가운데 가장 중요한 작품이다. 지금까지 알려져 있는 다른 유명한 참회록과 어깨를 나란히 할 수 있을 만큼 훌륭한 이 작품은 물론 똘스또이 자신의 삶에 관한 명상을 주제로 삼고 있지만, 우리 모두의 삶에도 적용될 수 있는 보편성을 가지고 있다. 왜냐하면 똘스또이가 이 세상에서 보낸 짧은 생애처럼 우리들의 삶도 지극히 한정된 것일 테니까.

'나의 참회'에서 똘스또이가 내리는 결론은 오직 자신의 행복만을 궁극적인 목적으로 삼고 영위하는 삶이란 틀림없이 불행으로 끝날 수밖에 없으며, 이와 같은 불행으로부터 벗어나는 길은 예수 그리스도와 함께 하는 삶이라는 것이다. 예수의 삶이야말로 모든 인류에게 비치는 이성의 빛이다. 이 빛은 우리의 삶이 없어진 뒤에도 결코 사라지지 않는다. 또한 바깥으로부터 우리에게 다가오는 빛이다. 똘스또이가 말하는 삶이란, 지상에서 하느님의 나라를 건설하는 과업에 그리스도와 함께 참여하고 있는 자는 진실로 축복이며, 개인적인 행복만 추구하는 이기적인 삶은 불행하다는 것이다. 왜냐하면 그 삶이 보여주는 노력은 죽음에 의하여 순식간에 산산조각나고 말기 때문이다.

'나의 참회'는 자전적일 뿐만 아니라 문학적인 가치도 아울러 가지고 있다. 그러면서 이른바 권고의 글이기도 하다. 또한 다른 사람들에게 자신이 직접 겪은 체험을 전달하는 것을 목표로 하고 있다. 똘스또이는 자기의 체험을 이야기할 때 자기 자신을 아주 솔직하게 드러낸다.

비평가들은 똘스또이가 '예술을 포기했다'는 이야기를 자주 한다. 그러나 '나의 참회'가 보여주는 바와 같이 그는 탁월한 문학적 재능을 발휘하며 독자들에게 자신의 감정과 신념을 생생하게 전달하고 있다. 단지 너무나 투철한 예술가였기 때문에 소설이나 시 같은 형식만으로는 절대 독자의 감정에 호소할 수 없다고 생각했던 것뿐이다.

똘스또이는 '나의 참회'에서 결국 우리 인간은 하느님의 뜻에 의하여 이 세상에 태어났으며, 인간이 살아가는 목적은 영혼을 구원하기 위함이며, 영혼을 구원하기 위해서는 하느님의 뜻에 따라 살아야 한다고 결론을 내리고 있다.

《예술과 삶》

'예술이란 무엇인가?', '예술론' 등으로 알려진 이 책《예술과 삶》에서 똘스또이가 말하는 예술은 어떤 것일까? 그의 말을 빌리면 우리들이 흔히 예술이라 부르고 있는 것은 한마디로 모두 불필요하다는 결론에 이르게 된다. 물론 그의 작품《전쟁과 평화》까지 포함해서 하는 말이다.

이 부분에 대해서는 책의 첫머리 '똘스또이의 사상' 가운데 제3장에서 상세히 설명되어 있으므로 이를 참조하기 바란다. 개괄적으로 조금 더 덧붙이자면, 실업(實業)이라는 말에 대하여 누군가는 허업(虛業)이라는 말로 표현하는 경우도 보았지만 예술은 그 '허업'의 대표적인 선두주자이다. 하지만 '인간은 빵만으로는 살 수 없다'. 그렇지만 이것도 살아가기 위해서는 빵이란 필요불가결한 것이라는 대전제가 마땅히 깔려있는 상태에서의 말이다. 그러므로 예술은 필연적으로 '사치'일 수밖에 없어진다.

이렇게 말하는 어느 대중작가도 있다. 문학자에게는 '대중을 대신하여' 생각할 의무가 있다고. 분업이 자연스럽게 받아들여지는 현대사회여서 생각하는 것과 살아가는 것도 전문직이 있어서 그 역할분담이 가능할 거라고 생각하는 것일까? 빵이 예술을 지탱하는 힘에 비교한다면 사실 예술의 영향력

같은 것은 사실 미미하기 이를 데 없다. 그렇다고 예술가임을 특별히 부끄러워할 필요는 없지만, 여하튼 예술이 사회에서 차지하는 역할을 의식한다면 좀더 겸손해 주었으면 하는 바람이다. 이런 똘스또이를 긍정하든 부정하든 그것은 개인의 자유지만, 예술이 과연 무엇인지 자기 나름대로 정리해보는 시간을 갖게 한다.

인간은 왜 사는가?

신의 가르침을 우리는 어떻게 이해해야 하는가?

예술이란 무엇일까…… ?

소박한 생활 속에서 영혼의 구원을 간절히 바랐던 그가 우리에게 남긴 '행복론' 《꼬자끄》에서 똘스또이는 주인공의 입을 빌려 다음과 같이 말한다.

'……행복이란 타인을 위한 삶 속에 있다. 그것은 절대 의심할 여지가 없다. 인간은 본능적으로 행복을 구한다. 그것을 이기적으로 만족시키면, 다시 말해 부나 명예 또는 생활의 즐거움이나 애욕 등만을 추구한다면 그 결과는 불행해질 수밖에 없다. 행복을 추구하는 그 마음을 환경이 도저히 따라갈 수 없을 테니까. 그러므로 그런 욕구는 합리적이지 않다. 그렇다고 행복을 구하는 마음까지 불합리하다는 말은 아니다. 그렇다면 외적 조건에 좌우되는 법 없이 늘 우리를 만족시킬 수 있는 욕망에는 어떤 것이 있을까? 그것은 사랑이다. 자기희생이다…….'

그에게는 세상에 넘쳐나는 모든 예술 작품들이 한낱 더러운 인간의 욕망을 배설한 것에 지나지 않았고, 인간을 타락시키는 길잡이처럼 인식되었던 것이다. 이러한 똘스또이적 관점은 베토벤의 후기작품은 말할 것도 없고, 보들레르의 시 또한 예술의 자리에서 밀어내려 한다. 게다가 그즈음에는 똘스또이 자신도 창작을 그만두고 오로지 철학과 종교에 대한 글쓰기에만 집중한다.

《가슴에 손을 얹고》

이 글에는 인도주의자였던 똘스또이의 반전 평화 메시지가 전쟁터에서 일어나는 참혹한 살상과 가치관의 혼란에 대한 사실적인 묘사와 함께 생생하게 그려져 있다. 또한 사회의 지식계층이 잘못된 생각과 상황을 바로잡지 못하고 오히려 서민들을 내몰아 전쟁을 부추기고 있는 현실을 비판하고 있다.

똘스또이 사상의 중요한 또 하나의 키워드는 '비폭력'이다. 이것은 나중에 간디, 킹 목사, 만델라에 의해 실천되면서 인류사상 드물게 보는 거대한 운동으로 전개되었다. 물론 여기서 말하는 '비폭력'이란 반드시 '무저항'을 의미하지는 않는다. '비폭력'이란 가장 과격한 저항운동으로 단지 그 수단이 폭력을 부정한다는 입장을 중시한다는 말이다. 그러나 여하튼 어떤 의미에서는 권력자들을 가장 자극하는 태도라고도 할 수 있다. 왜냐하면 오른쪽 뺨을 때리면 주춤하기는커녕 오히려 왼쪽 뺨을 내미는 것이니까.

이처럼 비폭력과 사랑을 강조하는 그의 사상은 《교육》과 《나의 종교》, 《초록지팡이》에서도 이어진다. 이에 대해서는 책의 첫 부분 '똘스또이의 사상' 4장과 5장 교육과 종교 부분의 해설로 대신하려 한다.

똘스또이가 죽기 전 해의 일기를 보면 '오늘 분명히 깨달았다. 나는 정말 시시하고 한심한 인간이다'라고 쓰고 있다. 그리고 '나 같은 인간은 죽는 편이 낫다. 아니, 진실로 죽고 싶다. 그렇지만 조금이라도 덜 한심하고 덜 시시한 인생을 살기 위해서는 목숨이 붙어있는 한 노력해야 하겠지!' 등등의 말들이 씌어 있다.

똘스또이는 《전쟁과 평화》나 《안나 까레니나》 등 수많은 걸작을 낳은 러시아의 대문호인 동시에 위대한 사상가이자 종교가였고 또한 교육자였다. 똘스또이의 철학과 종교는 그가 실지로 경험한 괴로운 정신체험과 사상편력 끝에 도달한 결과여서 우리들에게는 더욱 많은 것을 시사해주고 있다. 게다가 비평가와 연구가들이 한결같이 지적하고 있는 것처럼 똘스또이의 일생은 자기완성을 목표로 살아간 한 인간의 생생한 고뇌와 방황의 역사이기도 하다. 일생을 통해 계속되었던 자기와의 처절한 싸움, 신의 세계를 지향하던 정신과 지상의 쾌락에 도취되고픈 육체와의 싸움은 이미 작가가 되기 전부터 시작되어 82세로 삶을 마감할 때까지 지속되었다. 위대한 사상가 똘스또이의 내부에서 수많은 갈등을 빚어내던 이런 모순과 파탄의 역사는 현대를 살아가는 우리들에게도 커다란 교훈이 아닐 수 없다.

어쩌면 똘스또이의 사상이나 그가 꿈꾸던 이상은 우리 현대인들에게는 너무 소극적으로 비칠지도 모르겠다. 경우에 따라서는 너무 극단적으로 느껴질 때도 있을 것이다. 하지만 그렇다고 해서 그의 사상을 현대와는 아주 동떨어진 과거의 것으로만 치부하는 것도 큰 실수가 아닐 수 없다. 도리어 오늘날처럼 인류파멸의 위기감을 날마다 실감하는 이런 시대야말로 우리가 다시 한 번 똘스또이적 사고방식을 곰곰이 되씹어볼 필요가 있지 않을까?

김근식

미국 Monterey Institute of International Studies, 러시아문학석사. 한국외국어대학교대학원 러시아문학박사, 중앙대 동북아연구소 소장. 중앙대 러시아어학과 교수. 지은책 아이뜨마또프 작품의 주제발전연구, 러시아정교회와 반체제 및 민족주의, 뿌쉬낀의 꿈의 분석, 한국에서의 뿌쉬낀 연구. 옮긴책 아이뜨마또프 〈하얀 배〉 〈백년보다 긴 하루〉, 아나똘리 김 〈푸른 섬〉 〈아버지 숲〉, 도스또예프스끼 〈백치〉, 잘리긴 〈위원회〉, 부또프 〈곤충들의 천문학〉, 마야꼬프스끼의 〈미국 발견〉, 한국문학작품 러시아어 번역 김주영 〈천둥소리〉 〈고기잡이는 갈대를 꺾지 않는다〉

고산

성균관대학교국문학과 졸업. 성균관대학교대학원 졸업(비교문화학). 동서문화사 편집인. 동인문학상 운영위원회 집행위원장. 「자유문학 〈소설 청계천〉」 지은책 전작장편소설 〈얼어붙은 장진호〉 〈고산 삼국지〉 〈한국출판100년을 찾아서〉 〈新文館 崔南善·講談社 野間淸治. 愛國作法〉

World Book 36
Л.Н.Толстой
ИСПОВЕДЬ/ПУТЬ ЖИЗНИ

나의 참회/인생의 길
똘스또이 지음/김근식 고산 옮김
1판 1쇄 발행/2004. 11. 1
2판 1쇄 발행/2007. 9. 20
2판 3쇄 발행/2020. 3. 1
발행인 고정일
발행처 동서문화사
창업 1956. 12. 12. 등록 16-3799
서울 중구 마른내로 144(쌍림동)
☎ 546-0331~6 Fax. 545-0331

www.dongsuhbook.com
잘못 만들어진 책은 바꾸어 드립니다.

✱
사업자등록번호 211-87-75330
ISBN 978-89-497-0429-6 04080
ISBN 978-89-497-0382-4 (세트)